제14판

Essentials of Management Information Systems

경영정보시스템의 이해

제14판

Essentials of Management Information Systems

경영정보시스템의 이해

Kenneth C. Laudon • Jane P. Laudon 지음

백동현 • 김도관 • 김우주 • 배재권 • 정충영 • 천세학 옮김

Pearson

시그마프레스

Pearson Education South Asia Pte Ltd
63 Chulia St
#15-01
Singapore 049514

Pearson Education offices in Asia: *Bangkok, Beijing, Ho Chi Minh City, Hong Kong, Jakarta, Kuala Lumpur, Manila, Seoul, Singapore, Taipei, Tokyo*

3 2 1
24 23 22

Cover Art: Nguyen Quang Ngoc Tonkin/Shutterstock

발행일: 2022년 8월 25일
공급처: (주)생능(031-955-0761)
ISBN: 978-981-3137-75-2(93320)
가격: 37,000원

Pearson

http://pearsonapac.com/

역자 서문

기업과 같은 조직에서 정보시스템과 정보기술은 단순한 경영 수단이나 도구의 역할을 넘어서 이제 기업의 전략을 실현하고 경쟁우위를 확보하기 위한 핵심자원으로 그 위치가 크게 변화했다. 인터넷과 웹으로 대표되는 디지털 경제에서는 지식과 정보가 기업의 경쟁원천이므로 특정 기업이 과거에는 존재하지도 않았던 새로운 시장에서 선도적 역할을 수행하거나 기존의 무한 경쟁시장에서도 다른 기업보다 뛰어난 성과를 창출할 수 있게 되었다. 21세기 지식과 정보 시대에 정보시스템과 정보기술에 대한 이해는 단지 경영정보를 전공하는 학생들뿐만 아니라 경영 전반에 관심이 있는 모든 학생에게 필수적이다.

대표역자가 MIS 분야에서 세계 최고의 책으로 인정받는 《Essentials of Management Information Systems》를 번역하기 시작한 것이 2005년이니 벌써 17년이나 되었다. 그동안 열 번 번역서를 펴냈으니 대략 1년 반마다 한 번꼴로 번역한 셈이다. 개인적으로는 이렇게 자주 번역하는 것이 많은 시간을 투입해야 하는 인고의 시간이기도 했지만, 최신 정보기술을 체계적으로 정리할 수 있는 좋은 기회를 갖고 무엇보다 세계 최고의 책 번역에 참여한다는 점에서 즐거움의 시간이기도 했다. 전 세계 경영정보시스템 교재 중에서 이처럼 최신 정보를 신속하게 반영하기 위해 노력하는 교재는 아마 없을 것이라 단언하면서 저자들의 노력에 심심한 경의를 표한다.

저자들은 지속적으로 경영정보 분야의 흐름과 비즈니스의 적용에 대해 매우 잘 정리했다. 2020년에는 동일 저자들의 《Management Information Systems》 16판 번역서가 큰 호응을 얻은 바 있다. 그러나 한 가지 아쉬운 점은 책의 내용이 너무 충실하고 완벽하다 보니 분량이 방대해져서 대학의 한 학기 교재로 사용하기에는 다소 벅찬 것이었다. 이러한 아쉬움을 해결하기 위해 저자들은 《Essentials of Management Information Systems》와 같이 핵심적인 내용은 하나도 놓치지 않으면서도 한 학기에 충분하게 다룰 수 있도록 잘 정리된 '에센셜' 버전을 동시에 출간하고 있다.

이 책은 정보시스템과 정보기술에 대한 핵심적인 내용을 모두 다루면서도 다양한 실무사례, 학생들이 직접 실습할 수 있도록 MIS 프로젝트와 협업 및 팀워크 과제 등을 제공함으로써 교수와 학생들 간의 상호작용을 극대화할 수 있도록 설계되어 있다. 이 책은 미래 자신의 진로에 대해 많은 관점을 제공하고 있어 학년에 관계없이 경영에 관심을 가진 모든 학생에게 매우 유용하다.

이 책의 번역 작업은 본인을 포함한 연세대학교 김우주 교수, 한남대학교 정충영 교수, 서울과학기술대학교 천세학 교수, 원광대학교 김도관 교수, 계명대학교 배재권 교수가 원

작의 내용을 최대한 전달하려고 노력하면서 정성과 열의를 다해 수행했다. 이 책의 출간을 위해 최대한 지원을 아끼지 않은 피어슨에듀케이션 관계자에게 감사드린다. 이 책에서 발견될지 모르는 번역상의 오류는 전적으로 역자의 잘못으로 독자의 너그러운 이해를 구한다. 끝으로 이 책이 대학과 산업 현장에서 유용하게 활용되기를 기대한다.

2022년 8월
대표역자 백동현

저자 서문

이 책은 유럽, 중동, 남아프리카, 호주, 아시아태평양 지역 경영대학 학생을 위해 저술되었다. 사례연구와 예제는 이 지역 기업이 정보시스템을 활용하는 방법에 초점을 맞추고 있다. 또한 이 책은 오늘날 기업이 목표를 달성하기 위해 정보기술과 정보시스템을 어떻게 활용하는지 깊이 있게 배우고 싶어 하는 경영대학 학생을 위해 저술되었다. 정보시스템은 기업 경영자가 운영 수월성을 달성하고, 새로운 제품과 서비스를 개발하고, 의사결정의 질을 개선하고, 경쟁우위를 달성하는 데 사용할 수 있는 주요 도구 중 하나이다. 학생들은 이 책에서 오늘날의 기업에서 사용하는 가장 최신의 정보시스템에 대한 포괄적인 소개를 보게 될 것이다. 이 책으로 학습하고 나면 학생들은 자신이 속해 있는 기업의 정보시스템과 관련한 토의에 참여해 토론을 주도할 수 있을 것이다.

기업은 채용 면접에서 수익 창출을 위해 정보시스템과 기술을 활용할 줄 아는 신입사원을 찾는 경우가 많다. 당신의 전공이 회계, 재무, 경영관리, 생산관리, 마케팅, 정보시스템 등 어느 분야든 관계없이, 이 책에서 얻을 수 있는 지식과 정보는 앞으로 당신의 비즈니스 경력에 매우 유용한 가치를 제공할 것이다.

14판의 개정 사항

14판은 최신 산업 및 기술 변화를 다루기 위해 전면 개정되었으며, 새로운 사례연구 및 비즈니스 문제 해결 사례가 수록되었다. 본문, 그림, 표, 사례는 업계 및 MIS 연구의 최신 자료로 2019년 9월까지 업데이트되었다. 업데이트된 주제는 다음과 같다.

- **인공지능(AI) 적용 범위 업데이트 및 확대**: 11장은 인공지능과 '지능' 기술의 비즈니스 사용에 대한 관심이 급증하고 있음을 반영해 기계학습, '딥러닝', 자연어 시스템, 컴퓨터 비전 시스템, 로봇공학에 대한 새로운 확대 적용 범위를 포함하도록 다시 작성되었다.
- **시스템에 대한 비즈니스 사례 만들기**: 12장은 정보시스템 및 관련 기술의 획득과 배치에 대한 비즈니스 사례를 개발하기 위한 기술 및 의사결정 기준의 확장된 적용 범위를 제공하기 위해 다시 작성되었다. 이 장은 회사에 가장 큰 가치를 제공할 시스템 프로젝트와 기술을 평가하고 선택하는 방법을 보여준다.
- **빅데이터 및 사물인터넷**: 빅데이터, 빅데이터 애널리틱스, 사물인터넷(IoT)에 대한 자세한 내용은 1장, 6장, 7장, 11장에서 확인할 수 있다. 여기에는 사물인터넷 데이터 스트림, 하둡, 인메모리 컴퓨팅, 비관계형 데이터베이스, 데이터 레이크, 분석 플랫폼이

포함된다.

- **클라우드 컴퓨팅**: 클라우드 서비스 유형, 사설 및 공공 클라우드, 하이브리드 클라우드, 클라우드 서비스 관리 및 클라우드 서비스 사용에 대한 새로운 사례연구를 자세히 설명하는 5장(정보기술 인프라)의 클라우드 컴퓨팅에 대해 업데이트하고 적용 범위를 확대했다. 클라우드 컴퓨팅은 6장(클라우드 내 데이터베이스), 8장(클라우드 보안), 9장(클라우드 기반 CRM과 ERP), 10장(전자상거래), 12장(클라우드 기반 시스템 개발)에서도 다루었다.
- **소셜, 모바일, 로컬**: 10장에 소셜 도구, 모바일 기술 및 위치 기반 서비스가 전자상거래를 어떻게 변화시키고 있는지를 설명하는 새로운 콘텐츠가 있다.
- **소셜 비즈니스**: 2장에서 소개되고 본문 전체에 걸쳐 논의된 소셜 비즈니스를 확대 적용했다. 전자상거래의 소셜 네트워킹뿐만 아니라 전사적(기업 내) 소셜 네트워킹도 자세히 논의한다.
- 지도학습
- 비지도 학습
- 에지 컴퓨팅
- 5G 네트워크
- 개인정보 보호규정(General Data Protection Regulation, GDPR)
- 모바일 장치 관리(mobile device management, MDM)
- 데이터 거버넌스
- 다크 웹

교수 및 학습 과제 해결

이 책은 잘 알려진 비즈니스 기업이 IT를 사용해 문제를 해결하고 목표를 달성하는 방법을 설명하는 뛰어난 실제 사례연구로 유명하다. 학생들은 비즈니스 문제를 분석하고 대안적인 해결책을 제시하도록 요청받기도 한다. 이 책은 또한 실제 프로젝트와 비즈니스 시나리오에 기반한 실무형 MIS 소프트웨어 및 경영진의 의사결정 문제를 각 장에 제공한다.

이 책의 텍스트 및 학습 패키지는 매우 강력한 경력 중심으로 구성되어 있으며, 각 장이 미래의 직업을 준비하는 데 어떻게 도움이 될 것인지를 정확하게 보여주면서 학습 동기를 부여한다.

이 책의 핵심 내용

이 책은 정보시스템을 설명하고 분석하기 위한 통합 프레임워크를 사용해 기본적인 MIS 개념을 소개한다. 이 프레임워크는 사람, 조직, 기술 요소로 구성되어 있는 정보시스템을 보여주고, 프로젝트와 사례연구를 통해 보강된다. 핵심 내용은 MIS에서 가장 중요한 주제를 다루는 실습 프로젝트와 함께 12개 장으로 구성되어 있다.

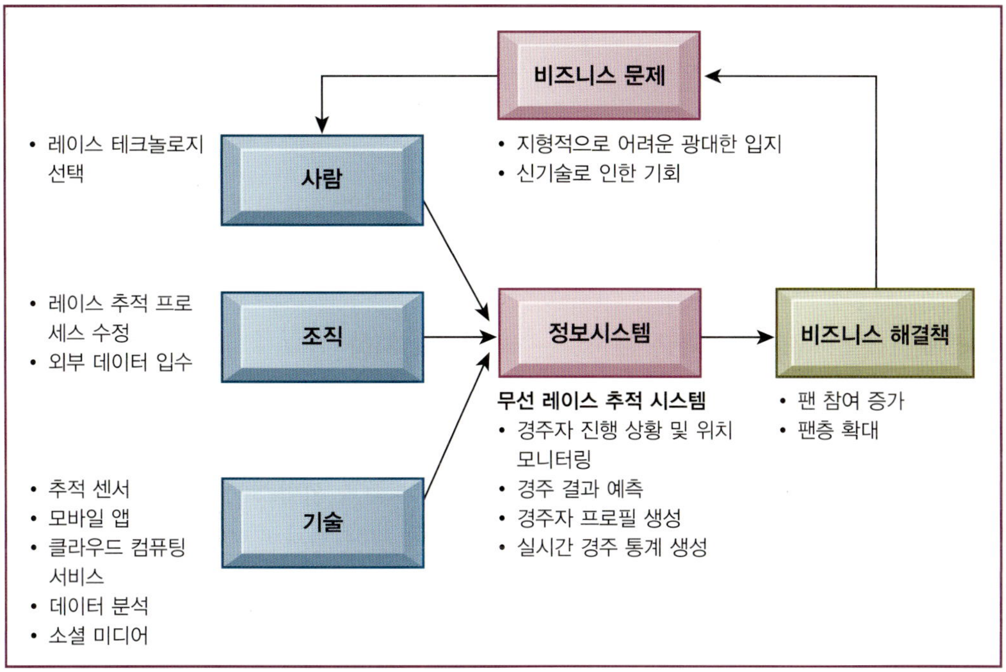

각 장 시작 부분의 도입 사례와 함께 있는 도표는 사례에서 설명한 비즈니스 문제에 대해 정보시스템 해결 방안을 제시하기 위해 사람, 조직, 기술이 어떻게 상호작용하는지 설명한다.

각 장의 구성

각 장은 다음과 같이 구성되어 있다.

- 학습목표로 제시하는 각 장의 개요
- 각 장에 수록된 사례 목록
- 각 장의 주제와 중요성을 알리기 위해 실제 조직을 반영해 제시한 도입 사례
- 책 전반적으로 사용되는 사람, 조직, 기술 모형을 이용해 각 장의 도입 사례를 분석하는 도표
- 문제를 포함하는 2개의 사례연구
- 학생이 구직 및 진로 준비에 사용하는 방법을 보여주는 진로 기회
- 학습목표에 따른 복습 요약
- 학생이 개념을 복습할 때 사용할 수 있는 주요 용어 목록
- 각 장의 내용에 대한 학생의 이해 정도를 테스트하기 위한 복습문제
- 오픈소스 협업도구 사용이 가능한, 팀워크와 발표력 향상을 위한 협업과 팀워크 프로젝트
- 학생이 각 장의 개념을 적용해볼 수 있는 각 장 말미의 비즈니스 문제 해결 사례
- 각 장 참고문헌

학생 학습 중심

학습목표는 학생의 관심을 집중시키기 위해 일련의 학습 문제를 중심으로 구성되어 있다.

각 장은 이러한 학습 질문을 중심으로 구성된 요약 및 복습문제로 마무리되며, 각 장의 절은 학습목표를 기반으로 한다.

핵심 특징

우리는 교재가 보다 상호작용할 수 있고 최첨단 기술을 반영하며 학생과 강사 모두에게 매력적이도록 개선했다. 이 책의 특징과 학습 도구는 다음과 같다.

실제 비즈니스 사례와 예제를 포함하는 비즈니스 지향

이 책은 학생들이 정보시스템과 비즈니스 성과 사이의 직접적인 관련성을 살펴보는 데 도움을 준다. 이 책은 전 세계 모든 기업에서 정보시스템과 기술을 활용하게 하는 주요 비즈니스 목표를 설명한다. 목표는 운영 수월성, 새로운 제품과 서비스 개발, 고객 및 공급자 친밀도, 개선된 의사결정, 경쟁우위, 생존 등이다. 이 책에 제시된 예제와 사례연구를 통해 학생들은 특정 기업이 정보기술을 이용해 이러한 목표를 어떻게 달성하는지 알게 될 것이다.

이 책은 최근 자료인 2019년 민간 조직과 공공 조직의 예제를 이용해 각 장의 중요한 개념을 설명했다. 대부분의 사례연구에서는 학생들에게 친숙한 회사 또는 조직을 설명했다.

실습 활동

실제 비즈니스 시나리오와 데이터는 학생들이 MIS가 무엇인지 배우는 데 도움이 된다. 이 프로젝트는 이 흥미진진한 주제에 대한 학생의 참여도를 높인다.

사례연구: 기술 관점 **도로의 안전을 위해 만들어진 말하는 자동차**

2015년 말, 일본 최대의 소형차 생산회사인 토요타는 인텔리전트 트랜스포테이션 시스템 커넥트[Intelligent Transportation System(ITS) Connect] 안전 패키지를 제공하기 시작했다. ITS 커넥트는 극한의 날씨나 사각지대에서의 기능 저하와 같은 다른 유사한 시스템상 제약을 자동차끼리 대화하게 함으로써 극복한다. 이 시스템을 통해 차량에 탑재된 컴퓨터는 차량 대 차량 간(V2V) 및 차량 대 인프라 간(V2I) 무선 통신—V2X(Vehicle-to-Everything) 무선 통신으로도 알려짐—을 다른 차량 및 도로변 인프라(램프 기둥 및 신호등 기둥)와 연속적으로 수행할 수 있다. 이 정보를 수집해 분석한 후 자동으로 응답하거나 그에 따라 즉각적인 음성 또는 시각적 안전 정보를 운전자에게 제공한다.

ITS 커넥트는 전용 단거리 통신(DSRC)이라 불리는 국제 차량 통신 표준을 사용해 760MHz 주파수에서 최대 300m 반경 내에서 효과적인 통신이 가능하다. ITS 커넥트의 V2V 메시지는 서비스 제공을 위해 예약된 자유 필드가 있는 매우 작은 크기(36~100바이트)이지만 차량의 위치, 속도, 방향, 가속, 유형 및 크기에 대한 정보를 포함해야 하며, 개별 애플리케이션에 의해 정의된 정보뿐만 아니라 전방의 가장 가까운 교차로에 대한 추가 데이터도 포함할 수 있다. 또한 와 같이 차량이 아닌 도로 사용자의 휴대전화와 차량 간 통신을 가능하게 한다. V2N은 셀룰러 네트워크를 통해 차량과 클라우드 기반 데이터 센터 간에 교통 체증 발생과 같은 교통 정보를 교환하는 것을 말한다.

C-V2X의 지지자 중 하나인 독일에 본사를 둔 콘티넨탈 AG는 자동차 부품에 이 기술을 적용하는 선구자이며 여러 국가에서 현장 시험을 수행하고 있다. 2018년 말, 콘티넨탈 AG는 5.8GHz를 실험용 무선 주파수로 일본에서 C-V2X를 공동 시험했다. 이 테스트는 몇 가지 충돌 회피 시나리오를 포함했다. 결과에 따르면 평균 지연 시간은 20밀리초이며 테스트 내내 오류율은 1.2km에 걸쳐 거의 0%였다.

V2X는 80%의 교통사고, 특히 추돌 사고 발생률을 감소시킬 것으로 보인다. 또한 V2X는 군집 주행과 녹색 물결을 통해 교통 흐름 조정 효율성을 높일 수 있다. 군집 주행은 여러 대의 트럭이 서로 일정한 거리를 두고 호송대처럼 함께 주행하는 시스템을 말하며, 선두 트럭은 CACC 애플리케이션을 사용한다. 따라서 장거리 주행 시 운전자가 교대로 휴식을 취할 수 있으며, 호송대가 공기역학적으로 최적이라면 연료 소비량도 감소한다. 녹색 물결은 여러 교차로에 있는 신호등이 완벽한 타이밍에 녹색으로 바뀌어 같은

각 장에는 개념과 문제에 대한 설명을 위해 실제 기업을 대상으로 사람, 조직, 기술 관점의 사례연구 2개가 있다.

사례연구 문제

1. V2X 기술의 장단점은 무엇인가?
2. 차량 주인이 V2X 기술을 채택하도록 속도를 내기 위해서는 무엇을 할 수 있는가?
3. ITS 커넥트의 다른 애플리케이션에 대해서는 어떻게 생각하는가?

사례 제공: 홍콩시티대학교 조이스 챈

사례연구 문제는 학생들이 각 장의 주요 개념을 수업 시간 토론, 발표, 과제에 실제 기업을 적용할 것을 장려한다.

- **사례연구**: 각 장에서 다루는 2개의 짧은 사례는 학생들의 흥미와 학습을 촉진하기 위해 강의실(또는 인터넷 토론방)에서 사용될 수 있도록 사례연구로 재설계되었다. 각 사례는 사례연구 문제로 끝난다. 사례연구 문제는 수업 시간의 토론, 인터넷 토론, 서술형 과제물로 활용될 수 있다.
- **협업과 팀워크 프로젝트**: 각 장은 학생들이 구글 드라이브(Google Drive)와 구글 독스(Google Docs), 혹은 다른 오픈소스 협업 도구를 이용해 팀 작업을 촉진하는 협업 프로젝트를 포함한다. 1장에 처음 등장하는 팀워크 프로젝트는 학생들이 협업 구글 사이트(Google Sites)를 구축하도록 하고 있다.

경력 기술 개발

학생들이 급변하는 취업 시장에서 성공하기 위해서는 진로 선택권과 다양한 기술을 개발하는 방법을 알아야 한다. 이 책은 다음과 같은 방식으로 이러한 기술에 초점을 맞추고 있다.

경력 기회 및 자료

학생들은 이 책이 진로에 어떤 도움이 될지 알고 싶어 할 것이다. 새로운 경력 기회 기능은 이 책과 향상된 전자책을 구직 및 경력 구축을 위한 도구로 사용하는 방법을 보여준다. 취업 면접관은 일반적으로 의사소통, 멀티태스킹, 팀워크, 리더십 발휘, 문제 해결, 목표 달성 능력과 함께 그 직업을 원하는 이유를 질문할 것이다. 이것은 어떤 직업에서든 성공하는 데 필요한 일반적인 기술과 행동이며, 당신은 이러한 기술을 입증할 수 있는 과정과 직업 경험이 준비되어 있어야 한다. 하지만 고용주가 당신에게 물어볼 비즈니스 지식과 전문적인 기술도 있다. 경력 기회에서는 본문에서 배운 내용을 사용해 이러한 기술을 시연하는 방법을 보여준다.

아이콘 ⚙으로 구별되는 경력 기회 절은 각 장의 마지막 주요 절로 '경영정보시스템은 내 경력에 어떻게 도움이 되는가?'라는 제목 아래에 있다. 이 장에서 다루는 주제와 관련된 주요 온라인 직업 사이트의 실제 직업 설명을 바탕으로 최근 대졸 신입직에 대한 설명을 볼 수 있다. 그 일을 제공하는 회사의 이름과 위치가 변경되었다. 각 장의 채용공고는 필요한 학력과 구체적인 직무 요건을 설명하고, 채용 면접 과정에서 발생할 수 있는 비즈니스 관련 질문 중 일부를 제시한다. 저자들은 질문에 답하고 면접을 준비하는 팁을 제공한다. 경력 기회는 또한 학생들이 이 책과 웹, 소셜 미디어에서 직업에 필요한 기술 및 비즈니스 지식을 더 많이 찾을 수 있는 곳을 보여준다.

저자 소개

케네스 C. 로든(Kenneth C. Laudon)

뉴욕대학교 스턴경영대학 정보시스템학과 교수이다. 스탠퍼드대학교에서 경제학 학사학위를, 컬럼비아대학교에서 박사학위를 받았으며, 전자상거래·정보시스템·조직·사회를 다룬 책을 12권 저술하고 정보시스템, 사생활 보호, 윤리, 멀티미디어 기술이 사회·조직·경영에 미치는 영향에 대한 논문을 40편 이상 발표했다.

케네스 로든의 최근 연구주제는 대규모 정보시스템과 멀티미디어 정보기술에 대한 계획 및 관리이다. 그는 사회보장국, 국세청, FBI 등의 국가정보시스템 발전방안에 대한 연구를 위해 국가과학재단으로부터 연구비를 받았다. 그의 연구는 전사적 시스템 구축, 대규모 조직에서 컴퓨터 관련 조직과 업무의 변화, 경영이념의 변화, 공공정책의 변화, 지식 분야 생산성 변화의 이해 등에 초점을 두고 있다.

케네스 로든은 미국 의회에서 전문가 자격으로 증언을 하고, 미국 의회의 기술평가국, 국토안보부, 대통령 집무실, 대통령 직속기구, 의회 위원회의 연구자 및 자문가로 활동했다. 또한 여러 컨설팅 회사의 사내 교육과 《포천》 500대 기업 중 다수 기업의 시스템 계획 및 전략 개발에 자문을 수행하고 있다.

현재 케네스 로든은 뉴욕대학교 스턴경영대학에서 디지털 기업경영, 정보기술과 기업전략, 전문직업인의 책임(윤리), 전자상거래와 디지털 마켓 등의 과목을 가르치고 있다.

제인 프라이스 로든(Jane Price Laudon)

정보시스템 분야의 경영 컨설턴트이며 7권의 책을 저술했다. 제인 프라이스 로든의 전문 영역은 시스템 분석, 데이터 관리, MIS 감사, 소프트웨어 평가, 경영 전문가를 대상으로 한 정보시스템 분석과 사용법 강의이다.

제인 프라이스 로든은 바너드대학을 졸업한 뒤 하버드대학교에서 석사학위를, 컬럼비아대학교에서 박사학위를 받았으며, 컬럼비아대학교와 뉴욕대학교 스턴경영대학에서 강의를 했다. 그녀는 동양권의 언어와 문명에 대해 오랜 관심을 갖고 있다.

로든 부부는 두 딸(에리카, 엘리자베스)을 두고 있다.

차례

Part 1
디지털 시대의 정보시스템

Chapter 3
정보시스템을 이용한 경쟁우위 달성

Chapter 4
정보시스템의 윤리와 사회문제

Part 2
정보기술 인프라

Chapter 5
정보기술 인프라: 하드웨어와 소프트웨어

Chapter 6
비즈니스 인텔리전스의 기초: 데이터베이스와 정보관리

Chapter 7
통신, 인터넷, 무선 기술

Chapter 8
보안 정보시스템

Part 3
디지털시대의 주요 시스템 활용

Chapter 9
운영 수월성과 고객 친밀성달성: 전사적 응용시스템

Chapter 10
전자상거래: 디지털 시장, 디지털 상품

PART I

CHAPTER 1
직업경력에서 경영정보시스템의 역할

CHAPTER 2
글로벌 e-비즈니스와 협업

CHAPTER 3
정보시스템을 이용한 경쟁우위 달성

CHAPTER 4
정보시스템의 윤리와 사회문제

디지털 시대의 정보시스템

1부는 이 책에서 전반적으로 사용되는 주요 주제와 문제해결 접근법을 소개한다. 오늘날 경영에서 정보시스템의 역할을 기술함과 동시에, 다음과 같은 주요 질문을 제기한다. 정보시스템은 무엇인가? 정보시스템은 오늘날 기업경영에 왜 필수적인가? 기업 경쟁력을 높이는 데 정보시스템은 어떤 도움을 줄 수 있는가? 나의 직업경력이 성공적이기 위해서는 어떤 정보시스템 지식이 필요한가? 광범위하게 사용되고 있는 정보시스템은 어떤 윤리적·사회적 문제를 제기하는가?

CHAPTER

1 직업경력에서 경영정보시스템의 역할

학습목표

이 장의 학습을 마치면 다음 질문에 답할 수 있을 것이다.

1-1 오늘날 기업을 운영하고 관리하는 데 정보시스템이 왜 필수적인가?

1-2 정보시스템은 무엇이며 어떻게 작동하는가? 정보시스템의 구성요소인 사람, 조직, 기술은 무엇을 의미하는가?

1-3 비즈니스 문제 해결을 위한 4단계 모델은 정보시스템 관련 문제 해결에 어떻게 도움을 줄 수 있는가?

1-4 직업경력에 필수적인 정보시스템 기술과 지식은 무엇인가?

1-5 경영정보시스템은 내 경력에 어떻게 도움이 되는가?

사례

PCL건설: 신 디지털 기업

UPS, 정보기술로 전 세계에서 경쟁하다

AI가 직업을 대체할 것인가

노후화된 작업 방식을 새로운 기술로 변화시킨 UPS

PCL건설: 신 디지털 기업

대다수 사람이 건설 프로젝트에서 가장 널리 사용하는 도구는 망치라고 생각하지만, 실제로는 서류함이나 팩스기기를 더 많이 사용한다. 건설산업은 전통적으로 서류 중심적이고 수작업이 많다. 대형 빌딩 같은 복잡한 프로젝트에는 매일 바뀔 수 있는 수백 개의 건축도면과 설계 문서가 필요하다. 수많은 문서와 프로젝트 관련 정보 수집 및 평가의 어려움으로 프로젝트가 지연되기도 하고 또 이런 지연비용 때문에 프로젝트가 중단되기도 한다. 그러나 지금 PCL건설(PCL Construction)은 변화하고 있고 변화의 선두에 있다. 정보기술은 기업이 일하는 방식을 변화시켰으며 이는 또한 신 디지털 기업의 대표적인 예다.

PCL은 미국, 캐나다, 호주에 4,400명이 넘는 종업원이 있으며 독립적으로 일반계약을 맺는 건설회사들의 그룹이다. PCL은 상업용, 기관용, 다세대 주택, 재생에너지, 중공업, 역사적 복원, 토목건설 분야에 진출해 있다. PCL은 캐나다 앨버타주 에드먼턴에 본부를 두고 있으며 미국 본사는 콜로라도주 덴버에 있다.

PCL의 건설 현장에서, 당신은 PCL 시스템의 중요 정보에 접속하거나 자료 입력을 위해 스마트폰, 태블릿, 노트북 등의 모바일 기기를 사용하는 종업원을 보게 될 것이다. 현장에서 사용되는 디지털 터치스크린 방식의 키오스크와 전자 설계실은 디지털화되고 최신화된 설계도에 접속하게 해 팀원들이 서류의 버전을 조사하는 데 시간을 낭비하지 않게 한다.

과거에는 프로젝트에 필요한 대규모 종이 설계도를 보관하기 위해 현장에서 트레일러가 사용되었다. 프로젝트팀은 설계도를 보고 싶을 때마다 트레일러로 가야만 했다. 800개의 건설 프로젝트가 동시에 진행될 경우, PCL은 프로젝트 서류를 최신화하는 데 어려움을 겪었다. 프로젝트 설명서나 작업 요구서의 조그마한 변동을 찾아내기 위한 종이 형식의 정보는 기록된 지 30~40일이 지나기 전까지는 프로젝트 의사결정자에게 제공되지 않는다. 그때까지는 너무 늦기 때문에 사실에 바탕을 두기보다는 '직감에 따라' 의사결정을 한다.

© Ndoeljindoel/123RF

PCL건설 설계도는 현재 디지털 형식이거나 종이 버전인 경우는 스캔 후 디지털 장치에 저장된다. 디지털화된 설계도는 훨씬 빠르게 수정할 수 있다. 컴퓨터로 설계작업을 수행함으로써 PCL은 건설 초기에 갈등 요소와 시공 가능성을 파악하고 문제를 해결할 수 있으며 당초 일정보다 빠르면서도 예산 범위 안에서 프로젝트를 달성한다.

PCL은 프로젝트 팀원 간 협업을 촉진하기 위해 프로젝트 문서 관리(PDC)를 시행했다. 보안이 잘된 프로젝트 기반 웹사이트 덕분에 실시간으로 정보 저장이 가능하고 하나의 공유된 접속 위치에서 정보를 관리할 수 있다. 건설 계약처, 하도급업자, 컨설턴트, 공급자, 고객은 어디에 있든지 동일한 서류로 작업을 한다. PCL은 예산 책정, 원가 산정, 예측, 하도급업자 관리, 생산, 보고 등을 위해 자사의 고유한 프로젝트 관리시스템을 사용한다. 프로젝트 관리시스템은 사람 및 프로젝트 데이터베이스, 고객 관리와 회계시스템, BEST 추정 시스템 등 타 PCL 시스템과 연결되어 있다. BEST 추정은 총금액과 단가 추정을 위한 PCL 내부 추정 프로그램이며 정확한 소요 자원과 비용정보를 제공한다.

PCL은 정보 처리 작업을 마이크로소프트의 애저(Azure) 클라우드에서 수행했다. 애저 클라우드는 PCL의 애플리케이션 중 일부를 가동하기 위한 하드웨어와 소프트웨어를 마이크로소프트가 관리하는 원격 정보 처리 센터에 위치시킨다. PCL 프로젝트에 참여하는 직원은 클라우드 시스템의 정보를 기존의 데스크톱과 인터넷 연결 방식뿐만 아니라 모바일 기기를 사용해 언제 어디서나 접속할 수 있다. PCL은 애저 플랫폼을 사용해 기업 데이터 백업 비용의 80%를 절약한다. 애저 클라우드는 또한 품질, 안전성, 일정, 비용 면에서 프로젝트 성과를 관찰하기 위한 실시간 분석 대시보드를 제공한다. 대시보드는 건설 현장 직원, 프로젝트 관리자, 경영자에게 막대그래프나 파이 그래프 형태의 시각적 형태로 데이터를 보여주며 성과에 따라 빨간색, 주황색, 초록색 등으로 색상이 나뉜다.

출처: "Technology and Innovation," pcl.com, accessed February 9, 2019; "PCL: Capitalizing on the Cloud," itworldcanada.com, accessed February 9, 2019; Brian Jackson, "PCL Constructors Reach New Heights with Real-time Analytics Solution in the Cloud," *IT World Canada*, November 9, 2017.

PCL건설의 경험은 오늘날 정보시스템이 얼마나 필수적인가를 보여준다. PCL은 전통적으로 여러 곳에 분산된 건설 프로젝트를 서류 위주의 방식으로 운영한다. 이와 같은 운영 방식에는 건설 프로젝트에서 필요한 대량의 문서와 정보를 처리하고 접속하는 데 상당한 비용과 시간이 들며 이로 인해 전체 원가가 상승한다. PCL은 프로젝트를 서류화하고, 추적하고, 분석할 목적으로 서류를 디지털화하고 비즈니스 프로세스를 간소화할 수 있는 첨단 정보기술을 도입했다. PCL의 경영을 이끌어 나가는 정보 흐름은 대부분 디지털화되었으며 모바일 방식과 클라우드 컴퓨팅 인프라를 사용한다. PCL건설은 디지털 기업의 선도적인 모델이 되었다.

옆 페이지의 도표는 도입 사례와 이 장에서 다루는 주요 사항을 파악하는 데 도움을 준다. 고도의 서류 기반 산업에서 시간과 비용을 감축하고 고객 서비스를 개선하기 위해 PCL 경영진은 정보기술을 사용하기로 결정했다. 이 결정으로 건설 프로젝트 설계, 원가 계산, 예산 책정, 프로젝트 추적 관찰에 필요한 주요 업무 활동이 더욱 정확해졌고 효율성도 증가했다. 이러한 정보기술에는 스마트폰, 태블릿, 노트북 등의 모바일 기기, 터치스크린 방식의 키오스크, 클라우드 컴퓨팅 서비스, 인터넷, 모형을 만들고, 서류를 관리하고, 프로젝트 관리를 관찰하고, 예산을 책정하고, 원가를 추정하고, 디지털 대시보드에 주요 프로젝트 성과지표를 보여줄 수 있는 소프트웨어 등이 포함된다. 업무 운영과 경영 의사결정을 개선하기 위해 도입한 첨단 디지털 기술은 오늘날 MIS의 주요 주제이며 이 책 전체에서 다루게 될 것이다.

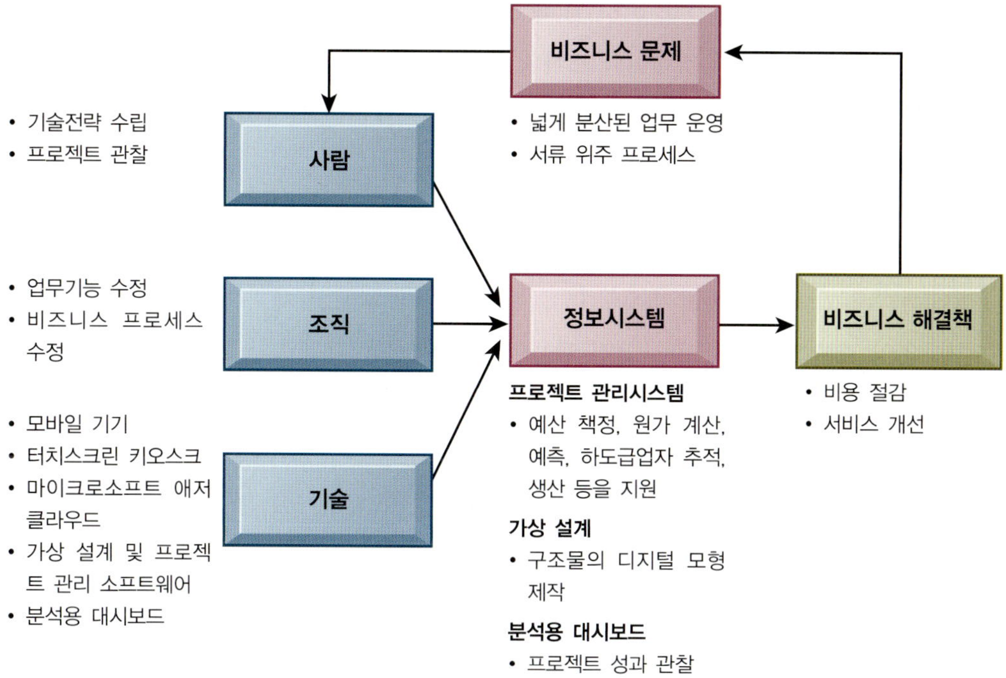

또한 정보기술의 도입으로 PCL건설이 업무를 수행하는 방식이 변화했다는 것에 주목할 필요가 있다. PCL은 디지털 기술을 보다 효과적으로 사용하기 위해 업무와 절차를 재설계해야 했으며 이러한 업무와 절차는 정보를 수집하고, 입력하고, 정보에 접속하고, 설계하고, 예산을 책정하고, 원가를 산정하고, 프로젝트를 관찰하는 것이다.

여기서 생각해야 할 몇 가지 질문이 있다: 정보기술은 PCL건설의 운영 방식을 어떻게 변화시켰는가? 모바일 기술과 클라우드 컴퓨팅의 역할은 무엇인가?

1-1 오늘날 기업을 운영하고 관리하는 데 정보시스템이 왜 필수적인가?

미국 혹은 글로벌 경제의 어느 곳이든, 현재 상황은 예전과 같지 않다. 2018년에 미국 기업들은 거의 1조 달러를 정보시스템, 하드웨어, 소프트웨어, 정보통신기기 등에 투자했다. 이 금액은 미국의 전체 자본 투자 금액의 약 33%에 해당한다. 아울러 미국 기업은 추가로 1,430억 달러를 경영 컨설팅과 정보기술 서비스에 사용했는데, 이 금액 중 상당액은 정보기술을 이용해 비즈니스 운영 방식을 재설계하는 데 사용되었다. 또한 정보기술과 경영 컨설팅 관련 투자는 2018년에 약 3.5%의 증가율을 보였는데, 이는 경제 전반의 수치와 비교해볼 때 훨씬 빠른 증가율이다(BEA, 2018). 전 세계적으로 2019년 비미국(non-US)의 정보기술에 대한 지출은 3조 8,000억 달러를 상회했다(Gartner, Inc., 2019).

정보시스템은 비즈니스를 어떻게 변화시키는가

당신은 이러한 투자를 일상에서 관찰할 수 있다. 휴대전화, 스마트폰, 태블릿 컴퓨터, 이메일, 인터넷 기반 온라인 회의 등은 비즈니스의 필수 도구가 되었다. 전 세계적으로 43억 명이 온라인에 접속하고 있으며 이는 전 세계 인구의 절반 이상이다(IWS, 2019). 이는 만일 당신과 당신의 기업이 인터넷이나 모바일 앱에 연결되어 있지 않다면 비즈니스 성공 가능성이 네트워크에 연결되었을 때보다 높지 않다는 것을 의미한다(eMarketer, 2019; Pew Internet and American Life, 2019).

2018년 페덱스(FedEx)는 대부분 익일배송 조건으로 전 세계 10억 개 이상의 소포를 배송하고, UPS는 50억 개의 소포를 배송했다. 이러한 일이 가능한 이유는 기업이 급변하는 고객의 요구를 감지해 재빨리 반응하고, 가능한 최저 수준으로 재고를 줄였으며, 더 높은 수준의 운영 효율성 달성을 추구했기 때문이다. 아마존은 페덱스와 UPS 물량을 합친 것보다 더 많은 소포를 배송했다. 전자상거래의 성장은 UPS 운송물량에 매우 큰 영향을 미쳤다. UPS는 전자상거래에서 발생하는 물동량의 약 45%를 배송했으며, 이는 UPS 전체 매출액의 25%에 해당한다. 다양한 규모의 기업이 경쟁에 유리한 즉시생산체제(just-in-time)에 의존하기 때문에 공급사슬은 더욱 빨라지게 되었다. 오늘날 기업은 간접비용을 줄이고 제품을 시장에 빠르게 출시하기 위해 거의 실시간으로 재고를 관리한다. 만일 당신이 이러한 새로운 공급사슬관리 경제를 이용하지 않는다면 당신의 비즈니스는 비효율적일 가능성이 크다.

신문 구독자 수는 지속적으로 감소하고 있으며, 적어도 2억 명 이상이 뉴스의 일부를 온라인으로 읽고, 1억 8,000만 명은 실제로 온라인 신문을 구독하며, 가입자는 매년 10% 증가한다. 2억 2,000만 명은 페이스북(Facebook), 텀블러(Tumblr), 핀터레스트(Pinterest)와 같은 소셜 네트워크 사이트를 이용한다. 1억 6,000만 명 이상은 온라인으로 은행거래를 하며, 8,500만 명이 블로그를 읽게 됨으로써 이전에는 존재하지 않았던 새로운 작가와 독자, 새로운 형태의 고객 피드백을 폭발적으로 만들어냈다. 또한 상위 50개 뉴스 사이트 중 39개 사이트에는 60%의 방문객이 모바일 기기를 이용해 접속하고 있다. 이러한 소셜 미디어에 더해, 전 세계적으로 약 3억 2,500만 명(이 중 약 1억 2,600만 명이 미국에 거주)이 트위터를 사용하고 있으며, 《포춘(Fortune)》이 선정한 500대 기업의 80%가 트위터를 이용해 고객과 소통하고 있다. 이것은 당신의 고객에게 영향력을 제공했으며 당신 기업의 제품과 서비스에 대해 다른 고객과 서로 의견 교환을 할 수 있게 되었음을 의미한다. 당신은 구체적인 온라인 고객관계관리 프로그램을 운영하고 있는가? 당신은 고객이 당신 기업에 대해 어떻게 말하고 있는지 알고 있는가? 당신의 마케팅 부서는 이러한 소리를 듣고 있는가?

전통적인 광고와 상거래가 정체 상태였던 2018년에도 전자상거래와 인터넷 광고비는 약 15%의 성장률을 보였고 금액으로는 1,050억 달러에 달할 것으로 예측된다. 페이스북의 2018년 광고 수입은 550억 달러에 달했고, 구글의 온라인 광고 수입도 2018년에 1,160억 달러를 넘어섰다. 당신 회사의 광고 부서는 웹과 모바일을 기반으로 하는 새로운 고객 계층에 접근하고 있는가?

새로운 연방 보안 및 회계 법률은 많은 기업이 이메일 메시지를 5년간 보관할 것을 요구한다. 종업원의 화학물질에 대한 노출 데이터를 60년간 보관해야 하는 현재의 직무 및 건강 법률과 더불어 이러한 법률은 4.7제타바이트(4.7조 기가바이트)의 디지털 정보를 생산하는데, 이는 미국 국회 도서관 60,000개 분량에 해당한다. 이 같은 양의 정보는 2,000억 개 이상의 인터넷 센서와 데이터 생성기기 등으로부터 수집되며 매년 2배로 증가하고 있다. 당신의 회계감사 부서는 재무, 건강, 직무 관련 정보를 저장하는 데 있어서 최소한의 요구사항을 만족시키고 있는가? 만일 그렇지 않다면, 당신의 비즈니스 전체가 위험에 처할 수 있다.

간단히 말해 이와 같은 현상은 새로운 비즈니스 환경을 의미하며, 이는 당신의 미래 직업경력에 큰 영향을 미칠 것이다. 비즈니스 환경 변화에 따라 직업과 경력에도 변화가 온다. 당신의 전공이 재무, 회계, 관리, 마케팅, 생산운영관리, 정보시스템 중 어떤 것이든 관계없이 어떻게 일하고, 어디에서 일하고, 얼마나 잘 대우를 받는가는 모두 경영정보시스템에 영향을 받을 것이다. 이 책의 목적은 당신이 이러한 새로운 비즈니스 현실과 기회를 이해하고 더 좋은 결과를 얻을 수 있도록 하려는 데 있다.

경영정보시스템에서 주요 도전 과제

경영정보시스템이 경영 분야에서 가장 흥미로운 주제인 이유는 기술의 끊임없는 변화, 기술을 경영에 접목할 수 있고, 비즈니스 성공에 미치는 영향 등일 것이다. 최신 기술과 비즈니스 모델을 사용하는 신생 창업기업이 전통적인 산업에 등장한다. 이러한 변화는 기업이 새로운 발전에 어떻게 대응해야 하는지 결정해야 하는 모든 경영자에게 도전을 제공한다. 하드웨어, 소프트웨어, 비즈니스 업무에 새로운 발전을 추구하는 데 따른 혜택과 비용은 얼마인가?

표 1.1은 경영 활동에 정보시스템을 사용할 때 생기는 주요 도전 과제를 요약한 것이다. 이러한 도전 과제에는 정보시스템 담당자뿐만 아니라 전체 경영자도 직면하게 된다. 이러한 도전 과제는 이 책의 모든 장에서 계속 등장할 것이기 때문에 지금 시간을 내서 이에 대해 토의해보는 것도 좋을 것이다.

글로벌화의 도전과 기회: 평준화된 세계

1500년 이전에는 지역적인 무역시장이 열리긴 했으나 지구의 모든 대륙을 연결하는 진정한 의미에서의 글로벌 경제시스템은 존재하지 않았다. 16세기 이후 항해와 조선기술의 발전으로 글로벌 무역시스템이 나타나기 시작했다. 이러한 발전 이후 세계 무역은 전 세계 국민과 문화를 더욱 가깝게 만들었다. 산업혁명은 국가 간 무역 확장으로 촉진된 세계적인 현상이었다. 산업혁명은 각 국가를 비즈니스에 있어서 서로 경쟁자이면서 협력자 관계로 만들어 놓았다. 인터넷은 국제무역이 확대되면서 국가 간 경쟁적 마찰을 높임과 동시에 무역으로부터 발생하는 이득을 높여주었으며 또한 노동시장에 중대한 혼란을 초래하기도 했다.

2005년에 저널리스트 토머스 프리드먼(Thomas Friedman)은 인터넷과 글로벌 통신이 사람들 간 의사소통 기회를 획기적으로 확대하고, 선진국의 경제적, 문화적 장점을 크게 감소시킨다는 의미에서 이제 세계는 '평평해졌다(flat)'고 주장하는 영향력 있는 책을 썼다. 프리드먼에 따르면 미국과 유럽 국가들은 자국의 경제 생존을 위해 일자리, 시장, 자원, 심지어 아이디어를 놓고 개발도상국의 저임금 지역에서 고도로 교육받고 동기부여된 사람

표 1.1
MIS의 주요 도전 과제

변화	경영상 도전 과제
기술	
클라우드 컴퓨팅 플랫폼이 비즈니스 혁신의 주요 영역으로 부각됨	과거에는 기업 내부 컴퓨터가 처리하던 작업을 현재는 인터넷상에서 유연하게 연계된 컴퓨터들이 수행한다. 주요 업무 애플리케이션은 인터넷 서비스(SaaS)로 온라인상에서 제공된다. 클라우드 컴퓨팅의 비용과 편익은 무엇이며, 얼마나 많은 기업의 IT 인프라가 클라우드 제공업체로 옮겨 가고 있는가?
빅데이터와 사물인터넷(IoT)	기업은 웹데이터, 이메일, 소셜 미디어 콘텐츠, 인터넷으로 연결된 각종 기기(센서)에서 얻는 대규모 데이터로부터 통찰력을 얻고자 한다. 더욱 강력한 데이터 분석기술과 대화형 대시보드 덕분에 경영자는 성과정보를 실시간으로 받아 의사결정을 보다 잘할 수 있다. 우리 기업이 빅데이터와 분석기술을 사용할 수 있는 능력이 있는가? 더 좋은 제품 및 서비스를 제공하기 위해 IoT 기술을 어떻게 사용할 것인가?
인공지능(AI)	컴퓨터 프로그램은 대규모 데이터베이스에 있는 패턴을 발견함으로써 경영자가 업무를 이해하고 보다 좋은 제품을 제공하는 데 도움을 준다. AI를 어떤 곳에서 사용할 것이며, 어디에서 전문가를 찾을 것인가? 기대할 수 있는 편익은 무엇인가? 비용은 얼마인가?
모바일 플랫폼	업무와 개인 정보 처리는 갈수록 스마트폰, 고화질 태블릿, 차량 인터넷 시스템, 웨어러블 기기에서 이루어진다. 이러한 모바일 기기는 수천 개의 애플리케이션을 이용해 협업, 업무 조정, 동료와 고객 간 의사소통, 온라인 구매를 지원한다. 인터넷 사용자의 90% 이상이 모바일 기기로 웹에 접속한다. 우리는 종업원과 고객을 위해 모바일 기술을 최대로 사용하고 있는가? 모바일을 사용해 어느 곳을 개선할 수 있는가? 그때의 비용과 편익은 얼마인가?
경영과 사람	
투자수익률(ROI)	기업은 정보시스템과 정보 서비스에 수백만 달러를 투자하지만, 얼마나 이득을 얻는지 잘 알지 못한다. IS/IT 지출을 통해 얻는 이득을 어떻게 측정하고 파악할 수 있는가? 비용이 덜 들면서 이들을 대체할 수 있는 다른 대안이 있는가?
온라인 협업과 소셜 네트워킹	수백만 명의 비즈니스 전문가가 구글 앱스(Google Apps), 구글 드라이브(Google Drive), 마이크로소프트 오피스 365, 야머(Yammer), 줌(Zoom), IBM 커넥션(IBM Connection) 등을 이용해 블로그, 프로젝트 관리, 온라인 회의, 개인 프로필 작성, 온라인 커뮤니티를 지원한다. 우리의 기업은 조정, 협업, 지식 공유를 향상하기 위해 신기술을 사용하는 노력을 하고 있는가? 여러 가지 대안 중 어떠한 것을 사용해야 할 것인가?
조직	
보안과 프라이버시	보안과 개인 프라이버시를 보호하는 것은 모든 업무에 영향을 주는 주요한 이슈이다. 우리 데이터가 안전하다는 것을 어떻게 알 수 있는가? 현재 보안에 비용을 얼마나 지출하고 있는가? 프라이버시 보호를 위해 어떠한 방책을 마련하고 있으며 새로운 법이 출현함에 따라 우리의 프라이버시 보호를 어떻게 확장할 것인가?
소셜 비즈니스	기업은 페이스북, 트위터, 인스타그램, 기업 내부 소셜 도구 등과 같은 소셜 네트워킹 플랫폼을 사용해 직원, 고객, 공급자와 긴밀한 관계를 유지하고 있다. 우리는 소셜 비즈니스 도구를 어떠한 용도로 사용하고 있는가? 우리는 어떠한 방향으로 가야 할 것인가? 우리는 이러한 플랫폼으로부터 실질적인 가치를 얻을 수 있을 것인가?
원격근무	인터넷, 클라우드 컴퓨팅, 스마트폰, 태블릿 기기는 점점 더 많은 사람이 사무실 밖에서도 업무 수행이 가능하게 한다. 미국 종업원의 43%는 일부 시간을 원격으로 근무하고 있으며 오랫동안 그렇게 해오고 있다. 우리는 원격근무를 통해 이득을 얻고 있는가? 원격근무가 생산성에 미치는 위험은 무엇인가?

들과 싸움을 벌이고 있다(Friedman, 2007). 이러한 글로벌화는 당신과 당신의 비즈니스에 도전과 기회를 가져다준다.

미국과 그 밖의 유럽 및 아시아의 선진 산업국가 경제는 점점 큰 비중으로 수입과 수출에 의존하고 있다. 2018년에 미국 경제의 30% 이상이 외국과의 상품 및 서비스 수출입에 의존했다. 유럽과 아시아에서는 이 수치가 50%를 넘는다. 《포춘》 500대 기업의 절반은 최소한 매출의 절반을 외국과의 교역으로부터 얻는다. 예를 들면 인텔(Intel)은 2018년 수입의 절반 이상을 해외 마이크로프로세서 판매에서 얻었다. 미국에서 팔리는 장난감의 80%는 중국에서 만들어졌으며, 중국에서 생산된 PC의 90% 정도는 미국산 인텔이나 AMD 칩이다.

국경을 이동하는 것은 물품만이 아니다. 일자리도 그렇다. 이 일자리 중 일부는 높은 임금을 받는, 대학 졸업장이 필요한 고급 직업이다. 지난 15년간 미국은 해외 저임금 근로자에게 250만 개의 생산직 일자리를 내주게 되어, 제조업은 미국 GDP에서 2조 1,000억 달러를 차지하고 있지만 이제 미국 전체 고용에서 아주 작은 부분(12% 이하)에 불과하다. 평균적으로 매년 약 30만 개의 서비스 일자리가 해외 저임금 국가로 이전되는데, 이들 중 대부분은 낮은 수준의 기술이 요구되는 정보시스템 업무지만 건축, 금융 서비스, 고객 콜센터, 컨설팅, 공학, 심지어 방사선 의학 등과 같은 교역 가능 서비스(tradable service: 한 지역에서 생산 및 공급되는 서비스가 멀리 떨어진 다른 지역의 소비자에게 용이하게 전달되어 사용될 수 있는 유형의 서비스 — 역주)와 같은 일자리도 포함된다.

긍정적인 측면에서 미국 경제는 2018년에 260만 개 이상의 새로운 일자리를 창출했다. 정보시스템 분야의 고용이나 앞에서 나열한 기타 서비스 직종은 일자리 수, 임금, 생산성, 작업의 질 측면에서 큰 향상을 보였다. 아웃소싱은 기업 내부 정보시스템 구축과 유지비용을 절감하기 때문에 실제로 미국과 전 세계에 새로운 시스템 개발을 촉진했다. 2019년에는 정보시스템과 정보기술 분야의 일자리 창출이 지원자 수요를 훨씬 능가했다.

경영학 전공 학생이 명심해야 할 것은 교육과 현장 경험을 통해 아웃소싱할 수 없는 고도의 전문기술을 개발하는 것이다. 기업의 과제는 낮은 가격으로 해외에서 생산할 수 있는 제품과 서비스 시장은 피하는 것이다. 그러나 기회 또한 매우 많다. 당신은 글로벌 시장에서 싼 가격에 조달하고 수십억의 고객에게 판매함으로써 이익을 얻는 방법을 터득할 수 있다. 또 고품질, 고수익 제품 및 서비스를 개발할 기회가 있다. 당신은 이 책에서 새로운 글로벌 환경에 적응하기 위해 정보시스템을 사용한 기업과 개인 중 성공하거나 실패한 사례들을 보게 될 것이다.

글로벌화와 경영정보시스템은 어떤 관련이 있을까? 답은 간단하다. 모든 것이 관련되어 있다. 글로벌 통신시스템으로 완전히 발전된 인터넷의 등장으로 글로벌 규모에서의 운영 및 거래 비용이 극적으로 감소했다. 상하이에 있는 공장과 암스테르담에 있는 분배센터 간 통신은 이제 즉각적이고 거의 무료이다. 고객은 이제 하루 24시간 중 어느 때라도 가격과 품질 정보를 얻을 수 있으며, 전 세계 시장을 대상으로 물건을 구매할 수 있다. 글로벌 규모로 제품과 서비스를 생산하는 기업은 저비용 공급자를 찾고 다른 나라에서 생산 설비를 운영해 획기적으로 비용 절감을 달성한다. 구글이나 이베이 같은 인터넷 서비스기업은 다른 나라에 진출할 때 고가의 고정비용이 드는 정보시스템 인프라를 새롭게 재설계할 필요 없이 자신의 비즈니스 모델과 서비스를 다른 여러 나라에서 복제해 운영할 수 있게 되었다.

비즈니스에서 정보시스템의 목표

오늘날 정보시스템이 필수인 이유는 무엇인가? 기업이 정보시스템과 기술에 그렇게 많은 투자를 하는 이유는 무엇인가? 기업은 운영 수월성, 새로운 제품·서비스와 비즈니스 모델 개발, 고객·공급자와의 친밀성 유지, 의사결정 개선, 경쟁우위, 생존의 여섯 가지 중요한 경영 목표를 달성하기 위해 투자를 한다.

운영 우수성

기업은 높은 수익성을 창출하기 위해 운영 효율성을 지속적으로 개선하려고 노력한다. 정보시스템과 기술은 비즈니스 운영 측면에서 높은 수준의 효율성과 생산성을 달성하기 위해 관리자가 활용할 수 있는 가장 중요한 도구에 속하며, 그 효과는 실제 업무 처리 방식과 관리자의 행동 양식 변화가 동반될 때 더욱 크게 나타난다.

지구상에서 가장 큰 소매업체인 월마트(Walmart)는 세계 정상급 운영 효율성을 달성하기 위해 복잡한 비즈니스 관행과 지원적 관리를 정보시스템을 통해 수행하는 좋은 예를 보여준다. 2019년에 월마트는 세계 11,666개의 월마트 점포와 공급자를 디지털로 연결하는 소매 링크 시스템(Retail Link System) 덕분에 미국 전체 소매점 매출액의 약 10분의 1에 달하는 5,140억 달러가 넘는 판매액을 달성했다. 월마트에서 고객이 물품을 구매하면 해당 물품의 공급자는 그 즉시 정보시스템을 통해 월마트 판매대에 그 물품을 보충하기 위해 배송해야 한다는 것을 알게 된다. 월마트는 유통업계에서 가장 효율적인 소매점으로, 제곱피트당 600달러 이상의 매출을 기록했으며, 이는 가장 근접한 경쟁업체인 타깃(Target)의 제곱피트당 300달러라는 매출 기록과 비교된다.

세계에서 가장 큰 온라인 소매점인 아마존은 2018년에 2,320억 달러의 매출을 올렸고, 21억 달러를 정보시스템 부문에 투자했다. 그 결과 3억 명에 달하는 고객이 제품 검색을 시도했을 때 그 제품에 대한 검색 결과는 물론 다른 연관 제품 추천을 1,000분의 1초 내로 처리할 수 있게 되었다.

새로운 제품·서비스와 비즈니스 모델

정보시스템과 기술은 새로운 비즈니스 모델뿐만 아니라 새로운 제품과 서비스를 개발할 수 있는 중요한 도구이다. **비즈니스 모델**(business model)은 기업이 이윤을 창출하기 위해 제품과 서비스를 생산, 전달, 판매하는 방법을 결정한다. 오늘날의 음악산업은 10여 년 전과는 크게 다르다. 애플은 레코드판, 테이프, CD 등의 형태로 유통되던 과거 비즈니스 모델을 독자적인 운영체제와 아이튠즈 스토어를 기반으로 한 합법적인 온라인 유통 모델로 변화시켰다. 애플은 아이팟에서부터 아이튠즈 음악 서비스, 아이폰, 아이패드로 이어지는 혁신으로 성공을 거두었다.

고객·공급자와의 친밀성

일반적으로 고객을 잘 알고 고객이 원하는 방식으로 잘 대우하면 고객은 다시 찾아오며 더 많은 구매로 반응한다. 이것은 수입과 이익 증대를 가져온다. 공급자와의 관계도 마찬가지다. 공급자와의 관계가 밀접할수록 공급자는 기업에 더욱 필수적인 것들을 공급하게 되며 이것은 비용을 낮춘다. 어떻게 고객과 공급자를 깊이 이해하느냐가 수백만 명의 오프라인 및 온라인 고객을 가진 기업이 풀어야 할 핵심 과제이다.

뉴욕 맨해튼에 있는 만다린오리엔탈(Mandarin Oriental) 호텔과 그 밖의 최고급 호텔은 고객과의 친밀성을 높이기 위해 정보시스템과 기술을 활용한 대표적인 사례이다. 이 호텔들은 정보시스템을 이용해 투숙객이 원하는 객실 온도, 체크인 시간, 자주 거는 전화번호, TV 프로그램 등과 같은 고객 선호도를 기록해 이 데이터를 방대한 데이터베이스에 저장한다. 호텔의 개별 객실은 중앙 서버 컴퓨터에 네트워크로 연결되어 원격으로 관찰, 관측, 관리된다. 고객이 객실에 도착하면 정보시스템은 고객의 디지털 정보에 근거해 조명의 밝기, 실내 온도, 적절한 음악 선택 등과 같은 객실 조건을 자동으로 조정한다. 호텔은 또한 고객 데이터를 분석해 최우수 고객을 찾아내고, 고객 선호도에 근거해 개별화된 마케팅 캠페인을 개발한다.

JC페니(JCPenney) 백화점은 정보시스템으로 공급자와의 친밀성을 구축한 성공적인 사례다. 미국 JC페니 매장에서 셔츠가 판매될 때마다 판매 기록이 홍콩에 있는 의류회사 TAL의 컴퓨터에 즉각적으로 나타난다. TAL은 미국에서 판매되는 셔츠 8벌 중 1벌을 생산하는 거대 하청업체이다. TAL은 이러한 판매 데이터를 자체 개발한 컴퓨터 모델로 분석해 어떤 스타일, 어떤 색상, 어떤 사이즈로 몇 벌의 셔츠를 만들어 공급할 것인지를 결정한다. TAL은 JC페니의 중간창고를 거치지 않고 각 JC페니 매장에 직접 필요한 셔츠를 보낸다. 다시 말해 JC페니의 셔츠는 과잉 재고가 없으며, 따라서 이것을 보관하는 재고 비용도 없다.

의사결정 개선

지금까지 많은 기업 경영자가 정보의 안개 속에서 경영을 했고, 따라서 제대로 된 의사결정에 필요한 적절한 정보를 적절한 시기에 가져본 적이 없었다. 대신에 경영자는 예보, 어림짐작, 운 등에 의지했으며, 그 결과는 상품과 서비스의 과잉생산 또는 과소생산, 잘못된 자원 배분, 늦은 반응시간 등으로 나타났다. 이러한 잘못된 결과는 비용을 증가시키고 고객을 잃게 만든다. 정보시스템과 정보기술은 경영자가 의사결정을 할 때 실시간 시장 데이터 활용을 가능하게 했다.

예를 들어 미국에서 가장 큰 통신 서비스 회사 중 하나인 버라이즌(Verizon)은 고객 불만, 각 지역 네트워크 성능, 서비스 중단, 폭풍으로 파손된 회선 등에 대한 정확한 실시간 정보를 경영자에게 제공하기 위해 웹 기반 디지털 대시보드를 이용한다. 이러한 정보를 이용해 경영자는 장애 지역에 수리 인력을 긴급히 파견할 수 있고, 고객에게 수리 상황을 알려줄 수 있으며, 통신 서비스를 신속히 복구할 수 있다.

경쟁우위

기업이 운영 수월성, 새로운 제품·서비스와 비즈니스 모델 개발, 고객·공급자와의 친밀성 유지, 의사결정 개선과 같은 경영 목표 중에서 하나 이상을 달성했다면, 그 기업은 이미 경쟁우위를 확보하고 있을 가능성이 크다. 더 우수한 제품을 저렴하게 공급하고, 고객과 공급자에게 실시간으로 반응해 경쟁자보다 경영을 더 잘하고 있다는 것은 경쟁자가 따라올 수 없는 더 높은 매출과 이익을 얻을 수 있음을 의미한다. 애플, 월마트, UPS와 같은 회사들은 앞서 제시한 목표를 달성하기 위해 정보기술을 어떻게 사용할지 알기 때문에 각 산업에서 선두주자가 되었다.

생존

기업은 비즈니스 수행에 정보시스템이 꼭 필요하기 때문에 정보기술에 투자한다. 이러한 필요성은 산업 차원의 변화로 발생하기도 한다. 예를 들어 씨티은행(Citibank)이 차원 높은 서비스 제공을 통해 고객을 끌어들이기 위해 뉴욕에서 현금자동인출기(ATM) 서비스를 시작했을 때, 경쟁 은행들도 씨티은행에 뒤지지 않기 위해 서둘러 자기 고객들에게 ATM 서비스를 제공했다. 오늘날 거의 모든 글로벌 은행은 지역 ATM 망을 갖고 있으며, 시러스(CIRRUS)와 같은 전국 및 국제 ATM 네트워크와 연결되어 있다. ATM 서비스를 고객에게 제공하는 것은 소매 금융사업에서 생존하기 위한 필요조건 그 자체인 것이다.

많은 국가가 회사와 직원에 대해 디지털 기록을 포함해 기록물 유지를 의무화하는 여러 법규 및 규제가 제정하기 시작했다. 예를 들어 미국 노동자에 75,000개가 넘는 유독 화학물질에 대한 노출을 규제하는 독성물질규제법(Toxic Substances Control Act, 1976)은 기업이 이러한 물질에 대한 직원의 노출 기록을 30년간 유지할 것을 규정하고 있다. 상장기업과 그들 감사인의 책임성을 강화하려는 목적으로 제정된 사베인스-옥슬리법(Sarbanes-Oxley Act, 2002)은 모든 이메일을 포함한 감사 문서와 기록을 5년간 보존할 것을 요구한다. 기업은 이러한 정보 보존과 보고 요구에 대한 대응을 정보시스템과 기술에 의존하게 된다. 도드-프랭크법(Dodd-Frank Act, 2010)은 금융 서비스 기업의 공시자료 범위를 파생상품과 다른 금융상품으로 확대할 것을 규정하고 있다. 유럽, 일본, 인도, 중국의 금융 규제기관도 유사한 정보 관리를 위한 필수사항을 요구하고 있다.

1-2 정보시스템은 무엇이며 어떻게 작동하는가? 정보시스템의 구성요소인 사람, 조직, 기술은 무엇을 의미하는가?

지금까지 우리는 **정보시스템**과 **정보기술**이라는 용어를 정의도 하지 않은 채 사용했다. **정보기술**(information technology, IT)은 조직 목표를 달성하기 위해 사용하는 모든 하드웨어 및 소프트웨어를 말한다. 여기에는 컴퓨터 기계, 디스크 드라이브, 모바일 휴대 장치뿐만 아니라 윈도나 리눅스 같은 운영체제, 마이크로소프트 오피스와 같은 생산성 지원 도구, 일반 대기업에서 볼 수 있는 수천 개의 컴퓨터 프로그램 등과 같은 소프트웨어가 포함된다. 정보시스템은 생각보다 복잡하며, 기술과 비즈니스 두 관점에서 동시에 살펴볼 때 더욱 잘 이해할 수 있다.

정보시스템 정의

정보시스템(information system, IS)은 조직에서 의사결정, 조정, 통제를 지원하기 위해 사용하는 정보의 수집(추출), 처리, 저장, 배포를 위해 필요한 상호 연관된 요소의 집합이라고 기술적으로 정의할 수 있다. 그 밖에도 정보시스템은 관리자와 근로자가 문제를 분석하고, 복잡한 데이터를 시각화하고, 새로운 제품을 개발하는 것에도 도움을 준다.

정보시스템은 조직 내부나 조직을 둘러싸고 있는 환경에서 중요하다고 판단되는 사람, 장소, 사물에 대한 정보를 담고 있다. **정보**(information)는 데이터가 사람들에게 의미 있고 유용한 형태로 만들어진 것을 말한다. 반면에 **데이터**(data)는 사람이 이해하고 사용할 수 있는 형태로 구성되고 정렬되기 전의 형태로서, 조직이나 물리적 환경에서 발생하는 사건들을 나타내는 가공되지 않은 일련의 사실이다.

정보와 데이터의 차이를 예를 들어 비교하면 효과적일 것이다. 슈퍼마켓 계산대는 각 제품을 기술하는 바코드 형태로 기록된 수백만 개의 데이터를 읽어 들인다. 이러한 데이터는 특정 점포에서 판매된 주방세제의 총 개수, 특정 점포나 판매구역에서 가장 빠르게 팔린 주방세제 상표, 특정 점포나 판매구역에서 판매된 해당 상표 주방세제의 총 판매액 등과 같은 의미 있는 정보를 제공하기 위해 합계되고 분석될 수 있다(그림 1.1 참조).

정보시스템의 세 가지 활동이 조직에서 의사결정을 하고, 운영을 통제하며, 문제를 분석하고, 새로운 제품과 서비스를 개발하는 데 필요한 정보를 제공한다. 이 세 가지 활동은 입력, 처리, 출력이다(그림 1.2 참조). **입력**(input)은 조직 내부 또는 외부 환경으로부터 원시 데이터(가공되지 않은 데이터)를 획득하거나 수집한다. **처리**(processing)는 이러한 원시 입력 자료를 의미 있는 형태로 변화시킨다. **출력**(output)은 처리된 정보를 정보 사용자나 활동 주체에 전달한다. 정보시스템에는 또한 **피드백**(feedback)이 필요하다. 피드백은 입력 단계를 평가하거나 교정하는 데 도움이 되도록 책임자에게 제공되는 출력이다.

PCL의 프로젝트 관리시스템에서 입력에는 하도급업자의 이름과 주소, 프로젝트 이름과

그림 1.1 데이터와 정보
슈퍼마켓 계산대에서 얻은 원시 데이터는 주방세제의 총 판매개수, 특정 점포나 판매구역에서 판매된 특정 상표 주방세제의 총판매액 등과 같은 유용한 정보를 얻기 위해 처리되고 정돈될 수 있다.

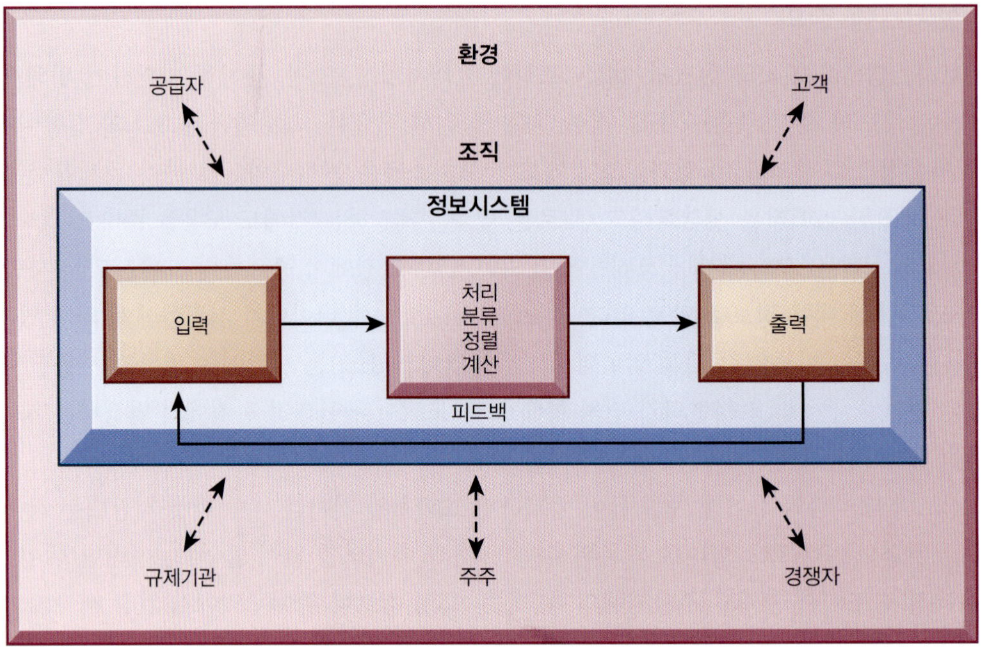

그림 1.2
정보시스템 기능
정보시스템은 조직과 조직 주변 환경에 대한 정보를 담고 있다. 조직이 요구하는 정보는 입력, 처리, 출력이라는 세 가지 기본 활동으로 생산된다. 피드백은 입력을 평가하고 수정을 책임지는 사람이나 활동에 되돌려지는 출력이다. 고객, 공급자, 경쟁자, 주주, 규제기관 등 외부 이해관계자는 조직 및 정보시스템과 상호작용을 한다.

식별번호, 프로젝트 활동, 인건비, 자재 비용, 프로젝트 활동 시작일과 종료일 등이 포함된다. 컴퓨터는 이러한 데이터를 저장하고 처리해 각 프로젝트 활동과 전체 프로젝트 비용이 얼마인지 계산하고 완료 일자를 추정한다. 정보시스템은 PCL 관리하에 있는 전체 프로젝트의 규모, 비용, 기간, 예산, 예산 초과와 부족 예측, 지연되거나 정확하게 끝나는 프로젝트와 프로젝트 활동 등 의미 있는 정보를 제공한다.

컴퓨터 기반 정보시스템이 원시 데이터를 의미 있는 정보로 처리하는 데 컴퓨터 기술을 사용하기는 하지만, 컴퓨터와 컴퓨터 프로그램, 정보시스템 간에는 뚜렷한 차이가 있다. 컴퓨터와 소프트웨어 프로그램은 정보시스템의 기술적인 토대이자 도구이며 재료이다. 컴퓨터는 정보를 저장하고 처리하는 장치를 제공한다. 컴퓨터 프로그램 또는 소프트웨어는 컴퓨터 처리를 지시하고 통제하는 실행 명령어의 집합이다. 컴퓨터와 컴퓨터 프로그램이 어떻게 작동하는지를 아는 것은 조직 문제 해결안을 설계하는 데 중요하지만, 이들은 정보시스템의 일부에 불과하다.

집이 적절한 비유가 될 수 있다. 집은 망치, 못, 목재 등으로 지어지지만, 이것만으로는 집을 지을 수 없다. 건축설계, 디자인, 배치, 조경, 그리고 이와 같은 특성에 영향을 주는 모든 의사결정이 집의 일부이고, 집을 짓는 문제를 해결하는 데 필수적인 역할을 한다. 컴퓨터와 프로그램은 컴퓨터 기반 정보시스템의 망치, 못, 목재이다. 그러나 그것만으로는 조직이 요구하는 정보를 만들어내지 못한다. 정보시스템을 이해하려면 해결해야 하는 문제와 해결에 필요한 정보시스템 구조 및 설계 요소, 해결책을 도출하는 조직의 프로세스 등을 이해해야 한다.

정보시스템은 기술만이 아니다: 사람과 조직의 역할

정보시스템을 완벽하게 이해하려면 정보시스템의 조직, 사람, 정보기술 세 가지 차원(그림 1.3)을 폭넓게 이해해야 하고, 정보시스템을 활용해 경영 활동에서 직면하는 도전과 문제를 해결할 수 있음을 인식할 필요가 있다. 정보시스템에서 기술적 차원뿐만 아니라 사람과 조직 차원을 이해할 수 있는 정보시스템에 대한 폭넓은 이해를 **정보시스템 이해능력**(information systems literacy)이라고 한다. 정보시스템 이해능력은 정보시스템에 대한 기술적 접근뿐만 아니라 행동학적 접근까지 포함한다. 반면에 **컴퓨터 활용능력**(computer literacy)은 주로 정보기술에 관한 지식에 초점이 맞추어져 있다.

경영정보시스템(management information systems, MIS) 학문 분야는 폭넓은 정보시스템 이해능력을 높이기 위해 존재한다. MIS는 관리자와 직원이 사용하는 정보시스템에 대한 개발, 활용, 영향에 관한 기술적인 주제뿐만 아니라 사용자 관점의 행동학적인 주제도 함께 다룬다.

정보시스템 차원

정보시스템의 세 가지 차원인 조직, 사람, 정보기술 각각을 살펴보자.

조직

정보시스템은 여러 조직을 통합하는 요소이다. 정보기술이 조직과 비즈니스 기업을 변화시킨다고 생각하기 쉽지만, 사실은 서로 영향을 주고받는 양방향 관계이다. 기업의 역사와 문화 또한 기술이 그 기업 내에서 어떻게 활용 및 사용되어야 하는지에 영향을 미치게 된다. 기업이 정보시스템을 어떻게 활용하고 있는지를 이해하려면 그 기업의 조직구조, 역사, 문화를 알아야 한다.

조직은 여러 수준의 계층과 전문분야로 구성되어 있다. 조직구조는 업무의 분업을 명쾌하게 보여준다. 기업의 권한과 책임은 상위로 올라갈수록 점차로 높아지는 계층적 구조나 피라미드 구조로 구성된다. 상위계층은 관리직, 전문직, 기술직 직원으로 구성되고 하위계층은 운영 인력으로 구성된다. 전문가는 판매 및 마케팅, 제조 및 생산, 재무 및 회계,

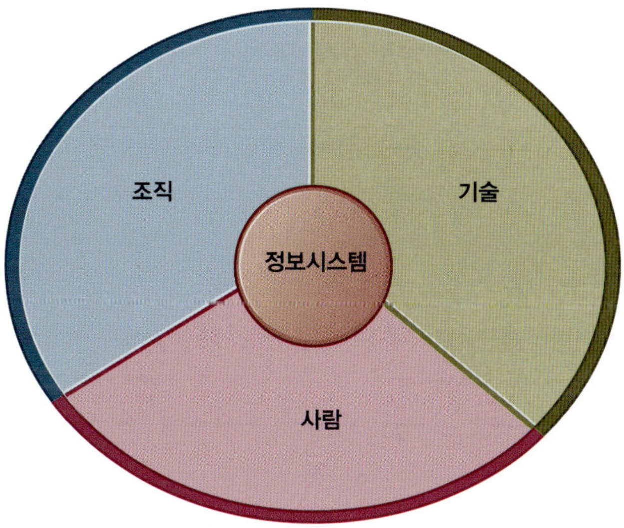

그림 1.3
정보시스템은 컴퓨터 그 이상이다
정보시스템을 효과적으로 사용하기 위해서는 시스템을 형성하는 조직, 사람, 정보기술에 대한 이해가 필요하다. 정보시스템은 중요한 경영 문제나 직면한 도전에 대한 해결책을 제공한다

인사관리 등 다양한 비즈니스 기능에서 채용되고 훈련된다. 기업은 이러한 여러 전문분야와 계층을 지원하기 위해 정보시스템을 개발한다. 2장에서는 이러한 비즈니스 기능과 조직 계층, 이들이 정보시스템으로 지원받는 방식을 구체적으로 설명한다.

조직은 구조화된 계층구조, 그리고 업무를 수행하기 위해 논리적으로 연계된 과업과 활동을 지칭하는 **비즈니스 프로세스**(business process)를 통해 업무를 수행하고 조정한다. 신제품 개발, 주문 처리, 신입사원 채용 등이 비즈니스 프로세스의 예이다.

대부분 조직의 비즈니스 프로세스는 작업을 수행하기 위해 오랜 기간에 걸쳐 개발된 공식적인 규칙을 갖고 있다. 이러한 규칙은 주문서를 작성하는 것에서부터 고객 불만을 처리하는 것과 같이 여러 가지 절차를 수행할 때 직원을 안내해 업무를 수행하게 하는 역할을 한다. 어떤 비즈니스 프로세스는 문서로 규정되어 있지만, 동료나 고객의 전화에 대한 답신 전화 의무 등과 같은 일부 비즈니스 프로세스는 공식적으로 문서화되지 않은 비공식적 작업 절차이다. 정보시스템은 많은 비즈니스 프로세스를 자동화한다. 예를 들면 고객이 어떻게 환불받고, 고객에게 어떻게 비용을 청구하는지에 관한 것은 공식적인 비즈니스 프로세스들이 구현된 정보시스템에 의해 처리되는 경우가 많다.

모든 조직에는 독특한 **문화**(culture)가 있다. 문화란 조직 구성원이 받아들이는 가정, 가치, 업무 수행 방식 등과 같은 본질적인 집합체이다. 조직 문화의 일부는 정보시스템에 포함되어 있음을 알 수 있다. 예를 들어 고객 서비스를 가장 중요하게 여기는 UPS의 문화는 UPS의 화물추적시스템에서 발견할 수 있다.

조직에서 서로 다른 계층과 전문분야는 서로 다른 이해관계와 관점을 만들어내며, 갈등을 일으키기도 한다. 갈등은 조직에서 정치적 문제를 일으키는 원천이다. 정보시스템은 모든 조직에서 자연적으로 발생하는 서로 다른 관점, 갈등, 타협, 합의 등 복합적 요소를 고려해야 한다.

사람

기업은 그곳에서 근무하는 직원과 경영자만큼만 훌륭하다. 정보시스템도 마찬가지다. 정보시스템은 그것을 구축하고 유지하는 숙련된 사람과 비즈니스 목표를 달성하기 위해 시스템에서 제공되는 정보를 어떻게 활용할 것인지를 이해하는 사람이 없으면 아무 쓸모가 없다.

예를 들어 적절한 고객 대응, 고객의 문제를 해결하는 방안 제시, 고객 배려 등을 위해 직원들이 훈련되지 않으면 첨단 고객관계관리시스템(이후의 장에서 다시 기술됨)으로 고객을 지원하는 콜센터라도 무용지물이 된다. 마찬가지로 직원의 직무, 고용주, 기술에 대한 태도도 정보시스템을 생산적으로 사용하는 데 큰 영향을 미친다.

기업은 관리자와 일반 직원을 포함하는 인력과 여러 가지 기술을 필요로 한다. 관리자의 직무는 조직이 당면한 상황을 이해하고, 의사결정을 하며, 조직의 문제를 해결하기 위한 실행계획을 수립하는 것이다. 관리자는 그가 처한 환경에서 발생하는 도전을 인식하고, 이러한 도전에 대한 조직전략을 수립하며, 직무를 조정하고, 성공을 달성하기 위해 인적자원과 재무자원을 할당한다. 모든 면에서 경영자는 책임 있는 리더십을 발휘해야 한다.

그러나 경영자는 이미 존재하는 것을 관리하는 것 그 이상을 해야 한다. 경영자는 새로운 제품과 서비스를 창조하고 조직을 재창조하기도 한다. 경영자의 책임 중 상당 부분은 새로운 지식과 정보에 기초해 창조적으로 업무를 수행하는 것이다. 정보기술은 경영자가 다양한 문제에 대한 획기적인 해결안을 개발하는 데 큰 도움을 줄 수 있다.

이 책을 통해 알게 되겠지만, 오늘날 기술은 상대적으로 값이 싼 반면에 인건비는 비싸다. 사람이 비즈니스 문제를 해결하고 정보기술을 유용한 비즈니스 해결안으로 변환할 수 있는 유일한 주체이기 때문에, 이 책에서는 정보시스템에서 '사람 관점'을 살펴보는 데 상당한 노력을 기울일 것이다.

기술

정보기술은 경영자가 변화와 복잡성에 대처하기 위해 사용하는 여러 도구 중 하나이다. **컴퓨터 하드웨어**(computer hardware)는 정보시스템에서 입력, 처리, 출력 활동을 지원하기 위한 물리적 장치이다. 컴퓨터 하드웨어는 다양한 크기와 형태의 컴퓨터, 여러 가지 입력, 출력, 저장장치, 그리고 이러한 장치를 연결하는 통신장치 등으로 구성된다.

컴퓨터 소프트웨어(computer software)는 상세하게 프로그래밍되어 있는 명령어 집합으로, 정보시스템의 하드웨어 구성요소를 제어하고 조정한다. 5장에서 오늘날 기업에서 사용하는 소프트웨어 및 하드웨어 플랫폼을 자세하게 설명한다.

데이터 관리기술(data management technology)은 물리적 저장장치에서 데이터 구성을 관리하는 소프트웨어를 말한다. 데이터 구성과 접근 방법에 대한 자세한 설명은 6장에 제시된다.

네트워킹 및 통신기술(networking and telecommunication technology)은 물리적 장치 및 소프트웨어로 구성되며, 여러 하드웨어 장치를 연결해 데이터를 한 장소에서 다른 장소로 전송한다. 컴퓨터와 통신 장치는 음성, 데이터, 이미지, 사운드, 비디오 등을 공유하기 위해 네트워크로 연결될 수 있다. **네트워크**(network)는 데이터 공유나 프린터와 같은 물리적 자원을 공유하기 위해 2개 혹은 그 이상의 컴퓨터를 연결한다.

세계에서 가장 크고 널리 사용되는 네트워크는 **인터넷**(Internet)이다. 인터넷은 전 세계 230개 이상의 국가에서 수백만의 네트워크를 연결하는 세계 공통의 표준(7장에서 설명)을 사용하는 글로벌 '네트워크의 네트워크'이다.

인터넷은 과거와는 다른 제품, 서비스, 전략, 비즈니스 모델을 구축할 수 있는 새로운 공통 기술 플랫폼을 탄생시켰다. 인터넷 기술 플랫폼은 기업 내 여러 시스템과 네트워크를 연결해 상호 통신능력을 제공하는 내부적인 용도로도 사용되었다. 인터넷 기술에 근거한 기업 내부 네트워크를 **인트라넷**(intranet)이라고 한다. 기업 내부용인 인트라넷이 조직 외부의 인가된 사용자까지 확장된 것을 **엑스트라넷**(extranet)이라고 부른다. 기업은 구매, 설계 협력작업, 그 밖의 조직 간 작업과 같이 다른 기업과의 조정이 필요할 때 엑스트라넷을 이용한다. 오늘날 대부분 기업은 비즈니스 필요성과 경쟁우위 확보를 위해 인터넷 기술을 사용한다.

월드와이드웹(World Wide Web)은 인터넷 서비스의 하나로서, 인터넷의 정보를 저장하고, 조회하고, 문서를 포맷하며, 페이지 형식으로 출력 등을 지원하는 표준화된 서비스이다. 웹페이지는 문자, 그래픽, 애니메이션, 사운드, 비디오 등을 포함하고, 다른 웹페이지와 연결된다. 또한 웹페이지에서 강조된 단어나 버튼을 클릭함으로써 추가적인 정보를 찾기 위해 다른 페이지로 연결하거나, 웹의 다른 지점으로 연결할 수 있다. 웹은 새로운 종류의 정보시스템 기반 역할을 할 수 있는데, 한 예로서 UPS의 웹 기반 화물추적시스템을 들 수 있다.

정보기술을 운영하고 관리하는 사람들과 더불어 이와 같은 기술 모두는 조직 전체에 걸쳐 공유될 수 있는 자원이며, 기업의 **정보기술 인프라**[information technology(IT) infrastructure]를 구성하는 요소이다. 정보기술 인프라는 기업이 자신에게 맞는 정보시스템을 구축할 수 있는 기반, 즉 **플랫폼**을 제공한다. 각 조직은 정보기술 인프라를 주의 깊게 설계하고 관리해 정보시스템을 활용해 달성하기 위한 업무에 필요한 모든 기술 서비스를 보유하고 있어야 한다. 이 책의 5~8장에서는 정보시스템 인프라의 주요 기술 요소를 각각 설명하고, 조직의 기술 플랫폼을 구축하기 위해 이러한 요소가 어떻게 상호작용해야 하는지를 살펴본다.

기술 관점 사례연구에서는 오늘날 컴퓨터 기반 정보시스템에서 사용되고 있는 전형적인 일부 기술을 설명한다. UPS는 자사의 비즈니스를 더 효율적이고 고객 지향적으로 만들기 위해 정보시스템 기술에 막대한 투자를 했다. UPS는 바코드 스캐닝 시스템, 무선 네트워크, 대형 메인프레임 컴퓨터, 휴대용 소형 컴퓨터, 인터넷, 화물추적, 요금 계산, 고객계좌 관리, 물류 관리 등을 위한 다양한 소프트웨어를 포함한 일련의 정보기술을 사용하고 있다. 사례를 읽으면서 이 회사가 처한 문제, 어떤 대안이 경영진에게 있었는지, 선택된 해결안이 얼마나 효과적이었는지 등을 알아보라.

UPS 화물추적시스템 사례에서 조직, 사람, 기술 요소를 찾아보자. UPS에서 핵심 상품은 화물 운송이라는 서비스이다. 조직 요소는 UPS 서비스의 생산 및 판매 기능을 지원하기 위한 화물추적시스템을 규정한다. 조직 요소는 발신자와 수신자 정보로 화물을 식별하고, 화물을 접수하고, 운송 도중인 화물을 추적하며, UPS의 고객과 고객 서비스 직원에게 화물 상태 정보를 제공하는 데 필요한 절차를 정의한다.

또한 시스템은 관리자와 근로자의 요구를 만족시키기 위한 정보를 제공해야 한다. UPS 배달원은 화물 수집과 배달 절차를 이해하고, 자신의 작업을 효율적이고 효과적으로 수행할 수 있게 하는 화물추적시스템 사용 방법에 대한 훈련이 필요하다. UPS 고객은 UPS가 제공한 화물추적 소프트웨어 패키지나 UPS 웹사이트를 사용하기 위해 약간의 훈련이 필요할 수 있다.

UPS 관리자는 서비스 수준과 비용을 모니터링하고 낮은 가격에 우수한 서비스를 제공한다는 기업전략을 촉진할 책임이 있다. UPS 경영진은 UPS를 이용한 화물 배송 및 배송 상태 확인의 편의성을 높여서 배송비용을 낮추고 매출을 증가시키기 위해 자동화를 결정했다.

이러한 시스템을 지원하는 기술은 휴대용 소형 컴퓨터, 바코드 스캐너, 유선 및 무선 통신 네트워크, 개인용 컴퓨터, UPS의 중앙 컴퓨터, 화물 배송 데이터를 위한 저장 기술,

UPS, 정보기술로 전 세계에서 경쟁하다

UPS(United Parcel Service)는 1907년 옷장 크기의 지하 사무실에서 탄생했다. 시애틀 출신의 10대 소년 짐 케이시(Jim Casey)와 클로드 라이언(Claud Ryan)은 자전거 두 대와 전화기 한 대를 가지고 '최상의 서비스와 최저 요금'을 약속했다. UPS는 100년 이상 이 원칙을 성공적으로 활용해 세계 최대의 육상 및 항공 화물 배송업체가 되었다. 이 회사는 454,000명 이상의 직원, 119,000대의 화물 운송 차량을 보유하고 있는 글로벌 기업이다.

오늘날 UPS는 미국과 220개 이상의 국가에서 51억 개의 화물과 문서를 배달하고 있다. 이 회사는 첨단 정보기술에 막대한 투자를 해 페덱스, US Postal Service와의 극심한 경쟁에도 불구하고 소형화물 배달 서비스 분야에서 선두를 지킬 수 있었다. UPS는 비용을 낮추고 전반적인 운영을 합리화하면서 고객 서비스의 질을 높이기 위해 매년 10억 달러 이상을 지출한다.

이 모든 것은 화물에 부착된 발신자, 도착지, 목표 배송일에 대한 자세한 정보가 담긴 스캔 가능한 바코드 라벨에서 시작된다. 고객은 UPS에서 제공하는 자체 소프트웨어나 UPS 웹사이트에 접근해 자신의 라벨을 다운로드해 출력할 수 있다. 화물이 수집되기도 전에 '스마트' 라벨로부터의 정보가 뉴저지주 마와나 조지아주 알파레타에 있는 UPS의 컴퓨터 센터 중 한 곳과 최종 도착지에서 가장 가까운 배송센터로 보내진다.

전산센터의 배차 담당자는 라벨 데이터를 다운로드하고 ORION이라는 배송경로 계산 소프트웨어를 이용한다. 이 소프트웨어는 교통상황, 날씨, 방문 지점의 위치 등을 고려해 개별 운전자에게 가장 효율적인 배송경로를 제공한다. 각 운전자는 일평균 100군데를 방문하게 된다. 미국 내에서만 55,000개의 경로가 있는 네트워크에서 각 운전자가 하루에 1마일씩 배송 거리를 줄일 수 있다면, 이는 배송시간, 연료 소비, 운행시간, 탄소 배출 등을 엄청나게 감축할 수 있다(연간 4억 달러에 이르는 절약)는 것을 의미한다.

이와 같은 절약은 매우 중요하다. 그 이유는 점차 UPS의 비즈니스가 수익성이 떨어지는 전자상거래 운송으로 전환되고 있는 상황에서 수익 증가율을 높이고자 노력하기 때문이다. 지금까지 UPS 운전사는 매일 다수의 무거운 소포를 하나의 UPS 대리점에 배송했으나, 지금은 주변에 흩어져 있는 여러 가정을 직접 방문해 작은 크기의 소포를 가정당 하나씩 배송하고 있다. 이와 같은 배송 방법의 변화는 더 많은 연료와 시간을 요구했고, 결과적으로 소포 배송비용의 상승을 가져왔다.

매일 UPS 운전사가 가장 먼저 손에 잡는 것은 무선전화 네트워크에 접근할 수 있는 '배송정보획득장치(delivery information acquisition device, DIAD)'라는 휴대용 컴퓨터이다. 운전자가 DIAD에 로그인하면, 그날의 경로가 휴대용 컴퓨터에 다운로드된다. DIAD는 자동으로 물품 수집 및 배달 정보와 함께 고객의 서명을 수집한다. 화물추적정보는 UPS 컴퓨터 네트워크에 보내져 저장되고 처리된다. 그곳의 정보는 고객에게 배송 완료 확인이나 질의에 답할 수 있도록 전 세계 어디에서나 접근할 수 있다. 운전자가 DIAD에서 '완료'를 누르면 60초 이내에 웹에서 이 새로운 정보에 접근할 수 있다.

자동화물추적장치를 통해 UPS는 배송 과정 중에 화물을 모니터하고 심지어 경로도 변경할 수 있다. 발신자로부터 수신자에 이르는 경로상의 여러 지점에서 바코드 장치는 화물 라벨의 배송정보를 스캔해 화물의 배송 진행 상태 데이터를 중앙 컴퓨터에 보낸다. 고객 서비스 담당자는 중앙 컴퓨터에 연결된 데스크톱 컴퓨터에서 모든 화물의 배송 상태를 확인할 수 있고 고객의 질의에 즉각적으로 답할 수 있다. UPS 고객은 이 정보를 자신의 컴퓨터나 무선전화를 이용해 회사의 웹사이트에 들어가서 볼 수 있다. UPS는 현재 모바일 앱과 아이폰, 블랙베리, 안드로이드 스마트폰 사용자를 위한 모바일 웹사이트를 제공하고 있다.

배송할 화물이 있는 고객은 누구나 UPS 웹사이트에 접속해 화물을 추적하고, 배송경로를 확인하고, 배송비용을 계산하고, 배송 소요시간을 알아내고, 라벨을 출력하고, 화물 수집 시간을 예약할 수 있다. UPS 웹사이트에서 수집된 데이터는 UPS 중앙 컴퓨터에 보내지고 처리된 이후에 고객에게 다시 전송된다. UPS는 또한 시스코시스템스(Cisco Systems)와 같은 기업고객이 UPS에서 제공하는 추적 및 비용 계산과 같은 기능을 자신의 웹사이트에 포함시켜 UPS 사이트를 방문하지 않고도 운송상태를 추적할 수 있도록 하는 도구를 제공한다.

UPS는 자신의 전 세계 배송 네트워크를 관리해 온 지난 수십 년간의 전문성을 활용해 이제는 다른 기업의 물류 및 공급사슬 활동을 관리하고 있다. UPS는 고객사가 자체적으로 시스템과 기반구조를 구축할 경우에 소요되는 비용 일부분으로 고객사에게 표준화된 서비스를 일괄적으로 제공하는 'UPS 공급사슬 솔루션' 부서를 만들었다. 이 서비스는 물류 서비스뿐만 아니라 공급사슬 설계 및 관리, 화물 운송, 통관대행, 메일 서비스, 복합운송, 금융 서비스도 포함한다.

UPS의 기술과 제공 서비스는 소규모 창업기업을 포함해 기업의 규모에 상관없이 이용할 수 있다. 폰다리픽(Fondarific)은 조지아주의 서배너에 기반을 둔 웨딩케이크와 어린이 케이크 장식용 퐁당 아이싱 제조·판매 기업이다. UPS는 폰다리픽이 전 세계적으로 판매를 시작할 때 빠르게 성장할 수 있도록 도와주었다. UPS는 폰다리픽에 해외 판매와 물류 관리법과 UPS 소포 및 화물 운송 서비스 소프트웨어인 월드쉽(WorldShip) 글로벌 운송 소프트웨어 사용법을 가르쳐주었다. UPS는 또한 운송 시스템을 퀵북(Quickbooks) 회계 소프트웨어와 재고 소프트웨어 통합하는 방법을 보여주었다.

UPS는 포맘스(4Moms)에게 금융 및 운송을 위한 조언과 서비스를 제공한다. 포맘스는 피츠버그에 본부를 두고 종업원 80명이 근무하고 있는 회사로서 컴퓨터 기술을 이용해 혁신적인 유아용 제품을 생산한다. 회사는 UPS 트레이드 다이렉트(UPS Trade Direct)를 사용해 분배센터를 우회하고 소매점에 직접 제품을 운송함으로써 화물 운송과 재고 비용을 절감할 수 있었다. UPS 카고(UPS Cargo) 금융 서비스는 포맘스가 전 세계에 화물을 운송할 때 재고 비용을 관리하는 데 도움을 준다.

출처: Bloomberg, "UPS Sees Payoff From $20Bn Tech Bet, SupplyChainBrain, "April 24, 2019; www.ups.com, accessed February 7, 2019; Shefali Kapadia, "Company of the Year: UPS," *Supply Chain Dive*, December 3, 2018; and Haylle Sok, "UPS Technology to Save $75 Million per Year in 2020," *Global Trade*, December 25, 2018.

사례연구 문제

1. UPS 화물추적시스템의 입력, 처리, 출력은 무엇인가?
2. UPS는 어떤 기술을 사용했는가? 이러한 기술은 UPS의 비즈니스 전략과 어떻게 관련되는가?
3. UPS 정보시스템은 어떤 전략적 비즈니스 문제를 해결하기 위해 사용되었는가?
4. 만약 UPS 정보시스템을 사용할 수 없다면 어떤 일이 발생할 것인가?

UPS의 화물추적 소프트웨어, 월드와이드웹에 접근하기 위한 소프트웨어 등이다. 결과적으로 UPS는 점차 심해지는 경쟁에 직면해 낮은 가격에 수준 높은 서비스를 제공해야 하는 비즈니스 문제를 해결하기 위해 정보시스템 솔루션을 개발한 것이다.

1-3 비즈니스 문제 해결을 위한 4단계 모델은 정보시스템 관련 문제 해결에 어떻게 도움을 줄 수 있는가?

정보시스템을 이해하기 위해 우리가 채택하고 있는 접근법은 정보시스템과 기술을 다양한 비즈니스 도전과 문제의 해결책으로 간주하는 것이다. 우리는 이 접근법을 문제 해결 접근법이라 부른다. 기업은 많은 도전과 문제에 직면해 있고, 정보시스템은 이와 같은 문제를 해결하는 주요 방안 중 하나이다. 이 책에서 다루는 모든 사례는 각각의 문제를 해결하기 위해 정보시스템이 어떻게 활용되었는지를 보여주고 있다.

문제 해결 접근법은 당신의 미래 직업경력과 직접적인 관련이 있다. 미래의 고용주는 당신이 비즈니스 문제를 해결하고 비즈니스 목표를 달성할 능력이 있다고 판단하기 때문에 당신을 고용할 것이다. 정보시스템이 문제를 해결하는 데 어떻게 기여하는지에 대한 지식은 당신과 고용주에게 큰 도움이 될 것이다.

문제 해결 접근법

얼핏 보면 일상생활에서의 문제 해결은 아주 간단한 것처럼 보인다. 기계가 고장 나고, 바닥에 온통 부품이 널려 있고, 기름이 엎질러져 있다면 명백히 누군가가 그 상황을 해결하기 위해 무언가를 해야 한다. 그래서 작업장에서 도구를 찾고 기계를 수리하기 시작한다. 청소를 하고 다른 부품을 검사한 후 기계 가동을 시작하고 생산이 재개된다.

의심할 바 없이 비즈니스에서도 몇 가지 문제는 이렇게 단순하다. 그러나 실제 세계의 비즈니스에서는 이렇게 단순한 문제가 별로 없다. 실제 세계의 비즈니스 기업에서는 다수의 주요 요인이 연관되어 문제가 발생한다. 이러한 주요 요인은 조직, 기술, 사람의 세 가지 범주로 유용하게 구분할 수 있다. 달리 말하면 보통 모든 문제가 포함된다.

문제 해결 프로세스 모델

정보시스템을 이용해 비즈니스 문제를 이해하고 해결하는 데 사용할 수 있는 간단한 문제 해결 모델이 있다. 당신은 비즈니스 문제 해결을 4단계 프로세스(그림 1.4 참조)로 생각할 수 있다. 대다수가 문제를 해결하는 과정에서 이 모델을 이용한다. 각 단계를 간략하게 살펴보자.

문제 인식

문제 해결 프로세스의 첫 번째 단계는 어떤 종류의 문제가 있는지 이해하는 것이다. 사람들의 믿음과는 달리, 문제라는 것은 어떤 '객관적인' 문제 해결자에 의해 집어 올려지기를 기다리는 경기장의 농구공 같은 것이 아니다. 문제 해결 이전에, 조직에 문제가 있고, 문제가 무엇인지, 그 원인은 무엇인지, 조직의 제한된 자원 제약하에 그 문제에 대해 무엇을 할 수 있는지 등에 대한 합의가 있어야 한다. 또한 문제가 해결되기 전에 조직 내에서 구성원에 의해 문제가 정확하게 정의되어야 한다.

예를 들어 겉으로 보기에는 신속 정확하게 고객에게 적절한 대응을 하지 못하는 직원에게 문제가 있는 것처럼 보인 것이, 실제로는 고객의 정황을 추적하는 정보시스템이 오래되고 낙후된 결과에 그 원인이 있을 수 있다. 또는 직원이 고객을 잘 대우하도록 하는 인센티브가 부족하거나 낡은 시스템 양쪽 모두에 문제가 있을 수도 있다. 이러한 결정적인 사실을 이해하고 나면 당신은 창의적으로 문제 해결을 시작할 수 있다. 이러한 문제에 대한 해답을 찾기 위해서는 사실의 수집, 문제와 관련된 사람들과의 인터뷰, 문서와 데이터 분석 등이 필요하다.

이 책에서는 비즈니스 문제에 있어 조직, 기술, 사람이라는 세 가지 전형적인 차원을 강조한다(표 1.2 참조). 전형적인 조직 문제는 낙후된 비즈니스 프로세스(대개 과거로부터

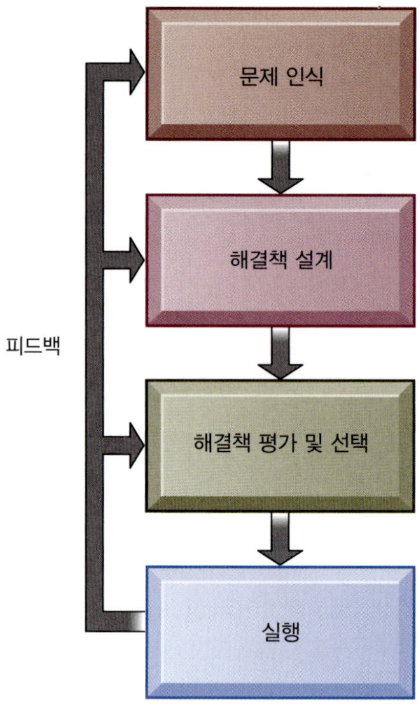

그림 1.4
문제 해결은 연속적인 4단계 프로세스이다
실행 단계와 그 이후 결과물은 지속적으로 측정되어야 하고, 해결책이 얼마나 효과적이었는지에 대한 정보가 문제 해결 당사자에게 지속적으로 제공되어야 한다. 이러한 방식으로 경험에 근거해 문제에 대한 인식은 시간에 따라 변화할 수 있고, 해결책도 바뀔 수 있으며, 새로운 선택이 이루어질 수 있다.

유산으로 물려받음), 비협조적 문화, 정치적 내분, 조직 외부의 환경 변화 등이 있다. 전형적인 기술 문제는 성능이 충분치 못하거나 낡은 하드웨어, 시대에 뒤처진 진부한 소프트웨어, 부적합한 데이터베이스 용량, 불충분한 통신속도, 새로운 기술에 대한 기존 시스템의 비호환성 등이다. 전형적인 사람 문제는 직원 교육, 성과 평가의 어려움, 법과 규제의

표 1.2
비즈니스 문제의 차원

차원	설명
조직 차원	낡은 비즈니스 프로세스 비협조적인 문화와 태도 정치적 갈등 급변하는 비즈니스 환경, 변화 작업의 복잡성 부적절한 자원
기술 차원	불충분하거나 오래된 하드웨어 낙후된 소프트웨어 부적합한 데이터베이스 용량 불충분한 통신속도 새로운 기술에 대한 기존 시스템의 비호환성 급격한 기술 변화와 신기술 도입
사람 차원	직원 교육의 부족 성과 평가의 어려움 법과 규제의 준수 작업환경 직원 지원 및 참여의 부족 결단성 없는 경영 무능한 경영 능력 잘못된 보상체계

준수, 인간공학, 무능하고 결단성 없는 경영진, 직원의 지원 및 참여 등에 있다. 비즈니스 문제를 분석하기 시작할 때 이러한 차원이 당신이 현재 당면한 문제의 종류를 이해하는 데 유용한 지침이 된다는 것을 알게 될 것이다.

해결책 설계

두 번째 단계는 인식한 문제에 대해 해결책을 설계하는 것이다. 보통 어느 문제나 다수의 해결책이 있으며, 해결책 선택은 조직원의 서로 다른 관점을 반영한다. 가능한 해결책의 범위를 이해하기 위해 가능한 한 많은 해결책을 고려하려고 노력해야 한다. 어떤 해결책은 기술을 강조하고, 또 다른 해결책은 조직이나 사람 측면의 변화에 역점을 둔다. 이 책을 통해 알게 되겠지만, 가장 성공적인 해결책은 조직과 사람이 새로운 기술의 등장에 따라 변화하는 통합적 접근법에 의한 결과라는 것이다.

해결책 평가 및 선택

최선의 해결책을 선택하는 것이 문제 해결 프로세스의 다음 단계이다. 최선의 해결책을 찾으려고 할 때 고려해야 하는 요인으로는 해결책 실현 비용, 보유하고 있는 자원과 기술을 고려한 해결책의 타당성, 해결책을 만들고 실현하는 데 소요되는 시간 등을 들 수 있다. 또한 이 시점에서 아주 중요한 것은 직원과 경영자의 태도와 지원이다. 관련된 모든 이해당사자의 지지를 받지 못하는 해결책은 순식간에 실패로 끝날 수 있다.

실행

최선의 해결책은 실행이 가능해야 한다. 정보시스템 해결책 실행은 그 해결책을 구축하고 조직에 도입하는 것이다. 이것은 기술 차원의 문제로서 소프트웨어와 하드웨어를 구매하거나 구축하는 것이다. 소프트웨어는 실제 비즈니스 환경에서 검증되어야 하고, 직원을 교육해야 하며, 새로운 시스템을 어떻게 사용할 것인지에 대한 문서화가 필요하다.

실행 단계에서는 반드시 변화 관리가 필요하다. **변화 관리**(change management)는 기업에서 성공적인 변화를 위해 사용하는 다양한 기법이다. 대부분의 정보시스템은 비즈니스 프로세스 변경이 수반되고, 그에 따라 수백 명에서 수천 명의 직원이 매일 수행하는 업무가 변경된다. 당신은 새롭고 보다 효율적인 비즈니스 프로세스를 설계하고, 직원들이 이러한 새로운 작업 방식에 적응할 수 있도록 어떻게 격려할 것인지 생각해야 한다. 즉 직원에게 변화를 소개하기 위한 회의시간, 직원이 새로운 정보시스템과 프로세스에 빠르게 적응하기 위한 새로운 교육 프로그램, 직원이 변화에 적극적으로 참여하도록 격려하는 보상과 인센티브 등이 필요하다.

실행은 또한 결과 측정을 포함한다. 해결책이 실행되고 나면 그 해결책이 얼마나 잘 작동하는지 또는 본래의 목표를 달성하기 위해 추가적인 변화가 필요한지 등을 알기 위해 그 해결책을 평가해야 한다. 이러한 정보는 문제 해결자에게 피드백된다. 이러한 방식으로 경험에 의해 시간이 지남에 따라 문제에 대한 인식이 변화할 수 있고, 해결책이 바뀔 수도 있으며, 또 새로운 선택이 이루어질 수 있다.

문제 해결: 하나의 사건이 아닌 연속적인 프로세스

일단 문제가 해결되면 흔히 그것은 사라지고 잊어도 된다고 생각한다. 그리고 문제 해결은 계주나 야구 경기처럼 어느 시점에서 끝나는 사건으로 생각하는 함정에 빠지기 쉽다. 그러나 실제 세계에서 이런 일은 잘 일어나지 않는다. 때때로 선택된 해결책은 효과적이지 못해 새로운 해결책이 필요하게 된다.

예를 들면 미국 NASA는 우주왕복선의 외부 균열 문제를 해결하기 위해 10억 달러 이상을 지출했다. 경험에 의하면, 초기 해결책은 효과가 없는 것으로 밝혀졌다. 선택된 해결책은 부분적으로는 효과가 있었지만 상황에 정확히 들어맞으려면 지속적인 변경이 필요하다. 초기 해결책은 궁극적인 해결책에 대한 개략적인 추정에 불과한 경우가 많다. 때로는 문제의 특성이 변해 초기 해결책의 효과가 없어지기도 한다. 예를 들어 해커는 컴퓨터 바이러스의 새로운 변종을 계속해서 만들어내기 때문에 바이러스를 저지하려는 바이러스 백신 프로그램도 지속적으로 개선해야 한다. 이러한 이유로 문제 해결은 하나의 사건이 아니라 연속적인 프로세스라고 볼 수 있다.

문제 해결에서 비판적 사고의 역할

문제에 대한 다른 사람의 정의를 받아들이거나, 문제를 객관적으로 분석하고 신속한 해결책을 제시하는 권위 있는 집단의 의견을 채택하기는 너무나 쉽다. 그러나 문제에 대한 기존의 정의를 받아들이려는 경향에 빠지지 않도록 노력해야 한다. 문제를 명확하게 인식했고, 이해했으며, 대안을 분석했다는 것을 확신할 때까지는 어떠한 특정 해결책으로부터도 거리를 두는 것이 중요하다. 그렇지 않으면 잘못된 방향으로 가거나, 잘못된 문제를 풀거나, 자원을 낭비할 수 있다. 비판적 사고를 훈련할 필요가 있다.

비판적 사고(critical thinking)는 여러 가지 관점과 대안이 있음을 인식하고 판단을 유보하는 것으로 간략하게 정의할 수 있다. 여기에는 적어도 네 가지 요소가 있다.

- 의심을 계속하고 판단을 유보한다.
- 여러 가지 다른 관점이 있다는 것을 인식한다.
- 대안을 시험하고 경험을 따른다.
- 조직과 개인의 한계를 인식한다.

의사결정의 정해진 패턴 또는 모델을 단순히 따르는 것은 정확한 해결책을 보장하지 않는다. 잘못된 결과에 대한 가장 좋은 방어는 문제 해결 과정에서 비판적 사고를 견지하는 것이다.

첫째로, 의심을 계속하고 판단을 유보한다. 문제 해결 과정에서 일어나는 가장 빈번한 오류는 너무 조급하게 문제의 특성을 판단하는 것이다. 모든 해결책을 의심하고 성급한 판단을 버릴 때 문제에 대해 새롭고 창조적인 관점을 가질 수 있는 마음의 상태가 될 수 있으며, 창조적인 기여를 할 수 있는 기회를 계속 유지할 수 있다.

둘째로, 모든 흥미로운 비즈니스 문제는 여러 차원을 갖고 있고, 동일한 문제도 다른 관점에서 검토될 수 있다는 것을 인식하는 것이다. 이 책에서는 비즈니스 문제에 대해 기술,

조직, 사람이라는 세 가지 관점의 유용성을 강조하고 있다. 이러한 3개의 폭넓은 관점 각각에는 다수의 하위 관점 또는 시각이 있다. 예를 들면 **기술 관점**에서는 기업 IT 기반구조의 모든 구성요소와 그 요소가 상호작용하는 방식에 대한 고려가 포함된다. **조직 관점**은 기업의 비즈니스 프로세스, 조직구조, 문화, 정치 등에 대한 고려가 포함된다. **사람 관점**에서는 개인으로서 직원과 관리자에 대한 고려와 작업 집단에서 이들의 상호관계가 포함된다.

주어진 문제를 바라볼 때 어떠한 주요 관점이 유용할 것인지 판단해야 한다. 여기에서 궁극적인 기준은 유용성이다. 특정 관점을 채택하면 문제를 더 잘 이해할 수 있고 문제 해결에 유용한 어떤 것을 제공하는가? 그렇지 않다면, 현재 상황에서 그 관점은 의미 없는 것으로 생각하고 다른 관점을 찾아야 한다.

비판적 사고의 세 번째 관점은 경험치에 근거해 대안을 시험하고 문제 해결책을 모델링하는 것이다. 모든 상황을 사전에 알 수 있는 것은 아니며, 대부분은 경험을 통해 학습될 수 있다. 따라서 실험하고 데이터를 수집하며 문제를 주기적으로 재평가하라.

비즈니스 목표, 문제, 해결책 간 상호 연결성

기업 정보시스템과 문제 해결 접근법의 관련성을 살펴보자. 이 장 시작 부분에서 기업이 정보시스템과 기술에 투자하는 여섯 가지 이유를 언급했다. 정보시스템의 여섯 가지 비즈니스 목표는 운영 우수성, 새로운 제품·서비스와 비즈니스 모델 개발, 고객·공급자와의 친밀성 유지, 의사결정 개선, 경쟁우위, 생존으로 정의되었다. 기업이 이러한 목표를 달성하지 못하면 그 목표들은 주의를 기울여야 하는 도전이나 문제가 된다. 이러한 문제를 인식하는 관리자와 직원은 해결책의 일부나 전체를 정보시스템에 의존하게 된다.

이 장 도입 사례 부분의 다이어그램을 다시 살펴보라. 다이어그램은 PCL 시스템이 상당히 어수선하고 고도로 서류 중심적인 사업에서 발생하는 비효율성 문제를 어떻게 해결하는지 보여준다. 그 시스템은 새로운 무선 디지털 기술과 인터넷이 제공하는 기회를 이용한 해결책을 제시했다. PCL은 디지털 기술을 이용해 건설 프로젝트를 계획, 설계, 관측하는 데 필요한 주요 비즈니스 프로세스 수행을 가능하게 했다. 이 시스템은 PCL의 사업 성과를 개선하는 데 필수적이었다. 다이어그램은 또한 사람, 기술, 조직의 요소가 시스템을 구축하기 위해 어떻게 상호작용을 하는지 예시했다.

이 책의 각 장은 이와 유사한 다이어그램으로 시작함으로써 각 장의 도입 사례를 분석하는 데 도움을 줄 것이다. 당신은 정보시스템이나 당신이 직면하는 정보시스템 문제를 분석하는 출발점으로서 이 다이어그램을 사용할 수 있다.

1-4 직업경력에 필수적인 정보시스템 기술과 지식은 무엇인가?

2026년을 내다보면, 미국 경제는 1,150만 개의 새로운 일자리가 창출되고 퇴직자로 인해 기존 일자리에서 3,400만 개의 빈자리가 생길 것이다. 그리고 새로운 직업의 95% 이상은 서비스 부문에서 창출될 것이다. 가장 빠르게 성장하는 직업은 건강관리 서비스일 것이다. 새로운 직업의 약 35%는 최소한 대학졸업자를 요구할 것이며, 30%는 고등교육을 요구할 것이다(US Bureau of Labor Statistics, 2019; US Census, 2019). 유사한 변화가 전 세계 선진국에서 발생하고 있다.

이것은 미국 기업이 특정 직무에 요구되는 기술적 기능뿐만 아니라 읽고, 쓰고, 아이디어를 발표하는 능력과 같은 폭넓은 문제 해결 능력이 있는 신규 인력을 찾는다는 것을 의미한다. 경영대학에서 어떠한 것을 전공했든, 미래의 직업이 무엇이든 간에 정보시스템과 기술은 매일의 업무와 직업경력에 중요하며 점점 더 큰 역할을 하게 될 것이다. 당신의 경력에서 기회와 보상은 부분적으로는 영리기업과 비영리 조직이 정보시스템을 사용하는 데 도움을 줄 수 있는 당신의 능력에 따라 결정될 것이다.

정보시스템이 비즈니스 경력에 어떻게 영향을 주는가

여기서는 특정 직업이 정보시스템에 어떻게 영향을 받으며, 새롭게 부상하는 노동시장에서 효과적으로 역할을 수행하기 위해 습득해야 하는 기술이 무엇인지를 노동통계국의 조사(Bureau of Labor Statistics, 2019; US Census, 2019)에 근거해 설명한다.

회계학

오늘날 미국 노동시장에는 140만 명의 회계사가 있으며 2026년까지 매년 11%가 증가해 14만 개의 새로운 일자리가 창출되고, 대략 그 2배에 달하는 은퇴자를 대체하는 자리가 예상된다. 회계학 분야에서 이렇게 산업 평균 이상으로 일자리가 증가하는 부분적인 이유는 상장회사에 대한 새로운 회계 법률 적용, 상장회사와 비상장회사에 대한 정부기관의 강화된 세무 감독, 점차 증가하고 있는 경영 및 운영 자문 수요 등이다.

회계사는 거래 요약, 재무기록 작성, 데이터 정리, 재무분석 등의 작업을 위한 정보시스템 의존도가 높다. 새로운 공공 법률의 결과로 재무거래를 추적하기 위한 데이터베이스, 보고시스템, 네트워크 지식이 요구된다. 많은 거래가 인터넷에서 이루어지기 때문에 회계사는 온라인거래와 보고시스템을 이해하고 온라인, 무선, 모바일 비즈니스 환경에서 관리회계 기능을 달성하기 위해 정보시스템이 어떻게 사용되는지 이해할 필요가 있다.

재무

만일 당신이 재무분석가, 주식분석가, 보험업자, 보험 중개인, 대출 담당 직원, 예산분석가, 재무상담사, 기타 관련 재무 서비스 업종을 직종에 포함한다면, 현재 재무 분야에는 약 200만 명의 경영자와 직원이 있다. 이러한 재무 관련 일자리는 2026년까지 매년 약 12%씩 성장하고 13만 개의 새로운 일자리가 발생할 것으로 기대된다. 이 기간 동안 재무상담사 수는 15%씩 늘어날 것이다.

재무관리자는 정보시스템 전략의 계획, 조직, 구현에서 중요한 역할을 한다. 재무관리자는 정보시스템에 대한 투자가 기업의 목표 달성과 높은 수익 달성을 보장할 수 있도록 기업 이사회 및 고위 경영자와 직접적으로 업무를 함께 수행한다. 정보시스템과 현대 재무관리 실무의 관계가 너무나 밀접하므로 많은 사람이 재무관리 전공자가 정보시스템을 복수 전공할 것을 권하고 있다(반대의 경우도 마찬가지다).

마케팅

과거 5년 동안 마케팅과 광고 분야보다 더 많은 기술 주도의 변화를 겪은 분야는 없다. 이 장 앞부분에서 설명한 전자상거래의 폭발적 증가는 사람들의 시선이 급격하게 인터넷으로 이동하고 있는 것을 의미한다. 그 결과 인터넷 광고는 2018년에 1,050억 달러에 달해 가장 빠르게 성장하는 광고 형태가 되었다. 상품의 상표화 및 고객과의 의사소통은 빠른 속도로 온라인으로 이동하고 있다.

미국 노동시장에는 대략 150만 개의 홍보, 마케팅 분석, 마케팅 및 판매 관리직이 있다. 이 분야는 평균 이상인 약 10%의 성장률을 보이며, 2026년까지 30만 개 이상의 일자리가 추가로 발생할 것으로 예상된다. 마케팅 관련 직업(아트, 디자인, 오락, 스포츠, 언론매체 등)에는 훨씬 규모가 큰 120만 명의 비관리직 직원이 있으며, 1,590만 명의 직원이 판매에 종사하고 있다. 이러한 직종을 합쳐서 2026년까지 추가로 200만 개의 일자리가 창출될 것으로 기대되고 있다. 마케팅과 홍보 담당 관리자는 온라인과 오프라인 고객의 행태가 기록된 거대 데이터베이스를 활용해 제품 브랜드 가치를 높이고 제품과 서비스 판매를 촉진한다. 그들은 제품 성능에 대한 보고서를 작성하고, 고객으로부터 피드백을 수집하고, 제품 개발을 관리한다. 이들은 또한 고객이 원하는 상품을 개발하고, 고객과의 관계를 관리하며, 점차로 증가하는 모바일 판매직원을 관리하기 위해 제품 관리, 판매직원 관리, 고객 관계관리 등을 위한 전사적시스템이 어떻게 활용되는지에 대한 이해가 필요하다.

서비스와 제조에서 운영관리

현대 산업생산의 규모와 복잡성 증가 및 초대형 글로벌 서비스 회사의 등장으로 상품과 서비스를 생산하는 데 필요한 자원을 조정하고 최적화할 수 있는 능력이 있는 직원에 대한 수요가 증가했다. 학문 분야로서 생산 관리는 산업 생산 관리자(industrial production managers), 행정 서비스 관리자(administrative service managers), 운영분석가(operations analysts) 등 세 가지 직종과 직접적으로 관련이 있다.

산업 생산 관리자, 행정 서비스 관리자, 운영분석가는 매일의 업무 수행에 데이터베이스와 분석 소프트웨어를 광범위하게 활용하면서 정보시스템을 이용할 것이다.

관리

관리직은 612,000명의 경영분석가와 컨설턴트를 포함하지 않아도 1,300만 명으로, 미국 노동시장에서 최대 규모이다. 미국에서 관리직 규모는 2026년까지 7%의 증가율을 보이며 약 100만 개의 일자리가 추가될 것으로 예상된다. 노동통계국 분류에 의하면 20개 이상의 관리직 유형이 있으며 여기에는 고위직인 최고경영자에서부터 인적자원 관리자, 생산 관리자, 프로젝트 관리자, 숙박업 관리자, 의료 관리자, 지역 봉사활동 관리자 등을 포함한다.

오늘날은 아무리 규모가 작은 기업이라 해도 광범위한 정보시스템의 사용 없이 기업을 관리하는 것은 불가능하다. 미국 관리자의 대부분은 PC에서 제공되는 업무 생산성 도구로부터 기업 전체를 조정하는 응용시스템에 이르기까지 매일 자신의 업무를 수행하는 데 정보시스템과 기술을 사용한다. 오늘날 관리자는 다양한 정보기술을 이용해 관리하기 때

관리직은 의사결정을 지원하고 회사 성과를 모니터링하는 데 정보시스템을 광범위하게 사용해야 한다.

© Mark Bowden/123RF

문에 이러한 정보기술이 없다면 기업을 통제하거나 지휘할 수 없게 될 것이다.

정보시스템

정보시스템은 모든 비즈니스 전문분야 중에서 가장 빠르게 변화하며 역동적인 분야 중 하나이다. 왜냐하면 정보기술이 기업의 핵심 목표를 달성하기 위한 가장 중요한 도구이기 때문이다. 기업에서 정보시스템의 폭발적 성장은 정보시스템 직원과 관리자의 수요를 증가시켰다. 이들의 역할은 비즈니스 요구에 부합하는 새로운 하드웨어 및 소프트웨어 시스템을 설계하고 개발하기 위해 다른 분야의 전문인력과 공동작업을 수행하는 것이다.

미국에는 370만 명의 정보시스템 관리자와 직원이 있으며, 2026년까지 13% 성장이 예상되고, 50만 개가 넘는 새로운 일자리가 창출될 것으로 보인다. 기업과 정부기관이 점점 더 통신과 컴퓨팅 자원을 인터넷에 의존하기 때문에, 시스템 및 네트워크 보안 관리 직종이 빠르게 성장하고 있다. 미국에서 가장 빠르게 성장하는 직종은 소프트웨어 개발직(24%까지 성장)과 웹 개발직(15%까지 성장)이다.

아웃소싱과 오프쇼어링

인터넷은 다른 서비스 분야와 제조 분야의 일자리와 함께 많은 정보시스템 직종을 외부에 위탁하는 새로운 기회를 만들어냈다. 아웃소싱에는 두 가지가 있는데, 국내 업체에게 주는 아웃소싱(outsourcing)과 인도, 중국, 동유럽 국가와 같은 해외 저임금 국가 업체에게 아웃소싱하는 경우[오프쇼어링(offshoring)]이다. 그러나 국내 서비스 제공자가 해외에 글로벌 아웃소싱 센터를 설립하는 것과 같이 구분이 명확하지 않은 부분이 있다.

가장 보편적이고 성공적인 해외 아웃소싱 프로젝트는 고객관계관리시스템과 연관된 콜센터 업무와 생산 관리 프로그래밍 및 시스템 유지보수 프로그래밍 작업과 관련된 것이다. 그러나 아웃소싱 프로젝트에서 발생하는 추가적인 관리 비용과 기술적 작업에 대한 인도와 중국의 인건비가 상승해 일자리가 다시 미국으로 돌아오는 경우도 발생한다. 더욱이 통상적인 정보시스템(information system, IS)의 기술적 업무는 쉽게 아웃소싱할 수 있인공지능(artificail intelligence, AI)은 웹이 전에 그랬듯이 또 하나의 패러다임 전환을 가져오고 있다. AI는 은행에서 교육, 마케팅, 건강관리 등에 이르기까지 많은 산업체에서 도입하고 있으며 고객 서비스, 기술 지원, 얼굴 인식, 온라인 검색, 온라인 타깃 광고 등과 같은 반복적인 업무와 제한적이지만 의료 진단 등에 활용되고 있다. 그 한계성에도 불구하고 AI는 기계학습(machine learning) 형태로 사업 운영과 경영 의사결정에 효율성을 높이는 데 사용할 수 있다. AI는 로봇, 빅데이터, 클라우드 컴퓨팅 등 타 기술과 보완적으로 사용됨으로써 기업이 가치를 창출하고 비용을 감소시킬 수 있는 차세대 유망 기술로 기대되고 있다.

AI가 업무 수행에 도움을 주긴 하지만, 어떤 사람은 이 기술이 직업의 안정성을 해치지 않을까 우려한다. 스위스 방송국에서 스위스 국민 2,092명을 대상으로 설문 조사를 한 결과, 응답자의 3분의 2는 AI의 등장이 상당히 많은 직업을 대체할 것이라고 답했다. 응답자 중 농부의 9%, 중견 관리자의 25%만이 그들의 직업이 AI의 영향을 안 받을 것이라고 확신했다. 유럽연합 집행위원회(EC)가 디지털 시대의 업무와 스킬의 특성이 어떻게 변화하는가에 대해 종합적으로 수행한 연구에서 언급했듯이, 미래에 AI의 영향을 받는 직업의 수를 예측하기는 어려우며 예측의 변동폭 또한 크다. OECD가 32개국을 대상으로 수행한 연구에서 직업의 약 14%만이 고위험 직종이며, 이 중 70% 이상은 자동화될 가능성이 있다고 예측했다. 이는 OECD가 예측한 실업자 수는 약 6,600만 명이며 여전히 심각하다는 것을 말해준다.

그러나 AI 시대의 고용시장을 비관적으로 생각하기엔 너무 이르다. 기술 진보가 반드시 실업을 의미하는 것은 아니다. 매킨지앤드컴퍼니(McKinsey & Company)는 현재 직업의 60%는 기술적으로 자동화가 가능한 활동을 30% 넘게 지니고 있다고 예측했다. 더욱이 많은 AI 애플리케이션은 일을 처리함에 있어 기존 업무를 완벽하게 대체한다기보다 업무를 도와 잘할 수 있도록 설계되고 있다. 인간과 기계의 협력은 최상의 결과를 창출할 수 있을 것이다.

과거 데이터에 대한 매킨지의 연구는 또한 기술의 새로운 파동이 직업을 사라지게 함과 동시에 새로운 직업을 창출하기도 한다는 것을 보여주었다. 새로운 기술과 관련된 스킬을 섭렵할 수 있는 인력은 항상 부족하다. 기술 진보는 일시적으로는 실업을 초래할 수 있지만 장기적으로는 기술 진보와 함께 적절한 스킬을 가진 인력이 많이 필요해질 것이다. 던앤드브래드스트리트(Dun & Bradstreet)는 2018년 후반에 AI World Conference and Expo 참가자 100명을 대상으로 설문 조사를 했는데, 응답자의 8%만이 AI 도입으로 실직하는 경우가 있었다고 응답했다. 응답자의 40%는 그들의 업무에서 AI 적용으로 더 많은 고용이 일어났다고 응답했다. 응답자들은 또한 2019년에 AI를 더 많이 도입하는 데 걸림돌이 된 요인 중 하나가 내부 전문인력의 부족이었다고 응답했다. 따라서 AI로 분명히 실직하는 일이 생기긴 하지만 또 다른 고용을 엄청나게 창출할 것이다. 매킨지는 AI가 2030년까지 5,000만 개의 일자리를 창출할 것이며 우리가 예상할 수 없는 일자리를 만들 것이라고 내다봤다.

EC, OECD와 매킨지 연구는 AI에 영향을 받는 직업의 수가 국가와 산업마다 다르다는 것을 말해준다. 예를 들어 EC의 연구는 고위험군에 속하는 직업의 비율이 북유럽과 영국보다 동유럽과 남유럽에 훨씬 많음을 보여준다. 농장이나 공장에서 일하는 노동자는 위험도가 높지만, 서비스 업종이라도 일부 직책은 AI로 대체될 수 있다. 이러한 업종은 상대적으로 낮은 수준의 교육을 필요로 한다. 일반적으로 직업에서 요구하는 교육 수준이 높을수록 AI 대체위협으로부터 더 안전하다. 매킨지는 자동화가 빠르게 일어난다면 전 세계 3억 7,500만 명(전 세계 노동자의 약 14%) 정도의 노동자가 직업을 바꾸어 새 직장을 구해야 한다고 예측했다. 이들 연구는 모두 적당한 훈련은 노동자가 직업을 전환하는 데 도움을 줄 것이라고 보고 있다. 그러나 모든 노동자가 필요한 훈련을 받을 수는 없으며, 훈련을 받더라도 직업을 전환한 후에 이전과 동일한 임금을 받지는 못한다.

OECD 연구는 자동화와 연령 간에 U자형 관계도 발견했다. 놀랍게도, 고령층이 아닌 30~35세 청년층에서 자동화의 최고점이 관측되었다. 이는 AI 시대에 직장을 잃을 가능성은 은퇴를 앞둔 고령층보다는 일에 대한 경험이 적은 청년층이 높다는 것을 말해준다. 다행스럽게도 청년층은 고령층보다 기술적 진보를 더 잘 따라잡는다. IT가 주도한 자동화가 이루어진 이후 60년이 지나 가장 흥미 있는 질문은 IT를 중점적으로 활용했음에도 불구하고 왜 고용과 직업이 그렇게 빠르게 확장되었는가 하는 것이다.

출처: I. Gonzalez Vazquez et al., "The Changing Nature of Work and Skills in the Digital Age," EUR 29823 EN, Publications Office of the European Union, September 24, 2019; Dun & Bradstreet, "Artificial Intelligence Is Creating Jobs, Dun & Bradstreet Survey Finds," MarketScreener, January 8, 2019; "Two-Thirds of Swiss See Artificial Intelligence as Job Threat," SWI swissinfo.ch, November 21, 2018; H. James Wilson and Paul R. Daugherty, "Collaborative Intelligence: Humans and AI Are Joining Forces," *Harvard Business Review*, July–August 2018, pp. 114–123; and Michael Xie, "AI Doesn't Eliminate Jobs, It Creates Them," Forbes CommunityVoice, May 1, 2018; Mark Knickrehm, "How Will AI Change Work? Here Are 5 Schools of Thought," *Harvard Business Review*, January 24, 2018; Infosys, "Leadership in the Age of AI Adapting, Investing and Reskilling to Work Alongside AI," 2018, www.infosys.com; Ljubica Nedelkoska and Glenda Quintini, "Automation, Skills Use and Training," OECD Social, Employment and Migration Working Papers, No. 202, OECD Publishing, Paris (2018); McKinsey & Company, "Jobs Lost, Jobs Gained: Workforce Transitions in a Time of Automation," www.mckinsey.com, 2017; "David H. Autor, Why Are There Still So Many Jobs? The History and Future of Workplace Automation," *Journal of Economic Perspectives* 29, No. 3 (Summer 2015).

사례연구 문제

1. AI가 직업에 미치는 영향에 대한 다양한 관점은 무엇인가? 당신 국가에는 어떤 일이 일어날 것으로 생각하는가?

2. 사람들은 AI가 직업을 대체하지 않는 대신 사업 모델을 전환한다고 생각한다. 여기에 동의하는가? 이유는?

3. AI가 직업을 대체하는 대신 더 많은 직업을 어떠한 방식으로 증가시킬 것인가?

사례 제공: 홍콩시티대학교(City University of Hong Kong) 조이스 챈(Joyce Chan)

지만, 비즈니스 프로세스 설계, 고객 대응, 공급사슬관리와 같은 시스템 개발에 필요한 관리 및 조직업무는 종종 미국 내에 남겨진다.

흔히 혁신적인 신상품이나 서비스, 시스템 개발은 국내 또는 해외 아웃소싱에 잘 맡기지 않는다. 저임금 국가의 장점은 낮은 임금이지 미국 시장을 위한 신상품, 서비스나 기술이 우수한 것은 아니다. 소프트웨어 설계나 신개념 프로그래밍 작업 또한 아웃소싱에 의존하지 않는데, 그 이유는 그와 같은 업무가 자사에 전략적으로 중요하고, 국내 소프트웨어 설계자가 미국 내 시장 및 고객과 근접해 있기 때문이다. 통상적인 소프트웨어 개발을 저임금 국가로 아웃소싱하는 것은 미국의 시스템 개발 및 유지보수 비용을 낮추었다. 낮은 시스템 개발 비용 덕분에 더 많은 시스템을 개발할 수 있게 되었다. 그 결과로 해외 아웃소싱은 다양한 IS 직군의 근로자는 물론 IS 관리직 수요를 증가시키고 있다.

IT 노동시장의 이러한 모든 요인을 고려하면, 정보시스템 전공자는 어떠한 종류의 기술에 초점을 두어야 하는가? 다음은 채용 기회를 최적화할 수 있는 일반적인 기술 목록이다.

- 새롭게 부상하는 하드웨어 및 소프트웨어가 어떻게 기업을 더 효율적이고 효과적으로 운영하도록 하고, 고객 및 공급자와의 친밀성을 증진하고, 의사결정을 개선하며, 경쟁우위를 확보하고, 기업의 생존을 보장할 수 있게 하는지에 대한 깊이 있는 지식이 필요하다. 이것은 AI, 클라우드 컴퓨팅, 비즈니스 분석, 데이터베이스, 시스템 구현 및 모바일 애플리케이션 개발 등에 대한 이해를 포함한다.
- 새로운 정보시스템 설계 및 구현 작업에 주도적 역할을 할 수 있고, 시스템이 비즈니스 목표를 달성하도록 다른 비즈니스 전문가와 협업할 수 있으며, 새로운 시스템 해결책을 제공하는 클라우스 컴퓨팅 서비스와 소프트웨어를 다룰 수 있는 능력이 필요하다.

정보기술과 직업의 미래

근래에 미국과 전 세계에서 AI와 자동화가 고용에 미치는 영향보다 더 언론, 학계, 대중의 관심을 끈 주제도 없었다. 이런 관심은 새로운 것은 아니며, 1950년대 이후 정보기술 발전이 일어날 때마다 되풀이된다. 사례연구(사람 관점)는 AI와 같은 새로운 정보기술이 앞으로 고용에 미칠 영향에 대한 다양한 관점을 보여준다.

정보시스템과 당신의 경력: 요약

특정 전공 분야에서 요구되는 정보시스템 기술과 지식을 살펴보면 모든 경영 전공에 영향을 주는 몇 가지 공통 주제가 있다. 다음은 이들에 대한 공통 요구사항 목록이다.

- 전공과 관계없이 모든 경영 전공자는 운영 효율성 달성, 신제품 및 서비스 개발, 고객 친밀성 유지 등과 같은 비즈니스 목표를 달성하기 위해 정보시스템이 어떻게 사용되는지 이해할 필요가 있다.
- 모든 경영 전공자는 정보를 분석하고 기업이 자료를 이해하도록 도울 수 있는 기술을 개발해야 한다. 비즈니스 분석과 비즈니스 인텔리전스(BI)는 온라인 사업 환경과 사물인터넷(IOT)이 양산하는 빅데이터를 분석할 수 있는 중요한 기술이다.
- 모든 경영 전공자는 정보시스템을 구축하고 구현하는 전문가 및 시스템 설계자와 협업할 수 있어야 한다. 이것은 구축된 시스템이 비즈니스 목적에 부합하고 관리자와 직원이 필요로 하는 정보와 이해를 확실히 제공하는 데 필요하다.
- 모든 경영 전공자는 기업의 윤리적, 사회적, 법적 환경 변화에 영향을 받을 것이다. 경영 전공 학생은 정부 규제기관 및 일반 대중을 위한 보고서 작성과 같은 비즈니스 요구사항을 충족하기 위해 정보시스템이 사용되는 방법과 정보시스템이 자신의 분야에서 윤리적 이슈에 어떻게 영향을 주는지를 이해할 필요가 있다.

이 책은 당신의 미래를 위해 어떻게 준비시키는가

이 책은 당신의 미래 비즈니스 경력을 준비시키도록 설계되었다. 또한 비즈니스 조직에서 정보시스템의 역할을 이해하는 데 필요한 지식과 기반이 되는 개념을 알려주고 있다. 이 지식을 이용해 비즈니스 효과를 높일 기회를 찾을 수 있을 것이다. 당신은 운영을 개선하고, 신제품과 서비스를 개발하며, 의사결정을 개선하고, 고객 친밀성을 높이며, 경쟁우위를 확보하는 데 정보시스템을 활용하는 방법을 배울 것이다.

또 중요한 점은, 이 책은 업무에서 접하게 될 문제를 해결하기 위한 정보시스템 활용능력을 향상시킨다는 것이다. 당신은 비즈니스 문제를 어떻게 분석하고 정의하는지, 적합한 정보시스템 해결책은 어떻게 설계할 것인지 배울 것이다. 당신의 비판적 사고와 문제 해결 능력은 더욱 향상될 것이다. 아래와 같은 이 책의 내용 및 별도로 첨부된 학습 패키지는 이러한 문제 해결 능력과 경력개발에 도움을 줄 것이다.

정보시스템을 기술하고 분석하는 프레임워크

이 책은 정보시스템의 사람, 조직, 기술 요소를 조사해 문제를 분석하고 해결하는 프레임워크를 제공한다. 이 프레임워크는 비즈니스에서 정보시스템을 이해하고 정보시스템 문제를 분석하는 데 도움이 되도록 이 책 전체에서 반복적으로 사용된다.

문제 해결의 4단계 모델

이미 소개한 바와 같이 이 책은 비즈니스 문제를 해결하기 위한 4단계 방법을 제시한다. 즉 당신은 비즈니스 문제를 인식하고, 대안을 설계하고, 정확한 해결책을 선택하고, 그 해결책을 실행하는 방법을 배울 것이다. 각 장 사례연구는 이 방법에 입각해 문제를 해결하도록 요구할 것이다. 12장은 이 방법을 이용해 새로운 정보시스템을 어떻게 설계해서 구축하고 사업 가치를 결정하는지를 보여줄 것이다.

경력자원

당신의 미래 직업경력에 이 책이 어떻게 직접적으로 유용한지를 알 수 있게 하려고 경력개발과 구직에 도움이 될 수 있는 경력자원(Career Resources) 코너를 추가했다.

경력기회 특성 이 책이 당신의 구직과 경력을 쌓는 데 어떻게 도움을 줄 수 있는지를 보여주기 위해 각 장에 '경력기회' 코너를 새롭게 추가했다. 각 장의 마지막 주요 절인 '경영정보시스템은 내 경력에 어떻게 도움이 되는가?'는 실제 직무 기술에 바탕을 두어 최근 대학졸업생을 위한 신입직원의 직무를 기술해준다. 직무 요구사항은 그 장에서 다루고 있는 주제와 관련되어 있다. 직무 기술은 필요한 교육 배경과 기술을 보여주고 직무 면접에서 나올 수 있는 경영 관련 질문을 나열하고, 질문에 답하고 면접을 준비하는 데 도움이 되는 팁을 제공한다.

1-5 경영정보시스템은 내 경력에 어떻게 도움이 되는가?

여기서는 1장의 내용이 재무고객 지원과 판매보조원으로서 신입직원 직무를 발견하는 데 어떻게 도움을 줄 것인가를 보여준다.

회사

Power Financial Analytics Data Services는 프랑크푸르트, 이스탄불, 두바이, 시드니, 케이프타운에 사무실을 두고 있는 금융산업을 대상으로 하는 데이터 및 소프트웨어 회사이다. 이 회사는 재무고객 지원과 판매보조원 신입직원 직무를 만들고 싶어 한다. 이 회사는 1,600명의 직원을 보유하고 있으며 이들 중 상당수가 고객에게 강력한 재무분석용 소프트웨어와 데이터 제품을 어떻게 다룰 것인가를 보여주는 컨설턴트이다.

직무 설명

재무고객 지원과 판매보조원은 회사의 컨설팅 서비스팀에 속한다. 컨설팅팀은 재무와 기술을 철저하게 이해해 이 회사 소프트웨어의 특정 전문지식을 쌓아 고객을 여러 방법으로 지원한다. 이 회사는 소프트웨어의 현장훈련과 컨설팅 기법을 제공한다. 주요 직무는 다음을 포함한다.

- 회사 애플리케이션 지원
- 팀이 사용자 정의 모델과 화면을 만드는 것을 보조
- 사무실과 세미나실에서 고객을 훈련
- 고객에게 전화나 현장에서 전문가 자문을 제공

직무 요건

- 최근 대학졸업생이나 1~2년간 경험이 있는 투자 전문가. 재무, MIS, 경제학, 회계, 경영관리, 수학 전공 지원자 우대
- 금융시장에 대한 지식이 있거나 배우는 데 관심이 있어야 함
- 스프레드시트를 잘 다루어야 함
- 탁월한 의사소통능력과 대인관계기술
- 급변하는 환경에서 배우고자 하는 열의가 강해야 함

면접 질문

1. 재무에 대한 당신의 배경은 무엇입니까? 어떠한 교육과정을 수료했습니까? 금융산업에 근무한 적이 있습니까? 거기서 무엇을 했습니까?
2. 스프레드시트 소프트웨어 활용 수준은 어떠합니까? 엑셀로 어떠한 직무를 수행했습니까? 당신이 한 업무의 예를 보여줄 수 있습니까?
3. 금융산업의 현재 추세와 이것이 우리 회사의 사업 모델과 고객 확보에 어떠한 영향을 미치는지를 논의할 수 있습니까?
4. 고객과 함께 일한 적 있습니까? 고객 서비스나 지원을 어떻게 했는지 예를 보여줄 수 있습니까?
5. 당신이 해결하는 데 도움을 준 재무 관련 문제나 타 경영 문제의 예를 보여줄 수 있습니까? 서류 작성이나 분석을 해본 적이 있습니까? 예를 보여줄 수 있습니까?

저자 팁

1. 금융시장과 금융산업을 알기 위해 웹을 사용하라.
2. 회사, 금융상품, 회사가 고객에게 제공하는 기법과 서비스를 연구하기 위해 웹을 사용하라. 컨설팅 서비스에 대해 할 수 있는 것이 무엇인지 배워라. 추가로 추세와 관심 사항을 위해 링크드인, 페이스북과 같은 회사의 사회관계망 채널을 조사하라.
3. 이러한 직무 수행을 위해 스프레드시트를 어떻게 사용하는지 정확하게 문의하라. 수업 중에 문제를 풀거나 직무 할당을 위해 스프레드시트를 어떻게 사용했는지 예를 제공하라. 재무에서 스프레드시트 작업한 것을 보여라.
4. 당신의 분석 기술과 프로젝트 전문성을 보여줄 수 있는 문서 작성 예를 가져오라. 고

객이 경영 문제를 푸는 데 당신이 어떻게 도왔는지와 교육과정 중에 수행했던 경영 문제 해결에 대해 논의할 수 있도록 준비하라.

요약

1-1 **오늘날 기업을 운영하고 관리하는 데 정보시스템이 왜 필수적인가?** 정보시스템은 오늘날 비즈니스를 수행하는 토대이다. 많은 산업 분야에서 정보기술을 광범위하게 활용하지 않는 기업은 생존과 존재 자체가 어렵다. 오늘날 비즈니스는 정보시스템을 여섯 가지 목적, 즉 (1) 운영 우수성, (2) 새로운 제품·서비스와 비즈니스 모델의 개발, (3) 고객·공급자와의 친밀성 유지, (4) 의사결정 개선, (5) 경쟁우위, (6) 생존을 달성하기 위해 사용한다.

1-2 **정보시스템은 무엇이며, 어떻게 작동하는가? 정보시스템의 구성요소인 사람, 조직, 기술은 무엇을 의미하는가?** 기술적 관점에서 정보시스템은 조직의 기능, 의사결정, 의사소통, 조정, 통제, 분석, 시각화를 지원하기 위해 조직 외부 환경과 내부 운영으로부터 정보를 수집하고, 저장하며, 전파한다. 정보시스템은 입력, 처리, 출력이라는 세 가지 기본 활동을 통해 원시 데이터를 유용한 정보로 변환한다. 비즈니스 관점에서 정보시스템은 기업이 처한 문제와 도전에 대한 해결책을 제공하며 사람, 조직, 기술 요소의 결합이기도 하다.

정보시스템의 사람 차원은 교육, 직무 태도, 관리행태와 같은 문제와 관련되어 있다. 기술 차원은 컴퓨터 하드웨어, 소프트웨어, 데이터 관리기술, 인터넷을 포함한 네트워킹과 통신기술 등으로 구성된다. 정보시스템의 조직 차원은 조직의 계층구조, 기능 분야, 비즈니스 프로세스, 문화, 정치적 이해집단 등과 같은 문제와 관련이 있다.

1-3 **비즈니스 문제 해결을 위한 4단계 모델은 정보시스템 관련 문제 해결에 어떻게 도움을 줄 수 있는가?** 문제 인식은 어떤 종류의 문제가 존재하는지, 그리고 사람, 조직, 기술 차원의 요인은 무엇인지 식별하는 것이다. 해결책 설계는 인식된 문제에 대한 몇 가지 해결 대안을 설계하는 것이다. 해결책 평가 및 선택은 각 대안에 필요한 비용, 조직의 가용자원 및 기술을 고려해 최선의 해결책을 선택하는 것이다. 정보시스템 해결책 실행에는 하드웨어 및 소프트웨어를 구매하거나 자체 구축하고, 소프트웨어를 시험하고, 직원에게 교육과 문서를 제공하며, 시스템이 조직에 도입되면서 발생하는 변화를 관리하고, 성과를 측정하는 것 등이 포함된다. 문제 해결은 비판적 사고를 요구한다. 비판적 사고는 다양한 관점과 대안을 모두 고려할 때까지 판단을 보류하는 것이다.

1-4 **직업경력에 필수적인 정보시스템 기술과 지식은 무엇인가?** 회계, 재무, 마케팅, 운영관리, 경영 관리, 인사 관리, 정보시스템 등 모든 분야에서의 경영 경력을 위해서는 기업이 중대한 경영 목표, 데이터 분석과 비즈니스 인텔리전스(BI) 스킬, 정보시스템이 야기하는 윤리적, 사회적, 법적 문제에 대한 민감성, 시스템을 설계하고 구현할 때 기술 전문가 및 비즈니스 전문가와 협업할 수 있는 능력 등을 획득하는 데 정보시스템이 어떻게 도움을 줄 것인가에 대한 이해가 필요하다. 또한 팀 내에서 대화와 문서작업을 통해 소통하고 구성원과 상호협력할 수 있는 능력은 오늘날 모든 업무현장 영역에서 갈수록 중요한 스킬이 되고 있다.

주요 용어

경영정보시스템
네트워크
네트워킹 및 통신기술
데이터
데이터 관리기술
문화
변화 관리
비즈니스 모델
비즈니스 프로세스
비판적 사고
엑스트라넷
월드와이드웹
인터넷
인트라넷
입력
정보
정보기술
정보기술 인프라
정보시스템
정보시스템 이해능력
처리
출력
컴퓨터 소프트웨어
컴퓨터 하드웨어
컴퓨터 활용능력
피드백

복습문제

1-1 오늘날 기업을 운영하고 관리하는 데 정보시스템이 왜 필수적인가?

- 오늘날 비즈니스에서 정보시스템이 중요한 여섯 가지 이유를 나열하고 설명하라.
- 글로벌화의 도전과 기회를 기술하라.

1-2 정보시스템은 무엇이며 어떻게 작동하는가? 정보시스템의 구성요소인 사람, 조직, 기술은 무엇을 의미하는가?

- 조직에서 필요한 정보를 만드는 정보시스템의 세 가지 활동을 기술하라. 조직, 사람, 기술 차원을 나열하고 설명하라.
- 정보와 데이터의 차이점을 설명하라. 데이터는 왜 정보에 필수적인가?
- 조직은 왜 서로 다른 수준과 전문성으로 구성된 구조인가?
- 조직 문화의 일부가 어떻게 정보시스템에 내재해 나타날 수 있는지 설명하라.

1-3 비즈니스 문제 해결을 위한 4단계 모델은 정보시스템 관련 문제 해결에 어떻게 도움을 줄 수 있는가?

- 문제를 해결하는 것을 사건이 아니라 하나의 과정으로 다루는 것이 왜 필수적인가?
- 문제 해결책 실행에 사용할 수 있는 사람 기반 기법을 나열하고 설명하라.
- 문제의 차원에서 기술, 조직, 사람 관점 간 차이를 어떻게 구분할 것인가?
- 정보시스템과 관련해서 기술, 조직, 사람 관점 간 차이를 어떻게 구분할 것인가?

1-4 직업경력에 필수적인 정보시스템 기술과 시식은 무엇인가?

- 회계, 재무, 마케팅, 경영 관리, 생산 관리 부문 경력에서 정보시스템의 역할을 기술하고, 새로운 기술과 아웃소싱은 정보시스템 분야의 경력에 어떤 영향을 미치고 있는지 설명하라.
- 모든 비즈니스 경력에 필수적인 정보시스템에 대한 기술 및 지식을 나열하고 설명하라.

협업과 팀워크 프로젝트

협업을 위한 도구 선택

1-5 3~4명으로 팀을 구성해 구글 드라이브(Google Drive)와 구글 사이트(Google Sites)가 당신의 공동작업에 어떤 기능을 제공할 수 있는지 검토하라. 이 두 가지 도구의 기능이 공동작업의 문서, 프로젝트 공지사항, 원천자료, 작업 할당, 삽화, 발표자료, 관심 있는 웹페이지 등의 저장에서 어떤 차이가 있는지 비교하라. 또한 이 두 가지 도구가 구글 독스(Google Docs)와 어떻게 상호작용하는지 학습하라. 구글 드라이브와 구글 사이트 중 어떤 것이 당신의 협업에 적합한지 설명하라. 가능하면 지금까지 알게 된 내용으로 강의 시간에 발표할 자료 준비와 브레인스토밍에 구글 독스를 이용하라. 선택한 구글 도구를 이용해 당신의 발표자료를 정리하고 저장하라.

참고문헌

Baldwin, Richard. *The Great Convergence: Information Technology and the New Globalization*. Cambridge, MA: Harvard University Press (2016).

Brynjolfsson, Erik. "VII Pillars of IT Productivity." *Optimize* (May 2005).

Bureau of Economic Analysis. *National Income and Product Accounts*, www.bea.gov, accessed June 30, 2018.

Bureau of Labor Statistics, "Job Openings and Labor Turnover Summary." (July 9, 2019).

Chae, Ho-Chang, Chang E. Koh, and Victor Prybutok. "Information Technology Capability and Firm Performance: Contradictory Findings and Their Possible Causes." *MIS Quarterly* 38, No. 1 (March 2014).

Chen, Te-Ping and Hanna Sender. "What's a Liberal Arts Degree Worth?" *Wall Street Journal* (May 10, 2019).

Davidson, Kate. "The 'Soft Skills' Employers Are Looking For." *Wall Street Journal* (August 30, 2016).

eMarketer. "U.S. Digital Shoppers and Buyers (Millions and % of Internet Users)." (May 2019).

FedEx Corporation. "SEC Form 10-K for the Fiscal Year Ended 2018." www.sec.gov, accessed July 1, 2019.

Friedman, Thomas. *The World Is Flat*. New York: Picador, 2007.

Gartner Inc. "Gartner Says Global IT Spending to Reach $3.8 Trillion in 2019." (January 28, 2019).

Greenfield, Rebecca. "Forget Robots—People Skills Are the Future of American Jobs." *Bloomberg* (December 7, 2016).

Laudon, Kenneth C. *Computers and Bureaucratic Reform*. New York: Wiley, 1974.

Martin, Timothy W. and Sarah Krouse. "The Big Hangup: Why the Future Is Not Just Your Phone." *Wall Street Journal* (January 12, 2019).

Pew Internet and American Life. "Internet/Broadband Fact Sheet." (June 12, 2019).

US Bureau of Labor Statistics. *Occupational Outlook Handbook*, www.bls.gov, accessed July 1, 2019.

US Census. *Statistical Abstract of the United States*. www.census.gov, accessed June 29, 2019.

Wedell-Wedellsborg, Thomas. "Are You Solving the Right Problems?" *Harvard Business Review* (January–February 2017).

Weill, Peter, and Jeanne Ross. *IT Savvy: What Top Executives Must Know to Go from Pain to Gain*. Boston: Harvard Business School Press, 2009.

노후화된 작업 방식을 새로운 기술로 변화시킨 UPS

이 장의 기술 관점 사례연구에서는 정보기술에 대한 UPS 투자가 택배 시장에서 어떻게 경쟁력을 유지하는 데 도움을 주고 있는지 설명했다. 불행하게도, UPS는 운영의 중요한 측면이 노후화된 기술과 수동 처리 절차에 매여 있었기 때문에 별로 경쟁적이지 못했다.

비록 UPS IT 인프라의 많은 부분이 첨단이기는 했으나 전부가 그런 것은 아니었다. UPS는 80,000명의 택배기사를 동원해 매일 수백만 개의 소포를 배달한다. 최근까지 그중의 반은 자동화된 설비를 사용해 처리되고 나머지는 30년 된 노후 장비와 수작업으로 처리되었다.

예를 들어 텍사스주 메스키트에 있는 UPS의 소포 분류 장비는 30년 된 아날로그 방식의 제어장치(control pannel)로, 대형 냉동고 크기이며 운반 벨트에 있는 소포가 비뚤어져 있을 때 빨간색과 초록색 빛으로 작업자에게 알려준다. 분류 과정은 박스를 트럭에서 운반 벨트로 내릴 때부터 시작된다. 작업자는 박스를 줄 세워 스캐너가 앞, 위, 혹은 다른 쪽에 있는 운송라벨을 읽을 수 있도록 한다. 소포는 약 50명의 작업자 줄로 옮겨진다. 9개의 운반 벨트가 있는데, 바닥을 따라 3개, 허리 높이에 3개, 머리 바로 위에 3개가 있다. 분류 작업자는 소포를 집어 들어 빠르게 라벨을 판독하고 난 다음 소포를 해당 벨트에 옮긴다. 구석 모퉁이에 있는 작업자는 소포를 슈트(chute) 아래로 분류하는데 이곳은 선적하는 사람이 트럭의 트레일러에 짐을 싣는 곳이다. 자동화된 설비를 갖춘 경우 스캐너가 소포의 종착지를 읽고 'shoe pucks'라는 장비를 사용해 적당한 슈트에 밀어 넣는다.

메스키트와 같이 오래되고 덜 자동화된 설비에서는 중간 크기 소포는 네 번의 '접촉(touch)'을 받게 된다. 각 '접촉'은 처리한 활동을 나타낸다. 각 '접촉'으로 소포의 분류 오류와 손상 가능성이 높아진다. 메스키트는 시간당 약 40,000개의 물품을 처리하며 사람의 실수도 흔치 않게 더해질 수 있다. 잘못 분류된 소포는 다른 날 UPS 배송에 추가되며 고객 서비스 품질이 떨어지고 운영비용은 증가한다.

뉴저지주 에디슨에 있는 페덱스의 그라운드 허브 설비는 모두 자동화되어 있다. 따라서 페덱스 작업자는 대부분의 소포에 두 번만 접촉한다(하역할 때와 선적할 때). 마찬가지로 아마존의 운영 방식도 매우 자동화되어 있으며 특히 물류창고는 무인 지게차와 로봇이 있어 이것들이 소포를 작업자에게 갖다 준다.

메스키트에서 약 30마일 떨어진 UPS의 포트워스(Fort Worth) 설비는 개선하려는 UPS의 노력을 보여준다. 그곳에서는 기계장치가 박스를 스캔하고 종착지별로 분류해 운송 차량에 보낸다. 6개의 면을 가진 스캐너가 있어 직원은 박스가 어떤 면이 향해 있는지 걱정할 필요가 없다. 냉방 시설이 갖추어진 방에서 UPS 직원은 평면 모니터를 통해 실시간 영상자료를 지켜본다. 컴퓨터는 걸림 현상이나 기타 오작동을 감지하고 작업자는 운반장치가 소포를 보내는 경로를 재설정할 수 있다. 포트워스 건물에서 소포의 배송경로를 재설정할 때 사람은 전혀 개입하지 않는다. 작업자 몇 명이 벨트를 따라가서 하자가 있는 소포를 대체한다. 그러나 이러한 일은 거의 일어나지 않는다. 분류 네트워크를 지정하는 것은 소포의 흐름을 관리하는 데 도움을 주는 소프트웨어이다. 이 소프트웨어는 자동화된 설비와 오래된 설비 간 소포의 흐름도 관리한다. 이 기술은 전체 물량이 넘치는 지역으로 가는 소포를 추가적으로 우회할 수 있게 해준다. 750명의 작업자가 있는 이런 자동화된 설비는 메스키트가 1,170명으로 하루에 처리할 수 있는 물량을 감당할 수 있다. 자동화는 분류 정확성을 증가시켰고 또한 회사가 더 짧은 거리, 더 적은 연료, 더 적은 수의 장비를 사용해 배송경로를 최적화함과 동시에 선적 물량 예측을 더 잘할 수 있도록 도와주는 데이터를 창출한다.

반면, 경쟁자인 페덱스의 그라운드 허브 소포의 96%는 자동화된 설비를 통해 이동한다. 페덱스는 노후화된 장비와 수동 처리 방식을 몇 년 전에 다 버렸으며, 새로운 경쟁자인 아마존은 노후화된 시스템은 전혀 취급하지 않았다.

UPS는 초창기에는 급부상하는 전자상거래 운송을 취급하기 위해 '반창고(band-aid)' 접근 방식을 택했다. 이 방식에는 추가적인 작업량, 작업시간 증가, 새로운 장비가 있는 낡은 건물의 일부 개량이 필요했다. 그러나 UPS 경영진은 21세기에 경쟁력을 유지하고 전자상거래가 요구하고 있는 새로운 유통 방식을 취급하기 위해서는 이러한 상황을 수정해야 한다는 것을 알았다.

UPS는 21세기 구매와 배송 추세를 정확하게 따라잡기 위해서 2019~2022년에 200억 달러를 투자할 계획을 세우고 있다. 투자의 대부분은 표준 설비보다 30% 더 효율적으로 소포를 분류하는 7개의 '슈퍼 허브'를 포함해 새롭게 자동화된 선적과 창고 설비 쪽에 치중될 것이다.

과거에는 UPS가 관장하는 대부분의 선적 물품이 소매상과 사업 협력업체에게 배송되었다. 오늘날에는 이러한 선적물품의 대부분이 인터넷을 이용해 1~2개의 품목을 온라인으로 구매하는 개별 가정으로 배송된다. UPS는 현재 취급하는 소포의 50% 이상을 일반 가정에 배송한다. 훨씬 떨어진 교외의 가정에 배송하는 일이 많아짐으로써 대규모 기업이나 사무실에 대용량 소포를 배송하고 수령할 때보다 UPS는 더 큰 비용이 들었다.

UPS의 일부 경영진은 더욱 적은 마진의 배송사업을 많이 걱정했지만, UPS는 전자상거래를 생각해야 한다는 것을 알았다. UPS 대변인 스티브 간트(Steve Gant)에 따르면 전자상거래 주문 물량을 배송하는 것이 비록 기술적으로나 조직적으로 더 많이 선진화된 강력한 경쟁자 가운데서조차 '엄청난 기회'가 있다는 것이다. UPS는 짧은 거리를 이동하는 대용량 소포는 예외로 두고, 2022년까지 자동화된 허브를 통해 모든 소포를 처리하는 계획을 세우고 있다.

새로운 전자상거래 환경에서 노후화된 선적 기술과 처리 절차를 사용하려고 한 것이 UPS를 실패로 이끌었다. 온라인 주문의 폭발적인 증가로 발생한 병목은 배송지연을 초래해 건강관리 업체, 산업체, 기타 기업고객이 페덱스로 갈아탔다. 아마존은 특히 도시와 교외의 온라인 주문을 처리할 수 있는 고유의 트럭, 승합차, 비행기 배송망을 만들고 있다. 아마존은 UPS 수입의 10%를 차지하고 선적 물량의 비중이 더 높기 때문에 UPS는 분명히 영향을 받을 것이다.

UPS는 노동조합이 결성되어 있지만 페덱스는 아니다. 이것이 차별성을 가져왔을까? 국제트럭운전사협회(International Brotherhood of Teamsters)는 26만 명의 UPS 운전기사, 분류자, 기타 작업자를 대표하며 UPS에게 폭증하고 있는 UPS 소포 운송을 감당할 수 있는 전일제 작업자를 더 많이 고용할 것을 요구한다. 조합은 드론이나 자율주행 자동차와 같은 기술을 반대했으며, 동일한 작업을 더 적은 직원으로 수행할 수 있는 변화한 환경에 우려하고 있다. 보스턴 트럭운전사조합장 션 오브라이언(Sean O'Brien)이 지적하듯이 기술은 합리화되며 직업을 빼앗아 간다. 직업이 한 번 대체되면 다시 되돌리는 것은 너무 어렵다.

페덱스는 그라운드 네트워크에 노동조합이 없다. 그래서 조직화된 노동자의 반발을 다룰 필요가 많지 않다. 아울러 페덱스의 그라운드 배송망은 UPS보다 새롭고 보다 최신 기술과 운영 절차를 사용한다. 노후화된 작업 방식을 사용하는 시설에 자동화를 도입하려고 노력할 필요가 없다.

UPS에 따르면 노조 결성은 자동화에 더 치중하려는 회사의 노력을 심하게 방해하지 않았다고 한다. UPS가 노후화된 설비를 개량하고 새로운 시설을 만들기 위해 새로운 기계를 도입해 자동화하는 데 드는 비용은 낮다.

어떤 경우 새롭게 자동화된 소포 분류설비는 UPS가 새로운 직무를 만드는 데 도움을 주었다. 예를 들면 휴스턴 북서부에 있는 UPS 자동화 소포 배송센터는 전일제와 시간제 직무를 합쳐 575개의 일자리를 만들었다. 238,000제곱피트 규모의 센터는 휴스턴 지역에 300개의 배송 차량을 추가했다.

2005년 이후로 37개의 그라운드 허브 네트워크에 100억 달러를 투자한 페덱스는 현재 슬림화를 추진하고 있다. 2억 5,900만 달러가 투자된 페덱스 인디애나폴리스 그라운드 허브와 같은 몇 곳은 현재 폐쇄되었다. 페덱스는 유연성을 위해 고안된 뉴저지 에디슨에 있는 것과 같은 그라운드 허브를 보유하고 있다. 이 시설은 건물 전체의 3분의 1만을 사용하고 급하게 필요할 때 추가 장비를 설치할 수 있는 여지가 있다. 이러한 준비 방식으로 페덱스는 자사의 네트워크를 온라인 주문의 변동적인 흐름에 적응시킬 수 있다.

UPS는 또한 자동화된 소포 분류를 보완하는 다른 기술을 적용하고 있다. 2017년에 배송차량 안에 블루투스 수신기를 장착해 소포를 잘못 배송할 가능성을 줄였다. 무선 신호가 블루투스 비콘과 작업자의 손과 엉덩이에 부착된 스캔 장치 간에 전송되어 UPS 소포 라벨을 읽을 수 있다. 작업자가 소포를 소포의 목적지가 아닌 배송 차량에 싣는 경우 비콘의 신호음이 크게 울린다. 어떤 신호음은 소포를 옳은 트럭에 실을 때 나기도 한다. UPS는 이러한 기술을 도입하기 전에 모든 소포가 옳은 트럭에 실리는지 최종적으로 확인하지 않았다. 운전기사는 이러한 소포를 배송하기 위해 도중에 경로를 바꾸거나 이 소포들을 옳은 트럭으로 옮겨 실을 수 있는 감독관을 찾아야 했다.

블루투스 기반 시스템은 지연을 줄이는 것 이외에도 고

객에게 향후 배송상황에 대한 자세한 정보를 제공할 수 있게 했다. 소포가 아침에 스캔되면 UPS는 고객에게 배송 상태를 이메일로 보낸다. UPS의 이 서비스에 서명한 고객은 소포의 도착과 예정된 배달시간 관련 메시지를 받는다.

블루투스의 또 다른 고급 기능은 계절 근로자에게 권역 밖으로 가는 소포의 운반장소에 대한 정보를 알게 해준다. 권역 밖으로 가는 소포는 UPS 차량이 낮에 소포를 수령하고 회사의 분류 시설로 가져간다. UPS는 11월부터 1월까지 거의 10만 명의 계절 근로자를 고용한다. 과거에 이러한 작업자는 소포를 두어야 할 곳을 알기 위해 수백 개의 우편번호를 기억해야만 했다. UPS는 이러한 계절 근로자 몇 명에게 스캔 장치와 가격이 저렴한 블루투스 헤드폰을 제공했다. 헤드폰에는 처리를 위한 장소로 소포를 좀 더 옮기기 위한 특별한 운반 벨트를 지정하는 빨간색, 초록색, 파란색 중 한 단어 명령이 들어온다.

새로운 기술 덕분에 UPS 처리 설비 관리자는 배송될 수 없는 소포를 매일 밤 얼마나 처리해야 하는지와 언제 도착하는지 정확하게 파악함으로써 소포 경로를 재설정하기 위한 작업 전환 계획을 수립할 수 있다. 들어오는 소포의 수와 이들이 얼마나 빨리 처리되며 어떤 작업그룹이 가장 바쁜가를 보여주는 도표를 정보의 형태로 삼성 스마트폰에서 실시간으로 볼 수 있으며, 이에 따라 수요가 가장 많은 곳에 직원이 할당될 수 있다. 과거에 UPS 관리자는 배송 불가능한 소포를 매일 밤 얼마나 처리해야 하는지를 예측하기 위해 과거 데이터와 운전기사와의 무선통신에 의존해야 했다.

이러한 기술 투자의 모든 것이 보상받고 있다. UPS는 2018년 휴가 시즌 동안 주문 폭증을 과거보다 쉽게 처리할 수 있었다. 2019년 말까지 UPS가 배송 가능한 물량의 약 80%는 자동화 시설에서 처리된 것이며 이는 10억 달러에 해당하는 연간 비용 절감을 가져왔다.

출처: Bloomberg, "UPS Sees Payoff from $20BN Tech Bet," *SupplyChainBrain*, April 24, 2019; Paul Ziobro, "UPS's $20 Billion Problem: Operations Stuck in the Twentieth Century," *Wall Street Journal*, June 15, 2018; Katherine Feser, "UPS Package Delivery Facility in NW Houston Creates 575 Jobs," *Chron*, January 17, 2019; Elizabeth Woyke, "How UPS Delivers Faster Using $8 Headphones and Code That Decides When Dirty Trucks Get Cleaned," *MIT Technology Review*, February 16, 2018; and Shefali Kepadia, "Company of the Year: UPS," *Supply Chain Dive*, December 3, 2018.

사례연구 문제

1. UPS가 직면한 문제를 식별하라. 사람 문제, 조직 문제, 관리 문제 중 어느 것인가?

2. 이 문제를 해결하기 위한 해결책으로 UPS가 추구한 것은 무엇인가? 성공적인 해결책인가? 그렇다면 이유는 무엇인가? 아니라면 그 이유는 무엇인가?

3. 자동화 전과 후의 UPS 분류 과정을 도식화하라.

4. 소포 분류 자동화는 UPS의 운영과 의사결정 방식을 어떻게 변화시켰는가?

CHAPTER

2 글로벌 e-비즈니스와 협업

학습목표

이 장의 학습을 마치면 다음 질문에 답할 수 있을 것이다.

2-1 정보시스템의 역할을 이해하는 데 중요한 기업의 주요 특징은 무엇인가?

2-2 시스템이 기업의 다양한 경영 집단을 어떻게 지원하고 기업 연계시스템이 조직의 성과를 어떻게 향상시키는가?

2-3 협업, 소셜 비즈니스, 지식경영을 위한 시스템이 중요한 이유는 무엇이며 어떤 기술을 사용하는가?

2-4 기업에서 정보시스템 기능의 역할은 무엇인가?

2-5 경영정보시스템은 내 경력에 어떻게 도움이 되는가?

사례

전사적 소셜 네트워킹으로 더 혁신적인 연결 조직으로 전환한 샤프

도쿄 2020을 위해 e-거버넌스 도구를 채택한 일본

화상회의: 모두를 위한 것

기업은 소셜 비즈니스를 받아들여야 하는가

전사적 소셜 네트워킹으로 더 혁신적인 연결 조직으로 전환한 샤프

샤프(Sharp)는 액정표시장치(LCD) 다기능 인쇄장치, 계산기, 라디오, 전자레인지, 센서 등 통신장비, 전기·전자장비, 전자부품 등을 제조·판매하는 일본의 다국적 기업이다. 샤프의 경영철학은 단순히 사업 규모를 늘리는 데 그치지 않고 독창적이고 혁신적인 기술을 사용해 전 세계 사람들의 문화와 복지에 기여한다는 점을 강조한다. 샤프는 2016년부터 대만에 본사를 둔 폭스콘그룹(Foxconn Group)의 자회사가 되었으며 전 세계적으로 5만 명 이상의 직원을 고용하고 있다. 협업과 정보 공유는 회사의 지속적인 혁신과 비즈니스 성공을 위해 필수적이다.

우수한 제품 라인업에도 불구하고 샤프는 새로운 아시아 경쟁자가 소비자 전자 제품 사업에 도전하면서 재정적 어려움에 직면했다. 이 회사의 핵심 전자 제조 서비스는 이윤이 상당히 적었다. 폭스콘은 샤프의 경영진과 협력해 샤프의 사업 포트폴리오를 다양화하고 회사를 보다 효과적이고 수익성 있게 재편하기 위해 노력했다.

샤프 경영진은 글로벌 비즈니스를 강화하기 위해 회사가 일하는 방식, 즉 비즈니스 프로세스와 조직 문화를 모두 바꿔야 한다고 믿었다. 과거에는 직원이 위에서 아래로 내려오는 결정을 따라야 했다. 지시는 아래로 흘러갔다. 샤프는 고위 경영진은 물론 하급 직원이 리더 역할을 할 수 있는 쌍방향 대화를 기반으로 한 조직 문화로 옮겨 갈 필요가 있었다. 회사의 젊은 직원들은 서로 아이디어와 의견을 자유롭게 공유할 수 있는 시스템을 찾고 있었다.

샤프는 이를 위해 마이크로소프트 야머(Yammer)를 구현했다. 야머는 내부 비즈니스용 전사적 소셜 네트워킹(enterprise social networking) 플랫폼이지만 조직 외부의 공급업체, 고객 및 기타 업체와 연결되는 외부 네트워크를 만들 수도 있다. 야머를 사용하면 직원들이 그룹을 만들어 프로젝트를 협업하고 문서를 공유하고 편집할 수 있으며, 회사에서 무슨 일이 일어나고 있는지 뉴스 피드를 통해 알 수 있다. 사용자 디렉터리(People Directory)는 연락처 정보, 기술 및 전문 지식을 검색할 수 있는 데이터베이스를 제공한다. 야머는 웹, 데스크톱 및 모바일 장치를 통해 액세스할 수 있으며 셰어포인트(SharePoint)나 오피스 365와 같은 다른 마이크로소프트 툴과 통합되어 다른 애플리케이션을 보다 '소셜'하게 만들 수 있다. (셰어포인트는 마이크로소프트의 협업, 문서 공유 및 관리 플랫폼이다. 오피스 365는 워드 프로세싱, 스프레드시트, 전자 프레젠테이션, 데이터 관리와 같은 데스크톱 생산성 애플리케이션을 위한 마이크로소프트의 온라인 서비스이다.)

© Rido/123RF

샤프는 2013년 2월에 파일럿 야머 프로그

램을 만들었다. 이 프로그램은 직원이 자발적으로 채택하고 직원들이 취미와 관심사, 업무 관련 주제에 대해 글을 쓸 수 있도록 허용했다. 몇 달 만에 6,000명이 채택했고 회사 내 야머 사용자 수는 10,000명을 넘어섰다. 샤프는 야머를 일본의 모든 국내 직원과 궁극적으로 해외 지사에 배포하려고 한다.

야머는 고위 경영진과 일반 직원의 정보 흐름을 개선했다. 다른 부서와 다른 지역 간에 대화가 이루어지고 직원 간 의사소통이 눈에 띄게 늘어났다. 예를 들어 스마트폰 개발자는 회사 전체에서 기능 및 사용자 편의성에 대한 의견을 공유할 수 있으며 야머 게시물을 읽고 평소에는 들을 수 없는 다른 부서 활동에 대해서도 배울 수 있다.

일부 부서장은 야머를 이용해 직원들에게 비즈니스에서 최신 기술을 사용하는 방법에 대한 아이디어를 구하기도 한다. 샤프는 이러한 피드백을 제품 개발 및 회사 정책에 통합할 수 있다. 회사 곳곳에 분산된 정보를 수집하고 관리자가 자유롭게 아이디어를 교환하고 직원들로부터 배울 수 있는 이러한 능력은 회사의 큰 문화적 변화를 나타낸다.

출처: "Sharp: A Culture Reborn through Enterprise Social," www.microsoft.com, accessed January 12, 2019; www.sharp-world.com, accessed January 21, 2019; and Sharp Corporation, "Sharp Is Back with Big Screens," Hexus, February 5, 2019.

샤프의 경험은 오늘날 조직이 성과를 개선하고 경쟁력을 유지하기 위해 정보시스템에 얼마나 의존하는지 보여준다. 또한 협업과 팀워크를 지원하는 시스템이 조직의 혁신, 실행, 수익 증대 및 경쟁력 유지 능력에 얼마나 큰 차이를 만드는지도 보여준다.

옆 페이지 도표는 위 사례와 이 장에서 제기한 중요한 사항을 설명한다. 샤프는 혁신에 중점을 둔 지식 집약적인 회사지만 계층적 하향식 프로세스로 인해 직원과 관리자의 자유로운 정보 공유와 혁신에 어려움을 겪고 있었다. 이것은 회사가 새로운 첨단 제품을 만들어 제공하고 높은 이윤을 유지하며 다른 아시아 기업과의 경쟁 심화를 막아내는 능력에 영향을 미쳤다.

샤프 경영진은 기업 지식 및 업무 환경을 계층적 구조에서 직원들이 적극적으로 참여하는 구조로 변경하고 동료로부터 더 많이 지식을 얻을 수 있는 새로운 기술을 도입하는 것이 최선의 해결책이라는 것을 알게 되었다. 이 회사는 마이크로소프트 야머의 소셜 도구를 활용해 직원 협업 및 참여를 높이고 경영진과 대화를 시작했다. 이제 이 회사는 직원들의 지식이 보다 효과적으로 공유되고, 더욱 혁신적이고 생산적이 되었다.

새로운 기술만으로는 회사의 문제가 해결되지 않았을 것이다. 샤프는 지식 보급과 협업 작업을 위해 조직 문화와 업무 프로세스를 변경해야 했고, 새로운 기술이 이러한 변화를 가능하게 했다.

다음은 고려해야 할 몇 가지 질문이다: 협업과 직원 참여가 샤프의 경쟁력을 높이는 데 어떻게 도움이 되었는가? 야머의 이용이 어떻게 기업 문화와 업무 방식을 바꾸었는가?

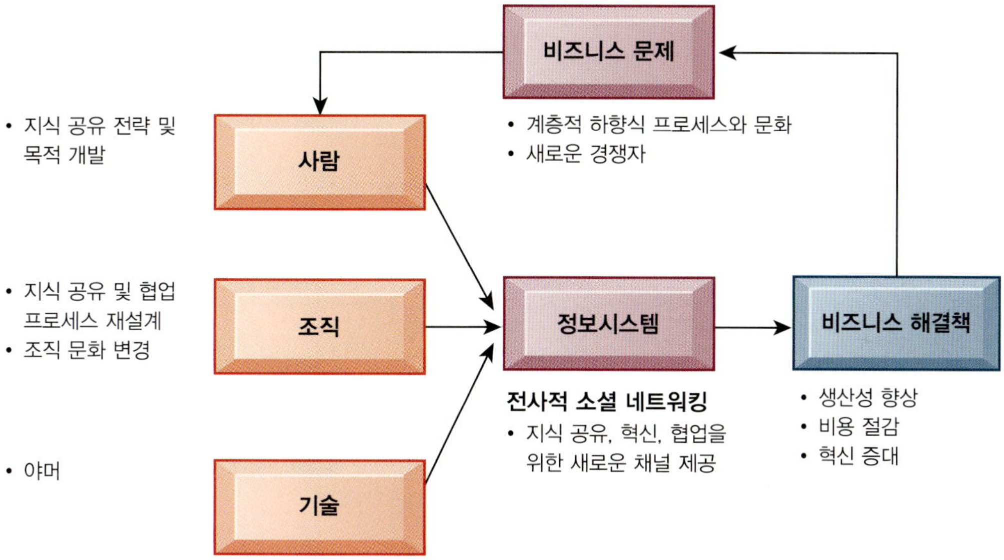

2-1 정보시스템의 역할을 이해하는 데 중요한 기업의 주요 특징은 무엇인가?

기업(business)은 제품 생산이나 서비스 제공을 통해 이윤을 추구하는 것을 목적으로 하는 정형화된 조직으로, 생산 원가보다 높은 가격으로 제품을 판매한다. 고객은 판매 가격보다 더 많은 혹은 최소한 같은 정도의 가치를 얻을 수 있다고 믿기 때문에 기꺼이 그 가격을 지불한다. 기업은 거대한 환경(공급업체들)에서 투입(input)과 자원을 구매한다. 기업의 직원은 생산 프로세스를 통해 이러한 투입에 가치를 부가한다.

물론 이윤을 목적으로 하지 않고 제품이나 서비스를 생산하는 조직인 비영리기업이나 정부기관이 존재한다. 그럼에도 불구하고, 이러한 조직들조차 환경으로부터 자원을 소비하고, 이러한 투입에 가치를 부가하며, 그들의 산출을 구매자와 고객에게 제공한다. 일반적으로 비영리조직이나 정부기관에 있는 정보시스템은 민간 산업에 있는 정보시스템과 상당히 비슷하다.

기업의 조직화: 기본 경영 기능

기업을 설립한다고 가정하자. 사업을 하겠다고 결심하는 것 자체가 매우 중요한 의사결정이지만, 곧바로 어떤 제품 혹은 서비스를 생산할 것인지 고민하게 될 것이다. 무엇을 생산할 것인지에 대한 의사결정을 **전략적 선택**(strategic choice)이라고 한다. 왜냐하면 그것은 잠재 고객, 필요한 직원, 필요한 생산 방법 및 설비, 마케팅 주제, 기타 많은 사항을 결정하기 때문이다.

일단 무엇을 생산할지 결정하고 나면 어떤 조직이 필요할까? 첫째, 생산 조직을 설계해야 한다. 즉 제품을 생산할 인력과 기계를 배치하고 비즈니스 프로세스(절차)를 설계해야 한다. 둘째, 고객 모집, 제품 판매, 품질 보증 및 유지 보수와 같은 판매 이후의 문제를 관리할 판매 및 마케팅 조직이 필요하다. 셋째, 일단 판매를 하고 나면 주문, 송장, 지불, 급

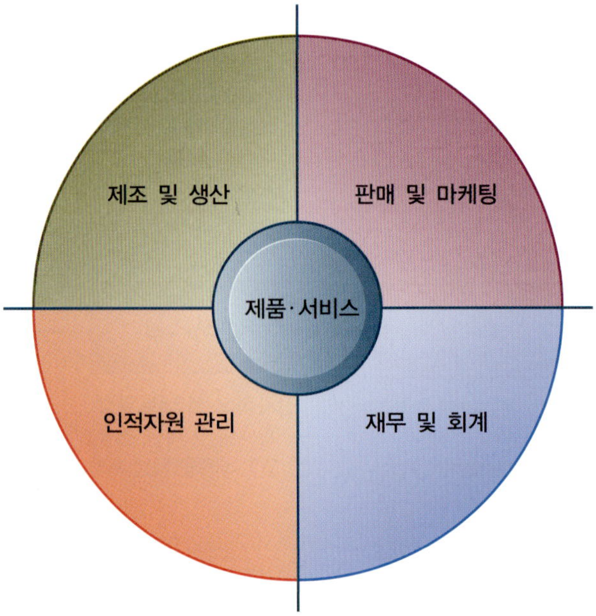

그림 2.1
기업의 네 가지 기본 기능
모든 기업은 규모에 상관없이 성공을 위해 네 가지 주요 기능, 즉 제품·서비스 생산, 제품·서비스 마케팅과 판매, 재무 및 회계, 채용이나 인력 유지 등 인적자원 관리 업무를 수행해야 한다.

여 등 재무거래를 관리할 재무 및 회계 조직이 필요하다. 이 조직은 필요한 재원도 확보해야 한다. 넷째, 신입사원 모집, 채용, 교육훈련, 인력 유지 등의 업무를 담당할 조직이 필요하다. 그림 2.1은 모든 기업에서 발견할 수 있는 네 가지 기본 기능을 정리한 것이다.

직원이 몇 명 되지 않는 소규모 기업이라면 이러한 조직이 다 필요하지 않거나 그렇게 할 여력이 없을 것이다. 대신 소규모 기업에서는 이 모든 기능을 당신 스스로 하거나 소수의 사람이 담당할 것이다. 소규모 기업의 생존율이 낮은 것은 당연하다. 어떤 경우든, 아무리 작은 기업이라도 네 가지 기본 기능은 필요하다. 큰 기업은 각 기능별로 제조 및 생산, 판매 및 마케팅, 재무 및 회계, 인적자원 관리 등 별도의 부서가 있는 경우가 일반적이다.

그림 2.1은 기업을 구성하는 주요 개체를 생각하는 데도 유용하다. 기업에는 공급업체, 고객, 직원, 송장·지불, 제품·서비스의 5개 기본 개체가 있다. 기업이 관리하고 감독해야 하는 다른 많은 개체가 있지만, 이 다섯 가지 구성요소는 모든 기업의 기본이 되는 것이다.

비즈니스 프로세스

기업의 기본적인 경영 기능과 개체를 파악했으면, 다음으로 해야 할 일은 직원이 이러한 기능을 어떻게 수행해야 하는지 정확히 기술하는 것이다. 영업사원은 어떤 업무를 어떤 순서대로 어떤 일정에 따라 수행해야 하는가? 생산직 직원이 원재료를 완제품으로 가공하기 위해 따라야 할 단계는 무엇인가? 고객의 주문을 어떻게 처리할 것인가? 납품업체의 청구를 어떻게 지불할 것인가?

기업에서 업무가 구성되는 방식을 설명하는 단계와 작업을 **비즈니스 프로세스**(business process)라고 한다. 비즈니스 프로세스는 특정 업무가 어떻게 수행되어야 하는지를 정의한 논리적으로 연결된 활동들의 집합이다. 또한 비즈니스 프로세스는 특정 조직에서 업무, 정보, 지식을 조직화하는 독특한 방식을 일컫는다.

표 2.1
기능 영역 비즈니스 프로세스 예시

기능 영역	비즈니스 프로세스
제조 및 생산	제품 조립 품질 검사 자재명세서 생성
판매 및 마케팅	고객 식별 제품 홍보 제품 판매
재무 및 회계	채권 지불 재무제표 생성 당좌계정 관리
인적자원 관리	직원 채용 직원 직무 성과 평가 직원 복지계획 관리

모든 기업은 비즈니스 프로세스의 집합체로 볼 수 있다. 어떤 프로세스는 더 큰 다른 프로세스의 일부분이 되기도 한다. 많은 비즈니스 프로세스는 특정 기능 영역(functional area)과 관련이 있다. 예를 들어 판매 및 마케팅 기능은 고객을 식별하는 업무를, 인적자원 관리 기능은 직원을 채용하는 업무를 담당하고 있다. 표 2.1은 각 기능 영역의 대표적인 비즈니스 프로세스를 설명한다.

다른 비즈니스 프로세스들은 서로 다른 많은 기능 영역에 걸쳐 있어 부서 간 협조가 필요하다. 고객의 주문을 처리하는 간단한 프로세스를 살펴보자(그림 2.2 참조). 우선 영업부서에서 주문을 접수한다. 그 주문은 회계부서로 전달되어 출하에 앞서 신용평가나 즉시 지불 요청을 통해 해당 고객이 지불능력이 있는지 확인한다. 고객의 신용이 확인되면, 생산부서는 재고에서 그 제품을 반출하거나 재고가 없으면 생산하게 된다. 다음으로, 그 제품에 대한 배송이 이루어진다(이 작업은 UPS나 페덱스와 같은 물류회사가 대행할 수 있다). 그러면 회계부서는 청구서나 송장을 발행하고 그 제품이 출하되었음을 알리는 통지를 고객에게 보낸다. 영업부서는 출하에 대한 사실을 통보받고, 고객 서비스나 품질 보증 클레임 등 고객 지원을 위해 준비한다.

처음에는 간단하게 보였던 주문 처리 프로세스가 주요 기능 부서들의 긴밀한 협조가 필요한 매우 복잡한 단계로 구성되어 있음을 알 수 있다. 더구나 주문 처리 프로세스에 있는 모든 단계를 효율적으로 처리하기 위해서는 많은 정보가 필요하고, 기업 내부, 배송회사와 같은 비즈니스 파트너, 고객과의 신속한 정보 흐름이 필요하다. 방금 설명한 주문 처리 프로세스는 조직 외부에 있는 배송회사 및 고객과의 상호작용을 포함하고 있기 때문에 기능 간(cross-functional) 프로세스일 뿐만 아니라 조직 간(interorganizational) 프로세스이다. 공급업체로부터 원재료나 부품을 주문하는 것은 조직 간 비즈니스 프로세스의 또 다른 예다.

기업 효율성은 기업 내·외부 비즈니스 프로세스를 어떻게 잘 설계하고 조정하느냐에 상당 부분 좌우된다. 특정 기업의 비즈니스 프로세스가 경쟁업체보다 더 혁신적이거나 효과

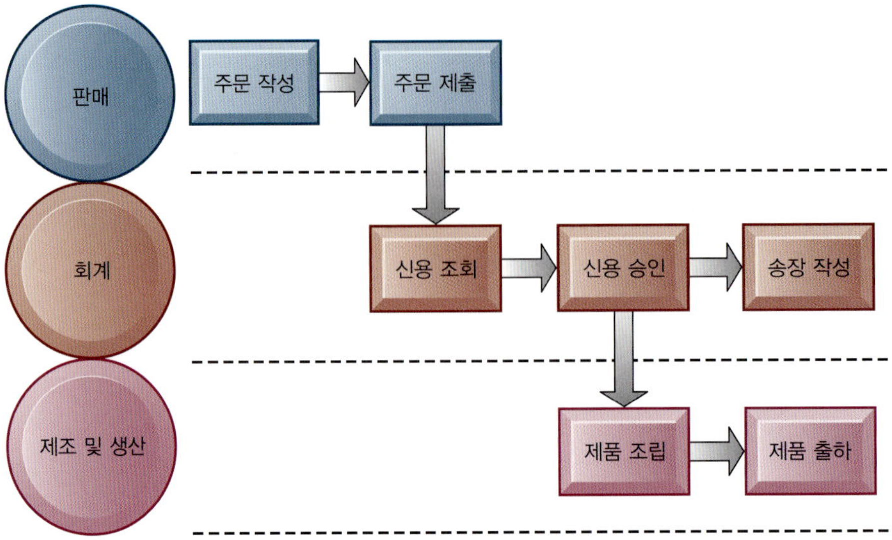

그림 2.2
주문 처리 프로세스
고객 주문 처리는 판매, 회계, 제조 기능 간의 긴밀한 협조가 필요한 복잡한 단계로 구성된다.

적이라면 그것이 그 기업의 경쟁력 원천이 될 수 있다. 조직의 대응력과 효율성을 저해하는 구시대적인 업무 방식에 기반을 둔 비즈니스 프로세스는 골칫거리가 될 수 있다.

정보기술을 활용한 비즈니스 프로세스 개선

정보시스템이 비즈니스 프로세스를 어떻게 개선하는 것일까? 정보시스템은 고객 신용 조회, 송장 작성, 제품 출하 등 이전에 수작업으로 진행하던 비즈니스 프로세스의 많은 단계를 자동화한다. 최근에는 정보기술을 활용해 더 많은 일을 할 수 있다. 새로운 기술은 정보의 흐름을 변화시켜 더 많은 사람이 정보를 공유하고 접근할 수 있게 할 뿐만 아니라 순차적인 작업을 동시에 수행할 수 있게 하고 의사결정 지연을 막아준다. 또한 정보시스템은 사업 수행 방식을 변화시키고 새로운 비즈니스 모델이 가능하도록 지원한다. 아마존닷컴(Amazon.com)에서 온라인으로 책을 주문하고 애플뮤직에서 노래를 스트리밍하는 것은 정보기술 없이는 상상도 할 수 없는, 새로운 비즈니스 모델에 기반을 둔 새로운 비즈니스 프로세스이다.

이것이 정보시스템 교육과정과 향후 경력 개발에 있어 비즈니스 프로세스에 관심을 가져야 하는 중요한 이유이다. 비즈니스 프로세스를 분석하면 기업이 어떻게 운영되는지 명확하게 이해할 수 있다. 또한 비즈니스 프로세스를 분석하면 기업을 보다 효율적이고 효과적으로 만들기 위해 기업을 어떻게 변화시켜야 할지 이해할 수 있게 된다. 이 책 전반에 걸쳐 고객 서비스 개선, 혁신, 효율성 향상 등을 위해 어떻게 정보기술을 활용해 비즈니스 프로세스를 변화시키고 대체할 수 있는지 살펴본다. 3장에서는 정보기술을 활용한 비즈니스 프로세스 재설계 사업효과를 논의한다.

기업 경영과 계층구조

각 비즈니스 기능에는 고유한 목표와 프로세스가 있으며 전체 비즈니스가 성공하려면 반드시 협력해야 한다. 다른 모든 조직과 마찬가지로 기업은 조직의 다양한 부문이 함께 일

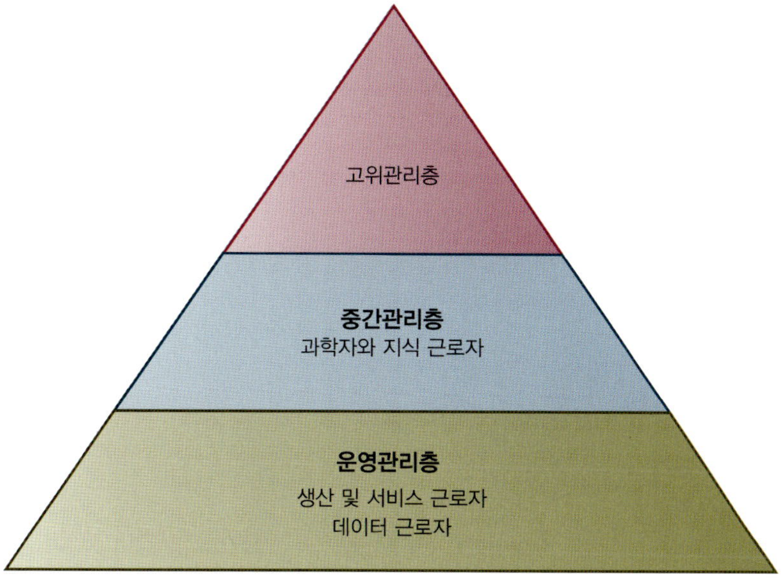

그림 2.3
기업의 계층
기업은 고위관리층, 중간관리층, 운영관리층의 3개 주요 수준으로 구성된 계층구조를 갖는다. 정보시스템은 이러한 각 계층을 지원한다. 과학자와 지식 근로자는 주로 중간관리층에 종사한다.

하도록 관리하기 위해 관리자를 고용한다. 기업은 여러 부서에 있는 직원들의 업무를 관리하기 위해 권한이 상부에 집중된 계층구조를 만든다.

경영계층은 **고위관리층**(senior management), **중간관리층**(middle management), **운영관리층**(operational management)으로 구성되어 있다. 고위관리층은 기업의 재무적 성과를 달성하는 것뿐만 아니라 제품과 서비스에 대한 장기적인 전략적 의사결정을 내린다. 중간관리층은 고위관리층의 프로그램과 계획을 실행하며, 운영관리층은 기업의 일상적인 활동을 감시하는 역할을 한다. 기술자, 과학자, 건축가 같은 **지식 근로자**(knowledge worker)는 제품이나 서비스를 설계하고 기업을 위해 새로운 지식을 창출하며, 비서, 점원과 같은 **데이터 근로자**(data worker)는 기업 내 모든 수준의 관리 업무를 지원한다. **생산 또는 서비스 근로자**(production or service workers)는 실제로 제품을 생산하고 서비스를 제공한다(그림 2.3 참조).

이러한 각 집단은 서로 다른 역할을 수행하기 때문에 정보에 대한 요구도 서로 다르다. 고위관리자(senior manager)는 기업의 전반적인 성과를 신속하게 알려주는 총 판매수익, 제품, 집단별·지역별 판매량, 수익성 등과 같은 요약된 정보가 필요하다. 중간관리자(middle manager)는 영업사원의 판매 실적, 특정 공장 또는 제품 라인의 생산 현황, 고용 수준과 비용, 월간·일간 판매수익 등 특정 기능 영역과 부서의 성과에 대한 보다 구체적인 정보가 필요하다. 운영관리자(operational manager)는 일일 부품 재고수량이나 직원의 근무시간 등과 같은 거래 수준의 정보가 필요하다. 지식 근로자는 기업 외부의 과학 데이터베이스나 기업 내부의 데이터베이스에 접근해야 한다. 생산 근로자는 생산 기계로부터 생성되는 정보가 필요하고 서비스 근로자는 주문을 접수하고 고객의 질문에 답하기 위해 고객에 대한 기록이 필요하다.

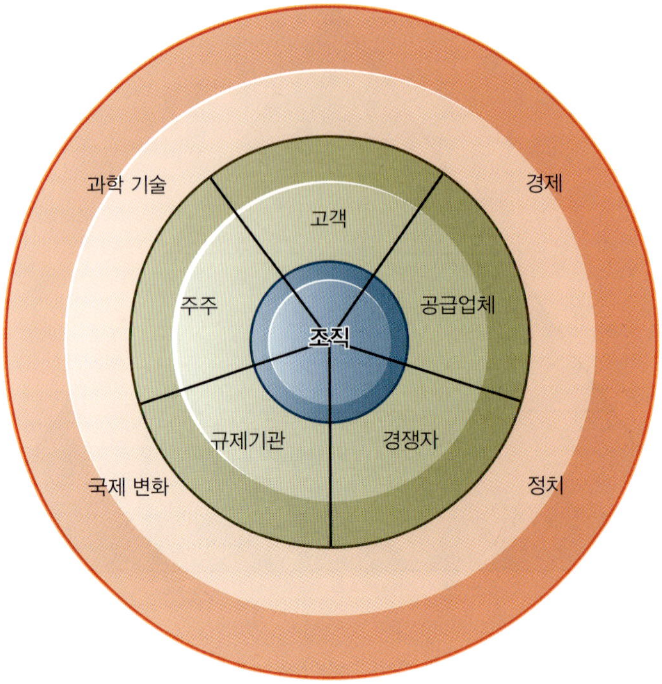

그림 2.4
경영 환경
조직이 성공하기 위해서는 환경 변화를 지속적으로 감시하고 그것에 대응해야 한다. 기업 환경은 사회경제적 추세, 정치적 조건, 기술혁신, 국제적 사건 등 광범위한 일반 환경뿐만 아니라 고객, 공급업체, 경쟁자 등과 같은 기업이 직접 거래해야 하는 특정 집단을 포함한다.

경영 환경

지금까지 우리는 현실과는 동떨어진 진공상태에서 운영되는 기업에 대해 이야기했다. 사실 기업은 자본, 노동, 고객, 신기술, 제품 및 서비스, 안정된 시장과 법적 시스템, 교육 자원 등을 공급하는 그들의 환경에 상당히 의존한다. 심지어 피자가게조차도 치즈, 토마토소스, 밀가루를 공급하는 지원 환경이 없다면 오래 존속할 수 없을 것이다.

그림 2.4는 경영 환경의 주요 주체를 요약한 것이다. 기업 경영을 위해서는 환경의 변화를 감시하고 그 환경 내에 존재하는 핵심 개체들과 정보를 공유해야 한다. 예를 들어 기업은 정치적 변화와 전반적인 경제 변화(예: 임금 변화, 가격 인플레이션)에 대응해야 하며, 신기술을 관리하고, 글로벌 경영 환경의 변화(예: 환율 변화)에 대응해야 한다. 기업은 공급업체, 고객, 주주, 규제기관, 물류 파트너(예: 선박 회사)와 정보를 공유하고 그 정보를 지속적으로 관리해야 한다.

새로운 기술 개발, 정치, 고객 선호도, 규정 등을 포함한 경영 환경은 계속 변화한다. 도산한 기업은 대개 변화하는 경영 환경에 적절히 대응하지 못한 것이다.

인터넷과 같은 기술 변화는 전체 산업과 선두 기업들이 그들의 비즈니스 모델을 바꾸거나 실패를 겪도록 강요하고 있다. 애플의 아이튠즈와 기타 온라인 음악 다운로드 서비스는 CD 유통에 기반을 둔 전통적인 음악산업 비즈니스 모델을 쇠퇴시켰다. 필름을 사용하는 전통적인 카메라는 대부분 디지털 사진으로 대체되었으며, 디지털카메라 자체도 카메라 기능을 갖는 아이폰과 기타 모바일 기기에 밀려 설 자리를 잃고 있다.

기업에서 정보시스템의 역할

지금까지 우리는 정보시스템을 언급하지는 않았다. 그러나 경영 기능, 개체, 환경에 대한 간단한 검토 과정에서 정보시스템이 기업 활동에서 중요한 역할을 담당한다는 것을 알 수 있었다. 1950년대 중반까지 기업은 이러한 모든 정보와 정보 흐름을 서류로 관리했다. 그 후 지난 50년 동안 경영정보와 주요 경영 행위자 간의 정보 흐름은 점차 전산화되었다.

기업은 기업 내·외부 주요 행위자의 요구에 부응하고 내부 생산 기능을 관리, 대처하기 위한 방법으로 정보시스템에 투자하고 있다. 특히 1장에서 언급한 것처럼 기업은 다음과 같은 경영 목적을 위해 정보시스템에 투자한다.

- 운영 수월성 확보(생산성, 효율성, 민첩성)
- 새로운 제품 및 서비스 개발
- 고객과의 친밀성 및 고객 지원 능력 확보(지속적인 마케팅, 판매, 서비스, 고객화 및 개인화)
- 의사결정능력 향상(정확성과 속도)
- 경쟁우위 확보
- 경쟁에서 생존

2-2 시스템이 기업의 다양한 경영 집단을 어떻게 지원하고 기업 연계시스템이 조직의 성과를 어떻게 향상시키는가?

비즈니스 프로세스를 이해했으면 이제 기업의 비즈니스 프로세스를 지원하는 다양한 정보 시스템을 자세히 살펴볼 시간이다. 한 조직에는 보통 다양한 관심사, 특수성, 관리 수준이 있기 때문에 많은 종류의 시스템이 존재한다. 한 가지 시스템만으로는 조직이 필요로 하는 모든 정보를 제공할 수 없다.

일반적으로 경영 조직에는 판매 및 마케팅, 제조 및 생산, 재무 및 회계, 인적자원 관리 등 주요 경영 기능을 지원하는 다양한 시스템이 있다. 이 장의 학습 트랙에 경영 기능을 지원하는 다양한 시스템 사례가 있다. 서로 독립적으로 운영되는 기능 시스템(functional system)은 기능 간 비즈니스 프로세스를 지원하는 데 필요한 정보의 공유가 쉽지 않다. 따라서 기능 시스템들은 관련 비즈니스 프로세스와 조직 단위의 활동을 통합한 대규모 기능 간 시스템(cross-functional systems)으로 대체되고 있다. 이 절의 뒷부분에서 기능 간 통합 애플리케이션을 설명한다.

또한 일반적인 기업은 앞서 설명한 주요 경영 집단의 의사결정 욕구를 지원하는 다양한 시스템을 보유하고 있다. 운영관리층, 중간관리층, 고위관리층 등 각 경영 집단은 기업 운영에 필요한 의사결정을 하기 위해 시스템을 활용한다. 이제 이러한 시스템들과 각 시스템이 지원하는 의사결정 형태를 살펴보자.

지원하는 경영 집단에 따른 시스템 분류

기업에는 조직의 여러 집단 또는 수준에서 의사결정과 기업 활동을 지원하는 시스템이 있다. 이러한 시스템에는 거래처리시스템과 비즈니스 인텔리전스 시스템 등이 포함된다.

거래처리시스템

운영 관리자는 판매, 영수증, 현금 예금, 급여, 신용도 결정, 공장의 자재 흐름과 같은 조직의 기본 활동과 거래를 관리하는 시스템이 필요하다. **거래처리시스템**(transaction processing systems, TPS)은 이러한 종류의 정보를 제공한다. 거래처리시스템은 판매 주문 입력, 호텔 예약, 급여, 인사기록 관리, 출하 등 경영에 필요한 일상적인 거래를 수행하고 기록하는 전산시스템이다.

이 수준에서 시스템의 주요 목적은 일상적인 질문에 답하고 조직 전반의 거래 흐름을 관리하는 것이다. 재고는 얼마나 있는가? 홍길동의 급여 지급에 무슨 문제가 생겼나? 이와 같은 질문에 답하기 위해서는 정보의 가용성, 최신성, 정확성이 유지되어야 한다.

운영 수준에서 업무, 자원, 목적은 사전에 정의되어 있고 상당히 구조적이다. 예를 들어 고객의 신용을 승인하는 의사결정은 미리 정의된 기준에 따라 하위 감독자에 의해 이루어지며, 하위 감독자는 단순히 그 고객이 정해진 기준을 만족하는지 판단하면 된다.

그림 2.5는 급여 처리를 위한 TPS의 예다. 급여시스템은 직원에게 지급되는 돈을 관리한다. 직원의 이름, 주민등록번호, 주간 근무시간 등이 기록된 직원 근무시간 관리표는 이 시스템에서 하나의 거래에 해당한다. 이 거래가 시스템에 입력되면 직원 정보가 영구적으로 유지되는 시스템 파일(또는 데이터베이스, 6장 참조)이 갱신된다. 시스템에 저장된 데이터는 다양한 방법으로 결합해 관리층이나 정부기관이 필요로 하는 보고서를 생성하거나 직원에게 급여 정보를 제공하는 데 사용된다.

관리자는 내부 운영 상태와 기업 외부 환경과의 관계를 파악하기 위해 TPS가 필요하다.

그림 2.5
급여 TPS
급여 TPS는 근무시간 기록표와 같은 급여 거래 데이터를 획득한다. 이 시스템은 직원 급여 등에 대한 온라인 및 하드카피 보고서를 출력한다.

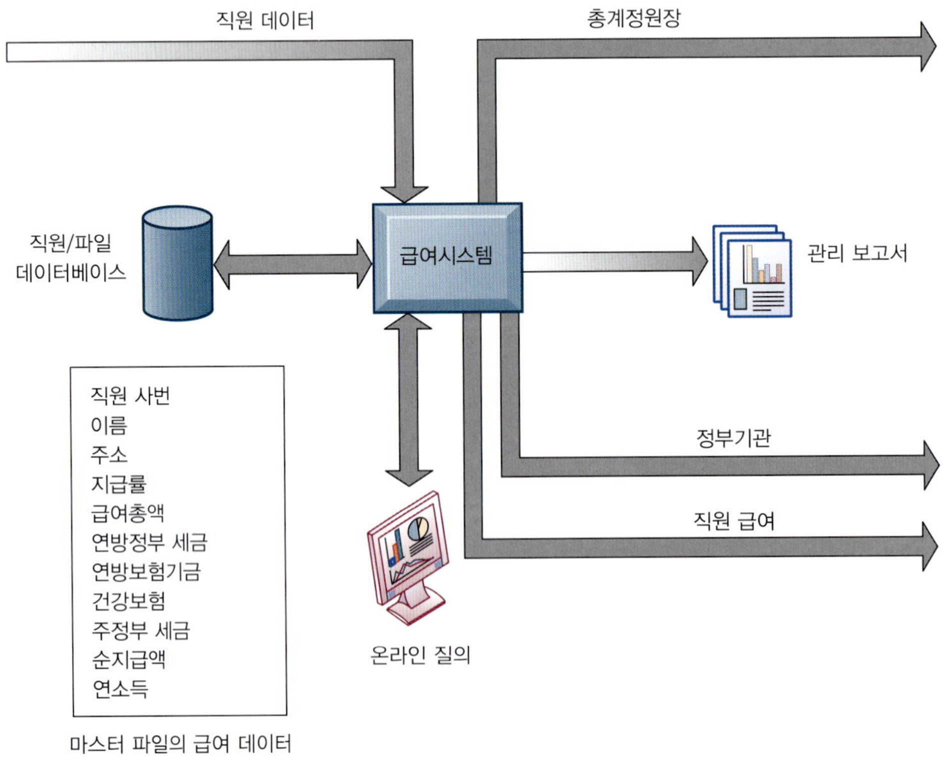

또한 TPS는 다른 시스템과 경영 기능에 정보를 제공하는 주요 원천이다. 예를 들어 그림 2.5에서 설명한 급여시스템은 손익계산서, 대차대조표 같은 보고서를 생성하는 데 필요한 데이터를 총괄 관리하고, 모든 수입과 지출에 대한 기록을 관리하는 총계정원장 시스템에 데이터를 제공한다. 또 이 시스템은 보험, 연금, 기타 수당에 대한 지급 이력을 인적자원 관리 시스템에 제공하고, 직원 급여 데이터를 연금공단이나 국세청 같은 정부기관에 제공한다.

거래처리시스템은 업무 처리에서 중요한 역할을 담당하고 있어 단 몇 시간만 고장 나도 기업에 심각한 영향을 미칠 수 있다. 만일 UPS의 화물추적시스템이 작동하지 않는다면 어떤 일이 벌어질지 상상해보라. 항공회사에 전산예약시스템이 없다면 그들은 무엇을 할 수 있겠는가?

비즈니스 인텔리전스 시스템

기업은 또한 경영 의사결정에 필요한 정보 제공에 초점을 맞춘 비즈니스 인텔리전스 시스템을 활용한다. **비즈니스 인텔리전스**(business intelligence)는 관리자나 기타 사용자가 정보에 기반 한 의사결정을 내릴 수 있도록 데이터를 구성, 분석, 접근할 수 있는 데이터 및 소프트웨어 도구를 가리키는 최신 용어이다. 비즈니스 인텔리전스는 모든 경영 수준의 의사결정을 다룬다. 이 절에서는 비즈니스 인텔리전스를 간단히 설명하고 보다 자세한 내용은 6장과 11장에서 설명한다.

중간관리층을 위한 비즈니스 인텔리전스 시스템은 감시, 통제, 의사결정, 관리 활동을 지원한다. 1장에서 경영정보시스템을 기업과 경영에서의 정보시스템에 관한 연구로 정의했다. **경영정보시스템**(management information systems, MIS)이라는 용어는 중간관리층을 지원하는 정보시스템의 특정한 범주를 의미하기도 한다. MIS는 중간관리자에게 조직의 현재 성과에 대한 보고서를 제공한다. 이 정보는 경영 활동을 관리 감독하고 미래 성과를 예측하는 데 이용된다.

MIS는 거래처리시스템에서 제공되는 데이터를 이용해 회사의 기본적인 운영을 요약, 보고한다. 일반적으로 TPS로부터의 기본적인 거래 데이터는 요약되어 정기 보고서 형태로 표현된다. 그림 2.6은 전형적인 MIS가 재고, 생산, 회계로부터의 거래 수준 데이터를 어떻게 MIS 파일로 변환하는지 보여주고 있다. 그림 2.7은 이 시스템에서 생성되는 보고서 견본이다.

MIS는 일반적으로 일상 질문에 대해 미리 정의되고 구체화된 답변을 제공한다. 예를 들어 MIS 보고서는 패스트푸드 체인의 4/4분기 양상추 사용량을 제공하거나, 그림 2.7에 보이는 것처럼 특정 제품의 연간 계획 대비 실제 판매량을 비교한다. 이러한 시스템은 일반적으로 유연성이 떨어지고 분석능력이 약하다. 대부분의 MIS는 복잡한 수학적 모델이나 통계기술보다는 요약, 비교와 같은 단순한 업무에 사용된다.

다른 유형의 비즈니스 인텔리전스 시스템은 더 비일상적인 의사결정을 지원한다. **의사결정지원시스템**(decision-support systems, DSS)은 문제 해결에 필요한 절차가 사전에 충분히 정의되어 있지 않은 독특하고 빠르게 변화하는 문제에 집중한다. 이 시스템은 "만일

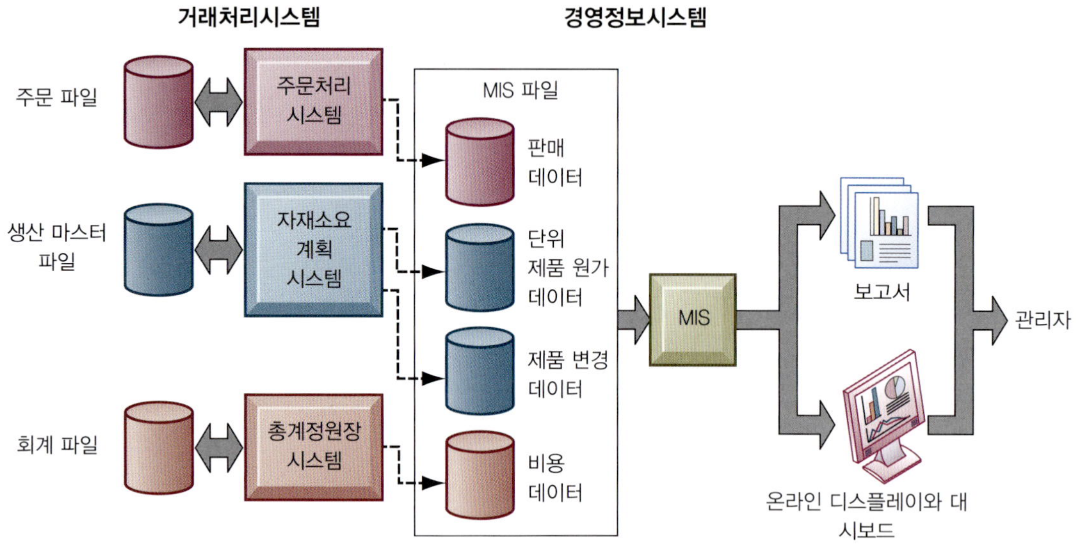

그림 2.6 경영정보시스템이 조직의 TPS에서 데이터를 획득하는 방법
이 그림은 3개의 TPS가 회기 말에 요약된 거래 데이터를 MIS 보고 시스템에 제공한다. 관리자는 적절한 보고서를 제공하는 MIS를 통해 조직 데이터에 접근할 수 있다.

12월 판매량을 2배로 늘리면 생산 계획에 어떤 영향이 있는가?", "만일 공장 스케줄이 6개월 늦어지면 투자 수익에 어떤 문제가 생기는가?"와 같은 질문에 답을 제공한다.

DSS는 TPS나 MIS에 있는 내부 정보를 주로 이용하지만, 최근 주식가격이나 경쟁사 제품 가격 등과 같은 외부 정보도 자주 이용한다. 데이터를 분석하기 위해 정교한 방법론과 모델을 필요로 하는 '슈퍼 유저(super-user)' 관리자나 비즈니스 분석가가 이러한 시스템을 활용한다.

석탄, 석유, 광석, 완제품 등을 운송하는 한 글로벌 선박회사의 항해추정시스템(voyage-estimating system)은 소규모지만 강력하고 흥미로운 DSS이다. 이 회사는 자사 소유 선박과 전세 선박 몇 척을 보유하고 있으며 일반 화물 운송을 위해 공개 시장에서 운송계약에 입찰하고 있다. 항해추정시스템은 재정 사항과 기술적인 세부사항을 계산한다. 재정 세부

그림 2.7
MIS 보고서 견본
연간 판매 데이터를 요약한 이 보고서는 그림 2.6의 MIS에 의해 만들어졌다.

Consumer Products Corporation의 제품 및 판매 지역별 판매량: 2019년

제품 코드	제품 설명	판매 지역	실제 판매량	계획	계획 대비 실제
4469	카펫 청소기	북동부	4,066,700	4,800,000	0.85
		남부	3,778,112	3,750,000	1.01
		중서부	4,867,001	4,600,000	1.06
		서부	4,003,440	4,400,000	0.91
	총계		16,715,253	17,550,000	0.95
5674	공기 청정기	북동부	3,676,700	3,900,000	0.94
		남부	5,608,112	4,700,000	1.19
		중서부	4,711,001	4,200,000	1.12
		서부	4,563,440	4,900,000	0.93
	총계		18,559,253	17,700,000	1.05

사항에는 선박·시간비용(연료, 노동, 자본), 다양한 화물의 운임률, 정박비용 등이 포함된다. 기술 세부사항으로는 선박 운송능력, 속도, 항만 거리, 연료와 물 소비량, 선적 패턴(다른 항구를 위한 화물의 위치) 등 수많은 요소가 있다.

항해추정시스템은 "고객 운송 계획과 운임률이 주어진 상황에서 어느 선박을 어떤 비율로 배정해야 이익을 극대화할 수 있는가?", "운송계획을 만족시키면서 이익을 극대화할 수 있는 특정 선박의 최적 속도는 얼마인가?", "말레이시아에서 미국 서부 해안으로 가는 선박의 최적 선적 패턴은 무엇인가?" 등의 질문에 답할 수 있다. 그림 2.8은 이 회사 DSS에 대한 설명이다. 이 시스템은 강력한 개인용 데스크톱 컴퓨터에서 운영되고, 사용자의 데이터 입력이나 정보 획득이 용이하도록 메뉴 시스템을 채택했다.

방금 설명한 항해추정 DSS는 모델에 아주 많이 의존한다. 다른 유형의 DSS로 의사결정을 지원하기 위해 모델 기반 방식 대신 방대한 양의 데이터에서 필요한 정보를 추출하는 데 중점을 두는 것이 있다. 예를 들어 북아메리카의 가장 큰 스키장 운영 회사인 인트라웨스트(Intrawest)는 웹사이트, 콜센터, 숙박예약, 스키학교, 스키장비 임대점들로부터 방대한 양의 고객 데이터를 수집해 저장한다. 이 회사는 이러한 데이터를 분석하기 위해 특별한 소프트웨어를 사용한다. 이 소프트웨어는 각 고객의 가치, 잠재적 수익, 충성도 등을 분석해 관리자가 마케팅 프로그램의 목표를 설정하는 데 도움을 준다.

비즈니스 인텔리전스 시스템은 고위관리층의 의사결정도 지원한다. 고위관리층은 기업 내·외부 환경의 전략적 문제와 장기적 추세를 파악할 수 있도록 지원하는 시스템들이 필요하다. 이러한 시스템들은 "5년 후 고용 수준은 어떠할까?", "산업비용에 대한 장기적인 경향은 무엇이고, 우리 회사는 어디에 적합한가?", "우리는 5년 후에 어떤 제품을 만들어야 하는가?" 등의 질문과 관련되어 있다.

중역지원시스템(executive support systems, ESS)은 고위관리층이 이러한 의사결정을 내릴 수 있도록 지원한다. ESS는 해결책에 도달하기 위한 합의된 절차가 없어 판단, 평가, 통찰력이 절대적으로 요구되는 비일상적인 의사결정 문제에 초점을 맞춘다. ESS는 고위

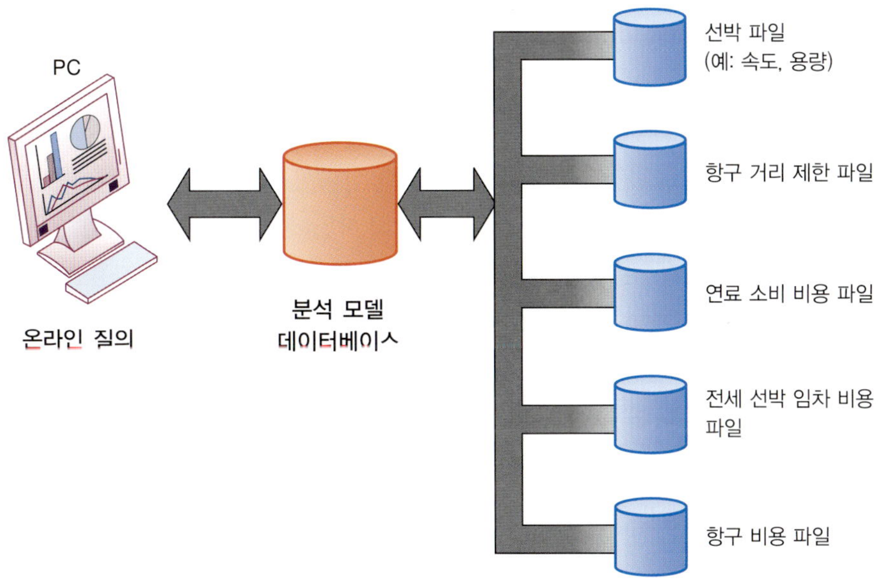

그림 2.8
항해추정 의사결정지원 시스템
이 DSS는 성능 좋은 PC에서 운영되며 운송 계약 입찰가를 정해야 하는 관리자가 매일 사용한다.

디지털 대시보드는 보통 하나의 스크린 안에 의사결정에 필요한 정보를 이해하기 쉽고 정확하게 제공한다. 핵심 성과 지표를 그래픽 형태로 제공하면 관리자가 관심을 기울여야 할 핵심 영역을 쉽게 파악할 수 있다.

관리자가 사용하기 쉬운 인터페이스를 통해 많은 원천으로부터 데이터와 그래프를 제시한다. 정보는 웹 인터페이스를 사용해 통합된 개인화된 비즈니스 콘텐츠를 제공하는 **포털**(portal)을 통해 고위 경영진에게 전달되기도 한다.

ESS는 새로운 조세법이나 경쟁자 같은 외부 사건에 관한 데이터를 통합하도록 설계되었을 뿐만 아니라 내부 MIS와 DSS로부터의 정보를 요약한다. ESS는 중요한 데이터를 필터링, 요약, 추적해 가장 중요한 핵심 데이터를 고위관리자에게 제시한다. 이러한 시스템은 추세 분석, 예측, '드릴다운(drilling down)'과 같은 비즈니스 인텔리전스 분석 기능이 점점 더 많이 포함된다.

예를 들어 세계 최대의 독립 정유 회사인 발레로(Valero)의 최고운영책임자(COO)와 공장 관리자는 정제 대시보드를 사용해 공장 및 장비 신뢰성, 재고 관리, 안전, 에너지 소비와 관련된 실시간 데이터를 표시한다. 경영진은 표시된 정보를 통해 회사의 생산계획과 미국 및 캐나다의 발레로 정유공장 성과를 비교해 검토할 수 있다. 본사 그룹은 경영진 수준에서 정유 공장 수준, 개별 시스템 운영자 수준까지 성과를 드릴다운할 수 있다. 발레로의 정제 대시보드는 **디지털 대시보드**(digital dashboard)의 한 예로, 회사를 관리하기 위한 주요 성과 지표를 단일 화면 그래프와 차트에 표시한다. 디지털 대시보드는 경영 의사결정자에게 점점 더 인기 있는 도구가 되고 있다.

기업 연계 시스템

방금 설명한 여러 시스템을 살펴보면서, 기업이 과연 이런 다양한 시스템에 있는 정보를 어떻게 관리할 수 있을지 의문이 들 것이다. 또한 그렇게 많은 시스템을 유지하는 데 얼마나 많은 비용이 들고, 다른 시스템이 어떻게 서로 정보를 공유하고 관리자와 직원이 업무처리를 위해 어떻게 조정해 나가는지 궁금할 것이다. 사실 이것들은 모두 오늘날 기업에게 중요한 질문이다.

전사적 애플리케이션

회사에 있는 다른 종류의 시스템이 함께 일하도록 만드는 것은 중요한 과제이다. 일반적으로 기업은 정상적인 '조직적' 성장과 작은 기업들의 인수를 통해 성장한다. 기업은 시간이 경과하면서 여러 시스템을 보유하게 되는데(그것들의 상당수는 오래되었다), 기업은 그 시스템들이 서로 데이터를 교환하고 하나의 시스템으로서 공동 작업하도록 만드는 과제에 직면하게 된다. 이러한 문제를 해결하는 방법에는 몇 가지가 있다.

한 가지 해결책은 여러 기능 영역에 걸쳐 비즈니스 프로세스 실행에 초점을 맞추고 모든 수준의 관리를 포함하는 시스템인 **전사적 애플리케이션**(enterprise application)을 구현하는 것이다. 전사적 애플리케이션은 비즈니스 프로세스를 보다 긴밀하게 조정하고 프로세스 그룹을 통합해 자원과 고객 서비스의 효율적인 관리에 집중함으로써 기업이 더 유연하고 생산성을 높일 수 있도록 지원한다.

주요 전사적 애플리케이션으로 전사적 시스템, 공급사슬관리시스템, 고객관계관리시스템, 지식경영시스템의 네 가지가 있다. 이러한 전사적 애플리케이션은 조직의 전반적인 성과 향상을 위해 관련 있는 기능과 비즈니스 프로세스를 통합한다. 그림 2.9는 조직의 모든 프로세스를 포함하며 일부는 고객, 공급업체, 기타 핵심 비즈니스 파트너에게까지 확장된 전사적 애플리케이션 아키텍처를 보여준다.

전사적 시스템 기업은 제조 및 생산, 재무 및 회계, 판매 및 마케팅, 인적자원 관리 등의 비즈니스 프로세스를 하나의 소프트웨어 시스템으로 통합하기 위해 **전사적 시스템**(enterprise system)을 이용한다. 전사적 시스템은 **전사적 자원관리**(enterprise resource planning, ERP) 시스템으로도 불린다. 이전에 여러 시스템에 분산되어 있던 정보는 전사적으로 공유할 수 있도록 하나의 데이터 저장소에 저장된다.

예를 들어 고객이 주문하면 이로 인해 영향을 받는 회사의 다른 부문으로 주문 데이터가 자동으로 전달된다. 주문 거래는 창고에 전달되어 주문된 제품을 찾고 출하일정을 계획하도록 한다. 창고에 재고가 부족한 경우 생산을 요청하는 정보가 공장에 전달된다. 회계부서는 고객에게 송장을 보내도록 통보받는다. 고객 서비스 직원은 그 주문의 진행사항을 관리하고 고객에게 주문 상태 정보를 제공한다. 관리자는 일상 운영이나 장기적인 계획에 대한 보다 정확하고 시의적절한 의사결정을 내리기 위해 전사적인 정보를 이용할 수 있다.

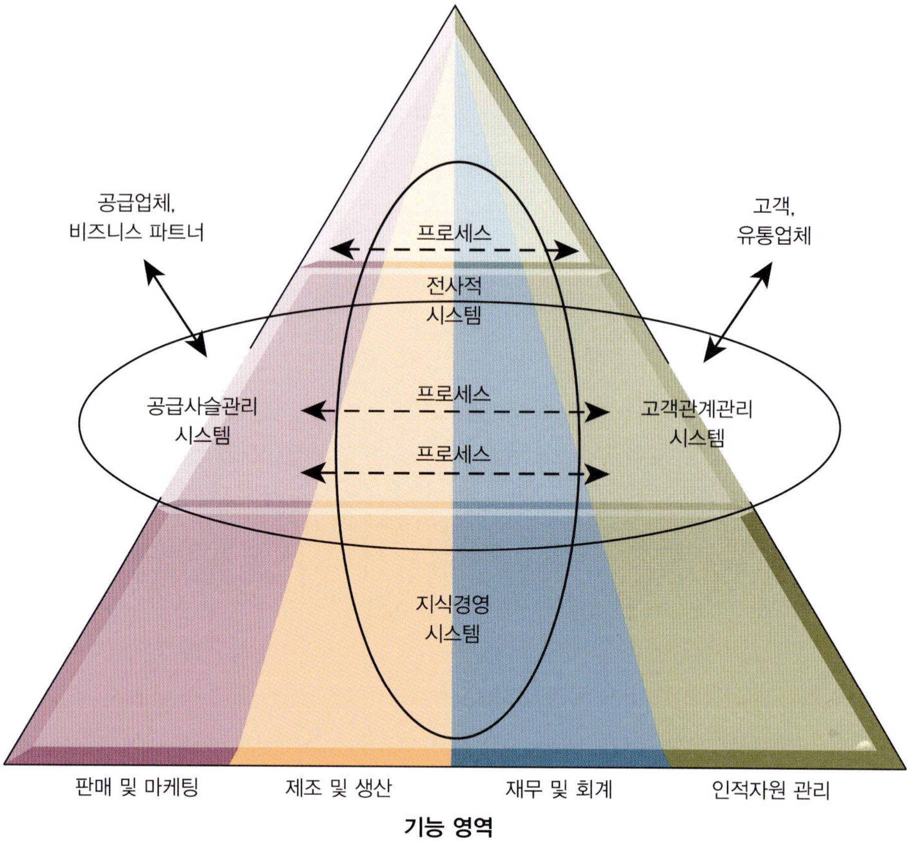

그림 2.9
전사적 애플리케이션 아키텍처
전사적 애플리케이션은 여러 경영 기능과 조직 수준에 걸쳐 있고 조직 외부로도 확장될 수 있는 프로세스들을 자동화한다.

공급사슬관리시스템 기업은 공급업체와의 관계 관리를 지원하기 위해 **공급사슬관리시스템**[supply chain management(SCM) system]을 이용한다. 이 시스템은 공급업체, 구매기업, 유통업체, 물류회사가 주문, 생산, 재고 수준, 제품과 서비스의 배송에 관한 정보를 공유하도록 해 제품과 서비스를 효율적으로 구매, 생산, 배송할 수 있도록 지원한다. 궁극적인 목적은 최소의 비용과 시간으로 공급업체부터 소비자까지 적정량의 제품을 공급하는 것이다. 이 시스템은 물류비용과 생산비용을 낮추고 관리자가 구매, 생산, 유통의 조직화 및 일정계획에 대한 더 나은 의사결정을 내릴 수 있도록 해 기업의 수익성을 향상시킨다.

공급사슬관리시스템은 조직 경계를 넘나드는 정보 흐름을 자동화하는 **조직 간 시스템**(interorganizational system)의 한 유형이다. 조직 간 정보시스템은 기업이 기업과 고객을 연결하고 작업을 다른 회사에 아웃소싱할 수 있도록 하기 때문에 이 책에서 다른 유형의 조직 간 정보시스템의 예를 찾을 수 있다.

고객관계관리시스템 기업은 고객과의 관계를 관리하기 위해 **고객관계관리시스템**[customer relationship management(CRM) system]을 이용한다. CRM시스템은 수익과 고객 만족, 고객 유지를 최적화할 수 있도록 고객과 관련된 판매, 마케팅, 서비스 부문의 모든 비즈니스 프로세스를 조정하는 데 필요한 정보를 제공한다. 이 정보는 기업이 가장 수익성 있는 고객을 파악·확보·유지하는 것을 도와주고, 기존 고객에게 더 나은 서비스를 제공하고 판매를 증대하도록 지원한다.

지식경영시스템 어떤 기업은 제품이나 서비스의 개발, 생산, 배송에 관한 탁월한 지식을 보유하고 있어 다른 기업에 비해 더 좋은 성과를 낸다. 이러한 지식은 모방하기 어렵고 독특하며 장기적으로 전략적 이점을 제공할 수 있다. **지식경영시스템**(knowledge management system, KMS)은 지식이나 전문기술의 획득과 적용 프로세스를 보다 잘 관리할 수 있도록 지원한다. 이 시스템은 기업에 있는 유용한 지식과 경험을 수집해 비즈니스 프로세스와 경영 의사결정 개선을 위해 언제 어디서나 활용될 수 있도록 지원한다. 또한 이 시스템은 기업을 외부 지식 원천에 연결한다. 9장에서 전사적 시스템과 공급사슬관리, 고객관계관리를 위한 시스템을 자세히 살펴볼 것이다. 2-3절에서 협업을 위한 시스템과 함께 지식 관리에 대해 살펴본다.

인트라넷과 엑스트라넷

전사적 애플리케이션은 기업의 사업 수행 방식을 근본적으로 변화시키며 중요한 경영 데이터를 하나의 시스템에 통합하는 기회를 제공한다. 하지만 그것을 구현하는 일은 쉽지 않으며 종종 비용이 많이 든다. 인트라넷과 엑스트라넷은 기업 내부, 고객, 공급업체와의 정보 흐름을 촉진하고 통합을 강화하는 대체수단이 될 수 있다.

인트라넷(intranet)은 직원만 접근할 수 있는 기업 내부 웹사이트다. 인터넷이 조직과 다른 외부 네트워크를 연결하는 공공 네트워크인 반면, 인트라넷은 내부 네트워크라는 사실을 강조하기 위해 이 용어를 사용한다. 인트라넷은 인터넷과 동일한 기술과 기법을 활용하며, 회사 전체 웹사이트 중에서 사설 접속만 허용하는 영역이다. 엑스트라넷(extranet)은 권한을 부여 받은 납품업체와 공급업체에게만 접속을 허용하는 기업 웹사이트로, 생산에 필요한 물품을 관리하기 위해 사용된다.

예를 들어 북미 뱅크오브아메리카(Bank of America North America)는 직원이 사용 가능한 모든 혜택을 활용할 수 있도록 지원하는 인적자원 인트라넷을 유지 관리한다. 직원들은 복리후생 제도를 살펴보고, 근무시간 및 휴가를 관리하며, 은행의 직원 경력 개발 및 교육 자원에 대해 배울 수 있다. 7장에서 인트라넷과 엑스트라넷 기술을 자세히 설명한다.

e-비즈니스, 전자상거래, 전자정부

방금 설명한 시스템과 기술은 고객, 직원, 공급업체, 물류 파트너와의 관계를 네트워크와 인터넷을 이용하는 디지털 관계로 변화시키고 있다. 이 책에서 e-비즈니스와 전자상거래라는 용어로 표현되는 많은 비즈니스가 디지털 네트워크에 기반 해 수행되고 있다.

e-비즈니스(electronic business)는 기업에서 주요 비즈니스 프로세스를 수행하기 위해 인터넷과 디지털 기술을 활용하는 것을 의미한다. e-비즈니스는 기업의 내부 관리나 공급업체 및 비즈니스 파트너와의 협력을 위한 활동을 포함한다. 또한 e-비즈니스는 **전자상거래**(electronic commerce)를 포함한다. 전자상거래는 e-비즈니스의 한 부분으로 인터넷, 네트워크, 기타 디지털 기술을 이용해 전자적으로 제품이나 서비스를 사고파는 것을 의미한다. 또한 전자상거래는 광고, 마케팅, 고객 지원, 배송, 지불 등의 활동을 포함한다.

e-비즈니스에 관련된 기술은 공공분야에도 비슷한 변화를 가져다주었다. 각계각층의

2000년 초에 일본 중앙정부는 e-거버넌스로의 전환을 정부 기관에 위임했다. 일본 정부에게 디지털화는 효과적인 조직 및 거버넌스 프레임워크를 구축하는 것을 의미했다. 일본 정부기관은 관리 절차를 디지털화하고, 데이터를 전자적으로 배포하고, 온라인 서비스를 제공하고, 정보 보안 조치를 업데이트해야 했다. 동시에 시민과 기업을 과정에 적극적으로 참여시키고 다양한 채널에서 그들의 의견을 수렴할 필요가 있었다. 이러한 계획들은 2018년까지 성과를 거두었다. 일본은 유엔의 전자정부 조사에서 193개국 중 10위를 차지했다.

일반적으로 도쿄 2020으로 알려진 2020년 올림픽 및 패럴림픽은 일본 정부에 민관 협력을 통해 도시의 통신 인프라를 발전시키고 공공 서비스를 개선할 수 있는 기회를 제공했다. 민간 부문과의 협력을 통해 정부는 최신 정보 및 통신 기술에 접근할 수 있을 뿐만 아니라 IT 인프라 및 신기술에 필요한 대규모 투자에 대한 재정적 위험을 줄일 수 있다.

도쿄 2020은 일본 정부가 NTT도코모(NTT DoCoMo)와 같은 이동통신사업자의 5G 무선 네트워크 구축 및 광범위한 채택을 위한 애플리케이션 개발 계획을 승인하면서 일본에서 5세대(5G) 통신 네트워크 도입을 가속화했다. 이러한 네트워크는 대규모 장치 연결, 짧은 대기 시간, 초당 2기가비트의 초고속 데이터 전송을 제공한다. 직접적인 수혜자 중 하나는 국영 텔레비전 네트워크인 NHK로, 최대 7,680×4,320픽셀의 실시간 8K 고화질 360도 비디오 스트림을 도쿄 2020 대회 경기장 주변을 떠다니는 드론으로 방송할 수 있다.

방일 외국인 관광객은 이번 올림픽과 패럴림픽을 계기로 2017년 2,870만 명에서 2020년 4,000만 명으로 증가할 것으로 예상된다. 일본 정부는 관광객의 엄청난 비자 신청을 처리하기 위해 온라인 서비스를 도입하고 있다. 외국인 방문객은 필요한 신청서와 여러 개의 추가 서류(소득세 신고서 또는 은행 증명서)를 일본 대사관이나 영사관에 직접 제출하지 않고 새로운 전자 비자 시스템을 통해 온라인으로 제출할 수 있다. 수수료도 전자 지불이 가능하다. 이 시스템은 신청자가 제공한 정보를 자동으로 평가할 수 있어 비자 신청 및 발급 절차가 간소화·효율화된다.

NEC는 도쿄 대도시권 전역에 널리 퍼져 있는 도쿄 2020의 여러 행사장에 출입하는 30만 명이 넘는 공인 선수, 근로자, 자원봉사자, 언론인 등을 신속하게 처리하기 위해 특별히 신원확인 시스템을 설계했다. 이 시스템은 인증된 참가자 개개인의 얼굴 이미지를 미리 수집해 데이터베이스에 저장하는 방식으로 작동한다. 각 참가자에게는 얼굴 이미지를 저장하는 집적회로 칩이 장착된 ID 랜야드(identity lanyard)가 주어진다. 행사장에 입장하기 위해 참가자는 보안 검색대에 있는 키오스크에서 ID 랜야드를 스캔해야 한다. 이 시스템은 ID 랜야드에 있는 사진과 키오스크의 고품질 카메라가 캡처한 얼굴 이미지를 비교해 0.3초 안에 사용자가 공인된 참석자인지 여부를 판별한다. 이 시스템은 신분 확인에 걸리는 시간을 획기적으로 단축하고 신분증 위변조 및 신분증 분실·도난 사용을 없애 보안 수준을 크게 높일 것으로 기대된다. 앞으로 이 기술은 정부 건물과 같은 다른 장소나 출입국 허가와 같은 프로세스에 적용할 수 있다.

도쿄 경찰은 도쿄 2020에 참가하는 수만 명의 해외 관중으로 인한 혼잡을 완화하기 위해 파나소닉이 개발한 군중 예측 시스템을 사용할 것이다. 이 시스템은 주차된 경찰 차량에 설치된 카메라에서 클라우드에 업로드된 이미지를 분석하고 교통 상황이 허락할 경우 시내 곳곳을 순찰해 경기장의 보행자와 차량 흐름을 모니터링한다. 군중 예측 시스템은 관중에게 예측 결과를 알려주고, 전광판 안내와 휴대전화로 전송된 메시지를 통해 덜 붐비는 출구로 안내한다. 이 시스템은 또한 경찰이 즉시 조사할 수 있도록 비정상적인 상황이나 의심스러운 활동을 식별하는 데 도움이 된다.

도쿄의 여름 더위는 운동선수뿐만 아니라 도쿄 2020에서 열리는 야외 행사에 참가한 근로자와 관중에게도 치명적일 수 있다. 일본 기상청은 열사병 경보 시스템을 개발해 참가자뿐만 아니라 일반 대중에게도 휴대전화로 경보를 보내서 이 질병의 위험을 줄이기 위해 노력하고 있다. 야후 재팬에서 환경부의 열지수 정보, 군중 예측 데이터, 실시간 날씨 데이터 등 빅데이터 분석을 통해 약 125제곱미터의 특정 지역 단위로 열사병 위험을 예측할 수 있다. 이 시스템은 기온이 28도 이상이면 경고, 31도 이상이면 위험경보를 발령해 일반 대중과 도쿄 2020 근로자가 폭염 대책을 세울 수 있도록 했다.

출처: Futurism, Y. Rirou, "One Year Countdown: Readying AI Security for the Tokyo 2020 Olympics," July 20, 2019, syncedreview.com; J. Ryall, "Games Changer: Technology That Will Innovate the Olympics in 2020," September 2018, journal.accj.or.jp; Futurism, "Tokyo 2020: The Olympics of the Future," 2016, futurism.com; Japan Gov, "The Government of Japan," JapanGov, www.japan.go.jp, accessed October 9, 2019; OECD, "Japan," *The Governance of Inclusive Growth: An Overview of Country Initiatives* (Paris: OECD Publishing, 2016); Tokyo 2020, tokyo2020.org, accessed October 9, 2019; Visa Japan, www.visasjapan.com, accessed October 9, 2019.

사례연구 문제

1. 신원 확인 시스템을 설명하고 시스템의 입력, 비즈니스 프로세스 및 출력을 설명하라.
2. 이러한 IT 애플리케이션이 시민과 정부의 관계를 어떻게 강화하는지 논의하라.
3. 이러한 시스템의 구현 과제는 무엇인가? 어떻게 해결할 수 있는가?
4. 이러한 IT 애플리케이션 개발에 기여한 사람, 조직 및 기술 요인은 무엇인가?

사례 제공: 홍콩시티대학교 조이스 챈

정부기관은 시민, 직원, 관련 기업에게 정보나 서비스를 제공하기 위해 인터넷 기술을 활용한다. **전자정부**(e-government)는 인터넷과 네트워크 기술 애플리케이션으로서 정부와 공공기관이 시민, 기업체, 다른 정부기관과 디지털 방식으로 업무를 처리할 수 있도록 지원한다. 또한 전자정부는 정부 서비스 개선과 더불어 정부 운영을 보다 효율적으로 만들며, 시민들에게 정보 접근 용이성과 다른 시민과의 전자적 네트워킹 기능을 제공한다. 조직 관점 사례연구에서는 올림픽이 일본의 전자정부 발전에 어떻게 기여했는지 설명한다.

2-3 협업, 소셜 비즈니스, 지식경영을 위한 시스템이 중요한 이유는 무엇이며 어떤 기술을 사용하는가?

이 모든 시스템과 정보를 가지고, 사람들은 어떻게 그것들을 이해하고, 공동의 목표를 향해 일하며, 계획과 행동을 조정할 수 있을까? 앞서 설명한 시스템 유형 외에도 기업은 협업 및 지식경영을 지원하기 위한 특별한 시스템이 필요하다.

협업의 정의

협업(collaboration)은 공유된 명시적인 목적을 달성하기 위해 다른 사람과 함께 일하는 것을 의미한다. 협업은 보통 업무나 임무 달성을 위해 기업 내부, 조직 간, 기업 간에 발생한다. 특정 분야에 전문지식을 가진 도쿄에 있는 동료와 협력할 수 있다. 회사 블로그를 만들기 위해 많은 동료와 협력할 수 있다. 법무법인에 근무한다면 고객의 세금 문제를 해결하기 위해 회계법인에 근무하는 회계사와 협력할 수 있다.

협업은 업무 특성과 참여자 간 관계에 따라 협력 기간이 일시적이거나 장기간 지속될 수 있다. 협업은 일대일(one-to-one) 또는 다대다(many-to-many)가 될 수 있다.

직원들은 정규 팀으로 구성되거나 조직도상의 공식 기구가 아닌 비공식 집단에서 협력하게 된다. **팀**(team)은 어떤 일을 하기 위해 구성된 조직의 일부분이다. 팀은 조직의 누군가가 부여한 특정한 임무를 가지고 있으며 완수해야 하는 직무가 있다. 팀원은 특정 업무를 달성하기 위해 협력해야 하며 공동으로 팀의 임무를 완수해야 한다. 팀의 임무는 '경기에서 이기기', '온라인 판매 10% 증대하기' 등과 같은 것이다. 팀은 해결해야 하는 문제나 해결책 모색과 임무 달성에 필요한 기간에 따라 지속 기간이 달라진다.

오늘날 협업과 팀워크는 다음과 같은 여러 가지 이유로 더욱 중요하다.

- **작업 본질의 변화.** 작업의 본질이 생산 프로세스의 각 단계가 서로 독립적으로 일어나는 제조 공장이나 감독자에 의해 조정되는 컴퓨터 이전 시대의 사무직과 달라졌다. 작업은 부서 단위로 조직화된다. 예전에는 한 부서 내에서 완성품이 만들어질 때까지 한 기계에서 다른 기계로, 한 책상에서 다른 책상으로 작업이 전달되었다. 그러나 최근에는 서비스나 제품 생산에 관계된 당사자들 간에 보다 긴밀한 조정과 상호작용이 필요하게 되었다. 컨설팅회사 매킨지앤드컴퍼니(McKinsey and Company)에 따르면 미국 노동력의 41%가 상호작용(토론, 이메일, 발표, 설득)이 주요 부가가치 활동인 직업에 종사하고 있다(McKinsey, 2012). 요즘은 공장에서조차 작업자가 집단으로 작업한다.
- **전문 직종의 증가.** 상호작용 직업들은 긴밀한 협력과 조정이 필요한 서비스 분야의 전문 직종인 경향이 있다. 전문 직종은 많은 교육과 업무 처리를 위한 정보 및 의견 공유가 필요하다. 각 행위자는 문제에 대한 전문지식이 있어야 하며, 모든 행위자는 그 직무의 달성을 위해 서로 협력해야 한다.
- **기업 조직의 변화.** 산업화 시대에 대부분의 관리자는 계층 구조로 작업을 조직화했다. 지시는 계층 구조를 따라 내려왔고 응답은 계층 구조를 따라 올라갔다. 최근에는 작업이 집단과 팀으로 조직화되며, 각 집단과 팀은 업무 달성을 위한 그들 나름의 방법을 개발한다. 고위관리층은 결과를 관찰하고 측정하지만 구체적인 지시나 운영 절차는 문제 삼지 않는 경향이 있다. 이는 의사결정 권한이 조직의 하위 계층으로 이양된 결과이다.
- **기업 범위의 변화.** 기존에 한 곳에서 이루어지던 기업의 업무가 한 지역, 한 국가, 심지어 전 세계에 걸쳐 여러 곳에서 이루어지고 있다. 예를 들어 헨리 포드(Henry Ford)는 자동차 대량생산을 위한 첫 번째 시설을 미시간주 디어본 단 한 곳에 설치했다. 2019년 포드자동차는 전 세계 61개 공장에서 199,000명 이상의 직원을 고용했다. 이러한 글로벌화의 도래는 설계, 생산, 마케팅, 유통, 서비스 등의 분야에서 긴밀한 협조의 필요성을 증대시키고 있다. 대규모 글로벌 회사는 세계를 대상으로 일하는 팀을 보유해야 한다.
- **혁신의 강조.** 우리는 위대한 개인으로부터 경영과 과학의 혁신이 일어난다고 생각하는 경향이 있지만, 이러한 위대한 개인은 뛰어난 동료와 팀을 구성해 일하는 것이 더 일반적이다. 위대한 혁신자로 인정받고 있는 마이크로소프트의 빌 게이츠(Bill Gates)와 애플의 설립자 스티브 잡스(Steve Jobs)를 생각해보자. 그들은 모두 기업의 혁신을 육성·지원하기 위해 막강한 협업팀을 구성했다. 그들의 초기 혁신은 동료 및 파트너

와의 긴밀한 협업으로부터 시작되었다. 혁신은 다른 말로 집단과 사회 프로세스이며, 가장 강력한 혁신은 연구실, 기업, 정부기관 등에 있는 개인들의 협력으로부터 비롯된다. 강력한 협업 관행과 기술은 혁신 속도와 품질을 향상시킬 것으로 예상된다.

- **일과 경영 문화의 변화.** 협업에 관한 대부분의 연구는 다양성을 가진 팀이 혼자 일하는 개인보다 결과물의 품질과 속도 측면에서 우수하다는 것을 입증하고 있다. 군중에 대한 일반적인 개념 — 크라우드소싱(crowdsourcing)과 집단 지혜(wisdom of crowds) — 또한 협업과 팀워크의 문화적 필요성을 제공한다.

소셜 비즈니스의 정의

최근 많은 기업이 **소셜 비즈니스**(social business)를 이용해 협업을 강화하고 있다. 소셜 비즈니스는 직원, 고객, 공급업자와 관계를 맺기 위해 페이스북, 트위터, 기업 내부의 소셜 도구 등 소셜 네트워킹 플랫폼을 활용하는 것을 말한다. 이러한 도구는 참여자가 프로필 설정과 그룹 형성, 각자의 상태 업데이트를 팔로우(follow)할 수 있도록 한다. 소셜 비즈니스의 목적은 정보 공유와 혁신, 의사결정을 개선하기 위해 집단 내부 및 기업 외부와의 상호작용을 강화하는 것이다.

소셜 비즈니스의 키워드는 대화이다. 조직은 대화의 네트워크이다(Zaffron and Unruh, 2018). 고객, 공급업체, 직원, 관리자, 심지어 감독 기관까지도 기업이나 그 핵심 행위자(직원 및 관리자)에 대한 지식 없이 계속해서 기업에 대한 대화를 나눈다. 소셜 비즈니스 지지자는 만약 회사가 이러한 대화들을 포착할 수 있다면 고객, 공급업자, 직원과의 정서적 연대감과 관계를 강화할 수 있다고 주장한다.

이러한 모든 것은 상당한 정보 투명성이 필요하다. 사람들은 다른 사람의 간섭 없이 서로 의견과 사실을 공유해야 한다. 직원들은 고객이나 다른 직원이 생각하는 것을 바로 알 수 있고, 공급업자는 공급사슬 파트너의 의견을 직접적으로 학습하게 될 것이며, 관리자조차 직원이 얼마나 일을 잘하고 있는지 바로 알게 된다. 가치 창출에 포함된 거의 모든 사람이 다른 사람에 대해 훨씬 많이 알게 된다.

만약 그러한 환경이 만들어진다면 운영 효율성 향상과 혁신의 가속화, 의사결정능력 개선 등이 용이해질 것이다. 만약 제품 디자이너가 시장에서 자사의 제품이 어떤 반응을 얻고 있는지 실시간으로 알 수 있다면 재설계 프로세스는 가속화될 수 있다. 만약 직원들이 새로운 지식과 통찰력을 얻기 위해 기업 내·외부의 소셜 커넥션(social connection)을 활용할 수 있다면 업무 효율성이 제고되고 더 많은 비즈니스 문제를 풀 수 있게 된다.

표 2.2는 회사 내·외부에서 사용할 수 있는 대표적인 소셜 비즈니스 애플리케이션을 정리한 것이다. 이 장에서는 주로 회사 내부에서 사용하는 전사적 소셜 비즈니스 애플리케이션을 설명하고, 10장에서 고객, 공급업자 등 회사 외부와 관계되는 소셜 비즈니스 애플리케이션을 설명한다.

협업과 소셜 비즈니스가 기업에 주는 이점

협업에 대한 많은 논문과 서적이 있지만, 이러한 연구들은 대개 입증되지 않은 것들이다.

표 2.2
소셜 비즈니스 애플리케이션

비즈니스 애플리케이션	설명
소셜 네트워크	개인과 비즈니스 프로파일을 통해 연결
크라우드소싱	집단 지식을 활용해 새로운 아이디어와 해결책 생성
공유 작업공간	프로젝트와 작업을 조정, 콘텐츠 공동 생성
블로그와 위키	지식의 출판과 신속한 접근, 의견과 경험 토론
소셜 커머스	소셜 플랫폼에서의 구매와 구매에 대한 의견 공유
파일 공유	사진, 비디오, 오디오, 문서 등의 업로드, 공유, 의견 제시
소셜 마케팅	소셜 미디어를 활용한 고객과의 상호작용, 고객에 대한 통찰력 획득
커뮤니티	공개 포럼에서 주제 토의, 경험 공유

그럼에도 불구하고 산업계와 학계 모두 더 '협력적'인 기업이 더 성공을 이룰 것이며, 기업 내부 또는 기업 간 협업은 과거보다 더 필수적이라는 일반적인 믿음이 있다. 전 세계 경영 및 정보시스템 관리자를 대상으로 실시한 설문조사에서, 협업기술에 대한 투자는 판매, 마케팅, 연구개발 기능의 개선을 포함해 투자 대비 4배 이상의 조직적 개선을 이루었다고 밝혔다(Frost and Sullivan, 2009). 매킨지앤드컴퍼니 컨설턴트들은 기업 내 또는 기업 간에 사용되는 소셜 기술은 작업자의 상호작용 생산성을 20~25% 향상시킬 것으로 예상한다(McKinsey, 2015).

표 2.3은 선행연구에서 파악된 협업과 소셜 비즈니스의 이점을 정리한 것이다. 그림 2.10은 협업이 어떻게 기업 성과에 영향을 주는지를 그래프로 표현한 것이다.

협력적 문화와 비즈니스 프로세스 구축

기업에서 협업은 자발적으로 일어나지 않는다. 특히 다양하고 지리적으로 분산된 팀에서 지식 공유 및 혁신을 지원하는 문화나 비즈니스 프로세스가 없는 경우는 더욱 그렇다(Magni and Maruping, 2019). 과거 대기업은 고위관리층이 모든 중요한 문제를 생각하고

표 2.3
협업과 소셜 비즈니스가 기업에 주는 이점

이점	근거
생산성	서로 교류하고 함께 일하는 사람들은 같은 수의 사람들이 서로 고립되어 일하는 것보다 더 빨리 전문지식을 포착하고 문제를 해결할 수 있다. 오류가 적다.
품질	협력해서 일하면 오류가 생겼을 때 서로 대화하고 각자 일하는 것보다 빠르게 시정조치를 취할 수 있다. 협업 및 소셜 기술은 설계 및 생산 지연을 줄일 수 있다.
혁신	협력해서 일하면 각자 일하는 것보다 제품, 서비스, 관리에 관한 더 혁신적인 아이디어를 찾아낼 수 있다. 집단 다양성과 '집단 지혜'를 활용할 수 있다.
고객 서비스	협업과 소셜 도구를 활용해 팀으로 함께 일하면 각자 일하는 것보다 고객 불만과 이슈를 보다 효과적으로 해결할 수 있다.
재무적 성과 (수익성, 판매, 매출 증대)	위와 같은 이유로 협력적인 기업이 판매, 매출 증대, 재무 성과가 우수하다.

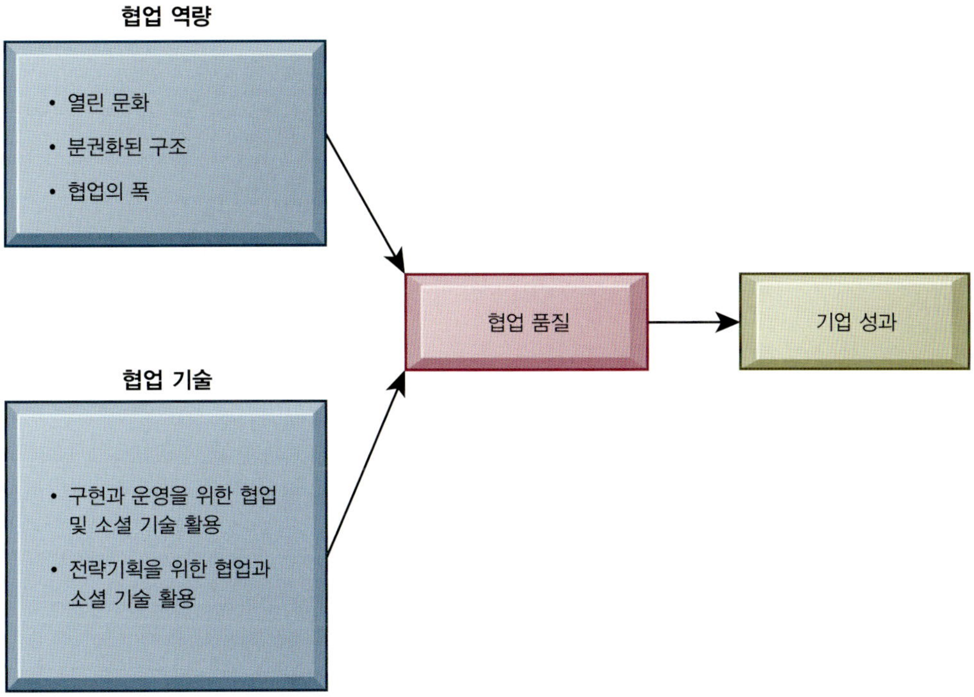

그림 2.10
협업을 위한 요건
성공적인 협업을 위해서는 적절한 협업 기술과 함께 적절한 조직구조와 문화가 필요하다.

하위 직원에게 그들의 계획을 실행하도록 지시하는 '명령과 통제' 위주의 조직이었다. 중간관리층의 직무는 메시지를 조직 계층의 위아래 혹은 앞뒤로 전달하는 것이었다. 하위 직원은 많은 질문을 하지 않고 팀워크 및 팀 성과에 대한 보상 없이 명령을 수행했다. 만약 당신의 작업그룹이 다른 작업그룹의 도움이 필요하다면, 그것은 상사들이 해결해야 할 문제였다. 집단 구성원은 다른 집단과 수평적 의사소통은 하지 않고 수직적 의사소통만 했으며 관리층은 그 프로세스를 통제했다. 여전히 많은 기업이 이런 방식으로 운영된다.

협업 비즈니스 문화 및 비즈니스 프로세스를 통해 고위관리자는 결과 달성에 대한 책임이 있지만, 결과를 달성하고 구현하기 위해 직원 팀에 의존한다. 정책, 제품, 설계, 프로세스, 시스템은 조직의 모든 단계에서 구상, 생성, 구축하기 위해 팀에 훨씬 더 많이 의존한다. 팀은 그들의 성과에 대해 보상을 받고, 개인은 팀에서의 성과에 대해 보상을 받는다. 중간관리자의 기능은 팀을 구성하고 그들의 작업을 조정하며 성과를 모니터링하는 것이다. 기업 문화와 비즈니스 프로세스는 보다 '사회적'이다. 협업 문화에서 고위 경영진은 협업과 팀워크를 조직의 필수 요소로 설정하고, 실제로 기업의 고위직에도 협업을 구현한다.

협업과 소셜 비즈니스를 위한 도구와 기술

협업과 소셜 비즈니스를 가능하게 하는 정보시스템이 없다면 협력적 팀 중심 문화는 효과를 발휘하지 못할 것이다. 현재 수백 개의 도구가 이러한 목적으로 설계되었다. 이러한 도구 중 일부는 비싸지만, 어떤 것은 온라인에서 무료로(또는 약간의 비용을 지불하고) 이용할 수 있고, 소기업에 적합한 것도 있다. 몇 가지 도구를 좀 더 자세히 살펴보겠다.

이메일과 인스턴트 메시징(IM)

이메일과 문자메시지를 포함한 인스턴트 메시징(instant messaging, IM)은 상호작용 직무를 지원하는 중요한 의사소통 및 협업 도구가 되었다. 이런 소프트웨어는 컴퓨터, 휴대전화, 기타 무선 이동단말기에서 운영되며, 파일 공유, 메시지 전달 등의 기능을 포함하고 있다. 많은 인스턴트 메시징 시스템이 사용자가 여러 참여자와 동시에 실시간으로 의사소통하도록 지원한다. 최근 이메일 사용은 줄고 메시징과 소셜 미디어가 의사소통을 위한 선호 채널이 되었다.

위키

위키(Wiki)는 사용자가 웹페이지 개발이나 프로그래밍 기법에 대한 지식 없이도 텍스트 내용과 그래픽을 쉽게 추가, 편집할 수 있는 웹사이트의 일종이다. 가장 잘 알려진 위키는 위키피디아(Wikipedia)로 세계에서 가장 큰 협력 편집 참조 프로젝트이다. 위키피디아는 자원자들에 의해 운영되며 수익이나 광고를 목적으로 하지 않는다.

위키는 회사의 지식과 통찰력을 저장하고 공유하기 위한 이상적인 도구이다. 전사적 소프트웨어 벤더인 SAP AG는 SAP 소프트웨어를 이용해 프로그램을 개발하는 소프트웨어 개발자나 고객 등 회사 외부 사람에게 정보를 제공하기 위해 위키를 사용하고 있다. 과거에는 이러한 사람들이 SAP 온라인 포럼에서 비정형적인 방법으로 묻고 답했으나 효율성이 떨어지고 같은 질문과 대답이 반복되었다.

가상세계

세컨드라이프(Second Life)와 같은 가상세계(virtual world)는 아바타라는 자기 자신을 그래픽으로 표현한 '거주민'이 사는 온라인 3차원 환경이다. IBM, 시스코(Cisco), 인텔(Intel)과 같은 회사들은 회의나 인터뷰, 초청 강연 이벤트, 직원 훈련 등을 위해 가상세계를 활용한다. 아바타로 표현된 실세계 사람들은 음성이나 채팅으로 그 가상의 공간에서 만나고 상호작용하며 아이디어를 교환한다.

협업과 소셜 비즈니스 플랫폼

다른 장소에 있는 사람들의 협업과 소셜 비즈니스를 위해 다기능 플랫폼을 제공하는 소프트웨어 제품들이 있다. 가장 많이 사용되는 것은 인터넷 기반 음성 및 화상회의 시스템, 구글의 온라인 서비스와 도구 같은 클라우드 협업 서비스, IBM 노츠(Notes)나 마이크로소프트 셰어포인트(SharePoint)와 같은 기업 협업시스템, 세일즈포스 채터(Chatter), 마이크로소프트 야머(Yammer), 자이브(Jive), 페이스북 워크플레이스(Workplace), IBM 커넥션(IBM Connections)과 같은 전사적 소셜 네트워킹 도구이다.

가상회의 시스템 여행 경비를 줄이기 위한 노력의 일환으로 크고 작은 많은 기업이 화상회의와 웹 회의 기술을 채택하고 있다. 하인즈(Heinz), 제너럴일렉트릭(General Electric), 펩시코(Pepsico)와 같은 회사는 제품 브리핑, 훈련 과정, 전략회의, 심지어 아이디어 도출을 위한 가벼운 이야기 나누기에도 가상회의 시스템을 이용하고 있다.

화상회의는 여러 장소에 흩어져 있는 사람들이 양방향 화상 및 음성 전송을 통해 동시에

화상회의: 모두를 위한 것

협업과 관련해 화상회의는 모든 규모의 조직에서 선택할 수 있는 도구가 되고 있다. 과거에는 화상회의가 전용 화상회의실과 이를 위한 값비싼 네트워킹 및 소프트웨어를 감당할 수 있는 규모가 큰 기업만 사용할 수 있었다. 오늘날 화상회의는 모두를 위한 것이 되었다.

기술 비용이 급격히 낮아졌다. 비디오 및 오디오 데이터의 글로벌 인터넷 및 데스크톱 전송 비용은 저렴하다. 비즈니스 프로세스를 관리하고 전 세계 다른 사람들(심지어 고객 포함)과 연결 및 협업할 수 있는 저렴한 모바일 및 데스크톱 도구와 고급 화상회의 및 텔레프레즌스 시스템이 있다.

현재의 텔레프레즌스 플랫폼은 모바일, 데스크톱, 비디오의 디지털 정보를 통합하는 여러 풍부한 데이터 스트림을 조정하고, 협업 환경을 조성하며, 관리자 및 전문가가 의사결정을 내리는 곳으로 정보를 이동할 수 있는 기능을 통해 비디오 협업 이상의 기능을 제공한다. 시스코의 IX5000 몰입형 텔레프레전스 시스템이 그 예이다. 최첨단 텔레프레전스를 제공하지만 과거보다 더 저렴하고 사용하기 쉽다. 고화질 비디오와 극장 품질의 사운드가 8~18명에게 실제와 같은 고품질 협업 환경을 제공한다. 카메라와 그래픽 프로세서는 방 전체를 캡처할 수 있으므로 일어서서 이리저리 움직이거나 화이트보드로 이동할 수 있다. 테이블 뒤에 앉아 있는 참가자를 보여주기 위해 이미지를 자를 수 있지만, 누군가가 일어서면 서 있는 참가자와 앉아 있는 참가자를 모두 보여주기 위해 자르기 기능이 제거된다. 시스코 IX5000 시스템은 방을 특별히 변경할 필요가 없으며 전력, 설치 시간, 데이터 전송 용량(대역폭)이 기존 텔레프레즌스 시스템의 절반에 불과하다. 6인용 IX5000 스튜디오는 299,000달러, 18인용 스튜디오는 339,000달러다.

줌(Zoom)은 고급 시스템의 많은 기능을 갖춘 강력한 화상회의 도구로 부상했지만 훨씬 저렴하고 사용하기 쉽다. 줌은 모바일 기기, 데스크톱, 전화 및 회의실 시스템 전반에서 온라인 비디오 및 오디오 회의, 협업, 채팅, 화면 공유 및 웨비나를 위한 클라우드 플랫폼이다. 줌을 사용하면 컴퓨터, 모바일 장치나 줌 구성 회의실에서 직접 화상회의 또는 웨비나를 진행할 수 있다. 줌 소프트웨어는 다양한 가격과 패키징 모델로 제공된다. 최대 100명의 참가자가 있는 짧은 개인 회의를 위한 무료 기본 버전과 온라인 회의 호스트당 월 14.99~19.99달러의 완전한 기능을 갖춘 비즈니스 버전이 있다. 줌은 최대 1,000명의 비디오 참가자와 10,000명의 시청자를 수용할 수 있다.

줌 기술의 두 가지 핵심 요소는 줌 미팅(Zoom Meeting)과 줌 룸(Zoom Room)이다. 줌 미팅은 컴퓨터나 모바일 기기에 줌 화상회의 소프트웨어가 설치된 사용자가 무료로 참여할 수 있는 온라인 화상회의를 지원한다. 참가자는 집, 사무실의 회의실, 휴대전화에 상관없이 다양한 위치에서 줌 미팅에 참여할 수 있다. 줌 룸은 물리적 회의실 환경을 구성하기 위한 하드웨어와 소프트웨어 기술로 구성된다.

텍사스주 오스틴에 위치한 네프리스(Nepris)는 교육과정 주제를 학생들에게 더 적합한 것으로 만들기 위해 교사와 업계 전문가를 연결하는 웹 기반 서비스이다. 네프리스는 이를 위해 줌을 사용한다. 주요 기업의 직원들은 일반적으로 많은 다른 교실을 개별적으로 방문할 시간이 부족하다. 줌 화상회의 소프트웨어는 교사가 쉽게 설치하고 사용할 수 있으며 태블릿, 스마트폰, 데스크톱 컴퓨터를 포함한 거의 모든 장치에서 작업할 수 있다. 업계 전문가는 줌을 사용해 미리 작성한 설명이나 특정 프로세스의 시연과 같이 화면에 표시되는 내용을 공유할 수 있다.

줌은 고품질 비디오 스트림을 제공할 수 있지만 교실에 고급 비디오를 위한 전송 용량이 부족한 경우 낮은 비디오 해상도로 낮출 수도 있다. 네프리스는 또한 줌이 교사, 학생, 전문가를 바쁜 일정을 보완하는 방식으로 연결하는 데 유용하다는 것을 알게 되었다. 줌은 최대 25개 비디오 스트림이 회의에 참여할 수 있도록 해 여러 개의 강의실이 동시에 업계 전문가와 상호작용할 수 있도록 했다. 또한 사용자는 나중에 사용하기 위해 줌 회의를 기록할 수 있다. 업계 전문가들은 발표를 위해 하루종일 머물거나 다른 학교를 다닐 필요가 없다.

FCTI는 로스앤젤레스에 본사를 두고 라스베이거스에 사무실이 있는 미국의 선도적인 현금 자동 입출금기(ATM) 네트워크 및 서비스 제공업체로 멕시코 과달라하라 계약자들과도 협력하고 있다. FCTI는 최근 일본 세븐은행(Seven Bank)에 인수돼 장거리 통신 및 협업 필요성이 더욱 커지고 있다. FCTI는 화상회의가 직원들이 이메일, 문자메시지,

전화 통화보다 더 효과적으로 협업할 수 있도록 도울 것이라고 믿었다. 회사가 도입한 인터넷 영상통화 서비스로 화상회의를 진행하려 했으나 이 서비는 너무 많은 설정이 필요했다. 또한 계속해서 연결이 끊겼고 비디오 품질이 상당히 낮았다.

FCTI는 화상회의를 보다 능률적이며 쉽고 저렴하게 만들기 위해 줌을 채택했다. 경영진은 특히 줌이 제공하는 고품질 비디오를 높이 평가한다. FCTI는 현재 고급 기업형 텔레프레즌스 룸 비용의 몇 분의 1로 지어진 회의실에서 매월 줌으로 이사회를 주최하고 있다. 줌의 태블릿과 스마트폰 기능 덕분에 참가자들은 원격지에서 회의에 참여할 수 있다. 예를 들어 분주한 공항에 있는 일부 FCTI 직원은 태블릿으로 줌 회의에 참가해 부드러운 고화질 비디오로 협업할 수 있었다. 일부 참가자의 항공편이 지연되거나 결항된 경우에도 이사회를 개최할 수 있다.

출처: "Leading ATM Provider Builds Employee Relationships Through Video" and "Nepris Inspires Students Through Zoom," www.zoom.us.com, accessed April 24, 2019; "'Less Is More' as Cisco Completely Reimagines Flagship Three-Screen Video Conferencing Technology" and "Cisco Telepresence IX5000 Series," www.cisco.com, accessed March 20, 2019; www.ivci.com , accessed March 20, 2019.

사례연구 문제

1. 이 사례에 설명한 화상회의 도구의 기능을 비교하라. 그것들은 어떻게 협업과 혁신을 촉진하는가?
2. 화상회의는 이 사례에서 설명한 조직의 비즈니스 모델 및 비즈니스 전략과 어떤 관련이 있는가?
3. 이 사례에서 화상회의 기술이 각 조직의 운영 및 의사결정을 개선하는 데 도움이 된 구체적인 방법을 설명하라.

의사소통을 할 수 있도록 한다. 최첨단 화상회의 시스템의 중요한 특징 중 하나는 **텔레프레즌스**(telepresence) 기술로, 이 기술은 특정 장소에 사람이 출석한 것처럼 보이게 하는 음성과 화상이 통합된 환경이다(기술 관점 사례연구 참조). 비즈니스용 스카이프(Skype for Business), 구글 행아웃 미팅(Google Hangouts Meet), 아마존 차임(Amazon Chime)과 같은 무료 또는 저가 인터넷 기반 시스템은 품질은 다소 떨어지지만 소규모 기업에게 유용하다. 애플의 페이스타임(FaceTime)은 일대일 화상회의에 적합한 도구이다. 이러한 도구 중 일부는 모바일 장치에서 사용할 수 있다.

모든 규모의 기업이 유용한 시스코 웹엑스(Cisco WebEx), 비즈니스용 스카이프, 고투미팅(GoToMeeting), 어도비 커넥트(Adobe Connect)와 같은 웹 기반 온라인 회의 도구를 특히 교육 및 영업 프레젠테이션에 유용하게 사용하고 있다. 이 제품들은 참가자가 오디오 회의 및 라이브 비디오와 함께 문서와 프레젠테이션을 공유할 수 있게 해준다.

클라우드 협업 서비스 구글은 다양한 온라인 도구 및 서비스를 제공하고 있는데, 그중 구글 드라이브(Google Drive), 구글 독스(Google Docs), G 스위트(G Suite), 구글 사이트(Google Sites) 등은 협업에 적합하며 대부분 무료로 사용할 수 있다.

구글 드라이브는 클라우드 저장, 파일 공유, 협업 편집을 위한 웹 기반 파일 저장 및 동기화 서비스이다. 이러한 웹 기반 온라인 파일 공유 서비스를 통해 사용자는 파일을 다른 사람과 공유할 수 있는 안전한 온라인 저장 사이트에 파일을 업로드할 수 있다. 마이크로소프트 원드라이브(Microsoft OneDrive)와 드롭박스(Dropbox)는 또 다른 대표적인 파일 저장 서비스이다. 이 서비스는 필요한 저장 공간 및 관리에 따라 무료 및 유료 서비스가 제공된다. 사용자는 파일을 개인 또는 공개로 만들고 지정된 연락처와 공유하는 옵션을 사용해 온라인에 저장된 파일을 로컬 PC 및 기타 장치와 동기화할 수 있다.

구글 드라이브와 마이크로소프트 원드라이브는 문서 생성 및 공유 도구가 통합되어 있다. 원드라이브는 마이크로소프트 오피스 문서와 기타 파일을 위한 온라인 저장소를 제공하고 설치 또는 웹에서 제공하는 마이크로소프트 오피스 앱을 이용해 작업할 수 있다. 또한 페이스북에 공유할 수도 있다. 구글 드라이브는 문서, 스프레드시트, 프레젠테이션 공동 편집을 제공하는 생산성 응용프로그램 제품군인 구글 독스, 시트 및 슬라이드(구글 독스라고도 함)와 통합되어 있다. 구글의 비즈니스용 클라우드 기반 생산성 제품군인 G 스위트도 구글 드라이브와 연동된다. 구글 사이트 도구를 사용하면 여러 사람이 공동으로 작업하고 파일을 공유할 수 있는 팀 중심 온라인 사이트를 빠르게 만들 수 있다.

마이크로소프트 셰어포인트와 IBM 노츠 마이크로소프트 셰어포인트는 회사 서버에 설치된 강력한 검색 엔진이 결합된 브라우저 기반 협업 및 문서 관리 플랫폼이다. 웹 기반 인터페이스를 제공하는 셰어포인트는 마이크로소프트 데스크톱 소프트웨어 제품과 같은 일상적인 도구들과 밀접하게 통합되어 있다. 셰어포인트 소프트웨어는 직원들이 그들의 오피스 문서를 공유하고 오피스 문서를 이용해 프로젝트를 협력하도록 지원한다.

셰어포인트는 팀들이 작업 활동을 조정하고, 문서를 공동 작업하고, 게시하고, 작업 목록을 관리하고, 워크플로를 구현하고, 위키와 블로그를 통해 정보를 공유할 수 있도록 하기 위해 하나의 중앙 업무 공간에 정보를 조직하고 저장하는 내부 웹사이트를 호스팅하는데 사용할 수 있다. 사용자는 문서 버전 및 문서 보안을 제어할 수 있다. 셰어포인트는 정보를 한 곳에 저장하고 정리하기 때문에 사용자가 업무, 프로젝트 및 문서 작업을 하면서 관련 정보를 빠르고 효율적으로 찾을 수 있다. 이제 셰어포인트에는 소셜 툴이 포함되어 있다.

IBM 노츠[예전 로터스 노츠(Lotus Notes)]는 캘린더 공유, 이메일, 메시지, 공동 글쓰기와 편집, 공유 데이터베이스 접속, 전자회의 등의 기능이 있는 협업 소프트웨어 시스템이다. 데스크톱이나 랩톱 컴퓨터에 설치된 노츠 소프트웨어는 IBM 도미노(Domino) 서버에 저장된 애플리케이션을 이용한다. 노츠는 웹 기반으로 애플리케이션 개발 환경을 제공해 사용자가 자신의 필요에 맞게 맞춤형 애플리케이션을 개발할 수 있도록 지원한다. 노츠는 또한 블로그, 마이크로블로그, 위키, RSS 애그리게이터(aggregators) 헬프데스크 시스템, 음성 및 화상회의, 온라인 미팅을 위한 기능을 추가했다. IBM 노츠는 높은 수준의 보안성과 안정성, 민감한 기업정보에 대한 통제기능을 제공한다.

전사적 소셜 네트워킹 도구 위에 설명한 도구들도 소셜 비즈니스 기능을 포함하고 있지만 세일즈포스 채터, 마이크로소프트 야머, 자이브, 페이스북 워크플레이스, IBM 커넥션 등 이 목적을 위한 보다 전문화된 도구가 있다. 전사적 소셜 네트워킹 도구는 프로필, 업데이트 및 알림을 통해 조직 구성원을 연결해 비즈니스 가치를 창출하며, 페이스북 기능과 비슷하지만 기업 내부 용도에 맞게 조정된다. 표 2.4는 이러한 내부 소셜 기능에 대한 상세한 내용을 보여준다.

표 2.4
전사적 소셜 네트워킹 소프트웨어 기능

소셜 소프트웨어 기능	설명
프로필	학력, 관심사항 등 구성원의 프로필을 설정하는 기능. 업무 관련 사항과 전문성(기술, 프로젝트, 팀)을 포함
콘텐츠 공유	문서, 발표자료, 이미지, 비디오 등 콘텐츠 공유, 저장, 관리
피드와 알림	지정된 개인이나 그룹으로부터 실시간 정보 스트림, 상태 업데이트, 공지
그룹 및 팀 워크스페이스	정보 공유를 위한 그룹 설정, 문서 공동 작업, 프로젝트 공동 진행. 개인과 공공 그룹 설정 기능과 팀 지식 보존을 위한 대화 내용 저장 기능
태깅과 소셜 북마킹	페이스북의 '좋아요' 버튼과 비슷하게 특정 콘텐츠에 선호도를 지정. 사람들이 좋아하는 콘텐츠를 식별하기 위해 태깅을 통해 키워드 추가
퍼미션과 프라이버시	주어진 범주 내에 머물도록 개인정보를 확실하게 보호하는 기능. 전사적 소셜 네트워크에서 누가 어떤 정보를 볼 수 있는지 퍼미션을 설정할 필요가 있음

많은 기업이 전사적 소셜 네트워킹의 혜택을 받았지만 외부 소셜 네트워킹은 페이스북, 트위터 및 기타 공공 소셜 네트워킹 제품의 소비자 사용만큼 빠르게 인기를 끌지 못했다.

관리자를 위한 체크리스트: 협업 소프트웨어 도구의 평가와 선정

그렇게 많은 협업 도구와 서비스 중에서 가장 적합한 협업기술을 어떻게 선택해야 할까? 이러한 도구들이 어떤 문제를 해결하기 위해 설계되었는지 이해하는 프레임워크가 필요하다. 우리가 협업 도구를 논의할 때 도움이 되는 프레임워크 중 하나는 1990년대 초반 많은 협업 학자가 개발한 시간/공간 협업 매트릭스이다(그림 2.11).

시간/공간 매트릭스는 협업 문제의 두 가지 차원(시간과 공간)에 초점을 맞춘다. 예를 들어 다른 시간대에 있는 사람들과 협업해야 하고 모든 사람이 같은 시간에 회의할 수 없다고 가정하자. 뭄바이가 정오면 뉴욕은 자정이기 때문에 화상회의가 힘들다. 시간이 전 세계적으로 협업을 하는 데 장애가 된다.

그림 2.11
시간/공간 협업 및 소셜 도구 매트릭스
상호작용 시간(동일 시간 또는 다른 시간)과 공간(동일 장소 또는 다른 장소)에 따라 협업 기술을 분류할 수 있다.

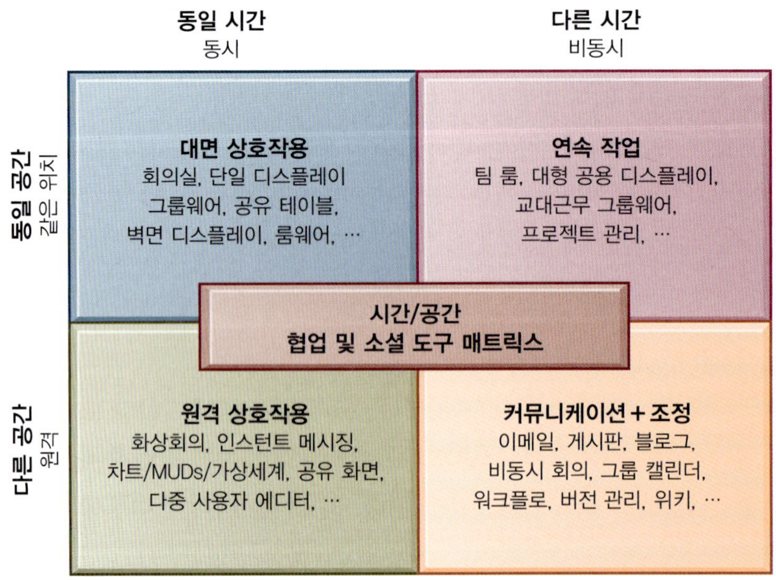

장소(위치)도 글로벌 또는 국내 기업의 협업에 지장을 준다. 물리적 위치, 출장 경비, 시간 제약 등은 사람들이 회의를 하기 위해 특정 장소에 모이는 것을 어렵게 만든다.

앞에서 설명한 여러 협업기술은 이러한 시간과 공간의 제약을 극복하기 위한 방법이다. 이 시간/공간 프레임워크를 이용하면 가장 적합한 협업 및 팀워크 도구를 선택할 수 있다. 어떤 도구는 하나 이상의 시간/공간 시나리오에 적용할 수 있다. 예를 들어 IBM 노츠 같은 인터넷 협업 도구는 동시(인스턴트 메시징, 전자회의 도구)와 비동시(이메일, 위키, 문서 편집) 상호작용 기능을 모두 가지고 있다.

다음 6단계를 따르면 적절한 비용과 위험 수준에서 회사에 가장 적합한 협업 도구를 선택할 수 있다.

1. 시간과 공간 측면에서 회사가 직면한 협업 문제는 무엇인가? 시간/공간 매트릭스에서 당신 회사의 위치를 찾아라. 매트릭스에서 한 셀 이상에 위치할 수 있다. 각 상황에서 다른 협업 도구가 필요할 것이다.
2. 회사가 직면한 문제에 해당하는 매트릭스의 각 셀에서 정확하게 어떤 해결책이 이용 가능한가? 제품 목록을 만들라.
3. 비용 대비 효과 측면에서 각 제품을 분석하라. 비용을 추정할 때 훈련비용과 필요하다면 정보시스템 부서의 참여비용을 포함하라.
4. 보안과 취약성 측면에서 각 제품의 위험을 파악하라. 기업 내부 정보를 인터넷을 통해 외부 서비스 제공업체에 보관할 생각이 있는가? 회사 시스템의 중요한 운영을 다른 회사에 맡길 의향이 있는가? 제품 판매 회사의 재무적인 위험은 무엇인가? 그 회사가 3~5년 지속될 수 있는가? 그 회사가 망했을 때 다른 회사로 전환하는 데 드는 비용은 얼마인가?
5. 구현과 훈련상 이슈를 파악하기 위해 잠재 사용자들의 도움을 구하라. 이러한 도구 중 일부는 다른 것에 비해 사용하기 쉽다.
6. 후보 도구를 선정하고, 각 도구의 판매 회사가 당신의 회사를 방문해 설명하도록 하라.

의사소통 및 협업을 위한 올바른 디지털 도구를 선택하는 것 외에도 조직은 도구가 실제로 생산적인 작업 방식을 지원하는지 확인해야 한다. 기술에 대한 접근만으로는 제대로 설계되지 않은 비즈니스 프로세스와 고착화된 조직 행동을 고칠 수 없는 경우가 많다(Dodge et al., 2018).

지식경영을 위한 시스템

협업, 의사결정, 지속적인 운영에 필요한 지식을 사용할 수 없는 경우 협업 및 지식 공유는 덜 효과적이고 효율적이지 않을 것이다. 이 장 앞부분에서 소개한 지식경영시스템은 이러한 요구사항을 해결하기 위한 특정 기능이다.

일부 지식은 정형화된 텍스트 문서(보고서와 프레젠테이션)로 구성된 **구조적 지식**(structured knowledge) 형태로 회사 내에 존재한다. 그러나 전문가에 따르면 조직의 비즈니스 콘텐츠 중 최소 80%는 폴더, 메시지, 메모, 제안서, 이메일, 그래픽, 대화방 교환, 전자 슬라이드 프레젠테이션, 비디오 등 다양한 형식으로 만들어져 여러 위치에 저장된 반구조적(semistructured) 또는 비구조적(unstructured) 지식이다. 다른 경우에는 공식적인 정보나 디지털 정보가 없으며, 그 지식은 직원 머릿속에 남아 있다. 이 지식의 대부분은 **암묵지**(tacit knowledge)이며 거의 기록되지 않는다. 전사적 지식경영시스템은 이러한 모든 다양한 유형의 지식을 저장 및 검색하고 기업 내에서 직원의 전문 지식을 찾을 수 있는 기능을 갖추고 있다.

전사적 콘텐츠관리시스템

전사적 콘텐츠관리시스템[Enterprise Content Management(ECM) system]은 조직이 구조적, 반구조적, 비구조적 유형의 정보를 관리할 수 있도록 지원한다. 이 시스템은 지식의 획득, 저장, 검색, 배포, 보존 기능이 있다. 이러한 시스템에는 문서, 보고서, 프레젠테이션, 모범사례의 기업 저장소와 이메일과 같은 반구조적 지식을 수집하고 정리하는 기능이 포함된다(그림 2.12 참조). 또한 주요 ECM 시스템은 사용자가 뉴스 피드, 연구와 같은 외부 정보원에 접근하고 이메일, 채팅/인스턴트 메시징, 토론 그룹, 화상회의를 통해 의사소통할 수 있도록 지원한다. 그것들은 블로그, 위키 및 기타 전사적 소셜 네트워킹 도구를 통합하기 시작했다.

지식 관리의 핵심 문제는 정보를 의미 있는 범주로 구성하기 위한 적절한 분류 체계를 만드는 것이다. 지식 분류를 위한 범주가 만들어졌으면 각 지식 객체에 태그를 붙이거나 분류를 해야 쉽게 검색할 수 있다. ECM 시스템에는 태그 지정, 문서가 저장된 회사 데이터 저장소와의 인터페이스, 직원이 회사 지식을 검색할 때 사용할 전사적 포털 환경 구축 기능이 있다. 오픈텍스트(Open Text), EMC, IBM, 오라클(Oracle)은 전사적 콘텐츠관리 소프트웨어의 선두 공급업체이다.

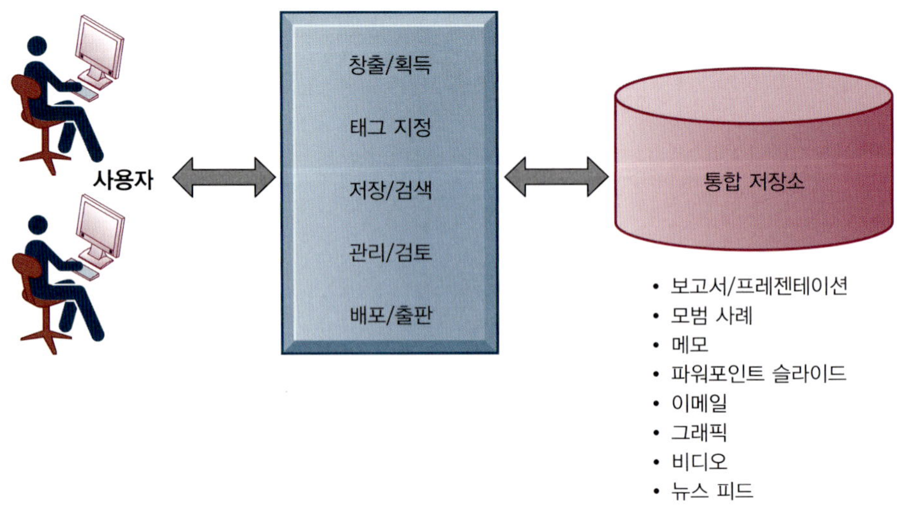

그림 2.12
전사적 콘텐츠관리시스템
전사적 콘텐츠관리시스템에는 구조적, 반구조적 지식을 분류, 구성, 관리하고 이를 전사적으로 사용할 수 있도록 하는 기능이 있다.

전문 지식 찾기 및 공유

기업이 필요로 하는 지식 중 일부는 디지털 문서 형태가 아니라 기업 내 개별 전문가의 기억 속에 자리 잡고 있다. 협업 및 소셜 비즈니스 시스템과 함께 최근 전사적 콘텐츠관리시스템은 전문가를 찾고 해당 지식을 활용할 수 있는 기능을 갖추고 있다. 여기에는 기업 전문가의 온라인 디렉토리, 그들의 직무 경험, 프로젝트, 출판물 및 학위에 대한 세부 정보가 포함된 프로필, 전문가가 제작한 콘텐츠의 저장소가 포함된다. 직원들은 전문 검색 도구를 통해 기업에서 적합한 전문가를 쉽게 찾을 수 있다.

2-4 기업에서 정보시스템 기능의 역할은 무엇인가?

지금까지 기업을 운영하기 위해 정보시스템이 필요하고 다양한 종류의 시스템을 사용한다는 사실을 알고 있었지만, 누가 이러한 시스템을 운영하고 있는가? 최종 사용자는 비즈니스 관점에서 시스템을 관리하지만, 기술을 관리하려면 전문적인 정보시스템 기능이 필요하다. 아주 작은 기업을 제외한 대다수 기업에서 정보시스템 부서는 정보기술 서비스를 담당하는 공식적인 조직 단위이다. **정보시스템 부서**(information system department)는 회사의 IT 인프라를 구성하는 하드웨어, 소프트웨어, 데이터 저장소, 네트워크를 유지 관리할 책임이 있다. IT 인프라에 대해서는 5장에서 자세히 설명한다.

정보시스템 부서

정보시스템 부서는 프로그래머, 시스템 분석가, 프로젝트 리더, 정보시스템 관리자와 같은 전문가로 구성된다. **프로그래머**(programmer)는 컴퓨터에 사용될 소프트웨어 명령어를 작성하는 고도로 훈련된 기술 전문가이다. **시스템 분석가**(systems analyst)는 정보시스템 그룹과 조직의 연결고리 역할을 담당한다. 경영 문제와 요구사항을 정보시스템 요구사항과 시스템으로 변환하는 것이 시스템 분석가의 역할이다. **정보시스템 관리자**(information systems manager)는 프로그래머와 분석가, 프로젝트 관리자, 설비 관리자, 통신 관리자, 데이터베이스 전문가의 리더이다. 그들은 또한 컴퓨터 운영과 데이터 입력 직원의 관리자이다. 또한 하드웨어 공급업체 및 제조업체, 소프트웨어 회사, 컨설턴트와 같은 외부 전문가는 일상적인 운영과 정보시스템의 장기 계획에 자주 참여한다.

많은 회사에서 **정보관리 책임자**(chief information officer, CIO)가 정보시스템 부서를 총괄한다. CIO는 회사에서 정보기술 사용을 감독하는 고위 관리자이다. 최근 CIO는 정보시스템뿐만 아니라 충분한 경영 경험을 필요로 하고 있으며, 기술을 경영전략에 통합하기 위한 리더 역할을 담당하고 있다. 또한 최근 대규모 회사에는 보안관리 책임자, 지식경영 책임자, 개인정보관리 책임자 등 CIO와 밀접한 관계를 갖고 업무를 수행하는 직책이 생겨나고 있다.

보안관리 책임자(chief security officer, CSO)는 회사의 정보시스템 보안과 정보보안 정책을 책임지고 있다(8장 참조). [물리적 보안과 구분하기 위해 이 직책을 정보보안관리 책임자(chief information security officer, CISO)라고 부르기도 한다]. CSO는 사용자와 정보시스템 전문가를 대상으로 보안 교육 및 훈련, 보안 위협 및 사고에 대한 관리 강화, 보안 도구 및 정책의 유지 등을 책임지고 있다.

방대한 양의 개인정보를 다루는 기업은 개인정보를 보호하기 위한 정보시스템 보안의 필요성을 심각하게 인식하고 **개인정보관리 책임자**(chief privacy officer, CPO)라는 새로운 직책을 만들고 있다. CPO는 기업이 개인정보보호 법안을 준수하도록 하는 책임을 지고 있다.

지식경영 책임자(chief knowledge officer, CKO)는 회사의 지식경영 프로그램을 담당한다. CKO는 조직에 존재하는 기존 지식이나 경영 프로세스가 보다 잘 활용되도록 하거나 새로운 지식을 발견할 수 있도록 지원하는 프로그램이나 시스템의 설계를 책임지고 있다.

데이터관리 책임자(chief data officer, CDO)는 조직이 데이터로 실현할 수 있는 가치를 극대화하도록 전사적 데이터 거버넌스 및 활용을 담당한다. CDO는 회사가 필요한 데이터를 수집하고 그 데이터를 분석하는 데 적합한 기술들을 채택하며, 비즈니스 의사결정을 지원하기 위해 그 결과를 활용할 수 있도록 보장한다. 이 직위는 조직에서 생성되고 수집되는 방대한 양의 데이터를 처리하기 위해 만들어졌다(제6장 참조).

최종 사용자(end user)는 정보시스템 그룹 외부에 있는 부서들을 대표하며 개발된 애플리케이션을 사용할 사람들이다. 이런 사용자들은 정보시스템 설계와 개발에서 점차 큰 역할을 담당하고 있다.

초창기 정보시스템 그룹은 대부분 한정된 기술 영역에 대해 고도의 숙련도를 가진 프로그래머로 구성되어 있었다. 그러나 요즘은 정보시스템 부서에 시스템 분석가와 네트워크 전문가의 비중이 점차 늘어나고 있으며, 그들은 조직에서 강력한 변화 관리자(change agent)로서의 역할을 담당하고 있다. 정보시스템 부서는 새로운 경영전략과 정보 기반 제품 및 서비스를 제안하고 기술 개발과 조직의 계획된 변화를 조화시킨다.

정보시스템 서비스

정보시스템 부서는 다음과 같은 서비스를 제공한다.

- 컴퓨팅 서비스(computing service)는 직원, 고객, 공급업체를 대형 메인프레임, 데스크톱 및 랩톱 컴퓨터, 모바일 휴대 단말기를 비롯한 디지털 환경으로 연결한다.
- 통신 서비스(telecommunications service)는 직원, 고객, 공급업체에게 데이터, 음성, 화상 연결성을 제공한다.
- 데이터 관리 서비스(data management service)는 기업의 데이터를 저장 및 관리하고 데이터를 분석할 수 있는 기능을 제공한다.
- 애플리케이션 소프트웨어 서비스(application software service)는 회사의 비즈니스 시스템을 위한 개발 및 지원 서비스를 제공한다.
- IT 관리 서비스(IT management service)는 인프라를 계획 및 개발하고, IT 서비스에 대해 사업부와 조정하고, IT 지출에 대한 회계를 관리하고, 프로젝트 관리 서비스를 제공한다.

- IT 표준 서비스(IT standards service)는 기업과 사업부에 어떤 정보기술이 사용될 것인지뿐만 아니라 언제 어떻게 사용될 것인지를 결정하는 정책을 제공한다.
- IT 교육 서비스(IT educational service)는 직원과 IT 전문가를 대상으로 시스템 사용 교육을 제공한다.
- IT 연구 및 개발 서비스(IT research and development service)는 기업이 시장에서 차별화하는 데 도움이 될 수 있는 잠재적인 미래 정보시스템 프로젝트와 투자에 대한 연구를 기업에 제공한다.

과거에는 기업이 자체적으로 소프트웨어를 개발하고 컴퓨팅 시설을 관리하는 것이 일반적이었다. 협업시스템에서 설명한 바와 같이, 최근에는 많은 기업이 이러한 서비스를 외부 협력업체에 위탁하고(5장과 12장 참조), 정보시스템 부서는 이러한 서비스 제공업체를 관리하는 역할을 담당하고 있다.

2-5 경영정보시스템은 내 경력에 어떻게 도움이 되는가?

이 절은 2장과 이 책이 영업 지원 전문가로서 직업을 찾는 데 어떻게 도움이 되는지 설명한다.

회사

암스테르담에 본사를 둔 대인 사고, 장애, 건강 및 생명보험 상품의 선도적인 글로벌 공급업체인 Comprehensive Supplement Insurance는 초급 영업 지원 전문가를 채용한다. 이 회사는 기존 고용주 복리 후생 프로그램을 보완하기 위해 대인 보험을 제공하며, 전 세계에 걸쳐 5,000명 이상의 현장 영업 인력과 직원이 있다. 이 회사는 직원과 그들의 경력개발에 투자하는 것으로 유명하다.

직무 설명

이 직무는 소기업을 대상으로 하는 회사 사업부의 전국 영업 조직에 전반적인 시스템, 관리 및 데이터 관리 지원을 제공할 것이다. 직무 책임은 다음과 같다.

- 사용자 설정, 프로필 및 역할 관리, 데이터 유효성 검사 등 회사의 세일즈포스닷컴(Salesforce.com) 고객관계관리시스템의 일상 관리 및 지원
- 데이터 관리 지원, 시스템 교육 및 현장 지원
- 영업 관리를 위한 주별, 월별, 분기별 영업 및 주요 성과 지표 보고서 준비
- 에이전트 커미션 보고서 준비와 요청에 따라 새로운 보고서 작성
- 에이전트 라이선스 및 에이전트 보상과 관련한 다양한 프로젝트 지원

직무 요건

- 엑셀 기술과 데이터 관리에 대한 전문지식

- 고객 서비스에 대한 전문기술
- 분석, 비판적 사고 및 의사소통 전문기술
- 빠르게 변화하는 환경에서 멀티태스킹 능력
- 대학 학위 또는 2년의 동등한 경험

면접 질문

1. 우리 회사에 대해 무엇을 알고 있습니까? 기술에 대한 우리의 약속? 보도 자료, 링크드인, 회사 트위터 계정에서 우리를 팔로우하고 있습니까?
2. 고객관계관리에 대해 무엇을 알고 있습니까? 세일즈포스닷컴을 사용해본 적이 있습니까? 그렇다면 어떤 용도로 시스템을 사용했습니까?
3. 데이터 관리에 대해 무엇을 알고 있습니까? 데이터 관리 소프트웨어를 사용해본 적이 있습니까? 그렇다면 그것으로 무엇을 했습니까?
4. 엑셀로 무엇을 할 수 있는지 설명해주세요. 엑셀을 사용해 어떤 종류의 문제를 해결했습니까? 엑셀 과정을 수강했습니까?
5. 고객 서비스 업무를 한 적이 있습니까? 무엇을 했습니까? 회사의 에이전트와 고객에 대한 성공적인 고객 중심 역할을 수행하기 위해 무엇이 필요하다고 생각합니까?
6. 고객 서비스 문제를 경험한 적이 있습니까? 그 문제에 어떻게 접근했습니까?

저자 팁

1. 이 장의 전사적 애플리케이션 대한 내용, 9장의 고객관계관리에 대한 토론, 6장의 데이터 관리를 검토하라.
2. 웹을 이용해 회사, 보험 제품 및 서비스, 회사 운영 방식을 조사하라. 에이전트와 고객을 지원하기 위해 무엇을 해야 하는지, 고객관계관리 및 데이터 관리가 왜 그렇게 중요한지 생각해보라. 당신은 이 직무에서 데이터 관리에 대한 책임에 대해 문의할 수 있다.
3. 세일즈포스닷컴에 대해, 특히 사용자 프로필 및 역할을 설정하는 방법과 데이터 검증 방법을 알아보라. 이 도구를 사용해 회사의 영업 기능을 지원하는 방법을 자세히 알아보라.
4. 예를 들어 에이전트 수수료 계산과 같이 엑셀을 어떻게 사용할 것인지 정확히 물어보라. 이전에 한 번도 해본 적이 없다면, 수행한 엑셀 작업 중 일부를 설명하라(그리고 면접에 사례를 가져갈 수도 있다).

요약

2-1 정보시스템의 역할을 이해하는 데 중요한 기업의 주요 특징은 무엇인가? 기업은 이익을 얻기 위해 제품이나 서비스를 생산하는 정형화된 복잡한 조직이다. 기업은 재무 및 회계, 인적자원 관리, 제조 및 생산, 판매 및 마케팅과 같은 전문화된 기능을 가지고 있다. 기업 조직은 경영 수준에 따라 계층적으로 정렬되어 있다. 비즈니스 프로세스는 특정 업무가 어떻게 수행되어야 하는지를 정의한 논리적으로 연결된 활동들의 집합이다. 기업은 주변 환경을 모니터링하고 그것에 대응해야 한다.

2-2 시스템이 기업의 다양한 경영 집단을 어떻게 지원하고 기업 연계시스템이 조직의 성과를 어떻게 향상시키는가? 운영관리층을 지원하는 시스템은 급여 또는 주문 처리와 같은 거래처리시스템(TPS)으로, 이는 사업 수행에 필요한 일상적인 거래 흐름을 관리한다. 비즈니스 인텔리전스는 여러 경영 수준을 지원하고 직원이 보다 정보력 있는 의사결정을 내릴 수 있도록 지원한다. 경영정보시스템(MIS)과 의사결정지원시스템(DSS)은 중간관리층을 지원한다. 대부분의 MIS 보고서는 TPS로부터의 정보를 요약하며 분석 기능은 높지 않다. DSS는 고급 분석 모델과 데이터 분석 기능을 이용해 독특하고 빠르게 변화하는 경영 의사결정을 지원한다. 중역지원시스템(ESS)은 많은 내·외부 정보 원천을 이용한 포털을 통해 그래프나 차트 형태의 데이터를 제공해 고위관리층을 지원한다.

전사적 애플리케이션은 다양한 기능과 비즈니스 프로세스를 조정하도록 설계되었다. 전사적 시스템은 내부 핵심 비즈니스 프로세스들을 하나의 소프트웨어 시스템으로 통합해 관리능력과 의사결정능력이 개선되도록 한다. 공급사슬관리(SCM)시스템은 제품과 서비스의 계획, 공급, 제조, 배송을 최적화하기 위해 공급업체와의 관계 관리를 지원한다. 고객관계관리(CRM)는 고객을 둘러싼 모든 비즈니스 프로세스를 조정한다. 지식경영시스템(KMS)은 지식의 창출, 공유, 분배를 최적화할 수 있도록 지원한다. 인트라넷과 엑스트라넷은 다양한 시스템으로부터 정보를 수집하기 위해 인터넷 기술과 표준을 사용하며, 수집된 정보를 웹페이지 형태로 사용자에게 제시한다. 인트라넷과 엑스트라넷은 인터넷 기술에 기반 한 사설 기업 네트워크이다. 엑스트라넷은 기업 외부에 있는 사람들이 이용할 수 있는 사설 기업 인트라넷의 일부를 만든다.

2-3 협업, 소셜 비즈니스, 지식경영을 위한 시스템이 중요한 이유는 무엇이며 어떤 기술을 사용하는가? 협업은 공동의 명시적인 목적을 달성하기 위해 다른 사람들과 같이 작업하는 것을 의미한다. 소셜 비즈니스는 직원, 고객, 공급업자와 관계를 맺기 위해 내·외부 소셜 네트워킹 플랫폼을 활용하는 것을 말하며 이것은 협업을 촉진한다. 협업과 소셜 비즈니스는 세계화, 의사결정 분권화, 상호작용이 주요 부가가치 활동인 직업이 많아져 점차 중요성이 높아지고 있다. 협업과 소셜 비즈니스는 혁신, 생산성, 품질, 고객 서비스를 개선할 것이다. 협업과 소셜 비즈니스 도구는 이메일과 인스턴트 메시징, 위키, 화상회의 시스템, 가상세계, 클라우드 기반 파일 공유 서비스, 마이크로소프트 셰어포인트, IBM 노츠와 같은 기업 협업시스템, 채터, 야머, 자이브, IBM 커넥션과 같은 전사적 소셜 네트워킹 도구를 포함한다. 전사적 콘텐츠관리시스템과 같은 지식경영시스템은 조직이 협업, 의사결정 및 지속적인 운영에 필요

한 지식을 수집, 저장, 배포하는 데 도움이 된다.

2-4 **기업에서 정보시스템 기능의 역할은 무엇인가?** 정보시스템 부서는 정보기술 서비스를 담당하는 정규 조직 단위이다. 정보시스템 부서는 기업의 IT 기반구조를 구성하는 하드웨어, 소프트웨어, 데이터 저장, 네트워크 관리를 담당한다. 정보시스템 부서는 프로그래머, 시스템 분석가, 프로젝트 리더, 정보시스템 관리자 같은 전문가로 구성되며 일반적으로 정보관리 책임자(CIO)가 이 부서를 총괄한다.

주요 용어

개인정보관리 책임자(CPO)
거래처리시스템(TPS)
경영정보시스템(MIS)
고객관계관리(CRM)시스템
고위관리층
공급사슬관리(SCM)시스템
구조적 지식
기업
데이터관리 책임자(CDO)
데이터 근로자
디지털 대시보드
보안관리 책임자(CSO)
비즈니스 인텔리전스
비즈니스 프로세스
생산 또는 서비스 근로자
소셜 비즈니스
시스템 분석가
암묵지
운영관리층
의사결정지원시스템(DSS)
전사적 시스템
전사적 애플리케이션
전사적 콘텐츠관리(ECM)시스템
전자상거래
전자정부
정보관리 책임자(CIO)
정보시스템 관리자
정보시스템 부서
조직 간 시스템
중간관리층
중역지원시스템(ESS)
지식경영시스템(KMS)
지식경영 책임자(CKO)
지식 근로자
최종 사용자
텔레프레젠스
팀
포털
프로그래머
협업
e-비즈니스

복습문제

2-1 정보시스템의 역할을 이해하는 데 중요한 기업의 주요 특징은 무엇인가?
- 기업의 정의와 주요 경영 기능을 설명하라.
- 비즈니스 프로세스가 조직의 특정 기능 영역과 어떻게 연결되어 있는지 예를 들어 설명하라.
- 회사의 다양한 경영 수준과 정보 요구사항을 식별하고 설명하라.
- 환경이 기업을 이해하는 데 중요한 이유를 설명하라.

2-2 시스템이 기업의 다양한 경영 집단을 어떻게 지원하고 기업 연계시스템이 조직의 성과를 어떻게 향상시키는가?

- 비즈니스 인텔리전스의 특성을 설명하고 이것이 의사결정 측면에서 중요한 이유를 설명하라.
- 거래처리시스템(TPS)의 특성과 기업에서 수행하는 역할을 설명하라.
- 경영정보시스템(MIS), 의사결정지원시스템(DSS), 중역지원시스템(ESS)의 특징을 설명하고 각 유형의 시스템이 관리자 의사결정에 어떻게 도움이 되는지 설명하라.
- 디지털 대시보드의 작동 방식을 설명하라.
- 조직이 전사적 애플리케이션을 어떻게 그리고 왜 구현하는지 설명하라. 무엇이 관련될 수 있는가?
- 고객관계관리가 조직이 고객과의 상호작용을 관리하는 데 어떻게 도움이 되는지 설명하라.

2-3 협업, 소셜 비즈니스, 지식경영을 위한 시스템이 중요한 이유는 무엇이며 어떤 기술을 사용하는가?

- 기업이 소셜 비즈니스를 장려하기 위해 근무 조건, 절차 및 시스템을 변경한 방법을 나열하라.
- 비즈니스 조직 내 팀의 목적과 사명을 설명하라.
- 조직에서 수평적 커뮤니케이션과 수직적 커뮤니케이션을 구분하라.
- 다양한 유형의 협업 및 소셜 비즈니스 도구를 나열하고 설명하라.
- 지식경영시스템이 조직이 구조적, 반구조적, 비구조적 지식과 암묵지 자산을 보다 효율적으로 활용하는 데 어떻게 도움이 되는지 설명하라.

2-4 기업에서 정보시스템 기능의 역할은 무엇인가?

- 정보시스템 기능이 기업을 어떻게 지원하는지 설명하라.
- 프로그래머, 시스템 분석가, 정보시스템 관리자, 정보관리 책임자(CIO), 보안관리 책임자(CSO), 데이터관리 책임자(CDO), 개인정보관리 책임자(CPO), 지식경영 책임자(CKO)의 역할을 비교하라.

협업과 팀워크 프로젝트

경영 의사결정 및 시스템 파악

2-5 3~4명으로 팀을 구성해 《포브스(Forbes)》, 《포천(Fortune)》, 《월스트리트저널(Wall Street Journal)》, 기타 비즈니스 잡지나 웹상에서 기업 관리자에 대한 기사를 찾아보라. 각 관리자가 회사에서 하는 일과 역할에 대한 정보를 수집하라. 각 관리자가 업무를 수행하는 조직 수준과 경영 기능을 식별하라. 각 관리자가 내리는 의사결정의 종류와 그러한 의사결정을 위해 필요한 정보의 종류를 나열하라. 정보시스템이 이 정보를 어떻게 제공할 수 있을지 제안하라. 가능하다면 구글 독스(Google Docs)와 구글 드라이브(Google Drive), 구글 사이트(Google Sites)를 이용해 발견 사항을 토론하고 수업시간에 발표할 자료를 준비하라.

기업은 소셜 비즈니스를 받아들여야 하는가

기업이 글로벌 시장에서 더욱 분산됨에 따라 기업은 내부 소셜 네트워킹을 위한 도구를 포함한 직장 협업 기술로 점점 더 눈을 돌리고 있다. 이러한 도구는 직원의 협업 및 지식 공유를 촉진하고 직원이 더 빠른 결정을 내리고 제품 및 서비스에 대한 보다 혁신적인 아이디어를 개발하며 자신의 업무와 회사에 더 많이 참여할 수 있도록 도와준다.

또한 직원이 일반적으로 매일 받지만 점점 더 처리할 수 없는 이메일의 홍수 때문에 내부 전사적 소셜 네트워킹을 도입하기도 한다. 수백 개의 이메일 메시지를 열고, 읽고, 응답하고, 전달하거나 삭제해야 한다. 예를 들어 매니토바주 위니펙에 소재한 두하그룹(Duha Group)은 전 세계 페인트 회사를 위한 컬러 페인트 샘플 및 컬러 시스템을 생산하는 회사로 세일즈포스 채터 소셜 협업 도구를 도입해 연간 125,000통의 불필요한 이메일을 없앨 수 있었다. 아시아, 유럽, 호주에서 매일 아침 50통의 이메일을 받던 에메릭 두하(Emeric Duha) 상무는 이제 회사에서 일어나는 모든 일을 담은 채터 피드를 가지고 있다.

전사적 소셜 네트워킹의 또 다른 동인은 '앱 피로'이다. 협업을 위해 많은 직원이 수많은 앱에 로그온해 추가 작업을 수행해야 한다. 요즘 전사적 소셜 네트워킹 시스템은 종종 여러 기능을 한 곳에 통합한다.

최근 연구에 따르면 협업 도구는 효율성과 생산성을 높이는 동시에 사용자가 더 나은 비즈니스 결정을 내릴 수 있도록 하는 데 효과적일 수 있다. 그 제품들은 또한 혁신의 잠재력을 확장했다. 그러나 모든 기업이 성공적으로 사용하고 있는 것은 아니다. 전사적 소셜 네트워킹 구현 및 채택은 기술 역량뿐만 아니라 조직 문화 및 이러한 도구와 기업의 비즈니스 프로세스 호환성에 따라 달라진다. 이러한 기술이 결함 있는 비즈니스 프로세스와 조직 행동에 적용된다면 이점을 제공하지 못할 것이다.

기업이 새로운 소셜 미디어 기술(다른 기술도 마찬가지지만)을 도입할 때 상당수 직원이 더 친숙하고 편하다는 이유로 이메일을 포함한 기존 작업 방식에 매달리며 새로운 도구를 거부한다. 직원이 소셜 미디어와 이메일 모두에서 중복으로 커뮤니케이션해서 업무 수행 시간과 비용이 증가하는 기업들이 있다. 80여 개국에 자회사와 합작회사를 둔 세계 최대의 화학 생산업체인 바스프(BASF)는 직원들이 새로운 소셜 미디어 도구를 사용하도록 장려하기 위해 일부 프로젝트팀의 이메일 사용을 금지했다.

소셜 비즈니스는 조직을 보다 민주적이고 수평적으로 볼 수 있는 능력 등 사고의 변화가 필요하다. 소셜 비즈니스는 모든 사람의 아이디어에 훨씬 더 개방적이다. 비서, 조립 라인 직원, 판매원이 다음번 큰 아이디어의 원천이 될 수 있다. 그 결과 사람들이 소셜 비즈니스 도구를 지지하도록 하려면 근로자를 고용하고 훨씬 더 나은 작업 방식을 제공하는 '풀(pull)' 접근 방식이 필요하다. 보통 그들은 소셜 앱을 사용하도록 강요받을 수 없다.

소셜 네트워크를 관리하고 디지털 콘텐츠를 공유하는 전사적 역량은 조직에 도움이 될 수도 있고 해가 될 수도 있다. 소셜 네트워크는 조직의 생산성, 효율성 및 혁신을 향상하는 풍부하고 다양한 정보 소스를 제공할 수 있으며, 외부인과 소통하거나 지식 교환을 꺼리는 사람을 지원하는 데 사용될 수 있다. 직원들이 내부 소셜 네트워크를 이용해 타인을 비판하거나 개인적인 의제(agenda)를 추구한다면 생산성과 사기는 떨어질 것이다. 페이스북이나 트위터 같은 소비자 대면 플랫폼에서 모델링된 소셜 비즈니스 애플리케이션은 양립할 수 없는 목표를 가진 조직 또는 조직 부서에서 반드시 제대로 작동하지는 않는다. 기업이 운영, 인적자원 관리 또는 혁신을 위해 소셜 비즈니스를 사용할 것인가? 소셜 미디어 플랫폼이 얼마나 잘 작동할지는 구체적인 비즈니스 목적에 따라 다르다. 또한 개인 생활에서 페이스북이나 트위터를 적극적으로 사용한 직원은 소셜 미디어를 주로 친구나 가족과의 의사소통 및 자기표현의 비공식적이고 개인적인 수단으로 보기 때문에 업무 목적으로 유사한 소셜 도구를 사용하는 것을 주저하는 경우가 많다. 대다수 관리자는 직원들이 내부 소셜 도구를 사용해 업무에 대해 비공식적으로 의사소통하지만 개인적인 문제는 논의하지 않기를 바란다. 페이스북과 트위터에 익숙한 직원들은 개인적인 것을 얻지 않고 어떻게 소셜 도구를 사용할 수 있는지 상상하는 데 어려움을 겪을 수 있다.

이것은 기업이 기술에 치중할 것이 아니라 소셜 이니셔티브가 실제로 직원과 관리자의 업무 관행을 어떻게 개선할 것인지 먼저 파악해야 한다는 의미다. 이를 위해 소셜 네트워크에 대한 자세한 이해가 필요하다. 사람들이 현재 어떻게 일하고 있는지, 누구와 함께 일하고 있는지, 그들의 요구는 무엇인지, 직원들의 편견과 저항을 극복하기 위한 방법은 무엇인지 이해해야 한다.

성공적인 소셜 비즈니스 전략에는 리더십과 행동 변화가 필요하다. 단지 소셜 프로젝트를 후원하는 것만으로는 충분하지 않다. 관리자는 보다 개방적이고 투명한 작업 방식에 대한 의지를 보여야 한다. 전통적인 방식으로 협업하고 비즈니스를 수행하는 데 익숙한 직원들은 소셜 소프트웨어를 사용할 기회가 필요하다. 다른 방식으로 일하기 위해 조직을 바꾸려면 가장 많이 참여하고 관심 있는 사람들을 모집하고, 소셜 기술을 사용하기 위한 올바른 작업 환경을 설계하고 구축해야 한다.

경영진은 회사 내부 및 외부의 소셜 네트워킹 노력이 비즈니스에 진정한 가치를 제공하고 있는지 확인해야 한다. 네트워크 콘텐츠는 관련성이 높고 최신이며 접근하기 쉬워야 한다. 사용자는 필요한 정보를 가지고 있고 그렇지 않으면 도달할 수 없거나 접근하기 어려운 사람들과 연결할 수 있어야 한다. 소셜 비즈니스 도구는 당면한 업무와 조직의 비즈니스 프로세스에 적합해야 하며, 사용자는 이를 사용하는 방법과 이유를 이해해야 한다.

예를 들어 나사 고다드(Goddard) 우주비행센터는 스페이스북(Spacebook)이라고 불리는 맞춤형 전사적 소셜 네트워크를 포기해야 했다. 왜냐하면 아무도 소셜 도구가 사람들이 그들의 일을 하는 데 어떻게 도움을 줄지 알지 못했기 때문이다. 스페이스북은 조직 문화와 정치를 고려하지 않고 설계, 개발되었다. 이 경우만 그런 것은 아니다. 디멘션데이터(Dimension Data)는 설문조사에 참여한 900개 기업 중 4분의 1이 협업 기술의 사용 및 채택 방법보다는 성공적인 구현에 더 중점을 둔 것으로 나타났다.

내부 소셜 네트워크 시작과 관련된 문제에도 불구하고 이러한 네트워크를 성공적으로 사용하는 회사가 있다. 소셜 비즈니스를 성공시킨 한 회사는 재미있고 매력적인 고객 쇼핑 경험으로 유명한 인기 있는 온라인 의류, 액세서리 및 홈 데코 소매업체인 모드클로스(ModCloth)이다. 이 회사의 비즈니스는 134,000명의 트위터 팔로워와 1,600,000명의 페이스북 '좋아요'를 보유한 고객과의 강력한 소셜 미디어 유대를 기반으로 한다. 모드클로스에서 소셜 네트워크가 큰 역할을 했기 때문에 성장과 발전을 위해 회사는 내부 의사소통을 위해 소셜 네트워킹 도구를 채택하고자 했다. 모드클로스는 마이크로소프트 야머를 소셜 비즈니스 도구로 채택했다.

모드클로스는 소규모 테스트 그룹과 함께 야머를 시범 운영하기 시작했고 인력팀을 통해 도구를 홍보했다. 야머는 직원들에게 빠르게 익숙해졌고 곧 미국의 4개 사무실에서 250명이 넘는 직원이 사용하게 되었다. 모든 모드클로스 신입 직원은 근무 첫날에 야머를 소개받는다. 야머는 신입사원이 동료 직원의 이름을 익히고 회사의 일원이라는 느낌을 갖도록 돕는다.

모드클로스가 상당한 시간과 비용을 절약하면서 야머는 사람과 아이디어를 연결하는 데 매우 유용하다는 것이 입증되었다. 예를 들어 모드클로스의 인재 확보 책임자인 스콧 에르난데스(Scott Hernandez)는 야머로 모드클로스 직원의 추천을 받아 엔지니어링에 대한 유망한 인재를 파악했다. 야머는 팀이 이미 완료된 작업을 반복하지 않도록 도왔다. 모드클로스의 사용자 경험 그룹은 사용자가 회사의 모바일 애플리케이션에서 무엇을 원하는지 찾기 위한 연구 캠페인을 디자인하기 시작했으며 프로젝트 뉴스를 야머에 게시했다. 몇 시간 안에 모드클로스의 소셜팀 구성원은 고객 피드백 데이터가 포함된 자세한 스프레드시트를 포함해 모바일 기대치에 대해 이미 완료된 대규모 사용자 설문조사의 결과를 게시했다. 사용자 경험팀은 2주의 작업 시간을 절약할 수 있었다.

홍콩에 본사를 둔 에스퀠그룹(Esquel Group)은 면직물 및 의류 공급업체로서 면 재배 및 직물 생산에서 의류 제조 및 마무리에 이르기까지 모든 것을 수행한다. 핵심 사업은 라코스테(Lacoste), 랄프로렌(Ralph Lauren), 나이키와 같은 패션 브랜드의 면 상의를 만드는 것이다. 이 회사는 다양한 위치에서 다양한 비즈니스 라인을 통합하는 방법으로 내부 소셜 네트워킹에 매료되었다. 에스퀠은 전사적 소셜 네트워킹 도구로 마이크로소프트 야머를 선택했다. 에스퀠 직원들은 다양한 언어로 의사소통을 하기 때문에 야머의 번역 기능을 특히 높이 샀다.

경영진은 직원의 말에 귀를 기울일 수 있다는 점에서 많은 이점이 있다고 보고 있다. 사람들이 네트워크에 불만을 게시하면 혁신적인 해결책과 새로운 아이디어를 찾을 수 있다. 예를 들어 에스퀠의 의류 공장 직원은 회사 식당에서 식사를 구매하기 위해 카드를 충전할 때 매우 오래 기다려야 한다는 불만을 야머에 게시했다. 4개월 후 회사는 해결책을 제시했는데, 바로 급여에서 식사 카드로 자금을 즉시 이체하는 키오스크였다.

야머에 게시된 아이디어는 에스퀠의 품질 관리 과정을 개선하는 데 사용되었다. 소매와 칼라가 규격에 맞는지 확인하기 위해 줄자를 사용하는 대신, 품질 관리 부서의 직원은 야머를 사용해 전기 자 아이디어를 떠올렸다. 그 개념은 더 많은 야머 토론을 통해 다듬어졌다. 직원은 측정을 수행하고 숫자를 기록하는 대신 전자적으로 더 빠르고 정확하게 측정을 캡처할 수 있다.

야머는 또한 에스퀠이 혁신 및 효율성 촉진 솔루션을 전사적으로 복제할 수 있도록 지원한다. 한 사이트에서의 혁신은 종종 다른 위치로 전개되지 않는다. 야머는 조직 전체에 더 쉽게 퍼질 수 있도록 혁신 및 더 나은 방법에 대한 뉴스 채널을 제공한다.

에스퀠이 속한 산업은 인건비가 오르면서 기업들이 저임금 국가로 이전하는 경우가 많다. 에스퀠은 운영을 재배치하는 것보다 생산성 향상을 통해 절감 효과를 얻는 것을 선호한다. 직원들이 더 효율적이고 효과적으로 일할 수 있도록 지원함으로써 비즈니스 소셜 네트워킹은 에스퀠이 매년 약 200만 달러를 절약하는 데 도움이 되었다.

출처: "Duha Group Innovates by Inviting Their Customers into the Manufacturing Process Using Salesforce," www.salesforce.com, accessed March 26, 2019; "ModCloth: Keeping Employees Engaged While Scaling Up," https://media.featuredcustomers.com, accessed April 11, 2019; "Esquel Group: Social Technology Weaves an Enterprise Together," blogs.office.com, accessed February 7, 2018; Sheila Dodge, Don Kieffer, and Nelson P. Repenning. "Breaking Logjams in Knowledge Work," *MIT Sloan Management Review* , Fall 2018. Margaret Jones Cordelia Kroob, "The Growth of an Enterprise Social Network at BASF," www.simply-communicate.com, accessed March 12, 2018; Paul Leonardi and Tsedal Neeley, "What Managers Need to Know About Social Tools," *Harvard Business Review*, November–December 2017; Arunima Majumdar, "3 Reasons Why Collaboration Tools Fail to Make the Indented Impact," *eLearning Industry*, January 20, 2017; Harvard Business Review Analytic Services, "Collaboration Technology Boosts Organizations," Insight Enterprises Inc. (February 13, 2017); and Dimension Data, "2016 Connected Enterprise Report," 2016.

사례연구 문제

1. 내부 전사적 소셜 네트워크의 채택에 영향을 미치는 사람, 조직, 기술 요소를 파악하라.
2. 이 사례에서 설명한 조직들의 내부 소셜 네트워크 구현 경험을 비교하라. 일부는 왜 성공했으며, 이 과정에서 경영진은 어떤 역할을 했는가?
3. 모든 회사가 내부 전사적 소셜 네트워크를 구현해야 하는가? 그 이유는 무엇인가?

참고문헌

Banker, Rajiv D., Nan Hu, Paul A. Pavlou, and Jerry Luftman. "CIO Reporting Structure, Strategic Positioning, and Firm Performance." *MIS Quarterly* 35, No. 2 (June 2011).

Boughzala, Imed, and Gert-Jan De Vreede. "Evaluating Team Collaboration Quality: The Development and Field Application of a Collaboration Maturity Model." *Journal of Management Information Systems* 32, No. 3 (2015).

Bughin, Jacques, Michael Chui, and Martin Harrysson. "How Social Tools Can Reshape the Organization." McKinsey Global Institute (May 2016).

Bureau of Labor Statistics. "Occupational Outlook Handbook 2018–2019." Bernan Press (January 9, 2018).

Colony, George F. "CIOs and the Future of IT." *MIT Sloan Management Review* 59, No. 3 (Spring 2018).

Cummings, Jeff, and Alan Dennis. "Virtual First Impressions Matter: The Effect of Enterprise Social Networking Sites on Impression Formation in Virtual Teams." *MIS Quarterly* 42, No. 3 (September 2018).

Dawson, Gregory S., James S. Denford, Clay K. Williams, David Preston, and Kevin C. Desouza. "An Examination of Effective IT Governance in the Public Sector Using the Legal View of Agency Theory." *Journal of Management Information Systems* 33, No. 4 (2016).

Deloitte University Press. "Navigating Legacy: Charting the Course to Business Value: 2016–2017 Global CIO Survey." Deloitte Development LLC (2016).

De Vreede, Gert-Jan, and Robert O. Briggs. "A Program of Collaboration Engineering Research and Practice: Contributions, Insights, and Future Directions." *Journal of Management Information Systems* 36, No. 1 (2019).

Dodge, Sheila, Don Kieffer, and Nelson P. Repenning. "Breaking Logjams in Knowledge Work." *MIT Sloan Management Review* (Fall 2018).

Forrester Research. "Social Business: Delivering Critical Business Value" (April 2012).

Frost and Sullivan. "Meetings around the World II: Charting the Course of Advanced Collaboration." (October 14, 2009)

Gast, Arne, and Raul Lansink. "Digital Hives: Creating a Surge around Change." *McKinsey Quarterly* (April 2015).

Guillemette, Manon G., and Guy Pare. "Toward a New Theory of the Contribution of the IT Function in Organizations." *MIS Quarterly* 36, No. 2 (June 2012).

Harvard Business Review Analytic Services. "Collaboration Technology Boosts Organizations." Insight Enterprises Inc. (February 13, 2017).

Hill, N. Sharon, and Kathryn M. Bartol. "Five Ways to Improve Communication in Virtual Teams." *MIT Sloan Management Review* 60, No. 1 (Fall 2018).

Hinchcliffe, Dion. "A New Generation of CIO Thinking Emerges." *Enterprise Web 2.0* (September 30, 2016).

Johnson, Bradford, James Manyika, and Lareina Yee. "The Next Revolution in Interactions." *McKinsey Quarterly,* No. 4 (2005).

Kane, Gerald C. "Enterprise Social Media: Current Capabilities and Future Possibilities." *MIS Quarterly Executive* 14, No. 1 (2015).

Kane, Gerald C., Doug Palmer, Anh Nguyen Phillips, and David Kiron. "Finding the Value in Social Business." *MIT Sloan Management Review* 55, No. 3 (Spring 2014).

Kiron, David. "Why Your Company Needs More Collaboration." *MIT Sloan Management Review* 59, No. 1(Fall 2017).

Kolfschoten, Gwendolyn L., Fred Niederman, Robert O. Briggs, and Gert-Jan De Vreede. "Facilitation Roles and Responsibilities for Sustained Collaboration Support in Organizations." *Journal of Management Information Systems* 28, No. 4 (Spring 2012).

Li, Charlene. "Making the Business Case for Enterprise Social Networks." Altimeter Group (February 22, 2012).

Magni, Massimo, Manju K. Ahuja, and Likoebe M. Maruping. "Distant But Fair: Intra-Team Justice Climate and Performance in Dispersed Teams." *Journal of Management Information Systems* 35, No. 4 (2018).

Magni, Massimo, and Likoebe Maruping."Unleashing Innovation with Collaboration Platforms." *MIT Sloan Management Review Frontiers* (April 30, 3019).

Malone, Thomas M., Kevin Crowston, Jintae Lee, and Brian Pentland. "Tools for Inventing Organizations: Toward a Handbook of Organizational Processes." *Management Science* 45, No. 3 (March 1999).

Maruping, Likoebe M., and Massimo Magni. "Motivating Employees to Explore Collaboration Technology in Team Contexts." *MIS Quarterly* 39, No. 1 (March 2015).

McKinsey & Company. "Transforming the Business through Social Tools" (2015).

McKinsey Global Institute. "The Social Economy: Unlocking Value and Productivity through Social Technologies." McKinsey & Company (July 2012).

Mortensen, Mark. "Technology Alone Won't Solve Our Collaboration Problems." *Harvard Business Review* (March 26, 2015).

Nordbäck, Emma S., and J. Alberto Espinosa." Effective Coordination of Shared Leadership in

Global Virtual Teams." *Journal of Management Information Systems* 36, No. 1 (2019).

Reck, Fabian, and Alexander Fliaster. "Four Profiles of Successful Digital Executives," *MIT Sloan Management Review Frontiers* (April 10, 2019).

Saunders, Carol, A. F. Rutkowski, Michiel van Genuchten, Doug Vogel, and Julio Molina Orrego. "Virtual Space and Place: Theory and Test." *MIS Quarterly* 35, No. 4 (December 2011).

Srivastava, Shirish C., and Shalini Chandra. "Social Presence in Virtual World Collaboration: An Uncertainty Reduction Perspective Using a Mixed Methods Approach." *MIS Quarterly* 42, No.3 (September 2018).

Tallon, Paul P., Ronald V. Ramirez, and James E. Short. "The Information Artifact in IT Governance: Toward a Theory of Information Governance." *Journal of Management Information Systems* 30, No. 3 (Winter 2014).

Weill, Peter, and Jeanne W. Ross. *IT Governance*. Boston: Harvard Business School Press (2004).

Zaffron, Steve, and Gregory Unruh. "Your Organization Is a Network of Conversations." *MIT Sloan Management Review Frontiers* (July 10, 2018).

CHAPTER

3 정보시스템을 이용한 경쟁우위 달성

학습목표

이 장의 학습을 마치면 다음 질문에 답할 수 있을 것이다.

3-1 포터의 경쟁세력모형, 가치사슬, 시너지, 핵심역량, 네트워크 기반 전략은 기업이 정보시스템을 이용해 경쟁우위를 확보하는 데 어떻게 도움이 되는가?

3-2 정보시스템은 어떻게 기업이 글로벌 시장에서 경쟁할 수 있게 도움을 주는가?

3-3 정보시스템은 어떻게 기업이 품질과 디자인으로 경쟁할 수 있게 도움을 주는가?

3-4 비즈니스 프로세스 관리가 경쟁력을 강화하는 데 어떤 역할을 하는가?

3-5 경영정보시스템은 내 경력에 어떻게 도움이 되는가?

사례

N26: 지점이 없는 은행

스마트 국가 싱가포르

홍콩 디즈니랜드의 전략적 정보시스템

오프라인, 온라인, 회귀: 영국 식료품 시장의 진화

N26: 지점이 없는 은행

N26은 2013년에 발렌틴슈탈프(Valentin Stalf)와 막시밀리안 타옌탈(Maximilian Tayenthal)이 2013년에 설립한 모바일 은행이다. 2015년 1월에 사업을 시작한 이후 N26은 유럽 24개 국가에서 350만 명의 고객을 확보했다. N26은 투자자로부터 총 5억 달러를 유치했으며 30억 달러가 넘는 시장가치를 달성함으로써 유럽에서 가장 유망한 핀테크 창업기업이 되었다. N26은 온전히 단일시스템으로 클라우드에서 운영되는 몇 안 되는 핀테크 은행 중 하나이다.

은행은 범죄자에게는 항상 매력적인 타깃이 되었고 그들의 IT 시스템은 상당히 많은 사이버 공격을 받는다. 공격으로 인한 손실을 줄이기 위해 은행의 시스템은 분산화된 구조로 설계된다. 은행은 자체 개발한 소프트웨어를 꽤 운영하지만 이들 중 대부분은 변화하는 프로세스와 니즈에 일부만 제대로 사용할 수 있다. 그러나 온라인 은행은 IT 구조를 최적으로 설계할 수 있으며 기존 시스템을 고려할 필요 없이 모바일 앱을 이용한 상호 호환성 확보와 같은 현재의 수요에 기반을 둔 고객과의 상호작용 프로세스를 가지고 있다. 오늘날의 모바일 경제에서는 이러한 방식이 중요한 경쟁우위가 될 수 있다.

슈탈프와 타옌탈은 N26이 세상 어디에서든 사용할 수 있는 간결함과 고객 중심의 프로세스를 제공한다고 보고 있다. 이러한 생각에 기반을 두고 모든 은행 프로세스는 화상 채팅을 통한 식별에서부터 계좌 개설에 이르기까지 완전히 온라인으로 진행될 수 있다. N26은 광고에서 계좌를 8분 이내에 개설한다고 자랑한다.

N26은 모바일 은행으로서 예상하지 못한 특이한 도전에 직면했다. 2016년에 수많은 고객이 한 번 출금 시도 시 여러 번 인출을 한 이후에 계좌 폐쇄가 일제히 일어났는데 N26은 왜 이런 일이 일어났는지에 대한 이유를 밝히지 못해 더 혼란스러웠다. 회사는 이 일로 엄청난 비난을 받았으며 그 이후 가이드라인을 만들고 인출 횟수를 제한하게 되었다.

N26은 또한 현금 기반 운영 서비스를 개선하기 위해 캐시26(Cash26)을 도입했다. 이 서비스는 고객이 파트너 업체의 네트워크를 통해 지급 결제 시 현금을 입금하거나 인출할 수 있도록 해준다. N26 앱은 인출과 입금을 제어하는 바코드를 생성한다. 이는 거래를 완료하기 위해서는 파트너 업체의 지급 결제 시 그저 스캔이 된다는 것을 의미한다.

© WAYHOME studio/Shutterstock

온라인 뱅킹의 공통적인 문제는 피싱이

며, N26 역시 피싱의 타깃이 되었다. 많은 고객이 피싱으로 그들의 계좌를 사용하지 못했다. 고객이 N26에 보상을 요구했기 때문에 개별적인 피싱 공격은 매체에 널리 보도가 되었다. 회사는 이에 대응해 보안시스템 개발에 더 많은 투자를 하고 있다. 고객은 또한 지원 부족에 불만을 제기했으며, 회사는 고객 서비스 대응팀의 수를 600명 이상으로 늘렸다. 이제 N26은 AI를 보안체계에 활용할 수 있는 방법을 찾고 있다.

출처: N26 Corporation, "The N26 History," n26.com, accessed September 11, 2019; Jürgen Stüber, "Onlinebank Revolut greift mit Bitcoin-Handel N26 an," Gründerszene, December 7, 2019; Christian Gattringer, "Die Online Bank N26 ist mit Gratiskonten zum Milliardenwert geworden—bald kommt sie in die Schweiz," Neue Zürcher Zeitung, July 18, 2019; Jauernig Henning, "Phishing-Attacken und schlechter Service bei N26," Spiegel Online, March 28, 2019; Horst von Buttlar, "N26 wird gefeiert, die Deutsche Bank bedau-ert," Capital, January 12, 2019; OTS, "N26 gibt Finanzierungsrunde in Höhe von 300 Millionen US-Dollar bekannt," APA-OTS, January 10, 2019; Raj Saxena, "Tech at N26—The Bank in the Cloud," medium.com, May 22, 2018; Andreas Dörnfelder, "Seine Bank gewinnt gerade Kunden wie kaum eine zweite in Europa," Orange by Handelsblatt, https://orange.handelsblatt.com, March 20, 2018; Emilie Rauschütz, "Ein Meilenstein bei N26—500 Angestellte," N26 Magazine, October 16, 2018; Jan Schulze-Siebert, "N26 Erfahrungen," Youtube.com, August 8, 2017.

사례 제공: 리히텐슈타인대학교(University of Liechtenstein) 베른트 솅크(Bernd Schenk)

N26은 산업 전반에 걸쳐 붕괴가 일어난 좋은 예다. 은행 분야는 다른 분야에 비해 변화 속도가 느리며 아직도 디지털화해야 할 전통적 서비스와 프로세스가 많이 있다. 그러나 현금수지와 현금흐름은 전 세계적으로 갈수록 데이터로 보여주어야 하므로 정보시스템은 은행 분야에서 중요시되고 있으며 조직에서 핵심 영역이 되고 있다. 특히 은행은 절대로 실수해서는 안 되며 고객의 돈은 가장 안전한 방법으로 보호되어야 한다. 이는 보통의 벤처기업 생각과는 모순이 된다. 벤처기업은 위험을 감수하고 여러 가지를 시도해서 새로운 서비스를 제공하고 재빠르게 변모시켜 속도와 민첩성으로 우월한 경쟁적 지위를 확보해야 한다.

사례와 함께 제시하는 옆 페이지의 도표는 도입 사례와 이 장에서 다루는 주요 사항에 주목하게 하기 위한 것이다. N26은 물리적인 지사를 처음에는 갖지 않기로 한 순수 온라인 주자이다. 그러므로 서비스 가상화는 전략적인 의사결정이다. 동시에 애플리케이션은 지속적으로 개발 중에 있다. N26의 특징은 끊임없이 서비스를 개선하는 동시에 빠르게 학습하고 조치를 취하는 것이다. N26 시스템의 보안을 더욱 향상하기 위해 AI를 도입하는 동시에 모바일 앱을 가능한 한 사용자 친화적으로 하기 위해 얼굴 인식과 같은 최신 보안 기술을 사용한다.

여기에서 생각해야 할 몇 가지 질문이 있다. N26의 사업전략은 무엇인가? N26은 고객을 끌어들이고 경쟁자와 차별화하기 위해 어떤 기술을 사용하는가?

3-1 포터의 경쟁세력모형, 가치사슬, 시너지, 핵심역량, 네트워크 기반 전략은 기업이 정보시스템을 이용해 경쟁우위를 확보하는 데 어떻게 도움이 되는가?

대다수 산업에서 소수의 기업이 다른 대부분의 기업보다 훨씬 뛰어나다. 언제나 돋보이는

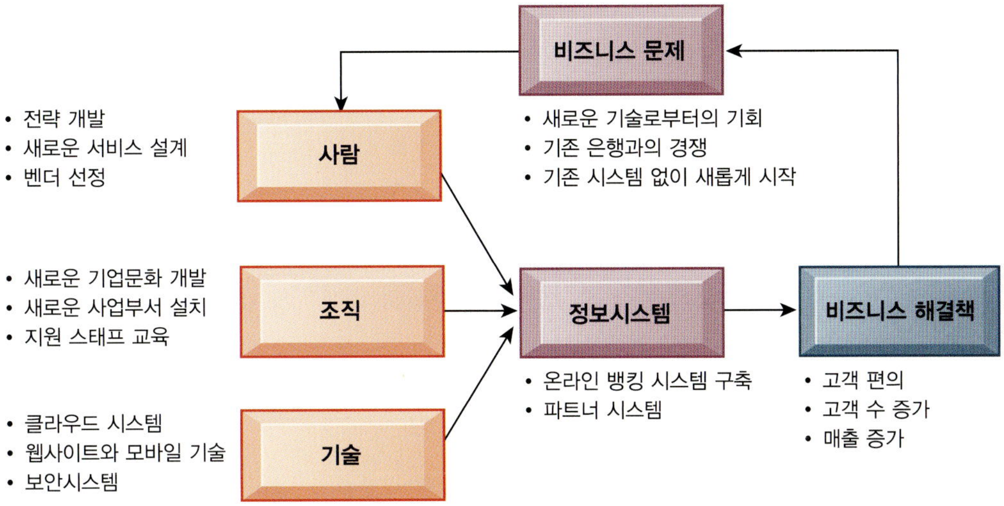

기업이 있다. 순수 온라인 소매기업으로 아마존이 선두이고, 오프라인 소매 분야에서는 지구상에서 가장 큰 소매점인 월마트가 선두이다. 웹 검색은 구글이 선두이다.

다른 기업보다 더 잘하는 기업은 다른 기업에 비해 경쟁우위를 갖고 있다고 할 수 있다. 그들은 다른 기업은 갖고 있지 못한 특별한 자원에 접근할 수 있거나, 뛰어난 지식과 정보자원을 이용해 일반적으로 얻을 수 있는 자원을 더 효율적으로 사용할 수 있는 능력이 있다. 어떠한 경우에라도 이들 기업은 매출액 증가, 수익성 또는 생산성 증가(효율성) 등의 측면에서 뛰어나고, 이런 실적은 미래에 경쟁기업들과 비교해 높은 주식가격으로 평가된다.

어떤 기업이 다른 기업보다 더 뛰어난 이유는 무엇이고, 이들은 어떻게 경쟁우위를 달성했는가? 어떻게 비즈니스를 분석하고 전략적 우위를 찾아낼 수 있는가? 어떻게 자기 기업의 전략적 우위를 개발할 수 있는가? 정보시스템은 어떻게 전략적 우위에 기여하는가? 이러한 물음에 대한 한 가지 대답이 마이클 포터(Michael Porter)의 경쟁세력모형이다.

포터의 경쟁세력모형

논란의 여지는 있지만, 경쟁우위를 이해하기 위해 가장 널리 사용되는 모델은 포터의 **경쟁세력모형**(competitive forces model)이다(그림 3.1 참조). 이 모델은 기업, 경쟁자, 기업의

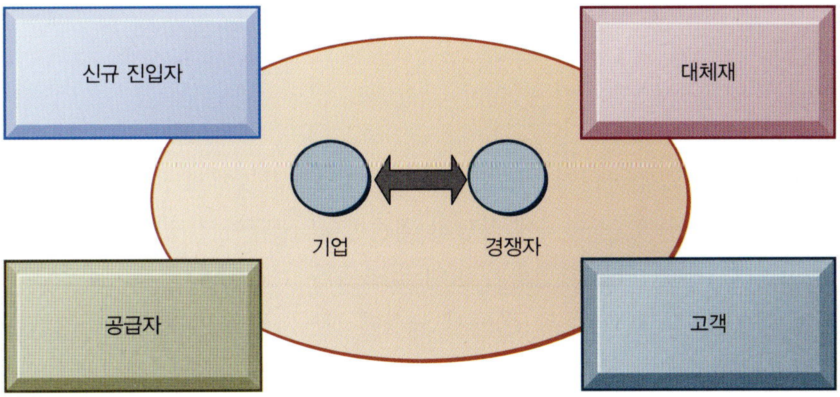

그림 3.1
포터의 경쟁세력모형
포터의 경쟁세력모형에서 기업의 전략적 지위와 전략은 전통적인 직접 경쟁자들뿐만 아니라 새로운 신규 진입자, 대체재, 고객, 공급자 등 산업 환경의 네 가지 세력에 의해 결정된다.

환경에 대한 일반적 관점을 제공한다. 2장에서 기업 환경의 중요성과 환경에 대한 기업의 의존성을 설명한 것을 기억하라. 포터의 모델은 기업의 일반적 비즈니스 환경에 대한 모든 것이다. 이 모델에서는 5개 경쟁세력이 기업의 운명을 결정한다.

전통적 경쟁자

모든 기업은 시장을 다른 경쟁자와 공유한다. 경쟁자는 신제품과 서비스를 도입해 계속해서 새롭고 보다 효율적인 생산 방식을 고안하고, 자신의 브랜드를 개발하고, 자신의 고객에게는 전환비용을 부과해 고객을 유인하려고 한다.

신규 진입자

노동과 금융자본이 이동하는 자유경제에서는 언제든 새로운 기업이 시장에 진입한다. 어떤 산업은 진입이 매우 어려운 반면에 일부 산업은 진입 장벽이 매우 낮다. 예를 들어 피자가게나 소규모 소매점을 시작하기는 매우 쉽다. 그러나 높은 자본 비용과 확보하기 어려운 전문성과 지식이 요구되는 컴퓨터 칩 비즈니스에 진입하는 것은 비용이 많이 소요되고 매우 힘들다. 신규 기업은 몇 가지 장점이 있다. 그들은 전통적 공장과 설비에 묶여 있지 않고, 흔히 낮은 임금으로 보다 혁신적인 젊은 근로자를 고용하고, 낡고 식상한 브랜드에 지장을 받지 않으며, 무엇보다 그들은 기존 기업에 비해 '훨씬 배가 고프다'(훨씬 더 동기부여가 되어 있다). 이러한 장점은 또한 그들의 약점이 되기도 한다. 그들은 새로운 공장과 설비를 위해서 높은 금융비용을 요구하는 외부 차입에 의존할 수 있으며, 근로자가 경험이 적을 수 있고, 브랜드 인지도는 낮을 수 있다.

대체재 및 대체 서비스

모든 산업에서, 만약 당신 회사 제품의 가격이 너무 높으면 고객이 대신 사용할 수 있는 대체재가 있기 마련이다. 신기술은 항상 새로운 대체재를 만들어낸다. 석유조차도 대체재가 있다. 에탄올은 자동차 휘발유의 대체재가 될 수 있다. 바이오 오일은 트럭의 디젤유를 대체할 수 있으며 풍력, 태양열, 수력 발전은 석탄, 석유, 가스를 이용한 발전으로 대체할 수 있다. 마찬가지로 인터넷 전화 서비스는 전통적 전화 서비스를 대체하고, 인터넷 스트리밍 음악 서비스는 CD, 음반 가게, 아이튠즈와 같은 디지털 다운로드 사이트의 대체재이다. 한 산업에 더 많은 대체 상품과 서비스가 있으면 가격 통제는 더 힘들게 되고 수익률은 더 낮다.

고객

수익성 높은 기업은 고객을 끌어들이고 유지하면서(경쟁자들에게 전환을 못하게 하면서), 높은 가격을 부과할 수 있는 능력에 상당히 의존한다. 고객이 경쟁자의 상품과 서비스로 쉽게 이동할 수 있거나, 제품 차별화가 거의 없고 모든 가격이 즉각적으로 알려지는 투명한 시장(예를 들면 인터넷과 같은 곳)에서 고객이 경쟁자들을 가격만으로 경쟁하게 만들 수 있다면 고객의 힘은 커진다. 예를 들면 인터넷 중고 대학교재 시장에서 학생(고객)은 어떤 대학교재에 대해서도 다수의 공급자를 찾을 수 있다. 이 경우 온라인 고객은 중고서적 판매업체에 대해 큰 협상력을 갖게 된다.

공급자

공급자의 시장 지배력은 기업 수익에 지대한 영향을 미친다. 특히 기업이 공급자만큼 신속하게 가격을 인상하지 못할 때 더욱 그렇다. 공급자가 많을수록 기업이 가격, 품질, 배송 일정 등에서 공급자에게 행사할 수 있는 통제력은 더욱 커진다. 예를 들면 노트북 컴퓨터 제조업체는 키보드, 하드 드라이브, 모니터 등과 같은 핵심 부품에 대해 서로 경쟁하는 다수의 공급자가 항상 있다.

경쟁세력에 대처하기 위한 정보시스템 전략

이러한 모든 경쟁세력에 직면했을 때 기업이 할 수 있는 것은 무엇인가? 기업은 이러한 세력에 대항하기 위해 정보시스템을 어떻게 활용할 것인가? 어떻게 대체재를 방지하고 신규 진입자를 막을 수 있는가? 어떻게 산업 내에서 수익성과 주식가격(성공의 두 가지 지표)에서 가장 성공적인 기업이 될 수 있는가?

기본전략 101: 정보기술을 비즈니스 목표에 일치시킨다

기업 IT 전략의 기본 원칙은 기술이 비즈니스를 지원하게 하는 것이지, 비즈니스가 기술을 지원하는 것은 아니다. 비즈니스 성과 연구에 의하면 (1) 기업이 IT와 비즈니스 목표를 보다 잘 일치시키면 수익성이 더 높아지며, (2) 기업의 4분의 1 정도만이 IT와 비즈니스를 일치시키고 있다. 기업 수익성의 절반 정도는 IT와 비즈니스의 일치 정도로 설명할 수 있다(Luftman, 2003; Weill and Aral, 2005). 경영자는 IT를 기업에 맞추어 활용하는 데 적극적인 역할을 하는 대신, IT를 무시하고, 이해하지 못한다고 주장하며, IT 영역의 실패를 가능한 피하고 싶은 귀찮은 일 정도로 간주한다. 이러한 기업은 저조한 성과로 막대한 대가를 지불하게 된다. 성공적인 기업과 경영자는 IT가 무엇을 할 수 있고, 어떻게 작동하는지 이해하고, IT를 활용하는 데 적극적으로 참여하고, IT가 매출과 수익에 미치는 영향을 측정한다.

그러면 당신은 경영자로서 IT를 비즈니스와 어떻게 일치시킬 것인가? 다음 절에서 기본적인 수행 방법을 설명할 것이며, 이에 대한 요약은 아래와 같다.

- 경영 전략과 목표를 식별한다.
- 전략과 목표를 구체적인 활동과 프로세스로 세분화한다.
- 비즈니스 목표 달성 성과를 어떻게 측정할지 명확히 한다(예: 측정기준을 사용).
- '정보기술이 비즈니스 목표 달성에 어떻게 도움이 될 수 있는지, 정보기술이 비즈니스 프로세스와 활동을 어떻게 개선할 수 있는지'를 자신에게 질문한다.
- 실제 성과를 측정하고 그 결과를 분석한다.

이것이 실제 업무에서 어떻게 이루어지는지 관찰하자. 여기에 네 가지 일반적인 전략이

슈퍼마켓이나 월마트와 같은 대형 소매상은 계산대에서 수집된 판매 데이터를 이용해 어떤 품목이 판매되었고 어떤 품목을 재주문해야 하는지 알게 된다. 월마트의 연속보충시스템은 물품 보충을 위한 주문을 공급자에게 직접 전송한다. 이 시스템은 월마트가 고객 수요를 정확하게 반영하면서 원가를 낮게 유지할 수 있게 해준다.

있다. 각 전략은 대개 정보기술과 시스템을 이용해 구현 가능하며, 이들 전략은 저가 리더십, 제품 차별화, 틈새시장에의 집중, 고객 및 공급자와의 친밀성 강화이다.

저가 리더십

정보시스템을 이용해 최저 운영비용과 가격을 달성하는 것이다. 대표적인 예는 월마트이다. 유명한 재고보충시스템을 이용해 가격을 최저로 유지하고 판매대에 물건을 잘 비축해 월마트는 미국에서 선도적인 소매상이 되었다. POS(point-of-sale) 터미널은 계산대를 지나는 모든 품목의 바코드를 스캔해 거래내용을 월마트 본부 중앙 컴퓨터로 직접 전송한다. 본부의 컴퓨터는 모든 월마트 점포로부터 주문을 모으고 그것을 공급자에게 전송한다. 또한 공급자는 웹 기술을 이용해 월마트의 판매 및 재고 데이터에 접근할 수 있다.

이 시스템은 재고를 광속으로 보충하기 때문에 월마트는 자신의 창고에 다양한 재고를 관리하는 데 많은 비용을 지불할 필요가 없다. 이 시스템은 또한 고객의 요구에 반응해 제품의 재고품목을 조정한다. 정보시스템을 이용해 운영비를 낮출 수 있어 월마트는 경쟁업체보다 상품가격을 낮출 수 있으면서도 높은 이익을 실현할 수 있다.

월마트의 연속보충시스템은 **효율적 고객대응시스템**(efficient customer response system)의 예다. 효율적 고객대응시스템은 고객의 구매행태를 배송, 생산, 공급사슬에 직접 연결한다. 월마트의 연속보충시스템은 이런 효율적 고객대응 기능을 제공한다.

제품 차별화

새로운 제품과 서비스를 개발하거나, 기존 제품과 서비스 이용에 있어서 고객의 편의성을 크게 개선하기 위해 정보시스템을 사용하라. 예를 들어 구글은 구글 페이(Google Pay)와 같은 새롭고 독특한 서비스를 연속적으로 출시했고, 2018년에는 구글 포토(Google Photos)와 구글 어시스턴트(Google Assistant)를 개선했다. 애플은 휴대용 컴퓨터를 지속적으로 차별화해 새로운 아이폰과 아이패드 모델을 시장에 출시했다. 크레욜라(Crayola)는

아마존: 원클릭 쇼핑	아마존은 다른 온라인 상점에 라이선스를 줄 수 있는 원클릭 쇼핑에 대한 특허가 있다.
온라인 음악: 애플 뮤직	애플은 5,000만 곡을 온라인 라이브러리로 판매한다.
골프 클럽 고객화: 핑	고객은 핑(Ping)의 100만 개가 넘는 다양한 골프 클럽 중에서 선택할 수 있다. 주문제작시스템은 맞춤형 클럽을 48시간 안에 배송한다.
온라인 P2P 지불: 페이팔	페이팔(PayPal)은 개인 은행계좌 간 및 은행계좌와 신용카드계좌 간의 자금 전송을 가능하게 한다.

표 3.1
경쟁우위를 제공하는 정보시스템에 의한 새로운 제품과 서비스

새로운 디지털 제품 이외에도 어린이가 가장 좋아하는 사진을 디지털 색칠공부 책으로 바꾸어 주는 새로운 디지털 서비스도 출시하고 있다.

제조업체와 소매업체는 개별 고객의 요구에 정확하게 맞추어진 개인화된 제품과 서비스를 만드는 데 정보시스템을 활용하기 시작했다. 예를 들어 나이키는 자사 웹사이트를 통해 NIKE BY YOU 프로그램으로 차별화된 운동화를 판매한다. 이곳에서 고객은 운동화 유형, 색상, 재질, 밑창, 끈 등을 선택할 수 있다. 나이키는 주문내용을 컴퓨터를 이용해 특수설비가 갖춰진 중국이나 한국에 있는 공장으로 전송한다. 이 운동화는 고객에게 배송되기까지 약 3주 정도 걸린다. 대량 생산 체제와 동일한 생산 설비를 이용해 개별 고객의 요구에 맞추어진 제품과 서비스를 제공하는 능력을 **대량 맞춤화**(mass customization)라고 한다.

표 3.1에 있는 기업은 다른 기업이 모방하기 힘든 정보기술 기반 제품과 서비스를 개발했다.

틈새시장에의 집중

정보시스템을 이용해 특정 시장에 집중하고 이 좁은 목표시장에서 경쟁자보다 더욱더 잘하는 것이다. 정보시스템은 잘 조정된 판매 및 마케팅 기법을 위한 데이터를 생산하고 분석해 이러한 전략을 지원한다. 정보시스템은 기업이 고객의 구매행태, 기호, 선호 등을 자세하게 분석할 수 있도록 해 더욱 세분화된 목표시장에 효율적으로 광고와 마케팅 캠페인을 하게 한다.

데이터는 여러 원천에서 얻는다. 이러한 원천에는 신용카드 거래, 인구통계 자료, 슈퍼마켓과 소매점 계산대 스캐너에서 얻는 구매 자료, 사람들이 웹사이트에 접근하면서 얻어지는 데이터 등이 있다. 정교한 소프트웨어 도구는 이러한 방대한 데이터로부터 패턴을 찾아내고, 이 패턴에서 의사결정에 도움이 되는 법칙을 도출해낸다. 이러한 데이터 분석은 개인의 선호에 근거해 개인별 메시지가 만들어지는 일대일 마케팅을 가능하게 한다. 예를 들면 힐튼호텔(Hilton Hotel)의 OnQ 시스템은 호텔의 모든 고객에 대해 수집된 세부 데이터를 분석해 각 고객의 선호와 수익성을 파악한다. 힐튼은 이 정보를 이용해 수익성이 높은 고객에게 늦게 체크아웃할 수 있는 등의 추가적인 혜택을 준다. 최신 고객관계관리(customer relationship management, CRM)시스템은 이와 같은 고도의 데이터 분석 능력이 있다(2장, 9장 참조).

표 3.2
네 가지 본원적 경쟁전략

전략	내용	사례
저가 리더십	정보시스템을 이용해 서비스 품질과 수준을 높이면서 제품과 서비스를 경쟁자보다 저가에 생산한다.	월마트
제품 차별화	정보시스템을 이용해 제품을 차별화하고 새로운 서비스와 제품을 가능하게 한다.	우버, 나이키, 애플, 스타벅스
틈새시장에의 집중	정보시스템을 이용해 하나의 틈새시장에 집중된 전략을 구사한다. 전문화하라.	힐튼호텔, 하라스호텔
고객 및 공급자와의 친밀성 강화	정보시스템을 이용해 고객 및 공급자와 강한 유대관계 및 충성도를 구축한다.	토요타, 아마존

고객 및 공급자와의 친밀성 강화

정보시스템을 이용해 공급자와의 연계를 강화하고 고객과 친밀도를 발전시킨다. 토요타(Toyota), 포드(Ford), 그 밖의 자동차 제조업체는 부품 공급업자가 제조업체의 생산 일정 계획을 직접 조회할 수 있게 하는 정보시스템을 보유하고 있어 공급업자가 자동차 조립공장에 어떤 방법으로 그리고 언제 부품을 배송해야 하는지를 결정할 수 있게 했다. 이것은 공급자가 제품을 생산할 때 더욱 많은 리드 타임을 가질 수 있게 했다. 고객 측면에서, 아마존닷컴은 고객의 도서와 음반 등을 포함해 판매하는 모든 제품에 대한 선호도를 추적하고 다른 사람이 구매한 상품을 고객에게 추천한다. 고객 및 공급자와의 강한 유대는 **전환비용**(switching cost, 한 제품이나 서비스를 경쟁자의 제품이나 서비스로 전환하는 데 드는 제반 비용)을 증가시키고 기업 충성도를 높인다. 표 3.2는 지금까지 설명한 경쟁전략을 요약하고 있다.

이 책에서 제시하는 여러 사례에 나타나는 것처럼 정보시스템을 성공적으로 활용해 경쟁우위를 달성하기 위해서는 기술, 조직, 사람의 정확한 협조가 필요하다. 실제로 월마트, 애플, 아마존 등의 사례에서 알 수 있는 것처럼 정보시스템을 성공적으로 구현하는 능력은 기업마다 같지 않고, 어떤 기업은 다른 기업보다 훨씬 뛰어나다.

인터넷이 경쟁우위에 미치는 영향

인터넷의 등장으로 전통적인 경쟁세력은 아직도 유효하지만 경쟁 정도는 이전보다 훨씬 격렬하다(Porter, 2001). 인터넷 기술은 어느 회사나 사용이 가능한 전 세계 표준을 기반으로 하기 때문에 경쟁자가 가격 경쟁을 하기 매우 쉽고 새로운 경쟁자의 시장 진입도 용이하게 한다. 정보는 모든 사람에게 주어지고 고객은 웹에서 가장 저렴한 공급자를 빨리 찾을 수 있기 때문에 인터넷은 고객의 교섭능력을 높인다. 기업의 수익성은 증가한 경쟁으로 인해 떨어지고 있다. 표 3.3은 인터넷이 기업에 미치는 잠재적인 부정적 영향으로 포터가 밝힌 내용의 일부를 요약한 것이다.

인터넷은 몇 개의 산업을 거의 파괴했고, 또 어떤 산업에는 치명타를 가했다. 예를 들면 인쇄 기반 백과사전 산업과 여행사 산업은 인터넷을 통한 대체재가 제공되면서 거의 문을 닫게 되었다. 마찬가지로, 인터넷은 소매, 음악, 서적, 중개업, 소프트웨어, 통신산업

표 3.3
인터넷이 경쟁세력과 산업 구조에 미치는 영향

경쟁세력	인터넷의 영향
대체제품과 서비스	요구 만족과 기능 수행을 위한 새로운 접근 방법으로 새로운 대체재 출현을 가능하게 한다.
고객의 교섭능력	전 세계적인 가격 및 제품 정보에 대해 접근이 가능해 협상력이 고객으로 이동하게 된다.
공급자의 교섭능력	제품과 서비스 획득에서 공급자의 교섭능력은 낮아지는 경향이 있다. 그러나 공급자는 낮아진 진입장벽과 자신과 자신의 고객 사이에 존재했던 유통업자나 중간상 등의 제거로 이익을 얻을 수 있다.
신규 진입자의 위협	인터넷은 판매원 유통망, 물리적 자산 등의 구비 필요성과 같은 진입장벽을 낮춘다. 또한 다른 일을 수행하는 것을 더 쉽게 만드는 비즈니스 프로세스를 추진하는 기술을 제공한다.
기존 경쟁자 간의 포지셔닝과 경쟁관계	시장의 지역적 범위를 넓히고, 경쟁사 수를 늘리고, 경쟁자 간 차이를 줄인다. 운영의 우위를 유지하기 어렵게 한다. 가격으로 경쟁하도록 압력을 가한다.

에 커다란 영향을 미쳤다. 이와 동시에 인터넷은 새로운 시장을 생성시켰고, 새로운 제품과 서비스, 새로운 비즈니스 모델을 가능하게 했으며, 폭넓고 충성도가 높은 고객집단으로 브랜드를 구축할 새로운 기회를 제공했다. 아마존, 이베이, 아이튠즈, 유튜브, 페이스북, 우버, 구글 등은 대표적인 사례이다. 이런 관점에서 인터넷은 기업의 비즈니스 방식을 변화시킴으로써 전 산업을 변환하고 있다.

스마트 제품과 사물인터넷

산업용 제품과 소비자용 제품에 센서를 점차 더 많이 사용하는 현상은 사물인터넷(Internet of Things, IoT)이라고도 불리는데, 이것은 인터넷이 산업에서 어떻게 경쟁 방식을 바꾸며 새로운 제품과 서비스를 창출해내는지 보여주는 매우 좋은 사례이다. 나이키, 언더아머(Under Armour)는 다른 스포츠의류 업체와 함께 사용자의 활동 내용을 클라우드 데이터베이스로 보고하는 데 사용되는 신체 부착용 건강 추적장치 개발에 많은 돈을 투자했다. 농장 트랙터에는 필드 레이더, 위치추적 송수신 장치, 트랙터 장치를 추적하는 수백 개의 센서가 장착되어 있다. 제너럴일렉트릭(General Electric, GE)은 항공과 풍력 터빈 고객이 기기에 부착된 수천 개의 센서에서 발생하는 데이터 검토를 통해 작동을 개선하게 함으로써 새로운 사업 분야를 개척했다. 이런 결과는 스마트 제품이라고 불리는데, 이는 기업이 판매하는 광범위한 정보 서비스의 일부가 포함된 제품이다(Iansiti and Lakhani, 2014; Porter and Heppelmann, 2014; Gandhi and Gervet, 2016).

우리는 스마트하고 인터넷으로 연계된 제품이 미치는 영향을 이해하기 시작한 수준이다. 스마트 제품은 새로운 기능과 높은 신뢰성을 제공하는 것 이외에도 제품을 더욱 집중적으로 사용할 수 있게 한다. 스마트 제품은 제품과 고객의 경험 모두를 향상하는 기회를 제공함과 동시에 제품과 서비스 차별화를 위한 기회를 넓힌다. 만약 당신이 디지털 웨어러블 헬스 제품을 구입한다면, 당신은 그 제품뿐만 아니라 그 제조사 클라우드 서버에 있는 다양한 서비스를 받게 된다. 스마트 제품은 시장의 신규 진입을 어렵게 할 것인데, 그 이유는 기존 고객이 시장에서 우위를 차지하고 있는 기업의 소프트웨어 환경에 익숙해져 있기 때문이다. 마지막으로, 만일 공급자가 공급하는 물리적 제품이 그 제품을 구동시키는 소프트웨어나 하드웨어보다 중요성이 낮다면, 스마트 제품은 산업용 컴포넌트 공급자의 협상력을 낮출 것이다.

비즈니스 가치사슬모형

포터의 모델은 경쟁세력을 찾아내고 일반 전략을 찾아내는 데 유용하지만, 정확하게 무엇을 해야 하는지에 대해서는 구체적이지 못하고, 경쟁우위를 달성하기 위해 따라야 하는 방법론도 제시하지 못한다. 만일 당신의 목표가 운영 효율성을 달성하는 것이라면 어디에서 시작할 것인가? 이런 물음에 비즈니스 가치사슬모형은 도움이 된다.

가치사슬모형(value chain model)은 기업에서 경쟁전략이 가장 잘 적용될 수 있고(Porter, 1985) 정보시스템이 가장 큰 전략적 영향을 줄 수 있는 특정 활동을 찾아내기 위한 모형이다. 이 모형은 기업이 정보기술을 사용해 자신의 경쟁적 지위(competitive position)를 가장 효과적으로 향상할 수 있는 구체적이고 핵심적인 우위가 있는 영역을 찾아준다. 가치사슬모형은 기업을 자신의 제품과 서비스에 가치를 추가하는 기본 활동들로 연결된 사슬로 본다. 이러한 활동은 본원적 활동과 지원적 활동으로 분류된다(그림 3.2 참조).

본원적 활동(primary activity)은 고객에 대한 가치를 창조하는 제품 및 서비스 생산과 분배에 직접 관련되어 있다. 본원적 활동에는 유입 물류(inbound logistics), 조업, 산출 물류(outbound logistics), 판매 및 마케팅, 서비스 등이 포함된다. 유입 물류는 생산 활동에 필요한 자재를 입고하고 저장하는 것을 포함한다. 조업은 투입 자재를 완제품으로 변환한다. 산출 물류는 완제품을 저장하고 배송하는 활동을 포함한다. 판매 및 마케팅은 기업의 상품을 홍보하고 판매하는 것을 포함한다. 서비스 활동은 기업의 상품과 서비스 유지보수를 포함한다.

지원적 활동(support activity)은 본원적 활동이 가능하게 하며, 조직의 기반구조(일반 관리 및 경영 활동), 인적자원 관리(직원 모집, 채용, 훈련), 기술(제품 및 생산 프로세스 개선), 조달(자재 구매) 등으로 구성된다.

당신은 각 가치사슬 단계에서 다음과 같은 질문을 할 수 있다. "운영 효율성을 개선하고 고객 및 공급자와의 친밀성을 높이기 위해 정보시스템을 어떻게 활용할 것인가?" 이와 같은 질문은 각 단계에서 당신의 기업이 가치를 높이는 활동을 어떻게 수행하고 있는지 또한 비즈니스 프로세스를 어떻게 개선할 수 있는지 정밀하게 검토하도록 한다. 예를 들면 가치사슬 분석은 이 장의 도입 사례에서 기술한 것처럼 N26의 더 큰 발전을 위한 기회를 보여준다. N26은 운영(operation) 효율성을 개선해야 하는데, 운영은 고객의 니즈에 집중함으로써 서비스를 더욱 개선하고 고객 추천 캠페인을 통해 판매와 마케팅을 개선할 수 있도록 해야 한다. 기술적인 면에서 보면, 고객이 이미 보유하고 있어 익숙한 보완적인 기존 기술(웨어러블과 같은)을 활용할 수 있다.

싱가포르는 말레이반도 남쪽에 있는 인구 570만 명의 조그마한 섬이다. 지난 세기 후반부 동안 지도상의 이 작은 섬은 놀라운 경제성장을 했으며 현재 세계에서 1인당 GDP가 가장 높은 국가 중 하나가 되었다.

싱가포르는 정보기술을 사용해 스마트 국가로 탈바꿈하는 것을 목표로 하고 있다. 스마트 국가 혹은 스마트 시티는 데이터 수집 센서, 대규모 데이터 센터, 분석 소프트웨어를 사용해 다양한 어반 챌린지(urban challenges)를 진행한다. 2014년 11월에 싱가포르 리셴룽(Lee Hsien loong) 총리는 싱가포르를 유지 가능하고 현대적인 도시로 만들어 도시 과밀과 고령화 문제를 해결하기 위한 스마트 국가 시작을 선언했다. 최근 싱가포르는 국가적인 AI 전략을 수립했는데 정부는 이를 스마트 국가 프로그램 개발에 있어 중요한 단계로 보고 있다.

세계에서 가장 작은 국가 중 하나로서 싱가포르는 교통 인프라를 확장할 여력이 없다. 싱가포르 정부는 국가 전역이나 지방 통행량 관련 지수, 교통경보, 통행량 현재 상황을 발표할 때 기상과 교통 부서에서 제공하는 데이터, 교통 현장 감시 카메라, 자동차 센서, 출근자 교통카드, 전자 도로요금 시스템(Electronic Road Pricing System, 교통혼잡을 없애기 위한 싱가포르 전자 통행료 징수 시스템) 등이 제공하는 데이터를 종합 분석한다. 여행자는 도로에 진입하기 전에 실시간 싱가포르 교통상황 웹사이트나 버스 도착 시각과 같은 교통정보를 알려주는 제3의 모바일 앱을 활용할 수 있다.

가상 싱가포르는 동적인 3D 도시 모델이며 대중, 정부 부처, 기업, 연구소가 장기 계획과 가상 실험을 수행할 수 있도록 이용 가능한 데이터 허브이다. 애플리케이션 중 하나는 주거계획이다. 적도의 1도 북쪽에 있는 작고 통합된 도시국가는 1년 내내 쨍쨍하고, 덥고, 습하다. 가상 싱가포르는 주거지역 계획의 모의실험을 가능하게 해 한정된 공간에서 대규모 인원의 니즈를 수용하는 편리한 생활환경을 설계하기 위한 미기후(microclimate) 조건을 고려할 수 있다. 이러한 니즈는 환기, 에너지 절약, 충분한 공공 공지(public open space)이다. 몇 개의 공공 주택 프로젝트에 예비 테스트가 진행되었다. 스마트 마을은 태양광 패널과 스마트 전등을 갖추었는데 스마트 전등은 통행자 감지에 따라 자동으로 켜진다. 자동 검침 시스템은 거주자가 스마트폰에서 단지 몇 번의 터치만으로 물 사용 데이터를 알 수 있도록 한다. 공압식 폐기물 수송 시스템은 가정의 폐기물을 지하의 진공 터널을 통해 밀폐된 용기로 이동시키고 센서를 통해 쓰레기 수집 트럭의 서비스 주기를 조정한다.

싱가포르에 사는 환자는 집에서 스마트 헬스 영상 자문 시스템을 통해 건강관리 전문가에게 의학적 조언을 받을 수 있다. 이는 안정되고 고속인 인터넷 연결의 넓은 커버리지와 도시의 높은 스마트폰 보급률 덕분이다. 환자는 원격 재활 키트(TeleRehab kit)를 사용해 치료사의 원격 비동기식 모니터링하에 재활 운동을 언제 어디서든 할 수 있다. 싱가포르는 노년층 국민이 건강하고 활동적인 삶을 유지할 수 있도록 로보코치(RoboCoach)를 도입했다. 로보코치는 인간의 이동을 복제하는 로봇 헬스 트레이너로, 4개 언어나 방언 중 하나로 교습을 하며 움직임 센서 기술을 사용한다.

코덱스(CODEX, 디지털 애플리케이션을 더욱 효율적으로 개발할 수 있는 공유된 소프트웨어 구성요소와 하부구조를 갖추어 정부기관 간 내부 데이터 공유를 가능하게 하는 데이터 교환 아키텍처), NDI(미리 작성된 정보를 인가된 공공기관이나 개인과 공유할 수 있는 일반인과 기업체용 디지털 식별 프로그램으로서 2020년에 완전히 운영되기로 예정), 삶의 순간(Moments of Life, 노년층 취향의 성공적인 노화 모듈 이외에 부모가 아이의 출생을 등록하는 원스톱 포털을 제공하는 모바일 앱), 스마트 국가 센서 플랫폼(공기 질과 같이 지역적으로 광범위한 규모를 가진, 서로 다른 형태의 데이터를 수집하는 플랫폼) 등 개발을 진행 중인 다른 프로젝트도 있다. 민간 부문, 연구기관, 개인은 아이디어를 제공할 수 있으며 이들의 프로젝트를 출시할 수 있도록 하고 있다. 이러한 것에는 전자결제 도구와 스마트 어반 모빌리티(주문형 자율주행 차량의 테스팅) 등이 포함된다.

스마트 도시와 스마트 국가에 문제와 비난이 없지는 않다. 비난의 요지는 지난 10년 동안 스마트 도시와 국가 프로젝트는 적절한 예산으로 달성 가능하다는 거창한 약속에도 불구하고 도시의 자동차 혼잡과 오염 감소 등을 포함한 다수의 목표를 달성하는 데 실패했다는 것이다. 또한 해결책은 차치하고라도 기술을 실행하는 데도 여러 해가 걸린다는 것이다. 이러한 프로젝트는 일상적인 삶에서 혜택(특히 가난하고, 나이 들고, 기술에 덜 정통한 시민을 위한 혜택)을 맛보지 못한 시민에게 종종 무시를 당했으며 이들은 또한 엄청난 개인 보안 문제도 거론했다.

출처: Integrated Health Information Systems Ihis.com.sg, accessed January 8, 2020; Smart Nation Singapore, "Smart Nation Initiatives/Strategic National Projects," Smartnation.sg, accessed January 8, 2020; Eileen Yu, "Singapore Wants Widespread AI Use in Smart Nation Drive," Zdnet.com, November 14, 2019; Tham Yuen-C, "Signapore Population Grows at Slower Pace to Hit 5.7 Million," Straitstime.com, September 25, 2019; "What Is Codex? The Tech Behind Singapore's Smart Nation," Govinsider.asia, April 24, 2019; Kevin McSpadden, "Critics of SG Smart City and All Smart Cities Worldwide—5 Critiques of the Smart City Push," Yahoo News, September 2018; "Finance and Policy AP: Can Investment of $100m in AI Get Singapore's 'Smart Nation' Vision Back on Track?" Smartcitiesworldforums.com, May 8, 2017; Kevin Kwang, "Commentary: Singapore's Smart Nation Vision Blurry Without a Success Story," Channel News Asia, August 15, 2017; Maros Krivy, "Towards a Critique of Cybernetic Urbanism: The Smart City and the Society of Control," *Journal of Planning Theory*, April 27, 2016.

사례연구 문제

1. 스마트 국가 계획을 견인하는 요소는 무엇인가?
2. 스마트 국가 프로젝트의 단점은 무엇인가?
3. 당신 국가나 지역의 스마트 도시 계획을 기술하라.

사례 제공: 홍콩시티대학교 조이스 챈

또한 기업 가치사슬 외부에 존재하지만, 당신 기업의 성공에 절대적으로 중요한 확장 가치사슬(extended value chain)에 속하는 고객 및 공급자와의 관계를 개선하는 데 정보시스템을 어떻게 사용할 수 있는지 질문을 할 수 있다. 가치사슬 분석 결과로 얻어지는 가장 일반적인 응용시스템은 기업에 유입되는 자원 흐름을 조정하는 공급사슬관리시스템(supply chain management system)과 판매를 조정하고 고객을 마주하는 직원을 지원하는 고객관계관리시스템(customer relationship management system) 등이다. 이러한 기업 응용시스템은 9장에서 자세하게 다룬다.

비즈니스 가치사슬모형은 또한 비즈니스 프로세스를 경쟁자나 관련된 산업의 다른 기업과 비교해 벤치마킹하고 산업의 최우량 사례를 찾아내는 데 도움을 줄 수 있다. **벤치마킹**(benchmarking)은 비즈니스 프로세스 효율성과 효과성을 엄격한 표준과 비교하고 이러한 표준에 대비해 성과를 측정하는 것이다. 산업 **최우량 사례**(best practice)는 비즈니스 목표를 일관되고 효과적으로 달성하기 위한 가장 성공적인 해결책이나 문제 해결 방법으로 컨설팅 회사, 연구조직, 정부기관, 산업협회 등이 선정한다.

비즈니스에 대한 가치사슬의 여러 단계를 분석하게 되면 정보시스템의 후보 애플리케이션을 생각해낼 수 있을 것이다. 후보 애플리케이션 목록을 만들게 되면 어떤 것을 가장 먼저 개발할 것인지 결정할 수 있다. 경쟁업체는 미처 인식하지 못해 간과하고 있는 비즈니스 가치사슬을 개선하게 되면 운영 효율성, 비용 절감, 수익 개선, 고객 및 공급자와의 친밀한 관계 구축 등을 달성해 경쟁우위를 얻을 수 있다. 만일 경쟁자가 유사한 개선을 하게 되더라도, 적어도 최악의 상태인 경쟁열위(competitive disadvantage)에 처하지는 않게 될 것이다.

가치사슬의 확장: 가치 웹

그림 3.2는 기업의 가치사슬이 공급자, 유통업자, 고객의 가치사슬과 연결되어 있음을 보여준다. 결국 대부분 기업의 성과는 기업 내부에서 얼마나 잘하고 있는지, 또 기업이 직·

간접 공급자, 배송회사(페덱스나 UPS와 같은 물류 파트너), 고객 등과 얼마나 협조가 잘 이루어지는가에 달려 있다.

산업 차원에서 전략 우위를 달성하기 위해 정보시스템을 어떻게 사용할 수 있는가? 동일 산업에 속한 다른 기업과 협력해, 기업은 정보 및 비즈니스 거래의 전자적 교환과 같이 모든 참여 기업이 따를 수밖에 없는 산업 전체 표준을 개발하는 데 정보기술을 이용할 수 있다. 이러한 노력은 제품의 대체를 어렵게 만들고 시장 진입 비용을 높임으로써 결과적으로 신규 진입을 힘들게 하는 효과를 가져올 것이다. 또한 동종 산업에 속한 기업들은 IT로 지원되는 컨소시엄, 심포지엄, 커뮤니케이션 네트워크를 만들어 정부기관, 외국 경쟁자, 경쟁 산업 등과 관련한 문제를 해결하기 위한 여러 활동을 연계해 조정해 나갈 수 있을 것이다.

산업 가치사슬은 공급자, 전략적 제휴자, 고객과의 보다 효율적인 연계를 위해서 기업이 정보시스템을 어떻게 활용할 것인지에 대한 이해를 높여준다. 전략 우위는 프로세스에서 당신의 가치사슬을 다른 참여자의 가치사슬과 연결하는 능력에서 얻게 된다. 예를 들어 아마존닷컴은 다음과 같은 노력을 할 것이다.

- 공급자가 아마존 사이트에 상품을 전시하고 상점을 개설하는 것을 쉽게 하는 시스템 구축

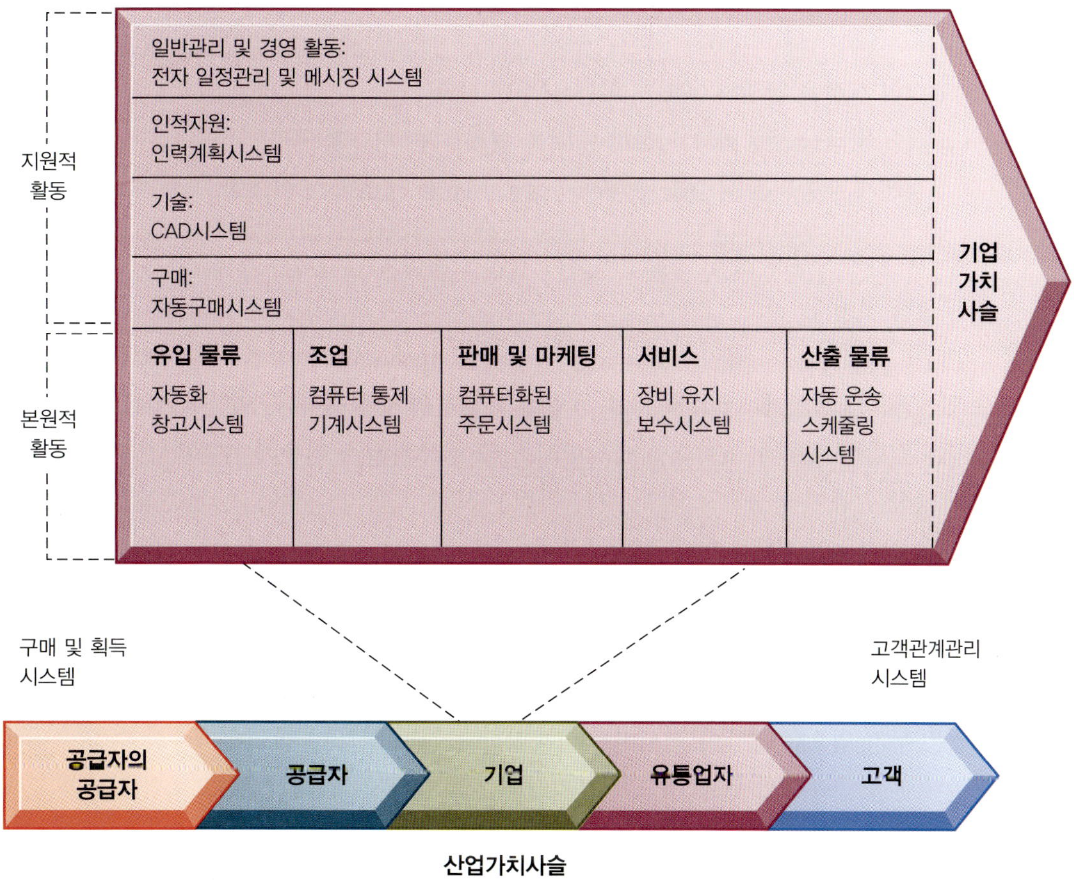

그림 3.2 가치사슬모형
이 그림은 기업의 제품과 서비스에 추가 가치를 더하는 기업 및 가치 협력 기업의 본원적 활동과 지원적 활동 시스템의 예시이다.

그림 3.3
가치 웹
가치 웹은 수요와 공급의 변화에 민첩하게 대응하기 위해 산업 내 비즈니스 파트너들의 가치사슬을 동기화할 수 있는 네크워크화된 시스템이다.

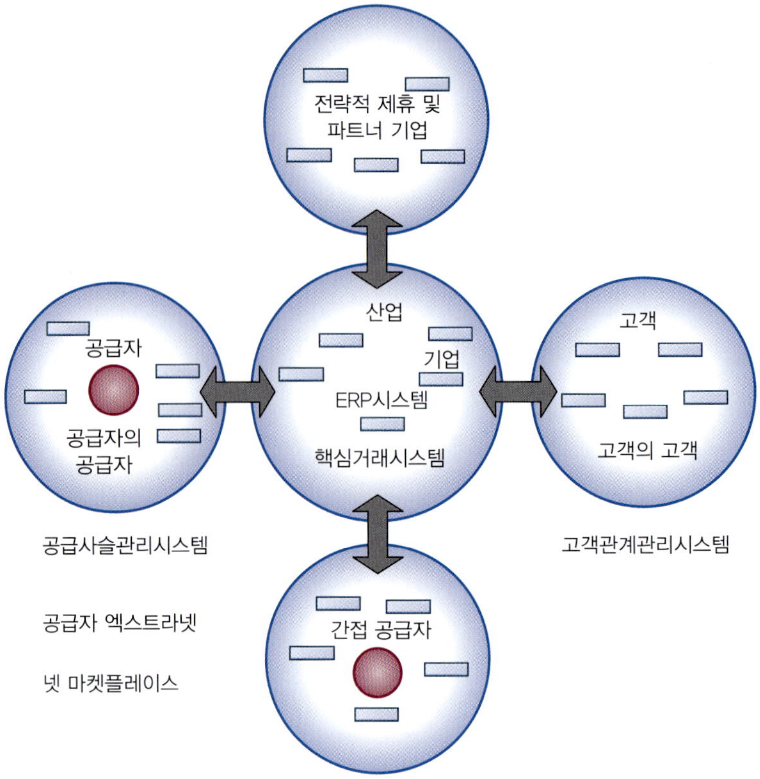

- 고객이 상품을 검색하기 쉽게 하는 시스템 구축
- 고객이 상품을 주문하고 지불하는 것을 쉽게 하는 시스템 구축
- 고객에게 배송되는 상품을 추적하고 상품 배송을 조정하는 시스템 구축

이것은 아마존이 웹에서 가장 만족도가 높은 온라인 소매 쇼핑 사이트가 되기 위해 실제로 구현한 것이다.

인터넷 기술은 가치 웹이라는 고도로 동기화된(synchronized) 산업 가치사슬을 만들어낼 수 있게 했다. **가치 웹**(value web)은 독립된 기업들의 집합체이다. 이들 기업은 시장이 요구하는 적합한 제품과 서비스를 생산하기 위해 정보기술을 이용해 각자의 가치사슬을 조정해 생산 활동에 공동으로 참여한다. 이것은 보다 고객 중심적이고, 전통적인 가치사슬보다 덜 선형적인 형태로 운영된다.

그림 3.3은 고객, 공급자, 산업 내 또는 관련 산업에 속한 거래 파트너의 비즈니스 프로세스를 동기화하는 가치 웹을 보여준다. 이러한 가치 웹은 수요 및 공급 변화에 유연하며 적응성이 있다. 기업 간 관계는 변화하는 시장 조건에 따라 결합되거나 해체될 수 있다. 기업은 누가 필요한 제품이나 서비스를 적합한 가격과 원하는 장소에 배송할 수 있을지에 관한 결정을 신속하게 할 수 있도록 자기들의 가치 웹 관계를 최적화함으로써 시장과 고객에게 신제품 출시를 빠르게 할 수 있을 것이다.

시너지, 핵심역량, 네트워크 기반 전략

대기업은 전형적으로 여러 비즈니스 조직이 결합된 형태이다. 기업은 흔히 여러 전략 사업부(strategic business units)가 재무적으로 결합해 구성되어 있고, 기업 수익은 모든 전략사업부의 성과에 직접 연결되어 있다. 예를 들면 세계에서 가장 큰 기업 중 하나인 GE는 사업 단위로 항공산업, 중공업, 에너지 관리, 의료 영상, 전자, 소프트웨어 서비스 사업부가 결합한 기업이다. 정보시스템은 사업단위 사이의 소통, 시너지와 핵심역량을 강화해 이러한 사업부의 전반적인 성과를 개선할 수 있다.

시너지

시너지 효과는 어떤 사업의 출력이 다른 사업의 입력으로 사용되거나, 2개 조직이 시장과 전문기술을 공동 활용할 때 발생한다. 이러한 관계는 비용을 절감하고 이익을 발생시킨다. 이러한 시너지 상황에서 정보기술은 이질적인 비즈니스 단위의 운영을 통합해 전체로서 기능할 수 있도록 한다. 예를 들면 대규모 국가 은행이 저당권 발행 기업을 인수할 때 신용카드, 소매금융, 기타 금융상품에 관심을 가진 거대한 신규 고객 기반을 확보할 수 있다. 정보시스템은 합병된 기업의 운영 통합, 소매 비용 절감, 금융상품에 대한 교차판매 마케팅을 증가시키는 데 도움을 준다.

핵심역량 강화

경쟁우위를 달성하기 위해 정보시스템을 활용하는 또 다른 방법은 정보시스템이 핵심역량을 강화할 방법을 생각하는 것이다. 모든 사업 단위의 성과는 이러한 사업 단위가 핵심역량을 개발하거나 창조하는 만큼 증가할 수 있다고 한다. **핵심역량**(core competency)은 그 산업에서 세계 수준의 선도자가 되기 위한 활동이다. 핵심역량은 세계 최고의 미세 부품 설계자, 최고의 화물 운송 서비스, 최고의 박막(thin-film) 생산자 등이 되는 것을 말한다. 일반적으로 핵심역량은 수년의 경험과 최고의 연구조직 또는 연구자료를 이해하고 외부의 새로운 지식을 계속 습득하는 핵심인력을 통해 얻는다.

여러 사업 단위에 걸쳐 지식 공유를 촉진하는 정보시스템이라면, 이러한 시스템은 조직역량을 강화한다(2장 참조). 이러한 시스템은 기존 역량을 더욱 촉진하고 강화할 수 있으며 직원이 새로운 외부 지식을 더 잘 이해할 수 있게 한다. 이러한 정보시스템은 조직이 기존 역량을 관련 시장에서 더욱 잘 활용할 수 있게 한다. 예를 들어 브랜드 관리 및 소비재 혁신에 있어서 세계적인 선도자인 프록터앤드갬블(Procter & Gamble, P&G)은 유사한 문제로 고민하는 사람들이 아이디어와 전문지식을 공유할 수 있도록 일련의 시스템을 사용했다. 연구개발, 엔지니어링, 구매, 마케팅, 법적 문제, 전 세계 경영정보시스템 부서에서 근무하는 직원은 서류, 보고서, 도표, 영상물, 여러 곳에서 온 다른 데이터에 온라인 접속을 할 수 있다. 이러한 시스템은 사용자를 새롭고 혁신적인 제품을 찾고 있는 전 세계 외부 연구과학자와 혁신사업가뿐만 아니라 내부의 주제별 전문가와 연결할 수 있도록 했다.

네트워크 기반 전략

인터넷과 네트워크 기술은 기업이 기업 내부나 다른 기업과의 네트워크 구축 역량을 활용한 여러 전략을 수립할 수 있게 했다. 네트워크 기반 전략(network-based strategy)은 가상 기업 모델(virtual company model), 네트워크 경제(network economics), 사업 생태계(business ecosystem)를 포함한다.

가상기업(virtual company)은 전통적 조직의 경계나 물리적 위치에 제한받지 않고 상품과 서비스를 다른 기업과 협력해 개발하고 배송하기 위해 네트워크를 이용해 사람, 자산, 아이디어를 연결하는 것이다. 가상기업 모델은 기업이 제품, 서비스 또는 역량을 외부 공급자로부터 획득하는 것이 저렴하거나, 새로운 시장 기회를 탐색하기 위해 신속하게 행동해야 하지만 자기 자신만으로는 시간과 자원이 부족한 경우에 매우 유용하다.

게스(GUESS), 리바이스(Levi Strauss), 리복(Reebok) 등과 같은 패션 회사들은 자사 제품 설계, 원자재 조달, 생산, 품질보증, 배송 등을 관리하기 위해 홍콩에 기반을 둔 리앤펑(Li & Fung)의 협력을 받고 있다. 리앤펑은 어떠한 직물, 공장, 기계 등도 가지고 있지 않으면서 이러한 모든 작업을 전 세계 40개국의 15,000개 이상 공급자로 구성된 네트워크에 외주를 주어 처리하고 있다. 고객은 리앤펑이 구축한 사설 엑스트라넷을 이용해 리앤펑에 주문한다. 리앤펑은 원재료 공급자와 의류가 생산될 공장에 작업 지시를 보낸다. 리앤펑 엑스트라넷은 각 주문에 대해 전체 생산 공정을 추적한다. 가상기업으로 작업을 수행함으로써 유연하고 적응성이 높은 리앤펑은 급변하는 패션 트렌드를 따라갈 수 있도록 고객이 주문한 상품을 즉시 설계하고 생산할 수 있다.

네트워크에 기반을 둔 비즈니스 모델은 **네트워크 경제**(network economics)의 장점을 활용해 기업에게 전략적인 도움을 줄 수 있다. 공장과 농업 기반의 전통적 경제에서 생산은 수확체감을 따른다. 주어진 어떤 자원이 생산에 더 많이 투입될수록, 추가 투입이 부가적인 산출을 얻어내지 못하는 지점에 도달할 때까지 한계 증가분은 점점 감소한다. 이것은 수확체감의 법칙(law of diminishing returns)이며 대부분의 현대 경제학의 토대이다.

그러나 일부 경우에는 수확체감의 법칙이 성립하지 않는다. 예를 들어 네트워크에서는 추가적인 참여자를 포함하는 비용은 거의 없지만, 한계 수익은 이보다 훨씬 크다. 전화시스템이나 인터넷에 가입자가 많으면 많을수록 각 사용자는 더욱 많은 사람과 교류할 수 있기 때문에 모든 참여자에게 가치는 더욱 커진다. 1,000만 명의 가입자에 비해 1,000명의 가입자를 보유하고 있는 TV 방송국을 운영하는 것이 비용이 적게 소요되는 것은 아니다. 신규회원을 추가하는 데 드는 비용은 무시할 만하지만, 사람들의 커뮤니티 가치는 규모에 비례해 증가한다. 이것을 '네트워크 효과'라 한다.

이러한 네트워크 경제 관점에서 정보기술은 전략적으로 유용하다. 기업은 인터넷 사이트를 이용해 자신의 경험을 공유하려는 마음이 맞는 고객들의 사용자 커뮤니티를 구축할 수 있다. 이렇게 되면 고객의 충성심과 흥미가 형성되고, 고객끼리 독특한 유대감이 만들어질 수 있다. 초대형 온라인 경매와 소매 사이트인 이베이(EBay)가 한 예다. 이베이의 비즈니스는 수백만 사용자의 네트워크에 기반을 두고 있으며 인터넷을 이용해 온라인 커뮤니티를 구축했다. 이베이에 물품을 내놓는 사람이 많아질수록, 모든 사람에게 이베이 사이트 가치는 더욱 높아진다. 왜냐하면 더 많은 상품이 등록되고 공급자 간 경쟁이 치열해져 가격이 낮아지기 때문이다. 네트워크 경제는 또한 마이크로소프트와 같은 상용소프트웨어 판매자에게도 전략적 이익을 줄 수 있다. 그들의 소프트웨어와 보완적인 소프트웨어 제품은 더 많은 사람이 사용할수록 가치가 높아지며, 이미 설치되어 운영되는 사용기반이 크기 때문에 그 제품의 지속적인 사용과 판매자의 지원이 정당화될 수 있다.

사업 생태계와 플랫폼 오늘날 기업 중 일부는 단일 산업에 참여하는 대신에 산업군에 참여한다. 산업군은 고객에게 가치를 가져다주는 관련 서비스와 제품을 제공한다. **사업 생태계**(business ecosystem)는 이렇게 느슨하게 연결되어 있지만 공급자, 유통업체, 아웃소싱 업체, 운송 서비스 업체, 기술 제조업체 등의 상호 독립적인 네트워크이다(Iansiti and Levien, 2004). 정보기술은 참여 기업이 상호작용을 할 수 있는 긴밀한 네트워크를 만드는 데 중요한 역할을 한다.

사업 생태계는 대개 생태계를 지배하고 다른 틈새 기업이 사용하는 **플랫폼**(platform)을 만드는 한 개 혹은 몇 개의 핵심기업을 보유한다. 예를 들어 마이크로소프트와 페이스북은 다른 산업에 있는 수천 개의 타 기업이 그들 자신의 역량을 강화하기 위해 사용하는 정보시스템, 기술, 서비스로 구성된 플랫폼을 제공한다(Van Alstyne et al., 2016). 페이스북은 수십억 명의 사람과 수백만 기업이 여러 가지 제품과 서비스를 구매하고 중계하고 판매할 뿐만 아니라 상호작용하고 정보를 공유하는 데 사용하는 플랫폼이다. 보다 많은 기업이 정보시스템을 사용해 타 기업이 사용할 수 있는 IT 기반 플랫폼을 구축함으로써 핵심기업으로 성장하려고 한다. 아니면, 기업은 자사의 정보시스템이 어떻게 핵심기업이 만든 커다란 생태계에서 수익성 있는 틈새 기업이 될 수 있게 하는지 검토해야 한다.

파괴적 기술: 변화의 물결을 타다

어떤 기술과 그 기술로 인한 비즈니스 혁신은 가끔 비즈니스 전망과 환경을 획기적으로 바꾼다. 우리는 이러한 혁신을 엄격한 정의는 아니지만 파괴적이라고 한다(Christensen, 2003). 어떤 경우, **파괴적 기술**(disruptive technology)은 현재 생산 중인 제품과 같은 수준이거나 더 우수한 성능을 보이는 대체 상품일 수 있다. 자동차는 마차를, 애플 아이팟은 휴대용 CD 플레이어를, 디지털 사진은 필름 사진을, 우버와 같은 주문형 서비스는 택시를 대체했다. 이들의 경우는 산업 전체의 도산을 가져오거나 심각하게 도전적이었다.

다른 경우, 파괴적 기술이 기존 제품보다 적은 기능 또는 낮은 비용으로 단순히 시장을 확장하는 데 기여할 수 있다. 궁극적으로 이 기술들은 기존 제품에 대항하는 저비용 경쟁자로 자리 잡게 된다. 한 예가 디스크 드라이브이다. PC에 사용되는 하드디스크 드라이브는 소형 컴퓨터에 작은 용량의 파일들을 저렴하게 저장하는 디지털 장치로 시장을 넓혔다. 결과적으로 이와 같은 소형 PC 디스크 드라이브는 디스크 드라이브 시장에서 가장 규모가 큰 영역으로 성장했다.

어떤 기업은 이러한 기술을 개발해 이익의 파노를 타고, 또 어떤 기업은 이런 변화를 재빨리 깨달아 자신의 비즈니스를 변화시키는 반면, 또 다른 기업은 여전히 제품, 비즈니스 또는 비즈니스 모델이 낙후되어 잊혀 가는 존재로 변한다. 또 어떤 경우는 기업이 이들 기술로부터 이득을 획득하지 못해 어떤 기업도 이득을 보지 못하고 고객만이 모든 이익을 가져갈 수도 있다. 표 3.4는 파괴적 기술의 예 중 일부를 보여준다.

표 3.4
파괴적 기술: 승자와 패자

기술	내용	승자와 패자
마이크로프로세서 칩(1971)	하나의 실리콘 칩에 수천 개에서 궁극적으로는 수백만 개의 트랜지스터를 집적	마이크로프로세서 회사(인텔, 텍사스인스트루먼트)가 승리, 트랜지스터 회사(GE)는 쇠퇴
개인용 컴퓨터(1975)	소형, 저가, 다기능의 데스크톱 컴퓨터	PC 제조업체(HP, 애플, IBM)와 칩 제조업체(인텔)는 번성, 대형 컴퓨터(IBM)와 미니 컴퓨터 제조업체(DEC)는 실패
디지털 사진(1975)	이미지 기록을 위한 CCD(charge-coupled device) 이미지 센서 칩 사용	CCD 제조업체와 스마트폰 제조업체 승리, 필름 제조업체 실패
월드와이드웹(1989)	즉각적인 접근이 가능한 디지털 파일과 페이지로 구성된 글로벌 데이터베이스	온라인 판매자는 이익을 얻은 반면, 소규모 소매점과 쇼핑몰은 손해를 봄
인터넷 음악, 비디오, TV 서비스	다운로드가 가능한 음악, 비디오, TV 방송에 대한 웹 저장공간	인터넷 플랫폼 소유 기업, 통신 서비스를 제공하는 인터넷 백본 소유자(AT&T, 버라이즌), 지역 인터넷 서비스 제공업자(ISP) 등은 번성, 콘텐츠 소유자, 오프라인 소매업자는 쇠퇴(타워레코드와 블록버스터)
페이지랭크 알고리즘	키워드 검색의 보완책으로, 키워드 인기도를 고려한 웹페이지 랭킹 방법	구글은 승리(특허를 소유함)한 반면, 전통적인 키워드 검색엔진(알타비스타)은 실패
웹서비스로서 소프트웨어	인터넷을 이용해 온라인 소프트웨어에 원격 접속 제공	온라인 소프트웨어 서비스 기업(세일즈포스닷컴)은 번성하고, 박스에 포장된 형태로 판매하는 전통적 형태의 소프트웨어 기업(마이크로소프트, SAP, 오라클)은 쇠퇴

파괴적 기술은 까다롭다. 선도자(first mover)로서 파괴적 기술을 발명한 기업도 그 기술을 활용할 수 있는 자원이 없거나 기회를 발견하지 못한다면 이익을 얻을 수 없다. MITS Altair 8800은 최초의 PC로 인정되지만 개발자는 선도자 위치의 이점을 살리지 못했다. 대신 IBM, 마이크로소프트와 같은 소위 고속추격자(fast followers)라고 불리는 후발주자(second mover)가 그 보상을 받았다. 씨티은행의 현금 자동 입출금기(ATM)는 소매은행을 혁신시켰지만, 다른 은행이 ATM 시스템을 모방했고, 결국 모든 은행이 ATM을 설치해 고객에게 대부분의 혜택이 돌아가게 되었다.

3-2 정보시스템은 어떻게 기업이 글로벌 시장에서 경쟁할 수 있게 도움을 주는가?

청바지나 신발을 주의 깊게 살펴보라. 미국 상표가 붙어 있더라도, 그것은 아마도 캘리포니아에서 디자인되어 중국이나 인도의 원재료를 이용해 홍콩이나 과테말라에서 바느질되었을 것이다. 마이크로소프트나 보다폰(Vodafone)의 고객지원 센터에 전화를 걸면 인도에 있는 고객 서비스 담당자와 상담하고 있을 가능성이 높다.

그림 3.4에 예시된 아이폰이 시장에 도달하는 경로를 살펴보자. 아이폰은 미국에 있는 애플의 엔지니어가 설계하고, 세계 각지로부터 100여 개 이상의 첨단부품을 조달받아 중국에서 조립된다. 대만, 한국, 일본, 프랑스, 이탈리아, 독일, 미국 등에 소재한 회사는 카

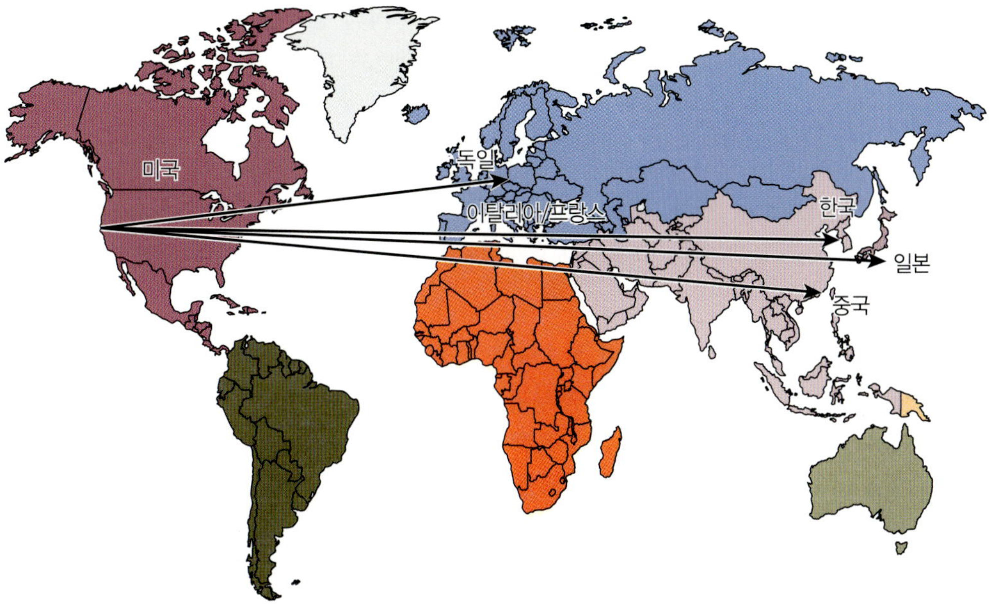

그림 3.4
애플 아이폰의 글로벌 공급 사슬
애플은 아이폰을 미국에서 설계하고 미국, 독일, 이탈리아, 프랑스, 일본, 한국 등으로부터 부품을 조달받는다. 최종 조립은 중국에서 이루어진다.

메라, 응용 프로세서, 액셀러레이터, 자이로스코프, 전자 나침반, 전력관리 칩, 터치스크린 컨트롤러, 고해상도 디스플레이 화면 등과 같은 부품을 공급하고 있다. 대만 홍하이(Hon Hai) 그룹의 중국 사업부인 폭스콘(Foxconn)은 생산과 조립을 담당하고 있다.

글로벌 전략을 수행하는 기업은 규모의 경제와 대부분은 인건비 절감으로 달성되는 자원비용 절감 혜택을 본다. 애플은 아이폰의 설계, 부품 조달, 생산 활동을 세계 여러 나라로 분산해 관세와 인건비 등을 절감하고 있다.

인터넷과 글로벌화

1990년대 중반까지 세계를 상대로 하는 경쟁은 주로 GE, GM, 토요타, IBM과 같은 초대형 다국적 기업이 지배했다. 이러한 대형 회사는 외국에 공장, 창고, 유통센터를 건립하고 세계를 상대로 영업을 할 수 있게 하는 독자적 네트워크와 정보시스템을 구축하는 막대한 투자를 감당할 수 있었다. 완전히 성숙한 글로벌 통신시스템으로서 인터넷이 등장해 세계를 상대로 운영하는 비용이 극적으로 절감되었으며, 대형 기업에도 기회를 높였지만 동시에 중소 규모 기업에도 다양한 기회를 만들어냈다.

기업 내부 정보시스템과 글로벌 인터넷은 제조기업이 공급자와 즉각적으로 접촉할 수 있게 했다. 인터넷 전화시스템은 미국 기업에 대한 수백만 건의 서비스 요청 전화를 뉴저지나 캘리포니아의 헬프데스크에서 처리하는 것처럼 쉽고 저렴하게 인도와 자메이카에서 응답할 수 있게 했다. 마찬가지로, 인터넷은 수백 개의 그래픽이나 복잡한 산업디자인을 포함한 거대한 컴퓨터 파일을 수 초 안에 전 세계 어느 곳에나 전송할 수 있게 했다.

글로벌 비즈니스와 시스템 전략

비즈니스를 국제적으로 구성하는 방법은 국내 수출업자(domestic exporter), 다국적 기업(multinational), 프랜차이저(franchiser), 범국가 기업(transnational)의 네 가지인데, 각 조직

구조나 지배구조는 서로 다르다. 글로벌 비즈니스 조직의 종류마다 비즈니스 기능은 집중되거나(본국에) 분산되고(외국 현지에), 협조 운영(모든 부서가 동등하게 참여함)될 수 있다.

국내 수출업자(domestic exporter) 전략은 원산지 국가에 기업의 활동을 집중적으로 중앙통제하는 것이다. 생산, 재무/회계, 판매/마케팅, 인적자원 관리, 전략 경영이 본국의 자원을 최적화하도록 설정된다. 국제 판매는 때때로 대행 계약이나 자회사를 통해 분산되기도 하지만, 해외 마케팅은 마케팅 주제와 전략을 수립할 때 국내 기반에 완전히 의존한다. 캐터필러(Caterpillar)와 기타 중장비 제조업체가 이러한 부류에 속한다.

다국적 기업(multinational) 전략은 재무관리 및 통제는 본국에 집중하고 생산, 판매, 마케팅 활동은 여러 국가에 분산하는 것이다. 여러 국가에서 판매되는 제품과 서비스는 현지 시장 여건에 맞도록 적응시킨다. 조직 형태는 여러 국가에 분산되어 생산 및 마케팅을 담당하는 조직의 연합체이다. 포드, 인텔(Intel) 등과 같은 제조업체뿐만 아니라 많은 금융서비스 기업이 이 부류에 속한다.

프랜차이저(franchiser) 전략은 제품은 본국에서 개발, 설계되고, 자금 지원을 받고, 초기 생산되지만, 추가적인 생산, 마케팅, 인력 관리 활동은 해외 인력에 주로 의존한다. 맥도날드, 스타벅스와 같은 음식 프랜차이저가 이 형태에 속한다. 맥도날드는 미국에서 새로운 형태의 패스트푸드 체인을 고안했고, 신제품 아이디어 개발, 전략경영, 자금 관리는 계속 미국에서 이루어지고 있다. 그럼에도 불구하고 일부 품목의 현지 생산, 현지 마케팅, 현지 인력 고용이 필요하다.

범국가 기업은 어느 한 국가에 본부가 있지 않고 많은 지역 본부나 세계 본부를 가지고 있다. **범국가 기업**(transnational) 전략에서는 공급과 수요 원천을 최적화하고 현지의 경쟁우위 요인을 활용하기 위해 모든 부가가치 활동은 국가 경계와는 상관없이 글로벌 관점에서 관리된다. 주요한 의사결정을 위해 강력한 중앙관리 핵심 부서가 있지만, 상당한 권한과 재무적 기능이 글로벌 부서에 분산되어 있다. 《포천》 500대 기업 중 많은 회사가 범국가 기업이다.

세계에서 가장 큰 식음료 기업인 네슬레(Nestlé)는 85개 국가에서 413가지 설비를 운영하며 308,000명의 근로자를 고용하고 있는 세계에서 가장 글로벌화된 기업이다. 네슬레는 SAP 전사적 소프트웨어를 이용해 조달, 유통, 판매 관리를 위한 하나의 통일된 비즈니스 프로세스와 시스템을 도입하는 24억 달러 규모의 프로젝트에 착수했다. 전 세계에 흩어진 네슬레의 모든 사업 부서는 판매 처리, 공장 생산계획 수립, 고객 송장 발송, 경영보고서 작성, 재무 실적 보고 등의 업무에 동일한 프로세스와 시스템을 이용한다. 네슬레는 글로벌 규모에서 하나의 단위로 운영하는 방법을 습득하게 되었다.

글로벌 시스템 구성

그림 3.5는 글로벌 비즈니스 조직을 위한 네 가지 시스템 구성을 보여준다. **집중화 시스템**(centralized system)은 시스템 개발과 운영이 모두 국내에서 이루어진다. **중복 시스템**(duplicated system)은 개발은 국내 기반에서 이루어지고 운영은 외국 현지의 독립적 단위

시스템 구성	전략			
	국내 수출업자	다국적 기업	프랜차이저	범국가 기업
집중화	X			
중복			X	
분산	x	X	x	
네트워크		x		X

그림 3.5
글로벌 비즈니스 조직 및 시스템 구성
큰 X는 지배적인 형태를, 작은 x는 새롭게 나타나는 형태를 표시한다. 예를 들면 국내 수출업자는 현저하게 집중화에 의존하지만, 현지 마케팅 조직에서 분산 시스템에 대한 계속적인 요구와 이에 대한 일부 진전이 있었다.

에 이양된다. **분산 시스템**(decentralized system)은 해외 각 단위 부서가 자신의 솔루션과 시스템을 설계한다. **네트워크 시스템**(networked system)은 시스템 개발 및 운영이 모든 부서를 통틀어서 통합되고 조정된 형태로 이루어진다.

그림 3.5와 같이 국내 수출업자는 하나의 국내 시스템 개발팀이 전 세계 응용시스템을 개발하는 고도로 집중된 시스템을 가지고 있는 경향이 있다. 다국적 기업은 해외 부서가 본부와 협조해 소수의 공통 응용시스템(재무보고와 일부 통신 응용시스템)을 개발하되, 나머지는 현지 요구에 맞추어 자신의 시스템 솔루션을 변경할 수 있도록 한다. 프랜차이저는 보통 국내 기반의 단일시스템을 개발하고 이것을 전 세계에 배포한다. 각 지역 조직은 그것이 어디에 위치하든 동일한 응용시스템을 가지고 있다. 범국가 기업 형태를 갖춘 네슬레와 같은 기업은 강력한 통신 네트워크를 이용해 여러 국가에 걸쳐 작동하는 네트워크 시스템과 문화적 장벽을 극복하는 공유된 관리문화를 보유하고 있다.

3-3 정보시스템은 어떻게 기업이 품질과 디자인으로 경쟁할 수 있게 도움을 주는가?

품질은 많은 기업에게 흔한 경영 용어에서 아주 중요한 목표로 발전되었다. 품질은 차별화의 한 형태이다. 렉서스(Lexus)나 인텔과 같이 고품질의 명성을 가진 기업은 자신의 제품과 서비스에 높은 가격을 책정할 수 있다. 정보시스템은 품질을 추구하는 이러한 노력에 크게 기여한다. 특히 서비스 산업에서 품질전략은 일반적으로 뛰어난 정보시스템과 서비스 덕분에 가능하게 된다.

품질의 정의

품질(quality)은 생산자와 고객의 관점에서 각각 정의될 수 있다. 생산자 관점에서 품질은 사양(specification)과 일치하는 것을 나타내거나, 이러한 사양에서 벗어나는 편차가 없다는 것을 나타낸다. 전화기 사양에는 전화기를 4피트 높이에서 나무 바닥에 떨어뜨려도 찌그러지거나 부서지지 않을 정도로 강도가 있어야 한다는 것 등이 포함될 수 있다.

그러나 고객이 정의하는 품질은 훨씬 포괄적이다. 첫째, 고객은 물리적 제품의 품질에 관심이 있다. 즉 내구성, 안전성, 사용 및 설치의 편리성 등이다. 둘째, 고객은 서비스 품질에 관심이 있다. 이것은 정확성, 광고의 진실성, 제품보증에 대한 대응력, 지속적인 제품 지원 등이다. 셋째, 고객은 심리적 측면을 포함해 품질을 인식한다. 여기에는 제품에 대한 기업의 지식, 판매직원의 예의 및 세심함, 제품의 명성 등이 포함된다. 오늘날 비즈니스에서 품질 운동이 발전하면서 품질의 정의는 점차 고객 관점에서 이루어지고 있다.

많은 기업은 **전사적 품질관리**(total quality management, TQM)의 개념을 받아들였다. 전사적 품질관리는 품질을 조직 내 모든 사람과 부서의 책임으로 만드는 것이다. TQM은 품질관리의 달성은 그 자체가 목표라고 믿는다. 모든 사람은 품질의 전체적인 개선에 기여하도록 요구받고 있다. 여기에는 다음과 같은 것이 포함된다. 엔지니어는 설계 오류를 피하고, 생산 근로자는 결함을 찾아내고, 판매원은 잠재 고객에게 제품을 정확하게 설명하고, 비서는 타이핑 오류를 범하지 않는다. TQM은 미국의 에드워즈 데밍(W. Edwards Deming), 조지프 주란(Joseph Juran)과 같은 품질 전문가에 의해 품질관리 개념에서 시작되었지만, 일본인이 이것을 널리 확산시켰다.

오늘날 널리 구현되고 있는 또 다른 품질 개념은 식스 시그마인데, 이것은 아마존닷컴이 주문 처리 오류를 줄이기 위해 사용했다. **식스 시그마**(six sigma)는 100만 개의 가능성 중에서 3.4개의 결함을 나타내는 품질에 대한 특수한 척도이다. 대다수 기업이 이러한 정도의 품질 수준을 달성하지 못하지만, 품질을 개선하고 비용을 절감하기 위한 방법론과 기법을 구현하는 목표로 식스 시그마를 활용한다. 비즈니스 사이클에서 문제가 일찍 제거될수록 기업은 지출할 비용이 점점 더 적어진다는 연구 결과가 계속해서 발표되고 있다. 따라서 품질 개선은 제품과 서비스 품질 수준을 높일 뿐만 아니라 비용도 절감할 수 있다.

정보시스템은 품질을 어떻게 개선하는가

정보시스템이 품질 개선 프로세스의 일부분을 어떻게 담당하는지를 알아보기 위해 기업이 품질을 개선하는 몇 가지 방법을 살펴보자.

사이클 타임을 줄이고 생산 프로세스를 단순화

연구 결과 품질 문제를 줄이기 위한 한 가지 최선의 방법은 **사이클 타임**(cycle time)을 줄이는 것이라고 한다. 사이클 타임은 프로세스 시작에서 종료에 이르는 총소요시간을 말한다. 사이클 타임이 짧으면 결함이 있는 제품의 생산이 완료되기 이전 프로세스의 초기에 문제가 발견됨으로써 잠재적 생산비용을 절약할 수 있다. 사이클 타임을 줄이는 방법을 찾는 것은 종종 생산 단계를 단순화하는 방법을 찾는 것을 의미한다. 프로세스의 단계가 적을수록 오류가 발생할 시간과 기회가 그만큼 적어진다. 정보시스템은 프로세스 단계와 치명적인 시간 지연을 제거하는 데 도움이 된다.

전화나 웹을 통해 꽃을 판매해 수백만 달러의 매상을 올리는 1-800-Flowers는 예전에는 고객 유지에 어려움을 겪고 있던 작은 규모의 기업이었다. 이 회사는 서비스가 좋지 않았고, 품질은 일정치 않았으며, 번거로운 수작업 주문 처리 프로세스를 사용했다. 전화 판매원은 매번 주문서를 작성해 신용카드 승인을 받고, 배달지에 가장 가까이 있는 지역 꽃가게를 선정하고, 꽃장식을 선택해 이 주문을 꽃가게에 전달했다. 수작업의 각 단계에서 사람이 실수할 가능성이 매우 컸고, 전체 프로세스는 적어도 30분이 소요되었다. 새로운 정보시스템은 전화나 웹으로 접수된 주문을 중앙 컴퓨터에 다운로드하고, 근처 꽃가게에 전자적으로 전송한다. 주문은 보다 정확해져 지역 꽃가게에 2분 이내에 도착했다.

벤치마크

기업들은 제품, 서비스 및 기타 활동에 대한 엄격한 표준을 설정하고 이 표준과 비교해 성과를 측정하는 벤치마킹을 이용해 높은 품질을 달성할 수 있다. 기업은 외부 산업표준, 다른 기업들에 의해 설정된 표준, 자체적으로 개발한 표준, 또는 이들 세 가지를 종합한 표준을 이용할 수 있다. 메인주 프리포트에 있는 의류 제조업체인 엘엘빈(L.L.Bean)은 99.9%의 주문배송 정확성을 달성하기 위해 벤치마킹을 이용했다. 기존의 일괄(batch) 주문처리시스템은 늘어나는 주문과 배송할 다양한 물품을 처리하지 못했다. 첨단 주문처리시스템을 이용하고 있는 독일과 스칸디나비아 기업들을 연구해, 엘엘빈은 자신의 주문처리 프로세스와 정보시스템을 재설계해 주문이 접수되자마자 처리할 수 있고 24시간 이내에 발송될 수 있도록 했다.

고객 요구의 반영으로 제품과 서비스 개선

고객 서비스를 개선하는 것, 고객 서비스를 최우선으로 하는 것은 제품 자체의 품질을 높일 것이다. 델타항공은 고객에게 집중하기로 결정하고, 모든 공항 게이트에 고객 배려 시스템을 설치했다. 모든 항공편마다 항공기 좌석 차트, 예약, 체크인 정보, 탑승 데이터가 중앙 데이터베이스에 연결되어 있다. 항공사 직원은 고객이 어디에서 체크인하든지 관계없이 어떤 고객이 탑승했는지를 추적할 수 있으며, 항공기가 지연되어 연결 항공편을 놓치게 되더라도 이 정보를 이용해 고객이 목적지에 빠르게 도착할 수 있도록 돕는다.

설계 품질과 정밀성 개선

컴퓨터지원설계(computer-aided design, CAD) 소프트웨어는 자동차 제조회사에서부터 면도날 생산회사까지 수많은 기업의 품질 개선에 크게 기여했다. **CAD 시스템**(CAD system)은 컴퓨터와 복잡한 그래픽 소프트웨어를 이용해 설계의 생성과 수정을 자동화한다. 소프트웨어는 사용자가 부품, 제품 또는 구조에 대한 디지털 모형을 만들게 하고, 물리적인 시제품을 만들지 않고도 컴퓨터에서 설계를 변경할 수 있게 한다.

예를 들어 포드는 가장 효율적인 엔진 실린더 설계를 생성하는 컴퓨터 시뮬레이션을 사용했다. 엔지니어들은 제조 제약조건을 충족시키기 위해 생성된 설계를 변경했고, 지난 수십 년간 재질 특성과 엔진 성능 데이터가 축적된 모델들을 이용해 수정된 설계를 컴퓨터로 테스트했다. 그리고 이를 바탕으로 포드는 추가 테스트를 위해 엔진에 장착할 수 있는 실제 부품을 만들 수 있는 금형을 제작했다. 이와 같은 절차는 수개월이 아닌 단 며칠이, 수백만 달러가 아닌 수천 달러가 소요되었다.

CAD 시스템은 **3D 프린팅**[3-D printing, 적층 가공(additive manufacturing)이라고도 알려짐]으로 데이터를 공급할 수 있다. 3D 프린팅은 디지털 파일에 있는 명세 사항에 따라 기계를 이용해 원료 물질을 층층이 쌓아서 고체 물건을 만드는 기술을 말한다. 금형을 통

CAD 시스템은 설계와 시험 작업 대부분을 컴퓨터에서 실행해 제품 설계의 품질과 정밀성을 개선한다. 이 그림은 자동차 휠의 3D CAD 모델이다.

해 생성된 물체를 절단하고 구멍을 뚫는 전통적 기술과 달리 3D 프린팅은 작업자가 컴퓨터로 대상물을 설계해 그 설계물을 플라스틱, 금속, 합성물질로 프린트한다. 현재 3D 프린팅은 시제품, 주문 제작, 적은 생산량의 의류 품목에 활용되고 있다. 오늘날의 3D 프린터는 플라스틱, 티타늄, 인간의 연골 등과 같은 물체를 다룰 수 있으며 배터리, 트랜지스터, 보철 장비, LED를 생산한다. 3D 프린팅 서비스는 현재 웹에서 이용할 수 있다.

제품 정밀성을 높이고 제품의 허용오차를 줄임

많은 제품은 생산 프로세스를 보다 정밀하게 함으로써 부품 간 편차 범위를 줄여 품질을 개선할 수 있다. CAD 소프트웨어는 종종 도구 사용과 제조 프로세스를 위한 설계 명세를 만들어 제조 프로세스에서 문제가 적게 발생하도록 하고, 시간과 비용을 절감하게 한다. 이 소프트웨어의 사용자는 수작업으로 했을 때보다 허용오차가 적은 훨씬 정밀한 생산시스템을 설계할 수 있다.

3-4 비즈니스 프로세스 관리가 경쟁력을 강화하는 데 어떤 역할을 하는가?

기술만으로 조직을 보다 경쟁적이고 효율적이며 품질 지향적으로 만들기에는 충분하지 않다. 조직 자체는 정보기술의 장점을 잘 활용할 수 있도록 변화할 필요가 있다. 이러한 변화는 작업 활동에서 약간의 조정일 수도 있지만, 전체 비즈니스 프로세스를 재설계할 필요가 있을 수도 있다. 비즈니스 프로세스 관리는 이러한 요구에 대한 답변이다.

비즈니스 프로세스 관리의 정의

비즈니스 프로세스 관리(business process management, BPM)는 비즈니스 프로세스를 지속적으로 개선하려는 비즈니스 방법이다. BPM은 기존 프로세스를 이해하고 새로운 프로세스를 설계해 이러한 프로세스를 최적화하는 다양한 도구와 방법론을 사용한다. 지속적인 개선은 지속적인 변경이 필요하므로 BPM은 절대 종료되지 않는다. 비즈니스 프로세스 관리에 참여하는 기업은 아래 단계가 필요할 것이다.

1. **변경할 프로세스를 식별한다**: 기업이 결정해야 할 가장 중요한 전략적 의사결정 중 하나는 비즈니스 프로세스를 개선하기 위해 컴퓨터를 어떻게 활용하는지를 결정하는 것이 아니라, 어떠한 비즈니스 프로세스가 개선되어야 하는지를 이해하는 것이다. 정보시스템을 잘못된 비즈니스 모델이나 프로세스를 강화하는 데 사용한다면, 기업은 하지 말아야 할 것을 보다 효율적으로 하는 결과를 가져오게 된다. 이러한 결과로 기업은 적절한 비즈니스 모델을 발견한 경쟁자보다 취약해진다. 또한 전반적인 기업 성과와 수익에 미치는 영향이 미미한 비즈니스 프로세스를 개선하는 데 많은 시간과 비용이 지출될 수 있다. 경영자는 어떤 비즈니스 프로세스가 가장 중요하고, 그러한 프로세스를 개선하는 것이 비즈니스 성과에 어떻게 도움이 되는지를 이해할 필요가 있다.
2. **기존 프로세스를 분석한다**: 현재의 비즈니스 프로세스는 입력, 출력, 자원, 활동의 순서 등이 기록되고 모델화, 문서화되어야 한다. 프로세스 설계팀은 중복된 단계, 서류 위주의 작업, 병목작업, 그 밖의 비효율성 요인을 찾아낸다.

   그림 3.6은 물리적 서점에서 도서를 구매하는 '현재(as-is)' 프로세스를 예시한다. 고객이 물리적 서점을 방문해 서가에서 책을 찾을 때 일어나는 일을 생각해보자. 만일 원하는 책을 발견한다면, 고객은 그것을 계산대로 가져가 신용카드, 현금, 수표로 가격을 지불할 것이다. 만일 고객이 책을 찾지 못한다면, 고객은 점원에게 자기가 원하는 책이 서가에 있는지 아니면 재고가 있는지 확인해 달라고 요청할 것이다. 만일 점원이 책을 찾는다면, 고객은 그 책을 구매하고 떠날 것이다. 책을 이 서점에서 구할 수 없다면, 점원은 고객에게 서점의 창고나 서적 공급자 또는 출판사에 그 책을 주문할 것인지 질문한다. 주문한 책이 서점에 도착하면, 서점 직원은 고객에게 그 내용을 전화로 알려준다. 고객은 서점을 재방문해 대금을 지불하고 책을 가져간다. 만일 서점이 고객이 원하는 도서를 주문할 수 없다면, 고객은 다른 서점을 찾아갈 것이다. 이 프로세스에는 많은 단계가 있고 고객이 서점을 여러 번 방문해야 한다는 것을 알 수 있다.
3. **새로운 프로세스를 설계한다**: 현재의 프로세스가 시간, 비용 관점에서 분석되고 측정되면 프로세스 설계팀은 새로운 프로세스를 설계해 프로세스를 개선하려고 노력해야 한다. 효율적인 새로운 '미래(to-be)' 프로세스는 기존의 프로세스와 비교되기 위해 문서화, 모델링되어야 한다.

   그림 3.7은 도서 구매 프로세스가 인터넷의 이점을 이용해 어떻게 재설계될 수 있는지 예시한다. 고객은 인터넷으로 자신의 컴퓨터에서 온라인 서점에 접속한다. 그리고 원하는 도서를 온라인 목록에서 검색한다. 원하는 책이 있으면 고객은 신용카드와 배송지 주소정보를 입력해 온라인으로 주문하고 그 책은 고객의 집으로 배달된다. 만일 온라인 서점에 원하는 책이 없으면 고객은 다른 온라인 서점을 찾아 책을

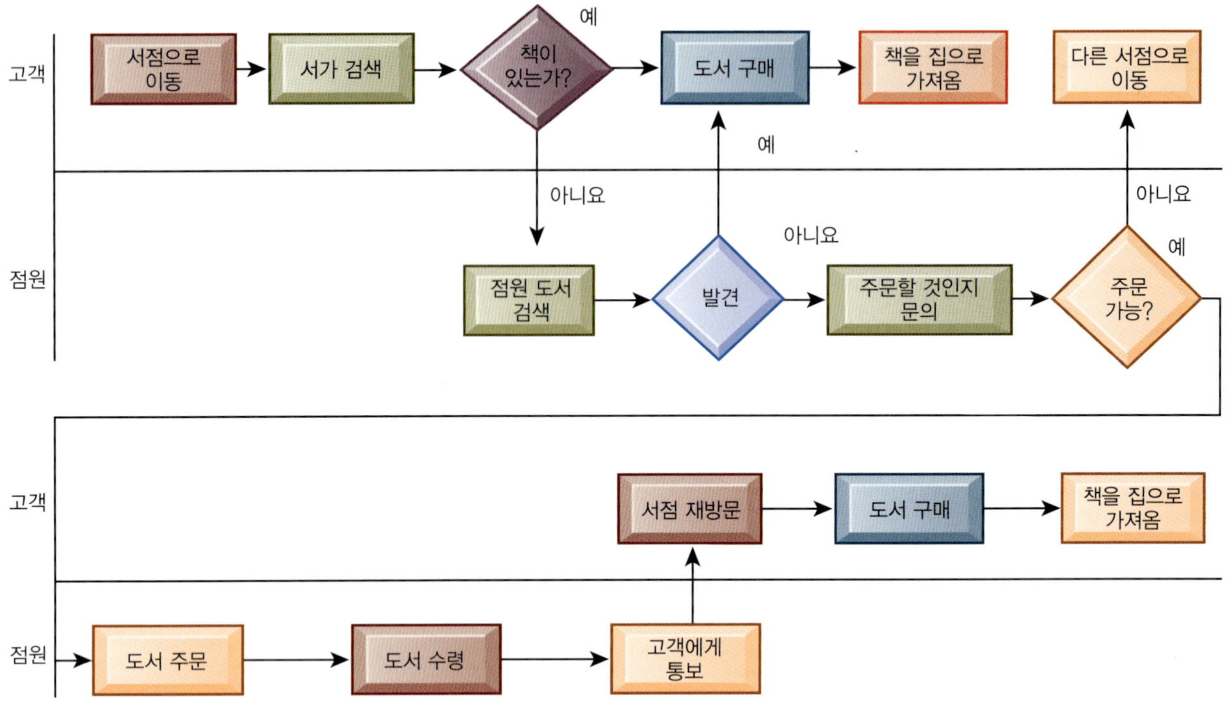

그림 3.6 물리적 서점에서 도서를 구매하는 현재(as-is) 프로세스
물리적 서점에서 도서를 구매할 때는 고객 모두에게 여러 단계의 작업이 요구된다.

다시 검색한다. 이러한 프로세스는 물리적 서점보다 책을 구매하는 데 필요한 단계가 훨씬 줄어들어 고객 입장에서는 필요한 노력이 줄어들며, 서점 입장에서는 고객 서비스를 위한 점원이 덜 필요하다. 따라서 이러한 새로운 프로세스는 보다 효율적이고 시간을 절약하게 한다.

새로운 프로세스 설계는 그것이 시간과 비용을 얼마나 절약하고 고객 서비스와 가치를 얼마나 높이는지 보여줌으로써 정당화되어야 한다. 프로세스 관리자는 먼저 기준선으로서 현재 프로세스에서 소요되는 시간과 비용을 측정한다. 이 사례에서, 물리적 서점에서 도서를 구매하는 데 필요한 시간은 원하는 책이 서점에 있다면 15분

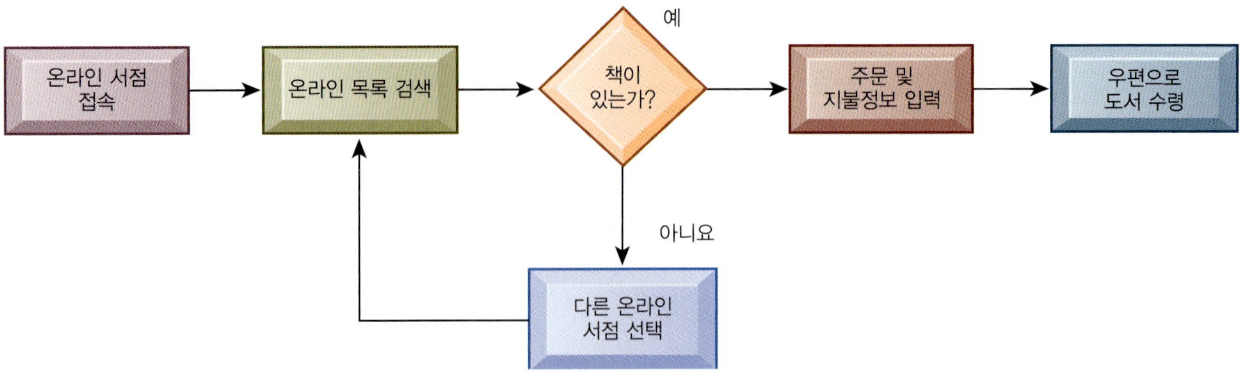

그림 3.7 재설계된 온라인 도서 구매 프로세스
인터넷 기술을 이용해 도서 구매 프로세스를 재설계하는 것이 가능해져 프로세스에 필요한 단계가 훨씬 줄어들고 필요한 자원도 줄었다.

(고객이 원하는 책을 바로 찾았을 경우)에서 책 재고가 있지만 점원이 찾아주어야 할 경우 30분의 범위에 속할 것이다. 만일 책을 다른 곳에서 주문해야 한다면 이 프로세스는 1~2주일이 소요될 수 있고, 고객은 서점을 다시 방문해야 할 것이다. 고객이 서점에서 멀리 떨어진 곳에 살고 있다면 서점에 오는 시간도 고려해야 할 것이다. 서점은 물리적 서점의 유지, 도서의 재고 보유, 서점 판매원, 책을 다른 지역에서 입수해야 한다면 필요한 배송비용 등과 같은 일체의 비용을 지출해야 한다.

고객이 책을 우편으로 받아보는 데 며칠 또는 몇 주일을 기다릴 수도 있고, 약간의 배송비용을 지불해야 하지만, 새로운 온라인 프로세스에서 도서 구매에 소요되는 시간은 몇 분에 지나지 않는다. 고객은 서점을 방문하거나 책을 가져오기 위해서 추가적으로 서점을 방문할 필요가 없기 때문에 시간과 비용을 절감할 수 있다. 도서 판매상의 비용도 물리적 점포나 재고에 대한 비용을 지불할 필요가 없기 때문에 낮아진다.

4. **새로운 프로세스를 구현한다**: 새로운 프로세스가 완전하게 모델링되고 분석되면, 이 프로세스는 새로운 절차와 업무규칙으로 전환되어야 한다. 재설계된 프로세스를 지원하기 위해 새로운 정보시스템이나 기존 시스템 개선이 구현된다. 새로운 프로세스와 지원시스템이 비즈니스 조직에 도입된다. 조직은 이 프로세스를 사용하기 시작하면서 문제를 발견하게 되고 해결책을 모색한다. 이 프로세스에서 작업하는 직원들은 개선방안 조언을 한다.
5. **지속적으로 측정한다**: 프로세스가 구현되고 최적화되고 나면, 이 프로세스는 지속적으로 측정될 필요가 있다. 왜냐하면 직원이 과거의 방법으로 되돌아가려고 하면서, 프로세스는 시간이 흐르면서 퇴화하거나 기업이 다른 변화를 겪으면서 프로세스의 효과성이 없어질 수도 있기 때문이다.

많은 소프트웨어 회사는 비즈니스 프로세스 관리(BPM)의 여러 기능을 수행하는 도구를 제공한다. 이러한 도구는 조직에서 개선이 필요한 프로세스를 찾아내고 문서화하며, 개선된 프로세스 모델을 생성하고, 프로세스를 실행하기 위해 비즈니스 법칙을 발굴하거나 준수하게 하고, 신규 혹은 재설계된 프로세스를 지원하기 위해 기존 시스템과 통합하는 데도 도움을 준다. 또한 BPM 소프트웨어 도구는 프로세스 성과가 개선되었음을 증명하고, 프로세스 변화가 핵심 비즈니스 성과지표에 어떤 영향을 미쳤는지를 측정할 수 있는 분석도구도 제공한다.

조직 측면 사례는 기업이 비즈니스 프로세스 관리로 어떻게 혜택을 보는지 보여준다. 사례를 보며 전략적 정보시스템이 홍콩 디즈니랜드의 사업 성과를 어떻게 향상시켰는지 찾아보라.

비즈니스 프로세스 재설계

많은 비즈니스 프로세스 개선 작업은 점진적이고 지속적이지만, 보다 근본적 변경이 필요할 때도 있다. 도서 구매 프로세스를 온라인으로 실행할 수 있도록 재설계한 물리적 서점

사례연구: 조직 관점

홍콩 디즈니랜드의 전략적 정보시스템

란타우섬에 있는 68에이커 규모의 홍콩 디즈니랜드는 홍콩에서 가장 큰 테마파크이다. 현재 디즈니랜드에는 1년에 700만 명 이상이 방문하지만, 현재의 성공은 정보시스템의 전략적 응용을 통해 달성된 방향 전환(turnaround)의 대표적인 예다. 2005년에 개장했을 때 첫해 방문객 560만 명 달성에 실패하고 2년째에는 타 경쟁 관광명소 및 테마파크와의 치열한 경쟁으로 방문객이 20% 감소했다. 홍콩 디즈니랜드는 정보시스템을 통해 핵심 운영 방식을 재설계하기로 결정했다.

모든 운영은 오로지 정보시스템을 전략적 자산으로 여기는 데 연구되었다. 온라인 매표 시스템과 POS 단말기는 방문자의 이메일 주소를 기록해 새로운 놀이기구나 캐릭터가 도입될 때마다 그들에게 공지한다. 또한 이것으로 인해 공원 관리자는 정규 방문자를 식별하고 그들에게 '2-for-1 패스(한 명이 표를 사면 다른 한 사람 무료)'와 같은 특별한 혜택을 제공할 수 있다. 그밖에도 정규 방문자에게는 특별 이벤트를 알리는 문자메시지를 보낸다. 이러한 방법은 효과가 있었으며 방문객이 다시 많이 증가하기 시작했다. 그러나 대기하는 줄이 길다는 것이 문제였다. 경영자는 다시 방문자의 이메일에서 모은 정보를 보고 다른 곳으로 가라는 문자메시지를 보내 공원에서 대기하는 줄을 줄였다.

정보 수집에 있어 디즈니랜드의 혁신 중 하나는 매직밴드(MagicBand)이다. 매직밴드는 디즈니랜드의 모든 방문객에게 제공하는 손목밴드이다. 손목밴드는 RFID 기술을 사용하는 것인데, 2년 동안 지속되는 배터리를 갖고 있으며 호텔 키, 신용카드, 티켓 등과 같은 방문자의 중요한 모든 정보를 저장할 수 있다. 놀이기구를 타기 위해서는 매직밴드를 갖다 대어야 한다. 이때 디즈니랜드는 고객의 정확한 위치 파악이 가능하며, 얼마나 많은 놀이기구를 이용했는지를 알 수 있고, 대기시간을 파악해서 덜 붐비는 곳으로 안내할 수 있다. 그러나 매직밴드는 방문객 통행량을 조정하는 것 이상이다. 디즈니랜드는 방문객에게 독특한 경험을 제공해 공원에 어떠한 캐릭터와 테마를 활성화할 것인지에 대한 결정을 하는 데 도움을 줄 수 있는 정보를 찾을 수 있다. 이러한 정보의 대부분은 디즈니 스튜디오에서 나온다. 여기에서는 관객들이 디즈니 영화를 관람할 때 카메라가 관객의 얼굴 움직임을 캡처한다. 그다음, 디즈니랜드는 어떠한 캐릭터 혹은 테마가 가장 관심을 끌고 있는지를 예상하고 고객의 수집된 기호와 잘 어울리는 공원에서 가장 인기 있는 테마 혹은 캐릭터를 활성화한다.

정보시스템의 다른 전략적 응용은 홍콩 디즈니랜드의 공급자 관리이다. 공급자는 음식점과 기념품 가게를 운영하는 데 중요한 역할을 한다. 그들과의 협업을 잘하기 위해 제품이 팔리거나 음식물이 주문됨과 동시에 공급자가 그 정보를 알 수 있도록 실시간 데이터를 공유할 수 있는 단일 인터페이스가 개발되었다. 이 전략은 재고를 관리하는 데 중요한 역할을 했을 뿐 아니라 상하기 쉬운 음식물의 낭비를 줄였다.

직원은 어떤 조직에서도 전략적 자산이며, 디즈니랜드는 이 또한 알고 있다. 캐스트앱(CastApp)이라는 스태프를 위해 특별히 고안된 앱은 공원의 어느 곳에서도 전체 직원을 연결한다. 이 앱은 웹 콘텐츠 접속 안내(Web Content Accessibility Guidelines, WCAG) 2.0에 기반을 두고 있어 시각장애가 있는 직원도 쉽게 콘텐츠를 읽을 수 있다. 캐스트앱은 디즈니랜드 관리자가 직원들과 매일의 난폭 방문자를 공유하며 직원은 공원에서 이루어지고 있는 어떠한 활동도 장부에 기재하고 있다. 더욱이, 새로운 캐릭터와 테마가 도입될 때 직원을 교육할 필요가 있다. 캐스트앱은 직원이 디즈니랜드에서 정기적으로 제공되는 다른 교육 모듈에 등록되게 돕는다.

출처: Education Bureau (Hong Kong), "Module III – Destination Geography: Theme Park," www.edb.gov.hk, accessed November 27, 2019; "Hong Kong Disneyland Resort Bags Technology Excellence Awards for Media & Entertainment," Hongkong Business, March 1, 2019, hongkongbusiness.hk; Li Yuan, "Discussion about the Business Model of Shanghai Disneyland," *Management Exploration* 3, 2017, 17–18; Jia Yao, "Research on Marketing Strategy: Case Study of Disneyland," *Advances in Economics, Business and Management Research* 33 (2017), Second International Conference on Economic and Business Management (Feb 2017); Gao Yilian, "Comparative Analysis of the Business Model of China's Theme Park," *Journal of Finance and Economics* 21 (2015); Zeng Zhuoqi, "The Development Strategy of Disney Settled in Shanghai," *Contemporary Economics* 10 (2015), pp. 18–19; W. Wober, J. Frew, and M. Hitz, "Information and Communication Technologies in Tourism," *Case of Disneyland Hong Kong* 5, No. 1 (2010), pp. 12–56; Accenture, "Theme Park Operator Reinvigorates Sales through a State-of-the-Art Dynamic Distribution System," Accenture White Papers, 2008; Associated Press, "Hong Kong Disneyland Fails to Hit Target," December 18, 2007, The Motley Fool, www.fool.com; J. Dzeng and Y. Lee, "Activity and Value Orientated Decision Support for the Development Planning of a Theme Park," *Expert Systems with Applications* 33, No. 4 (2007), pp. 923–935; J. Ward and J. Peppard, *Strategic Planning for Information Systems*, 3rd edition (Chichester: Wiley, 2002); F. Kevin, Wong, and Y. Phoebe, "Strategic Theming in Theme Park Marketing," *Journal of Vocational Marketing* 1, No. 2 (1999), p. 319; T. O'Brien, "Free-Fall Attractions Making

Wave," *Amusement Business* 109, No. 18 (1997), p. 20; W.Y. Oi, "A Disneyland Dilemma: Two-Part Tariffs for a Mickey Mouse Monopoly," *The Quarterly Journal of Economics* 85, No.1 (1977), pp. 77–96.

사례연구 문제

1. 홍콩 디즈니랜드가 방문객을 끌기 위해 채택한 여러 가지 전략을 설명하라.

2. 디즈니랜드가 더 많은 방문객을 유치하기 시작했을 때 직면한 문제는 무엇인가?

3. 홍콩 디즈니랜드는 공급자를 어떻게 관리하는가?

4. 홍콩 디즈니랜드는 공원에 어떤 테마나 캐릭터를 도입할 것인지를 어떻게 결정하는가?

사례 제공: 펀자브대학교(Punjabi University) 사힐 라지(Sahil Raj)

의 예는 이러한 근본적이고 광범위한 변화 사례이다. 비즈니스 프로세스에 대한 이러한 근본적 재고(rethinking) 및 재설계(redesign)를 **비즈니스 프로세스 재설계**(business process reengineering, BPR)라고 한다.

BPR이 적절하게 구현되면 생산성과 효율성 측면에서 극적인 이익을 얻을 수 있으며 비즈니스를 수행하는 방법까지 변화시킨다. 어떤 경우에 BPR은 비즈니스 자체의 성격을 변화시키는 패러다임의 변화를 일으킨다. 이것은 아마존이 온라인 소매 모델로 전통적인 물리적 서점에 도전했을 때 실제로 발생했다. 책이 구매 및 판매되는 방식을 근본적으로 다시 생각함으로써 아마존과 다른 온라인 서점은 놀라운 효율성, 비용 절감, 사업을 수행하는 완전히 새로운 방식을 획득했다.

BPM은 여러 도전에 직면하고 있다. 기업 중역은 성공적으로 비즈니스 프로세스를 변경하는 데 있어서 가장 큰 장벽은 조직 문화라고 지적한다. 직원은 익숙하지 않은 업무 수행 방식을 좋아하지 않고 때로는 변화에 저항하려고 한다. 수반되는 조직 변화가 너무나 광범위해 비즈니스 프로세스 재설계 프로젝트에서 이러한 현상은 특히 분명하다. 변화를 관리하는 것은 단순하지도 직관적이지도 않으며 포괄적인 프로세스 개선을 하려는 기업은 효과적인 변화 관리 전략이 필요하다(12장 참조).

3-5 경영정보시스템은 내 경력에 어떻게 도움이 되는가?

여기서는 3장과 이 책의 내용이 사업 개발(business development) 담당자로서 신입사원 직무를 발견하는 데 어떻게 도움을 줄 것인지 보여준다.

회사

대규모 회사가 자신의 데이터와 데이터 품질을 관리하기 위한 소프트웨어와 서비스를 제공하는 A+ Superior Data Quality는 런던에 기반을 두고 빠르게 성장하고 있으며 사업 개발을 담당할 신입사원을 찾고 있다. 이 회사의 데이터 품질과 데이터를 관리하는 도구 및 서비스는 기업이 정확한 주소, 이메일, 전화 정보를 포착함으로써 고객 데이터를 교정하고, 표준화하며, 업그레이드한다. 구체적으로 통합시스템 안의 중복 데이터를 제거하고, 관계를 발견하기 위해 데이터를 분석하고, 데이터 재구조화와 표준화, 품질관리와 표준화를 보장하기 위한 데이터 모니터링 등을 수행한다. 회사는 전 세계적으로 12,000명의 고객, 450명의 직원을 보유하고 있으며 미국, 유럽, 아시아에 사무실을 두고 있다.

직무 설명

사업 개발 담당자는 회사의 판매팀이 공격적인 성장 목표를 충족시키는 것을 돕는다. 회사는 강의실과 현장훈련을 제공하는데, 현장훈련에서는 고객과 어떻게 소통하며, 해결책 마련을 위해 적절한 시장을 어떻게 설정할 것인가, 판매계획을 어떻게 작성할 것인가, 세일즈포스닷컴 같은 도구를 어떻게 사용할 것인가 등에 관한 교육을 제공한다. 담당 직무는 다음과 같다.

- 잠재적인 사업기회를 창출하기 위한 목표 고객거래(targeted account) 탐구
- 고객 유치와 판매전략 지원
- 마케팅 캠페인의 성공적 실행을 위한 전략 수행
- 유망하고 품격 있는 마케팅을 통한 판매 주도권 구축 및 관리
- 캠페인 성공과 주도권 창출 활동에 관한 보고

직무 요건

- 학사학위 소지
- 판매 활동에 높은 관심도
- 우수한 의사소통, 대인관계, 분석력, 문제 해결 능력
- 빠르게 변화하는 환경하에서 멀티태스킹 가능

면접 질문

1. 데이터 품질과 데이터 관리에 대해 무엇을 알고 있습니까? 이 분야와 관련된 경험이 있습니까? 데이터 품질 문제를 겪어 본 적이 있습니까? 만약 그렇다면, 어떻게 문제를 해결했는지 설명할 수 있습니까?
2. 세일즈포스닷컴과 일해 본 적이 있습니까? 업체에 대해 무엇을 알고 있습니까? 그 회사 소프트웨어를 사용해 본 적이 있습니까?
3. 당신이 해결하는 데 도움을 준 마케팅이나 판매 관련 문제 혹은 타 사업 문제의 예를 보여줄 수 있습니까?
4. 고객과 대면 접촉한 경험이 많이 있습니까? 당신이 고객과 함께 한 일을 설명할 수 있습니까?

저자 팁

1. 이 장에서 IT와 사업전략, 6장에서 데이터 품질을 포함한 데이터 관리에 대해 논의한 것을 복습하라.
2. 데이터 품질과 데이터 관리를 향상하기 위한 도구와 서비스에 대한 더 많은 내용을 웹을 사용해 찾아보고 이 분야에 대해 회사에서 특별하게 제공하는 것을 살펴보라.
3. 다른 소셜 미디어 채널 이외에 회사의 링크드인(LinkedIn) 프로파일과 게시글을 검토하라. 이러한 사회관계망에 회사가 주안점을 두고 있는 일치된 주제가 있는가? 이 회사가 직면하고 있는 도전이나 기회의 종류를 당신이 이해하고 있다는 것을 보여줄 수 있도록 준비하라.
4. 이러한 직무에 주어진 책무와 관련해 세일즈포스를 통해 무엇을 할 수 있는지 배워라. 당신의 업무에 세일즈포스를 어떻게 사용할 것인가를 정확하게 문의하라.
5. 고객의 데이터 품질과 관련해 당신이 직무에서 어떠한 종류의 문제를 직면할지 질문받는 것을 생각하라.

요약

3-1 포터의 경쟁세력모형, 가치사슬, 시너지, 핵심역량, 네트워크 기반 전략은 기업이 정보시스템을 이용해 경쟁우위를 확보하는 데 어떻게 도움이 되는가? 포터의 경쟁세력모형에서 기업의 전략적 포지션과 전략은 전통적인 직접 경쟁자와의 경쟁으로 결정된다. 이것은 또한 시장 신규 진입자, 대체 제품 및 서비스, 공급자, 고객 등에 크게 영향을 받는다. 정보시스템은 낮은 가격을 유지하고, 제품과 서비스를 차별화하고, 틈새시장에 집중하며, 고객 및 공급자와 유대를 강화하고, 높은 수준의 운영 우수성으로 시장 진입장벽을 높임으로써 기업이 경쟁력을 갖는 데 도움을 준다. 정보시스템은 기술이 비즈니스 목적과 일치할 때 가장 성공적이다.

가치사슬모형은 비즈니스 활동 중에서 경쟁전략과 정보시스템이 가장 영향을 많이 줄 수 있는 특정 활동이 무엇인지 식별할 수 있게 한다. 이 모형은 기업을 기업의 제품과 서비스에 가치를 부가하는 일련의 본원적 활동과 지원적 활동으로 파악한다. 본원적 활동은 생산 및 배송에 직접적으로 관련이 있는 반면에, 지원적 활동은 본원적 활동을 가능하게 하는 활동이다. 기업의 가치사슬은 공급자, 유통업자, 고객의 가치사슬과 연결될 수 있다. 가치 웹은 표준과 산업 전반의 컨소시엄 활용을 촉진하고 기업이 자신의 가치 파트너와 보다 효율적으로 협력할 수 있게 해 산업 차원 경쟁력을 강화하는 일련의 정보시스템으로 구성되어 있다.

기업은 여러 개의 사업 단위로 구성되어 있기 때문에 정보시스템은 이질적인 사업 단위의 운영을 연결해 추가적인 효율성이나 개선된 서비스를 달성한다. 정보시스템은 사업 단위에 걸쳐 지식을 공유하도록 촉진해 기업이 자신의 핵심역량을 활용하게 한다. 정보시스템은 네트워크 경제의 장점을 이용할 수 있는 거대한 사용자 또는 가입자 네트워크 기반 비즈니스 모델을 촉진한다. 가상기업 전략은 네트워크를 이용해 다른 기업과의 연결을 통해, 기업이 제품과 서비스를 개발, 판매, 분배하는 데 다른 기업의 능력을 활용하게 하는 것이다. 파괴적 기술은 선도자에게 장기적 이익을 반드시 보장하지는 않지만 전략적 기회를 제공한다.

3-2 **정보시스템은 어떻게 기업이 글로벌 시장에서 경쟁할 수 있게 도움을 주는가?** 정보시스템과 인터넷은 지역적으로 흩어져 있는 조직 단위를 통합하고, 멀리 떨어져 있는 공급자, 소비자와의 소통을 촉진함으로써 기업이 국제적으로 운영을 할 수 있도록 도움을 준다. 국제적으로 비즈니스를 구성하는 전략은 네 가지가 있는데, 이것은 국내 수출업자 전략, 다국적 기업 전략, 프랜차이저 전략, 범국가 기업 전략이다.

3-3 **정보시스템은 어떻게 기업이 품질과 디자인으로 경쟁할 수 있게 도움을 주는가?** 정보시스템은 제품과 서비스를 단순화하고, 벤치마킹을 촉진하고, 제품개발 사이클 타임을 짧게 하고, 설계 및 생산 품질과 정밀도를 높임으로써 품질을 향상할 수 있다.

3-4 **비즈니스 프로세스 관리가 경쟁력을 강화하는 데 어떤 역할을 하는가?** 조직은 자신의 비즈니스 전략을 성공적으로 수행하기 위해 가끔 비즈니스 프로세스를 변경해야 한다. 만일 이러한 비즈니스 프로세스가 기술을 활용한다면, 프로세스는 기술을 보다 효과적으로 활용하기 위해 재설계될 수 있다. 비즈니스 프로세스 관리(BPM)는 반복적이고 불필요한 작업을 제거하고 품질, 서비스 및 속도에 있어서 극적인 향상을 달성하기 위해 비즈니스 프로세스 단계를 통합하고 간소화한다. BPM은 우수한 비즈니스 모델을 강화하기 위해 사용할 때와 기업 성과에 큰 영향을 미치는 프로세스를 강화할 때 가장 효과적이다.

주요 용어

가상기업
가치사슬모형
가치 웹
경쟁세력모형
국내 수출업자
네트워크 경제
다국적 기업
대량 맞춤화
범국가 기업
벤치마킹
본원적 활동
비즈니스 프로세스 관리(BPM)
비즈니스 프로세스 재설계(BPR)
사업 생태계
사이클 타임
식스 시그마
전사적 품질관리(TQM)
전환비용
지원적 활동
최우량 사례
파괴적 기술
품질
프랜차이저
플랫폼
핵심역량
효율적 고객대응시스템
CAD시스템
3D 프린팅

복습문제

3-1 포터의 경쟁세력모형, 가치사슬, 시너지, 핵심역량, 네트워크 기반 전략은 기업이 정보

시스템을 이용해 경쟁우위를 확보하는 데 어떻게 도움이 되는가?

- 포터의 경쟁세력모형을 정의하고 어떻게 작동하는지 설명하라.
- 고객이 상대적으로 협상력이 높은 상황을 몇 가지 기술하라.
- 정보시스템에 의해 실행 가능한 기업이 추구할 수 있는 네 가지 경쟁전략을 나열하라.
- 정보시스템이 이러한 각 경쟁전략을 어떻게 지원할 수 있는지 설명하라.
- 정보시스템을 전략적으로 활용하기 위해 IT를 비즈니스 목표와 일치시키는 것이 중요한 이유가 무엇인지 설명하라.
- 가치사슬모형을 정의하고 설명하라.
- 정보시스템 기회를 찾는 데 가치사슬모형이 어떻게 활용되는지 설명하라.
- 가치 웹을 정의하고, 이것이 가치사슬과 어떻게 관련되어 있는지 설명하라.
- 인터넷이 경쟁세력과 경쟁우위를 어떻게 변화시켰는지 설명하라.
- 정보시스템이 시너지와 핵심역량을 어떻게 촉진하는지 설명하라.
- 기업이 네트워크 경제를 활용해 이익을 얻는 방법을 설명하라.
- 가상기업을 정의하고 가상기업전략 추진의 혜택을 설명하라.
- 사업 생태계를 정의하고 이것이 어떻게 경쟁우위를 제공하는지 설명하라.
- 파괴적 기술이 전략적 기회를 어떻게 만들어내는지 설명하라.

3-2 정보시스템은 어떻게 기업이 글로벌 시장에서 경쟁할 수 있게 도움을 주는가?

- 글로벌화가 비즈니스 기회를 어떻게 높이는지 설명하라.
- 비즈니스를 국제적으로 조직하는 네 가지 방법과 글로벌 비즈니스 조직의 시스템 구성 유형을 나열하고 설명하라.

3-3 정보시스템은 어떻게 기업이 품질과 디자인으로 경쟁할 수 있게 도움을 주는가?

- 전사적 품질관리(TQM)를 정의하고, 조직 내에서 누가 이와 관련한 책임을 지는지 설명하라.
- 벤치마킹의 목적과 가치를 설명하라.

3-4 비즈니스 프로세스 관리가 경쟁력을 강화하는 데 어떤 역할을 하는가?

- BPM을 정의하고, BPM이 어떻게 기업의 경쟁력을 보다 높일 수 있는지 설명하라.
- 기업이 변화가 필요한 프로세스를 확인할 수 있는 방법을 설명하라.
- BPM과 관련된 소프트웨어 회사가 제공하는 도구의 가치와 목적을 설명하라.

협업과 팀워크 프로젝트

전략정보시스템 기회 식별

3-5 3~4명으로 팀을 구성해 《월스트리트저널》, 《포천》, 《포브스》와 그 밖의 경영 잡지에 소개된 기업을 선택하라. 그 기업의 웹사이트를 방문하여 기업에 대한 추가정보를 찾고 기업이 웹을 어떻게 활용하는지 조사하라. 이러한 정보에 근거하여 비즈니스를 분석하라. 비즈니스 전략뿐만 아니라 중요한 비즈니스 프로세스, 문화, 구조, 환경 등과 같은 조직의 특성에 대한 설명도 포함하라. 필요하다면 인터넷 기술에 기반한 것을 포함하여 이 기업의 특정 사업에 적합한 전략적 정보시스템을 제안하라. 가능하다면 구글 독스(Google Docs)와 구글 드라이브(Google Drive), 구글 사이트(Google Sites)를 이용해 발견 사항을 토론하고 수업시간에 발표할 자료를 준비하라.

오프라인, 온라인, 회귀: 영국 식료품 시장의 진화

식품 및 식료품 연구기관인 IGD에 따르면 영국 식료품 시장은 2024년까지 12.5% 성장하고 2,170억 7,000파운드 가치에 도달할 것으로 예측된다. 영국에서 운영되고 있는 주요 식료품 업체는 테스코(Tesco)로 2019년 9월 시장점유율은 26.9%이며 세인즈버리(Sainsbury) 15.3%, 아스다(ASDA) 15.1%, 모리슨즈(Morrisons) 9.9%로 그 뒤를 따른다. 이들은 영국 식료품 시장에서 65% 이상을 차지하고 있으며, 영국의 '빅 4'로 불린다. 테스코는 2007년에 정점을 찍어 영국 식료품 시장점유율 31.1%를 차지했으며, 전 세계적으로 유럽과 아시아에 걸쳐 약 7,000개 점포를 운영한다.

영국에서 테스코는 가장 낮은 가격을 제시해 가격 주도권을 얻을 수 있는 전략을 실행하는 데 중점을 두고 있다. 이 전략으로 테스코는 가격에 민감한 고객을 경쟁자로부터 유치하고 시장점유율을 높였다. 테스코는 가격 주도권을 유지하기 위해 다음과 같은 전략을 채택했다. (1) 대량 생산을 통한 자산 사용 최대화와 평균비용 감소, (2) 생산과 유통 단계에서 직접비와 간접비 최소화, (3) 낮은 원가를 보장할 수 있는 엄격한 공급사슬관리. 이 전략은 테스코에게 중요했으며 대형 업체로서 시장에서 규모의 경제를 누릴 수 있었다.

그러나 최근에 알디(Aldi), 리들(Lidl)과 같은 할인 슈퍼마켓의 인기로 인해 테스코는 가격 주도권을 유지하기가 힘들어졌다. 영국 소비자의 행동은 경기침체와 인플레이션으로 인해 변했다. 지난 수년간 테스코의 시장점유율은 약간 떨어진 반면 알디와 리들은 지나 몇 년 동안 계속해서 증가했다. 2019년 9월에 알디는 시장점유율 8.1%를 차지하며 영국에서 다섯 번째로 큰 식료품 체인이 되었다.

물리적 슈퍼마켓 이외에 테스코는 초기에 식료품 가정 배송으로 테스코닷컴(Tesco.com)과 생활용품과 의료용품을 취급하는 테스코다이렉트(Tesco Direct) 온라인 플랫폼을 운영했다. 그러나 2018년에 테스코는 뜻밖의 행동으로 테스코다이렉트 사업을 접었다. 테스코다이렉트는 2006년에 시작해 2,500~3,000만 파운드의 비용이 들었다. 테스코 영국 체인 최고경영자인 찰스 윌슨(Charles Wilson)에 따르면 한 개의 웹사이트를 포기하고 한 플랫폼에만 투자를 집중해 고객에게 더 좋은 서비스와 더 많은 제품을 제공할 수 있다. 비록 이러한 중단으로 500명이 일자리를 잃었지만 테스코의 입장에서는 크게 놀랄 일이 아니다. 테스코는 사업 중단으로 인한 이익을 실현할 수 있을 것이기 때문이다. 테스코가 아마존, 아르고스(Argos)와 같은 대형 온라인 업체와 경쟁하려고 한 것은 실패했다. 왜냐하면 마케팅과 주문 이행 비용을 지불하면 이익을 낼 수 없었기 때문이었다.

테스코는 이러한 실패 이외에도 할인 슈퍼마켓의 위협에 대응해야 한다. 2019년 6월까지 알디는 첫 점포를 개장한 1990년 이후 영국에서 830개의 점포를 열었다. 알디는 2018년에 113억 파운드의 매출을 기록했는데 이는 전년도에 비해 11% 증가한 것이다. 리들은 2019년 6월까지 760개의 점포를 열었으며 향후 5년 동안 지속적으로 성장할 계획이다. 고객은 초기에는 회의적이었으나 저가 제품을 맛본 이후 이러한 할인 슈퍼마켓으로 구매 취향을 바꾸었다.

알디와 리들은 매년 높은 시장점유율을 달성하는 것 말고도 여러 가지 방법으로 영국 경제에 기여했다. 한 분석에 의하면, 알디는 일자리 창출, 세금, 자본투자 등을 통해 영국 GDP에 85억 파운드를 기여했다. 전망에 따르면 알디는 영국 경제에 22억 파운드를 증대시켰다. 빅 4 슈퍼마켓에서 전환한 고객들은 알디를 이용함으로써 22억 파운드 이상을 절감했다. 영국에서 알디의 가장 성공적인 해는 2017년이다. 이때 처음으로 100억 파운드의 매출을 올렸다.

전문가가 밝힌 할인 슈퍼마켓 성공의 주된 원인은 인플레이션율 증가와 임금 정체다. 알디가 제공하는 서비스는 '빅 4'가 고객에게 제공하는 것과 유사하다. 그러나 알디는 저가라는 우위를 가지고 있으며 인플레이션 기간에도 여전히 할인해주는 것으로 인식되었다. 서베이에 따르면 알디는 고객 만족도에도 매우 높은 등급을 얻고 있다.

2개의 할인 슈퍼마켓이 독일에서 영국으로 건너왔을 때 대형 식료품 업체들은 자신의 방식을 다시 생각할 수밖에 없었다. 알디와 리들은 낮은 식료품 가격전략으로 영국 슈퍼마켓 산업을 몇 년 동안 변화시켜 왔다. 테스코, 세인즈버리와 같은 대형 슈퍼마켓은 이미 온라인 상점을 열고 있었으나 전자상거래 운영으로부터 이익을 얻는 데 어려움을 겪었다. 알디와 리들의 진입으로 이러한 어려움은 커질 것이다.

2016년 초에 알디는 영국에서 최초로 온라인 가게를 열었다. 할인 소매업체가 와인을 온라인에서 판매하는 데 3,500만 파운드의 투자비가 소요되었다. 온라인상에서 비식품인 '특별 구매품(special buys)' 판매가 잇따랐다. 칸타리테일(Kantar Retail)의 분석가 브라이언 로버츠(Bryan Roberts)에 따르면 이러한 움직임은 알디를 이용하지 못하는 고객을 끌어들이는 현명한 방식이다.

리들은 리들디지털로지스틱스(Lidl Digital Logistics)를 세웠으며, 전문가들은 리들이 식료품 배송시장에도 진입할 것으로 전망한다. 지금까지 리들은 일부 유럽 지역에서 온라인으로 와인과 비식품 종목을 판매했고 식료품은 온라인으로 판매하지 않았다. 디지털 마켓에 진입하는 리들의 접근 방식은 매우 혁신적이며 최근에는 고객들이 먹고 있는 것에 기초해 선택할 수 있도록 고안된 챗봇을 시작했다.

할인 슈퍼마켓에 대한 대중의 애정은 온라인과 오프라인 양쪽에서 시장점유율을 유지하려는 대형 슈퍼마켓 업체에게 중대한 위협의 신호탄이 되었다. 알디와 리들이 시장점유율을 얻는 데 성공하고 있는 것을 지켜보면서 이들과 싸우기 위해 테스코는 영국 전역에 60개의 할인 체인점을 개장하는 계획을 2018년에 발표를 하고 급속하게 성장하고 있는 할인 시장에 진입을 시도했다. 그러나 이후 이러한 계획은 축소되었으며 심지어 몇 개 점포는 문을 닫았다. 대형 슈퍼마켓이 할인 브랜드에 진입을 시도하는 것은 대부분 실패한다는 중요한 교훈을 남겼다.

알디와 리들이 전자상거래 시장에 진입을 시도하자, 테스코는 할인 시장에 진입함으로써 이들을 물리치려 했고, 대형 슈퍼마켓과 할인 슈퍼마켓의 싸움은 몇 가지 흥미로운 변화를 가져왔다. 식품 구매 방식에도 변화가 일어났다. 식품을 매일, 보다 국지적으로 구매하는 것을 선호하는 고객이 많이 늘어났으며 이들 중 온라인으로 구매하는 비중도 증가했다. 다수의 유럽 소매업체가 이에 반응해 근교에서 소규모 점포를 개장하고, 온라인 상점을 열고, 쇼핑을 위한 다른 새로운 모델을 시험했다.

테스코는 1996년에 시작해 현재까지 오랫동안 인터넷으로 판매하는 사업을 했다. 처음 시작했을 당시에는 온라인 판매를 추진한 첫 번째 슈퍼마켓이었다. 테스코는 정보기술을 활용해 우위를 확보하기 위한 몇 가지 방안을 가지고 있었다. 예를 들어 2011년에 테스코의 영국 내 판매가 줄어들고 있는 동안 영국 밖에서 가장 큰 시장인 한국에서 엄청난 성공을 거두었다. 이 성공은 지역 고객의 니즈를 잘 맞출 수 있었기 때문이었다. 한국 국민은 전 세계적으로 가장 오랜 시간을 일하는 국민에 속한다. 테스코는 한국에서 홈플러스 브랜드로 가상 점포(virtual store)를 열었다. 지하철과 버스 정류소에 가상 점포를 전시하고 사람들은 스마트폰을 사용해 제품의 바코드를 스캔해 온라인으로 구매한다. 구매한 제품은 고객이 집에 도착한 뒤 바로 배송 완료되기에 고객들은 시간과 노력을 아낄 수 있다.

식료품 산업은 지속적으로 고객의 니즈와 생활양식에 잘 순응해야 한다는 것을 과거의 경험으로부터 배운다. 영국과 한국은 비교해서 연구할 대상이다. 영국 사람은 국내의 대형 슈퍼마켓에서 할인 슈퍼마켓으로 전환하는 반면, 한국에서는 홈플러스 덕분에 반대의 현상이 일어나 테스코를 한국에서 두 번째로 큰 식료품 소매업체로 만들어주었다. 영국 고객은 경기침체와 인플레이션 때문에 가격에 매우 민감한 반면 한국 고객은 시간에 민감한 생활양식에 맞도록 적용된 정보기술을 받아들인 것이다.

할인 업체에게 전자상거래는 대단한 기회지만 알디와 리들이 그들의 품목 전체를 온라인에서 판매했다면 어떠한 일이 벌어졌을까? 혹시 영국의 빅 4 고객을 빼앗아 더 큰 시장점유율을 얻을 수 있을까? 일부 전문가는 이러한 전략은 적절하지 않다고 본다. 소매부문 컨설턴트인 그레이엄 술트(Graham Soult)에 따르면 온라인 판매에 할인 슈퍼마켓이 진입하려는 계획은 타 슈퍼마켓이 직면한 리스크와 문제를 똑같이 경험한다. 그는 이러한 슈퍼마켓의 차별성은 단순함과 저가에 있으며 이는 식품과 식료품을 온라인으로 판매할 때 위험에 빠지게 할 수 있다. 간단히 말해 전자상거래의 복잡성은 저가의 비즈니스 모델과 맞지 않는다.

출처: Jon Robinson, "Aldi Adds £1.1B in Revenue as Profits Slip," September 16, 2019; Insidermedia.com; Zoe Wood, "Slow Growth Takes Shine Off Tesco Budget Chain Jack's a Year On," theguardian.com, September 15, 2019; Statista, "Market Share of Grocery Stores in Great Britain from January 2015 to September 2019," Statista.com, September 2019; IGD, Levi Winchester, "Aldi to Soon Own 1,200 UK Stores as It Opens 21 More in Bid to Cover Every Town in Country," Express.co.uk, June 25, 2019; "UK Food Sales to Grow by £24bn by 2024," Idg.com, June 20, 2019; Sarah Butler, "New Tesco Discount Chain Could Launch as Early as September," *The Guardian*, July 22, 2018; Zoe Wood, "Tesco Shuts Its Non-Food Website, Tesco Direct," *The Guardian*, May 22, 2018; Miles Brignall, "Tesco 'Planning' Discount Chain to Take on Aldi and Lidl," *The Guardian*, February 11, 2018; Zoe Wood, "Low Prices and No Frills: Can Tesco's Secret Plan Defeat Lidl and Aldi?" *The Guardian*, September 15, 2018; Jessica Lindsay, "Why Is Tesco Direct Closing and Is There a Closing Down Sale?" *Metro*, June 8, 2018; Matthew Chapman, "Aldi Puts £35m into E-commerce as It Begins Selling Wine Online," *Campaign*, January 21, 2016; "Aldi Opens Its First Online Store in the UK," *E-commerce News*, January 20, 2016; Thomas Hobbs, "How Aldi's Move into E-commerce Shows It Is Becoming a More 'Conventional' Grocer," *Marketing Week*, September 28, 2015; Josie Cox, "German M03_LAUD0810_14_GE_C03.indd 136 2/4/2020 7:10:27 AM Discount Supermarket to Major Threat to Rivals Such as Tesco and Sainsbury," *Independent*, January 4, 2018; Simon Johnstone, "Aldi and Lidl: A Journey from Hard Discounters to Multichannel Retailers," *Essential Retail*, March 14, 2017; Martin Petit de Meurville, Kimberley Pham, and Courtney Trine, "Shop on the Go," *Business Today*, February 15, 2015.

사례연구 문제

1. 포터의 경쟁세력모형을 이용해 테스코의 비용우위 전략을 분석하라. 테스코가 온라인 판매 사이트 중 하나를 닫는 것이 왜 현명한 행보인가?
2. 알디와 리들이 전자상거래에 뛰어드는 전략은 현명한가?
3. 할인 체인을 여는 테스코의 전략을 논평하라. 이것이 테스코의 과거 시장 지위를 회복할 수 있다고 생각하는가?
4. 가상 점포가 영국에서 얼마나 많은 잠재성이 있다고 보는가?

사례 제공: 베른트 셍크

참고문헌

Bossert, Oliver and Driek Desmet. "The Platform Play: How to Operate Like a Tech Company." McKinsey & Company (February 2019).

Christensen, Clayton. *Competitive Advantage: The Revolutionary Book That Will Change the Way You Do Business* (New York: HarperCollins, 2003).

Christensen, Clayton M., Michael E. Raynor, and Rory McDonald. "What Is Disruptive Innovation?" *Harvard Business Review* (December 2015).

D'Aveni, Richard A. "The 3-D Printing Playbook." *Harvard Business Review* (July–August 2018).

Davenport, Thomas H., and Stephan Kudyba. "Designing and Developing Analytics-Based Data Products." *MIT Sloan Management Review* 58, No. 1 (Winter 2016).

El Sawy, Omar A. *Redesigning Enterprise Processes for E-Business* (New York: McGraw-Hill, 2001).

Gandhi, Suketo, and Eric Gervet. "Now That Your Products Can Talk, What Will They Tell You?" Special Collection Getting Product Development Right. *MIT Sloan Management Review* (Spring 2016).

Gregerson, Hal. "Digital Transformation Opens New Questions—and New Problems to Solve." *MIT Sloan Management Review* 60, No. 1 (Fall 2018).

Hagiu, Andrew, and Elizabeth J. Altman. "Finding the Platform in Your Product." *Harvard Business Review* (July–August 2017).

Hagiu, Andrei, and Simon Rothman. "Network Effects Aren't Enough." *Harvard Business Review* (April 2016).

Hammer, Michael, and James Champy. *Reengineering the Corporation* (New York: HarperCollins, 1993).

Iansiti, Marco, and Karim R. Lakhani. "Digital Ubiquity: How Connections, Sensors, and Data Are Revolutionizing Business." *Harvard Business Review* (November 2014).

Iansiti, Marco, and Roy Levien. "Strategy as Ecology." *Harvard Business Review* (March 2004).

King, Andrew A., and Baljir Baatartogtokh. "How Useful Is the Theory of Disruptive Innovation?" *MIT Sloan Management Review* (Fall 2015).

Knee, Jonathan."Why Some Platforms Are Better Than Others." *MIT Sloan Management Review* 59, No. 2 (Winter 2018).

Luftman, Jerry. *Competing in the Information Age: Align in the Sand, 2nd ed.* (New York: Oxford University Press. 2003).

Nan, Ning and Hüseyin Tanriverdi. "Unifying the Role of IT in Hyperturbulence and Competitive Advantage Via a Multilevel Perspective of IS Strategy." *MIS Quarterly* 41, No. 3 (September 2017).

Parker, Geoffrey, Marshall Van Alstyne, and Xiaoyue Jiang. "Platform Ecosystems: How Developers Invert the Firm." *MIS Quarterly* 41, No. 1 (March 2017).

Porter, Michael. *Competitive Advantage* (New York: Free Press, 1985).

____. "Strategy and the Internet." *Harvard Business Review* (March 2001).

Porter, Michael E., and James E. Heppelmann. "How Smart, Connected Products Are Transforming Competition." *Harvard Business Review* (November 2014).

Rigby, Darrell. "Digital-Physical Mashups." *Harvard Business Review* (September 2014).

Roca, Jaime Bonnin, Parth Vaishnav, Joana Mendonça, and M. Granger Morgan. "Getting Past the Hype About 3-D Printing." *MIT Sloan Management Review* 58, No. 3 (Spring 2017).

Ross, Jeanne W., Ina M. Sebastian, and Cynthia M. Beath. "How to Develop a Great Digital Strategy." *MIT Sloan Management Review* 58, No. 2 (Winter 2017).

Sabherwal, Rajiv, Sanjiv Sabherwal, Taha Havakhor, and Zach Steelman," How Does Strategic Alignment Affect Firm Performance? The Roles of Information Technology Investment and Environmental Uncertainty." *MIS Quarterly* 43, No. 2 (June 2019).

Sampler, Jeffrey L. "Platforms that Grow Are More Than Matchmakers."*MIT Sloan Management Review* 60, No. 1 (Fall 2018).

Shapiro, Carl, and Hal R. Varian. *Information Rules* (Boston: Harvard Business School Press, 1999).

Siggelkow, Nicolai, and Christian Terwiesch. "The Age of Continuous Connection." *Harvard Business Review* (May–June 2019).

Song, Peijian, Ling Xue, Arun Rai, and Cheng Zhang. "The Ecosystem of Software Platform: A Study of Asymmetric Cross-Side Network Effects and Platform Governance." *MIS Quarterly* 42, No. 1 (March 2018).

Taneja, Hemant with Kevin Maney. "The End of Scale." *MIT Sloan Management Review* 59, No. 3 (Spring 2018).

Weill, Peter, and Sinan Aral. "IT Savvy Pays Off: How Top Performers Match IT Portfolios and Organizational Practices," *MIT CISR*, May 2005.

Weill, Peter, and Stephen L. Weorner. "Thriving in an Increasingly Digital Ecosystem." *MIT Sloan Management Review* 56, No. 4 (Summer 2014).

Wixom, Barbara H., and Jeanne W. Ross. "How to Monetize Your Data." *MIT Sloan Management Review* 58, No. 3 (Spring 2017).

Van Alstyne, Marshall W., Geoffrey G. Parer, and Sangeet Paul Choudary. "Pipelines, Platforms, and the New Rules of Strategy." *Harvard Business Review* (April 2016).

Zeng, Ming. "Alibaba and the Future of Business." *Harvard Business Review* (September–October 2018).

Zhu, Feng, and Nathan Furr. "Products to Platforms: Making the Leap." *Harvard Business Review* (April 2016).

Zhu, Feng, and Marco Iansiti. "Why Some Platforms Thrive and Others Don't." *Harvard Business Review* (January–February 2019).

CHAPTER

4 정보시스템의 윤리와 사회문제

학습목표

이 장의 학습을 마치면 다음 질문에 답할 수 있을 것이다.

4-1 정보시스템에 의해 윤리적, 사회적, 정치적으로 발생한 문제는 무엇인가?

4-2 윤리적 결정을 유도하는 구체적인 도덕적 원칙은 무엇인가?

4-3 개인정보 보호와 지적 재산권은 왜 현대 정보시스템 기술과 인터넷에서 문제가 제기되는가?

4-4 정보시스템은 일상생활의 질, 책임과 의무를 정립하는 법규에 어떠한 영향을 미치는가?

4-5 경영정보시스템은 내 경력에 어떻게 도움이 되는가?

사례

자동차는 바퀴 달린 빅 브라더가 되고 있는가?

보잉 737 맥스 추락: 무슨 일이, 왜 일어났는가?

스마트폰은 얼마나 해로울까?

페이스북 개인정보 보호: 당신의 삶이 판매되고 있다

자동차는 바퀴 달린 빅 브라더가 되고 있는가?

오늘날 자동차는 바퀴 달린 정교한 리스닝 포스트가 되고 있다. 그들은 전화와 문자를 추적하고, 당신이 듣는 라디오 방송국을 녹음하고, 당신이 운전하는 속도와 브레이크 동작을 모니터링하고, 종종 당신이 알지 못하는 사이에 제한 속도를 초과했을 때 알려줄 수도 있다.

현재 미국에서 수천만 명의 운전자가 모니터링되고 있으며 그 수는 새 차량을 판매하거나 임대할 때마다 증가하고 있다. 현재 도로에 운전자 모니터링에 사용할 수 있는 사이버 연결이 내장된 차량이 최소 7,800만 대가 있다. 리서치 회사 가트너(Gartner Inc.)에 따르면 2021년까지 미국과 유럽에서 판매되는 신차의 98%가 연결될 것이라 한다.

2014년부터 미국의 모든 신차에는 차량 속도, 안전벨트 사용, 제동 활성화를 포함해 12개 이상의 데이터 포인트를 기록하고 저장하는 이벤트 데이터 레코더(Event Data Recorder, EDR)가 함께 제공된다. EDR 데이터는 사고에 대한 책임을 확인하거나 사기를 감지하는 데 도움이 되기에 보험사에서 사용할 수 있을 뿐만 아니라 모든 자동차 제조업체에서 사용할 수 있다.

EDR은 미국 정부에 의해 의무화되고 규제되지만 오늘날 자동차의 다른 데이터 수집 소프트웨어는 그렇지 않다. 이러한 소프트웨어는 수많은 센서, 진단시스템, 대시보드 내 내비게이션 시스템, 내장형 셀룰러 연결뿐만 아니라 운전자가 주차하고, 차선을 유지하고, 다른 차를 뒤쫓는 것을 방지하고, 짧은 시간 동안 조향하는 데 도움이 되는 운전자 지원 시스템의 기반이 된다. 이 모든 소프트웨어는 드라이버가 수행하는 작업을 추적한다. 최신 자동차는 운전자의 시선 움직임, 앞 좌석에 앉은 사람의 무게, 운전자가 운전대를 잡고 있는지를 기록할 수 있다. 스마트폰은 자동차에 연결되어 있는지에 관계없이 운전 중 문자메시지를 포함한 모든 활동을 추적할 수 있다. 자동차 제조업체는 앱 개발자 및 구글이나 스포티파이(Spotify)와 같은 회사와 마찬가지로 이 모든 정보를 분석할 수 있다.

의료정보를 제외하고 미국에는 기업이 수집할 수 있는 데이터와 데이터 사용 방법에 관한 규정이 거의 없다. 회사는 일반적으로 이름이나 기타 개인정보를 숨길 필요가 없다. 대부분의 경우 운전자는 자신의 개인정보를 추적하거나 모니터링하는 데 동의해야 한다. 많은 사람이 자동차의 대시보드 시스템 또는 내비게이션 앱을 등록하는 데 필요한 긴 서비스 계약 양식의 체크박스에 체크하면서 자신도 모르는 사이에 이를 동의하게 된다.

운전자가 생성한 대량의 개인 데이터를 수집하는 것은 자동차 제조업체 등이 사람들의 개인정보를 보호하기 위해 충분히 노력하고 있는지에 대한 우려를 불러일으킨다. 운전자는 유용한

진단정보를 전달하거나 인근 교통 체증에 대한 업데이트 정보를 사용하는 것을 환영할 수 있다. 그렇다고 운전자가 반드시 다른 용도를 사용해도 된다는 것을 보증하는 것은 아니며 자동차 제조업체의 경우 향후 데이터 수집 계획 및 정책에 대한 언급을 자제하고 있다.

자동차 제조업체는 데이터가 차량 성능과 차량 안전 개선에 중요하며 곧 교통사고와 사망자를 줄일 수 있을 것이라고 주장한다. 인간의 운전 행위에 대한 상세한 데이터를 축적하는 것도 자율주행차 개발에 필수적이다. 그러나 개인정보 보호 전문가는 이러한 관행이 위험하다고 생각한다. 운전자 행동에 대한 충분한 데이터가 있으면 지문처럼 고유한 개별 프로필을 개발할 수 있다. 기업 방문은 기업, 정부기관, 법 집행기관에 가치가 있을 수 있는 구매 습관과 관계를 보여준다. 예를 들어 주류 판매점이나 정신건강 클리닉을 자주 방문하면 누군가의 음주 습관이나 건강 문제에 대한 정보가 드러날 수 있다. 사람들은 분명히 그러한 기밀 데이터가 다른 사람과 공유되는 것을 원하지 않을 것이다.

출처: Jaclyn Trop, "The Spy Inside Your Car," *Fortune*, January 24, 2019; Peter Holley, "Big Brother on Wheels: Why Your Car Company May Know More About You Than Your Spouse," *Washington Post*, January 15, 2018; Christina Rogers, "What Your Car Knows about You," *Wall Street Journal*, August 18, 2018; John R. Quain, "Cars Suck Up Data About You, Where Does It All Go?" *New York Times*, July 27, 2017; and Russ Heaps, "Data Collection for Self-Driving Cars Could Be Risking Your Privacy," *Autotrader*, September 2016.

이 장 도입 사례에서 이야기한 연결된 차량과 빅데이터가 개인정보 보호에 제기하는 문제는 기술이 양날의 검이 될 수 있음을 보여준다. 운전을 더 안전하고 효율적으로 만드는 기능을 포함해 기술의 많은 장점이 될 수 있다. 그러나 동시에 디지털 기술은 개인 정보를 침해하고 해를 입힐 수 있는 정보를 사용할 수 있는 새로운 기회도 만든다.

옆 페이지의 도표는 이 사례와 이 장에서 제기하는 중요한 점을 환기한다. 데이터 관리 기술, 사물인터넷(IoT), 데이터 분석의 발전으로 조직은 빅데이터를 사용해 운영 및 의사결정을 개선할 기회를 만들고 있다. 빅데이터 분석은 이제 자동차에서 생성되는 모든 데이터, 특히 인터넷에 연결된 데이터에 적용되고 있다. 여기에 설명된 자동차 제조업체 및 기타 조직은 빅데이터를 사용해 차량 성능 및 운전자 행동을 모니터링해 운전자에게 안전한 운전 및 차량 관리에 유용한 도구를 제공하는 혜택을 주고 있다. 그러나 자동차 빅데이터의 사용은 개인의 혜택을 빼앗아갈 수 있다. 조직은 자신의 운전 행동에 대한 방대한 데이터를 수집하고 분석할 수 있는 새로운 도구를 가지고 있기 때문에 개인은 직업 차별을 받거나 더 높은 보험료를 지불하게 될 수 있다. 자동차 운전에서 수집된 모든 개인 데이터에 대한 개인정보 보호 방안은 거의 없다. 빅데이터를 수집하고 분석하는 기술과 동시에 새로운 개인정보 보호법과 정책도 개발되어야 한다.

이 사례는 두 가지 이해관계를 보여주기 때문에 윤리적 딜레마를 보여준다. 연결된 자동차가 생성한 데이터는 많은 사람에게 이익을 주거나 심지어 많은 사람을 도와주고 있지만, 기업과 공공기관이 빅데이터를 이용해 개인의 프라이버시를 침해해서는 안 된다는 것이다. 관리자는 회사와 종업원, 고객을 위한 정보시스템에 끼칠 영향에 대해 긍정적인 측면과 부정적인 측면에 민감할 필요가 있다. 정보시스템과 관련한 윤리적 딜레마를 해결하

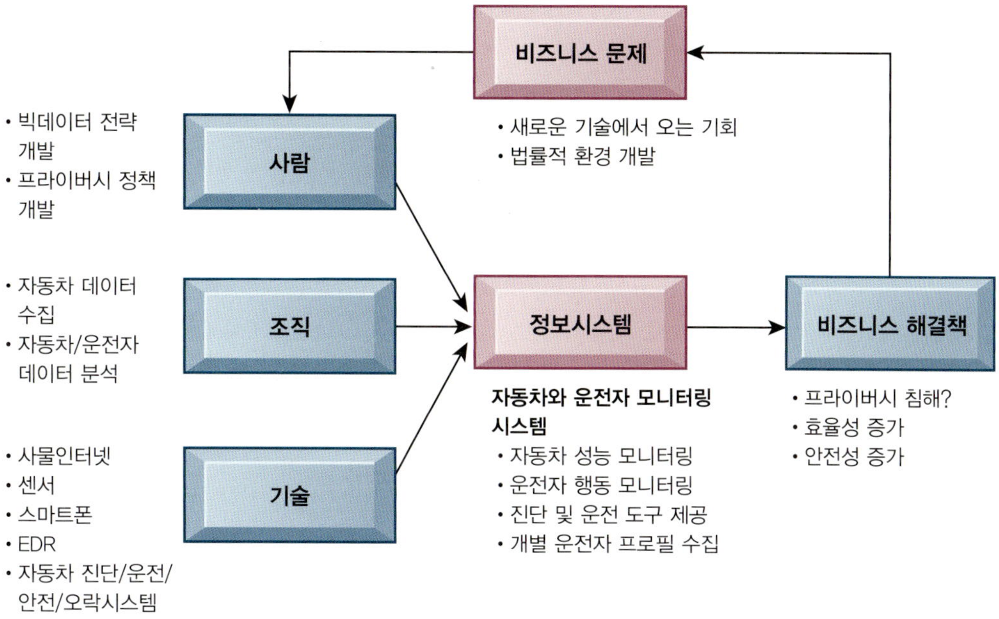

는 방법을 배울 필요가 있다.

다음은 몇 가지 생각해볼 질문이다. 자동차의 빅데이터를 분석할 때 윤리적 딜레마가 발생하는가? 그렇다면 그 이유는 무엇인가? 자동차에서 수집한 개인정보를 보호하기 위한 새로운 개인정보 보호법이 있어야 할까? 그렇다면 왜 필요한가?

4-1 정보시스템에 의해 윤리적, 사회적, 정치적으로 발생한 문제는 무엇인가?

지난 20년은 미국과 글로벌 기업에게 윤리적 과제가 가장 많았던 시기이다. 표 4.1은 지난 몇 년간 고위급, 중간급 관리자가 윤리적 판단을 잘못한 예를 열거하고 있다. 경영진의 윤리적, 사업적 판단 실수가 다양한 산업군에서 광범위하게 발생했다.

오늘날의 글로벌 법적 환경에서, 법을 어기고 기소된 관리자는 대부분 감옥에 가게 된다. 1987년에 채택된 미 연방 판결 가이드라인(United States Federal Sentencing Guidelines)은 범죄에 관련된 돈의 액수, 범죄를 숨기려는 공모 여부, 범죄를 숨기기 위한 부정 금융거래 유무 및 검사 심문에 협조하는 정도에 따라 연방 판사가 비즈니스 경영진에게 무거운 형벌을 부과할 것을 명시하고 있다(U.S. Sentencing Commission, 2004). 국제 조약과 인터폴은 글로벌 정보시스템을 통해 범죄 활동으로 의심되는 비즈니스 관리자를 전 세계적으로 인도, 기소, 체포 및 투옥하는 것을 가능하게 했다.

비록 과거에는 기업이 시민 고발이나 범죄수사에 연루된 직원의 법적 보호를 위한 소송비용을 지불했지만, 오늘날 회사들은 검찰 수사 방해에 따른 엄청난 벌금을 물지 않기 위해 검찰에 적극 협조하고 있다. 이러한 환경은 곧 관리자와 고용주가 법적·도덕적 행위의 경계를 직접 판단해야 한다는 것을 의미한다.

표 4.1
최근 고위 관리자들의 비윤리적 의사결정 사례

폴크스바겐 AG (2015년)	미국의 500,000대 이상의 디젤 자동차와 전 세계적으로 약 1,050만 대 이상의 디젤 자동차에 '디피트 장치(defeat-device)' 배기가스 배출 소프트웨어를 설치해 미국 배기가스 표준을 충족하는 규제 테스트 중에 실제 운전에서 불법적인 수준의 오염 물질을 공기 중으로 분출했다. 징역 7년과 40만 달러의 벌금형을 선고받은 올리버 슈미트(Oliver Schmidt)를 포함해 6명의 폴크스바겐 고위 간부가 형사 기소되었다.
웰스파고(2018년)	웰스파고(Wells Fargo) 은행은 수백만 개의 허위 계좌를 개설하고, 모기지 조건을 조작하고, 자동차 대출 고객이 불필요한 보험에 가입하도록 강요한 사실을 인정했다. 연방정부는 웰스파고에 25억 달러의 벌금을 부과했다.
제너럴모터스(2015년)	제너럴모터스 사장은 적어도 수십 년간 잘못된 점화스위치 커버로 인해 114명 이상의 사망자가 발생한 것을 인정했다. 전 세계적으로 1억 대 이상의 차량이 영향을 받았다.
타카타(2015년)	경영진은 수년간 수백만 대의 차량에 설치된 에어백 결함을 덮은 것을 인정했다. 3명의 임원이 형사고발되었으며, 회사에는 10억 달러의 벌금이 부과되었다. 타카타는 2017년 6월 파산 신청을 했다.

이러한 실패한 윤리적·법적 판단 사례들이 정보시스템 부서에 의해 주도된 것은 아니지만, 정보시스템은 수많은 사기와 횡령 사건의 수단으로 이용되었다. 대부분의 경우 이러한 범죄자들은 재무보고 정보시스템을 교묘히 사용해 공개조사로부터 자신들의 결정을 숨겼다.

정보시스템 통제는 8장에서 다루고 있다. 이 장에서는 정보시스템의 윤리적 차원과 정보시스템 사용에 따른 윤리적 행동을 다룬다.

윤리(ethics)란 자율적인 도덕적 주체로 행동하는 개인이 그들의 행동을 이끌어갈 선택을 결정하는 데 사용하는 옳고 그름의 원칙을 말한다. 정보시스템은 강력한 사회 변화를 이끌고 있으며 힘, 돈, 권리, 의무의 기존 법칙들을 위협하기 때문에 개인과 사회 모두에게 새로운 윤리적 문제를 제기하고 있다. 증기엔진, 전기, 전화, 라디오와 같은 기술처럼 정보기술도 사회 발전을 달성하는 데 사용될 수 있지만, 한편으로는 범죄를 일으키고 소중한 사회적 가치를 위협할 수 있다. 정보기술의 발전은 많은 면에서 이익을 가져오겠지만 부정적인 효과도 있을 것이다.

인터넷과 전자상거래의 발전에 따라 정보시스템의 윤리적 이슈들은 새로운 위기를 맞이하게 되었다. 인터넷과 디지털 회사의 기술로 인해서 정보의 수집, 통합, 분배가 더 쉽게 이루어지기 때문에 고객정보의 합법적 이용, 개인 프라이버시 보호 및 지적 재산권 보호라는 새로운 문제가 발생하고 있다.

이외에도 정보시스템이 제기하는 윤리적 이슈는 정보시스템에 대한 책임 문제, 개인 및 사회의 안전을 지킬 수 있도록 시스템 품질을 보호하기 위한 표준화 문제, 정보화 시대의 삶의 질에 필요한 가치관들을 유지하는 문제를 포함한다. 따라서 정보시스템을 사용할 경우 '행동의 윤리적·사회적 책임은 무엇인가?'라는 질문을 되새겨보아야 할 것이다.

윤리적·사회적·정책적 이슈를 고려하기 위한 모델

윤리적·사회적·정책적 이슈는 서로 밀접하게 연결되어 있다. 당신이 정보시스템 관리자로서 직면할지도 모르는 윤리적 딜레마는 사회적·정책적 논쟁에 반영되어 있다. 이러한

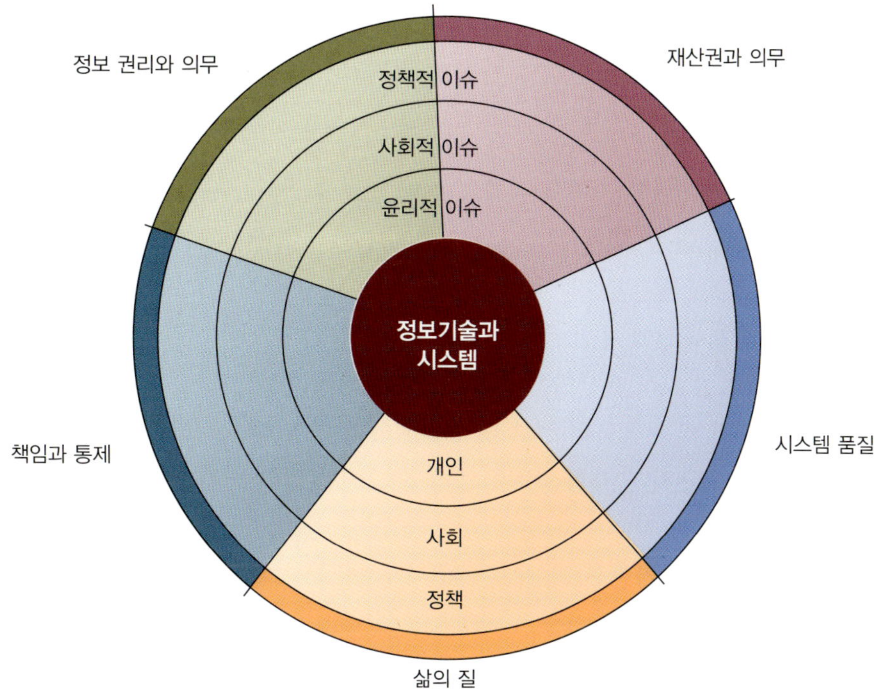

그림 4.1
정보사회의 윤리적·사회적·정책적 이슈 간 관계
새로운 정보기술의 탄생은 새로운 윤리적, 사회적, 정책적 이슈를 발생시키는 파장효과를 일으킨다. 이러한 이슈는 개인, 사회, 정책적 수준에서 다루어야 하며, 정보 권리와 의무, 재산권과 의무, 시스템 품질, 삶의 질, 책임과 통제의 다섯 가지 도덕적 영역을 가진다.

관계를 생각하는 한 가지 방법은 그림 4.1에서 살펴볼 수 있다. 가령 사회를 어느 여름날의 고요한 연못이라고 가정하자. 즉 사회는 개개인, 사회 및 정치 조직 간의 이해관계가 부분적인 평형을 유지하고 있는 하나의 민감한 생태계와도 같다. 개인들은 이 연못에서 어떻게 행동해야 하는지를 안다. 왜냐하면 사회제도(가정, 교육, 조직)는 잘 연마된 행동 규칙을 발전시켜 왔고, 이러한 규칙들은 행동을 규정하고 위반에 대한 제재 규정을 약속하는 정책적 기관들에 의해 더욱 견고히 뒷받침되었기 때문이다. 이제 연못의 중앙에 돌을 던져보라. 무슨 일이 생기는가? 물론 파장이다.

그러나 당신이 던진 이와 같은 방해요소를 사회의 안정을 해치는 정보기술과 시스템이라고 상상해보자. 개인들은 그 순간 기존의 오래된 규정으로는 해결할 수 없는 새로운 상황에 직면하게 된다. 사회제도 또한 이러한 파장효과에 즉각 대응할 수 없다. 즉 에티켓, 기대, 사회적 책임, 올바른 정책적 태도 또는 인가된 규칙이 발전하려면 몇 년이 걸릴지 모른다. 한편 정치기관은 새로운 법안을 만들기 위해 시간이 필요하고, 대개 현실적인 피해들을 실제로 입증한 후에 법안을 만들기 시작한다. 그 사이에 당신은 어떤 행동이 필요할 수 있다. 즉 법적인 기반이 뿌리내리지 못한 상태에서 부득이하게 행동을 취해야만 하는 경우가 생길 수 있는 것이다.

윤리적·사회적·정책적 이슈와 관련된 상호작용을 설명하기 위해 이와 같은 모델을 사용할 수 있다. 또한 이 모델은 개인적·사회적·정책적으로 다양한 수준의 행동에 영향을 미치는 정보사회의 도덕적 영역들을 확인하는 데 유용하다.

정보화 시대의 다섯 가지 도덕적 영역

정보시스템이 제기하는 중요한 윤리적·사회적·정책적 이슈는 다음과 같은 도덕적 영역을 포함한다.

- 정보 권리와 의무: 개인과 조직들은 각자 어떤 **정보 권리**(information rights)를 갖고 있는가? 그들이 보호할 수 있는 것은 무엇인가? 이러한 정보에 개인과 조직은 어떠한 의무를 갖는가?
- 재산권과 의무: 소유권에 대한 추적과 계산이 어렵고 재산권이 무시되기 쉬운 디지털 사회에서 전통적인 지적 재산권은 어떻게 보호될 것인가?
- 책임과 통제: 개인 또는 공동의 정보 및 재산권에 대한 피해는 누가 책임져야 하는가?
- 시스템 품질: 개인 권리와 사회 안전에 필요한 데이터 및 시스템 품질의 표준은 무엇이어야 하는가?
- 삶의 질: 정보와 지식 기반 사회에서는 어떠한 가치를 보존해야 하며, 어떤 제도를 보호해야 하는가? 새로운 정보기술은 어떠한 문화적 가치와 관습을 유지해야 하는가?

이 도덕적 차원은 4-3절에서 자세하게 살펴본다.

윤리적 이슈를 발생시키는 핵심 기술 동향

윤리적 이슈는 오랫동안 정보기술보다 앞서왔다. 그럼에도 불구하고 정보기술은 윤리적 관심을 증가시켜 왔고, 현존하는 사회적 제도에 무거운 짐이 되고 있으며, 심지어 어떤 법들을 사라지게 하거나 무력하게 만들었다. 이러한 윤리적 추세는 표 4.2에 나열된 다섯 가지 핵심 기술 동향에 의해 주도되었다.

18개월마다 배가되는 컴퓨터 속도는 대부분 조직이 정보기술을 핵심적인 생산 과정에 사용하는 것을 가능하게 해주었다. 결과적으로 조직은 시스템에 더욱 의지하게 되었고 시스템 오류나 품질이 나쁜 데이터로 인한 취약성이 증가했다. 사회 규정과 법은 아직 이러한 추세에 부합하지 못하고 있다. 정보시스템의 정확성과 신뢰성을 보증하기 위한 기준(8장 참조)은 아직 일반적으로 수용되거나 시행되고 있지 않다.

데이터 저장 기술의 진보와 저장 비용의 빠른 감소는 민간 및 공공 조직에 의해 유지관리 되는 개인들(종업원, 일반 고객, 잠재 고객)에 대한 데이터베이스를 증가시켰다. 데이터 저장소가 발전함에 따라서 결국 일상적인 프라이버시 침해는 유효하게 되고, 이에 대한 처벌은 값싼 대가로 인식되었다. 이제 대량의 데이터 저장시스템은 고객 확인을 위해 지역 또는 현지 소매업자가 사용할 수 있을 정도로 그 가격이 저렴하다.

또 다른 기술적 동향은 대용량 데이터에 대한 분석 기술의 발전이다. 데이터 분석 기술의 발전은 회사와 정부기관이 개인에 대한 많은 자세한 개인정보를 찾아낼 수 있게 하기 때문에 윤리적인 문제에 대한 관심을 증가시켰다. 현재 데이터 관리 도구(6장 참조)를 사용해 회사들은 그 어느 때보다도 더 쉽게 컴퓨터에 저장된 무수한 정보의 단면을 조합하고 결합할 수 있다.

표 4.2
윤리적 이슈를 만드는 기술 동향

동향	영향
18개월마다 배가 되는 컴퓨팅 파워	더 많은 조직이 핵심 기능을 컴퓨터 시스템에 의존하고 시스템 실패에 더 취약해지고 있다.
빠르게 감소하는 데이터 저장 비용	개인에 대한 자세한 데이터베이스를 쉽게 유지할 수 있다. 개인과 관련해 수집한 정보의 한계가 없어진다.
데이터 분석의 발전	회사는 개인 성향에 대한 자세한 프로파일 개발을 위해 개인에 대해 수집한 거대한 양의 데이터를 분석할 수 있다. 대규모 인구 감시가 가능하다.
네트워크 향상	데이터를 전송하고 어디에서나 이에 접근할 수 있도록 하는 비용은 기하급수적으로 감소한다. 그러나 데이터를 관리하기는 점점 어려워진다.
모바일 기기 성장	사용자의 동의 없이 개인 휴대전화 추적이 가능하다. 항상 켜져 있는 장치는 밧줄이 된다.

예를 들어 사람들이 컴퓨터 정보를 발생시키는 모든 방법을 생각해보자. 여기에는 신용카드 구매, 전화 통화, 잡지 구독, 비디오 대여, 우편 주문 구매, 은행 기록, 그리고 지역, 주, 연방정부 기록(법원과 경찰서 기록 포함), 웹사이트 방문 등이 있을 수 있다. 이제 이러한 정보를 적절하게 모으고 손질한다면 당신의 신용정보뿐만 아니라 운전 습관, 취미, 소속된 단체, 정치적 관심사까지 알아낼 수 있다.

기업은 이러한 정보를 구매해 마케팅 캠페인 목표를 보다 자세하게 수립할 수 있다. 6장과 11장은 기업이 다양한 원천으로부터 대량의 데이터를 분석해 신속하게 소비자의 구매 패턴을 확인하는 방법을 설명하고 있다. 컴퓨터를 사용해 개인의 다양한 소스로부터 데이터를 조합하고 자세한 전자 명세서를 만드는 것을 **프로파일링**(profiling)이라고 부른다.

예를 들어 수천 개의 웹사이트는 구글이 소유하고 있는 인터넷 광고 브로커인 구글 마케팅 플랫폼[Google Marketing Platform, 전 더블클릭(Doubleclick)]이 자신들의 사이트에서 수집한 방문자 정보에 기초해 이 회사가 지불한 광고 수입에 대한 대가로서 방문자 행동을 추적할 수 있게 허용했다. 회사는 이 정보를 사용해 각 온라인 방문자의 프로필을 만들고

신용카드 구매는 시장 조사, 텔레마케터, DM 업체에게 개인정보가 제공될 수 있다. 정보기술의 발전으로 프라이버시 침해가 쉬워졌다.

방문자가 연결된 구글 플랫폼 사이트에 액세스할 때 프로필에 세부정보를 추가한다. 시간이 지남에 따라 플랫폼은 웹에서 개인의 지출 및 컴퓨팅 습관에 대한 자세한 문서를 생성해 회사에 판매해 웹 광고를 보다 정확하게 타기팅할 수 있다. 광고주는 온라인 소비자 정보를 상점에서 신용카드 구매와 같은 오프라인 정보와 결합할 수 있다.

렉시스넥시스리스크솔루션스[LexisNexis Risk Solutions, 전 초이스포인트(ChoicePoint)]는 미국의 거의 모든 성인에 대한 전자 신상서류를 모으고 유지관리하기 위해 경찰, 범죄, 자동차 기록, 신용과 고용 기록, 현재와 과거의 주소, 전문 자격증, 보험금 청구 기록 등으로부터 데이터를 수집한다. 이 회사는 이러한 개인정보를 기업이나 정부기관에 판매한다. 개인 데이터에 대한 수요는 매우 광범위해서 리스크솔루션스 같은 데이터 중개 회사가 현재 번창하고 있다. 가장 큰 두 신용카드 회사인 비자카드와 마스터카드는 광고회사에 판매할 수 고객 프로필을 만들기 위해, 신용카드 구매 정보를 고객의 소셜 네트워크와 다른 정보와 연결하는 계획을 세웠다.

NORA(nonobvious relationship awareness)라고 불리는 새로운 데이터 분석 기술은 정부와 민간기업에게 좀 더 강력한 프로파일링 능력을 제공하고 있다. NORA는 고용 신청서, 전화 기록, 고객 목록, '수배' 리스트 등 다양한 소스로부터 사람들에 대한 정보를 수집해 이들 간의 상관관계를 분석함으로써 자료에 숨겨진 연결 고리들을 찾아낼 수 있다. 이러한 분석은 범죄자나 테러리스트를 쉽게 찾아준다(그림 4.2 참조).

NORA 기술은 데이터를 스캔해서 데이터가 생성되면 이로부터 정보를 추출할 수 있다.

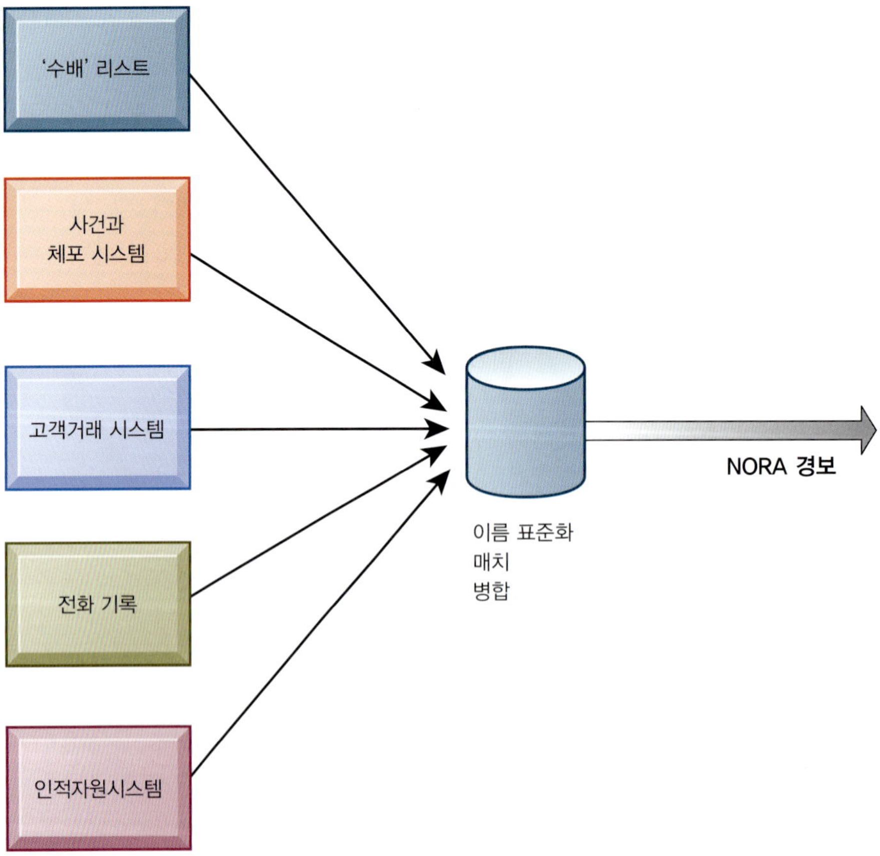

그림 4.2
NORA
NORA 기술은 다양한 매체를 통해 개인정보를 수집해 불확실한 연결관계를 찾아준다. 예를 들어 NORA는 카지노 딜러 취업 희망자와 수배 중인 범죄자의 전화번호가 일치함을 확인하고 고용주에게 이를 알려줄 수 있다.

예를 들어 이 기술을 사용하게 될 경우, 비행기 탑승 카운터에서 수속을 할 때 테러리스트의 전화번호와 같은 전화번호를 소지한 승객을 탑승 전에 체포할 수 있게 해준다. 이 기술은 국가안보를 위해 가치 있는 도구로 인식되고 있지만, 개인의 행동과 소속단체에 대한 자세한 정보를 제공할 수 있기 때문에 프라이버시를 침해하는 측면도 있다.

마지막으로, 인터넷을 포함한 네트워크의 발달은 대용량 데이터의 이동과 접근 비용을 상당히 감소시키고 있으며, 원격으로 데스크톱을 사용해 대규모 데이터베이스에 접속해 이를 분석할 수 있기 때문에 지금까지 상상할 수 없었던 규모와 상세한 정보의 형태로 프라이버시가 침해되고 있다.

4-2 윤리적 결정을 유도하는 구체적인 도덕적 원칙은 무엇인가?

윤리는 선택의 자유가 있는 인간에게 하나의 관심사이다. 윤리는 개인의 선택에 대한 것으로서, 여러 가지 행동 대안과 직면했을 때 올바른 도덕적 선택은 무엇인가 또는 윤리적 선택의 중요한 특징은 무엇인가 등을 다룬다.

기본 개념: 책무, 책임, 의무

윤리적 선택이란 자신의 행동 결과에 책임을 지는 개인이 결정하는 하나의 선택이다. **책무**(responsibility)는 윤리적 행동의 핵심 요소이다. 책무는 당신의 결정에 수반하는 잠재적 비용, 의무, 책임을 수용하는 것을 의미한다. **책임**(accountability)은 시스템과 사회제도의 특징으로서, 즉 누가 책임질 행동을 했고, 누구에게 책임이 있는지를 결정하는 절차가 온전하게 존재하는 것이다. 누가 어떠한 행동을 취했는지 알 수 없는 시스템과 제도 속에서는 윤리 분석과 윤리적 행동이 불가능하다. **의무**(liability)는 책무의 개념을 법의 범위로 좀 더 연장한다. 의무는 정치제도의 특징으로서 한 개인이 다른 행위자, 시스템, 조직에 의해 입은 피해를 보상받을 수 있게 하는 법률이 온전하게 존재하는 것이다. **적법절차**(due process)는 법치 사회와 관계된 특징이며, 이 절차는 법이 알려지고 이해되며 올바르게 적용될 수 있도록 상위 기관에 상소할 수 있는 기회를 포함한다.

이러한 기본 개념은 정보시스템과 시스템 관리자에 대한 윤리적 분석의 토대를 형성한다. 첫째, 정보기술은 사회적 제도, 조직, 개인을 통해 걸러진다. 시스템은 저절로 효과를 발휘하지 못한다. 모든 정보시스템의 효과는 제도적·조직적·개인적 활동과 행위의 산물이다. 둘째, 기술의 결과에 대한 책무는 명백히 그 기술 사용을 선택한 제도, 조직, 개인 관리자에게 있다. 사회적으로 책임 있게 정보기술을 사용한다는 것은 활동의 결과에 책임질 수 있다는 것을 의미한다. 셋째, 윤리적·정책적 사회에서 개개인이 입은 피해는 정당한 법의 절차에 따라 보상받을 수 있다.

윤리적 분석

윤리적 이슈와 관련된 상황에 직면했을 때 당신은 어떻게 분석할 것인가? 아래 5단계 프로세스가 이를 도와줄 것이다.

1. 사실을 명백하게 확인하고 설명하라. 누가, 누구에게, 언제, 어디에서, 무슨 일을 어떻게 했는지 조사하라. 초기에 보고된 사실에는 흔히 많은 오류가 있으며 이러한 오류를 바로잡는 것만으로도 해결책이 제시되는 경우가 많다. 윤리적 딜레마에 빠진 상대편을 그 사실에 동의하게 만드는 것도 도움이 될 것이다.
2. 분쟁 또는 딜레마를 정의하고 상위 가치관을 확인하라. 윤리적·사회적·정책적 이슈에는 항상 상위 가치관이 연관되어 있다. 논쟁의 모든 당사자는 자신이 추구하는 상위 가치관(예: 자유, 프라이버시, 재산권 보호, 무상의 전사적 시스템 등)을 제시한다. 일반적으로 윤리적 이슈는 딜레마를 포함하고 있다. 즉 이는 서로 무시 못할 가치관을 받들고 있는 두 가지 정반대되는 행동을 말한다. 예를 들어 이 장의 도입 사례는 두 가지 상충되는 가치, 즉 조직을 보다 효율적이고 비용 효율적으로 만들어야 할 필요성과 개인의 프라이버시를 존중할 필요성을 보여준다.
3. 이해관계자를 확인하라. 모든 윤리적·사회적·정책적 이슈는 이해관계자를 포함한다. 이해관계자란 게임의 선수로서 결과에 관심을 갖고, 상황에 투자하고, 보통 자신의 소신이 있다. 이러한 집단들의 본성과 그들이 무엇을 원하는지 생각하라. 이것은 나중에 해결책을 만들 때 유용할 것이다.
4. 선택안이 합리적인지 확인하라. 경우에 따라 어느 선택안도 모든 이해관계를 충족하지 못할 때가 있다. 그러나 이때에도 더 나은 선택안은 있기 마련이다. 올바르고 윤리적인 해결책이 이해관계자에게 항상 합리적인 것은 아니다.
5. 선택안의 잠재적 결과를 확인하라. 어떤 선택은 윤리적으로 옳을지도 모르지만, 다른 관점에서는 피해를 발생시킬 수 있다. 한 선택안이 어떤 경우에는 통할 수 있겠지만 다른 유사한 상황에서는 적용할 수 없을 때가 있다. 항상 스스로에게 "내가 시간이 지나도 시종일관 이 선택을 고집한다면 어떻게 될 것인가?"라고 자문해보아야 한다.

고려 가능한 윤리적 원칙

일단 당신의 분석이 완성되었다면, 당신은 의사결정을 하는 데 어떠한 윤리적 원칙과 법칙을 사용할 것인지 정해야 한다. 당신의 판단이 어떠한 상위 가치관에 근거하는지를 결정해야 한다. 물론 당신이 따르게 될 많은 윤리적 원칙 중에서 결정할 수 있는 것은 하나이고, 그러한 많은 원칙 중에서 우선순위를 세우는 것도 당신의 몫이지만, 오랫동안 문화적 뿌리가 깊은 윤리적 원칙은 미리 고려할 필요가 있다.

1. 무엇이든지 남에게 대접을 받고자 하는 대로 남을 대접하라[**황금률**(Golden Rule)]. 다른 사람의 입장에서 생각해보고 자신을 판단의 대상으로 여긴다면 보다 공정한 판단을 내리는 데 도움이 될 것이다.
2. 만약 한 행동이 모두에게 옳지 않다면, 그것은 누구에게도 옳지 않은 것이다[칸트의 **정언 명령**(categorical imperative)]. 스스로에게 물어보라. "만약 모두가 이렇게 하면, 조직 또는 사회가 살아남겠는가?"
3. 만약 한 행동이 반복적으로 이루어지지 않는다면, 그것은 절대 옳은 것이 아니다. 이

것은 **미끄러운 경사 법칙**(slippery-slope rule)이다. 한 행동이 지금은 수용할 수 있는 작은 변화를 가져올지 모르지만, 반복된다면 결국 수용할 수 없는 변화를 가져올 것이다. 다시 말해 "일단 미끄러운 길을 내려가기 시작하면 당신은 멈출 수 없을지 모른다"고 말할 수 있다.

4. 더 높거나 위대한 가치를 달성하는 행동을 하라[**공리 원칙**(utilitarian principle)]. 이 규칙은 당신이 우선순위에 따라서 가치를 결정할 수 있고, 다양한 일련의 행동 결과를 이해하는 것을 가정한다.
5. 최소 손실 또는 최소 잠재적 비용을 동반하는 행동을 하라[**위험 기피 원칙**(risk aversion principle)]. 어떤 행동은 실현 가능성이 매우 낮으면서 매우 높은 실패 비용을 갖거나(예: 도심 지역에 원자력 발전소를 건설하는 것), 가능성이 적당하면서 매우 높은 실패 비용(속도 위반 및 자동차 사고)을 갖는다. 특히 실패 비용이 높으면서 가능성도 높은 옵션을 주의 깊게 살피면서 실패 비용이 높은 행동을 피해야 한다.
6. 실질적으로 모든 유·무형의 사물은 특별히 명시되어 있지 않은 한 어떤 누군가에 의해 소유되고 있다고 가정하라[윤리적으로 **공짜 점심은 없다**(no free lunch)는 규칙]. 만약 누군가가 당신에게 유용한 것을 만들었다면, 그것은 가치가 있으며, 당신은 그것을 만든 사람이 이 일에 대해서 보상을 원한다고 가정해야 한다.

이러한 원칙에 어긋나는 행동은 세밀한 주의와 경계가 필요하다. 비윤리적 행위의 징후는 실제 비윤리적 행위만큼 당신과 당신의 회사에 큰 손해를 입힐지 모른다.

전문직 종사자의 행동강령

지식, 지혜, 존경에 대한 그들의 특별한 자격 때문에 전문가는 특별한 권리와 의무가 있다. 전문가 행동강령은 미국의학협회(American Medical Association, AMA), 미국변호사협회(American Bar Association, ABA), 정보기술전문가협회(Association of Information Technology Professionals, AITP), 미국컴퓨터협회(Association of Computing Machinery, ACM) 등 전문가 협회에 의해 공포되었다. 이러한 전문가 집단은 가입 자격과 능력을 결정함으로써 전문직의 부분적 규제에 대한 책임을 갖는다. 윤리강령은 전문직 종사자가 사회의 이익을 위해 자기 자신을 규제하는 약속이다. 예를 들어 타인에게 손해를 입히지 않고, 재산권을 인정하고(지적 재산권 포함), 프라이버시를 존중하는 것은 미국컴퓨터협회(ACM)의 윤리 및 전문직 행동강령으로서 일반 도덕 규범 중 하나이다.

현실 세계의 윤리적 딜레마

정보시스템은 하나의 이해관계가 또 다른 이해관계와 경쟁하는 새로운 윤리적 딜레마를 만들어냈다. 예를 들어 미국에 있는 수많은 거대한 전화국은 인력을 줄이기 위해 정보기술을 사용한다. 음성 인식 소프트웨어는 전산화된 질문을 통해 고객의 반응을 컴퓨터가 인식할 수 있게 함으로써 전화 상담원 수요를 줄이고 있다. 또한 많은 기업이 비업무 활동으로 회사의 자원이 낭비되는 것을 막기 위해 인터넷을 사용하는 직원을 감시한다. 페이스북은 미국 가입자를 모니터링하고 광고주와 앱 개발자에게 정보를 판매한다(이 장 마지막 사례 참조).

각 사례에서 당신은 서로 대립하는 직장 내 업무 관련 가치관을 살펴볼 수 있다. 예를 들어 회사는 회사의 존속을 위해 생산성을 높이고 동시에 노동력을 감축해 비용 절감 효과를 일으키는 정보시스템을 도입하려고 할 것이다. 그러나 정보시스템에 의해 대체되는 종업원은 고용주에게 종업원의 복지에 대한 책임이 있다고 주장할 것이다. 회사 소유주는 생산성 하락을 최소화하기 위해 이메일과 인터넷을 사용하는 종업원을 감시해야 한다는 의무를 느낄지도 모른다. 반면에 종업원은 전화를 대신해 간단한 개인적 업무를 위해 인터넷을 사용할 수 있다고 여길 수 있을 것이다. 이와 같은 사실을 자세히 분석한다면 양측이 모두 만족할 수 있는 대안을 도출할 수 있다. 위에서 언급한 상황에 대해 윤리적 분석의 원칙을 적용해보자. 어떠한 방법이 올바른 행동인가?

4-3 개인정보 보호와 지적 재산권은 왜 현대 정보시스템 기술과 인터넷에서 문제가 제기되는가?

이 절에서는 그림 4.1에서 처음 설명한 정보시스템의 다섯 가지 도덕적 영역을 좀 더 자세히 다룬다. 각 도덕적 영역에서 윤리적·사회적·정책적 분석 단계를 확인하고 실제 사례를 통해 이와 관련된 가치관, 이해관계자, 선택안 등을 알아본다.

정보 권리: 인터넷 시대의 프라이버시와 자유

프라이버시(privacy)란 다른 개인이나 기관 또는 국가의 어떠한 감시와 방해로부터 자유로운 상태로 개인이 혼자 남겨져 있기를 원하는 요구이다. 프라이버시에 대한 요구는 직장에서도 발생한다. 수백만 종업원은 컴퓨터 및 첨단 감시시스템의 대상이다. 정보기술과 시스템은 프라이버시 침해를 좀 더 저렴하고 이득이 되며 효과적으로 만들기 때문에 개인 프라이버시를 위협하고 있다.

미국, 캐나다, 독일 등 여러 나라가 헌법과 다양한 법규를 통해 프라이버시를 보호하고 있다. 미국의 경우 언론의 자유를 보장하는 수정 헌법 제1조, 불법적인 수색 및 압수를 금지하며 정당한 법의 절차를 요구하는 수정 헌법 제4조가 프라이버시를 보호한다.

표 4.3은 신용정보, 교육, 금융 기록, 신문 기록, 전자 커뮤니케이션과 같은 영역에서 개인정보를 취급하기 위한 조건을 제시하는 미국 연방법을 설명하고 있다. 1974년 프라이버시법은 연방정부의 정보 수집, 사용, 누설을 제한하는 법률로서 유사 법률 중 가장 중요하다. 현재 대다수 미 연방 프라이버시 법률은 오직 연방정부에만 적용되고, 민간 부분에는 거의 적용되지 않는다.

미국과 유럽의 대다수 프라이버시 법률은 연방정부 자문위원회에 의해 1973년 보고서로 제시된 **공정정보규정**(Fair Information Practices, FIP)이라 불리는 제도에 기초를 둔다(US Department of Health, Education, and Welfare, 1973). FIP는 개인정보 수집과 사용을 통제하는 원칙이다. FIP 원칙은 기록 소유자와 개인 간의 상호 이해관계라는 개념에 기초

표 4.3
미국 연방 프라이버시 법률

일반적인 연방 프라이버시 법률	민간기관에 영향을 주는 프라이버시 법률
1966년 수정된 정보보호법(5 USC 552)	1970년 공정신용보고법
1974년 수정된 프라이버시법(5 USC 552a)	1974년 가족교육권 및 프라이버시법
1986년 전자 커뮤니케이션 프라이버시법	1978년 개인재무정보권리법
1988년 컴퓨터 매칭 및 프라이버시 보호법	1980년 프라이버시 보호법
1987년 컴퓨터 보안법	1984년 케이블 통신 정책법
1982년 연방재무청렴법	1986년 전자 커뮤니케이션 프라이버시 보호법
1994년 운전자 프라이버시 보호법	1988년 비디오 프라이버시 보호법
2002년 전자정부법	1996년 건강보험의 양도 및 책임에 관한 법률(HIPAA) 1998년 아동 온라인 프라이버시 보호법(COPPA) 1999년 금융현대화법(그램-리치-블라일리법)

를 두고 있다. 개인은 거래에 관심이 있고, 기록 소유자(일반적으로 기업이나 정부기관)는 거래를 지원하기 위해 개인정보가 필요하다. 일단 정보가 수집되면, 개인은 그 기록에 지속적인 관심을 나타내고, 기록은 개인의 동의 없이 다른 목적으로 사용될 수 없다. 1998년 미국연방거래위원회(FTC)는 온라인 프라이버시 보호를 위한 가이드라인을 제공하도록 FIP를 확대했다. 표 4.4는 FTC의 공정정보규정 원칙을 설명한다.

FTC의 FIP 원칙은 프라이버시 법률 입법화 가이드라인으로 사용된다. 1998년 7월 미 의회는 웹사이트에서 13세 이하 어린이의 정보를 수집하기 전에 부모의 동의를 얻는 것을 의무화하는 아동 온라인 프라이버시 보호법(COPPA)을 통과시켰다(그러나 이 법은 위헌 결정이 내려질 위기에 처해 있다). 또한 FTC는 소비자의 상세한 프로파일을 만들어 다른 기업들이 이를 온라인 광고에서 사용할 수 있게끔 소비자의 웹 활동에 대한 기록을 수집하는 네트워크 광고로부터 온라인 소비자 프라이버시를 보호하기 위한 입법을 추가로 권고해 왔다. 기타 발의된 인터넷 프라이버시 입법안은 온라인에서 사용되는 사회보장번호와 같은 개인 ID와 COPPA로는 보호되지 않는, 개인과 거래를 하는 인터넷 사이트에서

표 4.4
미국연방거래위원회 공정 정보규정 원칙

공지/인식(핵심 원칙): 웹사이트는 데이터 수집 전에 그들의 정보규정을 밝혀야 한다. 여기에는 수집자의 신분을 밝히고 데이터의 사용, 데이터의 다른 수취인, 수집 방법(수동, 자동), 자발적이거나 강제적인 신분 확인, 거절의 결과, 데이터의 비밀, 보전, 품질을 보호하는 방법 등이 포함된다.

선택/동의(핵심 원칙): 소비자는 자신의 개인 데이터가 어떻게 내부에서 사용되고 제3자에게 제공되는지와 함께 자신의 거래를 지원하는 용도 이외의 이차적인 목적으로 사용되는 방식을 직접 선택할 수 있도록 하는 선택 규정이 있어야 한다.

접근/참가: 소비자는 적시에 저렴한 과정을 거쳐 자신에 대해 수집된 데이터의 정확성과 완벽성을 검토하고 심사할 수 있어야 한다.

보안: 데이터 수집자는 고객정보가 정확하며 허가 없이 사용될 수 없음을 확인해주는 책임 있는 조치를 취해야 한다.

시행: FIP 원칙을 시행하기 위한 메커니즘이 있어야 한다. 여기에는 자기규제, 위반에 대한 소비자의 법적 규제책을 부여하는 입법 또는 미 연방법률과 규정이 포함된다.

수집된 개인정보를 보호하는 데 초점을 두고 있으며, 또한 국가안보를 위해 데이터마이닝 사용을 제한하는 것을 내용으로 하고 있다. FTC는 행동 표적화, 스마트폰 추적, 사물인터넷(IoT), 모바일 건강 앱을 다루기 위해 개인정보 보호 정책을 확장했다(Federal Trade Commission, 2019; 2015). 2018년 FTC는 P2P 결제 앱인 벤모(Venmo), 우버, 리얼페이지(RealPage)와 합의해 이들 회사가 운영하는 시스템의 개인정보 및 데이터 보안 문제를 해결했다.

여론조사는 온라인 마케터에 대한 지속적인 불신을 보여준다. 연방 차원에서 개인정보 보호 문제에 대한 많은 연구가 있지만 최근 몇 년 동안 중요한 법률은 없었다. 퓨리서치센터(Pew Research Center)의 2016년 설문조사에 따르면 미국인의 91%는 소비자가 온라인에서 개인정보에 대한 통제력을 상실했다고 느끼며 86%는 온라인에서 자신의 정보를 보호하기 위한 조치를 했다고 밝혔다.

최근 이루어지고 있는 금융 서비스 규제 폐지 법안과 개인 건강정보의 관리와 전송 보호 법안에도 프라이버시 보호 법률이 추가되었다. 기존의 금융권(은행, 증권, 보험) 합병에 대한 제한을 철폐한 1999년의 그램-리치-블라일리법(Gramm-Leach-Bliley Act)에는 금융 서비스 고객에 대한 프라이버시 보호 조항이 포함되어 있다. 모든 금융기관은 사적인 개인정보를 보호하는 자사의 제도와 정책을 밝혀야 하며, 나아가 고객이 직접 제3자와의 정보 공유에 대한 합의를 선택할 수 있는 옵트아웃을 할 수 있게 했다.

1996년에 채택되고 2003년 4월 14일부로 시행된 건강보험의 양도 및 책임에 관한 법률(HIPAA)은 의료 기록에 대한 프라이버시 보호 조항을 포함하고 있다. 이 법은 의료 서비스 제공자, 병원, 의료보험회사에 의해 유지되는 환자 의료 기록에 환자가 접근할 수 있게 하고 기록의 공개 여부에 대해서도 환자에게 결정권을 주었다. 의사, 병원, 기타 의료 서비스 제공자는 환자의 개인정보 공개를 최소한으로 제한해야 한다.

유럽의 데이터 보호 규제 지침

2018년에 유럽위원회는 FTC의 공정한 정보 관행 원칙 이후 지난 20년 동안 가장 중요한 개인정보 보호 법률인 EU **일반 데이터 보호 규정**(General Data Protection Regulation, GDPR)을 시행했다. 이는 EU 시민의 개인정보를 수집, 저장, 처리하는 모든 회사 및 조직에 적용되며 이러한 보호는 처리가 이루어지는 장소에 관계 없이 전 세계적으로 적용된다(European Commission, 2018; Satariano, 2018).

GDPR은 개인식별정보(personally identifiable information)를 보호하기 위한 업데이트된 프레임워크이며 1998년의 이전 데이터 보호 지침을 대체한다. 유럽의 개인정보 보호는 역사적으로 미국보다 훨씬 강력하다. 미국에는 개인정보 보호법 시행을 담당하는 연방기관이 없다. 그리고 개인 기업의 PII 사용을 규율하는 단일 개인정보 보호법은 없다. 대신 개인정보 보호법은 의료 개인정보 보호, 교육 개인정보 보호, 금융 개인정보 보호 법률과 같이 부문별로 단편적으로만 있다. 이는 FTC, 기업의 자체 규제, 손해 배상을 위해 법원에 기관이나 회사를 고소해야 하는 개인에 의해 시행된다. 이것은 비용이 많이 들고 거의 수행되지 않고 있다.

EU에서는 데이터 보호법이 포괄적이며 모든 조직에 적용되고 각국의 데이터 보호 기관에서 시행해 시민이 제기한 불만 사항을 추적하고 개인정보 보호법을 적극적으로 시행하고 있다. GDPR은 다양한 개인식별정보를 보호한다. 이러한 개인식별정보의 예로는 이름, 주소, 사회보장번호와 같은 기본 신원 정보, 위치, IP 주소, 쿠키 데이터 및 RFID 태그와 같은 웹 데이터, 건강과 유전 데이터, 휴대전화번호, 운전 면허증 및 여권 번호, 생체 및 얼굴 데이터, 인종 및 민족 데이터, 정치적 의견, 성적 지향(sexual orientation)이 있다.

이 새로운 프레임워크의 주요 목표는 첫째로 개인정보에 대한 시민의 권리를 강화하고 기업이 이러한 개인의 권리를 구현하도록 하는 감독을 강화하는 것이다. 둘째는 28개 유럽 블록 국가 간에 상충되는 데이터 보호 표준을 조화시키고 단일 EU 기관을 만들어 규정을 시행하는 것이다. 셋째는 EU에서 운영하는 모든 조직이 이러한 조건을 전 세계적으로 시행하거나 조직의 위치에 관계없이 EU 시민과 관련된 데이터를 처리하는 것이다.

GDPR은 조직에 개인 혹은 소비자가 별도 비용 없이 한 달 이내에 자신의 모든 개인정보에 액세스할 수 있도록 했다. 여기에는 개인 데이터의 삭제(잊힐 권리), 소비자가 특정 서비스에 얽매이지 않도록 데이터 이동성을 보장하는 것, 집단 소송을 포함해 개인식별정보의 손상 또는 남용에 대해 공급자를 고소할 권리의 보장이 포함된다.

조직 요구사항이 강화되어 조직에 고위 경영진에게 보고하는 데이터 보호 담당자가 있어야 한다. 데이터를 수집하기 전에 명시적 동의를 요구하고(긍정적 옵트인) 기본 옵트인 프로세스를 제거한다. 즉 데이터 수집의 근거 및 보존 기간 게시, 72시간 이내에 위반 및 해킹 보고, 파트너 또는 다른 회사와 공유하는 데이터에 대한 책임 및 데이터를 공유하는 모든 회사 목록 공유, 모든 새로운 시스템에 개인정보 보호 기능 구축, 친밀한 개인 프로필을 기반으로 하는 타기팅이 아닌 잠재고객 수준의 익명 데이터로 개인을 타기팅하는 것으로 제한, 개인 데이터 수집을 작업이나 거래를 지원하는 것으로 제한하고 사용 후 삭제가 이에 해당한다. 개인식별정보 남용에는 최대 2,000만 달러 또는 조직의 글로벌 수익 4% 중 더 큰 금액의 벌금이 부과될 수 있다. 넷째로 EU는 비EU 국가에서 처리되는 EU 데이터가 GDPR 표준을 충족하도록 하는 정부 간 개인정보 보호 계약을 사용해 미국과 같은 비EU 국가와 함께 GDPR 요구사항을 시행할 것이다. 개인정보 보호 계약은 이전의 **세이프 하버**(safe harbor) 협정보다 더 시행 가능한 버전이다. 세이프 하버 협정은 정부 규제기관 및 법률의 목표를 충족하지만 정부의 규제 혹은 집행과는 관련 없는 민간 자체 규제 정책 및 집행 메커니즘이다(Lomas, 2018).

GDPR은 웹에서 개인을 추적하고 해당 데이터를 회사 및 데이터 중개인의 다른 데이터와 병합해 개인 데이터를 구축해 방대한 이미지(프로필)를 통해 광고로 이러한 사람들을 타기팅하는 페이스북, 구글, 트위터, 기타 광고 기반 웹 회사를 목표로 하고 있다. 구글과 페이스북은 모두 유럽에서 매우 인기가 있어 시장을 장악하고 있지만 동시에 개인정보를 침해하고 개인식별정보를 보호하지 않는다는 비판을 받고 있다.

프라이버시 보호를 위한 인터넷 과제

인터넷 기술은 개인 프라이버시 보호를 위한 새로운 과제를 낳게 했다. 방대한 네트워크의 네트워크들로 보내지는 정보는 최종 목적지에 도달하기 전까지 수많은 다른 컴퓨터시스템을 통과해야 한다. 각각의 이러한 시스템은 자신을 통과하는 커뮤니케이션들을 모니터링하고, 획득하며, 이를 저장할 능력이 있다. 웹사이트 추적 검색을 통해 어떤 웹사이트와 웹페이지를 방문했는지, 온라인 이용자가 접근한 콘텐츠, 웹을 통해 어떤 물건을 검색하고 구입했는지를 추적했다. 이것은 개별 웹사이트에서 이루어질 뿐만 아니라 수천 개 웹사이트에서 모든 브라우징 활동 등을 추적할 수 있는 마이크로소프트, 야후, 구글 마케팅 플랫폼 등과 같은 네트워크 광고회사에 의해 이러한 모니터링과 추적이 행해지고 있다. 웹사이트 게시자와 광고 업계 모두 웹에서 개인을 추적하는 것을 옹호한다. 개인 추적을 하면 사용자에게 더 관련성 높은 광고를 타기팅할 수 있고 웹사이트 게시 비용을 보상할 수 있기 때문이다. 이러한 의미에서 이는 TV 방송과 같다. 사용자에게 무료로 제공되는 광고주가 지원하는 콘텐츠와 같다. 이러한 개인정보에 대한 상업적 수요는 끝이 없지만 개인의 사생활을 침해한다.

쿠키(cookie)란 사용자가 특정 웹사이트에 방문했을 때 컴퓨터 하드 드라이브에 남겨지는 작은 텍스트 파일이다. 쿠키는 방문자의 웹브라우저 소프트웨어를 확인하고 웹사이트에 방문한 흔적을 기록한다. 방문자가 쿠키를 저장했던 사이트로 돌아오면, 웹사이트 소프트웨어는 방문자의 컴퓨터를 찾아 쿠키를 발견하고, 과거에 어떠한 활동을 했는지 알 수 있다. 또한 방문하는 동안에 어떤 활동을 했다면 쿠키를 업데이트할 것이다. 이런 방법으로 이 사이트는 각 방문자가 관심 있는 콘텐츠를 맞춤화할 수 있다. 예를 들어 만약 당신이 아마존닷컴 웹사이트에서 책 한 권을 구매하고 같은 브라우저에 나중에 다시 방문한다면, 이 사이트는 당신의 과거 구매를 바탕으로 당신이 관심 있어 하는 다른 책을 추천할 것이다. 이 장의 앞부분에서 소개한 더블클릭은 쿠키를 사용해 상세한 온라인 구매 내역을 가진 서류를 만듦으로써 웹사이트 방문자의 행동을 살피고 있다. 그림 4.3은 쿠키가 어떻게 작동하는지 설명한다.

쿠키 기술을 사용하는 웹사이트는 직접적으로 방문자의 이름과 주소를 획득할 수는 없다. 그러나 만약 한 사람이 한 사이트에 등록되면, 이 정보가 해당 쿠키 데이터와 결합해 방문자의 신원을 확인할 수 있게 된다. 웹사이트 소유자는 또한 쿠키로부터 모은 데이터와 기타 웹사이트 감시 도구를 통해 얻은 개인 데이터를 다른 오프라인에서 얻은 데이터와 결합함으로써 방문자에 대한 매우 정교한 프로파일을 구축할 수 있다. 이때 오프라인에서 얻는 데이터는 설문조사나 카탈로그 구입자료 등을 통해서 수집할 수 있다.

오늘날은 인터넷 사용자 감시를 위해 훨씬 더 교묘하고 은밀한 도구가 출시되고 있다. **웹버그**(혹은 간단히 추적 파일)라고도 불리는 **웹비콘**(web beacon)은 이메일 메시지 또는 웹페이지를 읽는 이를 모니터하고, 다른 컴퓨터에 해당 정보를 전송하기 위해 설계된, 이메일과 웹페이지에 숨겨진 조그마한 그래픽 파일이다. 웹비콘은 사용자 컴퓨터의 IP 주소, 웹페이지 방문 시간과 방문 기간, 비콘을 돌려받는 웹브라우저 유형, 이전에 설정된 쿠키값 등의 정보를 전송한다. 웹비콘은 자신의 고객에 접속을 해주는 비용을 지불하는 제3자 회사가 인기 있는 웹사이트에 게재한다. 어떻게 이런 일이 버젓이 벌어지고 있는가? 《월스트리트 저널》은 2010년과 2011년에 미국 내 50개 인기 웹사이트에서 추적 파일

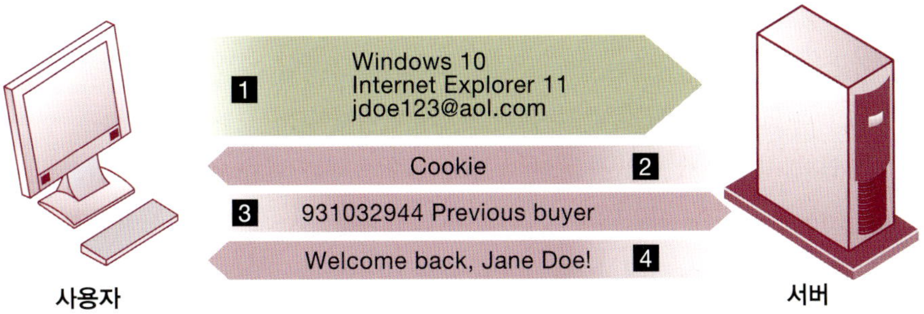

1. 웹서버는 사용자의 웹브라우저를 읽고 운영체제, 브라우저 이름, 버전 번호, 인터넷 주소 및 기타 정보를 파악한다.
2. 서버는 사용자 컴퓨터의 하드 드라이브에 사용자의 브라우저가 전송받고 저장한 쿠키라 불리는, 사용자 신분 확인 정보를 가진 작은 텍스트 파일을 전송한다.
3. 사용자가 웹사이트에 재방문하면 서버는 사용자의 컴퓨터에 미리 저장해 놓은 쿠키의 콘텐츠를 요구한다.
4. 웹서버는 쿠키를 읽고 방문자를 확인해 사용자의 데이터를 수집한다.

그림 4.3
쿠키가 방문자를 확인하는 방법
쿠키는 웹사이트가 방문자의 하드 드라이브에 써 놓는다. 방문자가 해당 웹사이트를 재방문하면 웹서버는 쿠키로부터 ID 번호를 요구하고 이것을 방문자의 서버에 저장해 놓은 데이터에 접근하는 데 이용한다. 그런 다음 웹사이트는 이러한 데이터를 이용해 개인화된 정보를 보여준다.

을 조사해 매우 광범위한 감시시스템이 있다는 것을 알아냈다. 50개 웹사이트에서 방문자 컴퓨터에 설치된 3,180개의 추적 파일을 발견했으며 유일하게 위키피디아(Wikipedia)에만 추적 파일이 존재하지 않았다. 131개 회사로부터 발견된 추적 파일의 3분의 2가 주요 기업과 광고회사에 판매될 소비자 프로파일을 생산할 수 있는 것이었다. 가장 큰 추적자는 구글, 마이크로소프트, 퀀트캐스트(Quantcast)로 이들은 모두 광고회사와 마케터에게 광고를 판매하는 사업을 하고 있다. 가장 인기 있는 50개 사이트를 추적 연구한 결과 광고주가 사용자의 웹브라우징 행동에 대한 데이터를 구매하는 온라인 광고 경매의 성장으로 인해 추적 횟수는 거의 5배 증가했다는 것을 보여주었다.

다른 **스파이웨어**(spyware)는 좀 더 큰 애플리케이션에 편승(piggybacking)하는 방식으로 합쳐져서 인터넷 사용자의 컴퓨터에 자동으로 은밀히 설치될 수 있다. 스파이웨어는 한 번 설치되면 사용자에게 배너 광고와 기타 불필요한 자료를 보내도록 웹사이트에 요청하며, 또한 다른 컴퓨터에게 인터넷상 사용자의 활동을 보고할 수 있다. 침입 소프트웨어는 8장에서 좀 더 자세히 다룬다.

세계 인터넷 사용자의 거의 80%가 구글의 검색과 구글의 다른 서비스를 이용하면서 구글을 세계 최대의 온라인 사용자 데이터 수집가로 만들고 있다. 구글이 그 데이터를 가지고 무엇을 하든, 그것은 온라인 프라이버시에 엄청난 영향을 미치고 있다. 대다수 전문가는 구글이 어떤 정부기관보다 더 많이 개인정보를 갖고 있다고 믿는다. 가장 근접한 경쟁자는 페이스북이다.

구글은 2007년 광고 네트워크 회사인 더블클릭을 인수한 후 사용자의 검색행동에 기반한 더욱 적절한 광고를 보여주거나 사용자가 다른 웹사이트로 이동 시 배너광고 등을 보여줌으로써 개인을 타깃할 수 있는 행동 기반 타기팅을 사용하기 시작했다. 이러한 프로그램 중 하나는 사용자가 구글에 제공한 나이, 인구통계자료, 지역 및 기타 웹 활동(예: 블로깅) 등과 같은 정보와 더불어 구글 사용자의 검색 내역에 기초해 광고주가 이에 맞는 타깃 광고를 할 수 있도록 하는 것이다. 또 다른 구글의 프로그램은 예를 들어 의류 사이트에서 10대 여성을 목표 고객으로 하는 광고를 제작하고 이를 테스트하는 것을 도와준다. 즉 광고주가 검색 내역에 기초해 다양하게 세분된 시장에 맞도록 광고 키워드를 정해서 광고를 설계하는 것을 도와준다. 구글은 이제 유튜브와 구글 모바일 애플리케이션에 타깃 광고를 표시하고 광고 네트워크는 타깃 배너 광고를 제공한다.

미국은 기업이 시장에서 발생하는 거래정보를 수집하는 것을 허용하고 있으며, **고지에 입각한 동의**(informed consent) 없이 그러한 정보를 마케팅 목적으로 사용하는 것도 허용하고 있다. 미국의 전자상거래 사이트는 대부분 방문자의 정보가 어떻게 사용될 것인지를 자사의 웹사이트에 공지하는 수준에 그치고 있다. 어떤 사이트는 이러한 정보 정책 공지란에 옵트아웃 선택 박스를 추가했다. **옵트아웃**(opt-out) 모델이란 당사자가 자신의 개인 데이터 수집을 허용하지 않는다고 명시할 때만 정보 수집이 금지되는 조항이다. 그러나 프라이버시 옹호자는 옵트인을 더 지지하고 있다. **옵트인**(opt-in)이란 당사자가 자신의 개인 데이터 수집을 허용한 경우에만 당사자에 대한 프로파일링을 허용하는 제도이다. 두 가지 모델은 모두 소비자로부터 공지에 의한 동의를 받아야 한다. 여기서 (아무것도 선택하지 않았을 때의) 기본적 옵션은 사용자 정보를 수집하지 않는 것이다.

온라인 업계는 프라이버시를 규제하기보다는 소비자 보호를 위한 자율 규정을 선호해 왔다. 구글의 마케팅 플랫폼을 포함한 광고 네트워크 업계의 구성원은 NAI(Network Advertising Initiative)라는 추가적인 업계 협회를 만들어 소비자가 광고 네트워크 프로그램을 선택하지 않도록 돕고 남용으로부터 소비자를 구제할 수 있는 자체 개인정보 보호 정책을 개발했다.

최근에 마이크로소프트, 모질라재단(Mozilla Foundation), 야후, 구글과 같은 개별 기업은 온라인상에서 고객을 추적하는 것에 대한 대중의 관심을 높이기 위해 자사 고유의 정책을 채택해 왔다. 마이크로소프트 인터넷 익스플로러 11 웹 브라우저는 2015년에 옵트아웃(opt-out) 옵션을 기본으로 출시했으나 대다수 웹사이트에서 옵트아웃 요청을 무시했기 때문에 기본적으로 옵트인(opt-in)으로 변경되었다. 다른 브라우저들은 옵트아웃 옵션이 있지만 사용자가 이 옵션을 별도로 선택해야 하기에 대부분이 이 옵션을 사용하지 않는다. AOL은 자사 사이트의 사용자가 온라인으로 추적되지 않도록 요구하는 경우에만 온라인 추적을 하지 않는 옵트아웃 정책을 적용했다. 야후는 NAI 가이드라인을 따르고 있으며 또한 온라인 추적과 웹비콘(웹 버그) 위한 옵트아웃 정책을 허용하고 있다. 구글은 데이터를 추적하는 유지 시간을 축소했다.

그러나 보통 대부분의 인터넷 기업은 고객의 프라이버시 보호를 거의 하지 않고 있으며, 고객도 자신을 보호하기 위한 노력을 하고 있지 않다. 또한 웹사이트를 가진 많은 회사가 프라이버시 정책이 없다. 정책이 있는 회사들조차 반 이상은 자신들의 정책이 지켜지고 있는지 알아보기 위한 최소한의 노력도 하지 않는다. 온라인 고객의 거의 대다수는 온라인 프라이버시에 관심을 갖지만, 절반도 안 되는 고객만이 웹사이트에서 프라이버시에 대한 공문을 읽고 있다. 일반적으로 웹사이트 개인정보 보호 정책은 이해할 만한 법률을 요구하는데, 주요 용어들이 애매모호하다(Laudon and Traver, 2020). 오늘날 페이스북과 구글 같은 회사에서 개인정보 보호 정책이라고 부르는 것은 사실 데이터 사용 정책이다. 프라이버시 개념은 기업이 인정하기를 원하지 않는 소비자 권리와 관련이 있다. 데이터 사용 정책은 권리에 대한 언급 없이 단순히 정보가 어떻게 사용되는지 고객에게 알려준다.

기술적 해결

법률 제정에 더해, 사용자 프라이버시를 보호하기 위한 새로운 기술이 개발되고 있다. 많은 도구가 이메일을 암호화하고, 이메일 작성 및 웹서핑 활동을 익명화하며, 쿠키 차단 또는 스파이웨어 탐색과 제거를 위해 사용된다. 대부분 기술적 해결은 한 사이트에서 다른 사이트로 이동할 때 트래킹 되는 것으로 사용자를 보호하는 데 실패했다.

많은 브라우저는 추적 방지 옵션을 갖고 있다. 추적 방지 브라우저 옵션을 선택해오는 사용자들은 웹사이트에 사용자 행동이 추적당하지 않도록 요청을 보낼 것이다. 그러나 웹사이트는 추적하지 않기로 한 방문객의 요청을 들어줄 의무는 없다. 추적 방지 요청에 어떻게 대응할지, 추적 방지를 요청하는 웹사이트에 어떠한 입법을 요청할지에 대해 온라인 광고업체 간의 사업 체결은 없는 상황이다. 모바일 장치의 개인 브라우저 암호화 소프트웨어 또는 앱은 소비자에게 최소한 메시지를 비공개로 유지할 수 있는 강력한 기회를 제공한다.

재산권: 지적 재산권

현대의 정보시스템은 사적인 지적 재산권을 보호하는 기존 법률 및 사회적 관습과 심각하게 대립해 왔다. **지적 재산권**(intellectual property)은 개인이나 회사에 의해 만들어진 무형 자산이다. 정보기술은 지적 재산권의 보호를 어렵게 만들었는데, 그 이유는 컴퓨터화된 정보가 네트워크에서 매우 쉽게 복사되거나 배포될 수 있기 때문이다. 지적 재산권은 다음과 같은 네 가지 분야, 즉 저작권, 특허, 상표, 영업 비밀에서 합법적으로 보호받고 있다.

저작권

저작권(copyright)은 해당 지적 재산권을 만든 사람의 생애와 사후 70년 동안 그가 만든 창조물이 복제되는 것을 막는 법안이다. 기업이 저작권을 갖는 경우에는 저작권이 95년 동안 유효하다. 미 의회는 저작권 보호를 서적, 잡지, 강의, 드라마, 음악 작품, 지도, 그림, 여러 가지 예술 작품, 영화까지 확대했다. 저작권법의 목적은 개발자가 자신의 업적에 대한 금전적 및 기타 이익을 보호함으로써 창조성과 저작술을 촉진하는 데 있다. 대부분의 산업국은 고유한 저작권법을 갖고 있으며, 협조와 법 집행을 위해 여러 국제 협회와 양국간 협정이 유지되고 있다.

1960년대 중반, 저작권 사무국은 소프트웨어 프로그램의 등록을 시작했고, 1980년에 의회는 소프트웨어 프로그램 코드와 상업적으로 판매되는 사본을 보호하는 동시에 소프트웨어 제작자가 소유권을 가지고 있는 동안 이를 사용할 수 있는 구매자의 권리를 보호하는 컴퓨터 소프트웨어 저작권 보호법을 통과시켰다.

저작권은 프로그램 전체나 그 일부분이 복제되는 것을 보호한다. 저작권 침해에 대한 피해와 보상 규모는 쉽게 파악할 수 있다. 저작권 보호의 결점은 표면적인 작업물만 보호받을 뿐, 그 이면에 있는 기본적인 아이디어는 보호받지 못한다는 데 있다. 경쟁자는 당신의 소프트웨어를 사용해 어떻게 작동되는지 이해할 수 있고, 저작권 침해 없이 같은 개념을 이용하는 소프트웨어를 만들 수 있다.

'look-and-feel' 저작권 침해 소송은 아이디어와 그 표현 사이의 차이에 관한 것이다. 예를 들어 1990년대 초에 애플은 매킨토시 인터페이스 표현방식을 도용해 중복 윈도우(overlapping windows) 표현을 사용한 마이크로소프트와 HP를 고소했다. 이 회사들은 피고 입장에서 중복 윈도우 아이디어는 오직 한 가지 방법으로 표현될 수밖에 없으며, 그렇기 때문에 저작권법의 합병학설(merger doctrine)하에서는 보호받을 수 없다고 주장했다. 아이디어와 표현이 하나로 합쳐질 때 표현은 저작권화될 수 없다는 것이다.

일반적으로 법원은 1989년의 브라운백소프트웨어 대 시만텍(Brown Bag Software vs. Symantec Corp.)의 판결 사례를 따르고 있다. 법원은 이 소송에서 저작권을 침해했다고 주장하는 소프트웨어 요소를 면밀히 조사했는데, 비슷한 개념, 기능, 일반 기능의 특성[예: 드롭다운(drop-down) 메뉴] 및 색상은 저작권법에 의해 보호되지 않는다고 판결했다(Brown Bag vs. Symantec Corp., 1992).

특허권

특허권(patent)은 어떠한 발명의 기초가 된 아이디어의 독점권을 소유자에게 20년간 부여한다. 이 권한은 새로운 기계나 장치, 방법을 고안한 발명가가 자신의 노력의 대가로 금전적 또는 기타 이익을 획득할 수 있으면서 동시에 특허권 소유자의 허락하에 그 아이디어를 원하는 자에게 상세한 정보를 제공해 발명품을 대중화하려는 취지로 의회에서 만들어졌다. 특허권의 교부는 특허 사무국에 의해 결정되고 법원 판정에 따른다.

특허법에서의 중요 개념은 독창성, 참신성, 발명이다. 특허청은 1981년 컴퓨터 프로그램이 특허법의 적용을 받는다는 대법원 판결이 있기 전까지 소프트웨어 특허 신청을 받아들이지 않았다. 이러한 판결 이후 수백 개의 특허권이 인정되었으며 아직도 수많은 신청건이 심사 중이다.

특허권 보호의 장점은 소프트웨어의 기본적인 개념과 아이디어에 독점권을 주는 것이다. 그러나 보호받기 위해 수년간 기다려야 한다는 것과 비자명성(즉 해당 결과물은 특별한 견해와 공헌을 반영해야 한다는 것), 독창성, 참신성이라는 엄격한 판정 기준을 통과해야 한다는 것은 특허권의 단점이다.

2011년, 세기의 특허심판이라고 불리는 소송이 발생했다. 애플은 아이폰, 아이패드, 아이팟의 특허 위반으로 삼성을 고소했다. 2012년 8월 24일 캘리포니아 연방지방법원에서 배심원은 애플의 손을 들어주며 삼성에 10억 달러의 손해배상금을 선고했다. 아울러 삼성 갤럭시탭 10.1의 미국 내 판매 금지 결정을 선고했다. 이 결정은 산업 분야를 이끄는 경쟁회사 간의 결정을 기준하는 방안을 만들었고 선도기업의 디자인과 유틸리티 특허권 침해 표준을 만들었다. 삼성은 이후 애플을 상대로 일부 구형 아이폰과 아이패드 기기를 금지하는 특허 침해 소송에서 승소했다. 2014년에 애플은 갤럭시 5가 하드웨어, 사진과 동영상에 사용하는 소프트웨어 기술과 관련한 5개의 특허를 침해했다며 삼성을 다시 제소했다. 2015년 미국 항소법원은 삼성이 특정 디자인 특허를 복사했지만 애플이 요구한 손해

액을 20억 달러에서 9억 3,000만 달러로 줄였다고 재확인했다. 7년간의 법정 싸움 끝에 두 회사는 마침내 2018년에 합의했고 애플은 삼성으로부터 약 5억 달러를 받았다.

더욱더 복잡한 것은 애플은 삼성의 플래시 메모리 프로세서, 그래픽 칩, 드라이버, 그리고 아이폰, 아이패드, 아이팟, 맥북의 디바이스의 주요 고객사 중 하나이다. 삼성과 애플의 특허 사건은 주요 컴퓨터 선두업체 간의 복잡한 관계를 보여준다.

상표

상표(trademark)는 시장에서 제품을 구별하는 데 사용되는 표시, 기호, 이미지이다. 상표법은 소비자가 지불한 대로 받을 수 있도록 함으로써 소비자를 보호한다. 또한 상표법은 기업이 제품을 시장에 출시하기 위한 투자를 보호한다. 전형적인 상표 침해 위반은 한 회사가 경쟁 회사의 상표를 도용할 때 발생한다. 상표 침해는 기업이 상표와 제품 간의 연결을 약화해 다른 기업의 상표 가치를 희석하는 경우에도 발생한다. 예를 들어 검색엔진 회사가 상표가 등록된 구글 아이콘, 색상 및 이미지를 복사하는 경우 구글의 상표를 침해하게 된다. 또한 구글 검색 서비스와 해당 상표 간의 연결을 흐리게 해 시장에 혼란을 줄 수 있다.

기업 비밀

제조법, 도안, 데이터 수집 방법과 같이 비즈니스에 사용되는 지적 생산품은 공유되는 공공의 정보를 기반으로 만들어진 것이 아니라면 **기업 비밀**(trade secret)로 분류될 수 있다. 기업 비밀 보호 방법은 국가마다 다르다. 일반적으로 기업 비밀법은 작업 생산물의 기초가 되는 아이디어의 독점권을 해당 기업에 주지만, 그것은 매우 약한 독점권인 경우도 있다. 참신하거나 독특한 요소, 절차, 편집을 포함하는 소프트웨어는 기업 비밀에 포함할 수 있다. 기업 비밀법은 표면적인 결과물뿐만 아니라 아이디어 자체를 보호한다. 기업 비밀을 유지하기 위해 소유주 또는 창안자는 직원과 고객이 비공개 조항에 동의하게 만들어야 하며 대중이 공유하는 것을 막아야 한다. 그러나 어떠한 독특한 프로그램을 갖고 있는 소프트웨어가 일단 대중에게 널리 배포되면 아이디어 유출은 현실적으로 막기 어렵다는 것이 현행 기업 비밀법의 한계점이다.

지적 재산권에 대한 과제

현대 정보기술, 특히 소프트웨어는 기존의 지적 재산권 제도에 많은 문제점을 야기했으며 결과적으로 윤리적·사회적·정책적 논쟁을 유발했다. 디지털 매체는 복제, 전송, 수정이 간편하고, 소프트웨어를 프로그램, 책, 음악으로 쉽게 분류할 수 없으며, 자료가 간결하고 (자료를 훔치기 용이함), 독특함을 추구하기 어렵다는 점 등에서 서적, 정기 간행물 및 기타 매체와 구분된다.

인터넷을 포함한 전자 네트워크의 확산은 지적 재산권을 보호하는 것을 더욱 어렵게 만들었다. 네트워크가 확산되기 전에는 소프트웨어 복사본, 서적, 잡지 기사, 영화는 종이, 컴퓨터 디스크, 비디오테이프와 같은 물리적 매체에 저장되었기 때문에 배포에 어려움이 있었다. 네트워크를 사용하는 정보는 보다 폭넓은 재생산과 분배를 가능하게 만들었다. IT 시장조사기관인 IDC(International Data Corporation)와 소프트웨어연합회(The Software Alliance, BSA라고도 함)가 수행한 연구조사 결과에 따르면 2018년에 개인용 컴퓨터에 설치된 소프트웨어의 37%가 라이선스가 없는 것으로 나타났다(The Software Alliance, 2018).

인터넷은 저작권이 있는 정보를 포함해 전 세계에 자유롭게 정보를 전송하도록 설계되었다. 다른 유형의 컴퓨터 시스템을 사용하는 경우에도 전 세계 수백만 명의 사람에게 거의 모든 것을 쉽게 복사하고 배포할 수 있다. 정보는 당사자가 침해에 적극적으로 참여하지 않더라도 한 곳에서 불법적으로 복사될 수 있기에 다른 시스템 및 네트워크를 통해 배포될 수 있다.

개인들은 수십 년 동안 인터넷에서 디지털화된 음악 파일을 불법으로 복사하고 배포했다. 냅스터(Napster), 그록스터(Grokster), 카자(Kazaa), 모르페우스(Morpheus), 메가업로드(Megaupload), TPB(The Pirate Bay) 같은 파일 공유 서비스는 저작권에 의해 보호받는 파일을 포함하는 디지털 음악 파일을 사용자가 찾고 교환하는 것을 돕기 위해 등장했다. 불법 파일 공유 현상은 너무나 대중화되어 음반 산업의 존립을 위협했고, 한때 인터넷 대역폭의 20%를 소비했다. 음반 산업은 이들 서비스의 폐쇄를 위한 법적 다툼에서 승리했지만 불법 파일 공유를 완전히 막을 수 없었다. 영화 산업과 케이블 TV 산업이 유사한 전쟁을 벌이고 있다. 여러 유럽 국가가 미국 당국과 협력해 불법 공유 사이트를 폐쇄했지만 결과는 엇갈렸다.

아이튠즈(iTunes)와 같은 합법적인 온라인 음악 스토어와 판도라(Pandora) 같은 스트리밍 서비스가 확장하면서 불법 파일 공유는 크게 감소했다. 애플 아이튠즈 스토어는 음악과 엔터테인먼트에 대한 지불을 합법화했으며 애플 장치에서 재생되지 않는 한 음악과 비디오를 쉽게 복사하고 널리 배포할 수 없는 폐쇄된 환경을 만들었다. 아마존 킨들(Kindle)도 인터넷을 통해 복사되거나 배포되지 않기에 발행인과 작가의 권리를 보호한다. 킨들은 또한 책을 인터넷에 복사해 배포할 수 없으므로 출판사와 작가의 권리를 보호한다. 판도라, 스포티파이(Spotify)와 같은 서비스와 할리우드 영화(훌루, 넷플릭스와 같은 사이트에서)의 인터넷 라디오 스트리밍도 불법 복제를 방지한다. 스트림을 별도의 장치에 쉽게 녹화할 수 없고 비디오를 쉽게 다운로드할 수 없기 때문이다.

1998년의 **디지털 밀레니엄 저작권법**(Digital Millennium Copyright Act, DMCA)은 어느 정도 저작권을 보호하고 있다. DMCA는 판권화된 자료의 보호기술을 교묘히 비켜 가는 것을 불법화하는 세계 지적 재산권 기구 협정을 체결했다. 인터넷 서비스 제공자(ISP)는 그들이 관리하는 사이트가 저작권을 침해하는 사이트로 통보받으면 해당 사이트를 폐쇄해야 한다. 마이크로소프트 및 다른 주요 소프트웨어와 정보 콘텐츠 기업은 전 세계 지적 재산권을 보호하기 위해 새로운 법률의 제정과 기존의 법률 강화를 추구하는 소프트웨어 및 정보산업협회(Software and Information Industry Association, SIIA)를 결성했다. SIIA는 소프트웨어 저작권 도용 행위를 신고하는 핫라인을 개설했으며, 조직들이 소프트웨어 저작권 도용과 맞서 싸울 수 있도록 교육 프로그램을 제공하고, 직원의 소프트웨어 사용에 대한 지침을 출간했다.

4-4 정보시스템은 일상생활의 질, 책임과 의무를 정립하는 법규에 어떠한 영향을 미치는가?

새로운 정보기술은 프라이버시법, 재산권법과 더불어 기존의 법적 책임법, 그리고 개인과 조직의 책임을 따지는 사회관습에 많은 문제를 야기했다. 만약 개인이 소프트웨어가 통제하는 기계장치에 의해 피해를 입는다면 누가 책임져야 하고 배상해야 하는가? 음란물이나 인종적 모욕이 담긴 게시물 같은 경우 페이스북이나 트위터가 책임을 져야 하는가? 또는 현재의 전화시스템 사업자처럼 사용자가 전송하는 자료에 대해 어떠한 책임도 지지 않아야 하는가? 인터넷은 어떠한가? 만일 당신의 정보 처리를 아웃소싱한다면, 당신의 고객이 피해를 입었을 때 아웃소싱 업체에 책임을 물을 수 있는가? 클라우드 제공자는 클라우드 서버가 문제가 아니라 사용자가 문제라고 이야기하고 있다.

컴퓨터와 관계된 의무

2018년 운동복 제조업체 언더아머(Under Armour)는 해커가 마이피트니스팔(MyFitnessPal)이라는 피트니스 앱을 침해하고 1억 5,000만 개 이상의 사용자 계정에서 데이터를 훔쳤다고 밝혔다. 데이터에는 공개되지 않은 기타 정보와 함께 이메일 주소, 비밀번호, 사용자 이름이 포함되었다. 이 회사의 주가는 발표 이후 2% 하락했으며 마이피트니스팔 사용자가 앱에 대한 신뢰를 잃는 원인이 되었다고 추측했다(Shaban, 2018). 신용카드 정보는 포함되지 않았지만 200만 앱 사용자는 앱에 자세한 운동 및 다이어트 정보가 있었다. 종종 매일 상호작용하는 기업에서 개인이나 기업의 데이터가 도난되어 개인과 비즈니스에 피해를 입힐 경우 누가 책임질 것인가?

기업 정보시스템이 유발한 피해를 정보시스템 관리자가 책임져야 하는가? IT 관리자를 넘어서, 컴퓨터 소프트웨어가 기계의 일부분이고, 이 기계가 누군가에게 물리적 또는 경제적으로 피해를 주는 한 이 소프트웨어의 제작자와 운영자는 그 손해에 책임을 질 수 있다. 소프트웨어가 책처럼 정보를 저장하고 보여줄 수 있는 한, 사기 또는 비방의 경우를 제외하고 법적으로 저자, 출판사, 서점에 콘텐츠에 대한 책임을 묻지 않는 것과 마찬가지로 법원은 책과 같은 소프트웨어에 대한 책임을 소프트웨어의 저자인 개발자에게 돌리는 것을 경계하고 있다.

일반적으로 물리적·경제적 손실이 발생한 것과 상관없이 소프트웨어 제작자에게 책과 같다고 여겨지는 소프트웨어 제품에 대한 책임을 돌리기는 매우 어렵다. 법적 책임에 대한 요구가 표현의 자유를 보장하는 미국 수정헌법 제1조(First Amendment)를 침해할 것이라는 우려 때문에 과거 오랫동안 출판사, 책, 정기간행물에 대해서는 법적 책임이 없었다. 그러나 소프트웨어와 센서가 오작동하거나 잘못 설계된 보잉 737 맥스 항공기의 경우와 같이 소프트웨어가 사람과 관련된 기계를 제어하는 경우 기계 제조업체는 손상에 대해 책임을 질 수 있다.

서비스로서 소프트웨어의 경우는 어떠한가? ATM은 은행 고객에게 제공되는 서비스이다. 만약 이 서비스가 중단되면 고객은 불편을 겪게 될 것이고, 적정 시점에 돈을 입출금할 수 없다면 경제적으로 손해를 입을 수도 있을 것이다. 그렇다면 법적 책임으로부터의 보호가 소프트웨어 판매회사 및 재무, 회계, 시뮬레이션 또는 마케팅 시스템으로까지 확대되어야 하는가?

소프트웨어는 책과는 매우 다르다. 사용자는 소프트웨어에 오류가 없다는 것을 기정사실로 받아들이고 있다. 소프트웨어는 책보다는 품질검증이 어려우며 품질검사를 위해 다른 소프트웨어 제품과 비교하는 것도 상대적으로 더 어렵다. 실제로 소프트웨어는 책처럼 업무를 기술하는 것이 아니라 업무를 수행하는 것을 요구하기 때문에 사람들은 본질적으로 소프트웨어에 의존하게 된다. 소프트웨어는 이제 우리 일상생활의 중심에 있기 때문에 단지 정보 서비스만을 제공하는 소프트웨어들도 법적 책임의 대상으로 포함될 가능성이 크다.

전화시스템은 그동안 전송되는 메시지에 대한 책임이 없었는데, 그 이유는 전화가 일상적인 규제를 받는 통신수단이기 때문이다. 전화를 거는 권리에 대한 응답으로 사람들은 합리적인 대가를 지불하고 모두 전화를 받기 때문에 통화의 신뢰성이 달성되는 것이다. 그러나 공중파 방송사와 케이블 TV 방송국은 콘텐츠와 방송시설에 대해서 연방 및 주정부의 광범위한 제약을 받고 있다. 미국에서는 몇 가지 예외를 제외하고 웹사이트 소유자 또는 사용자에 의해 게시되었는지 여부에 관계없이 웹사이트에 게시된 콘텐츠에 책임을 지지 않는다.

시스템 품질: 데이터 품질과 시스템 오류

2018년에 많은 대규모 클라우드 제공업체가 미국과 유럽 전역에서 사이트와 서비스를 중단하는 심각한 사태가 있었다. 구글 클라우드(Google Cloud)는 스냅챗, 스포티파이, 포켓몬 고(Pokemon GO)와 같은 전체 플랫폼 중단을 경험했다. 아마존웹서비스(Amazon Web Services, AWS)는 아마존의 자체 알렉사(Alexa)와 아틀라시안(Atlassian), 슬랙(Slack), 트윌리오(Twilio)와 같은 여러 엔터프라이즈 서비스 중단을 경험했다. 마이크로소프트의 애저(Azure) 서비스가 중단되어 북유럽의 스토리지 및 네트워킹 서비스에 영향을 미쳤다.

이러한 중단으로 인해 클라우드 서비스의 신뢰성과 품질에 의문이 생겼다. 이러한 중단은 허용되는 것인가? 클라우드 컴퓨팅 서비스의 중단은 여전히 드물게 발생한다. 그러나 점점 더 많은 기업이 클라우드 제공업체에 의존하고 소규모 클라우드 제공업체 그룹과 함께 데이터 및 운영을 중앙 집중화함에 따라 중단으로 인해 클라우드 서비스의 안정성과 품질에 의문이 제기되고 있다. 이러한 중단은 허용될 수 있을까?

시스템 사용 중 우연히 발생한 사고나 결과에 대한 책임과 의무에 대한 논쟁은 또 하나의 윤리적인 문제를 야기했다. 우리가 수용할 수 있고 실현 가능한 수준의 기술적 품질은 어느 정도인가? 어느 정도의 품질에 도달하면 시스템 관리자가 "우리가 할 수 있는 만큼은 다했다. 테스트를 중단하고 이제 시스템을 판매하자!"라고 말할 수 있는 것인가? 제거 가능하며 사전에 예측 가능한 시스템 오류는 개인이나 조직에 책임이 있으며, 그들은 그 오

2018년 10월 29일 라이언에어(Rion Air) 610편이 인도네시아 자카르타에서 이륙한 직후 자바해에 추락했다. 189명의 승객과 승무원 전원이 사망했다. 2019년 3월 10일 에티오피아항공(Ethiopian Airlines) 302편도 비슷한 상황에서 추락해 탑승자 157명 전원이 사망했다. 두 비행기 모두 동일한 보잉 737 맥스 8이었으며, 두 사고 모두 비행기 실속을 방지하기 위해 설계된 737 맥스의 동일한 자동화 시스템에 의해 발생했다.

보잉 737 항공기에는 많은 모델이 있지만 MCAS(Maneuvering Characteristics Augmentation System)는 10년 전 제작되어 2017년에 첫 취항한 보잉 737 맥스에만 등장한다. MCAS는 737 맥스의 설계 결함을 수정하기 위해 설계되었다. 보잉은 에어버스 A320네오와 경쟁하기 위해 좁은 동체 항공기에 연료 효율이 더 높은 비행기를 만들길 원했다. 보잉은 몇 년이 걸렸을 것이다. 보잉은 완전히 새로운 비행기를 설계하는 대신 737 기체에 더 경제적이면서도 더 큰 엔진을 추가해 기존 737 모델에 연료 효율성과 경쟁력을 높이는 방법을 선택했다. 새 엔진은 기존 737 모델에 있던 것처럼 날개 중앙에 위치하기에는 너무 커서 날개 위쪽에 배치했다. 이 새로운 엔진 위치는 비행기의 기수를 비행 중 위로 향하게 해 비행기가 실속하게 되어 충돌하게 만들 위험이 있었다. MCAS는 비행기의 기수가 너무 높아지는 것을 방지하기 위한 것이었다.

비행기 외부 센서는 자동으로 MCAS를 작동시키고 비행기의 기수가 올라가는 것을 감지할 때마다 비행기를 곧게 편다. MCAS는 비행기가 자동으로 조종하지 않을 때도 활성화될 수 있으며 조종사가 이를 무시하더라도 원하는 만큼 반복할 수 있다. 라이언에어 여객기 충돌 당시 센서는 비행기의 기수가 실제로 직선인데도 위쪽을 가리키는 것으로 잘못 계산했다. 이러한 잘못된 판독값은 MCAS로 전달되었고, MCAS는 지면을 향하게 해 직선 비행으로 수정하려고 시도했다. 결국 MCAS는 비행기의 기수를 지면에 너무 세게 고준해 조종사가 다시 올릴 수 없었고 비행기 기수부터 바다로 추락했다.

보잉은 737 맥스로 시간과 비용을 절약하는 데 너무 열중했기 때문에 안전은 뒷전이었다. 회사는 737 맥스 개발의 상당 부분을 자체 인증할 수 있도록 연방항공청(FAA)에 압력을 가했다. 보잉은 감독을 거의 하지 않고 기록적인 시간 내에 최대한 연료 효율성을 높이는 데 집중했다. FAA 관계자에 따르면 보잉은 2018년까지 자체 작업의 96%를 인증할 수 있게 되었다.

FAA는 모든 미국 항공기 제조업체가 새 항공기 개발의 일부를 자체 인증할 수 있도록 허용하고 있다. 그렇지 않다면 이 모든 작업을 수행하기 위해 대행사가 추가로 10,000명의 직원과 18억 달러 이상이 필요하기 때문이다. 보잉은 새로운 MCAS 소프트웨어를 자체 인증할 수 있었고, 보잉은 MCAS가 안전하다고 인증했다. FAA는 보잉의 시스템 초기 작업을 감독하도록 상대적으로 경험이 부족한 FAA 엔지니어 2명을 배정했고, 보잉에게 거의 완전한 통제권을 넘겼다. FAA 엔지니어가 보잉 737 맥스 추락 사고를 처음 조사하기 시작했을 때 MCAS 시스템에 대한 정보가 거의 없었고, 이를 완전히 이해하지 못했다. 그들의 항공기에 관한 파일에는 완전한 안전 검토가 포함되어 있지 않았다.

MCAS의 원래 버전은 최소 두 가지 유형의 센서 데이터를 사용했지만, 최종 버전은 하나만 사용했다. 라이언에어와 에티오피아항공 추락 사고에서 손상된 센서 데이터 하나로 인해 비행기를 돌이킬 수 없는 급강하로 몰아넣었다. 3명의 FAA 관계자에 따르면 보잉은 조종사 훈련 필요성을 결정하는 FAA 직원에게 이러한 MCAS 변경 사항을 공개한 적이 없다고 했다. 보잉이 조종사 매뉴얼에서 시스템 설명을 삭제하도록 요청했을 때 FAA가 동의했다. 결과적으로 대부분의 맥스 조종사는 첫 번째 충돌 전까지는 소프트웨어에 대해 알지 못했다. 보잉은 737 맥스 테스트 조종사에게 MCAS가 얼마나 빨리 기수를 하강시킬 수 있는지 자세히 설명도 하지 않았고, 비행기 기수 각도에 대한 수신 데이터의 정확성을 확인하기 위해 단일 센서에 의존했다는 것도 알리지 않았다.

규제당국은 조종사가 이전 항공기와 본질적으로 동일하기 때문에 광범위한 재교육 없이 새로운 737 맥스 항공기를 조종할 수 있고, 보잉이 더 많은 비용을 절감할 수 있다고 판단했다. 737 맥스 항공기를 조종하는 모든 조종사는 비행 시뮬레이터를 사용해 훈련을 받은 적이 없다. 대신 보잉은 아이패드를 사용해 새 비행기에 대해 2시간 동안 강의하고 조종사에게 737 맥스와 이전 737 모델 간의 차이점을 설명하는 13페이지짜리 핸드북을 제공했다. 보잉은 새로운 MCAS 소프트웨어에 대해 조종사를 훈련한 적이 없으며 많은 조종사는 이 기능이 있는지도 몰랐다. 보잉은 나중에 조종사에게 정보로 과부하를 주고 싶지 않았고, 737 맥스 생산이 너무 급해서 비행기가 완성될 때까지 비행 시뮬레이터가 준비되지 않았다고 했다.

보잉은 두 번의 충돌을 모두 방지할 수 있는 값비싼 추가 안전 기능을 판매했다. 첫 번째는 조종사에게 받음각(바람을 거슬러 어떻게 비행하는지)을 알려주는 2개의 외부 센서였다. 두 번째는 센서가 잘못된 판독값을 제공할 때마다 켜지는 불일치 경고였다. 라이언에어와 에티오피아항공은 경영진이 여유가 없다고 생각했기 때문에 이러한 안전 기능이 없는 표준 737 맥스 모델을 비행했다(보잉은 이제 표준 737 맥스 패키지에 이러한 기능 중 하나를 포함한다).

에티오피아항공 여객기가 추락한 지 하루 만에 중국은 737 맥스 운항을 모두 중단했다. 에티오피아, 인도네시아, 싱가포르, 영국, 유럽연합, 호주, 말레이시아, 캐나다를 포함한 다른 국가들도 그 뒤를 이었다. FAA는 처음에 737 맥스를 변호했지만, 마침내 비행기를 지상에 착륙시키라는 강력한 압력에 굴복했다. 보잉은 5조 달러의 매출을 달성하지 못한 채 모든 맥스 항공기를 고객에게 인도하는 것을 중단했다. 737 맥스는 미래에 인도해야 할 양의 약 3분의 2와 연간 이익의 40%를 차지하는 보잉의 주요 수익원이었다. 2019년 3월 현재 보잉은 주식 시장에서 약 280억 달러의 가치를 잃었다. 규제기관이 보잉의 수정을 기다리는 동안 737 맥스 항공기는 계속 운행을 중단한 상태를 유지했고, 비행 금지 상태가 너무 오래 지속되면 보잉은 생산을 중단할 수도 있다. 사고 피해자의 가족은 회사를 상대로 100건이 넘는 소송을 제기했다. 737 맥스와 보잉의 미래는 매우 암울해 보인다.

출처: Oliver Taylor, "10 Facts about the Boeing 737 MAX Air Crashes," *ListVerse*, April 8, 2019; Natalie Kitroeff, Daid Gelles, and Jack Nicas, "The Roots of Boeing's 737 MAX Crisis: A Regulator Relaxes Its Oversight," *New York Times*, July 27, 2019; Jack Nicas, Natalie Kitroeff, David Gelles and James Glanz, "Boeing Built Deadly Assumptions into 737 Max, Blind to a Late Design Change," *New York Times*, June 1, 2019; Andrew Tangel and Andy Pasztor, "Boeing's Own Test Pilots Lacked Key Details of 737 MAX Flight-Control System," *Wall Street Journal*, May 3, 2019; Robert Wall and Andrew Tangel, "Safety Fears Put Boeing on the Defensive," *Wall Street Journal*, March 11, 2019; Andrew J. Hawkins, "Everything You Need to Know about the Boeing 737 MAX Airplane Crashes," *The Verge* , March 22, 2019; and Zach Wichter, "The Boeing Crashes: A Brief Guide to What Happened," *New York Times*, March 22, 2019.

사례연구 문제

1. 위 사례에서 소개하는 문제는 무엇인가? 윤리적 딜레마라고 생각하는가? 이에 대한 의견은 어떠한가?

2. 보잉 737 맥스 안전 문제에서 사람, 조직, 기술 요소의 역할을 설명하라. 경영진의 책임은 어느 정도였다고 생각하는가?

3. 보잉에서 제공하는 솔루션이 적절하다고 생각하는가?

4. 보잉과 FAA는 이 문제가 발생하지 않도록 하는 조치를 취할 수 있었는가?

류를 인지하고 해결할 의무가 있다. 그러나 때때로 어떤 오류는 엄청난 투자를 해야만 예견하고 해결할 수 있다. 실제로 시스템 오류를 완벽하게 수정하는 데 너무 많은 비용이 소요된다면 경제적으로 비효율적이기 때문에 결국 어느 누구도 그 시스템을 구입하지 않을 것이다.

예를 들어 비록 소프트웨어 기업이 시장에 제품을 출시하기 전에 최대한 많은 오류를 수정하기 위해 노력하지만, 결국 모든 하찮은 오류를 수정하다 보면 이에 따르는 시간과 비용 때문에 제품이 영영 출시되지 못할 것을 알기 때문에 어느 정도 오류를 잡으면 '불완전한' 제품을 그대로 출시한다. 만약 이러한 제품이 시장에 출시되지 않았다면 어떻게 되었을 것인가? 사회 전체가 발전하지 못하고 심지어 후퇴하겠는가? 또한 컴퓨터 서비스 공급자에게는 어떤 책임이 있는가? 사소한 오류를 제거하지 못한 제품은 출시를 포기해야 하는가? 아니면 사용자에게 이를 경고하거나 해당 업체는 이러한 오류를 무시해도 되는가?

시스템의 성능이 뒤처지는 이유는 크게 세 가지다. 첫째는 소프트웨어 버그와 오류, 둘째는 자연 발생적으로 또는 기타 이유로 발생한 하드웨어나 설비의 문제, 셋째는 입력 데이터의 낮은 품질이다. 완벽한 소프트웨어가 되기에는 기술적인 장벽이 존재하기 때문에 사용자는 잠재적인 시스템 실패에 대해 인지하고 있어야 한다. 아직 소프트웨어 업계는 완벽하지는 않지만 그나마 수용할 수 있는 정도의 소프트웨어 생산을 위한 테스트 기준에 합의를 도출하지 못하고 있다.

소프트웨어 버그와 설비 문제로 발생한 실패 사례가 언론을 통해 널리 알려지고 있지만, 사실 비즈니스 시스템의 오류는 데이터 품질에 의해 가장 많이 발생하고 있다. 아직도 대다수 기업이 정기적으로 데이터 품질검사를 하지 않고 있으나, 개별적인 조직 차원에서 조사한 바에 따르면 데이터 오류율은 약 0.5~30%에 이른다.

삶의 질: 평등, 접근, 경계

정보기술과 시스템 도입으로 인해 발생한 부정적인 사회적 비용이 기술의 발달에 따라 증가하기 시작했다. 여기서 언급하는 부정적인 결과란 앞서 살펴본 개인의 재산이나 권리 침해에 대한 내용은 아니지만 개인, 사회, 정책 기관에 큰 피해를 야기할 수 있는 것들이다. 컴퓨터와 정보기술은 우리에게 혜택을 주는 동시에 우리 문화와 사회의 주요 구성요소를 파괴할 수도 있다. 만약 정보시스템을 사용함에 따라 이롭고 해로운 결과가 동시에 발생한다면 여기에 대한 책임은 누구에게 있는가? 이 책에서는 개인, 사회, 정책적 관점에서 시스템이 일으키는 사회적 악영향을 간략히 살펴보고자 한다.

빅 테크: 경제 및 정치 권력 집중

2019년 아마존은 전체 전자상거래 소매 판매의 절반 이상, 전체 책 판매의 75%를 차지했다. 구글은 온라인 검색의 87%를 차지하고 있다. 페이스북(인스타그램 포함)은 전체 소셜 네트워크 사용자의 86% 이상을 차지하고 전체 인터넷 사용자의 60%를 차지하고 있다. 새로운 온라인 광고 비용의 90%는 구글이나 페이스북에 사용되었다. 비디오 스트리머의 75%는 넷플릭스, 53%는 유튜브, 33%는 아마존을 사용한다. 마이크로소프트는 사무실에서 윈도우 소프트웨어 및 소프트웨어 제품을 사용하는 전 세계 20억 대의 PC 중 90% 이상을 장악하고 있다. 애플은 미국 스마트폰 시장의 48%를 차지하고 있다(구글이 나머지 52%를 차지함). 수백만 개의 애플 앱은 애플 휴대전화에서만 실행되며 안드로이드 휴대전화에서만 실행되는 안드로이드 앱도 마찬가지다. 이른바 빅 테크(Big Tech) 기업의 새로운 세계에서는 과점과 독점이 웹과 모바일 플랫폼을 지배한다. 이 회사들이 창출한 부는 필연적으로 정치적 영향력으로 이어진다: 이 회사들은 자신의 이익을 반영할 수 있도록 시장 및 세금 문제에 영향을 미칠 수 있는 입법에 관여할 수 있는 워싱턴에 로비스트를 모아왔다. 빅테크 기업은 워싱턴에서 로비 활동을 위한 자금을 연간 300억 달러 이상으로 늘리고 있으며 이는 금융 기업 로비에 이어 두 번째로 큰 규모이다(Lohr, Isaac, and Popper, 2019).

시장 지배력의 집중은 미국이나 유럽에서 새로운 것이 아니었다. 1890년 미국의 셔먼 반독점법(Sherman Antitrust Act)으로 시작해 1960년대까지 계속되면서 독점은 경쟁과 소규모 신생 기업에 대한 위협으로 간주되어 일반적으로 자유무역을 제한했다. 독점은 일반적으로 소규모 경쟁업체를 인수하거나 유사한 제품을 개발해 경쟁업체를 도태시키거나 짧은 기간 동안 가격을 대폭 인하해 약탈적 가격 책정에 참여해 소규모 회사를 퇴출시킴으로써 규모를 달성한다. 대형 기술 회사는 이러한 행동에 대해 잘 문서화된 역사를 가지고 있다. 그러나 반독점 사고는 1970년대에 소비자 복지라는 다른 피해 기준으로 바뀌었다. 이러한 관점에서 거대함 그 자체는 위험이나 반경쟁적 행동이 아니었다. 대신 가격과 소비자 후생이 가장 중요해졌다. 소비자가 더 높은 가격을 지불하도록 강요받지 않는 한, 시장 지배력은 중요하지 않으며 사회적 또는 경제적 피해가 아니다. 이런 관점에서 보면 페이스북, 구글, 아마존이 제공하는 서비스는 무료이거나 매우 저렴하기 때문에 해가 될 수 없다.

비평가는 소비자 후생이 가격 이외의 다른 방식으로, 즉 새롭고 혁신적인 기업이 시장에 접근하는 것을 막거나 독립 기업으로 번영할 수 있을 만큼 오래 생존함으로써 피해를 입는다고 지적한다. 반경쟁적이고 불공정한 관행을 주장하는 소규모 신생 기업의 불만 및 소송, 빅 테크 기업의 개인정보 침해에 대한 우려로 인해 비판적인 기사와 여러 의회 조사가 쏟아졌다. 지금까지 최고의 미국 자본주의 후예였던 빅 테크 기업은 오늘날 대중의 비판, 입법 조사 및 규제 조치의 표적이 되었다. 많은 평론가가 1911년 셔먼 반독점법이 스탠더드오일(Standard Oil)과 사진, 담배, 철강, 철도, 육류 포장, 통신 및 컴퓨터의 독점과 마찬가지로 빅 테크 기업을 별도의 비즈니스로 분할할 것을 요구했다(Kang, Streitfeld, and Karni, 2019).

변화의 속도: 경쟁에 반응하는 시간 감소

정보시스템은 보다 효율적으로 국내 및 국제시장을 형성하는 데 기여했다. 이에 따라 현재의 좀 더 효율적인 국제시장은 하나의 기업이 경쟁에 적응하는 데 필요한 몇 년의 준비 기간을 축소시켰다. 그러나 이러한 시간에 쫓기는 경쟁은 많은 부작용을 동반한다. 당신이 일하는 기업은 글로벌 경쟁 구도에 적응할 시간을 갖지 못하고, 1년 후에 문을 닫고, 결과적으로 당신도 일자리를 잃을 수 있다. 우리는 결국 '촉각을 다투는(just-in-time)' 업무를 갖고 '촉각을 다투는' 직장, 가족, 휴가로 구성된 '촉각을 다투는' 사회에 속하게 될 위험에 처해 있다. 우버(10장 참조) 및 기타 온디맨드 서비스 기업이 미치는 영향 중 하나는 직원에게 혜택이나 보험 없이 '촉각을 다투는' 업무를 창출하는 것이다.

가족, 직장, 여가 간의 경계 유지

이 책의 일부분은 기차, 비행기 안에서 작성되었으며 나아가 휴가 또는 '가족'과 함께 있는 시간에도 집필되었다. 유비쿼터스 컴퓨팅, 재택근무(telecommuting), 노매드 컴퓨팅(nomad computing), '항시 가능한(do anything anywhere)' 컴퓨터에 대한 위험은 이러한 기술들이 곧 실현될 수 있다는 것을 의미한다. 즉 가족과 직장, 여가생활을 구분 짓던 전통적인 경계선이 허물어질 수 있다는 것이다.

작가의 경우에는 이미 언제 어느 곳에서든 작업을 하고 있지만(타자기는 이미 100년 전부터 휴대용으로 개발되었다), 정보시스템의 탄생과 지식 기반 직업의 증가는 곧 보다 많은 사람이 예전 같았으면 가족이나 친구들과 즐길 시간에 업무를 보게 만들 것이다. 이제 업무 시간은 하루 8시간이라는 고정 관념을 훨씬 뛰어넘고 있다. 스마트폰의 폭발적인 성장과 사용으로 많은 직원에게 업무시간 이후에도 업무가 중단되지 않고 지속되고 있다는 의식을 고조시켰다.

컴퓨터를 이용해 즐기는 여가시간조차도 이러한 사회적 유대관계를 위협할 수 있다. 즉 비록 여가와 취미를 위해 인터넷을 이용한다 하더라도 광범위한 인터넷 사용은 사람들을 점점 그의 가족과 친구들로부터 격리시킬 것이다. 중학생과 10대 청소년 중에는 인터넷 중독 때문에 사이버 폭력과 같은 문제를 일으키는 경우도 있다.

이러한 유대관계의 약화는 상당한 위험을 일으킬 수 있다. 가족과 친구들은 한 개인을 지탱해주는 힘이 되고, 동시에 개인 생활을 충족시키며, 의사 교환을 함으로써 사회의 균형을 유지하는 역할을 해오고 있지만, 만약 가족, 직장, 친구 간의 경계가 허물어진다면 새로운 부작용이 생길 것이다.

의존과 취약성

오늘날 기업, 정부, 학교, 교회와 같은 민간 공동체는 믿을 수 없을 정도로 정보시스템에 의존하고 있으며, 따라서 시스템 실패에 무방비로 노출되어 있다. 국가의 전력망이 중단되었을 때 시스템을 복구할 백업 구조가 없다면 어떻게 될지 생각해보라. 전화시스템과 같이 언제 어디에서나 존재하는 시스템이 있음에도 불구하고 아직도 전화, 전기, 라디오, TV, 기타 공공 유틸리티 기술에 적용되는 규제나 표준화 과정이 없다는 사실은 놀랄 만한 일이다. 따라서 이러한 표준의 부재와 몇몇 시스템 애플리케이션에 대한 비판은 국가 차원의 표준과 규제의 필요성을 부각시킬 것이다.

© Antonio Guillem/123RF

어떤 사람은 집에서 일할 수 있는 편리함을 즐기지만, 무엇이든 어디에서든 일을 할 수 있는 컴퓨팅 환경은 업무와 가족 시간 사이의 전통적인 경계를 흐리게 할 수 있다.

컴퓨터 범죄와 오남용

컴퓨터를 포함한 신기술이 개발되어 이를 적용한 새로운 제품이 만들어지면, 이 가치 있는 제품을 훔치려는 새로운 범죄가 발생할 가능성이 있고, 그것을 훔치는 새로운 방법, 그리고 다른 사람에게 해를 끼치는 새로운 방법이 나타난다. **컴퓨터 범죄**(computer crime)란 컴퓨터를 이용해 불법적인 행동을 하거나 컴퓨터시스템에 해를 끼치는 행위를 일컫는다. 단순히 승인 없이 접근하거나 해를 끼칠 목적이든 컴퓨터에 접속하는 행위는 설령 그것이 우연이라고 하더라도 모두 연방법에 의해 범죄로 규정되고 있다. 가장 빈번한 유형의 사건은 사이버 범죄에서 가장 큰 히트 목록들로서 악성 코드, 피싱, 네트워크 중단, 스파이웨어 및 DoS(서비스 거부) 공격 등이 해당된다. 모든 컴퓨터 범죄의 실제 비용은 알 수 없지만 수십억 달러에 달하는 것으로 추산된다. 컴퓨터 범죄에 대한 자세한 내용은 8장을 참조하라.

컴퓨터 오남용(computer abuse)은 불법적이지는 않지만 비윤리적인 목적으로 컴퓨터를 사용하는 행위를 뜻한다. 인터넷과 이메일이 대중화하면서 컴퓨터 오남용으로 발생한 대표적인 사례는 바로 스패밍(spamming)이다. 스패밍은 수천 또는 수만 개의 원치 않는 이메일이나 전자메시지를 발송하는 행위를 뜻한다. **스팸**(spam)은 개인이나 단체가 인터넷 사용자에게 제품이나 서비스에 대한 수신자의 흥미와 의사를 고려하지 않고 보낸 이메일을 뜻한다. 스패머는 흔히 성인물, 부정 거래와 서비스, 신용 사기, 사회에서 불허하고 있는 생산품을 유통시키려 한다. 일부 국가는 스팸을 불법화하거나 이를 규제하기 위해 관련 법 조항을 제정했다. 미국의 경우 스팸이 사기와 관련 없고 수신자와 발신자 표시가 제대로 밝혀져 있다면 합법적인 것으로 간주하고 있다.

스패밍이 성장할 수밖에 없었던 이유로는 값싼 비용을 들 수 있다. 수천 개의 광고메시지를 인터넷 사용자에게 전달하는 비용이 불과 몇 센트이다. 스팸 이메일의 비율은 2018년 약 55%로 추정된다(Symantec, 2019). 대부분의 스팸은 봇넷(botnet, 소유자의 인지나 동의 없이 원격으로 통제되는 PC)에서 시작되고, 이 봇넷은 수천 개의 캡처된 PC로 구성되어 스팸 메시지를 만들고 계속 이어지게 한다. 기업의 스팸메일로 인한 비용은 매년 500억 달러 이상으로 추정될 정도로 매우 높은데, 그 이유는 원치 않는 수십억 개의 이메일 메시지와 또한 이를 처리하는 데 허비하는 시간 등으로 인해서 컴퓨팅 및 네트워크 자원이 불필요하게 낭비되고 있기 때문이다.

신원 및 금융 절도 사이버 범죄자는 사용자가 이메일을 확인하고, 온라인 뱅킹을 하고, 청구서를 지불하고, 개인정보를 노출할 때 스마트폰을 표적으로 삼고 있다. 휴대전화 스팸은 일반적으로 SMS 문자메시지 형태로 발생하지만 점점 더 많은 사용자가 페이스북 뉴스피드 및 메시징 서비스에서도 스팸을 받고 있다.

인터넷 서비스 제공(ISP) 회사와 개인은 스팸메일이 수신자의 이메일 수신함으로 전송되기 전에 수상한 이메일을 차단하는 스팸 필터링 소프트웨어를 사용하는 방식으로 스팸과의 전쟁을 치르고 있다. 그러나 스팸 필터기는 간혹 합법적인 메일을 차단하는 문제를 일으키기도 한다. 또한 스패머는 지속적으로 자신들의 이메일 주소를 바꾸거나 스팸메시지를 이미지로 변환한다든지 또는 이메일 첨부파일 및 인사카드 속에 스팸메일을 첨부하거나 봇넷이 조종해서 다른 사람의 컴퓨터를 이용하는 방식으로 스팸 필터를 교묘하게 빠져나가고 있다(8장 참조). 수많은 스팸메시지는 한 국가에서 보내지지만, 스팸 웹사이트를 원격으로 관리하는 장소는 제3의 국가에서 이루어지는 형태를 취한다.

스패밍은 미국보다 유럽에서 더 강력하게 규제하고 있다. 2002년에 유럽 의회는 원치 않는 상업적 메시지 발송을 금지하는 법안을 통과시켰다. 이에 따라 전자 마케팅은 수신 의사를 밝힌 고객만을 대상으로 할 수 있게 되었다.

2004년에 발효된 미국 스팸메일 규제법(U.S. CAN-SPAM Act)은 스패밍을 불법화하지는 않지만 상업적 이메일 메시지를 보낼 경우 정확한 제목을 제시하고, 발송인 신분을 밝히며, 수신자가 쉽게 이메일 리스트에서 자신의 이름을 제외할 수 있도록 요구함으로써 남을 속이는 이메일 관행을 금지하고 있다. 일부는 법에 따라 기소되었지만, 인터넷의 매우 취약한 보안 및 해외 서버와 봇넷 사용으로 많은 부분에서 그 영향은 무시할 정도이다. 가장 큰 규모의 스팸은 러시아와 동유럽으로 이전해 해커가 수십억 개의 스팸 메시지를 생성할 수 있는 글로벌 봇넷을 통제한다. 최근 몇 년 사이 가장 큰 스팸 네트워크는 러시아 상트페테르부르크에 본사를 둔 페스티(Festi)이다. 페스티는 러시아에서 인도의 제약 회사까지 손을 뻗친 비아그라를 위조품으로 판매하는 글로벌 비아그라 스팸(Viagra-spam) 업계의 스팸 발생 장치로 잘 알려져 있다.

고용: 하향 침투식 기술과 리엔지니어링으로 인한 실직

리엔지니어링 작업은 정보시스템 사회에서 정보기술이 가져다준 하나의 혜택으로 여겨지며 환영받았다. 그러나 이러한 비즈니스 재구성 과정이 곧 수많은 중간급 간부와 사무직 직원을 실직하게 만들 수 있다는 사실은 사람들에게 상대적으로 훨씬 덜 인식되고 있다. 일부 경제학자는 정보와 중산층, 화이트칼라(심지어 작업장에서 근무하는 블루칼라)를 위협하는 컴퓨터기술에 대한 새로운 경고를 하고 있다. 에릭 브린욜프슨(Erik Brynjolfsson)과 앤드루 맥아피(Andrew P. McAfee)는 로봇, 수치 제어 기계, 컴퓨터 재고 관리, 패턴 인식, 음성 인식, 온라인 상거래 등을 포함한 기술의 조합으로 자동화에 속도가 붙기 시작했다고 주장한다. 한 연구 결과는 기계가 기술 지원, 콜센터 운영, 엑스레이 판독, 심사관, 심지어는 법률 문서 검토를 포함해 인간의 많은 직업을 대신할 수 있게 되었다고 말한다(Brynjolfsson and McAfee, 2011).

이러한 견해는 신기술이 사라지게 만드는 것보다 더 많은 새로운 일자리를 창출한다고 생각하는 다른 경제학자들의 평가와 대조된다. 어떤 경우에는 IT 자본에 대한 투자가 가장 많은 금융과 같은 산업에서 고용이 증가하거나 그대로 유지되었다. 예를 들어 전자상거래의 성장으로 소매 판매 일자리는 감소했지만 창고 직원, 감독자, 배달 업무는 증가했다. 이 경제학자들은 기술로 인해 자리를 잃은 똑똑하고 교육받은 근로자들은 빠르게 성장하는 산업에서 더 나은 직업으로 이동할 것이라고 믿고 있다. 이 방정식에서 누락된 것은 미숙련 블루칼라 노동자와 나이가 많고 교육 수준이 낮은 중간 관리자이다. 이러한 부류의 사람들이 쉽게 재교육되어서 보다 좋은 직장을 얻을 수 있을지는 아직 불명확하다.

공평과 접근: 인종적·사회적 계층 분열의 증가

모든 사람이 디지털 시대에 동참할 기회를 균등하게 갖고 있을까? 정보시스템 기술이 미국과 다른 사회에 존재하는 사회, 경제, 문화적 격차를 줄여줄 것인가? 아니면, 좋은 환경에 있는 사람이 그렇지 않은 사람보다 상대적으로 훨씬 더 좋아져서 그 격차가 증가할 것인가?

아직까지 이러한 질문에 대한 완벽한 답을 찾기는 어렵다. 그 이유는 시스템 기술이 사회의 다양한 그룹에 미치는 영향에 대해 심도 있는 연구가 이루어지지 않았기 때문이다. 현재 알려진 것은 정보, 지식, 컴퓨터, 교육기관과 공공 도서관을 통한 이러한 자원의 접근이 다른 정보 자원과 마찬가지로 인종과 사회적 계급에 따라 불공정하게 분배되고 있다는 사실이다. 일부 연구에 따르면 지난 5년간 개인 컴퓨터 및 인터넷 보급률이 계속 증가하고 있음에도 불구하고 미국의 일부 민족집단과 저소득 그룹은 아직도 컴퓨터를 소유하지 못하며 인터넷에 접속하는 데 어려움을 겪고 있는 것으로 알려졌다. 이러한 격차가 줄고는 있지만, 같은 민족집단 내의 저소득층과 비교해서 각 민족의 고소득층이 가정용 컴퓨터와 인터넷 접속 환경을 가질 가능성은 여전히 높다. 게다가 고소득층 자녀는 교육 목표를 달성하기 위해 인터넷 접속을 사용하는 경향이 훨씬 더 높지만 저소득층 아이는 오락과 게임에 더 많은 시간을 할애할 가능성이 더 크다. 이것을 소위 '시간 낭비' 간격이라고 한다.

미국 학교 내에도 이러한 **정보 격차**(digital divide)가 존재하고 있다. 극빈 지역에 있는 학교는 그렇지 않은 학교와 비교했을 때 학생에게 제공하는 컴퓨터, 양질의 기술 프로그램 교육과정, 인터넷 접속률 등이 상대적으로 낮다. 이러한 상황이 방치된다면 정보 디지털 격차는 정보를 소유하며 컴퓨터를 사용하는 소수 그룹과 그렇지 못한 문맹의 다수 그룹으로 우리 사회를 이분화할 것이다. 시민단체는 오늘날의 전화기와 같이 모든 사람에게 쉽게 접근할 수 있는 디지털정보 서비스(인터넷 포함)를 제공함으로써 이러한 격차가 줄어들기를 원하고 있다.

건강 위험: 반복성 긴장장애, 컴퓨터화면증후군, 인지 저하

현재 가장 잘 알려진 직업병으로 **반복성 긴장장애**(repetitive stress injury, RSI)를 들 수 있다. RSI는 테니스처럼 힘든 움직임으로 근육을 여러 번 반복적으로 움직이거나, 컴퓨터 타자 작업처럼 별로 힘들지 않은 작업을 수만 번씩 반복적으로 수행할 때 생기는 질환이다. RSI 발병률은 노동력의 3분의 1로 추정되며 모든 장애 사례의 3분의 1을 차지한다.

RSI를 발생시키는 가장 큰 요인으로는 컴퓨터 자판을 들 수 있다. 컴퓨터와 관련된 RSI 중 가장 자주 발생하는 것은 **손목터널증후군**(carpal tunnel syndrome, CTS)이다. 이는 손목터널이라 불리는 팔목의 뼈가 신경을 눌러 생기는 질환이며 상당한 통증을 유발한다. 즉 반복적인 컴퓨터 타자 작업이 신경에 압력을 가하게 만드는 것이다. 보통 컴퓨터 타자를 전문적으로 수행하는 사람은 컴퓨터 자판을 하루에 약 2만 3,000번씩 치고 있다. 손목터널증후군으로 고통 받는 환자는 마비 현상과 심한 통증을 호소하고, 사물을 잡을 수 없게 되며, 팔이 욱신거린다. 현재 수백만 근로자가 손목터널증후군 진단을 받고 있다. 그것은 노동 인구의 3~6%에 영향을 미친다(LeBlanc and Cestia, 2011).

그러나 RSI는 예방할 수 있다. 손목의 위치가 편안할 수 있도록 작업 환경을 설계하고 (손목 보호대 사용), 모니터 위치를 알맞게 하고, 발 받침대를 적절하게 사용한다면 작업 시 자세를 교정함으로써 RSI 증상을 감소시킬 수 있다. 이 밖에 인체공학적으로 제조된 컴퓨터 자판기도 하나의 선택안이 될 수 있다. 이러한 조치들은 물론 적절한 휴식과 작업 부서 간의 근로자 교대가 제대로 이루어질 때 그 효과를 극대화할 수 있을 것이다.

컴퓨터가 일으키는 직업병에는 RSI뿐만 아니라 여러 가지가 더 있다. 허리와 목 통증, 다리 스트레스, 발 통증 등은 업무 환경을 인체공학적으로 설계하지 않았기 때문에 발생하고 있다. 컴퓨터 시각증후군(CVS)은 데스크톱 컴퓨터, 랩톱, 전자책 리더기, 스마트폰, 휴대용 비디오 게임에서 디스플레이 화면 사용과 관련된 모든 눈의 피로 상태를 나타낸다. CVS는 하루에 3시간 이상 컴퓨터를 사용하는 사람의 약 90%에 영향을 미친다. 증상은 보통 일시적이며 두통, 침침한 눈, 눈의 건조와 따끔거림을 들 수 있다.

이러한 질병뿐만 아니라, 컴퓨터 기술은 우리의 인지기능에 손상을 줄 수 있고, 최소한 우리가 생각하고 문제를 해결하는 방법에 변화를 준다. 비록 인터넷이 정보에 접근하고, 정보를 만들고 사용하는 데 훨씬 편리함을 주었지만, 일부 전문가는 인터넷이 사람들이 집중하는 것과 생각을 명확하게 하는 것을 방해한다고 믿는다. 그들은 컴퓨터에의 노출이 지능을 감소시키고 실제로 사람을 바보로 만든다고 주장한다. MIT의 한 학자는 컴퓨터에 노출되면 실제 문제 해결에 몰두하기보다는 흥미를 잃게 하고, 답만 찾도록 하게 된다고 믿는다. 이 관점에서 학생들은 듣기, 그리기, 논쟁, 보는 것, 탐구와 비교할 때 웹 서핑이나 이메일 응답하는 것에서는 많이 배우지 않는다(Henry, 2011).

컴퓨터는 이제 우리 삶의 일부분이 되었다. 사회적·문화적·정책적 영역뿐만 아니라 개인 영역마저도 컴퓨터로부터 자유로울 수 없다. 정보기술이 계속해서 세계를 바꾸어가는 한, 컴퓨터로 인해 야기되는 이러한 이슈와 우리의 선택은 점점 복잡하고 어려워질 것이다. 또한 인터넷과 정보 경제의 성장에 따라 앞으로 우리가 디지털 시대에 접어들수록 앞서 이야기한 윤리적·사회적 이슈는 더욱 중요해질 것이다.

© Ian Allenden/123RF

RSI는 오늘날 가장 빈번하게 발생하는 직업병이다. RSI의 주요 원인은 컴퓨터 키보드 작업이다.

스마트폰은 얼마나 해로울까?

우리 중 많은 사람에게 스마트폰은 없어서는 안 될 존재가 되었지만, 특히 어린이 사이에서 우리가 생각하고 행동하는 방식에 미치는 영향으로 인해 비난을 받기도 했다. 부모, 교육자, 심리학자, 심지어 실리콘 밸리의 유명 인사들 사이에서 학습 도구로도 스크린의 이점이 과장되고 중독 및 발육 부진의 위험이 높아 보인다는 우려가 커지고 있다.

스마트폰을 사용하는 평균적인 미국 10대는 10세에 첫 전화를 받고 하루에 4.5시간 이상을 사용한다(문자메시지 및 대화 제외). 10대의 78%는 적어도 한 시간에 한 번씩 전화를 확인하고 50%는 전화에 '중독'되었다고 느낀다고 보고한다. 많은 연구에서 스마트폰과 소셜 미디어 사용이 두뇌가 아직 발달 중인 어린이의 정신적, 육체적 건강에 미치는 부정적인 영향을 지적했다. 여기에는 교실에서 방해가 되는 것부터 자살 및 우울증의 위험이 더 높은 것까지 다양하다.

미디어 및 아동 건강 센터와 앨버타대학교에서 2,300명 이상의 교사를 대상으로 한 최근 설문조사에 따르면 교사의 67%가 교실에서 디지털 기술로 인해 주의가 산만해지는 학생의 수가 증가하고 있다고 보고했다. 이 교사의 75%는 교육 과제에 집중하는 학생의 능력이 감소했다고 생각한다. 샌디에이고주립대학교 심리학 교수인 진 트웬지(Jean Twenge)의 연구에 따르면 하루에 1시간 미만으로 전자기기를 사용하는 사람보다 하루에 3시간 이상 전자기기를 사용하는 미국 십대는 35%, 5시간 이상을 보내는 사람은 71% 더 높게 자살 위험에 노출되어 있다. 이 연구는 또한 소셜 미디어를 많이 사용하는 8학년 학생이 우울증에 걸릴 위험이 27% 더 높다는 것을 보여주었다. 스포츠를 하거나, 친구와 직접 만나거나, 숙제를 하는 데 평균보다 더 많은 시간을 보내는 사람은 위험이 훨씬 낮다. 또한 하루에 5시간 이상 전자기기를 사용하는 십대는 권장 수면시간인 9시간에 비해 밤에 7시간 미만으로 잠을 잘 가능성이 51% 더 높다.

기술이 비즈니스와 문화에 미치는 영향을 연구한 니콜라스 카(Nicholas Carr)는 이러한 우려를 공유한다. 그는 인터넷이 인지에 미치는 영향에 매우 비판적이었고 이러한 인지 효과는 스마트폰 사용으로 확장되었다. 카는 모바일 기기를 과도하게 사용하면 집중력과 사색 능력이 저하되는 것을 걱정한다.

카는 스마트폰이 편리한 형태로 많은 유용한 기능을 제공한다는 것을 알고 있다. 그러나 이 놀라운 유용성은 우리의 주의, 사고 및 행동에 너무 많은 영향을 준다. 스마트폰은 우리의 생각을 깊고 복잡한 방식으로 형성하며, 그 효과는 우리가 기기를 사용하지 않을 때도 지속된다. 연구에 따르면 두뇌가 기술에 의존해 성장함에 따라 지능이 약해진다.

카는 10년 동안 스마트폰과 인터넷이 사람의 생각과 판단에 미치는 영향을 연구해 온 인지심리학자이자 텍사스대학교의 마케팅 교수인 에이드리언 워드(Adrian Ward)의 연구를 지적한다. 워드는 스마트폰을 사용하거나 벨소리나 진동 하나를 듣는 것만으로도 주의가 산만해져 어려운 문제나 일에 집중하기가 더 어려워진다는 것을 관찰했다. 분열된 주의는 추론과 수행을 방해한다.

2017년 4월 *Applied Cognitive Psychology*에 발표된 연구에서는 몬티첼로에 있는 아칸소대학교의 학생 160명을 대상으로 한 강의에서 스마트폰이 학습에 미치는 영향을 조사했다. 휴대전화를 교실에 가져오지 않은 학생은 휴대전화를 가져간 학생보다 제시된 자료의 시험에서 문자 등급이 더 높은 것으로 나타났다. 휴대전화를 가져온 학생이 휴대전화를 사용했는지 여부는 중요하지 않았다. 2016년 *Labour Economics*에 발표된 91개의 영국 중등 학교에 대한 연구에 따르면 학교에서 스마트폰을 금지하면 학생들의 시험 성적이 크게 올라가고 가장 약한 학생들이 가장 큰 혜택을 받는 것으로 나타났다.

카는 또한 스마트폰을 광범위하게 사용하는 것이 사회적 기술과 인간 관계에 해로울 수 있음을 관찰했다. 스마트폰을 통해 전자적으로 '친구'와 연결하는 것은 진정한 일대일 관계 및 대면 대화를 대신할 수 없다.

2018년 초, 애플의 가장 큰 두 투자자는 아이폰 제조업체가 어린이의 스마트폰 중독에 더 많은 조치를 취해야 한다고 촉구했다. 투자자들은 애플이 스마트폰 중독을 예방하기 위해 더 많은 도구를 제공하고 자녀의 스마트폰 사용을 모니터링하기 위해 더 많은 부모 옵션을 제공할 것을 촉구했다. 애플 스마트폰 및 태블릿용 iOS 운영체제에는 이미 앱, 위치 공유와 같은 기능 및 특정 유형의 콘텐츠 접근 제한을 위해 자녀 보호 기능이 있다. 투자자들은 애플이 더 많은 일을 해야 한다고 생각했다. 예를 들어 부모가 설정 중에 전화기 사용자의 나이를 지정하고, 화면 시간에 제한을 설정하고, 전화기를 사용할 수 있는 시간을 선택하고, 소셜 미디어 서비스를 차단할 수 있도록 하는 것이다.

애플은 부모가 자신과 자녀가 아이폰에서 보내는 시간을 제한할 수 있도록 자체 스크린 타임 트래커를 만들었다. 그러나 《뉴욕타임스》와 앱 데이터 회사인 센서타워(Sensor Tower)의 분석에 따르면 애플은 또한 가장 많이 다운로드된 17개의 스크린 타임 및 자녀 보호 앱 중 11개 이상을 제거하거나 제한했다. 애플은 또한 덜 알려진 일부 앱을 제거했다. 경우에 따라 애플은 부모가 자녀의 기기를 제어할 수 있도록 하거나 특정 앱 및 성인 콘텐츠에 대한 자녀의 액세스를 차단하는 기능을 제거하도록 기업에 강요했다. 다른 경우에는 단순히 앱 스토어에서 앱을 가져왔다.

출처: Jack Nicas, "Apple Cracks Down on Apps that Fight iPhone Addiction," *New York Times*, April 27, 2019; Nellie Bowles, "Human Contact Is Now a Luxury Good," *New York Times*, March 23, 2019, and "A Dark Consensus about Screens and Kids Begins to Emerge in Silicon Valley," *New York Times* , October 26, 2018; Samuel Gibbs, "Apple Investors Call for Action over iPhone 'Addiction' among Children," *The Guardian*, January 8, 2018; David Benoit, "iPhones and Children Are a Toxic Pair, Say Two Big Apple Investors ," *Wall Street Journal*, January 7, 2018; and Nicholas Carr, "How Smartphones Hijack Our Minds," *Wall Street Journal*, October 7, 2017.

사례연구 문제

1. 이 사례 연구에 설명된 문제를 식별하라. 어떤 의미에서 윤리적 딜레마인가?
2. 어린이와 청소년의 스마트폰 사용을 제한해야 하는가? 이유는 무엇인가?
3. 스마트폰이 인지능력을 저하하는 문제를 해결할 수 있는가? 그 이유는 무엇인가? 당신의 답을 설명하라.

4-5 경영정보시스템은 내 경력에 어떻게 도움이 되는가?

다음 절은 4장과 이 책이 신입 개인정보 분석가로서 직업을 찾는 데 도움이 되는 방법을 보여준다.

회사

스웨덴의 Pinnacle Air Force Base는 인사부에 신입 개인정보 분석가를 위한 공개 초급 직위가 있다. 이 사무실은 6,800명 이상의 군인과 그 가족, 1,250명의 민간 직원에 대한 근무 기록, 보상, 의료 및 퇴직 수당을 포함한 자세한 인사 기록을 관리한다.

직무 설명

신입 개인정보 분석가는 직원 기록 보관을 지원하고 모든 연방 및 주 개인정보 보호 규정을 준수할 것을 보장한다. 직무는 다음과 같다.

- 프라이버시 오피스 기능과 관련된 정책 및 절차 분석, 개발
- 개인정보 보호법 요청 기록 및 추적, 검토 지원, 수정 및 응답 기록을 준비하고 모든 개인정보 보호 사무소 서신을 추적
- 민감한 수혜자/개인 서신을 포함한 서면, 구두, 전자 통신에 대한 모니터링 및 응답
- 사생활 보호 사무실 회의 조정

- 데이터와 문서 검토 및 분석, 옵션, 문제, 다양한 프로그램 계획, 보고 및 실행 활동을 위한 직위 평가

직무 요건

- 교양 또는 경영학사 학위
- 강력한 의사소통 및 조직 기술
- 기록 보관 및 파일 시스템 경험 우대

면접 질문

1. 당신은 개인정보 보호 분야에 어떤 배경이나 직무 경험이 있습니까?
2. 개인정보 보호법에 대해 무엇을 알고 있습니까?
3. 서면 및 전자 통신에 대한 개인정보 보호 관행에 대해 무엇을 알고 있습니까?
4. 우리 조직의 개인정보 보호를 개선해 달라는 요청을 받았다면 어떻게 진행하겠습니까?
5. 개인정보 보호와 관련된 문제를 처리한 적이 있습니까? 해결 과정에서 어떤 역할을 했습니까?

저자 팁

1. 정보시스템 및 개인정보 보호를 다루는 절에 특히 주의하면서 이 장을 검토하라.
2. 개인정보 보호법, 개인정보 보호 절차, 개인 기록에 대한 정책과 관련한 자세한 내용은 웹을 이용하라.
3. 미군 기지 또는 기타 조직의 직원 기록 보관 및 개인정보 보호에 대해 자세히 알아보라.
4. 개인정보 보호 영역에 대한 실무 경험이 없는 경우 개인정보에 대해 알고 있는 것과 민감한 개인 데이터를 보호하는 것이 왜 중요한지 설명하고, 개인정보 보호와 관련해 더 많은 것을 배우고 수행하는 데 매우 관심이 있음을 보여라.

요약

4-1 **정보시스템에 의해 윤리적, 사회적, 정치적으로 발생한 문제는 무엇인가?** 정보기술은 아직 사회에서 통용되는 법과 규칙이 확립되지 않아 혼란을 야기하고 있다. 컴퓨팅 파워, 저장 및 인터넷을 포함한 네트워킹 능력의 증가가 개인과 조직의 행동 범위와 깊이를 증대했다. 이제 온라인으로 익명을 유지한 채 간편하게 정보를 전달하고, 복사하고, 조작할 수 있는 환경은 프라이버시와 지적 재산의 보호에 대한 새로운 문제를 제기한다. 정보시스템에 의해 제기된 주요 윤리적, 사회적, 정책적 이슈는 주로 정보 및 재산에 대한 권리와 의무, 책임과 통제, 시스템 품질, 삶의 질 등에 초점을 둔다.

4-2 **윤리적 결정을 유도하는 구체적인 도덕적 원칙은 무엇인가?** 행동의 옳고 그름을 판단할 수 있는 여섯 가지 윤리적 원칙은 황금률, 칸트의 정언명령, 데카르트의 변화 법

칙, 공리 원칙, 위험 기피 원칙, 윤리적으로 '공짜 점심은 없다(no free lunch)'는 규칙을 포함한다. 이러한 원칙은 윤리적 의사결정을 위해 윤리적 분석과 함께 사용되어야 한다.

4-3 **개인정보 보호와 지적 재산권은 왜 현대 정보시스템 기술과 인터넷에서 문제가 제기되는가?** 현재의 데이터 저장 및 분석 기술은 기업이 다양한 소스를 통해 개인 데이터를 쉽게 수집하고, 개인의 행동 양식을 분석하는 상세한 온라인 프로파일의 작성을 촉진했다. 인터넷 내에서의 정보 흐름은 여러 방법으로 감시될 수 있다. 웹사이트를 방문한 고객의 행동은 쿠키나 기타 웹 감시 도구를 사용해 포착할 수 있다. 모든 웹사이트가 강력한 프라이버시 정책을 갖고 있지는 않으며, 개인정보 사용 여부에 대한 동의를 구하지 않는 기업도 많다. 디지털 자료는 복사되기 쉽고 인터넷을 통해 동시다발적으로 수많은 곳으로 전송될 수 있기 때문에 전통적인 저작권법은 해적판 소프트웨어로부터 정품 소프트웨어를 보호하기에는 불충분하다.

4-4 **정보시스템은 일상생활의 질, 책임과 의무를 정립하는 법규에 어떠한 영향을 미치는가?** 새로운 정보기술은 다른 사람에게 해를 끼칠 때 책임져야 하는 지주와 지주회사에 대한 기존의 책임 법규 및 사회적 관행에 도전하고 있다. 비록 컴퓨터 시스템이 능률과 부를 증가시켰지만 부정적인 측면도 없지는 않다. 컴퓨터 오류는 개인과 기관에 막대한 손실을 발생시킬 수 있다. 데이터의 낮은 품질은 기업에게 혼란과 경제적 손실을 야기한다. 컴퓨터가 직원을 대신하거나 재설계된 비즈니스 프로세스로 말미암아 기존 업무가 불필요해지면 그들은 실직할 수도 있다. 컴퓨터를 소유하고 사용하는 능력은 사회적 계급 또는 인종 간의 사회경제적 불평등을 악화하기도 한다. 컴퓨터의 대중화는 또한 컴퓨터 범죄와 악용을 증가시키고 있다. 기술 스트레스나 시력 저하와 같은 건강 문제도 발생시킨다. 컴퓨터는 또한 반복성 긴장장애, 컴퓨터화면증후군, 명확하게 사고하고 복잡한 작업을 수행할 수 없는 것과 같은 건강 및 인지 문제를 유발할 수 있다.

주요 용어

고지에 입각한 동의	옵트인
공리 원칙	웹비콘
공정정보규정	위험 기피 원칙
공짜 점심은 없다	의무
기업 비밀	일반 데이터 보호 규정
디지털 밀레니엄 저작권법	저작권
미끄러운 경사 법칙	적법절차
반복성 긴장장애	정보 격차
상표	정언명령
세이프 하버	지적 재산권
손목터널증후군	책무
스팸	책임
스파이웨어	컴퓨터 범죄
옵트아웃	컴퓨터 오남용

쿠키	프로파일링
특허권	NORA

복습문제

4-1 정보시스템에 의해 윤리적, 사회적, 정치적으로 발생한 문제는 무엇인가?
- 불분명한 관계 인식이 무엇인지 설명하라.
- 18개월마다 컴퓨터 성능이 2배로 증가했을 때의 순영향을 설명하라.
- 인터넷과 전자상거래의 부상으로 새로운 시급성을 받은 정보시스템의 윤리적 문제를 나열하라.

4-2 윤리적 결정을 유도하는 구체적인 도덕적 원칙은 무엇인가?
- 윤리적 분석의 다섯 가지 단계를 열거하고 이를 설명하라.
- 여섯 가지 윤리적 원칙을 확인하고 설명하라.

4-3 개인정보 보호와 지적 재산권은 왜 현대 정보시스템 기술과 인터넷에서 문제가 제기되는가?
- 현재 형태의 GDPR의 목적과 중요성을 설명하라.
- 온라인 데이터 수집과 관련해 옵트인과 옵트아웃을 구분하라.
- 특허의 가치와 특허가 개인이나 조직의 지적 재산권을 보호하는 방법을 설명하라.
- 지적 재산권을 보호하는 세 가지 제도를 말하고 정의하라.

4-4 정보시스템은 일상생활의 질, 책임과 의무를 정립하는 법규에 어떠한 영향을 미치는가?
- 비즈니스 시스템 실패의 가장 일반적인 원인을 밝혀라.
- 정보시스템을 사용한 결과 모든 조직이 의존적이고 취약한 이유를 설명하라.
- 컴퓨터 범죄를 예를 들어 설명하라.
- 정보격차라는 용어의 의미를 설명하라.

협업과 팀워크 프로젝트

기업 윤리 규정 개발

4-5 3~4명으로 팀을 구성해 종업원 프라이버시와 고객 프라이버시, 기업 웹사이트의 고객과 사용자의 프라이버시를 다루는 기업 윤리 규정을 개발하라. 여기에는 이메일 프라이버시 및 고용주의 직장 내 감시 활동, 직원의 여가 활동(예: 라이프스타일, 결혼 준비 등)에 대한 기업의 정보 수집에 대한 사항이 포함되어야 한다. 그리고 가능하다면, 구글 드라이브(Google Drive), 구글 사이트(Google Sites)를 이용해 당신이 발견한 사항을 토론하고 수업 시간에 발표할 자료를 준비하라.

참고문헌

Adjerid, Idris, Eyal Peer, and Alessandro Acquisti. "Beyond the Privacy Paradox: Objective Versus Relative Risk in Privacy Decision Making." *MIS Quarterly* 42, No. 2 (June 2018).

Anderson, Chad, Richard L. Baskerville, and Mala Kaul. "Information Security Control Theory: Achieving a Sustainable Reconciliation Between Sharing and Protecting the Privacy of Information." *Journal of Management Information Systems* 34, No. 4 (2017).

Bilski v. Kappos, 561 US (2010).

Brown Bag Software vs. Symantec Corp. 960 F2D 1465 (Ninth Circuit, 1992).

Brynjolfsson, Erik, and Andrew McAfee. *Race Against the Machine* (Digital Frontier Press, 2011).

Culnan, Mary J., and Cynthia Clark Williams. "How Ethics Can Enhance Organizational Privacy." *MIS Quarterly* 33, No. 4 (December 2009).

Davenport, Thomas H., and Julia Kirby. "Beyond Automation." *Harvard Business Review* (June 2015).

European Commission. "2018 Reform of EU Data Protection Rules," https://ec.europa.eu (2018).

European Commission. "The EU-U.S. Privacy Shield Factsheet." July 2016. http://ec.europa.eu, accessed June 15, 2017.

European Parliament. "Directive 2009/136/EC of the European Parliament and of the Council of November 25, 2009." European Parliament (2009).

Federal Trade Commission. "FTC Releases 2018 Privacy and Data Security Update" (March 2019)

———. "Internet of Things (IoT): Privacy & Security in a Connected World" (January 2015).

Gopal, Ram D., Hooman Hidaji, Raymond A. Patterson, Erik Rolland, and Dmitry Zhdanov. "How Much to Share with Third Parties? User Privacy Concerns and Website Dilemmas." *MIS Quarterly* 42, No. 1 (March 2018).

Henry, Patrick. "Why Computers Make Us Stupid." *Slice of MIT* (March 6, 2011).

Kang, Cecelia, David Streitfeld and Annie Karni. "Antitrust Troubles Snowball for Tech Giants as Lawmakers Join In." *New York Times* (June 3, 2019).

Kang, Cecelia, and Kenneth P. Vogel. "Tech Giants Amass a Lobbying Army for an Epic Washington Battle." *New York Times* (June 5, 2019).

Laudon, Kenneth C. *Dossier Society: Value Choices in the Design of National Information Systems*. (New York: Columbia University Press, 1986).

Laudon, Kenneth C., and Carol Guercio Traver. *E-Commerce: Business, Technology, Society*, 15th ed. (Upper Saddle River, NJ: Prentice-Hall, 2020).

LeBlanc, K. E., and W. Cestia. "Carpal Tunnel Syndrome." *American Family Physician* 83, No. 8 (2011).

Lohr, Steve, Mike Isaac, and Nathaniel Popper. "Tech Hearings: Congress Unites to Take Aim at Amazon, Apple, Facebook and Google." *New York Times* (July 16, 2019).

Lomas, Natasha. "EU Parliament Calls for Privacy Shield to Be Pulled Until US Complies." *TechCrunch* (July 5, 2018).

Manyika, James, and Michael Spence. "The False Choice Between Automation and Jobs." *Harvard Business Review* (February 5, 2018).

Pew Research Center. "The State of Privacy in America" (January 20, 2016).

RIAA. "2018 RIAA Shipment & Revenue Statistics" RIAA (May 2019).

Satariano, Adam. "The European Union on Friday Enacts the World's Toughest Rules to Protect People's Online Data." *New York Times* (May 24, 2018).

Shaban, Hamza, "Under Armour Announces Data Breach, Affecting 150 Million Myfitnesspal App Accounts." *Washington Post* (March 29, 2018).

The Software Alliance. "BSA Global Software Survey 2018" (June 2018).

Symantec. "2019 Internet Security Threat Report" (2019).

US Department of Health, Education, and Welfare. *Records, Computers, and the Rights of Citizens* Cambridge, MA: MIT Press (1973).

US Senate. "Do-Not-Track Online Act of 2011." Senate 913 (May 9, 2011).

US Sentencing Commission. "Sentencing Commission Toughens Requirements for Corporate Compliance Programs" (April 13, 2004).

Wolcott, Robert C. "How Automation Will Change Work, Purpose, and Meaning." *Harvard Business Review* (January 11, 2018).

페이스북 개인정보 보호: 당신의 삶이 판매되고 있다

페이스북은 사람들에게 커뮤니티를 구축하고 세상을 더 가깝게 만들 수 있는 힘을 제공하는 것을 기업 사명으로 설명한다. 2017년과 2018년에 페이스북이 사이트에서 사용자가 공유하는 개인정보에 대한 통제력을 상실했다는 사실이 알려지면서 이러한 높은 목표는 심각한 타격을 받았다. 페이스북은 2016년 미국 대통령 선거에서 기존의 정치적 분열을 강화하고 사람들을 커뮤니티와 서로에게서 멀어지게 할 의도로 러시아 정보기관과 정치 컨설턴트가 자사 플랫폼을 악용하는 것을 허용했다.

2018년 1월 케임브리지애널리티카(Cambridge Analytica)라는 정치 컨설팅 및 유권자 프로파일링 회사의 설립자이자 전 직원은 자신의 회사가 8,700만 명에 달하는 페이스북 사용자의 개인정보를 수집했으며 이 정보를 사용해 2016년 대통령 선거 당시 미국에 영향을 미쳤다고 밝혔다. 페이스북은 사용자의 개인정보를 판매하지 않지만 타사 앱이 페이스북 사용자의 개인정보를 얻을 수 있도록 허용했다. 이 경우 영국 연구원은 연구 목적으로 50,000명의 페이스북 사용자에 대한 액세스 권한을 부여받았다. 그는 사용자의 성격 특성을 측정한다고 주장하는 앱 퀴즈를 개발했다. 페이스북의 디자인은 이 앱이 설문조사에 동의한 사람들의 개인정보뿐만 아니라 해당 사용자의 페이스북 소셜 네트워크에 있는 모든 사람의 개인정보도 수집할 수 있도록 허용했다. 연구원은 데이터를 케임브리지애널리티카에 판매했으며, 케임브리지애널리티카는 이 데이터를 사용해 대통령 선거에서 표적 정치 광고를 전송했다.

2017년 10월 상원 청문회에서 페이스북은 러시아 공작원들이 2016년 대통령 선거에 영향을 미치기 위해 페이스북의 소셜 네트워크를 악용했다는 사실을 검증했다. 130,000개 이상의 가짜 메시지와 이야기가 러시아 정보기관인 IRA(Internet Research Agency)에서 일하는 수천 명의 러시아 기반 해커가 구축하고 운영하는 자동화된 소프트웨어 봇 군대를 사용해 미국의 페이스북 사용자에게 전송되었다. (봇은 자동화된 작업을 수행하는 소프트웨어 프로그램이며 자주 악의적인 목적으로 인터넷에 있다. 8장을 참조하라.) 75,000개의 가짜 페이스북 계정과 230,000개의 봇을 사용해 러시아 메시지가 약 1억 4,600만 명의 페이스북 사용자에게 전송되었다. 이 메시지는 사용자의 종교, 인종, 민족, 개인적 관심사 및 정치적 견해를 포함해 정상적인 비즈니스 과정에서 페이스북이 수집한 개인정보를 기반으로 사람들을 대상으로 했다. 이 광고는 정치적 견해에 반대하는 집단을 표적으로 삼았고, 그들 사이의 사회적 갈등을 심화할 의도였다.

어떻게 이 모든 일이 일어날 수 있었는가? 알고 보니 페이스북의 디자인과 관리는 매우 쉽고 저렴했다. 페이스북이 광고주, 앱 개발자, 연구원에게 액세스 권한을 부여하면 해당 정보가 사용되는 방식을 제어할 수 있는 기능이 매우 제한된다. 페이스북에서 제3자 계약 및 정책을 검토해 준수 여부를 확인하는 경우는 거의 없다. 페이스북 경영진은 8,700만 명의 페이스북 사용자가 러시아 정보기관에서 수집한 개인정보를 케임브리지애널리티카에서 정치 광고를 목표로 삼는 데 사용했다는 사실에 다른 사람들만큼 충격을 받았다고 주장했다.

상황은 더 나빠졌다. 2018년 6월 초, 페이스북이 케임브리지애널리티카 스캔들 이후 개인정보 보호 조치와 개혁을 이야기해야 했던 몇 달 후 《뉴욕타임스》는 페이스북이 최소 60개 기기 제조업체 및 선택된 앱 개발자와 데이터 공유 파트너십을 맺고 있다고 보도했다. 페이스북은 애플, 삼성, 아마존 및 휴대전화, 태블릿, TV, 비디오 게임 콘솔을 판매하는 기타 회사가 명시적 동의 없이 페이스북 사용자에 대한 데이터뿐만 아니라 친구에 대한 개인 데이터에 액세스할 수 있도록 허용했다. 이러한 모든 관행은 2012년 연방거래위원회(FTC)와의 개인정보 보호 합의를 위반한 것이다. 이 합의에서 페이스북은 사용자의 개인 데이터 제어 능력에 대해 사용자를 기만하는 것을 중단하고 사용자에게 알리지 않고 제3자와 데이터 공유하는 것을 중단하는 데 동의했다.

페이스북은 실제로 행동을 바꾸지 않고 대신 개인정보를 제어할 수 있다고 주장해 사용자를 속였다. 창립자이자 CEO인 마크 저커버그(Mark Zuckerberg)를 포함한 페이스북의 고위 관리자는 회사 이메일에 따르면 이러한 속임수를 분명히 알고 있었다. 2019년 페이스북의 개인정보 보호 문제로 인해 FTC는 2012년 합의를 명백하고 의도적으로 위반한 혐의로 50억 달러의 벌금을 부과했다. 페이스북은 또한 개인정보 보호 문제에 대한 규제기관의 새로운 감독과 개인정보 취급을 위한 새로운 관행 및 정책을 개발하는 데 동의했다. 50억 달러는 큰돈이지만 연간 매출이 560억 달러인 회사의 경우에는 실제 행동을 바꿀 만큼 충분하지 않을 수 있다. 비평가들의 말에 따르면 벌금은 페이스북의 수익에 거의 영향을 미치지 않았다. 사용자 대량 감시에 대한 특별한 제한은 없으며 새로운 개인정보 보호 정책은 FTC가 아닌 페이스북에서 작성한다. 이 합의는 또한 2012년 합의의 과거 위반 및 사용자의 개인정보 보호에 대한 개인적인 책임으로부터 페이스북 임원 및 이사에게 면죄부를 제공했으며 과거 위반에 대한 주장으로부터 회사를 보호했다. 다시 말해 과거는 깨끗이 지워졌다.

페이스북에는 다양하고 매력적인 기능이 있다. 가족이 잃어버린 애완동물을 찾는 데 도움이 되었고 현역 군인이 가족과 연락을 유지할 수 있다. 또한 소규모 기업에는 전자상거래 노력을 더욱 강화할 수 있는 기회를 제공하고 대기업에는 브랜드를 확고히 할 수 있는 기회를 제공한다. 아마도 가장 분명한 사실은 페이스북을 사용하면 친구, 친척, 지역 식당, 간단히 말해서 관심 있는 모든 것과 더 쉽게 연락할 수 있다는 것이다. 이것이 바로 많은 사람이 페이스북을 사용하는 이유이다. 페이스북은 사용자에게 진정한 가치를 제공한다. 그러나 비용이 든다. 페이스북 플랫폼에 참여하는 비용은 당신의 개인정보가 광고주, 그리고 당신이 알지 못하는 다른 사람들과 공유된다는 것이다.

페이스북의 사생활 침해와 실수에 대한 체크 무늬 과거는 수십억 명의 개인 데이터를 신뢰해야 하는지에 대한 의구심을 불러일으킨다. 유럽 국가와 달리 미국에는 페이스북과 같은 회사가 수집한 데이터를 소비자에게 알릴 권리를 부여하는 법률이 없다. 공정 신용 보고법에 따라 신용 보고 정보에 대해 이의를 제기할 수 있지만 최근까지 페이스북에서 수집한 당신에 대한 데이터를 얻을 수 없었다.

당신이 당신의 얼굴을 소유하고 있다고 생각하는가? 페이스북이 아니라 사용자의 사진 태그를 위한 회사의 안면 인식 소프트웨어 덕분이다. 이 '태그 제안' 기능은 가입할 때 자동으로 켜지며 사용자 동의가 없다. 2016년 연방법원은 사용자 동의 없는 사진 태그에 대한 페이스북의 권리에 이의를 제기하는 소송을 허용했다. 이 기능은 생체 인식 데이터의 개인정보를 보호하려는 여러 주법을 위반한다.

《컨슈머리포트》의 연구에 따르면 매일 페이스북에서 1억 5,000만 명의 미국인 중 적어도 480만 명이 어떤 식으로든 자신에게 불리할 수 있는 정보를 기꺼이 공유하고 있다. 여기에는 강도가 시간을 내기 위해 사용할 수 있는 특정 날짜에 여행을 계획하거나 특정 건강 상태나 치료에 대한 페이지를 좋아하는 것이 포함되어 보험사가 보장을 거부할 수 있다. 신용카드 회사 및 이와 유사한 조직은 당신과 프로필이 유사한 다른 사람들의 행동을 기반으로 당신에 대한 대우를 변경해 레드라이닝이라는 용어에서 가져온 웹라이닝에 참여하기 시작했다. 고용주는 페이스북의 '좋아요'를 사용해 당신의 성격과 행동을 평가할 수 있다. 수백만 명의 페이스북 사용자가 페이스북의 개인정보 보호 제어를 조정한 적이 없다. 이를 통해 페이스북 응용 프로그램을 사용하는 친구가 당신이 알지 못하는 사이에 예기치 않게 당신의 데이터를 제3자에게 전송할 수 있다.

그렇다면 왜 그렇게 많은 사람이 페이스북에서 자신의 삶에 대한 민감한 세부 사항을 공유하는가? 사용자가 자신의 데이터가 이러한 방식으로 수집 및 전송되고 있다는 사실을 인식하지 못하는 경우가 많다. 페이스북 사용자의 친구에 대한 정보가 해당 사용자의 애플리케이션에서 수집되는 경우 해당 사용자의 친구에게 알림이 전송되지 않는다. 페이스북의 많은 기능과 서비스는 사용자에게 알리지 않고 시작될 때 기본적으로 활성화되며, 시겔+게일(Siegel+Gale)의 연구에 따르면 페이스북의 개인정보 보호 정책은 정부 고시나 일반적인 은행 신용카드 계약보다 이해하기 더 어렵다. 페이스북을 사용해 웹사이트에 로그인할 때마다 페이스북은 해당 사이트와 일부 개인정보를 공유하고 해당 사이트에서 사용자의 움직임을 추적할 수 있다는 사실을 알고 있었는가? 다음에 페이스북을 방문할 때 개인정보 설정을 클릭하고 옵션을 이해할 수 있는지 확인하라.

그러나 페이스북이 자발적으로든 강제로든 데이터 수집 프로세스에 대해 더 많은 책임을 지게 될 것이라는 몇 가지 징후가 있다. 상장기업인 페이스북은 이제 투자자와 규제기관의 면밀한 조사를 받는다. 2018년, 미국의 비판과 유럽의 새로운 GDPR에 대한 대응으로 페이스북은 사용자가 개인정보 기본 설정을 더 쉽게 선택할 수 있도록 개인정보 보호 정책을 변경했다. 그들이 무엇에 동의하는지 정확히 알기 위해, 사용자의 개인 아카이브 및 얼굴 이미지를 포함해 페이스북이 수집 및 공유하는 정보를 다운로드하기 위해, 뉴스피드에서 클릭 베이트 및 스팸을 제한하기 위해, 앱 개발자의 개인정보 사용을 보다 면밀히 모니터링하기 위해, 수백만 개의 가짜 계정을 제거하기 위한 노력을 강화한다. 페이스북은 가짜 뉴스를 식별하고 제거하기 위해 10,000명의 새로운 직원과 수백 개의 팩트 체크 회사를 고용했다. 역사상 처음으로 페이스북은 사용자가 게시한 콘텐츠에 편집 제어를 적용해야 하며, 그런 의미에서 콘텐츠에 대해 책임을 지는 전통적인 게시자 및 뉴스 매체처럼 된다. 불행히도 연구자들이 오래전부터 알고 있고 페이스북 경영진도 이해하고 있는 것처럼, 개인정보 보호 기본 설정을 이해하고 조정하는 데 시간을 할애하는 사용자는 12% 미만으로 추정된다. 실제로 사용자의 선택은 페이스북의 개인정보 사용에 대한 강력한 확인이 아니다.

미국 페이스북 사용자는 페이스북이 수집한 데이터에 액세스할 수 있는 수단이 거의 없지만 다른 국가의 사용자는 더 잘했다. 유럽에서는 100,000명이 넘는 페이스북 사용자가 이미 데이터를 요청했으며 유럽 법률에 따라 페이스북은 40일 이내에 이러한 요청에 응답해야 한다. 프랑스, 스페인, 이탈리아, 독일, 벨기에, 네덜란드의 정부 개인정보 규제기관은 유럽연합이 보다 엄격한 개인정보 보호 법률을 추구함에 따라 페이스북의 개인정보 제어를 적극적으로 조사하고 있다.

페이스북이 몇 가지 더 심각한 개인정보 침해 기능을 종료하고 동의 프로세스를 강화했지만, 회사의 데이터 사용 정책은 서비스 사용 조건으로 사용자가 회사에 광고에서 개인정보 사용에 대한 광범위한 권한을 부여한다는 점을 매우 분명하게 보여준다. 사용자를 위한 기본 옵션은 '선택'이다. 대다수 사용자는 자신의 정보 사용을 제어하는 방법을 모른다. 페이스북을 사용하려는 경우 모든 공유를 '선택 해제'할 수 없다. 이를 연구원들은 '통제의 역설'이라고 한다. 사용자에게 개인정보 사용에 대한 통제 권한이 부여되더라도 일반적으로 이러한 통제를 사용하지 않기로 선택한다. 사용자는 자신의 정보 사용을 일부 제한할 수 있지만 페이스북 데이터 기능에 대한 광범위한 지식이 필요하다. 페이스북은 페이스북뿐만 아니라 페이스북 오디언스 네트워크(Audience Network)를 통해 웹 전체에 광고를 보여준다. 페이스북 오디언스 네크워크는 사용자가 다른 웹사이트에서 무엇을 하는지 추적한 다음 해당 웹사이트에서 해당 사용자에게 광고를 타기팅한다.

비평가들은 페이스북이 음악 스트리밍 사이트와 같은 광고 없는 서비스를 구독 형태로 제공하지 않는 이유를 질문했다. 다른 사람들은 페이스북이 사용자가 추적을 거부하는 것을 허용하지 않는 이유를 알고 싶어 한다. 그러나 데이터 사용 정책에 명시되어 있는 것처럼 페이스북의 비즈니스 모델이 전적으로 사용자의 개인정보를 자유롭게 사용하는 방식에 의존하기 때문에 이러한 종류의 변경은 페이스북에 매우 어려울 것이다. 이 정책은 페이스북을 사용하는 경우 페이스북이 선택한 제3자와 정보를 공유할 수 있도록 하는 서비스 약관에 동의한다는 것을 공개적으로 명시하고 있다. 애플의 CEO 팀 쿡(Tim Cook)이 언급했듯이 페이스북에서 그들이 판매하는 제품은 바로 당신이다.

출처: Mike Isaac and Natasha Singer, "On Wednesday, the Federal Trade Commission Placed New Conditions on Facebook for Privacy Violations," *New York Times*, July 24, 2019; "A $5 Billion Fine for Facebook Won't Fix Privacy," *New York Times*, July 25, 2019; Devin Coldewey and Natasha Lomas, "Facebook Settles with FTC: $5 Billion and New Privacy Guarantees," *Techcrunch*, July 24, 2019; John D. McKinnon, Emily Glazer, Deepa Seetharaman, and Jeff Horwitz, "Facebook Worries Emails Could Show Zuckerberg Knew of Questionable Privacy Practices," *New York Times*, June 12, 2019; Federal Trade Commission, "In the Matter of Facebook, a Corporation," FTC, July 24, 2019; Deepa Seetharaman and Kirsten Grind, "Facebook Gave Some Companies Access to Additional Data About Users' Friends," *Wall Street Journal*, June 8, 2018; Cecilia Kang and Sheera Frenkel, "Facebook Says Cambridge Analytica Harvested Data of Up to 87 Million Users," *New York Times*, April 24, 2018; Eduardo Porter, "The Facebook Fallacy: Privacy Is Up to You," *New York Times*, April 24, 2018; David Mayer, "Facebook Is Giving You New Privacy Options, But It's Clear What It Wants You to Choose," *Fortune*, March 19, 2018; Matthew Rosenberg, Nicholas Confessore, and Carole Cadwalladr, "How Trump Consultants Exploited the Facebook Data of Millions," *New York Times*, March 17, 2018; Georgia Wells and Deepa Seetharaman, "New Facebook Data Shows Russians Targeted Users by Education, Religion, Politics," *Wall Street Journal*, November 1, 2017; Hunt Allcott and Matthew Gentzkow, "Social Media and Fake News in the 2016 Election," *Journal of Economic Perspectives*, March 2017.

사례연구 문제

1. 페이스북의 윤리적 분석을 수행하라. 이 사례가 보여주고 있는 윤리적 딜레마는 무엇인가?
2. 프라이버시와 페이스북의 비즈니스 모델과의 관계는 무엇인가?
3. 페이스북 프라이버시 정책의 약점과 특징을 설명하라. 이러한 약점에 기여한 사람, 조직, 기술적 요인은 무엇인가?
4. 페이스북은 프라이버시 침해 없이 성공적인 비즈니스 모델을 가질 수 있겠는가? 답을 설명하라. 페이스북은 이를 가능하게 할 다른 방도를 취할 수 있는가?

PART II

CHAPTER 5
정보기술 인프라: 하드웨어와 소프트웨어

CHAPTER 6
비즈니스 인텔리전스의 기초: 데이터베이스와 정보관리

CHAPTER 7
통신, 인터넷, 무선 기술

CHAPTER 8
보안 정보시스템

정보기술 인프라

2부에서는 하드웨어, 소프트웨어, 데이터베이스, 통신 기술, 보안 및 통제 수단과 기술을 살펴봄으로써 정보시스템을 이해하기 위한 기술적 기초 지식을 제공한다. 여기에서는 다음과 같은 질문에 대한 답을 제공한다: 오늘날 어떤 기술과 도구가 비즈니스 업무 수행에 필요한가? 기업의 업무 수행을 증진하기 위해 알아야 할 기술 관련 지식은 무엇인가? 미래에 이와 같은 기술은 어떻게 변화할 것인가?

CHAPTER

5 정보기술 인프라: 하드웨어와 소프트웨어

학습목표

이 장의 학습을 마치면 다음 질문에 답할 수 있을 것이다.

5-1 정보기술 인프라의 구성요소는 무엇인가?

5-2 기업에서 사용하는 컴퓨터 하드웨어, 기억장치, 입출력 기술은 무엇이고 주요 하드웨어 추세는 무엇인가?

5-3 기업에서 사용하고 있는 소프트웨어 종류와 주요 소프트웨어 추세는 무엇인가?

5-4 하드웨어와 소프트웨어 기술 관리에서 중요한 이슈는 무엇인가?

5-5 경영정보시스템은 내 경력에 어떻게 도움이 되는가?

사례

헤르메스 UK: 클라우드를 통한 성공

오픈소스 혁신: 새로운 경쟁우위

클라우드에 눈을 뜨라

기업은 BYOD를 어떻게 해야 하는가?

헤르메스 UK: 클라우드를 통한 성공

영국에서 두 번째로 큰 배송 회사인 헤르메스 UK(Hermes UK)는 독일에 본사를 둔 헤르메스 유럽(Hermes Europe GmbH)의 자회사이다. 10,000명의 택배기사, 27개 창고와 3개 유통 허브를 보유한 헤르메스 UK는 소매 가치사슬 전체를 운영한다. 이 회사는 2018년 현재 100억 파운드에 달하는 영국의 성장하는 배달 서비스 시장을 따라잡기 위해 인프라에 투자해 왔으며, 같은 해에 3억 개 이상의 소포를 처리했다.

거대한 잠재 시장에도 불구하고 회사는 다양한 도전, 특히 더 빠른 배송, 더 많은 배송 옵션 및 더 저렴한 서비스 요금을 요구하는 고객의 점점 더 높아지는 기대에 직면한다. 고객은 특정 택배 회사에 충성도를 거의 나타내지 않으며 서비스 품질이 기대에 미치지 못하면 다른 회사로 바꿀 가능성이 높다. 특히 피크 시간과 성수기(예: 크리스마스)처럼 택배 배송 서비스에 대한 수요가 급증할 때는 자주 다른 회사로의 전환이 발생한다. 또한 배달 회사 간의 치열한 경쟁으로 인해 수익성이 매우 낮았다.

헤르메스 UK의 경우 다양한 패키지 배송 혁신과 무료 익일 배송을 약속한 업계의 선구자인 아마존에서 또 다른 위협이 발생했다. 설상가상으로 헤르메스 UK가 매일 처리하는 방대한 양의 소포로 인해 정보시스템이 처리할 수 있는 것보다 훨씬 더 많은 양의 데이터가 생성되었다. 이 데이터는 피크 시간에 기하급수적으로 증가했다. 배송업체는 데이터를 실시간으로 바로 처리하지 못하고 일괄 처리할 수밖에 없었고, 일부 작업은 상당한 지연을 겪었다. 함부르크에 있는 데이터 센터는 더는 배달 전문가의 일상적인 운영 요구사항을 수용할 수 없었다. 변화할 시기였다.

헤르메스 UK는 DB2와 오라클 시스템을 폐기하고 아마존웹서비스(Amazon Web Services, AWS) 인프라에 배포된 간소화된 프로세스로 보완된 실시간 데이터베이스를 구축하기로 결정했다. AWS를 선택한 이유는 아마존이 배송 회사에 가장 적합한 서비스 공급자였으며 AWS에서 호스팅하는 솔루션이 이미 비즈니스 파트너 사이에 널리 설치되었기 때문이다. 전환 프로젝트는 대부분의 배치 지향 정보 프로세스를 자동화했다. 고객 문의를 위한 온라인 배송정보 업데이트 주기가 2시간에서 1분으로 단축되어 고객 서비스가 크게 향상되었다. 사용량 기반의 확장 가능한 클라우드 아키텍처를 통해 헤르메스 UK는 매일 150만 건의 배송에 대한 수신 지침을 15분 이내에 처리할 수 있었다. 이제 시장 점유율 증가에 따른 정보 처리 수요 급증

© Cienpies Design/Shutterstock

에 대처할 수 있게 되었다.

이 전환 프로젝트는 헤르메스 UK가 데이터 구조를 패키지 기반 데이터 모델에서 고객 중심 모델로 전환할 수 있는 기회를 제공했다. 새로운 데이터 모델은 배송 회사에 소포를 보내는 모든 고객과 소포를 받는 모든 고객에 대한 모든 지식을 제공한다. 헤르메스 UK는 또한 피크 시간에 초당 최대 1,000개 레코드의 속도로 고객 정보를 축적하도록 비즈니스 프로세스를 수정했다. 클라우드 컴퓨팅과 배송 직원이 사용하는 GPS 지원 모바일 앱의 도움으로 헤르메스 UK는 이제 고객을 대신해 택배를 수거할 수 있는 신뢰할 수 있는 이웃의 이름이나 배달원을 대신해 문 앞까지 배달되는 고객의 선호도 및 수취인이 직접 수령할 수 없을 때 택배를 보관할 수 있는 안전한 장소 정보 등을 수집한다. 이러한 선호 정보 등은 거래 내역에 저장되어 헤르메스 UK가 고객에게 맞춤형 서비스를 제공할 수 있도록 한다.

출처: Hermes World, www.hermesworld.com, accessed November 22, 2019; MyHermes, www.myhermes.co.uk, accessed November 22, 2019; P. Sayer, "Hermes Transforms Data Infrastructure to Speed Parcel Deliveries," CIO(July 8, 2019), www.cio.com; Datalytyx, "Hermes Parcel Delivery: High Volume Master Data Management" (2019), www.datalytyx.com; M. Perry, "Parcel Delivery: Should the Customer Be in Charge?", *Supply Chain Innovation 2019 Report*(Raconteur Media Ltd., 2019); A. Mari, "CIO Interview: Chris Ashworth, CIO, Hermes," *Computer Weekly*, May 29, 2018.

Case contributed by Joyce Chan, City University of Hong Kong

헤르메스 UK 사례는 올바른 정보기술을 사용하면 비즈니스의 원활한 일상 운영을 촉진할 수 있음을 보여준다. 헤르메스 UK의 정보시스템은 연간 처리하는 3억 개 이상의 소포에 수반되는 엄청난 양의 데이터를 처리하는 데 필요한 용량이 부족했다. 데이터는 기존 시스템에서 일괄 처리하기 위해 대기 중이었고 상황은 성수기에만 악화했다. 정보시스템은 배달 회사의 비즈니스 성장을 방해하는 병목 현상이 되었다.

옆 페이지의 도표는 이 도입 사례와 이 장에서 제기하는 중요한 사항에 대해 주의를 환기한다. 헤르메스 UK는 이제 더는 노후화된 레거시 시스템에 의존하지 않는다. 일부 중복 프로세스를 제거하고 데이터를 AWS에서 제공하는 온디맨드 클라우드 솔루션으로 전환했다. 배송 회사는 고객 중심 데이터 모델을 채택할 기회를 얻었고 하드웨어에 투자해 문 앞까지 배송 프로세스에서 고객 선호도를 수집했다. 헤르메스 UK는 고객의 거래 내역을 기반으로 각 고객에게 개인화된 서비스를 제공할 수 있게 되었다.

생각해볼 몇 가지 질문이 있다. 주문형 클라우드 솔루션을 사용해 헤르메스 UK가 경쟁우위를 확보하는 데 어떤 도움이 되었는가? 헤르메스 UK는 이 솔루션을 통해 어떻게 고객 가치를 창출했는가?

5-1 정보기술 인프라의 구성요소는 무엇인가?

미국 기업이 매년 3조 8,000억 달러를 컴퓨팅과 정보시스템에 투자하는 이유가 궁금하다면, 당신이 직접 사업을 시작하거나 기업을 운영한다고 가정해보면 될 것이다. 오늘날 기업은 기본적인 기업 업무를 관리하고 문제를 해결하기 위해 매우 다양한 컴퓨터 장비와 소

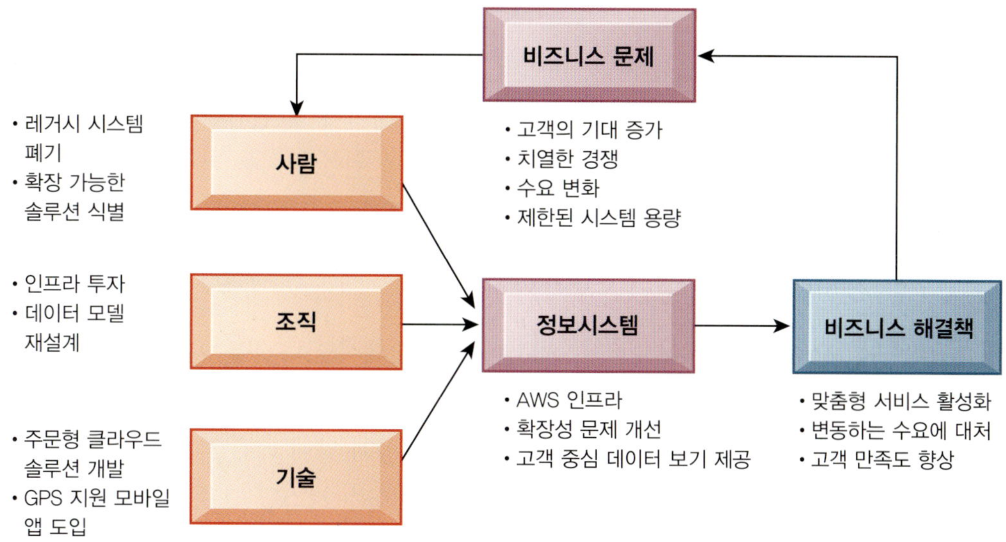

프트웨어, 통신 기술을 필요로 한다.

한편, 종업원이 출장을 가거나 재택근무를 한다면 회사는 그에게 랩톱 컴퓨터를 지급할 것이다(미국에서 판매된 컴퓨터의 절반 이상은 랩톱 컴퓨터임). 그리고 만약 중견 및 대기업의 종업원이라면 좀 더 큰 서버급 컴퓨터로서 아마도 수백 또는 수천 대의 서버로 구성된 데이터 센터 또는 서버 팜(sever farm, 한 곳에 집단으로 수용되어 동작하는 서버 그룹) 등을 필요로 할 것이다. **데이터 센터**(data center)는 통신, 저장, 보안시스템, 복구전원공급과 같은 컴퓨터와 그 구성요소를 집합시킨 시설물이다.

당신의 기업은 또한 많은 소프트웨어가 필요할 것이다. 각각의 컴퓨터는 운영체제가 필요하며 스프레드시트, 문서, 데이터 파일 등을 다룰 수 있는 다양한 응용 소프트웨어가 필요하게 된다. 혼자서 기업을 운영하지 않는 한, 아마도 다른 기업 사람들과 접촉할 수 있는, 그리고 고객과 공급자를 연결해줄 수 있는 네트워크가 필요할 것이다. 또한 여러 개의 네트워크, 즉 해당 사무실 직원을 위한 근거리 통신망과 그들이 외부에서 근무할 때 필요한 무선통신망 등이 필요하게 된다. 뿐만 아니라 전화와 인터넷을 위한 통신망도 필요하게 될 것이 분명하다. 그리고 마지막으로 이 모든 기기와 소프트웨어의 적절한 활용을 위해 직원 교육 등의 서비스가 필요할 것이다.

이와 같이 하드웨어, 소프트웨어, 네트워크 및 기타 모든 구성요소를 통칭해 기업의 **정보기술 인프라**[information technology(IT) infrastructure]라고 하며, 이미 1장에서 정의한 바와 같이 기업의 정보기술 인프라는 모든 비즈니스 정보시스템을 지원하기 위한 기반 또는 플랫폼을 제공한다.

인프라 구성요소

오늘날 정보기술 인프라는 다섯 가지 주요 구성요소, 즉 컴퓨터 하드웨어, 컴퓨터 소프트웨어, 데이터 관리 기술, 네트워킹 및 통신 기술, 기술 서비스 등으로 이루어져 있다(그림 5-1 참조). 이와 같은 각각의 구성요소는 서로 통합되어야 한다.

컴퓨터 하드웨어

컴퓨터 하드웨어는 컴퓨터 연산 처리, 데이터 저장, 입력과 출력 등을 위한 기술로서, 대형 메인프레임, 서버, 데스크톱 및 랩톱 컴퓨터, 기업 데이터 및 인터넷에 접속하기 위한 모바일 기기 등을 포함한다. 또한 데이터 수집과 입력을 위한 장치를 비롯해 데이터 저장을 위한 물리적 매체, 처리된 정보를 출력하기 위한 장치 등을 포함한다.

컴퓨터 소프트웨어

컴퓨터 소프트웨어는 시스템 소프트웨어와 응용 소프트웨어로 나뉘며, **시스템 소프트웨어**(system software)는 컴퓨터의 자원과 활동을 관리하는 역할을 한다. 그리고 응용 소프트웨어(application software)는 주문 처리나 메일 목록 작성 등과 같이 최종 사용자의 특정 목적을 위해 사용되는 소프트웨어를 말한다. 오늘날에는 대다수 시스템 및 응용 소프트웨어를 사용자가 직접 프로그램하기보다는 외부 벤더로부터 구매해 사용하고 있다. 이 같은 소프트웨어의 유형은 5-2절에서 자세히 다룬다.

데이터 관리 기술

기업은 데이터를 저장하기 위한 물리적 매체뿐 아니라 데이터를 조직해서 기업 사용자가 유용하게 사용할 수 있는 소프트웨어가 필요하다. **데이터 관리 소프트웨어**(data management software)는 재고, 고객, 벤더 관점에서 비즈니스 데이터를 조직, 관리, 처리한다. 데이터 관리 소프트웨어는 6장에서 자세히 다룬다.

네트워킹과 통신 기술

네트워킹과 통신 기술은 직원, 고객, 공급자 간에 데이터, 음성, 비디오 자료 등을 공유할 수 있게 해준다. 네트워킹 및 통신 기술에는 기업의 내부 네트워크를 운영하기 위한 기술, 통신/전화 회사의 서비스, 웹사이트 운영 기술, 인터넷을 통한 다른 컴퓨터 시스템과의 네트워킹 기술 등이 포함된다. 네트워킹 및 통신 기술은 7장에서 자세히 다룬다.

그림 5.1
정보기술 인프라 구성요소
기업의 정보기술 인프라는 하드웨어, 소프트웨어, 데이터 관리 기술, 네트워킹 기술, 기술 서비스로 구성된다.

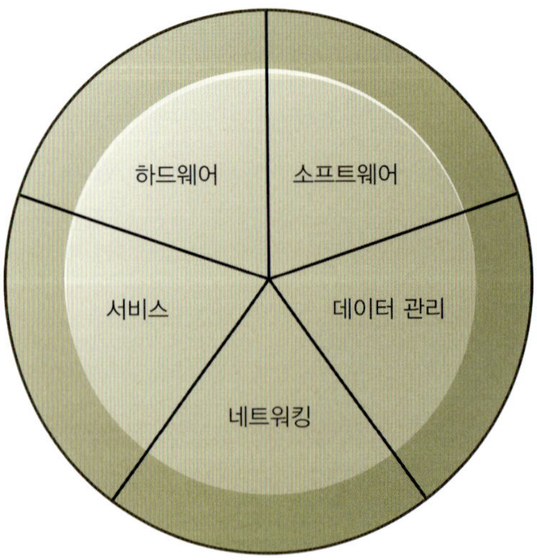

기술 서비스

기업은 앞서 설명한 모든 인프라 구성요소를 운영하고 관리할 수 있는 사람이 필요하기 때문에 업무를 위해 기술을 어떻게 활용할 것인가에 대한 직원 교육을 실시한다. 2장에서는 정보시스템 부서의 역할을 설명했는데, 이 부서가 바로 이러한 목적을 달성하기 위해 설치된 기업 내부 사업부문의 조직이다. 오늘날 많은 기업이 기업 내부의 정보기술 인력을 내부적으로 부족한 전문성을 제공할 수 있는 외부 기술 컨설턴트를 충원해 보완하고 있다. 이와 같은 기업이 주요 시스템을 바꿔야 할 필요가 있거나, 완전히 새로운 정보기술 인프라를 구현할 필요가 있을 때는 일반적으로 외부 컨설턴트에게 도움을 요청해 시스템을 통합한다.

시스템 통합은 새로운 인프라가 소위 레거시 시스템이라는 오래된 시스템과 서로 연동하는 것을 보장한다. **레거시 시스템**(legacy system)은 일반적으로 오래된 컴퓨터를 대상으로 구축된 구식의 거래 처리 시스템인데, 레거시 시스템이 계속 사용되는 이유는 새로운 시스템으로 대체하거나 재설계하는 데는 많은 비용이 소요되기 때문에 고비용의 부담을 피하고자 기존 시스템을 계속 사용하는 것이다.

정보기술 인프라 구성요소와 서비스를 제공하기 위한 수많은 벤더가 시장에 존재하며, 시스템 통합 방법도 벤더 수만큼 다양하다. 이 장에서는 기업을 운영하기 위한 인프라 구성요소로서 하드웨어 및 소프트웨어에 대한 내용을 다루고 있다. 데이터 관리 구성요소에 대해서는 6장에서 다룰 것이며, 네트워킹과 통신 기술은 7장, 정보시스템의 신뢰와 보안을 가능하게 해주는 하드웨어, 소프트웨어는 8장에서 다룰 것이다.

5-2 기업에서 사용하는 컴퓨터 하드웨어, 기억장치, 입출력 기술은 무엇이고 주요 하드웨어 추세는 무엇인가?

기업은 컴퓨터 및 정보시스템으로 해결 가능한 많은 도전과제에 직면하고 있다. 기업은 효율성을 높이기 위해 기술에 과도하거나 과소한 지출을 하지 않으면서 당면한 도전과제의 특성에 맞는 컴퓨터 하드웨어를 보유할 필요가 있다.

컴퓨터의 유형

컴퓨터는 초소형 휴대장치에서부터 대형 메인프레임과 슈퍼컴퓨터에 이르기까지 정보 처리 성능에 따라 그 크기가 다양하다. 만일 당신이 개인 혹은 소수의 사람과 소규모 기업을 운영한다면, 데스크톱이나 랩톱 **PC**(personal computer)를 사용하게 될 것이다. 또한 약간의 컴퓨팅 기능을 탑재한 무선기기, 즉 아이폰, 아이패드, 안드로이드 모바일 기기 등을 활용할 수 있을 것이나. 반일 고성능의 그래픽 기능이나 컴퓨터 연산처리능력이 요구되는 고급 디자인이나 설계를 해야 한다면, 당신은 아마도 **워크스테이션**(workstation)을 사용할 것이다. 이 컴퓨터는 데스크톱용으로 생산되었지만, 일반 PC보다 성능이 더 좋은 연산 및 그래픽 처리 기능을 갖추고 있다.

만일 기업이 네트워크로 연결된 수많은 컴퓨터를 가지고 있고 웹사이트를 보유하고 있다면 **서버**(server)가 필요할 것이다. 서버는 사용자가 파일이나 소프트웨어, 프린터와 같은 주변기기 또는 기타 네트워크 자원을 공유할 수 있도록 컴퓨터 네트워크를 지원하는 데 최적인 컴퓨터이다.

서버는 기업에게 매우 중요한 정보기술 인프라 구성요소가 되었는데, 그 이유는 전자상거래에 대한 하드웨어 플랫폼을 제공하기 때문이다. 서버에 전용 소프트웨어를 설치하게 되면, 그 서버는 웹페이지를 제공하고, 구매 및 판매 거래를 처리하며, 기업 내부 시스템 간의 데이터를 교환하는 목적에 맞도록 전용 서버로 설계될 수 있다. 예를 들어 대기업의 경우 다수의 서버를 서로 연결해 모든 업무 프로세스를 지원하고 있다. 만일 기업의 수많은 금융거래나 고객 레코드를 처리해야 한다면, 이러한 거래를 처리하기 위해 다수의 서버 또는 한 대의 대형 메인프레임 컴퓨터가 필요할 것이다.

메인프레임 컴퓨터는 1960년대 중반에 처음 등장했으며, 지금도 대형 은행, 보험회사, 증권거래소, 항공예약시스템, 정부기관 등에서 수많은 레코드와 거래 기록을 저장하고 처리하기 위해 사용한다. A mainframe is a large-capacity, high-performance computer that can process large amounts of data very rapidly. 예를 들어 IBM Z14 메인프레임은 하루에 120억 건의 암호화된 거래를 처리할 수 있다. IBM은 자사의 메인프레임 시스템 용도를 변경해 대규모 전사 네트워크와 기업 웹사이트를 지원하기 위한 초대형 서버로 활용할 수 있도록 했다. IBM의 메인프레임 한 대는 수천 대의 소형 윈도우 기반 서버를 대체할 만큼 수많은 실제 데이터를 처리할 수 있다. **슈퍼컴퓨터**(supercomputer)는 수천만 개의 변수, 수백만 개의 지표와 수천 개의 수식을 가진 복잡한 연산을 초고속으로 수행하기 위해 특별히 제작된 고급 컴퓨터이다. 슈퍼컴퓨터는 일반적으로 구조설계분석, 과학적 탐색 및 시뮬레이션, 기밀 군사무기 연구 및 기상 예측과 같은 군사적 목적 등으로 사용되고 있다. 소수의 민간 기업에서 슈퍼컴퓨터를 사용하기도 하는데, 예를 들어 볼보(Volvo)와 같은 많은 자동차 생산업체에서는 슈퍼컴퓨터를 이용해 가상 자동차 충돌 실험을 분석하고 있다.

만일 미국해양대기청(National Oceanic and Atmospheric Administration, NOAA)이나 국립허리케인센터(National Hurricane Center, NHC)와 같은 곳에서 장기 기상예보를 하게 된다면 수십만 개의 지표와 수천 개의 수식을 기반으로 기상 경로를 분석하는 시스템이 필요할 것이고, 따라서 슈퍼컴퓨터나 그리드 컴퓨팅이라 불리는 분산 네트워크로 연결된 컴퓨터가 필요할 것이다.

그리드 컴퓨팅(grid computing)은 그리드상 모든 관련 컴퓨터의 계산 능력을 결합해 '가상의 슈퍼컴퓨터'를 구축하기 위해 지리적으로 멀리 떨어져 있는 컴퓨터들을 하나의 네트워크로 연결하는 것이다. 그리드 컴퓨팅은 미국에 존재하는 대다수 컴퓨터의 중앙처리장치(central processing unit)가 평균적으로 25%의 시간밖에 사용되지 못하고 있기 때문에 나머지 75%를 다른 처리 작업에 사용할 수 있다는 사실을 활용한 것이다. 그리드는 수천 개의 PC 및 기타 컴퓨터를 네트워크로 연결함으로써 슈퍼컴퓨터의 속도를 내면서도 보다 저렴한 가격으로 복잡한 연산을 수행할 수 있다.

예를 들어 로열더치쉘그룹(Royal Dutch/Shell Group)은 과학적 모델링 응용 프로그램의 정확성과 속도를 향상시켜 최고의 오일 저장소를 찾는 확장 가능한 그리드 컴퓨팅 플랫폼을 사용하고 있다. 리눅스(Linux)를 실행하는 1,024개의 IBM 서버를 연결하는 이 플랫폼은 실제로 세계에서 가장 큰 상업용 리눅스 슈퍼컴퓨터 중 하나를 만든다. 그리드는 계절적 비즈니스에서 흔히 발생하는 변동적 데이터 크기를 수용하도록 조정된다.

컴퓨터 네트워크와 클라이언트/서버 컴퓨팅

한 대의 컴퓨터 앞에서 일하는 소규모 회사에 있지 않은 한, 당신은 대부분의 작업을 네트워크로 연결된 컴퓨터로 하게 될 것이다. 통신망으로 서로 연결된 컴퓨터들을 활용해 연산처리하는 것을 **분산 처리**(distributed processing)라 한다. 반면에 **중앙 집중식 처리**(centralized processing)는 하나의 대형 중앙 컴퓨터로 모든 처리를 하는 것을 말하며, 분산 처리 방식에 비해 잘 사용되지 않는다.

분산 처리 방식의 일반적인 형태 중 하나는 **클라이언트/서버 컴퓨팅**(client/server computing) 방식이다. 클라이언트/서버 컴퓨팅은 클라이언트와 서버로 나누어 처리하는 방식을 말한다. 클라이언트와 서버는 모두 네트워크로 연결되어 있으나, 최적의 성능을 발휘하기 위해 각각 수행하는 역할은 다르다. 일반적으로 **클라이언트**(client)라 불리는 데스크톱이나 랩톱 등은 사용자 입력에 초점을 맞추고 있다. 클라이언트는 사용자가 직접 데이터를 입력하거나 검색하는 데 활용되고, 서버는 클라이언트를 위한 서비스를 제공한다. 서버는 공유된 데이터를 저장 및 처리하고, 프린터, 백업 저장소 및 보안, 원격 접속, 사용자 인증 같은 네트워크 활동 등을 관리하는 기능을 수행한다. 그림 5.2는 클라이언트/서버 네트워크의 개념을 설명하고 있다. 인터넷에서의 컴퓨팅은 클라이언트/서버 모델을 사용하고 있다(7장 참조).

그림 5.2는 가장 단순한 형태의 클라이언트/서버 네트워크를 보여주는데, 이 네트워크는 하나의 서버 컴퓨터에 하나의 클라이언트 컴퓨터가 네트워크로 연결된 구조이다. 이 두 컴퓨터 간에는 처리 역할이 분담되어 있으며, 이러한 것을 **2계층 클라이언트/서버 구조**(two tiered client/sever architecture)라고 한다. 단순한 클라이언트/서버 네트워크는 소기업에 적용되는 반면, 대다수 기업은 보다 복잡한 다중계층 구조[**N계층 클라이언트/서버 구조**(N-tier client/server architecture)라고도 불림]를 가지고 있다. 이러한 다계층 구조에서는 요청되는 서비스 종류에 따라 다수의 서로 다른 서버를 활용함으로써 네트워크상의 작업 부하를 조정한다(그림 5.3 참조).

예를 들어 첫 번째 계층에서 **웹서버**(web server)는 클라이언트의 서비스 요청에 따라 해당 웹페이지를 클라이언트로 보내준다. 웹서버 소프트웨어는 저장된 웹페이지들을 찾고 관리하는 역할을 담당한다. 만약 클라이언트가 기업시스템(예: 제품 리스트 또는 가격정보)에 대한 접근을 요청하면, 이 요청은 **응용서버**(application server)로 전달된다. 응용서버 소프트웨어는 사용자와 조직의 후방(back-end) 비즈니스 시스템 간의 모든 응용 업무를 처리한다. 이러한 응용서버는 웹서버와 같은 컴퓨터 또는 별도의 전용 컴퓨터에 존재한다. 6장과 7장에서는 전자상거래 및 e-비즈니스를 위한 다중계층 클라이언트/서버 구조에 사용되는 여러 가지 소프트웨어에 대해 자세히 다룰 것이다.

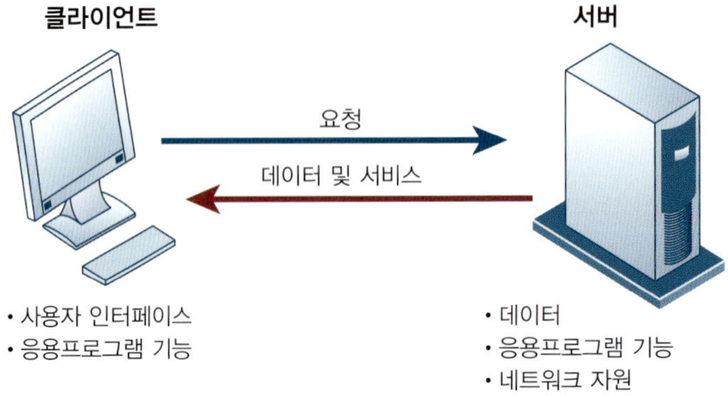

그림 5.2
클라이언트/서버 컴퓨팅
클라이언트/서버 컴퓨팅에서 컴퓨터는 정보를 네트워크로 연결된 클라이언트와 서버로 나누어 처리한다. 사용자 인터페이스는 클라이언트이다.

저장과 입출력 기술

데이터 처리를 위한 하드웨어 이외에도 데이터 저장과 입출력 기술이 필요하다. 저장 및 입출력장치들은 메인 컴퓨터 시스템의 외부에 있기 때문에 주변기기라고도 불린다.

보조기억장치 기술

저장 기술은 전자상거래 및 e-비즈니스, 2002년의 사베인스-옥슬리법(Sarbanes-Oxley Act)과 2010년 도드-프랭크법(Dodd-Frank Act) 같은 규제 등으로 인해서 전략적인 기술로 대두되었다. 기업이 현재 저장해야 하는 데이터의 용량은 12~18개월마다 2배씩 증가하고 있다. 전통적인 저장 기술에는 자기디스크, 광디스크, 자기 테이프, 스토리지 네트워크(storage networks) 등이 있다.

자기 디스크 드라이브는 여전히 대형 및 중급 컴퓨터와 일부 PC의 보조 저장 장치로 사용된다. 그러나 스마트폰과 태블릿뿐만 아니라 많은 PC에서 데이터 저장은 매우 빠른 내부 디스크 드라이브로 구성된 반도체 어레이를 사용하는 SSD(solid state drive)를 기반으로 한다. 휴대용 USB 플래시 드라이브는 외부 저장 장치와 유사한 기술을 사용한다. 광학 드라이브(CD, DVD, 블루레이)는 레이저 빔 기술을 사용해 사운드와 이미지를 포함한 매우 많은 양의 데이터를 컴팩트한 형태로 저장한다. 기업은 또한 대규모 데이터 저장을 위해

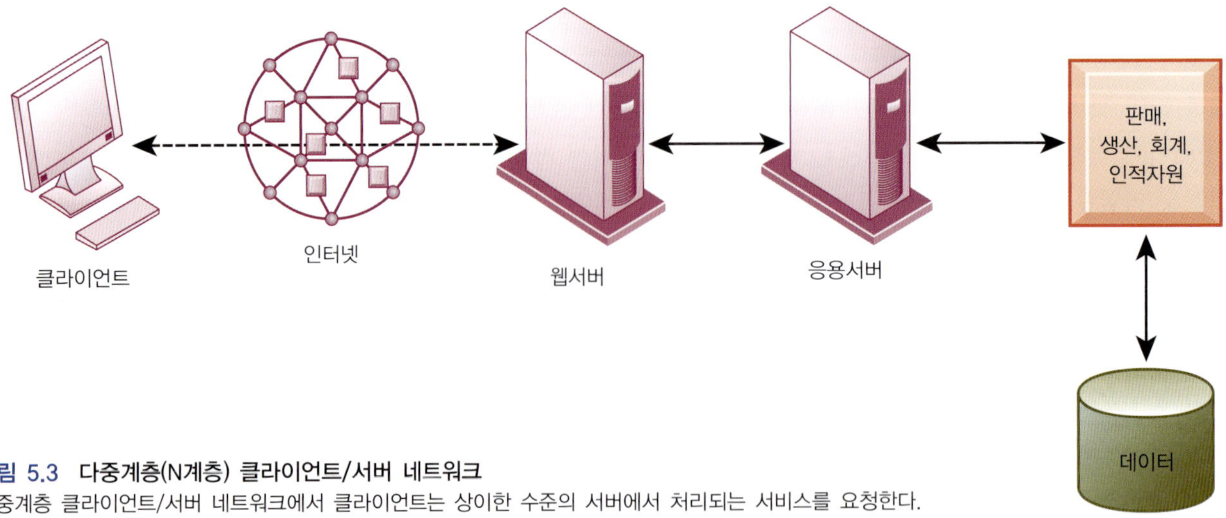

그림 5.3 다중계층(N계층) 클라이언트/서버 네트워크
다중계층 클라이언트/서버 네트워크에서 클라이언트는 상이한 수준의 서버에서 처리되는 서비스를 요청한다.

표 5.1 입출력장치

입력장치	설명
키보드	문자와 숫자로 이루어진 데이터를 입력하는 주된 방법.
마우스	유무선으로 컴퓨터에 연결하며 포인트 앤드 클릭(point-and-click) 기능이 있는 소형 장치. 컴퓨터 사용자는 마우스를 움직여 컴퓨터 화면에 보이는 커서 위치를 조정할 수 있으며, 명령을 내릴 때는 마우스 버튼을 누른다. 랩톱 컴퓨터에서는 트랙볼이나 터치패드를 이용해 마우스 커서를 움직인다.
터치스크린	손가락이나 포인트를 이용해 감지 기능이 있는 모니터 화면을 터치해 컴퓨터에 접근한다. 공항, 소매점, 레스토랑 등에 설치된 키오스크나 아이폰과 같은 스마트폰에서 사용된다.
광문자 인식	특수하게 디자인된 기호, 문자 및 코드를 디지털 형태로 변환하는 장치. 가장 일반적으로 사용되는 코드 방식으로는 슈퍼마켓의 POS 시스템에서 주로 사용되는 바코드가 있으며 여기에는 상품에 대한 정보뿐만 아니라 시간, 날짜 및 위치 정보가 포함될 수 있다.
자기잉크 문자 인식(MICR)	금융업에서 주로 사용되는 인식기술로 수표나 지폐 등에 특수한 자기잉크를 이용해 인쇄된 문자로 은행, 당좌예금계좌, 수표 번호 등을 식별할 수 있다. MICR 리더기는 이와 같은 문자를 컴퓨터가 읽을 수 있는 디지털 형태로 변환한다.
펜 기반 입력장치	펜 기반의 태블릿, 노트북, 노트패드와 같은 수기 인식장치로 동작 감지 스크린 위에 전자 스타일러스를 이용해 만든 움직임을 디지털 형태로 변환하는 장치.
디지털 스캐너	그림이나 문서 같은 이미지를 디지털 형태로 변환하는 장치로 이미지 처리 시스템의 필수 구성요소.
오디오 입력	컴퓨터 처리를 통해 음성, 음악, 기타 소리들을 디지털 형태로 변환하는 입력장치.
센서	데이터를 컴퓨터 시스템으로 바로 전달할 수 있는 장치로, 예를 들면 오늘날의 농부들은 센서를 이용해 토양의 습도를 실시간으로 모니터링할 수 있다.
출력장치	**설명**
모니터	디스플레이 화면은 평평한 패널 디스플레이로 구성된다.
프린터	데이터를 하드카피 형태로 출력하는 장치. 도트프린터 같은 충격식 프린터와 레이저, 잉크젯 및 열전사 프린터와 같은 비충격식 프린터로 구분할 수 있다.
오디오 출력	오디오 출력장치는 디지털 형식의 데이터를 사람이 인지할 수 있는 말로 바꾸는 역할을 한다. 음악과 같은 오디오 출력은 컴퓨터에 연결된 스피커를 통해 외부로 전달된다.

클라우드 컴퓨팅 서비스를 사용하는데, 이 장의 뒷부분에서 클라우드 컴퓨팅에 대해 설명한다.

입출력장치

사용자는 일반적으로 입출력장치를 통해 컴퓨터 시스템에 접근한다. **입력장치**(input device)는 데이터를 수집하고 컴퓨터가 인식할 수 있는 전자적 형태로 변환한다. 반면에 **출력장치**(output device)는 처리된 데이터를 보여주는 역할을 한다. 표 5.1은 주요 입출력장치를 설명한다.

최신 하드웨어 경향

컴퓨터 하드웨어 및 네트워킹 기술의 급격한 발전으로 인해 기업이 컴퓨터 성능을 조직하는 방식이나 네트워크를 활용하는 방식이 변화했다. 최근의 동향을 살펴보면 일곱 가지 추세로 요약되는데, 여기에는 모바일 디지털 플랫폼, IT의 소비화, 나노기술, 가상화, 클

오픈소스 소프트웨어(OSS)는 소스 코드를 대중에게 공개해 누구나 자유롭게 배포하고 수정할 수 있는 컴퓨터 소프트웨어이다. 오픈소스 소프트웨어 운동은 독점 소프트웨어에 대한 높은 비용과 제한에 대한 응답으로 시작되었으며 이러한 소프트웨어는 전통적으로 다수의 사용자 또는 커뮤니티에 의해 만들어졌다. OSS의 유명한 예는 리눅스(Linux), 아파치(Apache), 파이어폭스(Firefox)이다.

그러나 최근에는 회사에서 만든 독점 소프트웨어를 오픈소스로 공개하는 경향이 있다. 일반적으로 개방형 혁신으로 알려진 이 현상은 R&D를 수행하는 소규모 내부 그룹 대신 새로운 아이디어와 기능에 대해 더 많은 사용자에게 의존함으로써 기업의 혁신 속도를 높이는 것을 목표로 한다. 이는 또한 사람이 사용자이자 기여자라는 광범위한 인터넷 트렌드인 웹 2.0과도 일맥상통한다. 이것은 독점적인 지적 재산(특허 또는 저작권과 같은)을 기반으로 하는 경쟁에서 개방 및 공유를 통한 경쟁으로의 극적인 사고방식 전환이다. 개방형 혁신의 두 가지 두드러진 예는 바이두(Baidu)와 후지쯔(Fujitsu)이다.

중국에 기반을 둔 바이두는 중국 최고의 검색엔진 회사이자 세계에서 다섯 번째로 많이 방문하는 사이트이다. 바이두는 '중국의 구글'이라고도 불린다. 핵심 검색 서비스 외에도 바이두는 커뮤니티 클라우드 서비스, 온라인 비디오 플랫폼, 지도, 테이크아웃 배달, 온라인 및 모바일 결제 등의 서비스를 제공한다. 이러한 서비스를 강화하기 위해 바이두는 점점 더 AI에 의존하고 있다. 2016년, IT 세계를 놀라게 한 바이두는 개발에 3년이 걸린 AI 소프트웨어 패들패들(PArallel Distributed Deep LEarning, PaddlePaddle)의 소스 코드를 공개했다. 소스 코드는 깃허브(GitHub) 플랫폼에 영어를 구사하는 개발자를 공개적으로 초대하면서 문서와 함께 릴리스되었다.

패들패들은 기계학습과 AI의 유망한 분야인 딥 러닝을 기반으로 하는 프레임워크이다. 패턴을 추론하고 정교한 분류 및 예측 기능을 사용해 방대한 데이터 입력에서 알고리즘을 개발한다. 또한 컨벌루션 및 순환 신경망과 같은 신경망 아키텍처를 지원한다. 오늘날 패들패들은 금융 및 의료를 포함한 다양한 산업에서 사용되는 바이두의 30개가 넘는 오프라인 및 온라인 제품과 서비스를 지원한다. 예를 들어 바이두의 테이크아웃 비즈니스의 경우 음식이 고객에게 도달하는 시간을 계산한다. 또한 중국어 음성을 텍스트로 번역하고, 방송으로 이를 보내기도 하고, 스마트폰 음성 인터페이스를 지원하는 두뇌이기도 하다. 지원되는 기능의 다른 예로는 검색 순위, 광고, 이미지 분류, 기계 번역 및 광학 문자 인식이 있다. 2019년 11월 바이두는 모바일, 임베디드 및 사물 인터넷 장치용 모듈인 패들라이트 2.0(Paddle Lite 2.0) 등 21개의 새로운 기능이 포함된 패들패들 버전 1.6을 출시했다. 바이두에 따르면 150만 명이 넘는 개발자가 패들패들이 출시된 이후 사용했다. 패들패들의 핵심 라이브러리는 속도를 위해 C++로 작성되었으며 여러 컴퓨터에서 많은 수의 CPU 또는 GPU로 확장할 수 있다.

100개 이상의 국가에서 약 132,000명의 직원을 고용하고 있는 일본의 선도적인 다국적 정보통신기술 회사인 기술 대기업 후지쯔도 비슷한 예다. 후지쯔는 기존 제품 및 서비스에서 인터넷과 클라우드로 이동하는 것이 중요하다는 것을 인식하고 OSS로 이동했다.

후지쯔가 식별한 기회 중 하나는 멀티 클라우드 환경이었다. 아마존, IBM과 같은 공급자가 제공하는 클라우드 서비스는 액세스 방법과 청구 시스템이 다르며 서로 다른 클라우드를 함께 연결하는 표준화된 기술 집합이 부족했다. 이러한 격차를 해소하기 위해 후지쯔는 후지쯔의 시스템워커 서비스 카탈로그 매니저(Systemwalker Service Catalog Manager)를 기반으로 하는 오픈소스 소프트웨어인 OSCM(Open Service Catalog Manager)을 만들었다. OSCM을 사용하면 다양한 클라우드 서비스 제공업체가 서비스를 나열하고 관리할 수 있으며 고객은 다양한 제공업체로부터 통합 청구를 받을 수도 있다. OSCM은 오픈스택(OpenStack)에 의해 인증되었으며 아마존웹서비스 및 마이크로소프트 애저(Azure)와 같은 다양한 서비스 공급자와 통합될 수 있다. 따라서 후지쯔는 클라우드 서비스를 제공하기 위해 업계 전반에 걸쳐 벤더 중립적인 OSS 플랫폼을 만들게 되었다.

바이두와 후지쯔는 회사의 혁신과 제품 개발을 강화하기 위해 비전통적인 접근 방식을 사용했다. 바이두는 페이스북의 토치(Torch) 툴킷과 구글의 텐서플로(TensorFlow)와 같이 이미 AI 코드를 공개하고 있는 다른 글로벌 기술 대기업에 뒤처지지 않기를 원했다. 반면 후지쯔는 소프트웨어를 독점으로 유지하는 것이 더 이상 수익성이 좋지 않았기 때문에 OSS 전략을 채택했다. 또한 커뮤니티의 참여로 혁신과 확장의 여지가 훨씬 더 크다는 것을 깨달았다.

더 낮은 비용, 더 빠른 혁신 속도와 같은 많은 기대되는 이점 외에도 바이두와 후지쯔 모두 예상치 못한 많은 이점을 누렸다. 바이두의 사업은 비즈니스, 의료, 운송과 같은 사회의 모든 측면에서 다양한 딥 러닝 애플리케이션의 문을 열어 중국에서 AI 혁신의 발판이 되었다. 후지쯔는 OCSM을 사용하는 공급업체와 클라우드 기반 ID 관리 솔루션을 구축하는 이미지웨어시스템스(ImageWare Systems)와 같은 회사가 선택한 파트너가 되었다. 두 회사는 GoVerifyID라는 클라우드 기반 생체 인식 ID 관리 제품군을 제공하는 서비스로서의 생체 인식(Biometrics-as-a-Service)을 만들기 위해 협력했다.

출처: Stacy Fisher, "The Top 10 Most Popular Sites of 2020," Lifewire.com, January 2, 2020; Kyle Wiggers, "Baidu Releases PaddlePaddle 1.6 with Federated Learning Tools and More," Venturebeat.com, November 14, 2019; "Fujitsu at a Glance," Fujitsu.com, June 2019; John Ribeiro, "Baidu Open Sources Its Deep Learning Platform PaddlePaddle," *PC World*, September 1, 2016; Serdar Yegulalp, "Baidu Open-Sources Python-Driven Machine Learning Framework," *InfoWorld*, September 1, 2016; "Baidu: Investors: Company Overview," Baidu.com; James Vincent, "Baidu Follows U.S. Tech Giants and Open Sources Its Deep Learning Tools," *The Verge*, September 1, 2016; "Fujitsu Upgrades Biometrics-asa-Service with Latest Catalog Manager Marketplace and ImageWare's GoVerifyID," Fujitsu.com, July 14, 2016; Libby Clark, "Fujitsu Open Source Project Aims to Be Front End for Cloud Foundry Service-Broker API," Linux.com, October 11, 2016; Swapnil Bhartiya, "Fujitsu Releases Its First Open Source Project: Open Service Catalog Manager," Linux. com, December 7, 2015.

사례연구 문제

1. 오픈소스 소프트웨어란 무엇인가? 독점 소프트웨어와 어떻게 다른가?
2. 바이두가 AI 소프트웨어를 오픈소스화하게 된 동기는 무엇인가? 바이두에 오픈소스 전략의 이점은 무엇인가?
3. 후지쯔가 오픈소스 전략을 채택한 이유는 무엇인가? 후지쯔는 어떻게 이점을 얻었는가?

라우드 컴퓨팅, 그린 컴퓨팅, 고성능/절전형 프로세서로 나누어볼 수 있다.

모바일 디지털 플랫폼의 출현

1장에서는 새로운 모바일 디지털 컴퓨팅 플랫폼이 PC와 대형 컴퓨터의 대안으로 출현했다고 언급했다. 아이폰과 안드로이드 스마트폰 등의 모바일 기기는 데이터 전송, 웹서핑, 이메일과 실시간 문자 전송, 디지털 콘텐츠 조회, 기업 내부 시스템과의 데이터 송수신 등 기존 PC의 많은 기능을 대체하고 있다. 또한 이 새로운 모바일 플랫폼은 무선통신, 인터넷 접속에 최적인 소형, 저중량의 서브노트북인 넷북(netbooks), 아이패드와 같은 **태블릿 컴퓨터**(tablet computer), 웹 접속 기능을 가진 아마존 킨들(Kindle)과 같은 디지털 전자책 리더기 등을 포함한다.

스마트폰과 태블릿 컴퓨터는 인터넷을 접속하는 주요 수단이 되고 있고, 이 기기들은 비즈니스 컴퓨팅뿐만 아니라 소비자 애플리케이션에도 사용되고 있다. 예를 들어 GM의 최고경영층은 스마트폰 응용프로그램을 사용해 자동차 판매정보, 금융 성과, 제조 성과 측정치, 프로젝트 관리현황 등을 드릴다운을 통해 상세히 파악하고 있다.

최근 이러한 모바일 디지털 플랫폼에는 웨어러블 컴퓨팅 장치도 추가되었다. 여기에는 스마트워치, 스마트안경, 스마트배지, 활동 추적기 등을 포함하는데, 웨어러블 컴퓨팅 기술은 아직 초기 발전 단계에 있으나 벌써 사업적 용도를 갖는다.

IT의 소비화와 BYOD

스마트폰과 태블릿 컴퓨터의 인기, 사용의 편리함, 풍부한 종류의 유용한 애플리케이션은 직원들이 개인 모바일 기기를 업무 현장에서 사용하는 것에 대한 관심을 고조시키고 있다. 이러한 현상은 **BYOD**(bring your own device)이라 주로 불리는데, 이것은 처음에 소비자 마켓에 등장한 새로운 정보기술이 회사 조직으로 퍼지는 **IT 소비화**(consumerization of IT)의 한 측면이다. IT의 산업화는 모바일 기기뿐만 아니라 구글과 야후 검색 기능, 지메일, 구글 앱, 드롭박스(2장 참조), 심지어는 페이스북과 트위터 같은 소비자 마켓에서 유래한 소프트웨어 서비스의 산업적 사용도 포함한다.

IT 소비화는 기업에게 정보기술 기구와 서비스를 어떻게 입수하고 관리하는지 재고하게 한다. 역사적으로, 최소한 대기업에서는 IT 부서가 기업의 하드웨어와 소프트웨어의 선택과 관리를 통제했다. 이것은 정보시스템 안전성과 기업의 목적 달성 여부를 보장했다. 오늘날은 직원과 비즈니스 부서가 기술 선택에 훨씬 큰 역할을 담당하고 있는데, 많은 경우 직원들이 기업 네트워크에 접근할 수 있는 개인 모바일 기기를 직접 선택한다. 비록 소비자 기술이 창의성, 협력, 생산성을 발전시키기 위한 새로운 수단을 제공하지만, 이들은 기업이 관리하고 통제하기 더 어렵다. 이 주제에 관해서는 5-3절과 이 장 끝부분 마무리 사례연구에서 추가로 설명한다.

나노기술과 퀀텀 컴퓨팅

수년 동안 마이크로프로세서 제조업체는 컴퓨팅 처리능력을 기하급수적으로 증가시켜온 반면, 적은 공간에 더 많은 트랜지스터를 장착할 수 있는 방법을 개발함에 따라 반도체 칩의 크기는 더 줄어들었다. 현재 마이크로프로세서 제조회사들은 트랜지스터 크기를 몇 개의 원자크기로까지 줄일 수 있는 **나노기술**(nanotechnology)을 적용하고 있다. 나노기술은 현재의 기술이 허용하는 것보다 수천 배만큼 더 작은 컴퓨터 칩과 기타 기기를 제조하는 데 개별 원자와 분자를 사용한다. 칩 제조업체는 나노튜브 프로세서를 경제적으로 생산하는 방법을 찾고 있다.

컴퓨터 프로세싱 파워를 높이는 또 다른 방법은 **퀀텀 컴퓨팅**(quantum computing)을 이용하는 것이다. 퀀텀 컴퓨팅은 데이터를 표현하고 데이터를 통해서 운영하기 위해 퀀텀 물리학의 원리를 이용한다. 퀀텀 컴퓨터는 한 번에 여러 상황의 능력을 이용해 거대한 프로세싱 파워를 얻는 것으로서 동시에 다양한 작업을 수행하고 과학과 비즈니스 문제를 수백만 배 빠르게 해결한다. IBM은 IBM 클라우드를 통해 일반 대중이 양자 컴퓨팅을 사용할 수 있도록 했다. 구글 알파벳, 폭스바겐, 록히드마틴이 양자 기술을 실험하고 있다.

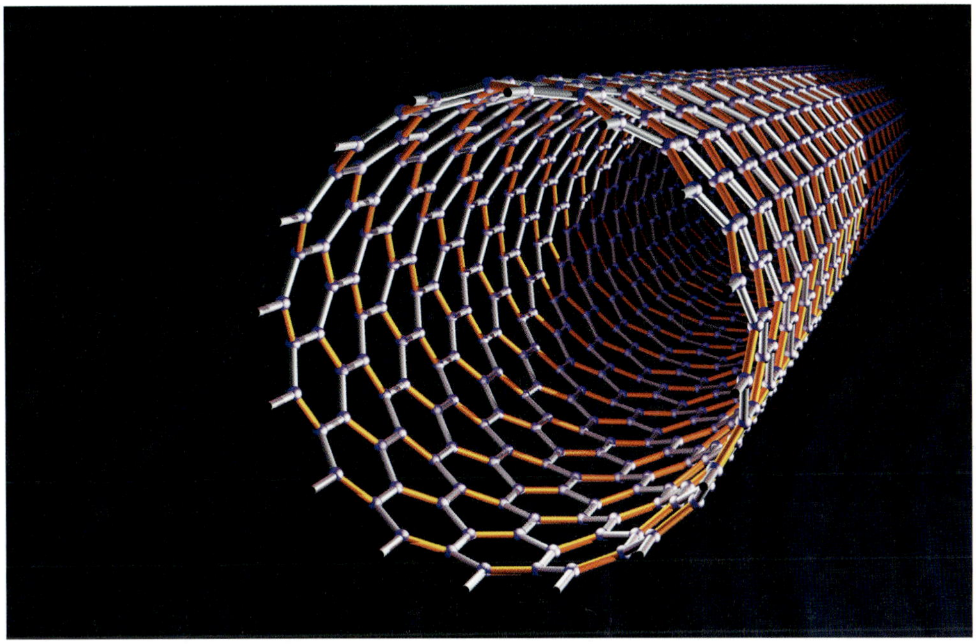
© Forance/123RF

나노튜브는 사람의 머리카락보다 1만 배 더 얇은 작은 튜브를 뜻한다. 이 나노튜브는 육각형의 탄소 시트를 감은 형태로 되어 있는데, 이는 매우 강력한 전도체로서 극소 철사로 사용되거나 초소형 전자기기에 사용될 수 있다.

가상화

가상화(virtualization)란 컴퓨팅 자원(컴퓨팅 파워나 데이터 저장소)이 물리적 구성이나 지리적 위치에 제약을 받지 않는 방법으로 접근될 수 있도록 일련의 컴퓨팅 자원을 표현하는 프로세스이다. 가상화는 하나의 물리적 자원(서버나 저장장치 등)을 여러 개의 논리적 자원으로 사용자에게 보일 수 있도록 한다. 예를 들어 하나의 서버나 메인프레임은 하나의 운영체제가 여러 기계에서 따로 돌아가는 것처럼 작동하도록 설정될 수 있다. 가상화는 하나의 기업이 원거리에 있는 컴퓨팅 자원을 이용해 컴퓨터 프로세싱이나 저장 활동을 수행할 수 있도록 해준다. VM웨어(VMware)는 윈도우 및 리눅스 서버를 대상으로 한 선도적인 가상화 소프트웨어 벤더이다.

서버 가상화는 단일 물리적 시스템에서 여러 시스템을 호스팅할 수 있는 기능을 제공해 기술 비용을 줄이는 일반적인 방법이다. 대다수 서버는 용량의 15~20%만 가동되는데, 가상화는 서버의 가동률을 70% 이상으로 올려줄 수 있다. 가동률을 높이면 같은 분량의 작업을 처리하는 데 필요한 컴퓨터 수를 줄일 수 있다. 또한 가상화는 하드웨어 관리의 중앙집중화와 통합을 촉진할 수도 있다. 이제 회사와 개인들은 클라우드 컴퓨팅의 경우와 마찬가지로 가상화된 IT 기반구조를 이용해 모든 컴퓨팅 작업을 수행할 수 있게 되었다.

또한 가상화는 데이터 스토리지 관리를 위한 소프트웨어를 스토리지 하드웨어에서 분리하는 **SDS**(software-defined-storage)에서와 같이 여러 물리적 자원(예: 스토리지 장치 또는 서버)를 단일 논리적 리소스로 표시할 수 있도록 한다. 기업은 소프트웨어를 사용해 여러 스토리지 인프라 리소스를 풀링 및 정렬하고 특정 애플리케이션 요구사항을 충족하도록 효율적으로 할당할 수 있다. SDS를 통해 기업은 값비싼 스토리지 하드웨어를 저렴한 상용 하드웨어 및 클라우드 스토리지 하드웨어로 교체할 수 있다. 스토리지 리소스의 활용도가 낮거나 과도하다.

클라우드 컴퓨팅

클라우드 컴퓨팅(cloud computing)은 컴퓨터 프로세싱, 저장소, 소프트웨어, 여타 서비스가 네트워크, 주로 인터넷을 통해 하나의 가상화된 자원들의 공유된 풀(pool)로서 제공되는 컴퓨팅 모델이다. 사용자는 이 자원을 사용자의 니즈를 기반으로 그 니즈의 물리적 위치나 사용자의 위치와 상관없이 사용할 수 있다. 현재 클라우드 컴퓨팅은 컴퓨팅 방법 중 가장 빠르게 성장하고 있으며, 전 세계 공용 클라우드 컴퓨팅 지출은 2021년까지 2,660억 달러에 달한다. 가트너리서치(Gartner Research)는 2025년까지 기업의 80%가 기존의 온프레미스(on-premise) 데이터 센터를 클라우드 컴퓨팅 서비스로 교체할 것이라 예측했다(Gartner, 2018). 그림 5.4는 클라우드 컴퓨팅 개념을 설명하고 있다.

소비자는 애플의 아이클라우드(iCloud) 혹은 구글 드라이브와 같은 클라우드 서비스를 문서, 그림, 비디오, 이메일을 저장하는 데 사용한다. 클라우드 기반 소프트웨어는 소셜 네트워크를 작동시키고, 비디오와 음악, 온라인 게임을 스트리밍한다. 사적 및 공공 조직은 내부적으로 데이터 센터와 소프트웨어 앱을 운영하기 위해 클라우드 서비스로 눈을 돌리고 있다. 아마존, 구글, IBM, 오라클, 마이크로소프트는 확장 가능한 대규모 클라우드 컴퓨팅 센터를 운영해 원격으로 자신들의 IT 인프라를 유지하고 싶어 하는 기업에 컴퓨팅 능력, 데이터 저장 공간, 초고속 인터넷 연결을 제공한다. 구글, 마이크로소프트, SAP, 오라클, 세일즈포스닷컴(Salesforce.com)은 인터넷을 통해 배달되는 클라우드 서비스 형태로 소프트웨어 앱을 판매한다.

미국의 국립표준기술원(National Institute of Standards and Technology, NIST)은 클라우드 컴퓨팅을 다음과 같은 필수적인 특성을 따르는 것으로 정의하고 있다.

- **온디맨드 셀프서비스**(on-demand self-service): 사람들은 자신만의 서버 타임이나 네트워크 저장소와 같은 컴퓨팅 역량을 얻을 수 있다.
- **유비쿼터스 네트워크 서비스**(ubiquitous network access): 사람들은 모바일 플랫폼을 포함한 표준 네트워크 및 인터넷 기기를 이용해 클라우드 자원에 접근할 수 있다.
- **위치 독립적 자원 풀링**(location-independent resource pooling): 사용자 요구에 따라 역동적으로 할당된 상이한 가상 자원이 여러 사용자에게 제공될 수 있도록 한곳에 결합하는 것. 사용자는 일반적으로 컴퓨팅 자원이 있는 곳은 모른다.
- **신속한 탄력성**(rapid elasticity): 컴퓨팅 자원은 사용자 요구의 변화를 만족시키기 위해 신속하게 공급되거나 증가할 수 있고 또는 감소할 수 있다.
- **측정되는 서비스**(measured service): 클라우드 자원은 실제 사용되는 자원의 양을 기반으로 청구된다.

클라우드 컴퓨팅은 다음과 같은 세 가지 서비스 유형으로 구성된다.

- **서비스로서 기반구조**(Infrastructure as a Service, IaaS): 고객은 프로세싱, 저장, 네트워킹, 클라우드 서비스 제공자로부터 제공되는 여타의 컴퓨팅 자원을 활용해 자신의 정보시스템을 가동한다. 예를 들어 아마존은 IT 기반구조의 여유 능력을 활용해 IT 기

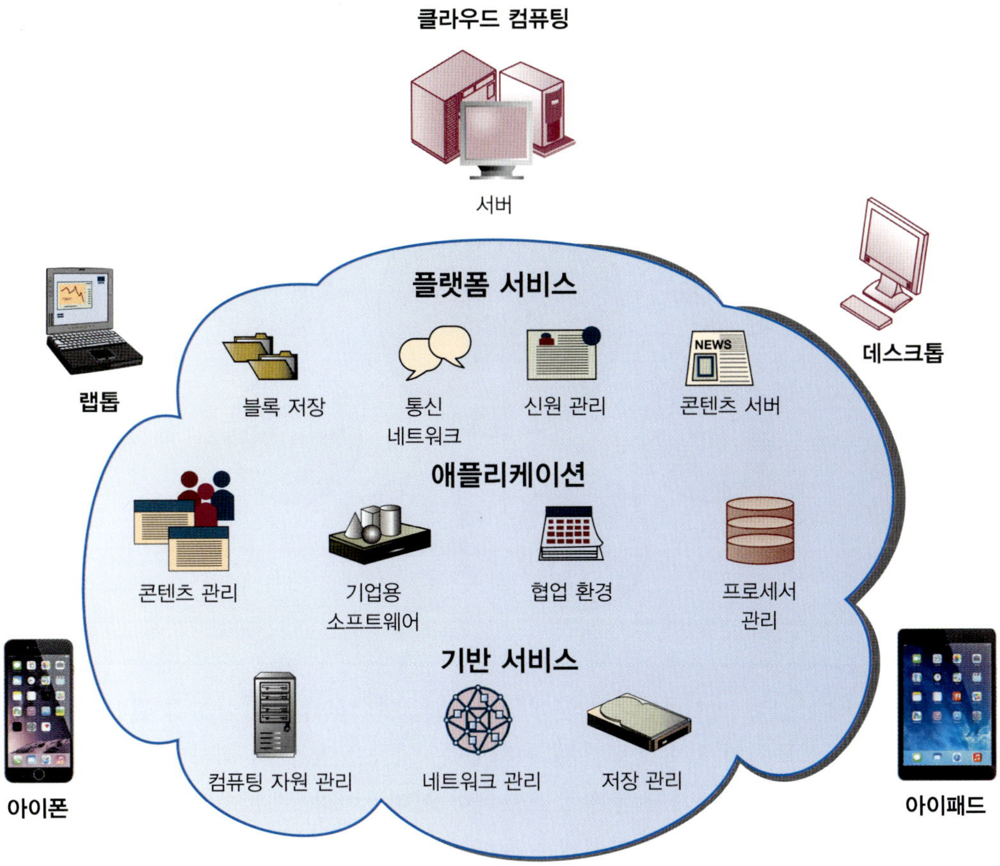

그림 5.4
클라우드 컴퓨팅 플랫폼
클라우드 컴퓨팅에서는 인터넷을 통한 서비스 형태로 하드웨어와 소프트웨어 기능이 제공된다. 기업과 직원들은 인터넷이 연결된 기기를 이용해 언제 어디서나 응용프로그램과 정보기술 인프라에 접속할 수 있다.

반구조 서비스를 판매하는 폭넓은 기반의 클라우드 환경을 제공한다. 이러한 환경으로는 고객 데이터를 저장하기 위한 S3(Simple Storage Service)와 애플리케이션을 가동하기 위한 EC2(Elastic Compute Cloud) 서비스를 들 수 있다. 사용자들은 실제 사용한 컴퓨팅 및 저장 능력의 양만큼만 지불한다(사례연구 참조). 그림 5.5는 아마존 웹 서비스의 다양한 서비스를 보여준다.

- **서비스로서 소프트웨어**(Software as a Service, SaaS): 고객은 벤더에 의해 호스팅되고 네트워크를 통해 전달되는 소프트웨어를 사용한다. 주도적인 예로는 일반적인 비즈니스 애플리케이션을 온라인으로 제공하는 구글의 G스위트(G Suite)와 인터넷을 통해 CRM 소프트웨어 서비스 및 관련 소프트웨어 서비스를 대여하는 세일즈포스닷컴을 들 수 있다. 두 가지 서비스 모두 사용자에게 연간 가입비를 부과한다. 사용자는 이러한 애플리케이션에 웹브라우저를 통해 접속하고 데이터와 소프트웨어는 제공자의 원격 서버에서 유지관리된다.
- **서비스로서 플랫폼**(Platform as a Service, PaaS): 고객은 서비스 제공자에 의해 호스팅되는 기반구조와 프로그래밍 도구를 활용해 나름의 애플리케이션을 개발한다. 예를 들어 마이크로소프트는 애저 클라우드 서비스 중에서 소프트웨어 개발 및 테스트를 위한 PaaS 도구와 서비스를 제공한다. 또 다른 예로는 세일즈포스닷컴의 세일즈포스 플랫폼(Platform)을 들 수 있다.

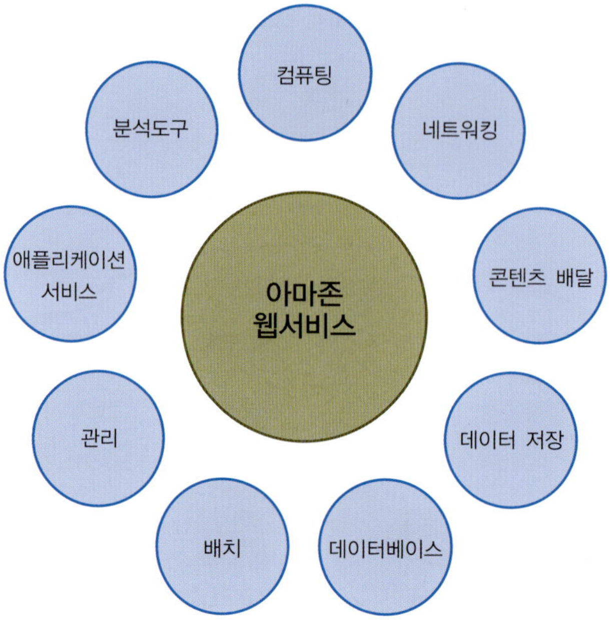

그림 5.5
아마존웹서비스
아마존웹서비스(AWS)는 아마존이 클라우드 플랫폼 이용자에게 제공하는 웹서비스 집합이다. AWS는 미국에서 가장 큰 클라우드 기반 서비스 제공자이다.

2장에서는 G스위트, 마이크로소프트 오피스 365, 데스크톱의 생산성과 컬래버레이션을 위한 관련 소프트웨어 서비스에 대해 논의했다. 이들은 점점 더 회사에서도 사용되곤 하지만 소비자에게 가장 인기가 높은 소프트웨어 서비스이다. 세일즈포스닷컴은 선두적인 기업용 소프트웨어 서비스로, 인터넷을 통해 리스하는 소프트웨어 서비스 형식이며 고객관계관리시스템(CRM)과 다른 애플리케이션 소프트웨어 솔루션을 제공한다. 세일즈포스닷컴의 세일즈 클라우드(Sales Cloud)와 서비스 클라우드(Service Cloud)는 고객 서비스와 판매를 향상하는 애플리케이션을 제공한다. 마케팅 클라우드는 기업이 고객과 이메일, 모바일, 소셜, 웹, (사물과) 연결된 제품(connected product)을 통해 디지털 마케팅 상호작용에 참여할 수 있게 해준다. 세일즈포스닷컴은 또한 온라인 협업 및 참여를 위한 커뮤니티 클라우드 플랫폼, 사용자가 애플리케이션 간에 전환하지 않고도 다양한 종류의 장치에서 데이터를 시각화 및 분석할 수 있도록 하는 분석 클라우드 플랫폼, 환자 치료 관리를 위한 건강 클라우드를 제공한다. 새로운 IoT(사물인터넷) 클라우드는 인터넷 연결 장치에서 생성된 제품 사용 및 고객 행동에 대한 데이터를 세일즈포스 플랫폼으로 전송해 고객 관계 관리를 개선한다.

세일즈포스닷컴은 PaaS의 선두적인 예시이기도 하다. 세일즈포스닷컴의 세일즈포스 플랫폼은 사용자에게 새로운 소프트웨어를 만드는 데 필요한 인프라를 다룰 필요 없이 응용프로그램을 개발, 출시, 관리할 수 있는 기능을 제공한다. 세일즈포스 플랫폼은 사용자가 세일즈포스닷컴의 데이터 센터 인프라 기반에서 클라우드에서 새 응용프로그램을 구축하고 실행할 수 있도록 하는 일련의 개발 도구와 IT 서비스를 제공한다. 세일즈포스닷컴은 또한 다른 개별 소프트웨어 개발자에게 목록을 개방했고 세일즈포스 플랫폼에서 실행되는 제3자 앱을 위한 온라인 시장인 앱익스체인지(AppExchange) 목록에 자신들의 프로그램을 포함시켰다.

클라우드는 사설 또는 공공으로 구분된다. **공공 클라우드**(public cloud)는 아마존웹서비스(AWS)와 같은 외부 서비스 제공자에 의해 유지관리되며, 인터넷을 통해 접근되고, 일반 대중이 사용할 수 있다. 공공 정보와 제품, 대형 컴퓨팅 프로젝트, 새로운 앱 개발과 테스트, 온라인 데이터, 음악, 사진 저장과 같은 소비자 서비스 등과 같은 공공 클라우드 서비스가 웹사이트에서 자주 이용된다. 구글 드라이브, 드롭박스, 애플 아이클라우드는 이러한 고객 클라우드 서비스의 선두적인 예다.

사설 클라우드(private cloud)는 전용 네트워크를 통해 이용되는데, 회사 내에서 사용자들에 공유되는 가상화된 서비스의 집합을 구성하는 서버, 저장소, 네트워크, 데이터, 애플리케이션이 연결된 데이터 센터를 통해 이용된다. 공공 클라우드와 마찬가지로 사설 클라우드도 저장소, 컴퓨팅 파워, 여타 자원을 연속적으로 할당해 컴퓨팅 자원을 니즈 기반으로 제공할 수 있다. 자신들의 IT 기반에 대한 통제를 하면서도 유연한 IT 자원과 클라우드 서비스를 원하는 기업은 이러한 사설 클라우드에 이끌리고 있다(사례연구 참조).

클라우드 컴퓨팅을 사용하는 조직은 일반적으로 자기 소유의 기반구조를 갖고 있지 않기 때문에 하드웨어와 소프트웨어에 많은 투자를 할 필요가 없다. 대신, 실제 사용한 컴퓨팅 파워(가동률)만큼만 지불하거나[유틸리티 컴퓨팅(utility computing)] 월별 또는 연별로 가입비를 지불한다. **온디맨드 컴퓨팅**(on-demand computing)이란 용어도 이러한 서비스를 설명하는 데 사용되었다.

클라우드 컴퓨팅은 몇 가지 약점이 있다. 사용자들이 데이터를 논리적으로 공급하지 않는 경우, 데이터 저장 및 통제에 대한 책임이 제공자에게 전가된다. 어떤 회사는 중요한 데이터와 시스템을 다른 회사에도 서비스를 제공하는 외부 벤더에게 위탁하는 것과 관련된 보안 위험을 걱정한다. 또한 시스템 안정성에 대한 의문도 존재한다. 기업은 자신의 시스템이 연중무휴, 24시간 내내 사용 가능할 것으로 기대하고 있으며, 자신의 IT 기반구조가 오작동해 발생하는 비즈니스 역량에 대한 손실을 원치 않는다. 그럼에도 불구하고 기업은 컴퓨터 프로세싱과 저장을 클라우드 기반 형태로 이동하는 추세이다. 충분한 IT 자원 또는 예산이 없는 신생기업과 중소기업은 공용 클라우드 서비스가 특히 유용하다는 사실을 알게 될 것이다.

대기업은 가장 필수적인 핵심 활동에 자체 인프라를 사용하고 비핵심 시스템 혹은 피크 업무 처리 기간 동안 추가 처리 용량을 위해 사용하는 데는 공용 클라우드 컴퓨팅을 채택하는 **하이브리드 클라우드**(hybrid cloud) 컴퓨팅 모델을 선택할 가능성이 가장 크다. 표 5.2는 세 가지 클라우드 컴퓨팅 모델을 비교한다. 클라우드 컴퓨팅은 기업의 인프라 용량이 고정된 인프라에서 일부는 회사 소유이며, 일부는 클라우드 공급업체가 소유한 거대한 컴퓨터 센터에서 리스받는 유연한 인프라로 점차 옮겨 갈 것이다.

에지 컴퓨팅

클라우드 컴퓨팅 시스템에 사용되는 모든 랩톱, 스마트폰, 태블릿, 무선 센서 네트워크 및 로컬 온프레미스 서버가 단일 중앙 공용 클라우드 데이터 센터와 상호작용해 모든 데이터를 처리하도록 하는 것은 비효율적이고 비용이 많이 들 수 있다. **에지 컴퓨팅**(edge

컴퓨팅이 발생할 필요가 생긴다면 이제 클라우드에 눈을 뜨라. 클라우드 컴퓨팅은 이제 가장 빠르게 성장하는 컴퓨팅 형태이다. 시스코시스템스(Cisco Systems)에 따르면 2021년까지 모든 컴퓨팅 작업량의 94%가 일종의 클라우드 환경에서 실행될 것이다. 여기에는 공공 및 사설 클라우드 플랫폼이 모두 포함된다. 가트너리서치는 기업의 80%가 2025년까지 기존 데이터 센터를 폐기할 것으로 예측했다.

클라우드 컴퓨팅은 소규모 인터넷 신생 기업에서 넷플릭스, 페덱스 같은 기존 회사에 이르기까지 모든 규모의 기업에 저렴하고 합리적인 옵션을 제공한다. 예를 들어 아마존 웹서비스(AWS)는 구독 회사에 유연한 컴퓨팅 성능과 데이터 저장은 물론 데이터 관리, 메시징, 결제 및 비즈니스 요구에 따라 함께 또는 개별적으로 사용할 수 있는 기타 서비스를 제공한다. 인터넷에 연결되어 있고 약간의 돈만 있으면 아마존이 소매 사업을 운영하는 데 사용하는 것과 동일한 컴퓨팅 시스템을 활용할 수 있다. 고객이 서버 공간, 대역폭, 저장 및 필요한 기타 서비스의 양에 대한 사양을 제공하면 AWS가 해당 리소스를 자동으로 할당할 수 있다. 아마존의 컴퓨팅 리소스를 사용하기 위해 월별 또는 연간 요금을 지불하는 대신 사용한 만큼만 비용을 지불한다. 규모의 경제는 비용을 낮게 만든다.

클라우드 서비스 공급자가 IT 인프라의 모든 유지 관리를 처리하므로 기업은 더 높은 가치의 작업에 더 많은 시간을 할애할 수 있어 클라우드 컴퓨팅은 많은 기업에 매력적이 되어 가고 있다. 신생 기업과 소규모 기업은 자체 데이터 센터를 구축할 필요가 없다는 사실을 깨닫고 있다. 아마존과 같은 클라우드 인프라를 쉽게 사용할 수 있으므로 이전에는 훨씬 더 큰 기업에서만 사용할 수 있었던 기술적 기능에 액세스할 수 있게 되었다.

샌프란시스코에 본사를 둔 99디자인(99designs)은 로고, 브로슈어, 의류 및 포장에 대한 디자인 요구사항이 있는 회사 또는 개인을 해당 서비스를 제공할 수 있는 디자이너와 연결하는 온라인 마켓플레이스를 운영한다. 160만 명이 넘는 등록 사용자가 있으며 초당 2개의 새로운 디자인을 받는다. 디자이너들은 웹사이트에 게시된 고객 디자인 설명에 응답해 작업을 위해 경쟁한다. 회사는 새로운 정보기술에 대한 높은 초기 투자 없이 트래픽과 사용자의 급격한 증가로 인한 컴퓨팅 요구를 쉽게 수용할 수 있기 때문에 AWS를 사용해 정보시스템을 호스팅한다. 99디자인은 데이터 관리, 호스팅 애플리케이션 및 대량의 설계 데이터(100테라바이트 이상)를 저장하는 데 AWS를 사용한다. AWS는 99디자인이 직접 관리하는 데 필요한 IT 인프라의 양을 줄여 지속적인 운영 비용을 절감할 수 있도록 지원했다.

클라우드 컴퓨팅이 정보기술을 구매해 소유하는 것보다 저렴하면서도 더 유연한 대안으로 홍보되었지만 항상 그런 것은 아니다. 대기업의 경우 10,000명 이상의 직원에 대해 공용 클라우드 제공업체에 월 서비스 요금을 지불하는 것이 실제로 회사가 자체 IT 인프라 및 직원을 유지관리하도록 하는 것보다 더 비쌀 수 있다. 기업은 또한 종량제 모델 사용으로 인한 예상치 못한 '폭주 비용'도 걱정하고 있다. 클라우드 서비스를 기존 IT 인프라, 오류, 잘못된 관리 또는 비정상적으로 많은 양의 웹 트래픽과 통합하다 보면 오히려 클라우드 서비스 사용자에게 더 높은 비용이 들어갈 수 있다.

대기업에 서비스를 제공하는 클라우드 최적화 회사인 덴시파이(Densify)는 최근 70개 글로벌 기업과 200명의 클라우드 산업 전문가를 대상으로 설문조사를 실시한 결과 모든 산업 분야의 기업이 클라우드 서비스에 최대 42%까지 과잉 지출하고 있다고 했다. 이러한 회사들은 실제로 필요한 것보다 더 많은 클라우드 컴퓨팅 용량을 추정하거나 사용하지 않는 예비 용량을 미리 구매했다. 이는 연간 수십만 달러 또는 수백만 달러의 IT 예산 손실로 이어질 수 있다.

광범위한 클라우드 채택에 대한 주요 장벽은 클라우드 안정성 및 보안에 대한 우려였다. 2019년 5월 17일 소프트웨어 업데이트 결함으로 인한 세일즈포스 중단으로 인해 주말까지 15시간 동안 세일즈포스 마케팅 클라우드(Salesforce Marketing Cloud) 서비스가 중단된 적이 있다. 2018년 9월에는 악천후로 인한 하드웨어 종료로 34개 클라우드 서비스에 영향을 미치는 마이크로소프트 애저 클라우드 서비스가 중단되기도 했다. 일부 서비스는 운영 복원에 최대 2일이 소요되었다. 2018년 3월 2일 아침 AWS 다이렉트 커넥트(AWS Direct Connect) 서비스의 문제로 인해 엔터프라이즈 소프트웨어 도구 제공업체인 아탈라시안(Atalassian), 캐피털원(Capital One) 및 아마존의 알렉사(Alexa) 개인 비서와 같은 일부 대규모 고객의 서비스가 중단되기도 했다. (AWS

다이렉트 커넥트는 하이브리드 클라우드 고객이 AWS 인프라와 고객의 온프레미스 인프라 간에 보안 연결을 설정하는 데 사용된다.) 또한 지난 5년 동안 아마존 클라우드 서비스에서도 심각한 중단이 있었다.

클라우드 컴퓨팅이 계속해서 성숙하고 주요 클라우드 인프라 제공업체가 더 많은 경험을 얻게 되면서 클라우드 서비스와 안정성이 꾸준히 향상되고 있다. 전문가들은 서비스 중단이 주요 위험이 될 수 있는 기업이 다른 컴퓨팅 서비스를 백업으로 사용하는 것을 고려할 것을 권장한다.

2016년 2월 넷플릭스는 자체 데이터 센터를 폐쇄하고 아마존의 클라우드를 독점적으로 비즈니스 운영에 사용하는 10년간의 프로젝트를 완료했다. 경영진은 회사의 하드웨어, 저장 및 네트워킹 요구사항에 대해 몇 달 전에 미리 추측하거나 하드웨어를 보호하고 유지관리하는 회사 리소스를 제한할 필요가 없다는 점을 높이 평가했다. 넷플릭스는 콘텐츠 중심 비즈니스에 더 중요한 자체적인 소프트웨어를 유지하면서 AWS는 현재 넷플릭스에 필요한 모든 하드웨어를 제공할 것이다.

넷플릭스, 인튜이트(Intuit), 주니퍼네트웍스(Juniper Networks)는 모든 컴퓨팅 작업이 클라우드에서 발생하는 '클라우드 우선' 전략을 채택한 회사 중 하나지만 다른 회사들은 클라우드 컴퓨팅 투자를 축소하고 있다. 이러한 회사들은 AWS, 마이크로소프트 애저와 같은 공공 클라우드 서비스로의 전환을 효과적으로 관리하기 위한 사내 전문가가 부족하다는 것을 알게 되었다. 정보를 복원, 이동 또는 액세스해야 하는 경우 비용이 기하급수적으로 증가한다. 클라우드는 새로운 복잡성을 수반한다.

온라인 파일 호스팅 회사인 드롭박스는 AWS의 초기 성공 사례였지만 AWS에서 모든 시스템을 실행한 적은 없었다. 세계에서 가장 큰 데이터 저장소 중 하나를 구축하려는 드롭박스의 전략은 자신의 컴퓨팅 리소스 소유에 의존했다. 드롭박스는 AWS와 함께 실행하는 대부분의 시스템을 제거해 요구사항에 더 적합한 시스템을 구축해 3년 동안 인프라 비용에서 거의 7,500만 달러를 절약했다. 그러나 그 전환에는 비용이 많이 들었다. 이 회사는 엑사바이트의 스토리지를 수용할 수 있도록 3개의 코로케이션(colocation) 시설에서 맞춤형 아키텍처를 구축하는 데 5,300만 달러 이상을 지출했다. 드롭박스는 부분적으로 미국과 유럽에서 데이터를 현지화하기 위해 나머지 10%의 사용자 데이터를 AWS에 저장하고 있다.

더 많은 컴퓨팅을 클라우드로 이전하는 많은 대기업은 완전히 전환할 수 없다. 레거시 시스템은 전환하기 가장 어렵다. 대부분의 중견 기업과 대기업은 하이브리드 접근 방식을 선호할 것이다. 아마존, 구글, 마이크로소프트, IBM 등 최고의 클라우드 제공업체는 자체 공공 클라우드 서비스를 일부 목적으로 사용하지만 특정 기능은 계속해서 사설 서버에 유지한다. 안정성, 보안, 변경 위험에 대한 우려로 중요한 컴퓨팅 작업을 공공 클라우드로 옮기는 것이 어려워졌다.

출처: Don Fluckinger, "Salesforce Outage Exposes Pardot Marketing Automation Data," *SearchCustomer Experience*, May 22, 2019; "AWS Case Study: 99Designs," https://aws.amazon.com, accessed April 30, 2019; Chris Preimesberger, "How Cloud Environments Will Evolve Over the Next Few Years," *eWeek*, March 12, 2019; Sarah Neenan, "A Look Back at the Top Cloud Computing News of 2018," searchcloudcomputing. com, December 2018; Angus Loten, "Rush to the Cloud Creates Risk of Overspending," *Wall Street Journal*, July 25, 2018; Clint Boulton, "How Public Cloud Powers Digital Transformation: 8 Real-World Examples," *CIO*, August 3, 2018; Trevor Jones, "Dropbox Is Likely an Outlier with Its Successful Cloud Data Migration off AWS," searchaws.com, February 28, 2018; Andy Patrizio, "Cisco Says Almost All Workloads Will Be Cloud-Based Within 3 Years," *Network World*, February 5, 2018; and Tom Krazit, "Widespread Outage at Amazon Web Services' U.S. East Region Takes down Alexa, Atlassian Developer Tools," *GeekWire*, March 2, 2018.

사례연구 문제

1. 클라우드 컴퓨팅 서비스는 기업에게 어떤 혜택을 주는가? 어떠한 문제를 해결하기 위해 이용하는가?

2. 클라우드 컴퓨팅의 단점은 무엇인가?

3. 어떤 종류의 기업이 클라우드 컴퓨팅을 사용해 혜택을 받을 가능성이 가장 높은가? 그 이유는 무엇인가?

표 5.2
클라우드 컴퓨팅 모델 비교

클라우드 형태	설명	관리 주체	사용
공공 클라우드	일반 대중에게 컴퓨팅, 저장, 소프트웨어 서비스를 제공하는 제3자 서비스	제3자 서비스 제공자	프라이버시에 덜 민감한 기업 사용량 기반 IT 서비스를 원하는 기업 IT 자원이나 경험이 부족한 기업
사설 클라우드	단일 조직에게만 제공되는, 내부적 또는 외부적으로 관리되는 클라우드 인프라	사내 IT, 사설 제3자 호스트	엄격한 프라이버시와 보안이 필요한 기업 데이터 주권을 관리해야 하는 기업
하이브리드 클라우드	사설과 공공의 혼합	사내 IT, 사설 호스트, 제3자 제공자	일부 IT는 사내 관리가 필요하고, 일부는 공공 클라우드에 할당하려는 기업

computing)은 데이터 소스 근처의 네트워크 에지에서 연결된 서버 집합에서 일부 처리를 수행해 클라우드 컴퓨팅 시스템을 최적화하는 방법이다. 이렇게 하면 로컬 컴퓨터와 다른 장치와 중앙 클라우드 데이터 센터 사이를 오가는 데이터의 양이 줄어든다.

에지 컴퓨팅은 센서 또는 기타 IoT 장치를 중앙 클라우드에 지속적으로 연결할 필요가 없는 경우에 유용하다. 예를 들어 바다의 석유 굴착 장치에는 시스템이 제대로 작동하는지 확인하기 위해 많은 양의 데이터를 생성하는 수천 개의 센서가 있을 수 있다. 데이터가 생성되는 즉시 네트워크를 통해 전송할 필요는 없으므로 로컬 에지 컴퓨팅 시스템은 데이터를 컴파일하고 장기 저장을 위해 중앙 데이터 센터 또는 클라우드에 일일 보고서를 보낼 수 있다. 네트워크를 통해 중요한 데이터만 전송함으로써 에지 컴퓨팅 시스템은 네트워크를 통과하는 데이터의 양을 줄인다.

에지 컴퓨팅은 또한 데이터가 처리를 위해 네트워크를 통해 원격 데이터 센터나 클라우드로 이동할 필요가 없기 때문에 데이터 전송 및 처리 지연을 줄인다. 밀리초의 지연을 견딜 수 없는 금융 서비스, 제조 또는 온라인 게임 등의 상황에 유용하다. 게임을 목적으로 인터넷의 전문적 개선 목적의 네트워크 넥스트(Network Next)는 에지 컴퓨팅을 사용해 실시간 온라인 멀티플레이어 게임의 데이터 전송 및 응답 시간 지연을 줄인다.

그린 컴퓨팅

하드웨어 확산 및 전력 소비량을 제어함으로써 가상화는 그린 컴퓨팅을 홍보하는 주요 기술 중 하나가 되고 있다. **그린 컴퓨팅**(green computing) 또는 **그린 IT**(green IT)는 환경에 미치는 영향을 최소화하기 위한 컴퓨터, 서버 및 모니터, 프린터, 저장 장치, 네트워킹 및 통신 시스템과 같은 관련 장치의 디자인, 제조, 사용, 처분하는 방법과 기술을 의미한다.

그린하우스데이터(Green House Data)에 따르면 전 세계 데이터 센터는 원자력 발전소 30기가 생산하는 만큼의 에너지를 사용하며 이는 전 세계 에너지 사용량의 약 1.5%에 해당한다. 컴퓨터의 전력 소모를 줄이는 것은 녹색 우선순위를 매우 높이고 있다. 기업 데이터 센터는 표준 오피스 빌딩보다 100배나 많은 전력을 쉽게 소비할 수 있다. 이 모든 추가 전력 소비는 환경 및 기업 운영 비용에 부정적인 영향을 미친다. 데이터 센터는 최신 공기 냉각 기술, 에너지 효율적인 장비, 가상화 및 기타 에너지 절약 관행을 사용해 에너지 효율성을 염두에 두고 설계되었다. 마이크로소프트, 구글, 페이스북, 애플과 같은 대기업은 풍력 및 수력 발전을 통해 깨끗한 에너지로 구동되는 데이터 센터로 탄소 발자국을 줄이기 시작했다.

고성능/절전형 프로세스

요구전력과 하드웨어의 산발성을 줄이기 위한 또 하나의 방법은 더욱 효율적이고 절전이 가능한 프로세서를 이용하는 것이다. 최신 마이크로프로세서는 이제 여러 개의 프로세서 코어(컴퓨터 명령어를 읽고 수행함)가 하나의 칩에서 작동되는 특성을 갖추게 되었다. **멀티코어 프로세서**(multicore processor)는 2개 이상의 프로세서 코어가 부착된 하나의 집적 회로로서 성능을 더욱 높이고, 전력 소모를 더욱 감소시키고, 여러 작업을 동시에 더욱 효율적으로 처리하는 능력을 갖추었다. 이 기술로 인해 절전과 열 감소 능력을 갖춘 2개 이상의 프로세서 엔진은 하나의 프로세싱 코어를 가진 빈약한 칩보다 작업을 더욱 빠르게 수행할 수 있게 되었다. 오늘날 듀얼 코어, 쿼드 코어, 6코어, 8코어 프로세서가 탑재된 PC와 16코어 및 32코어 프로세서가 탑재된 서버를 볼 수 있다. 오늘날의 프로세서 중 일부는 11장에서 논의하는 기계학습 응용 프로그램(AI 프로세서)에 대한 집약적인 데이터 처리 요구사항을 처리하도록 설계되었다.

칩 제조업체는 소형 모바일 디지털 장치의 배터리 수명을 연장하는 데 필수적인 전력 소비를 최소화하는 마이크로프로세서를 개발하고 있다. 애플의 아이폰과 아이패드에 있는 A10, A11 바이오닉(Bionic) 및 A12 바이오닉 프로세서와 인텔의 아톰(Atom) 프로세서 등 전력 효율이 높은 마이크로프로세서는 경량 스마트폰 및 태블릿, 지능형 자동차, 의료 기기에 사용된다. 아이폰 Xs용 애플의 A12 프로세서에는 과중한 계산 작업을 위한 2개의 성능 코어, 일상적인 작업을 위한 4개의 효율성 코어 및 4코어 GPU(그래픽 처리 장치)가 있다. 효율성 코어를 사용하면 A12에서 최대 50개까지 사용할 수 있다. A11 바이오닉이 이전 모델보다 전력이 50% 더 적다.

5-3 기업에서 사용하고 있는 소프트웨어 종류와 주요 소프트웨어 추세는 무엇인가?

컴퓨터 하드웨어를 사용하기 위해서는 컴퓨터가 작동하도록 구체적으로 명령을 보내는 소프트웨어가 필요하다. 컴퓨터 소프트웨어는 시스템 소프트웨어와 응용 소프트웨어를 포함한다. 이 두 유형의 소프트웨어는 매우 밀접한 관계가 있으며, 각 소프트웨어는 포개어진 하나의 박스 세트 형태로 표현될 수 있는데, 그림 5.6은 이와 같은 관계를 설명하고 있다. 시스템 소프트웨어는 하드웨어를 둘러싸고 있으며, 하드웨어에 접근하는 것을 지원하고 통제한다. 그리고 응용 소프트웨어는 반드시 시스템 소프트웨어를 통해 운영된다. 최종 사용자는 주로 응용 소프트웨어를 사용한다. 각 유형의 소프트웨어는 특정 기기의 성능을 보장하기 위해서 해당 기기에 맞도록 디자인되어 있다.

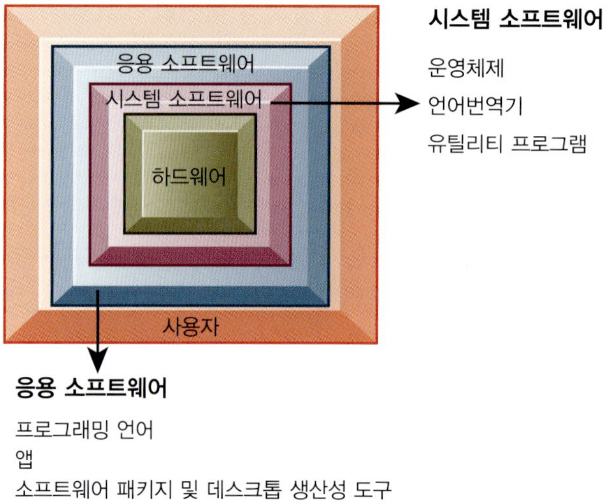

그림 5.6
소프트웨어의 주요 유형
시스템 소프트웨어, 응용 소프트웨어, 사용자 간의 관계는 그림과 같은 일련의 박스로 설명할 수 있다. 시스템 소프트웨어(운영체제, 언어번역 및 유틸리티 프로그램으로 구성)는 하드웨어의 접근을 통제한다. 프로그래밍 언어 및 4세대 언어를 포함한 응용 소프트웨어는 시스템 소프트웨어를 통해 운영되어야 한다. 사용자는 주로 응용 소프트웨어와 상호작용한다.

운영체제 소프트웨어

컴퓨터 활동을 관리하고 통제하는 시스템 소프트웨어를 **운영체제**(operating system)라고 한다. 운영체제 이외의 시스템 소프트웨어는 언어번역 프로그램과 유틸리티 프로그램이 있다. 언어번역 프로그램은 프로그래밍 언어를 컴퓨터가 이해할 수 있는 기계어로 전환해주는 역할을 하며, 유틸리티 프로그램은 복사, 정렬, 제곱근 계산 등의 일반적인 처리작업을 수행한다. 운영체제는 컴퓨터 시스템이 동시에 여러 다른 작업과 사용자의 명령을 수행할 수 있도록 컴퓨터 자원 및 업무를 할당하고 이에 대한 사용 계획을 세우며, 컴퓨터 시스템 활동을 모니터하는 등 컴퓨터 시스템의 책임자 역할을 한다. 운영체제는 데이터 및 프로그램을 위한 주기억장소를 지정해주며 프린터, 터미널, 통신경로 등의 입출력장치를 통제한다. 또한 운영체제는 컴퓨터의 각 부분에 대한 스케줄을 조정하는데, 그에 따라 각기 다른 영역에서 서로 다른 업무를 동시에 수행할 수 있도록 해준다.

PC, 서버, 모바일 운영체제

사용자가 컴퓨터와 상호작용할 때, 이 모든 일련의 활동은 운영체제에 의해 통제된다. 지금의 PC 운영체제와 현재 많은 유형의 애플리케이션 소프트웨어는 **그래픽 유저 인터페이스**(graphical user interface, GUI)를 기반으로 하고 있는데, GUI는 사용자 작업에 있어 아이콘, 버튼, 바, 박스 등을 활용함으로써 그 기능을 확장한 것을 말한다.

전통적인 클라이언트 운영체제 소프트웨어는 마우스나 키보드를 위해 설계되었는데, 최근 **다중터치**(multitouch) 기술이 증가하고 있다. 아이폰이나 다른 스마트폰, 그리고 새로운 개인용 컴퓨터 및 태블릿 컴퓨터에서 사용되는 다중터치 인터페이스는 마우스나 키보드를 사용하지 않고 화면에 목록 또는 개체를 조작하는 특별한 동작을 수행할 수 있도록 하나 이상의 손가락을 사용하도록 한다.

표 5.3은 대표적인 PC와 서버의 운영체제를 비교하고 있다. 이 표에 설명하는 운영체제에는 윈도우군(윈도우 10, 윈도우 서버)과 유닉스(UNIX), 리눅스(Linux), 매킨토시(Macintosh) 운영체제 등이 포함되어 있다.

표 5.3
대표적인 PC 및 서버의 운영체제

운영체제	특징
윈도우 10	가장 최신의 윈도우 클라이언트 운영체제로서 전통적인 PC뿐만 아니라 다중 터치 인터페이스와 모바일 기기를 지원하며 음성 찾기 능력도 포함함
윈도우 서버	서버를 위한 운영체제
유닉스	PC, 워크스테이션, 네트워크 서버에 사용되는 운영체제. 다중 작업, 다중 사용자에 의한 처리 및 네트워킹을 지원. 다양한 모델의 컴퓨터 하드웨어에 사용될 수 있음
리눅스	무료 소스의 신뢰성 있는 운영체제로서 유닉스와 윈도 운영체제의 대안이 될 수 있으며, 여러 가지 유형의 컴퓨터 하드웨어에서 운영이 가능하고 소프트웨어 개발자에 의해 수정이 가능함
macOS	멀티터치를 지원하는 매우 시각적이고 사용자 친화적인 매킨토시 컴퓨터용 운영체제로서 가장 최신 버전은 맥OS 카탈리나(manOS Catalina)임

마이크로소프트의 윈도우군은 클라이언트와 서버용 운영체제를 모두 제공하며, 최신식 GUI를 제공한다. 윈도우 시스템은 다중 프로그래밍 작업을 동시에 수행할 수 있으며, 인터넷을 통한 정보 획득 기능을 포함한 강력한 네트워킹 기능이 있다. 90%의 PC 이용자가 마이크로소프트의 윈도우 운영체제를 이용한다. 가장 최신 버전은 **윈도우 10**(Windows 10)이다.

네트워크 서버용 윈도우 운영체제는 웹사이트와 기타 인터넷 서비스를 제작·운영하는 도구를 포함하는 네트워크 관리 기능을 제공한다. 윈도우 서버는 대규모 컴퓨터 센터와 컴퓨팅 처리가 요구되는 비즈니스를 포함해 소·중·대형 비즈니스용 버전이 제공된다.

과거에 비해 오늘날의 운영체제는 훨씬 더 다양해졌는데, 휴대용 모바일 디지털 장치나 클라우드와 연결된 컴퓨터에서의 컴퓨팅을 위한 새로운 운영시스템이 그 예이다. 구글의 **크롬 OS**(Chrome OS)는 웹에 연결된 컴퓨터나 모바일 장치를 사용해 클라우드 컴퓨팅을 위한 경량의 운영시스템을 제공한다. 프로그램은 사용자의 PC에 저장되지 않지만 인터넷을 통해 사용하며 크롬 웹브라우저를 통해 액세스할 수 있다. 사용자 데이터는 인터넷을 통해 서버에 둔다. **안드로이드**(Android)는 구글이 주도하는 오픈 핸드셋 얼라이언스(Open Handset Alliance)가 개발한 스마트폰과 태블릿 컴퓨터와 같은 모바일 기기를 위한 오픈소스 운영체제이다. 그것은 아이폰, 아이패드, 아이팟 터치를 위한 애플의 모바일 운영체제인 **iOS**와 경쟁하면서 전 세계적으로 가장 인기 있는 스마트폰 플랫폼이 되고 있다.

유닉스(UNIX)는 벨연구소에서 1969년에 개발된 양방향, 다중사용자, 다중처리를 위한 운영체제로서 다양한 기기를 함께 연결하기 위한 목적으로, 그리고 통신 및 네트워크의 최적화된 지원을 위해 설계되었다. 유닉스는 종종 워크스테이션과 서버에 사용되며, 고성능 서버(high end server)의 대형 시스템을 운영하기에 적합한 신뢰성과 확장성을 제공한다. 유닉스는 다양한 종류의 컴퓨터에서 운영 가능하며, 해당 컴퓨터에 맞도록 사용자 설정을 쉽게 바꿀 수 있다. 유닉스 환경에서 운영되는 응용프로그램은 약간만 수정하면 하나의 컴퓨터에서 다른 컴퓨터로 옮겨 실행할 수 있으며, 현재 유닉스용 GUI가 구현되어 있다. 그러나 벤더들은 호환하기 어려운 다양한 버전의 유닉스를 개발해 왔기 때문에 소프트웨어 이식에는 한계가 있다.

리눅스(Linux)는 인터넷을 통해 무료로 다운로드하거나 적은 비용으로 추가 도구기능까지 포함한 소프트웨어를 구입할 수 있는 유닉스와 같은 운영체제이다. 리눅스는 무료이며, 신뢰성 있고 간결하게 디자인된 운영체제로서 서버를 포함해 휴대용 컴퓨터, 디지털 기기 등 다양한 하드웨어 플랫폼에서 실행 가능하다.

리눅스는 견고하고 비용이 저렴해 유닉스와 윈도우 운영체제의 대안으로서 대중화되고 있다. 예를 들어 이트레이드파이낸셜(E*Trade Financial)은 오라클썬(Oracle Sun)이 독점 판매하는 유닉스를 장착한 값비싼 썬마이크로시스템스의 대형 서버 대신에 저렴한 IBM의 소형 서버에서 리눅스를 운영함으로써 컴퓨터 성능 향상과 더불어 매년 1,300만 달러를 절감하고 있다.

리눅스는 기간계 시스템에서 중요한 역할을 하고 있으며, 전체 미국 서버 시장의 약 35%는 리눅스를 이용해 웹서버와 LAN을 운영하고 있다. IBM, HP, 인텔, 델, 썬 등은 리눅스를 기업용 제품 중심 운영체제로 인식하고 있으며, 주요 소프트웨어 공급회사는 리눅스를 실행할 수 있는 제품을 출시하고 있다. 현재 IBM과 썬은 무료 또는 최소 비용으로 리눅스 기반의 오피스 도구를 제공하고 있다.

응용 소프트웨어와 데스크톱 생산성 도구

오늘날 기업들은 자신들의 응용 소프트웨어를 개발하기 위해 다양한 도구를 사용한다. 여기에는 전통적인 프로그래밍 언어를 포함해 4세대 언어, 응용 소프트웨어 패키지 및 데스크톱 생산성 도구, 인터넷 애플리케이션을 개발하기 위한 소프트웨어, 전사적 통합을 위한 소프트웨어 등이 있다. 이와 같은 소프트웨어 개발 도구와 프로그래밍 언어를 선택할 때는 반드시 기업이 추구하는 목표에 적합해야 한다.

비즈니스용 프로그래밍 언어

비즈니스 애플리케이션에 이용되어 온 가장 인기 있는 프로그래밍 언어로는 C, C++, 비주얼베이직, 자바 등이 있다. **C**는 1970년대 초반에 개발된 강력하고 효율적인 언어로, 컴퓨터 이식성이 높고 제어가 간단하며, 효율적으로 컴퓨터 리소스를 사용한다는 장점이 있다. C는 주로 전문 프로그래머가 PC용 운영체제와 응용 소프트웨어를 개발하는 데 사용된다. **C++**는 C를 확장한 언어로서 기존 C의 모든 기능을 만족하면서도 소프트웨어 객체를 다룰 수 있는 특성을 추가한 것이다. 데이터로부터 정보를 가져오는 일련의 활동과 데이터가 서로 분리되었던 기존의 프로그램과는 다르게, C++에서 소프트웨어 **객체**(object)는 데이터와 데이터 처리 과정을 결합해 실행한다. 객체지향 소프트웨어의 발전 방향은 12장에서 자세히 설명할 것이다. **비주얼 베이직**(Visual Basic)은 널리 사용되는 비주얼 프로그래밍 도구 및 환경으로서 마이크로소프트 윈도우 운영체제하에 실행될 수 있는 애플리케이션을 개발하기 위한 것이다. **비주얼 프로그래밍 언어**(visual programming language)는 사용자가 그래픽이나 아이콘 기능을 사용해 프로그램을 개발할 수 있도록 돕는다. COBOL(COmmon Business Oriented Language)은 1960년대 초반에 비즈니스 처리를 위해 개발되었으며 은행, 보험, 소매업의 기존 대규모 레거시 시스템에서 여전히 찾아볼 수 있다.

자바(Java)는 썬마이크로시스템스에서 개발한 운영체제 및 프로세서에 독립적인 객체 지향적 프로그래밍 언어로서, 웹의 상호작용 프로그래밍 환경을 주도하는 프로그래밍 언어이다. 자바 플랫폼은 휴대전화, 스마트폰, 자동차, 음악플레이어, 게임기, 셋톱 케이블 TV 시스템에 상호작용 콘텐츠와 사용량 기반 뷰(pay-per-view) 서비스를 가능하게 한다. 자바 소프트웨어는 특정한 마이크로프로세서나 기기의 운영체제와 상관없이 어떠한 컴퓨터나 컴퓨팅 기기에서도 작동할 수 있도록 설계되어 있다. 자바가 이용된 컴퓨팅 환경에서 자바의 가상머신은 자바 프로그래밍 코디를 그 머신에 맞도록 해석한다. 이러한 방식으로 코드가 일단 작성되면, 자바 가상머신이 존재하는 어떤 머신에서도 이 코드를 사용할 수 있게 된다.

웹 애플리케이션을 개발하는 또 다른 인기 있는 프로그램 툴로는 루비(Ruby), 파이선(Python), PHP가 있다. 루비는 웹 애플리케이션을 개발하는 데 쉽고 빠르다고 알려진 객체지향 프로그래밍 언어이고, 파이선은 클라우드 애플리케이션을 개발하는데 그 명료성으로 인해 많이 사용되는 추세이다.

소프트웨어 패키지와 데스크톱 생산성 도구

오늘날 기업에서 사용하고 있는 소프트웨어 대부분은 맞춤식으로 개발되지 않고 응용 소프트웨어 패키지 및 데스크톱 생산성 도구가 사용된다. 소프트웨어 패키지는 미리 작성되고 코드화된 상업적인 프로그램 집합으로 특정 기능에 대한 개인적 또는 조직적 요구사항은 배제된 제품이다. 시스템 소프트웨어를 위한 소프트웨어 패키지도 있기는 하지만 대부분의 소프트웨어 패키지는 응용 소프트웨어이다. 메인프레임 및 대형 컴퓨터에서 운영되는 소프트웨어 패키지를 설치, 지원하려면 전문 프로그래머가 필요하다. 그러나 데스크톱 생산성 소프트웨어는 사용자들이 쉽게 스스로 설치할 수 있다. 표 5.4는 주요 데스크톱 생산성 소프트웨어 툴을 소개한다.

소프트웨어 스위트 주요 오피스 생산성 도구들로 구성된 하나의 도구 묶음을 소프트웨어 스위트(software suites)라고 한다. 이에 속하는 대표적인 예로는 마이크로소프트 오피스가 있다. 마이크로소프트 오피스는 가정용 오피스, 기업용 오피스 등 다양한 버전이 있으며, 핵심 오피스 도구는 워드 프로세싱 소프트웨어 기능의 워드, 스프레드시트 소프트웨어 기능의 엑셀 **스프레드시트 소프트웨어**(spreadsheet software), 데이터베이스 소프트웨어 기능의 액세스, 프레젠테이션 그래픽 소프트웨어 기능의 파워포인트, 이메일 및 일정 관리, 접촉 관리 등의 기능이 있는 아웃룩 등을 포함하고 있다. 마이크로소프트는 **오피스 365**(Office 365)라 불리는 구독형 서비스로 제공하는 클라우드 버전의 생산성 및 협업 도구를 출시했다. 마이크로소프트 오피스와 경쟁하고 있는 저가의 스위트로는 오픈오피스(OpenOffice)(인터넷을 통해 무료로 내려받을 수 있음)와 클라우드 기반의 구글독스(Google Docs)와 **G스위트**(G Suite)가 있다(2장 참조).

웹브라우저 **웹브라우저**(web browser)는 웹페이지를 보기 위해 그리고 웹이나 다른 인터

표 5.4
데스크톱 생산성 소프트웨어

소프트웨어 도구	능력	예
워드 프로세싱	사용자가 다양한 포맷 형식을 통해 문서를 전자적으로 변환할 수 있게 한다.	마이크로소프트 워드 아이워크 페이지
스프레드시트	데이터를 행과 열의 격자 형태로 조직한다. 사용자가 입력한 값을 수정하면, 스프레드시트의 관련된 값은 자동으로 재계산된다. 모델링과 민감도 분석에 사용되며 수치화된 데이터를 그림으로 표현할 수 있다.	마이크로소프트 엑셀 아이워크 넘버스
데이터 관리	반적으로 파일과 데이터베이스를 생성하는 기능과 보고서 및 질의를 위해 데이터를 저장, 수정, 조작하는 기능이 있다. 소규모 정보시스템 구축에 적합하다.	마이크로소프트 액세스
프레젠테이션 그래픽	전문적 품질의 그래픽 표현을 가능하게 하고 컴퓨터로 슬라이드를 제작한다. 음악, 만화, 사진, 비디오 클립 등의 멀티미디어를 포함할 수 있다.	마이크로소프트 파워포인트 아이워크 키노트
개인정보 관리	약속, 캘린더, 할일, 사업연락정보 등을 작성하고 관리한다. 이메일로도 사용된다.	마이크로소프트 아웃룩
데스크톱 출판	전문적 문서, 브로슈어, 책처럼 보이게 한다.	어도비 인디자인

넷 자원에 접속하기 위해 쉽게 사용할 수 있는 도구들을 제공한다. 웹브라우저 소프트웨어는 GUI를 통해 클릭만으로 인터넷에 접속하고 컴퓨터에 정보를 저장할 수 있도록 해준다. 브라우저는 일반적인 텍스트뿐 아니라 그래픽, 오디오, 비디오 정보 등을 나타낼 수 있으며, 스크린의 버튼이나 강조된 단어를 클릭하면 관련 웹사이트로 연결해준다. 웹브라우저는 인터넷에 접근하거나 인터넷 기술 기반의 네트워크시스템을 사용하기 위해 반드시 필요한 인터페이스로 대두되고 있다. 오늘날 대표적인 웹브라우저로는 마이크로소프트 인터넷 익스플로러, 모질라 파이어폭스, 애플 사파리(Safari), 구글 크롬 등이 있다.

HTML과 HTML5

하이퍼텍스트 마크업 언어(Hypertext Markup Language, HTML)는 웹을 통해 볼 수 있는 페이지를 만들 때 사용되는 언어로서 텍스트나 그래픽, 비디오, 사운드 등을 웹페이지에 나타내는 방법을 정의할 수 있고 다른 웹페이지나 객체를 동적으로 연결할 수 있다. 사용자는 강조 표시된 키워드나 그래픽을 클릭하기만 하면 현재의 웹페이지에서 다른 웹페이지나 객체로 즉시 이동할 수 있다. 표 5.5는 HTML 언어의 예를 보여준다.

HTML 프로그램은 사용자에 의해 작성될 수 있지만, 웹브라우저의 저작 도구들(authoring capabilities)이나 많이 사용되고 있는 워드 프로세싱, 스프레드시트, 데이터 관리, 프레젠테이션 그래픽 등과 같은 소프트웨어 패키지를 통해 작성될 수도 있다. 어도비 드림위버(Dreamweaver)와 같은 HTML 에디터는 웹페이지를 개발하기 위한 보다 강력한 HTML 저작 도구를 제공한다.

HTML은 원래 주로 텍스트로 구성된 정적 문서를 작성하고 연결하도록 설계되었다. 그러나 오늘날 웹은 훨씬 더 소셜화되고 상호작용적이며, 많은 웹페이지는 이미지, 오디오 및 비디오 등의 멀티미디어 요소를 갖추고 있다. 플래시, 실버 라이트, 자바와 같은 제3자

표 5.5
HTML의 예

Plain English	HTML
Subcompact	〈TITLE〉Subcompact〈/TITLE〉
4 passenger	〈LI〉4 passenger〈/LI〉
$16,800	〈LI〉$16,800 〈/LI〉

응용 프로그램은 웹페이지와 함께 이러한 풍부한 미디어를 통합하는 것을 요구하고 있다. 그러나 이러한 추가 기능은 추가적인 프로그래밍이 필요하고 컴퓨터 프로세스에 부담을 준다. **HTML5**로 불리는 가장 최신 버전의 HTML은 프로세스에 부하를 많이 주는 추가적 기능 없이 이미지, 오디오, 비디오 및 다른 요소를 직접 문서에 임베드함으로써 이 문제를 해결한다. HTML5는 웹페이지가 빨리 작동되도록 하고 웹 기반 모바일 앱들도 웹페이지처럼 작동되도록 한다.

웹서비스

웹서비스(web services)는 범용 웹커뮤니케이션 표준과 언어를 사용해 서로 정보를 교환하는 소프트웨어 구성요소가 느슨하게 결합된 집합을 의미한다. 웹서비스는 시스템이 기반을 두고 있는 운영체제 또는 프로그래밍 언어들과 상관없이 2개의 상이한 시스템 간에 정보를 교환할 수 있으며 또한 단일 기업 내에 존재하는 2기종 시스템을 연결하는 응용프로그램을 구축하는 데 사용될 수도 있다. 웹서비스는 어떠한 운영체제나 프로그래밍 언어에도 제한받지 않으며, 상이한 응용시스템들은 웹서비스를 이용해 시간 소모적인 기존의 코딩 작업 없이도 표준화된 방식으로 서로 커뮤니케이션할 수 있다.

웹서비스를 위한 기반기술은 **XML**인데, 이것은 **Extensible Markup Language**를 의미한다. 이 언어는 1996년 월드와이드컨소시엄[World Wide Web Consortium(W3C), 웹의 발전을 감독하는 국제기구]에 의해 개발된 웹페이지를 위한 마크업 언어로서 HTML보다 더욱 강력하고 유연하다. HTML은 웹페이지 폼에 데이터를 나타내는 방식을 표현하는 데 한계가 있는 반면, XML은 데이터의 표현, 전달, 저장을 수행할 수 있다. XML에서 숫자는 단순히 숫자가 아니다. XML 태그(tag)는 이 숫자가 가격인지, 날짜인지, 우편번호인지 구체적으로 지정한다. 표 5.6은 이와 같은 XML 문장에 대한 예를 보여준다.

XML은 문서의 의미를 전달하기 위해서 문서 내용 중 일부 요소에 태그를 부착함으로써 컴퓨터가 자동적으로 그 데이터를 조작하고 해석할 수 있도록 해주며, 사람의 간섭 없이 데이터를 운영할 수 있도록 해준다. XML은 데이터 교환을 위한 표준 포맷을 제공하며, 웹서비스로 하여금 데이터를 하나의 프로세스에서 다른 프로세스로 전달할 수 있도록 해준다.

웹서비스는 표준 웹프로토콜(web protocol)상의 XML 메시지를 통해 커뮤니케이션한다. 기업은 이러한 디렉터리를 통해 전화번호부에서 찾을 수 있는 것처럼 많은 웹서비스를 발견하고 찾을 수 있다. 하나의 소프트웨어 응용프로그램은 이러한 프로토콜을 이용해 커뮤니케이션하고자 하는 서로 다른 각 응용프로그램에 기존 방식의 프로그래밍 없이도 자유롭게 연결할 수 있다. 이처럼 모든 사람은 동일한 표준을 공유한다.

표 5.6
XML의 예

Plain English	XML
Subcompact	〈AUTOMOBILETYPE="Subcompact"〉
4 passenger	〈PASSENGERUNIT="PASS"〉4〈/PASSENGER〉
$16,800	〈PRICE CURRENCY="USD"〉$16,800〈/PRICE〉

기업이 소프트웨어시스템을 구축하기 위해 사용하는 모든 웹서비스는 서비스 지향 아키텍처에 속한다. **서비스 지향 아키텍처**(service-oriented architecture, SOA)는 소프트웨어 응용프로그램을 개발하기 위해 서로 커뮤니케이션하는 독립된 서비스들의 집합이다. 비즈니스 업무는 이러한 일련의 서비스를 수행시킴으로써 완수될 수 있다. 소프트웨어 개발자는 자신이 필요로 하는 기타 응용시스템을 구현하기 위해 이러한 서비스를 서로 다른 조합으로 재사용한다. 사실상 IBM, 마이크로소프트, 썬, HP와 같은 모든 주요 소프트웨어 벤더는 웹서비스를 이용해 소프트웨어 응용프로그램을 구축하고 통합할 수 있는 도구와 완전한 플랫폼을 제공한다.

한 예로, 달러렌터카(Dollar Rent-A-Car)의 시스템은 온라인 예약시스템을 사우스웨스트항공의 웹사이트와 연동하기 위해 웹서비스를 사용하고 있다. 이 두 회사의 시스템은 서로 다른 기술 플랫폼에 기반을 두고 있지만, Southwest.com에서 비행을 예약하는 사람은 항공사의 웹사이트를 떠나지 않고도 달러렌터카의 자동차를 예약할 수 있다. 달러의 예약시스템이 사우스웨스트의 정보시스템과 데이터를 공유하려고 애쓰는 대신, 달러는 이 두 시스템을 중개하는 역할로서 마이크로소프트닷넷(Microsoft.NET) 웹서비스 기술을 사용했다. 즉 사우스웨스트의 예약은 웹서비스 프로토콜로 변환되고, 그 후에 프로토콜은 달러의 컴퓨터들이 이해할 수 있는 포맷으로 변환된다.

이전에는 다른 렌터카 회사들이 그들의 정보시스템을 항공사의 웹사이트에 연결했다. 그러나 이러한 연결은 웹서비스 없이 한 번에 하나씩 구축되어야 했다. 그러나 웹서비스는 달러의 컴퓨터들이 다른 기업의 각 정보시스템과 특별한 네트워크 접속 환경을 구축할 필요 없이 이 정보시스템들과 '대화'할 수 있는 표준 방식을 제공한다. 달러는 현재의 웹서비스 사용을 확장해 이동전화와 PDA를 위한 무선 웹사이트뿐만 아니라 소규모 여행사의 시스템과 대형 여행사의 예약시스템에 자사의 시스템을 직접 연결하고 있다. 따라서 이 회사는 새로운 각 제휴회사의 정보시스템 또는 새로운 각 무선 기기용 소프트웨어 코드를 새로 프로그래밍할 필요가 없다(그림 5.7 참조).

소프트웨어 동향

오늘날 소프트웨어를 획득할 수 있는 소스는 점점 더 많아지고 있으며, 사용자가 자신이 원하는 소프트웨어 응용프로그램을 직접 개발할 수 있는 능력 또한 점점 더 커지고 있다. 현재 오픈소스 소프트웨어와 클라우드 기반 소프트웨어 도구 및 서비스에 대한 사용이 증가하고 있는 것은 이러한 추세를 잘 설명해준다.

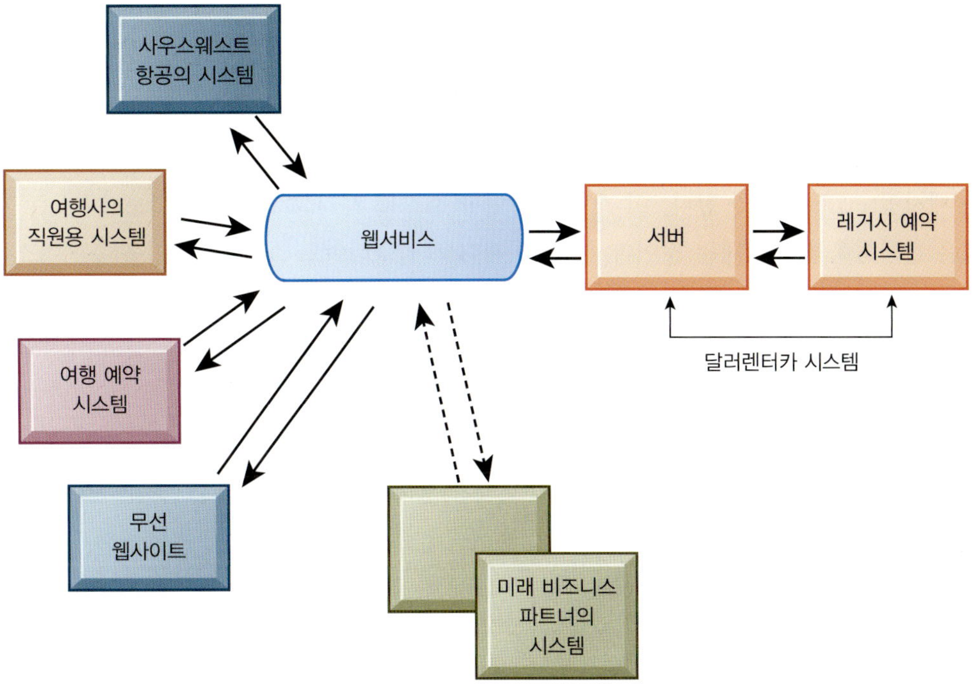

그림 5.7
달러렌터카의 웹서비스 방법
달러렌터카는 웹서비스를 이용해 다른 기업의 정보시스템과 '대화'할 수 있는 표준화된 중개 소프트웨어를 제공한다. 달러렌터카는 이와 같은 웹서비스 방식을 이용함으로써 각 기업의 시스템과 개별적인 네트워크를 구축하지 않아도 다른 기업의 정보시스템에 연결할 수 있다.

오픈소스 소프트웨어

오픈소스 소프트웨어는 모든 컴퓨터 사용자에게 프로그램 코드에 무료로 액세스해 코드를 수정해 오류를 수정 및 개선할 수 있게 한다. 오픈소스 소프트웨어는 특정 회사나 개인이 소유하지 않는다. 프로그래머와 사용자는 글로벌 네트워크를 통해 대개 비용을 지불하지 않고 소프트웨어를 관리하고 수정한다. 인기 있는 오픈소스 소프트웨어 도구로는 리눅스 운영체제(이 장의 앞부분에서 설명), 아파치(Apache) HTTP 웹 서버, 모질라 파이어폭스 웹브라우저, 아파치 오픈오피스(Apache OpenOffice) 데스크톱 생산성 제품군을 들 수 있다. 구글의 안드로이드 모바일 운영체제와 크롬 웹 브라우저는 오픈소스 코드를 기반으로 한다. 오늘날 전자상거래 장바구니와 자금 정산에서 영업 인력 관리에 이르기까지 모든 작업을 수행하는 수천 개의 오픈소스 컴퓨터 프로그램을 찾을 수 있다.

클라우드 기반 소프트웨어 도구 및 서비스

과거에는 MS 워드 또는 어도비 아크로뱃(Adobe Acobat) 등이 박스 형태로 출시되었고 하나의 컴퓨터에 설치되어 실행되도록 설계되었다. 그러나 현재는 프로그램 공급사의 웹사이트로부터 사용자의 컴퓨터에 해당 소프트웨어를 내려받아 설치하거나 인터넷을 통해 제공되는 클라우드 서비스 형태로 해당 소프트웨어를 사용하는 추세로 바뀌고 있다. (5-2절의 SaaS 논의 참조.) 구글과 야후에서 제공하는 개인 및 소규모 비즈니스를 위한 무료 또는 저렴한 도구 외에도 대기업을 운영하기 위한 엔터프라이즈 소프트웨어 및 기타 소프트웨어는 주요 상용 소프트웨어 공급업체에서 클라우드 서비스로 사용할 수 있다.

매시업과 위젯 개인적인 작업이나 기업의 작업 모두에서 사용되는 소프트웨어는 독립적인 큰 프로그램들로 구성될 수도 있고, 아니면 인터넷을 통해 다른 애플리케이션과 자유롭게 통합될 수 있고 교체도 가능한 요소로 구성될 수도 있다. 개인 사용자와 기업은 이러한 소프트웨어 요소를 조합하고 연결해서 자신만의 맞춤 애플리케이션을 만들어낼 수 있으며 다른 사람 또는 기업과 정보를 공유할 수 있다. 이렇게 만들어진 소프트웨어 애플리케이션을 **매시업**(mashup)이라 한다. 이 개념은 상이한 소스를 가지고 그것들의 합보다 '더 큰' 새로운 결과물을 생산해내는 것이다. 당신이 비디오나 슬라이드 쇼 기능을 이용해 페이스북의 프로파일이나 블로그를 맞춤화한 적이 있다면, 이는 매시업을 수행해본 것이다.

웹 매시업은 2개 이상의 온라인 애플리케이션 기능을 결합함으로써 원래의 애플리케이션이 독자적으로 고객에게 제공하던 가치보다 더 큰 가치를 제공한다. 예를 들어 집리얼티(ZipRealty)는 구글 맵스(Google Maps)와 온라인 부동산 데이터베이스 질로우닷컴(Zillow.com)에서 제공하는 데이터를 사용해 사용자가 지정하는 모든 우편번호에 대한 MLS(다중 목록 서비스) 부동산 목록의 전체 목록을 표시해준다.

앱(app)은 인터넷이나 컴퓨터 또는 휴대전화에서 돌아가는 작은 소프트웨어이며 일반적으로 인터넷을 통해 전달된다. 구글은 앱을 통해 온라인 서비스를 제공하고 있는데, 여기에는 데스크톱 생산성 도구인 구글 앱스 스위트도 포함된다. 그러나 오늘날 사람들이 얘기하고 있는 앱은 일반적으로 모바일 디지털 플랫폼용으로 개발된 앱에 초점이 맞춰져 있다. 스마트폰이나 여타의 휴대용 모바일 기기를 범용적인 컴퓨팅 도구로 변화시킨 것이 바로 이 앱들이다. 현재 iOS 및 안드로이드 운영체제용 앱이 수백만 개가 있다.

다운로드할 수 있는 앱들은 웹에서는 접근이 안 되지만 대부분의 앱은 웹에서도 접근이 가능하며 전통적인 웹브라우저보다도 더 빨리 웹 콘텐츠를 제공할 수 있다. 이들은 기존의 브라우저가 아닌 경로를 통해 웹을 경험하게 하고 신문을 읽는 것부터 시작해 쇼핑, 탐색, 구매 등 다수의 업무를 할 수 있게 한다. 많은 사람이 이제 모바일 기기를 통해 인터넷에 접속하기 때문에 사람들은 앱을 새로운 브라우저라고 말한다. 소비자는 앱의 외관이나 느낌, 속도에 매력을 느끼기 때문에 앱은 전통적인 웹사이트 디자인과 기능에 영향을 주기 시작했다.

많은 앱은 무료거나 기존 소프트웨어보다 가격이 매우 저렴해 인기가 있다. 이미 애플 아이폰이나 아이패드에서 사용 가능한 앱이 190만 개 있고, 안드로이드 운영체제에서 작동하는 앱도 비슷한 숫자이다. 이러한 모바일 플랫폼의 성공은 그것이 제공하는 앱의 수와 품질에 영향을 많이 받는다. 앱은 고객과 특정 하드웨어 플랫폼을 묶어주는 역할을 한다. 사용자가 더욱 많은 앱을 자신의 휴대전화에 담아 놓을수록 경쟁사 모바일 플랫폼으로의 전환비용이 커진다.

현재 가장 다운로드가 많이 된 앱은 게임, 음악, 소셜네트워킹, 뉴스 및 날씨, 지도/내비게이션, 비디오/영화 순서이다. 그러나 앱에는 기업 사용자로 하여금 문서를 생성하고 편집하며, 기업 시스템에 접속하고, 회의 계획을 짜거나 회의에 참여하고, 배송 상황을 파악하고, 음성 메시지를 기술할 수 있도록 해주는 업무용 앱도 있다. 또한 제품이나 서비스를 온라인으로 조사하거나 구매하는 데 사용되는 수많은 전자상거래 앱도 있다.

5-4 하드웨어와 소프트웨어 기술 관리에서 중요한 이슈는 무엇인가?

컴퓨터 하드웨어와 소프트웨어 기술을 선택하는 것은 기업 성과에 큰 영향을 미친다. 따라서 기업의 주요 문제는 컴퓨터 하드웨어 및 소프트웨어 기술을 관리하는 것이며, 여기에는 (1) 용량 계획 및 확장성, (2) 기술 자산에 대한 총비용 결정, (3) 자사가 하드웨어, 소프트웨어 및 기타 인프라 구성요소를 소유하고 이에 대한 유지관리를 직접 할 것인지, 아니면 외부 기술 서비스 제공자에게 빌려 사용할 것인지에 대한 결정, (4) 모바일 플랫폼과 소프트웨어 현지화 관리를 하는 것 등이 있다.

용량 계획과 확장성

전자상거래와 e-비즈니스에서는 하드웨어 기술에 대한 막대한 추가 수요가 발생하고 있다. 기업의 각 부분에서 발생하는, 그리고 기업과 고객, 공급자 간에 발생하는 불규칙한 규모의 디지털 거래 흐름을 처리하고 저장하기 위해서는 더 큰 용량의 처리 기술과 저장 공간이 필요하다. 웹사이트를 동시에 접속하는 것은 데이터 집약적인 그래픽이나 비디오가 포함된 수많은 대화형 웹페이지를 호스팅하는 것과 마찬가지로 컴퓨터 시스템에 부담을 준다.

관리자와 정보시스템 전문가는 하드웨어 용량 계획과 확장성에 더 많은 관심을 기울일 필요가 있다. IT 관점에서 **용량 계획**(capacity planning)은 컴퓨터 하드웨어 시스템의 포화 시점을 예측하는 것이다. 용량 계획은 한 번에 시스템이 수용 가능한 최다 사용자 수, 기존 및 향후 소프트웨어의 효과, 기업 거래를 처리하는 데 걸리는 최소 응답 시간과 같은 성능 측정 등을 포함한다. 용량 계획은 기업이 현재와 미래 요구사항을 충족할 수 있는 충분한 역량을 가질 수 있도록 보증한다. 예를 들어 나스닥 증권시장은 최대 주식 거래량을 확인하고, 충분한 컴퓨팅 용량을 갖춤으로써 갑작스럽게 밀려드는 거래량을 감당할 수 있도록 용량 계획을 진행하고 있다.

확장성(scalability)은 컴퓨터나 제품 또는 시스템이 아무런 문제 없이 대규모 인원의 사용자를 지원할 수 있는 능력을 말한다. 전자상거래와 e-비즈니스는 모두 웹사이트 크기와 방문자 수가 증가함에 따라 이러한 사업 성장을 수용할 수 있는 능력을 갖춘, 확장 가능한 정보기술 인프라를 필요로 한다. 따라서 조직은 증가하고 있는 디지털 거래를 처리할 수 있고, 온라인으로 즉시 데이터를 처리할 수 있을 만큼의 충분한 컴퓨터 처리, 저장, 네트워크 자원 등을 갖추어야 한다.

기술 자산에 대한 총소유비용

기업에서 하드웨어 및 소프트웨어에 대한 비용을 산정할 때, 이에 대한 구매비용은 단지 일부 비용에 불과하다. 그 외에도 하드웨어 및 소프트웨어의 업그레이드, 유지 보수, 기술 지원과 교육, 그리고 이러한 기술을 가동하고 보관하는 데 소요되는 유틸리티 및 부동산 비용에 이르기까지 지속적으로 발생하는 관리 비용을 고려해야 한다. **총소유비용**(total

표 5.7
총소유비용(TCO) 요소

하드웨어 구입	컴퓨터, 터미널, 저장장치, 프린터를 포함한 컴퓨터 하드웨어 장비 구입가격
소프트웨어 구입	각 사용자를 위한 소프트웨어 구매 또는 라이선스 비용
설치	컴퓨터 및 소프트웨어 설치비용
훈련	정보시스템 전문가 및 최종 사용자에 대한 교육훈련 비용
지원	기술 지원, 상담원 안내 등을 지속적으로 제공하기 위한 비용
유지보수	하드웨어 및 소프트웨어 업그레이드 비용
인프라	네트워크 및 전문장비(저장자료 백업장비 포함) 등과 같은 구입, 유지보수, 지원 관련 인프라 비용
다운타임	하드웨어나 소프트웨어 오류 발생으로 컴퓨팅 처리 및 사용자 작업이 불가능할 경우 발생하는 생산성 감소
공간 및 에너지	기술에 대한 공간 및 전력 제공에 필요한 부동산 및 유틸리티 비용

cost of ownership, TCO) 모델은 기업이 특정 기술을 소유하는 데 필요한 실제 비용을 결정하는 방법으로서 이에 대한 직간접 비용을 분석한다. 표 5.7은 총소유비용 분석에서 고려해야 할 가장 중요한 구성요소를 설명한다.

지원인력, 시스템 고장, 추가적인 네트워크 관리에 대한 숨은 비용을 고려할 때, 분산형 클라이언트/서버 구조(특히 휴대용 컴퓨터 및 무선기기를 통합한 구조)는 중앙 집중식 메인프레임 구조보다 더 많은 비용이 발생할 수 있다.

많은 대기업이 용량 계획을 제대로 수립하지 못해 중복되거나 호환되지 않는 하드웨어 및 소프트웨어를 보유하고 있다. 이러한 기업은 하드웨어 및 소프트웨어 자원에 대한 보다 강력한 중앙 집중식 관리와 표준화를 통해 총소유비용을 줄일 수 있다. 만약 기업이 직원들이 사용하는 상이한 컴퓨터 모델과 소프트웨어의 수를 최소화할 수 있다면, 인프라를 지원하는 데 필요한 정보시스템 인력 규모를 줄일 수 있을 것이다.

기술 서비스 제공자 활용하기

관리자가 직면한 가장 중요한 질문으로는 '기업의 기술 자산을 어떻게 획득하고 유지관리해야 하는가?', '소프트웨어를 직접 구축해야 하는가, 아니면 외부에 아웃소싱해야 하는가?', '소프트웨어를 구매해 실행할 것인가, 아니면 외부 서비스 제공자로부터 이를 대여할 것인가?' 등이 있다. 과거 대다수 기업은 자신만의 컴퓨터 설비를 갖추고 그에 맞는 소프트웨어를 개발해 사용했다. 그러나 최근에는 점점 더 많은 기업이 컴퓨터 하드웨어 및 소프트웨어를 외부 서비스 제공자로부터 획득하고 있다.

아웃소싱

많은 기업이 **아웃소싱**(outsourcing)을 통해 정보기술 인프라를 유지 보수하고 있으며, 외부 공급업체를 통해 새로운 시스템을 개발하고 있다. 이와 같은 회사들은 자사의 컴퓨터 센터 및 네트워크 운영을 하거나 새로운 소프트웨어 개발을 위해 또는 정보기술 인프라의 모든 구성요소를 관리하기 위해 외부 서비스 제공자와 계약을 체결한다. 예를 들어 페덱스는 IT 시스템 운영과 소프트웨어 개발의 30%를 외부 IT 서비스 제공업체에 아웃소싱했다.

웹호스팅 전용 서비스는 기업이 자사 웹사이트를 운영하는 데 필요한 금융 및 기술 관련 자산이 부족한 경우에 이용할 수 있는 유용한 서비스이다. **웹호스팅 서비스**(web hosting service)는 대형 웹서버나 여러 대의 서버를 가지고 있으면서 개별 웹사이트를 운용할 수 있는 서버 공간을 기업에 대여하고 이에 대한 비용을 청구한다. 웹호스팅 서비스를 이용하는 기업은 웹페이지를 스스로 구축할 수도 있고, 호스팅 서비스나 웹디자인 회사를 통해 구축할 수도 있다. 웹호스팅 서비스 중에는 기업이 자사의 웹사이트를 호스팅하는 서버를 직접 구매해 이에 대한 소유권을 가지고 있지만, 실제 서버가 위치한 물리적 공간은 호스팅 서비스 업체 측에서 대여해주는 **코로케이션**(co-location) 방식도 있다.

기업이 직접 하드웨어 자원을 보유하고 관리하지만, 소프트웨어 개발이나 유지보수를 아웃소싱하고 있는 기업은 아웃소싱을 위해 종종 임금이 낮은 해외업체를 이용하는 경우가 많다. 기업이 소프트웨어와 관련된 업무를 해외로 아웃소싱할 때, 이것을 **해외 소프트웨어 아웃소싱**(offshore software outsourcing)이라고 한다. 최근까지 이와 같은 해외 소프트웨어 아웃소싱을 통해 개발된 소프트웨어는 유지보수, 데이터 입력 및 콜센터 운영 등의 수준이 낮았으나, 해외 아웃소싱 업체(특히 인도)의 기술이 정교해지고 경험이 풍부해짐에 따라 해외 소프트웨어 아웃소싱을 통한 새로운 프로그램의 개발이 점차 증가하고 있다. 12장에서 해외 소프트웨어 아웃소싱을 좀 더 자세히 설명하고 있다.

아웃소싱 업체나 기술 서비스 제공자와의 계약관계를 관리하기 위해 기업은 **서비스 수준 계약**(service level agreement, SLA)을 포함하는 계약을 체결할 필요가 있다. SLA는 고객과 서비스 제공자의 공식적인 계약으로서 서비스 제공자의 구체적인 책임과 고객이 기대하는 서비스 수준을 정의한다. 일반적으로 SLA는 제공된 서비스의 성격과 수준, 성과 측정 기준, 지원 선택사항, 보안과 재난 복구 조항, 하드웨어 및 소프트웨어에 대한 소유권 및 업그레이드, 고객 지원, 대금결제, 계약종료에 대한 조건 등을 명시하도록 되어 있다.

클라우드 서비스 선택

현재 기업은 직접 정보기술 인프라를 유지관리하거나 아니면 클라우드 기반의 하드웨어와 소프트웨어 서비스를 이용할지 선택할 수 있게 되면서 클라우드 기반 서비스 및 도구에 꾸준히 관심을 기울이고 있다. 클라우드 컴퓨팅 모델을 고려하는 회사는 모든 관리, 조직 및 기술 문제를 평가하면서 외부 서비스 비용과 이점을 신중하게 식별하고 평가해야 한다. 여기에는 비즈니스에 적합한 서비스 및 성능 수준과 새로운 클라우드 기반 IT 인프라를 배포 및 관리하는 데 필요한 전문 지식이 포함된다. 새로운 클라우드 사용자는 네트워킹, 데이터 전송 및 저장에 대한 추가 비용과 클라우드 환경에서 실행하기 위해 비즈니스 애플리케이션 시스템을 업그레이드하거나 교체하는 데 필요한 작업을 간과하는 경우가 많다. 회사는 온프레미스에서 클라우드로 워크로드를 이동한 후 원래 추정치보다 더 높은 컴퓨팅 비용을 발견할 수 있다.

모바일 플랫폼 관리

종업원에게 모바일 컴퓨팅 기기를 보급함에 따라 얻게 되는 생산성과 효율성의 이득은 이 기기를 회사의 정보기술 인프라에 통합시킴에 따른 비용과 기술 지원을 위해 지출해야 하는 비용의 증가분을 상쇄해야 한다. 이것은 특히 조직이 종업원에게 그들의 휴대기기를 업무를 위해 사용하는 것(BYOD)을 허락할지 말아야 할지 결정할 때 생기는 문제이다.

개인용 휴대기기가 기업정보시스템에 접근하려면 기업 네트워크가 이러한 기기들이 접근할 수 있도록 구성되어야 한다. 기업은 종업원이 어떤 기기를 사용하고 있는지 그리고 어떤 소프트웨어가 설치되어 있는지 체크할 수 있는 효율적인 재고관리시스템이 필요하다. 회사는 어떠한 기업정보가 개인 휴대기기에 있는지 알 필요가 있고, 이것은 항상 어떠한 정보를 허용할지 결정할 수도 없는 노릇이다. 더군다나 종업원이 기업의 네트워크와 데이터에 개인 소유의 휴대기기를 통해 접근하려고 할 때 보호하는 것은 더 어렵게 된다.

휴대기기를 도난당했을 경우 기업은 민감한 그리고 기밀이 요구되는 기업정보가 노출되지 않도록 해야 한다. 기업은 가끔 원격으로 기업정보를 지울 수 있는 기술을 필요로 하고, 도난당했을 때 기업정보가 사용되지 않도록 암호화할 필요도 있다. 8장에서는 모바일 보안 이슈에 관해 자세히 다룬다.

많은 회사가 종업원이 한정된 기업 응용프로그램과 민감하지 않은 기업정보에 접근하는 것만 허락한다. 민감한 기업 정보시스템에 대해 더 관리감독이 필요하고 기업은 **모바일 기기 관리**(mobile device management, MDM) 소프트웨어를 통해 다수의 모바일 서비스 제공자 서비스와 모바일 운영체제를 감독하고, 관리하고, 보안을 유지하고자 노력한다. 모바일 기기 관리(MDM) 소프트웨어는 IT 부서가 모바일 사용량을 체크하고, 모바일 소프트웨어를 설치 및 업데이트하고, 백업과 복구를 하고, 설사 휴대기기를 도난당하거나 잃어버린 경우에도 해당 기기의 소프트웨어를 지우거나 데이터를 지울 수 있도록 해준다.

글로벌 비즈니스를 위한 소프트웨어 현지화 관리

만약 글로벌 기업을 경영하고 있다면, 위에서 제기한 모든 경영 문제는 각 국가의 여러 사업장에서 실제로 사용되는 시스템에 따라 그 영향을 받을 것이다. 비록 영어가 일종의 표준적인 비즈니스 언어가 되었지만, 이는 상위 경영층에 적합한 언어이고 중간 또는 하위층 직원에게는 적합하지 않다. 따라서 새로운 정보시스템을 전 세계에 성공적으로 실행시키기 위해서는 사전에 현지 언어가 설치된 소프트웨어를 설치할 필요가 있다.

그러나 이러한 현지 언어 인터페이스는 비용이 많이 들고 구축하기가 더 힘들 수 있다. 예를 들어 메뉴바, 명령어, 오류메시지, 질의, 온라인 데이터 입력 폼, 시스템 문서작업 등은 시스템이 사용되는 현지 국가의 언어로 번역할 필요가 있다. 해당 소프트웨어가 진정으로 전 세계 종업원의 생산성을 향상하기 위해서는 쉽게 이해되고 신속하게 숙달될 수 있어야 한다. 이렇게 소프트웨어를 제2의 언어로 운영할 수 있도록 하는 전 과정을 **소프트웨어 현지화**(software localization)라고 한다.

또한 글로벌 시스템은 현지 문화와 비즈니스 프로세스의 차이를 고려해야 한다. 전사적 시스템과 공급사슬관리 시스템 등 범기능적 시스템이 언어, 문화유산, 비즈니스 프로세스에서의 국가 간 차이를 항상 잘 조화시켜주는 것은 아니다. 글로벌 시스템 환경에서 이러한 모든 요소는 총소유비용(TCO)에 추가되며 아웃소싱을 해야 할지, 아니면 기술 서비스 제공자를 이용해야 할지를 결정하는 데 영향을 줄 것이다.

5-5 경영정보시스템은 내 경력에 어떻게 도움이 되는가?

이 절은 5장과 이 책이 초급 IT 컨설턴트로서 직업을 찾는 데 도움이 되는 방법을 설명한다.

회사

브뤼셀에 본사를 둔 기술 컨설팅 회사인 A1 Tech IT Consulting에서 초급 IT 컨설턴트를 찾고 있다. 이 회사는 기술 공급업체와 협력해 클라우드, 네트워크 및 관리형 IT 서비스를 기반으로 하는 첨단기술 솔루션을 만들어 중소기업 및 대기업에 판매한다. 이 회사의 직원은 65명이며 뛰어난 고객 서비스로 유명하다.

직무 설명

초급 IT 컨설턴트는 회사의 계정 관리자와 협력해 기존 고객과 좋은 관계를 유지하고 기술 컨설턴트가 잠재 고객을 위한 솔루션과 제안을 생성하도록 돕는다. 회사는 기술 산업 및 기술 컨설팅 프로세스에 대한 현장 교육을 제공할 것이다. 직무 책임은 다음과 같다.

- 잠재적 및 기존 고객과 경쟁 환경에 대한 연구 제공
- 디지털 마케팅 캠페인 관리
- 잠재적인 비즈니스 기회를 식별하는 데 도움을 줌
- 클라이언트와 잠재 고객을 선별, 추적, 모니터링하는 주기적인 보고서 준비

직무 요건

- 학사 학위 혹은 그에 상응하는 학위
- 전화, 이메일 및 대면을 통해 고객과 원활하게 커뮤니케이션할 수 있는 능력
- 강력한 조직, 프레젠테이션 및 작문 기술
- 급변하는 환경에서 작업하고 팀 구성원으로서 효과적으로 협업할 수 있는 능력
- 마이크로소프트 오피스(워드, 엑셀, 파워포인트) 능숙자

면접 질문

1. 클라우드 컴퓨팅 및 관리형 IT 서비스에 대해 무엇을 알고 있습니까? 일반적인 운영체제, 보안 및 데이터 관리 플랫폼에 대해 잘 알고 있습니까? 직장에서 이러한 서비스를 사용한 적이 있습니까? 당신은 그들과 함께 무엇을 했습니까?
2. 고객과 대면 접촉을 한 경험이 많습니까? 고객과 어떤 작업을 수행했는지 설명할 수

있습니까? 기술 문제로 고객을 도운 적이 있습니까?

3. 디지털 마케팅 경험이 있습니까?
4. 판매 관련 문제나 해결에 도움이 된 기타 비즈니스 문제의 예를 들어 주시겠습니까? 글쓰기와 분석이 가능합니까? 예를 보여줄 수 있습니까?
5. 당신의 마이크로소프트 오피스 능숙도는 어느 정도입니까? 엑셀 스프레드시트로 어떤 작업을 수행했습니까?

저자 팁

1. 클라우드 컴퓨팅, 네트워킹 기술, 관리 기술 서비스에 특히 주의하면서 이 장과 6~8장을 검토하라.
2. 웹을 이용해 회사를 조사하고 다른 기술 회사와 협력해 IT 서비스를 제공하는 방법을 조사하라. 이러한 파트너 회사와 이들이 제공하는 도구 및 서비스를 알아보라.
3. 마이크로소프트 오피스를 어떻게 사용할 것인지 정확히 물어보고 가능하면 이러한 도구를 사용해 수업 때 문제를 해결하거나 작업 할당에 사용한 예를 보여라. 당신의 분석 기술과 프로젝트 경험을 보여주는 작문 샘플을 가져오라.
4. 기술 산업 및 회사와 협력하는 기술 및 서비스에 대해 더 많이 배우는 데 매우 관심이 있음을 보여라.
5. 회사의 링크드인 페이지와 페이스북 및 트위터 채널의 게시물을 검토해 회사의 전략적 동향과 중요한 주제를 알아보라.

요약

5-1 **정보기술 인프라의 구성요소는 무엇인가?** 정보기술 인프라는 기업의 전용 정보시스템 애플리케이션에 사용되는 플랫폼을 제공하는 공유된 기술 자원을 의미한다. 주요 정보기술 인프라는 하드웨어, 소프트웨어, 전사적으로 공유되는 서비스 등을 포함한다. 정보기술 인프라 요소로는 컴퓨터 하드웨어, 소프트웨어, 데이터 관리 기술, 네트워크 및 통신 기술, 기술 서비스 등이 있다.

5-2 **기업에서 사용하는 컴퓨터 하드웨어, 기억장치, 입출력 기술은 무엇이고 주요 하드웨어 추세는 무엇인가?** 컴퓨터는 메인프레임, 중형 컴퓨터, PC, 워크스테이션, 슈퍼컴퓨터 등으로 나눌 수 있다. 메인프레임은 크기가 가장 큰 컴퓨터이며, 중형 컴퓨터는 서버에 해당한다. PC는 데스크톱이나 랩톱을 의미하며, 워크스테이션은 보다 강력한 연산 및 그래픽 기능을 갖춘 데스크톱을 의미한다. 슈퍼컴퓨터는 보다 복잡하고 강력한 컴퓨터로서 대량의 복잡한 계산을 신속하게 수행할 수 있다. 모든 컴퓨터의 연산 기능을 하나의 네트워크로 연결해 통제함으로써 보다 향상된 컴퓨팅 능력을 갖출 수 있는데, 그 이유는 컴퓨터 그리드를 형성함으로써 네트워크상의 모든 컴퓨터 성능을 조합할 수 있기 때문이다. 클라이언트/서버 모델에서는 컴퓨터가 '클라이언트'와 '서버'로 나뉘며, 연결된 네트워크를 통해 컴퓨터 연산이 수행된

다. 클라이언트와 서버가 수행하는 업무의 정확한 역할 분담은 애플리케이션에 따라 다르다.

보조기억장치로는 자기 디스크, 광 디스크, SSD, USB 플래시 드라이브, 자기 테이프를 들 수 있다. 클라우드 기반 스토리지 서비스는 개인과 기업 데이터 목적으로 점점 더 많이 사용된다. 주요 입력장치로는 키보드, 마우스, 터치스크린, 자기잉크, 광문자 인식기기(OCR), 펜 기반 장치, 디지털 스캐너, 센서 등이 있다. 주요 출력장치로는 모니터, 프린터, 오디오 출력장치 등이 있다.

주요 하드웨어 추세는 모바일 디지털 플랫폼, 나노테크놀로지, 퀀텀 컴퓨터, IT 소비화, 가상화, 클라우드 컴퓨팅, 그린 컴퓨팅과 고성능/절전형 프로세스이다. 클라우드 컴퓨팅은 컴퓨터 프로세싱, 저장, 소프트웨어, 가상화 자원으로서의 서비스를 주로 인터넷을 통해 사용량 기반으로 제공한다.

5-3 **기업에서 사용하고 있는 소프트웨어 종류와 주요 소프트웨어 추세는 무엇인가?** 소프트웨어의 주요 유형으로는 시스템 소프트웨어와 응용 소프트웨어가 있다. 시스템 소프트웨어는 컴퓨터 시스템의 다양한 부분을 조율하고 응용 소프트웨어와 컴퓨터 하드웨어를 연결하는 역할을 한다. 응용 소프트웨어는 전용 비즈니스 애플리케이션을 개발하기 위해 사용된다.

컴퓨터 활동을 관리하고 통제하는 시스템 소프트웨어를 운영체제라 한다. 대표적인 PC와 서버의 운영체제로는 윈도우 10, 윈도우 서버, 유닉스, 리눅스, 매킨토시 등이 있다. 안드로이드, iOS, 크롬은 모바일 기기와 웹을 위한 주요 운영체제이다.

기업의 응용 소프트웨어에서 사용되고 있는 주요 프로그래밍 언어로는 자바, C, C++, 비주얼 베이직 등이 있다. 응용 소프트웨어로는 워드 프로세싱, 스프레드시트, 데이터 관리, 프레젠테이션 그래픽, 웹브라우저 소프트웨어와 같은 일반적인 PC 소프트웨어와 클라우드 기반의 데스크톱 생산성 도구가 포함된다. 자바는 운영체제 및 하드웨어에 독립적인 프로그래밍 언어로서 웹의 양방향 프로그래밍 환경을 주도하고 있다. HTML은 웹페이지를 만들기 위한 페이지 표현 언어이다.

웹서비스는 XML 및 특정 제품에 제한받지 않는 공개된 웹표준을 기반으로 한, 느슨하게 결합된 소프트웨어 구성요소이며, 애플리케이션 소프트웨어 및 운영체제에 상관없이 작동할 수 있다. 또한 2개의 상이한 조직 시스템을 연결하거나 한 기업의 서로 다른 시스템을 연결하기 위한 웹기반 응용시스템 요소로서 활용될 수 있다.

소프트웨어는 오픈소스 소프트웨어와 클라우드 기반의 소프트웨어 툴과 서비스(SaaS, 매시업, 앱)의 사용이 확대되는 추세이다.

5-4 **하드웨어와 소프트웨어 기술 관리에서 중요한 이슈는 무엇인가?** 관리자와 정보기술 전문가는 현재뿐 아니라 미래에도 사용할 컴퓨팅 성능을 충분하게 확보하기 위해 하드웨어 용량 계획 및 확장성에 더 많은 관심을 기울일 필요가 있다. 기업은 기업 소유의 하드웨어 및 소프트웨어를 구축하고 유지할 것인지, 아니면 외부 서비스 제공자에게 아웃소싱할 것인지 또는 온디맨드 컴퓨팅 모델을 이용할 것인지를 비교함으로써 비용 및 수익의 균형을 맞출 필요가 있다. 조직의 기술 자산에 대한 총소유비용(TCO)은 컴퓨터 하드웨어 및 소프트웨어에 대한 초기비용 이외에도 모바일 장비를 관리하고 유지하는 비용을 포함한, 하드웨어 및 소프트웨어 업그레이드, 유지보수, 기술 지원, 훈련 등과 관련된 비용을 모두 포함한다. 글로벌 경영 기업은 소프트웨어 현지화에 대한 관리가 필요하다.

주요 용어

가상화
객체
그래픽 유저 인터페이스
그리드 컴퓨팅
그린 IT
그린 컴퓨팅
나노기술
데이터 센터
레거시 시스템
리눅스
매시업
멀티코어 프로세서
모바일 기기 관리
분산 처리
비주얼 베이직
비주얼 프로그래밍 언어
사설 클라우드
서버
서비스로서 기반구조
서비스로서 소프트웨어
서비스로서 플랫폼
서비스 지향 아키텍처
슈퍼컴퓨터
스프레드시트 소프트웨어
시스템 소프트웨어
신속한 탄력성
아웃소싱
안드로이드
앱
에지 컴퓨팅
온디맨드 셀프서비스
온디맨드 컴퓨팅
용량 계획
운영체제
워크스테이션
웹브라우저
웹서비스
웹호스팅 서비스
위치 독립적 자원 풀링
윈도우 10
유닉스
유비쿼터스 네트워크 서비스
응용서버
입력장치
자바
중앙 집중식 처리
총소유비용
출력장치
측정되는 서비스
퀀텀 컴퓨터
크롬 OS
클라우드 컴퓨팅
클라이언트
클라이언트/서버 컴퓨팅
태블릿 컴퓨터
하이브리드 클라우드
하이퍼텍스트 마크업 언어
해외 소프트웨어 아웃소싱
확장성
BYOD
IT 소비화
N계층 클라이언트/서버 구조
PC
XML(Extensible Markup Language)

복습문제

5-1 정보기술 인프라의 구성요소는 무엇인가?

- 정보기술 인프라를 정의하고 각 구성요소를 설명하라.

5-2 기업에서 사용하는 컴퓨터 하드웨어, 기억장치, 입출력 기술은 무엇이고 주요 하드웨어 추세는 무엇인가?

- 중소기업이 PC를 선택하는 이유와 대기업이 워크스테이션과 서버를 선택하는 이유를 설명하라.
- 그리드 컴퓨팅을 사용할 가능성이 있는 비즈니스 유형을 식별하고 이것이 왜 좋은 선택인지 설명하라.
- 클라우드 컴퓨팅의 핵심 특성과 이것이 사용자에게 중요한 이유를 정의하고 설명하라.

5-3 기업에서 사용하고 있는 컴퓨터 소프트웨어 종류와 주요 소프트웨어 추세는 무엇인가?

- 응용 소프트웨어와 시스템 소프트웨어의 차이를 설명하고, 컴퓨터 운영체제의 역할을 기술하라.
- 주요 PC, 서버, 휴대전화, 클라우드 운영체제의 유형을 열거하고 설명하라.
- 비즈니스에 사용되는 주요 프로그램을 나열하고 설명하라.
- 확장성이라는 용어의 의미를 설명하라.
- 웹용 애플리케이션을 구축할 때 자바와 HTML이 어떻게 사용되는지 설명하라.
- 웹서비스를 정의하고, 여기에 사용되는 기술을 설명하라. 또한 웹서비스가 기업에 어떠한 이득을 주는지 설명하라.
- 오늘날 오픈소스 소프트웨어의 중요성이 커지는 이유와 이것이 기업에 어떤 이득을 주는지 설명하라.
- 클라우드 컴퓨팅 소프트웨어 서비스, 매시업, 위젯의 유형을 열거하고 설명하라. 그리고 이것이 개인과 기업에 어떠한 이득을 주는지 설명하라.

5-4 하드웨어와 소프트웨어 기술 관리에서 중요한 이슈는 무엇인가?

- 관리자가 기술자원에 대한 용량 계획과 확장성에 주의를 기울일 필요가 있는 이유를 설명하라.
- 기술자산의 총소유비용을 계산하기 위해 사용되는 원가요소를 설명하라.
- 아웃소싱, 클라우드 컴퓨팅 서비스 및 모바일 플랫폼의 사용에 따른 이득과 문제점이 무엇인지 설명하라.
- 소프트웨어 현지화가 글로벌 기업에 중요한 경영이슈가 되는 이유가 무엇인지 설명하라.

협업과 팀워크 프로젝트

서버 및 모바일 운영체제 평가하기

5-5 3~4명으로 팀을 구성해 서버 또는 모바일용 운영체제를 선택하고 이를 평가하라. 한 그룹은 리눅스와 서버용 윈도우 운영체제의 최신 버전을 조사하고 기능과 비용을 비교하라. 다른 그룹은 리눅스 대 유닉스의 기능과 비용을 조사하고 비교하라. 또는 안드로이드 모바일 운영체제의 성능과 아이폰의 최신 버전 운영체제(iOS)의 성능을 서로 비교하라. 가능하다면 구글 독스(Google Docs)와 구글 드라이브(Google Drive), 구글 사이트(Google Sites)를 이용해 발견 사항을 토론하고 수업시간에 발표할 자료를 준비하라.

기업은 BYOD를 어떻게 해야 하는가?

스마트폰을 가지고 있는 거의 모든 사람이 스마트폰을 직장에 가져와 업무에서 사용할 수 있기를 원하며 많은 고용주는 근로자가 그렇게 하기를 원한다. 마켓앤드마켓(MarketsandMarkets)의 BYOD 동향 조사에 따르면 2018년 초까지 북미 기업의 채택률이 50%에 도달했다. 사포(Sapho) 직장 생산성 전문가의 연구에 따르면 평균적인 작업자는 직장에서 개인 장치를 사용해 생산성 측면에서 주당 81분을 줄일 수 있다.

BYOD가 뉴노멀이 될까? 꼭 그런 것은 아니다. 여러 연구에 따르면 전체 기업의 절반이 BYOD가 조직에서 점점 더 커지고 있는 문제라고 한다. BYOD는 직원의 업무 만족도와 생산성을 높일 수 있지만 제대로 관리되지 않으면 여러 가지 문제를 일으킬 수도 있다. 개인 소유 장치에 대한 지원은 회사가 제공하는 장치보다 더 어렵고 모바일 장치 관리 비용이 증가할 수 있으며, 회사 데이터 및 네트워크 보호가 더 어려워질 수 있다.

모든 직원이 직장에서 사용하기 위해 자신의 장치를 가져오면 IT 부서는 하드웨어 통제력을 잃을 위험이 있다. 모바일 장치를 관리하기 위한 정책이나 도구가 없으면 조직은 어떤 앱이나 프로그램이 설치되는지, 장치가 어떻게 보호되는지, 어떤 파일이 다운로드되는지 제어할 수 없다. 과거에 회사는 개인정보 침해, 해킹 및 기업 정보에 대한 무단 액세스를 방지하기 위해 직원이 어떤 기술을 사용했는지 제어할 수 있었다. 하드웨어를 제어할 수 없다는 것은 더 많은 취약점을 의미한다. 이것이 BYOD의 큰 상충관계이다. 직원에게 더 큰 유연성을 제공하느냐 아니면 회사를 더 많은 위험에 노출시키느냐 하는 것이다.

BYOD 옹호자들은 이것이 직원 생산성을 증가시킨다고 주장했지만 항상 그런 것은 아니다. 직원이 직장에 자신의 장치를 가져오면 업무 중 오락이나 친구와의 연락을 위해 사용하고 싶은 유혹을 받을 수 있다. 직원들은 문자메시지, 유튜브 동영상, 페이스북 업데이트 확인이라는 끝없는 블랙홀에 빠지기 쉬워 생산성이 저하될 것이다.

BYOD에는 조직 내에서 많은 수의 장치를 관리하고 유지관리를 하는 업무를 전담하는 기업 IT 리소스의 상당 부분이 필요하다. 기업은 처음에 비즈니스 스마트폰 사용을 단일 플랫폼으로 제한해 모빌리티 관리를 시도했다. 모든 직원이 동일한 장치 또는 최소한 동일한 운영체제를 사용하고 있었기 때문에 각 모바일 장치를 추적하고 소프트웨어 업그레이드 또는 수정 사항을 배포하기가 더 쉬웠다.

오늘날 모바일 디지털 환경은 관리 및 보안을 위한 잘 개발된 도구가 없는 시장의 다양한 장치와 운영체제로 인해 훨씬 더 복잡하다. 안드로이드는 전 세계 스마트폰 시장의 80% 이상을 차지하고 있다. iOS는 폐쇄형 시스템으로 간주되며 제한된 수의 다른 애플 모바일 장치에서만 실행된다. 대조적으로, 안드로이드의 단편화는 기업 IT에서 관리하기가 더 어렵고 비용이 많이 든다. 전 세계적으로 수천 가지의 다양한 안드로이드 기반 장치 모델이 있다. 안드로이드의 경우 시장 점유율은 높기에 많은 해커를 끌어들인다. 안드로이드는 오픈소스 아키텍처를 가지고 있고 여러 버전으로 제공되기 때문에 취약하다.

직원이 여러 유형의 모바일 장치 및 운영체제로 작업할 수 있는 경우 회사는 직원이 사용하는 모든 장치를 추적할 수 있는 효과적인 방법이 필요하다. 회사 정보에 액세스하려면 해당 장치에서 연결을 수신하도록 회사 네트워크를 구성해야 한다. 직원이 이동통신사 변경, 전화번호 변경 또는 새 모바일 장치 구매와 같이 개인 전화를 변경할 때 회사는 직원이 여전히 생산성을 유지할 수 있도록 빠르고 유연하게 보장해주어야 한다. 기업은 직원이 사용하는 장치, 장치의 위치, 사용 여부 및 장착된 소프트웨어를 추적하는 시스템이 필요하다. 회사가 이를 준비하지 않는다면, 직원이 어떤 데이터에 액세스하는지 추적하는 것은 악몽이 될 수 있다.

다양한 모바일 장치와 운영체제를 사용할 수 있으므로 모든 직원에게 적절한 기술 지원을 제공하는 것이 어려울 수 있다. 직원이 중요한 데이터에 액세스할 수 없거나 모바일 장치에 다른 문제가 발생하면 정보시스템 부서의 지원이 필요하다. 데스크톱 컴퓨터에 의존하는 회사는 사양과 운영체제가 같은 동일한 컴퓨터를 많이 사용하는 경향이 있어 기술 지원을 훨씬 더 쉽게 만든다. 모빌리티는 기업이 처리할 준비가 되어 있어야 하는 기술 지원에 새로운 다양성과 복잡성을 만든다.

모바일 장치로 액세스하는 회사 정보를 보호하는 데는 상당한 우려가 있다. 장치를 도난당하거나 손상된 경우 회사는 민감한 정보나 기밀 정보를 누구에게도 무료로 제공하지 못하도록 하는 방법이 필요하다. 자산과 데이터가 회사 내와 회사 컴퓨터에만 있는 경우보다 모바일 이동성은 더 큰 위험에 처하게 만든다. 회사는 장치가 도난당했을 때 사용할 수 없도록 원격으로 장치에서 데이터를 지우거나 데이터를 암호화할 수 있는 기술을 사용하기도 한다. 모바일 보안 문제에 대한 상세한 이슈는 8장에서 살펴본다.

글로벌 재보험 대기업인 스위스리(Swiss Re)는 모든 직원이 자신이 선택한 방식으로 일할 수 있어야 하며 점점 더 많은 직원이 자신의 스마트폰과 태블릿을 사용해 인트라넷 및 개인정보 관리(PIM) 앱에 액세스하도록 해야 한다고 믿는다. 스위스리는 모든 기술 및 조직적 측면을 관리하는 현지 파트너와 함께 여러 운영체제를 지원할 수 있는 모바일아이언(MobileIron)의 안전하고 확장성이 뛰어난 EMM(Enterprise Mobility Management) 시스템을 선택해 BYOD를 성공적으로 구현했다.

스위스리의 EMM 시스템을 통해 기업은 단일 플랫폼에서 다양한 모바일 장치와 운영체제를 보호하고 관리할 수 있다. ID, 컨텍스트, 개인정보 보호 시행을 통합해 기업 데이터 및 서비스에 대한 적절한 액세스 수준을 설정한다. EMM 소프트웨어는 모바일 장치의 기업 애플리케이션 및 기업 데이터에 대한 무단 액세스를 방지해 기업 보안 정책을 중앙에서 관리하고 시행한다.

지난 6년 동안 4,500개의 직원 소유 아이폰 및 아이패드가 기존 회사 장치와 함께 스위스리 시스템에 추가되었다. 스마트폰과 태블릿의 약 3분의 1은 회사 소유이고 나머지 3분의 2는 스위스리 직원이 소유하고 있다. 여러 모바일 운영체제를 지원하는 것은 스위스리에게 큰 기술적·조직적 과제이므로 회사의 BYOD 프로그램은 처음에 애플의 iOS를 사용하는 모바일 장치로 제한되었다. 그러나 모바일 장치는 직원이 사무실에 있든 출장 중이든 관계없이 문서에 더 빠르게 액세스할 수 있기 때문에 회사에서 사용자 생산성을 크게 향상하는 데 도움이 되었다. 따라서 경영진은 향후 BYOD를 안드로이드 장치로 확장하기를 희망하고 있다.

브라더인더스트리(Brother Industries)의 보안에 대한 강조 때문에 회사의 초기 BYOD 진출은 매우 제한적이었다. 브라더는 일본에 본사를 둔 글로벌 인쇄 장치 제조업체이다. 브라더는 2012년에 아이폰과 아이패드를 모바일 장치의 회사 표준으로 만들었다. 그러나 이 초기 BYOD 프로그램은 애플의 앱스토어에 대한 액세스를 허용하지 않았다. 애플에서 직접 비즈니스 응용프로그램을 다운로드하려는 직원은 관리자에게 권한을 요청해야 했다. 그런 다음 브라더는 직원이 회사 네트워크와 서버를 안전하게 보호하면서 필요한 앱을 설치할 수 있는 모바일 관리 플랫폼을 채택해 이러한 엄격한 제한을 완화했다.

사용자들은 여전히 이메일에 첨부된 비밀번호로 보호된 파일을 읽을 수 없고 이메일과 캘린더가 제대로 표시되지 않아 불만을 표시했다. 현장 직원들은 첨부파일을 보기 위해 강제로 사무실로 복귀했다. 이러한 문제는 브라더가 본사 및 자회사의 기업 이동성 관리를 위해 모바일아이언을 채택했을 때 완화되었다. 이메일에 첨부된 비밀번호로 보호된 파일을 볼 수 있게 되었고, 회사 규정을 준수한 앱의 사용을 확대할 수 있게 되었다. 경영진은 어떤 앱이 어떻게 사용되고 있는지 모니터링할 수 있다. 브라더는 아직 회사 전체를 위한 단일 모바일 장치 관리 솔루션에 대해 표준화하지 않았다. 브라더인더스트리의 일본 및 미국 자회사, 아시아 공장에서는 모바일아이언을 사용하고 있지만 다른 아시아 판매 회사와 유럽 자회사는 다른 솔루션을 사용하고 있다. 이러한 변형은 다른 지역에서는 모바일 장치가 사용되는 방식과 선호도가 다르기 때문에 허용되었다.

런던에 본사를 둔 다국적 전문 서비스 회사인 에이럽그룹(Arup Group Limited)은 모바일아이언을 사용해 iOS, 안드로이드, 윈도우 모바일 운영체제를 기반으로 하는 다양한 장치를 관리한다. 에이럽은 35개국에 13,000명 이상의 직원을 두고 건물 및 기타 인공 환경에 대한 엔지니어링, 계획, 프로젝트 관리 및 컨설팅 서비스를 제공한다. 많은 에이럽 직원은 현장에서 종종 발생하는 업무 활동에서 모바일 장치와 앱을 사용하며 이동성은 생산성을 높였다. 에이럽은 생산성 앱 목록과 회사의 BYOD 지원 능력을 강조해 직원들이 BYOD 프로그램에 장치를 등록하도록 권장했다. 에이럽의 모바일 정책은 지역에 따라 다르다. 미주와 유럽에서는 많은 직원이 회사 소유의 모바일 장치를 갖추고 있지만 여전히 셀프서비스 포털을 통해 개인 장치를 등록할 수 있다. 그러나 아시아의 직원은 회사가 승인한 목록에서만 모바일 장치를 선택할 수 있다. 에이럽의 BYOD 프로그램은 수천 대의 모바일 장치를 포함하며, 그중 65%는 iOS 기반, 30%는 안드로이드 기반, 나머지 윈도우 기반이다.

출처: "Brother Industries Switches to Mobile Iron for Optimal Mobile Business Technology," "Arup Builds a Mobile-First Future with MobileIron," and "Swiss Re Chooses MobileIron 'Bring Your Own Device' Technology," www.mobileiron.com, accessed May 1, 2019; "5 BYOD Management Case Studies," Sunviewsoftware.com, accessed March 9, 2018; Stasmayer Incorporated, "The 'Bring Your Own Device' Trend: Is It Worth It?" www.stasmayer.com, accessed March 10, 2018; and Lisa Phifer, "The Challenges of a Bring Your Own Device (BYOD) Policy," *Simple MDM*, January 5, 2017.

사례연구 문제

1. 종업원에게 직장에서 개인 스마트폰을 업무에 활용하도록 허가할 때의 장점과 단점은 무엇인가?
2. 개인 휴대전화를 직장에서 사용하도록 허가할지를 결정할 때 사람, 조직, 기술 관점에서 어떠한 요인을 고려해야 하는가?
3. 사례연구에서 설명한 기업이 BYOD 문제를 어떻게 처리했는지 비교하고 평가하라.
4. 종업원에게 스마트폰을 업무에 이용하도록 하는 것은 기업의 비용을 절감시킨다. 동의하는가? 왜 그렇다고 생각하는가? 그렇지 않다면 왜 그렇지 않다고 생각하는가?

참고문헌

Benitez, Jose, Gautam Ray, and Jörg Henseler. "Impact of Information Technology Infrastructure Flexibility on Mergers and Acquisitions." *MIS Quarterly* 42, No. 1 (March 2018).

Benlian, Alexander, Marios Koufaris, and Thomas Hess. "Service Quality in Software-as-a-Service: Developing the SaaS-Qual Measure and Examining Its Role in Usage Continuance." *Journal of Management Information Systems* 28, No. 3 (Winter 2012).

Burden, Adam, Edwin Van der Ouderaa, Ramnath Venkataraman, Tomas Nyström, and Prashant P. Shukla. "Technical Debt Might Be Hindering Your Digital Transformation." *MIT Sloan Management Review* 60. No,1 (Fall 2018).

Carr, Nicholas. *The Big Switch* (New York: Norton, 2008.)

Choi, Jae, Derek L. Nazareth, and Hemant K. Jain. "Implementing Service-Oriented Architecture in Organizations." *Journal of Management Information Systems* 26, No. 4 (Spring 2010).

Cisco Systems. "Cisco Global Cloud Index: Forecast and Methodology, 2016–2021 White Paper." (February 1, 2018).

Gartner, Inc. "Gartner Identifies the Top 10 Trends Impacting Infrastructure and Operations for 2019." (December 4, 2018).

Gartner, Inc. "Gartner Says Global IT Spending Reach $3.8 Trillion in 2019." (January 28, 2019).

Gómez, Jaime, Idana Salazar, and Pilar Vargas. "Firm Boundaries, Information Processing Capacity, and Performance in Manufacturing Firms." *Journal of Management Information Systems* 33, No. 3 (2016).

Gregory, Robert Wayne, Evgeny Kaganer, Ola Henfridsson, and Thierry Jean Ruch. "IT Consumerization and the Transformation of IT Governance." *MIS Quarterly* 42, No. 4 (Deember 2018).

Guo, Zhiling, and Dan Ma. "A Model of Competition Between Perpetual Software and Software as a Service." *MIS Quarterly* 42, No. 1 (March 2018).

Hu, Paul Jen-Hwa, Han-Fen Hu, Chih-Ping Wei, and Pei-Fang Hsu. "Examining Firms' Green Information Technology Practices: A Hierarchical View of Key Drivers and Their Effects." *Journal of Management Information Systems* 33, No. 4 (2016).

"Hybrid IT Takes Center Stage." *Harvard Business Review Analytic Services* (2016).

Intel Corporation. "Full Throttle Optimization: A Guide to Cloud Services Transformation." (2018).

Joe-Wong, Carlee, and Soumya Sen. "Harnessing the Power of the Cloud: Revenue, Fairness, and Cloud Neutrality." *Journal of Management Information Systems* 35, No. 3 (2018).

Kathuria, Abhishek, Arti Mann, Jiban Khuntia, Terence JV Saldanha, and Robert J. Kauffman." A Strategic Value Appropriation Path for Cloud Computing." *Journal of Management Information Systems* 35, No. 3 (2018).

King, Charles. "IBM Reinvents the Z Mainframe-Again." *eWeek* (May 20, 2019).

Krancher, Oliver, Pascal Luther, and Marc Jost. "Key Affordances of Platform-as-a-Service: Self-Organization and Continuous Feedback." *Journal of Management Information Systems* 35, No. 3 (2018).

Li, Shengli, Hsing Kenneth Cheng, Yang Duan, and Yu-Chen Yang. "A Study of Enterprise Software Licensing Models." *Journal of Management Information Systems* 34, No. 1 (2017).

Linthicum, David. "Prepare for These Cloud Computing Challenges in 2019." SearchCloudComputing.com (December 2018).

Loten, Angus. "Rush to the Cloud Creates Risk of Overspending." *Wall Street Journal* (July 25, 2018).

Martin, Timothy W., and Sarah Krouse."The Big Hangup: Why the Future Is Not Just Your Phone." *Wall Street Journal* (January 12, 2019).

Mell, Peter, and Tim Grance. "The NIST Definition of Cloud Computing, Version 15." NIST (October 17, 2009).

Moqri, Mahdi, Xiaowei Mei, Liangfei Qiu, and Subhajyoti Bandyopadhyay. "Effect of 'Following' on Contributions to Open Source Communities." *Journal of Management Information Systems* 35, No. 4 (2018).

Mueller, Benjamin, Goetz Viering, Christine Legner, and Gerold Riempp. "Understanding the Economic Potential of Service-Oriented Architecture." *Journal of Management Information Systems* 26, No. 4 (Spring 2010).

Retana, German F., Chris Forman, Sridhar Narasimhan, Marius Florin Niculescu, and D. J. Wu. "Technology Support and Post-Adoption IT Service Use: Evidence from the Cloud." *MIS Quarterly* 42, No. 3 (September 2018).

Rosencrance, Linda. "3 Real-world Edge IoT Examples," *IoT Agenda* (June 2019).

Schuff, David, and Robert St. Louis. "Centralization vs. Decentralization of Application Software." *Communications of the ACM* 44, No. 6 (June 2001).

Sherae L. Daniel, Likoebe M. Maruping, Marcelo Cataldo, and Jin Herbsleb. "The Impact of Ideology Misfit on Open Source Software Communities and Companies." *MIS Quarterly* 42, No. 4 (December 2018).

Song, Peijian, Ling Xue, Arun Rai, and Cheng Zha. "The Ecosystem of Software Platform: A Study of Asymmetric Cross-Side Network Effects and Platform Governance." *MIS Quarterly* 42, No. 1 (March 2018).

Tucci, Linda. "The Shift to Edge Computing Is Happening Fast: Here's Why." SearchCIO.com (April 2019).

Weinschenk, Carl. "Mobile Device Management and the Enterprise." *IT Business Edge* (November 29, 2018).

CHAPTER

6 비즈니스 인텔리전스의 기초: 데이터베이스와 정보관리

학습목표

이 장의 학습을 마치면 다음 질문에 답할 수 있을 것이다.

6-1 데이터베이스는 무엇이며, 관계형 데이터베이스는 데이터를 어떻게 관리하는가?

6-2 데이터베이스 관리시스템의 원리는 무엇인가?

6-3 기업 성과와 의사결정을 향상하기 위해 데이터베이스 정보에 접근할 수 있는 주요 도구와 기술은 무엇인가?

6-4 기업 데이터 자원을 관리하는 데 정보정책, 데이터 관리, 데이터 품질보증이 왜 필수적인가?

6-5 경영정보시스템은 내 경력에 어떻게 도움이 되는가?

사례

아스트로: 고객 중심 서비스를 위한 데이터 활용

파라다이스 페이퍼스와 빅데이터 저널리즘

DEWA: 스마트 시티를 위한 진화하는 유틸리티

빅데이터가 해답을 제공할까?

아스트로: 고객 중심 서비스를 위한 데이터 활용

아스트로(Astro)는 말레이시아의 주요 위성 TV 방송사로, 활성 가입자 목록은 거의 500만 명에 달하며 이는 말레이시아 가정의 약 71%이다. 회사의 성장과 성공은 IPTV, 광대역 및 기타 스트리밍 서비스를 포함한 광범위한 서비스 포트폴리오에서 서양, 인도, 한국 프로그램에 대한 고객 취향을 만족시키는 데 기반을 두고 있다.

그러나 많은 국내외 기업이 아스트로의 시장 점유율에 위협이 되기 시작했다. 지역적으로는 아스트로가 광대역 시장에 진출함에 따라 인프라와 서비스 제공업체 간 경계가 모호해졌으며 맥시스(Maxis), 텔레콤말레이시아(TeleKom Malaysia)와 같은 주요 통신 제공업체는 TV와 주문형 서비스를 포함하도록 자체 포트폴리오를 확장했다. 또한 아스트로는 아이플릭스(iFlix)와 최근에는 미국에 기반을 둔 넷플릭스 같은 국내 및 글로벌 미디어 서비스 제공업체로부터 점점 더 많은 압력을 받고 있다.

이러한 문제를 해결하기 위해 아스트로는 데이터를 활용해 고객을 더 잘 알고 이해했다. 회사는 고객 데이터를 확보해 지속적인 피드백을 확보할 수 있는 여러 접점을 보유하고 있다. 여기에는 아스트로가 고객 행동에 대한 통찰력을 개발하는 데 사용할 수 있는 데이터를 제공하는 셀프서비스 플랫폼, 주문형 서비스 및 라이브러리, 유료 콘텐츠를 통한 고객 상호작용이 포함된다.

아스트로의 과제는 기존 인프라와 레거시 관행에 있었다. 조직의 데이터는 다양한 사이트와 클라우드의 여러 위치에 보관되었고, 페이TV(PayTV) 서비스의 정형화된 데이터는 중앙 집중식 엔터프라이즈 데이터 웨어하우스에 저장되었으며, 다른 디지털 제품의 비정형 데이터는 여러 클라우드 기반 시스템에 분산되었다. 이러한 관행은 조직 전체에 걸쳐 데이터 가시성을 감소시켰고 운영 모델을 변경해야 했다.

기술 인프라에 대한 2억 3,700만 링깃 규모 투자의 일환으로 아스트로는 기존의 엔터프라이즈 데이터 웨어하우스 패러다임을 버리고 클라우드 기반 데이터 레이크를 완전히 채택하기로 결정했다. 아스트로 데이터 레이크(Astro Data Lake)는 아마존웹서비스(Amazon Web Services, AWS)를 사용해 구축했으며 모든 접점 및 플랫폼에서 정보 보기, 거래, 상호작용을 포함해 여러 데이터 소스를 집계했다. 여기에는 아마존 심플 스토리지 서비스(Simple Storage Service, S3)를 사용해 호스팅되는 23,000개 이상의 온디맨드 타이틀에 대한 회사의 광범위한 라이브러리 데이터가 포함되며 아마존의 탄력적 컴퓨팅 클라우드(Elastic Compute Cloud, EC2)를 통해 처리 및 계산이 촉진되어 매월 2페타바이트의 콘텐츠를 제공하게 되었다. 아마존의 AWS 클라우드 서비스는 아스트로와 같은 데이터 집약

© sauvignon/123rf

적 기업을 위한 확장 가능한 솔루션을 제공하고 AWS 람다(Lambda)를 통한 백엔드 서버 관리, 아마존 엘라스틱서치(Elasticsearch) 및 아마존 코그니토(Cognito)를 통한 강력한 검색 기능 및 사용자 인증, AWS 글루(Glue)와 아마존 아테나(Athena) 사용을 통한 데이터 변환 및 분석 기능을 이용해 데이터 레이크를 비교적 쉽게 배포할 수 있게 되었다. 이러한 서비스는 아스트로에 최소 지연 시간으로 실시간 성능을 제공하는 아마존의 다이나모DB(DynamoDB) 문서 데이터베이스에 의해 제공되었다.

아스트로 데이터 레이크의 생성으로 조직은 조직의 다양한 부서에 걸쳐 분석 사일로(silo)를 통합해 데이터 품질에 대한 전사적 모범 사례 및 표준을 도입할 수 있었다. 특히 데이터 레이크 아키텍처는 정확한 다중 채널 광고, 개별 선별된 권장 사항, 개별 미디어 소비 선호도, 행동 및 감정에 대한 심층적인 이해를 촉진하는 데 도움이 되고 있다.

출처: Astro, "Transforming Our Technology Landscape to Deliver Exceptional Customer Experiences," July 7 2017, Astro.com; Digital News Asia, "Astro Accelerates Digital, Business Transformation With Amazon Web Services," April 19, 2017; Goh Thean Eu, "5 Interesting Takeaways from Astro's Q1 2016 Results," Digital News Asia, June 15, 2016; "Astro Inks Deal with Amazon Web Services as Part of Its Digital Strategy," Marketing-Interactive.com, April 18, 2017; Srishti Deoras, "Now Amazon Is a Front Runner in the Lucrative Data Lake Market," *Analytics India Magazine.*

Case contributed by Imran Medi, Asia Pacific University of Technology and Innovation

아스트로의 데이터 중앙 집중화는 특히 조직이 여러 플랫폼에 걸쳐 여러 데이터 소스에 직면할 때 데이터 관리의 중요성을 보여준다. 대다수 조직에서 21세기 주요 운영 과제 중 하나는 경쟁 심화에 따라 정보기술을 효과적으로 활용해 다변수 데이터를 캡처, 처리, 분석하는 것이다. 이것이 바로 아스트로가 디지털 데이터 중심 조직이라는 것이 드러나는 상황이다.

옆 페이지 도표는 도입 사례에서 다룬 중요한 고려사항을 강조하고 특히 아스트로의 기술 인프라를 재구축하는 것과 관련된 사회 기술적 고려사항을 보여준다. 여기에는 여러 소스 및 다양한 플랫폼에서 획득한 지속적인 데이터를 통합해 조직의 모든 부서에서 액세스할 수 있는 단일 클라우드 기반의 데이터 레이크로 통합하는 작업이 포함된다.

이러한 변화의 일부에는 직원 교육 및 기술 향상과 중앙 저장소 기능에 맞게 비즈니스 프로세스를 재설계하는 것이 포함된다. 직원은 클라우드 환경의 자동화 잠재력을 최대한 활용하기 위해 클라우드 보안 및 민첩한 운영에 대해 교육을 받아야 한다. 이를 위해서는 다양한 AWS 규정, 데이터 분석, 보안 운영 사용에 대한 광범위한 조직 차원의 교육이 필요했다.

조직의 궁극적인 목표는 고객에 대한 완전한 이해에 입각한 향상된 의사결정이다. 다양한 부서가 이전에는 어떤 형태의 데이터 분석에 참여했고, 이는 조직의 서로 다른 저장소와는 분리된 사일로 데이터(siloed data)를 기반으로 했다.

몇 가지 숙고해야 할 질문이 있다: 기업이 아스트로와 같은 클라우드 기반 인프라로 이동할 때 고려해야 할 사항은 무엇인가? 현재 비즈니스 프로세스를 검토해야 하는 이유는 무엇인가? 데이터 분석은 아스트로에 어떤 도움이 되며 아마존 아테나와 같은 AI 서비스는 이를 어떻게 촉진하는가?

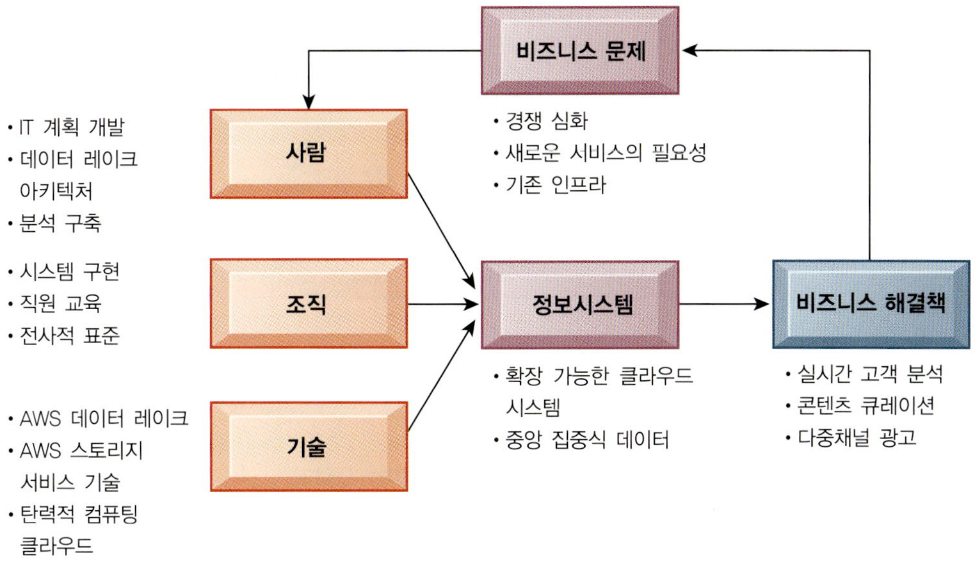

6-1 데이터베이스는 무엇이며, 관계형 데이터베이스는 데이터를 어떻게 관리하는가?

컴퓨터 시스템은 비트와 바이트로 시작해 필드, 레코드, 파일, 데이터베이스로 진행되는 계층구조로 데이터를 구성한다(그림 6.1 참조). **비트**(bit)는 컴퓨터가 처리할 수 있는 데이터의 최소 단위를 나타낸다. **바이트**(byte)라고 하는 비트 그룹은 문자, 숫자 또는 다른 기호일 수 있는 단일 문자를 나타낸다. 문자를 단어, 단어 그룹이나 완전한 숫자(예: 사람의 이름 또는 나이)로 그룹화하는 것을 **필드**(field)라고 한다. 학생 식별 번호(ID), 수강한 과목, 날짜, 학년과 같은 관련 '필드'의 그룹은 **레코드**(record)로 구성된다. 동일한 유형의 레코드 그룹을 **파일**(file)이라고 한다. 예를 들어 그림 6.1의 레코드는 학생 과목 파일을 구성할 수 있다. 관련된 파일 그룹으로 **데이터베이스**(database)를 구성한다. 그림 6.1의 학생 과목 파일은 학생들의 개인 기록 및 재정 배경 파일로 분류해 학생 데이터베이스를 만들 수 있다. 데이터베이스는 비즈니스가 지속적으로 다루어야 하는 사람, 장소, 사물에 대한 정보를 지속적으로 관리해야 하기 때문에 모든 정보시스템의 핵심이다.

개체와 속성

비즈니스를 운영하려면 고객, 공급업체, 직원, 주문, 제품, 화주, 부품 등 정보 범주에 관한 데이터를 사용할 가능성이 높다. 사람, 장소, 사물을 나타내는 이러한 일반화된 정보를 저장하는 범주 각각을 **개체**(entity)라고 한다. 각 개체에는 **속성**(attributes)이라는 특정한 특성이 있다. 예를 들어 그림 6.1에서 COURSE는 개체이고 Student_ID, Course, Date, Grade는 해당 속성이 된다. 당신이 사용하는 부품과 그 공급자를 파악하는 사업자인 경우, 공급업체의 이름과 주소 같은 속성이 있어야 한다. 여기에는 거리, 도시, 주, 우편번호가 포함될 가능성이 크다. 개체 PART는 일반적으로 부품 설명, 각 부품의 가격(단가) 및 부품을 생산한 공급업체와 같은 속성을 갖는다.

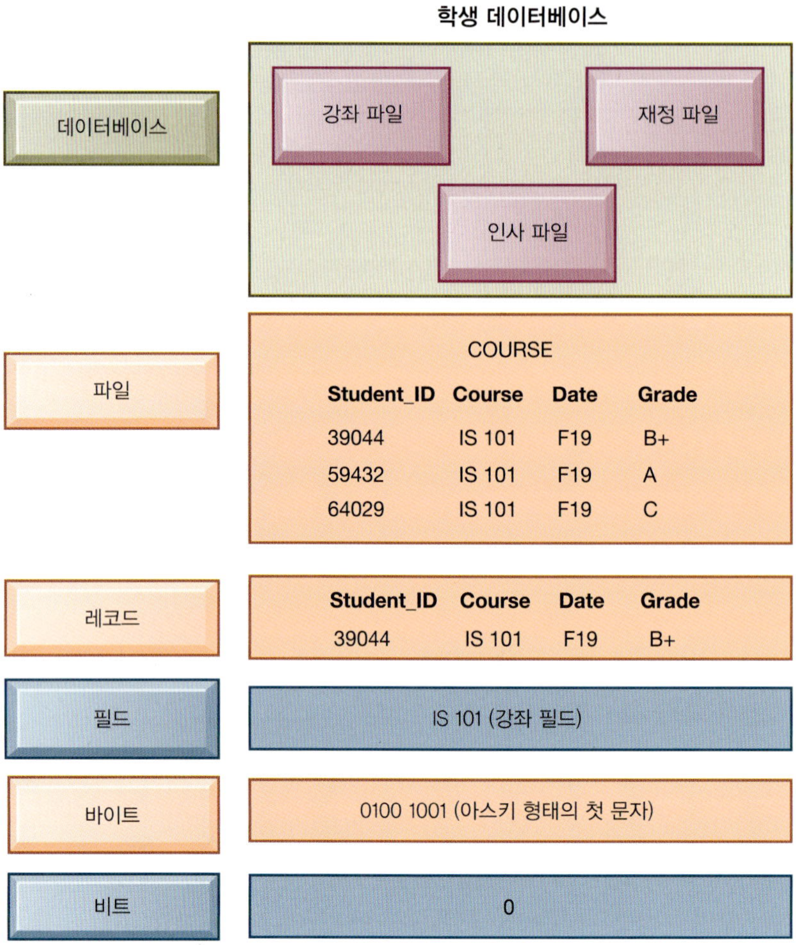

그림 6.1
데이터 계층구조
컴퓨터 시스템은 0 또는 1을 나타내는 비트로 시작하는 계층구조로 데이터를 구성한다. 비트는 하나의 문자, 숫자, 기호를 나타내는 바이트를 그룹화할 수 있다. 바이트를 그룹화해 필드를 구성하고 관련 필드를 그룹화해 레코드를 구성할 수 있다. 관련 레코드를 수집해 파일을 형성하고 관련 파일은 데이터베이스로 구성될 수 있다.

관계형 데이터베이스로 데이터 조직화하기

만일 정보가 종이 문서로 저장되어 있다면, 각 개체별·속성별로 파일이 구성되어 있을 것이다. 정보시스템에서도 이와 같은 방법으로 서로 관계있는 데이터베이스를 그룹화하고 데이터를 조직화한다. **관계형 데이터베이스**(relational database)는 오늘날 가장 일반적인 형태의 데이터베이스로 열(column)과 행(row)으로 구성된 2차원 테이블에 데이터를 조직화한다. 각 테이블은 개체와 속성을 포함하는 데이터로 구성되어 있으며, 각 개체는 대부분 하나의 테이블로 구성된다. 따라서 기본적인 수준에서 살펴보면 고객 테이블, 각각의 공급자, 부품, 직원, 거래 등에 대한 테이블이 만들어질 수 있다.

관계형 데이터베이스가 공급자와 부품 데이터를 어떻게 조직화하는지 살펴보면 그림 6.2와 같다. 여기서 공급자 테이블을 살펴보면 데이터가 열과 행으로 구성되어 있다. 공급자 이름, 거리와 시, 주, 우편번호 등 공급자에 대한 개별 요소는 구분된 필드로 공급자 테이블에 저장되어 있다. 각 필드는 공급자라는 개체에 대한 속성을 나타낸다. 관계형 데이터베이스의 필드는 **열**이라고도 한다.

테이블에 기록되는 단일 공급자에 대한 실제 정보는 **행**이라 한다. 행은 일반적으로 레코드(record)라고 한다.

공급자

열(속성, 필드)

공급자_번호	공급자_이름	공급자_거리	공급자_도시	공급자_주	공급자_우편번호
8259	CBM Inc.	74 5th Avenue	Dayton	OH	45220
8261	B. R. Molds	1277 Gandolly Street	Cleveland	OH	49345
8263	Jackson Composites	8233 Micklin Street	Lexington	KY	56723
8444	Bryant Corporation	4315 Mill Drive	Rochester	NY	11344

행 (레코드)

키 필드(일차 키)

그림 6.2 관계형 데이터베이스 테이블
관계형 데이터베이스는 데이터를 2차원 형태의 테이블로 조직한다. 이 그림에서는 공급자 개체의 테이블을 보여줌으로써 개체와 속성을 표현하는 방법을 설명한다. 여기서 공급자 번호는 키 필드에 해당한다.

이 테이블에는 공급자 이름이라는 필드가 있다. 이 필드는 각 레코드마다 중복되지 않는 식별성을 가지고 있는 것으로서, **키 필드**(key field)라는 것으로 대체, 수정, 저장될 수 있다. 관계형 데이터베이스에서 각 테이블은 **일차 키**(primary key)로 지정된 하나의 필드를 가진다. 이 키 필드는 테이블에 포함된 행에 대한 유일한 식별자이며, 중복될 수 없다.

공급자 이름이 키 필드가 될 수 있다. 그러나 서로 다른 공급자가 동일한 이름을 가지고 있다면 공급자 이름으로 공급자를 식별하지 못하므로 특정 식별자를 부여할 필요가 있을 것이다. 예를 들어 'CBM'이라는 동일 이름의 두 공급자가 있는데, 하나는 오하이오주 데이턴에 있고 다른 하나는 세인트루이스에 있다면 이 둘을 혼동하기 쉬울 것이다. 그러나 각각에 특정한 공급자 번호를 부여한다면 이와 같은 혼란을 막을 수 있다.

공급자의 주소정보는 거리, 도시, 주, 우편번호 등으로도 분리되어 있다. 이처럼 데이터는 테이블 내 한 필드에서 특정 행을 쉽게 선택할 수 있도록 가장 작은 요소로 분리된다. 이로써 데이터의 행은 공급자가 속해 있는 도시를 제외한 주만을 기준으로 정렬될 수도 있다.

지금까지 공급자 테이블에는 해당 공급자가 제공하고 있는 부품에 대한 정보가 없었다. 부품은 공급자와는 다른 개체이기 때문인데, 따라서 부품에 대한 정보를 포함하고 있는 필드는 부품이라는 테이블에 따로 저장되어야 한다(그림 6.3 참조).

만일 부품정보를 공급자 테이블에 함께 저장한다면, 해당 테이블의 각 행은 부품과 공급자에 대한 속성을 모두 포함하게 될 것이다. 하나의 공급자가 하나 이상의 부품을 제공할 수 있기 때문에 공급자가 제공하는 모든 부품을 보여주기 위해서는 하나의 공급자에 대해 더 많은 행을 테이블에 추가해야 할 것이다. 그러면 공급자에 대해 중복되는 데이터가 많아질 것이고, 특정 부품에 대한 정보를 검색하기도 어려워질 것이다. 이와 같은 문제를 해결하기 위해 공급자와 부품은 테이블을 따로 분리한다.

부품 테이블 또한 각 부품을 제공한 공급자를 식별하기 위해 공급자 번호를 포함하고 있다. 공급자 번호로 인해 부품 테이블의 각 부품마다 반복해서 공급자 정보를 입력할 필요가 없어졌으며, 단지 해당 번호의 공급자 데이터를 공급자 테이블에서 찾아보기만 하면

그림 6.3
부품 테이블
부품 개체 데이터는 다른 테이블로 분류된다. 부품 번호는 일차 키, 공급자 번호는 외래 키로서 사용자가 공급자 테이블로부터 각 부품을 공급하는 공급자와 관련된 정보를 검색할 수 있도록 한다.

부품

부품_번호	부품_이름	단가	공급자_번호
137	Door latch	22.00	8259
145	Side mirror	12.00	8444
150	Door molding	6.00	8263
152	Door lock	31.00	8259
155	Compressor	54.00	8261
178	Door handle	10.00	8259

일차 키 외래 키

된다.

이와 같이 공급자 번호는 공급자 테이블과 부품 테이블에 동시에 포함된다. 공급자 테이블에서는 공급자 번호가 일차 키가 되고, 부품 테이블에서는 **외래 키**(foreign key)가 되어 특정 부품에 대한 해당 공급자를 찾아보고자 할 때 중요한 역할을 한다. 그리고 부품 테이블은 각 부품을 정의하기 위해 부품 번호라는 자신만의 일차 키를 가지고 있다. 부품 번호가 부품과 공급자를 연결하는 역할을 하지는 않지만 부품과 다른 개체를 연결하는 역할을 할 수 있다.

앞서 데이터를 테이블로 조직화했듯이, 특정 개체에 대한 모든 속성이 해당 개체에만 속하도록 하는 것이 중요하다. 만일 부품 레코드에도 공급자 주소가 포함되어 있어서 부품 테이블과 공급자 테이블에서 동시에 찾아볼 수 있게 되었다면, 그리고 이때 공급자의 주소가 바뀐다면 부품 레코드에 속해 있는 해당 공급자의 주소를 모두 찾아 수정해야 할 것이다. 그러나 공급자 주소가 공급자 테이블에만 속해 있다면 한 번만 수정하면 될 것이다.

관계 정의

지금까지 데이터를 공급자 테이블과 부품 테이블로 나누었는데, 이 두 테이블의 관계를 이해할 필요가 있다. **개체관계도**(entity-relationship diagram)라는 개념도를 통해 관계형 데이터베이스를 구성하고 있는 테이블의 관계를 명확하게 할 수 있다. 개체관계도를 통해 우리는 두 테이블이 연결된 방식에 대한 정보를 얻을 수 있다. 관계형 데이터베이스에서 각 테이블은 일대일, 일대다, 다대다 등의 관계가 있다.

일대일 관계는 직원 기밀사항이 저장되어 있는 인적자원시스템을 통해 살펴볼 수 있다. 인적자원시스템에는 직원의 이름, 생일, 주소, 부서 등이 직원 테이블 하나에 저장되어 있고, 각 직원에 대한 급여나 연금이 기밀사항이라는 또 다른 테이블에 저장되어 있을 것이다. 직원 테이블에 포함되어 있는 레코드, 즉 각 직원의 기본정보는 기밀사항에 있는 단 하나의 레코드와 연결되므로, 이 두 테이블은 일대일 관계이다.

공급자와 부품이라는 개체 간의 관계는 일대다 관계이다. 이는 각 공급자가 하나 이상의 부품을 공급할 수 있으나, 각 부품은 한 공급자에게만 속하기 때문이다.

그림 6.4
단순한 대체관계도
이 그림은 공급자와 부품의 관계를 보여준다.

그림 6.4는 일대다 개체관계도를 보여주고 있다. 박스 모양은 개체, 박스를 연결하고 있는 선은 관계를 나타낸다. 선의 한쪽 끝부분은 2개의 짧은 선으로 표현되어 있는데, 이것은 일대일 관계를 의미한다. 그리고 다른 한쪽의 끝부분은 짧은 선과 까마귀발(crow's foot)로 표현되어 있는데, 이것은 일대다 관계를 의미한다. 그림 6.4를 보면 각 부품은 하나의 공급자만을 가지고 있으나, 공급자는 여러 개의 부품을 가지고 있음을 알 수 있다.

데이터베이스에 주문이라는 테이블이 추가되었을 경우에도 일대다 관계가 정의될 수 있다. 이는 한 공급자에게 여러 번 주문할 수 있기 때문이다. 주문 테이블은 주문 번호와 주문 날짜만을 포함하고 있을 것이다. 그림 6.5는 공급자에게 요청한 부품 주문 양식을 보여준다. 이 양식을 보면 오른쪽 상단에 주문 테이블에 포함된 정보가 나타나 있다. 그리고 실제 주문된 아이템에 대한 내용은 보고서 하단에 나열되어 있다.

공급자에게 한 번 주문을 할 때 여러 부품을 요구할 수 있고, 하나의 부품은 여러 다른 주문에 포함될 수 있으므로 부품 테이블과 주문 테이블 간에는 다대다 관계가 성립될 수 있다. 두 테이블에 다대다 관계가 성립할 때는 반드시 이 두 테이블을 연결하는 하나의 테이블이 더 필요하다. 따라서 부품 테이블과 주문 테이블 사이에 주문된 부품 테이블을 추가함으로써 다대다 관계를 피할 수 있는데, 주문된 부품 테이블과 같은 것을 **조인 테이블**(join table) 또는 **교차 관계**(intersection relation)라 한다. 이러한 조인 테이블에는 단 3개의 필드, 즉 주문 번호, 부품 번호, 부품 수량이 포함되는데, 주문 번호와 부품 번호는 주문과 부품 테이블을 연결하기 위한 필드이다. 보고서의 왼쪽 하단을 보면 조인 테이블에 포함될 정보가 나타나 있다.

이와 같이 사례를 통해 살펴본 데이터베이스에 포함될 테이블은 최종적으로 4개로 마무리되었다. 그림 6.6은 최종 테이블 세트를 보여주고 있으며, 그림 6.7은 최종 테이블 세트를 기반으로 작성된 개체관계도를 보여준다. 앞서 주문 테이블에는 부품 가격과 같은 데

주문 번호: 3502
주문 날짜: 1/15/2020

공급자 번호: 8259
공급자 이름: CBM Inc.
공급자 주소: 74 5th Avenue, Dayton, OH 45220

주문_번호	부품_번호	부품_수량	부품_이름	단가	부품 금액
3502	137	10	Door latch	22.00	$220.00
3502	152	20	Door lock	31.00	620.00
3502	178	5	Door handle	10.00	50.00

총주문금액: $890.00

그림 6.5
주문서 샘플
음영 부분은 공급자, 주문, 주문 부품 테이블로부터 가져온 것이다. 데이터베이스에는 부품 금액이 포함되어 있지 않은데, 이는 부품 금액이 다른 데이터파일로부터 파생될 수 있기 때문이다.

부품

부품 번호	부품 이름	단가	공급자 번호
137	Door latch	22.00	8259
145	Side mirror	12.00	8444
150	Door molding	6.00	8263
152	Door lock	31.00	8259
155	Compressor	54.00	8261
178	Door handle	10.00	8259

주문 부품

주문번호	부품 번호	부품 수량
3502	137	10
3502	152	20
3502	178	5

주문

주문 번호	주문 날짜
3502	1/15/2020
3503	1/16/2020
3504	1/17/2020

공급자

공급자 번호	공급자 이름	공급자 거리	공급자 도시	공급자 주	공급자 우편번호
8259	CBM Inc.	74 5th Avenue	Dayton	OH	45220
8261	B. R. Molds	1277 Gandolly Street	Cleveland	OH	49345
8263	Jackson Components	8233 Micklin Street	Lexington	KY	56723
8444	Bryant Corporation	4315 Mill Drive	Rochester	NY	11344

그림 6.6
최종 데이터베이스 설계 사례
공급자, 부품, 주문에 대해 최종적으로 설계된 데이터베이스는 4개의 테이블을 갖는다. 주문 부품 테이블은 결합 테이블로서 주문과 부품 사이에 존재하는 다대다 관계를 제거하기 위한 테이블이다.

이터가 포함되지 않는다고 지적한 바 있다. 이는 부품 가격이 단가와 수량 등에 의해 다양한 방법으로 계산될 수 있기 때문이다. 부품 가격과 같은 데이터들은 사용자의 필요에 따라 부품 테이블과 주문된 부품 테이블에서 파생될 수 있다. 주문 총액은 파생될 수 있는 또 다른 필드 중 하나인데, 이는 주문된 부품의 가격을 합한 것이다.

다대다 관계는 복잡한 그룹으로 구성된 데이터와 중복된 요소로 인해 다루기 불편하다. 따라서 다대다 관계를 최소화함으로써 안정성과 유연성을 향상해 가는 과정을 수행하게 되며 이를 **정규화**(normalization)라 한다. 데이터베이스는 유지보수가 용이하고 데이터 중복을 최소화할 수 있도록 설계되고 정규화된다.

한 테이블에 다른 테이블을 가리키는 외래 키가 있는 경우, 연결된 테이블에 대응되는 레코드가 없으면 외래키가 있는 테이블에 레코드를 추가할 수 없다. 방금 작성한 데이터베이스에서 외래 키 공급자 번호(Supplier_Number)는 부품(PART) 테이블을 공급자(SUPPLIER) 테이블에 연결한다. 공급자(SUPPLIER) 테이블에 공급자 번호 8266에 대응되는 레코드가 없으면 공급자 번호 8266에 맞는 부품을 위해 부품(PART) 테이블에 새로운 레코드를 추가할 수 없다. 공급자 번호 8266에 해당하는 공급자(SUPPLIER) 테이블의 레코드를 삭제한다면 그에 대응되는 부품(PART) 테이블의 레코드도 삭제해야 한다. 즉

그림 6.7 4개 테이블을 포함하는 데이터베이스에 대한 개체관계도
이 그림은 공급자, 부품, 주문 부품, 주문 개체 간 관계를 보여준다.

존재하지 않는 공급자의 부품이 없어야 한다.

앞서 제시한 사례는 매우 간단한 것이다. 아무리 규모가 작은 회사라도 사례에 나타난 개체 외에 고객, 화주, 직원 등 여타 중요한 개체를 추가해야 할 것이다. 대기업은 수천 개의 개체(테이블)를 포함하고 있는 데이터베이스를 구축했을 것이다. 어떤 기업이든 규모에 상관없이 가장 중요한 것은 좋은 데이터 모델을 구축하는 것인데, 좋은 데이터 모델은 개체 및 개체 간 관계를 빠짐없이 기술하면서도 중복은 최소화하고 정확성은 최대로, 보고 및 분석을 위한 데이터 접근은 용이하게 하는 것을 의미한다.

좋은 데이터 모델의 중요성은 아무리 강조해도 지나치지 않다. 만일 기업에 적절한 데이터 모델이 없다면 기업 시스템은 비즈니스를 제대로 지원할 수 없다. 그리고 기업 시스템을 효과적으로 활용하지 못함으로써 부정확하고 불완전한 데이터, 또는 전환하기 어려운 데이터를 사용하게 된다. 조직의 데이터에 대한 이해, 데이터베이스 표현 방법 등이 이번 과정을 통해 습득해야 할 가장 중요한 학습 과제일 것이다.

49개 주(state)에 1,100개 이상의 제화 체인점을 보유하고 있는 페이머스풋웨어(Famous Footwear)의 예를 살펴보자. 이 기업은 '적절한 상점에서 적절한 스타일의 신발을 적절한 가격에 판매한다'는 기업목표를 달성하지 못하고 있었다. 이는 기업 데이터베이스가 신속한 재고 조정을 지원할 수 있도록 설계되지 않았기 때문이었다. 이 기업의 데이터베이스는 시장 변화에 반응하기 위한 것이라기보다는 표준화된 보고서 작성에 맞도록 설계되어 있었다. 관리자는 각 상점에 있는 재고의 특정 아이템에 대한 정확한 데이터를 얻을 수 없었다. 페이머스풋웨어는 이와 같은 문제를 극복하기 위해 새로운 데이터베이스를 도입했고, 분석과 재고 관리를 위한 판매 및 재고 데이터 조직력이 향상되었다.

6-2 데이터베이스 관리시스템의 원리는 무엇인가?

지금까지 파일을 생성하고 기업의 데이터 요구사항을 정의했다면, 다음으로 데이터를 관리하고 사용할 수 있도록 도와주는 데이터베이스 관리시스템이 필요할 것이다. **데이터베이스 관리시스템**(database management system, DBMS)은 데이터베이스에 대한 데이터 생성, 저장, 조직화, 사용자 데이터 접근이 가능하도록 지원하는 전용 소프트웨어이다. 마이크로소프트 액세스는 데스크톱을 위한 데이터베이스 관리시스템인 반면, DB2나 오라클 데이터베이스, 마이크로소프트 SQL 서버 등은 대형 메인프레임과 중형 컴퓨터를 위한 데이터베이스 관리시스템이다. MySQL은 대중적인 오픈소스 데이터베이스 관리시스템이다. 이와 같은 모든 제품은 관계형 데이터베이스를 지원하는 관계형 데이터베이스 관리시

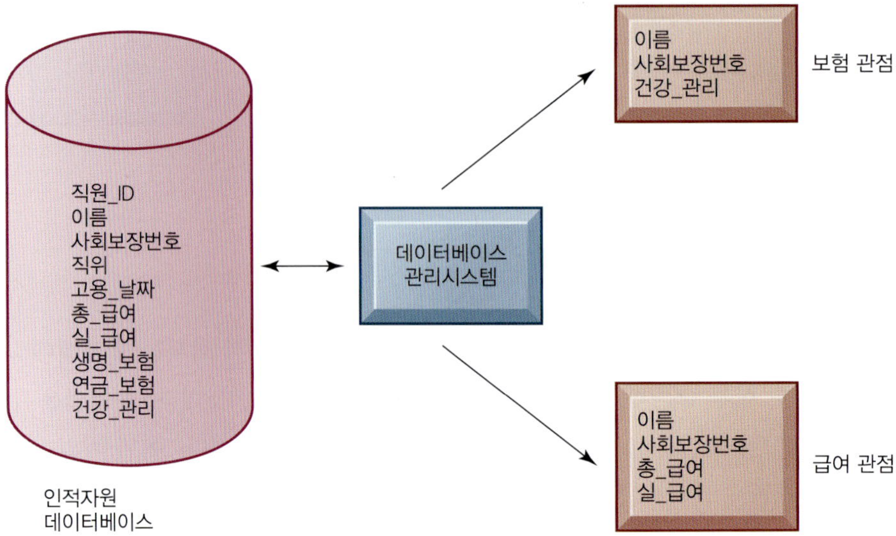

그림 6.8
다양한 관점의 인적자원 데이터베이스
하나의 인적자원 데이터베이스를 통해 사용자가 요구하는 정보에 따라 다양한 관점에서 데이터를 살펴볼 수 있다. 그림에서는 두 가지 관점, 즉 보험 전문가 관점과 기업의 급여 담당 부서 직원의 관점을 설명하고 있다.

스템이다.

데이터베이스 관리시스템은 데이터에 대한 논리적 관점과 물리적 관점을 분리함으로써 최종 사용자나 프로그래머가 데이터 저장 위치나 저장 방법을 이해하는 데 도움을 준다. **논리적 관점**에서는 최종 사용자나 비즈니스 전문가가 이해할 수 있도록 데이터를 표현하는 반면, **물리적 관점**에서는 하드디스크와 같은 물리적 저장매체에 실제 데이터가 조직화, 구조화되는 방법을 보여준다.

데이터베이스 관리 소프트웨어는 물리적 데이터베이스가 사용자에 의해 요구되는 서로 다른 논리적 관점을 수용할 수 있도록 설계되었다. 그림 6.8에 나타나 있는 인적자원 데이터베이스를 예로 들면 보험 전문가(benefits specialist)는 직원의 이름, 사회보장번호, 건강보험 보상 범위 등에 관심이 있을 것이다. 그리고 급여와 관련된 부서의 직원은 직원 이름, 사회보장번호, 총급여, 실급여 등에 관심이 있을 것이다. 이 모든 관점에서 바라본 데이터는 하나의 단일 데이터베이스에 저장되어 있으며, 조직에서 관리하기 쉽게 구성되어 있다.

관계형 데이터베이스 관리시스템

관계형 데이터베이스에 포함된 테이블은 공통의 데이터 요소를 공유함으로써 사용자의 요구사항에 따라 쉽게 결합할 수 있다. 앞서 설명했던 그림 6.2와 6.3의 부품과 공급자 테이블을 살펴보자.

부품 번호가 137 또는 150인 부품을 제공하는 공급자의 이름과 주소를 찾는다고 가정한다면, 공급자 테이블과 부품 테이블을 통해 이와 같은 정보를 획득할 수 있을 것이다. 그리고 이 두 테이블은 공급자 번호라는 공통의 요소를 포함하고 있다.

그림 6.9에서 볼 수 있듯이, 유용한 데이터를 추출하기 위해서 관계형 데이터베이스는 select, project, join의 기본적인 세 가지 연산을 수행한다. select 연산은 지정된 조건에 맞는 모든 레코드를 선택해 부분집합으로 만든다. 부품과 공급자의 예를 보면, 부품 테이블

부품

부품_번호	부품_이름	단가	공급자_번호
137	Door latch	22.00	8259
145	Side mirror	12.00	8444
150	Door molding	6.00	8263
152	Door lock	31.00	8259
155	Compressor	54.00	8261
178	Door handle	10.00	8259

부품 번호 = 137 또는 150 Select

공급자

공급자_번호	공급자_이름	공급자_거리	공급자_도시	공급자_주	공급자_우편번호
8259	CBM Inc.	74 5th Avenue	Dayton	OH	45220
8261	B. R. Molds	1277 Gandolly Street	Cleveland	OH	49345
8263	Jackson Components	8233 Micklin Street	Lexington	KY	56723
8444	Bryant Corporation	4315 Mill Drive	Rochester	NY	11344

공급자 번호에 의한 Join

부품_번호	부품_이름	공급자_번호	공급자_이름
137	Door latch	8259	CBM Inc.
150	Door molding	8263	Jackson Components

선택된 열 Project

그림 6.9 관계형 데이터베이스에서의 세 가지 기본 연산
select, join, project 연산은 2개의 서로 다른 테이블의 데이터를 조합해 선택한 속성만을 표시할 수 있도록 한다.

에서 부품 번호가 137 또는 150인 레코드(행)를 선택해 보여주는 것이다. join 연산은 관계형 테이블을 결합함으로써 개별 테이블을 통해 획득 가능한 정보 이상의 것을 사용자에게 제공해준다. 예를 들면 축소된 부품 테이블(부품 번호가 137 또는 150인 부품만이 선택됨에 따라)과 공급자 테이블을 하나의 새로운 테이블에 결합하는 것이다.

project 연산은 서로 다른 테이블로부터 행이 아닌 특정한 열을 추출해 부분집합으로 생성함으로써 사용자가 원하는 정보만 포함하고 있는 새로운 테이블을 만들어준다. 예를 통해 살펴보면 부품 번호, 부품명, 공급자 번호, 공급자 이름만을 포함하고 있는 새로운 테이블을 구성할 수 있는 것이다(그림 6.9 참조).

데이터베이스 관리시스템의 기능

데이터베이스 관리시스템은 데이터베이스 내의 데이터를 조직·관리하고 사용자가 접근할 수 있도록 하는 기능 및 도구를 포함하고 있다. 가장 중요한 기능은 데이터 정의, 데이터 사전, 데이터 조작어와 같은 것이다.

데이터베이스 관리시스템은 데이터베이스에 포함된 내용의 구조를 설명해주는 **데이터 정의**(data definition) 기능을 가지고 있다. 이 기능은 데이터베이스 테이블을 생성할 때 사용되기도 하고, 각 테이블을 구성하고 있는 필드의 특성을 정의할 때 사용되기도 한다. 이 같은 데이터베이스의 정보는 **데이터 사전**(data dictionary) 기능에 의해 문서화된다. 데이터 사전은 자동으로, 또는 사용자에 의해 수동으로 저장된 파일로 데이터 요소와 특징 등이 기술되어 있다. 마이크로소프트 액세스에는 기본적인 데이터 사전 기능이 내장되어 있어 필드의 이름, 설명, 크기, 유형, 형식뿐 아니라 여러 가지 다른 속성도 설계 창(design view)을 통해 보여줄 수 있다(그림 6.10 참조). 대기업 데이터베이스 내 데이터 사전은 사용 횟수, 소유자(데이터 관리에 책임이 있는 자), 권한, 보안뿐 아니라 개인 및 비즈니스 기능, 프로그램, 보고서 등 더 많은 정보가 있을 것이다.

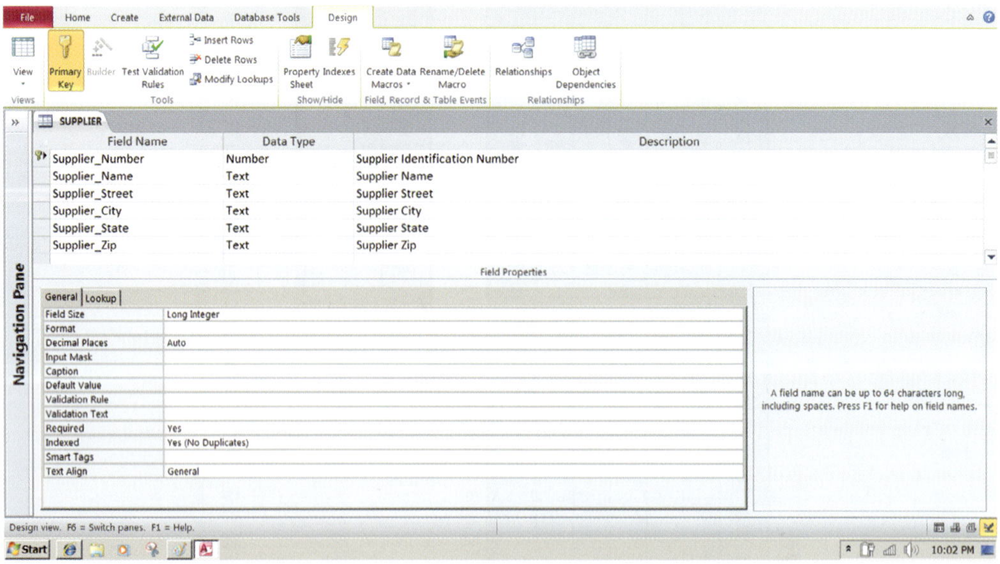

그림 6.10
마이크로소프트 액세스의 데이터 사전 기능
마이크로소프트 액세스는 데이터베이스에 포함된 각 필드의 크기, 유형, 기타 특징을 표현하기 위한 기본적인 데이터 사전 기능이 있다. 그림에서는 공급자 테이블 정보를 표시하고 있다. 공급자 번호 왼편에 표시된 작은 열쇠 모양은 키 필드를 나타낸다.

출처: Microsoft Corporation

```
SELECT PART.Part_Number, PART.Part_Name, SUPPLIER.Supplier_Number,
SUPPLIER.Supplier_Name
FROM PART, SUPPLIER
WHERE PART.Supplier_Number = SUPPLIER.Supplier_Number AND
Part_Number = 137 OR Part_Number = 150;
```

그림 6.11 SQL 질의 예시
이 그림은 부품 137 또는 150에 대한 공급자를 선별하기 위한 SQL 문에 대해 설명하고 있다. 이와 같은 과정을 통해 그림 6.9와 동일한 결과가 도출된다.

질의와 보고 기능

데이터베이스 관리시스템은 데이터베이스에 접근해 정보를 조작할 수 있는 도구를 포함한다. 대부분의 데이터베이스 관리시스템은 **데이터 조작어**(data manipulation language)라는 전용 언어를 통해 데이터를 추가·수정·삭제·검색한다. 이와 같은 언어는 명령어를 포함하고 있으며, 명령어를 통해 최종 사용자 및 프로그래밍 전문가는 정보를 요청하고 애플리케이션을 구축할 수 있다. 오늘날 가장 두드러지는 데이터 조작어는 **SQL**(Structured Query Language)이다. 그림 6.11은 그림 6.9의 새로운 결과 테이블을 보여주기 위한 SQL **쿼리**(query)이다.

DB2, 오라클 데이터베이스, SQL 서버와 같은 대형 또는 중형 컴퓨터 데이터베이스 관리시스템 사용자는 그들이 원하는 정보를 검색하기 위해 SQL을 사용할 것이다. 마이크로소프트 액세스도 SQL을 사용하고 있지만 고유한 도구를 제공함으로써 사용자는 보다 편리하게 질의 및 데이터 조직 기능을 수행할 수 있고 세련된 보고서를 작성할 수 있다.

마이크로소프트 액세스에는 사용자가 원하는 테이블과 필드를 선택하고, 이 결과를 확인한 다음 데이터베이스에서 특정 기준에 맞는 행을 선택해 쿼리를 생성하는 것을 도와주는 기능이 있다. 이러한 작업은 차례로 SQL 명령으로 변환된다. 그림 6.12는 그림 6.11에서 부품과 공급자를 선택하는 SQL 쿼리가 마이크로소프트 액세스를 통해서 구현되는 것을 보여준다.

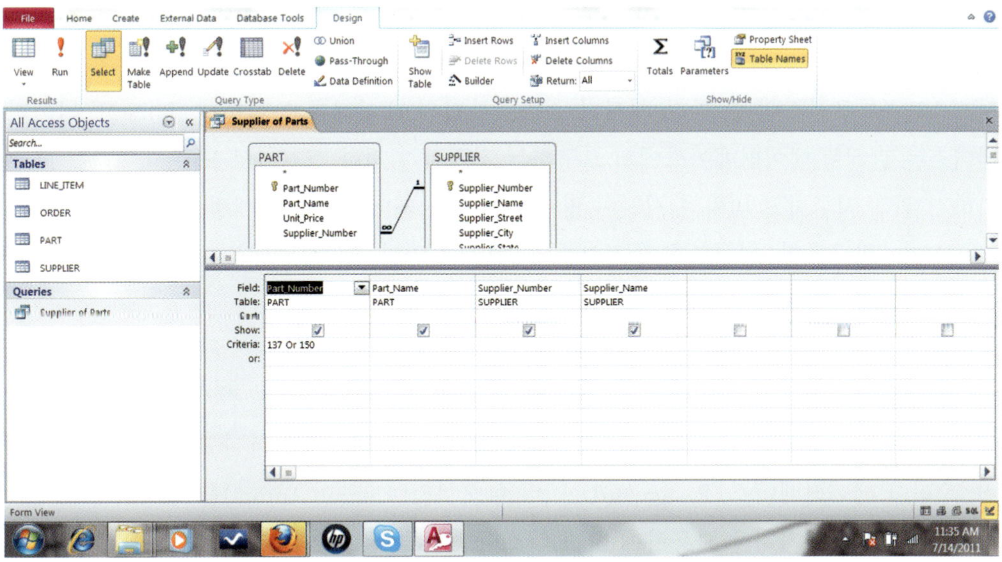

그림 6.12
액세스 질의
이 그림에서는 그림 6.11의 질의가 액세스 질의 편집기의 질의 구축 도구(query-building tool)를 사용했을 경우에 어떻게 구축되는지 설명하고 있다. 이것은 테이블과 필드, 질의에 대한 선택기준을 나타낸다.

데이터베이스 관리시스템은 대개 보고서 작성 기능을 포함하고 있다. 이 기능은 질의만을 수행해 얻은 결과보다 더 구조화되고 세련된 형태의 결과를 제시해준다. 크리스털 리포트(Crystal Reports)는 대기업 데이터베이스 관리시스템에서 주로 사용하는 **보고서 작성 도구**(report generator)이며 액세스에서도 사용할 수 있다.

마이크로소프트 액세스는 데스크톱 시스템 애플리케이션 개발을 지원할 수 있는 기능도 있다. 이 기능에는 데이터 입력창이나 보고서 작성을 위한 도구가 포함되어 있으며, 거래처리에 대한 논리(logic) 개발 도구가 포함되어 있다. 정보시스템 전문가는 주로 이러한 기능을 이용한다.

비관계형 데이터베이스, 클라우드 데이터베이스, 블록체인

30년 동안 관계형 데이터베이스 기술은 표준 그 자체였다. 클라우드 컴퓨팅, 전례 없는 데이터양, 웹서비스에 대한 막대한 업무 부하, 새로운 유형의 데이터를 저장할 필요성으로 테이블, 행과 열의 형식으로 데이터를 구성하는 전통적인 관계형 모델에서의 변화가 촉구되고 있다. 기업은 이를 위해 'NoSQL' 비관계형 데이터베이스 기술로 전환하고 있다. **비관계형 데이터베이스 관리시스템**(nonrelational database management systems)은 보다 유연한 데이터 모델을 사용하며 많은 분산 시스템에서 대형 데이터 세트를 관리하고 위 또는 아래로 쉽게 확장할 수 있도록 설계되었다. 웹, 소셜 미디어, 그래픽 및 기타 분석이 어려운 데이터를 비롯해 대량의 구조적 및 비구조적 데이터에 대한 간단한 쿼리를 가속화하는 데 유용하다.

NoSQL 데이터베이스는 여러 종류이며 각 데이터베이스에는 자체 기술 기능 및 동작이 있다. 오라클 NoSQL 데이터베이스는 하나의 예이고, 클라우드에서 실행되는 아마존웹서비스 중 하나인 아마존의 심플DB(SimpleDB)도 마찬가지이다. 심플DB는 여러 데이터 세트를 작성 및 저장하고 데이터를 쉽게 검색해 반환하는 간단한 웹서비스 인터페이스를 제공한다. 공식 데이터베이스 구조를 사전에 정의하거나 나중에 새 데이터 세트가 추가될 경우 해당 정의를 변경할 필요가 없다.

메트라이프(MetLife)의 몽고DB(MongoDB) 오픈소스 NoSQL 데이터베이스는 건강 기록과 사망 진단서 이미지와 같은 반구조적 혹은 비정형 데이터를 포함해 70개 이상의 행정시스템, 청구시스템 및 기타 데이터 소스로부터의 데이터를 통합한다. NoSQL 데이터베이스는 관계형 데이터베이스에서 요구하는 것처럼 엄격한 스키마로 모든 데이터를 표준화하기 위해 지루하고 비싸며 시간이 많이 소요되는 데이터베이스 매핑을 필요로 하지 않고 구조화, 반구조화, 비구조화된 정보를 처리할 수 있다.

클라우드 데이터베이스와 분산 데이터베이스

아마존 및 기타 클라우드 컴퓨팅 공급업체가 제공하는 서비스에는 관계형 데이터베이스 엔진이 있다. 아마존 RDS(Relational Database Service)는 MySQL, 마이크로소프트 SQL 서버, 오라클 데이터베이스, PostgreSQL, 아마존 오로라(Amazon Aurora)를 데이터베이스 엔진으로 제공한다. 가격은 사용량에 따라 다르다. 오라클은 관계형 오라클 데이터베이스를 사용하는 자체 데이터베이스 클라우드 서비스를 제공하며, 마이크로소프트 애저 SQL 데이터베이스는 마이크로소프트 SQL 서버 DBMS를 기반으로 하는 클라우드 기반 관계형 데이터베이스 서비스이다. 클라우드 기반 데이터 관리 서비스는 사내 데이터베이스 제품보다 저렴한 가격으로 데이터베이스 기능을 원하는 웹 중심 스타트업이나 중소기업에게 특히 더 매력적이다.

구글은 이제 스패너(Spanner) 분산 데이터베이스 기술을 클라우드 서비스로 제공한다. **분산 데이터베이스**(disrtibuted database)는 여러 물리적 위치에 저장된 데이터베이스이다. 데이터베이스의 일부 또는 사본은 물리적으로 한 위치에 저장되고 다른 부분 또는 사본은 다른 위치에 유지된다. 스패너를 사용하면 전 세계 수백 개 데이터 센터에 있는 수백만 대의 컴퓨터에 정보를 저장할 수 있으며 모든 위치에서 데이터를 정확하게 동기화하고 데이터가 항상 일관성을 유지하도록 하는 특별한 시간 기록 도구를 사용할 수 있다. 구글은 스패너로 구글 포토, 애드워즈(AdWords, 구글의 온라인 광고 시스템), 지메일을 포함한 다양한 클라우드 서비스를 지원하고 있으며 이제 글로벌 비즈니스를 운영하는 데 이러한 기능이 필요할 수 있는 회사에 이 기술을 제공하고 있다.

블록체인

블록체인(blockchain)은 기업과 조직이 중앙 권한 없이 거의 즉시 네트워크에서 거래를 생성하고 확인할 수 있도록 하는 분산 데이터베이스 기술이다. 시스템은 거래를 컴퓨터 네트워크 간에 분산 원장으로 저장한다. 데이터베이스에 저장된 정보는 네트워크의 컴퓨터에 의해 지속적으로 조정된다.

블록체인은 블록이라고 하는 지속적으로 증가하는 레코드 목록을 유지 관리한다. 각 블록에는 타임스탬프와 이전 블록에 대한 링크가 포함된다. 데이터 블록이 블록체인 원장에 기록되면 소급해 변경할 수 없다. 누군가가 거래를 추가하기를 원하면 네트워크 참가자(모두 기존 블록체인의 복사본이 있음)가 알고리즘을 실행해 제안된 거래를 평가하고 확인한다. 원장의 합법적인 변경 사항은 몇 초 또는 몇 분 만에 블록체인 전체에 기록되며 기록은 암호화를 통해 보호된다. 블록체인 시스템을 비즈니스 회사에 가능하고 매력적으로 만드는 것은 합법적인 행위자만 정보를 입력할 수 있고 검증된 거래만 허용되도록 하는 행위자 및 참여 회사의 암호화 및 인증이다. 한 번 기록된 거래는 변경할 수 없다. 그림 6.13은 블록체인이 주문을 이행하는 방법을 보여준다.

블록체인 데이터베이스를 사용하는 기업에는 많은 이점이 있다. 블록체인 네트워크는 사용자 확인, 거래 검증 비용, 수천 개 기업의 거래정보 저장 및 처리 위험을 근본적으로 줄인다. 수천 개의 회사가 자체 개인 거래 시스템을 구축한 다음 공급업체, 배송업체, 금융기관 시스템과 통합하는 대신 블록체인은 참여 기업에 단일하고 간단하며 저렴한 거래 시스템을 제공할 수 있다. 거래를 기록하는 표준은 **스마트 계약**의 사용을 통해 지원된다. 스마트 계약은 회사 간 거래를 관리하는 규칙(예: 제품 가격, 배송 방법, 거래 완료 시기, 거래 자금 조달 대상, 자금 조달 조건 등)을 구현하는 컴퓨터 프로그램이다.

블록체인이 제공하는 단순성과 보안은 금융 거래, 공급사슬 거래, 의료 기록, 기타 유형

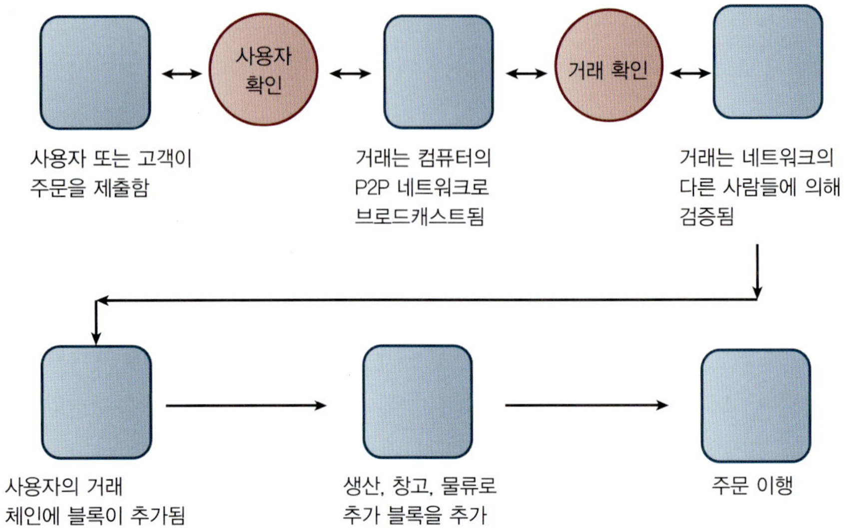

그림 6.13
블록체인 작동 방식
블록체인 시스템은 컴퓨터 P2P 네트워크에서 거래를 기록하는 분산 데이터베이스이다.

의 데이터를 저장하고 보호하는 데 매력적이다. 블록체인은 비트코인, 이더리움, 기타 암호화폐의 기반 기술이다. 8장은 블록체인으로 거래를 보호하는 방법을 자세히 설명한다.

6-3 기업 성과와 의사결정을 향상하기 위해 데이터베이스 정보에 접근할 수 있는 주요 도구와 기술은 무엇인가?

기업은 기본적인 거래, 즉 공급자에 대한 결제, 주문처리, 고객 지원, 직원 급여 지불 등을 유지하기 위한 데이터베이스가 필요하다. 또한 기업 운영 효율성을 높이기 위한 정보 제공 목적으로, 그리고 관리자와 직원이 더 좋은 의사결정을 하도록 지원하기 위해 데이터베이스가 필요하다. 만일 기업에서 어떤 제품이 인기가 있을지 알고자 한다면, 또는 가장 수익성 있는 고객이 누군지 알고자 한다면, 그 해답은 데이터에 있다.

빅데이터의 도전

조직이 수집한 대다수 데이터는 관계형 데이터베이스 관리시스템의 행과 열에 쉽게 들어갈 수 있는 거래를 데이터이다. 웹트래픽, 이메일 및 소셜 미디어 콘텐츠(트윗, 상태 메시지)는 물론 센서에서 기계 생성 데이터로 인한 데이터가 폭발적으로 증가했다. 이러한 데이터는 구조화되지 않았거나 반구조화되어 있어 열과 행의 형태로 데이터를 구성하는 관계형 데이터베이스 제품에는 적합하지 않다. 이제는 빅데이터라는 용어를 사용해 이러한 볼륨이 너무 커서 일반적인 DBMS의 캡처, 저장, 분석 능력을 넘어서는 데이터 세트를 설명한다.

빅데이터는 종종 '3V', 즉 엄청난 데이터의 양(volume), 다양한 데이터 유형 및 원천(variety), 그 데이터가 처리되어야 속도(velocity)로 특징지어진다. 어떤 특정한 양에 대한 제한 범위를 설정하지는 않지만, 빅데이터는 일반적으로 페타바이트 및 엑사바이트 범위의 데이터, 즉 서로 다른 출처의 수십 억에서 수조의 레코드를 나타낸다. 빅데이터는 기

2017년 마지막 몇 달 동안 전 세계 뉴스 사이클은 부유층과 권력자의 세금 중립화에 대한 보도가 지배했다. 이는 부유한 개인과 기업의 탈세 전략을 상세히 담은 1,340만 건의 유출 문서를 언론사가 철저히 분석한 결과다. 대부분 세금 컨설팅 회사인 애플비(Appleby)에서 비롯된 유출 문서는 애플비 본사가 위치한 버뮤다와 같이 조세 피난처 역할을 했던 목가적인 섬의 이름을 따서 '파라다이스 페이퍼스(Paradise Papers)'라고 불렸다.

이 문서는 독일 신문 《쥐트도이체 차이퉁(Süddeutsche Zeitung)》 소유가 되었으며, 신문의 관리자는 모든 데이터를 혼자서는 분석할 수 없다는 사실을 빠르게 깨달았다. 그들은 영국의 《가디언(Guardian)》과 BBC를 비롯한 다른 언론사에 연락을 취했다. 얼마나 많은 언론인과 데이터 분석가가 1,400GB가 넘는 이메일, 보고서, 계정을 샅샅이 뒤졌는지는 아무도 모른다. 수백 개가 넘었을 것이다. 그러나 그들의 모든 노력은 가치가 있는 것으로 판명되어 많은 특종 목록을 산출했다.

아일랜드 밴드 U2의 스타 보노(Bono)는 탈세 혐의로 조사를 받고 있던 리투아니아 쇼핑센터의 일부 소유주로 밝혀졌다. 영국 상원의원인 애쉬크로프트(Ashcroft) 남작은 자신이 영국 거주자라는 항의에도 불구하고 세금을 회피하기 위해 영국 밖에서 거주 신분을 유지한 것으로 판명되었다. 폭로 목록은 계속되었다. 파라다이스 페이퍼스에 실린 사람들 대부분은 혐의를 부인하거나 그들이 사용한 세금 중화 방법이 완전히 합법적이라고 말했다. 보노는 리투아니아의 쇼핑몰에 대해 전혀 몰랐다고 주장하며 파라다이스 페이퍼스의 분석을 통해 얻은 통찰력을 환영한다고 말했다.

파라다이스 페이퍼스 보고서는 빅데이터 저널리즘으로 알려진 것의 승리였다. 특히 사용된 방법이 철저히 보호되었기 때문에 그것이 얼마나 큰 위업이었는지를 알아차린 독자는 거의 없었다. 데이터 분석을 조정하는 데 중요한 역할을 한 국제탐사보도언론인협회(International Consortium of Investigative Journalist)는 컴퓨터 과학자가 이 기업에서 중요한 역할을 해야 한다는 점을 인식했다. 6명의 소프트웨어 개발자와 함께 이러한 노력을 감독하기 위해 최고 기술 책임자(CTO)가 임명되었다. 파일에 대한 액세스가 제한되었다. 우선 내부 고발자의 신원을 보호해야 했다. 협회 주도로 언론인들이 파일을 연구하면서 사용하는 모든 시스템을 암호화하고 이중 인증 시스템을 적용했다. 많은 언론인은 보안 문제에 정통하지 않았으며 문서 작업을 하기 전에 교육을 받아야 했다.

유출된 문서 수는 수백만 개에 달할 뿐만 아니라 다양한 형식으로 제공되었다. 이러한 파일 중 일부는 PSP(Paint Shop Pro)에도 있었다. 그 이유 중 하나는 애플비가 문서의 유일한 출처가 아니었기 때문이다. 총 19개 이상의 데이터 소스가 있었다. 따라서 모든 파일에 쉽게 액세스할 수 있는 시스템을 고안하는 것이 큰 과제였다. 그러나 문서에는 이메일, 손으로 쓴 메모, 사진 등이 포함되어 있었는데, 이는 데이터베이스 구축에 절대적으로 필요한 전제 조건으로 기계가 읽을 수 없는 파일이었다.

누익스(Nuix)라는 소프트웨어 회사가 개입해 함께 자주 발생하는 단어 조합을 기반으로 텍스트를 인식할 수 있는 고급 광학 문자 인식 소프트웨어를 통해 이러한 모든 문서를 읽을 수 있는 형식으로 변환하는 데 도움을 주었다. 이와 같은 독창적인 솔루션을 통해 언론인은 마침내 모든 파일을 하나의 데이터베이스에 저장할 수 있었다. 그런 다음 데이터 분석가는 1,340만 문서에 사용된 많은 코딩 시스템을 가로질러 회사와 개인, 그리고 그들과 관련된 데이터 사이의 링크를 생성할 수 있는 알고리즘을 고안했다.

이것은 아마도 컴퓨터 과학자와 저널리스트의 긴밀한 협력이 필요했기 때문에 기업에서 가장 어려운 부분이었을 것이다. 성공적이고 효율적인 알고리즘을 만들기 위해 언론인은 데이터 전문가에게 개인 및 회사를 지칭하기 위해 파라다이스 페이퍼스에서 사용된 용어 목록을 제공해야 했다. 이들 중 많은 수가 있고 때로는 숫자 코드로만 표시되기 때문에 한편으로는 저널리스트와 다른 한편으로는 데이터 분석가 간의 협력이 절실히 필요했다. 일반적으로 빅데이터 저널리즘의 성공은 데이터 분석가와 언론인의 긴밀한 협력에 달려 있다. 저널리스트의 과제는 데이터 전문가에게 명확한 정보를 제공하는 것이고 데이터 전문가의 과제는 컴퓨터 마법사가 아닌 저널리스트가 쉽게 사용할 수 있는 지식 센터를 만드는 것이다.

파라다이스 페이퍼스에 대한 보도는 새로운 기술과 기법이 어떻게 저널리즘에 유리하게 사용될 수 있는지를 보여주는 탁월한 사례로 널리 인정받고 있다. 뉴스 매체는 빅데이터의 혁신적인 사용을 인정하는 권위 있는 조사 기자 및 편집자상을 포함해 그들의 작업으로 많은 상을 받았다.

출처: "Paradise Papers," BBC News, https://www.bbc.com/news/paradisepapers;"Paradise Papers: Secrets of the Global Elite," ICIJ, https://www.icij.org/investigations/paradise-papers/; "Paradise Papers: Das ist das Leak," Suddeutsche Zeitung, https://projekte.süddeutsche.de/paradisepapers/politik/das-ist-das-leak-e229478/, all accessed December 1, 2019.

사례연구 문제

1. 파라다이스 페이퍼스의 모든 문서를 하나의 데이터베이스에 저장하는 것이 왜 어려웠는가?
2. 내부 고발자의 신원을 보호하는 것은 언론인에게 매우 중요하다. 이것이 왜 그렇게 중요한지 적어도 한 가지 이유를 제시하라.
3. 데이터 전문가와 언론인의 협력이 데이터의 효율적인 분석에 필수적인 이유를 설명하라.
4. 언론사들은 심각한 수익성 위기를 겪고 있다. 이번 위기의 원인이 무엇이라고 생각하는가? 빅데이터 분석은 이에 대응하기 위해 어떤 역할을 할 수 있는가?

사례 제공: 에반스응용과학대학교(Avans University of Applied Sciences) 베르나르트 바우만(Bernard Bouwman)

존 데이터보다 훨씬 더 많은 양으로 생성되며 훨씬 빠르게 생성된다. 예를 들어 제트 엔진 하나는 단 30분 만에 10테라바이트의 데이터를 생성할 수 있으며, 이런 항공편은 매일 25,000개 이상이 있다. 트위터는 매일 8테라바이트 이상의 데이터를 생성한다. 디지털 정보는 기하급수적으로 증가하고 있으며 2020년에 35제타바이트에 이를 것으로 예상된다. IDC(International Data Center) 연구 회사에 따르면 전 세계 데이터는 2년마다 2배 이상 증가한다.

기업은 작은 데이터 세트보다 더 많은 패턴과 흥미로운 관계를 포함하기 때문에 고객 행동, 기상 패턴, 금융 시장 활동, 기타 현상에 대한 새로운 통찰력을 제공할 가능성이 있는 빅데이터에 관심이 있다. 예를 들어 전 세계 온라인 이미지 마켓인 셔터스톡(Shutterstock)은 2,400만 개의 이미지를 저장하고 있고 매일 10,000개를 추가한다. 셔터스톡은 사용을 최적화하는 방법을 찾기 위해 빅데이터를 분석해 웹사이트 방문자가 커서를 배치하는 위치와 구매 전 이미지 위로 마우스를 가져간 위치를 확인한다. 빅데이터는 또한 공공 부분에서도 쓰임이 증가하고 있다. 시 정부에서도 트래픽 흐름을 관리하고 범죄를 저지하기 위해 빅데이터를 사용한다. 사례연구에서는 저널리즘이 방대한 범위의 기사를 조사하기 위해 빅데이터를 사용하는 방법을 보여준다.

그러나 이러한 데이터를 통해 비즈니스 가치를 창출하려면 기존 엔터프라이즈 데이터와 함께 데이터를 관리하고 분석할 수 있는 새로운 기술과 도구가 필요하다. 그들은 또한 빅데이터의 한계와 그에 대해 해야 할 질문에는 무엇이 있는지 알아야 한다. 빅데이터를 캡처, 저장, 분석하는 것은 비용이 많이 들고 그 정보가 의사결정권자에게 반드시 도움이 되지는 않는다. 빅데이터가 기업을 위해 해결해줄 문제가 무엇인지 명확하게 이해하는 것이 중요하다. 이 장의 마지막 사례에서는 이러한 문제를 탐구한다.

비즈니스 인텔리전스 인프라

회사 전체의 현재 운영, 추세 및 변경 사항에 대한 간결하고 신뢰할 수 있는 정보를 원한다고 가정해보자. 대기업에서 근무했던 경우, 당신이 필요한 데이터는 영업, 제조, 회계 등 각각 다른 시스템과 인구통계 또는 경쟁업체 데이터와 같은 외부 소스의 데이터를 함께 연결해야만 얻을 수 있었을 수도 있다. 점점 더 빅데이터를 사용해야 할 수도 있다. 비즈니스 인텔리전스를 위한 현대적인 인프라에는 방대한 양의 반구조화된 데이터와 비구조화된 빅데이터를 비롯해 오늘날 사용되는 모든 유형의 데이터에서 유용한 정보를 얻을 수 있는 다양한 도구가 있다. 이러한 기능에는 데이터웨어하우스 및 데이터 마트, 하둡, 메모리 내 컴퓨팅 및 분석 플랫폼이 포함된다. 이러한 기능 중 일부는 현재 클라우드 서비스로 제공된다.

데이터 웨어하우스와 데이터 마트

지난 20년간 기업 데이터를 분석하는 전통적인 도구는 데이터 웨어하우스였다. **데이터 웨어하우스**(data warehouse, DW)는 기업의 각 관리자가 관심을 가질 만한 현재 및 과거 데이터를 저장하는 데이터베이스이다. 이 데이터는 다수의 핵심적인 운영거래시스템, 즉 판매, 고객계좌, 생산을 위한 시스템을 근거로 하며, 웹을 통한 거래가 포함되기도 한다. 데이터 웨어하우스는 조직 내부의 여러 운영체제에서 현재 및 과거 데이터를 추출한다. 이러한 데이터는 외부 소스의 데이터와 결합해 부정확하고 불완전한 데이터를 수정하고 관리보고 및 분석을 위해 데이터를 재구성해 변형된다.

데이터 웨어하우스는 필요에 따라 누구나 데이터에 액세스할 수 있도록 하지만 그 데이터를 변경할 수는 없다. 또한 데이터 웨어하우스 시스템은 특별하고 표준화된 쿼리 도구, 분석 도구, 그래픽 보고 기능을 제공한다(5장을 다시 보라).

기업은 기업 전체에 기여할 수 있는 중앙의 데이터 웨어하우스를 전사적 데이터 웨어하우스(enterprise-wide data warehouse)로 구축하거나 **데이터 마트**(data mart)라 불리는 보다 작고, 집중화되지 않은 데이터 웨어하우스를 만들 수도 있다. 데이터 마트는 데이터 웨어하우스의 부분 집합으로서, 축약되었거나 매우 집중화된 조직 데이터의 일정 부분을 포함하며, 특정 사용자 집단을 위한 개별 데이터베이스에 위치한다. 예를 들어 어떤 회사는 고객 정보를 다루기 위해 마케팅 및 판매 데이터 마트를 개발할 수도 있다. 반스앤드노블(Barnes & Noble)은 일련의 데이터 마트를 유지 관리하기도 했는데, 하나는 소매점의 판매 시점 데이터용, 다른 하나는 대학 서점 판매용이고 또 하나는 온라인 판매용이었다.

하둡

관계형 DBMS 및 데이터웨어 하우스 제품은 데이터 모델에서 사용되는 열과 행에 쉽게 맞지 않는 빅데이터를 조직하거나 분석하는 데 적합하지 않다. 방대한 양의 구조화되지 않은 데이터와 반구조화된 데이터 및 구조화된 데이터를 처리하기 위해 조직은 **하둡**(Hadoop)을 사용하기 시작했다. 하둡은 아파치소프트웨어재단(Apache Software

Foundation)에서 관리하는 오픈소스 소프트웨어 프레임워크로서 저렴한 컴퓨터에서 방대한 양의 데이터를 병렬로 처리할 수 있다. 하둡은 빅데이터 문제를 하위 문제로 분해하고, 수천 개의 저렴한 컴퓨터 처리 노드에 배포한 다음, 그 결과를 분석하기 쉬운 작은 데이터 세트로 결합한다. 당신은 아마도 하둡을 사용해 인터넷에서 가장 좋은 항공요금을 찾고 레스토랑으로 가는 길을 찾거나 페이스북에서 친구와 연결하는 데 사용했을 것이다.

하둡은 몇 가지 주요 서비스로 구성되어 있는데, 하둡 분산 파일시스템(HDFS)과 고성능 병렬 데이터 처리를 위한 맵리듀스(MapReduce)가 그것이다. HDFS는 하둡 클러스터의 수많은 노드에 있는 파일시스템을 연결해 하나의 큰 파일시스템으로 만든다. 하둡의 맵리듀스는 거대한 데이터 세트의 처리를 중단하고 클러스터의 다양한 노드에 작업을 할당해 주는 구글의 맵리듀스 시스템에서 영감을 얻은 것이다. 하둡의 비관계형 데이터베이스인 H베이스(HBase)는 HDFS에 저장된 데이터에 신속하게 액세스하고 대규모 실시간 애플리케이션을 실행하기 위한 거래 플랫폼을 제공한다.

하둡은 구조화된 거래 데이터, 페이스북 및 트위터 피드 같은 느슨하게 구조화된 데이터, 웹서버 로그 파일과 같은 복잡한 데이터 및 구조화되지 않은 오디오 및 비디오 데이터를 비롯한 모든 종류의 데이터를 대량으로 처리할 수 있다. 하둡은 저렴한 서버 클러스터에서 실행되며 필요에 따라 프로세서를 추가하거나 제거할 수 있다. 회사는 하둡을 대용량 데이터를 분석하는 용도와 비구조화 및 반구조화된 데이터를 웨어하우스에 탑재하기 전 준비 영역으로서 사용한다. 야후!는 사용자 행동을 추적하기 위해 하둡을 사용해 관심 분야에 맞게 홈페이지를 수정한다. 생명과학 연구회사인 넥스트바이오(NextBio)는 하둡과 H베이스(HBase)를 사용해 게놈 연구를 수행하는 제약회사의 데이터를 처리한다. IBM, 휴렛팩커드, 오라클, 마이크로소프트 등 선두 데이터베이스 공급업체는 자체 하둡 소프트웨어 배포판을 보유하고 있다. 다른 공급업체는 하둡 내부 및 외부로 데이터를 이동하거나 하둡 내에서 데이터를 분석하는 도구를 제공한다.

인메모리 컴퓨팅

빅데이터 분석을 용이하게 하는 또 다른 방법은 데이터 저장을 위해 주로 컴퓨터의 메인 메모리(RAM)에 의존하는 **인메모리 컴퓨팅**(in-memory computing)을 사용하는 것이다. (기존 DBMS는 디스크 스토리지 시스템을 사용한다.) 사용자는 시스템 기본 메모리에 저장된 데이터에 접근하므로 기존의 디스크 기반 데이터베이스에서 데이터를 검색하고 읽는 데 따른 병목 현상을 제거하고 쿼리 응답 시간을 대폭 단축한다. 메모리 내 처리를 통해 데이터 마트 또는 소규모 데이터 웨어하우스의 크기에 해당하는 매우 큰 데이터 세트를 전적으로 메모리에 상주시킬 수 있다. 몇 시간 또는 며칠이 걸렸던 복잡한 비즈니스 계산은 몇 초 내에 완료될 수 있으며 휴대용 장치에서도 수행할 수 있다.

이전 장에서는 강력한 고속 프로세서, 멀티코어 처리 및 컴퓨터 메모리 가격 하락과 같은 인메모리 컴퓨팅을 가능하게 하는 최신 컴퓨터 하드웨어 기술의 진보에 대해 자세히 설명했다. 이러한 기술을 통해 기업은 메모리 사용을 최적화하고 처리 성능을 가속화하면서 비용을 절감할 수 있다. 인메모리 컴퓨팅을 위한 주요 상용 제품으로는 SAP 하나(HANA),

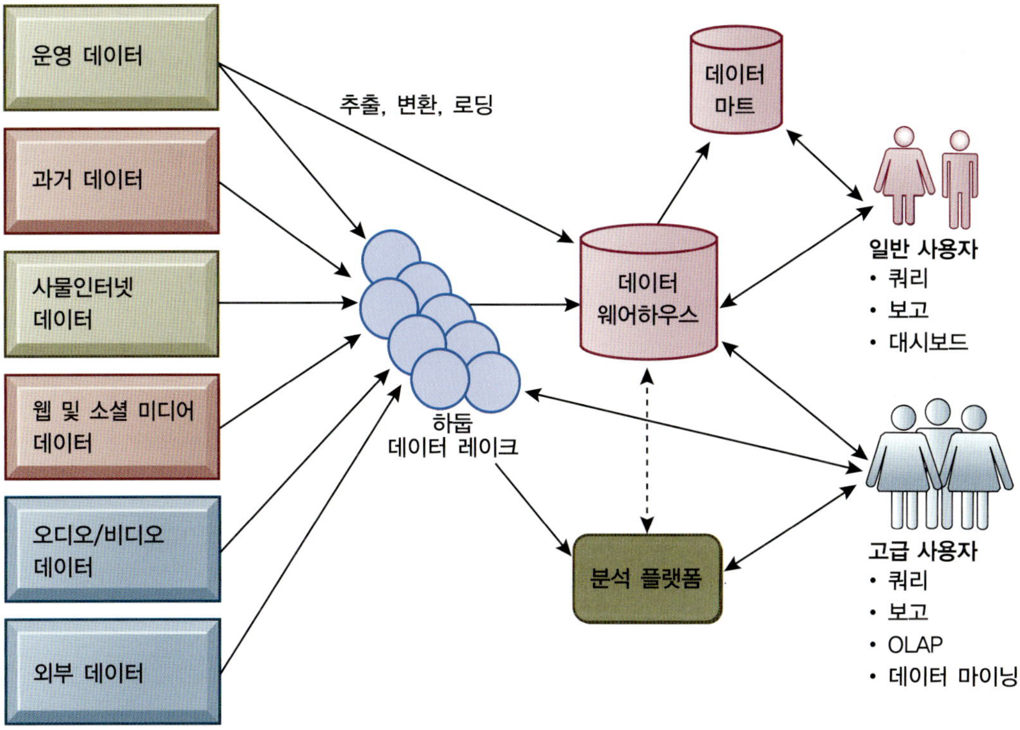

그림 6.14 비즈니스 인텔리전스 인프라
현대 비즈니스 인텔리전스 인프라는 여러 소스의 많은 양과 다른 유형의 데이터를 관리하고 분석할 수 있는 기능과 도구를 제공한다. 캐주얼 비즈니스 사용자를 위한 사용하기 쉬운 쿼리 및 보고 도구와 고급 사용자를 위한 보다 정교한 분석 도구 세트가 포함되어 있다.

오라클 데이터베이스 인메모리, 마이크로소프트 SQL 서버, 테라데이터 인텔리전트 메모리(Teradata Intelligent Memory)가 있다.

분석 플랫폼

상용 데이터베이스 공급업체는 대용량 데이터 세트를 분석하기 위해 최적화된 관계형 및 비관계형 기술을 사용해 특수화된 고속 **분석 플랫폼**(analytic platform)을 개발하고 있다. 애널리틱스용 IBM 퓨어데이터 시스템(PureData System) 같은 분석 플랫폼에는 쿼리 처리 및 분석을 위해 특별히 설계된 사전 구성된 하드웨어 소프트웨어 시스템이 있다. 예를 들어 IBM의 PDA(PureData System for Analytics)에는 수 분 내에 최대 10페타바이트의 데이터를 분석할 수 있는 데이터베이스, 서버, 스토리지 구성요소가 완벽하게 통합되어 있다. 또한 분석 플랫폼에는 인메모리 시스템 및 NoSQL 비관계형 데이터베이스 관리 시스템이 포함되며 일부는 클라우드 서비스로 제공된다.

그림 6.14는 방금 설명한 기술을 사용하는 최신 비즈니스 인텔리전스 인프라를 보여준다. 현재 및 과거 데이터는 웹데이터, 소셜 미디어 데이터, 사물인터넷(IoT) 기계 생성 데이터, 비정형 시청각 데이터, 외부 소스의 기타 데이터와 함께 여러 운영체제에서 추출된다. 일부 회사는 이러한 모든 유형의 데이터를 데이터 레이크에 붓기 시작했다. **데이터 레이크**(data lake)는 대부분 아직 분석되지 않은 원시 비정형 데이터 또는 정형 데이터의 리

포지토리이며 다양한 방법으로 데이터에 액세스할 수 있다. 데이터 레이크는 필요할 때까지 이러한 데이터를 기본 형식으로 저장한다. HDFS(Hadoop Distributed File System)는 클러스터된 컴퓨터 노드 집합에 걸쳐 데이터 레이크 콘텐츠를 저장하는 데 자주 사용되며, 하둡 클러스터는 데이터 웨어하우스, 데이터 마트 또는 분석에서 사용하기 위해 이러한 데이터 중 일부를 사전 처리하는 데 사용할 수 있다. 플랫폼 또는 고급 사용자가 직접 쿼리할 수 있다. 출력에는 보고서 및 대시보드와 쿼리 결과가 포함된다. 11장에서 다양한 유형의 BI 사용자와 BI 보고를 자세히 설명한다.

분석 도구: 관계, 유형, 동향

방금 설명한 비즈니스 인텔리전스 기술을 사용해 데이터를 캡처하고 구성하면 데이터베이스 쿼리 및 보고, 다차원 데이터 분석(OLAP), 데이터 마이닝 소프트웨어를 사용해 추가 분석을 수행할 수 있다. 이 절에서는 11장의 비즈니스 인텔리전스 분석 및 응용 프로그램에 대해 자세히 설명하는 이러한 도구를 소개한다.

온라인 분석처리

예를 들어 너트, 볼트, 고리쇠, 나사 네 가지 제품을 생산하는 어떤 기업이 동부, 서부, 중부 지역에 있다고 가정하자. 지난 분기에 얼마나 많은 고리쇠(washer)가 팔렸는지 알고자 한다면, 판매 데이터베이스를 이용해 간단하게 해답을 얻을 수 있을 것이다. 그러나 만일 각 판매 지역별로 얼마나 많은 고리쇠가 팔렸는지 알고 싶다면, 그리고 그 결과를 기획 판매를 통한 매출액과 비교하고 싶다면 어떻게 해야 할까?

앞선 질문에 대한 해답을 얻기 위해서는 **온라인 분석처리**(online analytical processing, OLAP)가 필요할 것이다. 온라인 분석처리는 사용자가 동일한 데이터를 서로 다른 차원에서 살펴볼 수 있도록, 즉 다차원 데이터 분석을 가능하도록 해준다. 정보에 대한 각 측면(제품, 가격, 비용, 지역, 기간)은 하나의 판매된 제품을 서로 다른 차원에서 표현한 것이다. 따라서 제품 관리자는 다차원 데이터 분석 도구를 이용해 6월에 동부지역에서 얼마나 많은 고리쇠가 팔렸는지 알 수 있으며, 이러한 판매량은 그 전월 및 작년 6월과 어떻게 비교되는지, 이 판매량은 판매 예상치와 어떻게 다른지도 알 수 있다. 온라인 분석처리는 대용량 데이터베이스에 데이터가 저장되어 있다 하더라도 사용자가 온라인을 통해 질의 및 답변을 얻을 수 있도록 도와준다.

그림 6.15는 제품, 지역, 실제 판매량, 예상 판매량을 표현하기 위해 생성되었을 수도 있는 다차원 모델을 보여주고 있다. 실제 판매량에 대한 매트릭스는 6개의 면을 가진 입방체를 구성하기 위해 예상 판매량 위에서부터 쌓일 수 있다. 이 입방체를 한 방향으로 90도 회전시켜 보면 지역 대 실제 및 예상 판매량을 볼 수 있을 것이며, 다시 한 번 더 90도 회전시키면 지역 대 실제 및 기획 판매량을 볼 수 있을 것이다. 그리고 원래 방향으로부터 180도 회전시키면 예상 판매량 및 제품 대 지역을 볼 수 있을 것이다. 데이터의 복잡한 관점을 표현하기 위해 입방체 내에 입방체가 존재할 수도 있다. 기업에서는 전용 다차원 데이터베이스나 도구를 사용함으로써 관계형 데이터베이스 내의 다차원적인 데이터 측면을 표현

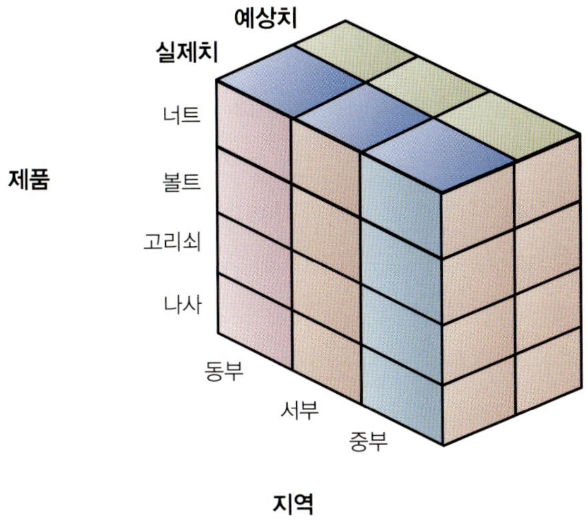

그림 6.15
다차원 데이터 모델
그림에서 보여주고 있는 관점은 제품 대 지역에 대한 것이다. 만일 이 입방체를 90도 회전시키면, 제품 대 실제 및 예상 판매량에 대한 관점이 나타날 것 이다. 그리고 다시 한 번 더 90도 회전시키면 지역 대 실제 및 예상 판매량을 볼 수 있다. 다른 관점도 가능하다.

할 수도 있다.

데이터 마이닝

전통적인 데이터베이스에서는 "2019년 2월 선적된 제품번호 403의 수량은 얼마인가?"와 같은 질의에만 해답을 제시할 수 있었다. 그러나 온라인 분석처리는 이와 같은 질문보다 더 복잡한, 즉 '제품 403의 분기별 및 판매지역별 계획 대비 실제 판매량 비교'와 같은 정보를 제공할 수 있다. 온라인 분석처리 및 질의 지향 데이터 분석과 같은 방법을 통해 사용자는 자신이 원하는 정보를 찾고자 한다.

데이터 마이닝(data mining)은 사용자가 보다 많은 정보를 발견할 수 있도록 도와준다. 데이터 마이닝은 대형 데이터베이스로부터 숨겨진 패턴이나 관계를 찾아내며, 미래를 예측하기 위한 규칙을 추론해낸다. 이러한 패턴 및 규칙은 의사결정 및 미래 예측에 효과적이며, 데이터 마이닝을 통해 획득 가능한 정보의 유형으로는 연관성(association), 순차(sequence), 분류(classification), 군집(cluster), 예보(forecast)이 있다.

- **연관성**은 단일 이벤트가 발생하는 것을 의미한다. 슈퍼마켓 구매 패턴을 연구한 결과를 살펴보면 콘칩을 구매한 고객의 65%가 콜라도 같이 구매한 것으로 나타나 있다. 그리고 프로모션을 실시했을 경우 콜라의 구매 비율이 85%로 향상되었다. 이와 같은 정보는 관리자가 보다 나은 의사결정을 할 수 있도록 도와주는데, 이는 프로모션을 통해 획득된 수익을 분석할 수 있기 때문이다.
- **순차**는 이벤트가 시간의 흐름에 따라 발생하는 것을 의미한다. 예를 들어 집을 구매한 사람을 살펴보면 65%가 2주 이내에 새로운 냉장고를 구매하고, 집을 구매한 사람들의 45%는 한 달 이내에 오븐을 구매한다는 것을 알 수 있다.
- **분류**는 기존의 아이템 관련 자료를 분석해 분류함으로써 해당 아이템이 속하는 그룹의 특징을 발견하는 것을 의미하며, 분류 결과는 규칙의 형태로 표현된다. 예를 들어 신용카드나 통신 회사와 같은 곳에서는 고객 이탈을 우려한다. 분류는 이탈 가능성이 높은 고객의 특징을 찾아내고 관리자에게 이탈 가능성이 높은 고객을 찾을 수 있는 모델

을 제시해줌으로써 사전에 고객 이탈을 방지하기 위한 특별 캠페인 등을 수립할 수 있도록 도와준다.

- **군집**은 분류와 유사한 방법이지만 미리 정의된 그룹이 없다. 데이터 마이닝 도구는 데이터를 서로 다른 그룹으로 나누어 분리할 수 있다. 예를 들면 은행 카드 사용자들 유사 그룹을 찾는다거나, 하나의 데이터베이스를 고객의 인구통계학적 정보와 개인 투자 유형을 기반으로 나누는 것을 군집이라 한다.
- 위의 방법을 활용해 미래를 추측(prediction)해 볼 수도 있으나, **예측**은 또 다른 방식으로 미래의 결과를 추측한다. 기존의 연속적인 값을 분석해 다른 값들이 앞으로 어떻게 변하게 될지 추측하는 것이 예측이다. 예를 들어 예측은 판매액과 같은 데이터로부터 패턴을 찾아냄으로써 관리자들이 연속 변수에 대한 미래의 값을 추정할 수 있도록 도와준다.

이와 같은 시스템은 패턴이나 동향을 파악하기 위해 높은 수준의 분석을 실시하며, 사용자가 원할 경우 드릴 다운(drill down)해 보다 자세한 정보를 제공하기도 한다. 기업, 정부, 과학 등 다양한 분야에서 사용될 수 있는 데이터 마이닝 애플리케이션이 있다. 데이터 마이닝의 인기 있는 용도는 일대일 마케팅 캠페인 혹은 수익성 있는 고객을 식별하기 위해 고객 데이터에서 자세한 패턴 분석을 제공하는 것이다.

과거 하라스엔터테인먼트(Harrah's Entertainment)로 알려진 카이사르엔터테인먼트(Caesars Entertainment)는 세계에서 가장 큰 도박 회사이다. 이 회사는 지속적으로 사람들이 슬롯머신을 하거나 카지노와 호텔을 이용할 때 수집된 고객 데이터를 분석한다. 마케팅 부서는 이 정보를 이용해 특정 고객이 기업에 있어서의 가치를 계산해 자세한 갬블링(gambling) 프로필을 구축한다. 예를 들어 데이터 마이닝을 통해 카이사르는 객실 숙박 시설, 레스토랑, 엔터테인먼트에 대한 선호도와 함께 자사의 중서부 유람선 카지노 중 하나에서 일반 고객이 좋아하는 게임에 대해 알 수 있게 한다. 이 정보를 통해 가장 높은 수익을 가져다줄 고객을 찾고, 이들이 더 지출을 하게 만들고, 잠재적으로 높은 수익을 가져다 줄 더 많은 고객을 유인할 수 있는 관리 의사결정을 할 수 있도록 해준다. 비즈니스 인텔리전스는 카이사르의 수익을 증대시킴으로써 기업 사업전략의 핵심이 되고 있으며, 고객 데이터는 카이사르의 가장 가치 있는 자산이다.

텍스트 마이닝과 웹 마이닝

주로 텍스트 파일 형태로 된 비구조화된 데이터는 유용한 조직 정보의 80% 이상을 차지하는 것으로 알려져 있으며 기업이 분석하고자 하는 대용량 데이터의 주요 소스 중 하나이다. 이메일, 메모, 콜센터 통화기록, 서베이 응답, 법률 소송, 특허 내역, 서비스 보고서 등은 모두 직원이 더 나은 비즈니스 의사결정을 하는 데 중요한 자료이며, 이로부터 의사결정에 도움이 되는 패턴과 추세를 파악할 수 있다. **텍스트 마이닝**(text mining) 도구는 현재 기업이 이러한 데이터를 분석하는 데 도움을 준다. 이 마이닝 도구는 대량의 비구조화된 데이터 집합으로부터 핵심 요인을 추출하고 패턴과 관계를 발견하며, 이러한 정보를 요약할 수 있다.

기업은 텍스트 마이닝을 통해 고객 서비스 센터의 통화기록을 분석해 중요한 서비스 및 개선해야 할 사항을 파악하거나 기업에 대한 고객의 감정을 측정할 수 있다. **감정 분석**(sentiment analysis) 소프트웨어는 이메일, 블로그, 소셜 미디어 대화, 설문조사에서 텍스트를 채굴해 특정 주제에 대한 만족을 나타내는 혹은 불만스러운 의견을 발견할 수 있다. 예를 들어 크래프트푸드(Kraft Foods)는 커뮤니티 인텔리전스 포털 및 감정 분석을 사용해 수많은 소셜 네트워크, 블로그 및 기타 웹사이트에서 제품에 대한 소비자 대화를 조정한다. 크래프트는 단순히 브랜드 언급을 추적하는 것보다 관련성 있는 댓글을 이해하려고 노력하고 고객이 바비큐를 하는 방법과 사용하는 소스와 향신료에 대해 이야기할 때 고객의 감정과 느낌을 파악할 수 있다.

웹은 고객 행동에 대한 패턴, 추세 및 통찰력을 얻기 위해 비구조적인 빅데이터의 또 다른 풍부한 정보 원천이다. 웹으로부터 유용한 패턴과 정보를 발견하고 분석하는 것을 **웹 마이닝**(web mining)이라 한다. 기업은 웹 마이닝을 사용함으로써 고객 행동을 이해하고, 특정 웹사이트의 효과성을 평가하거나 마케팅 캠페인의 성공 가능성을 정량화할 수 있다. 예를 들어 마케팅 담당자는 구글 트렌드(Google Trends)를 사용해 구글 검색 질의어에서 가장 많이 사용되는 단어 및 어구를 추적할 수 있고, 이에 따라 사람들이 무엇에 관심을 두고 있는지, 어떤 제품을 구매하려고 하는지를 알 수 있다.

웹 마이닝은 웹 콘텐트 마이닝(web content mining), 웹 구조 마이닝(web structure mining), 웹 사용 마이닝(web usage mining)으로 분류되며, 이를 통해 데이터 패턴을 찾아낸다. 웹 콘텐트 마이닝은 웹페이지에 있는 콘텐트로부터 지식을 추출하는 과정을 뜻하는데, 여기서 콘텐트는 텍스트, 이미지, 음성, 비디오 데이터를 포함한다. 웹 구조 마이닝은 특정 웹사이트 구조와 관련된 데이터를 분석하는 것을 말한다. 예를 들어 어떤 문서를 가리키는 링크 수는 그 문서의 대중성을 알려주는 반면, 특정 문서 내에 존재하는 링크 수는 그 문서에서 다루고 있는 주제가 얼마나 풍부하거나 다양한지를 알 수 있다. 웹 사용 마이닝은 사용자가 요청한 웹사이트의 데이터를 내려받을 때마다 웹서버가 기록하는 사용자의 트래픽 데이터를 분석한다. 웹 사용 데이터는 사용자가 웹사이트를 방문하거나 그 사이트에서 거래를 발생시키는 것과 같은 사용자의 행동을 기록한 자료로서 서버 로그자료에서 이 데이터를 수집한다. 이러한 데이터를 분석하게 되면 특정 고객의 가치를 파악할 수 있고, 제품별 교차 마케팅 전략과 효과적인 촉진 캠페인을 도출할 수 있다.

데이터베이스와 웹

많은 기업이 기업 내부 데이터베이스의 일부를 고객이나 비즈니스 파트너가 이용할 수 있도록 웹을 활용하고 있다. 가망 고객은 기업의 제품 카탈로그를 살펴보거나 주문을 하기 위해 해당 웹사이트를 방문할 것이다. 반면 기업에서는 공급자로부터 받은 해당 제품에 대한 재고 관리를 위해 웹을 이용한다. 그리고 공급자는 선적한 제품이 시간에 맞추어 거래처로 전달되는지를 체크하기 위해 웹을 이용할 것이다.

이러한 활동은 웹을 통해 기업의 데이터베이스에 접근하고 이를 갱신함으로써 이루어진

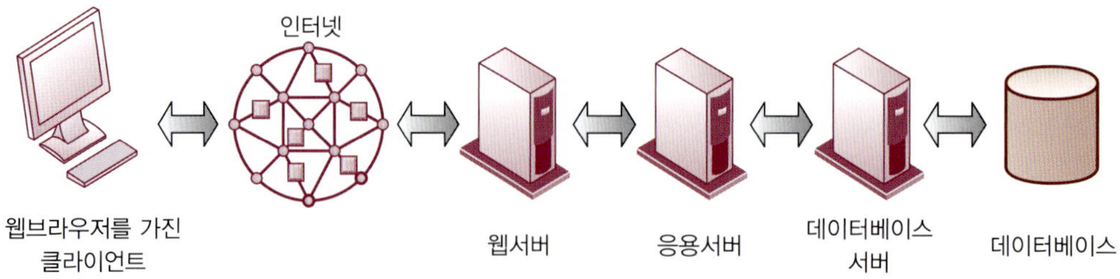

그림 6.16
내부 데이터베이스를 웹에 연결하기
사용자는 데스크톱 PC와 웹브라우저 소프트웨어를 사용함으로써 웹을 통해 조직의 내부 데이터베이스에 접근할 수 있다.

다. 예를 들어 웹브라우저를 사용하는 어떤 고객이 가격정보를 알아보기 위해 온라인으로 매장 데이터베이스를 검색한다고 가정해보자. 그림 6.16은 고객이 웹을 통해 이 매장의 내부 데이터베이스에 어떻게 접근할 수 있는지를 설명하고 있다. 사용자는 자신의 클라이언트 PC에 있는 웹브라우저를 이용해 매장의 웹사이트에 접근할 것이다. 그러면 사용자의 웹브라우저 소프트웨어가 조직의 데이터베이스에 해당 데이터를 요청할 것이고, 이때 웹서버와 커뮤니케이션하기 위해 사용되는 명령어인 HTML이 사용된다.

다수의 백엔드(back-end) 데이터베이스는 HTML로 작성된 명령어를 해석할 수 없기 때문에 웹서버는 데이터에 대한 이러한 요청을 다시 전용 소프트웨어로 넘길 것이다. 이러한 전용 소프트웨어는 HTML 명령어를 SQL로 변환함으로써 DBMS가 해당 명령을 처리할 수 있도록 한다. 클라이언트/서버 환경에서 DBMS는 **데이터베이스 서버**(database server)라 불리는 특별한 전용 컴퓨터에 위치한다. DBMS는 SQL로 작성된 요청을 받고 요청된 데이터를 제공한다. 조직 내부 데이터베이스로부터 추출된 정보는 웹서버로 전송되고, 웹서버는 해당 정보를 페이지 형식으로 고객에게 전달한다.

그림 6.16은 웹서버와 DBMS 사이에서 기능을 수행하는 소프트웨어는 자신의 전용 컴퓨터에서 가동되는 응용 서버에 존재한다는 것을 보여주고 있다(5장 참조). 이 응용 서버 소프트웨어는 브라우저 기반의 컴퓨터와 기업의 후방 비즈니스 응용시스템 또는 데이터베이스 사이에서 일어나는 거래 처리 및 데이터 접근을 포함한 모든 응용프로그램의 동작을 처리한다.

웹을 이용해 조직의 내부 데이터베이스에 접근하는 방법은 많은 장점이 있다. 첫 번째는 누구나 웹브라우저 소프트웨어를 사용할 줄 알기 때문에 별도의 직원 교육이 거의 필요하지 않다는 것이다. 이는 사용하기 쉬운 데이터베이스 질의 도구에 비해서도 훨씬 더 쉽다. 두 번째는 웹 인터페이스는 내부 데이터베이스에 대한 변경을 요구하지 않는다는 것이다. 기업은 낙후된 시스템에 대한 투자를 장려하는데, 그 이유는 레거시 시스템의 앞 단에 웹 인터페이스를 추가하는 것이 시스템을 재설계하고 재구축함으로써 사용자 접근성을 향상하는 방법보다 비용이 더 적게 소요되기 때문이다.

웹을 통해 기업 데이터베이스에 접근하게 됨으로써 기업은 효율성을 제고하고 새로운 기회를 확보할 수 있게 되었으며, 심지어는 기업의 사업 방향을 바꾼 사례도 있다. 토머스넷닷컴(ThomasNet.com)은 60만 개 이상의 산업재 공급자로부터 정보를 수집해 화학, 철강, 플라스틱, 고무, 자동 장비와 같은 최신 디렉터리를 구성해 제공해준다. 이전에는 토머스리지스터(Thomas Register)에 전화하면 그와 같은 정보들을 두꺼운 종이 카탈로그로 만들어 보내주었다. 그러나 지금은 웹사이트를 통해 온라인으로 정보를 제공함으로써 회사의 자원을 좀 더 절감할 수 있게 되었다. 페이스북은 웹을 통한 대규모 데이터베이스 액세스를 기반으로 하는 완전히 새로운 비즈니스의 한 예이다. 페이스북은 22억 명의 활성 사용자와 관심 분야, 친구 및 사진에 대해 수집한 모든 데이터를 저장하고 관리하기 위해 대규모 데이터베이스를 유지 관리한다.

6-4 기업 데이터 자원을 관리하는 데 정보정책, 데이터 관리, 데이터 품질보증이 왜 필수적인가?

데이터베이스를 구축하는 것은 시작에 지나지 않는다. 그 외에도 정확성과 신뢰성을 확보하는 문제가 남아 있으며, 데이터가 필요한 사람이 손쉽게 사용할 수 있도록 하는 문제가 남아 있다. 이와 같은 문제를 해결하기 위해 기업에서는 특별한 정책과 데이터 거버넌스 절차가 필요할 것이다. **데이터 거버넌스**(data governance)는 데이터를 조직 리소스로 관리할 수 있는 정책 및 절차를 포함한다. 정보 공유, 보급, 획득, 표준화, 분류, 인벤토리 작성에 대한 조직의 규칙을 설정한다. 여기에는 정보를 공유할 수 있는 사용자와 조직 단위, 정보가 배포될 수 있는 위치, 정보 업데이트 및 유지 관리를 담당하는 사람, 데이터 리소스를 보호하는 방법 식별이 포함된다(8장 참조). 전형적인 회사 정보 정책의 예를 들면 급여 및 인적자원을 관리하는 부서의 선택된 구성원만이 민감한 직원 데이터, 즉 직원의 급여나 사회보장번호와 같은 것을 볼 수 있고 바꿀 수 있는 권한을 가지고 있다. 또한 이와 같은 권한을 가진 부서의 구성원은 직원 데이터의 정확성을 유지해야 하는 책임도 있다.

데이터 품질 보장

오늘날의 조직은 운영 및 의사결정을 주도하기 위해 데이터에 크게 의존하고 있기에 데이터 품질 보증이 특히 중요하다. 만일 고객의 전화번호나 잔액 정보가 부정확하다면 어떤 일이 발생할 것인가? 만일 데이터베이스에 잘못된 제품 가격이 저장되어 있었다면 판매에 어떠한 영향을 미칠 것인가? 데이터베이스에 부정확하고 부적절한, 또는 모순된 정보가 저장되어 있다면 기업에 심각한 운영적·재무적 문제가 발생하게 될 것이다. 잘못된 데이터가 보고되면 잘못된 의사결정뿐 아니라 제품 취소, 재무적 손실 등을 야기할 것이다.

가트너(Gartner Inc.) 컨설턴트의 보고에 따르면, 《포천》에서 선정한 1,000대 기업의 데이터베이스에 포함된 데이터 중 25% 이상이 부정확하거나 불완전하며, 틀린 제품 코드나 제품 설명, 잘못된 재고 정보, 재무 데이터 오류, 부정확한 공급자 정보, 잘못된 직원 데이터 등을 포함하고 있다고 한다. 이와 같은 데이터 품질 문제는 데이터 웨어하우스로 데이터를 공급하는 다수의 시스템에서 생성된 중복되고 모순된 데이터 때문에 발생한다. 예를 들어 판매주문시스템과 재고관리시스템은 모두 기업 제품 데이터를 포함하고 있지만, 판매주문시스템에는 '아이템 번호'라는 용어를 사용하고, 재고관리시스템에서는 이와 동일한 속성을 '제품 번호'라는 용어로 사용할 수도 있다. 의류매장에서는 판매, 재고 또는 생산시스템 각각에서 동일한 속성값에 대해 서로 다른 코드를 입력할 수 있다. 한 시스템에서는 의류 사이즈를 'extra large'라 쓰고, 다른 시스템에서는 같은 의미로 'XL'을 쓸 수도 있다. 따라서 웨어하우스의 데이터베이스 설계 과정 중에 고객, 제품 또는 주문과 같은 개체를 기술하는 데이터에 대해서는 데이터베이스를 사용하는 모든 비즈니스 영역에서 일관성 있게 명칭을 부여하고 정의할 수 있도록 해야 한다.

간혹 어떤 사람은 동일한 DM(direct mail) 광고를 같은 날 여러 차례 받기도 한다. 이는 그 사람의 이름이 데이터베이스에 여러 번 입력되어 있어서 발생한 결과일 수도 있다. 또는 사용자의 이름이 처음 입력될 때 오타가 났을 수도 있다. 그리고 중간 이름의 이니셜을 어떤 경우에는 사용하고, 어떤 때는 사용하지 않아 시스템이 같은 사람의 이름을 다른 사람으로 오인했을 수도 있다. 또한 종이 문서로 작성된 이름이 시스템에 입력하는 과정에서 잘못 인식되어 오류가 발생할 수 있다. 이처럼 불일치한 데이터로 인해 어떤 한 사람은 여러 명의 다른 사람으로 오인되어 Laudon, Lavdon, Lauden, Landon이라는 이름으로 매번 여러 통의 메일을 받는다.

데이터베이스가 적절하게 설계되고 전사적 데이터 표준이 설정되면 중복되거나 일관성이 없는 데이터 요소가 최소화되어야 한다. 그러나 철자가 틀리거나 숫자가 바뀌거나 코드가 잘못되거나 누락된 것과 같은 대부분의 데이터 품질 문제는 데이터 입력 중 오류에서 비롯된다. 기업이 비즈니스를 웹으로 옮기고 고객과 공급업체가 내부 시스템을 직접 업데이트하는 데이터를 웹사이트에 입력할 수 있게 되면서 이러한 오류의 발생률이 증가하고 있다.

기업은 새로운 데이터베이스를 설치하기 전에 그들의 잘못된 데이터를 확인하고 수정해야 하며, 일단 데이터베이스가 가동되면 데이터를 좀 더 잘 편집할 수 있는 처리 방법을 제공해주어야 한다. 데이터 품질에 대한 분석은 일반적으로 **데이터 품질 감사**(data quality audit)로부터 시작된다. 이 데이터 품질 감사는 정보시스템에 있는 데이터의 정확성과 완전성 정도를 측정하는 구조화된 조사 방법이다. 데이터 품질 감사는 전체 데이터 파일을 조사하는 방법과 데이터 표본을 추출해 조사하는 방법, 데이터 품질에 대한 최종 사용자의 인지(perception) 정도를 파악하는 방법 등이 있다.

데이터 정제(data cleansing)는 **데이터 세정**(data scrubbing)이라고도 하며, 데이터베이스의 데이터 중 부정확하거나 불완전한 데이터, 부적절한 포맷이거나 또는 중복되는 데이터를 찾아내고 이를 수정하는 활동이다. 데이터 정제는 데이터를 수정하는 것뿐만 아니라 각 정보시스템으로부터 생성된 서로 다른 데이터를 일치시키는 작업도 포함한다. 전용 데이터 정제 소프트웨어는 데이터 파일을 조사하고 데이터 오류를 수정하며, 회사 전체 포맷에 맞추어 일관성 있게 데이터를 통합하는 작업을 자동으로 수행한다.

데이터 품질 문제는 비즈니스 문제만이 아니다. 그들은 또한 개인에게 심각한 문제를 야기해 재정 상태와 직업에 영향을 미친다. 예를 들어 신용조사 기관에서 관리하는 소비자의 신용 기록에 대한 부정확하거나 오래된 데이터는 신용이 있는 개인이 대출을 받지 못하게 하거나 직업을 찾거나 유지할 기회를 낮출 수 있다. 그리고 사례연구에서 볼 수 있듯이 불완전하거나 액세스할 수 없는 데이터베이스는 시민에게 기본 유틸리티를 제공하는 공공기관의 능력을 손상할 수 있다.

두바이 전기 및 수도청(DEWA)은 1992년 두바이 전기 회사가 두바이 수도국과 합병한 이래 두바이에서 유일한 전기 및 수도 서비스 제공업체였다. 에미레이트에 걸쳐 9,700명의 직원이 652,200명의 고객에게 전기를 생산, 분배하고 580,678명 고객의 수도를 관리한다. DEWA의 사명은 고효율 표준을 유지하면서 지속가능한 방식으로 사용자에게 전기와 물을 제공하는 것이다.

DEWA는 약 10,000MW의 상당한 발전 용량과 하루에 약 5억 갤런의 물을 생산한다. 유틸리티 회사는 고객에게 공급이 중단된 평균 시간(분)을 나타내는 CML(고객 손실 시간)로 효율성을 측정한다. 2019년 DEWA의 CML은 2.39분으로 글로벌 기준인 15분에 비해 인상적이었고, 송배전 시 에너지 손실은 3.3%로 유럽과 미국의 6~7%에 비해 낮았다. 수질이 낮거나 고객이 물을 받지 못하는 상황을 나타내는 수도 공급 중단은 2018년 북미 지역의 15%에 비해 6.5%로 약간 높았다.

두바이는 덥고 모래가 많은 사막 한가운데에 자리 잡고 있으며 가혹한 기후와 천연 수원이 거의 없다. 지난 20년 동안의 경이적인 성장에는 몇 가지 비용이 수반되었으며, 그중 특히 거의 200만 명에게 중단 없는 전력과 물을 제공하는 작업이 있었다. 2014년에는 수도 연결이 거의 30% 증가했고, 2015년에는 전력 수요가 5~6% 증가했다.

DEWA는 다양한 문제를 처리해야 함을 인식했다. 비효율적인 프로세스, 공급사슬 상류(업스트림) 및 하류(다운스트림) 활동의 지연, 시스템 재고와 실제 재고 간의 빈번한 불일치 문제와 같은 광범위한 문제 외에도 데이터 관리는 완전한 점검이 필요했다. 정보는 여전히 종이에 광범위하게 저장되어 의사결정이 크게 지연되었다. 직원들은 모바일을 통해 현장 정보에 거의 액세스할 수 없었다. 사실, 필요한 정보를 찾기 위해 때때로 현장이나 해당 사무실을 여러 번 방문해야 했다. 또한 고객을 위한 지불 옵션이 다양하지 않고 전기 및 물을 '스마트'하게 모니터링할 수 있는 범위가 없었다.

DEWA는 재고 관련 문제와 스마트 모니터링이라는 두 가지 주요 과제를 확인했다. 당국은 전자의 경우 2012년 SAP와, 후자의 경우 2018년 허니웰(Honeywell)과 협력하기 시작했다. SAP 인벤토리 매니저(Inventory Manager)를 구현하기 위해 DEWA는 웨이브로직스(Wavelogix) 및 온 디바이스 솔루션스(On Device Solutions)와 협력했다.

SAP 인벤토리 매니저는 자산, 도구, 부품 추적을 포함해 무선 재고 관리를 위한 모바일 애플리케이션이다. 이는 발행, 이전, 반품 및 감사와 같은 재고 기능을 자동화해 조직이 수요 변동에 적절하게 대응할 수 있도록 한다. 모바일 기기를 통해 원격으로 자재의 가용성을 확인하고, 구매 주문에 따라 들어오는 자재를 수락 및 배포하고, 이러한 주문에 따라 자재를 미리 포장하는 방식으로 이루어진다.

SAP 인벤토리 매니저의 구현은 DEWA에서 몇 가지 변화를 가져왔다. 예약 및 창고로의 인바운드 배송에 대해 상품이 입고되었다. 마찬가지로 상품의 발행은 예약에 대해 이루어졌다. 이를 통해 조직 내 공장 간에 내부적으로 상품을 원활하게 이전할 수 있었다. 직원들은 DEWA가 조달, 생산, 저장, 판매하는 모든 자재에 대한 정보와 모바일 기기를 통한 검색 및 편집도 가능한 정보가 포함된 애플리케이션인 SAP 머터리얼 마스터(Material Master) 데이터베이스를 통해 매장 재고를 효율적으로 선택, 저장, 추적할 수 있게 되었다.

구매 요청과 구매 주문 주기의 시간이 60일에서 15일로 단축되어 매년 340만 달러를 절약하고 160,000장의 종이 낭비를 줄일 수 있었다. CML은 5.62분에서 2.39분으로, 수로의 손실은 10.4%에서 6.5%로, 전력손실은 3.46%에서 3.3%로 줄었다.

이것 및 기타 유사한 이니셔티브는 DEWA의 누적 효율성을 10년 동안 29.68%로 향상시켰다. 2012년 11월 DEWA는 유럽, 중동 및 아프리카의 조직과 경쟁한 SAP EMEA 품질 어워드의 대규모 구현 부문에서 동상을 수상했다. 얼마 지나지 않아 두바이는 세계은행의 Doing Business 2013 보고서에서 전기에 대한 용이한 접근으로 세계 7위에 올랐다.

두바이는 선구적인 스마트 시티로 변모하기 위해 스마트 두바이 이니셔티브에 막대한 투자를 했다. 이를 지원하는 DEWA의 스마트 그리드와 계량기를 이용한 스마트 애플리케이션(Smart Applications via Smart Grid and Meters) 이니셔티브는 현재 2020년까지 100만 개의 스마트 계량기를 설치하는 것을 목표로 3단계에서 글로벌 대기업 허니웰과 협력하고 있다. 전력 전송 및 배전 네트워크를 위한 스마트

인프라는 중단이 발생하면 전원이 다시 연결된다.

무선 기술이 탑재된 허니웰의 스마트 계량기는 자동 판독값에서 DEWA로 자세한 데이터를 전송해 필요에 따라 공급을 조정할 수 있으며 소비자에게도 직접 전송하므로 소비자가 전력 사용에 대해 더 많은 정보에 입각한 결정을 내릴 수 있다. DEWA는 스마트 솔루션을 사용해 전력 소비를 면밀히 모니터링하고 에너지 효율성을 높임으로써 두바이 정부의 두 가지 목표인 진정한 지속 가능성과 시민과 거주자의 만족을 달성한다.

출처: Navdeep Singla, "SAP Inventory Manager Case Study—DEWA," On Device Solutions, August 23, 2019; Dubai Electricity & Water Authority, "DEWA Sustainability Report 2018," www.dewa.gov.ae; Project Management Institute, "How DEWA Increased Efficiencies and Value Using Streamlined Project Management Processes" (2018), www.pmi.org; Jason Saundalkar, "DEWA Appoints Honeywell to Install 270,000 Smart Meters," *Middle East Construction News*, October 25, 2018; Edward Banda, "Dubai Electricity and Water Authority Continues Smart Transformation and Tests Blockchain," *Computer Weekly*, November 8, 2017.

사례연구 문제

1. 이 사례에서 DEWA가 직면한 주요 과제를 식별하라.
2. 사람 기반, 조직 및 기술 요소가 이 도전에 어떻게 관련되었는지 설명하라.
3. DEWA에서 정확하고 일관된 데이터가 특히 중요한 이유는 무엇인가?

사례 제공: 샤르자대학교(University of Sharjah) 사다트 알하쉬미(Saadat Alhashmi)

6-5 경영정보시스템은 내 경력에 어떻게 도움이 되는가?

이 절에서는 6장과 이 책이 글로벌 데이터 서비스 회사의 초급 영업 및 마케팅 보조원 일자리를 찾는 데 도움이 되는 방법을 설명한다.

회사

정량적 데이터, 통계 및 시장 조사 제품을 제공하는 선도적인 글로벌 제공업체인 Global Online Stats는 초급 영업 및 마케팅 보조원을 채용하고 있다. 이 회사는 보스턴, 런던, 파리에 500명 이상의 직원과 사무실을 두고 있다. 이 회사는 다양한 산업 및 국가의 대기업에서 컨설팅 회사, 미디어 대행사 및 마케팅 부서를 포함해 모든 규모의 비즈니스 회사를 대상으로 하는 온라인 정량적 데이터베이스에 액세스하기 위한 도구 및 서비스를 제공하고 있다.

직무 설명

이 직무는 전무 이사 및 글로벌 영업 책임자와 긴밀히 협력해 판매 리드(sales leads) 및 잠재고객을 발굴하고 유지 관리한다. 직무 책임은 다음과 같다.

- 기존 고객과 미디어 및 업계 협회와의 관계는 물론 콜드 콜(cold call), 이메일 및 온라인 잠재 고객을 통해 생성된 잠재고객 발굴
- 고객 관계를 개발해 산발적인 고객을 장기 비즈니스 고객으로 전환
- 다양한 범주의 제품 및 비즈니스 라인에 대한 판매 기회 개발

- 새로운 잠재 고객을 찾고 약속 잡기
- 고객 및 클라이언트 프로필 업데이트

직무 요건

- 4년제 대학 학위
- 매우 강력한 구두 및 서면 의사소통기술
- 우수한 마이크로소프트 오피스 활용능력
- 영업, 마케팅 인턴십, 콜드 콜 경험자 우대
- 외향적이고 경쟁적이며 능동적인 영업 성격

면접 질문

1. 온라인 데이터베이스나 데이터베이스 소프트웨어를 사용해 본 적이 있습니까? 이 데이터베이스로 정확히 무엇을 했습니까? 데이터베이스 과정을 수강한 적이 있습니까?
2. 대학이나 이전 직장에서 정량적 데이터로 작업했습니까? 데이터로 무엇을 했습니까?
3. 마이크로소프트 오피스 도구(워드, 엑셀, 파워포인트, 액세스)에 대한 당신의 전문지식 수준은 어느 정도입니까?
4. 어떤 영업 및 마케팅 경험이 있습니까?
5. 외국어 구사 능력이 있습니까?
6. 우리 제품과 서비스를 미국 이외의 조직에 판매할 때 어떤 어려움이 예상됩니까?

저자 팁

1. 이 장과 11장의 비즈니스 인텔리전스 및 분석에 대한 논의를 검토하라.
2. 웹을 사용해 회사, 제품, 서비스, 고객 및 회사 운영 방식을 조사하라. 그리고 회사의 온라인 정량적 데이터베이스에 대해 자세히 알아보라.
3. 업무에서 마이크로소프트 오피스 도구를 어떻게 사용할 것인지 정확히 물어보라.
4. 회사의 데이터 제품을 사용하는 방법에 대해 얼마나 많은 교육을 받을 것인지 물어보라.

요약

6-1 **데이터베이스는 무엇이며, 관계형 데이터베이스는 데이터를 어떻게 관리하는가?** 데이터베이스는 조직이 정보를 유지 관리하는 사람, 장소, 사물(개체)을 추적하는 관련 파일의 그룹이다. 관계형 데이터베이스는 오늘날의 정보시스템에서 매우 중요한 방법으로, 데이터를 조직화하고 유지보수하는 것에 대한 방법이다. 관계형 데이터베이스는 데이터를 관계라고 부르는 행과 열의 2차원 테이블로 조직화한다. 각 테이블은 개체와 각 개체에 대한 속성을 포함한다. 각 행은 값으로 표현되며, 각 열은 속성이나 필드로 표현된다. 각 테이블은 또한 키 필드를 포함하고 있는데, 키 필드는 각 값을 검색하거나 처리할 때 사용하기 위한 중복되지

않은 식별값이다. 개체관계도는 관계형 데이터베이스에 포함된 객체(테이블) 간의 관계를 그림으로 도식화한 것이다. 복잡하게 구성된 데이터를 분할함으로써 중복성 및 다루기 힘든 다대다 관계를 최소화하는 과정을 정규화라고 한다.

6-2 **데이터베이스 관리시스템의 원리는 무엇인가?** 데이터베이스 관리시스템(DBMS)은 데이터를 집중화할 수 있는 소프트웨어 및 데이터관리로 구성되어 있어 기업은 하나로 구성된 원천을 통해 모든 데이터 요구사항을 충족시킬 수 있다. 즉 단일 데이터베이스가 다양한 애플리케이션을 지원하는 것이다. DBMS에서 가장 중요한 것은 데이터를 논리적 관점과 물리적 관점으로 구분하는 것이다. 사용자는 데이터의 논리적 관점에서 작업한다. 그러면 DBMS가 이를 정보로 전환함으로써 사용자는 데이터의 물리적 위치에 관여하지 않아도 된다. DBMS의 주요 기능은 데이터 정의 기능, 데이터 사전 기능, 데이터 조작어 기능 등이다.

6-3 **기업 성과와 의사결정을 향상하기 위해 데이터베이스 정보에 접근할 수 있는 주요 도구와 기술은 무엇인가?** 최근의 데이터관리 기술은 대량의 반구조화 혹은 비구조화된 빅데이터를 포함해 오늘날 비즈니스에 사용하는 모든 종류의 데이터로부터 유용한 정보를 획득하는 도구를 갖추고 있다. 데이터 웨어하우스, 데이터 마트, 하둡, 인메모리 컴퓨팅, 분석 플랫폼 등이 이러한 도구이다. OLAP은 다차원 구조로 데이터 간의 관계를 표현하는데, 이는 데이터를 **큐브나 큐브 안에 포함된 큐브로 시각화할 수 있으며,** 보다 복잡한 데이터 분석을 가능하게 해준다. 데이터 마이닝은 데이터 웨어하우스의 내용과 같은 대량의 데이터를 분석할 수 있으며, 미래의 행위 예측에 사용될 수 있는 숨겨진 패턴이나 규칙을 발견함으로써 의사결정을 도와준다. 텍스트 마이닝 도구는 기업이 텍스트로 구성된 대규모 비구조화 데이터 세트를 분석하는 데 유용하다. 웹 마이닝 도구는 월드와이드웹에서 유용한 패턴과 정보를 분석하고 웹사이트 구조, 웹사이트 사용자의 활동, 웹페이지 내용을 조사하는 데 중점을 둔다. 기존 데이터베이스를 웹 또는 웹 인터페이스에 연결해 사용자가 쉽게 조직 내부 데이터에 접근하게 할 수 있다.

6-4 **기업 데이터 자원을 관리하는 데 정보정책, 데이터 관리, 데이터 품질보증이 왜 필수적인가?** 데이터베이스 환경을 개발하려면 조직 데이터를 관리하기 위한 정책과 절차는 물론 우수한 데이터 모델과 데이터베이스 기술이 필요하다. 데이터 거버넌스에는 조직 내 정보의 유지 관리, 배포 및 사용을 위한 조직 정책 및 절차가 포함된다. 부정확하거나 불완전하거나 일관성이 없는 데이터가 기업이 취해야 할 조치에 대한 잘못된 결정으로 이어질 경우 기업에 심각한 운영 및 재정 문제를 야기한다. 데이터 품질 보장에는 전사적 데이터 표준, 일관성 없고 중복되는 데이터를 최소화하도록 설계된 데이터베이스, 데이터 품질 감사 및 데이터 정제 소프트웨어 사용이 포함된다.

주요 용어

감정 분석
개체
개체관계도
관계형 데이터베이스
데이터 거버넌스
데이터 레이크
데이터 마이닝
데이터 마트

데이터베이스 관리시스템
데이터베이스 서버
데이터 사전
데이터 웨어하우스
데이터 정의
데이터 정제
데이터 조작어
데이터 품질 감사
레코드
바이트
보고서 작성 도구
분산 데이터베이스
분석 플랫폼
블록체인
비관계형 데이터베이스 관리시스템
비트
속성
온라인 분석처리
외래 키
웹 마이닝
인메모리 컴퓨팅
일차 키
정규화
쿼리
키 필드
텍스트 마이닝
파일
필드
하둡
SQL

복습문제

6-1 데이터베이스는 무엇이며, 관계형 데이터베이스는 데이터를 어떻게 관리하는가?

- 데이터베이스를 정의하라.
- 개체, 속성, 키 필드의 개념을 정의하고 설명하라.
- 관계형 데이터베이스란 무엇인지 정의하고, 어떻게 정보를 조직하고 저장하는지를 설명하라.
- 데이터베이스 설계에서 개체관계도 및 정규화의 역할은 무엇인가?

6-2 데이터베이스 관리시스템의 원리는 무엇인가?

- 데이터베이스 관리시스템(DBMS)을 정의하고, 이 시스템의 작동 방식과 얻을 수 있는 이득은 무엇인지 설명하라.
- 데이터의 논리적 관점과 물리적 관점을 각각 정의하고 두 관점을 비교하라.
- 관계형 DBMS의 세 가지 연산을 정의하고 설명하라.
- DBMS의 주요 기능 세 가지를 정의하고 설명하라.
- 비관계형 데이터베이스를 정의하고 역량을 설명하라.

6-3 기업 성과와 의사결정을 향상하기 위해 데이터베이스 정보에 접근할 수 있는 주요 도구와 기술은 무엇인가?

- 기업이 소규모 데이터 세트보다 빅데이터에 더 관심을 가질 수 있는 이유를 설명하라.
- 비즈니스에서 데이터 마트를 사용하는 방법을 설명하라.
- 데이터 저장을 위한 하둡 분산 파일 시스템의 기능을 설명하라.
- 인메모리 컴퓨팅을 사용해 데이터 분석을 용이하게 하는 방법을 설명하라.
- 데이터 마이닝의 맥락에서 군집이 의미하는 바를 설명하라.
- 감정 분석을 설명하고 기업이 이를 사용할 수 있는 이유를 제안하라.

6-4 기업 데이터 자원을 관리하는 데 정보정책, 데이터 관리, 데이터 품질보증이 왜 필수적인가?
- 데이터 품질을 보장하는 것이 중요한 이유는 무엇이며 여기에 포함될 수 있는 것은 무엇인가?
- 데이터 품질 감사에는 무엇이 포함되는가?
- 열악한 데이터 품질의 영향을 받을 수 있는 개인 또는 조직을 식별하라.

협업과 팀워크 프로젝트

온라인 데이터베이스의 개체와 속성 정의하기

6-5 3~4명으로 팀을 구성해 베스트바이(Best Buy)나 IMDb(Internet Movie Database) 같은 탐색할 온라인 데이터베이스를 선택하라. 이러한 웹사이트를 검색해 이 데이터베이스가 제공하고 있는 정보가 무엇인지 조사하라. 그러고 나서 이들의 데이터베이스에서 반드시 포함해야 할 개체 및 속성을 나열하고, 당신이 확인한 개체관계도를 작성하라. 가능하다면 구글 독스(Google Docs)와 구글 드라이브(Google Drive), 구글 사이트(Google Sites)를 이용해 발견 사항을 토론하고 수업시간에 발표할 자료를 준비하라.

참고문헌

Barton, Dominic, and David Court. "Making Advanced Analytics Work for You." *Harvard Business Review* (October 2012).

Beath, Cynthia, Irma Becerra-Fernandez, Jeanne Ross, and James Short. "Finding Value in the Information Explosion." *MIT Sloan Management Review* 53, No. 4 (Summer 2012).

Bessens, Bart. "Improving Data Quality Using Data Governance." *Big Data Quarterly* (Spring 2018)

Bughin, Jacques, John Livingston, and Sam Marwaha. "Seizing the Potential for Big Data." *McKinsey Quarterly* (October 2011).

Caserta, Joe, and Elliott Cordo. "Data Warehousing in the Era of Big Data." *Big Data Quarterly* (January 19, 2016).

Chai, Sen and Willy Shih. "Why Big Data Isn't Enough." *MIT Sloan Management Review* (Winter 2017).

Clifford, James, Albert Croker, and Alex Tuzhilin. "On Data Representation and Use in a Temporal Relational DBMS." *Information Systems Research* 7, No. 3 (September 1996).

DalleMule, Leandro, and Thomas H. Davenport. "What's Your Data Strategy?" *Harvard Business Review* (May–June 2017).

DataInformed. "The Database Decision: Key Considerations to Keep in Mind." *Wellesley Information Services* (2015).

Davenport, Thomas H. *Big Data at Work: Dispelling the Myths, Uncovering the Opportunities* (Boston, MA: Harvard Business School, 2014).

Duncan, Alan D., Mei Yang Selvage, and Saul Judah. "How a Chief Data Officer Should Drive a Data Quality Program." Gartner Inc. (October 14, 2016).

Eckerson, Wayne W. "Analytics in the Era of Big Data: Exploring a Vast New Ecosystem." TechTarget (2012).

Experian Data Quality. "Connecting Data Quality Initiatives with Business Drivers." *Experian Data Solutions* (2016).

Experian Information Solutions. "The 2018 Global Data Management Benchmark Report." (2018).

Felin, Teppo and Karim Lakhani. "What Problems Will You Solve with Blockchain?" *MIT Sloan Management Review* 60, No. 1 (Fall 2018).

Henschen, Doug. "MetLife Uses NoSQL for Customer Service Breakthrough." *Information Week* (May 13, 2013).

Hoffer, Jeffrey A., Ramesh Venkataraman, and Heikki Toppi. *Modern Database Management*, 13th ed. (Upper Saddle River, NJ: Prentice-Hall, 2019).

Horst, Peter and Robert Dubroff. "Don't Let Big Data Bury Your Brand." *Harvard Business Review* (November 2015).

Kroenke, David M, David J. Auer., Robert C. Yoder, and Scott L. Vandenberg. *Database Processing: Fundamentals, Design, and Implementation*, 15th ed. (Upper Saddle River, NJ: Prentice-Hall, 2019).

Lee, Yang W., and Diane M. Strong. "Knowing-Why About Data Processes and Data Quality." *Journal of Management Information Systems* 20, No. 3 (Winter 2004).

Lukyanenko, Roman, Jeffrey Parsons, Yolanda F. Wiersma, and Mahed Maddah. "Expecting the Unexpected: Effects of Data Collection Design Choices on the Quality of Crowdsourced User-Generated Content," *MIS Quarterly* 43, No. 2 (June 2019).

Marcus, Gary, and Ernest Davis. "Eight (No, Nine!) Problems with Big Data." *New York Times* (April 6, 2014).

Martens, David, and Foster Provost. "Explaining Data-Driven Document Classifications." *MIS Quarterly* 38, No. 1 (March 2014).

McAfee, Andrew, and Erik Brynjolfsson. "Big Data: The Management Revolution." *Harvard Business Review* (October 2012).

McKendrick, Joe. "Building a Data Lake for the Enterprise."*Big Data Quarterly* (Spring 2018)

Morrow, Rich. "Apache Hadoop: The Swiss Army Knife of IT." Global Knowledge (2013).

O'Keefe, Kate. "Real Prize in Caesars Fight: Data on Players." *Wall Street Journal* (March 19, 2015).

Redman, Thomas. *Data Driven: Profiting from Your Most Important Business Asset*. (Boston, MA: Harvard Business Press, 2008).

Redman, Thomas C. "Data's Credibility Problem." *Harvard Business Review* (December 2013).

Ross, Jeanne W., Cynthia M. Beath, and Anne Quaadgras. "You May Not Need Big Data After All." *Harvard Business Review* (December 2013).

SAP. "Data Warehousing and the Future." (February 2017).

Wallace, David J. "How Caesar's Entertainment Sustains a Data-Driven Culture." *DataInformed* (December 14, 2012).

Zoumpoulis, Spyros, Duncan Simester, and Theos Evgeniou, "Run Field Experiments to Make Sense of Your Big Data." *Harvard Business Review* (November 12, 2015).

빅데이터가 해답을 제공할까?

오늘날 기업은 기존 소스뿐만 아니라 소셜 미디어, 검색, 센서로부터 엄청난 양의 데이터를 처리하고 있다. 한 추정에 따르면 전 세계적으로 하루에 2,500조 바이트의 데이터가 생성된다. 의사결정 및 비즈니스 성과를 개선하기 위해 '빅데이터'를 이해하는 것은 모든 형태와 규모의 조직에게 가장 중요한 기회 중 하나가 되었지만 동시에 큰 도전이다.

아마존, 유튜브, 스포티파이 같은 기업은 고객의 관심사 및 구매에 대해 수집한 빅데이터를 분석해 책, 영화, 음악에 대한 수백만 개의 개인화된 추천을 생성함으로써 번창했다. 자동차, 컴퓨터, 휴대전화 요금제, 의류, 항공료, 호텔 객실 및 기타 여러 유형의 상품 및 서비스에서 가장 저렴한 가격을 찾는 서비스를 포함해 많은 온라인 서비스가 소비자를 돕기 위해 빅데이터를 분석한다. 빅데이터는 스포츠, 교육, 과학, 의료, 법 집행 분야에서도 유용하다.

헬스케어 기업은 현재 빅데이터 분석을 통해 만성질환과 일반질환에 대한 가장 효과적이고 경제적인 치료법을 결정하고 환자에게 맞춤형 진료를 제안하고 있다. 환자, 의료 서비스 제공자에 대해 수집된 수십억 개의 데이터 포인트와 처방 및 치료 효과를 분석해 영국국립보건서비스(NHS)는 약 5억 8,100만 파운드(미화 7억 8,400만 달러)를 절약할 수 있었다. 데이터는 대량의 데이터를 빠르게 분석할 수 있는 오라클 엑사데이터 데이터베이스 머신(Oracle Exadata Database Machine)에 보관된다(분석 플랫폼에 대한 이 장의 논의 참조). NHS는 빅데이터 분석 결과를 사용해 한 번에 열 가지 이상의 약물을 복용하는 환자와 너무 많은 항생제를 복용하는 환자를 식별하는 대시보드를 만들었다. 암 환자에게 제공되는 약물 및 치료에 대한 방대한 데이터를 수집하고 해당 정보를 환자 결과와 연결함으로써 NHS가 보다 효과적인 치료 프로토콜을 식별하는 데 도움이 되었다.

뉴욕시는 범죄율을 낮추기 위해 수집한 모든 범죄 관련 데이터를 분석한다. 컴프스탯(CompStat) 범죄 지도 프로그램은 보고된 모든 범죄 또는 불만 사항, 체포 및 시의 76개 구역 각각의 소환에 대한 포괄적인 시 전체 데이터베이스를 사용해 관할 구역, 순찰 자치구, 시 차원에서 범죄 신고 및 체포 활동에 대해 매주 보고한다. 컴프스탯 데이터는 범죄 및 체포 위치, 범죄 핫스팟 및 기타 관련 정보를 보여주는 지도에 표시되어 관할 구역 사령관이 패턴과 추세를 신속하게 식별하고 가장 필요한 곳에 경찰 인력을 배치하는 데 도움이 된다.

빅데이터 활용에는 한계가 있다. 많은 기업이 이 새로운 정보에 대한 비즈니스 목표나 성공을 측정하기 위한 핵심 성과 지표를 먼저 설정하지 않고 빅데이터 프로젝트를 서둘러 시작했다. 숫자로 헤엄친다고 해서 반드시 올바른 정보가 수집되고 있다거나 사람들이 더 현명한 결정을 내릴 것이라는 의미는 아니다. 빅데이터 분석 전문가들은 빅데이터의 약속에 현혹되어 아무런 성과도 내지 못하고 빅데이터 사업에 뛰어드는 기업이 너무 많다고 생각한다. 그들은 명확한 목표가 없거나 빅데이터 분석이 목표를 달성하는 방법이나 대답하려는 질문에 대한 정확한 이해 없이 산더미 같은 데이터를 축적하기 시작한다. 조직은 적절하게 정리, 구성 및 관리되지 않은 빅데이터로부터는 이점을 얻지 못할 것이다—데이터의 품질을 생각하라.

빅데이터가 항상 감정이나 직관적인 감정을 반영하는 것은 아니다. 예를 들어 레고(LEGO)가 2002~2003년에 파산에 직면했을 때 빅데이터를 사용해 밀레니얼 세대가 주의 집중 시간이 짧고 쉽게 지루해한다는 것을 확인했다. 데이터의 메시지를 통해 레고는 크고 단순한 빌딩 블록에 찬성해 작은 상징적 블록을 덜 강조하게 되었다. 이러한 변화는 레고의 쇠퇴를 가속화했을 뿐이므로 레고는 한때 충성도가 높았던 고객과 다시 연결하기 위해 소비자의 집으로 가기로 결정했다. 레고는 11세 독일 소년을 만난 후 아이들에게 즉각적인 만족을 얻는 것보다 놀고 숙달하는 것이 더 가치 있음을 발견했다. 그후 레고는 2014년 영화에서 성공을 거두고 세계 최대의 장난감 제조업체로 거듭나기 위해 다시 한 번 선회했다. 패턴과 추세는 때때로 오해의 소지가 있다.

방대한 양의 데이터가 반드시 더 신뢰할 수 있는 통찰력을 제공하는 것은 아니다. 때로는 분석 중인 데이터가 필요한 데이터를 제대로 대표하지 못하는 경우가 있다. 예를 들어 미국의 선거 여론 조사원은 대다수 사람이 유선 전화를 갖고 있지 않기 때문에 인구의 대표 표본을 얻기 위해 고군

분투했다. 여론 조사원은 현재 일부 표본의 75%를 차지하는 휴대전화 사용자에게 연락하는 데 더 많은 시간과 비용이 소요된다. 미국 법률은 휴대전화 자동 다이얼링을 금지하고 있으므로 모바일 사용자는 알 수 없는 발신자를 차단하는 경향이 있기 때문에 여론 조사원은 개별적으로 손으로 전화를 걸고 더 많은 전화를 걸어야 한다. 트위터의 의견이 미국 인구 전체의 의견을 반영하지는 않는다. 소셜 미디어 또는 컴퓨터를 사용하지 않는 경향이 있는 노인, 가난한 사람, 내성적인 사람은 자주 배제되기 때문이다.

빅데이터는 상관관계, 특히 작은 데이터 세트의 분석에서 놓칠 수 있는 미묘한 상관관계를 탐지하는 데 매우 뛰어나지만 빅데이터 분석은 반드시 인과 관계나 의미 있는 상관관계를 보여주지는 않는다. 예를 들어 빅데이터를 조사하면 미국 범죄율의 감소가 블록버스터와 같은 비디오 대여 상점의 시장 점유율 감소와 높은 상관관계가 있음을 알 수 있다. 그러나 이것이 반드시 두 현상 사이에 의미 있는 연결이 있음을 의미하지는 않는다. 데이터 분석가는 빅데이터로 해결하려는 문제에 대한 비즈니스 지식이 필요하다.

측정할 수 있다고 해서 측정해야 하는 것은 아니다. 예를 들어 한 대기업이 트위터의 멘션 수와 관련해 웹사이트 트래픽을 측정하려고 한다고 가정하자. 결과를 지속적으로 표시하는 디지털 대시보드를 구축한다. 과거에 이 회사는 무역 박람회 및 컨퍼런스에서 대부분의 판매 리드와 최종 판매를 창출했다. 트위터로 전환하면 영업 부서의 초점이 변화하는 측정의 핵심 지표로 언급된다. 이 부서는 웹사이트 클릭과 소셜 미디어 트래픽을 모니터링하는 데 에너지와 리소스를 쏟아붓고 있다.

모든 데이터 세트와 데이터 기반 예측 모델은 데이터를 선택하고 분석을 수행하는 사람들의 편향을 반영한다. 몇 년 전 구글은 웹 검색에서 수집한 데이터를 사용해 얼마나 많은 사람이 인플루엔자에 걸렸고 질병이 어떻게 퍼지고 있는지 정확히 파악하는 첨단 알고리즘을 개발했다. 사람들의 위치를 구글의 독감 관련 검색어와 연결해 미국에서 독감에 걸린 사람 수를 계산하려고 했다. 구글은 이후에 미국 질병통제예방센터(CDC)에서 수집한 기존 데이터와 비교할 때 독감 발병률을 지속적으로 과대평가했다. 일부 과학자는 구글이 그해 미국의 심각한 독감 시즌에 대한 광범위한 미디어 보도에 '속았다'고 제안했으며, 이는 소셜 미디어 보도에 의해 더욱 확대되었다. 독감 추세를 예측하기 위해 개발된 모델은 잘못된 가정, 즉 구글에서 독감 관련 검색 빈도가 실제로 독감에 걸린 사람들의 수를 정확히 나타내는 지표라는 잘못된 가정을 기반으로 했다. 구글의 알고리즘은 검색 결과의 컨텍스트가 아닌 숫자만 보았다.

뉴욕 경찰청(NYPD)은 최근 패턴 인식을 사용해 잠재적 범죄자를 식별하는 패터나이저(Patternizr)라는 도구를 개발했다. 이 소프트웨어는 NYPD 데이터베이스의 77개 구역에서 수십만 개의 범죄 기록을 검색해 일련의 식별 특성을 기반으로 동일한 개인 또는 개인이 범했을 가능성이 있는 범죄를 찾는다. 과거에는 분석가가 보고서를 수동으로 검토해 패턴을 식별해야 했으며 이는 매우 시간이 오래 걸리고 비효율적이었다. 일부 전문가는 패터나이저가 의도치 않게 편견을 영속화한다고 우려한다. NYPD는 10년 동안 수동으로 식별된 패턴 데이터를 사용해 패터나이저를 교육하고 데이터에서 성별, 인종, 특정 위치와 같은 속성을 제거했다. 그럼에도 불구하고 인종과 성별이 예측을 모델링하는 데 사용된 과거 경찰 조치에서 어떤 역할을 했다면 그러한 노력이 패터나이저의 인종 및 성별 편견을 제거하지 못할 수도 있다. 가트너의 분석가 다린 스튜어트(Darin Stewart)에 따르면 패터나이저는 시스템에서 추론한 프로필에 맞는 개인을 소탕할 것이다. 스튜어트는 기껏해야 패터나이저에 의해 확인된 일부 사람이 불편을 겪고 모욕을 당할 것이라고 말한다. 최악의 경우 무고한 사람이 투옥된다.

기업은 이제 사람들의 쇼핑 습관, 수입, 취미, 거주지, (모바일 장치를 통한) 장소 이동에 대한 방대한 데이터 세트를 공격적으로 수집하고 마이닝한다. 그들은 그러한 빅데이터를 사용해 사람들에 대한 새로운 사실을 발견하고, 미묘한 패턴을 기반으로 분류하고, '위험'(예: 대출 채무 불이행 위험 또는 건강 위험)으로 표시하고, 행동을 예측하고, 최대 이익을 얻을 수 있게 조정한다. 개인정보 보호 전문가는 적법 절차, 반격 능력 또는 차별을 받았다는 사실조차 모르는 사람들이 태그가 지정되어 불리한 결과를 겪을 것이라고 우려한다.

프로그레시브(Progressive)와 같은 보험 회사는 표면적으로 더 나은 보험료를 제공하기 위해 자동차에 설치할 수 있는 운전 습관 분석용 장치를 제공한다. 그러나 자동차 보험료 인하의 기준 중 일부는 차별적인 것으로 간주된다. 예를 들어 보험 회사는 야간 운전을 하지 않고 차 안에서 많은 시간을 보내지 않는 사람을 좋아한다. 그러나 가난한 사람은 야근을 하고 통근 시간이 길어 자동차 보험료가 인상될 가능성이 더 크다.

점점 더 많은 회사가 특히 저임금 서비스 부문 일자리를 위해 구직자를 필터링하고 고용하기 위해 컴퓨터 시스템으로 눈을 돌리고 있다. 이러한 시스템이 후보자를 평가하는 데 사용하는 알고리즘으로 인해 자격을 갖춘 지원자가 일자리를 얻지 못할 수 있다. 예를 들어 이러한 알고리즘 중 일부는 통계적으로 통근 시간이 짧은 사람들이 통근 시간이 더 길거나 신뢰할 수 없는 교통수단을 사용하는 사람, 또는 오랫동안 그 주소에 살지 않았던 사람보다 직장에 더 머무를 가능성이 더 높다고 결정했다. 지원자에게 "출퇴근 시간이 얼마나 걸립니까?"라고 물으면 통근 시간이 긴 지원자는 해당 직무에서 낮은 점수를 받는다. 이러한 고려 사항이 통계적으로 정확할 수는 있지만 이러한 방식으로 구직자를 선별하는 것이 공정한가?

출처: Brian Holak, "NYPD's Patternizr Crime Analysis Tool Raises AI Bias Concerns," searchbusinessanalytics.com, March 14, 2019; Linda Currey Post, "Big Data Helps UK National Health Service Lower Costs, Improve Treatments," *Forbes*, February 7, 2018; Michael Jude, Rajkumar Venkatesan and Christina Black, "Using Big Data: 3 Reasons It Fails and 4 Ways to Make It Work," University of Virginia Darden School of Business Press Release, February 2018; Alex Bekker, "Big Data: A Highway to Hell or a Stairway to Heaven? Exploring Big Data Problems," *ScienceSoft*, May 19, 2018; Ernest Davis, "The Problems of Big Data, and What to Do About Them," World Economic Forum, February 15, 2017; and Gary Marcus and Ernest Davis, "Eight (No, Nine!) Problems With Big Data," *New York Times*, April 6, 2014.

사례연구 문제

1. 이 사례에서 설명한 조직은 빅데이터를 분석하고 사용해 어떤 비즈니스 이점을 얻었는가?

2. 이 사례에 설명된 조직에서 빅데이터를 사용해 개선된 두 가지 결정과 빅데이터가 개선되지 않은 두 가지 결정을 식별하라.

3. 빅데이터 활용의 한계를 설명하라.

4. 모든 조직이 빅데이터를 수집하고 분석해야 하는가? 그 이유는 무엇인가? 회사가 빅데이터 작업을 결정하기 전에 해결해야 할 사람, 조직, 기술 문제는 무엇인가?

CHAPTER

7 통신, 인터넷, 무선 기술

학습목표

이 장의 학습을 마치면 다음 질문에 답할 수 있을 것이다.

7-1 통신 네트워크의 주요 구성요소와 핵심 네트워킹 기술은 무엇인가?

7-2 네트워크의 다른 유형에는 무엇이 있는가?

7-3 인터넷과 인터넷 기술은 어떻게 작동하며 통신과 e-비즈니스를 어떻게 지원하는가?

7-4 무선 네트워킹, 무선 통신, 무선 인터넷 접속을 위한 주요 기술과 표준은 무엇인가?

7-5 경영정보시스템은 내 경력에 어떻게 도움이 되는가?

사례

무선 기술을 획득한 투르 드 프랑스

싱가포르, 2G 네트워크를 폐쇄하다

도로의 안전을 위해 만들어진 말하는 자동차

구글, 애플, 페이스북의 인터넷 경험 경쟁

무선 기술을 획득한 투르 드 프랑스

매년 7월, 약 200명의 자전거 선수가 피레네산맥과 알프스산맥의 가파른 도로를 포함해 프랑스에서 가장 험난한 2,200마일을 질주한다. 투르 드 프랑스는 세계에서 가장 큰 자전거 경주 대회이다.

최초의 투르 드 프랑스는 1903년에 《L'Auto》 신문 판매 촉진을 위해 열렸는데, 처음에는 주로 지역 경쟁자와 관중의 참여로 이루어졌다. 신문, 라디오, TV 등의 매체 보도는 투르 드 프랑스의 명성을 점차 확대했다. 축구, 야구, 테니스와 같은 다른 경쟁 스포츠와 마찬가지로 오늘날의 투르 드 프랑스 팬들은 단순히 스포츠 관람을 원하는 것이 아니라 스포츠에 참여하고 싶어 하며, 라이브 스트리밍, 주문형 비디오, 모바일 앱과 소셜 미디어 상호작용 등 더 많은 정보와 상호작용을 기대한다. 디지털 테크놀로지는 팬, 운동선수, 스폰서, 방송사를 끌어들이기 위한 필수적인 기술이 되었다.

사실 2014년까지 투르 드 프랑스는 구시대적인 기술력을 가지고 있었다. 실시간 통계를 잘 사용하지 않았고, 유일한 실시간 정보는 경기 임원이 오토바이에 탑승한 채 자전거 선수들보다 앞서 있는 칠판이었다. TV 시청자는 다양한 카메라 각도에서 타이밍과 레이스를 볼 수 있었지만 그 이상은 불가능했다.

오늘날 투르 드 프랑스 경주용 자전거의 데이터는 2초 이내에 TV 시청자에게 전달된다. 작고 가벼운 추적 센서가 모든 경주 참여자의 자전거 안장 아래에 있는 클립에 부착되어 있다. 이 센서에는 GPS(Global Positioning System) 칩, 무선 주파수(RF) 칩과 충전식 배터리가 포함되어 있어 자전거의 GPS 위치 및 속도 데이터를 초 단위로 전송하며 경주 도중 30억 개 이상의 데이터 포인트를 생성하게 된다. 이러한 실시간 데이터는 기상 서비스, 도로 구배, 과거 몇 년 동안의 경주 데이터와 같은 다른 소스의 피드와 결합한다. 이제 투르 드 프랑스 모바일 앱을 사용하는 주최자, 방송사, 팀, TV 시청자와 팬들은 경기 진행 상황 및 개인 경주자에 대한 자세한 통계에 접근할 수 있다. 경주자는 자전거를 탈 때 실시간으로 데이터를 전송하는 이어폰 라디오를 착용한다. 이 시스템에는 탑승자의 신체 성능을 모니터링하기 위한 생체 데이터가 포함되어 있지 않다. 팀은 이러한 데이터를 비공개로 유지한다.

디멘션데이터(Dimension Data)는 남아프리카공화국에 본사를 둔 글로벌 IT 서비스 기업으로 투르 드 프랑스의 디지털 인프라를 구축 및 운영하고 있다. 각 경주용 자전거의 센서 데이터는 상공을 비행하는 비

행기와 헬리콥터에 의해 TV로 중계된다. 경주 데이터는 런던과 암스테르담의 원격 데이터 센터에서 호스팅되는 디멘션데이터의 클라우드 서비스로 전송되며, 사이클 전문가가 개발한 강력한 알고리즘이 외부 피드를 포함한 데이터를 분석해 방송사, 소셜 미디어 및 투르 드 프랑스 레이스 앱을 위한 실시간 정보를 생성한다. 자전거에서 뷰어로 데이터를 전송하는 데는 단 2초밖에 소요되지 않는다. 그리고 이 시스템은 경주 전과 경주 도중에 라이더가 다른 라이더를 따라잡을 수 있는 가능성 등 현재 및 과거 데이터를 바탕으로 예측을 진행한다. 이 시스템은 또한 과거의 경주 결과와 성적을 바탕으로 다양한 경주 조건에서 각 경주자의 장단점을 보여주는 경주자 프로필을 생성할 수 있다.

디지털 테크놀로지는 투르 드 프랑스 팬들의 참여를 크게 증가시켰다. 팬들은 TV에서 라이브 중계 정보를 볼 수 있고, 소셜 미디어에서 경주 결과를 토론할 수 있게 만들었다. 2014년 투르 드 프랑스 기관이 공개한 동영상 조회수는 600만 건에 불과했으나 2016년에는 그 수가 5,500만 건으로 치솟았으며, 1,700만 명이 라이브 트랙 웹사이트에 접속하고 있다. 투르 드 프랑스의 목표는 팬인 당신을 경주에 끌어들이는 것이며, 그들은 이것에 성공한 것으로 보인다.

출처: www.letour.fr/en, accessed May 20, 2019; www.dimensiondata.com, accessed May 30, 3019; Bryan Glick, "Tour de France Pumps Tech," *Computer Weekly*, August 15–21, 2017; "Tour de France Behind the Scenes: How Dimension Data Rider Live Tracking Works," *DCRainmaker*, July 13, 2017; Dave Michels, "Adding an IoT Dimension to the Tour de France," *Network World*, May 23, 2017; and Scott Gibson, "5 Ways Tour de France Is Winning the Digital Race in 2017," *Dimension Data*, June 29, 2017.

투르 드 프랑스는 현대 네트워킹 테크놀로지의 강력한 기술을 보여주고 있다. 매년 열리는 투르 드 프랑스 자전거 경주는 무선 네트워킹과 무선 센서 기술을 사용해 경주 결과에 영향을 미치는 변수와 사이클 선수들의 속도와 위치를 면밀하게 추적하고, 팬들과 방송사에 경주 정보를 즉시 전달한다.

옆 페이지 도표는 이 사례와 이 장에서 제기된 중요한 사항에 대한 주의를 환기시킨다. 투르 드 프랑스 경주는 광활하고 지형적으로 어려운 지형에서 열리며, 이 지형에서는 경주자를 추적하고 실시간 경주 통계를 생성하기가 어렵다. 이 전설적인 경주는 이미 많은 팬을 보유하고 있었지만, 경영진은 무선 네트워크 기술과 사물인터넷(IoT)에 의해 제공되는 기회를 활용해 팬층을 확대하고 팬 참여를 심화할 수 있다는 것을 깨달았다. 투르 드 프랑스는 이에 따라 실시간으로 레이스 통계, 라이더 프로필, 레이스 결과에 대한 예측, TV 방송 및 소셜 미디어를 위한 콘텐츠를 제공할 수 있어 스포츠의 인기와 팬들의 관심을 높일 수 있었다. 또한 투르 드 프랑스 사이클 선수 및 팀은 이 정보를 사용해 경기력을 향상할 수 있었다.

다음은 고려해야 할 몇 가지 질문이다. 투르 드 프랑스에서 무선 테크놀로지가 중요한 역할을 한 이유는 무엇인가? 기술은 투르 드 프랑스가 경주에서 데이터를 제공하고 사용하는 방법을 어떻게 변화시켰는지 설명하라.

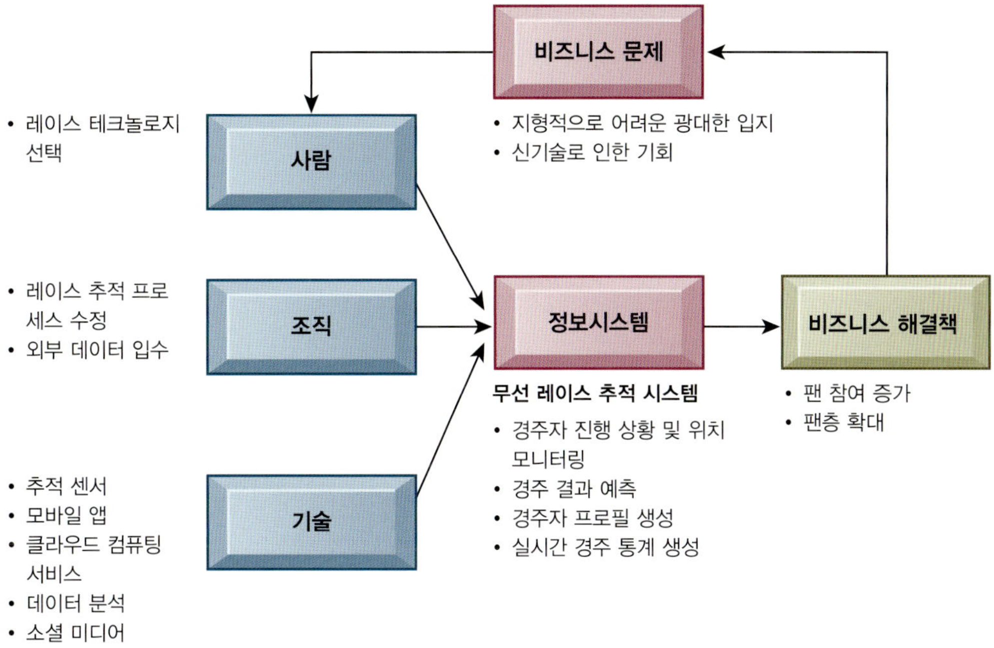

7-1 통신 네트워크의 주요 구성요소와 핵심 네트워킹 기술은 무엇인가?

만약 기업을 경영하거나 혹은 기업을 위해 일을 한다면, 네트워크 없이는 아무것도 할 수 없다. 고객, 공급자, 직원과 아주 빠른 의사 교환이 필요하기 때문이다. 대략 1990년까지 기업은 사무적인 통신 목적으로 우편이나 팩스, 음성통신을 지원하는 전화를 사용했다. 그러나 오늘날은 컴퓨터, 이메일, 인스턴트 메시지, 인터넷, 휴대전화, 무선 네트워크에 연결된 모바일 컴퓨터를 통신수단으로 사용한다. 네트워킹과 인터넷은 현재 '기업 업무'와 거의 동의어로 볼 수 있다.

네트워킹과 통신 추세

기업은 과거에 근본적으로 두 가지 형식의 네트워크인 전화망과 컴퓨터 네트워크를 사용했다. 전화망은 전통적으로 음성통신을, 컴퓨터 네트워크는 데이터 통신을 다루었다. 전화망은 전통적으로 음성통신을, 컴퓨터 네트워크는 데이터 통신을 다루었다. 전화망은 음성전송 기술(하드웨어와 소프트웨어)을 사용해 1900년대에 전화 회사들에 의해 구축되었으며 전 세계적으로 이들 기업은 거의 대부분 합법적 독점 상태를 유지했다. 한편 컴퓨터 네트워크는 서로 다른 지역의 컴퓨터 간 데이터 통신을 위해 컴퓨터 제조업체에 의해 구축되었다.

지속적인 통신 규제 완화와 정보기술의 발달로 인해 전화와 컴퓨터 네트워크는 공유 인터넷 기반 표준과 장치를 사용하는 단일 디지털 네트워크로 통합되고 있다. 현재 보다폰(Vodafone)과 같은 통신 사업자는 음성통신은 물론 데이터 전송, 인터넷 접속, 휴대전화 서비스, TV 프로그래밍 서비스 등도 제공하고 있다. 케이블(Kabel)이나 브리티시텔레콤(British Telecom) 같은 케이블 사업자 역시 음성 서비스와 인터넷 접속 서비스를 제공한다. 컴퓨터 네트워크도 인터넷 전화와 제한적인 영상 서비스를 포함하는 방향으로 발전하고 있다.

더욱이 음성과 데이터 통신 네트워크 둘 다 점점 더 강력해지고(빨라지고), 휴대가 더욱 용이해지고(작아지고, 이동성을 갖고), 더 저렴해졌다. 예를 들면 2000년에 일반적인 인터넷 접속 속도는 56kbps이었지만, 오늘날 미국 가구의 대부분이 전화 또는 케이블 TV 회사가 제공하는 3~20mbps 속도(초당 수백만 비트)의 초고속 **광대역**(broadband) 회선을 사용하고 있다. 통신비용 역시 급격하게 떨어지고 있는데 2000년에 킬로비트당 50센트였던 것이 지금은 단지 몇 분의 일 센트밖에 되지 않는다.

컴퓨터 네트워크의 정의

만약 같은 사무실에 근무하는 2명 이상의 직원을 위해 각 컴퓨터를 연결하려면 컴퓨터 네트워크가 필요하다. 가장 단순한 형태의 네트워크는 둘 이상의 연결된 컴퓨터들로 구성할 수 있다. 그림 7.1은 단순한 네트워크에서 사용하는 주요 하드웨어, 소프트웨어와 전송장치(클라이언트 컴퓨터와 서버 전용 컴퓨터, 네트워크 인터페이스, 전송 매체, 네트워크 운영체제 소프트웨어, 허브 또는 스위치)을 보여주고 있다.

컴퓨터를 네트워크에 연결하기 위해 네트워크상의 각 컴퓨터는 네트워크 인터페이스 장치를 탑재하고 있다. 네트워크 구성요소 간의 연결을 위한 매체로 전화선과 동축케이블 등을 사용하며, 휴대전화와 근거리 무선 랜(Wi-Fi network)의 경우 무선 신호(radio signal)를 사용한다.

네트워크 운영체제(network operating system, NOS)는 네트워크상의 통신에 대한 경로

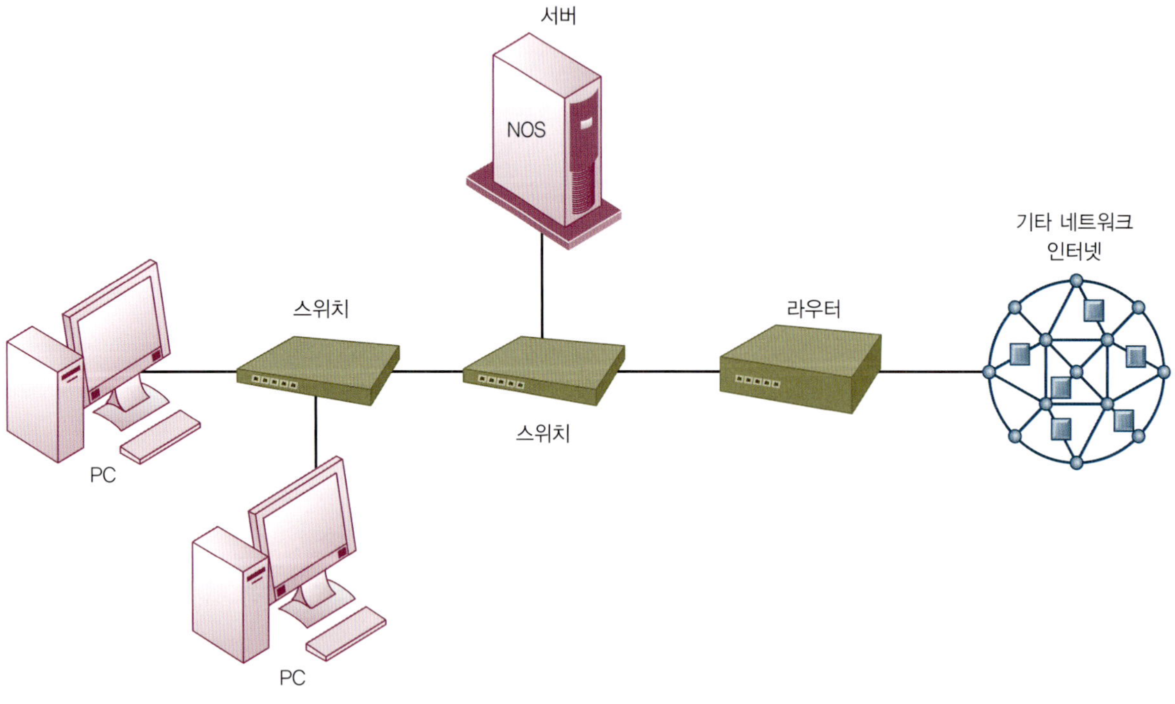

그림 7.1 **단순한 컴퓨터 네트워크의 구성요소**
여기 예시된 네트워크는 단순한 네트워크이며 컴퓨터, 전용 서버에 설치된 네트워크 운영체제(NOS), 장치를 연결하는 케이블(배선), 스위치, 라우터 등을 포함하고 있다.

를 설정하고 관리하며 네트워크 자원을 관리하는 역할을 한다. NOS를 네트워크 안의 모든 컴퓨터에 설치할 수도 있고 네트워크상의 모든 애플리케이션을 위해 전용 서버 컴퓨터에만 우선적으로 설치할 수도 있다. 서버 컴퓨터는 웹페이지 제공, 데이터 저장, 네트워크를 제어하는 네트워크 운영체제의 저장 등과 같이 클라이언트 컴퓨터 지원을 위해 네트워크 기능을 수행하는 네트워크상의 컴퓨터를 말한다. 마이크로소프트의 윈도우 서버, 리눅스는 가장 보편적으로 사용되는 네트워크 운영체제이다.

또한 대부분의 네트워크는 컴퓨터 간의 접속점(connection point)으로서 스위치나 허브를 포함하고 있다. **허브**(hub)는 네트워크 구성요소를 연결하는 가장 단순한 장치로서 네트워크에 연결된 다른 장치로 데이터 패킷을 보낼 수 있다. 한편 **스위치**(switch)는 허브보다 조금 더 지능화된 장치로서 네트워크상 특정 목적지로 데이터를 재전송하거나 필터링 기능을 수행할 수 있다.

만약 인터넷과 같은 외부 네트워크에 접근하고자 한다면 무엇이 더 필요한가? 바로 라우터이다. **라우터**(router)는 패킷 데이터를 다른 네트워크를 통해서 정확한 주소로 전달하기 위해 사용하는 통신 프로세서(communication processor)이다.

네트워크 스위치와 라우터는 네트워크에서의 데이터 이동을 관제할 목적으로 각 장치에 고유한 소프트웨어를 내장하고 있다. 이러한 상황은 네트워크에 병목 현상을 초래하며 네트워크 설정 과정을 더 복잡하게 만들고 더 많은 시간을 소모하게 한다. **소프트웨어 정의 네트워크**(software-defined networking, SDN)는 이와 같은 네트워크 장비와는 독립적이고 저렴한 일반 서버에서 운영할 수 있는 하나의 중앙 프로그램을 통해 네트워크 제어 기능의 대부분을 관리하고자 하는 네트워킹 방법을 말한다. 이러한 소프트웨어 정의 네트워크는 다양한 하드웨어 장비로 구성된 클라우드 컴퓨팅 환경에서 더욱 유용한데, 이는 네트워크 관리자가 통신 부하를 더 유연하고 효율적으로 관리할 수 있기 때문이다.

대기업 네트워크

지금까지 설명한 네트워크는 소규모 기업에는 적합할지 모른다. 그러나 수천 명의 직원과 서로 다른 지역 거점을 가지는 대기업에도 적합할까? 기업이 성장하면서, 작은 네트워크들은 함께 묶여 기업 네트워킹 인프라(corporate-wide networking infrastructure)를 구축할 수 있다. 대기업의 네트워크 인프라는 다른 근거리 통신망 및 회사 전체의 네트워크에 연결된 다수의 소규모 근거리 통신망으로 구성된다. 수많은 고성능 서버들은 기업 웹사이트, 기업 인트라넷, 나아가 엑스트라넷을 지원하게 되며, 이 중 일부 서버는 백-엔드 시스템을 지원하는 다른 대형 컴퓨터와 연결되어 있다.

그림 7.2는 이와 같은 대규모의 복잡한 기업 네트워크를 보여준다. 그림에서 볼 수 있듯이 기업 네트워크 인프라는 휴대전화와 스마트폰을 사용하는 외부 판매직, 이동 중에 기업 웹사이트에 접속하는 직원, 이동형 무선 근거리 통신망(Wi-Fi 네트워크)을 사용하는 내부 기업 네트워크 등을 지원한다. 이러한 컴퓨터 네트워크 외에도 기업 인프라는 보통 대부분의 음성 데이터를 취급하는 별개의 전화 네트워크를 포함한다. 하지만 많은 기업이 전통적인 전화 네트워크 사용을 줄이거나 배제하고 기존의 데이터 네트워크를 통한 인터

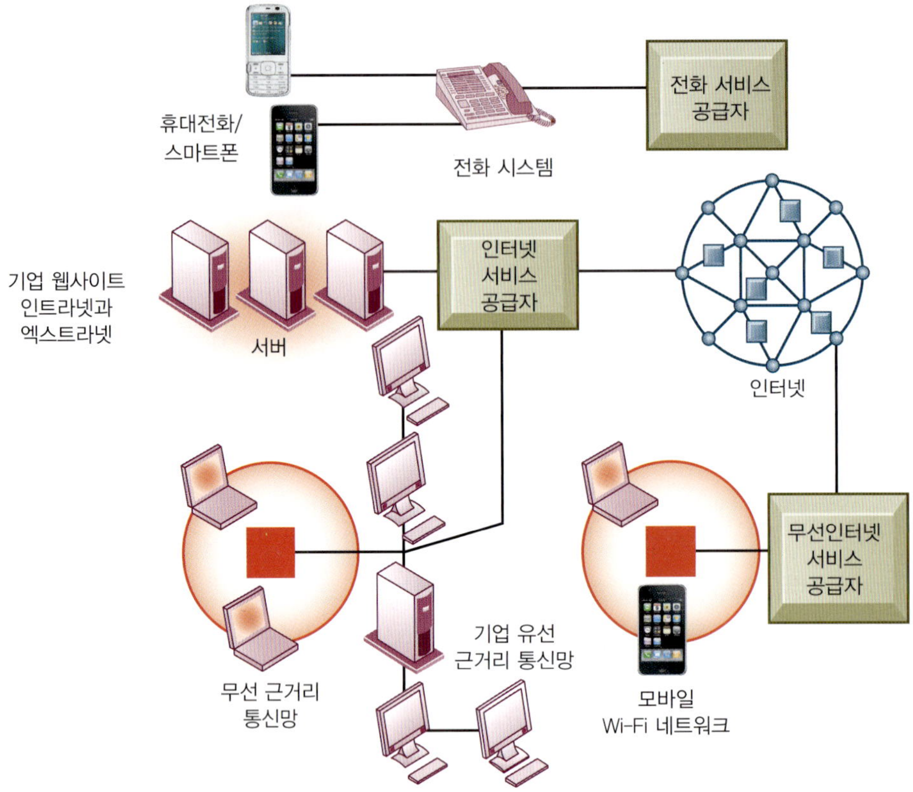

그림 7.2
기업 네트워크 인프라
오늘날 기업의 네트워크 인프라는 공공 교환 전화망에서부터 작업그룹, 부서 및 사무실을 연결하는 기업 근거리 통신망을 위한 인터넷에 이르기까지 수많은 네트워크의 집합이다.

넷 전화를 사용하고 있다(나중에 설명).

이 그림과 같이 대기업 네트워크 인프라는 보통의 전화 서비스와 기업 데이터 네트워크에서부터 인터넷 서비스, 무선인터넷, 무선 휴대전화까지 다양하고 광범위한 기술을 사용한다. 오늘날 기업이 직면한 한 가지 중요한 문제점은 어떻게 서로 다른 통신 네트워크와 채널을 기업의 한 부분에서 다른 부분으로, 한 시스템에서 다른 시스템으로 흐를 수 있는 일관된 시스템으로 통합할 수 있는가이다.

핵심 디지털 네트워킹 기술

현대의 디지털 네트워크와 인터넷은 세 가지 핵심 기술에 기초를 두고 있는데, 클라이언트/서버 컴퓨팅, 패킷 교환(packet switching), 서로 다른 네트워크와 컴퓨터들을 연결하기 위한 범용 통신 표준(가장 중요한 표준은 TCP/IP 프로토콜이다)이 그것이다.

클라이언트/서버 컴퓨팅

5장에서 이미 소개한 클라이언트/서버 컴퓨팅은 분산 컴퓨팅 모델로서 처리 능력의 일부를 데스크톱 컴퓨터, 랩톱 컴퓨터, 휴대용 단말기 등과 같이 작고 저렴한 클라이언트 컴퓨터에 부여한다. 이러한 고성능 클라이언트는 네트워크 서버 컴퓨터가 통제하는 네트워크를 통해 다른 클라이언트와 연결된다. 서버는 네트워크 통신을 위한 통신 규칙을 설정하고 네트워크상에서 서로를 인식할 수 있도록 모든 클라이언트에 주소를 할당한다.

클라이언트/서버 컴퓨팅은 거의 모든 처리가 중앙 대형 메인프레임 컴퓨터에서 발생하

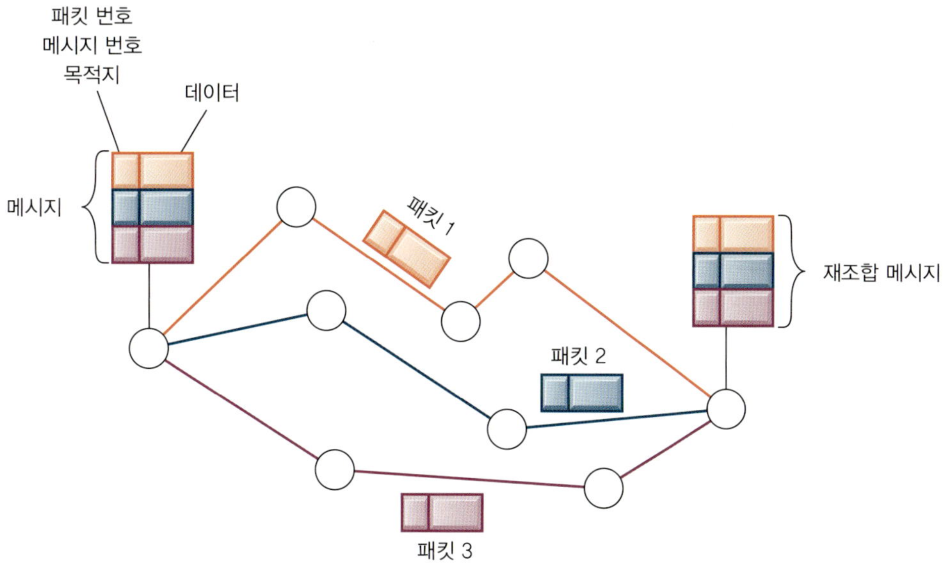

그림 7.3
패킷 교환식 네트워크와 패킷 통신
데이터는 다양한 통신채널을 통해 독립적으로 전송되고 최종 목적지에서 재조합되는 작은 패킷 단위로 그룹화된다.

는 중앙 집중형 메인프레임 컴퓨팅을 대체했다. 클라이언트/서버 컴퓨팅은 컴퓨팅을 부서, 작업그룹, 공장의 작업장 및 중앙집중형 구조가 적합하지 않은 비즈니스 분야에까지 확산시키는 동시에 PC, 랩톱, 휴대전화와 같은 개인 컴퓨팅 장치가 인터넷과 같은 네트워크에 연결될 수 있게 한다. 인터넷이 가장 큰 규모의 클라이언트/서버 컴퓨팅이다.

패킷 교환

패킷 교환(packet switching)은 디지털 메시지를 패킷이라고 불리는 작은 묶음으로 쪼개고, 준비된 패킷을 서로 다른 통신 경로를 따라 전송하며, 목적지에 도착한 패킷을 다시 재조합하는 방법을 말한다(그림 7.3 참조). 패킷 교환이 개발되기 전 컴퓨터 네트워크는 다른 원격 컴퓨터와 통신하기 위해 전용 임대 전화 회선을 사용했다. 전화 시스템과 같은 회선 교환식(circuit-switched) 네트워크는 점 대 점(point-to-point) 회선을 확보해 통신을 할 수 있었다. 이러한 전용 회선 교환식 기술은 비싸면서도 통신 용량을 낭비하게 되는데, 데이터가 전송 중인지와 관계없이 특정 시점에 특정 회선을 확보해야 하기 때문이다.

패킷 교환은 더 효율적인 방법이다. 패킷 교환 네트워크에서는 먼저 메시지를 패킷이라 불리는 작은 일정 단위의 데이터 묶음으로 쪼갠다. 이 패킷은 전송할 데이터와 함께 정확한 주소로 패킷을 인도하고 전송 오류를 검사할 수 있는 정보를 담고 있다. 이러한 패킷은 라우터를 통해 다양한 통신 경로를 따라 독립적으로 발송된다. 따라서 하나의 메시지에서 발생한 여러 데이터 패킷은 최종 목적지에 도착해 원래 메시지로 재조합되기 전까지 서로 다른 경로와 네트워크를 따라 전달되는 것이다.

TCP/IP와 접속 가능성

전형적인 통신 네트워크에서는 다양한 하드웨어와 소프트웨어 구성요소가 정보를 전송하기 위해 협력해야 한다. 네트워크의 구성요소는 **프로토콜**(protocol)이라고 부르는 공통 통신 규칙 집합에 따라 서로 다른 구성요소와 통신할 수 있다. 이러한 프로토콜은 네트워크에서 두 지점 간 정보 전송을 관리하는 일단의 절차와 규칙 집합을 말한다.

과거에는 서로 배타적이고 호환되지 않는 다양한 프로토콜 때문에 대다수 기업이 특정 공급자로부터 컴퓨팅 및 통신 장비를 구매할 수 있었다. 그러나 오늘날의 기업 네트워크는 점점 더 **TCP/IP**(Transmission Control Protocol/Internet Protocol)라 부르는 범세계적 단일 공통 표준을 채택하고 있다. TCP/IP는 1970년대 초 과학자들이 원격에서 서로 다른 유형의 컴퓨터 간에 데이터를 전송할 수 있도록 하려는 미국 DARPA(Defense Advanced Research Project Agency)의 시도를 지원하기 위해 개발되었다.

TCP/IP는 일단의 프로토콜 집합으로 TCP와 IP가 주요한 구성요소이다. TCP는 Transmission Control Protocol의 약어이며 컴퓨터 간 데이터 이동을 관리한다. TCP는 컴퓨터 간에 접속을 확보하고 순서에 따라 패킷을 전송하며 전송된 패킷의 수신을 알린다. IP는 Internet Protocol의 약어이며 패킷 전송과 전송 과정에서의 패킷 분해와 재조합을 책임진다. 그림 7.4는 네 가지 층으로 구성된 미 국방부의 TCP/IP 참조 모델을 보여주며 자세한 설명은 아래와 같다.

1. 애플리케이션 계층. 애플리케이션 계층은 클라이언트 응용프로그램이 다른 계층에 접근할 수 있게 하고 애플리케이션이 데이터 교환을 위해 사용하는 프로토콜을 정의한다. 애플리케이션 프로토콜 중 하나로 웹페이지 파일을 전송하는 데 사용하는 HTTP(Hypertext Transfer Protocol)를 들 수 있다.
2. 전송 계층. 전송 계층은 응용 계층에게 통신 및 패킷 서비스를 제공하는 역할을 한다. 이 계층은 TCP와 함께 일부 프로토콜을 포함하고 있다.
3. 인터넷 계층. 인터넷 계층은 주소 지정, 경로 지정, IP 데이터그램(datagram)이라 부르는 데이터 패킷의 구성을 담당한다. 인터넷 프로토콜(IP)은 이 계층에서 사용하는 프로토콜 중 하나이다.
4. 네트워크 인터페이스 계층. 네트워크 인터페이스 계층은 참조 모델의 가장 바닥에 위치하며, 특정 네트워킹 기술과 관계없이 네트워크 매체를 통한 패킷의 송신 및 수신을 담당한다.

그림 7.4
TCP/IP 참조 모델
이 그림은 통신을 위한 TCP/IP 참조 모델의 4개 계층을 보여준다.

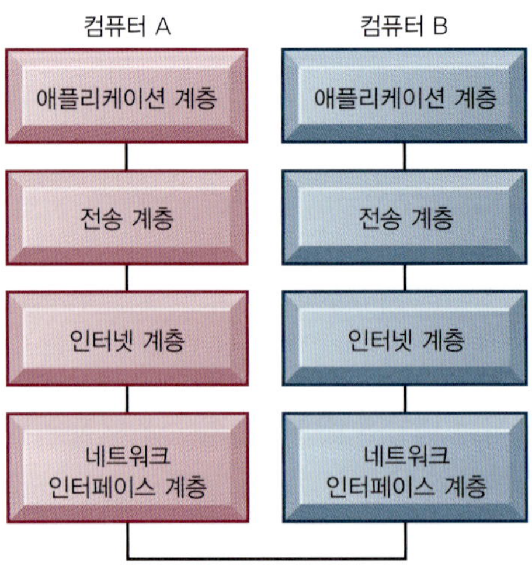

2개의 컴퓨터가 서로 다른 하드웨어와 소프트웨어 플랫폼을 기반으로 하고 있어도 TCP/IP를 사용해 통신할 수 있다. 하나의 컴퓨터에서 다른 컴퓨터로 전송되는 데이터는 송신 컴퓨터의 응용 계층에서 시작해 네트워크 인터페이스 계층을 통과하며 아래쪽으로 4개 계층 모두를 지나가게 된다. 데이터가 수신 호스트 컴퓨터에 도달한 후 이들 네 계층은 아래에서 위로 통과하고 컴퓨터가 사용할 수 있는 형태로 재조합된다. 수신 컴퓨터가 손상된 패킷을 발견할 경우 송신 컴퓨터에 재전송을 요청한다. 수신 컴퓨터가 응답할 때는 이와 동일한 과정이 반대 방향으로 발생하게 된다.

7-2 네트워크의 다른 유형에는 무엇이 있는가?

이제 기업 업무에 사용할 수 있는 여러 네트워킹 기술을 좀 더 자세히 살펴보자.

신호: 디지털 대 아날로그

네트워크에서 메시지를 통신하는 방법은 두 가지로, 아날로그 신호 또는 디지털 신호이다. **아날로그 신호**는 통신 매체를 통과하는 연속적 파장을 이용해 표현하며 주로 음성 통신을 위해 사용했다. 가장 일반적인 아날로그 장치로는 전화 수화기, 컴퓨터 스피커, 아이폰 이어폰 등을 들 수 있으며, 이것은 모두 사람의 귀로 들을 수 있는 아날로그 파장을 발생시킨다.

반면 **디지털 신호**는 연속적 파장이 아닌 이산적 이진(binary) 파장을 말한다. 디지털 신호는 2개의 불연속적 상태(즉 on-off의 전기 신호로 표현되는 1비트나 0비트)의 일렬 집합으로써 정보를 통신한다. 컴퓨터는 이와 같은 디지털 신호를 사용하며 전화 회선, 케이블 회선, 아날로그 신호를 사용하는 무선 매체를 통해 전송하거나 수신할 수 있는 아날로그 신호로 디지털 신호를 변환하기 위해서는 모뎀이 필요하다(그림 7.5 참조). **모뎀**(modem)은 modulator와 demodulatior의 합성어이다. 케이블 모뎀은 케이블 네트워크를 이용해 컴퓨터가 인터넷에 접속할 수 있게 한다. DSL 모뎀은 전화 회사의 지상 통신선을 이용해 컴퓨터가 인터넷에 접속할 수 있게 한다. 무선 모뎀 역시 전통적인 모뎀과 동일한 기능을 수행하며 휴대전화 네트워크나 Wi-Fi 네트워크 등의 무선 네트워크에 컴퓨터를 연결한다.

네트워크의 종류

수많은 종류의 네트워크가 있고 그것을 구분하는 방법도 매우 다양하다. 네트워크를 구별하는 한 방법은 지리적 관점에서 구분하는 것이다(표 7.1 참조).

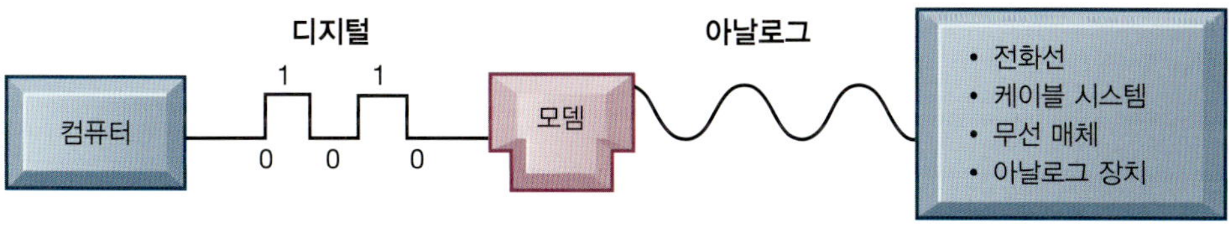

그림 7.5
모뎀의 기능
모뎀은 디지털 신호를 아날로그 형식으로(혹은 반대로) 변환해 전화나 케이블 네트워크와 같은 아날로그 네트워크에서 데이터를 전송할 수 있게 해주는 장치이다.

표 7.1
네트워크 유형

종류	범위
근거리 통신망(LAN)	최고 500미터(1/2마일) 반경 이내: 빌딩의 한 층이나 사무실
학내 정보 통신망(CAN)	최고 1,000미터(1마일) 반경 이내: 대학 캠퍼스 또는 기업 시설
도시권 통신망(MAN)	도시 또는 복합도시권
광역 통신망(WAN)	대륙 간 또는 세계 전역

근거리 통신망

네트워킹을 활용하는 기업에 취업할 경우 아마 다른 동료 직원이나 그룹과 근거리 통신망으로 통신하게 될 것이다. **근거리 통신망**(local area network, LAN)은 반 마일 혹은 500미터 반경 내에서 개인용 컴퓨터나 기타 디지털 장비를 연결하도록 고안되었다. LAN은 보통 작은 사무실에 있는 몇 대의 컴퓨터, 한 빌딩 내의 모든 컴퓨터 혹은 인접한 건물 내의 모든 컴퓨터를 연결하게 된다. LAN은 또한 장거리 광역 통신망(WAN, 이 절 후반부에서 설명할 것임)과 인터넷을 사용하는 세계 곳곳의 다른 네트워크에 연결하는 데도 사용한다.

사무실에서 사용할 수 있는 소규모 LAN 모델인 그림 7.1을 다시 살펴보자. 하나의 컴퓨터는 네트워크에서 데이터 파일과 소프트웨어 프로그램 등을 포함한 공유 컴퓨팅 자원에 사용자가 접근할 수 있도록 하는 전용 네트워크 파일 서버 역할을 한다.

서버는 누가 무엇을 어떤 순서로 접근할지를 결정한다. 한편 라우터는 인터넷이나 외부 기업의 네트워크와 같은 외부 네트워크에 LAN을 연결하며 이를 통해 LAN은 외부 네트워크와 정보를 교환할 수 있다. 가장 많이 쓰이는 LAN 운영체제로는 윈도우, 리눅스가 있다.

이더넷(Ethernet)은 물리적인 네트워크 수준에서 가장 많이 사용하는 LAN 표준으로서, 컴퓨터 간 신호를 전송하기 위한 물리적 매체, 접근 통제 규칙 및 시스템 간에 데이터를 전송하는 데 사용하는 표준 비트 집합 등을 명시하는 역할을 한다. 원래 이더넷은 10Mbps의 데이터 전송 속도를 지원했다. 기가비트 이더넷(Gigabit Ethernet)과 같은 신규 버전은 1Gbps의 전송 속도를 지원한다.

그림 7.1이 보여주는 근거리 통신망(LAN)은 단일 파일 서버에 네트워크 운영체제(NOS)를 설치한 클라이언트/서버 구조를 사용하고 있으며, 서버는 네트워크의 전반적인 통제와 자원 제공을 담당한다. 대조적으로 LAN은 **P2P**(peer to peer) 구조를 채택할 수 있다. P2P 네트워크는 모든 프로세서를 동등하게 취급하며 주로 10명 미만의 사용자를 가지는 소규모 네트워크에서 사용한다. 네트워크의 다양한 컴퓨터는 별도의 서버를 통하지 않고서도 주변 장치를 공유하거나 서로 직접 접속을 통해 데이터를 교환할 수도 있다.

규모가 큰 LAN은 많은 클라이언트와 복수의 서버를 가지는데, 데이터베이스와 파일의 저장과 관리(파일 서버 또는 데이터베이스 서버), 프린터 관리(프린트 서버), 이메일 저장 및 관리(메일 서버), 웹페이지 저장 및 관리(웹 서버) 등의 특정 서비스를 위한 별도의 서버도 포함한다.

표 7.2
물리적 전송 매체

전송 매체	설명	속도
꼬임선(CAT 5)	2개 이상의 꼬인 구리 도선으로 구성된 케이블로서 음성 데이터를 전송하는 데 쓰인다. CAT 5는 가장 보편적인 10Mbps의 LAN 케이블이다. 최대 전송 거리는 100m이다.	10~100Mbps 이상
동축케이블	두꺼운 절연 동선으로 꼬임선에 비해 높은 주파수에서 빠른 데이터 전송이 가능하며 외부와의 차폐성이 좋아 간섭현상이 적다. 현재 케이블 TV와 장거리 통신(100m 이상)을 위해 많이 사용된다.	1Gbps까지
광케이블	투명한 유리섬유로 구성된 케이블로서 레이저를 통해 변환된 빛의 펄스로 데이터를 전송하며 용량 데이터의 고속 전송에 유용하다. 다른 전송 매체에 비해 비싸고 설치가 어렵다. 네트워크 백본(기간망)에서 주로 사용한다.	15Mbps~6Tbps 이상
무선 전송 매체	다양한 주파수의 무선 신호에 따라 지상파와 위성 마이크로파 시스템 및 셀룰러 네트워크를 포함한다. 장거리 무선 통신 및 인터넷 접속을 위해 사용된다.	600Mbps 이상까지

도시권 통신망과 광역 통신망

광역 통신망(wide area network, WAN)은 지역 전체, 주, 대륙, 지구 전체와 같은 광범위한 지역을 연결한다. 가장 보편적이고 강력한 WAN으로 인터넷을 들 수 있다. 컴퓨터는 전화망이나 사설 케이블 시스템과 같은 공용 네트워크나 임대 회선, 또는 인공위성을 통해 WAN에 연결한다. **도시권 통신망**(metropolitan area network, MAN)은 도시와 주요 교외 지역 정도의 도시권 지역을 연결하는 네트워크이다. 지리적 관점에서 보면 WAN과 LAN 사이에 해당한다.

전송 매체와 전송 속도

네트워크는 꼬임선, 동축케이블, 광케이블, 무선 전송 매체를 포함한 다양한 물리적 전송 매체를 사용한다. 이 매체들은 각각 장점과 단점이 있다. 이들은 각각 소프트웨어와 하드웨어의 구성에 따라 다양한 전송 속도를 가질 수 있다. 표 7.2는 매체들을 비교한 것이다.

대역폭: 전송 속도

임의의 통신 매체를 통해 전송할 수 있는 디지털 정보의 총량은 초당 비트 전송률(bps)로 측정한다. 하나 혹은 몇 비트의 정보를 전송하는 데 한 번의 신호 변화 또는 신호 사이클이 필요하며, 따라서 각 통신 매체의 전송 용량은 그 매체 주파수의 함수로 볼 수 있다. 매체를 통해 전송할 수 있는 초당 사이클 횟수는 **헤르츠**(hertz)로 측정한다. 1헤르츠는 그 매체의 1사이클과 같다.

어느 특정 통신채널에서 수용할 수 있는 주파수 범위를 **대역폭**(bandwidth)이라고 한다. 대역폭은 한 채널이 수용할 수 있는 최고 및 최저 주파수 간의 차이를 의미한다. 주파수 범위가 커질수록 대역폭은 증가하고 그 채널의 전송 용량 역시 증가한다.

7-3 인터넷과 인터넷 기술은 어떻게 작동하며 통신과 e-비즈니스를 어떻게 지원하는가?

인터넷은 이제 개인과 기업에 없어서는 안 되는 가장 필수적인 도구가 되었다. 그렇다면 인터넷이란 정확히 무엇인가? 인터넷이 어떻게 작동하며 인터넷 기술이 기업 활동에 어떤 도움을 줄 수 있는가? 이제부터 인터넷의 가장 중요한 특징을 살펴보자.

인터넷의 정의

인터넷은 세계에서 가장 규모가 큰 공공 통신시스템이다. 또한 인터넷은 전 세계에 퍼져 있는 수백만 개의 개별 네트워크를 연결하는 세계에서 가장 큰 클라이언트/서버 컴퓨팅, 인터네트워킹의 실례이기도 하다. 이 거대한 네트워크의 네트워크(network of networks)는 1970년대 초 세계 각지의 대학교수와 과학자를 연결하기 위한 미 국방부 네트워크에서 출발했다.

대부분의 가정과 소규모 기업은 인터넷 서비스 제공자의 서비스에 가입함으로써 인터넷에 연결할 수 있다. **인터넷 서비스 제공자**(internet service provider, ISP)는 영구적인 인터넷 회선을 가지고 가입자에게 한시적 회선 접속 서비스를 판매하는 영리 조직을 말한다. 또한 개인은 전용 도메인을 가진 소속 기업, 대학, 연구소 등을 통해 인터넷에 연결할 수도 있다.

아주 다양한 ISP 인터넷 접속 서비스가 존재한다. 기존 전화선과 모뎀을 이용한 연결은 56.6Kbps의 속도이며, 전 세계적으로 가장 보편적인 연결 방법이지만, 이는 광대역 연결(broadband connection) 방식으로 빠르게 전환되고 있다. 디지털 가입자 회선, 케이블 및 위성 인터넷 접속과 T 라인(T lines) 등이 광대역 서비스를 제공한다.

디지털 가입자 회선(digital subscriber line, DSL) 기술은 기존 전화선을 이용해 사용 패턴과 거리에 따라 385Kbps에서 최고 3Mbps의 전송 속도로 음성, 데이터, 영상 등을 전송할 수 있는 기술이다. 피오스(Fios, 버라이즌의 광섬유 케이블 서비스)는 900Mbps 이상의 속도를 제공할 수 있지만, 대부분의 홈 서비스는 100Mbps의 속도를 제공하고 있다. 케이블 TV 공급자가 제공하는 **케이블 인터넷 접속**(cable Internet connection)은 가정과 기업에 고속 인터넷 접속을 제공하는 디지털 케이블 동축(coaxial) 라인을 사용한다. 케이블 인터넷의 최대 접속 속도는 50Mbps에 이르지만, 대부분의 서비스 공급자는 1~20Mbps의 서비스를 제공하고 있다. DSL과 케이블 서비스가 불가능한 지역에서는 위성을 이용해 인터넷을 사용할 수 있는데, 일부 위성 인터넷 접속은 다른 광대역 서비스보다 업로드 속도가 느리다.

T1과 T3는 디지털 통신을 위한 국제적 전화 표준(telephone standard)이다. 이들 둘 다 고속 전송 속도가 필요한 기업이나 정부기관의 사용에 적합한 전용 임대 회선을 말한다. **T1 회선**(T1 line)은 1.54Mbps의 전송 속도를 보장하며, T3는 45Mbps 속도의 전송 서비스를 제공한다. 반면 인터넷은 이와 비슷한 서비스 수준을 보장하는 것이 아니라 간단히 말해 '최선의 노력'을 제공한다.

인터넷 주소와 구조

인터넷은 이 장 앞부분에서 설명한 TCP/IP 네트워킹 프로토콜에 기반을 두고 있다. 인터넷상의 모든 컴퓨터는 일련의 숫자로 된 고유한 **인터넷 프로토콜(IP) 주소**[Internet Protocol(IP) adress]를 할당받는다.

사용자가 다른 사용자 또는 다른 TCP/IP 네트워크에 메시지를 보낼 때, 메시지는 먼저 패킷으로 분해된다. 각 패킷은 전송 목적지의 주소를 가진다. 이후 이들 패킷은 클라이언트에서 네트워크 서버로 전송되고, 거기서 다시 목적지 IP 주소를 갖는 특정 컴퓨터에 도착하기 위해 필요한 경로상의 여러 서버를 경유하게 된다. 일단 목적지 주소에 도착하면 패킷들은 원래 메시지로 재조합된다.

도메인 네임 시스템

인터넷 사용자가 12개 숫자열로 이루어진 IP 주소를 기억하기란 매우 어려운 일이기 때문에, IP 주소는 **도메인 네임**(domain name)이라고 불리는 자연어로도 표현 가능하다. **도메인 네임 시스템**(Domain Name System, DNS)은 IP 주소를 도메인명으로 변환한다. DNS 서버는 IP 주소와 이에 대응하는 도메인명을 저장하는 데이터베이스를 유지·관리하는 역할을 한다. 결과적으로 사용자는 단지 도메인명만 사용해 인터넷의 특정 컴퓨터에 접근할 수 있다.

DNS는 계층적 구조를 가지고 있다(그림 7.6 참조). DNS 계층 구조의 최상위에는 루트(root) 도메인이 있다. 루트 도메인의 바로 하위 단계 도메인은 1차(top-level) 도메인이라 부르며, 1차 도메인의 하위 단계 도메인은 2차(second-level) 도메인이라 부른다. 1차 도메인은 둘 혹은 세 글자로 이루어져 웹 서핑을 할 때 자주 볼 수 있는데, .com, .edu, .gov 혹은 캐나다의 경우 .ca, 이탈리아의 경우 .it와 같은 다양한 국가 코드 등이 그 예시이다. 한

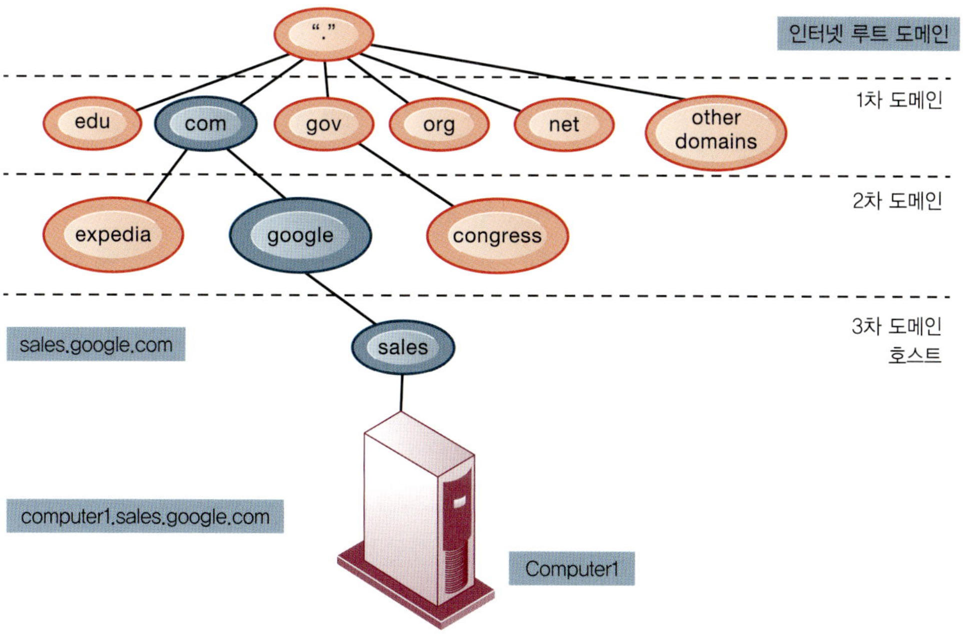

그림 7.6
도메인 네임 시스템
도메인 네임 시스템은 루트 도메인, 1차 도메인, 2차 도메인, 3차로 호스트 컴퓨터를 갖는 계층적인 시스템이다.

편 2차 도메인은 buy.com, nyu.edu, amazon.ca와 같이 1차 도메인명과 2차 도메인명을 나타내는 두 부분으로 구성된다. 이러한 계층의 가장 아랫부분인 호스트명은 인터넷이나 사설 네트워크의 특정 컴퓨터를 가리킨다.

다음 목록은 현재 이용할 수 있으며 공식적으로 승인된 가장 일반적인 도메인 확장자를 보여주고 있다. 국가 역시 .uk, .au, .fr(각각 영국, 호주, 프랑스)과 같은 도메인명을 가지며, 영어 외의 문자를 사용하는 새로운 유형의 국제화된 1차 도메인도 있다. 가까운 미래에 이 목록은 더 많은 종류의 조직이나 산업을 포함할 수 있도록 확장될 것이다.

.com 영리조직/기업
.edu 교육기관
.gov 미국 정부기관
.mil 미군
.net 네트워크 컴퓨터
.org 비영리 단체 및 재단
.biz 비즈니스 회사
.info 정보 제공자

인터넷 구조와 관리

인터넷 데이터 통신은 오늘날 일반적으로 155Mbps에서 2.5Gbps(그림 7.7 참조) 속도 내에서 운영되는 대륙 간 고속 백본을 통해 이루어진다. 이러한 중계선은 보통 장거리 전화회사(**네트워크 서비스 제공자**라고 함)나 정부가 소유하고 있다. 미국 및 기타 국가의 경우 지역 연결 회선들은 지역 전화 회사나 케이블 TV 회사가 소유하며 가정이나 기업 사용자를 인터넷에 연결해주고 있다. 지역 네트워크는 인터넷 서비스 제공자(ISP), 기업, 정부기관에 네트워크 사용권을 임대해준다.

각 조직은 자체 네트워크와 지역 인터넷 접속 서비스에 비용을 지불하고 있으며, 이 중 일부는 장거리 중계선(trunk line) 보유 회사에 지불된다. 개인 인터넷 사용자는 ISP 업자에게 서비스 사용 비용을 지불하며, 보통은 인터넷 사용량에 관계없이 정액 요금을 낸다. 누구도 인터넷을 소유하지 않으며, 공식적인 관리 또한 없다. 인터넷의 전체 구조를 정의하는 데 도움을 주는 IAB(Internet Architecture Board), 도메인 네임 시스템을 관리하는 ICANN(Internet Corporation for Assigned Names and Numbers), 웹에 대한 하이퍼텍스트 마크업 언어(Hypertext Markup Language)와 기타 프로그래밍 표준을 설정하는 W3C(World Wide Web Consortium)를 비롯한 여러 전문 조직 및 정부기관에서 전 세계 인터넷 정책을 수립하고 있다.

이러한 조직은 인터넷이 가능한 한 효율적으로 운영되도록 하려는 목적을 가지고 정부기관, 네트워크 사업자, ISP, 소프트웨어 개발업체에 영향력을 행사하고 있다. 인터넷은 또한 각 독립 지방정부나 국가 내부에 위치하는 기술적 인프라는 물론 인터넷이 운영되고 있는 지방정부나 국가의 법률과도 부합해야 한다. 인터넷과 웹의 초창기 시절에는 법률적

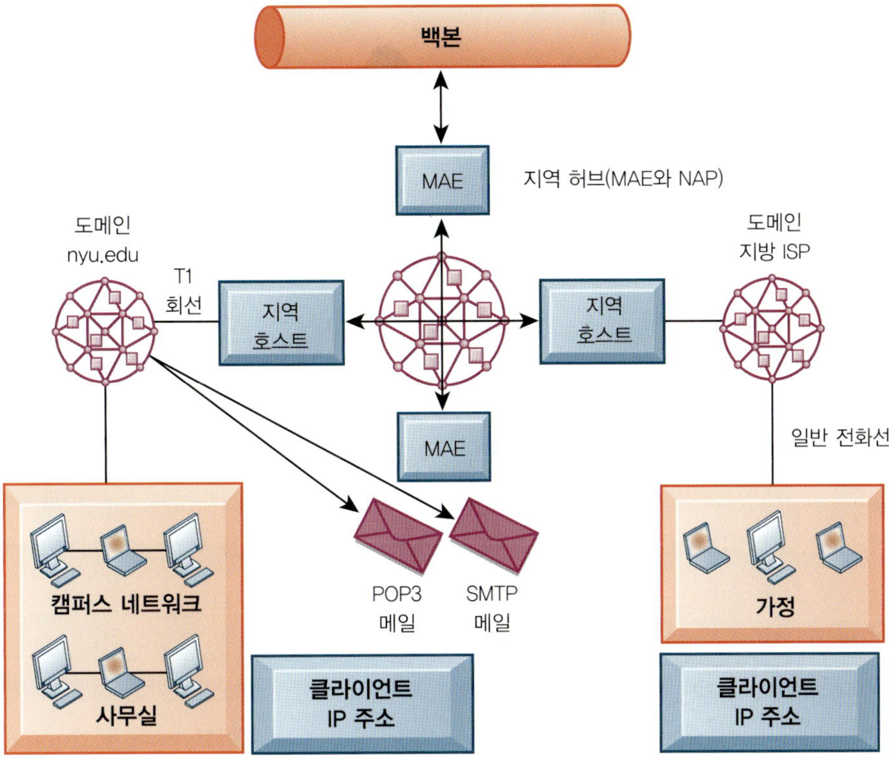

그림 7.7
인터넷 네트워크 구조
인터넷 백본은 지역 네트워크를 연결하고, 지역 네트워크는 다시 인터넷 서비스 제공자(ISP), 대기업, 정부기관 등을 네트워크에 연결한다. 네트워크 접근점(NAP)과 도시권 교환망(MAE)은 백본이 지역 및 지방 네트워크와 교차하고 하나의 백본을 다른 백본과 연결하는 허브(hub)인 것이다.

혹은 행정적 간섭이 매우 적었으나, 정보(누군가에게 적대적인 콘텐츠를 포함)와 지식의 유통에 있어 인터넷의 역할이 점점 커짐에 따라 이런 상황은 달라지고 있다.

미래의 인터넷: IPv6와 인터넷2

인터넷은 원래 대량의 데이터 전송과 수십억 사용자의 사용을 목적으로 설계되지 않았다. 인터넷 사용 인구의 증가로 인해 사용 가능한 IP 주소가 거의 고갈되었다. 따라서 기존 주소 체계는 **IPv6**(인터넷 프로토콜 버전 6)라고 불리고 신규 IP 주소 체계로 대체되고 있다. 이러한 IPv6는 128비트를 이용해 2의 128제곱 개 혹은 1,000조 개의 고유한 주소를 가질 수 있다. IPv6는 오늘날 판매되고 있는 대부분의 모뎀 및 라우터와 호환 가능하며, 로컬 네트워크에서 더는 사용하지 않게 될 때가 되면 역시 구주소 체계가 되어 물러나게 될 것이다. 하지만 시스템이 오래된 장비를 교체해야 하므로, IPv6로의 전환은 수년이 걸릴 것이다.

인터넷2(Internet2)는 진보된 네트워크 컨소시엄으로서 317개 미국 대학과 60개 정부기관, 43개 지역 또는 주 교육 네트워크, 59개 선도기업, 100개 이상의 국가를 대표하는 70개의 국가 연구 및 교육 네트워크 파트너에게 서비스를 제공한다. 이 커뮤니티를 연결하기 위해 인터넷2는 고용량, 100Gbps 네트워크를 개발했다. 이 네트워크는 결과적으로 공공 인터넷을 통합하게 될 최신 기술을 위한 테스트베드로서 기능한다. 이러한 최신 기술에는 대규모 네트워크 성능 측정 및 관리 도구, 개인정보 보안과 접근 관리 도구, 고대역폭, 고성능 회로의 스케줄링 같은 기능이 포함된다.

인터넷 서비스와 통신 도구

인터넷은 클라이언트/서버 기술을 기반으로 한다. 인터넷을 사용하는 개개인은 웹브라우저 소프트웨어와 같은 컴퓨터의 클라이언트 응용프로그램을 통해 이용할 수 있다. 이메일 메시지와 웹페이지를 포함해 모든 데이터는 서버에 저장된다. 클라이언트는 인터넷을 사용해 원거리에 있는 컴퓨터의 특정 웹 서버에 정보를 요청하고 서버는 요청된 정보를 인터넷을 통해 클라이언트에게 돌려보낸다. 오늘날의 클라이언트 플랫폼은 PC나 다른 컴퓨터뿐만 아니라 스마트폰이나 태블릿까지도 포함한다.

인터넷 서비스

인터넷에 접속하는 클라이언트 컴퓨터는 다양한 종류의 서비스에 접근할 수 있다. 이러한 서비스로는 이메일, 전자 토론 그룹(electronic discussion group), 채팅과 인스턴트 메시징, **텔넷**(Telnet), **FTP**(File Transfer Protocol), 웹(web) 등이 있다. 표 7.3은 이 서비스에 대한 간략한 설명을 제공한다.

각 인터넷 서비스는 하나 이상의 소프트웨어 프로그램에 의해 이루어진다. 모든 서비스를 하나의 서버 컴퓨터에서 실행할 수도 있고 서로 다른 서비스를 여러 다른 서버에 할당할 수도 있다. 그림 7.8은 이러한 서비스를 다중 계층 클라이언트/서버 구조(multitiered client/server architecture)에서 배치할 수 있는 한 방식을 보여준다.

이메일(email)은 여러 사람에게 동시에 메시지를 보내고 메시지를 재전송(forwarding)하며 텍스트 문서나 멀티미디어 파일을 메시지에 첨부할 수 있는 기능을 가지고 컴퓨터에서 컴퓨터로의 메시지 교환을 가능하게 한다. 오늘날 대부분의 이메일은 인터넷을 통해 전송된다. 이메일 가격은 전화 통화, 우편, 야간 배달 비용보다 훨씬 싸고, 이메일 메시지는 몇 초 안에 전 세계 어느 곳에나 도착할 수 있다.

채팅(chatting)은 2명 이상이 동시에 인터넷에 접속해 실시간 쌍방향 대화를 나눌 수 있게 한다. 채팅 시스템은 이제 문자 대화는 물론 음성과 영상 통신도 지원한다. 대다수 소매 기업은 고객을 유치하고 재구매를 권유하며 고객 서비스 품질을 높이기 위해 자사 웹사이트에 채팅 서비스를 제공하고 있다.

인스턴트 메시징(instant messaging)은 참여자만의 사적 채팅 공간을 만들어주는 채팅 서

표 7.3
주요 인터넷 서비스

서비스 유형	지원 기능
이메일	개인 간 메시지 전달 문서 공유
채팅과 인스턴트 메시징	쌍방향 대화
뉴스그룹	전자 게시판의 토론 그룹
텔넷	한 컴퓨터 시스템에 로그온(log-on)해 다른 컴퓨터에 접속해 작업
FTP	컴퓨터에서 컴퓨터로 파일을 전송
월드와이드웹	하이퍼텍스트 링크를 사용해 검색, 포맷팅(formatting), 정보(텍스트, 오디오, 그래픽, 동영상 포함) 디스플레이

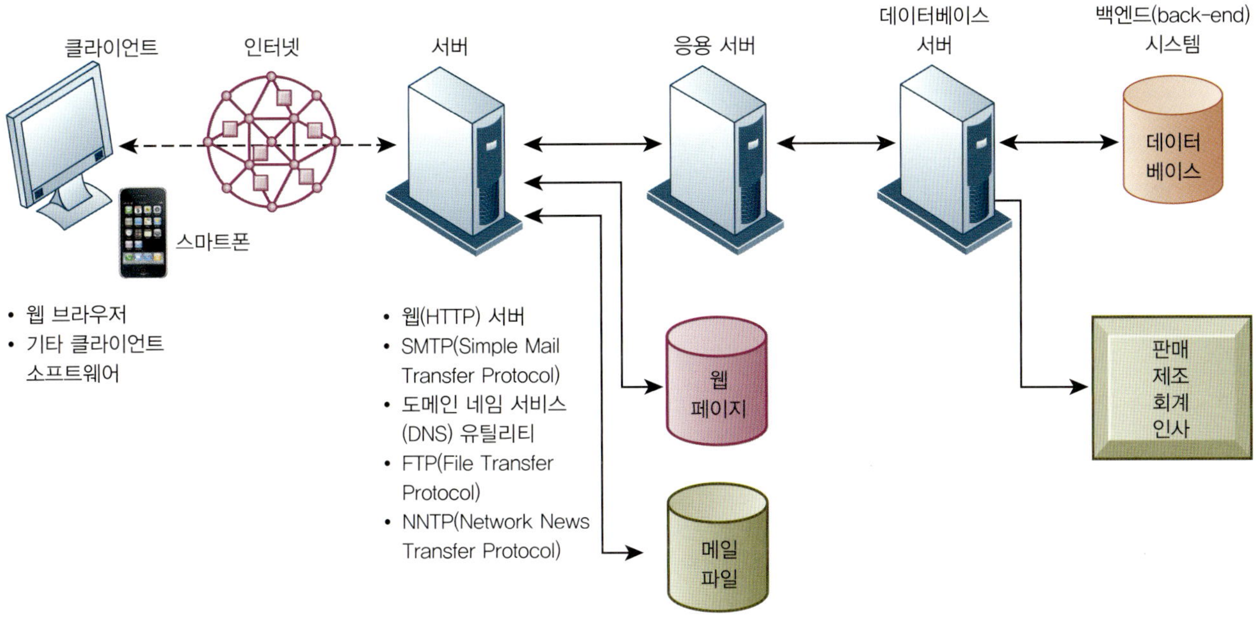

그림 7.8 인터넷에서의 클라이언트/서버 컴퓨팅
웹 브라우저와 기타 소프트웨어를 실행시키는 클라이언트 컴퓨터는 인터넷을 통해 서버에 설치된 일단의 서비스에 접근할 수 있다. 이러한 서비스 모두 하나의 물리적 서버에서 실행될 수도 있고 복수의 특화된 물리적 서버에 분산되어 실행될 수도 있다.

비스의 한 종류이다. 인스턴트 메시징 시스템은 사용자가 다른 사람과 채팅 세션을 시작할 수 있도록 사적 목록에 있는 누군가가 온라인 상태가 될 때마다 이를 통보해준다. 소비자를 위한 인스턴트 메시징 시스템으로는 야후 메신저, 구글 행아웃, AOL 인스턴스 메신저, 페이스북 메신저 등이 있다. 보안을 우려하는 기업은 IBM의 세임타임(sametime)과 같이 소유권을 주장할 수 있는 커뮤니케이션 및 메시징 시스템을 사용하기도 한다.

뉴스그룹(newsgroup)은 방사선학이나 록 밴드와 같은 특정 주제에 대해 정보와 아이디어를 공유하는 인터넷 전자게시판상에 형성된 범세계적 토론 그룹을 말한다. 누구든지 다른 사람이 읽을 수 있도록 메시지를 게시판에 올릴 수 있다.

직원이 이메일, 인스턴트 메시징, 인터넷을 사용하는 것이 일반적으로 기업 생산성을 높일 것이라고 기대하지만 사람 관점 사례연구에서의 내용은 항상 그렇지는 않다는 점을 상기시킨다. 많은 기업 경영자는 이제 직원의 온라인 활동을 감시하고 심지어 규제할 필요가 있다고 생각한다. 그런데 과연 이러한 감시와 규제가 윤리적으로는 문제가 없는 것인가? 아무리 기업이 직원의 이메일과 웹 활동을 감시해야 할 충분한 이유가 있다 하더라도 이것이 직원의 사생활 보호 측면에서는 어떤 의미를 갖게 될까?

VoIP

인터넷은 음성 통신과 기업 네트워킹의 가장 보편적인 플랫폼이 되었다. **VoIP**(Voice over IP) 기술은 지역과 장거리 전화 네트워크 사용에 대한 요금 부담 없이 패킷 교환 방식을 통해 디지털 형식으로 음성 정보를 전달한다(그림 7.9 참조). 보통 공중 전화망을 통해 전송되던 전화 통화가 인터넷 프로토콜을 기반으로 하는 기업 네트워크나 공중 인터넷을 통해

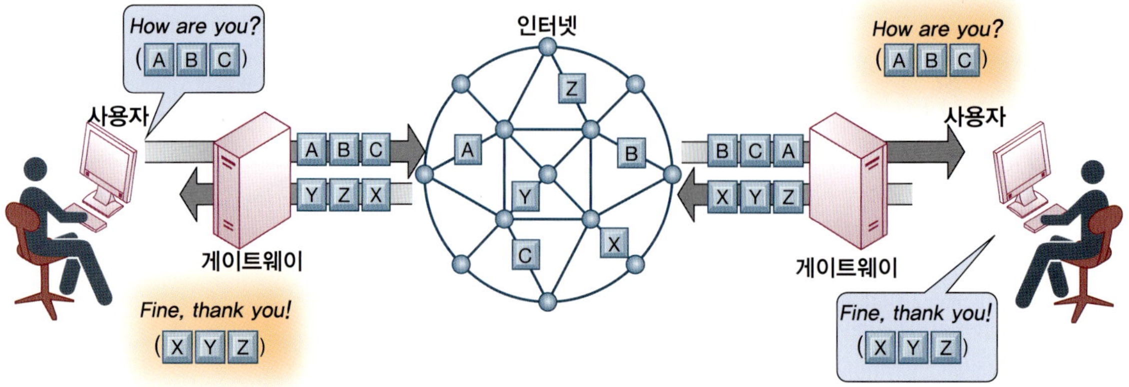

그림 7.9 VoIP 작동 방식
VoIP 전화는 음성 메시지를 디지털화하고 최종 목적지에서 재조합되기 전까지 서로 다른 경로를 통해 전달할 수 있는 데이터 패킷으로 쪼갠다. 일명 게이트웨이라고 부르는 최종 목적지에 가장 가까운 프로세서는 이 패킷들을 순서에 맞게 정리하고 수신자의 전화번호나 수신 컴퓨터의 IP 주소로 보낸다.

이루어질 수 있다. 이제 마이크와 스피커를 장착한 데스크톱 컴퓨터나 VoIP를 지원하는 전화기를 통해 전화를 걸거나 받을 수 있다.

타임워너(Time Warner) 나 케이블비전(Cablevision) 같은 케이블 회사는 VoIP 서비스를 그들이 판매하는 고속 인터넷, 케이블 서비스와 함께 묶어서 제공하고 있다. 스카이프(Skype)는 P2P 네트워크를 이용해 전 세계적으로 무료 VoIP를 제공하고 있으며 구글 역시 독자적인 무료 VoIP 서비스를 제공하고 있다.

IP 전화 시스템 구축을 위해 선행 투자가 필요하긴 하지만 VoIP는 통신 및 네트워크 관리 비용을 20~30% 절감할 수 있다. 예를 들어 버진엔터테인먼트그룹(Virgin Entertainment Group)은 VoIP를 이용해 연간 70만 달러 상당의 장거리 전화 비용을 절약하고 있다. 장거리 전화 비용의 절감과 전용 회선에 대한 월정액 요금 부담을 피하는 것 외에도 IP 네트워크는 통신과 컴퓨팅 서비스 모두를 처리할 수 있는 단일 음성-데이터 인프라를 제공한다. 따라서 기업은 이제 분리된 2개의 네트워크를 유지하거나 이들 상이한 네트워크 각각에 서비스와 인력 지원을 할 필요가 없다.

통합 통신 체계

과거에는 유무선 데이터 및 음성 통신과 영상회의(videoconferencing)를 위한 기업 네트워크가 서로 독립적으로 운영되고 정보시스템 부서가 개별적으로 관리했다. 이제 기업은 이러한 상이한 통신 방식을 통합 통신 기술을 사용해 단일 범용 서비스로 통합할 수 있다. **통합 통신 체계**(unified communication)는 음성 통신, 데이터 통신, 인스턴트 메시징, 이메일, 화상회의 등을 위한 이질적 채널을 통합해 사용자가 서로 다른 통신 방식 간을 끊김 없이 전환할 수 있는 환경을 구축하고 있다. 소위 프레전스 기술(presence technology)은 특정 사용자가 현재 전화를 받을 수 있는지 없는지를 알려준다.

시카고의 주요 산업 부동산 업체인 센터포인트프로퍼티(CenterPoint Properties)는 각 부

싱가포르, 2G 네트워크를 폐쇄하다

470만 스마트폰 사용자와 84%가 넘는 모바일 기기 보급률을 자랑하는 싱가포르는 동남아시아 통신 산업 분야를 이끌고 있다. 통신 산업의 주요 문제는 무선 신호를 전달하는 전파의 가용성에 관한 '전파 위기'였다. 스마트폰, 태블릿 기기, 컴퓨터 등 무선 기기의 폭발적인 보급, 그리고 최근 들어서는 물체의 센서를 통해 데이터를 수집하고 이를 인터넷으로 전송하는 사물인터넷의 등장과 함께 전파 수요가 기하급수적으로 증가했다. 전파는 한정되어 있지만 전 세계 모바일 데이터 통신은 그렇지 않다. 2022년에는 2017년의 7배에 달하는 매달 77엑사바이트를 넘을 것으로 보인다.

싱가포르는 전파 위기에 대항하기 위해 몇 가지 방안을 시도했다. 2009년에는 TV 방송에 사용되었던 '화이트 스페이스'라는 사용되지 않던 주파수 대역을 무선 통신에 할당했다. 또한 싱가포르의 규제 기관인 정보통신미디어개발청(Infocomm Media Development Authority, IMDA)은 전파 혼잡을 완화하기 위해 주파수 대역이 400~800THz인 가시광선을 사용하는 라이파이(Li-Fi)를 열성적으로 홍보했다. 더 나아가 싱가포르의 주요 통신사는 2017년 4월 1일을 끝으로 2G 모바일 서비스를 종료한다는 획기적인 발표를 했다. 주된 이유는 2G 전파를 3G와 4G, 그리고 곧 출시하는 5G 서비스에 재할당하기 위함이었다.

비록 2G를 폐지하기로 한 결정은 극찬받았지만, 실행은 쉽지 않았으며 사회 취약 계층에 속하기도 한 약 123,000명의 2G 사용자가 피해를 입지 않도록 보장하는 통신사들과 정부의 핵심적인 결정이 요구되었다. 사용자 중에는 더 저렴하고 배터리 수명이 길어 2G 휴대전화를 사용하는 싱가포르 거주 외국인 노동자와 국내 노동자도 있었다. 이외에도 많은 노인이 휴대전화를 전화 같은 기본적인 기능으로만 사용하고, 비상시를 위해 부모에게 2G 휴대전화를 받은 아이들도 많았다. 이런 사람들에게 3G나 4G 휴대전화 및 서비스로 옮기는 일은 상당한 경제적·교육적 문제가 존재했다.

싱가포르는 123,000명의 2G 사용자가 스마트폰으로 기종을 바꿀 수 있도록 돕고 독려하는 데 몇 가지 방법을 사용했다. 그중 하나는 노인을 위해 평범한 3G 휴대전화보다 훨씬 저렴한 SGINO 3G와 같은 기본적인 스마트폰의 판매를 승인하는 것이었다. 이는 가격 문제에 대처했다. 그리고 교육 프로그램이 뒤따랐는데, 정부와 통신사들은 지역 내 홍보 행사, 라디오, 신문, TV 광고, 그리고 주민센터, 도서관, 외국인 노동자의 숙소에 포스터와 유인물을 배부하는 등 다양한 홍보 프로그램을 준비했다. 싱가포르의 풀뿌리 단체와 사회 조직인 피플스어소시에이션(People's Association)의 중요한 계획 중 하나는 노인을 위한 스마트 국가 프로그램이었는데, 이것은 50세 이상인 사람을 돕기 위해 25개의 IT 강좌를 제공했다. 그 밖에도 노인 아카데미 프로그램이 포함되었는데, 이는 스마트폰 101, 'Silver Infocomm Junction'으로도 알려진 IT 러닝 허브 등 노인 시민을 위해 저렴한 맞춤 IT 강의를 제공했다.

한편, 싱텔(Singtel), 스타허브(Starhub), M1과 같은 주요 통신사들은 2G 사용자에게 스마트폰을 특별 프로모션 및 할인과 함께 열심히 판촉했다. 예를 들어 208달러에 판매하던 삼성 갤럭시 J1은 2G 스마트폰을 가져오면 싱텔이 148달러에 판매하고 30달러짜리 지역 통화 시간을 같이 주는 형식이었다. 비슷하게, 스타허브는 업그레이드 패키지를 제공하기 위해 일부 싱가포르우체국(SingPost)에 다양한 홍보 행사를 유치했고, M1은 12개월 후 소유권이 이전되는 방식으로 3G 휴대전화를 대여해주었다. 이런 파격 할인 행사와 조건은 매우 이례적이었는데, 통신사들이 더 수익성이 좋은 모바일 서비스에 사용할 수 있는 2G 전파를 얻기 위해 더 멀리 보는 방안을 택한 것으로 보인다.

공동체 역시 이동에 중대한 역할을 했다. 예를 들어 비영리단체인 TWC2(Transient Workers Count too)는 이주 노동자를 돕기 위해 사람들에게 쓰던 3G 휴대전화를 기부하기를 부탁했다. 기부 캠페인으로 그들은 대략 11,500달러 가치의 350여 개 휴대전화를 모았는데, 이는 그들이 목표했던 200개를 훨씬 넘는 결과였다.

요약하면, 2G 서비스를 종료하기로 한 결정은 기술적으로는 쉬웠지만 실행하기는 어려운 문제였다. 민간·공공 부문과 사람들의 합심이 필요했기 때문이다. 통신사들은 장기적으로 접근해 귀중한 전파를 얻기 위해 파격 할인을 기꺼이 실행했고, 정부는 노년층과 어린아이를 교육하고 독려하기 위해 다양한 강의와 의식 고양 프로그램을 출시했으며, 공동체 전체가 내·외국인 노동자를 돕기 위해 나섰다.

이러한 '선행'은 싱가포르가 스마트홈, 자율주행차, 가상현실, 웨어러블 기술, 화상회의, 원격 의료와 같은 서비스를 가능케 하기 위해 5G 네트워크를 필요로 하는 '스마트 국가 이니셔티브'를 추진하는 발판이 되었기 때문에 전략적이기도 했다. 이 차세대 인프라는 관련된 모든 이에게 이득이며, 여전히 구축 중인 새로운 5G 기반은 모든 이해당사자의 요구를 고려한 공공 및 민간 부문의 많은 관리 결정이 없었다면 불가능했을 것이다. 2019년에는 노르웨이를 포함한 다른 국가들도 더 빠른 4G나 5G 서비스를 위한 자원을 제공하기 위해 3G 같은 느린 네트워크를 종료하기 시작했다.

출처: J. Clement, "Global Mobile Data Traffic from 2017 to 2022 (in Exabytes per Month)," Statista.com, December 17, 2019; "What Telecoms Need to Plan Before Shutting Down 3G Network," Telecomlead.com, December 3, 2019; eMarketer, "Mobile Phone Users and Penetration in Singapore," April 2019; eMarketer, "Smartphone Users and Penetration in Singapore," April 2019; "Global Mobile Data Traffic from 2017 to 2022 (in Exabytes per Month)," Statista, accessed 2018; "Spectrum Management and Coordination," Infocomm Media Development Authority, December 20, 2017; Loke Kok Fai, "100,000 Mobile Subscribers Still on 2G Despite Start of the Network's Shutdown," Channel NewsAsia, April 2, 2017; Vincent Chang, "All You Need to Know about 2G Network Shutdown," *The Straits Times*, March 28, 2017; "Donation Campaign a Huge Success, Distribution of 3G Phones Begins," TWC2, March 22, 2017; "Silver Infocomm Junctions," Infocomm Media Development Authority, September 24, 2018, https://www.imda.gov.sg/SIJ.

사례연구 문제

1. 2G, 3G, 4G는 무엇을 지칭하는가? 각각의 차이를 설명하라.
2. '무선 전파'와 '전파 위기'는 무엇을 의미하는가? 전파 부족을 완화하기 위해 어떤 방법이 도입되었는가?
3. '2G 서비스를 종료하기로 한 결정은 기술적으로는 쉬웠지만 실행하기는 어려웠던 문제였다.' 이에 동의하는가? 그 이유는 무엇인가?

사례 제공: 난양공과대학교(Nanyang Technological University) 니르자 세티(Neerja Sethi), 비제이 세티(Vijay Sethi)

동산 거래마다 협업 웹사이트를 구축하기 위해 통합 통신 체계 기술을 사용하고 있다. 각 웹사이트는 구조적·비구조적 데이터 모두에 대한 단일 접근 공간을 제공한다. 또한 통합 프레전스 기술은 팀 구성원이 단 한 번의 클릭으로 서로 이메일, 인스턴트 메시지, 전화 및 화상회의를 할 수 있도록 해준다.

가상 사설 통신망

미국 전역에 흩어져 있는 구성원과 함께 신규 상품과 서비스를 개발해야 하는 마케팅 그룹을 운영하려면 어떻게 할 것인가? 외부인이 통신 내용을 가로챌 염려 없이 구성원끼리 이메일을 주고받으며 본사와 통신할 수 있기를 바랄 것이다. 과거라면 이 문제를 해결하는 한 가지 방법은 고객에게 안전한 사설 전용 네트워크를 제공하는 대형 사설 네트워킹 업체를 이용하는 것이었다. 그러나 이 방법은 매우 비용이 많이 든다는 단점이 있다. 훨씬 더 저렴한 방법은 공공 인터넷 내에서 가상 사설 통신망을 구축하는 것이다.

가상 사설 통신망(virtual private network, VPN)은 인터넷과 같은 대규모 네트워크 관리 설비와 규모의 경제의 이점을 활용하기 위해 공공 네트워크 내에 구성된 안전하고 암호화된 사설 네트워크를 말한다(그림 7.10 참조). VPN은 기업에 통신 보안을 위해 인터넷이 아닌 사설 네트워크를 사용하는 전통적인 통신망 업체가 제공하는 통신 서비스와 동일한 수준의 보안 및 암호화된 통신 서비스를 훨씬 저렴하게 제공하고 있다. VPN은 또한 음성과 데이터 네트워크를 결합한 단일 네트워크 인프라를 제공한다.

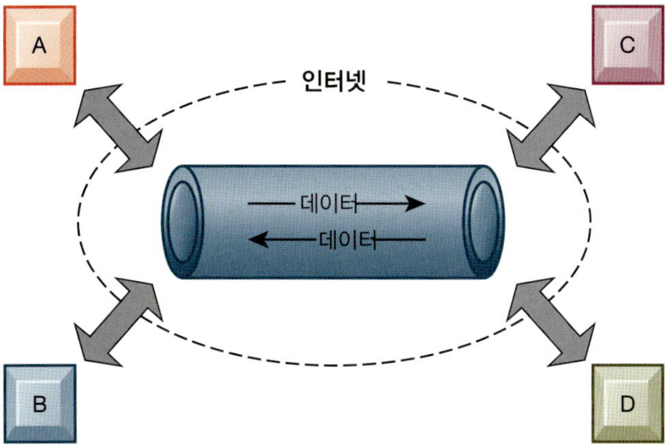

그림 7.10
인터넷 기반의 가상 사설 통신망(VPN)
VPN은 인터넷상에서 안전한 '터널' 접속을 통해 연결한 컴퓨터들의 사설망을 말한다. VPN은 데이터를 암호화하고 인터넷 프로토콜(IP) 내에 '랩핑'함으로써 공공 인터넷을 통해 전송하는 데이터를 보호한다. 콘텐츠를 숨기기 위해 네트워크 메시지에 래퍼를 추가함으로써 기업은 공공 인터넷을 이용하는 사설망을 구축할 수 있는 것이다.

점 대 점 터널링 프로토콜(Point-to-Point Tunneling Protocol, PPTP)을 포함해 몇 개의 경쟁관계에 있는 프로토콜을 공공 인터넷을 통해 전송하는 데이터를 보호하는 데 사용하고 있다. 소위 터널링(tunneling)이라 불리는 과정에서 데이터 패킷을 암호화하고 IP 패킷으로 포장한다. 콘텐츠를 숨기기 위해 네트워크 메시지에 이러한 래퍼(wrapper)를 추가함으로써 기업은 공공 인터넷을 경유하는 사설망을 구축할 수 있는 것이다.

웹

웹은 가장 대중적인 인터넷 서비스이며 저장, 검색, 포맷팅, 정보 디스플레이와 관련해 범세계적으로 인정된 표준을 사용하는 클라이언트/서버 구조의 시스템이다. 웹페이지는 문서를 다른 문서로 연결하고 페이지를 소리, 영상이나 동영상 파일 같은 다른 객체로 연결하는 내재 링크(embedded link)를 갖는 하이퍼텍스트를 이용해 구성된다. 그래픽이나 비디오 클립 재생을 클릭할 때 바로 이러한 하이퍼링크(hyperlink)를 클릭한 것이다. 전형적인 **웹사이트**(website)는 하나의 홈페이지로 연결된 일단의 웹페이지 집합을 말한다.

하이퍼텍스트

웹페이지는 하이퍼텍스트 마크업 언어(Hypertext Markup Language, HTML) 표준을 토대로 하는데, 이것은 문서를 형태화(format)하고 동일 혹은 원격 컴퓨터에 저장된 다른 문서와 그림에 대한 동적 링크(dynamic link)를 포함하고 있다(5장 참조). 컴퓨터의 웹브라우저 소프트웨어가 하이퍼텍스트 전송 프로토콜(HTTP)을 이용해 인터넷 호스트 서버에 저장된 웹페이지를 요청할 수 있기 때문에 웹페이지를 인터넷을 통해 접근 가능하다. **HTTP**(Hypertext Transfer Protocol)는 웹에서 페이지를 전송하기 위해 사용하는 통신 표준이다. 예를 들어 브라우저에서 www.sec.gov 같은 웹 주소를 입력하면 브라우저는 sec.gov의 홈페이지에 접근하기 위해 sec.gov 서버로 HTTP 요청을 보내는 것이다.

HTTP는 모든 웹 주소의 처음에 오는 문자열로, 문서를 저장하고 있는 조직의 서버 컴퓨터를 가리키는 도메인명이 웹 주소에서 이를 뒤따르게 된다. 대다수 기업은 공식적인 기업명과 같거나 비슷한 도메인명을 갖는다. 한편 디렉터리 경로와 문서 이름은 웹 주소를 구성하는 또 다른 두 가지 정보로서 브라우저가 요청한 페이지의 위치를 찾도록 도와준다. 이 모든 정보 요소를 가지는 주소를 **URL**(uniform resource locator)이라 부른다. URL을 브라우저에 입력하면 URL은 브라우저 소프트웨어에게 정보를 어디에서 찾아야 할지 정확하게 알려준다. 예를 들어 http://www.megacorp.com/content/features/082610.html이라는 URL에서 http는 웹페이지를 표시하기 위한 프로토콜을 의미하고 www.megacorp.com은 도메인명이며 content/features는 그 도메인 웹 서버상 어디에 그 페이지가 저장되어 있는지 알 수 있게 하는 디렉터리 경로이다. 마지막으로 082610.html은 문서 이름과 그 문서의 저장 형식(이 경우 HTML 형식임)을 알려준다.

웹 서버

웹 서버는 저장된 웹페이지를 찾고 관리하는 소프트웨어이다. 웹 서버는 웹페이지가 저장된 컴퓨터에서 사용자가 요청한 웹페이지 위치를 찾아내고 이를 사용자의 컴퓨터로 전달한다. 서버 응용프로그램은 보통 개별 전용 컴퓨터에서 실행되지만 작은 조직에서는 전체를 하나의 컴퓨터에 배치하기도 한다.

오늘날 가장 일반적으로 사용하는 웹 서버는 아파치(Apache) HTTP 서버이며, 그다음으로는 마이크로소프트 인터넷 정보 서비스(IIS)가 있다. 아파치는 무료로 사용할 수 있는 오픈소스 제품으로 해당 웹사이트에서 내려받을 수 있다.

웹에서 정보 검색하기

사실 얼마나 많은 웹페이지가 인터넷에 있는지 정확히 알 수는 없다. 소위 표면 웹(surface Web)은 검색엔진이 방문할 수 있고 관련된 정보를 수집할 수 있는 웹의 일부분을 말한다. 예를 들어 구글에서는 2018년 약 130조 페이지를 색인했다고 발표했지만, 이것은 공개적으로 접근 가능한 전체 웹페이지의 큰 부분만을 반영하고 있다. 반면 웹에는 약 1조 개 페이지로 추산되는 소위 '딥 웹(deep Web)'이라 부르는 부분이 있으며, 이들 대부분은 접속 코드 없이는 방문이 불가능한 《월스트리트저널 온라인》과 같은 비공개 페이지거나 보호된 기업 데이터베이스에 저장된 페이지이다. 20억 명이 넘는 회원을 위한 웹페이지와 텍스트, 사진, 미디어로 이루어진 페이스북은 닫힌 웹이므로, 페이스북 페이지는 구글이나 다른 검색엔진으로 완벽하게 검색할 수 없다. **다크 웹**(dark web)으로 불리는 딥 웹의 작은 부분은 숨겨진 IP 주소를 사용해 의도적으로 검색엔진에서 숨겨졌고, 익명성을 보장하기 위해 특별한 웹 브라우저에서만 접근 가능하다. 다크 웹은 불법인 물품(신용카드, 주민등록번호)을 완벽하게 익명으로 사고파는 것을 허용하기 때문에 범죄자의 안식처가 되었다.

검색엔진 수많은 웹페이지 중에서 개인과 기업에 도움이 되는 특정 웹페이지를 거의 즉시 찾을 수 있는지는 매우 중요한 문제이다. 문제는 바로 "수십억 개의 색인된 웹페이지 중에서 정말 원하고 필요한 한두 개의 페이지를 어떻게 찾을 수 있는가?"이다. **검색엔진**(search engine)은 웹상에서 거의 순식간에 유용한 정보를 찾아야 하는 문제를 해결하고자 하며 거의 확실히 인터넷 시대의 '킬러 앱(killer app)'이라 할 수 있다. 오늘날의 검색엔진

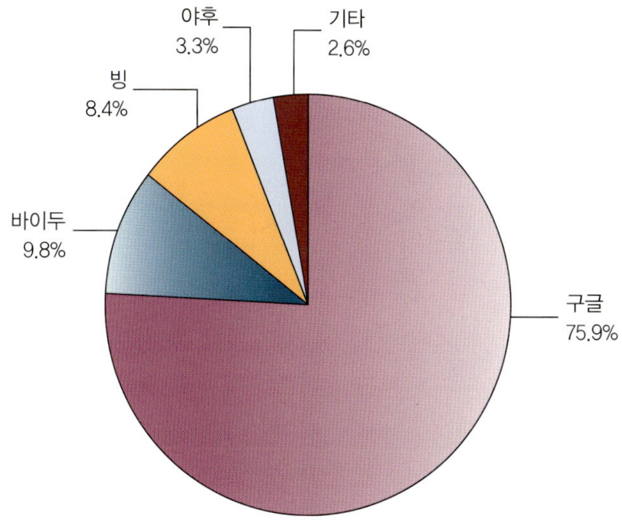

그림 7.11
전 세계 최상위 데스크톱/노트북 검색엔진
구글은 세계에서 가장 인기 있는 검색엔진이다.
출처: Net Market Share, May 2019

은 음성, 동영상 및 사진 파일은 물론 HTML 파일, 마이크로소프트 오피스 파일, PDF 파일 등도 검색 대상으로 하고 있다. 전 세계에 수백 개의 검색엔진이 있지만, 검색 결과는 대부분 구글, 야후, 마이크로소프트 빙으로부터 얻는다(그림 7.11 참조). 우리는 아마존을 온라인 스토어라고 생각하지만 이는 뛰어난 상급 검색엔진이기도 하다.

웹 검색엔진은 1990년대 초 초창기 웹을 돌아다니며 페이지를 방문하고 각 페이지의 콘텐츠 정보를 수집하는 비교적 간단한 소프트웨어 프로그램으로부터 시작되었다. 최초의 검색엔진은 방문한 모든 페이지의 단순 키워드 색인으로 사용자에게 정말 관련이 없을 수도 있는 페이지 리스트였다.

1994년, 스탠퍼드대학교 컴퓨터과학과 학생인 데이비드 필로(David Filo)와 제리 양(Jerry Yang)은 그들이 직접 선별한 인기 웹페이지 리스트를 만들었고 이를 'Yet Another Hierarchical Officious Oracle' 또는 줄여서 Yahoo라고 이름 붙였다. 야후는 초기에는 검색엔진이라기보다는 차라리 편집자가 유용하다고 판단한 범주화된 웹사이트 모음집이었다. 현재 야후는 마이크로소프트 빙에 검색 결과를 의존하고 있다.

한편 1998년에는 또 다른 두 명의 스탠퍼드대학교 컴퓨터과학과 학생인 래리 페이지(Larry Page)와 세르게이 브린(Sergey Brin)이 구글의 첫 번째 버전을 발표했다. 이 검색엔진은 기존 검색엔진과는 다른 특징이 있었다. 먼저 각 웹페이지 단어에 대해 색인뿐만 아니라 각 페이지의 관련성을 기반으로 검색 결과에 대한 순위를 매겼다. 래리 페이지는 특정 페이지에 대해 그 페이지에서 외부로 연결되는 페이지의 수는 물론 해당 페이지에 대한 링크를 가지는 사이트 수도 계산함으로써 웹페이지의 대중성을 본질적으로 측정할 수 있는 페이지랭크 시스템(PageRank System) 아이디어에 대한 특허를 획득했다. 이 시스템은 유명한 웹사이트가 사용자와 더 관련이 있을 것이라고 전제하고 있다. 브린 역시 페이지상 키워드뿐만 아니라 단어 조합(어떤 기사의 제목과 저자와 같은)까지도 색인할 수 있는 독특한 웹 크롤러(web crawler) 프로그램을 개발했다. 이 두 아이디어가 구글 검색엔진의 기초를 이루고 있다. 그림 7.12는 구글이 어떻게 작동하는지를 보여준다.

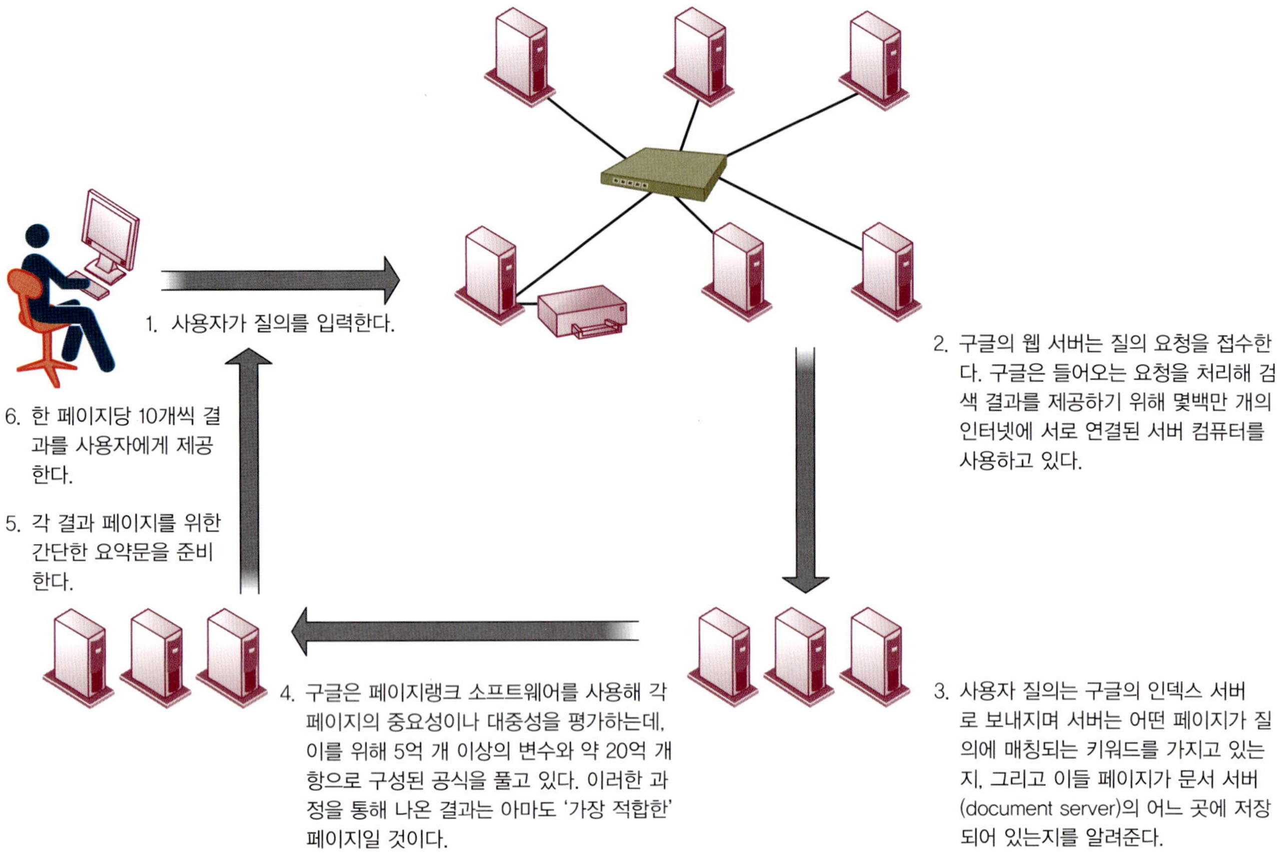

그림 7.12 구글의 작동 원리
구글 검색엔진은 지속적으로 웹을 돌아다니며 각 페이지의 콘텐츠를 색인하고 대중성을 계산하며 해당 페이지를 저장한다. 이를 통해 특정 페이지를 보고자 하는 사용자의 질의에 빠르게 대응할 수 있으며 전체 질의 과정을 처리하는 데 걸리는 시간은 고작 0.5초에 불과하다.

모바일 검색 스마트폰과 태블릿으로 하는 모바일 검색은 모든 검색의 55% 이상을 차지하며 점점 그 수가 늘어나고 있다. 구글, 아마존, 야후는 스마트폰으로 하는 검색과 쇼핑이 더욱 편리하도록 새로운 검색 인터페이스를 개발했다. 구글은 검색 알고리즘을 개정해 스마트폰 화면에서 보기 좋은 사이트를 더욱 선호하도록 만들었다. 스마트폰이 쇼핑에 널리 사용되지만, 실제 구매는 랩톱이나 데스크톱, 그다음으로 태블릿에 의해 진행된다.

시맨틱 검색 검색엔진이 더 성능 좋고 우리에게 도움이 되도록 만들 수 있는 또 다른 방법은 우리가 진정 찾고자 하는 것을 이해할 수 있는 능력을 부여하는 것이다. **시맨틱 검색**(semantic search)이라고 부르는 것의 목표는 사람의 언어와 행동을 실제로 이해할 수 있는 검색엔진을 만드는 것이다. 구글과 그 밖의 검색엔진 회사는 사용자 의도와 검색의 의미를 잡아낼 수 있도록 검색엔진 알고리즘을 개선하기 위해 노력하고 있다. 구글의 허밍버드(Hummingbird) 검색 알고리즘은 검색할 때 단순히 각 단어를 개별적으로 평가하는 것이 아니라 단어의 숨은 의미에 집중하면서 전체 문장을 평가하는 것을 시도했다. 예를 들어 허밍버드는 "2019년 구글의 연간 보고서가 선별한 재무자료" 같은 긴 문장에서 당신이 진정 원하는 것[2019년 2월에 나온 증권 및 환가료(exchange commission) 데이터를 담고 있는 구글의 SEC 보고서]을 찾아낼 수 있을 것이다.

구글 검색은 지식 그래프(Knowledge Graph)도 이용하는데, 이것은 검색 알고리즘이 특정 토픽에서 당신이 더 알고 싶을 만한 것을 예측하기 위한 것이다. 지식 그래프 결과는 스크린 오른쪽에 나타나며, 검색하고 있는 토픽 또는 사람에 대한 더 많은 정보를 포함한다. 예를 들어 타호호(Lake Tahoe)를 검색한다면 검색엔진이 수심, 평균 온도, 서식하는 물고기, 지도, 호텔 등에 대한 기본적인 사실을 제공할 것이다. 구글은 또한 **예측적 검색**(predictive search)을 대부분의 검색 결과에 일부분으로 포함시켰다. 이것은 당신이 찾는 것을 추측하고 당신이 검색 키워드를 입력할 때 검색어를 제안해준다.

시각적 검색과 비주얼 웹 검색엔진은 원래 텍스트 문서를 검색하기 위해 고안된 것으로, 인터넷상 사진 및 비디오의 폭발적 증가는 시각적 객체에 대한 검색 및 분류 수요를 만들어냈다. 얼굴인식(facial recognition) 소프트웨어는 사람 얼굴을 디지털화할 수 있다. 또한 페이스북에서 디지털 이미지를 사용해 사람을 검색하고 식별할 수 있다. 현재 페이스북은 인공지능 기술을 사용해 얼굴인식 성능의 정확도를 높이고 있다.

웹이 시각적으로 변해 가면서 사진이나 이미지, 비디오를 검색하는 것이 점점 더 중요해지고 있다. **비주얼 웹**(visual web)은 핀터레스트(Pinterest) 같은 웹사이트와 관련이 있다. 핀터레스트에서는 그림이 텍스트 문서를 대체하고, 사용자는 그림을 검색하며, 제품 사진이 제품 디스플레이 광고를 대체한다. 핀터레스트는 소셜 네트워크 사이트로 사용자와 브랜드에 관심 있는 사진을 모을 수 있는 온라인 게시판을 제공한다. 역사상 가장 빠르게 성장하는 웹사이트 중 하나인 핀터레스트는 매월 전 세계의 2억 9,000만 명이 방문한다. 인스타그램(Instagram)은 또 다른 비주얼 웹 사례이다. 인스타그램은 사진과 비디오를 공유하는 사이트로, 사용자가 사진을 찍고 편집해 페이스북, 트위터 같은 소셜 사이트 친구와 공유할 수 있도록 한다. 2019년 현재 인스타그램은 매달 10억 명이 활발히 사용하고 있다.

지능형 에이전트 쇼핑봇 11장에서 사용자를 지원하기 위해 정보를 수집·여과하고 기타 업무를 수행할 수 있는 빌트인(built-in) 지능을 갖는 소프트웨어 에이전트의 역량을 논의할 것이다. **쇼핑봇**(shopping bots)은 인터넷에서 쇼핑 정보를 검색하기 위해 지능형 에이전트 소프트웨어 기술을 사용한다. 마이사이먼(MySimon)이나 프라이스그래버(PriceGrabber), 여행 검색 도구인 트리바고(Trivago) 같은 쇼핑봇은 구매에 관심 있는 사람에게 관심 상품에 관한 정보를 필터링하고 검색해주며, 사용자가 설정한 조건에 따라 여러 경쟁 상품을 평가하고 가격과 배송 기간에 관련해 판매자와 협상을 할 수 있도록 지원하고 있다. 이러한 쇼핑 에이전트는 대체로 사용자가 명시한 제품가격과 재고를 웹에서 검색해 구매 링크 및 가격 정보와 함께 판매 사이트 목록을 제공한다.

검색엔진 마케팅 검색엔진은 소위 **검색엔진 마케팅**(Search Engine Marketing)이라는 서비스를 제공함으로써 주요 광고 플랫폼이자 쇼핑 도구가 되었다. 정보 검색은 웹의 가장 인기 있는 활동 중 하나이다. 2019년 2억 4,200만 명의 미국인이 검색엔진을 사용한 것으로 추정되고, 같은 해에 2억 1,500만 명이 모바일 검색을 사용했다. 이런 엄청난 사용자들에 의해 검색엔진은 가장 수익성이 높은 온라인 광고(검색엔진 마케팅)를 위한 기반이다. 사용자가 구글, 빙, 야후 혹은 이 검색엔진을 이용하는 다른 사이트에서 검색어를 입력하면 두 가지 유형의 목록을 받는다. 하나는 스폰서 링크로서 광고주가 요금을 지불한 목록(주로 검색 결과 페이지의 맨 위에 위치한다)이고, 다른 하나는 스폰서를 받지 않는 '순수한(organic)' 검색 결과 목록이다. 덧붙여 광고주는 검색 결과 페이지 측면에 위치한 작은 텍스트 박스(text box)를 구매할 수도 있다. 이러한 광고비를 받는 스폰서 광고는 가장 빠르게 성장하고 있는 인터넷 광고 유형이며 정확한 시점에 소비자의 관심에 광고 메시지를 정확히 전달할 수 있는 새롭고 강력한 마케팅 도구이다. 검색엔진 마케팅은 검색 가치를 현금화하고 있다. 2019년 검색엔진 마케팅은 480억 달러의 수익을 올렸으며, 이것은 전체 온라인 광고 수익(1,250억 달러)의 거의 절반(44.2%)이다(eMarketer, 2019a). 2018년 구글의 수익 1,360억 달러 중 약 90%가 온라인 광고로부터 나왔으며, 광고 수익의 90%는 검색엔진 마케팅으로부터 나왔다(Alphabet, 2019).

검색엔진 마케팅이 너무도 효과적이기 때문에 많은 기업이 검색엔진의 주목을 받기 위해 기업 웹사이트를 최적화하기 시작했다. 페이지가 더 최적화될수록 검색엔진 검색 결과에서 더 높은 순위를 갖게 된다. **검색엔진 최적화**(search engine optimization, SEO)는 주요 검색엔진에서 특정 키워드와 어구가 검색창에 입력될 때 해당 웹사이트가 더 높은 순위에 위치하도록 하기 위한 일련의 기술을 활용해 웹사이트 방문 빈도와 질적 수준을 높이는 과정을 말한다. 이를 위한 한 기법은 웹사이트 설명에 사용하는 키워드를 잠재적 고객이 사용할 것으로 기대하는 키워드와 일치시키는 것이다. 예를 들어 만약 대부분의 잠재적 고객이 '라이팅(lighting)'을 이용해 검색한다면 '램프(lamp)'보다는 '라이팅(lighting)'이라는 키워드를 사용하는 것이 웹사이트가 검색엔진에서 더 높은 순위를 갖게 할 가능성이 높다. 또한 웹사이트를 가능하면 다른 웹사이트로 연결시키는 것이 유리한데 왜냐하면 검색엔진은 이러한 링크를 웹페이지 대중성과 웹에서 다른 콘텐츠와 어떻게 연결되고 있는지를 평가하는 데 사용하기 때문이다. 여기서 기본 가정은 더 많은 링크가 특정 웹사이트에 연결될수록 그 웹사이트가 더 유용하다는 것이다.

검색엔진은 가짜 웹사이트 페이지를 만들고 이것을 다른 소매업자의 페이지와 링크해 구글의 검색엔진을 무력화하려는 사기꾼에 의해 농락당할 수 있다. 회사는 자사 사이트를 링크하기 위해 소위 링크 팜(link farm, 다른 웹사이트로 연결해주는 웹사이트)에 돈을 지불해야 할 수도 있다. 구글은 2012년에 검색 알고리즘을 바꿨다. 개선된 이 알고리즘은 의심스러운 패턴을 가진 사이트의 랭크를 낮추기 위해 링크 품질을 더욱 신중하게 평가한다.

보통 검색엔진은 대규모 마케팅 캠페인을 벌일 수 없는 작은 기업에 많은 도움을 주고 있었다. 소비자가 검색엔진을 사용할 때는 특정 제품이나 서비스에 대해 알고 싶어 하는 것이기 때문에 마케팅 전문가는 이들을 제품 정보 수집과 이에 대한 구매 의사를 가지는 유망 잠재고객(hot prospects)이라 부르기도 한다. 이와 더불어 검색엔진은 오직 판매 사이트 방문으로 이어지는 클릭(click-through)에 대해서만 비용을 청구하고 있다. 따라서 판매자는 판매 사이트에 방문을 유도하지 못한 어떠한 광고에 대해서도 비용을 지불하지 않아도 되는 것이다. 소비자 역시 그들이 특정 제품을 찾고 있을 때만 광고가 나타나기 때문에 검색엔진 마케팅으로 인해 혜택을 보고 있다고 판단된다. 검색엔진 마케팅은 어떤 팝업 광고, 플래시 애니메이션, 비디오, 중간광고(interstitial), 이메일, 기타 관계없는 광고도 하지 않기 때문에 소비자의 인지적 에너지 소모를 일으키지 않으면서 검색 비용(오프라인에서 원하는 상품을 찾는 데 필요한 교통비용도 포함)을 절감할 수 있다. 한 연구에 따르면 판매자와 소비자 모두에 대한 검색의 글로벌 가치는 8,000억 달러 이상으로 추정되며, 전체 가치 중 약 65%는 검색 비용 절감과 제품 가격 하락을 통해 소비자에게 돌아가고 있다(McKinsey & Company, 2011).

웹에서의 정보 공유

오늘날 웹사이트는 정적 콘텐츠만을 가지지 않는다. 웹사이트는 사람들이 서로 협력하고 정보를 공유하며 나아가 새로운 서비스와 온라인 콘텐츠를 창조할 수 있도록 해주고 있다. 오늘날의 웹은 상호작용성, 실시간 유저 컨트롤, 사회 참여(공유), 사용자가 만든 콘텐츠를 지원한다. 이 특징을 지원하는 기술과 서비스로는 클라우드 컴퓨팅, 소프트웨어 매시업(mashups), 블로그, RSS, 위키, 소셜 네트워크 등이 있다. 이미 클라우드 컴퓨팅, 매시업, 애플리케이션 등에 대해 5장에서 설명했으며, 소셜 네트워크는 2장에서 설명했다.

웹로그(weblog)의 더 대중적인 용어인 **블로그**(blog)는 게시자가 등록한 최신순으로 정렬된 일단의 게시물을 포함하며 연관된 웹페이지로의 링크를 가지는 개인 웹사이트를 말한다. 블로그는 다른 블로그로의 링크 집합인 **블로그롤**(blogroll)과 첫 블로그의 포스트를 참조하는 다른 블로그 리스트인 **트랙백**(trackback)을 포함할 수도 있다. 대부분의 블로그는 독자가 블로그에 직접 코멘트를 달 수 있다. 블로그를 게시하는 행위를 흔히 '블로깅(blogging)'이라고 한다. 블로그는 블로거(Blogger.com), 라이브저널(LiveJournal.com), 타이프패드(TypePad.com), 장가(Xanga.com) 등 제3자 사이트에 의해 호스팅될 수도 있고, 페이스북과 같은 소셜 네트워크, 로터스 노츠(Lotus Notes)와 같은 협력 플랫폼에서의 블로그 기능으로 통합되기도 한다. 워드프레스(WordPress)는 선두적인 오픈소스 블로깅 도구이자 콘텐츠 관리 시스템이다. 트위터에서 사용하는 **마이크로블로깅**(Microblogging)은 140자 이하로 구성된 매우 짧은 문장의 포스팅을 지원하는 블로깅의 한 유형이다.

블로그 페이지는 보통 블로깅 서비스나 소프트웨어가 제공하는 템플릿을 활용해 만들어진다. 따라서 HTML을 전혀 모르는 수백만 명의 사람들도 자신의 웹페이지를 만들고 다른 사람과 공유할 수 있는 것이다. 블로그 관련 웹사이트 전체를 **블로고스피어**(blogosphere)라고 한다. 블로그는 매우 인기 있는 개인 저작 도구이지만 비즈니스 목적으로도 사용된다(2장과 10장 참조).

열광적인 블로그 독자는 좋아하는 블로그의 업데이트를 계속 체크하지 않고도 **RSS**를 사용해 새로운 소식을 접할 수 있다. Rich Site Summary 혹은 Really Simple Syndication을 의미하는 RSS는 웹사이트의 특정 내용을 발췌해 자동으로 구독자의 컴퓨터에 전달한다. RSS 구독 소프트웨어는 독자가 소프트웨어에 스캔하라고 지정한 웹사이트나 블로그의 게시물을 모아서 이 사이트들로부터 새로운 정보를 독자에게 전달한다. RSS 구독 소프트웨어는 구글, 야후와 같은 웹사이트를 통해 얻을 수 있으며 대표적인 웹브라우저나 이메일 프로그램들에 통합되어 있기도 하다.

블로그는 방문자가 원본 콘텐츠에 의견을 추가할 수 있지만 원본 내용을 변경하지는 못한다. 반면 **위키**(wiki)는 방문자가 이미 다른 사람이 작성한 것도 포함해 사이트의 모든 콘텐츠에 대한 추가, 삭제, 수정을 허용하는 협업적 웹사이트이다. 위키는 '빨리'라는 의미의 하와이 말에서 유래했다.

위키 소프트웨어는 보통 모든 페이지에 공통적인 레이아웃과 요소를 정의하는 템플릿을 제공하고 사용자 편집이 가능한 소프트웨어 프로그램 코드를 보여주며 콘텐츠를 웹브라우저에 디스플레이하기 위한 HTML 페이지로 바꾸어준다. 몇몇 위키 소프트웨어는 오직 기본적인 텍스트 형식만을 지원하지만 대개 테이블, 사진 또는 투표나 게임과 같은 상호작용적 기능도 제공한다. 대부분의 위키 소프트웨어는 다른 사용자의 작업을 모니터링하고 오류를 수정할 수 있는 기능을 갖추고 있다.

위키 소프트웨어는 정보 공유를 매우 쉽게 만들어주기 때문에 다양한 업무에 활용이 가능하다. 미국 국토안전부(US Department of Homeland Security)의 국가사이버보안센터(National Cyber Security Center, NCSC)는 사이버 보안에 대해 연방 요원 간의 협업을 지원하기 위해 위키를 설치했다. NCSC와 기타 기관은 위협, 공격 및 이에 대한 대응에 관한 실시간 정보 공유와 기술적·표준적 정보 저장소로 위키를 사용하고 있다. 한편 픽사 위키(Pixar Wiki)는 픽사 애니메이션 스튜디오(Pixar Animation Studios)의 작업을 공개하기 위한 협업적 커뮤니티 위키이며, 누구든 픽사에 대한 기사를 만들거나 편집할 수 있다.

소셜 네트워킹(social networking) 사이트는 사용자가 친구나 전문가의 커뮤니티를 구성할 수 있도록 해준다. 구성원 각각은 보통 사진, 비디오, MP3 파일, 텍스트를 게시하기 위한 소위 '프로파일(profile)'이라 부르는 웹페이지를 만들고 이 프로파일을 '친구'나 연락처에 있는 사람과 공유할 수 있다. 소셜 네트워킹 사이트는 매우 상호작용적이며 실시간 사용자 컨트롤을 제공하고 사용자 생성 콘텐츠(UGC)에 의존적이며 사회적 참여와 콘텐츠 및 의견 공유에 폭넓게 기반을 두고 있다. 대표적인 소셜 네트워킹 사이트로는 페이스북과 트위터, 전문가 집단을 위한 링크드인 등이 있다.

소셜 네트워킹 사이트는 사람들이 온라인에서 시간을 보내는 방식, 사람들이 누구와 어떻게 통신하는지, 비즈니스맨이 고객, 공급자, 직원과 연락하는 방식, 제품과 서비스 제공자가 고객을 이해하는 방식, 광고주가 잠재적 고객과 만나는 방법 등 이 모든 것을 근본적으로 바꾸어 놓았다. 대형 소셜 네트워킹 사이트들은 회원이 소프트웨어 애플리케이션을 만들거나 커뮤니티의 다른 회원에게 판매할 수 있는 애플리케이션 개발 플랫폼이다. 페이스북은 게임, 비디오 공유, 친구 및 가족과의 통신을 위한 몇백만 개의 애플리케이션과 웹사이트를 가지고 있다. 2장과 10장에서는 소셜 네트워킹의 비즈니스 애플리케이션을 더 자세히 다루고 있으며, 많은 다른 장에서도 소셜 네트워킹에 관한 토론을 참고할 수 있다.

미래의 웹

미래의 인터넷은 이미 가시권에 들어와 있다. 미래 인터넷의 주요 특징은 사람들이 인터넷상의 몇조 개 페이지에서 의미를 뽑아낼 수 있도록 돕는 더 많은 도구, 스마트폰에서 사용 가능한 수백만 개의 애플리케이션, 시각적이고 심지어 3차원 환경 내 페이지로 걸어 들어갈 수 있는 3차원 웹이다(시맨틱 검색과 시각적 검색에 대한 내용을 다시 살펴보라).

퍼베이시브 웹(pervasive web)은 도시의 신호등부터 물 사용량까지, 당신 거실의 형광등과 자동차 백미러, 당신의 스케줄 관리에 이르기까지 조종할 수 있는 웹으로 머지않아 실현될 것이다. 이것은 **사물인터넷**(Internet of Things, IoT)이라고도 하며, 물리적 세계에서 인터넷으로 연결된 수십억 개의 센서에 기반을 두고 있다. 사물, 동물, 사람은 고유한 식별자와 사람 대 사람, 사람 대 컴퓨터 간 상호작용 없이도 네트워크로 데이터를 전송할 수 있는 능력을 부여받는다. IBM, HP, 오라클 등의 회사는 원거리 센서와 빠른 클라우드 컴퓨팅을 통해 어떻게 스마트한 기계, 공장, 도시를 만들 수 있을지 탐색하고 있다. 2019년 현재 전 세계적으로 260억 개가 넘는 사물인터넷 기기가 작동 중이며, 이것은 2025년에 750억 개까지 늘어날 것이다 (Bera, 2019). 시간이 흐를수록 매일 점점 더 많은 물리적 물체가 인터넷에 연결될 것이고, 각각의 고유한 식별자를 가질 수 있게 될 것이며, 데이터 변동을 감지하고 반응할 수 있는 네트워크를 생성할 것이다. 이 장의 시작 부분에서 다룬 투르 드 프랑스(Tour de France)의 레이스 추적 시스템 케이스도 사물인터넷 애플리케이션이며, 사례연구에서 논의될 탈 것과 모든 것 기술도 마찬가지이다. 2장과 11장에서 사물인터넷에 대한 더 많은 예시를 다루고 있다.

앱 인터넷(app Internet)은 미래 웹의 또 다른 구성요소이다. 모바일 플랫폼 내 앱 증가는 놀라운 수준이다. 미국에서 모바일 사용 가운데 80%가 넘는 시간이 앱을 통해 이루어지고, 20%만이 브라우저를 통해 이루어진다. 앱은 사용자에게 콘텐츠에 대한 직접적인 접근을 제공하며, 브라우저 로딩과 콘텐츠 검색에서 훨씬 빠른 속도를 보인다.

기타 미래의 웹으로의 보완적 추세로는 클라우드 컴퓨팅과 SaaS 비즈니스 모델의 더 보편적인 사용, 모바일 플랫폼과 인터넷 접속장치 간 편재적(ubiquitous) 연결성, 독자적 응용 시스템과 콘텐츠 네트워크에서 더 상호운영적(interoperable)이고 전체로 하나인 네트워크로 웹의 전환 등을 들 수 있다.

7-4 무선 네트워킹, 무선 통신, 무선 인터넷 접속을 위한 주요 기술과 표준은 무엇인가?

무선 혁명이 일어나고 있다. 휴대전화, 스마트폰, 태블릿, 무선 개인 컴퓨터 등은 휴대형 미디어 및 컴퓨팅 플랫폼으로 변신하게 되었고, 기존에 책상에서 하던 컴퓨팅 업무의 대부분이 가능해졌다. 1장과 5장의 모바일 디지털 플랫폼에 대한 논의에서 이미 스마트폰에 대해 다루었다. 아이폰, 안드로이드폰, 블랙베리 등과 같은 **스마트폰**(Smartphone)은 기존 휴대전화와 와이파이 기능을 갖춘 노트북을 통합했다. 이러한 통합은 음악, 비디오, 인터넷 접속, 전화 서비스를 한 기기에서 가능하게 만든 것이다. 스마트폰은 인터넷 접속 관점에서도 가장 빠르게 성장하고 있는 무선기기이다. 미래 인터넷 서비스의 큰 부분은 비디오, 음악, 웹 검색을 위해 어디서든 접근 가능한 모바일 브로드밴드 서비스가 될 것이다.

2015년 말, 일본 최대의 소형차 생산회사인 토요타는 인텔리전트 트랜스포테이션 시스템 커넥트[Intelligent Transportation System(ITS) Connect] 안전 패키지를 제공하기 시작했다. ITS 커넥트는 극한의 날씨나 사각지대에서의 기능 저하와 같은 다른 유사한 시스템상 제약을 자동차끼리 대화하게 함으로써 극복한다. 이 시스템을 통해 차량에 탑재된 컴퓨터는 차량 대 차량 간(V2V) 및 차량 대 인프라 간(V2I) 무선 통신 — V2X(Vehicle-to-Everything) 무선 통신으로도 알려짐 — 을 다른 차량 및 도로변 인프라(램프 기둥 및 신호등 기둥)와 연속적으로 수행할 수 있다. 이 정보를 수집해 분석한 후 자동으로 응답하거나 그에 따라 즉각적인 음성 또는 시각적 안전 정보를 운전자에게 제공한다.

ITS 커넥트는 전용 단거리 통신(DSRC)이라 불리는 국제 차량 통신 표준을 사용해 760MHz 주파수에서 최대 300m 반경 내에서 효과적인 통신이 가능하다. ITS 커넥트의 V2V 메시지는 서비스 제공을 위해 예약된 자유 필드가 있는 매우 작은 크기(36~100바이트)이지만 차량의 위치, 속도, 방향, 가속, 유형 및 크기에 대한 정보를 포함해야 하며, 개별 애플리케이션에 의해 정의된 정보뿐만 아니라 전방의 가장 가까운 교차로에 대한 추가 데이터도 포함할 수 있다. 또한 각 메시지에는 타임스탬프가 첨부되어야 한다.

ITS 커넥트 시스템은 다른 차량, 보행자 및 자전거 이용자와의 충돌을 방지하도록 설계되었다. 접근 중인 긴급차량에 양보하라는 알림이나 교통신호 변경 카운트다운 등 적시에 운전자에게 정보와 피드백을 제공함으로써 운전 효율을 향상할 수 있다. 이 기술은 또한 V2V 메시지에서 얻은 정보를 사용해 전방 차량과 일치하도록 자동차 속도를 자동으로 변경하는 협조적 적응형 순향 제어(CACC)를 가능하게 한다.

도요타와 협력사들은 2017년 미국과 유럽 시장에서 5GHz 주파수 대역을 사용하는 와이파이 기반의 DSRC를 홍보하기 시작했다. 차량 통신의 또 다른 표준인 C-V2X(cellular-vehicle-to-everything)는 2018년에 등장했으며 DSRC가 주류가 되기 전에 서로 다른 지역 시장을 공략하기 위해 노력하고 있다. C-V2X는 V2V 및 V2I뿐만 아니라 차량 대 보행자(V2P) 직접 통신 및 차량 대 네트워크(V2N) 작동으로 구성된다. V2P는 보행자나 자전거 이용자와 같이 차량이 아닌 도로 사용자의 휴대전화와 차량 간 통신을 가능하게 한다. V2N은 셀룰러 네트워크를 통해 차량과 클라우드 기반 데이터 센터 간에 교통 체증 발생과 같은 교통 정보를 교환하는 것을 말한다.

C-V2X의 지지자 중 하나인 독일에 본사를 둔 콘티넨탈 AG는 자동차 부품에 이 기술을 적용하는 선구자이며 여러 국가에서 현장 시험을 수행하고 있다. 2018년 말, 콘티넨탈 AG는 5.8GHz를 실험용 무선 주파수로 일본에서 C-V2X를 공동 시험했다. 이 테스트는 몇 가지 충돌 회피 시나리오를 포함했다. 결과에 따르면 평균 지연 시간은 20밀리초이며 테스트 내내 오류율은 1.2km에 걸쳐 거의 0%였다.

V2X는 80%의 교통사고, 특히 추돌 사고 발생률을 감소시킬 것으로 보인다. 또한 V2X는 군집 주행과 녹색 물결을 통해 교통 흐름 조정 효율성을 높일 수 있다. 군집 주행은 여러 대의 트럭이 서로 일정한 거리를 두고 호송대처럼 함께 주행하는 시스템을 말하며, 선두 트럭은 CACC 애플리케이션을 사용한다. 따라서 장거리 주행 시 운전자가 교대로 휴식을 취할 수 있으며, 호송대가 공기역학적으로 최적이라면 연료 소비량도 감소한다. 녹색 물결은 여러 교차로에 있는 신호등이 완벽한 타이밍에 녹색으로 바뀌어 같은 방향으로 계속 교통 흐름을 가능하게 하는 상황을 말한다. 차량 통신에서 수집된 데이터는 교통 흐름과 도시 계획에서 패턴을 분석하는 데 사용될 수 있다. 군집 주행과 녹색 물결을 적절히 사용하면 이동성을 최적화하고, 정체를 개선하며, 연료를 절약하고, 오염을 줄일 수 있다.

이러한 차량 통신의 진보는 또한 V2X가 없애려고 하는 도로 안전 문제로 논란이 있는 무인 자동차의 실현을 위한 길을 열어주고 있다. 자율주행의 발전은 자동차 제조사, 통신 서비스 제공업체 및 칩셋 제조업체뿐만 아니라 운송, 물류, 보험, 모바일 의료와 같은 다른 부문에도 더욱 많은 기회를 제공할 것으로 기대된다.

그러나 표준과 상관없이 데이터 보안 및 개인정보 보호 문제에 대한 우려는 여전히 많다. 차량 통신에는 차량 ID와 같은 민감한 데이터의 전송이 포함되며 이 데이터가 유출될 수도 있다. 전송된 메시지를 악의적으로 가로채거나 변경하는 것은 특정 차량을 추적하거나 잘못된 행위에 대한 잘못된 보고서가 생성될 여지가 있다.

출처: K. Momota, "Connectivity Technologies Attracting Attention Due to Frequent Traffic Accidents," Furuno.com, May 31, 2019; Autotalks website, https://www.auto-talks.com; Continental AG, https://www.continental.com/en; Kristen Hall-Geisler, "In Japan, Priuses Can Talk to Other Priuses," TechCrunch, August 17, 2016; ITS Connect Promotion Consortium, https://www.itsconnect-pc.org; Toyota Motor Corporation, Official Global website, https://global.toyota/en/.

사례연구 문제

1. V2X 기술의 장단점은 무엇인가?
2. 차량 주인이 V2X 기술을 채택하도록 속도를 내기 위해서는 무엇을 할 수 있는가?
3. ITS 커넥트의 다른 애플리케이션에 대해서는 어떻게 생각하는가?

사례 제공: 홍콩시티대학교 조이스 챈

휴대전화 시스템

오늘날 미국 성인의 96%가 휴대전화를 소유하고 있고, 81%가 스마트폰을 소유하고 있다(He, 2019). 전 세계 스마트폰 사용자는 약 29억 명이다(eMarketer, 2019b). 스마트폰과 태블릿의 총 사용 시간이 디지털 미디어 이용 시간의 3분의 2를 차지하며, 스마트폰 앱만으로도 디지털 미디어 이용 시간의 절반 이상을 차지할 정도로 모바일은 이제 선도적인 디지털 플랫폼이다. 디지털 휴대전화 서비스는 몇 가지 경쟁적인 표준을 사용하고 있다. 미국을 제외한 대부분 국가와 유럽에서는 GSM(Global System for Mobile Communication)을 표준으로 사용하고 있다. GSM의 장점은 국제 로밍 능력에 있다. 미국에도 티모바일(T-Mobile), AT&T 등의 GSM 휴대전화 시스템이 있다.

미국에서의 주요 표준은 부호 분할 다중 접속(Code Division Multiple Access, CDMA) 방식이며, 버라이즌과 스프린트(Sprint) 등이 사용하고 있다. CDMA는 제2차 세계대전 중 군에 의해 개발되었으며 몇 개의 주파수를 통해 전송하고 전체 대역을 활용하며 무작위로 사용자에게 일정 주파수 범위를 사용 시간 동안 할당하는 방식으로 GSM보다 더 효과적이다.

초기 디지털 휴대전화 시스템은 음성과 단문 메시지 형식의 제한된 데이터 전송을 목적으로 설계되었다. 오늘날의 이동통신회사들은 3G와 4G 네트워크를 제공한다. **3G 네트워크**(3G network)는 이동하는 사용자에게 144Kbps 이상의 전송 속도를, 정지된 상태의 사용자에게 2Mbps 이상의 전송 속도를 제공한다. 이것은 이메일을 보내거나 웹을 탐색하거나 온라인 쇼핑을 하기에는 괜찮은 수준의 속도지만 비디오 시청에는 아주 느리다. **4G 네트워크**(4G network)는 속도가 훨씬 빨라 100Mbps의 다운로드와 50Mbps의 업로드 속도를 가지며, 스마트폰으로 고해상도 비디오를 충분히 시청할 수 있을 정도이다. 롱텀에볼루션(Long Term Evolution, LTE)과 와이맥스(Worldwide Interoperability for Microwave Access, WiMax)가 현재 4G의 표준이다.

차세대 무선 기술인 **5G**는 기가바이트 범위에서 방대한 양의 데이터를 전송할 수 있도록 설계되어 있으며, 기존 셀룰러 시스템보다 전송 지연이 적고 더 많은 디바이스(밀도 높은 센서와 스마트 디바이스)를 동시에 연결할 수 있다. 5G 기술은 차량, 스마트 시티, 사물인터넷의 광범위한 사용을 위해 필요하다. AT&T, 버라이즌 등의 통신사는 스마트폰 속도와 집중적인 데이터 처리 능력을 향상하는 5G 네트워크를 출시하기 시작했다. 모바일 인터넷 사용자는 몇 초 안에 영화 전체를 다운로드할 수 있게 될 것이다.

무선 네트워크와 인터넷 접속

일련의 기술이 컴퓨터나 기타 휴대형 무선 기기의 초고속 인터넷 접속을 가능하게 한다. 이러한 새로운 초고속 서비스는 기존의 유선 인터넷 서비스가 미치지 못했던 수많은 지역으로 인터넷 접근 영역을 넓히고 있으며, 언제 어디서나 유비쿼터스 컴퓨팅을 현실이 되었다.

블루투스

블루투스(Bluetooth)는 소규모 **개인영역 네트워크**(personal-area networks, PANs)의 구축에 유용한 802.15 무선 네트워킹 표준에 대한 일반 명칭이다. 블루투스는 저전력, 무선 신호 기반의 통신을 통해 반경 10m 이내에서 최대 8개의 기기를 연결할 수 있으며 2.4GHz 대역에서 772Kbps의 전송 속도를 낼 수 있다.

블루투스를 사용하는 무선전화기, 페이저(pager), 컴퓨터, 프린터 및 컴퓨팅 장치들은 직접적인 사용자의 개입 없이 상호 통신뿐만 아니라 상호 작동까지 가능하다(그림 7.13 참조). 예를 들어 사용자가 노트북에 무선으로 문서 파일을 프린터에 전송하도록 지시하는 것도 가능하다. 블루투스는 무선 키보드와 무선 마우스를 PC와 연결하고 무선으로 휴대전화기와 이어폰을 연결할 수도 있다. 블루투스는 전력 소모가 적기 때문에 배터리를 전원으로 사용하는 휴대용 컴퓨터, 휴대전화, 개인휴대정보단말기(PDA) 등에 매우 적합하다.

원래 블루투스는 개인 네트워킹에 적합하지만 많은 대기업에서도 사용하고 있다. 예를 들어 페덱스 운전자는 휴대형 파워패드 컴퓨터를 통해 획득한 배송 데이터를 블루투스를 이용해 본사 컴퓨터로 재전송할 수 있는 셀룰러 전송기로 전송한다. 운전자는 더는 휴대형 기기를 전송기에 물리적으로 도킹하는 일에 시간을 소비할 필요가 없으며 페덱스는 블루투스를 통해 연간 2,000만 달러의 비용을 절감하고 있다.

Wi-Fi와 무선 인터넷 접속

무선 랜과 무선 인터넷 접근을 위한 802.11 표준 세트는 **와이파이**(Wi-Fi)로 알려져 있다. 이 표준 중에서 처음 폭넓게 사용된 것은 802.11b인데 이 표준은 2.4GHz 주파수 대역에서 11Mbps 속도로 데이터를 전송할 수 있으며, 30~50m의 유효 전송 거리를 가진다. 802.11g 표준은 2.4GHz 주파수 대역에서 54Mbps 속도로 데이터를 전송할 수 있다. 802.11n은 100Mbps 이상의 전송 속도가 가능하다. 오늘날의 PC와 노트북은 아이폰, 아이패드 및 여타 스마트폰처럼 와이파이 장치를 내장하고 있다.

대부분의 와이파이 통신에서 무선 장치는 접근점(access point)을 사용해 무선 랜과 통신한다. 이러한 접근점은 전파 송수신기와 안테나로 구성된 박스로서 유선 네트워크, 라우

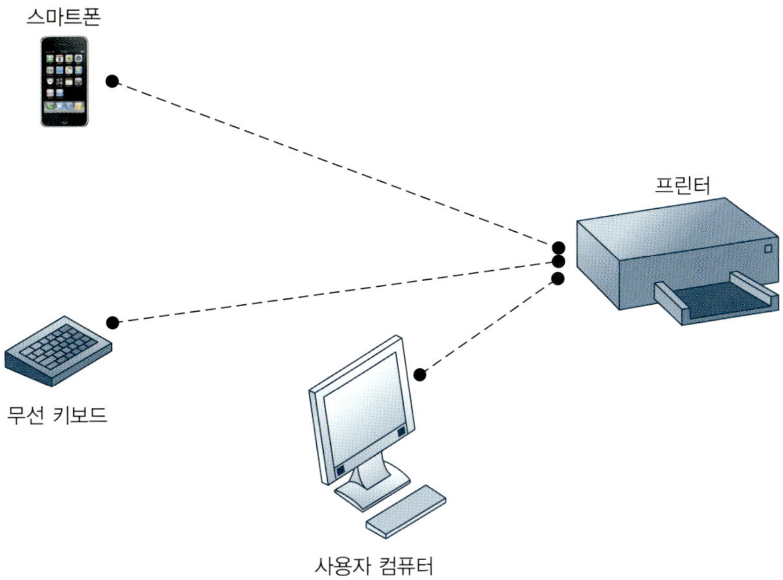

그림 7.13
블루투스 네트워크(PAN)
블루투스는 휴대전화, PDA, 무선 키보드와 마우스, PC, 프린터 등 다양한 기기가 10m 이내에서 무선으로 서로 통신할 수 있도록 해준다. 예를 들어 그림에 나타난 연결 외에도 블루투스는 하나의 PC에서 다른 PC로 데이터를 전송하기 위해 유사 기기를 네트워킹하는 데 사용할 수도 있다.

터, 허브와 연결되어 있다.

그림 7.14는 소수의 모바일 기기를 유선 근거리 통신망(LAN)에 연결하는 기반구조 형식의 802.11 무선 근거리 통신망 모습을 보여준다. 대부분의 무선 기기는 클라이언트 기기이며, 모바일 클라이언트 기기가 사용하고자 하는 서버는 유선 근거리 통신망 상에 있다. 이때 접근점은 무선장치들을 통제하고, 유선 근거리 통신망과 무선 근거리 통신망을 연결하는 브리지(bridge) 역할을 하게 된다. 브리지는 이질적인 2개의 근거리 통신망을 연결하는 장치를 말한다.

최근 가장 대중적인 와이파이 사용 목적은 고속 무선 인터넷 서비스이다. 이때 접근점은 케이블 TV 회선 또는 디지털 가입자 회선(DSL) 서비스가 제공하는 인터넷망에 연결되는데, 접근점에서 일정 범위 내의 컴퓨터는 접근점을 통해 무선으로 인터넷에 접속할 수 있다.

핫스팟(hotspot)은 공공장소에서 무선 인터넷 접근을 제공하는 하나 이상의 접근점(AP)으로 구성된다. 핫스팟 중 일부는 무료이며 추가적인 소프트웨어를 요구하지 않지만, 일부는 웹에서의 신용카드번호 제공을 통한 사용자 계정 등록 및 활성화를 요구하기도 한다.

규모와 관계없이 모든 기업은 저비용의 무선 랜과 인터넷 접근을 제공하는 와이파이 네트워크를 사용하고 있다. 인터넷으로의 모바일 접근을 제공하기 위한 와이파이 핫스팟은 호텔, 공항 라운지 도서관, 카페, 대학교 캠퍼스 등 여러 장소에서 발견할 수 있다. 다트머스대학교는 학생이 연구, 수업 및 여가를 위해 와이파이를 사용하고 있는 많은 대학 캠퍼스 중 하나이다.

그러나 와이파이 기술 역시 몇 가지 도전에 직면해 있다. 와이파이의 주요 결점 중 하나는 보안에 대한 취약성으로, 침입자에게 무선 네트워크가 공격받기 쉽게 되어 있다. 우리는 8장에서 따로 와이파이 보안에 대해 더욱 자세히 다룰 것이다.

또 다른 와이파이 네트워크의 결점은 무선전화, 전자레인지 또는 다른 무선 근거리 통신망 같은 동일 스펙트럼에서 작동하는 인접 시스템에 의한 간섭에 민감하다는 것이다.

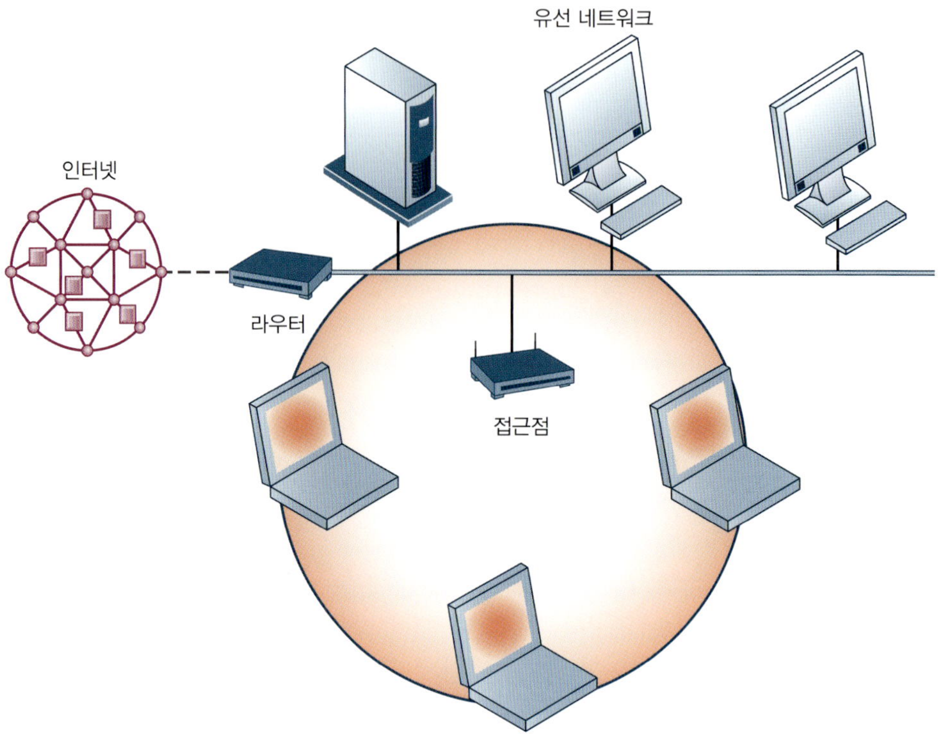

그림 7.14
802.11 무선 랜(LAN)
네트워크 인터페이스 카드(NIC)를 장착한 모바일 노트북 컴퓨터는 접근점과의 통신을 통해 유선 랜(LAN)과 연결된다. 접근점은 유선 네트워크에서 클라이언트 어댑터로 무선 파장을 이용해 네트워크 신호를 전송하는데, 클라이언트 어댑터는 그 신호를 모바일 기기가 이해할 수 있는 데이터로 변환한다. 클라이언트 어댑터는 다시 모바일 기기로부터의 데이터를 다시 접근점으로 전송하며 접근점은 다시 이 데이터를 유선 네트워크로 재전송한다.

802.11n 명세 기반의 무선 네트워크는 이러한 문제점을 다중 동시 라디오 신호를 통합하는 MIMO(multiple input multiple output)라고 불리는 기술과 데이터 송수신을 위한 직렬 다중 무선 안테나를 사용해 해결할 수 있다.

와이맥스

아직도 미국을 비롯해 전 세계적으로 수많은 지역에서 와이파이나 고정 광대역망에 접속할 수 없는 실정이다. 와이파이 시스템 역시 그 접속 범위가 기지국에서 100m 이내이고 따라서 이는 케이블이나 디지털 가입자 회선(DSL) 서비스가 제공되지 않는 시골 지역에서의 무선 인터넷 접속을 어렵게 만들고 있다.

전기전자공학협회(IEEE)는 이와 같은 와이파이의 문제점을 해결하기 위해 와이맥스라고 불리는 새로운 표준 군을 개발했다. **와이맥스**(Worldwide Interoperability for Microwave Access, WiMax)는 널리 알려진 전기전자공학협회 표준 802.16의 통칭이다. 이러한 와이맥스는 접근 범위 관점에서 와이파이의 100m와 블루투스의 10m에 비해 최대 약 50km에 이르며, 데이터 전송 속도는 최고 75Mbps에 달하고 있다.

와이맥스 송신 안테나는 몇 km 떨어진 가정이나 사무실 옥상 안테나로 고속 인터넷 접속 전파를 보낼 수 있을 정도로 강력하다. 모바일 와이맥스(Mobile WiMax)는 앞에서 다루었던 4G 네트워크 기술 중 하나이기도 하다.

RFID와 무선 센서 네트워크

모바일 기술은 기업 전반에 걸쳐 새로운 업무 효율성과 방식을 만들어내고 있다. 방금 설명한 무선 시스템 외에도 RFID 시스템과 무선 센서 네트워크 역시 강력한 영향력이 있다.

RFID와 NFC

RFID(radio frequency identification) 시스템은 공급사슬 전반에 걸쳐 재화의 움직임을 추적할 수 있는 강력한 기술적 수단을 제공한다. RFID 시스템은 가까운 거리의 RFID 판독기에 무선 신호를 전송하기 위해 제품과 그 위치에 대한 데이터를 저장한 내장형 마이크로칩을 가진 아주 작은 태그를 사용한다. 한편 RFID 판독기는 데이터 처리를 위한 컴퓨터로 네트워크를 통해 데이터를 전송하게 된다. 바코드와는 달리 RFID 태그는 판독을 위한 직접적 조준(line-of-sight) 접촉이 필요 없다.

RFID 태그는 특정 제품을 유일하게 식별할 수 있는 정보와 제품의 위치, 제조 장소와 시점, 가공상태 정보 등과 같은 부가적인 제품정보를 전자적으로 프로그래밍해 저장한다. 판독기는 2.5cm~30m 범위의 전파를 방출한다. RFID 태그가 판독기의 영향권에 들어오게 되면 그 태그는 활성화되어 데이터를 송출하기 시작한다. 판독기는 이 데이터를 포착해 해독하고, 추가 데이터 처리를 위해 유선 혹은 무선 네트워크를 통해 호스트 컴퓨터로 데이터를 전송하게 된다(그림 7.15 참조). RFID 태그와 안테나는 모두 다양한 모양과 크기를 가질 수 있다.

재고 관리와 공급사슬관리 분야에서 RFID 시스템은 바코드 시스템과 비교하면 창고나 생산 현장에서 더 상세한 제품정보를 수집하고 관리할 수 있다. 대량 제품을 함께 선적하는 경우에도 RFID 시스템은 팔레트(pallet)별, 로트(lot)별, 나아가 화물 내 개별 제품 단위별로도 추적이 가능하다. 이 기술은 월마트 같은 기업의 창고나 매장 재고를 정확히 파악할 수 있는 능력을 개선해줌으로써 배송 및 재고 관리 효율 향상을 돕고 있다.

월마트는 RFID 판독기를 점포의 입고 도크(dock)에 설치해 운송된 제품의 팔레트와 운반 용기의 입고를 RFID를 이용해 기록하고 있다. RFID 판독기는 점포 내부 저장소에서 매장으로 운반하는 용기의 태그를 다시 한 번 판독한다. 소프트웨어는 월마트 POS(point-of-sales) 시스템의 판매 데이터와 매장으로 운반한 용기의 개수에 대한 RFID 정보를 비교하고 어떤 상품의 재고가 곧 떨어질지를 판단해 품절되기 전에 창고에서 매장 선반으로 이동시켜야 할 품목 리스트를 자동으로 생성해준다. 이 정보는 월마트가 품절 품목을 줄이고 매출을 증가시키며 나아가 관련 비용을 줄일 수 있도록 도와준다.

RFID 태그의 원가는 아직 범용적으로 사용하기에 너무 비싸지만 그래도 미국에서 패시브 태그는 개당 10센트 미만이다. 가격이 내려감에 따라 RFID는 몇몇 응용 분야에서 비용 효과적인 대안으로 떠오르고 있다.

RFID 판독기와 태그 부착 시스템 설치 외에도 기업은 RFID 시스템에서 얻은 몇십에서 몇백 테라바이트(terabyte)에 달하는 대용량 데이터를 처리하기 위해 하드웨어와 소프트웨어도 업그레이드해야 할지 모른다.

RFID 데이터를 걸러내고 통합하며, 데이터로 인한 비즈니스 네트워크와 시스템 애플리케이션 과부하를 막기 위해 특수한 소프트웨어를 사용한다. 응용 시스템 역시 자주 발생하는 많은 양의 RFID 데이터를 수용하고 다른 응용 시스템과 이를 공유하기 위해 재설계

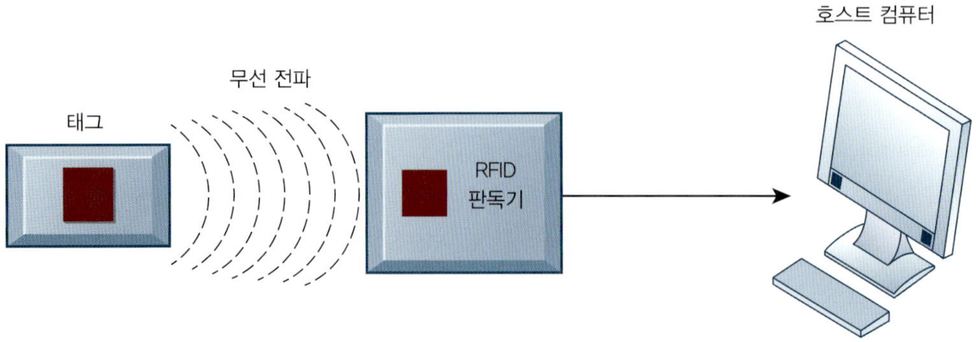

내장된 마이크로칩에 고유 식별 번호를 포함한 데이터가 저장되며, 태그의 나머지 부분은 데이터를 판독기로 전송하는 안테나이다.

전파를 항상 송출하는 안테나가 있다. 일단 태그를 감지하면 태그를 활성화하고 정보 송신 명령을 내리며 수신한 데이터를 해독한다. 이후 유선 혹은 무선 접속을 통해 호스트 시스템에 데이터를 전송한다.

판독기가 전송한 태그로부터 데이터를 처리한다.

그림 7.15 RFID의 작동 원리
RFID는 2.5cm~30m 범위에서 태그에 저장한 데이터를 판독하기 위해 저전력 무선 전송기를 사용한다. 판독기는 태그로부터 데이터를 포착하고 네트워크를 통해 정보 처리를 위한 호스트 컴퓨터로 전송한다.

가 필요한 경우가 많다. 주요 전사적 소프트웨어 공급자들은 현재 RFID용 공급사슬관리(SCM) 소프트웨어 버전을 판매하고 있다.

애플 페이(Apple Pay)나 구글 월렛(Google Wallet)과 같은 탭 앤드 고(tap-and-go) 서비스는 **근거리 통신**(near field communication, NFC)이라고 불리는 RFID 관련 기술을 사용한다. NFC는 전자파 무선 장을 사용해 2개의 호환 장치가 서로 몇 센티미터 이내에 있을 때 데이터를 교환할 수 있도록 하는 단거리 무선 연결 표준이다. 스마트폰 또는 기타 NFC 호환 장치는 호환되는 카드 리더 또는 스마트 포스터에 있는 NFC 태그와 상호작용하는 무선 주파수 신호를 보낸다. 이 신호는 NFC 태그를 통해 흐르는 전류를 생성해 디바이스와 태그가 서로 통신할 수 있도록 한다. 태그는 대체로 수동적이며 다른 장치(스마트폰 등)가 활성화되어 있고 정보를 송수신할 수 있는 동안에만 정보를 보낸다. (두 컴포넌트가 모두 액티브한 NFC 시스템이 있다).

NFC는 무선 결제 서비스, 정보 검색, 심지어 이동 중 비디오나 정보 교환에도 사용된다. 친구의 전화기를 건네주어 웹사이트 링크를 공유할 수 있으며, NFC 태그가 있는 포스터나 디스플레이 앞에서 전화기를 흔들면 박물관이나 전시회에서 보고 있는 것에 대한 정보를 표시할 수 있다.

무선 센서 네트워크

기업이 공기 중의 위험 물질을 탐색하거나 건물 보안상황을 감시하는 최첨단 기술을 사용하고자 한다면 무선 센서 네트워크의 설치를 생각해볼 수 있다. **무선 센서 네트워크**(wireless sensor network, WSN)는 넓은 공간의 여러 지점에서 계측을 하기 위해 물리적 환경에 내장시킨 상호 연결된 무선 장치의 네트워크를 말한다. 이 장치는 내장형 정보 처리기, 저장장치, 무선 주파수 센서, 안테나를 장착하고 있으며, 수집한 데이터를 분석용 컴

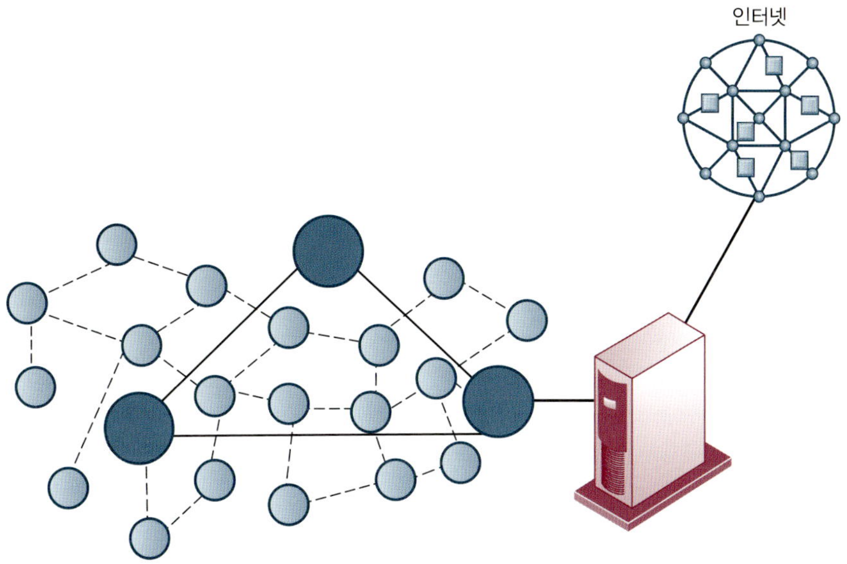

그림 7.16
무선 센서 네트워크
작은 원은 하위 노드를 나타내고 큰 원은 상위 노드를 나타낸다. 하위 노드는 데이터를 서로 혹은 상위 노드로 전송하는데 상위 노드는 더 빠르게 데이터를 전송할 수 있으며 네트워크 성능을 가속한다.

퓨터로 보낼 수 있는 상호 연결된(interconnected) 네트워크에 연결되어 있다. 이러한 네트워크는 수백에서 수천 개의 노드를 가질 수 있다. 그림 7.16은 개별 노드로부터 네트워크를 따라 정보 처리 능력을 갖춘 서버로 데이터가 흐르는 한 무선 센서 네트워크 유형을 보여준다. 서버는 인터넷 기술을 기반으로 하는 네트워크로의 게이트웨이 구실을 한다.

무선 센서 네트워크는 환경 변화 감시, 교통 또는 군사 활동 감시, 재산 보호, 기계와 차량의 효율적인 운영과 관리, 보안 방어선 구축, 공급사슬관리(SCM) 감시, 화학적, 생물학적, 방사성 물질 탐지 등과 같은 영역에서 유용하게 사용할 수 있다. RFID 시스템과 무선 네트워크로부터의 출력은 이 장 앞부분에서 소개한 사물인터넷(IoT)을 촉진하고 있다. 즉 제트 엔진, 발전소 터빈, 농작물 센서가 지속해서 데이터를 수집해 인터넷에 보내 분석할 수 있도록 하는 것이다.

7-5 경영정보시스템은 내 경력에 어떻게 도움이 되는가?

이 절은 7장과 이 책이 자동차용 디지털 어드바이저 직업을 찾는 데 도움이 된다.

회사

Autoworld는 싱가포르에서 빠르게 성장하고 있는 대형 자동차 대리점이다. 이 회사는 디지털 마케팅 프로그램을 운영할 자동차용 디지털 어드바이저를 찾고 있다. 이 회사는 판매용 차량 500대 이상, 직원 170여 명, 신차나 중고차 판매 및 정비소 3곳을 보유하고 있다.

직무 설명

자동차용 디지털 어시스턴트는 검색엔진 최적화(SEO), 검색엔진 마케팅(SEM), 소셜 미디어 및 평판 관리, 웹사이트 관리 등 대리점 그룹의 온라인 마케팅을 지원하는 팀의 일원이 된다. 직무에는 다음과 같은 영역에서 대리점 소유자, 대리점 관리자, 마케팅 관리자의 조정 작업이 포함된다.

- 온라인 광고, SEO, SEM
- 대리점 전체 소셜 미디어 및 콘텐츠 캘린더 관리, 새로운 콘텐츠 개발을 포함한 소셜 미디어 관리
- 온라인 평판 관리
- 웹사이트 관리
- 대리점 블로그 유지 관리

직무 요건

- 마케팅학과 졸업
- 디지털 마케팅 및 소셜 미디어에 대한 지식
- 마이크로소프트 오피스 스킬
- 바람직한 자동차 판매 및 콘텐츠 관리 시스템에 대한 지식

면접 질문

1. 디지털 마케팅 강좌를 들은 적이 있습니까?
2. 디지털 마케팅 캠페인을 운영한 경험이 있습니까? SEO와 SEM을 사용합니까? 소셜 미디어 캠페인의 효과와 시청률 증가를 어떻게 측정합니까?
3. 소셜 미디어 관리 소프트웨어를 사용해 본 경험이 있습니까?
4. 온라인 평판 관리 경험이 있습니까?
5. 블로그를 유지한 적이 있습니까?
6. 마이크로소프트 오피스 소프트웨어를 얼마나 능숙하게 사용합니까?

저자 팁

1. 이 장의 검색, 검색엔진 마케팅, 블로그에 대한 논의와 10장의 전자상거래 마케팅 및 전자상거래 위상 구축에 대한 논의를 검토하라.
2. 이 작업에 사용되는 SEO, SEM, 소셜 미디어 관리, 온라인 평판 관리 및 소프트웨어 도구에 대한 자세한 내용은 웹을 참조하라. 표준화된 도구를 사용해 매트릭스 보고서를 생성하는 방법과 소셜 미디어 데이터를 기반으로 분석 및 권장 사항을 통합하는 방법을 알아보라.
3. 대도시의 주요 자동차 딜러가 소셜 미디어 채널을 어떻게 활용하고 있는지 살펴보라. 유튜브, 인스타그램, 페이스북, 트위터에서 콘텐츠를 만들고 있는가? 어떤 채널에서 더 높은 수준의 시청자 참여를 창출하고 있는가?
4. 웹사이트 관리 및 필요한 소프트웨어 사용 능력을 정확히 물어보라.
5. 이 업무에 필요한 마이크로소프트 오피스 사용 능력을 물어보라. 이 소프트웨어로 수행한 작업의 예를 제시하라.

요약

7-1 **통신 네트워크의 주요 구성요소와 핵심 네트워킹 기술은 무엇인가?** 단순한 네트워크는 둘 또는 그 이상으로 연결된 컴퓨터로 구성된다. 기본 네트워크 요소로는 컴퓨터, 네트워크 인터페이스, 연결 매체, 네트워크 운영체제 소프트웨어, 허브 또는 스위치 등이 있다. 대기업을 위한 네트워킹 인프라는 전통적인 전화 시스템, 휴대전화 통신, 무선 랜, 화상회의 시스템, 기업 웹사이트, 인트라넷, 엑스트라넷, 인터넷을 포함한 일련의 지역 및 광역 통신망 등을 포함한다.

현대의 네트워크는 클라이언트/서버 컴퓨팅의 등장, 패킷 교환의 사용, 인터넷을 포함 이질적인 네트워크와 컴퓨터들을 연결하기 위한 범용 통신 표준인 TCP/IP 채택 등에 의해 구체화되었다. 프로토콜은 통신 네트워크 내 다양한 구성요소 간을 통신할 수 있게 하는 일련의 공통 규칙을 제공한다.

7-2 **네트워크의 다른 유형에는 무엇이 있는가?** 주요 물리적 전송 매체로는 꼬임선, 동축 케이블, 광케이블, 무선 전송 매체 등이 있다.

랜(LAN)은 500m 반경에서 PC와 다른 디지털 장치를 함께 연결하며 오늘날 많은 기업 컴퓨팅 업무에 사용되고 있다. 광역 통신망(WAN)은 지역 전체, 주, 대륙이나 지구 전체와 같은 광범위한 지역을 연결하며 독립적으로 운영되는 사설 네트워크를 말한다. 도시권 통신망(MAN)은 단일 도시 지역 범위를 연결한다.

디지털 가입자 회선(DSL) 기술, 케이블 인터넷 접속, T1 회선은 대용량 인터넷 접속에 주로 사용된다.

7-3 **인터넷과 인터넷 기술은 어떻게 작동하며 통신과 e-비즈니스를 어떻게 지원하는가?** 인터넷은 클라이언트/서버 컴퓨팅 모델과 TCP/IP 네트워크 참조 모델을 사용하는 네트워크들의 범세계적 네트워크이다. 인터넷상의 모든 컴퓨터는 유일한 숫자로 된 IP 주소를 할당받는다. 도메인 네임 시스템(DNS)은 IP 주소를 사용자 친화적 도메인명으로 변환한다. 범세계적 인터넷 정책은 IAB, W3C와 같은 조직 및 정부기관에 의해 수립된다.

주요 인터넷 서비스로는 이메일, 뉴스그룹, 채팅, 인스턴트 메시징, 텔넷, FTP, 웹 등이 있다. 웹페이지는 하이퍼텍스트 마크업 언어(HTML)를 토대로 하며 텍스트, 그래픽, 동영상, 오디오 등을 화면에 출력한다. 웹사이트 디렉터리, 검색엔진, RSS 기술은 사용자가 웹에서 원하는 정보를 쉽게 찾을 수 있게 돕는다. RSS, 블로그, 소셜 네트워킹, 위키 소프트웨어 등은 웹 2.0의 주요 특징이다. 미래의 웹은 시맨틱 검색, 시각적 검색, 앱 보급, 다양한 장치(사물인터넷)의 상호 연결성을 특징으로 한다.

기업은 또한 음성 전송을 위해 VoIP 기술을 사용하고 사설 광역 통신망(WAN)의 저렴한 한 가지 대안인 가상 사설 통신망(VPN)을 사용해 경제적 효과를 누리기 시작하고 있다.

7-4 **무선 네트워킹, 무선 통신, 무선 인터넷 접속을 위한 주요 기술과 표준은 무엇인가?** 휴대전화 네트워크는 초고속, 고대역폭, 디지털 패킷 교환 전송 방식으로 진화하고 있다. 광대역 3G 네트워크는 144Kbps부터 2Mbps 이상의 속도로 데이터 전송이 가능하다. 4G 네트워크는 100 Mbps 속도로 전송 가능하며, 기가비트 범위에서도 전송할 수 있는 5G 네트워

크가 출시되기 시작했다.

주요 휴대전화 표준으로 미국에서 주로 사용하는 부호분할다중접속(CDMA)과 유럽과 나머지 대부분 국가에서 표준으로 사용하는 GSM을 들 수 있다.

무선 컴퓨터 네트워크를 위한 표준으로는 소규모의 개인 영역 네트워크(PAN)를 위한 블루투스(Bluetooth, 802.15), 랜(LAN)을 위한 와이파이(Wi-Fi, 802.11), 도시권 통신망(MAN)을 위한 와이맥스(WiMax, 802.16)가 있다.

RFID 시스템은 개별 제품과 그 제품의 위치 정보를 담고 있는 아주 작은 태그를 사용해 제품 위치를 추적하는 강력한 기술을 제공한다. RFID 판독기는 이 태그들이 전송하는 무선 신호를 수신하고 네트워크를 통해 정보 처리용 컴퓨터로 데이터를 전송한다. 무선 센서 네트워크(WSN)는 넓은 공간의 여러 지점에서 계측을 하기 위해 물리적 환경에 내장시킨 상호 연결된 무선 장치들의 네트워크를 말한다.

주요 용어

가상 사설 통신망(VPN)
개인영역 네트워크(PANs)
검색엔진
검색엔진 마케팅
검색엔진 최적화(SEO)
광대역
광역 통신망(WAN)
근거리 통신(NFC)
근거리 통신망(LAN)
네트워크 운영체제(NOS)
다크 웹
대역폭
도메인 네임
도메인 네임 시스템(DNS)
도시권 통신망(MAN)
디지털 가입자 회선(DSL)
라우터
마이크로블로깅
모뎀
무선 센서 네트워크(WSN)
블로고스피어
블로그
블루투스
비주얼 웹
사물인터넷
소셜 네트워킹
소프트웨어 정의 네트워크(SDN)
쇼핑봇
스마트폰
스위치
시맨틱 검색
예측적 검색
와이맥스
와이파이
웹사이트
위키(Wiki)
이메일
인스턴트 메시징
인터넷 서비스 제공자(ISP)
인터넷 프로토콜(IP) 주소
인터넷2
채팅
케이블 인터넷 접속
텔넷
통합 통신 체계
패킷 교환
프로토콜
핫스팟

허브
헤르츠
3G 네트워크
4G 네트워크
5G
FTP
HTTP
IPv6
P2P
RFID
RSS
T1 회선
TCP/IP
URL
VoIP

복습문제

7-1 통신 네트워크의 주요 구성요소와 핵심 네트워킹 기술은 무엇인가?
- 대기업을 위한 네트워크 인프라와 단순한 네트워크의 특징을 설명하라.
- 현대 통신 시스템을 형성한 주요 기술과 경향에 대한 이름을 지정하고 설명하라.

7-2 네트워크의 다른 유형에는 무엇이 있는가?
- 서로 다른 물리적 전송 매체를 나열하고 설명하라.
- LAN, MAN, WAN을 비교하라.

7-3 인터넷과 인터넷 기술은 어떻게 작동하며 통신과 e-비즈니스를 어떻게 지원하는가?
- T1 회선 ISP의 역할을 설명하라
- 인스턴트 메시징, 이메일, 채팅 서비스의 차이를 설명하라.
- 통합 통신 체계(unified communication)를 정의하고 목적을 설명하라.
- 터널링이라는 용어의 의미와 이것이 기업에 중요한 이유를 설명하라.
- 검색엔진 최적화의 목적과 가치를 설명하라.
- 온라인 검색 기술이 마케팅에 어떻게 사용되는지 설명하라.

7-4 무선 네트워킹, 무선 통신, 무선 인터넷 접속을 위한 주요 기술과 표준은 무엇인가?
- 블루투스, 와이파이, 와이맥스, 3G, 4G, 5G 네트워크는 무엇인지 설명하라.
- 위의 각 기술의 성능을 설명하고, 이들 각각이 어떤 응용 분야에 적합한지 설명하라.
- RFID가 무엇이며 어떻게 작동하는지 설명하고, 어떻게 비즈니스 가치를 제공하는지 기술하라.
- 무선 센서 네트워크(WSN)는 무엇이며 어떻게 작동하는지를 설명하고 사용 가능한 응용 분야를 기술하라.

협업과 팀워크 프로젝트

스마트폰 평가

7-5 3~4명으로 팀을 구성해 애플 아이폰과 유사한 기능이 있는 다른 회사의 스마트폰 성능을 비교하라. 분석에 각 기기의 구매비용, 이용 가능한 무선 네트워크, 서비스 플랜 및 유지비용, 사용 가능한 서비스를 고려하라. 기존 기업이나 PC 응용프로그램과 통합 가능 여부를 포함한 기타 성능도 비교하라. 어떤 기기를 구매할 것인가? 구매 결정을 위해 어

떤 기준을 사용할 것인가? 가능하다면 구글 독스(Google Docs)와 구글 드라이브(Google Drive), 구글 사이트(Google Sites)를 이용해 발견 사항을 토론하고 수업시간에 발표할 자료를 준비하라.

참고문헌

Alphabet, Inc. "Form 10K for the Fiscal Year Ending December 31, 2018." Securities and Exchange Commission, filed February 4, 2019.

Bera, Ana. "80 Mind-Blowing IoT Statistics (Infographic)," *safeatlast* (February25, 2019).

CBS Interactive Inc. "How 5G Will Transform Business" (2019).

Chiang, I. Robert, and Jhih-Hua Jhang-Li. "Delivery Consolidation and Service Competition Among Internet Service Providers." *Journal of Management Information Systems* 34, No. 3 (Winter 2014).

eMarketer. "Digital Ad Spending March 2019" (2019a).

eMarketer. "Smartphone Users and Penetration Worldwide." (April 2019b).

"Facebook By the Numbers: Stats, Demographics & Fun Facts." *Omnicore* (January 6, 2019).

FitzGerald, Drew and Sarah Krouse. "How 5G Will Change So Much More Than Your Phone" *Wall Street Journal* (February 26, 2019).

Frick, Walter. "Fixing the Internet." *Harvard Business Review* (July–August 2019).

He, Amy. "Average US Time Spent with Mobile in 2019 Has Increased US Adults Spend More Time on Mobile than They Do Watching TV." *eMarketer* (June 4, 2019).

Iyer, Bala. "To Project the Trajectory of the Internet of Things, Look to the Software Industry." *Harvard Business Review* (February 25, 2016).

Gong, Jing, Vibhanshu Abhisek, and Beibei Li. "Examining the Impact of Keyword Ambiguity on Search Advertising Performance: A Topic Model Approach." *MIS Quarterly* 42, No. 3 (September 2018).

McKinsey & Company. "The Impact of Internet Technologies: Search" (July 2011).

National Telecommunications and Information Agency. "NTIA Announces Intent to Transition Key Internet Domain Name Functions." (March 14, 2014).

Panko, Raymond R., and Julia L. Panko. *Business Data Networks and Security*, 11th ed. (Upper Saddle River, NJ: Prentice-Hall, 2019).

Pew Research Center. "Mobile Fact Sheet" (June 12, 2019).

"Search Engine Market Share." Netmarketshare.com, accessed June 21, 2019.

Wang, Weiquan, and Izak Benbasat. "Empirical Assessment of Alternative Designs for Enhancing Different Types of Trusting Beliefs in Online Recommendation Agents." *Journal of Management Information Systems* 33, No. 3 (2016).

구글, 애플, 페이스북의 인터넷 경험 경쟁

인터넷 거물인 구글, 애플, 페이스북이 사용자의 인터넷 경험을 지배하기 위해 장대한 투쟁을 하면서 검색, 음악, 비디오 및 기타 미디어와 함께 이러한 모든 작업에 사용하는 장치에 총격전을 벌이고 있다. 고급 기능과 유비쿼터스 인터넷 액세스를 갖춘 모바일 장치는 가장 인기 있는 컴퓨팅 형태로 기존 데스크톱 컴퓨터를 빠르게 추월하고 있다. 오늘날 사람들은 증가하는 컴퓨팅 용량 클라우드를 활용하는 모바일 장치를 사용해 온라인에서 많은 시간을 보낸다. 따라서 오늘날 기술 거물들이 새로운 온라인 세상을 장악하기 위해 공격적으로 싸우고 있다는 것은 놀라운 일이 아니다.

개인용 컴퓨터 회사로 출발한 애플은 소프트웨어와 가전제품으로 빠르게 확장했다. 애플은 아이팟 MP3 플레이어와 아이튠즈 디지털 음악 서비스로 음악 산업을 발전시킨 이후 아이폰, 아이팟 터치, 아이패드로 모바일 컴퓨팅을 휩쓸었다. 이제 애플은 인터넷을 위한 컴퓨팅 플랫폼이 되기를 원한다. 애플의 경쟁력은 하드웨어 플랫폼뿐 아니라 뛰어난 사용자 인터페이스와 모바일 소프트웨어 애플리케이션(앱)을 기반으로 한다. 애플의 앱스토어는 200만 개 이상의 모바일 및 태블릿 기기용 앱을 제공한다. 애플리케이션은 모바일 기기 사용 경험을 더욱 풍부하게 하며, 가장 매력적인 기기 및 애플리케이션 세트를 만드는 사람은 경쟁사보다 상당한 경쟁우위를 확보할 것이다. 앱은 기존 브라우저에 상응하는 새로운 기능이다.

애플은 혁신이라는 유산을 바탕으로 발전하고 있다. 2011년에는 통합 검색/내비게이션 도구이자 개인 비서인 시리(Speech Interpretation and Recognition Interface, Siri)를 공개했다. 시리는 사용자에게 친숙해질수록 개선되는 맞춤형 추천을 제안했다. 이 모든 것이 음성 명령으로 이루어진다. 구글은 자체 지능형 비서 도구인 구글 나우(Google Now)와 구글 어시스턴트(Google Assistant)를 빠르게 출시해 이에 대응했다.

애플은 저렴한 중국산 스마트폰과 정교한 기능을 갖춘 삼성 안드로이드폰으로부터 미국, 중국과 같은 개발도상국 시장에서 모두 휴대전화와 태블릿에 대한 치열한 경쟁에 직면해 있다. 아이폰 판매는 둔화하기 시작했지만, 애플은 미래 성장을 하드웨어 기기에만 의존하지 않고 있다. 서비스는 항상 애플에서 큰 역할을 했고, 주요 수익원으로 부상했다. 애플은 14억 개 이상의 활성 기기를 유통하고 있으며, 서비스를 구매하려는 사용자들의 거대한 설치 기반과 새로운 수익원을 창출하고 있다. 애플의 음악(다운로드와 구독 모두), 비디오 판매와 대여, 서적, 앱(앱 내 구매, 구독, 광고 포함), 아이클라우드 스토리지, 결제 등을 포함한 애플의 서비스 사업은 두 자릿수 성장세를 보인다. 2018년 현재 애플의 서비스 사업 수익은 33% 성장해 거의 400억 달러에 달하며, 이는 애플 전체 수익의 약 15%를 차지한다.

애플이 애플 워치, 홈팟과 같은 더 많은 가전제품을 출시함에 따라 서비스 수익은 계속 확대되고 다양해질 것이며, 애플 사용자와의 관계가 더욱 깊어질 것이다. CEO 팀 쿡(Tim Cook)에 따르면 애플은 세계에서 가장 큰 서비스 기업 중 하나가 되었다. 구글과 페이스북 모두 서비스 분야에서 치열한 경쟁을 벌이고 있으며, 애플은 이 시장에서 살아남기 위해 비 애플 기기에서 일부 서비스를 제공할 필요가 있으므로 이 서비스 중심 전략은 걱정이 없는 것은 아니다.

구글은 노트북과 데스크톱 기기에서 웹 검색의 약 75%, 모바일 검색 시장의 약 90%를 차지하며 계속해서 세계 최고의 검색엔진이다. 구글의 모회사인 알파벳(Alphabet)의 수익 중 약 84%는 광고에서 나오고, 이 대부분은 구글의 검색엔진에서 나온다. 구글은 온라인 광고를 지배한다. 하지만 구글은 인터넷의 관문으로서 지위가 추락하고 있다. 새로운 검색 스타트업은 웹 대신 액션과 앱에 초점을 맞추고 있다. 페이스북도 웹으로 가는 중요한 관문이 되었다.

구글은 2005년에 모바일 컴퓨팅 분야에서 경쟁하기 위해 안드로이드 오픈소스 모바일 운영체제를 구매했다. 구글은 스마트폰 제조사에 안드로이드를 무료로 제공하고 앱 구매와 광고를 통해 간접적으로 수익을 창출한다. 많은 제조사가 안드로이드를 표준으로 채택하고 있다. 이와 달리 애플은 자사 전용 운영체제만 사용하도록 허용하고 있으며, 애플이 판매하는 모든 앱은 애플 제품에서만 실행할 수 있다. 안드로이드는 전 세계 스마트폰 중 80% 이상에 구축되어 있고, 가장 일반적인 태블릿용 운영체제이며 시계, 자동차 대시보드, TV 등 4,000개 이상의 장치에서 실행된다. 구글은 안드로이드를 가능한 한 많은 기기로 확장하려 한다.

구글 안드로이드는 향후 몇 년 동안 더 많은 시장 점유율을 얻을 수 있는데, 이는 애플이 고객 충성도를 유지하고 소프트웨어 개발자들이 iOS 플랫폼에 집중하게 하려고 노력하고 있으므로 문제가 될 수 있다. 지배적인 스마트폰 운영체제를 가지고 있는 사람은 누구든 스마트폰 사용자들이 대부분 시간을 보내는 앱과 모바일 기기에 광고를 제공하기 위한 내장 채널을 통제할 수 있게 될 것이다. 구글은 안드로이드 모바일 앱의 콘텐츠를 감시하고 구글의 스마트폰 검색 결과에 포함된 콘텐츠를 가리키는 링크를 제공하기 시작했다. 구글은 아이폰 앱의 사용을 감시하거나 추적할 수 없다. 글로벌 검색 쿼리의 절반 이상이 모바일 기기에서 나오기 때문에 이 회사는 검색 알고리즘을 수정해 검색엔진에서 웹사이트 순위를 매기는 데 사용하는 200여 개 요소에 '모바일 친화성'을 추가했다. 스마트폰 화면에서 보기 좋은 사이트를 선호한다. 모바일 광고에 대해 지불되는 클릭당 비용은 데스크톱 광고에 뒤쫓아왔지만, 컴퓨터와 모바일 광고 요금의 차이는 줄어들고 있다. 구글은 더욱 깨끗한 모바일 검색 페이지를 제공하기 위해 디자인 변경을 도입했다.

구글 서치(Search), 유튜브, 구글 맵스(Maps)를 포함한 7개의 구글 제품과 서비스는 각각 10억 명 이상의 사용자를 보유하고 있다. 구글의 궁극적인 목표는 사용자가 모든 시간을 구글과 원활하게 소통하고 모든 사람이 구글을 사용하고 싶어 할 수 있도록 그들의 서비스와 기기를 결합하는 것이다. 향후 몇 년 동안 검색 및 관련 서비스를 더욱 강력하고 사용하기 쉽게 만들기 위한 구글의 노력은 대부분 인공지능과 기계학습에 대한 회사의 투자에 기초하고 있다(11장 참조). 이러한 기술은 이미 음성 검색, 구글 번역, 스팸 필터링과 같은 애플리케이션에서 구현되었다. 목표는 검색을 보다 스마트한 지원 기능으로 발전시키는 것이다. 이 기능에서는 컴퓨터가 사람들이 말하는 것을 이해하고 적절한 순간에 적절한 정보로 대화할 수 있다. 구글 어시스턴트(Google Assistant)는 사용자와 검색엔진 간에 지속적인 대화 기능을 제공한다.

페이스북은 월간 활성 사용자가 24억 명에 달하는 세계 최대의 소셜 네트워킹 서비스이다. 사람들은 페이스북을 사용해 친구 및 가족과 연락을 유지하고 가장 중요한 것을 표현한다. 페이스북 플랫폼을 통해 개발자는 페이스북과 통합되는 애플리케이션 및 웹사이트를 구축해 글로벌 사용자 네트워크에 도달하고 개인화된 소셜 제품을 구축할 수 있다. 페이스북은 매우 유명하고 매력적인 플랫폼으로 인터넷 사용자의 주요 관문이 되었다. 많은 사람에게 페이스북은 모바일 스마트폰과 태블릿에서 점점 더 많은 돈을 벌어들일 것이라는 기대와 함께 페이스북의 인기와 축적된 사용자 데이터를 광고 비용으로 전환하는 방법으로 지속적으로 일했다. 2019년 초 현재 전 세계 활성 사용자 계정의 96%가 스마트폰과 태블릿을 통해 소셜 네트워크에 액세스했다. 페이스북 광고를 통해 기업은 웹 브라우징 습관 및 기타 온라인 행동에서 파생된 교육적인 추측보다는 실제 신원과 표현된 관심을 기반으로 사용자를 타기팅할 수 있다.

2018년 1분기 말 기준 페이스북 글로벌 매출의 98%가 광고에서 발생했으며 그중 89%가 모바일 광고에서 발생했다. 이러한 광고 대부분은 연령, 성별 및 기타 인구통계에 따라 고도로 타기팅이 된다. 페이스북은 이제 모바일 광고 시장에서 구글의 강력한 경쟁자가 되었으며 신흥 모바일 플랫폼과도 경쟁하고 있다. 페이스북과 구글은 함께 디지털 광고 산업을 지배하고 있으며 거의 모든 성장에 기여했다. 페이스북은 광고주에게 시장을 타기팅할 수 있는 더 많은 기회와 정보를 제공하기 위해 홈페이지를 개편했다. 이 회사는 대부분의 광고 수익이 여전히 뉴스 피드에서 발생하지만 인스타그램 피드, 스토리(Stories), 왓츠앱(WhatsApp), 페이스북 워치(Facebook Watch) VOD 서비스, 메신저와 같은 제품에서 광고를 확장하고 있다. 페이스북은 구글의 검색 지배력에 도전하기 위한 자체 맞춤 검색 도구를 가지고 있다. 페이스북 CEO인 마크 저커버그(Mark Zuckerberg)는 소셜 네트워킹이 웹을 사용하고 뉴스와 비디오를 포함해 사람들이 원하는 모든 콘텐츠를 소비하는 이상적인 방법이라고 확신하므로 기업에 이상적인 마케팅 플랫폼이다. 그러나 그는 페이스북이 소셜 네트워킹만으로는 장기적인 성장과 번영을 달성할 수 없음을 알고 있다. 따라서 지난 몇 년 동안 페이스북은 가상 현실, 메시징, 비디오 등으로 이동했다.

페이스북은 유튜브를 개인 비디오에서 최고의 목적지로 만들고, 자체 TV 프로그램을 개발하고, 챗봇을 배포해 메시지를 '스마트'하게 만들고 있다. 챗봇은 사용자가 입력하거나 말하는 내용을 이해하고 질문에 답하거나 작업을 실행해 응답하는 제거된 소프트웨어 에이전트이며 페이스북 메신저 서비스의 백그라운드에서 실행된다(11장 참조). 페이스북 메신저 내에서 우버 차량 서비스를 사용하고, 뉴스 업데이트를 받고, 항공편 상태를 확인하거나, 증강 현실을 사용해 이미지 또는 비디오 위에 해당 운동화의 3D 모델을 겹쳐서 새 나이키 운동화가 어떻게 생겼는지 상상할 수 있다. 저커버그는 저렴한 웹 연결로 개발도상국의 사용자를 유치해 10억 명을 온라인으로 전환하는 데 도움이 될 것이라고 말했다. 페이스북은 소셜 네트워크를 포함한 웹 애플리케이션을 탐색할 수 있도록 사람들을 온라인 상태로 만들도록 설계된 프리 베이직스(Free Basics) 같은 여러 서비스를 신흥시장에서 출시했다. 페이스북은 다른 기술과 함께 무인 항공기와 위성을 사용해 서비스가 부족한 지역에 인터넷을 전송하려 한다. 저커버그는 페이스북이 서비스가 부족한 지역에서 인터넷 서비스 제공자가 될 수 있다고 생각한다.

개인 데이터의 수익화는 페이스북과 구글의 비즈니스 모델이 주도한다. 그러나 해당 비즈니스 모델은 개인의 사생활도 위협한다. 페이스북과 구글의 무료 서비스를 기반으로 하는 소비자 감시는 대서양 양쪽의 사용자와 규제기관 및 입법자로부터 포위를 받고 있다. 페이스북과 구글의 개인 데이터 수집 및 사용을 제한해야 한다는 주장이 커지고 있다. 특히 최근 러시아 요원이 페이스북을 이용해 미국 유권자를 휘젓고 있다는 사실이 밝혀지고, 페이스북이 제3자 회사와 사용자 데이터를 통제할 수 없이 공유한다는 사실이 알려진 이후 더욱 커지고 있다(4장 마지막 사례 참조). 두 회사는 GDPR(일반 데이터 보호 규정)이라고 하는 유럽연합의 새로운 개인정보 보호법을 준수해야 한다. 이 법률은 회사가 데이터를 처리하기 전에 사용자의 동의를 얻어야 미국에서 더 엄격한 개인정보 보호 법안을 만들 수 있다. 광고에 덜 의존하고 구독에 더 많이 의존하는 비즈니스 모델이 제안되었지만, 소비자 데이터 사용을 억제하려는 모든 노력은 광고 지원 인터넷, 그리고 아마도 페이스북과 구글의 비즈니스 모델을 위험에 빠뜨릴 것이다. 또한 페이스북과 구글의 광고 기반 비즈니스 모델을 압박하는 것은 장치 사용자가 대상 광고를 선택 해제할 수 있도록 하는 애플의 개인정보 보호 기능이다.

이처럼 대기업의 독점에 대해서도 면밀한 조사를 받고 있다. 미국에서는 구글이 인터넷 검색의 89%를 구동하고 인터넷상 젊은이들의 95%가 페이스북 제품을 사용하고 있으며 구글과 애플은 99%의 휴대전화 운영체제를 제공하고 있다. 비평가는 이 대기업들을 해체하거나 스탠더드오일과 AT&T가 그랬던 것처럼 규제해야 한다고 주장해 왔고, 미국 법무부는 이 대기업들에 대한 공식적인 반독점 검토를 시작했다. 2018년 7월 유럽연합(EU) 규제 당국은 구글의 안드로이드 운영체제를 사용하는 휴대전화 제조업체들에 구글 검색과 브라우저 앱을 설치하도록 강요한 혐의로 알파벳에 50억 달러의 벌금을 부과했다. 1년도 채 지나지 않아 EU의 반독점 규제 당국은 애드센스(Adsense) 사업부에서의 제한적인 광고 관행에 대해 알파벳에 17억 달러의 추가 벌금을 부과했다. 이러한 기업이 너무 커져서 소비자와 혁신을 압박하고 있는가? 정부가 이 질문에 대해 어떻게 답하느냐에 따라 애플, 구글, 페이스북이 어떻게 될지 그리고 그들이 어떤 종류의 인터넷 경험을 제공할 수 있는지에 영향을 미칠 것이다.

출처: Wayne Rush, "How Google, Facebook Actions Could Bring Big Tech Under Attack in US," *eWeek*, March 22, 2019; Tripp Mickle, "With the iPhone Sputtering, Apple Bets Its Future on TV and News," *Wall Street Journal*, March 25, 2019; Tripp Mickle and Joe Flint, "Apple Launches TV App, Credit Card, Subscription Services," *Wall Street Journal*, March 25, 2019; Associated Press, "EU Fines Google a Record $5 Million over Mobile Practices," July 18, 2018; "Search Engine Market Share," www.netmarketshare.com, accessed June 16, 2019; "Device Usage of Facebook Users Worldwide as of January 2019," statista.com, accessed June 17, 2019; David Streitfeld, Natasha Singer, and Steven Erlanger, "How Calls for Privacy May Upend Business for Facebook and Google," *New York Times*, March 24, 2018; "Google Wants to Be Everywhere with Everyone," *New York Times*, May 17, 2017.

사례연구 문제

1. 애플, 구글, 페이스북의 비즈니스 모델과 핵심 역량을 비교하라.
2. 모바일 컴퓨팅이 이들 3사에서 중요한 이유는 무엇인가? 각 기업의 모바일 전략을 평가하라.
3. 인터넷을 지배할 가능성이 가장 큰 기업과 비즈니스 모델은 무엇이며, 그 이유는 무엇인가?
4. 애플, 구글, 페이스북이 인터넷 환경을 지배한다면 기업이나 개인 소비자에게 어떤 차이점이 발생하는가? 답을 설명하라.

CHAPTER

8 보안 정보시스템

학습목표

이 장의 학습을 마치면 다음 질문에 답할 수 있을 것이다.

8-1 정보시스템이 파괴, 오류, 남용에 취약한 이유는 무엇인가?

8-2 보안과 통제의 비즈니스 가치는 무엇인가?

8-3 보안과 통제를 위한 조직 프레임워크 구성요소는 무엇인가?

8-4 정보 자원 보호를 위한 주요 도구와 기술은 무엇인가?

8-5 경영정보시스템은 내 경력에 어떻게 도움이 되는가?

사례

사이버 전쟁터가 된 전력망

멜트다운과 스펙터가 전 세계 컴퓨터에 출몰하다

돈을 노린 피싱: 위험한 이메일

불가리아: 온 국민이 해킹당하다

사이버 전쟁터가 된 전력망

미국 전력망은 상업과 일상생활에 중요한 복잡한 디지털 및 물리적 시스템으로, 7,000개 이상의 발전소, 55,000개의 변전소, 16만 마일의 고압 송전선, 550만 마일의 저압 배전선으로 구성되어 있다. 발전기, 변전소, 전력선으로 이루어진 이 웹은 66개의 균형 당국과 5,000개의 다른 유틸리티에 의해 운영되는 세 가지 주요 상호 연결로 구성되어 있다. 전력망은 많은 취약점이 있어 컴퓨터 시스템에 침투하는 해커가 악용할 수 있다. 미국 전력망에 대한 침입은 적어도 2013년 이후로 계속되고 있다.

이러한 해커의 공격은 미국 전역 전기 서비스의 전부 또는 일부를 다운시킬 수 있는 능력이 있다. 사이버 공격은 국가의 넓은 지역을 몇 주 또는 심지어 몇 달 동안 정전시킬 수 있고, 결과적으로 병원의 생명 유지 시스템 손실, 깨끗한 물 공급과 위생 시설의 혼란, 엄청난 금융 및 교통 시스템 붕괴를 초래할 수 있다. 2015년 런던의 한 연구에 따르면 북동부 지역 50개 발전기에 대한 사이버 공격은 9,300만 명의 사람을 전력 없이 생활하게 만들고 2,340억 달러 이상의 경제 손실을 입힐 수 있음을 발견했다.

지난 몇 년 동안 러시아 해커들은 버몬트 전력회사, 우크라이나와 아일랜드 전력망, 미국 원자력 발전소, 미국 에너지 회사를 목표로 삼았다. 2016년 대선에서 러시아 해커의 개입이 가장 극적으로 증명된, 전반적인 미-러 관계가 최저치를 경신하면서 미국에 대한 러시아의 해킹 활동이 증가하고 있다. 국토안보부(DHS)와 FBI에 따르면 러시아는 현재 미국 인프라에 대한 대규모 사이버 공격의 토대를 마련하고 있는 것으로 보인다. DHS는 전력망 해커들이 'Dragonfly' 또는 'Energetic Bear'로 알려진 러시아 정부와 관계가 있는 집단이라고 밝혔다.

미국과 캐나다에서 송전망을 감독하는 NERC(North American Electric Reliability Corporation)는 전기회사들이 전력망을 물리적, 전자적으로 어떻게 보호해야 하는지에 대한 기준과 지침을 발표했다. 이러한 표준과 지침은 발전소와 고전압 송전망의 안전성을 높이는 데 도움이 되었지만, 가정과 직장에 직접 전력을 공급하는 저전압 배전망에서는 여전히 보안이 뒤떨어져 있다.

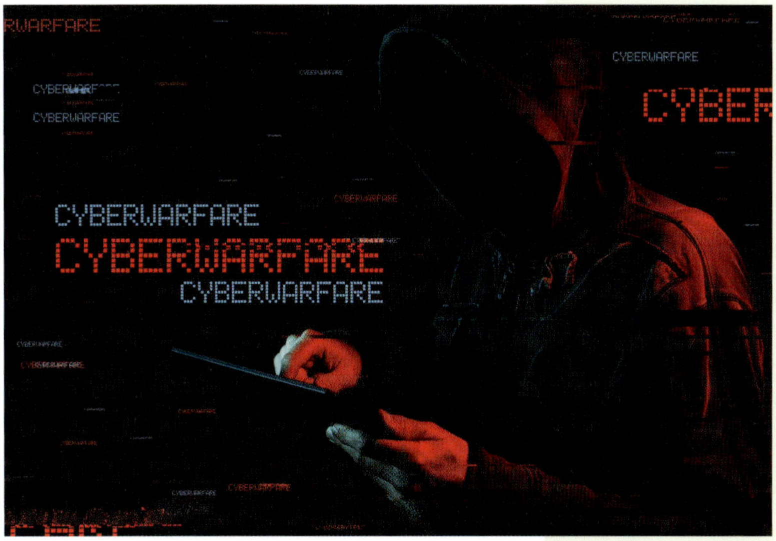

© Igor Stevanov c/123RF

특히 취약한 것은 계약업체와 하청업체가 전력망 서비스를 위해 사용하는 시스템으로 해커 침입에 대한 대비가 덜 되어 있다. 러시아 해커들은 미국 전력망의 백도어로서 이 작은 시스템에 접근할 수 있었다. 해커들은 전력망 네트워크에 접속하기 위한 사용자 이름과 비밀번호를 얻기 위해 유틸리티 엔지니어의 서비스를 제공하는 웹사이트에 악성 소프트웨어를 설치하고 오염된 첨부파일을 첨부한 이메일을 발송했다. 어떤 경우에는 해커가 전기 흐름을 감시하고 제어하는 시스템에 침투할 수 있었다. 본빌전력관리국(Bonneville Power Administraion), 퍼시픽코퍼레이션(PacifiCorp) 같은 일부 대형 전력회사가 표적이 되었고, 육군 기지에 비상 전력을 공급하는 시스템을 구축하는 에너지 회사도 있었다.

미국과 여타 국가들은 취약할 수 있지만, 가만히 앉아 있지는 않았다. 2012년부터 미국은 러시아 전력망 제어 시스템 내부에 정찰탐사기를 설치했다. 2019년 6월, 미국은 디지털 전력망 침투를 확대해 트럼프 행정부의 사이버 도구를 더 적극적으로 배치하려는 의지를 알렸다. 미국은 러시아의 잘못된 정보와 미국 선거 기간 동안 해킹 활동을 겨냥한 더 많은 공개 행동 외에도 잠재적으로 치명적인 악성 프로그램을 러시아 전력망 및 다른 목표물 안에 삽입했다. 이러한 새로운 사이버 공격은 부분적으로 경고 역할을 하지만 또한 미국과 러시아의 주요 충돌이 발생할 경우 향후 사이버 공격에 대한 대비의 역할을 한다. 이것은 또한 주요한 사이버 충돌 가능성을 높인다.

출처: Rebecca Smith and Bob Barry, "America's Electric Grid Has a Vulnerable Back Door—and Russia Walked Through It," *Wall Street Journal*, January 10, 2019; David E. Sanger and Nicole Perlroth, "U.S. Escalates Online Attacks on Russia's Power Grid," *New York Times*, June 15, 2019; Shelby Lin Erdman, "How Vulnerable Is the U.S. Power Grid to a Cyberattack? 5 Things to Know," *AJC*, March 19, 2018; Melanie Kenderdine and David Jermain, "U.S. Power Grid Needs Defense against Looming Cyberattacks," *The Hill*, March 23, 2018; and Manimaran Govindarasu and Adam Hahn, "Cybersecurity and the Power Grid: A Growing Challenge," *The Conversation*, February 23, 2017.

미국 전력망을 뚫어 교란하려는 외국 해커의 노력은 조직이 정보 시스템 보안에 특별한 주의를 기울여야 하는 몇 가지 이유를 보여준다. 러시아 해커들이 미국 전력망에 사용되는 정보 시스템에 침입할 수 있게 한 IT 보안 침해는 러시아 전역에 걸쳐 중요한 인프라를 폐쇄해 비즈니스, 정부 및 일상생활을 마비시킬 수 있는 잠재력을 가지고 있다. 취약한 IT 보안은 다른 분야에서도 기업과 소비자에게 수십억 달러의 재정적 손실을 초래했다.

옆 페이지 도표는 이 사례와 이 장에서 제기한 중요한 요점에 주의를 환기시킨다. 미국 전력망은 크고 복잡하며, 악성 침입자에 대한 많은 무방비 진입점이 있다. 전력망을 사용하는 소규모 조직에서는 직원들의 전력망 시스템 액세스에 필요한 인증 정보를 얻기 위한 해커의 계획에 순순히 대응하지 못했고 인식, 리소스 및 도구가 부족했다.

미국은 러시아 전력망 시스템에 침입하기 위한 대응 조치를 취했지만, 자국 전력망의 보호되지 않은 부분에 대한 더 나은 기술, 교육, 절차가 필요하다. 지금까지 일어난 일은 심각하고 중요한 시스템에 대한 향후 침입의 미리보기일 가능성이 높다. 마찬가지로 우려되는 것은 미국 전력망 해킹을 촉진한 보안 취약점이 기업과 다른 조직에서도 흔하다는 점이다.

다음은 고려해야 할 몇 가지 질문이다. 해커들이 공격한 보안 취약점은 무엇인가? 이러한 보안 취약점에 기여한 인력, 조직, 기술 요인은 무엇인가? 이러한 문제가 비즈니스에 미치는 영향은 무엇인가? 미국 전력망 해킹을 막을 수 있었을 것인가?

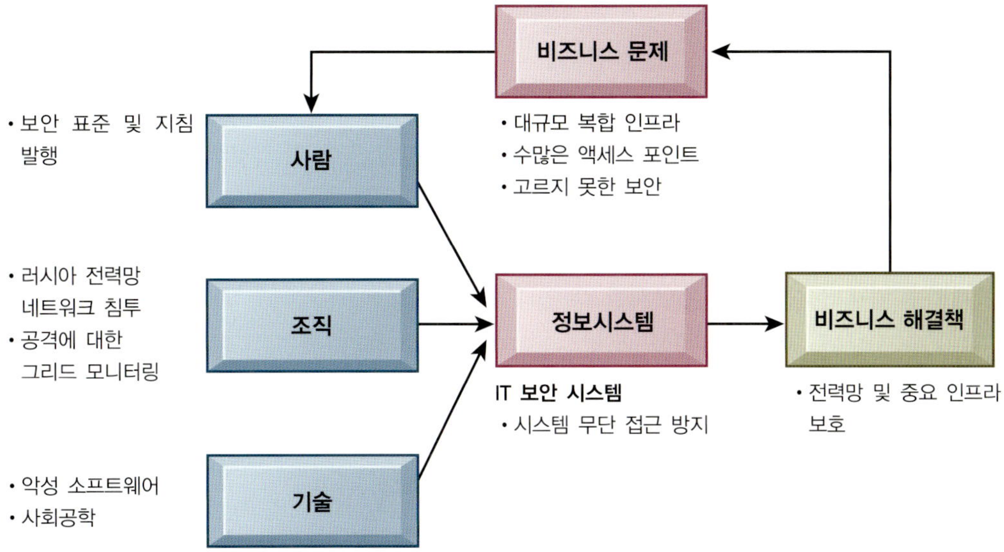

8-1 정보시스템이 파괴, 오류, 남용에 취약한 이유는 무엇인가?

방화벽이나 바이러스 백신 소프트웨어 없이 인터넷에 연결하려고 하면 어떤 일이 일어날지 상상할 수 있는가? 컴퓨터는 몇 초 안에 비활성화되고, 복구하는 데 며칠이 걸릴 수 있다. 컴퓨터를 사용해 비즈니스를 운영했다면, 컴퓨터가 다운된 상태에서는 고객에게 판매하거나 공급업체에 주문하지 못할 수 있다. 또한 외부인이 컴퓨터 시스템에 침입해 고객의 기밀 결제 데이터를 비롯한 중요한 데이터를 훔치거나 파괴했다는 사실을 알게 될 수도 있다. 너무 많은 데이터가 파괴되거나 유출되면 비즈니스를 복구할 수 없을 수도 있다.

간단히 말해 오늘날 비즈니스를 운영하고 있다면 보안과 통제를 최우선으로 생각해야 한다. **보안**(security)이란 정보 시스템에 대한 무단 액세스, 변경, 도난, 물리적 손상을 방지하기 위해 사용되는 정책, 절차 및 기술적 조치를 의미한다. **통제**(control)는 조직 자산의 안전, 기록의 정확성과 신뢰성, 관리 표준에 대한 운영 준수를 위해 필요한 방법, 정책과 조직 절차다.

시스템이 취약한 이유

많은 양의 데이터가 전자 형태로 저장되면 다양한 위협에 취약하다. 통신 네트워크를 통해 서로 다른 위치의 정보 시스템이 상호 연결된다. 무단 접근 또는 손상 가능성은 단일 위치에 국한되지 않고 네트워크의 여러 액세스 포인트에서 발생할 수 있다. 그림 8.1은 현대 정보 시스템에 대한 가장 일반적인 위협을 보여준다. 이는 잘못된 관리 결정으로 인해 기술적, 조직적, 환경적 요인에서 복합적으로 비롯될 수 있다. 여기에 예시된 다중 계층 클라이언트/서버 컴퓨팅 환경에서는 각 계층과 계층 간 통신에 취약점이 존재한다. 클라이언트 계층 사용자는 오류를 만들거나 승인 없이 시스템에 접근해 피해를 줄 수 있다. 인터넷 및 기타 네트워크를 통해 흐르는 데이터에 접근하거나, 전송 중에 중요한 데이터를 훔치거나, 승인 없이 데이터를 변경할 수 있다. 침입자는 다양한 지점에서 네트워크를 방해할 수도 있다. 침입자는 서비스 거부 공격이나 악성 소프트웨어를 실행해 웹사이트 운영을 방해할 수 있다. 기업 시스템에 침투할 수 있는 사람은 데이터베이스나 파일에 저장된 기업 데이터를 훔치거나 파괴하거나 변경할 수 있다.

컴퓨터 하드웨어가 고장나거나, 제대로 구성되지 않았거나, 부적절한 사용이나 범죄 행위로 인해 시스템이 손상된 경우 시스템이 오작동한다. 프로그래밍 오류, 부적절한 설치, 무단 변경은 컴퓨터 소프트웨어의 정상적인 작동을 방해한다. 정전, 홍수, 화재, 기타 자연재해도 컴퓨터 시스템을 중단시킬 수 있다.

중요한 정보가 조직이 통제할 수 없는 네트워크 및 컴퓨터에 있는 경우 다른 회사와 국내 또는 해외 파트너 관계는 시스템 취약성에 기여한다. 강력한 보호 장치가 없으면 귀중한 데이터가 손실 및 파괴되거나 엉뚱한 사람의 손에 넘어갈 수 있으며, 정보가 노출되어 중요한 영업 비밀이 노출되거나 개인 사생활을 침해할 수 있다.

휴대전화와 태블릿 컴퓨터는 휴대성으로 인해 쉽게 잃어버리거나 다른 사람이 훔칠 수 있다. 스마트폰은 다른 인터넷 기기와 동일하게 보안 취약점을 갖고 있으며, 악성 소프트웨어 및 외부 침입에 취약하다. 회사 직원이 사용하는 스마트폰에는 매출 수치, 고객 이름, 전화번호, 이메일 주소와 같은 민감한 데이터가 포함된 경우가 많다. 침입자는 이러한 장치를 통해 내부 기업 시스템에 접근할 수도 있다.

인터넷 취약점

인터넷과 같은 대규모 공용 네트워크는 사실상 누구에게나 열려 있기에 내부 네트워크보다 취약하다. 인터넷은 너무 방대해서 악용되었을 때 거대한 영향을 미칠 수 있다. 인터넷이 기업 네트워크에 연결되면 조직의 정보 시스템은 외부인의 행동에 더욱 취약해진다.

또한 이메일, 인스턴트 메시지(IM), P2P(peer-to-peer) 파일 공유 프로그램의 광범위한 사용으로 취약점이 증가했다. 이메일에는 악성 소프트웨어나 내부 기업 시스템에 무단으로 접근하는 첨부파일이 포함될 수 있다. 직원들은 이메일 메시지를 사용해 중요한 영업 비밀, 재무 데이터 또는 기밀 고객 정보를 승인되지 않은 수신자에게 전송할 수 있다. 인터넷을 통한 인스턴트 메시징 활동은 경우에 따라 다른 보안 네트워크의 백도어로 사용될 수 있다. 불법 음악 공유와 같은 P2P 네트워크를 통한 파일 공유는 악성 소프트웨어를 전송하

그림 8.1
현대의 보안 과제 및 취약성 웹 기반 애플리케이션 아키텍처는 일반적으로 웹 클라이언트, 서버, 데이터베이스에 연결된 기업 정보 시스템을 포함한다. 이러한 각 구성요소는 보안 문제와 취약성을 나타낸다. 홍수, 화재, 정전, 기타 전기 문제는 네트워크의 어느 지점에서든 중단을 일으킬 수 있다.

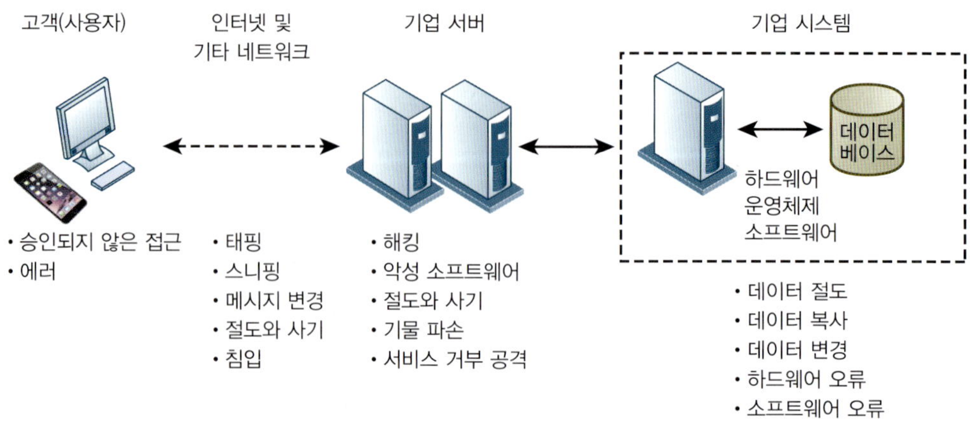

거나 개인 또는 기업 컴퓨터의 정보를 외부인에게 노출할 수도 있다. 일부 클라우드 시스템에 저장된 데이터는 시스템이 제대로 사용되지 않거나 구성되지 않으면 위험할 수 있다.

무선 보안 과제

블루투스(Bluetooth)와 와이파이(Wi-Fi) 네트워크는 모두 도청자의 해킹에 취약하다. 802.11 표준을 사용하는 근거리 통신망(LAN)은 랩톱, 무선 카드, 외부 안테나, 해킹 소프트웨어로 무장한 외부인이 쉽게 침투할 수 있다. 해커는 이러한 도구를 사용해 보호되지 않은 네트워크를 탐지하고 네트워크 트래픽을 모니터링하며 경우에 따라 인터넷이나 회사 네트워크에 대한 접근 권한을 얻는다. 많은 위치의 무선 네트워크에는 도청자가 건물을 지나거나 외부에 주차해 무선 네트워크 트래픽을 가로채는 **워 드라이빙**(war driving)에 대한 기본적인 보호 장치가 없다.

침입자는 와이파이 네트워크에서 수집한 정보를 사용해 가까운 물리적 위치의 다른 무선 채널에 액세스 포인트를 설정해 와이파이 사용자가 악성 액세스 포인트와 연결하도록 할 수 있다. 이러한 연결이 발생하면 악성 액세스 포인트를 사용하는 해커가 의심 없는 사용자의 이름과 암호를 캡처할 수 있다.

악성 소프트웨어: 바이러스, 웜, 트로이 목마, 스파이웨어

악성 소프트웨어 프로그램을 **멀웨어**(malware)라고 하며 컴퓨터 바이러스, 웜, 트로이 목마 등 다양한 위협 요소를 포함한다(표 8.1 참조). 매일 350,000개의 새로운 변종 멀웨어가 발견되는 것으로 추정된다(Akamai, 2019). **컴퓨터 바이러스**(computer virus)는 실행되는 다른 소프트웨어 프로그램이나 데이터 파일에 사용자가 알지 못하거나 사용자의 허가 없이 부착되는 악성 소프트웨어 프로그램이다. 대부분의 컴퓨터 바이러스는 페이로드를 전달한다. 페이로드는 메시지나 이미지를 표시하라는 명령과 같이 비교적 무해할 수 있지

표 8.1
악성코드의 예

이름	유형	설명
암호화폐	랜섬웨어/트로이 목마	사용자의 사진, 비디오 및 텍스트 문서를 도용해 거의 풀기 어려운 비대칭 암호화로 암호화한다. 그리고 그것에 대한 값을 요구한다.
콘피커	웜	2008년 11월에 처음 발견되었으며 여전히 문제다. 윈도우 소프트웨어의 결함을 사용해 시스템을 인수하고 원격으로 명령할 수 있는 가상 컴퓨터에 연결한다. 전 세계적으로 500만 대 이상의 컴퓨터가 통제되고 있었으며 근절하기 어렵다.
Sasser.ftp	웜	2004년 5월에 처음 등장했다. 임의의 IP 주소를 공격해 인터넷을 통해 확산한다. 컴퓨터가 계속 충돌하고 재부팅되며 감염된 컴퓨터가 더 많은 희생자를 찾도록 한다. 전 세계적으로 수백만 대의 컴퓨터에 영향을 미쳤고 약 148~186억 달러의 피해를 입혔다.
ILOVEYOU	바이러스	2000년 5월 3일에 처음 발견되었다. 비주얼 베이직(Visual Basic) 스크립트로 작성된 스크립트 바이러스이며 제목이 ILOVEYOU인 이메일에 첨부되어 전송된다. 음악, 이미지, 기타 파일을 자신의 복사본으로 덮어쓰며, 약 100~150억 달러의 피해를 입혔다.

만, 프로그램 또는 데이터 파괴, 컴퓨터 메모리 막힘, 컴퓨터 하드 드라이브 재포맷 또는 프로그램이 부적절하게 실행되는 등 매우 파괴적일 수 있다. 바이러스는 일반적으로 사람이 이메일 첨부파일을 보내거나 감염된 파일을 복사하는 등의 작업을 수행할 때 컴퓨터에서 컴퓨터로 확산한다.

웜(worm)은 네트워크를 통해 한 컴퓨터에서 다른 컴퓨터로 자신을 복사하는 독립적인 컴퓨터 프로그램이다. 바이러스와 달리 웜은 다른 컴퓨터 프로그램 파일에 첨부하지 않고 스스로 작동할 수 있으며 사람의 행동에 덜 의존해 컴퓨터에서 컴퓨터로 빠르게 확산한다. 웜은 데이터와 프로그램을 파괴할 뿐만 아니라 컴퓨터 네트워크의 작동을 방해하거나 중단시키기까지 한다.

웜과 바이러스는 가끔 이메일 전송에 첨부된 파일, 손상된 이메일 메시지, 온라인 광고, 인스턴트 메시지, 공용 클라우드 데이터 스토리지 서비스와 같은 다운로드한 소프트웨어 파일에서 인터넷을 통해 퍼진다. 특히 오늘날 널리 퍼져 있는 **드라이브 바이 다운로드**(drive-by-download)는 사용자 요청 의도와 관계없이 다운로드 된 파일과 함께 제공되는 멀웨어로 구성된다.

해커는 인터넷에 연결된 모든 장치에 할 수 있는 거의 모든 작업을 스마트폰에 할 수 있다. 예를 들면 사용자 개입 없이 악성 파일 요청, 파일 삭제, 파일 전송, 사용자 행동을 모니터링하기 위해 백그라운드에서 실행되는 프로그램 설치, 누구에게나 이메일과 메시지를 보내기 위해 잠재적으로 스마트폰을 봇넷의 로봇으로 변환 등이 있다. IT 보안 전문가에 따르면 모바일 장치는 이제 더 큰 컴퓨터 보안 위험을 능가하는 가장 큰 보안 위험을 내포하고 있다. 카스퍼스키랩(Kaspersky Lab)은 2018년에 1억 1,650만 건의 악성 모바일 멀웨어 공격이 있다고 보고했으며 이 수치는 전년도의 2배이다(Kaspersky Lab, 2019).

세계 최고의 모바일 운영체제인 안드로이드(Android)는 대부분의 해커가 노리는 모바일 플랫폼이다. 모바일 장치 바이러스는 현재 많은 무선 장치가 기업 정보 시스템에 연결되어 있기 때문에 기업 컴퓨팅에 심각한 위협이 된다.

블로그, 위키, 페이스북, 트위터, 링크드인과 같은 소셜 네트워킹 사이트가 악성코드의 새로운 통로로 부상했다. 사용자는 이러한 통신이 합법적이지 않더라도 친구로부터 받은 메시지를 신뢰할 가능성이 더 크다. 예를 들어 파섹스웜(FacexWorm)이라는 멀웨어 변종은 2018년 페이스북 메신저에 나타났다. 페이스북 메신저를 통해 링크를 클릭하면 사용자가 인기 있는 크롬(Chrome) 브라우저용 유튜브 확장 프로그램을 설치하도록 속이는 가짜 유튜브 페이지로 이동한다. 거기에서 멀웨어는 암호를 훔치거나 비트코인과 같은 암호화폐 자금을 훔치려고 할 수 있다.

사물인터넷(IoT)은 인터넷 연결 장치 자체, 플랫폼 및 운영체제, 통신, 심지어 이것들이 연결된 시스템에서 추가적인 보안 문제를 야기한다. 정보 공격과 물리적 변조로부터 IoT 장치와 플랫폼을 보호, 통신을 암호화, 배터리를 소모하는 공격과 같은 새로운 문제를 해결하려면 추가 보안 도구가 필요하다. 센서와 같은 많은 IoT 장치에는 정교한 보안 접근 방식을 지원하지 않을 수 있는 단순한 프로세서와 운영체제가 있다.

다수의 멀웨어 감염은 **트로이 목마**(Trojan horse)이다. 트로이 목마는 무해한 것처럼 보이지만 예상과 다른 작업을 수행하는 소프트웨어 프로그램이다. 트로이 목마는 복제하지 않기 때문에 그 자체로 바이러스는 아니지만 바이러스나 기타 악성코드가 컴퓨터 시스템에 유입되기도 하는 방법이다. 트로이 목마라는 용어는 트로이 전쟁 동안 그리스인이 트로이인을 속여 요새화된 도시의 성문을 여는 데 사용했던 거대한 목마에서 유래했다.

현대의 트로이 목마의 예로는 2009년에 360만 대 이상의 컴퓨터를 감염시켰고 여전히 위협이 되는 제우스[ZeuS(Zbot)] 트로이 목마가 있다. 이것은 사람들이 컴퓨터를 사용할 때 은밀하게 키 입력을 캡처해 은행 로그인 자격 증명을 훔치는 데 사용되었다. 제우스는 주로 드라이브 바이 다운로드 및 피싱을 통해 확산하며 최근 변종은 근절하기 어렵다.

SQL 주입 공격(SQL injection attacks)은 잘못 코딩된 웹 응용 프로그램 소프트웨어의 취약점을 악용해 회사 시스템과 네트워크에 악성 프로그램 코드를 도입한다. 이 취약점은 웹 응용 프로그램이 웹 페이지에 사용자가 입력한 데이터의 유효성을 제대로 확인하지 못하거나 데이터를 필터링하지 못할 때 발생한다. 이는 온라인으로 주문할 때 발생할 수 있다. 공격자는 이 입력 유효성 검사 오류를 사용해 기본 데이터베이스에 악성 SQL 쿼리를 보내 데이터베이스에 접근하거나, 악성코드를 심거나, 혹은 네트워크의 다른 시스템에 접근한다.

랜섬웨어(ransomeware)로 알려진 멀웨어는 데스크톱 컴퓨터와 모바일 장치 모두에서 확산하고 있다. 랜섬웨어는 사용자의 컴퓨터를 제어하거나, 파일 접근을 차단하거나, 성가신 팝업 메시지를 표시해 사용자로부터 돈을 갈취하려고 한다. 예를 들어 2017년 5월 150개 이상의 국가에서 컴퓨터를 공격한 워너크라이(WannaCry)라는 랜섬웨어는 감염된 컴퓨터의 파일을 암호화해 사용자가 다시 액세스하려면 수백 달러를 지불해야 했다. 2019년에는 개인 해커 또는 해커 집단이 컴퓨터 시스템에 침투해 데이터를 암호화한 후 텍사스 22개 도시를 인질로 잡아 수백만 달러를 요구했다(Fernandez, Sanger, and Martinez, 2019). 감염된 첨부파일을 다운로드하거나, 이메일 내부 링크를 클릭하거나, 혹은 잘못된 웹사이트를 방문하면 랜섬웨어에 감염될 수 있다.

일부 유형의 **스파이웨어**(spyware)는 악성 소프트웨어 역할도 한다. 이 작은 프로그램은 컴퓨터에 몰래 설치되어 사용자의 웹 서핑 활동을 모니터링하고 광고를 제공한다. 수천 가지 형태의 스파이웨어가 문서화되었다. 많은 사용자는 이러한 스파이웨어가 성가시고 개인 정보를 침해한다고 생각한다. 일부 형태의 스파이웨어는 특히 범죄다. **키로거**(keylogger)는 소프트웨어 일련번호를 훔치고, 인터넷 공격을 시작하고, 이메일 계정에 액세스하고, 보호되는 컴퓨터 시스템에 대한 암호를 얻거나, 신용카드 또는 은행 계좌번호와 같은 개인정보를 수집하기 위해서 컴퓨터에서 수행된 모든 키 입력을 기록한다. 앞서 설명한 제우스 트로이 목마는 키로깅을 사용한다. 다른 스파이웨어 프로그램은 웹 브라우저 홈페이지를 재설정하거나, 검색 요청을 다른 주소로 다시 보내거나, 컴퓨터 리소스를 지나치게 많이 차지해 성능을 저하시킨다.

해커와 컴퓨터 범죄

해커(hacker)는 컴퓨터 시스템에 무단으로 액세스하려는 개인이다. 해커는 웹사이트와 컴퓨터 시스템이 사용하는 보안 보호 장치의 약점을 찾아 무단으로 접근한다. 해커 활동은 단순한 시스템 침입을 넘어 상품 및 정보의 절도, 시스템 손상 및 **사이버 반달리즘**(cybervandalism) 파손, 의도적인 중단, 웹사이트나 기업 정보 시스템 파괴까지 포함한다.

스푸핑과 스니핑

실제 신원을 숨기려는 해커는 가짜 이메일 주소를 사용하거나 다른 사람으로 가장해 자신을 속이거나 허위 진술하는 경우가 많다. **스푸핑**(spoofing)은 웹 링크를 의도한 것과 다른 주소로 보내어 의도된 목적지인 것처럼 하는 것을 포함할 수도 있다. 예를 들어 해커가 실제 사이트와 거의 비슷하게 보이는 가짜 웹사이트로 고객을 이끌면, 주문을 수집 및 처리해 실제 사이트에서 비즈니스 정보와 민감한 고객 정보를 효과적으로 훔칠 수 있다. 우리는 컴퓨터 범죄에 대한 논의에서 다른 형태의 스푸핑을 더 자세히 설명할 것이다.

스니퍼(sniffer)는 네트워크를 통해 이동하는 정보를 모니터링하는 일종의 도청 프로그램이다. 스니퍼를 합법적으로 사용하면 잠재적인 네트워크 문제 지점이나 네트워크 범죄 활동을 식별하는 데 도움이 되지만, 범죄 목적으로 사용할 경우 손상을 입히고 탐지하기 어려울 수 있다. 스니퍼를 사용하면 해커가 이메일 메시지, 회사 파일 및 기밀 보고서를 포함해 네트워크의 모든 위치에서 소유자가 있는 정보를 훔칠 수 있다.

서비스 거부 공격

서비스 거부 공격[denial-of-service(DoS) attack]에서 해커는 수천 건의 잘못된 통신이나 서비스 요청으로 네트워크 서버나 웹 서버를 넘치게 해 네트워크를 충돌시킨다. 네트워크는 너무 많은 쿼리를 수신해 이를 따라갈 수 없으므로 적당한 요청을 처리할 수 없다. **분산 서비스 거부**(distributed denial-of-service, DDoS) 공격은 수많은 컴퓨터를 사용해 수많은 시작 지점에서 네트워크를 범람하고 압도한다.

DoS 공격은 정보를 파괴하거나 회사 정보 시스템의 제한된 영역에 접근하지 않지만, 종종 웹사이트를 종료해 타당한 사용자가 사이트에 접근할 수 없도록 한다. 바쁜 전자상거래 사이트의 경우 사이트가 종료되는 동안 고객이 구매할 수 없기 때문에 이러한 공격은 비용이 많이 든다. 특히 네트워크가 대기업보다 덜 보호되는 경향이 있는 중소기업이 취약하다.

DDoS 공격의 가해자는 흔히 소유자가 모르는 악성 소프트웨어에 감염되고 **봇넷**(botnet)으로 구성된 수천 대의 좀비 PC를 사용한다. 해커는 공격자가 지시를 내릴 수 있는 백도어를 여는 봇 멀웨어로 다른 사람의 컴퓨터를 감염시켜 이러한 봇넷을 만든다. 감염된 컴퓨터는 다른 사람의 마스터 컴퓨터에 서비스를 제공하는 노예 또는 좀비가 된다. 해커가 충분히 컴퓨터를 감염시키면 봇넷의 축적된 리소스를 사용해 DDoS 공격, 피싱 캠페인, 원치 않는 스팸 이메일을 실행할 수 있다.

전 세계 스팸의 90%와 전 세계 멀웨어의 80%가 봇넷에 의해 전달된다. 예를 들어 미라이(Mirai) 봇넷은 2016년 10월에 수많은 IoT 장치(예: 인터넷 연결 감시 카메라)를 감염시킨 후, 이를 사용해 서버가 인터넷 트래픽을 모니터링하고 경로를 변경하면서 딘(Dyn)에 대한 DDoS 공격을 시작했다. 미라이 봇넷은 딘 서버를 압도해 엣시(Etsy), 깃허브

(GitHub), 넷플릭스(Netflix), 쇼피파이(Shopify), 사운드클라우드(SoundCloud), 스포티파이(Spotify), 트위터 및 기타 여러 주요 웹사이트를 다운시켰다. 미라이 봇넷 변종은 2018년 1월에 금융 회사를 공격했다.

컴퓨터 범죄

대부분의 해커 활동은 범죄 행위이며, 우리가 방금 설명한 시스템의 취약성은 시스템을 다른 컴퓨터 범죄의 대상으로 만든다. 미국 법무부는 **컴퓨터 범죄**(computer crime)를 '범죄 행위, 수사 또는 기소를 위해 컴퓨터 기술에 대한 지식을 포함하는 모든 형법 위반'으로 정의한다. 표 8.2는 컴퓨터가 범죄의 표적이자 도구인 예를 보여준다.

얼마나 많은 시스템에 침입했는지, 얼마나 많은 사람이 그 행위에 가담했는지, 전체 경제적 피해는 어느 정도인지 등 컴퓨터 범죄의 규모에 대해 아는 사람은 아무도 없다. 포네몬연구소(Ponemon Institute)의 2018년 연간 사이버 범죄 비용 연구에 따르면 11개 국가와 16개 산업의 벤치마크 기업에 대한 사이버 범죄 보안 비용의 연평균 비용은 1,300만 달러였다(Ponemon Institute, 2019). 범죄에 직원이 관련될 수 있거나 회사에서 취약점을 공개하면 평판이 훼손될 것을 두려워하기 때문에, 많은 회사에서 컴퓨터 범죄 신고를 꺼린다. 가장 경제적으로 피해를 주는 컴퓨터 범죄 유형은 DoS 공격, 악의적인 내부자 활동, 웹 기반 공격이다.

신분 도용

인터넷과 전자상거래의 성장으로 신분 도용이 특히 문제가 되었다. **신분 도용**(indentity theft)은 사기꾼이 다른 사람을 가장하기 위해 사회보장번호, 운전 면허증 번호, 신용카드 번호와 같은 주요 개인정보를 획득하는 범죄다. 정보는 피해자 이름으로 신용, 상품, 서비스를 획득하거나 도둑에게 거짓 자격 증명을 제공하는 데 사용될 수 있다. 신원 도용은 웹사이트 해커의 주요 표적이 되는 신용카드 파일과 함께 인터넷에서 번성했다(이 장 끝부분

표 8.2
컴퓨터 범죄의 예

범죄 표적으로서 컴퓨터
보호되는 전산화된 데이터의 기밀성 침해
권한 없는 컴퓨터 시스템에 접근
사기를 저지르기 위해 보호된 컴퓨터에 고의로 접근
의도적으로 보호된 컴퓨터에 접근해 부주의 또는 고의로 손상을 일으키는 경우
의도적으로 보호된 컴퓨터에 손상을 입히는 프로그램, 프로그램 코드 또는 명령을 고의로 전송하는 것
보호된 컴퓨터를 손상하겠다고 위협하는 경우
범죄 도구로서 컴퓨터
영업비밀 도용
기사, 책, 음악, 비디오와 같은 소프트웨어 또는 저작권이 있는 지적 재산의 무단 복사
사기 수법
위협 또는 괴롭힘을 위해 이메일이나 메시지 사용
의도적으로 전자 통신을 가로채려고 시도
이메일 및 음성 메일을 포함해 저장된 전자 통신에 불법 접근
컴퓨터를 이용해 아동 음란물을 전송하거나 소지하는 행위

사례연구 참조). JSR(Javelin Strategy & Research)의 2019년 신원 사기 연구에 따르면, 신원 사기는 2018년에 1,440만 명의 소비자에게 영향을 미쳤다(Javelin, 2019).

점점 인기를 얻고 있는 전술 중 하나는 **피싱**(phishing)이라고 하는 스푸핑의 한 형태다. 피싱은 가짜 웹사이트를 설정하거나 사용자에게 기밀 개인 데이터를 요청하는 합법적인 비즈니스처럼 보이는 이메일 메시지를 보내는 것을 포함한다. 예를 들면 이메일 메시지에 응답하거나, 가짜 웹사이트에 정보를 입력하거나, 전화번호로 전화를 걸어 사회보장 번호나 은행 계좌번호, 신용카드 정보와 같은 기밀 데이터를 얻는다. 이베이(eBay), 페이팔(PayPal), 아마존닷컴, 월마트 및 다양한 은행이 가장 많이 스푸핑되었다. **스피어 피싱**(spear phishing)이라는 보다 표적화된 형태의 피싱에서는 메시지가 받는 사람의 회사 내 개인이나 친구와 같이 신뢰할 수 있는 출처에서 오는 것처럼 보인다.

이블 트윈스, 파밍이라는 피싱 기술은 탐지하기가 더 어렵다. **이블 트윈스**(evil twins)는 공항 라운지, 호텔, 커피숍 등에서 인터넷에 신뢰할 수 있는 와이파이 연결을 제공하는 것처럼 가장하는 무선 네트워크다. 가짜 네트워크는 합법적인 공용 네트워크와 동일하게 보인다. 사기범은 네트워크에 로그온한 사용자도 모르는 사이에 암호나 신용카드 번호를 캡처하려고 시도한다.

파밍(pharming)은 개인이 브라우저에 올바른 웹페이지 주소를 입력하더라도 사용자를 가짜 웹페이지로 이끈다. 만약 파밍 가해자가 인터넷 웹브라우징 속도를 높이기 위해 서비스 제공업체(ISP)가 저장한 인터넷 주소 정보에 대해 접근하고, ISP 서버에 결함 있는 소프트웨어가 사기꾼이 해당 주소를 해킹하고 변경할 수 있게 한다면, 이것은 가능하다.

포네몬연구소의 2018년 데이터 유출 비용 연구에 따르면 조사 대상 기업의 데이터 유출로 인한 전 세계 평균 비용은 386만 달러였다(Ponemon, 2018). 또한 브랜드 손상은 수량화하기 어렵지만 상당할 수 있다. 이 장 사례 연구에서 설명한 데이터 침해 외에도 표 8.3은 기타 주요 데이터 침해를 설명한다.

미국 의회는 1986년 컴퓨터 사기 및 남용에 관한 법률로 컴퓨터 범죄 위협을 다루었으며, 권한 없이 컴퓨터 시스템에 접근하는 것을 불법으로 정했다. 대부분 주에는 유사한 법률이 있으며 유럽 국가에도 유사한 법률이 있다. 의회는 1996년에 국가 정보 인프라 보호법을 통과시켜 멀웨어 배포와 웹사이트에 장애를 일으키는 것을 연방 범죄로 취급했다.

도청법, 유선 사기법, 경제 스파이법, 전자통신 프라이버시법, CAN-SPAM법, 2003년 보호법 등의 미국 법률은 전자 통신 가로채기와 같은 컴퓨터 범죄를 다루며, 이는 전자 통신을 사용한 사기, 영업비밀 도용, 저장된 전자 통신에 불법 접근, 이메일을 통한 위협, 괴롭힘을 위해 아동 포르노 전송 및 소유를 포함한다. 제안된 연방 데이터 보안 및 침해 통지법은 데이터를 안전하게 유지하고 데이터 침해를 받은 누군가에게 알리기 위해서 기관들이 소유한 개인정보를 합리적인 안전 절차에 따르라고 강요했지만, 실행되지 않았다.

클릭 사기

검색엔진에 표시된 광고를 클릭할 때, 광고주는 일반적으로 각 클릭에 대해 비용을 지불하며 이는 잠재적인 구매자를 해당 제품으로 안내해야 한다. **클릭 사기**(click fraud)는 개인

표 8.3
주요 데이터 침해

국가	데이터 침해 요약
영국	영국항공(British Airways)은 2018년에 해커가 해당 기간 동안 영국항공 웹사이트나 앱에서 예약하거나 예약을 변경한 고객의 개인정보와 재정 세부 정보를 훔치는 데이터 유출을 경험했다. 이름, 이메일 주소, 신용카드 정보(카드 번호, 만료일, 결제 승인에 필요한 3자리 CVC 코드 포함)가 도난당했다. 이로 인해 약 380,000건의 거래가 영향을 받았다.
아랍 에미리트	2018년 사이버 범죄자들은 차량 호출 회사 카림(Careem)과 이름이 알려지지 않은 항공사 고객 1,400명의 기록에서 이름, 이메일 주소, 전화번호와 중동, 북아프리카 및 남아시아 여행 세부 정보를 포함해 데이터를 훔쳤다.
스웨덴	2018년 스웨덴 정부는 차량 등록 시스템을 업데이트하기 위해 IBM과 함께 한 스웨덴 교통국(Swedish Transport Agency)의 프로젝트에서 대규모 개인 기록 데이터 유출이 있었음을 발표했다. 이러한 데이터 유출은 해커에 의한 것이 아니라 IBM의 보안 장치 설치 실패로 인해 발생했다. 그러나 사건 발생 후 18개월 동안 발표되지 않았다.
싱가포르	2018년, 싱가포르 최대 의료기관 그룹인 싱헬스(SingHealth)는 데이터 유출을 보고했으며, 이 사건으로 리셴룽(Lee Hsien Loong) 총리를 포함해 150만 의료 환자의 개인 데이터가 손상되었다. 각 환자의 도난 데이터에는 이름, 주민등록번호, 주소, 성별, 인종, 생년월일이 포함되었다.
말레이시아	말레이시아 정부는 2017년에 전체 말레이시아 인구보다 많은 4,600만 개의 휴대전화 계정과 관련된 아시아 최대의 데이터 유출을 공개했다. 유출된 데이터에는 말레이시아의 최소 12개 휴대전화 및 네트워크 사업자의 휴대전화 번호, ID 카드 번호, 집 주소, SIM 카드 데이터가 포함되었다.

또는 컴퓨터 프로그램이 광고주에 대해 자세히 알아보거나 구매 의도 없이 온라인 광고를 클릭할 때 사기로 발생한다. 클릭 사기는 클릭당 지불의 온라인 광고를 제공하는 구글 및 기타 웹사이트에서 심각한 문제가 되었다.

일부 회사는 타사(일반적으로 저임금 국가)를 고용해 경쟁사 광고를 부정하게 클릭해 마케팅 비용을 증가시켜 경쟁사를 약화시킨다. 클릭 사기는 클릭을 수행하는 소프트웨어 프로그램에서도 수행될 수 있으며, 봇넷은 이러한 목적으로 자주 사용된다. 구글과 같은 검색엔진은 클릭 사기 모니터링을 시도하고 이를 억제하기 위해 일부 변경을 수행했다.

글로벌 위협: 사이버 테러 및 사이버 전쟁

우리가 설명한 사이버 범죄 활동(멀웨어 실행, DoS 공격, 피싱)은 국경이 없다. 멀웨어에 대한 공격 서버는 현재 200개 이상 국가 및 지역에서 호스팅 된다. 멀웨어 공격의 주요 소스는 미국, 중국, 브라질, 인도, 독일, 러시아다. 인터넷의 글로벌 특성으로 인해 사이버 범죄자는 전 세계 어디에서나 활동하고 해를 입힐 수 있다.

인터넷 취약점으로 인해 개인과 국가 전체가 정치적 동기가 부여된 해킹의 손쉬운 표적이 되어 사보타주와 스파이 활동을 수행할 수 있다. **사이버 전쟁**(cyberwarfare)은 컴퓨터나 네트워크에 침투해 손상과 혼란을 야기해 주나 국가를 불구로 만들고 패배시키도록 설계된 국가 후원 활동이다. 예를 들어 2016년 미국 대통령 선거를 방해하고 미국 전력망에 침투하려는 러시아 해커의 노력이 있다. 사이버 전쟁에는 이러한 유형의 공격에 대한 방어도 포함된다.

사이버 전쟁은 전통적인 전쟁보다 더 복잡하다. 많은 잠재적 표적이 군사적이지만, 국가 전력망, 댐, 금융 시스템, 통신 네트워크, 투표 시스템도 장애를 입을 수 있다. 테러리스트나 범죄 조직과 같은 비국가 행위자가 공격을 가할 수 있으며, 누가 책임이 있는지 말하기 어려운 경우가 많다. 국가는 새로운 멀웨어 및 이에 사용할 수 있는 기타 기술에 대해 계속 경계해야 하며, 숙련된 해커 그룹이 개발한 기술 중 일부는 관심 있는 정부에 공개적으로 판매된다.

사이버 전쟁 공격은 훨씬 더 광범위하고 정교해졌으며 잠재적으로 파괴적이다. 외국 해커가 미국의 송유관, 송수관, 전력망에 대한 소스 코드와 청사진을 훔쳤고, 에너지부 네트워크에 수백 번 침투했다. 수년에 걸쳐 해커들은 미사일 추적 시스템, 위성 항법 장치, 감시 드론, 최첨단 제트 전투기에 대한 계획을 훔쳤다.

미국 정보부에 따르면 러시아, 중국, 이란, 북한을 포함해 30개국 이상이 사이버 공격 능력을 개발하고 있다. 그들의 사이버 무기고에는 산업, 군사 및 중요한 민간 인프라 컨트롤러에 침투하기 위한 멀웨어 모음, 중요한 대상에 대한 피싱 공격을 위한 이메일 목록 및 텍스트, DoS 공격을 위한 알고리즘 등이 포함된다. 미국의 사이버 전쟁 노력은 미국 사이버 사령부에 집중되어 있는데, 미국 사이버 사령부는 국방부 정보 네트워크의 작전과 방어를 조정하고 지휘하며 군사 사이버 공간 작전을 준비한다. 주요 금융, 건강, 정부 및 산업 기관이 일상적인 작업을 인터넷에 의존하기 때문에, 사이버 전쟁은 현대 사회의 기반 시설에 심각한 위협이 된다.

내부 위협: 직원

우리는 비즈니스에 대한 보안 위협이 조직 외부에서 발생한다고 생각하는 경향이 있다. 하지만 실제로는 회사 내부자가 심각한 보안 문제를 일으킨다. 연구에 따르면 사용자 지식 부족이 네트워크 보안 침해의 가장 큰 원인이라는 것이 밝혀졌다. 많은 직원이 컴퓨터 시스템에 접근하기 위한 암호를 잊어버리거나 동료가 암호를 사용하도록 허용해 시스템을 손상한다. 시스템 접근을 원하는 악의적인 침입자는 정보가 필요한 회사의 합법적인 구성원인 것처럼 가장해 직원을 속이고 비밀번호를 공개하도록 하는 경우가 있다. 이러한 관행을 **사회공학**(social engineering)이라고 한다. 해를 입히려는 내부자도 회사에 대한 지식을 악용해 회사 시스템에 침입했다. 예를 들어 2019년 7월 아마존웹서비스(Amazon Web Services)의 전 직원은 아마존 클라우드 보안에 대한 자신의 지식을 사용해 아마존의 클라우드 컴퓨팅 서비스에 저장된 1억 600만 개의 캐피털원파이낸셜(Capital One Financial) 기록을 훔쳤다(McMilan, 2019a).

소프트웨어 취약점

소프트웨어 오류는 정보시스템에 끊임없는 위협이 되어 생산성에 막대한 손실을 입히고, 때로는 시스템을 사용하거나 의존하는 사람을 위험에 빠뜨린다. 소프트웨어 프로그램의 복잡성과 크기가 증가하고 시장에 신속하게 제공해야 한다는 요구가 결합하면서, 소프트웨어 결함 또는 취약성이 증가했다. 소프트웨어의 주요 문제는 숨겨진 **버그**(bug)나 프로그램 코드 결함의 존재다. 연구에 따르면 대규모 프로그램에서 모든 버그를 제거하는 것은 사실상 불가능하다. 버그의 주요 원인은 의사결정 코드의 복잡성이다. 수백 줄의 비교적 작은 프로그램에는 수백 또는 수천 개 경로로 이어지는 수십 개의 결정이 포함된다. 대부분 기업에서 중요한 프로그램은 일반적으로 훨씬 더 크며 수만 또는 수백만 줄의 코드를 포함하고, 각 코드에는 더 작은 프로그램의 선택과 경로가 몇 배나 있다.

더 큰 프로그램에서는 무결점을 달성할 수 없다. 완전한 테스트는 불가능하다. 수천 개의 선택 항목과 수백만 개의 경로가 포함된 프로그램을 완전히 테스트하려면 수천 년이 걸린다. 엄격한 테스트를 거친 후에도 제품이 여러 번 작동한 후 입증될 때까지는 소프트웨어의 일부를 신뢰할 수 있는지 확신할 수 없다.

상업용 소프트웨어 결함은 성능을 저해할 뿐만 아니라 침입자에게 네트워크를 개방해 보안 취약성을 만든다. 매년 보안 회사는 인터넷과 PC 소프트웨어에서 수천 개의 소프트웨어 취약점을 식별한다. 예를 들어 2019년 5월 페이스북은 공격자가 휴대전화에 스파이웨어를 설치할 수 있도록 했고 왓츠앱(WhatsApp) 암호화 메시징 응용 프로그램 결함을 수정해야 했다(McMillan, 2019b).

특히 문제가 되는 것은 작성자가 알지 못하는 소프트웨어의 구멍인 **제로 데이 취약점**(zero-day vulnerability)이다. 그때 해커는 공급업체가 문제를 인식하고 서둘러 수정하기 전에 이 보안 허점을 악용한다. 소프트웨어 작성자는 공격에 사용되기 전에 코드를 패치하기 위해 학습한 후 0일이 필요하므로, 이러한 유형의 취약점을 제로 데이라고 한다. 예를 들어 2018년 12월에 마이크로소프트는 외부 침입자가 컴퓨터 메모리에 접근할 수 있도록 했고, 인터넷 익스플로러 웹 브라우저 소프트웨어의 제로 데이 취약점에 대한 긴급 업데이트를 출시해야 했다. 메모리 손상으로 인해 공격자는 유효한 로그인 사용자와 동일한 컴퓨터 시스템 접근 권한을 가질 수 있다(Kerner, 2018). 보안 연구원은 소프트웨어 허점을 발견하지만, 더 자주 공격이 발생할 때까지 허점들은 탐지되지 않은 채로 남아 있기도 한다.

소프트웨어 결함이 식별되면 소프트웨어 공급업체는 수정을 위해 소프트웨어의 올바른 작동을 방해하지 않고 결함을 복구하기 위해 **패치**(patch)라는 작은 소프트웨어 조각을 만든다. 이러한 취약점을 추적하고, 모든 패치를 테스트하며 적용하는 것은 소프트웨어 사용자의 몫이다. 이 프로세스를 패치 관리라고 한다.

회사의 IT 인프라에는 일반적으로 여러 비즈니스 응용 프로그램, 운영 체제 설치 및 기타 시스템 서비스가 포함되어 있어 회사에서 사용하는 모든 장치와 서비스에 대한 패치를 유지 관리하는 데 시간과 비용이 많이 든다. 멀웨어가 너무 빠르게 생성되어 기업에서 취약점과 패치가 발표되는 시점과 악성 소프트웨어가 취약점을 악용하는 것으로 보이는 시점 사이에 대응할 수 있는 시간이 거의 없다.

마이크로프로세서 설계에서 새로 발견된 취약점

Interactive Session on Technology는 컴퓨터 마이크로프로세서 칩 설계의 결함으로 인해 새로 발견된 취약점을 설명하며, 이것은 완벽하게 보호되는 것으로 생각되는 데이터에 해커가 악성 소프트웨어 프로그램을 사용해 접근하게 했다. 이러한 취약점은 지난 20년 동안 제조된 거의 모든 컴퓨터 칩에 영향을 미쳤다.

8-2 보안과 통제의 비즈니스 가치는 무엇인가?

기업에는 보호해야 할 귀중한 정보 자산이 있다. 시스템에는 종종 개인의 세금, 금융 자산, 의료 기록 및 업무 성과 검토에 대한 기밀 정보가 들어 있다. 또한 영업 비밀, 신제품 개발 계획, 마케팅 전략을 포함해 기업 운영 정보를 포함할 수 있다. 정부 시스템은 무기 시스템, 정보 작전, 군사 목표물에 대한 정보를 저장할 수 있다. 이러한 정보 자산은 엄청난 가치가 있으며, 정보 자산이 분실, 파괴되거나 잘못된 사용자에게 들어갈 경우 엄청난 영향을 받을 수 있다. 보안 침해, 재해 또는 기술 오작동으로 기능을 할 수 없는 시스템은 회사 재무 건전성에 영구적인 영향을 미칠 수 있다. 일부 전문가는 전체 기업의 40%가 복구되지 않는 애플리케이션 또는 데이터 손실이 3일 이내에 복구되지 않을 것이라고 생각한다.

부적절한 보안 및 통제는 심각한 법적 책임을 초래할 수 있다. 기업은 자신의 정보 자산뿐만 아니라 고객, 직원, 비즈니스 파트너의 정보 자산도 보호해야 한다. 그렇게 하지 못하면 그 기업은 데이터 노출 또는 절도에 대한 비용이 많이 드는 소송을 할 수 있다. 조직이 기밀 정보의 손실, 데이터 손상 또는 개인 정보 침해를 방지하기 위한 적절한 보호 조치를 취하지 않을 경우, 발생하는 불필요한 위험 및 피해에 대해 책임을 질 수 있다. 예를 들어 타깃(Target)은 2013년 4,000만 명에게 영향을 미친 결제 시스템의 대규모 해킹으로 마스터카드(Mastercard) 서비스를 제공하는 여러 미국 은행에 3,900만 달러를 지불해야 했고, 돈을 잃은 고객에게 수백만 달러를 배상해야 했다. 또한 타깃은 데이터 해킹에 대해 비자(Visa)에 6,700만 달러를 지불하고 타깃 고객이 제기한 집단 소송을 해결하기 위해 1,000만 달러를 지불했다. 비즈니스 정보 자산을 보호하는 건전한 보안 및 제어 프레임워크를 개발하는 것은 고위 경영진을 포함한 기업 전체에 매우 중요하다. 이것은 더는 IT 부서에 국한될 수 없다(Rothrock et al., 2018).

전자 기록 관리에 대한 법적·규제적 요구사항

전 세계적으로 정부 규정은 기업이 남용, 노출 및 무단 접근으로부터 데이터를 보호하도록 의무화함으로써 기업이 보안 및 제어를 더욱 고려하도록 강요하고 있다. 기업은 개인 정보 보호는 물론 전자 기록의 보존 및 저장에 대한 새로운 법적 의무에도 직면해 있다.

미국 의료 산업에서 일하는 경우 회사는 1996년 **HIPAA**(Health Insurance Portability and Accountability Act)를 준수해야 한다. HIPAA는 의료비용 청구 관리를 단순화하고 의료 제공자, 지불자, 플랜 간의 의료 데이터 전송을 자동화하기 위한 의료 보안 및 개인정보 보호 규칙과 절차를 간략하게 설명한다. 의료 업계 구성원은 환자 정보를 6년 동안 보관하고 해당 기록의 기밀성을 보장해야 한다. 이는 환자 정보를 다루는 의료 제공자에게 개인 정보, 보안 및 전자 거래 표준을 지정하는데, 이메일에 의한 환자기록 노출이나 권한 없는

멜트다운과 스펙터가 전 세계 컴퓨터에 출몰하다

2018년 1월 초, 전 세계 컴퓨터 사용자는 지난 20년 동안 제조된 거의 모든 컴퓨터 칩에 결함이 있다는 사실을 알고 충격을 받았다. 그것은 완전히 보호된 것으로 생각되는 데이터에 공격자가 접근할 수 있게 하는 근본적인 보안 결함이 있다는 뜻이다. 보안 연구원은 2017년 말에 결함을 발견했다. 결함은 더 빠른 실행을 돕는 칩에 내장된 기능에서 발생한다. 이 취약점으로 인해 악성 프로그램은 절대 볼 수 없어야 하는 데이터에 접근할 수 있다.

이러한 결함에는 멜트다운(Meltdown)과 스펙터(Spectre)라는 두 가지 특정 변형이 있다. 멜트다운은 일반적으로 하드웨어에 의해 시행되는 보안 경계를 '녹이기' 때문에 그렇게 명명되었다. 멜트다운을 악용함으로써 공격자는 컴퓨터에서 실행되는 프로그램을 사용해 프로그램이 일반적으로 볼 수 없어야 하는 컴퓨터 전체의 데이터에 접근할 수 있으며, 이것은 다른 프로그램 속에 속하는 데이터와 관리자만 접근해야 하는 데이터를 포함한다. (시스템 관리자는 컴퓨터 시스템의 유지, 구성 및 안정적인 운영을 담당한다.) 멜트다운은 1995년 이후 생산된 특정 종류의 인텔 칩에만 영향을 미친다.

스펙터는 제조업체에 국한되지 않으며 거의 모든 최신 프로세서에 영향을 미친다. 피해자 프로그램의 내부 작동에 대한 더 사적인 지식이 필요하다. 스펙터라는 이름은 추측 실행(speculative execution)에서 비롯되는데, 이것은 칩이 더 빠르게 작동하기 위해 예측된 미래 작업에서 작업을 시작할 수 있다. 이 경우에 시스템은 응용프로그램 동작을 옳지 않게 예측하는 것에 속는다. 이름은 또한 스펙터가 무력화하기가 훨씬 더 어려울 것임을 말한다. 같은 종류의 다른 공격이 의심할 여지 없이 발견될 것이며, 스펙터는 한동안 우리를 괴롭힐 것이다.

멜트다운과 스펙터를 사용해 공격자는 비밀로 유지되어야 하는 자체 데이터를 프로그램이 공개하도록 만들 수 있다. 예를 들어 스펙터는 웹사이트의 자바스크립트(JavaScript) 코드를 활용해 웹 브라우저가 사용자 및 암호 정보를 노출하도록 속일 수 있다. 멜트다운은 다른 사용자가 소유한 데이터와 동일한 하드웨어에서 호스팅 되는 가상 서버를 보는 데 악용될 수 있으며, 이는 클라우드 컴퓨팅 호스트 컴퓨터에 특히 위험하다. 멜트다운과 스펙터의 가장 우려스러운 측면은 보안 취약점이 결함 있는 소프트웨어가 아니라, 소프트웨어 아래에 있는 하드웨어 플랫폼의 기본 설계에서 비롯된다는 것이다.

멜트다운과 스펙터가 악용되었다는 증거는 없으며 발견하기 어려울 것이다. 게다가 보안 결함은 매우 근본적이고 광범위해서 많은 사용자가 컴퓨터를 공유하는 클라우드 컴퓨팅 서비스의 경우 특히 치명적일 수 있다. 글로벌 보안 소프트웨어 회사인 맥아피(McAfee)의 연구원에 따르면, 공격 표면이 전례가 없고 데이터 유출 영향이 매우 해롭기 때문에, 이러한 취약점은 특히 악의적인 공격자에게 매력적이다. 포레스터(Forester)에 따르면 랩톱, 데스크톱, 태블릿, 스마트폰의 성능은 영향을 덜 받는다. 멜트다운과 스펙터의 근본적인 취약점은 하드웨어 수준에 있으므로 직접 패치할 수 없다.

주요 기술 공급업체는 문제를 해결하는 소프트웨어 수정 사항만 조작할 수 있다. 이러한 수정 사항은 소프트웨어 코드가 기본 하드웨어에 내장된 예측 실행 및 캐싱 기능을 사용하는 방식을 변경하거나 비활성화해 취약성을 완화한다. (캐싱은 메모리를 위한 별도의 RAM 칩이 아닌 CPU 칩에 소량의 메모리 스토리지를 배치해 컴퓨터 메모리 액세스 속도를 높이는 기술이다.) 이러한 기능은 시스템 성능을 향상하도록 설계되었으므로, 이러한 기능을 우회하면 시스템 속도가 느려질 수 있다. 전문가들은 처음에 시스템 성능이 최대 30%까지 저하될 수 있다고 예측했지만, 5~10% 속도 저하가 더 일반적이다.

클라우드 공급업체는 기본 인프라를 패치하기 위한 조치를 취했으며, 고객은 운영체제 및 애플리케이션용 패치를 설치할 것으로 기대했다. 마이크로소프트는 마이크로소프트의 인터넷 익스플로러와 에지(Edge) 브라우저에도 적용되는 윈도우 7 및 모든 이후 버전용 운영체제 패치를 출시했다. 애플은 사파리(Safari) 브라우저와 iOS, macOS, tvOS 운영체제의 패치 버전을 출시했다. 구글은 패치가 필요하거나 필요하지 않은 크롬북(Chromebook) 모델 목록을 제공하고 크롬 브라우저용 패치를 출시했다. 윈도우 XP 및 구글의 보안 업데이트를 받지 못하는 수백만 대의 저가 안드로이드 휴대전화와 같은 구형 운영체제는 패치가 적용되지 않을 가능성이 크다. 조직은 브라우저 소프트웨어가 제공되는 즉시 업데이트 및 패치를 적용해야 한다. 그리고 이러한 취약점으로 인해 공격자는 웹페이지에서 자바스크립트를 실행할 때 사용자 장치 메모리에서 암호를 훔칠 수 있으므로, 사용자가 사용하지 않을 때 웹 브라우저를 항상 닫도록 지시하는 것이 좋다. 포레스터는 또한 기업이 수정 사항을 적용하지 않은 사용자와 조직으로부터 데이터를 보호하기 위해 다른 기술을 사용할 것을 권장한다.

칩 제조업체인 인텔(Intel)은 프로세서에 대한 여러 가지 해결 방법으로 업데이트를 발표했다. 이 마이크로코드 패치는 새 코드가 출시된 이후로 판매된 모든 인텔 CPU에 설치되었지만, 여전히 업데이트가 필요할 수 있는 수억 대의 시스템이 현장에 있다. 멜트다운과 스펙터를 진정으로 수정하는 유일한 방법은 영향을 받는 프로세서를 교체하는 것이다. 새로운 프로세서와 아키텍처를 재설계하고 생산하는 데는 5~10년이 걸릴 수 있다. 소프트웨어 및 하드웨어 보안과 보안 컴퓨팅을 위한 더 강력한 시스템 아키텍처를 개발할 필요성에 더 많은 관심을 가진 것은 스펙터와 멜트다운의 좋은 점이라고 할 수 있다.

출처: Curtis Franklin Jr., "How Intel Has Responded to Spectre and Meltdown," *Information Week*, January 4, 2019; James Senders, "Spectre and Meltdown Explained: A Comprehensive Guide for Professionals," *TechRepublic*, May 15, 2019; Josh Fruhlinger, "Spectre and Meltdown Explained: What They Are, How They Work, What's at Risk," *CSO*, January 15, 2018; and Warwick Ashford, "Meltdown and Spectre a Big Deal for Enterprises," *Computer Weekly*, January 9, 2018.

사례연구 문제

1. 스펙터와 멜트다운은 얼마나 위험한가?

2. 스펙터와 멜트다운의 위협을 클라우드 컴퓨팅 센터, 기업 데이터 센터, 개인 컴퓨터 및 스마트폰 사용자와 비교하라.

3. 당신이 공용 클라우드 컴퓨팅 센터를 운영 중이고, 기업 데이터 센터를 운영 중이며, 개인 컴퓨터 사용자라면 스펙터와 멜트다운으로부터 어떻게 보호하겠는가?

네트워크 접근으로 의료 개인정보 위반에 대한 처벌을 제공한다. 유럽 연합에서 새로운 규정은 의료 제공자에 대해 유사한 요구 사항을 부과한다(규정 679).

금융 서비스를 제공하는 회사에서 일하는 경우, 회사는 1999년 금융 서비스 현대화법을 준수해야 하며, 이 법은 의회 후원자의 이름을 따서 **그램-리치-블라일리법**(Gramm-Leach-Bliley Act)으로 더 잘 알려져 있다. 이 법은 금융기관이 고객 데이터의 보안 및 기밀성을 보장하도록 요구한다. 데이터는 안전한 매체에 저장되어야 하며, 저장 매체 및 전송 중 이러한 데이터를 보호하기 위해 특별한 보안 조치가 시행되어야 한다.

상장 기업에서 근무하는 경우, 2002년 공개기업 회계 개혁 및 투자자 보호법을 준수해야 하며, 이 법안은 후원자인 메릴랜드주 폴 사베인스(Paul Sarbanes) 상원의원과 오하이오주 마이클 옥슬리(Michael Oxley) 하원의원의 이름을 따서 **사베인스-옥슬리법**(Sarbanes-Oxley Act)으로 더 잘 알려져 있다. 이 법은 엔론(Enron), 월드컴(WorldCom), 그 외 기업의 금융 스캔들 이후 투자자를 보호하기 위해 고안되었다. 법은 내부적으로 사용되거나 외부에 공개되는 재무 정보의 정확성과 무결성을 보호할 책임을 회사와 경영진에게 부과한다.

사베인스-옥슬리법은 기본적으로 재무제표 정보 생성 및 문서화를 관리하기 위해 내부통제가 마련되어 있는지 확인하는 것에 관한 것이다. 정보시스템은 그러한 데이터를 생성, 저장 및 전송하는 데 사용되기 때문에 법률은 기업이 데이터의 무결성, 기밀성 및 정확성을 보장하는 데 필요한 정보시스템 보안 및 기타 통제를 고려할 것을 요구한다. 중요한 재무 보고 데이터를 처리하는 각 시스템 애플리케이션에는 데이터가 정확한지 확인하기 위한 제어가 필요하다. 기업 네트워크를 보호하고, 시스템 및 데이터에 대한 무단 액세스를 방지하며, 재해 또는 기타 서비스 중단 시 데이터 무결성 및 가용성을 보장하는 제어도 필수적이다.

전자 증거 및 컴퓨터 포렌식

보안, 제어 및 전자 기록 관리는 법적 조치에 대응하는 데 필수적이다. 오늘날 주식 사기, 횡령, 회사 영업 비밀 절도, 컴퓨터 범죄 및 많은 민사 소송에 대한 많은 증거가 디지털 형식으로 되어 있다. 인쇄되거나 타이핑된 페이지의 정보 외에도, 오늘날 법적 소송은 이메일, 인스턴트 메시지, 인터넷을 통한 전자상거래뿐만 아니라 휴대용 저장 장치, CD, 컴퓨터 하드 디스크 드라이브에 저장된 디지털 데이터로 표현되는 증거에 점점 더 의존하고 있다.

법적 조치에서 회사는 증거로 사용될 수 있는 정보에 대한 접근 요청에 응답할 의무가 있으며, 회사는 법률에 따라 이러한 데이터를 생성해야 한다. 회사에서 필요한 데이터를 수집하는 데 문제가 있거나, 데이터가 손상되거나 파괴된 경우 검색 요청에 드는 비용이 엄청날 수 있다. 법원은 이제 전자 문서의 부적절한 파괴에 대해 심한 재정적, 심지어 형사적 처벌을 부과한다.

효과적인 전자 문서 보존 정책은 전자 문서, 이메일, 기타 기록이 잘 정리되고 접근 가능하며, 너무 오래 보존되거나 너무 빨리 폐기되지 않도록 한다. 또한 **컴퓨터 포렌식**(computer forensic)의 잠재적 증거를 보존하는 방법에 대한 인식을 반영한다. 컴퓨터 포렌식은 법원에서 증거로 사용될 수 있는 정보 방식으로 컴퓨터 저장 매체에 보관되거나 검색된 데이터를 과학적으로 수집, 조사, 인증, 보존, 분석하는 것이다. 이것은 다음과 같은 문제를 다룬다.

- 증거 무결성을 유지하면서 컴퓨터에서 데이터 복구
- 복구된 전자 데이터의 안전한 저장 및 처리
- 방대한 전자 데이터에서 중요한 정보 찾기
- 법원에 정보 제출

전자 증거는 일반 사용자는 볼 수 없는 컴퓨터 파일 형태나 **주변 데이터**로 컴퓨터 저장 매체에 상주할 수 있다. PC 하드 드라이브에서 삭제된 파일을 예로 들 수 있다. 컴퓨터 사용자가 컴퓨터 저장 매체에서 삭제했을 수 있는 데이터는 흔히 다양한 기술을 통해 복구할 수 있다. 컴퓨터 포렌식 전문가는 이러한 숨겨진 데이터를 복구해 증거로 제시하려고 한다.

컴퓨터 포렌식에 대한 인식은 회사의 비상 계획 프로세스에 통합되어야 한다. CIO, 보안 전문가, 정보시스템 직원, 기업 법률 고문은 모두 협력해 법적 필요가 발생할 경우 실행할 수 있는 계획을 세워야 한다. 이 장의 학습 트랙에서 컴퓨터 포렌식을 자세히 알아볼 수 있다.

8-3 보안과 통제를 위한 조직 프레임워크 구성요소는 무엇인가?

최상의 보안 도구가 있다 하더라도 이 보안 도구를 어디에, 어떻게 구축했는지 확인하기 전까지는 정보시스템이 신뢰할 만하고 안전하다고 할 수 없다. 기업의 어떤 부분이 위험에 노출되어 있고 정보시스템을 보호하기 위해 보유해야만 하는 적합한 통제 수단이 무엇인지 파악하고 있어야 한다. 또한 기업 정보시스템이 가동될 수 없는 상황에서도 기업 업무를 운영할 수 있는 보안정책과 계획을 수립해야 한다.

정보시스템 통제 수단

정보시스템 통제 수단에는 수동 통제와 자동 통제가 있으며, 각각 일반 통제와 응용시스템 통제 수단으로 구성된다. **일반 통제**(general control)는 컴퓨터 프로그램의 설계, 보안, 사용과 조직의 정보기술 인프라 전반에 걸쳐 데이터 파일 보안을 관리한다. 대체로 일반 통제는 모든 전산화된 응용시스템에 적용하며 전체 통제 환경을 이루는 하드웨어, 소프트웨어, 수동 절차의 조합으로 구성된다.

일반 통제는 소프트웨어 통제, 물리적 하드웨어 통제, 컴퓨터 운영 통제, 데이터 보안 통제, 시스템 개발 프로세스에 대한 구현 통제와 관리적 통제 수단을 포함한다. 표 8.4는 이러한 각 통제 수단의 기능을 설명한다.

응용시스템 통제(application control)는 급료 지급이나 주문 처리와 같은 각 전산화 응용시스템에 고유하고 특정한 통제를 말한다. 응용시스템 통제는 각 응용시스템에 의해서 승인된 데이터만 완벽하고 정확하게 처리할 수 있도록 보장하는 자동화된 절차 및 수동 절차를 포함한다. 응용시스템 통제는 (1) 입력 통제, (2) 프로세스 통제, (3) 출력 통제로 구분할 수 있다.

입력 통제는 시스템에 데이터가 입력될 때 그 정확성과 완전성을 검사한다. 입력 승인(input authorization), 데이터 변환, 데이터 편집, 오류 처리 등 특수한 입력 통제도 있다. **프로세스 통제**는 데이터가 갱신되는 동안 데이터의 완벽성과 정확성이 보장된다는 것을 입증해야 한다. **출력 통제**는 컴퓨터 처리 결과가 정확하고 완전하며 적절히 전달되는지를 확인해야 한다.

정보시스템 통제는 별도의 추후 고려사항이 되어서는 안 된다. 정보시스템 통제는 시스템 설계에 통합되어야 하고 모든 가능한 상황에서 그 시스템이 어떻게 수행되는지뿐만 아니라 그 시스템을 사용하는 조직이나 사람의 행동 방식도 고려해야 한다.

위험도 평가

당신의 기업은 보안에 자원을 투자하기 전에 먼저 어떠한 자산의 보호가 필요한지 또한 이들 자산이 현재 어느 정도로 위험에 노출되어 있는지를 파악해야 한다. 위험도 평가는 이러한 질문에 답하도록 도와주고 또한 기업이 자산 보호를 위해 가장 비용 측면의 효율적인 통제 요소를 판단하는 데 도움을 준다.

만약 특정 활동이나 프로세스가 적절하게 통제되고 있지 않다면 **위험도 평가**(risk

표 8.4
일반 통제

일반 통제 유형	설명
소프트웨어 통제	시스템 소프트웨어 사용을 감시하고 소프트웨어 프로그램, 시스템 소프트웨어, 컴퓨터 프로그램에 대한 허가 없는 접근을 방지한다.
하드웨어 통제	컴퓨터 하드웨어의 물리적 안전성을 확인하고 장비의 오작동을 검사한다. 컴퓨터에 매우 의존적인 조직은 또한 백업을 준비하고 지속적인 서비스 유지 작업을 해야 한다.
컴퓨터 운영 통제	프로그래밍된 절차를 데이터 저장과 처리에 지속적으로 정확히 적용되도록 보장하기 위해서 컴퓨터 부서 작업을 감독한다. 컴퓨터 처리 작업의 설정과 비정상적으로 종료한 처리의 백업 및 복구 절차에 대한 통제도 포함한다.
데이터 보안 통제	내부 또는 외부에 호스팅 서비스에서 유지 관리하는 중요한 사업 데이터 파일이 사용 중이거나 저장 중에 허가되지 않는 접근, 변경 또는 파괴되지 않도록 한다.
구현 통제	프로세스가 적절히 통제되고 관리되는지 확인하기 위해 시스템 개발 과정의 여러 지점을 감사한다.
관리 통제	조직의 일반 통제와 응용시스템 통제가 적절히 실행되고 지켜지는지 확인하기 위해 표준, 절차, 통제 가이드 등을 공식화한다.

assessment)는 기업의 위험도 수준을 결정한다. 모든 위험도를 예측하거나 측정할 수 없지만 대부분 기업이 직면한 위험에 대해 어느 정도 이해할 수 있을 것이다. 정보시스템 전문가의 협조를 통해 기업 경영진은 정보 자산 가치, 취약한 지점, 문제 발생 빈도, 피해 가능성 등을 파악하고자 노력해야 한다. 예를 들어 1년에 한 번 이상 발생하지 않고 최대 1,000달러의 손실을 입는 사건을 예방하기 위한 통제 방법을 설계하고 유지하는 데 20,000달러를 사용하는 것은 현명하지 않은 결정이다. 그러나 같은 사건이 하루에 최소 한 번은 발생할 가능성이 있고 이로 인한 연간 잠재적 손실 규모가 300,000달러 이상이라면 100,000달러를 통제를 위해 투자하는 것은 아주 적절한 결정이다.

표 8.5는 매일 30,000개의 주문을 처리하는 온라인 주문 처리 시스템에 대한 위험도 평가 결과의 예시이다. 먼저 각 위험 노출에 대한 연간 발생 가능성을 백분율로 표시하고 있다. 다음 열은 위험 노출 시 예상되는 최고와 최저 손실 가능 규모를 보여주고 있으며 평균 손실 규모는 최곳값과 최젓값의 합을 2로 나누어 계산한 것이다. 마지막으로 각 위험 노출로 인한 연간 예상 손실 규모는 평균 손실 규모에 발생 확률과 곱해 결정할 수 있다.

표에서의 위험도 평가는 1년 동안 전력 중단 가능성이 30%임을 보여주고 있다. 전력 중단 기간 동안 주문 거래 중지로 인한 손실 규모는 처리가 중단된 기간에 따라 발생 건당 5,000~200,000달러 범위(평균 102,500달러)를 가진다. 횡령 사건의 연간 발생 가능성은 약 5%이며 발생 건당 1,000~50,000달러(평균 25,500달러)의 잠재적 손실 규모이다. 사용자 오류의 연간 발생 가능성은 98%이며 발생 건당 200~40,000달러(평균 20,100달러)의 손실 규모이다.

위험도가 평가되면 시스템 개발자는 가장 높은 취약성과 손실 가능성을 갖는 통제 지점에 집중할 수 있을 것이다. 표 8.5의 경우는 이러한 분야에서 연간 예상 손실 규모가 가장 큰 전력 중단과 사용자 오류로 인한 위험도를 최소화하는 방법에 중점을 두어야 한다.

표 8.5
온라인 주문 처리 시스템에 대한 위험도 평가

위험 요인	발생 확률(%)	평균 손실 규모(달러)	연간 예상 손실 규모(달러)
전력 중단	30	5,000~200,000(102,500)	30,750
횡령	5	1,000~50,000(25,500)	1,275
사용자 오류	98	200~40,000(20,100)	19,698

보안정책

시스템에 대한 주요 위험 요소를 파악한 후 기업은 기업 자산 보호를 위한 보안정책 개발이 필요할 것이다. **보안정책**(security policy)은 정보 위험도의 순위 지정, 수용 가능한 보안 목표 식별 및 목표 달성 방법 식별을 위한 명세서로 구성된다. 기업의 가장 중요한 정보 자산은 무엇인가? 누가 기업 내에서 이러한 정보를 생성하고 통제하는가? 정보를 보호하기 위해 어떤 보안정책이 적절히 마련되었는가? 자산별로 경영진이 감수할 수 있는 위험도 수준은 어느 정도인가? 예를 들어 10년에 한 번씩 고객 신용 데이터가 분실되어도 괜찮은가? 아니면 100년에 한 번 발생할 정도의 재난에도 견딜 수 있는 신용카드 데이터 보안시스템을 구축할 것인가? 경영진은 이 정도 수준의 수용 가능한 위험도를 충족하기 위해 얼마의 비용을 부담해야 하는지 추정해야 한다.

보안정책은 기업 정보 자원의 이용 목적과 기업 구성원의 정보 자산에 대한 접근 권한 규정을 결정하는 다른 정책도 추진한다. **이용 목적 제한 방침**(acceptable use policy, AUP)은 데스크톱과 노트북 컴퓨터, 무선 장치, 전화, 인터넷 등을 포함한 기업의 정보 자원과 컴퓨팅 장비의 이용 목적을 정의하고 제한한다. 잘 수립된 이용 목적 제한 방침은 모든 사용자에 대해 허용되는 행위와 허용되지 않는 행위를 정의하고 준수하지 않을 때의 결과도 명시한다.

그림 8.2는 조직이 인적 자원 기능에서 다양한 수준의 사용자에 대한 접근 규칙을 지정하는 방법의 한 예를 나타낸다. 작업을 수행하는 데 필요한 정보에 기반해 각 사용자가 접근할 수 있는 인적 자원 데이터베이스 영역을 지정한다. 이 데이터베이스에는 직원 급여, 복리후생, 의료 기록과 같은 민감한 개인 정보가 포함되어 있다.

이 예에서 설명하는 접근 규칙은 2개의 사용자 그룹에 대한 것이다. 한 사용자 그룹은 시스템에 직원 데이터를 입력하는 것과 같은 사무 기능을 수행하는 모든 직원으로 구성된다. 이 프로파일 유형에 해당하는 모든 직원은 전반적인 시스템 갱신 권한을 얻지만 급여, 의료 기록, 수입 데이터 등 민감한 항목에 대한 시스템 조회와 갱신은 할 수 없다. 또 하나의 프로파일은 부서 관리자에게 적용되는데 시스템 갱신 권한은 없지만 의료 기록과 급여를 포함해 부서 내 모든 직원의 자료를 조회할 권한을 갖는다. 사용자 인증을 위한 기술과 관련한 자세한 내용은 뒷부분에서 소개한다.

재난 복구 계획과 업무 연속성 계획

기업을 운영하는 경우 정보시스템과 업무의 운영을 막는 정전, 홍수, 지진, 테러리스트 공

보안 프로파일 1

사용자: 인사 부서 사무원
위치: 제1사업부
해당 프로파일에 대한 직원 식별 번호: 00753, 27834, 37665, 44116

데이터 필드 제한	접근 유형
제1사업부 직원 데이터	조회 및 수정
• 의료 기록	없음
• 급여	없음
• 연금 소득	없음

보안 프로파일 2

사용자: 사업부 인사 부서 관리자
위치: 제1사업부
해당 프로파일에 대한 직원 식별 번호: 27321

데이터 필드 제한	접근 유형
제1사업부 직원 데이터	읽기 전용

그림 8.2
인사관리시스템을 위한 접근 규칙
이 두 예는 인사관리시스템에서 흔히 확인할 수 있는 2개의 보안 프로파일이나 데이터 보안 유형을 보여준다. 보안 프로파일에 따라 사용자는 조직 내의 다양한 시스템, 구역, 데이터에 대한 접근에 있어 명확한 제한을 받게 된다.

격 등과 같은 사건에 대한 대응계획을 수립할 필요가 있다. **재난 복구 계획**(disaster recovery planning)은 중단된 컴퓨팅과 통신 서비스가 복구 계획을 수립한다. 재난 복구 계획은 백업 파일 선정과 백업 컴퓨터 시스템 또는 재해 복구 서비스의 유지 관리와 같이 시스템을 가동하고 운영하는 것과 관련된 기술적 문제에 주로 초점을 맞춘다.

예를 들어 마스터카드는 세인트루이스주 컴퓨터 센터에 대한 비상 백업으로 미주리주 캔자스시티에 복제 컴퓨터 센터를 유지하고 있다. 많은 기업이 자체 백업 시설을 구축하는 대신 클라우드 기반 재해 복구 서비스 또는 선가드 가용성 서비스(SunGard Availability Services)와 같은 기업과 계약해 예비 컴퓨터와 장소를 제공받아 기업이 긴급상황에서 중요한 응용시스템을 실행할 수 있도록 한다.

업무 연속성 계획(business continuity planning, BCP)은 재난 발생 후 기업 업무를 복원하는 방법에 중점을 둔다. 업무 연속성 계획은 중요한 업무 프로세스를 식별하고 시스템이 멈출 경우 업무 수행의 핵심 기능(mission-critical function)을 처리하기 위한 조치 계획(action plan)을 마련한다. 예를 들어 테네시주 프랭클린에 본사를 둔 웰빙 개선 회사인 헬스웨이즈(Healthways)는 기업 전체에 걸쳐 거의 70개 부서의 업무 프로세스를 정의하고 이 프로세스에 대한 시스템 고장에 대한 영향성을 식별한 업무 연속성 계획을 구축했다. 헬스웨이즈는 가장 중요한 핵심 프로세스를 정확하게 집어내었고 실행 계획 마련을 위해 각 부서와 협력했다.

기업 경영진과 정보기술 전문가는 기업에 가장 핵심인 시스템과 업무 프로세스를 결정하기 위해 두 가지 유형의 계획 수립에 협력해야 한다. 먼저 기업의 핵심 시스템과 그 시스템의 중단이 기업에 미치는 영향을 파악하기 위한 사업 영향 분석을 수행해야 한다. 경영진은 또한 시스템이 중단된 상태에서 기업이 최대 얼마나 생존할 수 있는지와 기업의 어느 부분을 가장 먼저 복구해야 하는지를 결정해야 한다.

감사 역할

경영진은 정보시스템 보안과 통제가 효과적인지 어떻게 확인할 수 있는가? 이 질문에 답하기 위해 조직은 포괄적이고 체계적인 감사를 수행해야 한다. **정보시스템 감사**(information system audit)는 개별 정보시스템을 관리하는 통제는 물론 기업의 전반적인 보안 환경도 검토한다. 감사자는 시스템을 통해서 표본 업무 처리 흐름을 추적하고 적합하다면 자동화된 감사 소프트웨어를 사용해 테스트를 수행해야 한다. 정보시스템 감사는 데이터 품질을 검사할 수 있다.

보안 감사는 기술, 절차, 문서화, 훈련, 인력을 검토한다. 철저한 감사에서는 외부 공격이나 재해에 대한 기술, 정보시스템 요원, 직원 등의 대응을 점검하기 위해 모의실험(simulation)을 할 수도 있다.

감사 업무는 모든 통제 취약점을 목록화하고 순위를 매기며 그 발생 가능성을 추정한다. 다음으로 감사 업무는 각 위협 요소의 재정적·조직적 영향을 평가한다. 그림 8.3은 감사자의 대출 시스템에서의 통제 취약점 목록에 대한 예시이다. 이 목록은 경영진에게 취약점을 통보하는 부분과 경영진의 대응에 대한 부분을 포함하고 있다. 경영진은 통제하에서 중요 취약점에 대응하기 위한 계획을 마련할 것으로 예상된다.

8-4 정보 자원 보호를 위한 주요 도구와 기술은 무엇인가?

기업은 정보 자원 보호를 위한 다양한 기술을 보유하고 있으며, 여기에는 사용자 신원 관리, 시스템 및 데이터 무단 접근 방지, 시스템 가용성 보장, 소프트웨어 품질 보장을 위한 도구가 포함된다.

신원 관리와 인증

중규모 기업과 대기업은 고유한 사용자 집단을 갖는 복잡한 IT 인프라와 다양한 시스템을 가지고 있다. **신원(ID) 관리**(identity management) 소프트웨어는 각 사용자와 시스템 권한을 추적하는 프로세스와 각 시스템에 접근하기 위한 고유 디지털 ID를 할당하는 프로세스를 자동화한다. 이 소프트웨어는 또한 사용자 인증, 사용자 ID 보호, 시스템 자원에의 접근 제어 등을 위한 도구도 포함하고 있다.

시스템에 액세스하려면 사용자에게 권한이 부여되고 인증되어야 한다. **인증**(authentication)은 승인을 요청한 사람을 확인할 수 있는 능력을 말한다. 인증은 대개 승인된 사용자만 알고 있는 **암호**(password)를 사용해 이루어진다. 최종 사용자(end user)는 컴퓨터 시스템에 로그온하기 위해 암호를 사용하고 특정 시스템과 파일에 접근하기 위해 암호를 사용할 수도 있다. 그러나 암호도 네트워크에서의 전송 중이나 사회공학(social engineering)을 통한 절도를 통해 '스니핑(sniffing)'당할 수 있다.

토큰, 스마트 카드, 생체 인증과 같은 새로운 인증기술은 이러한 문제 중 일부를 해결할 수 있다. **토큰**(token)은 단일 사용자의 신원을 증명할 수 있게 설계된 신분증과 같은 물리적 장치이다. 토큰은 보통 열쇠고리에 부착할 수 있는 정도로 작으며 자주 바뀌는 패스코드(passcode)를 표시하는 작은 장치다. **스마트 카드**(smart card)는 접근 허가와 기타 데이터를 담은 칩을 내장한 신용카드 크기의 장치이다. 스마트 카드는 전자 지불 시스템에서도 사용한다. 판독 장치는 스마트 카드에 있는 데이터를 해석하고 접근 허가 여부를 결정한다.

생체 인증(biometric authentication)은 지문, 홍채, 음성 등 개인의 특성을 읽고 해석해 접근 허가 여부를 결정하는 시스템을 사용한다. 생체 인증은 각 개인을 유일하게 구별할 수 있는 물리적 혹은 행태적 특성의 측정치에 기반을 두고 있다. 생체 인증은 지문, 얼굴, 망막 이미지(retinal image)와 같은 인간의 고유한 특징과 이미 저장된 특징 프로파일을 비교함으로써 이들 사이에 차이점이 있는지 판단한다. 만약 두 프로파일이 일치하면 접근을 허용한다. 지문과 얼굴 인식 기술은 다양한 노트북이 지문 인식 장치를 장착하고 있고 일부 모델에서는 내장형 웹캠과 얼굴 인식 소프트웨어를 지원하면서 보안 애플리케이션 분야에서의 지문과 얼굴 인식 기술 활용이 시작되고 있다. 뱅가드(Vanguard), 피델리티(Fidelity)와 같은 금융 서비스 회사는 고객을 위해 음성 인증 시스템을 구현하고 있다.

해커들이 기존 암호들에 접근할 수 있는 사건이 지속적으로 발생해 더 안전한 인증 수단의 필요성이 강조되고 있다. **이중 요소 인증**(two-factor authentication)은 사용자가 여러 단계 프로세스로 사용자를 검증함으로써 보안을 강화한다. 인증을 위해서 사용자는 ID 또는 은행 카드와 같은 물리적 토큰과 패스워드나 PIN(personal identification number)과 같은 전통적인 데이터 두 가지를 식별 수단으로 제공해야 한다. 지문 인식, 홍채 인식, 음성 인

업무: 대출 **작성자: J. 에릭슨** **수신자: T. 벤슨**
위치: 일리노이주 피오리아 **작성일: 2015. 6. 16** **검토일: 2015. 6. 28**

취약점과 파급 효과	오류/오남용의 기회		경영진 알림 사항	
	예/아니요	사유	보고일	경영진 대응 사항
잊어버린 패스워드를 가진 사용자 계정	예	인가받지 않은 외부인 또는 공격자에게 시스템이 개방된 채로 방치됨	2020년 5월 10일	패스워드 없는 계정 삭제
시스템 파일의 부분 공유를 허용하도록 구성된 네트워크	예	핵심 시스템 파일을 네트워크에 연결된 적대적 집단에게 노출시킬 가능성이 있음	2020년 5월 10일	필요한 디렉터리만 공유되도록 하고 이를 강력한 패스워드로 보호해야 함
소프트웨어 패치는 표준 및 통제(Standards and Controls) 그룹의 최종 승인 없이 업무 프로그램을 업데이트할 수 있음	아니요	모든 업무 프로그램은 관리자의 허가가 요구함. 표준 및 통제(Standards and Controls) 그룹이 이 사례를 한시적 업무 진행 상태로 분류함		

그림 8.3
감사자의 통제 약점 목록 예시
이 차트는 감사인이 지역 시중 은행의 대출 시스템에서 발견할 수 있는 통제 약점 목록의 샘플 페이지이다. 이 양식은 감사자가 통제 약점을 기록하고 평가하는 데 도움이 되며, 경영진과 이러한 약점에 대해 논의한 결과와 경영진이 취하는 모든 시정 조치를 보여준다.

© Anyaberkut/123RF

이 스마트폰에는 파일과 네트워크에 빠르고 안전하게 접근할 수 있는 생체 인식 지문 판독기가 있다. PC와 스마트폰은 사용자 인증을 위해 생체 인식을 사용하기 시작했다.

식 등과 같은 생체 데이터 또한 인증 수단 중 하나로 사용할 수 있다. 이중 요소 인증의 일반적인 예로는 카드 자체는 물리적 토큰이며, PIN은 데이터로 함께 사용하는 은행 카드가 있다.

방화벽, 침입 탐지 시스템, 안티 멀웨어 소프트웨어

멀웨어와 침입자에 대한 보안대책 없이 인터넷에 접속하는 것은 매우 위험하다. 방화벽, 침입 탐지 시스템, 안티 멀웨어 소프트웨어는 필수적인 사업 도구로 자리 잡았다.

방화벽

방화벽(firewall)은 승인되지 않은 사용자가 사설 네트워크에 접근하는 것을 막는다. 방화벽은 출입하는 네트워크 통신 흐름을 통제하는 하드웨어와 소프트웨어로 구성된다. 방화벽은 일반적으로 조직의 사설 내부 네트워크와 인터넷과 같은 신뢰할 수 없는 외부 네트워크 사이에 배치되지만 방화벽을 사용해 네트워크의 나머지 부분으로부터 회사 네트워크의 한 부분을 보호할 수도 있다(그림 8.4 참조).

방화벽은 네트워크 접근을 허용하기 전에 사용자의 자격을 검사하는 문지기 역할을 한다. 방화벽은 들어오는 통신 트래픽의 이름, IP 주소, 응용프로그램, 기타 특성 정보들을 식별한다. 네트워크 관리자가 시스템에 설정한 접근 규칙과 비교해 이 정보를 검사한다. 방화벽은 승인되지 않은 통신이 네트워크를 출입하는 것을 방지한다.

규모가 큰 조직에서는 방화벽이 네트워크의 다른 부분과 분리된 특수한 전용 컴퓨터에 위치하므로 입력되는 요청이 사설 네트워크 자원에 직접 접근하지는 않는다. 정적 패킷 필터링, 정상 상태 검사, NAT, 응용 프록시 필터링 등을 포함하는 다수의 방화벽 차단 기

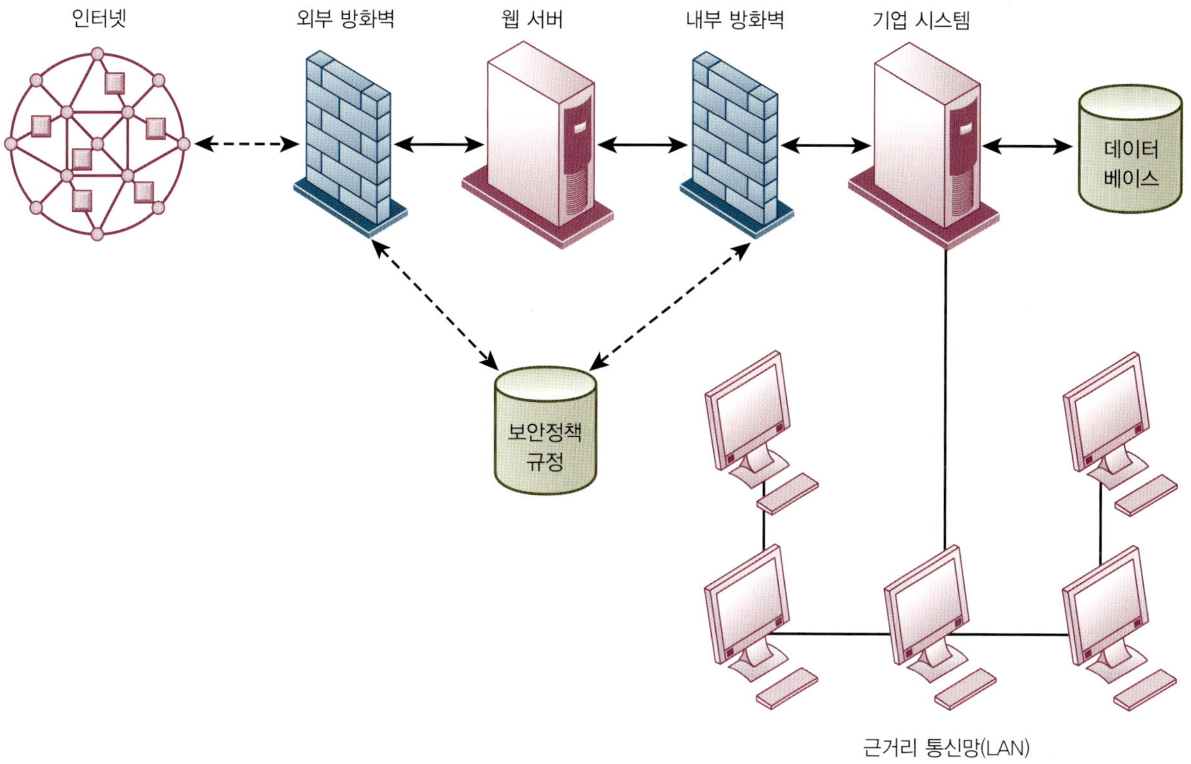

그림 8.4 기업 방화벽
방화벽은 승인되지 않은 트래픽으로부터 보호하기 위해 회사의 사설 네트워크와 공용 인터넷 또는 다른 신뢰할 수 없는 네트워크 사이에 배치된다.

술이 있다. 방화벽 보호를 위해 이 기술들을 자주 조합해 사용한다.

패킷 필터링(packet filtering)은 독립적으로 각 패킷을 검사하면서 신뢰할 수 있는 네트워크와 인터넷 사이를 이동하는 데이터 패킷 헤더(header)의 선택된 필드를 검사한다. 이 필터링 기술은 많은 종류의 공격을 놓칠 수 있다.

정상 상태 검사(stateful inspection)는 패킷이 송신자와 수신자 간에 진행되는 문답인지 여부를 파악해 추가적인 보안을 제공한다. 여러 패킷에 대한 정보를 추적하기 위해 상태 테이블(state table)을 구성한다. 패킷들은 각 패킷이 승인된 대화의 부분이거나 정당한 접속을 시도하려는 것에 따라서 수락 여부가 결정된다.

NAT(Network Address Translation)는 정적 패킷 필터링과 정상 상태 검사를 사용할 때 또 다른 보호 계층을 제공할 수 있다. NAT는 방화벽 외부의 스니퍼 프로그램이 이를 확인하고 해당 정보를 사용해 내부 시스템에 침투하는 것을 방지하기 위해 조직 내부 호스트 컴퓨터의 IP 주소를 숨긴다.

응용프로그램 프록시 필터링(application proxy filtering)은 패킷의 응용프로그램 내용을 검사한다. 프록시 서버는 조직 외부에서 생성된 데이터 패킷을 정지시키고 검사한 다음 방화벽 반대편 프록시로 통과시킨다. 만일 기업 외부 사용자가 조직 내부 사용자와 통신을 원한다면 먼저 외부 사용자는 프록시 응용프로그램과 통신하고 프록시 응용프로그램은 기업 내부 컴퓨터와 통신한다. 마찬가지로 조직 내부 컴퓨터 사용자는 프록시를 통해서 외부 컴퓨터와 대화한다.

좋은 방화벽을 구축하기 위해서 관리자는 허용 또는 거부되는 사람, 응용프로그램, 주소 등을 식별할 수 있는 상세한 내부 규칙을 가지고 있어야 한다. 방화벽은 완벽하지는 않지만 외부인에 의한 네트워크 침입을 방지할 수 있으므로 전체 보안 계획의 한 요소로 취급해야 한다.

침입 탐지 시스템

방화벽과 더불어 현재 민간 보안업체들은 의심스러운 네트워크 트래픽과 파일 및 데이터베이스에 대한 접근 시도를 방지하는 침입 탐지 도구와 서비스를 제공하고 있다. **침입 탐지 시스템**(intrusion detection system, IDS)은 지속적으로 침입자를 탐지하고 막기 위해 기업 네트워크의 가장 취약한 지점이나 핫스팟에 위치해 상시 감시할 수 있는 기능을 갖는다. 시스템은 의심스럽거나 변칙적인 사건을 발견하면 경보를 울린다. 스캔 소프트웨어는 잘못된 패스워드와 같이 이미 알려진 컴퓨터 공격 방법과 유사한 패턴을 조사하고, 중요 파일이 수정되거나 삭제되었는지 확인하는 검사를 수행하며, 반달리즘이나 시스템 관리자 오류에 대해 경고를 보낸다. 또한 침입 탐지 시스템은 승인되지 않은 통신 트래픽을 수신하면 네트워크의 민감한 부분을 종료하도록 침입 탐지 도구를 설정할 수 있다.

안티 멀웨어 소프트웨어

개인과 기업 모두를 위한 방어적 기술 계획에는 모든 컴퓨터에 대한 멀웨어 보호 기능이 포함되어야 한다. **안티 멀웨어 소프트웨어**(anti-malware software)는 컴퓨터 바이러스, 컴퓨터 웜, 트로이 목마, 스파이웨어, 애드웨어를 비롯한 멀웨어를 방지, 탐지 및 제거한다. 그러나 대다수 안티 멀웨어 소프트웨어는 소프트웨어가 작성되었을 때 이미 알려진 멀웨어에 대해서만 효과적이다. 그럼에도 불구하고 일부 멀웨어는 탐지를 회피할 수 있기 때문에 항상 효과적인 것은 아니다. 기업 조직은 좀 더 우수한 보호를 위해 추가적인 멀웨어 탐지 도구를 사용할 필요가 있다.

통합 위협 관리 시스템

기업의 비용 절감을 지원하고 관리 용이성을 향상할 수 있도록 보안 공급업체는 방화벽, 가상 사설 통신망(VPN), 침입 탐지 시스템, 웹 콘텐츠 필터링, 안티 스팸(anti-spam) 소프트웨어를 포함해 단일 응용프로그램이나 클라우드 서비스로 결합했다. 이러한 포괄적인 보안 관리 제품을 **통합 위협 관리**(unified threat management, UTM) 시스템이라고 한다. 선도적인 통합 위협 관리 공급업체로는 포티넷(Fortinet), 소포스(Sophos), 체크포인트(Check Point) 등이 있으며 시스코시스템스(Cisco Systems)와 주니퍼네트웍스(Juniper Networks) 같은 네트워크 공급업체도 자사 장비에 통합 위협 관리 기능을 제공하고 있다.

무선 네트워크 보안

WEP(Wired Equivalent Privacy)라고 하는 와이파이용으로 개발된 초기 보안 표준은 암호화 키가 비교적 취약하기 때문에 그다지 효과적이지 않다. 2004년 6월, 와이파이연합(Wi-

Fi Alliance)의 산업 거래 그룹(industry trade group)은 더 강력한 보안 표준으로 WEP를 대체할 Wi-Fi Protected Access 2 혹은 WPA2로 부르는 802.11i 기술 명세서를 최종 승인했다. 새로운 표준은 개별화된 데이터 암호화를 통해 암호를 해독하기가 훨씬 더 어렵고 공용 네트워크에서 사용자 개인정보 보호를 강화했다. 기업은 내부 기업 데이터에 접근할 때 VPN 기술과 함께 와이파이 보안을 더욱 향상할 수 있다.

암호화와 공개 키 인프라

많은 기업이 디지털 정보를 저장하거나 물리적으로 이동시키거나 인터넷을 통해 전송할 때 이를 보호하기 위해 암호화를 사용한다. **암호화**(encryption)는 단순 텍스트나 데이터를 송신자와 수신 예정자 외의 다른 사람이 읽을 수 없는 암호문으로 변경하는 프로세스이다. 데이터는 평범한 데이터를 암호문으로 변환하는 암호화 키라는 비밀 숫자 코드를 이용해 암호화된다. 이 암호 메시지는 수신자가 해독할 수 있어야 한다.

웹에서 네트워크 트래픽을 암호화하기 위한 두 가지 방법은 **SSL**(Secure Sockets Layer)과 **S-HTTP**(Secure Hypertext Transfer Protocol)이다. SSL과 그 후속 기법인 TLS(Transport Layer Security)는 보안화된 웹 세션에 있는 동안 클라이언트와 서버 컴퓨터가 서로 통신할 때 암호화와 해독을 관리할 수 있게 해준다. S-HTTP는 인터넷을 따라 흘러가는 데이터를 암호화하기 위해 사용하는 또 하나의 프로토콜이긴 하지만 SSL과 TLS는 두 컴퓨터의 안전한 연결을 확보하도록 설계된 반면 S-HTTP는 개별 메시지로 제한되고 있다.

보안 세션 생성 기능은 인터넷 클라이언트 브라우저 소프트웨어와 서버에 내장되어 있다. 클라이언트와 서버는 사용할 키와 보안 수준을 서로 협의한다. 일단 클라이언트와 서버 간 보안 세션이 구축되면 세션 안의 모든 메시지는 암호화된다.

암호화 방법은 대칭 키 암호화(symmetric key encryption)와 공개 키 암호화(public key encryption) 두 가지가 있다. 대칭 키 암호화는 발신자와 수신자가 단일 암호화 키를 생성해 수신자에게 전송해 발신자와 수신자가 동일한 키를 공유해 안전한 인터넷 세션을 설정한다. 암호화 강도는 암호화 키의 비트 길이로 측정한다. 오늘날 일반적인 키는 원하는 보안 수준에 따라 56~256비트 길이(56~256 이진 숫자의 문자열)를 가진다. 대칭 키 암호화의 단점은 키가 길수록 적법한 사용자가 정보를 처리하는 데 더 많은 컴퓨팅 성능이 필요한 것이다.

모든 대칭 암호화 체계의 문제는 키 자체가 발신자와 수신자 간에 어떻게든 공유되어야 하며, 이것은 키를 가로채고 해독할 수 있는 외부인에게 키를 노출할 수 있다. **공개 키 암호화**(public key encryption)라고 명명된 보다 안전한 암호화 형식은 공개용(public)과 완전 비밀용(private)인 2개 키를 사용한다(그림 8.5 참조). 이 두 가지 키는 수학적으로 관련되어 있으므로 하나의 키로 암호화된 데이터는 다른 키에서만 사용해 해독할 수 있다. 메시지를 송수신하기 위해서 우선 통신자(communicator)는 별도로 공개 키와 비밀 키 쌍을 만든다. 공개 키는 공개 디렉터리에 두지만 비밀 키는 은밀하게 보관한다. 발신자는 수신자의 공개 키로 메시지를 암호화한다. 메시지를 수신할 때 수신자는 그것을 해독하기 위해서 자신의 비밀 키를 사용한다.

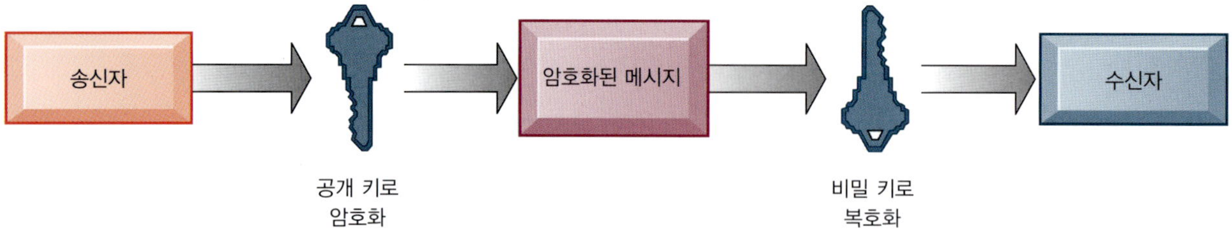

그림 8.5 공개 키 암호화
공개 키 암호화 시스템은 전송 시 데이터를 잠그고 수신 시 데이터 잠금을 해제하는 공개 키 및 비밀 키의 연속으로 볼 수 있다. 송신자는 디렉터리에서 수신자의 공개 키를 찾아 메시지를 암호화하는 데 사용한다. 메시지는 인터넷이나 사설 네트워크를 통해 암호화된 형태로 전송된다. 암호화된 메시지가 수신되면 수신자는 데이터를 해독하고 메시지를 읽기 위해 자신의 비밀 키를 사용한다.

전자 인증서(digital certificate)는 온라인 거래 보호를 위해 사용자 및 전자 자산의 신원을 식별하는 데 사용하는 데이터 파일이다(그림 8.6 참조). 전자 인증 시스템은 사용자 신원을 검증하기 위해 인증기관(certificate authority, CA)으로 알려진 신뢰할 수 있는 제3자(third party) 기관을 활용한다. 시만텍(Symantec), 고대디(GoDaddy), 코모도(Comodo) 같은 인증기관이 미국과 전 세계적으로 많이 존재한다.

인증기관(CA)은 전자 인증서 사용자의 신원을 오프라인으로 확인한다. 이 정보는 인증기관 서버에 입력되며, 인증기관 서버는 소유자 식별 정보와 공개 키 사본이 포함된 암호화된 전자 인증서를 생성한다. 이 인증서는 해당 공개 키가 지정된 소유자의 것임을 인증한다. 인증기관은 출력물이나 인터넷에서 사용할 수 있는 자체 공개 키를 생성한다. 암호화된 메시지의 수신자는 인증기관의 공개 키를 사용해 메시지에 첨부된 전자 인증서를 해독하고 인증기관에서 발급한 것인지 확인한 다음 인증서에 포함된 발신자의 공개 키와 식별 정보를 획득한다. 이 정보를 사용해 수신자는 암호화된 답신을 보낼 수 있다. 예를 들어 전자 인증 시스템은 신용카드 사용자와 판매자가 데이터를 교환하기 전에 서로

그림 8.6
전자 인증서
전자 인증서는 사람 또는 전자 자산의 신원을 확인하는 데 도움이 된다. 안전하게 암호화된 온라인 통신을 제공해 온라인 트랜잭션을 보호한다.

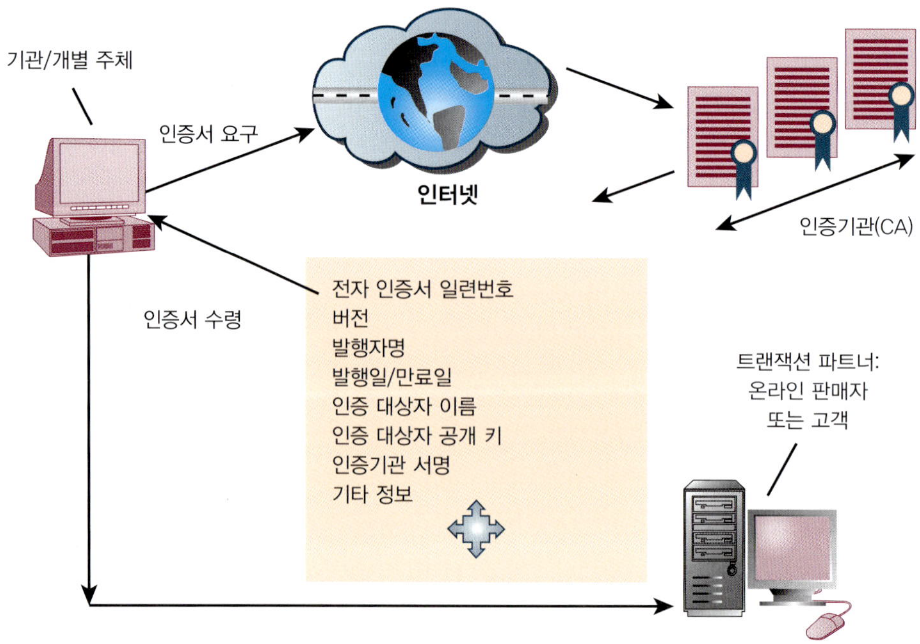

의 전자 인증서가 신뢰할 만하고 공인된 제3자 인증기관에 의해 발행되었음을 확인할 수 있게 해준다. 인증기관과 함께 운영되는 공개 키 암호화, 즉 공개 키 인프라(public key infrastructure, PKI)는 현재 전자상거래에서 가장 널리 사용되고 있다.

블록체인을 이용한 트랜잭션 보호

6장에서 소개한 블록체인은 트랜잭션 보호와 여러 당사자 간 신뢰 구축을 위한 대안적인 접근 방법으로 주목받고 있다. 블록체인은 트랜잭션 기록을 포함하는 디지털 '블록'체인이다. 각 블록은 트랜잭션 전후의 모든 블록에 연결되며, 이 블록체인은 지속적으로 갱신되고 동기화 상태가 유지된다. 따라서 단일 레코드를 조작하는 것은 어려운데, 이는 검출을 피하기 위해 해당 레코드가 포함된 블록과 연결된 블록을 변경해야 하기 때문이다.

한 번 기록된 블록체인 트랜잭션은 변경할 수 없다. 블록체인 기록은 암호화되어 보호되며, 모든 트랜잭션도 암호화된다. 블록체인 네트워크 참여자는 본인이 작성한 트랜잭션에 할당되어 개인의 전자 서명 역할을 하는 개인 키를 가지고 있다. 레코드가 변경되면 서명은 무효가 되고, 블록체인 네트워크는 즉시 잘못된 것을 인식한다. 블록체인은 중앙 위치에 포함되어 있지 않기 때문에 단일 장애 지점이 없고 단일 컴퓨터로부터 변경할 수 없다. 블록체인은 특히 보안 요건이 높고, 서로 알려지지 않은 환경에 적합하다.

시스템 가용성 확보

기업은 수익과 운용에 있어서 디지털 네트워크에 대한 의존도가 높아짐에 따라 시스템과 애플리케이션을 항상 사용할 수 있도록 하기 위한 추가 조치를 할 필요가 있다. 온라인 트랜잭션 처리가 필요한 중요한 애플리케이션을 가진 항공사나 금융 서비스 산업에 있는 기업은 100% 가용성을 보장하기 위해 오랫동안 결함 감내 컴퓨터 시스템을 이용했다. **온라인 거래 처리**(online transaction processing)에서 온라인으로 입력된 트랜잭션은 컴퓨터로 즉시 처리된다. 데이터베이스, 리포팅, 정보 요청에 대한 여러 가지 변경은 매 순간 발생한다.

결함 감내 컴퓨터 시스템(fault-tolerant computer system)은 장황한 하드웨어, 소프트웨어 및 전원 컴포넌트가 포함되어 있어 하나 이상의 컴포넌트에 장애가 발생하더라도 중단 없는 서비스를 제공한다. 또한 결함 감내 시스템은 하드웨어 또는 소프트웨어 장애를 검출해 백업 기능으로 자동 전환할 수 있다. 컴포넌트는 시스템 중단이나 다운타임 없이 복구할 수 있다. **다운타임**(downtime)은 시스템이 가동되지 않는 기간을 말한다.

보안 아웃소싱

많은 기업, 특히 소규모 기업은 자체적으로 안전한 가용성 높은 컴퓨팅 환경을 제공하기 위한 자원이나 전문지식이 부족하다. 이러한 기업은 **관리 보안 서비스 공급업체**(managed security service provider, MSSP)를 통해 네트워크 활동 감시 및 방화벽 관리, 취약성 테스트와 바이러스 대책 및 침입 검출과 같은 많은 보안 기능을 아웃소싱할 수 있다. 주요 MSSP 서비스 공급업체로는 시큐어웍스(SecureWorks), AT&T, 버라이즌, IBM, 시만텍이 있다.

클라우드 컴퓨팅 및 모바일 디지털 플랫폼의 보안 문제

클라우드 컴퓨팅(cloud computing)과 새롭게 등장하고 있는 모바일 디지털 플랫폼이 강력한 혜택을 가져올 잠재력이 있지만, 시스템 보안과 신뢰성에 새로운 문제도 불러오고 있다. 이러한 문제 중 일부와 대응 방법을 알아보자.

클라우드 컴퓨팅에서의 보안

클라우드에서 처리가 이루어지는 경우에 중요한 데이터의 보호에 대한 책임 및 의무는 해당 데이터를 소유한 기업에 있다. 따라서 클라우드 컴퓨팅 제공업체가 서비스를 구성하고 데이터를 관리하는 방법을 이해하는 것은 중요하다.

클라우드 컴퓨팅은 광범위하게 분산된 시스템이다. 클라우드 애플리케이션은 여러 기업 고객에게 업무 서비스와 데이터 관리를 지원하는 대규모 원격 데이터 센터와 서버 팜(server farms)에 설치된다. 비용 절감을 위해 클라우드 컴퓨팅 제공업체는 업무 처리의 효율성을 높이기 위해 전 세계에 흩어져 있는 데이터 센터에 업무를 배분하곤 한다. 사용자는 클라우드를 사용할 때 자신의 데이터를 어디에서 처리하고 있는지 정확히 알 수 없을 수도 있다.

대부분의 클라우드 제공업체는 데이터가 전송되는 동안 처리하는 데이터를 보호하기 위해 암호화를 사용한다. 그러나 데이터가 다른 회사의 데이터가 저장되어 있는 장치에 저장되는 경우에는 이러한 저장된 데이터도 암호화해야 한다. DDoS 공격은 합법적인 고객이 클라우드 서비스를 이용할 수 없게 만들기 때문에 더욱 유해하다.

기업은 시스템이 365일 언제나 가동될 것으로 생각하지만, 클라우드 제공업체는 한 번씩 운영 중단이 발생한다. 이에 대다수 대기업은 중요한 시스템은 사내 또는 프라이빗 클라우드를 이용하고, 클라우드 제공업체에 대한 신뢰도가 증가함에 따라 IT 인프라의 일부는 클라우드 서비스를 사용하고 있다.

클라우드 사용자는 자신의 데이터가 어디에 저장되고 어디로 이전되는지와는 관계없이 기업의 기준을 충족할 수 있는 수준으로 보호되고 있는지 확인해야 한다. 사용자는 또한 클라우드 업체가 데이터를 특정 관할 구역의 보호 규정에 따라 관할 지역에 저장하도록 요구해야 한다. 클라우드 고객은 클라우드 업체가 자신의 기업 데이터를 다른 기업 데이터와 떨어져 있게 하는 방법을 찾고 암호화 방식이 확실한지 증명하도록 요구해야 한다. 클라우드 업체가 재난이 닥쳤을 때 어떻게 대응할지, 기업 데이터를 완벽히 복구할 수 있는지, 복구에는 얼마나 걸리는지 등을 확인하는 것 역시 중요하다. 클라우드 사용자는 또한 클라우드 업체가 외부 감사와 보안 인증을 받는지도 물어봐야 한다. 이러한 통제 조건은 클라우드 업체와 계약하기 전에 SLA(service level agreement)에 명시할 수 있다. 클라우드 보안 얼라이언스(Cloud Security Alliance, CSA)는 클라우드 컴퓨팅을 보호하기 위한 모범 사례를 지정하면서 클라우드 보안에 관한 업계 전체의 표준을 마련했다.

모바일 플랫폼 보안

모바일 기기가 컴퓨터의 많은 기능을 수행하는 경우, 모바일 기기는 악성 소프트웨어(멀웨어), 도난, 우발적 손실, 무단 액세스, 해킹 시도를 막는 데스크톱이나 노트북처럼 보호되어야 한다. 기업 시스템 및 데이터에 액세스하는 모바일 기기는 특별한 보호를 요구한다. 이에 따라 기업은 자사의 보안정책에 모바일 기기가 포함되어 있는지 확인하고 모바일 기기를 지원, 보호 및 사용하는 방법에 대한 자세한 내용을 포함해야 한다. 또한 기업은 사용 중인 모든 기기를 승인하고 모든 모바일 기기, 사용자 및 애플리케이션에서 정확한 인벤토리 레코드를 유지하며, 애플리케이션 업데이트를 제어하고, 분실 또는 도난당한 기기를 잠그거나 삭제하기 위한 모바일 기기 관리 도구가 필요하다. 데이터 손실 방지 기술은 중요한 데이터가 저장된 위치, 데이터에 액세스하는 사용자, 데이터 이동을 식별할 수 있다. 기업은 승인된 모바일 플랫폼과 소프트웨어 애플리케이션뿐만 아니라 기업 시스템의 원격 액세스에 필요한 소프트웨어와 절차를 규정하는 가이드라인을 개발해야 한다. 기업의 모바일 보안정책에서는 직원들이 보호되지 않은 소비자 기반 애플리케이션을 사용해 회사 문서 및 파일을 전송 및 저장하거나 암호화 없이 이메일로 이러한 문서 및 파일을 자신에게 보내는 것을 금지해야 한다. 또한 기업은 가능한 한 통신을 암호화해야 하며, 모든 모바일 기기 사용자는 모든 스마트폰에 있는 비밀번호 기능을 사용해야 한다.

소프트웨어 품질 보증

기업은 효과적인 보안과 제어를 구현할 뿐만 아니라 소프트웨어 메트릭과 엄격한 소프트웨어 테스트를 통해 시스템 품질과 신뢰성을 향상할 수 있다. 소프트웨어 메트릭은 정량화된 측정의 형태로 시스템을 객관적으로 평가하는 방식이다. 이러한 메트릭의 지속적 사용은 정보시스템 부서와 최종 사용자가 공동으로 시스템 성능을 측정하고 발생 시 문제를 식별하도록 한다. 소프트웨어 메트릭의 예로는 지정된 시간 단위로 처리할 수 있는 트랜잭션 수, 온라인 응답 시간, 시간당 급여, 프로그램 코드 100줄당 알려진 버그 수 등이 있다. 이러한 메트릭이 성공적이려면 신중하게 설계하고 형식적·객관적이어야 하며 지속적으로 사용해야 한다.

초기부터 정기적으로 철저하게 진행하는 테스트는 시스템 품질에 크게 기여한다. 많은 사람이 테스트를 통해 작업의 정확성을 확인하는데, 실제로 대규모 소프트웨어는 많은 오류가 발생하기 때문에 이러한 오류를 파악하기 위해 테스트 과정은 필수적이다.

훌륭한 테스트는 소프트웨어 프로그램을 작성하기도 전부터 시작하며 테스트의 특정 목적에 필요한 기술에 근거해 세심하게 발탁한 소규모 전문가 집단에 의한 검토인 **워크스루**(walkthrough)를 통해 이루어진다 일단 개발자가 소프트웨어 프로그램을 작성하기 시작하면 프로그램 코드를 검토하기 위해 코딩 워크스루도 수행할 수 있다. 그럼에도 불구하고 코드는 반드시 컴퓨터 가동을 통해 테스트해야 한다. 오류가 발견되면 원인 제공 소스를 확인하고 디버깅(debugging)이라는 과정을 통해 이를 제거한다. 12장에서 정보 시스템을 구축 및 가동하는 데 필요한 다양한 단계의 테스트를 소개하고 있다.

돈을 노린 피싱: 위험한 이메일

2018년, 파테(Pathé)의 네덜란드 지사는 프랑스에 있는 영화 복합기업 본사로부터 이메일을 받았다. 프랑스 지사의 한 매니저는 네덜란드 이사와 그녀의 최고 재무 책임자에게 두바이의 회사를 인수할 계획이 있다고 말했다. 이를 위해 필요한 자금을 송금해줄 수 있나요? 그 이메일은 확실히 진짜처럼 보였고 2명의 네덜란드 매니저는 2,170만 달러를 송금했다. 그러나 안타깝게도 그 금액은 디지털 사기꾼들에게 들어가게 되었다.

이것이 범죄자들이 사기에 사용할 수 있는 개인정보를 찾는 '피싱'의 한 예시이다. 피싱을 분류하는 방법은 여러 가지가 있으며, 스피어 피싱과 벌크 피싱에는 차이가 있다. 스피어 피싱은 1~2명(위의 예시에서 파테의 이사와 최고 재무 책임자)을 대상으로 한 피싱 공격을 의미한다. 이 두 관리자를 극도로 부주의하다고 치부할 수 있겠지만, 실제로는 더 복잡한 상황에 있을 때가 많다. 피싱 공격을 하는 많은 사람이 이메일을 보내기 전에 해당 회사의 웹사이트를 해킹하고 이메일을 더 신뢰할 수 있는 방법을 찾기 위해 시스템 내 활동과 이메일을 연구한다. 정말 헌신적인 사람은 CEO의 문체까지 연구한다.

이메일 보안 보호에 주력하는 회사인 파이어아이(FireEye)의 대표인 켄 배널(Ken Bagnall)에 따르면, CEO 사기 사례는 보통 공개적으로 밝혀지지 않았지만 일어날 가능성이 있다. 그는 여러 기업에 보내진 'CEO 사기 실험'을 지적했다. 해당 테스트에서 기업의 90%가 이러한 실험에 속는 놀라운 결과를 보였다. 이러한 성공률을 보았을 때, 사기당한 기업에 대한 뉴스 보도가 거의 없는 것이 놀랍게 보일 수도 있지만, 데이터 해킹은 기업 평판에 매우 부정적인 영향을 미치기 때문에 보도되지 않는 경우가 많다. 만약 고객이 이러한 사실을 알게 된다면 기업에 대한 신뢰도가 낮아져 비즈니스를 다른 곳으로 옮길 수도 있다. 이에 기업들은 경찰에 신고하기보다는 손실을 감안할 가능성이 높다. 따라서 피싱 공격이 성공하면 기업은 장기적인 피해를 감당해야 할 수 있다.

또 다른 유형의 피싱인 벌크 피싱은 이메일이 수천, 때로는 수백만 명의 사람에게 전송되는 것이다. 이러한 이메일은 대개 사기로 인식되기 쉽다. 예를 들어 기본적인 언어 오류가 포함되어 있는 경우가 많다. 그러나 때로는 이러한 대량 이메일도 놀라울 정도로 전문적으로 보일 수 있다.

2019년에 안티피싱 소프트웨어 및 서비스를 제공하는 업체인 리트러스터(Retruster)는 피싱과 피싱 발생에 관한 몇 가지 놀라운 통계 데이터를 수집했다. 2018년에 피싱 공격은 65% 증가했으며, 리트러스터에 따르면 피싱 메시지의 30%가 수신자에 의해 열렸으며 피싱에 속은 사람 중 15%가 1년 이내에 다시 피싱 대상이 된다. 또한 피싱과 관련된 거의 150만 개의 새로운 악성 사이트가 매월 만들어지고 있다.

피싱의 큰 문제는 피싱이 더 저렴해질 뿐만 아니라 훨씬 더 전문적이게 되었다는 것이다. 피싱 이메일에 있는 대부분의 링크는 실제 은행의 웹사이트를 복제할 수 있는 악의적인 웹사이트에 대한 링크이다. 예를 들어 네덜란드 국영방송 NOS는 2018년에 보리스(Boris)라고 불리는 러시아 사이트가 네덜란드 은행 웹사이트의 위조 웹사이트를 단돈 296달러에 팔고 있다는 것을 발견했다.

피싱 공격으로부터 자신을 보호하기 위해 기업과 개인이 할 수 있는 것은 무엇인가? 질문에 대한 첫 번째 답은 매우 간단하다. 조심하라. 오늘날에도 피싱 메일에는 문법에 명백한 오류가 포함되어 있다. 또한 위협이나 경고는 무언가 잘못되어 있다는 신호이기도 하다. 이러한 경우에 대한 예로 은행은 고객에게 전화를 걸어 이메일이 실제로 은행에서 발송되었는지 확인하라고 조언한다.

두 번째 답은 보안 소프트웨어를 사용해 정기적으로 업데이트하는 것이다. 안티바이러스 소프트웨어 프로그램에는 일반적으로 의심스러운 웹사이트 목록이 포함되어 있다. 피싱 이메일 수신자가 악의적인 사이트에 접촉하려고 할 때, 해당 안티바이러스는 이러한 피싱 이메일을 차단한다.

세 번째 답으로 일부 보안 전문가는 이메일에 첨부파일이 없는 것을 확인할 것을 제안한다. 피싱 이메일은 사기 행위의 성공 여부를 확인하기 위해 이메일을 이용하는 경우가 많다. 따라서 이론적으로 첨부파일을 확인하는 것은 좋은 예방책이다. 그러나 첨부파일 없이 이메일을 발송하는 것은 사실상 불가능하다.

그러나 피싱 이메일은 가능한 모든 조치를 하더라도 완벽하게 차단할 수 없으며, 피싱 이메일 하나만으로도 기업은 실질적인 문제를 겪을 수 있다. 이메일런드리(Email Laundry)의 CEO인 켄 배널은 CEO의 이메일 계정이 해킹된 후 발생하는 위험한 상황을 강조한다. 사이버 범죄자는 기업에게 엄청난 피해를 줄 가능성이 있는 이메일을 보낼 수 있다.

출처: "Phishing and Email Fraud Statistics 2019," retruster.com, accessed January 2020; "Pathé Verliest 19 Miljoen Door Ceo-Fraude," Avrotros, November 12, 2018, opgelicht.avrotros.nl, accessed January 12, 2019; "'Boris' Verkoopt Nagemaakte Nederlandse Banksites Voor 262 Euro," NOS, November 25, 2018, nos.nl, accessed January 12, 2019; Eitan Katz, "Phishing Statistics: What Every Business Needs to Know," Dashlane, January 17, 2018, blog.dashlane.com; Joost Schellevis "OUCH! Newsletter: CEO Fraud," SANS Security Awareness, July 2016, www.sans.org; Eleanor Dallaway, "#ISC2CongressEMEA: Why CEO Fraud Works and How to Stop It," *Infosecurity Magazine*, October 19, 2016, www.infosecurity-magazine.com.

사례연구 문제

1. 스피어 피싱과 벌크 피싱의 차이점을 설명하라. 두 가지 유형의 피싱 중 피해자가 발견하기 가장 어렵다고 생각하는 피싱과 이유는 무엇인가?

2. 당신의 CEO가 사기 이메일을 받고 디지털 범죄자에게 돈을 지불했다. CEO는 지금 경찰에 신고를 해야 할지 고민하고 있다. 이러한 결정을 내리기 전에 어떤 요소를 고려해야 하는가?

3. 대시레인(Dashlane)은 고객에게 첨부파일 없이 이메일을 보내라고 조언했다. 이메일에 첨부파일을 추가하지 않는 것이 피싱으로부터 회사를 보호하는 데 도움이 되는가?

4. 피싱 공격에 대한 보호를 강화하기 위해 회사 또는 개인에게 두 가지 조언을 하라.

사례 제공: 베르나르트 바우만

8-5 경영정보시스템은 내 경력에 어떻게 도움이 되는가?

이 절에서는 8장과 이 책이 계정 접근 및 관리 지원 전문가로서 신입사원의 직무를 찾는 데 도움이 되는 방법을 설명한다.

회사

Value Supermarkets는 영국에 위치한 대형 슈퍼마켓 식료품 체인으로 500여 개 점포에 8,000명이 넘는 직원이 있으며 거의 100만 명의 주간 쇼핑객이 이 식료품점을 이용하고 있다. 이 회사는 계정 접근 및 관리 지원 전문가 신입사원을 구하고 있다.

직무 설명

계정 접근 및 관리 지원 전문가는 회사가 감사 및 컴플라이언스 관리를 충족하고 있는지 확인하기 위해 회사 계정 관리 시스템을 감시한다. 이 직책은 회사의 보안 운영 관리자에게 보고하며, 직무는 다음과 같다.

- 비즈니스 애플리케이션과 계정 관리 시스템 통합에 대한 데이터 무결성 테스트 수행
- 윈도우 액티브 디렉터리(Windows Active Directory) 파일을 계정 관리 시스템과 통합
- 시스템 사용자 역할 및 권한에 대한 정보 유지 관리

직무 요건

- 대학 학사 학위 소지자
- 컴퓨터에 대한 숙련도
- 멀티태스킹 및 독립적 업무 가능
- 세밀함
- 효율적인 시간 관리 스킬
- 기술자 및 비기술자와의 커뮤니케이션 능력

면접 질문

1. 인증 및 신원 관리에 대해 알고 있는 것은 무엇입니까? 신원 관리 또는 기타 IT 보안 시스템을 사용해 본 경험은 있습니까? 이러한 소프트웨어를 어떻게 다루었습니까?
2. 윈도우 액티브 디렉터리를 사용한 경험이 있습니까? 이 소프트웨어로 무엇을 했습니까?
3. 데이터 무결성 확보에 대한 지식과 경험을 말해주세요.
4. 멀티태스킹 및 시간 관리를 해야 했던 상황을 설명하고, 어떻게 처리했는지 말해주세요.
5. 지금까지의 컴퓨터 경험을 설명해주세요. 어떤 소프트웨어 툴을 사용할 수 있습니까?

저자 팁

1. 8장의 마지막 두 절, 특히 신원 관리와 인증에 대해 검토하고, 데이터 무결성 및 데이터 품질에 대해 6장을 참고하라.
2. 웹을 사용해 신원 관리, 데이터 무결성 테스트, 주요 신원 관리 소프트웨어 도구 및 윈도우 액티브 디렉터리에 대한 자세한 내용을 확인하라.
3. 웹을 사용해 회사에 대해 찾아보고, 해당 회사가 사용하는 시스템의 종류 및 사용자에 대해 자세히 알아보라.

요약

8-1 **정보시스템이 파괴, 오류, 남용에 취약한 이유는 무엇인가?** 디지털 데이터는 파괴, 오용, 오류, 사기, 하드웨어나 소프트웨어 장애에 취약하다. 인터넷은 개방적인 시스템이 되도록 설계되어 있기 때문에 내부 기업 시스템은 외부 행동에 더욱 취약하다. 해커는 서비스 거부(DoS) 공격을 하거나 기업 네트워크에 침입해 심각한 시스템 중단을 일으킬 수 있으며, 해커는 와이파이 네트워크에서 스니퍼(sniffer) 프로그램을 통해 쉽게 침입해 네트워크 리소스에 액세스하기 위한 주소를 알 수 있다. 악성 소프트웨어는 시스템과 웹사이트를 비활성화할 수 있으며, 모바일 장치를 주요 대상으로 한다. 이 중 클라우드 컴퓨팅은 분산되어 있기 때문에 부정한 활동을 추적하거나 원격 제어를 이용하는 것이 어렵다. 이 외에도 소프트웨어

가 문제를 일으키는 경우가 있는데 이는 버그를 제거하는 것이 불가능한 경우, 해커나 악성 소프트웨어에 의해 소프트웨어의 취약성이 악용될 경우이다. 또는 최종 사용자에 의해 오류가 일어나는 경우도 있다.

8-2 **보안과 통제의 비즈니스 가치는 무엇인가?** 핵심 비즈니스 기능을 컴퓨터 시스템에 의존하는 기업은 보안과 제어가 매출과 생산성에 영향을 끼칠 수 있다. 기밀 직원 기록, 기업 비밀이나 사업 계획 등과 같은 정보 자산은 외부인에게 노출되거나 기업에 관련된 법적 책임이 있다면 정보 가치의 대부분을 잃게 될 것이다. HIPAA, 사베인스-옥슬리법, 그램-리치-블라이리법 등과 같은 신규 법률은 기업이 철저하게 전자 문서를 관리하고 보안, 사생활 보호 및 통제를 위해 엄격한 기준을 충족시킬 것을 요구하고 있다. 전자적 증거와 컴퓨터 포렌식이 필요한 법적 소송 역시 기업에게 보안과 전자 문서 관리에 더 주의를 기울일 것을 요구한다.

8-3 **보안과 통제를 위한 조직 프레임워크 구성요소는 무엇인가?** 기업은 정보 시스템을 위한 일단의 잘 정비된 일반 통제와 응용 통제 방침을 수립해야 한다. 위험도 평가는 정보 자산 가치를 평가하고 통제 지점과 통제 취약점을 파악하며 가장 비용 효과적인 통제 방침을 결정해준다. 기업은 또한 재난이나 파괴의 상황에서도 기업 업무를 지속할 수 있는 일관된 기업 보안 정책과 계획을 수립해야 한다. 보안 정책은 허용 가능한 이용(acceptable use)과 인가(authorization) 방침도 포함해 다루어야 한다. 포괄적이고 체계적인 MIS 감사는 조직이 정보 시스템에 대한 보안과 통제의 효과를 가늠할 수 있게 도와준다.

8-4 **정보 자원 보호를 위한 주요 도구와 기술은 무엇인가?** 우선 방화벽은 허가되지 않은 사용자가 인터넷에 연결되어 있을 때 개인 네트워크에 액세스하는 것을 방지한다. 또한 침입 탐지 시스템은 개인 네트워크에서 의심스러운 네트워크 트래픽을 모니터링하고 회사 시스템에 대한 액세스를 시도한다. 시스템 사용자 인증은 패스워드, 토큰, 스마트카드, 생체 인증을 사용해 정보 자원을 보호한다. 안티 멀웨어 소프트웨어는 컴퓨터 시스템에서 바이러스 및 웜에 의한 감염 여부를 검사해 대부분의 경우 악성 소프트웨어를 제거하며, 암호화(메시지 부호화 및 스크램블링)는 보호되지 않은 네트워크를 통한 전자 전송을 보호하기 위해 널리 사용되는 기술이다. 기업은 블록체인을 통해 중앙 권한 없이 네트워크에서 변조 방지 트랜잭션을 생성하고 검증할 수 있다. 공개 키 암호화와 결합한 디지털 인증서는 사용자의 신원을 인증함으로써 전자 트랜잭션을 더욱 보호한다. 또한 기업은 결함 감내 컴퓨터 시스템을 사용해 정보 시스템을 항상 사용할 수 있게 할 수 있다. 소프트웨어 메트릭과 엄격한 소프트웨어 테스트는 소프트웨어 품질과 신뢰성을 향상할 수 있다.

주요 용어

결함 감내 컴퓨터 시스템
공개 키 암호화
공개 키 인프라(PKI)
관리 보안 서비스 공급업체(MSSP)
그램-리치-블라일리법
디운타임
드라이브 바이 다운로드
랜섬웨어
멀웨어
방화벽

버그
보안
보안정책
봇넷
분산 서비스 거부(DDoS) 공격
사베인스-옥슬리법
사이버 반달리즘
사이버 전쟁
사회공학
생체 인증
서비스 거부(Dos) 공격
스니퍼
스마트 카드
스파이웨어
스푸핑
신분 도용
신원(ID) 관리
안티 멀웨어 소프트웨어
암호
암호화
업무 연속성 계획
온라인 거래 처리
워 드라이빙
웜
위험도 평가
응용시스템 통제
이블 트윈스
이용 목적 제한 방침(AUP)
이중 요소 인증
인증
일반 통제
재난 복구 계획
전자 인증서
정보시스템 감사
제로 데이 취약점
침입 탐지 시스템
컴퓨터 바이러스
컴퓨터 범죄
컴퓨터 포렌식
클릭 사기
키로거
토큰
통제
통합 위협 관리(UTM)
트로이 목마
파밍
패치
피싱
해커
HIPAA
S-HTTP
SQL 주입 공격
SSL

복습문제

8-1 정보시스템이 파괴, 오류, 남용에 취약한 이유는 무엇인가?

- 현대 정보시스템에 대한 가장 일반적인 위협을 나열하고 설명하라.
- 멀웨어를 정의하고 바이러스, 웜, 트로이 목마의 차이를 설명하라.
- 해커를 정의하고, 해커가 보안 문제를 일으키고 시스템을 손상하는 방법을 설명하라.
- 컴퓨터 범죄를 정의하고, 컴퓨터를 대상으로 하는 범죄의 두 가지 예와 컴퓨터를 범죄 수단으로 사용하는 두 가지 예를 제시하라.
- 신원 도용과 피싱을 정의하고, 신원 도용이 오늘날 큰 문제가 되는 이유를 설명하라.
- 직원들이 야기하는 보안 및 시스템 신뢰성 문제를 설명하라.

- 소프트웨어 장애가 시스템 신뢰성과 보안에 미치는 영향을 설명하라.

8-2 보안과 통제의 비즈니스 가치는 무엇인가?

- 부적절한 보안과 통제가 심각한 법적 책임으로 이어질 수 있음을 설명하라.
- '전자 증거'라는 용어를 정의하고 그 중요성을 설명하라.

8-3 보안과 통제를 위한 조직 프레임워크 구성요소는 무엇인가?

- 구현 제어와 관리 제어를 구별하라.
- 일반 통제는 무엇이며 정보 시스템의 어떤 것에 적용되는가?
- 시스템 구축자가 어떤 제어가 필요한지 결정하는 방법을 설명하라.
- 보안 정책, 이용 제한 방침, 계정 관리를 정의하고 설명하라.
- 정보시스템 감사가 보안 및 제어를 어떻게 촉진하는지 설명하라.

8-4 정보 자원 보호를 위한 주요 도구와 기술은 무엇인가?

- 인증 컨텍스트에서 토큰의 특성을 설명하라.
- 이중 요소 식별이 사기, 해킹, 보안 침해를 줄이는 데 어떻게 도움이 되는지 설명하라.
- 침입 탐지 시스템의 작동 방식을 설명하라.
- 조직에서 통합 위협 관리 시스템을 사용하는 이유를 설명하라.
- 디지털 인증서 작동 방식과 이 인증서가 사이트 방문자에게 더 높은 보안감을 제공하는 이유를 설명하라.
- 특히 소규모 기업이 관리 보안 서비스 공급업체를 사용하는 이유를 설명하라.
- 소프트웨어 메트릭을 사용해 시스템 품질과 신뢰성을 향상하는 방법을 설명하라.

협업과 팀워크 프로젝트

보안 소프트웨어 도구의 평가

8-5 3~4명으로 팀을 구성해 안티 멀웨어 소프트웨어, 방화벽, 안티 스파이웨어 소프트웨어 등과 같은 분야에서 두 경쟁업체의 보안제품에 대해 웹을 이용해 조사하고 평가하라. 각 제품별 성능, 어떤 기업 형태에 사용이 적합한지, 구매 및 설치 비용 등에 대해 보고서를 작성하라. 어떤 제품이 가장 우수하며 이유는 무엇인가? 가능하다면 구글 독스(Google Docs)와 구글 드라이브(Google Drive), 구글 사이트(Google Sites)를 이용해 발견 사항을 토론하고 수업시간에 발표할 자료를 준비하라.

불가리아: 온 국민이 해킹당하다

2019년 7월, 익명의 해커가 불가리아 언론사에 이메일을 보내 불가리아 국세청 데이터베이스에 접속했다고 발표했다. 해킹의 경우에는 흔히 볼 수 있듯이, 많은 세부사항이 여전히 불분명하지만 한 가지 눈에 띄는 점은 이것이 엄청난 규모의 공격이었다는 것이다. 불가리아 인구는 약 700만 명이며, 불가리아 언론은 해커가 500만 명의 데이터에 접근했다고 보도했다. 분석가들은 그 나라에서 세금을 내는 거의 모든 사람이 해킹을 당했다고 재빨리 결론지었다. 해커가 접근한 데이터는 완전히 정확하지는 않았지만 이름, 주소, 소득 관련 데이터 및 사회보장번호와 같은 중요한 정보가 유출된 것은 확실했다.

이 사건으로 언론과 온라인에서는 다음과 같은 질문이 쇄도했다. 누가 그랬는가? 어떻게 이 사건이 발생했는가? 즉 해커가 액세스를 얻기 위해 국세청 시스템의 어떤 취약점을 이용했는가? 막을 수 있었는가? 불가리아 당국이 허술했던 것인가, 아니면 그들의 사이버 보안 노력은 예상할 수 있는 최선의 행동이었으나 해킹은 피할 수 없었던 것인가? 가장 중요한 것은 이 해킹이 500만 불가리아인과 불가리아 당국 모두에게 어떤 영향을 끼쳤는가?

첫 번째 질문은 아직 제대로 알지 못한다. 불가리아 경찰은 용의자를 색출해야 한다는 압박을 받고 있어 사이버 보안에 주력하는 회사에 고용된 젊은 '컴퓨터 마법사'인 크리스티얀 보이코프(Kristiyan Boykov)를 잠시 구금했다. 그는 불가리아가 데이터를 보호하기 위해 더 많은 조치를 취해야 한다는 점을 강조하기 위해 공격을 가한 것으로 여겨졌다. 그는 2017년 불가리아 교육부 홈페이지에서 취약점을 폭로했고, 이후 불가리아 TV에서 인터뷰를 통해 '민간의 의무'의 문제로서 이러한 결함을 폭로했다고 설명했다.

당시 20세였던 용의자는 모든 관련성을 부인하고 풀려났지만, 검찰은 그가 주범이라고 계속 주장하면서 다른 사람들도 연루됐을 수 있다고만 인정했다. 또한 검찰은 보이코프가 소유한 컴퓨터 중 하나에서 보낸 해킹과 관련된 이메일을 강조했다. 해킹이 일어났을 때 해킹이 발표된 이메일은 러시아 IP 주소에서 전송되었기 때문에 국외로부터의 공격으로 추정되었다. 그러나 조사가 진행됨에 따라 해당 IP 주소는 단순히 연막일 뿐이며, 이메일은 불가리아에서 발신된 것이 분명해졌다.

해커는 어떤 취약성을 이용했는가? 해킹에 대한 철저한 조사가 끝나야만 최종 답을 얻을 수 있지만, 불가리아 사이버 보안 전문가들은 이번 공격이 불가리아 외부에서 부가가치세를 신고하기 위해 만들어진 시스템을 통해 이루어졌다고 재빨리 결론지었다. 이들은 이를 손상된 입력이 시스템에 공급될 때 발생하는 SQL 주입으로 확인했다. 시스템은 손상된 입력을 통해 수신한 주문을 수행하는 대신 해당 작업을 수행한다. SQL 주입은 보통 완전 자동화 버스의 비유로 설명된다. 완전 자동화 버스는 명령어를 따르며, 명령어를 실행하면 올바른 정류장에서 정차한다. 그러나 명령어가 파손되었을 경우 버스는 정차 유무와 관계없이 3분마다 정차한다.

해킹을 막을 수 있었는가? 통계를 보면, 불가리아 해킹만이 SQL 주입을 사용한 것이 아님을 알 수 있다. 2017년에는 전체 사이버 공격의 20%가 같은 수법으로 이루어졌다. 그러나 이러한 공격으로부터 컴퓨터 시스템을 보호하는 방법은 여러 가지가 있으며 복잡하지 않다. 물론 그중 하나는 적절한 소프트웨어를 사용해 패치를 하는 즉시 적용할 수 있도록 하는 것이다. 특히 SQL 주입에 대한 강력한 보호 기능은 소위 준비된 문구(statements)를 사용하는 것이다. 이러한 문구를 사용하면 특정 입력만 허용된다. 예를 들어 다시 버스의 은유를 사용하면 단순히 버스에게 항상 정차하라고 말할 수 없다. 즉 특정 도로의 이름만 입력할 수 있다.

언제나 그렇듯이 사이버 보안에서 의심은 강력한 보호 수단이다. 기밀 데이터를 취급할 때는 그 데이터를 호스트하는 시스템에서의 액세스를 감시해 입력 송신에 실패한 작업(시스템 해킹의 시도인 경우도 있다)을 로그에 기록하고 조사하는 것이 중요하다. 불가리아 국세청이 독자적인 '해킹 전담반'을 채용했다면, 그 취약성을 조기에 발견해 공격을 막았을 것이다.

불가리아 사이버 보안 전문가에 따르면 불가리아에서는 이러한 전략이 전혀 시행되지 않았다고 한다. 이 해커는 실제 공격일로부터 몇 년 전에 이 시스템에 접속했다고 자랑

했으며, 언론에 보낸 이메일 발표는 불가리아의 사이버 보안을 실제의 '패러디'라고 경멸적으로 언급했다. 이는 혹독한 판단일 수도 있지만, 많은 전문가가 오랫동안 해커와 같은 경고를 해왔던 것은 사실이다. 실제로 세금 데이터베이스 해킹 몇 달 전에 불가리아 상업 등기소도 공격을 받았다. 세금 해킹이 일어난 후, 상업 등록소가 또 다른 취약점을 가지고 있다는 것이 분명해졌다. 누구나 구글에서 검색하는 것만으로 상업 등록소 웹사이트에 저장된 수천 개의 사회보장번호에 접근할 수 있다는 것이다.

그러나 세금 해킹의 규모와 깊이는 전 세계 공식 데이터베이스와 시스템이 자주 공격받고 있다는 사실을 경고한다. 2016년 2월 가장 화려한 정부기관 해킹 사건 중 하나가 발생했다. 방글라데시 중앙은행이 해킹으로 1억 달러 이상의 손실을 본 것이다. 해커가 총 10억 달러 정도를 목표로 삼았더라면 손실은 훨씬 더 컸을 것이다. 하지만 배선 지침의 실수로 인해 은행으로부터 송금 명령이 미국에서 차단되었다. 이 해킹의 원인과 해커에 대한 조사는 여전히 진행 중이다.

2019년 1월, 독일은 주요 정치인(앙겔라 메르켈 총리 포함)의 개인정보가 트위터에 공개된, 최근 역사상 가장 큰 데이터 해킹 중 하나에 충격을 받았다. 독일 당국은 매우 민감한 정보에는 접근되지 않았다고 즉시 강조했지만, 그럼에도 불구하고 해킹이 발견되기 전 몇 달 동안 온라인에서 벌어지고 있었다는 사실로 인해 큰 당혹감을 안겨주었다. 엎친 데 덮친 격으로, 그 해킹은 20세 학생이 평범한 수법으로 저지른 것이었다.

그러나 불가리아 사건은 이번 해킹이 세금을 내는 거의 모든 사람의 데이터를 노린 것이어서 다르다. 하지만 불가리아의 사이버 보안이 특히 취약한 이유는 무엇인가? 2019년 해킹의 진짜 동기는 무엇인가? 우선 불가리아 당국은 중요한 인프라와 중요하지 않은 데이터베이스를 구분한다. 불가리아는 나토 회원국이므로 비회원국이 불가리아 방위 시스템에 접근해 동맹을 염탐하려 할 수 있으므로 해당 범주는 중요하다. 세금 데이터베이스는 중요한 것으로 간주되지 않았기 때문에 그 나라 사이버 보안 전문가로부터 주목을 적게 받았다.

전문가들은 불가리아 당국이 데이터 시스템을 보호하기 위한 노력을 강화할 것을 촉구하고 있다. 해킹의 영향이 잠재적으로 파괴적이기 때문이다. 해커는 범죄 조직에게 데이터를 판매하기도 하는데, 세금을 내는 불가리아인의 데이터는 사람들이 매년 집이나 주소를 바꾸지 않고, 일반적으로 그들의 소득도 크게 바뀌지 않기 때문에 특히 그들의 관심을 끈다. 《뉴욕타임스》는 2019년 세금 해킹 이후 확보한 데이터가 약 2억 달러에 쉽게 팔릴 수 있다는 사이버 보안 전문가의 말을 인용했다. 불가리아 언론은 세금 해킹과 분명한 연관성이 있는지는 확실하지 않지만, 국가의 노년층을 대상으로 한 사기 계획을 이미 보도했다.

안타깝게도 신용카드 사기와 신분 도용이라는 두 가지가 특히 두드러지게 나타나면서 그 위험은 앞으로도 수년 동안 그대로 유지될 것이다. 일부 불가리아 뉴스 매체 보도에 따르면 해킹된 소득 데이터는 2007년까지 거슬러 올라간다. 범죄자가 불가리아에서 더 부유하고 신용카드를 사용하는 사람의 목록을 만들기 위해 이 자료를 사용하는 것은 쉬울 것이다. 다행히 불가리아에서는 신용카드 사용이 보편적이지 않았지만, 만약 범죄자가 이런 종류의 사기를 저지르는 데 성공한다면 개인과 해당 은행 모두에게 엄청난 피해를 줄 것이다. 불가리아 당국이 지불해야 할 엄청난 정치적 대가도 있다. 세금을 납부하는 시민은 자신의 데이터가 안전하게 보호되고 있는지 확인해야 한다. 시민들은 다음번에 세금 신고서를 제출할 때 자신의 재정 안보가 위험에 빠진다고 느껴서는 안 된다.

불가리아는 유럽연합(EU) 회원국으로서 일반 데이터 보호 규정을 준수해야 한다. 일반 데이터 보호 규정은 정부와 기업이 시민과 고객의 프라이버시를 보호해야 하는 엄격한 규칙이다. 국세청은 국가 사생활 감시 기관에 의해 데이터 위반으로 300만 유로의 벌금을 부과받았다. 데이터가 불법으로 접근된 대다수 불가리아인은 이 벌금이 정당하다고 느낄 수 있지만, 전문가들은 이것이 문제를 해결하지 못한다고 말한다. 불가리아는 더 많은 사이버 보안 전문가를 고용하고 모든 데이터 시스템 보안을 검토하는 조치를 해야 한다.

그러나 유럽연합 회원국이 되면서 불가리아의 사이버 보안 문제에 또 다른 걱정이 생겼다. 유능한 IT 근로자들이 불가리아에서 불가리아 정부가 제공하는 임금보다 더 경쟁력 있는 유럽연합의 다른 국가로 쉽게 이주할 수 있기 때문에 사이버 보안 전문가가 부족하게 되었다. 이 점은 세금 데이터베이스에 대한 공격이 있은 후 불가리아 총리인 보이코 보리소프(Boyko Borissov)가 강력하게 말했다. 그에 따르면, 불가리아 정부는 사이버 보안 전문가에게 약 1,500레프(약 770유로)의 월급을 지급하지만 민간 부문에서는 초봉이 최소 6배 많다.

보리소프 총리도 불가리아 사이버 보안을 다른 나라의 전문가에게 아웃소싱하는 방안을 검토했지만 비용이 만만치 않은 것으로 드러났다고 말했다. 불가리아 국민의 기밀 데이터에 외국인에게 접근할 수 있도록 하는 문제가 되는 법적 의미는 차치하고라도 정부는 고용한 회사의 시스템이 안전하다고 믿어야 할 것이다. 안타깝게도 항상 그렇지는 않다. 불가리아 정부는 현재 불가리아 평균 급여를 훨씬 웃도는 급여를 받는 전문가들로 구성된 특별 사이버 보안 부대를 창설하는 프로젝트를 진행하고 있다.

출처: Bill Bostock, "A Hacker Broke into Bulgaria's Tax System and Stole the Details of Every Working Adult in the Country," *Business Insider*, July 22, 2019; Alexander Kolev, "Cybersecurity Is Tragic Despite Millions Spent," Sega, July 19, 2019, www.segabg.com; Marc Santora, "5 Million Bulgarians Have Their Personal Data Stolen in Hack," *The New York Times*, July 17, 2019, www.nytimes.com; Tsvetelia Tsolova and Angel Krasimov, "'Wizard' Cybersecurity Expert Charged with Record Hack of Bulgarian Tax Agency," Reuters, July 16, 2019; Kate Connolly, "German Cyber Attack: Man Admits Massive Data Breach, Say Police," *The Guardian*, January 8, 2019, www.theguardian.com; "Hacked: The Bangladesh Bank Heist," Al-Jazeera, May 24, 2018, www.aljazeera.com; Information Security Office, "How to Protect Against SQL Injection Attacks," University of California Berkeley, security.berkeley.edu.

사례연구 문제

1. 이 사례에서 설명한 해킹 기법과 관련된 보안 및 제어 문제를 식별하고 설명하라.

2. 사이버 보안을 담당하는 불가리아 공무원이 직면한 관리상 문제는 무엇인가?

3. 불가리아 세금 해킹의 잠재적 영향을 논의하라.

4. 이와 같은 데이터 침해를 예방하려면 어떻게 해야 하는가?

사례 제공: 에반스응용과학대학교 베르나르트 바우만

참고문헌

Akamai Technologies. "What Is Malware?" www.akamai.com, accessed June 27, 2019.

Anderson, Chad, Richard L. Baskerville, and Mala Kaul. "Information Security Control Theory: Achieving a Sustainable Reconciliation Between Sharing and Protecting the Privacy of Information." *Journal of Management Information Systems* 34, No. 4 (2017).

Bauer, Harald, Ondrej Burkacky, and Christian Knochenhauer. "Security in the Internet of Things." *McKinsey and Company* (May 2017).

Bose, Idranil, and Alvin Chung Man Leung. "Adoption of Identity Theft Countermeasures and Its Short- and Long-Term Impact on Firm Value." *MIS Quarterly* 43, No. 1 (March 2019).

Carson, Brant, Giulio Romanelli, Patricia Walsh, and Askhat Zhumaev. "Blockchain Beyond the Hype: What Is the Strategic Business Value?" *McKinsey and Company* (June 2018).

Cloud Standards Customer Council. "Security for Cloud Computing: Ten Steps to Ensure Success, Version 3.0" (December 2017).

Cram, W. Alec, John D'Arcy, and Jeffrey G. Proudfoot. "Seeing the Forest and the Trees: A Meta-Analysis of the Antecedents to Information Security Policy Compliance." *MIS Quarterly* 43, No. 2 (June 2019).

Esteves, Jose, Elisabete Ramalho, and Guillermo de Haro. "To Improve Cybersecurity, Think Like a Hacker." *MIT Sloan Management Review* (Spring 2017).

Federal Bureau of Investigation. "2018 Internet Crime Report" (2018).

Fernandez, Manny, David E. Sanger, and Marina Trahan Martinez. "Ransomware Testing Resolve of Cities Across America." *New York Times* (August 22, 2019).

Goode, Sigi, Hartmut Hoehle, Viswanath Venkatesh, and Susan A. Brown. "User Compensation as a Data Breach Recovery Action: An Investigation of the Sony PlayStation Network Breach." *MIS Quarterly* 41, No. 3 (September 2017).

Gwebu, Kholekile L., Jing Wang, and Li Wang. "The Role of Corporate Reputation and Crisis Response Strategies in Data Breach Management." *Journal of Management Information Systems* 35, No. 2 (2018).

Hui, Kai-Lung, Seung Hyun Kim, and Qiu-Hong Wang. "Cybercrime Deterrence and International Legislation: Evidence from Distributed Denial of Service Attacks." *MIS Quarterly* 41, No. 2 (June 2017).

Iansiti, Marco, and Karim R. Lakhani. "The Truth About Blockchain." *Harvard Business Review* (January–February 2017).

Javelin Strategy & Research. "2019 Identity Fraud Study" (March 6, 2019).

Kaminski, Piotr, Chris Rezek, Wolf Richter, and Marc Sorel. "Protecting Your Digital Assets." *McKinsey & Company* (January 2017).

Kaspersky Lab. "Kaspersky Finds Mobile Malware Attacks Doubling from 2018." *TechBarrista* (March 12, 2019).

Kerner, Sean Michael. "Microsoft Patches Out-of-Band Zero-Day Security Flaw for IE." *eWeek* (December 20, 2018).

Kwon, Juhee, and M. Eric Johnson."Meaningful Healthcare Security: Does Meaningful-Use Attestation Improve Information Security Performance?" *MIS Quarterly* 42, No. 4 (Decmber 2018).

Liang, Huigang, Yajiong Xue, Alain Pinsonneault, and Yu "Andy" Wu. "What Users Do Besides Problem-Focused Coping When Facing IT Security Threats: An Emotion-Focused Coping Perspective." *MIS Quarterly* 43, No. 2 (June 2019).

McMillan, Robert. "How the Capital One Hacker Stole Reams of Unsecured Data from the Cloud." *Wall Street Journal* (August 4, 2019a).

____________. "Microsoft Announces a Monster Computer Bug in a Week of Them." *Wall Street Journal* (May 15, 2019b).

Menard, Philip, Gregory J. Bott, and Robert E. Crossler. "User Motivations in Protecting Information Security: Protection Motivation Theory Versus Self-Determination Theory." *Journal of Management Information Systems* 34, No. 4 (2017).

Moody, Gregory D., Mikko Siponen, and Seppo Pahnila. "Toward a Unified Model of Information Security Policy Compliance." *MIS Quarterly* 42, No. 1 (March 2018).

Oracle and KPMG. "Oracle and KPMG Cloud Threat Report" (2019).

Panda Security. "Cybersecurity Predictions 2019" (2018).

Panko, Raymond R., and Julie L. Panko. *Business Data Networks and Security*, 11th ed. Upper Saddle River, NJ: Pearson (2019).

Ponemon Institute. "Ninth Annual Cost of Cybercrime Study" (March 6, 2019).

____________. "2018 Cost of Data Breach Study" (2018).

Rothrock, Ray A., James Kaplan, and Friso Van der Oord. "The Board's Role in Managing Cybersecurity Risks." *MIT Sloan Management Review* (Winter 2018).

Samtani, Sagar, Ryan Chinn, Hsinchun Chen, and Jay F. Nunamaker. "Exploring Emerging Hacker Assets and Key Hackers for Proactive Cyber Threat Intelligence." *Journal of Management Information Systems* 34, No. 4 (2017).

Symantec. "Internet Security Threat Report" (February 2019).

Venkatraman, Srinivasan, M. K. Cheung, Christy Lee, W. Y. Zach, Fred D. Davis, and Viswanath Venkatesh."The "Darth" Side of Technology Use: An Inductively Derived Typology of Cyberdeviance." *Journal of Management Information Systems* 35, No. 4 (2018).

Wang, Jingguo, Zhe Shan, Manish Gupta, and H. Raghav Rao. "A Longitudinal Study of Unauthorized Access Attempts on Information Systems: The Role of Opportunity Contexts." *MIS Quarterly* 43, No. 2 (June 2019).

Yin, Hao Hua Sun, Klaus Langenheldt, Mikkel Harlev, Raghava Rao Mukkamala, and Ravi Vatrapu. "Regulating Cryptocurrencies: A Supervised Machine Learning Approach to De-Anonymizing the Bitcoin Blockchain." *Journal of Management Information Systems* 36, No. 1 (2019).

Young, Carl S. "The Enemies of Data Security: Convenience and Collaboration." *Harvard Business Review* (February 11, 2015).

Yue, Wei T., Qiu-Hong Wang, and Kai-Lung Hui. "See No Evil, Hear No Evil? Dissecting the Impact of Online Hacker Forums." *MIS Quarterly* 43, No. 1 (March 2019).

PART III

CHAPTER 9
운영 수월성과 고객 친밀성 달성: 전사적 응용시스템

CHAPTER 10
전자상거래: 디지털 시장, 디지털 상품

CHAPTER 11
의사결정 향상과 인공지능경영

디지털시대의 주요 시스템 활용

3부에서는 오늘날 운영 수월성과 의사결정 향상을 위해 현재 사용되고 있는 핵심 정보시스템을 소개한다. 이 응용시스템은 전사적 시스템, 공급사슬관리시스템, 고객관계관리시스템, 인공지능, 전자상거래시스템, 의사결정을 향상하기 위한 비즈니스 인텔리전스 시스템을 포함한다. 3부에서는 다음 질문에 답한다. 전사적 시스템은 사업 성과를 어떻게 향상하는가? 기업은 비즈니스 영역 확장을 위해 전자상거래를 어떻게 활용하는가? 시스템이 의사결정을 어떻게 향상하는가? 기업이 인공지능 활용을 통해 혜택을 얻는 데 시스템이 어떻게 도움을 주는가?

CHAPTER

9 운영 수월성과 고객 친밀성 달성: 전사적 응용시스템

학습목표

이 장의 학습을 마치면 다음 질문에 답할 수 있을 것이다.

9-1 기업이 운영 수월성을 이루는 데 전사적 시스템이 어떻게 도움을 주는가?

9-2 공급사슬관리시스템이 공급자와 함께 어떻게 계획, 생산, 실행계획을 조율하는가?

9-3 고객관계관리시스템이 고객 친밀성을 위해 어떤 도움을 주는가?

9-4 전사적 응용시스템이 직면하는 도전은 무엇이며, 어떻게 새로운 기술의 이점을 활용하는가?

9-5 경영정보시스템은 내 경력에 어떻게 도움이 되는가?

사례

노로토의 창고 관리: 메신저 상거래

클라우드 기반 ERP로 번창하는 소마베이

CRM을 통해 한 번에 개별 고객을 이해하는 아디다스

빠른 유행, 빅데이터, 자라

노로토의 창고 관리: 메신저 상거래

노로토(Norauto)는 자동차 유지관리 및 장비 시장에서 세계적인 선도기업 중 하나이다. 노로토는 프랑스 북부에 본사가 있으며, 2000년을 기점으로 서유럽과 남아메리카로 크게 확장했다. 이러한 확장은 미다스(Midas), 오토5(Auto5), 맥스오토(Maxauto)와 같은 여러 브랜드를 인수함과 동시에, 고효율의 타이어, 자동차 부품과 관련 액세서리를 판매하는 카터캐시(Carter Cash)라는 브랜드를 설립함으로써 가능할 수 있었다.

이러한 노력의 결과로 노로토 매장은 빠르게 늘어났고 매출은 급성장했다. 제품의 양과 다양성을 고려해 노로토는 2004년 5개 창고에서 350개 매장으로 보다 나은 제품의 흐름을 관리하기 위해 새로운 공급사슬 실행 애플리케이션을 도입하기로 결정했다. 새로운 애플리케이션 도입 목적은 물류에서의 운영 생산성을 증진하고 주문 처리에서의 실수 비율을 최소화하는 것을 포함하고 있다.

노로토는 레거시 창고 관리 시스템을 확장하고 대체하기 위해 맨해튼어소시에이츠(Manhattan Associates)에 의뢰했다. 새로운 시스템은 자동차 추적 기준과 호환되며, 데이터 교환에서 자사의 SAP 백엔드 ERP 시스템과 완벽하게 통합이 가능했다.

이러한 계획은 13,000제곱미터의 공간에서 매주 60,000개의 주문 라인과 250,000개의 생산품을 관리하는 프랑스 북부 레캉에 위치한 물류 센터에서 최초로 시작되었다. 이 센터에서는 보콜렉트(Vocollect)의 음성인식 솔루션을 채택했는데, 이 시스템은 작업 할당이 합성음성으로 변환되어 배터리가 장착된 웨어러블 컴퓨터를 경유해 30명의 주문 처리자 중 1명의 헤드셋으로 전달되게 한다. 창고 작업자는 지시를 따라 지정된 통로로 이동하고, 해당 제품의 위치에서 미리 할당된 확인 코드를 읽게 된다. 웨어러블 컴퓨터의 음성인식 소프트웨어는 그 단어들을 텍스트로 변환해 데이터를 다시 창고 관리 시스템으로 전송하게 된다. 작업자가 정확하게 코드를 읽게 되면, 그다음에 서버는 모델, 수량과 같은 추가 정보를 전달하게 된다.

© Maxim Blinkov/Shutterstock

서류나 스캐너 기반 시스템과 비교했을 때, 새로운 음성 기반 주문 처리는 손을 자유롭게 사용할 수 있어 작업자가 쉽게 주어진 일에 집중하고 주변 환경에 더 많은 주의를 기울일 수 있게 하는 인체공학적 방식이라 할 수 있다. 이러한 방식은 실수나 비생산적인 시간 소모를 줄이고 안전 수준을 높일 수 있게 했다. 또한 음성주문 확인 절차는 실수 비율을 현저히 낮춘다. 그리고 시스템은 사용하기 쉬워 어떠한 작업자라도 약간의 훈련과 연습만 거치면 쉽게 장치를 사용할 수 있었다. 이러한 유연성 덕분에 회사는 성수기에 비교적 낮은 임금으로 임시 창고 작업자를 고용할 수 있게 되었다.

새로운 시스템을 도입하고 4개월 동안 실수 비율은 75%가 줄었으며, 주문 처리 정확도는 99.9%에 이르렀다. 새로운 시스템 투자비는 채 1년도 되지 않아 회수할 수 있었으며, 이러한 시스템으로 노로토는 고객에게 더 나은 서비스를 제공할 수 있었다. 2019년 노로토는 프랑스에서 30,000대에 이르는 자동차를 보유한 차량공유서비스 기업인 우버와 제휴하게 되었다.

서유럽과 남아메리카로의 확장으로 인해 노로토의 많은 서비스 센터는 현재 프랜차이즈 형태로 운영되고 있다. 만약 물류관리에서 비롯되는 문제를 적기에 처리하지 못했다면 노로토의 자동차 유지관리 체인 사업은 지금과 같이 기하급수적으로 성장하지 못했을 것이다.

출처: "Norauto Has Been Chosen by Uber to Service Its Vehicles," by Justine Perou, Pro.largus.fr, October 8, 2019; "Norauto Optimises Supply Chain Performance by Combining Manhattan Associates Supply Chain Solutions Capability with SAP Enterprise Systems Expertise," *Business Wire*, August 31, 2006; "Norauto Revs up Supply Chain Performance with Manhattan Associates' Solutions, Manhattan Associates," Manh.com, accessed January 12, 2019; "Voice Recognition Technology Is Here! And It Can Hear You," Supply Chain Game Changer, January 4, 2019; "Can Your Supply Chain Hear Me Now?," by Brian Subirana, Sanjay Sarma, James Rice, and Ken Cottrill, Frontier, *MIT Sloan Management Review*, May 7, 2018; "Next-Level Productivity for Voice Directed Picking," by Roberto Michel, July 9, 2018.

사례 제공: 홍콩시티대학교 조이스 챈

노로토의 창고 관리에 대한 도전은 비즈니스 성공에 있어서 공급사슬관리의 중요성을 잘 나타낸다고 볼 수 있다. 이 사례는 올바른 공급사슬관리시스템 구축이 기업 전체의 운영과 발전에 어떻게 도움을 주는지를 잘 보여주고 있다.

앞 페이지 도표는 이 사례와 이 장에서 제기하는 중요한 요점에 관심을 갖도록 하기 위한 것이다. 노로토는 여러 국가에서 사업을 운영하고 있으며, 방대한 양으로 다양한 제품을 판매하고 있다. 기업은 산업 표준을 준수하며 제품들을 추적해야 할 필요가 있다. 노로코의 과거 창고 관리 시스템은 유지하는 데 많은 비용이 들었고 빠른 성장에 대처할 만큼 효율적이지도 않았다. 때문에 가맹점의 관심을 끌기 위해서는 실제로 노로토의 공급사슬 작업흐름을 개선하는 것이 무엇보다 중요했다.

노로토의 경영진은 새로운 비즈니스 프로세스 재설계 프로젝트에 착수했고, 그들의 목적을 충족시키며 ERP 시스템과 통합될 수 있는 공급사슬관리시스템을 찾았다. 슬롯 최적화는 노로토가 창고 위치 관리와 창고에서의 제품 선별 절차를 재구성하게 했다. 맨해튼 어소시에이츠의 집중화된 창고 관리 시스템과 보콜렉트의 음성 기반 주문 처리 시스템을 구축함으로써 노로토는 창고 관리에 소요되는 노력과 비용을 절감했으며, 재고량을 최적화하고 공급사슬을 간소화할 수 있었다. 이 솔루션은 높은 노동 생산성, 향상된 주문 이행과 정확성, 보다 효율적인 작업 환경에서의 노동력 확장성에 기여했다.

여기서 생각해야 할 몇 가지 질문이 있다. 당신은 공급사슬시스템과 비즈니스 프로세스를 개선하기 이전의 노로토를 어떻게 평가하는가? 노로토의 새로운 공급사슬관리 솔루션이 창고 작업자와 기업에 어떻게 영향을 주었는가?

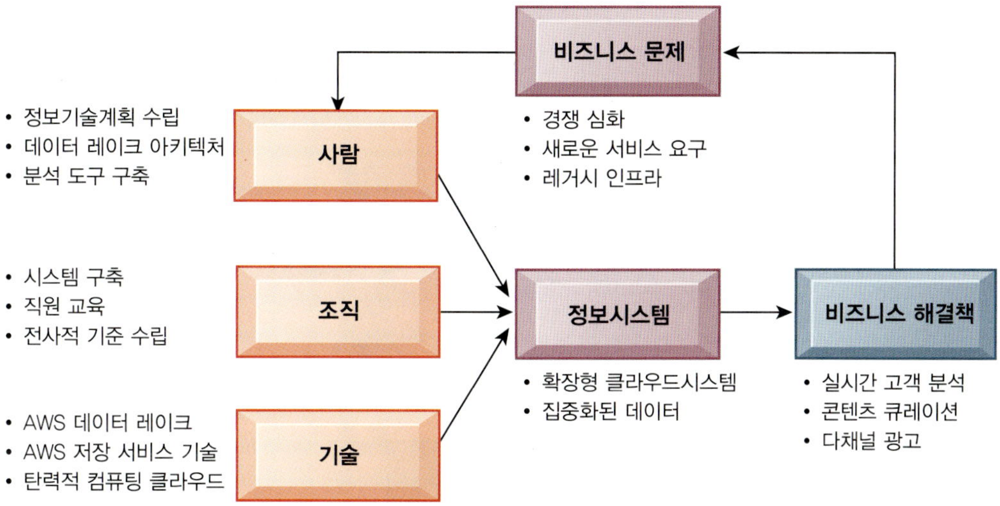

* 데이터 레이크(data lake): 가공되지 않은 상태로 접근이 가능한 엄청난 양의 데이터
* 콘텐츠 큐레이션(content curation): 자료를 수집, 분류, 구조화하는 것

9-1 기업이 운영 수월성을 이루는 데 전사적 시스템이 어떻게 도움을 주는가?

세계적으로 기업들은 점점 더 과거보다 내부적으로 다른 기업과 긴밀하게 연결되고 있다. 고객이 물건을 대량으로 주문하거나 공급업체에게 주문한 물건이 늦어질 때 기업은 즉각적인 대응을 하고 싶어 한다. 이런 문제를 관리하는 사람은 비즈니스 전 영역에 걸쳐 이러한 사건들의 영향과 특정 시점에 기업이 어떻게 운영되고 있는지 궁금해한다. 2장에서 소개한 전사적 애플리케이션 중 하나인 전사적 시스템(enterprise systems)은 이러한 바람들을 가능하게 해주는 통합성을 제공한다. 이러한 전사적 시스템이 어떻게 수행되는지, 기업을 위해 어떤 일을 할 수 있는지 살펴보자.

전사적 시스템 정의

상호 호환이 되지 않는 수십 또는 수백의 다른 데이터베이스와 시스템으로부터 제공되는 정보에 바탕을 두고 기업을 운영해야 한다고 상상해보자. 또한 기업이 10개의 다른 주요 생산라인을 가지고 있는데, 각각 다른 제조공장에서 생산되고, 창고와 유통을 통제하는 시스템이 상호 호환이 되지 않는다고 상상해보자.

때로 의사결정은 과거와 같이 직접 손으로 써 내려간 문서 기반 보고서에 의존하게 될 것이고, 전반적으로 기업에 어떤 일이 일어나는지 완벽하게 이해하기 어려울 것이다. 판매직원은 고객이 주문한 상품이 창고에 있는지 여부에 대한 정보를 바로 전달할 수 없으며, 생산부서에서는 제품 생산을 위한 계획에 판매 데이터를 쉽게 사용하지 못한다. 이제부터 당신은 왜 기업이 정보를 통합하기 위해 특별한 전사적 시스템을 필요로 하는지 알 수 있게 될 것이다.

2장에서 전사적 자원관리(Enterprise Resource Planning, ERP) 시스템으로 알려져 있는

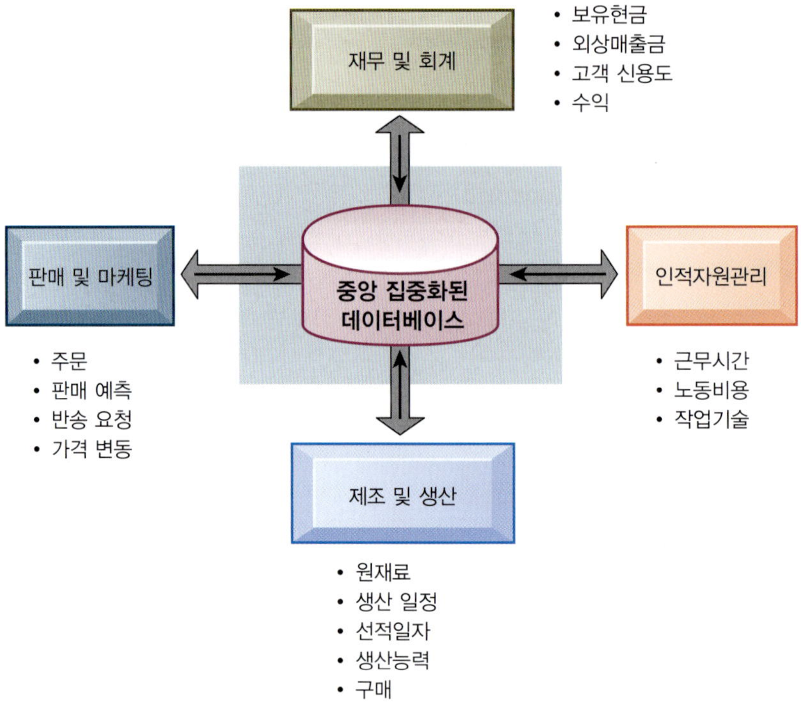

그림 9.1
전사적 시스템 작동 방식
전사적 시스템은 통합된 소프트웨어 모듈과 중앙 데이터베이스를 특징으로 하는데, 이 데이터베이스는 전사적 작업 처리에 있어 서로 다른 비즈니스 프로세스 및 기능 분야에서 데이터들을 공유할 수 있게 해준다.

전사적 시스템을 소개했는데, 이것은 통합된 소프트웨어 모듈과 중앙 데이터베이스에 기반을 둔 것을 의미한다. 데이터베이스는 기업 내부에 수많은 부서의 제조 및 생산, 재무 및 회계, 판매 및 마케팅, 인적자원 등 중요한 비즈니스 프로세스로부터 데이터를 수집해 기업 내부 비즈니스 활동을 지원하는 응용시스템에서 사용할 수 있게 해준다. 일단 새로운 정보가 어떤 프로세스로부터 입력이 되면, 그 정보는 즉시 다른 프로세스에서도 사용할 수 있다(그림 9.1 참조).

예를 들어 어떤 판매 대리점에서 타이어 휠을 주문해 왔다면, 전사적 시스템은 고객의 신용 한도를 조회하고, 배송계획을 구축하며, 최적의 배송경로를 찾아내고, 재고 중에서 필요한 원자재와 부품을 준비할 것이다. 만약 주문 재고가 부족하다면, 필요한 자재와 부품을 공급업체에 주문하면서 타이어 휠의 추가 생산계획을 마련할 것이다. 또한 판매와 생산에 관한 예측은 즉시 업데이트될 것이다. 총계정원장과 기업의 현금 보유율은 주문으로부터 발생하는 수익과 비용정보를 통해서 자동으로 업데이트될 것이다. 사용자는 이 시스템을 이용해서 언제든 주문한 특정 상품이 어디에 있는지 파악할 수 있으며, 관리자는 비즈니스 운영 상황 정보를 언제라도 얻을 수 있을 것이다. 또한 이 시스템은 생산 비용과 수익성에 대한 경영 분석을 위해 전사적인 데이터를 만들어낼 수도 있을 것이다.

전사적 소프트웨어

전사적 소프트웨어(enterprise software)는 최우량 사례를 반영하는 미리 정의된 수많은 비즈니스 프로세스를 바탕으로 만들어진다. 표 9.1은 전사적 소프트웨어가 지원하는 몇 가지 주요 비즈니스 프로세스를 설명한다.

이 소프트웨어를 구현하는 기업은 우선 사용하고자 하는 시스템의 기능을 선택해야 하

표 9.1
전사적 시스템이 지원하는 비즈니스 프로세스

재무 및 회계 프로세스: 총계정원장, 외상매입금, 외상매출금, 고정자산, 현금 관리 및 예측, 제품비용, 회계, 비용 중심 회계, 자산회계, 세무회계, 신용 관리, 재무 보고서 작성

인적자원관리 프로세스: 인사 관리, 시간 계산, 급여, 인사계획 및 개발, 복리후생 회계, 지원자 추적, 시간 관리, 보상, 노동력 계획, 성과 관리, 출장 경비 보고서 작성

제조 및 생산 프로세스: 조달, 재고 관리, 구매, 선적, 생산계획, 생산 일정, 자재요구계획, 품질 관리, 유통, 수송, 설비 및 장비 관리

판매 및 마케팅 프로세스: 주문 프로세스, 시세, 계약, 제품 구성, 가격 책정, 청구, 신용 조회, 인센티브 및 커미션 관리, 판매계획

고 그런 다음 소프트웨어에서 미리 정의된 비즈니스 프로세스에 자신의 비즈니스 프로세스를 적용해야 한다. 어떤 기업은 비즈니스를 수행하는 방식에 따라 시스템을 맞춤화하기 위해 소프트웨어 제조업자가 제공하는 환경설정표(configuration table)를 사용할 수도 있을 것이다. 예를 들어 기업은 생산 라인, 지리적 조직 단위, 유통경로별로 수익을 파악할지 여부를 결정하기 위해 이 표를 사용할 수도 있을 것이다.

만약 전사적 소프트웨어가 조직의 비즈니스 수행 방식을 지원하지 않는다면, 기업은 비즈니스 프로세스가 작동하도록 지원하기 위해 일부 소프트웨어를 다시 만들 수 있다. 그러나 전사적 소프트웨어는 매우 복잡하기 때문에, 광범위한 맞춤화는 시스템의 주요 이점이라 할 수 있는 정보와 프로세스 통합성을 대가로 시스템 성능을 제대로 발휘하지 못하게 할 수도 있다. 만약 기업이 전사적 소프트웨어로부터 얻을 수 있는 이점을 최대화하고자 한다면, 소프트웨어에서 제공하는 비즈니스 프로세스들을 맞추도록 기업의 작업 방식을 수정해야 한다.

새로운 전사적 시스템을 구현하기 위해 테이스티베이킹컴퍼니(Tasty Baking Company)는 현재의 비즈니스 프로세스를 확인하고, 그들이 선택한 SAP ERP에 구현된 비즈니스 프로세스에 맞도록 재해석했다. 전사적 시스템의 이점을 최대한 사용하기 위해 회사는 어쩔 수 없이 전사적 시스템 5% 미만의 범위에서 맞춤화를 계획했으며, SAP 소프트웨어에 최소한의 변화만을 가져왔다. 이로 인해 가능한 만큼의 SAP 소프트웨어에 이미 구축된 많은 도구와 기능을 사용하게 되는 것이다. SAP는 전사적 소프트웨어를 위한 3,000개 이상의 환경설정표를 보유하고 있다.

선도적인 주요 전사적 소프트웨어 공급업체(vendor)로는 SAP, 오라클(Oracle), IBM, 인포글로벌 솔루션즈(Infor Global Solutions), 마이크로소프트 등이 있다. 전사적 소프트웨어 패키지 중에는 클라우드 환경에서 운영되는 소프트웨어 서비스를 포함하는 중소기업을 위해 설계된 버전과 주문형 버전이 있다.

전사적 시스템의 비즈니스 가치

전사적 시스템은 조직의 효율성을 극대화하고 관리자가 보다 바람직한 의사결정을 내릴 수 있도록 전사적 정보를 제공함으로써 가치를 창출할 수 있다. 다양한 지역에 많은 운영부서를 가지고 있는 큰 기업은 모든 사람이 같은 방식으로 작업할 수 있도록 표준 사례와

표준 데이터를 활용하기 위해 전사적 시스템을 활용한다.

예를 들어 코카콜라는 SAP의 전사적 시스템을 구현함으로써 200여 개 국가에서 주요 비즈니스 프로세스가 표준화되고 조화를 이루도록 하고 있다. 표준화되지 않은 전사적 비즈니스 프로세스는 원재료를 낮은 가격으로 구매할 수 있는 세계적인 구매력 확보와 시장 변화에 대한 신속한 대응을 어렵게 만든다.

전사적 시스템은 기업이 정보나 제품에 대한 고객 요청에 빠르게 반응하는 것을 도와준다. 시스템은 주문, 생산, 배송 데이터를 통합하기 때문에 제조하는 과정에서 고객이 주문한 것만 생산하는 것, 실제 주문에 대응하는 데 있어 소요되는 부품이나 원재료를 필요한 양만큼만 정확하게 조달하는 것, 부품이나 완성 제품의 재고를 최소화하는 것 등에 관한 정보를 더 잘 파악할 수 있다.

31개국 200개 이상의 지점에서 운영되고 있는 세계적인 알루미늄 및 알루미늄 제품 제조업체인 알코아(Alcoa)는 각각의 정보시스템을 가지고 있는 비즈니스 라인으로 구성되어 있었다. 이러한 시스템은 중복되는 것이 있고 비효율적이었다. 대금지불요청과 재무 프로세스를 수행하는 데 소요되는 알코아의 비용과 사이클 타임은 동종 업계에서 소요되는 비용과 시간보다 훨씬 더 높았다. (사이클 타임은 프로세스 시작부터 끝까지 걸리는 총소요시간을 의미한다.) 이로 인해 오라클은 전 세계에 퍼져 있는 회사를 통합된 단일 개체로 운영하는 것이 불가능했다.

오라클의 전사적 소프트웨어를 실행한 후 알코아는 많은 불필요한 프로세스와 시스템을 제거할 수 있었다. 전사적 시스템은 알코아가 상품 영수증을 확인하고 자동으로 지불대금 영수증을 발행함으로써 지불요청 사이클을 줄일 수 있도록 했다. 알코아의 외상매입금 거래 프로세스 처리 업무는 89%까지 줄어들었고, 재무와 구매 활동에 집중시킬 수 있었으며, 이로 인해 전 세계적으로 기업 비용을 거의 20%나 줄였다.

전사적 시스템은 경영 의사결정을 향상하기 위해 가치 있는 정보를 제공한다. 기업 본부는 판매, 재고, 생산 관련 분(minute) 단위 데이터에 접속할 수 있고, 이러한 정보는 보다 정확한 판매 및 생산 예측을 위해 이용된다. 전사적 소프트웨어는 조직 전반의 성과를 평가하기 위해 시스템을 통해 수집된 데이터를 활용할 수 있도록 하는 분석 도구(analytical tool)를 포함하고 있다. 전사적 시스템 데이터는 조직 전체에서 수용되는 공통의 표준화된 정의와 포맷을 가지고 있다. 성과 수치는 기업 전반에 걸쳐 동일한 의미를 갖는다. 전사적 시스템은 상급 관리자가 특정 조직 단위가 업무 수행을 어떻게 하고 있는지 언제라도 쉽게 파악하게 하고, 어떤 제품이 가장 수익성이 높은지, 또 어떤 제품이 가장 수익성이 낮은지도 파악할 수 있게 하며, 기업 전체 비용도 계산해 파악할 수 있게 한다. 예를 들면 알코아의 전사적 시스템은 글로벌 인적자원관리 기능을 포함하고 있어 직원 교육과 질에 대한 투자, 기업 전체 직원에게 서비스 배달 비용, 그리고 직원 모집, 보상, 교육의 효율성을 측정하고 이들의 관계 또한 보여주었다. 이 장의 조직 관점 사례연구는 더 많은 가치와 혜택을 자세히 기술하고 있다.

9-2 공급사슬관리시스템이 공급자와 함께 어떻게 계획, 생산, 실행계획을 조율하는가?

만약 당신이 적은 수의 제품을 만들거나 서비스를 제공하는 소규모 회사를 경영한다면 당연히 적은 수의 공급업체를 갖게 될 것이다. 당신은 공급업체 관리를 위해 규모가 작은 기업에서 사용하는 일반적 도구인 전화나 팩스를 이용해 공급업체의 주문과 배송을 조율할 수 있다. 그러나 당신이 좀 더 복잡한 제품과 서비스를 제공하는 기업이나 지역적, 국가적, 세계적인 국가들을 대상으로 운영되는 기업을 경영한다면 수백 개의 공급업체를 갖게 될 것이며, 이들 각각은 또한 자신들의 공급업체를 갖게 될 것이다. 당신은 갑작스럽게 제품과 서비스를 생산하기 위해서 수백 개 또는 수천 개의 공급업체를 관리하고 조율해야 하는 상황에 처하게 될 것이다. 2장에서 소개한 공급사슬관리시스템은 이러한 공급사슬의 복잡성과 규모 문제에 대한 해답이라 할 수 있겠다.

공급사슬

기업의 **공급사슬**(supply chain)은 원재료 조달, 원재료의 중간재 및 완제품으로의 변환, 고객에게 완제품 공급 등을 위한 조직과 비즈니스 프로세스 네트워크이다. 공급사슬은 제품 및 서비스를 처음 재료를 구하는 것부터 시작해서 소비에 이르도록 공급하기 위해 공급업체, 제조공장, 유통센터, 소매 할인점, 고객을 연결한다.

공급사슬의 움직임에 따라 중간 제품(부품, 구성요소라고도 함)으로, 마지막으로 완제품으로 전환된다. 완제품은 유통센터로 옮겨지며 거기서 소매상과 고객에게로 이동한다. 반환된 아이템은 역방향으로 구매자로부터 판매자에게 흐른다. 원자재, 정보, 재정은 양방향으로 공급사슬을 따라 흐른다.

한 예로 나이키 운동화에 대한 공급사슬을 살펴보자. 나이키는 세계 곳곳에서 신발, 양말, 운동복, 액세서리 등을 디자인하며, 시장에 내놓고 판매한다. 나이키의 주요 공급업체는 중국, 태국, 인도네시아, 브라질 등에 공장이 있는 계약 제조업체이다. 이 회사들은 나이키의 완제품을 만들어낸다.

나이키의 계약 공급업체는 아무것도 없는 상태에서 신발을 만들지 않는다. 그들은 다른 공급업체로부터 끈, 고리, 갑피, 밑창 등의 부속품을 얻고 이것을 조립해 최종 신발을 만든다. 이들 공급업체는 반대로 자신들의 공급업체를 갖고 있다. 예를 들어 신발 밑창 공급업체는 합성고무 공급업체, 주형을 위해 고무를 녹이는 데 사용되는 화공약품 공급업체, 고무를 붓는 틀 공급업체 등을 갖는다. 끈 공급업체는 실, 염료, 끈 끝부분의 플라스틱 시스템 공급업체를 가질 것이다.

그림 9.2는 운동화에 대한 나이키의 공급사슬을 단순화해 도표로 나타냈다. 이는 공급업체, 나이키, 나이키의 유통업체, 소매업체, 고객 간 정보와 재료의 흐름을 보여준다. 나이키의 계약 제조업체는 주요 공급업체이다. 끈, 고리, 갑피, 밑창 공급업체는 2차(2단계) 공급업체이며, 이 공급업체에 대한 공급업체는 3차(3단계) 공급업체이다.

공급사슬의 **상류**(upstream) 부분은 공급업체들과 그 공급업체의 공급업체가 포함되며,

소마베이(Soma Bay)는 홍해의 이집트 해안에 위치한 1,000만 제곱마일 규모의 리조트 단지이다. 리조트는 최고의 파라다이스 휴양지를 이루는 5성급 호텔, 챔피언십 골프 코스, 수상 스포츠 시설, 최고급 스파, 호화로운 휴양주택과 같은 많은 명소를 보유하고 있다. 회사는 이집트 후르가다에 본사를 두고 있으며, 2,000명 이상의 직원이 근무한다.

하지만 불행히도 정치적인 격변과 경제 상황으로 객실 이용률과 이윤에 큰 타격을 입었다. 2011년 이집트 혁명으로 당시 대통령인 호스니 무바라크(Hosni Mubarak)가 전복되었을 때 이집트 환율은 심각한 평가절하를 겪었다. 그 이후 수년 동안 정치 상황은 안정화되었고 경제는 회복했으나, 2015년 말 시나이 사막과 관련한 상업항공사의 몰락 이후 여행 산업은 13억 달러의 손실을 경험했다. 소마베이의 호텔 객실 이용률은 2015년 50% 이상에서 2016년 1분기 25%로 하락했다.

환율의 극심한 변동과 정치적 격변은 소마베이가 통제할 수 없는 상황이었지만, 그러한 하락 속에서 경영진이 할 수 있었던 것은 면밀한 운영 및 비용 검토를 통해 지능적으로 대응하는 것이었다. 이것은 오라클 클라우드 IaaS(Oracle Cloud Infrastructure as a Service)에 존재하는 응용소프트웨어와 데이터를 보유한 오라클의 JD 에드워즈(JD Edwards) 엔터프라이즈 원(Enterprise One) ERP 활용 덕분에 가능했다.

과거에 소마베이는 널리 사용되지 않는 엑셀 기반 시스템을 사용하면서 회사를 운영했다. 관리자는 이윤의 기본 동인을 이해하기 위해 수동으로 스프레드시트를 작동해야만 했으며, 좋은 의사결정을 하기 위해 요구되는 정보를 얻기까지 너무 많은 시간이 소요되었다. 이러한 시스템으로는 5년에 걸친 1,000개의 새로운 주택 건설을 포함하는 공격적인 성장계획을 관리할 수 없었다.

소마베이의 CFO인 모하메드 세리(Mohammed Serry)와 그의 팀은 기능별 영역에 걸친 표준화된 비즈니스 프로세스를 만들 수 있고 계정표준차트를 사용하면서 각 비즈니스 개체에 대한 수익성을 설명하는 적시 보고서를 제공할 수 있는 JD 에드워즈 엔터프라이즈 원을 솔루션으로 선택했다. 그 소프트웨어는 비즈니스 수익의 동인과 성장 동인을 밝힐 수 있게 했다. 엔터프라이즈 원은 총계정원장과 다른 재무시스템으로 데이터와 운영시스템으로부터 산출되는 데이터를 빈틈없이 통합했다.

소마베이의 엔터프라이즈 원 클라우드 플랫폼은 현금흐름 보고서, 프로젝트 관리 보고서, 매출채권 연차보고서, 시설관리 보고서, 소마베이의 분산된 조직들에 걸친 주요 성과지표 보고서를 쉽게 만들게 해주었다. 회사 경영진은 또한 오라클 클라우드 IaaS의 재난복구 능력에도 감탄하고 있다. 몇 년 전 상류의 물이 소마베이의 카이로 데이터센터로 넘쳐 왔다. 소마베이는 오라클 클라우드에 백업 데이터를 가지고 있었기 때문에 데이터를 복구하고 빠르게 영업을 재개할 수 있었다.

JD 에드워즈 엔터프라이즈 원은 폭넓은 비즈니스 프로세스를 지원하기 위해 설계된 80개 이상의 독립된 응용소프트웨어 모듈을 포함하고 있다. 이 소프트웨어는 iOS와 안드로이드 모두를 지원하고 스마트폰과 태블릿에서 사용할 수 있는 모바일 응용소프트웨어를 갖추고 있다. 소마베이는 재무, 구매, 재고관리, 개별원가, 부동산관리, 주택건설관리, 금융자산관리, 서비스 관리, 시간과 노동 분야를 관리하기 위해 JD 에드워즈 엔터프라이즈 원 모듈을 사용하고 있다. JD 에드워즈 엔터프라이즈 원의 주택건설관리는 소마베이가 로트 최소단위(lot level) 수준으로 주택 건설 사이클에 걸쳐서 작업을 조율하고 수익성을 분석하게 했다. JD 에드워즈 엔터프라이즈 원 부동산관리 모듈은 완성된 부동산에 대한 재무, 운영, 시설관리 프로세스를 간소화했으며, 팀 간 업무를 조율하고, 각 개체에 대해 포괄적 경영 관점을 제공한다. 개별원가 모듈은 부동산 비즈니스에 대한 지속적인 비용을 보여줌으로써 경영진이 자재, 인력, 그 밖에 필요한 것에 대한 비용을 할당하고 각 시설관리 프로젝트 착수 시점의 예산과 예측을 초과하는 비용을 추적하게 했다. 관리자들은 코드를 통해 프로젝트를 찾고 그것들을 재무계정 숫자와 통합해 실제 비용 대비 예산비용을 결정한다. 이를 통해 그들은 복잡한 프로젝트가 진행 중인 것을 확인하고 부서들 간 비용 데이터를 공유한다.

엔터프라이즈 원 소프트웨어는 통화 중립적인 재무 보고서를 만들어낸다. 이것은 재무 결과에 대한 다른 환율의 영향을 상쇄하기 위해 독일과 그 밖의 유럽을 주요 대상으로 하는 소마베이의 관광 부문으로부터의 수익을 주요 대상이 이집트인 주택 판매 부문과 조정을 하도록 해준다. 주택 건설은 회사 수익의 약 25%를 차지한다.

두 가지 수익원을 가짐으로써 위험을 완화했다. 관광사업이 저조하면 소마베이는 부동산 비즈니스로부터 수익을 창출한다. 반대로 부동산 비즈니스가 저조하면 관광사업에서 수익을 창출한다. ERP 시스템은 비용을 엄밀히 추적하기 위해 요구되는 데이터를 제공한다. 예를 들어 2017년 소마베이는 새로운 건설에 1억 이집트파운드(약 570만 달러)를 썼다. 엔터프라이즈 원 시스템은 다음 단계의 확장을 지속할 수 있는 현금 관리와 현금흐름에 대한 정보를 제공한다. 이 덕분에 소마베이는 계약업체에 대한 현금흐름과 지불을 신중하게 관찰할 수 있다.

2016년 하락세 동안 소마베이는 엔터프라이즈 원 비용 관리와 수익성 관리 기능을 활용해 상세 재무 데이터를 제공받아 손실을 최소화하기 위해서 고정 운영 비용을 통제할 수 있도록 했다. 수익이 다른 환율과 다른 시장을 통해 창출되더라도 엔터프라이즈 원은 비용과 수익에 대한 확실한 이해를 제공했다. 이것은 환율의 영향을 제외하고 하락한 이용률의 영향을 보여줌으로써 경영진이 실체적인 전체 성과를 측정하도록 도와준다. 이러한 지식들이 소마베이가 하락세를 헤쳐나가고 공격적인 회복계획에 착수하도록 도와준 것이다.

오늘날 소마베이 직원의 95%는 엔터프라이즈 원을 어느 정도는 사용한다. 이 회사는 보다 안정적인 운영 모델을 가지고 있다. 5성급 호텔의 객실 이용률은 상승하고 있다. 소마베이는 현재 6개 해변 지역에 500개 휴양주택을 건설하고 있다. 소마베이의 재무 담당자 세리프 사미르(Cherif Samir)에 따르면 회사가 한 프로젝트에 소모되는 모든 비용을 추적할 수 있다는 것은 그 기업을 대변혁시켰다고 말할 수 있다고 했다.

출처: www.searchoracle.com, accessed January 30, 2019; David Baum, "Destination: Cloud," *Profit Magazine*, Fall 2017; "Destination Cloud: How Oracle IaaS Has Shaped Soma Bay," *Queset Oracle Community*, June 27, 2019; and www.somabay.com, accessed January 31, 2019.

사례연구 문제

1. 이 사례에서 논의된 문제점을 밝히고 설명하라. 사람, 조직, 기술의 어떤 요인이 그 문제를 유발했는가?
2. ERP 시스템이 해결책으로 요구되는 이유는 무엇인가? 클라우드 기반 ERP 시스템을 보유하는 것이 해결책에 어떻게 기여했는가?
3. 소마베이의 새로운 전사적 시스템에서 얻게 되는 비즈니스 이점은 무엇인가? 이것이 의사결정과 기업 운영 방식을 어떻게 변화시켰는가?

이러한 업체와의 관계를 관리하기 위한 프로세스가 포함된다. 하류(downstream) 부분은 최종 구매고객에 대한 제품의 유통 및 배송을 위한 조직과 프로세스로 구성된다. 나이키의 운동화 계약 공급업체와 같은 제조업체도 공급업체로부터 제공받은 원재료, 부품, 서비스를 완제품이나 중간재로 변환하고, 원재료 및 재고를 관리하기 위해 **내부 공급사슬** 프로세스를 관리한다.

그림 9.2의 공급사슬은 간단하게 표현되어 있다. 이는 신발을 위한 2개 계약 제조업체와 신발 밑창을 위한 상류 공급사슬만을 보여준다. 나이키는 완제품 신발, 양말, 운동복을 생산하는 수백 개의 계약 제조업체를 갖고 있는데, 이들 각각도 자신의 공급업체가 있다. 나이키 공급사슬의 상류는 수천의 업체로 구성되어 있다. 나이키는 또한 수많은 유통업체와 소매업체를 갖고 있어 공급사슬의 하류 또한 매우 규모가 크고 복잡하다.

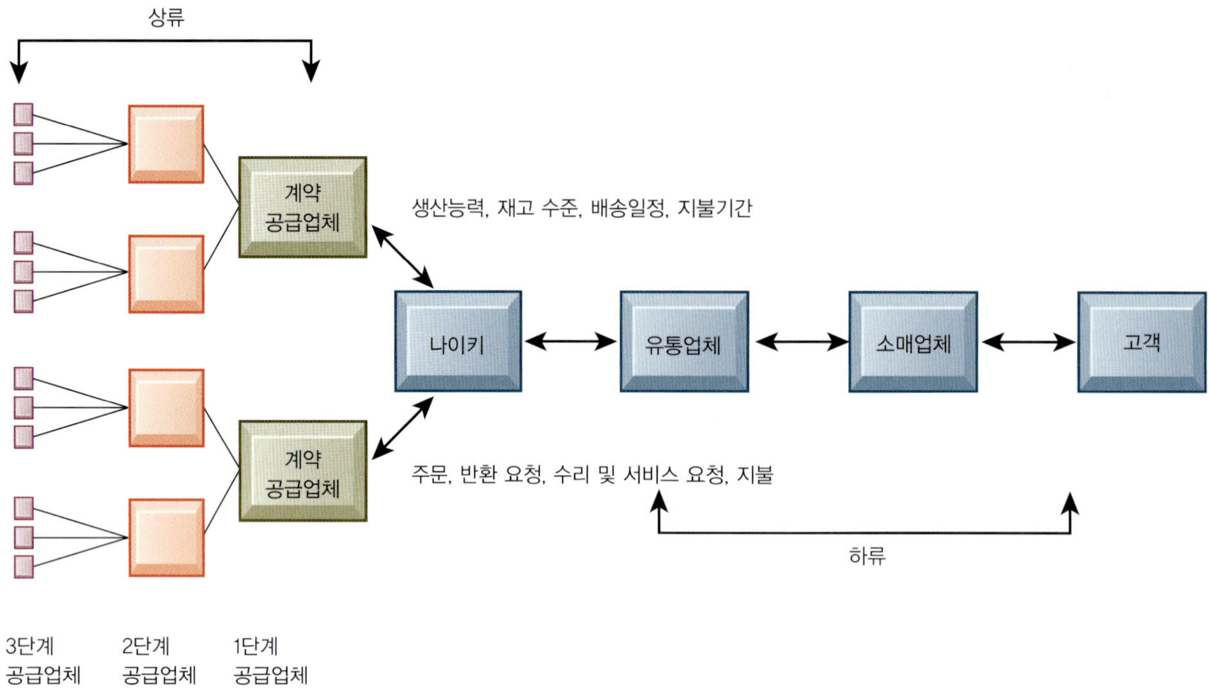

그림 9.2 나이키의 공급사슬
이 그림은 나이키 공급사슬에서의 주요 참여 공급업체와 제품의 구매, 제조, 이동상의 활동을 조정하기 위한 상류 및 하류에서의 정보 흐름을 설명하고 있다. 여기서는 운동화와 운동화 밑창 공급업체에만 초점을 둔 상류 부분을 지닌, 단순화된 공급사슬을 보여준다.

정보시스템과 공급사슬관리

자재 부족, 낮은 공장 가동률, 과도한 완제품 재고, 끝없이 올라가는 수송비와 같은 공급사슬 비효율성은 부정확하거나 시기에 맞지 않는 정보에서 비롯된다. 예를 들면 제조업체는 납품업체로부터 다음 배송물품을 언제 받게 될지 정확하게 몰라 너무 많은 부품을 재고로 가지고 있을 수도 있다. 납품업체는 정확한 수요정보를 가지고 있지 않아 원재료를 너무 적게 주문할 수도 있다. 이러한 공급사슬 비효율성으로 인해 회사 운영 경비의 25%가량이 낭비될 수도 있다.

만약 제조업체가 고객이 원하는 제품 수량, 원하는 시점, 생산되는 시점에 대한 정확한 정보를 가지고 있다면, 고도로 효율적인 **JIT 전략**(just-in-time strategy)의 실행을 가능하게 한다. 부품은 그들이 필요한 시점에 정확히 도착할 것이며, 조립 라인을 거침과 동시에 완제품이 선적될 수 있을 것이다.

그러나 공급사슬에서는 많은 예기치 못한 일, 이를테면 불확실한 제품 수요, 공급업체의 선적 지연, 불량 부품이나 불량 원재료, 생산 프로세스 중단 등을 예측할 수 없기에 불확실한 일들이 언제든지 발생할 수 있다. 고객 만족을 유지하기 위해서 제조업체가 이러한 불확실성과 예측할 수 없는 사건에 대비하기 위한 방편으로 실제 필요할 것으로 예측되는 양보다 더 많은 재료와 제품을 보유하는 일이 자주 있다. 안전 재고는 공급사슬에서 유연성 부족에 대해 완충작용을 한다. 과도한 재고 유지로 인해 비용이 발생하기는 하지만, 낮은 재고율로 인해 주문이 취소되는 경우에 발생하는 사업상의 손실 또한 클 수 있다.

공급사슬관리에서 반복적으로 발생하는 문제 중 하나가 **채찍효과**(bullwhip effect)인데, 이것은 제품에 대한 수요정보가 공급사슬에 참여하는 공급업체를 하나씩 거쳐 전달될 때마다 계속 왜곡된다는 것을 의미한다. 어떤 아이템에 대한 약간의 수요 변동은 공급사슬상의 다른 구성원 — 유통업체, 제조업체, 공급업체, 2차 공급업체(공급업체의 공급업체), 3차 공급업체(2차 공급업체의 공급업체) — 각자의 입장에서 '만약을 대비하기에' 충분할 정도의 재고를 비축하도록 만든다. 이러한 대응 추세는 주문계획의 작은 변화가 확대되고 재고, 생산, 창고, 운송과 관련한 과도한 비용이 발생하는 가운데 공급사슬을 통해 확산해 나간다(그림 9.3 참조).

예를 들어 프록터앤드갬블(Procter & Gamble, P&G)은 이 같이 왜곡된 정보로 인해 공급사슬의 여러 지점에서 과도하게 많은 양의 팸퍼스(Pampers) 일회용 기저귀를 재고로 보유하고 있다는 사실을 알게 되었다. 매장의 고객 구매는 꽤 안정되어 있긴 했지만, P&G가 적극적인 가격 판촉 활동을 하던 당시 유통업체의 주문은 치솟았다. 팸퍼스와 팸퍼스의 구성요소들은 실제로 존재하지 않았던 수요에 대응하기 위해 공급사슬상의 창고에 축적되었다. 이러한 문제를 제거하기 위해 P&G는 마케팅, 영업, 공급사슬 프로세스를 수정했고

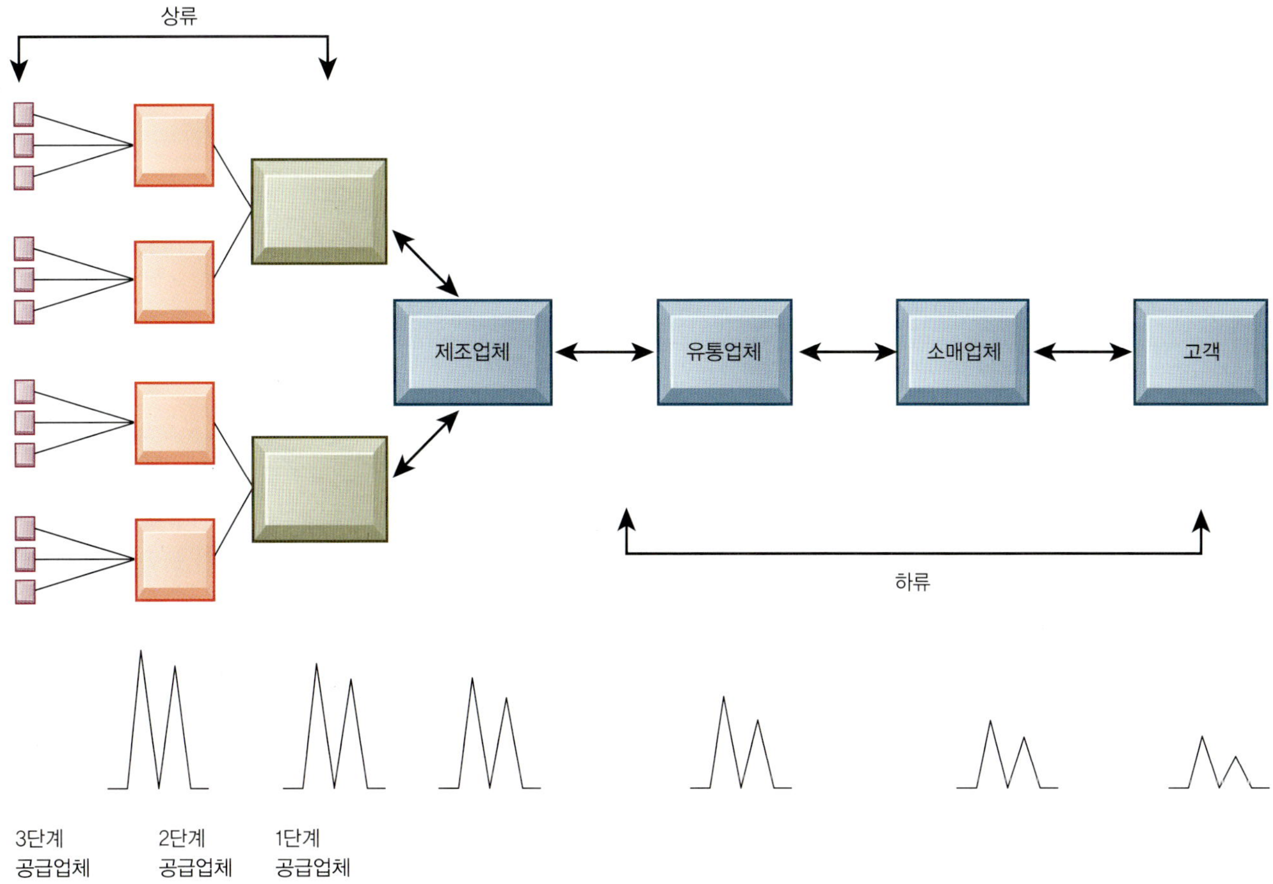

그림 9.3 채찍효과

부정확한 정보는 제품 수요의 작은 변동이 공급사슬의 윗부분으로 갈수록 더욱 확대되게 만들 수 있다. 소매에서의 작은 변동이 유통업체, 제조업체, 공급업체에 과도한 재고를 야기할 수 있다.

보다 정확한 수요 예측 기법을 사용했다.

채찍효과는 공급사슬의 모든 구성원이 정확한 최신 정보를 보유함으로써 나타나는 수요 및 공급에 관한 불확실성 감소를 통해 통제될 수 있다. 만약 공급사슬의 모든 구성원이 재고 수준, 일정, 예측, 배송에 관한 변동이 심한 정보를 공유할 수 있다면 조달, 생산, 유통에 관한 계획을 조정할 때 보다 정확한 판단을 할 수 있을 것이다. 공급사슬관리시스템은 공급사슬 구성원이 조달 및 일정계획을 수립할 때 더 나은 의사결정을 하는 데 도움이 되는 정보를 제공한다.

공급사슬관리 소프트웨어

공급사슬 소프트웨어는 공급사슬을 계획하는 데 필요한 소프트웨어[공급사슬계획(supply chain planning)]와 공급사슬 단계들을 수행하는 데 필요한 소프트웨어[공급사슬실행(supply chain execution)]으로 분류할 수 있다. **공급사슬계획시스템**(supply chain planning system)은 기업이 제품 수요를 예측할 수 있도록 해주며 그 제품의 조달계획과 생산계획을 수립할 수 있도록 도와준다. 이러한 시스템은 기업이 주어진 기간에 다음과 같은 사항에 대해 보다 나은 운영상 의사결정을 할 수 있도록 도와준다. 즉 주어진 기간 동안 얼마나 많은 제품을 만들어낼 수 있는지를 결정하는 것, 원재료, 중간 제품, 완제품에 대한 재고 수준을 설정하는 것, 완성된 제품을 어디에 저장할지 결정하는 것, 제품 배송을 위해 사용할 운송 수단을 판단하는 것 등이다.

예를 들어 만약 대형 고객이 평소보다 많은 양의 주문을 하거나 이러한 주문을 간단한 통보를 통해 변경한다면, 이러한 일은 공급사슬 전체에 폭넓은 영향을 미칠 수도 있다. 공급업체는 추가적인 원재료 또는 서로 다른 방식으로 혼합된 원재료를 요구하는 주문을 해야 할 수도 있다. 생산업체는 작업 일정을 변경해야 할 수도 있다. 운송업체는 배송 일정을 다시 작성해야 할 수도 있다. 공급사슬계획 소프트웨어는 생산 및 유통계획에 대해 필요한 수정작업을 수행한다. 이러한 수정작업에 관한 정보가 관련된 공급사슬 구성원 간에 공유됨으로써 이들의 작업은 조화를 이룰 수 있다. 가장 중요한 그리고 가장 복잡한 공급사슬계획 기능 중 하나는 **수요계획**(demand planning)인데, 이것은 기업이 고객의 모든 수요를 만족시키기 위해 제조할 필요가 있는 제품 수량이 어느 정도 되는지를 결정하는 기능이다. JDA 소프트웨어(JDA Software), SAP, 오라클 모두 공급사슬관리 소프트웨어를 제공하고 있다.

공급사슬실행시스템(supply chain execution system)은 가장 효율적인 방법으로 제품이 올바른 장소로 전달될 수 있도록 물류센터 및 물류창고를 거치는 제품의 동선을 관리한다. 이 시스템은 제품의 물리적 상태, 제품 및 원재료에 대한 관리, 창고 및 수송에 대한 운영, 모든 이해 당사자에 관한 재무정보를 추적한다. 하워스(Haworth)의 물류창고 관리 시스템(WMS)를 예로 들겠다. 하워스는 4개 주에 물류센터를 가진 세계에서 가장 유명한 사무 가구 제조 및 디자인 업체이다. WMS는 완제품이 물류센터에서 고객에게 전달될 때까지 통제하며 추적한다. 고객의 주문에 대한 선적계획이 시행되면 WMS는 공간, 장비, 재고, 인력 상태를 기반으로 상품의 움직임을 지시한다.

글로벌 공급사슬과 인터넷

인터넷이 사용되기 전에는 공급사슬상의 협력이 올바르게 이루어지지 못했는데, 그 이유는 구매, 자재관리, 제조, 유통을 위한 여러 내부 공급사슬시스템 간의 정보 흐름이 원활하게 돌아가지 못했기 때문이다. 또한 외부 공급사슬 파트너와의 정보 공유도 어려웠는데, 이는 공급업체, 유통업체, 물류업체의 시스템이 호환되지 않는 기술 플랫폼과 표준을 기반으로 사용하고 있었기 때문이다. 현재 인터넷 기술로 무장한 발전된 전사적 공급사슬관리시스템은 이러한 통합의 일부를 제공하고 있다.

관리자는 웹 인터페이스를 통해 공급자 시스템으로 들어감으로써 재고와 생산능력이 그 회사 제품에 대한 수요를 충족할 수 있는지를 판단할 수 있다. 기업의 파트너는 웹 기반 공급사슬관리 도구를 이용해 예측에 대한 온라인 협력이 가능하다. 판매 대리인은 고객 주문 상태를 모니터하기 위해 공급자 생산계획과 물류정보에 접근하게 된다.

글로벌 공급사슬 현안

더 많은 회사가 국제 시장에 진출하고, 생산 과정을 아웃소싱하며, 다른 나라의 공급업체로부터 납품을 받고 또한 해외로 판매를 하고 있다. 그들의 공급사슬은 많은 국가와 지역으로 확대되고 있다. 이에 글로벌 공급사슬을 관리하는 데 많은 복잡성과 해결 과제가 발생하고 있다.

글로벌 공급사슬은 일반적으로 국내 공급사슬보다 지역적으로 더 먼 거리와 더 많은 시차에 걸쳐 있으며, 다양한 국가로부터 많은 참여자가 있다. 성과표준(performance standards) 또한 국가별, 지역별로 다양하다. 따라서 이러한 공급사슬관리에는 외국 정부의 규정 및 문화적 차이를 반영할 필요가 있다.

인터넷은 회사가 소싱(주문), 운송, 커뮤니케이션, 범국가적 재무를 포함한 그들의 글로벌 공급사슬을 관리할 수 있도록 도와준다. 예를 들어 오늘날 의류 산업은 인건비가 낮은 중국과 그 밖의 생산업체와의 계약을 아웃소싱에 많이 의존하고 있는데, 현재 의류회사들은 그들의 글로벌 공급사슬과 생산 현안을 관리하기 웹을 사용하기 시작했다(3장의 리앤펑에 대한 논의 참조).

계약 생산뿐만 아니라, 글로벌화는 UPS 공급사슬 솔루션과 DHL 같은 글로벌 배송 서비스 기업인 제3의 물류 제공자에게 물류창고 관리, 운송 관리, 기타 관련 작업에 대한 아웃소싱을 장려하게 된다. 이러한 물류 서비스 회사들은 웹 기반 소프트웨어를 고객에게 제공해 보다 나은 글로벌 공급사슬에 더 쉽게 다가설 수 있게 해주었다. 고객들은 재고와 배송 현황을 안전한 웹사이트에서 모니터링함으로써 그들의 글로벌 공급사슬을 더욱 효율적으로 운영할 수 있게 되었다.

수요 주도 공급사슬: 푸시 방식에서 풀 방식으로 생산과 효율적인 고객 대응

공급사슬관리시스템은 비용 감소 이외에도 기업이 고객의 요구에 따라 운영되도록 변화시킴으로써 효율적인 고객 대응을 유발한다(효율적 고객대응시스템은 3장에서 소개한다).

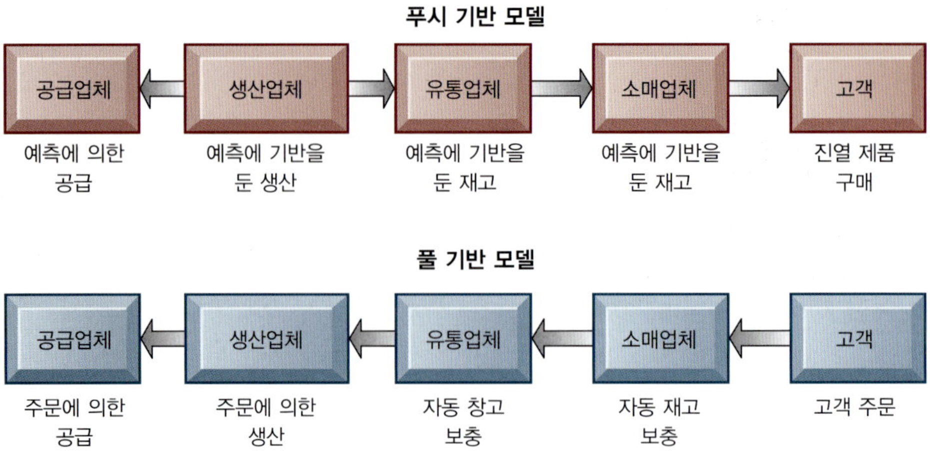

그림 9.4
푸시 대 풀 공급사슬 모델
푸시 모델과 풀 모델의 차이점은 '우리가 만든 것을 팔지 말고 우리가 팔 것을 만들자'라는 구호로 요약된다.

초기 공급사슬관리시스템은 계획생산(build-to-stock)이라고도 알려져 있는 **푸시 기반 모델**(push-base model)에 의해 주도되었다. 푸시 기반 모델에서는 생산 관리자가 제품 수요에 대한 예측 또는 최상의 예상을 기반으로 생산 일정을 계획하며, 이렇게 생산된 제품은 고객에게 '내보내진다(pushed)'. 새로운 정보 흐름이 웹 기반 도구 덕분에 가능해지자, 공급사슬관리는 **풀 기반 모델**(pull-base model)을 보다 손쉽게 따를 수 있게 되었다. 수요 주도 모델(demand-driven model) 또는 주문생산(build-to-order)으로도 알려진 풀 기반 모델에서는 고객 주문이나 구매가 공급사슬에서의 이벤트를 발생시킨다. 고객이 주문한 것만 생산하고 전달하는 거래는 소매업체에서 유통업체, 제조업체를 거쳐 마침내 공급업체에 이르기까지 공급사슬 위로 이동한다. 주문을 충족시키기 위해 생산된 제품만이 소매업체에 이르기까지 공급사슬 아래로 다시 이동한다. 그림 9.4에서 설명하고 있듯이 제조업체는 오직 실제 발생한 고객의 주문 수요 정보만을 이용해 생산 일정을 수립하고 부품 및 원재료를 조달한다. 이미 3장에서 설명된 월마트의 연속보충시스템(continuous replenishment system)이 풀 기반 모델의 예다.

인터넷과 인터넷 기술로 인해 정보와 물질이 기업에서 기업으로 순차적으로 흐르는 순차적(sequential) 공급사슬은 공급사슬 네트워크 구성원 간에 다양한 방향으로 동시에 정보 흐름이 발생하는 동시적(concurrent) 공급사슬로 변할 수 있게 되었다. 네트워크 구성원은 계획 및 주문 변화에 바로바로 대처할 수 있다. 결국 인터넷 덕분에 공급사슬 전체에 적용되는 '디지털 물류 신경 체계(digital logistics nervous system)'를 구축할 수 있게 된 것이다(그림 9.5 참조).

공급사슬관리시스템의 비즈니스 가치

당신은 지금까지 기업이 공급사슬관리시스템을 통해 어떻게 내부 및 외부 공급사슬 프로세스를 최적화할 수 있으며, 관리자가 무엇을 생산하고, 저장하고, 이동시킬지에 관해 보다 정확한 정보를 제공하는지를 살펴보았다. 네트워크로 이루어진 기업은 통합된 공급사슬관리시스템을 구현함으로써 공급을 수요에 일치시키고, 재고 수준을 낮추며, 전달 서비스를 향상하고, 시장에 제품 출시 속도를 가속화하며, 자산을 더 효과적으로 활용할 수 있다.

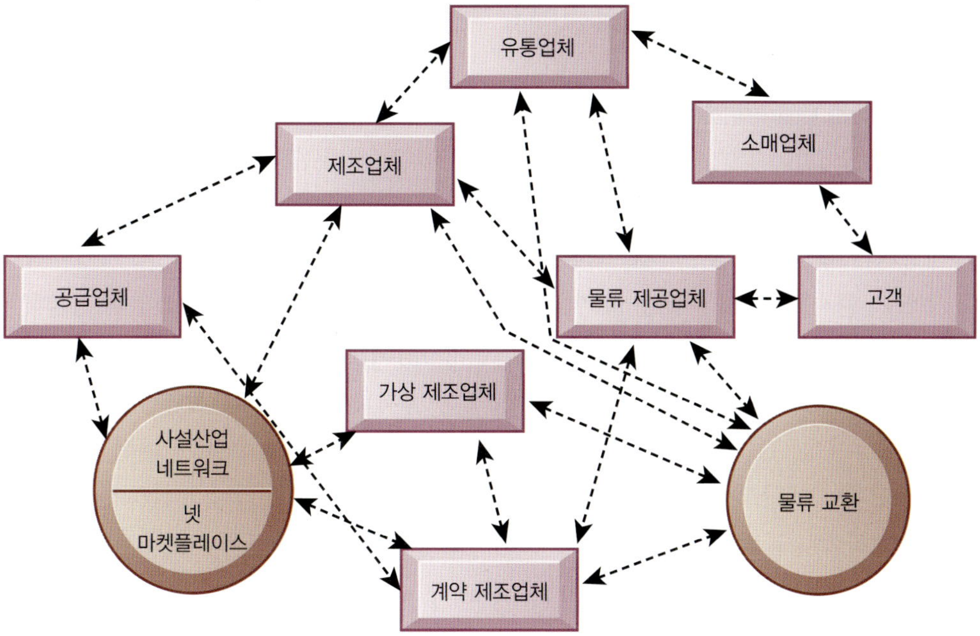

그림 9.5
미래의 인터넷 주도 공급사슬
부상하는 인터넷 주도 공급사슬은 디지털 물류 신경 체계처럼 운영된다. 이러한 공급사슬은 공급사슬 파트너 전체의 네트워크가 재고, 주문, 생산능력을 즉시 조정할 수 있도록 기업 상호 간 커뮤니케이션, 기업 네트워크, e-마켓플레이스를 제공한다.

공급사슬의 총비용은 많은 기업에게 운영 경비의 주된 부분이며, 일부 산업에서는 총운영 예산의 75%에 이르기도 한다. 따라서 공급사슬 비용은 기업의 수익성에 많은 영향을 미친다고 볼 수 있다.

공급사슬관리시스템은 비용을 줄일 뿐만 아니라 판매 증가도 가져올 수 있다. 고객이 원할 때 제품이 없다면 다른 곳에서 제품을 구입하려고 할 것이다. 좀 더 정확한 공급사슬 통제는 고객이 원할 때 그 제품을 구입할 수 있게 하는 기업의 능력을 향상시킨다.

9-3 고객관계관리시스템이 고객 친밀성을 위해 어떤 도움을 주는가?

'고객은 항상 옳다', '고객은 왕이다'라는 말을 한 번쯤 들어보았을 것이다. 오늘날 이 말은 이전보다 더 현실감 있게 들린다. 혁신적인 신제품이나 새로운 서비스를 바탕으로 한 경쟁우위가 오래 가지 못할 수 있기에, 기업은 경쟁력을 유지할 수 있는 유일한 힘이 고객과의 관계에서 나올 수 있다는 것을 깨닫고 있다. 어떤 이는 누가 가장 좋은 제품과 서비스를 파는가에서 누가 그들만의 고객을 '가지고' 있는지로 경쟁 척도가 바뀌었으며, 이러한 고객관계는 기업의 가장 가치 있는 자산이라고 말하기도 한다.

고객관계관리의 정의

고객과 더욱 친밀하고 오래 지속되는 관계를 만들려면 어떤 정보가 필요한가? 당신은 당신의 고객이 누구이고, 그들과 어떻게 접촉하며, 서비스를 제공하는 데 비용이 얼마나 드는지, 고객이 어떤 제품과 서비스에 관심이 많은지, 당신 기업에 얼마를 사용할 것인지 등을 알고 싶어 한다. 할 수만 있다면 마치 작은 도시에서 매장을 운영하는 것처럼 고객 한

명 한 명을 확실하게 유지하고 싶을 것이다. 그리고 고객이 특별한 대우를 받고 있다고 느끼게 해주고 싶을 것이다.

규모가 작은 매장이라면 매장 소유자나 관리자는 고객을 개인적으로 알 수 있다. 훌륭한 지역 매장 관리자는 고객의 얼굴뿐 아니라 생일, 건강, 질병, 결혼과 같은 가정사, 그리고 그 고객이 주로 구입하는 품목 등도 기억할 것이다. 그러나 대도시나 전국, 전 세계를 무대로 운영되는 대기업의 경우라면 이러한 친밀한 방식으로 고객을 파악하는 것은 불가능하다. 규모가 큰 기업은 너무 많은 고객을 보유하고 있으며, 따라서 고객이 기업과 접촉하는 방식(웹, 전화, 팩스, 대면) 또한 너무나 많다. 대기업의 판매, 서비스, 마케팅 프로세스는 대부분 구분되는 경향이 있기 때문에 이러한 모든 출처로부터 정보를 통합하는 것은 더욱 어려울 수밖에 없다. 일부 중요 정보는 저장되고 개인 계정에 형성된다. 구매된 상품에 의해 같은 고객에 대한 다른 정보들이 형성된다. 이러한 전통적인 비즈니스 환경에서는 기업과 고객의 통합된 관점을 제공하기 위한 모든 정보를 통합하는 방법은 존재하지 않는다.

여기가 바로 고객관계관리(customer relationship management, CRM)시스템이 도울 수 있는 지점이다. 2장에서 소개한 고객관계관리시스템은 조직 전체에 저장된 고객 데이터들을 파악하고 통합하는 동시에 이러한 데이터를 모으고, 분석하며, 그 결과물을 조직 전체에 걸쳐 있는 다양한 시스템과 고객 접점에 제공한다. **접점**(touch point, contact point)은 전화, 이메일, 고객 서비스 데스크, 편지, 페이스북, 트위터, 무선기기, 웹사이트, 소매점과 같은 고객과 상호작용을 하는 방법을 의미한다. 제대로 설계된 CRM시스템은 고객에 대한 기업의 단일 관점을 제공할 수 있는데, 이러한 관점은 판매 및 고객 서비스 모두를 향상하는 데 사용될 수 있다. 마찬가지로 이러한 시스템은 고객에게도 자신이 이용하는 접점과 무관하게 기업에 대한 통합된 관점을 제공할 수 있다(그림 9.6 참조).

좋은 CRM시스템은 다음과 같은 질문에 대한 답변을 위한 데이터와 분석 도구를 제공한다. 특정 고객이 일생 동안 기업에 주는 가치는 얼마인가? 누가 우리 기업의 가장 충성

그림 9.6
고객관계관리(CRM)
고객관계관리시스템은 다양한 관점으로부터 고객을 조사하며 고객관계, 고객 서비스, 판매, 마케팅에 이르기까지 모든 관점을 처리하기 위해 통합적인 응용프로그램을 사용한다.

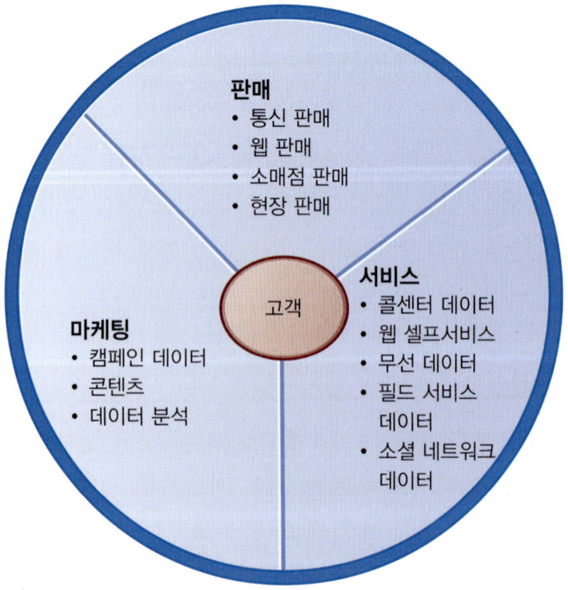

스러운 고객인가? 누가 우리 기업에서 가장 수익성 있는 고객인가? 이 수익성 있는 고객은 어떤 물건을 사고자 하는가? 기업은 새로운 고객을 얻고, 기존 고객에게 더 좋은 서비스와 지원을 제공하고, 고객이 선호하는 것에 맞춰 선물을 제공하고, 수익성 있는 고객을 유지하기 위한 지속적 가치를 제공하기 위해 이 질문에 대한 답을 이용한다.

고객관계관리 소프트웨어

상업적으로 활용되는 고객관계관리(CRM) 소프트웨어 패키지는 특정 고객을 위해 개인화한 웹사이트처럼 한정된 기능을 수행하는 유용한 도구에서부터 고객과의 수많은 상호작용을 파악하고 이러한 상호작용을 복잡한 리포팅 도구들로 분석하고, 공급사슬관리 및 전사적 시스템과 같은 다른 주요 전사적 응용프로그램과 연계시키는 대규모 전사적 응용시스템에까지 이른다. 보다 범위가 넓은 CRM 패키지는 **파트너관계관리**(partner relationship management, PRM) 및 **직원관계관리**(employee relationship management, ERM)를 위한 모듈도 포함하고 있다.

파트너관계관리(PRM)는 고객관계관리에서와 동일한 다수의 데이터, 도구, 시스템을 이용해 기업과 판매 파트너 간 협업을 향상한다. 어떤 기업이 고객에게 직접 물건을 판매하지 않고 유통업체나 소매업체를 거쳐 판매하는 경우, PRM은 이러한 채널들이 고객에게 직접 판매하는 데 도움을 줄 수 있을 것이다. PRM은 기업 및 판매 파트너에게 정보를 교환하고 고객에 관한 전망과 데이터를 분배하는 기능을 제공해 신규고객 창출, 가격 책정, 판매 촉진, 주문처리 방식 설정, 가용성을 통합한다. 또한 PRM은 파트너들의 성과를 평가할 수 있는 도구를 제공하는데, 이것을 통해 최고의 파트너들이 비즈니스를 완수하는 데 필요한 지원을 받고 있는지를 확인할 수 있다.

ERM 소프트웨어는 목표 설정, 직원 성과 관리, 성과 기반 보상, 직원 교육 등 CRM과 중요하게 관련된 직원 문제를 다룬다. 주요 CRM 응용소프트웨어 공급업체로는 오라클이 소유한 시벨시스템스(Siebel Systems)와 피플소프트(PeopleSoft) CRM, SAP, 세일즈포스닷컴(Salesforce.com), 마이크로소프트의 다이나믹스 CRM(Dynamics CRM)이 있다.

고객관계관리시스템은 전형적으로 판매, 고객 서비스, 마케팅을 위한 소프트웨어 및 온라인 도구를 제공하며, 이제 이러한 시스템의 기능(capability)을 기술하겠다.

판매자동화시스템

CRM시스템에 있어 **판매자동화**(sales force automation, SFA) 모듈은 판매 및 서비스에 있어 좋은 기회를 제공하는 가장 수익성 높은 고객들에게 판매노력을 집중함으로써 영업사원의 생산성을 증대하는 데 도움을 준다. SFA 모듈은 판매 전망 및 접촉정보, 제품정보, 제품 구성 기능, 판매견적 산출 기능을 제공한다. 이와 같은 소프트웨어는 판매사원이 개인화된 추천을 할 수 있도록 특정 고객의 과거 구매이력 정보들을 조합할 수 있다. SFA 모듈은 기존고객과 잠재고객의 정보가 영업, 마케팅, 배송부서 간에 용이하게 사용되도록 해준다. SFA 모듈은 영업사원이 새로운 고객을 창출하고 기존고객을 유지하는 비용뿐만 아니라 거래 단위당 비용을 효율적으로 절감할 수 있도록 한다. 또한 SFA 모듈은 판매 전망, 영역관리, 팀 판매를 위한 기능도 있다.

고객 서비스

CRM시스템의 고객 서비스 모듈은 콜센터, 고객 상담소 및 고객 지원팀의 효율성을 증가시키는 정보 및 도구를 제공한다. 이러한 모듈은 고객의 서비스 요청을 할당하고 관리할 수 있는 기능을 가지고 있다.

이러한 기능 중 하나로 예약 또는 전화상담이 있다. 고객이 대표 전화번호로 전화를 걸면, 시스템은 이러한 요청을 적절한 서비스 직원에게 할당하게 되는데, 직원은 그 고객에 관한 정보를 시스템에 한 번만 입력하면 된다. 일단 고객 데이터가 이 시스템에 입력되면, 모든 서비스 직원이 이 고객관계를 처리할 수 있다. 일관되고 정확한 고객정보에 대한 접근성 향상은 콜센터가 매일 더 많은 통화를 처리하고 통화별 시간을 줄일 수 있도록 도와준다. 따라서 콜센터와 고객 서비스팀은 적은 비용으로 높은 생산성, 감소한 처리시간, 보다 높은 품질의 서비스를 달성할 수 있다. 고객은 고객 서비스 부서에 자신의 문제를 전화로 다시 일일이 설명해야 하는 시간을 줄일 수 있기 때문에 더욱 만족스러워한다.

또한 CRM시스템은 웹 기반 셀프서비스 기능이 있다. 기업 웹사이트는 문의 고객에게 개인화된 지원정보를 제공할 뿐만 아니라 추가적인 지원을 위해 고객 서비스 직원과의 전화 접촉이 가능한 옵션을 제공할 수도 있다.

마케팅

CRM시스템은 기존고객 및 잠재고객 데이터를 파악하고, 제품 및 서비스 정보를 제공하며, 타깃 마케팅을 위한 대상자를 평가하고, 다이렉트 마케팅 메일 또는 이메일을 계획, 추적하는 기능을 제공함으로써 다이렉트 마케팅 캠페인을 지원한다(그림 9.7 참조). 또한 마케팅 모듈은 마케팅 데이터 및 고객 데이터를 분석하고, 수익성 높은 고객과 그렇지 않은 고객을 식별하고, 특정 고객의 니즈와 관심을 만족시킬 수 있는 제품 및 서비스를 설계

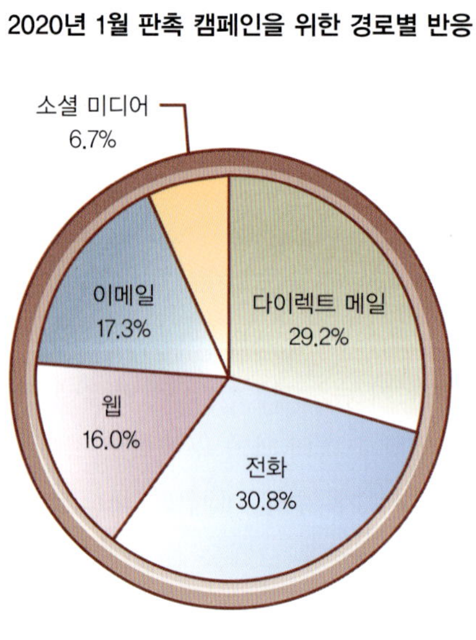

그림 9.7
CRM시스템의 마케팅 지원 방식
고객관계관리 소프트웨어는 이메일, 다이렉트 메일, 전화, 웹, 소셜 미디어 등을 포함하는 다양한 경로의 마케팅 캠페인을 관리·평가하는 데 있어 사용자에게 단일한 접점을 제공한다.

그림 9.8

CRM 소프트웨어 기능

주요 CRM 소프트웨어 제품은 다수의 서로 다른 원천으로부터 제공되는 고객정보를 통합하는 가운데 판매, 서비스, 마케팅 관련 비즈니스 프로세스를 지원한다. 이러한 제품에는 CRM의 운영적 관점과 분석적 관점 모두에 대한 지원 기능이 포함되어 있다.

하며, 교차판매에 대한 기회를 식별하는 도구를 포함하고 있다.

교차판매(cross-selling)는 고객에게 보완제품을 홍보하는 것이다(예를 들어 금융 서비스에서 수표계좌를 가진 고객은 현금계좌를 만들거나 주택담보대출을 할지도 모른다). 또한 CRM 도구는 기업이 마케팅 캠페인의 계획부터 성과 평가까지 모든 단계를 관리하고 실행하는 것을 도와준다.

그림 9.8은 주요 CRM 소프트웨어 제품에서 찾아볼 수 있는 판매, 서비스, 마케팅 관련 프로세스의 가장 중요한 기능을 설명하고 있다. 전사적 소프트웨어처럼 이 소프트웨어는 비즈니스 프로세스 주도형으로 각 영역에서 최우량 사례로 여겨지는 수많은 비즈니스 프로세스를 통합한다. 최대 이익을 달성하기 위해 기업은 수정이 필요하고 그들의 비즈니스 프로세스를 최우량 사례와 일치하게 만들어야 한다.

그림 9.9는 고객 서비스를 통해 고객 충성도를 증가시키는 최우량 사례가 어떻게 CRM 소프트웨어에 의해 적용될 수 있는지 보여주고 있다. 고객 서비스는 다른 대우를 받을 만한 수익성 높은 장기 고객에 직접적으로 제공되며, 이는 기업에게 고객 유지율을 높일 기회를 제공한다. CRM 소프트웨어는 고객 가치와 기업 충성도를 바탕으로 각 고객에게 점수를 부여할 수 있으며, 콜센터는 각각의 고객 서비스 요청을 고객의 요구를 가장 잘 처리할 수 있는 담당자에게 할당하는 데 도움이 되는 정보를 제공할 수 있다. CRM시스템은 해당 고객의 가치 및 충성도에 대한 점수를 포함한 구체적인 정보를 서비스 담당자에게

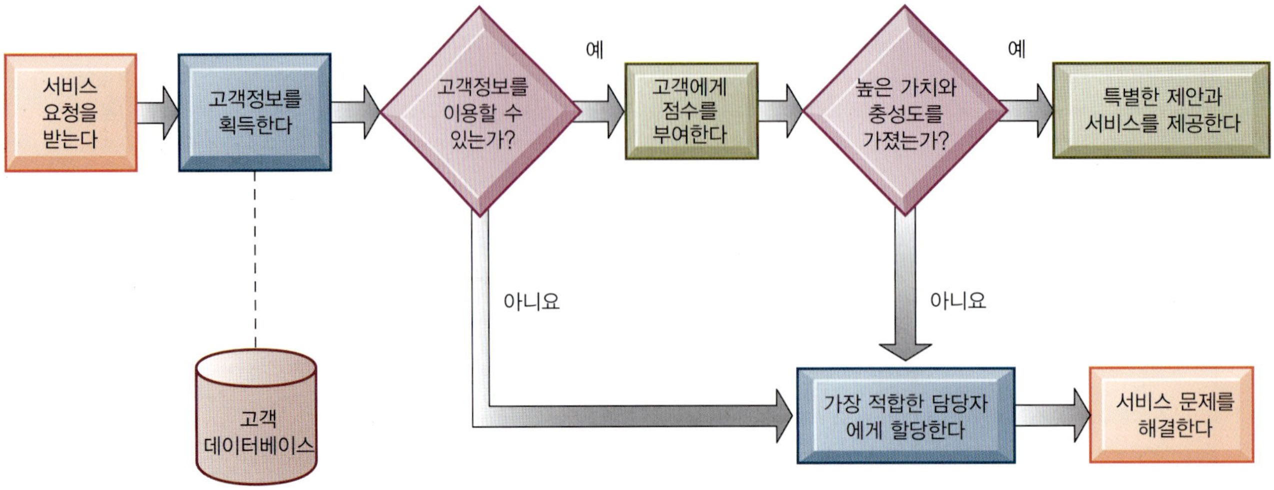

그림 9.9 고객 충성도 관리 프로세스 맵
이 프로세스 맵은 고객 서비스를 통해 고객 충성도를 높이는 최우량 사례가 어떻게 고객관계관리 소프트웨어에 의해 모델화되는지 보여준다. CRM 소프트웨어는 회사가 우대할 가치 높은 고객을 식별하는 것을 도와준다.

자동으로 전달할 것이다. 서비스 담당자는 고객이 자사와 지속적인 거래를 유지하도록 이러한 정보를 이용해 그 고객에게 특별한 제안 또는 추가적인 서비스를 추천할 수 있을 것이다.

운영적·분석적 고객관계관리

우리가 지금까지 설명한 모든 응용시스템은 운영적 고객관계관리 또는 분석적 고객관계관리를 지원한다. **운영적 고객관계관리**(operational CRM)는 영업 자동화, 콜센터 및 고객 서비스 지원, 마케팅 자동화를 위한 도구와 같은 고객을 상대로 하는 응용프로그램을 포함한다. **분석적 고객관계관리**(analytical CRM)는 비즈니스 성과 관리 향상에 필요한 정보를 제공하기 위해 운영적 고객관계관리 응용프로그램에 의해 생성되는 고객정보를 분석하는 응용프로그램을 포함한다.

분석적 고객관계관리 응용프로그램은 온라인 분석 처리(online analytical processing, OLAP), 데이터 마이닝(data mining), 데이터 웨어하우스를 기반으로 여타의 데이터 분석 기법(6장 참조)을 운영적 고객관계관리시스템과 고객 접점으로부터 제공되는 데이터와 결합한다. 기업에 의해 수집된 고객 데이터는 다이렉트 마케팅 캠페인을 위해 다른 기업으로부터 구매한 고객 리스트 또는 인구통계학적 데이터와 같이 다른 원천으로부터 나오는 데이터와 결합할 수도 있다. 이러한 데이터들은 고객의 구매 패턴을 식별하고, 타깃 마케팅을 위한 세그먼트를 생성하며, 수익성이 높은 고객과 낮은 고객을 식별하기 위한 분석에 사용될 수도 있다(그림 9.10 참조).

분석적 CRM의 또 다른 중요한 결과물은 기업에 대한 고객의 평생가치이다. **고객평생가치**(customer lifetime value, CLTV)는 특정 고객에 의해 발생한 수익, 그 고객을 얻고 서비스하는 데 발생한 비용, 고객과 기업 관계 등의 상호관계에 기반을 두고 있다.

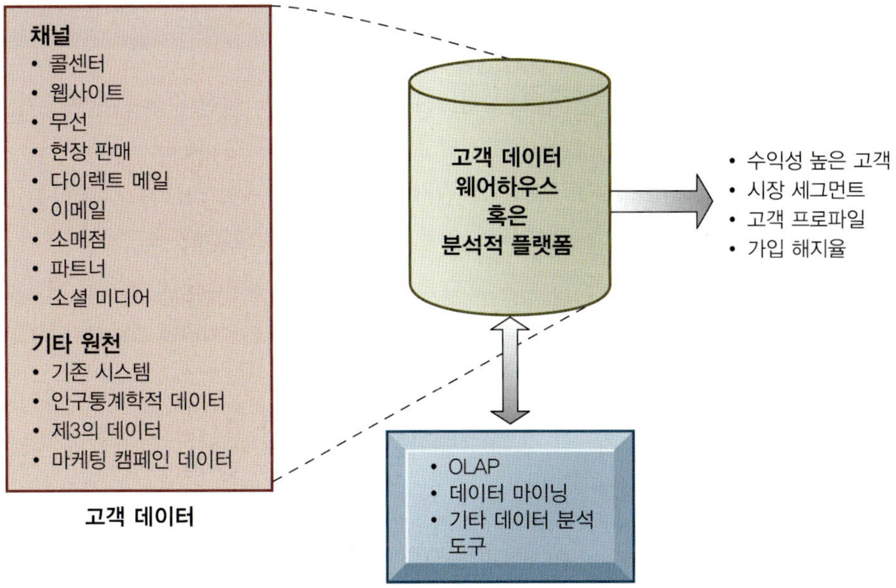

그림 9.10
분석적 CRM
분석적 CRM은 기업의 고객 접점 및 다른 원천으로부터 수집된 고객 데이터를 분석하기 위해 고객 데이터 웨어하우스와 다양한 도구를 이용한다.

고객관계관리시스템의 비즈니스 가치

효율적인 고객관계관리시스템을 가진 기업은 고객 만족 향상, 다이렉트 마케팅 비용 감소, 보다 효과적인 마케팅, 고객 창출 및 유지비용 감소를 포함해 다양한 이점을 실현할 수 있다. CRM시스템의 정보를 이용해 집중화된 마케팅, 교차판매, 상향판매를 위한 가장 수익성이 높은 고객과 고객 집단을 구별함으로써 판매수익을 증대할 수 있다(사람 관점 사례연구 참조).

고객 가입 및 해지는 판매, 서비스, 마케팅이 고객 요구에 잘 대응할수록 감소한다. **가입 해지율**(churn rate, 가입 전환율이라고도 함)은 제품이나 서비스의 사용 또는 구매를 중단하는 고객의 수를 측정하는 것이다. 가입 해지 등급은 기업의 고객 성장 또는 감소를 나타내는 중요한 지표이다.

9-4 전사적 응용시스템이 직면하는 도전은 무엇이며, 어떻게 새로운 기술의 이점을 활용하는가?

많은 기업이 SCM과 CRM을 실행하는 이유는 시스템과 전사적 시스템이 운영 수월성을 얻고 의사결정을 향상하는 데 매우 강력한 도구이기 때문이다. 그러나 정확하게는 이런 것들이 조직의 운영 방식을 변화시키는 데 있어 너무 강력하기 때문에 구현이 어렵다. 이러한 과제의 일부와 이 시스템에서 더 많은 가치를 이끌어내는 새로운 방법을 간단하게 살펴보자.

전사적 응용시스템의 과제

재고비용 및 납기 시간(주문에서 상품을 전달하기까지 걸리는 시간)의 급격한 감소뿐만 아니라 더 효율적인 고객 대응, 더 질 좋은 제품, 고객 수익성은 이러한 응용시스템(기업

CRM을 통해 한 번에 개별 고객을 이해하는 아디다스

아디다스는 스포츠 신발, 의류, 액세서리 부문의 글로벌 선도 업체로서 하루에 120만 켤레의 운동화를 판매하고 있다. 독일의 헤르초겐아우라흐에 본사를 둔 아디다스는 전 세계적으로 60,000명의 직원을 보유하고 있으며 2018년에 249억 달러에 이르는 매출을 달성했다. 아디다스는 나이키 다음으로 세계에서 두 번째로 큰 스포츠 의류 제조업체이다.

아이다스는 디지털과 온라인 마케팅에서 선도기업이기도 하다. 아디다스에 가장 중요한 매장은 이제 실제 상점이 아니라 웹사이트이다. 아디다스 웹사이트는 아디다스가 다른 경쟁자와 차별화되고 판매 향상을 이끌도록 도와주는 데 있어서 연결되고 개인화된 고객 경험을 제공하는 중요한 채널이다. 전자상거래는 아디다스의 가장 많은 이윤을 발생시키는 판매시점 채널로서 온라인 매출액은 2020년 45억 달러로 전망된다.

아디다스는 가격이 아닌 브랜드와 고객 경험의 질을 통해 경쟁하고 있다. 전통기업으로부터 선호하는 쇼핑 매체인 디지털로의 전환은 아디다스가 변화하는 고객 선호도를 따라잡을 수 있는 방법을 찾게 해주었다. 고객은 명백히 아디다스의 비즈니스 중심에 있으며, 아마존과 같은 다른 온라인 소매기업과의 고객 경험은 그들이 아디다스와 더욱 개인화된 관계를 원하도록 만들었다.

고객에게 더 나은 서비스를 제공하고, 고객과의 모든 관계를 관리하기 위해 아디다스는 고객관계관리와 응용소프트웨어 개발을 위한 클라우드 기반 도구를 갖추고 있는 세일즈포스닷컴으로 전환했다. 세일즈포스닷컴은 아디다스가 주요 고객층을 밝히고, 고객과의 밀접한 관계를 개발하고, 각 고객의 니즈에 맞는 맞춤형의 차별화된 경험을 설계할 수 있도록 도움을 준다. 세일즈포스 CRM 도구는 아디다스가 개인이 아디다스와 상호작용하는 모든 다양한 채널에 걸쳐 각 고객에 대한 단일 관점을 갖게 했다.

CRM 플랫폼인 세일즈포스 마케팅 클라우드(Salesforce Marketing Cloud)는 마케터가 고객과의 마케팅 관계나 캠페인을 만들고 관리하도록 한다. 마케팅 클라우드는 고객의 동선 관리, 이메일, 모바일, 소셜 미디어, 웹 개인화, 광고, 콘텐츠 제작, 콘텐츠 관리, 데이터 분석을 위한 통합 솔루션을 포함한다. 상상 가능한 고객과의 상호작용과 업무 처리가 가능하다. 이 소프트웨어는 예를 들어 특정 메시지에 어떤 채널이 좋은지와 같은 문제에 대한 의사결정을 도와주는 예측 분석 기능을 포함하고 있다. Journey Builder라는 기능은 고객의 행위와 니즈, 인구통계학적 특성, 대화채널 선호도에 따라 마케터가 캠페인을 맞춤화하도록 도와준다.

마케팅 클라우드는 세일즈포스닷컴의 세일즈 클라우드(Sales Cloud)와 서비스 클라우드(Service Cloud)에 연결되어 통합된 경험을 제공하고 판매, 마케팅, 서비스 그룹의 대리인들이 각각의 독립된 관점에서 고객과 접촉하는 것을 방지하게 한다. 서비스 클라우드는 고객 서비스와 지원을 위한 플랫폼이다. 이를 사용하는 기업은 서비스 절차를 자동화하고, 업무를 간소화하며, 1,100명의 고객 서비스 직원을 도와줄 수 있는 정보를 가진 주요 기사, 주제, 전문가들을 위치하게 한다. 서비스 클라우드는 다양한 소셜 플랫폼에 걸친 고객의 소리를 경청해 자동적으로 최적의 직원에게 연결되게 한다. Service for App은 고객 지원 소프트웨어를 모바일 응용프로그램으로 삽입 가능하도록 하는데, 이 소프트웨어는 실시간 직원과의 채팅, 스크린 공유, 스크린 유도형 지원 등을 포함하고 있다. 서비스 클라우드는 개별 고객이 선호하는 어떠한 형태(이메일, 웹, 소셜 미디어, 전화)라도 하나의 단일 응용소프트웨어를 통해 더욱 개인화되고 편리한 서비스를 제공하게 한다.

아디다스는 세일즈포스 커머스 클라우드(Salesforce Commerce Cloud)를 사용함으써 전 세계적으로 집중화된 전자상거래 사이트를 전개할 수 있다. 커머스 클라우드는 세계 전역에서의 기업 비즈니스를 위해 요구되는 언어와 환율을 지원한다. 아디다스는 커머스 클라우드를 통해 얻은 개인고객에 대한 지식과 기호를 활용해 더 나은 제품을 만들고 가장 빠르게 제조해 고객에게 전달한다. 또한 아디다스는 모든 채널과 장치에 걸친 디지털 작용으로부터 온라인과 웹 행위를 인지할 수 있는 세일즈포스 DMP를 사용한다.

고객에게 더욱 가깝게 다가가기 위해 아디다스는 다양한 디지털 접점을 통해 밝혀진 고객의 개인별 기호와 행위에 기반 한 콘텐츠, 상호작용, 제품을 고객화하는 모바일 앱을 개발했다. 앱은 맞춤형 제품 추천, 색상 선호도와 위치, 주문 추적, 블로그 포스트, 개인화된 기사, 비디오, 개인의 스포츠 및 스포츠 스타 선호도와 관련된 실시간 업데이트, 고객의 질문에 응답하고 더욱 맞춤화된 제품 추천을 도와주는 아인슈타인(Einstein)이라 불리는 지능형 온라인 채팅 도구를 갖추고 있다. 앱은 애플 페이(Apple Pay)와 안드로이드 페이(Android Pay) 모바일 지불시스템과 연동되어 있다.

아디다스의 디지털 경험 설계 부회장인 재클린 스미스-뒤벤도르퍼(Jacqueline Smith-Dubendorfer)는 고객관계관리를 위한 세일즈포스의 사용은 각 고객별로 대응할 수 있는 기업의 능력을 향상시켰다고 믿고 있다. 이 사람은 누구인가? 우리는 그 사람에 대해 얼마나 알고 있는가? 그 사람은 어디 출신인가? 그 사람이 관심이 있는 것은 무엇인가? 현재 세일즈포스 CRM 도구를 활용하면서 아디다스는 이러한 질문에 매우 쉽게 대답할 수 있다. CRM은 아디다스가 고객이 실제 바라보고 있는 것만큼 가깝게 고객에게 보여주고자 하는 것을 조정하도록 정보를 제공한다. 아디다스는 현재 다양한 채널과 장치를 통해 모든 고객과 일대일로 연결할 수 있다.

출처: "Adidas," www.salesforce.com, accessed January 11, 2019; "Fact Sheet 2018," www.adidas-group.com, accessed March 20, 2019; Stuart Lauchlan, "Dreamforce 2018—Adidas Gets Closer to Customers by Adopting an Athletic Mindset in Business," Diginomica, September 27, 2018; and Nadia Cameron, "Adidas Taps Data and Technology Smarts to Build Personalized Digital Engagement with Customers," CMO, November 7, 2017.

사례연구 문제

1. 경쟁세력모형과 가치사슬 모형을 활용해 아디다스를 분석하라.
2. 아디다스의 비즈니스 전략은 무엇인가? 이러한 전략에서 고객관계관리의 역할은 무엇인가?
3. 정보시스템은 아디다스의 전략을 어떻게 지원하는가?
4. 세일즈포스 활용이 아디다스가 경쟁우위를 차지하는 데 어떤 역할을 했는가? 이것이 아디다스의 사업 운영 방식을 어떻게 변화시켰는가?
5. 세일즈포스닷컴 사용으로 향상된 비즈니스 의사결정의 예를 두 가지 제시하라.

응용시스템, SCM시스템, CRM시스템)을 매우 매력적인 것으로 만든다. 그러나 기업은 이러한 가치를 얻기 위해 시스템을 효과적으로 사용하려면 어떻게 바뀌어야 하는지 정확하게 알아야 한다.

전사적 응용프로그램은 구매 및 구현에 매우 많은 비용이 드는 복잡한 소프트웨어를 포함한다. 파노라마컨설팅솔루션스(Panorama Consulting Solutions)에 의해 실시된 241개 ERP 사용자를 대상으로 한 2019년 조사에 따르면, ERP 프로젝트의 45%가 초과 비용이 소요되었으며, 초기예산 대비 평균 24%를 초과한 것으로 나타났다(Panorama Consulting Solutions, 2019a). 프로젝트 범위 변경과 추가적인 커스터마이징 작업은 그 이행에 추가적인 비용과 시간을 필요로 했다.

전사적 응용시스템은 기존에 자리 잡고 있는 기술에 대한 변화뿐만 아니라 비즈니스 운영 방식의 근본적인 변화를 요구한다. 기업에는 소프트웨어를 가지고 작업할 수 있는 비즈니스 프로세스의 급격한 변화를 가져오게 된다. 직원들은 이러한 새로운 작업 기능과 책임을 받아들여야 한다. 직원들은 새로운 프로세스를 어떻게 수행하는지 학습해야 하고, 그들이 시스템에 입력한 정보가 기업의 다른 부분에 어떻게 영향을 미치는지 알아야 할 것이다. 이것은 새로운 조직에 대한 학습을 요구하며, 이 또한 ERP 구현 비용 요인에 포함된다.

공급사슬관리시스템은 여러 조직이 정보와 비즈니스 프로세스를 공유하도록 요구한다. 이 시스템에 참여하는 조직은 시스템이 공급사슬 전체에서 가장 좋은 서비스를 제공하도록 자신의 프로세스와 이 시스템이 정보를 사용하는 방식을 변경해야 할지도 모른다.

어떤 기업은 전사적 응용프로그램을 처음으로 구현할 때 어느 정도 조직 변화가 필요한지 파악하지 못해 엄청나게 많은 운영상 문제와 손실을 경험했다. 유럽의 어느 대형 소매기업은 i2테크놀로지(i2 Technologies, 현재 JDA 소프트웨어)의 공급사슬관리 소프트웨어를 이용해 제품을 매장으로 보내는 데 많은 어려움을 겪었다. 그 기업은 판촉제품 수요에서 상당한 변동을 일으키는 판촉 주도 비즈니스 모델을 사용했는데, i2 소프트웨어는 이 모델과 잘 조화를 이루지 못했다. 거대 슈퍼마켓 기업인 울워스 오스트레일리아(Woolworth's Australia)는 과거의 자체 개발 ERP시스템에서 SAP로 변경하는 과정에서 데이터 관련 문제에 직면하게 되었다. 개별 점포에 제공되는 주간 손익보고서는 거의 18개월 동안 제공되지 못했다. 이로 인해 회사는 데이터 수집 절차를 변경해야만 했지만, 자신의 프로세스를 이해하지 못하고 비즈니스 프로세스를 적절하게 문서화하지도 못했다.

전사적 응용시스템은 전환비용(switching costs)도 필요하다. 일단 SAP나 오라클과 같은 하나의 공급업체로부터 전사적 응용시스템을 도입했다면, 공급업체를 바꾸는 데 비용이 매우 많이 들기 때문에 회사는 제품을 향상하고 설치를 유지하기 위해 공급업체에 의존하게 될 것이다.

전사적 응용시스템은 데이터의 전사적(organization-wide)인 정의에 기반을 둔다. 회사는 회사 내에서 그 데이터를 이용하고, 데이터가 어떻게 CRM, SCM, 전사적 시스템에서 조직되는지 정확하게 이해하고 있어야 한다. CRM시스템은 일반적으로 일부 데이터를 정리하는 작업을 요구한다. 이러한 문제는 전사적 소프트웨어 공급업체들이 대기업에게는 최우량 사례 가이드라인을 제공하면서, 중소기업에게는 빠른 이행이 가능한 축소 버전의 소프트웨어를 제공하는 것에서 비롯될 수 있다. 기업은 또한 기본 전사적 소프트웨어에 의해 제공되지 않는 기능에 대해 클라우드 응용시스템을 사용함으로써 단일 시스템으로 인한 제약으로부터 보다 유연한 대처를 할 수 있도록 하고 있다.

전사적 시스템을 채택하고 있는 회사들은 시스템 커스터마이징을 최소화함으로써 시간과 비용을 줄일 수 있다. 예를 들어 독일에 있는 20억 달러 규모의 금속절단기 제조업체는 6,400여 개의 커스터마이징을 거치면서 ERP시스템을 유지하는 데 13년간 1,000만 달러 이상을 들였다. 현재 그 회사는 커스터마이징이 되지 않은 SAP의 전사적 소프트웨어인 '플레인 바닐라(Plain Vanilla)'로 교체했으며, 회사의 비즈니스 프로세스를 그 시스템에 일치하도록 변화시켰다. 오피스디포(Office Depot)는 자체 시스템에서 오라클의 ERP 클라우드 형으로 변경하면서 커스터마이징을 하지 않았다. 오라클의 ERP 응용시스템을 커스터마이징하지 않음으로써 오피스디포는 자신의 정보시스템을 단순화했으며, 유지와 관리에 소요되는 비용을 절감할 수 있었다.

차세대 전사적 응용프로그램

오늘날 전사적 응용프로그램 공급업체는 웹 이용이 가능하고 다른 시스템과 통합할 수 있는 더욱 유연하고 가치 있는 프로그램을 제공하고 있다. 독립형 전사적 시스템, 고객관계관리시스템, 공급사슬관리시스템은 옛것이라 할 수 있다. 주요 전사적 소프트웨어 공급업체는 고객과 공급업체의 시스템을 보다 친밀하게 연결하는 고객관계관리, 공급사슬관리, 전사적 시스템을 만들기 위해 엔터프라이즈 솔루션(Enterprise Solutions), 엔터프라이즈 스위트(Enterprise Suites), e-비즈니스 스위트(e-Business Suites)라는 것을 보유하고 있다.

차세대 전사적 응용프로그램은 또한 개방형 소스와 클라우드 솔루션을 포함하고 있으면서, 모바일 플랫폼에서 사용 가능한 많은 기능을 보유하고 있다. SAP, 오라클, 마이크로소프트와 같은 대형 전사적 소프트웨어 공급업체는 클라우드 기반의 ERP시스템을 보유하고 있을 뿐 아니라 중소 규모 기업을 위한 클라우드 기반 제품을 보유하고 있다(앞서 논의한 조직 관점의 사례연구 참조). 예를 들어 SAP는 대기업에는 SAP S/4HANA Cloud를 제공하고 있으며, 중소 규모 기업 대상으로는 SAP 비즈니스 바이디자인(SAP Business ByDesign)과 SAP 비즈니스 원(SAP Business One)이라는 전사적 소프트웨어를 제공하고 있다. 마이크로소프트는 ERP와 CRM 소프트웨어의 클라우드 버전인 다이나믹 365(Dynamic 365)를 제공하고 있다. 클라우드 기반 전사적 시스템은 넷스위트(NetSuite)와 같은 소규모 공급업체가 제공하기도 한다.

클라우드 기반 CRM에 있어서 명실상부한 글로벌 시장의 리더는 5장에서 논의한 바 있는 세일즈포스닷컴이다. 세일즈포스닷컴은 인터넷이 연결된 컴퓨터나 모바일 장치를 통해 자신의 서비스를 제공하며, 중소기업뿐만 아니라 대기업에서도 널리 사용하고 있다. 클라우드 기반 제품이 더욱 성장해 감에 따라, 점점 더 많은 기업이 전사적 응용시스템의 전부 또는 일부를 클라우드 기반으로 선택해 나아갈 것으로 예상된다.

소셜 CRM

CRM 소프트웨어 공급업체는 현재 소셜 네트워크 기술 활용을 높일 수 있도록 제품을 발전시키고 있다. 소셜 네트워크 기능의 강화는 기업이 더욱 빠르게 새로운 아이디어를 구현하고, 팀의 생산성을 증진하고, 고객과의 상호작용을 강화하도록 도움을 준다(10장의 사람 관점 사례연구 참조). **소셜 CRM**(social CRM) 도구를 사용함으로써 기업은 자사 제품과 서비스에 대한 고객의 반응을 분석함으로써 그들의 고객들과 더 나은 관계를 맺게 된다.

소셜 CRM 도구는 기업이 소셜 네트워크로부터 행해지는 고객과의 대화나 관계를 CRM 프로세스와 연계가 가능하도록 하고 있다. 일류 CRM 공급업체는 현재 소셜 네트워크로부터의 데이터를 CRM 소프트웨어와 연결할 수 있는 도구를 제공하고 있다. SAP, 세일즈포스닷컴과 오라클의 CRM 제품들은 페이스북, 링크드인, 트위터, 유튜브와 그 밖의 사이트가 갖고 있는 소셜 미디어 활동을 감시하고 추적하며 분석할 수 있는 기술을 포함하고 있다. SAS 같은 비즈니스 인텔리전스 분석 소프트웨어 공급자는 다양한 소셜 네트워크에 고객 참여와 관련된 다양한 척도를 보유하고 있어 소셜 미디어 분석을 위한 기능을 제공하고 있으며, 소셜과 전통적인 웹 기반 캠페인을 테스트하고 최적화하기 위한 캠페인 관리 도구를 제공하고 있다.

트래킹을 위한 시스템과 연결된 세일즈포스닷컴은 소셜 네트워크상의 여론 청취와 소셜 마케팅 도구를 가지고 판매 프로세스를 운영하면서 사용자들이 소셜 마케팅 비용을 핵심 고객을 대상으로 맞춤화할 수 있게 하며 결과에 대한 다양한 의견을 관찰하게 한다. 만약 광고 에이전시가 페이스북과 트위터에 타기팅 광고를 운영하려 한다면, 이러한 기능들은 CRM시스템에 이미 추적되어 있는 고객 유도 채널 안의 사람들을 광고에 집중하게 한다. 사용자는 실시간으로 발생하는 트윗을 보면서 새로운 내용과 변화를 발견하게 된다. 그러한 기능은 다양한 캠페인을 관리하고 비교하게 해 특정 캠페인이 산출해내는 최고의 클릭률과 클릭당 비용 등을 산출하게 해준다.

전사적 응용시스템에서 비즈니스 인텔리전스

전사적 응용시스템 공급업체는 비즈니스 인텔리전스 기능을 추가해 관리자가 사물인터넷(IoT)으로부터의 데이터를 포함해 시스템에서 만들어지는 거대한 양의 데이터로부터 의미 있는 정보를 얻을 수 있도록 도와준다. SAP는 현재 전사적 응용시스템이 HANA 메모리 컴퓨팅 기술을 활용하게 해 더욱 빠르고 복잡한 데이터 분석을 가능하게 하고 있다. 유연성 분석, ad hoc 분석, 상호작용 게시판, what-if 시나리오 분석, 데이터 시각화, 매우 방대한 데이터를 분석하고 연결하며 예측을 제공하고 운영의 최적화 방안을 추천하게 하는 기계학습과 같은 도구를 포함하고 있다. 한 예로 SAP는 석유 및 가스 산업에서 기계의 성과와 관련된 기계학습과 신경망 기반의 애플리케이션을 개발했다(11장 참조). 소프트웨어는 잠재적 기계의 결함에 대한 고지를 자동으로 산출해 SAP Plant Maintenance로 보내 기계의 수리 및 유지보수를 계획할 수 있도록 하게 한다.

주요 전사적 응용프로그램 공급업체는 그들의 제품이 모바일과 작용하게 한다. CRM, SCM, 헬스케어에 대한 무선 응용프로그램 학습 과정에서 이 주제를 더 많이 논의한다.

9-5 경영정보시스템은 내 경력에 어떻게 도움이 되는가?

9장과 이 책의 내용은 당신이 생산관리 분야에서 직업을 찾도록 어떻게 도움을 주는지 설명한다.

회사

Global Industrial Components는 전 세계적으로 40개의 글로벌 제조시설과 4,000명의 직원을 보유한 큰 기업이다. 이 기업은 생산관리 프로그램 분야에서 새로운 대학졸업자들에게 공개채용의 기회를 제공하고 있다. 이 기업은 전 세계적으로 자동차, 대형트럭, 항공, 전기시설, 통신 및 기타 산업 분야에 필요한 고정, 기계, 연결, 지지부품 등을 생산하고 있다.

직무 설명

생산관리 프로그램은 2년 주기 프로그램으로, 대학졸업자가 공장, 기술, 기업 환경에서 주요 기술과 경력을 쌓을 수 있도록 함으로써 미래의 관리자를 양성하고 훈련하기 위해 설계되었다. 주요 직무는 다음과 같다.

- ERP와 JDA 생산시스템 설치를 포함한 시스템 구축 관련 비즈니스 집단 및 팀과 함께

일한다.

- 각 비즈니스 개체에 대한 비즈니스 프로세스와 데이터 요구사항을 이해한다.
- 비즈니스 요구사항 분석 세션을 지원하고 수행하는 것에 능숙해진다.
- 기능적, 비즈니스 상세도에 대한 변화를 추적하고 문서화한다.
- 사용자 문서화, 지시사항과 절차를 작성한다.
- 구축 이후 문제점과 수정 요구사항을 감시하고 문서화한다.

직무 요건

- IT, MIS, 엔지니어 또는 이와 동등한 관련 분야에서의 학사 학위와 3.0 이상의 GPA(학점)
- 마이크로소프트 오피스 스위트(Suite) 사용 능숙
- 수준 높은 작문 실력과 구두 커뮤니케이션 능력
- 교육 내/외부 환경에서 증명된 수상 실적
- 팀 리더 경험

면접 질문

1. 당신이 팀에서 작업한 프로젝트를 설명해주세요. 당신은 리더 역할이었습니까? 당신은 당신의 팀이 목적을 달성하도록 구체적으로 어떤 도움을 주었습니까? 그 프로젝트가 IT 관련 프로젝트였습니까?
2. ERP 또는 JDA 생산시스템에 대해 무엇을 알고 있습니까? 이것을 활용해 일한 경험이 있습니까? 이러한 시스템으로 정확히 무슨 일을 했습니까?
3. 마이크로소프트 오피스 소프트웨어로 할 수 있는 것은 무엇입니까? 당신은 어떤 도구를 사용했습니까? 액세스와 엑셀을 잘 다룹니까? 이러한 도구를 어떤 문제를 해결하기 위해 사용했습니까? 액세스나 엑셀 관련 교육을 받은 적이 있습니까?

저자 팁

1. 기업, 관련 산업 분야, 기업이 직면한 도전을 조사하라. 그 회사의 링크드인 페이지를 살펴보고 과거 12개월 동안의 게시글을 읽어보라. 이 회사의 링크드인 게시글에 어떠한 주요 트렌드가 있는가?
2. 전사적 애플리케이션에 대한 이 책의 9장, 시스템 개발, IT 프로젝트 관리와 구축에 대한 12장을 검토하라.
3. 생산기술과 전사적 시스템의 최근 경향을 논의하는 주요 IT 컨설팅 기업에서 만든 유튜브 영상을 보라.
4. 직무에서 당신이 마이크로소프트 오피스 도구를 어떻게 사용할 것인지와 당신이 증명할 수 있는 엑셀과 액세스 기술이 무엇인지 조사하라. 당신이 그 소프트웨어를 가지고 한 일의 예를 가져가라. 당신이 당신의 업무를 충족하는 데 필요한 이러한 도구에 대해 모르는 것을 적극적으로 배우려고 한다는 것을 보여라.
5. 당신의 분석 기술과 프로젝트 경험을 증명할 수 있는 당신의 작문 사례를 가져가라.

요약

9-1 기업이 운영 수월성을 이루는 데 전사적 시스템이 어떻게 도움을 주는가? 전사적 소프트웨어는 통합된 소프트웨어 모듈들과 공유될 수 있는 중앙 데이터베이스를 기반으로 하는데, 이러한 데이터베이스는 거의 모든 조직의 내부 비즈니스 활동을 지원할 수 있는 수많은 응용시스템으로부터 데이터를 수집하고 이러한 시스템으로 데이터를 제공한다. 새로운 정보가 하나의 프로세스를 통해 입력되면, 정보는 다른 비즈니스 프로세스에서도 즉시 사용할 수 있게 된다.

전사적 시스템은 기업 전반과 단일의 통합된 기술 플랫폼 전체를 통해 통일된 데이터 표준과 비즈니스 프로세스가 적용되도록 함으로써 조직의 중앙 집중화를 지원한다. 전사적 시스템에 의해 생성된 전사적인 데이터들은 관리자가 조직 성과를 모니터하는 데 도움을 줄 수 있다.

9-2 공급사슬관리시스템이 공급자와 함께 어떻게 계획, 생산, 실행계획을 조율하는가? 공급사슬관리시스템은 공급사슬상 구성원이 언제, 얼마만큼 구매, 생산, 선적을 할 것인지에 관해 보다 나은 의사결정을 할 수 있도록 공급사슬상 구성원 간의 정보 흐름을 자동화한다. 공급사슬관리시스템에서 제공되는 보다 정확한 정보는 불확실성과 채찍효과의 영향을 감소시킨다.

공급사슬관리 소프트웨어는 공급사슬계획을 위한 소프트웨어와 공급사슬 실행을 위한 소프트웨어를 포함한다. 인터넷 기술은 상이한 국가에 있는 조직들이 공급사슬정보를 공유할 수 있도록 이들에 대한 연결성을 제공함으로써 글로벌 공급사슬에 대한 관리를 촉진한다. 또한 공급사슬 구성원 간의 향상된 커뮤니케이션은 효율적인 고객 대응과 수요 주도 모델로의 이동을 촉진한다.

9-3 고객관계관리시스템이 고객 친밀성을 위해 어떤 도움을 주는가? 고객관계관리시스템은 고객에 대한 전사적인 관점을 제공하는 가운데 판매, 마케팅, 고객 서비스에 있어 다수의 고객과 대면하는 프로세스들을 통합하고 자동화한다. 기업은 고객과 상호작용할 때 고객에게 더 나은 서비스를 제공하거나 새로운 제품 및 서비스를 판매하기 위해 이러한 고객 지식을 사용할 수 있다. 또한 고객관계관리시스템은 수익성이 높은 고객과 그렇지 않은 고객을 식별하거나 해지 등급을 감소시킬 수 있는 기회를 식별할 수 있다.

주요 고객관계관리 소프트웨어 패키지는 운영적 고객관계관리와 분석적 고객관계관리 모두에 관한 기능을 제공한다. 이러한 패키지는 판매 파트너와의 관계를 관리하고 직원과의 관계를 관리하기 위한 모듈을 포함하기도 한다.

9-4 전사적 응용시스템이 직면하는 도전은 무엇이며, 어떻게 새로운 기술의 이점을 활용하는가? 전사적 응용시스템은 이행하기가 어렵다. 전사적 응용시스템은 광범위한 조직 변화, 새로운 소프트웨어에 대한 대규모 투자, 조직 성과 향상에 미치는 영향에 대한 신중한 평가 등을 요구한다. 만약 결함이 있는 프로세스 또는 기업이 성과 향상을 측정하기 위해서 어떻게 전사적 응용시스템을 사용하는지 모르는 경우 그 가치를 제공하지 않는다. 직원들은 새로운 절차와 역할을 위해 훈련받을 필요가 있으며, 데이터 관리에 대한 관심이 필수적이다.

전사적 응용시스템은 웹서비스와 서비스 기반 아키텍처(SOA)를 사용함으로써 보다 유연해지고, 웹에서 이용 가능하며, 다른 시스템과의 통합이 용이해졌다. 그들은 클라우드 환경이나 모바일 플랫폼에서 운영이 가능하다. CRM 소프트웨어는 소셜 네트워킹 기능을 추가함으로써 내부 협력을 증진하고, 고객과의 상호작용을 강화하고, 소셜 네트워킹 사이트로부터의 데이터를 활용한다. 전사적 애플리케이션은 그들이 생산해내는 방대한 양의 데이터를 분석하는 데 비즈니스 인텔리전스 기능을 활용하고 있다.

주요 용어

가입 해지율
고객평생가치(CLTV)
공급사슬
공급사슬계획시스템
공급사슬실행 시스템
교차판매
분석적 고객관계관리
소셜 CRM
수요계획
운영적 고객관계관리
전사적 소프트웨어
접점
직원관계관리(ERM)
채찍효과
파트너관계관리(PRM)
판매자동화(SFA)
푸시 기반 모델
풀 기반 모델
JIT 전략

복습문제

9-1 기업이 운영 수월성을 이루는 데 전사적 시스템이 어떻게 도움을 주는가?
- 전사적 시스템이 지원하는 여섯 가지 재무/회계 프로세스는 무엇인가?
- 경영진의 의사결정 향상을 위해 전사적 시스템이 가치 있는 정보를 어떻게 제공하는지 설명하라.

9-2 공급사슬관리시스템이 공급자와 함께 어떻게 계획, 생산, 실행계획을 조율하는가?
- 소매점 공급사슬의 네 가지 부분은 무엇인가?
- 공급사슬의 상류 부분과 하류 부분을 구별하라.
- 제조업자가 사용할 것 같은 미래 주문에 대한 완벽한 정보를 제공하는 공급시스템은 무엇인가?
- 공급사슬계획의 가장 중요하고 복잡한 측면 중 하나는 무엇인가?
- 공급사슬에 소요되는 비용이 조직의 이윤에 어떠한 영향을 미치는지 설명하라.

9-3 고객관계관리시스템이 고객 친밀성을 위해 어떤 도움을 주는가?
- 소매업자를 위한 세 가지 잠재적 접점(touch point)은 무엇이며, 접근(touch)이 무엇인지 설명하라.
- 영업(판매)자동화의 특성과 목적을 기술하라.
- 교차판매를 설명하고, 교차판매가 비즈니스에서 왜 중요한지 기술하라.
- 운영적 CRM과 분석적 CRM을 구분하라.

9-4 전사적 응용시스템이 직면하는 도전은 무엇이며, 어떻게 새로운 기술의 이점을 활용하

는가?

- 전사적 응용시스템으로부터 제기된 문제점을 설명하고 나열하라.
- 이러한 문제점을 어떻게 처리할 수 있는지 설명하라.
- 전사적 응용시스템은 클라우드 컴퓨팅과 비즈니스 인텔리전스 기술을 어떻게 활용하는가?
- 소셜 CRM을 정의하고, 고객관계관리시스템이 소셜 네트워킹을 어떻게 활용하는지 설명하라.

협업과 팀워크 프로젝트

전사적 응용 소프트웨어 벤더 분석

9-5 3~4명으로 팀을 구성해 웹사이트를 이용해 두 공급업체의 전사적 응용 소프트웨어 제품을 연구 평가하라. 예를 들면 SAP와 오라클의 전사적 시스템, JDA와 SAP의 공급사슬관리시스템, 오라클과 세일즈포스닷컴의 고객관계관리시스템을 비교할 수 있다. 지원되는 비즈니스 기능, 기술 플랫폼, 비용, 사용 편리성 등의 측면에서 당신이 선택한 소프트웨어 패키지를 비교하기 위해 이 회사들의 웹사이트에서 알아낸 것을 이용하라. 어떤 공급업체를 선택할 것인가? 이유는 무엇인가? 큰 기업뿐만 아니라 직원 수가 50~300명 정도인 작은 기업에도 같은 공급업체를 선택할 것인가? 가능하다면 구글 독스(Google Docs)와 구글 드라이브(Google Drive), 구글 사이트(Google Sites)를 이용해 발견 사항을 토론하고 수업시간에 발표할 자료를 준비하라.

참고문헌

Bowers, Melissa R., Adam G. Petrie, and Mary C. Holcomb. "Unleashing the Potential of Supply Chain Analytics." *MIT Sloan Management Review* 59 No. 1 (Fall 2017).

Bozarth, Cecil, and Robert B. Handfield. *Introduction to Operations and Supply Chain Management*, 5th ed. Upper Saddle River, NJ: Prentice-Hall (2019).

D'Avanzo, Robert, Hans von Lewinski, and Luk N. van Wassenhove. "The Link Between Supply Chain and Financial Performance." *Supply Chain Management Review* (November 1, 2003).

Davenport, Thomas H. *Mission Critical: Realizing the Promise of Enterprise Systems* Boston: Harvard Business School Press (2000).

Dixon, Matthew. "Reinventing Customer Service." *Harvard Business Review* (November–December 2018).

Franken, Govert. "SAP AI: Machine Learning in Oil and Gas." blogs.sap.com, accessed April 11, 2018.

Fruhlinger, Josh, and Thomas Wailgum. "15 Famous ERP Disasters, Dustups and Disappointments." *CIO* (July 10, 2017).

Hitt, Lorin, D. J. Wu, and Xiaoge Zhou. "Investment in Enterprise Resource Planning: Business Impact and Productivity Measures." *Journal of Management Information Systems* 19, No. 1 (Summer 2002).

Hu, Michael, and Sean T. Monahan. "Sharing Supply Chain Data in the Digital Era." *MIT Sloan Management Review* 57 No. 1 (Fall 2015).

Kitchens, Brent, David Dobolyi, Jingjing Li, and Ahmed Abbasi. "Advanced Customer Analytics: Strategic Value Through Integration of Relationship-Oriented Big Data." *Journal of Management Information Systems* 35, No. 2 (2018).

Laudon, Kenneth C. "The Promise and Potential of Enterprise Systems and Industrial Networks."

Working paper, The Concours Group. Copyright Kenneth C. Laudon (1999).

Lee, Hau L., V. Padmanabhan, and Seugin Whang. "The Bullwhip Effect in Supply Chains." *MIT Sloan Management Review* 38 No. 3 (Spring 1997).

Malik, Yogesh, Alex Niemeyer, and Brian Ruwadi. "Building the Supply Chain of the Future." *McKinsey Quarterly* (January 2011).

Nadeau, Michael. "ERP Heads for the Cloud." *CIO* (September 20 2016).

____________. "Hybrid ERP Matures as Companies Develop Better Strategies." *CIO* (February 22, 2017).

Oracle Corporation. "Alcoa Implements Oracle Solution 20% Below Projected Cost, Eliminates 43 Legacy Systems." www.oracle.com, accessed August 21, 2005.

Panorama Consulting Solutions. "2019 ERP Report" (2019a)

____________. "6 Tips for Global ERP Implementations" (March 25, 2019b).

Rai, Arun, Paul A. Pavlou, Ghiyoung Im, and Steve Du. "Interfirm IT Capability Profiles and Communications for Cocreating Relational Value: Evidence from the Logistics Industry." *MIS Quarterly* 36, No. 1 (March 2012).

Ranganathan, C., and Carol V. Brown. "ERP Investments and the Market Value of Firms: Toward an Understanding of Influential ERP Project Variables." *Information Systems Research* 17, No. 2 (June 2006).

Seldon, Peter B., Cheryl Calvert, and Song Yang. "A Multi-Project Model of Key Factors Affecting Organizational Benefits from Enterprise Systems." *MIS Quarterly* 34, No. 2 (June 2010).

Sodhi, ManMohan S., and Christopher S. Tang. "Supply Chains Built for Speed and Customization." *MIT Sloan Management Review* 58 No. 4 (Summer 2017).

Strong, Diane M., and Olga Volkoff. "Understanding Organization-Enterprise System Fit: A Path to Theorizing the Information Technology Artifact." *MIS Quarterly* 34, No. 4 (December 2010).

Sykes, Tracy Ann, Viswanath Venkatesh, and Jonathan L. Johnson. "Enterprise System Implementation and Employee Job Performance: Understanding the Role of Advice Networks." *MIS Quarterly* 38, No. 1 (March 2014).

Tate, Wendy L., Diane Mollenkopf, Theodore Stank, and Andrea Lago da Silva. "Integrating Supply and Demand." *MIT Sloan Management Review* 56 No. 4 (Summer 2015).

Thibodeau, Patrick. "Office Depot Says 'No' to Oracle ERP Cloud Customizations." *TechTarget* (February 1, 2018).

Tian, Feng, and Sean Xin Xu. "How Do Enterprise Resource Planning Systems Affect Firm Risk? Post-Implementation Impact." *MIS Quarterly* 39, No. 1 (March 2015).

"Top 5 Reasons ERP Implementations Fail and What You Can Do About It." *Ziff Davis* (2013).

Van Caeneghem, Alexander, and Jean-Marie Becquevort. "Turning on ERP Systems Can Turn Off People." *CFO* (February 5, 2016).

Wailgum, Thomas. "What Is ERP? A Guide to Enterprise Resource Planning Systems." *CIO* (July 27, 2017).

Zhang, Jonathan Z., George F. Watson IV, and Robert W. Palmatier. "Customer Relationships Evolve—So Must Your CRM Strategy." *MIT Sloan Management Review* 59 No. 4 (May 1, 2018).

빠른 유행, 빅데이터, 자라

2015년 한 일본 여성이 핑크색 스카프를 사기 위해 자라(Zara) 매장을 방문했다. 그러나 불행히도 그 매장은 그녀에게 아무것도 팔지 않았다. 대부분의 다른 매장에서는 이것이 이야기의 끝이 되었지만, 자라에서는 그렇지 않았다. 자라는 그들이 '고객 친밀성'이라 부르는 것을 이루기 위해 빅데이터를 사용해 고객의 행위를 연구했다. 당연히 그 여성은 매장 직원에게 그녀가 찾고 있는 것을 이야기했다. 매장 직원은 요청을 받아 적고, 데이터시스템에 입력했다. 이 시스템 덕분에 스페인에 있는 자라의 본사는 핑크색이 매우 유행할 것이라는 것임을 알게 된다. 자라는 빠르게 반응했다. 약 7일 후 50만 장의 핑크색 스카프가 전 세계 자라 매장에 보내졌고, 3일 만에 완판되었다.

이 이야기는 1975년 스페인에서 아만시오 오르테가(Amancio Ortega)가 회사를 설립한 이후 자라가 성공할 수밖에 없었던 이유를 설명하고 있다. 오르테가는 유행이 진짜 무엇인가라는 질문에 매우 확고한 답을 가지고 있었다. 그에 따르면 한 벌의 옷은 사랑의 대상이다. 사람은 그것을 좋아하는 한 계속 입으며, 나중에는 그것을 잊고 심지어 버리기까지 한다. 취향이 변한다는 것을 이해하기 위해 자라는 고객의 마음을 읽어야만 했다. 자라는 그것을 행하고 운영 수월성을 달성하기 위해 정보시스템을 사용한다.

전문가들은 자라의 성공이 전적으로 빅데이터와 클라우드 컴퓨팅에 의존한 것임을 목격했다. 자라는 회사 클라우드 시스템에 게시되고 직원과 관리자가 쉽게 접근할 수 있는 가치 있는 정보의 흐름을 만들어낸다. 이러한 사례가 바로 고객의 피드백이 정보의 흐름으로 통합되는 방식이다. 많은 전통적인 매장에서는 매장 직원이 고객의 피드백을 작성하지 않거나, 작성했더라도 그것을 이메일을 통해 본사로 보내곤 한다. 자라 매장 직원은 클라우드로 바로 연결된 모바일 기기를 가지고 있다. 시스템에 추가된 어떠한 메모도 스페인에 있는 자라 본사의 데이터 룸에서 볼 수 있게 된다.

현금지급기처럼 POS시스템은 당연히 정보시스템에 연결되고, 매출 보고서는 스페인 본사에 실시간으로 전달된다. 자라는 자신들이 사용하는 정보기술에 대해 철저하게 함구하고 있지만, 그들이 판매하는 모든 옷에 RFID칩이 장착되어 있는 것은 확실하다. 이러한 칩은 도난 방지를 위해 모든 옷에 연결된 경고시스템 속에 설치된다. RFID 전문가에 따르면 이러한 칩은 자라가 회사의 물류센터에서부터 매장에서 팔릴 때까지 모든 옷을 추적 가능하게 한다. 일부 전문가는 그 기술이 자라가 한 벌의 옷이 탈의실에서 입어보기 위해 선반을 벗어나는 횟수를 연구하게 한다고 이야기한다.

이러한 데이터를 연구함으로써 자라는 고객이 무엇을 좋아하는지와 그 이유에 대한 좋은 아이디어를 얻게 된다. 스페인의 데이터 룸에서는 보유한 정보를 지속적으로 분석한다. 전통적인 의류회사에서는 디자이너가 스타지만, 자라에서는 데이터 룸이 바로 스타인 것이다. 입력되는 데이터는 지속적으로 분석되어 어떤 재질의 옷감이 인기가 있는지와 그 이유, 어떤 옷을 고객들이 선호하는지를 찾아낸다. 디자이너는 여기서 보조 역할을 한다. 디자이너는 데이터 룸에서 나온 상세정보를 얻고 그것에 따라 제품을 디자인한다.

자라의 모든 상품은 적어도 3명으로 구성된 팀에 의해 고안된다. 광고 매니저는 데이터 룸과 밀접한 관계를 두고 고객의 취향에 대한 지속적인 업데이트된 정보를 받는다. 일반적으로 CAD와 CAM을 사용하는 디자이너나 디자인팀은 대중의 피드백을 새로운 옷의 디자인에 반영한다. 공급사슬관리자는 새로운 디자인을 빠르고 효율적으로 얻게 됨으로써 자라 매장이 짧은 시간 안에 새로운 옷을 판매할 수 있다는 것을 확신하고 있다.

이 모든 것이 패션계를 변화시켰다. 전통적인 패션 브랜드는 '당기기식'보다는 '밀어내기식' 모델을 사용했다. 먼저 패션쇼가 구성되고, 그 뒤에 잠재적 구매자들이 찾는 것이다. 대신에 자라는 적은 양의 의류를 매장에 보낸다. 만약 그 의류가 성공적인 것으로 판명되면 그 즉시 생산량을 늘리게 된다. 이러한 자라의 접근법은 여러 이점이 있다. 유행이 빠르게 변하게 되면서 고객들은 자라 매장을 반복해서 방문하게 된다. 자라의 고객은 연평균 17회 스페인 브랜드 매장을 방문한다(다른 전통적인 의류회사의 평균은

1년에 3, 4회). 최근 몇 년 동안 자라는 위치 지능(location intelligence)이라 부르는 것을 경험하기 시작했다. 이것의 숨겨진 아이디어는 고객이 자라 매장에 들어왔을 때 고객 개인별 추천정보를 얻을 수 있다는 것이다. 이러한 당기기식 프로세스로 인해 자라는 고객이 원하는 것을 알게 되었고, 제품의 약 80%를 제 가격에 판매했다.

자라는 빠르고 간소화된 공급사슬을 운용하고 있다. 패션업계에서 속도는 매우 중요하기 때문에, 자라는 대부분의 생산을 스페인, 터키, 다른 유럽 국가에 있는 제조업자에게 위탁한다. 대부분의 전통적인 기업은 가능한 저렴한 비용을 위해 방글라데시와 같은 아시아에 많이 의존한다. 반면에 자라는 의사소통이 빠르고 더욱 효율적이라는 점에서 유럽 회사들과 일하는 것을 선호한다. 유럽에서의 생산은 아시아에서의 생산보다 더 많은 비용이 들지만, 자라는 광고나 홍보에 매우 적은 비용을 소모하면서 비용을 절감하고 있다.

데이터 룸은 여기서도 매우 중요한 역할을 한다. 디자인팀은 직접적으로 관련 정보에 접근할 수 있어서 어떤 디자인이 필요한지 알게 된다. 자라는 또한 전체 디자인 특징과 제조 과정을 표준화했다. 말하자면 디자인과 생산 과정의 기본 요소 중에 'lexicon'이라는 어휘가 있다면, 디자이너가 제조위탁회사에게 명확한 지침을 주도록 한다. 제조위탁회사의 여러 가지 기본 자재의 재고를 나타내는 정보시스템은 데이터 룸에 있는 클라우드에 연결되고, 디자이너는 어떤 자재가 어디서 얼마만큼 가용한지 바로 알게 된다. 반면에 전통적인 업체는 먼저 디자인을 완성한 다음에 위탁을 결정하고, 몇 달 후에야 그 디자인을 생산할 업체를 찾게 된다.

아울러 RFID 기술 덕분에 데이터 룸의 IT 직원은 창고로부터 매장까지 모든 옷을 추적할 수가 있다. 자라의 물류센터는 인간의 노동력이 아닌 IT시스템을 통해 빠르게 배송하려고 한다. 그래서 그들은 수만 벌의 옷을 한 시간에 처리할 수 있는 광학인식장치를 사용한다. 이것은 다시 데이터 룸에 있는 직원들이 실시간으로 물류센터에서 무슨 일이 발생했는지를 추적할 수 있게 한다.

데이터 분석의 많은 활용 덕분에 자라는 패션업계를 변화시켰다. 스페인의 데이터 룸은 이 회사의 중심이다: 고객의 행동을 분석하고, 생산업체를 준비하고, 물류 과정을 추적한다. 이러한 정보시스템에 대한 많은 의존이 자라를 지구상에서 가장 성공한 패션회사 중 하나로 이끈 비결이다. 2018년, 자라의 모회사인 인디텍스(Inditex)는 많은 경쟁자가 분투하는 중에도 1년에 걸쳐 27%의 온라인 판매 성장을 포함해 한꺼번에 강력한 연매출 성장을 기록하고 있다.

출처: Hau L. Lee, "How Extreme Agility Put Zara Ahead in Fast Fashion," *Financial Times*, December 10, 2019; "Zara Supply Chain Its Secret to Retail Success," TradeGecko, www.tradegecko.com; "Zara Unveils New Delivery Plans to Compete with Asos and Boohoo," Retail Sector, January 11, 2019, www.retailsector.co.uk; Pamela N. Danziger, "Why Zara Succeeds: It Focuses on Pulling People In, Not Pushing Product Out," Forbes.com, April 23, 2018; "The Secret of Zara's Success: A Culture of Customer Co-creation," Martin Roll, March 2018, martinroll.com; "Online Sales Boost Zara Owner Inditex," BBC News, March 14, 2018, Casey Cooper-Fiske, "RFID Technology in Zara," The Blog of Logistics at MGEPS at UPV, April 11, 2017, logisticsmgepsupv.wordpress.com.

사례연구 문제

1. 스카프 한 장을 사려고 했던 일본 고객의 사례를 보았을 때, 자라가 고객의 행동을 분석하고 예측하기 위해 어떠한 방법을 사용했는가? 데이터 분석은 그들 자신이 알고 있는 것보다 고객을 더욱 잘 이해하도록 도움을 주었는가?
2. 자라는 생산품의 대부분을 유럽에서 위탁생산하고 있다. 스페인, 포르투갈과 같은 나라에서 위탁생산하는 것의 장단점을 제시하라. 반대로 방글라데시 같은 나라에서 위탁생산할 때의 장단점은 무엇인가?
3. 스페인에 있는 자라 본사에서 데이터 룸 직원들은 위탁생산업체가 보유한 의류 생산에 필요한 옷감 재고 정보를 가지고 있다. 이러한 정보의 검토가 자라와 같은 패스트 패션 기업에 중요한 이유를 설명하라.
4. 자라가 이야기하는 '위치 지능'이 의미하는 것은 무엇인가? 이것이 실제 매장으로 고객을 끌어들이는 좋은 방법인가? 그리고 이것이 고객이 온라인 쇼핑을 하지 않도록 유도한다는 것을 확신할 수 있는가?

사례 제공: 베르나르트 바우만

CHAPTER

10 전자상거래: 디지털 시장, 디지털 상품

학습목표

이 장의 학습을 마치면 다음 질문에 답할 수 있을 것이다.

10-1 전자상거래, 디지털 시장, 디지털 상품의 특징은 무엇인가?

10-2 전자상거래 비즈니스의 원리와 수익모델은 무엇인가?

10-3 전자상거래가 마케팅을 어떻게 변화시켰는가?

10-4 전자상거래가 B2B 거래에 어떻게 영향을 주었는가?

10-5 모바일 커머스의 역할은 무엇이며 가장 중요한 모바일 커머스 응용프로그램은 무엇인가?

10-6 전자상거래 시스템을 구축할 때 반드시 다루어야 할 이슈는 무엇인가?

10-7 경영정보시스템은 내 경력에 어떻게 도움이 되는가?

사례

대시보드로 쏠리는 전자상거래: '제4의 스크린' 전쟁

핀테크 앱을 통한 소액대출

고객과 '소셜하게' 관계하기

우버는 모든 것에서 우버가 될 수 있을까?

대시보드로 쏠리는 전자상거래: '제4의 스크린' 전쟁

기업은 항상 고객을 끌어들이고 판매를 위한 더 나은 방법을 찾고 있다. 지금 기업들은 당신의 자동차 대시보드에 집중하고 있다. 미국 운전자는 차 안에서 하루 평균 51분을 지내고 있어 꼼짝없이 차 안에 있어야 하는 대중에게 다다를 수 있는 또 다른 기회를 만들고 있다. TV, 컴퓨터, 휴대전화 다음으로 자동차 대시보드는 소비자의 시선을 사로잡는 '제4의 스크린'으로 등장하고 있다.

기회는 많다. 지역 의사, 식당, 그 밖의 서비스업은 정해진 운전경로를 기반으로 광고를 타기팅할 수 있다. 운전자는 자신의 대시보드 스크린 상에서 커피나 주유를 주문한 뒤 결제할 수 있다. 운전자의 패턴을 추적하는 보험회사는 주의 깊은 운전자에게 더 낮은 보험료를 제공할 수 있으며, 자동차 제조업체는 교체가 필요한 부품을 알아낼 수 있는 자동차 센서를 통해 수집된 데이터를 사용해 수리 서비스를 위한 쿠폰이나 또 다른 거래를 제공할 수 있다. 매킨지앤드컴퍼니(McKinsey & Co.)의 컨설턴트에 따르면 2030년에 대시보드 기반 제품 및 서비스에서 7,500억 달러의 신규 매출이 발생할 것으로 예측된다.

자동차 제조업체는 고객과 더 밀접한 관계를 만들기 위해 자동차 대시보드에 무엇이 보이도록 할 것인가에 관심을 집중하고 있다. 알파벳(Alphabet)의 구글과 애플은 그들의 앱과 스크린을 위한 또 다른 플랫폼으로서 대시보드 디스플레이 사용을 간절히 원하고 있다. 대시보드 디스플레이 통제를 위한 자동차 제조업체들과 거대 기술기업들 사이에 중요한 전쟁이 벌어지고 있다.

자동차 제조업체는 현재 불리한 입장에 처해 있다. 새로운 자동차 모델은 여러 해에 걸쳐 설계되고 개발되지만, 자동차 소유주는 자신의 스마트폰보다 더 오랫동안 자동차를 유지하려는 경향이 있다. 오래된 자동차의 디스플레이는 스마트폰처럼 쉽게 업데이트되도록 설계되지 않았다.

© Stanisic Vladimir/123RF

구글과 애플은 운전자가 도로와 자신의 차에 더욱 집중할 수 있도록 커다란 아이콘과 음성제어를 사용하는 스마트폰 앱을 자동차 디스플레이 화면에 보여줄 수 있는 안드로이드 오토(Android Auto)와 카플레이(CarPlay)라는 특별한 자동차 디스플레이용 소프트웨어를 개발했다. 쉐보레(Chevrolet), 토요타(Toyota), 볼보(Volvo)와 같은 자동차 제조업체는 안드로이드 오토 및 카플레이와 호환할 수 있도록 그들의 대시보드를 만들고 있다. 최근 구글은 스마트폰으로부터 입력할 필요가 없는 자동차 대시보드 맞춤형 안드로이드 운영체제인 안드로이드 오토모티브(Android Automotive)라는 새로운 버전을 개발했다.

포드(Ford), 다임러AG(Daimler AG)와 같은 자동차 제조업체는 그들 자신의 대시보드 앱과 시스템 소프트웨어 개발에 앞서 있다고 믿고 있다. 폴크스바겐AG(Volkswagen AG)는 자동차 보드의 전자장치를 통해 만들어지는 방대한 고객 데이터 제어 유지를 원하고 있으며, 자신의 자동차 운영체제인 vw.OS와 클라우드에서 운영되는 앱과 서비스를 위한 온라인 스토어를 개발했다. 전기자동차인 폴크스바겐의 I.D. 시리즈는 이러한 대시보드 시스템을 사용하는 최초의 차가 될 것이다. 포드 역시 대시보드 시스템을 개발하고 있지만, 사용자가 자신의 스마트폰 앱이 자동차 스크린에 비춰지게 하고 있다.

'제4의 스크린'은 여러 가지 극복해야 할 도전에 직면하기도 한다. 첫 번째는 자동차가 움직이는 중에 도로와 자동차에 집중해야 하는 운전자를 방해할 수도 있다는 점이다. 음성인식은 고속도로에서 시속 110km 이상으로 질주하는 운전자에게 제대로 작동하지 않을 수 있고, 바람과 도로의 소음과 싸워야 하며, 끊길 수 있는 신호를 계속해서 찾아야만 한다.

'제4의 스크린'은 소프트웨어가 자동차와 운전자의 방대한 양의 데이터를 수집할 수 있기 때문에 개인정보 보호와 관련된 문제를 내포하고 있다. 미국보다도 더욱 엄격한 데이터 보호 기준을 가지고 있는 유럽의 자동차 제조업체에게는 이것이 특별한 걱정거리가 아닐 수 없다. 폴크스바겐은 안드로이드가 주유가 필요한지 결정해 주유소의 위치를 제공할 수 있도록 하기 위해 자동차 연료량 데이터에 접근할 수 있게 해달라는 구글의 요청을 거절했다. 구글은 차량 탑승자가 성인인지 아동인지를 나타낼 수 있도록 하기 위해 탑승자의 몸무게를 측정하기 위해 좌석에 센서를 설치할 수 있는지 여부를 BMW에 문의했다. 구글의 어떤 대변인은 기업의 데이터 수집정책이 어떠한 정보에 접근하기 전에 운전자의 승인을 얻는 것을 요구한다고 했다.

출처: Tim Higgins and Willam Boston, "The Battle for the Last Unconquered Screen—the One in Your Car," *Wall Street Journal*, April 6, 2019; Peter Koeppel, "The Fight for the Fourth Screen—Your Dashboard Display," *Koeppel Direct*, June 11, 2019; and Ronan Glon, "What Is Android Auto?" *Digital Trends*, June 23, 2019.

여기서 논의된 인터넷이 가능한 대시보드 인포테인먼트 시스템은 오늘날 전자상거래에서 나타나는 주요 트렌드를 보여주는 사례라 할 수 있다. 전자상거래는 모든 곳에 존재한다. 인터넷 기반 구매와 판매, 광고는 더는 컴퓨터 화면에 국한되지 않는다—전자상거래는 휴대용 스마트폰, 태블릿, 그리고 지금은 자동차 대시보드 디스플레이에서도 발생하고 있다. 구매되고 판매되는 것은 제품뿐만이 아니라 정보와 서비스로 확장되고 있다. 이러한 대시보드 인포테인먼트 서비스는 발전된 데이터 마이닝과 위치 기반 광고를 사용해 그들이 수집한 사용자 데이터뿐만이 아니라 주유와 같은 스크린 상에서의 구매로부터 수익을 창출하고 있다. 애플, 구글, 주요 자동자 제조업체는 자동차 대시보드 디스플레이를 사용하는 혁신적인 인포테인먼트 서비스를 제공하고자 노력하고 있다.

옆 페이지 도표는 이 사례와 이 장에서 다루는 주요 사항에 주목하게 하기 위한 것이다. 자동차 제조업체 및 거대 기술기업들이 직면하고 있는 도전은 자동차 운전자에게 광고와 서비스 제공을 통해 새로운 이윤을 창출하기 위해 인터넷, 대시보드 디스플레이 기술 발

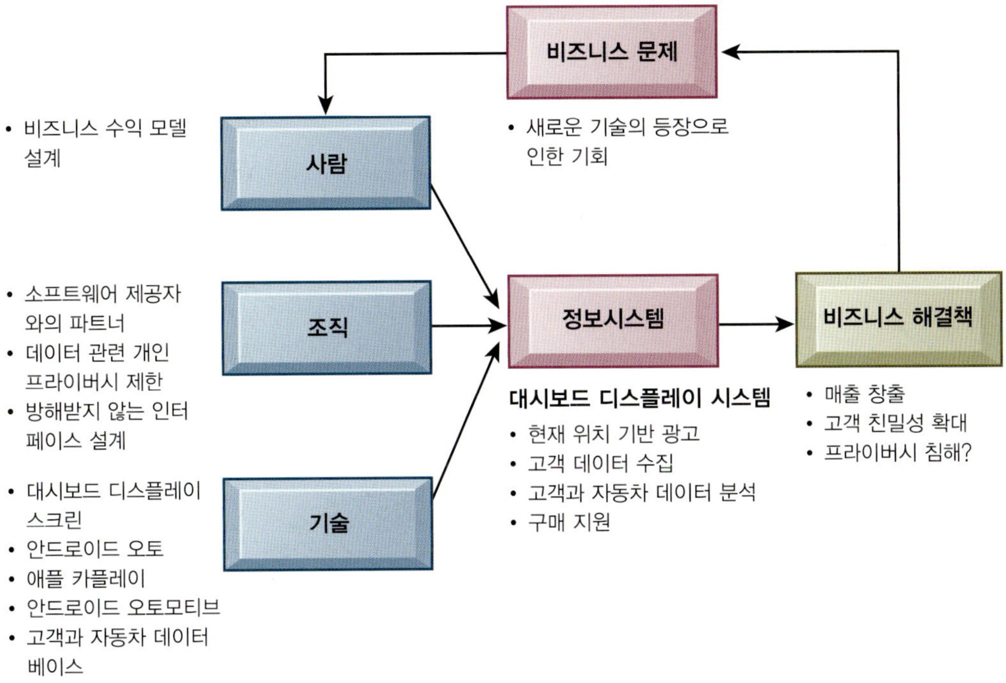

전, 위치 기반 기술에 의해 제시된 기회를 어떻게 살릴 것인가이다. 자동차 제조업체와 기술기업 모두 새로운 전자상거래 인터페이스와 자동차 디스플레이 스크린을 위한 운영체제를 설계 및 구축하고, 자동차 내부 시스템에 의해 산출되는 운전자와 자동차에 대한 방대한 데이터를 수집하고 분석하기 위해 기술에 막대한 투자를 하고 있다. 아직 해결되지 않은 것은 운전자를 분산시키지 않으며 개인의 프라이버시를 침해하지 않는모든 운전 조건에서 이 대시보드 시스템이 제대로 작동할 것인가라는 문제이다.

여기에 생각해야 할 몇 가지 질문이 있다. 전자상거래를 위한 자동차 대시보드 디스플레이 시스템을 설계하고 구축할 때 발생할 수 있는 사람, 조직, 기술 관점 이슈는 무엇인가? 이러한 형태의 전자상거래를 사용하는 것의 장점과 단점은 무엇인가?

10-1 전자상거래, 디지털 시장, 디지털 상품의 특징은 무엇인가?

상품과 서비스에 대한 온라인 구매는 스마트폰, 태블릿, 데스크톱 컴퓨터를 활용함으로써 더욱 유비쿼터스 형태로 진화할 것으로 예상된다. 대부분의 구매가 여전히 전통적인 채널을 통해 이루어지고는 있지만, 전자상거래는 지속적으로 성장하면서 많은 기업의 비즈니스 방식을 변화시키고 있다(eMarketer, 2019a). 2019년 20억 명(인터넷 사용자의 거의 55%)이 온라인을 통해 무언가를 구입했다. 2019년 전자상거래 상품(3조 5,000억 달러)과 여행 및 서비스(7,670억 달러) 판매는 전 세계적으로 거의 4조 3,000억 달러로 집계된다. 실제 상품에 대한 판매액은 전 세계 소매판매액인 25조 달러의 약 14%를 차지하고 있으며, 전통적인 소매판매업 성장이 4%인 점과 비교했을 때 매년 20%의 높은 성장을 거듭하고 있다(eMarketer, 2019h, 2019c). 전자상거래는 여전히 실제 상점에서 발생하는 더욱 거대한 소매상품시장의 작은 부분에 지나지 않는다. 전자상거래는 데스크톱이나 가정용 컴

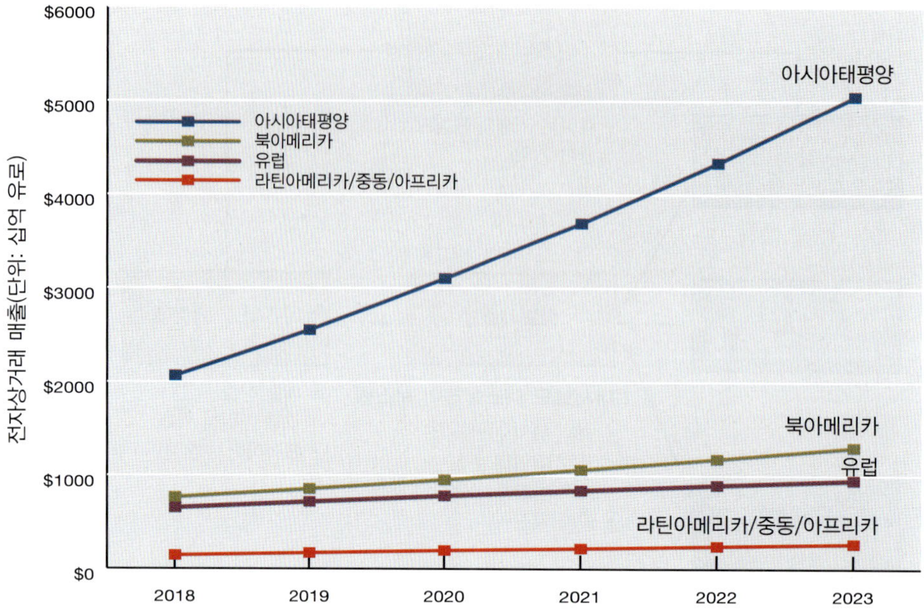

그림 10.1 전자상거래의 성장

B2C 전자상거래는 모든 지역에서 성장하고 있다. 2019년 성장률은 세계적으로 약 20%이며, 아시아태평양 지역에서는 더욱 높게 성장했다.

출처: eMarketer, "Retail Ecommerce Sales, by Country," (October 2019); eMarketer, Inc. "Digital Travel Sales, by Country."(July 2019).

퓨터에서 모바일 장치로, 독자적인 구매행동에서 새로운 소셜 상거래로, 국민 전체를 대상으로 하는 상거래에서 모바일 장치를 통해 위치가 알려지는 지역 매장과 고객으로 날로 확장되어 가고 있다. 현재 전 세계적으로 모든 소매 전자상거래 판매의 거의 65%가 모바일로 이루어지고 있으며, 35%만이 데스크톱을 통해 이루어지고 있다. 2020년 전자상거래를 이해하는 키워드는 '소셜, 모바일, 로컬'이다.

오늘날의 전자상거래

전자상거래는 인터넷과 웹을 이용해 거래하는 것을 뜻한다. 좀 더 공식적으로 전자상거래는 기업과 개인의 디지털화된 상거래를 의미한다. 이것은 디지털 기술을 매개로 한 모든 거래를 포함하는데, 대부분은 인터넷과 웹에서 발생하는 거래를 의미한다. 상업적 거래는 조직이나 개인이 제품 및 서비스를 가치(예: 돈)와 교환하는 것을 말한다.

전자상거래는 1995년 인터넷 포털 사이트 중 하나인 넷스케이프닷컴(Netscape.com)에 의해 시작되었으며, 웹이 광고나 판매를 위한 새로운 매체로 활용될 수 있음을 알려주었다. 당시에는 전자상거래를 통한 소매 거래가 지금처럼 기하급수적으로 증가할 것이라고는 아무도 예상하지 못했다. 초기에는 2~3배로 증가했다. 성장이 더디고 매출이 증가하지 않았던 경기 침체기인 2008~2009년 이전까지 두 자릿수 비율로 증가했다. 그 이후 오프라인 소매 판매율은 2~4% 수준으로 증가한 반면, 온라인 전자상거래는 12~15% 수준으로 놀라운 성장을 지속하고 있다.

2001년 3월 전자상거래 초기의 급격한 성장은 전자상거래 주식시장에 거품을 형성하기에 이르렀다. 수많은 전자상거래 기업이 이 같은 과정에서 사라졌다. 그러나 아마존, 이베이,

익스피디아(Expedia), 페이스북, 구글 같은 기업의 성과는 긍정적이었다. 매출액이 증가하고, 수익을 만들어내는 비즈니스 모델이 보다 정교해지면서 주가도 상승했다. 그 예로

- 약 22억 명이 온라인 구매를 함으로써 2019년에 18% 이상의 성장을 기록하면서, 여행을 포함한 온라인 소비자 매출은 전 세계적으로 2020년 약 4조 9,000억 달러로 성장할 것으로 예상되었다(eMarketer, 2019a, 2019b, 2019c). 미국에서는 인터넷이 전체 소매 판매의 40%를 차지하면서 실제 매장에서 발생하는 소매상거래에서 2조 달러 이상의 영향을 끼치게 되었다.
- 현재 전 세계적으로 44억 명 이상이 인터넷에 연결되어 있다. 전반적인 인터넷 인구 성장은 전자상거래의 성장을 가속화했다(Internet World Stats, 2019).
- 휴대전화와 태블릿은 가장 보편적인 인터넷 접속 장치가 되고 있다. 33억 명에 이르는 모든 인터넷 이용자의 약 85%가 2019년에 적어도 몇 번은 휴대전화를 이용해 인터넷에 접속했다. 모바일 커머스는 앱, 위치 기반 서비스, 다운로드 가능한 엔터테인먼트에 기반을 두고 가파른 성장을 시작했다. 전 세계 소매 모바일 커머스는 2019년 22억 달러에 달해 전체 소매 전자상거래의 65%를 차지했다(eMarketer, 2019e).
- 기업 간 상거래와 파트너와의 협력을 위해 인터넷을 사용하는 B2B 전자상거래는 전 세계적으로 약 27조 달러로 확장했으며, 미국은 6조 5,000억 달러에 이르렀다. 표 10.1은 이러한 새로운 전자상거래의 발전을 나타내고 있다.

표 10.1
전자상거래의 성장

비즈니스 변화
전자상거래는 소매점, 서비스, 엔터테인먼트와 비교해볼 때 상거래의 형태로 빠르게 성장하고 있다. 소셜, 모바일, 로컬 중심의 상거래가 전자상거래 형태로 빠르게 성장하고 있다.
전자상거래에서 가능한 주문 폭이 넓어졌으며, 특히 소셜 네트워킹, 여행, 엔터테인먼트, 소매 의류, 보석, 가전, 가구 등에서 두드러진다. 우버(Uber), 리프트(Lyft), 에어비앤비(Airbnb)와 같은 수요 기반 서비스와 음식 배달 서비스, 반려동물 케어 서비스는 더욱 온라인 서비스를 확대하고 있다.
온라인 구매자의 인구통계는 지속적으로 증가해 기존 구매자와 동등하게 되었다.
순수 전자상거래 모델은 보다 높은 가능성을 확보함으로써 더욱 세련되게 진화할 것이다. 반면에 월마트, JC페니(JCPenny), 엘엘빈(L.L.Bean), 메이시스(Macy's) 같은 전통적인 소매 브랜드는 전자상거래를 통해 그들의 영역을 유지할 수 있을 것이다. 세계 최대 소매점인 월마트는 전자상거래를 심사숙고 중이며, 10억 달러를 투자해 아마존에 대항하고 있다. 월마트는 현재 미국 전체 전자상거래의 약 3%인 200억 달러의 매출로 업계에서 4위를 차지하고 있다. 아마존은 온라인 판매에서 전체 전자상거래의 50%인 2,580억 달러로 1위를 달리고 있다.
중소기업 및 기업가들이 전자상거래 시장으로 밀려들어 올 것이며, 종종 아마존, 애플, 구글과 같은 거대 기업 인프라에 편승하게 될 것이고, 점차 클라우드 컴퓨팅 기반의 자원을 활용할 것이다.
모바일 커머스는 전자책, 영화, 음악, TV 쇼를 포함한 위치 기반 서비스, 엔터테인먼트 다운로드 서비스와 함께 이미 미국에서 시작되었다. 모바일 커머스는 2019년 2조 2,000억 달러의 매출을 기록했다.
기술 기반
무선 인터넷 연결(와이파이, 와이맥스, 4세대 스마트폰)이 급격하게 증가했다.
강력한 스마트폰과 태블릿 컴퓨터는 음성통화뿐 아니라 음악, 웹서핑, 엔터테인먼트를 지원한다. 팟캐스트와 스트리밍은 비디오, 라디오, 사용자 제작 콘텐츠를 배포하는 역할을 가능하게 해준다.

(계속)

표 10.1
(계속)

모바일 장치는 아마존 알렉사(Alexa)와 구글 어시스턴트(Assistant)와 같은 가정용 장치와 함께 애플 워치와 핏비트(Fitbit) 트래커와 같은 웨어러블 컴퓨터를 포함하면서 더욱 확장되었다.
광대역 인터넷 기반은 집 또는 회사에서의 거래비용을 절감하게 해준다.
소셜 네트워킹 소프트웨어와 페이스북, 트위터, 링크드인, 인스타그램 등과 같은 사이트들은 전자상거래, 마케팅, 광고의 새로운 플랫폼으로 자리 잡고 있다. 페이스북은 전 세계적으로 23억 명의 사용자를 보유하고 있으며, 미국에서만 1억 9,000만 명을 기록하고 있다(Facebook, 2019).
스마트폰 앱, 클라우드 컴퓨팅, SaaS와 PaaS 소프트웨어와 같이 새로운 인터넷 기반 컴퓨팅 모델이 전자상거래 웹사이트의 비용을 줄여주고 있다.
새로운 비즈니스 모델 등장
인터넷 사용자의 75%(약 29억 5,000만 명) 이상이 온라인 소셜 네트워크에 참여하고 있는데, 이들은 블로그를 만들고 사진과 음악을 보유하고 있다. 이런 사이트들과 함께하는 것은 TV로 마케터를 끌어들이는 것만큼 온라인 사용자들을 만들 수 있다. 소셜 사이트는 뉴스, 음악, 상품에 있어서 인터넷으로 접근하는 주요 입구 역할을 하고 있다.
TV나 인쇄물 광고시장에 비해 2배의 속도로 성장하는 온라인 광고로 인해 전통적인 광고산업은 점점 잠식되어 가고 있다—구글, 야후, 페이스북은 매년 거의 1조 건의 광고를 선보인다.
우버, 리프트, 에어비앤비와 같은 수요 기반 서비스 형태의 전자상거래는 시장에서 창출되는 비즈니스 모델을 경제의 새로운 영역으로까지 확장하고 있다.
신문이나 다른 전통적인 미디어는 온라인을 통한 상호작용 모델을 채택하고 있으나 온라인 독자의 성장에도 불구하고 구글, 페이스북과 같은 온라인 경쟁자에게 많은 광고수익을 빼앗기고 있다. 《뉴욕타임스》는 온라인 구독 제도를 채택해 400만 명의 가입자를 확보하는 데 성공했다. 또한 해마다 25%의 성장세를 보이며, 40만 명의 새로운 구독자를 유치하고 있다. 디지털 고객을 끌어들일 수 없는 지역 신문은 한꺼번에 문을 닫고 있다. 도서 출판 분야는 전자책의 성장과 기존 종이책을 통해 5% 수준으로 낮은 성장세를 보인다. 전통도서 부분에서 가장 빠른 성장세는 디지털 오디오 다운로드 부문이다.
TV, 영화, 음악, 스포츠, 전자책을 제공하는 온라인 엔터테인먼트 비즈니스 모델은 저작권자들과 협력하고 넷플릭스, 아마존, 애플, 유튜브와 같은 인터넷 유통사와 협업을 한다. 온라인 유통사는 점점 영화와 TV 제작 분야로 진출하고 있다. 케이블 TV는 일부 고객이 서비스를 중단하거나 케이블 가입을 줄이고, 로쿠(RoKu) 또는 유튜브 TV를 이용하면서 낮은 하락세를 보이고 있다.

새로운 전자상거래: 소셜, 모바일, 로컬

가장 큰 변화 중 하나는 전자상거래가 더욱 소셜화, 모바일화, 로컬화된다는 점이다. 한때 온라인 마케팅은 기업의 웹사이트를 만들고, 야후에 광고를 게재하고, 구글에 광고문을 올리고, 이메일 메시지를 보는 것으로 인식되었다. 즉 온라인 마케팅의 핵심이 디스플레이 광고였던 것이다. 여전히 이러한 현상이 유지되기는 하지만, 더욱 효과적인 비디오 광고 형태로 점차 변하고 있다는 것을 알 수 있다. 인터넷 시작 초기에는 디스플레이 광고가 즉각적인 응답도 없으며, 질문도 하지 않고, 자세히 따져 보지도 않는 수백만의 시청자 앞에서 펼쳐지는 TV 광고에 기반을 두고 있었다. 광고가 효과가 없다고 판단되면 그저 광고를 반복하는 방법밖에 없었다. 성공의 주요 척도는 웹사이트가 창출하는 방문자 또는 단순 시청자 수(eyeballs)와 마케팅 캠페인이 만들어내는 일반 대중에게 비춰진 광고에 대한 인상 등이었다. 이러한 두 가지 척도는 청중의 규모와 시청 횟수 관점에서 마케팅을 측정하는 TV 시대로부터 내려온 것이었다.

단순 시청에서 상호 커뮤니케이션으로

2007년 이후로 이러한 모든 것은 페이스북 등 소셜 사이트의 급속한 성장, 애플의 아이폰으로 시작된 스마트폰의 폭발적인 성장, 지역(local)에 기반을 둔 마케팅에 대한 관심 증가로 인해 변화하기 시작했다. 소셜, 모바일, 로컬 커머스 시대의 다른 점은 커뮤니케이션과 참여라는 이중의 연관된 개념이었다. 여러 문헌에서는 이러한 현상을 대화형 상거래(conversational commerce)라고 언급한다. 새로운 시대에 마케팅은 기업이 그들의 고객, 잠재고객, 비판하는 청중과도 다중의 온라인 채널로 커뮤니케이션을 하려 한다는 것에 기반을 두고 있다. 당신의 브랜드는 웹과 소셜 미디어에서 누군가에 의해 논의되고 있으며, 때문에 당신의 기업을 알리고 브랜드를 구축하고 복원하기 위해서는 당신이 이러한 커뮤니케이션을 시작하고 누구인지를 밝히고 참여하도록 요구하게 된다. 소셜 마케팅은 말 그대로 청취하고, 상호작용하고, 공감하고, 참여하는 소셜을 의미한다. 즉 온라인 마케팅의 핵심이 단순 시청에서 고객 지향적인 커뮤니케이션에 참여하는 것으로 그 초점이 이동하고 있는 것이다. 이러한 점에서 소셜 마케팅은 단순히 새로운 광고 채널이 아니라 고객과의 커뮤니케이션을 위한 기술 기반 도구의 집합체이다. 선도적인 소셜 상거래 플랫폼은 페이스북, 인스타그램, 트위터, 핀터레스트(Pinterest)가 있다.

과거에 기업은 자사의 브랜드 메시지를 강력히 통제함으로써 구매로 귀결되는 광고라는 깔때기 속으로 소비자를 이끌었다. 그러한 생각은 소셜 마케팅에서는 그릇된 것이다. 소비자의 구매 의사결정은 그들의 소셜 네트워크에서의 대화, 선택, 시도, 의견 교환을 통해 이루어진다. 즉 소셜 마케팅은 이러한 소셜 프로세스에 참여하고 형성해 가는 기업의 모든 활동을 의미한다고 볼 수 있다.

데스크톱 컴퓨터에서 스마트폰으로

온라인 광고는 현재 전 세계 광고의 반 이상을 차지하고 있다. 모바일 마케팅은 온라인 마케팅의 거의 70%를 차지하고 있으며, 나머지는 브라우저 기반 데스크톱 광고, 검색, 디스플레이 광고, 비디오 광고, 이메일, 게임 등이 있다(eMarketer, 2019g).

소셜, 모바일, 로컬 커머스는 상호 연결되어 있다. 모바일 장치가 더욱 강력해지면서 페이스북과 다른 소셜 사이트에 접근하는 것이 더욱 용이해졌다. 모바일 장치가 더욱 폭넓게 활용되면서 고객은 그것들을 이용해 지역의 상인과 상점을 찾을 수 있으며, 상인들은 그러한 모바일 장치를 활용해 상품에 대한 특별한 조건을 그들의 이웃에 있는 고객에게 알려준다.

전자상거래는 왜 다른가

전자상거래가 이렇게 급속히 성장하게 된 이유는 무엇인가? 그 답은 인터넷과 웹의 고유한 특징에서 찾을 수 있다. 간단하게 비교해보면, 인터넷과 전자상거래 기술은 이전의 라디오, TV, 전화보다 훨씬 정보가 풍부하고 강력하다. 표 10.2는 상업적인 매체로서 인터넷과 웹에 대한 독특한 특성을 설명하고 있다. 각 특성을 더 자세히 살펴보자.

표 10.2
전자상거래의 여덟 가지 특성

전자상거래 기술 차원	비즈니스 중요성
편재성. 직장, 집, 기타 어떤 장소에서도 모바일 기기를 이용해 인터넷/웹 기술을 사용할 수 있다.	시장의 개념이 전통적인 한계를 벗어나 일시적이며 지역적인 위치의 한계를 제거함으로써 '마켓스페이스'가 형성되었다. 어디서든 구매가 가능한 고객 편리성이 강화되었으며, 구매 비용은 감소했다.
범세계적 도달 범위. 기술에 의해 국가 간 장벽을 넘어 전 지구에 도달할 수 있게 되었다.	범문화적이며 범세계적으로 상거래가 확대되어 단절 및 변형 없는 거래가 가능하게 되었다. 잠재적으로 시장은 전 세계적으로 수십 억 명의 고객과 수백만 기업을 포함하게 될 것이다.
국제 표준. 일련의 기술 표준이 있으며, 이를 인터넷 표준이라 한다.	전 세계적으로 통용되는 일련의 기술 표준이 존재함에 따라 이종의 컴퓨터시스템 간에도 쉽게 의사소통이 이루어지게 되었다.
풍부성. 비디오, 오디오, 문자메시지 등이 가능하다.	비디오, 오디오, 문자로 된 마케팅 메시지를 하나의 마케팅 메시지로 통합해 고객이 경험할 수 있도록 하고 있다.
상호작용. 기술은 사용자 간 상호작용을 가능하게 한다.	소비자는 개인의 경험을 상황에 따라 동적으로 조절할 수 있는 대화가 가능하게 되었으며, 고객이 제품 전달 과정에 공동 참여자로서 참여할 수 있게 되었다.
정보 밀도. 기술로 인해 정보비용은 감소하고 품질은 높아졌다.	정보 처리, 저장, 통신 비용 등이 급격하게 감소했을 뿐 아니라 즉시성, 정확성, 적절성 등이 매우 향상되었다. 정보는 풍부해지고, 저렴해지고, 보다 정확해졌다.
개인화/고객화. 기술로 인해 그룹과 마찬가지로 각 개인에게 개인화된 메시지를 전달할 수 있게 되었다.	마케팅 메시지 개인화와 제품 및 서비스 고객화 등은 개인의 특성을 기반으로 이루어진다.
소셜 테크놀로지. 콘텐츠 일반화와 소셜 네트워킹을 지원한다.	새로운 인터넷 소셜 모델과 비즈니스 모델은 사용자가 콘텐츠를 만들고 배포하고 소셜 네트워크의 지원을 가능하게 해준다.

편재성

전통적인 상거래에서 마켓플레이스(marketplace)는 소매점과 같은 물리적인 공간이다. 따라서 기업과 거래하려면 기업에 방문해야 했다. 전자상거래는 편재적(ubiquity)이다. 즉 언제 어디서나 접근이 가능하다는 뜻이다. 고객의 집, 회사에 있는 데스크톱, 심지어는 차 안에서도 모바일 커머스를 통해 물건을 구매할 수 있다. 이와 같은 것을 **마켓스페이스**(marketspace)라 하며, 마켓플레이스가 시간적, 공간적 제약을 벗어난 것을 의미한다.

고객 관점에서 보면 편재성은 시장 참여 비용, 즉 **거래비용**(transaction cost)을 감소시킨다. 이제 더는 거래를 위해서 시장을 돌아보는 데 시간과 돈을 쓰지 않아도 되며, 구매를 위한 노력도 훨씬 감소한다.

범세계적 도달 범위

전자상거래 기술은 범문화적, 범국가적인 상거래가 가능하게 해주며, 전통적인 상거래보다 훨씬 편리하고 비용도 적게 든다. 결과적으로 전자상거래를 위한 잠재시장의 크기는 세계 온라인 인구(30억 명 이상으로 추산)와 같다고 볼 수 있다.

반면에, 대부분의 전통적 상거래는 지방적·지역적이므로 지역 상권을 담당하고 있는 지역 상인이나 국내 상인이 존재한다. 예를 들어 TV 및 라디오 방송국, 신문 등이 대표적인 지역 상인인데, 이들은 지역적인 제약이 있는 국내의 청중을 매료시키는 것에는 강한 힘을 행사하고 있다. 그러나 국가적인 경계를 넘어 전 세계 청중을 대하기는 어렵다.

국제 표준

한 가지 놀랄 만한 전자상거래 기술의 특징은 인터넷 기술 표준과 전자상거래를 하기 위한 기술 표준이 곧 국제 표준이라는 것이다. 이 기술들은 전 세계적으로 모든 국가가 공유하고 있으며, 그로 인해 이종, 동종 간 컴퓨터에서 각각이 사용하고 있는 기술 플랫폼에 상관없이 서로 연결될 수 있는 것이다. 반면에 대표적인 전통 상거래는 국가 간에 서로 다른 표준을 사용한다. 예를 들어 휴대전화가 그러하듯이 TV, 라디오의 표준이 전 세계 나라마다 다르다.

인터넷과 전자상거래에 대한 국제 기술 표준은 **시장 진입 비용**(market entry costs) — 판매자가 자신의 상품을 시장에 내놓을 때 지불하게 되는 비용 — 을 낮추었다. 또한 국제 표준으로 인해 소비자는 **검색 비용**(search costs) — 고객이 원하는 제품을 얻기까지 소모되는 노력 — 을 낮출 수 있게 되었다.

풍부성

정보의 **풍부성**(richness)은 메시지의 복잡성과 내용을 의미한다. 전통적인 시장에서, 국내 판매상이나 소규모 소매점은 강력한 풍부성이 있다. 그들은 판매를 할 때 유창한 언변이나 시각적인 요소를 가지고 개인적인 대면 서비스를 제공할 수 있다. 전통적인 시장에서 풍부성은 판매자에게 많은 강력한 판매력과 상업적 환경을 제공해주었다. 웹이 개발되기 이전에 그들은 풍부성과 도달 범위 사이에서 선택을 해야만 했다. 더 많은 청중에게 도달하기 위해서는 메시지의 풍부성을 떨어뜨려야 했다. 웹은 텍스트, 오디오, 동영상을 동시에 다수의 사람에게 제공함으로써 풍부한 메시지 전달을 가능하게 해주었다.

상호작용

20세기 상업 기술과 달리(전화 제외), 전자상거래 기술은 상호작용이 가능하다. 상호작용은 상인과 소비자 간, 친구들 간의 P2P 의사소통과 같은 양방향 의사소통이 가능한 것을 의미한다. TV를 예로 들면, 시청자의 질문을 받거나 시청자와 대화할 수 없으며, 특정 양식에 고객정보를 입력하라는 요청을 할 수도 없다. 반면에 전자상거래 웹사이트에서는 이와 같은 모든 활동이 가능하다. 상호작용은 온라인 상인이 고객을 직접 대하는 것과 유사한 방법으로 고객을 대면할 수 있도록 해주면서도 대량의, 전 세계적인 범위의 고객을 대할 수 있도록 해준다.

정보 밀도

인터넷과 웹의 **정보 밀도**(information density) — 시장 참여자, 소비자, 상인 모두 이용 가능한 전체 정보의 양과 질 — 는 상당히 크게 증가했다. 전자상거래 기술은 정보의 보급률, 정확도, 적시성을 증가시키면서 동시에 정보 수집, 저장, 처리, 통신비용을 줄였다.

정보 밀도는 전자상거래 시장의 가격과 비용을 더 투명하게 해주었다. **가격 투명성**(price transparency)은 시장의 다양한 제품 가격을 소비자가 검색할 수 있음을 의미한다. **비용 투명성**(cost transparency)은 상인이 제품에 지불하게 되는 실제 비용을 소비자가 알 수 있는 것을 의미한다.

상인에게도 이점이 있다. 온라인 상인은 과거에 비해 더 많은 고객을 발견할 수 있게 되었다. 이것은 상인들이 시장을 세분화해 차별화된 가격을 기꺼이 지불하고자 하는 고객그룹에게 **가격 차별화**(price discrimination) — 거의 같은 제품에 대해 목표 고객별로 다른 가격을 제시하는 것 — 를 할 수 있도록 해주었다. 예를 들어 온라인 상인은 비싸고 이국적인 여행을 갈망하는 고객을 찾은 후, 그러한 여행을 위한 추가적인 비용을 지불할 의사가 있다는 것을 인지한 상태에서, 그 고객에게 고가의 여행상품을 제시할 수 있다. 동시에 가격에 민감한 고객에게는 같은 휴가계획이라 해도 보다 저렴한 상품을 제시할 수 있다. 정보 밀도는 상인이 그들의 제품을 가격, 브랜드, 품질에 따라 다르게 표현할 수 있도록 해준다.

개인화/고객화

전자상거래 기술은 **개인화**(personalization)를 가능하게 한다. 즉 상인은 고객의 이름, 관심 분야, 과거 구매기록 등을 이용해 그들의 마케팅 메시지를 특별한 고객에게만 보낼 수 있게 되었다. 전자상거래 기술은 **고객화**(customization) — 제품이나 서비스를 개인의 선호 및 과거 성향에 따라 바꾸는 것 — 도 가능하다. 전자상거래 기술의 상호작용 특성에 따라, 소비자에 대한 보다 많은 정보를 구매와 동시에 수집할 수 있다. 정보 밀도가 증가함에 따라 소비자의 과거 구매기록 및 행태에 대한 방대한 정보가 온라인 상인들에 의해 저장되고 사용될 수 있다.

개인화 및 고객화 수준은 전통적인 상거래 기술로는 상상할 수 없을 정도로 매우 다르다. 예를 들어 TV를 볼 때 기존에는 채널을 선택해 보고 싶은 것을 볼 수는 있었어도 채널에서 방송되고 있는 내용을 바꿀 수는 없었다. 그러나 온라인 《월스트리트저널》 같은 경우에는 보고 싶은 뉴스 유형을 선택해 볼 수 있도록 해주며, 또한 그 선택사항을 바꿀 수 있는 기회를 제공한다.

소셜 테크놀로지: 사용자 콘텐츠 생산과 소셜 네트워킹

이전의 기술들과는 달리 인터넷과 전자상거래 기술은 사용자가 텍스트, 동영상, 음악, 사진 등의 형식으로 콘텐츠를 만들고 친구들과 공유할 수 있도록 함으로써 훨씬 사회적인 형태로 진화하고 있다. 이러한 형식의 의사소통을 함으로써 사용자는 새로운 소셜 네트워크를 만들고 기존의 네트워크를 강화할 수 있다.

출판을 포함한 현대의 인터넷 이전의 모든 매스미디어는 방송 모델(일-대-다)을 사용했다. 이것은 콘텐츠가 전문가(전문 작가, 에디터, 감독, 프로듀서 등)에 의해 중앙에서 만들어지고, 청중은 표준화된 상품을 소비하도록 했다. 그러나 인터넷과 전자상거래는 사용자가 콘텐츠를 만들어 수많은 청중에게 배포할 수 있는 능력을 부여했으며, 사용자가 그들 자신만의 콘텐츠 소비를 만들어갈 수 있도록 했다.

전자상거래의 핵심 개념: 글로벌시장에서의 디지털 시장과 디지털 상품

지역, 시간, 비즈니스 수익 모델은 정보비용과 배포에 일부 기반을 두고 있다. 인터넷은 수백만 명이 대량의 정보를 직접 그리고 즉시 무료로 교환할 수 있는 디지털 시장을 만들어냈다. 그 결과 기업의 비즈니스 수행 방식이 변화되었고, 그들의 세계적 도달 범위는 증가했다.

인터넷은 정보 불균형을 줄였다. **정보 불균형**(information asymmetry)은 한 거래 참여자가 다른 거래 참여자보다 중요한 정보를 더 많이 가지고 있을 때 발생하는데, 정보는 그들의 상대적인 교섭력을 증진한다. 디지털 시장에서는 소비자와 공급자가 모두 상품에 부과된 가격을 '볼' 수 있으므로 전통적 시장보다 더 '투명'하다고 할 수 있다.

예를 들어 자동차 소매상이 웹에 등장하기 전에는 자동차 판매원과 고객 사이에 정보 불균형이 존재했다. 자동차 판매원만이 제품 가격을 알고 있다면 고객이 최선의 가격으로 물건을 구매하는 것은 어렵다. 자동차 판매원은 이와 같은 정보 불균형을 통해 마진을 얻는다. 오늘날 소비자는 웹사이트에 로그인해 경쟁력 있는 가격정보를 제공받으며, 미국 자동차 구매자의 4분의 3은 인터넷을 이용해 최적 가격으로 차를 구매하는 것으로 알려져 있다. 따라서 웹은 자동차 구매 시 발생하는 정보 불균형을 줄여주는 것이다. 또한 인터넷은 기업 간 거래에서도 정보 불균형을 줄여줌으로써 보다 좋은 가격과 조건으로 거래할 수 있도록 해준다.

디지털 시장은 매우 유연하고 효율적인데, 이는 검색 및 거래비용이 낮고, **메뉴 비용**(menu costs, 판매 가격 중 상인의 비용)이 낮으며, 가격 차별화가 가능하고, 시장 상황에 따라 동적으로 가격을 바꿀 수 있기 때문이다. **동적 가격정책**(dynamic pricing)으로 제품 가격은 고객 수요나 판매자의 공급 상태에 따라 다양하게 변화한다. 예를 들어 아마존에서 월마트에 이르는 온라인 소매점은 하루 중 시간, 제품 수요, 사이트 사용자의 이전 방문기록에 따라 수천 개 제품의 가격을 변경한다. 빅데이터 분석을 활용하면서, 일부 온라인 기업은 고객이 낮은 가격을 선호하는 사람인지 또는 제공된 가격을 받아들이고 낮은 가격의 제품을 찾지 않는 사람인지 등 소비자 행태에 기반을 둔 타기팅 지수에 근거해 개인의 수준에 따라 가격을 조정한다. 가격은 지역에 따라 다양해질 수도 있다. 수송 서비스를 제공하는 우버는 태풍이 불거나 주요 행사가 있을 때 수요에 따라 가격을 조정하는 변동가격제를 활용하고 있다.

이렇게 새로운 디지털 시장에서는 판매되는 제품 및 서비스 특성에 따라 전환 비용을 감소시키거나 증가시킬 수 있으며, 이것은 고객 만족을 지연시킬 수 있다. 물리적인 시장과는 다르게 디지털 시장에서는 웹을 통해 옷을 구매하는 것과 같은 직접적인 제품 소비를 할 수 없다(비록 디지털 음악이나 다른 디지털 상품은 직접 소비할 수 있지만).

디지털 시장은 도매 및 소매업자와 같은 중개인을 우회해서 고객에게 직접 상품을 판매할 수 있도록 하는 등의 많은 기회를 제공한다. 유통 과정에서 중개상을 거치지 않으므로 거래비용이 감소한다. 전통적인 유통 구조에서는 모든 단계마다 비용이 지불되어 제품 생산비용의 135%에 달하는 가격이 책정된다.

그림 10.2
탈중개화를 통한 소비자 이익
전통적인 유통 채널은 여러 중간층이 있기 때문에 스웨터와 같은 제품의 최종 가격을 높이게 된다. 중간층을 제거함으로써 최종 소비자 가격을 낮출 수 있다.

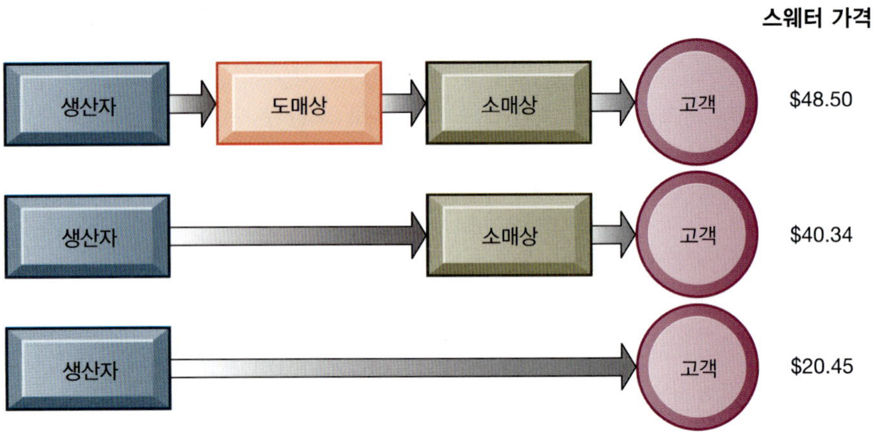

그림 10.2는 기존 유통 과정에서 각 단계가 제거될 때마다 얼마나 비용을 절약할 수 있는지 보여준다. 고객에게 직접 제품을 판매하거나 중개상 수를 줄임으로써 기업은 보다 낮은 가격을 책정하고 수익은 높일 수 있다. 가치사슬의 중간 부분에 있는 조직이나 비즈니스 프로세스를 제거하는 것을 **탈중개화**(disintermediation)라고 한다. 전자상거래는 아마존, 이베이, 페이팔(Paypal), 블루나일(Blue Nile)과 같은 새로운 중개자의 등장을 이끌기도 했다. 이러한 점에서 탈중개화 개념은 다른 산업과 다르게 전자상거래 산업에서는 다른 의미의 현상으로 해석될 수 있다.

탈중개화는 서비스 시장에도 영향을 주고 있다. 항공사나 호텔에서는 자신들만의 예약 사이트를 운영함으로써 보다 많은 수익을 얻고 있다. 이것은 여행사와 같은 중개업자를 제거했기 때문이다. 표 10.3에 디지털 시장과 전통적인 시장의 차이점을 정리했다.

디지털 상품

디지털 상품을 판매하는 인터넷 디지털 마켓플레이스가 급격히 성장하고 있다. **디지털 상**

표 10.3
디지털 시장과 전통적 시장 비교

	디지털 시장	전통적 시장
정보 비대칭성	비대칭성 감소	비대칭성 높음
탐색 비용	낮음	높음
거래 비용	낮음(없는 경우도 있음)	높음(시간, 여행)
만족 지연	높음(또는 디지털 상품의 종류에 따라 더 낮음)	더 낮음: 구매 즉시
메뉴 비용	낮음	높음
역동적 가격정책	낮은 비용, 즉시 발생	높은 비용, 지연됨
가격 차별화	낮은 비용, 즉시 발생	높은 비용, 지연됨
시장 세분화	낮은 비용, 중간 정도 정확도	높은 비용, 정확도 떨어짐
전환 비용	더 높음/더 낮음(제품 특성에 따라 다름)	높음
네트워크 효과	강함	약함
탈중개화	더 가능성 있음/가능	가능성 적음/불가능

품(digital goods)은 디지털 네트워크를 통해 전달될 수 있는 상품을 의미한다. 음악, 할리우드 영화, 소프트웨어, 신문, 잡지, 책 등이 디지털 상품으로 생산, 저장, 전달되며 판매되고 있다. 대부분의 경우 디지털 상품은 '인간의 내면적 작품(works of the mind)'이라 규정된 지적 재산이다. 지적 재산은 저작권, 특허, 영업비밀법에 의해 불법행위로부터 보호를 받는다(4장 참조). 오늘날 이러한 종류의 제품은 디지털 전송이나 다운로드를 통해 전달되기 때문에 가상공간이 아닌 물리적 장소에서의 거래는 급격히 감소했다.

디지털 상품은 대개 다른 상품에 비해 추가 생산비용이 제로에 가깝다(음악파일을 복사하는 일은 비용이 들지 않는다). 그러나 원본 파일의 생산비용은 비교적 높다. 사실상 제품 비용의 대부분은 생산비용이며, 그 밖에 약간의 재고 비용, 유통 비용이 있을 뿐이다. 인터넷으로 상품을 전달하는 비용은 매우 낮으며, 마케팅 비용은 동일하게 소모되고, 가격은 변동성이 높다. 인터넷 상인은 낮은 메뉴 비용으로 인해 필요에 따라 흔히 가격을 바꿀 수 있다.

이러한 디지털 상품 시장에 대한 인터넷의 영향은 혁명과 같은 것이었다. 우리는 그 결과를 매일 볼 수 있다. 서점이나 출판사, 음반회사, 영화사 등 물리적인 경로를 통해 판매하던 기업은 판매실적 감소에 직면했으며, 도산하는 기업이 생기기도 했다. 신문 및 잡지사 독자들이 인터넷으로 이동함에 따라 신문 및 잡지사는 광고주를 잃게 되었다. 반면 인터넷신문 독자는 증가하고 있다.

음반회사 매출은 CD 앨범 판매 하락과 디지털 음악 서비스의 성장으로 인해 1999년 140억 달러에서 2016년 거의 50% 감소한 77억 달러를 기록했다. 그러나 매출은 선불지급 가입의 성장을 통해 16% 성장한 거의 100억 달러에 이르게 되었다(RIAA.com, 2019). 애플 아이튠즈 스토어는 디지털 음악채널에서의 매출 손실을 만회했던 디지털 보급을 통해 2003년 시작 이후 500억 개의 음원을 판매했다. 지금도 다운로드 사업은 애플에서 최근 몇 년 동안 25% 이상 빠르게 쇠퇴하고 있지만, 스트리밍은 음원에 대한 소비자의 주요 접근 경로가 되고 있다. 아이튠즈의 등장 이후 불법 다운로드는 절반으로 줄었으며, 합법적인 온라인 음원 판매(다운로드와 스트리밍 포함)는 2018년 현재 약 80억 달러에 이르는 것으로 추산되고 있다. 클라우드를 통한 스트리밍 서비스가 확장됨으로써 불법 다운로드는 현저히 줄어들었다. 디지털 다운로드와 스트리밍을 포함한 디지털 음원 판매는 전체 매출의 80% 이상을 차지하는 것으로 나타났다. 그러나 음반업계는 싱글 트랙 하나를 다운로드하면서 32센트를 벌어들였고, 스트리밍 서비스에서는 고작 0.5센트의 수익을 거두었다. 음반회사가 음원 소유권(작사, 작곡)으로부터 수익을 올리고 있지만, 정작 음악을 하는 아티스트는 스트리밍 음원으로부터는 별반 수익을 얻지 못하고 있다. 스포티파이(Spotify)와 같은 광고 지원 플랫폼 상에서 1곡의 스트리밍을 통한 수익은 100만 건당 몇 푼에 지나지 않는다.

고화질 전편 영화의 불법 다운로드가 어려워지고, 저비용 고화질의 합법적 영화가 나타남에 따라 할리우드의 불법 디지털 배급 플랫폼에 의한 피해는 음반회사보다는 덜 심각했다. 음반산업과 같은 침체를 피하기 위해 할리우드는 고화질 영화와 TV 시리즈 다운로드에 대한 지불을 용이하게 함으로써 넷플릭스, 구글, 아마존, 애플과 함께 수익성 있는

표 10.4
인터넷이 디지털 상품 시장 변화에 미친 영향

	디지털 상품	전통적 상품
단위당 한계 비용	0	0 이상, 높음
생산비용	높음(대부분의 비용)	가변적
복제 비용	0에 가까움	0 이상, 높음
유통 전달 비용	낮음	높음
재고 비용	낮음	높음
마케팅 비용	가변적	가변적
가격	더 가변적(묶음, 무작위 가격 정책)	고정됨, 단위 비용을 기반으로

배급 거래를 실시했다. 업계는 2018년에 970억 달러의 매출을 기록했다. 이러한 전략이 2006년부터 2018년까지 60% 하락한 DVD 판매 손실을 보상해주지는 않았다. 디지털 형태의 스트리밍과 다운로드는 2018년에 약 28% 성장했으며, 홈 엔터테인먼트의 75% 이상을 차지하고 있다. TV 시리즈와 함께 장편 할리우드 영화는 더 많은 장소에서 영화를 볼 수 있도록 하는 스마트폰, 태블릿, 스마트 TV의 성장 덕분에 부분적으로 팽창하는 것으로 나타났다.

2019년 약 26억 명의 전 세계 인터넷 이용자 중 특히 성인 인터넷 인구의 68% 이상이 온라인을 통해 디지털 비디오를 보는 것으로 나타났다. 인터넷이 케이블 TV의 강력한 경쟁자로서 주요 배급 수단과 TV 채널이 되어 간다는 것은 의심의 여지가 없으며, 언젠가는 케이블 TV를 완전히 대신할 것으로 예상된다(eMarketer, 2019h).

표 10.4는 디지털 상품과 이것이 전통적인 물리적 상품과 어떻게 다른지 설명한다.

10-2 전자상거래 비즈니스의 원리와 수익모델은 무엇인가?

전자상거래는 비즈니스 모델과 새로운 정보기술의 환상적인 조합이다. 먼저 전자상거래의 유형에 대한 기본적인 이해부터 시작해 전자상거래 비즈니스와 수익에 대해 알아보자.

전자상거래 유형

전자상거래를 분류하는 방식은 여러 가지이다. 그중 하나는 전자상거래 참여자의 특성을 보는 것이다. 전자상거래는 크게 B2C(business-to-consumer), B2B(business-to-business), C2C(consumer-to-consumer)로 나뉜다.

- **B2C** 전자상거래는 개인 소비자를 대상으로 제품 및 서비스를 판매하는 것이다. 아마존, 월마트, 애플뮤직은 B2C 전자상거래의 예이다. 개인 소비자에게 책, 소프트웨어, 음악을 판매하는 반스앤드노블(barnesandnoble.com) 또한 B2C 전자상거래의 한 예이다.
- **B2B** 전자상거래는 기업 간에 제품 및 서비스를 판매하는 것이다. 엘레미카(Elemica)의 웹사이트는 화학제품과 에너지를 사고파는 사이트로서 B2B 전자상거래의 한 예

이다.

- **C2C** 전자상거래는 소비자 간에 직접 거래하는 것이다. 예를 들어 거대 웹 경매 사이트인 이베이(eBay)에서는 사람들이 가장 높은 가격을 제시한 입찰자에게 경매를 통해 자신의 물건을 판매할 수 있다. 이베이는 P2P 상거래의 디지털 플랫폼을 만들어내면서 중간자 역할을 하고 있다. 크레이그리스트(Craigslist)는 소비자가 다른 사람과 직접적으로 물건을 사고파는 가장 널리 사용되는 플랫폼이다.

전자상거래를 분류하는 또 다른 방식은 참여자가 거래에 사용하는 플랫폼을 기반으로 한다. 지금까지 거의 모든 전자상거래는 유선 네트워크로 인터넷에 연결된 개인 컴퓨터에서 이루어졌는데, 최근에는 스마트폰, 태블릿 PC와 같은 여러 가지 무선 모바일 대안이 등장하고 있다. 휴대용 무선장비를 이용해 장소에 구애받지 않고 제품이나 서비스를 구매하는 것을 **모바일 커머스**(mobile commerce) 또는 **m-커머스**(m-commerce)라고 한다. 위의 세 가지 형태의 전자상거래는 모두 모바일 커머스 기술을 이용해 수행될 수 있다. 10-5절에서 모바일 커머스와 무선 기술에 대해 자세히 설명하겠다.

전자상거래 비즈니스 모델

이미 설명했듯, 정보의 경제적 측면에서의 변화는 오래된 비즈니스 모델을 부수고 완전히 새로운 비즈니스 모델을 위한 조건을 만들었다. 표 10.5는 출현하고 있는 가장 중요한 인터넷 비즈니스 모델을 설명한 것이다. 모바일 장치의 앱을 포함한 인터넷은 기존 상품과 서비스에 추가적인 가치를 제공하거나, 새로운 제품과 서비스를 위한 기반을 제공했다.

포털

포털은 웹으로의 관문이며, 사용자가 그들의 홈페이지로 설정해 놓은 사이트로 정의된다. 포털에 대한 정의는 구글, 빙(Bing)과 같은 검색엔진을 포함하고 있다. 야후, 페이스북, MSN, AOL과 같은 포털은 뉴스, 이메일, 인스턴트 메시지, 지도, 달력, 쇼핑, 음악 다운로드, 비디오 스트리밍 등의 통합된 콘텐츠와 서비스뿐만 아니라 강력한 웹 검색 도구를 한 곳에서 제공한다. 포털 비즈니스 모델은 사용자가 그들의 웹 탐색 목적지 사이트를 제공하며, 뉴스를 읽고, 엔터테인먼트 프로그램을 즐기고, 다른 사람들을 만나 시간을 보내며, 광고에 노출되는 공간이 되어 가고 있다. 페이스북은 소셜 네트워킹에 기반을 둔 매우 독특한 형태의 포털이다. 2018년에 미국인은 하루에 온라인을 사용하는 한 시간 중 절반 이상을 페이스북에 소비했다. 일반적으로 포털은 많은 수의 청중을 끌어들여, 과거의 신문과 같이 광고주에게 광고비를 부담하게 하고, 다른 사이트로 고객을 유도하는 것에 대한 중개료를 받고, 프리미엄 서비스에 대해서 비용을 부담하게 함으로써 매출을 발생시킨다. 2019년에는 구글, 페이스북과 빙을 제외한 포털들의 디스플레이 광고 매출이 100억 달러에 이르는 것으로 추산되고 있다. 수백 개의 포털/검색엔진 사이트가 있지만, 상위 3개 사이트인 야후, MSN, AOL은 그들의 높은 인지도로 인터넷 포털 트래픽의 80% 이상을 차지하는 것으로 나타났다.

표 10.5
인터넷 비즈니스 모델

카테고리	설명	예시
전자소매거래	소비자나 개별적인 비즈니스 사업자에게 물리적인 형태의 제품을 판매함.	아마존 블루나일
거래 중개자	온라인 거래를 수행하는 사용자의 금전적, 시간적 비용을 줄여주는 것으로 각 거래가 발생할 때마다 수수료가 발생하므로 요금 및 수수료에 대한 정보를 제공함.	이트레이드닷컴 익스피디아
시장 생성자	구매자와 판매자가 만나 제품을 검색하거나 전시하고 제품 가격을 정할 수 있는 디지털 환경을 제공함. 구매자가 다수의 판매자에게 구매하고자 하는 금액을 제시한 뒤 협상이나 판매자가 정한 가격에 거래가 이루어지는 경매 혹은 역경매 서비스를 제공함. 전자상거래에서 고객이나 B2B를 지원하며 거래수수료를 통해 수익을 창출함.	이베이 프라이스라인닷컴 엑소스타(Exostar) 엘레미카(Elemica)
콘텐츠 제공자	디지털 형태로 이루어진 콘텐츠, 이를테면 뉴스, 음악, 사진이나 비디오 등을 웹에서 제공해 수익을 창출함. 고객은 해당 콘텐츠에 접속할 때 비용을 지불하고 웹사이트에 광고를 실어 주는 방식으로 수익을 창출함.	월스트리트저널닷컴 게티이미지닷컴 애플뮤직 MSN 게임
커뮤니티 제공자	비슷한 흥미가 있는 사람들이 모여서 의사소통하고 유용한 정보를 찾을 수 있는 온라인 공간을 제공함.	페이스북 트위터
포털	전문화된 콘텐츠나 기타 서비스로 이동할 수 있는 웹의 입구와 같은 역할을 함.	야후 MSN AOL
서비스 제공자	사진 및 비디오 공유, 사용자 제작 콘텐츠와 같은 애플리케이션을 제공함. 온라인 저장과 백업 기능 등의 서비스도 제공함.	구글독스 포토버킷닷컴 (Photobucket.com) 드롭박스

전자소매거래

2018년 2,070억 달러 이상의 수익을 기록한 아마존으로부터 웹사이트를 가진 지역의 상점을 포함한 모든 규모의 전자소매거래를 **전자소매거래**(e-tailer)라고 한다. 전자소매거래는 고객이 인터넷에 연결해 그들의 재고를 확인하고 주문을 한다는 것 외에는 전형적인 재래식 소매거래와 비슷하다. 2019년 온라인 소매업(물리적 상품)은 3조 5,000억 달러의 매출을 올렸다. 전자소매거래의 가치 제안은 연중무휴 편리하고 저렴한 쇼핑을 다양한 선택사항과 함께 제공하는 것이다. 월마트닷컴(Walmart.com)이나 스테이플스닷컴(Staples.com)은 'bricks-and-clicks'라 불리며 현존하는 물리적인 상점의 자회사이거나 사업부로서 동일한 제품을 판매한다. 그러나 다른 회사들은 물리적인 지역과의 연계 없이 가상세계에서만 운영된다. 애시포드닷컴(Ashford.com)과 이비타민스닷컴(eVitamins.com)이 그러한 전자소매거래의 예이다. 전자소매거래의 다른 형태인 다이렉트 메일 카탈로그 온라인 버전, 온라인 백화점, 제조사 다이렉트 온라인 판매 회사도 존재한다.

콘텐츠 제공자

전자상거래는 세계적인 콘텐츠 판매 장소로 빠르게 변화하고 있다. '콘텐츠'는 넓은 범위에서 모든 형식의 지적 재산을 포함한다. **지적 재산**(intellectual property)은 생산자가 재산권의 권리를 주장할 수 있는 내면에서의 유·무형 제품을 말한다. 콘텐츠 제공자는 웹상의 디지털 비디오, 음악, 사진, 텍스트, 미술 등의 정보 콘텐츠를 배포한다. 온라인 콘텐츠 제공자의 가치 제안은 소비자가 넓은 범위의 온라인 콘텐츠를 편리하게 찾아 값싸게 구매하게 해주어 그 콘텐츠를 컴퓨터 장비와 스마트폰을 통해 듣고 볼 수 있도록 해주는 것이다.

제공자는 콘텐츠를 만들 필요가 없다[비록 제공자가 때로는 디즈니닷컴(Disney.com) 같을 때도 있지만]. 제공자는 다른 사람이 만든 콘텐츠를 배급하는 인터넷 기반의 배포자일 때가 많다. 예를 들어 애플은 뮤직 스토어를 통해 음악을 판매한다. 하지만 그들이 새로운 음악을 만들지는 않는다.

아이폰, 아이팟, 아이패드 같은 인터넷에 연결된 모바일 장치의 성공은 팟캐스팅 형식으로부터 모바일 스트리밍이라는 새로운 형식의 디지털 콘텐츠 배급 형식을 가능하게 했다. **팟캐스팅**(podcasting)은 인터넷을 통한 오디오 및 비디오 출반 방법이다. 이를 통해 사용자는 회원가입을 하고 그들의 PC나 휴대용 음악 재생기에 오디오나 비디오 파일을 다운로드한다. **스트리밍**(streaming)은 개별 장치에 저장되지 않고 지속적으로 콘텐츠의 스트림을 흘려보냄으로써 음원과 비디오 파일을 배포하는 방식이다.

거래 중개자

전화나 메일에 의해 주로 개인적으로 다루어지는 거래를 하는 고객을 위한 사이트를 말한다. 큰 기업들은 이 모델을 사용해 재무 서비스, 여행 서비스 등을 제공하고 있다. 온라인 거래 중개자의 주된 가치 제안은 시간과 돈의 절약이다. 또한 금융상품과 여행패키지도 한 지역에서 제공한다. 온라인 주식 브로커와 여행 예약 서비스는 전통적인 서비스에 비해 비용이 많이 저렴하다. 피델리티파이낸셜서비스(Fidelity Financial Service)와 익스피디아(Expedia)는 거래 중개 모델에 기반을 둔 가장 큰 재무 및 여행 서비스 기업이다.

시장 생성자

시장 생성자(market creator)는 구매자와 판매자가 만나고, 제품을 진열하고 검색하고, 가격을 설정할 수 있는 디지털 환경을 구축한다. 온라인 시장 생성자의 가치 제안은 판매자가 쉽게 그들의 제품을 전시하고, 구매자가 판매자로부터 바로 제품을 구매할 수 있는 플랫폼을 제공하는 것이다. 이베이, 프라이스라인(Priceline)과 같은 온라인 경매 사이트가 시장 생성자 비즈니스 모델의 좋은 예이다. 다른 예로 아마존의 머천트(Merchants) 플랫폼(이베이와 비슷한 프로그램)을 들 수 있다. 상인들은 아마존의 웹사이트에서 그들의 상점을 구축하고 소비자에게 고정된 가격으로 제품을 판매할 수 있다. 간혹 공유경제에서 자주 언급되기도 하는 소위 온디맨드 경제는 이 장 마지막 사례인 우버의 경우에서 나타난 바와 같이 공급과 수요가 만나는 디지털 플랫폼을 구축하는 시장 생성자의 아이디어에 기반을 두고 있다. 여분의 자동차 공간과 여분의 대여용 방은 수송이나 숙박을 원하는 사람들을 찾는 것들이 하나의 예일 수 있다. 킥스타터닷컴(Kickstarter.com), 모자이크(Mosaic Inc.)와 같은 크라우드소스 펀딩 시장은 펀딩 시장에서 개인 투자자와 기업가를 연계해준다.

서비스 제공자

전자소매거래는 온라인으로 제품을 파는 반면, 서비스 제공자는 온라인으로 서비스를 제공한다. 사진 공유와 데이터 백업 및 저장을 위한 온라인 사이트는 모두 서비스 제공자 비즈니스 모델이다. 소프트웨어는 이제 더 이상 상자 안의 CD로 제공되는 물리적인 상품이 아니며, 소프트웨어는 서비스로서 오피스 365(Office 365)와 같은 소매상으로부터 구매하기보다는 온라인으로 가입해 사용하는 서비스(SaaS) 형태로 제공된다. 구글은 지 스위트(G Suite), 구글 사이츠(Google Sites), 지메일(Gmail), 온라인 데이터 저장 서비스 등 온라인 소프트웨어 서비스 개발의 선두주자이다. 세일즈포스닷컴(Salesforce.com)은 고객 관리를 위한 클라우드 기반 소프트웨어의 주요 서비스 제공자이다(5장과 9장 참조).

커뮤니티 제공자(소셜 네트워크)

커뮤니티 제공자(community provider)는 비슷한 흥미가 있는 사람들이 거래(물건을 사고 팜)를 하고, 취미, 사진, 비디오 등을 공유하고, 마음 맞는 사람들과 의사소통하며 취미와 관련된 정보를 받고, '아바타'라고 하는 온라인 인격체를 활용해 감정을 행동으로 드러내는 디지털 온라인 환경을 창조하는 사이트이다. 페이스북, 텀블러(Tumblr), 인스타그램, 링크드인, 트위터와 같은 소셜 네트워킹 사이트, 그리고 틈새시장을 노리는 수많은 작은 사이트는 모두 사용자에게 커뮤니티 구축 도구와 서비스를 제공한다. 최근에는 소셜 네트워크 사이트가 가장 빠르게 성장했으며, 1년에 사용자 수가 2배로 증가했다.

전자상거래 수익모델

기업의 **수익모델**(revenue model)은 어떻게 기업이 수익을 벌어들일지, 이익을 창출할지, 투자 자본에 대한 우세한 수익을 산출할 것인지를 통해 설명할 수 있다. 다양하게 개발된 전자상거래 수익모델이 있긴 하지만, 대다수 회사는 다음의 주요 수익모델 중 하나 혹은 결합된 모델에 의존한다: 광고, 판매, 구독, 무료/프리미엄(free/freemium), 거래수수료, 제휴.

광고수익모델

광고수익모델(advertising revenue model)에서 웹사이트는 광고에 노출된 다수의 방문자를 매료시키는 것으로 수익을 산출한다. 이것은 전자상거래에서 가장 많이 쓰이는 수익모델이다. 광고수익이 없었다면 웹은 지금과는 완전히 다른 상태에 있었을 것이다. 뉴스, 동영상, 사설 등 모든 웹 콘텐츠는 광고자가 생산과 배급 비용을 지불하기 때문에 방문자에게는 '무료'이다. 광고자는 그 대가로 방문자에게 자기 광고를 노출할 권리를 얻는다. 전 세계적으로 기업들은 2019년 지불 메시지 형식, 비디오, 앱, 게임, 검색 리스트 제공, 인스턴트 메시지 제공과 같은 온라인 광고에 2018년보다 15% 증가한 3,300억 달러를 지출했다. 모바일 광고는 모든 디지털 광고의 약 73%를 차지한다. 지난 5년 동안 광고주는 온라인 광고비용을 늘리는 반면, 지면광고를 중단하고 라디오와 신문을 통한 광고비용도 줄였다. 2019년에는 온라인 광고가 전 세계 모든 광고의 50% 이상을 차지하는 것으로 나타났다(eMarketer, 2019i, 2019j).

다수의 방문자를 가진 웹사이트, 특별하고 차별화된 사람들을 끄는 웹사이트나 사용자의 주의(stickiness)를 끌 수 있는 사이트는 높은 광고율을 적용해 청구할 수 있다. 예를 들어 야후는 배너광고와 같은 전시 형태의 광고와 검색엔진을 통한 소규모의 텍스트 광고 형태를 통해 그들의 모든 수익을 창출하고 있다. 구글과 페이스북 매출의 90% 이상은 애드워즈(AdWords)와 같은 키워드 판매, 애드센스(AdSense)와 같은 광고공간 판매, 디스플레이 광고공간 판매 등 광고를 통해 발생했다. 페이스북은 2015년 모든 사이트에 나타난 1조 건의 디스플레이 광고 중 3분의 1에 해당하는 디스플레이 광고를 게재했다. 2019년 모든 사이트에 등장한 조 단위 수준의 광고 중 3분의 1을 페이스북 혼자서 게시한 것으로 나타났다.

판매수익모델

판매수익모델(sales revenue model)에서 회사는 제품, 정보, 서비스를 고객에게 팔아 수익을 얻는다. 아마존닷컴(Amazon.com, 책, 음악, 기타 제품), 엘엘빈닷컴(LLBean.com), 갭닷컴(Gap.com) 같은 회사는 전부 판매수익모델을 사용한다. 콘텐츠 제공자는 음악(애플뮤직, 아이튠즈 스토어)이나 서적의 전체 파일 다운로드 혹은 음악/동영상 스트림[훌루닷컴(Hulu.com) TV 쇼] 다운로드에 대해 요금을 청구하는 것으로 수익을 창출한다. 애플은 이러한 소액결제사업을 개척했으며, 더욱 발전시키고 있다. **소액결제시스템**(micropayment systems)은 콘텐츠 제공자에게 다수의 소규모 거래(0.25~5달러)를 처리하는 비용효율적인 방법을 제공한다. 웹상에서 가장 큰 소액결제시스템은 애플의 아이튠즈 스토어로 전 세계 8억 명 이상의 신용고객을 대상으로 99센트에 음악 트랙을 판매하고 있으며, 장편 영화인 경우는 다양한 가격에 판매하고 있다.

구독수익모델

구독수익모델(subscription revenue model)에서 웹사이트는 사용자에게 제공하는 모든 것 또는 일부에 대해 구독료를 부과하는 형태로 콘텐츠나 서비스를 제공한다. 콘텐츠 제공자가 자주 이 모델을 사용한다. 예를 들어 온라인 버전의 《컨슈머리포트(Consumer Report)》는 상세 평가점수, 리뷰, 추천문 등 프리미엄 서비스에 대해 연간 39달러의 구독료를 내는 가입자에게만 접속 권한을 부여한다. 넷플릭스는 2019년 현재 1억 3,000만 명의 가입자를 보유한 가장 성공적인 구독 사이트 모델 중 하나이다. 구독모델이 성공하려면 콘텐츠의 가치가 높아야 하고 차별화되어야 하며 어디서나 쉽게 볼 수 있고, 복사가 불가능해야 한다. 구독모델 기반 콘텐츠와 서비스를 온라인으로 제공하는 성공적인 회사로는 매치닷컴(Match.com, 데이트 서비스), 앤세스트리닷컴(Ancestry.com, 계보 연구), 마이크로소프트의 엑스박스 라이브(Xbox Live) 등이 있다.

핀테크 앱을 통한 소액대출

텍사스주 포트 애런사스에 있는 빌리조크래프트하우스(Billy Joe's Craft House) 소유주인 빌리 조 윌슨(Billy Joe Wilson)이 푸드 트럭에서 치킨프라이드 샌드위치를 요리하는 중에 그의 태블릿에 설치된 한 앱이 그가 5,000달러를 대출받기를 원하는지를 물었다. 그 제안은 그와 다른 소규모 비즈니스를 하는 사람들이 고객의 신용카드 지불을 처리하는 장비를 만드는 스퀘어(Square, Inc.)로부터 온 것이다. 윌슨이 지불 처리를 위해 스퀘어를 사용하고 있기 때문에 스퀘어의 알고리즘은 그가 대출 자격이 되는지 판단하기 위해 암암리에 작업을 하고 있었다. 스퀘어의 시스템이 그가 자격이 있다고 판단하면 얼마 후 윌슨은 스퀘어의 대출 약정을 받고 며칠 내에 대출을 받게 된다. 그 이후 윌슨은 근처에 유명한 식당을 오픈하기 위해서 15만 달러 이상을 대출받았다.

스퀘어와 같은 기술기업이 단순한 지불 처리 서비스뿐만 아니라 은행의 주요 비즈니스인 대출업무까지 전통적인 은행업의 영역으로 움직이고 있다. 기술기업은 방대한 양의 고객 데이터를 획득함으로써 많은 이점을 얻을 수 있다. 예를 들어 페이팔홀딩스(PayPal Holdings)는 인터넷 소매점의 지불 처리를 수행하면서 수집된 데이터를 사용해 2013년 이후로 60억 달러 이상의 소규모 비즈니스 대출을 했다. 아마존은 신용을 보장하는 근거로 판매자의 과거 판매량을 활용해 아마존 사이트에서 상품을 판매하는 독립적인 판매자에게 30억 달러를 대출해줬다. 2017년 인튜이트(Intuit)는 업자들의 재무제표로부터 얻은 데이터를 가진 퀵북스(Quickbooks) 회계 소프트웨어를 사용해 업자들에게 대출을 제공하기 시작했다. 다른 비은행권 온라인 대출 제공기업으로는 렌딩클럽(LendingClub Corp.), 온덱(OnDeck), 캔캐피털(CAN Capital), 페이팔워킹캐피털(PayPal Working Capital), 캐비지(Kabbage) 등이 있다.

스퀘어는 소규모 업자에게 제공하는 대출과 현금선지급을 35억 달러로 확장했으며, 지금은 일반 고객대출로 전환하고 있는 중이다. 스퀘어는 스퀘어 기기를 사용하는 업자에게 10만 달러까지 대출해주려고 한다. 스퀘어는 벤모(Venmo)와 경쟁하는 캐시 앱(Cash App) 디지털 송금 서비스 사용자인 700만 명 이상의 고객에게 개인 대출과 신용한도를 위한 서비스를 개발 중이다.

12개월이 지난 2019년 8월 30일을 기점으로 스퀘어는 비즈니스 대출이 20만 건으로 늘어났으며, 소상공인 행정부서를 경유한 은행대출의 3배가 넘는 수치를 기록했다. 그러나 스퀘어는 평균 비즈니스 대출이 6,500달러밖에 되지 않는 소규모 대출에 지나지 않는다. 이는 전형적인 은행대출보다 훨신 적은 규모이다.

스퀘어의 대출은 투자자에게서 자금을 지원받기 때문에 저비용 계좌에서 자금을 받는 은행대출보다는 훨씬 높은 이자율과 비용을 부과하고 있다. 전통적인 은행에게 요구되는 규정을 피하기 위해 스퀘어는 보다 합법적인 대출 부분(전국적으로 동일한 비율과 약정에서 대출을 제공하는 능력과 같은)을 외부위탁처리하고 있다. 그래서 연방준비은행의 감시를 피하며 규정에 제한을 받는 은행들이 제공할 수 없는 은행 서비스를 제공하는 신규 틈새 금융기관으로서 운영이 가능할 수 있었다.

스퀘어는 방대한 양의 신용카드 거래 데이터를 분석함으로써 업체가 대출 자격이 되는지를 평가한다. 스퀘어는 그 업체가 반복해서 고객을 끌어들이는지와 입금 취소 건수, 업체 이력, 처리 규모 등에 대한 데이터를 주시하고 있다. 대출 절차는 자동화되었으며, 고객이 대출을 받고 송환하는 절차를 쉽게 만들었다. 대다수 고객은 정식 대출서류를 작성할 필요가 없다. 응용프로그램은 양식이 간단해 몇 번의 클릭만 하면 된다. 승인되면 비즈니스 대출금은 다음 영업일에 바로 대출자의 은행계좌로 입금된다. 스퀘어는 업체의 일일 신용카드 판매량의 일부를 대출에 대한 상환을 위해 다시 가져간다. 이자를 부여하는 대신에 스퀘어는 대출의 10~16% 범위에서 비교적 안정적인 수수료를 유지한다. (10,000달러 대출은 1,000~1,600달러 수준의 수수료). 대출은 18개월 안에 모두 상환된다.

모든 업체가 스퀘어의 편리한 대출을 반기는 것은 아니다. 코네티컷주 오크빌에 있는 대체(alternative) 컵케이크 매장인 하드코어스위츠베이커리(Hardcore Sweets Bakery)는 2014~2018년 사이 스퀘어로부터 주방장비를 수매하고 새로운 두 번째 매장을 열기 위해 13만 달러 이상을 대출받았다. 공동 소유주인 니콜 브래독(Nicole Braddock)에 따르면 스퀘어가 대출을 중단하고 그 이유에 대해 설명조차 하지 않았다고 했다. 스퀘어의 고객 서비스팀 어느 누구도 그녀의 전화 요청에 다시 응답하지 않았으며, 단지 일반적인 응답을 그녀의 이메일로 보내왔을 뿐이었다. 때때로 더욱 개인적인 스퀘어와의 접점은 순서를 기다려야만 했다.

다른 장단점이 있다. 온라인 대출의 속도와 편리함에 대한 가격은 은행들이 부여하는 것보다 높은 이자율이다. 예를 들어 시카고에 있는 한 피트니스 업체는 캐비지로부터 단기 대출에 25%의 이자를 지급해야 했다. 그 업체는 나중에 페이팔워킹캐피털이 지원하는 11% 이자율로 갈아탔다. 메릴랜드주 벨에어(Bel Air)에 소재한 찻집인 티바이투(Tea By Two)는 온덱의 2만 달러 대출에 18%의 이자를 지급했다. 그러나 온라인 대출업체는 보다 쉽게 대출을 승인하고 때로는 담보 없이도 전통 은행보다 훨씬 빠르게 일 처리를 한다. 이것이 최초로 비즈니스를 시작하는 사람들에게 매력적인 요인인 것이다.

일리노이주에 있는 래피드브루잉오브홈우드(Rapid Brewing of Homewood)라는 업체는 최근 긴급하게 배관공사를 해야 했을 때 스퀘어에서 대출을 받았다. 그 업체는 하루 만에 7,800달러를 받았다. 그 업체의 대출 약관은 스퀘어가 원금 상환 목적으로 일일 매출의 14.8%를 가져가도록 했으며, 대출은 18개월 만에 완전히 상환되도록 했다. 이자율 대신에 스퀘어는 1,008달러의 고정 비용을 부과했다. 해당 업체의 공동소유주인 레이에 로사도(Raiye Rosado)는 스퀘어로 대출받은 자신의 경험은 매우 긍정적이라고 믿고 있지만 더 큰 규모의 대출을 받을 때는 전통적인 은행을 이용할 것이라고 했다.

출처: Becky Yeruk, "Some Small Businesses See Big Benefits in Online Financing," *Wall Street Journal*, May 12, 2019; "Square Capital Review: Merchant Cash Advances by Another Name," www.business.org, accessed July 13, 2019; www.squareup.com, accessed July 13, 2019; and Peter Rudegeair, "A $150,000 Small Business Loan—from an App," *Wall Street Journal*, December 28, 2018.

사례연구 문제

1. 이 사례에서 기술된 핀테크 서비스는 전통적인 은행과 어떤 점에서 구별되는가?
2. 여기서 기술한 금융 서비스는 혁신을 위해 정보기술을 어떻게 사용하는가?
3. 핀테크 서비스로부터 소규모 업체가 대출을 받는 것의 장점과 단점은 무엇인가?
4. 만약 당신이 소규모 업체를 운영한다면, 핀테크 서비스 이용 여부를 결정할 때 어떤 요인을 고려해야 하는가?

무료/프리미엄 수익모델

무료/프리미엄 수익모델(free/freemium revenue model)에서 회사는 기본적인 서비스와 콘텐츠는 무료로 제공하고, 보다 특별한 프리미엄 서비스에는 요금을 청구한다. 예를 들어 구글은 무료 응용프로그램을 제공하지만 프리미엄 서비스에는 요금을 청구한다. 라디오 구독 서비스를 제공하는 판도라(Pondora)는 무료 서비스에는 시간을 제한하고 프리미엄 서비스는 제한하지 않는다. 이 아이디어는 무료 서비스로 먼저 많은 청중을 매료시키고, 그들 중 일부가 프리미엄 서비스를 받기 위해 비용을 지불하게 하는 형태이다. 이 모델의 한 가지 문제는 '무료 사용자'를 지불 고객으로 바꾸는 것이다. '무료'는 손실이 생기는 강력한 모델이기 때문이다. 프리미엄 뮤직 스트리밍 사이트는 시금까시 수익을 낸 직은 없다. 그럼에도 불구하고 그들은 광고를 겸한 공짜 서비스가 그들의 비즈니스 중 유료 가입자로부터 발생하는 수익보다 더 많은 수익이 발생한다는 것을 알고 있다.

거래수수료 수익모델

거래수수료 수익모델(transaction fee revenue model)에서는 기업이 거래를 수행하는 것에 대한 요금을 받는다. 예를 들어 이베이는 온라인 경매시장을 제공하고, 판매자가 물품 판매에 성공했을 경우 소정의 거래수수료를 받는다. 이트레이드(E*Trade)는 온라인 주식 중개자로서 고객을 대신해 주식거래를 할 때마다 거래수수료를 받는다. 거래수수료 수익모델이 부분적으로 큰 호응을 얻을 수 있었던 것은 그러한 서비스 제공에 요구되는 플랫폼 사용의 실제 비용이 사용자에게 즉각적으로 공개되지 않기 때문이다. 뱅킹에서 지불 시스템에 이르는 온라인 금융 서비스는 거래수수료 모델에 의존한다. 온라인 뱅킹과 서비스는 수백만 명의 고객을 보유한 거대 은행이 대부분 점유하고 있지만, 벤모(Venmo), 젤(Zelle)과 같은 **핀테크**(FinTech)로 알려진 창업금융기술회사가 정보기술을 사용해 P2P 금융지불, 송금, 대출, 크라우드 펀딩, 금융자문과 같은 서비스를 통해서 은행들과 경쟁하고 있다(10-5절의 모바일 지불 앱 시스템 참조). 핀테크 기업은 전형적으로 수익성은 좋지 않지만 그들의 기술과 고객들을 기반으로 거대 금융 서비스 기업들에 자주 인수되기도 한다.

제휴수익모델

제휴수익모델(affiliate revenue model)에서 웹사이트(**제휴 웹사이트**라 불림)는 방문자를 다른 웹사이트에 주고 그 보상으로 소개비를 받거나, 판매 결과에 따른 수익의 일부를 받는다. 중개료(referral fee)는 웹사이트 방문자를 유도해주는 일종의 소개비를 의미한다. 예를 들어 마이포인츠(MyPoints)는 기업을 잠재적인 고객에게 연결해주거나, 회원에게 특별한 거래를 제안하는 것으로 수익을 얻는다. 회원이 이러한 제안을 통해 이득을 얻고 구매를 하게 되면, 회원은 '포인트'를 얻고 그것으로 제품이나 서비스를 무료로 사용할 수 있고 마이포인츠는 소개비를 받는다. 이피니언스(Epinions)나 옐프(Yelp)와 같은 커뮤니티 피드백 사이트는 잠재고객을 구매를 할 웹사이트에 연결해줌으로써 나오는 소개 수수료를 통해 수익의 상당 부분을 창출하고 있다. 아마존은 블로그에 아마존 로고를 올린 제휴자를 이용해 아마존 웹사이트의 비즈니스를 조정한다. 개인 블로그는 제휴 마케팅과 관련이 있다. 블로거는 제품을 좋게 평가하고 판매 채널에 연결해주는 것을 통해 제조회사로부터 직접적으로 보수를 받거나 무료로 제품을 받는다.

10-3 전자상거래가 마케팅을 어떻게 변화시켰는가?

전자상거래와 인터넷이 전 산업계를 변화시키고 새로운 비즈니스 모델을 만들어냈다. 하지만 마케팅이나 마케팅 커뮤니케이션만큼 큰 영향을 받은 분야는 없을 것이다.

인터넷은 마케터에게 검색엔진 마케팅, 데이터 마이닝, 추천인 시스템, 타깃 이메일을 포함해 전통적인 매체보다 더 저렴하면서 수백만 명의 잠재고객과 의사소통할 수 있는 새로운 방법을 찾아주었다. 인터넷은 **롱테일 마케팅**(long tail marketing)을 가능하게 했다. 인터넷이 보급되기 전에는 대규모 고객과의 접근이 매우 비쌌으며, 마케터는 인기 있는 음악, 할리우드 영화, 책, 자동차와 같은 히트상품의 우량고객에게만 초점을 맞추어야 했다. 이와 반대로 인터넷은 마케터가 저렴한 비용으로도 수요가 적은 잠재적인 고객을 찾는 것을 가능케 해주었다. 예를 들면 매우 작은 규모의 고객들에게 수익성 있게 독립적인 음악을 판매하는 것을 가능하게 해주었다. 거의 모든 상품에 대한 수요가 항상 약간씩은 존재한다. 만약 이러한 일련의 롱테일 판매를 모두 한곳에 모을 수만 있다면 당신은 수익성 있는 비즈니스를 운영할 수 있을 것이다.

인터넷은 또한 정보를 모으고, 상품 주문을 조정하며, 고객 가치를 높이는 새로운 방법을 — 즉각적이고 자발적으로 — 제공한다. 표 10.6은 전자상거래에서 가장 많이 사용하고 있는 마케팅 형태와 광고 형태를 설명하고 있다.

행태 타기팅

많은 전자상거래 마케팅 기업이 비디오 광고, 매체 풍부성, 배너의 효율을 증가시키기 위해 **행태 타기팅**(behavioral targeting) 기술을 사용한다. 행태 타기팅은 마우스 클릭의 경로를 추적하는 것(클릭 행위의 히스토리)을 말하는데, 이는 인터넷을 사용하는 수천 개의 사이트에 대한 사람들의 흥미와 목적을 이해하는 데 도움을 주고, 그들의 목적에 잘 맞는 광고회사에게 개개인의 정보가 노출된다. 마케터와 연구자들은 행태 타기팅이 좀 더 정확하게 고객을 이해하게 하고, 더 효과적인 마케팅(기업은 그들의 제품에 관심을 보이는 쇼핑객에게만 광고를 제공한다)을 이끌 수 있게 해주며, 대량 판매와 수익을 얻게 해준다고 믿고 있다. 불행하게도 수백만 명의 웹 이용자는 행태 타기팅에 의해서 동의 없이 개인 프라이버시를 침해당하고 있다. 고객이 웹 경험에 대한 신뢰를 잃게 되면 그들은 어느 것도 구매하려고 하지 않을 것이다. 소비자가 구매와 정보 교환을 위해 안전한 창구를 추구함에 따라 개인정보의 무분별한 활용에 대한 반발이 증가하고 있다. 스냅챗(Snapchat)은 메시지

표 10.6
온라인 마케팅과 광고수익 형태(단위: 십억 달러)

출처: eMarketer, "Digital Ad Spending by Format, 2019," *eMarketer*, March 2019.

마케팅 형식	2019년 매출	설명
검색엔진	53.7	텍스트 광고는 고객이 쇼핑과 구입 순간에 무엇을 찾는지 정확하게 타기팅해줌. 판매 지향.
디스플레이 광고	70	상호적인 기능의 배너 광고(팝업, 리브 비하인드), 개인적인 웹 활동에 좀 더 행동적으로 타기팅함. 브랜드 개발과 판매. 블로그와 디스플레이 광고 포함.
비디오	36	성장이 가장 빠른 형식, 엔터테이닝과 매력적, 행동적으로 타깃, 상호적, 브랜딩과 판매.
주제별 분류	2.1	직업, 주거지, 서비스 광고; 상호적, 리치 미디어, 사용자 검색의 개인화. 판매와 브랜딩.
리치 미디어	41.3	애니메이션, 게임, 퍼즐. 상호적, 타기팅, 엔터테이닝. 브랜딩 지향.
제휴모델	2.6	온라인상에서의 판매와 방문을 유도해 다시 다양한 형태의 캠페인을 위해 온라인 마케터에게 판매하는 마케팅 회사. 판매와 브랜딩 지향.
스폰서	2.8	온라인 게임, 퍼즐, 콘텐츠, 쿠폰 홍보상품을 위해 기업으로부터 제공되는 사이트. 판매 지향.
이메일	0.5	효과적임, 상호적인 잠재적 리치 미디어의 타깃 마케팅 도구. 판매 지향.

가 사라지는 기능을 제공하고 있으며, 페이스북은 새로운 게시물에 대해 '친구에게만 공개(for friends only)'를 기본 설정으로 하고 있다.

행태 타기팅은 두 가지 단계로 발생한다. 개인적인 웹사이트 또는 블로그 내에서 발생하며 수천 가지 웹사이트를 이용하는 사람들을 추적하는 광고 네트워크에서 발생한다. 모든 웹사이트는 방문자의 브라우저 활동을 모으고 이를 데이터베이스에 저장한다. 그들은 도구를 가지고 있는데, 이 도구는 방문자가 특정 웹사이트에 오기 전에 방문했던 사이트는 어디인지, 이 특정 웹사이트를 언제 떠나서 어디로 가는지를 기록한다. 또한 이러한 도구는 특정 사이트에 대해 방문했던 구체적인 페이지들과 이 페이지들 각각에서 보낸 시간, 방문한 페이지의 유형, 방문자가 구매한 물품을 기록한다(그림 10.3 참조). 기업들은 현재 고객 및 잠재고객의 정확한 기록들을 생성하기 위해 고객 관심사와 행위에 관한 정보를 분석할 수 있다. 게다가 대부분의 주요 웹사이트는 당신이 어디로부터 와서 어디로 가는지에 대한 당신의 클릭흐름 행위를 추적해 다른 사이트에서 같은 광고를 또 보여줌으로써 다시 타기팅할 수 있는 수백 가지 추적 프로그램을 가지고 있다. 선도적인 온라인 광고 네트워크는 구글의 마케팅 플랫폼이다.

그와 같은 정보를 통해 기업은 개인화된 웹페이지를 생성할 수 있는데, 이러한 웹페이지에는 사용자 각각의 특별한 관심사와 관련된 제품 및 서비스에 대한 콘텐츠 또는 광고가 나타나게 함으로써 고객의 경험을 증진하고 부가적인 가치를 창출할 수 있도록 한다(그림 10.4 참조). 각 고객에게 제공되는 개인화(personalization) 기술을 통해 개인이 웹페이지를 수정할 수 있게 됨으로써 마케터는 매우 저렴한 비용으로 판매사원을 이용하는 것과 같은 효과를 얻을 수 있다. 예를 들어 제너럴모터스(General Motors, GM)는 쉐보레의 배너광고를 여성에게는 안전과 유용성을 강조하고 남성에게는 강한 힘과 튼튼함을 강조하는 내용으로 보여줄 예정이다.

광고 네트워크로부터 프로그램화된 광고 구매 과정은 짧은 단계로 구성된다. 광고 네트

그림 10.3
웹사이트 방문자 추적
전자상거래 웹사이트는 온라인 상점 전반에 걸친 구매자의 모든 행위 단계를 추적할 수 있는 도구가 있다. 여성용 의류를 판매하는 웹사이트는 세밀한 고객 행위 조사를 통해 이 상점이 각 단계에서 배울 수 있는 것이 무엇인지, 판매량을 증가시킬 수 있는 조치가 무엇인지를 알려준다.

구매자가 홈페이지를 클릭한다. 상점은 이 구매자가 오후 2시 30분에 야후 포털을 통해 도착했다는 사실(이것은 고객 서비스 센터의 업무를 도울 수 있다)과 홈페이지에 얼마나 머물러 있었는지(이것은 이 사이트의 내비게이션상 문제점을 나타낼 수도 있다)를 알려줄 수 있다.

구매자는 블라우스를 클릭하고, 이어서 여성용 핑크색 블라우스를 선택하기 위해 클릭한다. 그다음에 이 구매자는 사이즈가 10인 핑크색 블라우스를 선택하기 위해 클릭하고 그것을 쇼핑카트에 담기 위해 클릭한다. 이러한 정보는 이 상점이 어떤 사이즈와 색상이 가장 인기가 좋은지 파악하는 것을 도울 수 있다.

쇼핑카트 페이지에서 이 구매자는 선택했던 블라우스를 구매하지 않고, 웹사이트를 떠나고자 브라우저 닫기를 클릭한다. 이러한 행동은 이 구매자가 자신의 마음을 바꾸었거나 이 웹사이트의 결제와 지불 프로세스상에서 어떤 곤란한 문제를 경험했음을 나타내는 것일 수도 있다. 이러한 행위는 이 웹사이트가 잘 설계되지 못했음을 알려주는 신호일 수 있다.

출처: Google Inc.

그림 10.4
웹사이트 개인화
기업은 사용자 각각의 특별한 관심사와 관련된 제품과 서비스에 대한 콘텐츠 또는 광고를 보여주면서 고객의 경험을 증진하고 부가적인 가치를 창출할 수 있는 개인화된 고유의 웹페이지를 제공할 수 있다.

워크는 실시간 입찰 플랫폼(RTB)을 만들고, 마케터는 웹 게시자로부터 가용한 고도로 타깃화된 시간대(slot)에 입찰을 한다. 여기서 광고 플랫폼은 얼마나 많은 타깃화된 개인들이 그 광고를 볼 것인가를 예측하고, 광고주는 이러한 광고의 노출이 그들에게 얼마나 가치가 있는지를 추산하게 된다.

만일 수백만의 고객에게 다가가기를 원하는 거대 광고회사나 글로벌 제조업자라면 어떻게 되었겠는가? 수백만 개 웹사이트가 있는 상황에서 일일이 하나씩 작업을 하는 것은 불가능하다. 광고 네트워크는 이러한 문제를 수백만 명이 접속하는 가장 인기 있는 웹사이트들의 네트워크를 만들고, 전체 네트워크를 통해 사용자의 행동을 추적하고, 각 사용자의 프로필을 구축하고 나서, 그 저장된 프로필을 광고주에게 실시간 환경에서 판매함으로써 해결한다. 인기 있는 웹사이트는 사용자에 대한 지식 없이 온라인 사용자의 행태를 떨어져 있는 서버에 보고해줄 수 있는 수십 가지의 웹 추적 쿠키와 버그, 신호를 다운로드한다. 유럽산 자동차 구매에 관심이 있는 18~34세의 사람이고, 북동지역에 거주하며, 대학 학위가 있는 젊고 미혼인 고객을 찾을 수 있을까? 광고 네트워크는 사용자의 웹사이트 이동을 바탕으로 유럽 자동차 광고에 노출되어 있는, 프로필에 맞는 수많은 사람의 정보를 전달해주며 이를 확인할 수 있다. 예측은 다양하지만, 행태 타기팅에 기반을 둔 광고가 자동적으로 선택된 배너 또는 비디오 광고보다 10배 이상의 고객 반응을 끌어낼 수 있다(그림 10.5 참조). 소위 광고의 교환은 특정 프로파일을 가진 사람에 대한 접근을 수천분의 일초 안에 광고주에게 역으로 전달해주는 기술이다. 2019년에는 온라인 디스플레이 광고의 73%가 타깃화되었으며, 나머지 광고는 구매자가 방문한 배경에 따라 — 방문자의 추정되는 인구통계학적 정보에 근거해 소위 갑자기 나타났다 사라지는 광고의 형태로 — 제공되

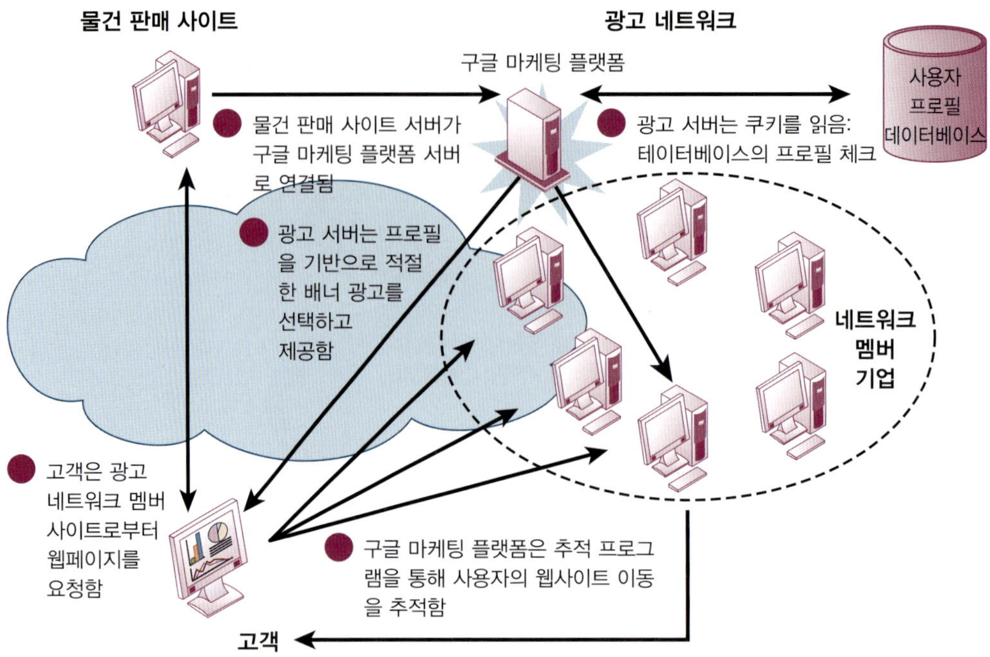

그림 10.5
광고 네트워크 작동 방식
광고 네트워크는 개인 프라이버시를 주장하는 사람들 사이에서 논란이 되고 있다. 왜냐하면 인터넷을 통해 기업이 고객 개개인을 추적할 수 있기 때문이다.

어 날짜, 시즌과 같은 최소한의 타기팅을 해 가용한 페이지에 무작위로 보여진다.

또 다른 짧은 단계로 이루어지는 광고 형태는 **네이티브 광고**(native advertising)이다. 네이티브 광고는 소셜 네트워크 뉴스피드나 신문 기사와 같은 전통적인 사설 내용 안에 광고를 넣어 마치 기사처럼 보이도록 디자인된 광고를 말한다. 이러한 광고는 콘텐츠와 광고가 밀접하게 관련되어 있거나 상호 통합되었다는 점에서 유기체 광고(organic advertising)라고 불린다.

인터넷 사용자의 68%는 검색엔진과 웹사이트가 타깃광고를 하기 위해 사용자의 온라인 행위를 추적하는 것을 원치 않는다. 대다수 미국인이 웹사이트들이 온라인상에서의 자신의 행태를 추적하지 못하도록 하는 추적 방지 옵션(Do Not Track)을 원하고 있으며, 50% 이상의 사용자가 온라인상에 있는 너무 많은 개인정보를 걱정하는 것으로 나타났다. 그들 중 86%는 자신의 온라인 행태를 감출 수 있는 조치를 취했으며, 25%는 광고 방지 소프트웨어를 사용하고 있는 것으로 나타났다(Rainie, 2016).

소셜 전자상거래와 소셜 네트워크 마케팅

브랜드와 마케팅 분야에서 가장 빠르게 성장하는 미디어 중 하나는 소셜 미디어이다. 기업은 소셜 네트워크상에서 하루에 한 시간을 소비하는 수백만 명의 소비자에게 다가가기 위해 페이스북, 인스타그램, 핀터레스트, 트위터, 링크드인과 같은 소셜 네트워크를 사용하면서 2019년 약 900억 달러를 소비한 것으로 추산된다(eMarketer, 2019k). 현재 소셜 마케팅을 위한 지출은 TV, 잡지나 신문에서의 지출 규모보다는 훨씬 작지만 미래에는 바뀔 것으로 예상된다. 오프라인 세계에서의 소셜 네트워크는 다른 사람과 확장된 시간에 걸쳐서 자발적으로 소통하려고 하는 사람들의 집합체이다. 다른 소셜 요소를 갖춘 사이트와 함께 페이스북, 인스타그램, 핀터레스트, 링크드인, 트위터, 텀블러 등은 사용자가 다른 사람과 소통하고 집단과 개인적인 관계를 형성하고 관심과 가치, 아이디어를 공유하는 사이트이다.

소셜 전자상거래는 디지털 **소셜 그래프**(social graph) 아이디어에 바탕을 둔 상거래이다. 이 소셜 그래프는 온라인상의 모든 사회적 관계를 나타내는 지도이다. 이 그래프는 오프라인상의 관계를 나타내는 소셜 네트워크와 같은 개념으로 사용된다. 당신은 당신과 가장 가까운 10명의 사람을 당신을 기준으로 선을 그어서 당신 자신의 소셜 그래프(네트워크)를 만들 수 있다. 만약 그 10명의 사람이 그래프상의 다른 사람을 알고 있다면 그들 사이에 다시 선을 긋는다. 당신이 더욱 커다란 소셜 그래프를 완성하고 싶다면, 10명의 지인에게 다시 그들과 가까운 10명의 사람의 이름을 열거해 다시 선을 긋게 한다. 이러한 활동을 통해 나타난 것이 바로 당신의 예비 소셜 네트워크 맵이 된다. 인터넷상의 모든 사람이 같은 활동을 해 나타난 결과를 커다란 데이터베이스를 가진 웹사이트에 게시한다. 이러한 과정을 통해 결과적으로 당신은 페이스북이나 기타 유사한 사이트를 완성할 수 있을 것이다.

'작은 세계' 이론에 따르면 여섯 번만 거치면 지구 반대편에 있는 사람과도 연결이 가능하다고 한다. 당신이 100명의 이름과 주소를 입력하고, 100명의 지인은 다시 50명의 새로운 이름의 친구를 등록해서, 이러한 활동이 여섯 번 정도 지속되면 이러한 소셜 네트워크는 310억을 넘어서게 된다. 따라서 소셜 그래프는 수백만 개의(그 안에 모두가 포함된) 개인 소셜 그래프의 집합체를 형성하게 된다.

만약 당신이 사람들의 상호관련성을 알고 있다면 이러한 개념이 전자상거래에서 얼마나 중요한지 알게 될 것이다. 즉 당신이 구입하는 제품과 서비스는 당신 친구들의 선택에 영향을 줄 것이고, 그들의 결정은 다시 당신에게 영향을 줄 것이다. 만약 당신이 하나의 브랜드를 구축하고 강화하려는 마케팅 담당자라면 사람들이 소셜 네트워크상에서 얽혀 있으며, 관심과 가치를 공유하고, 다른 사람과 대화하고 영향을 준다는 이점을 활용할 것이다. 마케팅 담당자로서 당신의 타깃이 되는 고객층은 단지 TV 쇼나 보고 있는 고립된 100만 명의 사람이 아니라 그 쇼를 바라보는 사람들의 소셜 네트워크이며 바로 보는 이들의 개인적인 네트워크인 것이다. 더욱이 온라인 소셜 네트워크는 가장 많은 인터넷 청중이 위치한 곳이다. 표 10.7은 이러한 성장을 이끌고 있는 소셜 커머스의 특징을 요약하고 있다.

2019년 현재 미국 소셜 마케팅의 80% 이상을 차지하고 있으며 매달 2억 500만 명의 방문자를 보유하고 있는 페이스북은 소셜 네트워크에 주어진 대중의 관심을 가장 많이 받은 것으로 나타났다. 다른 최상위 4개의 소셜 사이트도 과거보다는 느리기는 하지만 계속 성장하고 있다. 링크드인은 2019년에 매달 3억 명의 방문자를 기록했으며, 트위터는 미국보다는 해외에서 더 큰 성장을 보이면서 1억 1,000만 명의 실제 사용자를 보유하고 있다. 핀터레스트는 8,650만 명의 사용자를 보유해 최상위 50위 사이트에 이름을 올렸다. 분석가들에 따르면 미국에서 온라인에 소비되는 전체 시간 중 25%를 소셜 네트워크 사이트에 소비하고 있으며(하루 약 57분), 소셜 네트워킹은 가장 보편적인 온라인 활동으로 자리 잡았다. 가장 빠르게 성장하는 스마트폰 앱은 소셜 네트워크와 관련된 것들이다. 2019년 페이스북의 모든 방문자 중 75% 이상이 스마트폰을 통해 방문한 것으로 나타났다.

표 10.7
소셜 커머스 특징

소셜 커머스 특징	설명
뉴스피드	소셜 사용자가 자신의 홈페이지에서 발견하는 친구와 광고주로부터 발생하는 알림의 흐름.
타임라인	친구와 공유할 수 있는 사용자에 대한 개인 히스토리를 만들어내는 과거의 사진이나 이벤트 흐름.
소셜 사인	웹사이트는 사용자가 페이스북이나 다른 소셜 사이트를 통해 그들의 사이트에 서명하게 한다. 이를 통해 웹사이트가 페이스북으로부터 가치가 있는 소셜 프로파일 정보를 받아서 자신의 마케팅 활동에 사용한다.
협력 쇼핑	소비자가 제품을 보고 채팅하고 문자를 주고받으면서 다른 사람들과 쇼핑 경험을 공유할 수 있는 환경을 만든다. 친구들은 브랜드와 제품, 서비스에 대해 온라인 채팅을 한다.
네트워크 통지	소비자가 그들의 제품, 서비스, 콘텐츠에 대한 승인 여부를 공유하거나 레스토랑이나 클럽과 같은 지역과 위치를 공유할 수 있는 환경을 만든다. 페이스북의 유비쿼터스형 '좋아요' 버튼이 그 예다. 트위터의 트윗과 팔로워는 또 다른 사례이다.
소셜 검색(추천)	소비자가 그들의 친구들에게 제품, 서비스, 콘텐츠 구매에 대한 조언을 요청할 수 있는 환경을 만든다. 구글은 당신이 이러한 것을 발견할 수 있도록 도와주고, 소셜 검색은 당신이 당신 친구의 평가에 귀를 기울임으로써 그러한 것들에 질적 평가를 할 수 있도록 도와준다. 대표적인 예로 아마존의 소셜 추천인 시스템은 제품을 추천할 수 있도록 당신의 페이스북 소셜 정보를 사용할 수 있다.

핀터레스트와 같은 **소셜 쇼핑**(social shopping) 사이트에서는 친구와 함께 쇼핑 아이디어를 교환할 수 있다. 페이스북은 '좋아요' 버튼을 제공해 당신이 좋아하는 제품, 서비스, 콘텐츠, 온라인 구매 여부를 친구에게 알릴 수 있도록 하고 있다. 페이스북은 전 세계적으로 하루에 50억 개의 '좋아요'를 처리한다. 온라인 커뮤니티는 바이럴 마케팅(viral marketing)을 활용하는 이상적인 공간이다. 온라인 바이럴 마케팅은 글이 온라인 커뮤니티에서 빛의 속도로 전파되고 작은 네트워크의 친구들보다 지역적으로 훨씬 더 멀리까지 전파된다는 점을 제외하면 전통적인 구전 마케팅과 비슷하다.

집단 지혜

수천, 심지어 수백만의 사람들이 상호작용하는 사이트를 만드는 것은 기업에 마케팅과 광고를 위한 새로운 방법과 또 그들의 제품을 좋아하는(혹은 싫어하는) 사람을 찾는 새로운 방법을 제공한다. **집단 지혜**(wisdom of crowds)라 불리는 현상 속에서, 어떤 사람은 다수의 대중이 개인보다, 심지어 소규모 전문가 집단보다 좋은 결정을 내릴 수 있다고 주장한다.

물론 항상 그런 것은 아니다. 그러나 이러한 일이 흥미로운 방식으로 일어날 수 있다. 마케팅에서 '집단 지혜' 개념은 기업이 먼저 고객 관계 구축을 위해 수천 명의 고객과 상담하고, 두 번째로 어떻게 그들의 제품이 사용되고 좋은 평가를 받는지(혹은 버려지는지) 이해해야 함을 제안한다. 당신의 고객에게 적극적으로 코멘트를 달라고 간청하는 것은 고객의 신뢰를 구축하며, 고객에게 당신의 생각에 우리가 관심이 있고, 당신의 충고가 필요하다는 메시지를 주는 것이다.

단순히 충고를 구하는 것을 넘어서, 기업들은 **크라우드소싱**(crowdsourcing)이라는 것을 페이스북, 인스타그램, 트위터, 스냅챗, 기타 소셜 도구는 고객과 관계를 갖기 위한 무수히 많은 기회를 창출하고, 제품에 대한 메시지를 확대하며, 트렌드나 인플루언서를 발견하고, 브랜드 인지도를 구축하며, 고객의 요구와 추천에 반응한다. 소셜 미디어를 관찰하는 것은 마케터와 비즈니스 소유주가 구매자의 제품과 관련한 좋은 점, 나쁜 점, 불평이나 고객이 원하는 추가적인 제품과 제품의 수정사항, 사람들이 브랜드에 대해 어떻게 이야기하는지(긍정적 또는 부정적)를 이해하도록 도와준다.

인스타그램은 10억 명 이상의 월간 실제 팔로워를 보유한 가장 빠르게 성장하는 소셜 네트워크 플랫폼 중 하나이며, 특히 젊은 층의 인터넷 사용자에게 인기가 많다. 이것은 브랜드에 대한 메시지나 사진을 대상 고객에게 전달하고, 고객과 교류하고, 그들과 밀접한 관계를 맺도록 해주는 기업을 위한 강력한 도구이기도 하다. 사용자는 팔로우를 하며, 반대로 다른 사람이 팔로우를 하고, 댓글을 달거나 '좋아요'를 누르고, 태그나 개인적인 메시지를 교환하면서 다른 인스타그램 사용자와 상호작용한다. 인스타그램은 약 2,500만 개의 등록된 비즈니스 계정과 이 플랫폼에서 더 많은 사람에게 다가가기 위해 스폰서 광고를 사용하는 월간 100만 개에 이르는 실제 활동을 하는 광고주를 보유하고 있다. 인스타그램은 2018년에 90억 달러의 광고 매출을 기록했다.

8,600만 명 이상의 팔로워를 보유한 나이키는 가장 인기 있는 비즈니스 브랜드 중 하나이다. 나이키는 '순간(moment)'을 나타낼 수 있는 이미지 또는 애니메이션 이미지, 비디오를 사용하면서 유명인이 등장하는 라이프스타일에 기반을 둔 공연 장면과 같은 혼합된 형태의 콘텐츠를 게재한다. 다른 많은 기업과 같이 나이키는 그들의 팔로워가 단지 제품만을 구입하는 것이 아니라 제품과 관련된 라이프스타일을 구매하는 것임을 알고 있다. 나이키는 자신의 제품을 라이프스타일과 관련된 스토리텔링을 통해 지속적으로 홍보하고 있다.

나이키는 아마추어이건 프로 선수건 간에 '세상의 모든 선수에게 영감과 혁신을 가져다주기'라는 슬로건을 내걸고 있다. 나이키 브랜드는 사람들이 더 많은 것을 믿음으로써 더 많은 것을 성취하고, 일반 사람들도 단지 행동하면(just do it) 실력이 만개한 운동선수처럼 느끼도록 힘을 얻는다는 것을 반영하고 있다. 점프슛을 날리거나 해변을 뛰도록 팔로워에게 영감을 불러일으키는 나이키의 인스타그램 포스트들은 이러한 감정적인 동기부여를 일으키며 각 포스트당 50만 개 이상의 브랜드 '좋아요'를 기록했다.

선도적인 미국의 트럭 제조업체인 맥트럭(Mack Truck)은 새로운 모델인 앤섬(Anthem)을 출시하면서 고객과 운전자, 딜러들을 끌어들이기 위해 소셜 마케팅 캠페인을 실시했다. 맥은 전통적으로 새로운 제품을 출시할 때 주요 마케팅 채널로 트럭 관련 출판물이나 책자와 같은 프린트 광고나 산업박람회 등을 활용했다. 그러나 이러한 채널을 통해서는 맥이 각각의 다른 고객에게 각각의 다른 메시지를 보낼 수 없었다. 예를 들어 대규모 운송업체의 관리자는 연료 효율성에 가장 큰 관심이 있는 반면, 자기 소유 운전자는 디자인이나 스타일에 더욱 매료될 수 있다. 맥의 마케팅 팀은 지속적으로 폭넓은 인지도를 위해 전통적인 채널을 계속해서 사용했으나, 세분화된 초점을 둔 소셜 마케팅으로 전환했다.

2017년 7월 맥은 앤섬 모델에 대한 흥미를 유발하기 위해서 격주 단위로 유튜브 비디오를 내보내기 시작했으며, 그다음으로 9월에 유튜브와 페이스북에 앤섬 출시 라이브 스트리밍 영상을 보여주었다. 맥은 예고 캠페인을 통해 7,000개의 이메일 주소를 얻었으며, 출시 이벤트인 라이브 스트리밍 방송을 3,700명이 시청했다. 하나의 제품에 10만 달러 이상이 소요되는 것을 고려할 때 이러한 숫자는 놀라운 것이었다. 맥의 마케팅 팀은 회사의 소셜 미디어 팔로워들에게 바로 앤섬 라인의 모든 것을 보여줄 수 있는 사진, 비디오, 텍스트 요약, 다른 콘텐츠를 바로 전송했다. 이러한 활동은 맥의 브랜드로 4만 명 이상의 새로운 소셜 팔로워를 유인함으로써 신뢰를 얻게 되었다.

맥은 오라클 엘로콰(Eloqua) 마케팅 서비스와 오라클 소셜 클라우드를 사용해 소셜 활동을 고객들과 전망을 나타내는 오라클 데이터베이스에 있는 175,000개의 프로파일로 연결되게 했다. 이를 통해 디지털 마케팅 팀은 데이터베이스에 있는 어떤 사람이 앤섬 관련 비디오를 보기 위해 페이스북 포스트를 클릭하는지, 자신의 웹사이트에서 다른 정보를 찾는지 알 수 있었다. 호소력 있는 개인화된 콘텐츠는 앞으로의 전망과 고객이 맥의 딜러에게 말을 걸기까지의 판매 과정을 따라 더 나은 방향으로 이끌도록 도움을 주었다. 그때의 전망은 선별된 잠재고객으로 여겨진다. 오라클 소셜 클라우드는 맥의 앤섬이 다양한 소셜 사이트에서 언급되고 있다는 것을 마케팅 팀원에게 알려주고, 그 이후 적절한 채널을 통해 반응할 수 있었다.

맥은 앤섬 캠페인을 위해 유명 인플루언서를 등장시켰다. 예를 들어 컨트리 뮤직 아티스트인 스티브 모클러(Steve Moakler)는 앤섬 출시와 운전자들을 위해 만든 Born Ready라는 노래를 녹음했다. 55,000명 이상이 유튜브에서 모클러의 공연을 보았다. 또한 9,300명 이상이 맥의 앤섬 캠페인을 선택했으며, 1,700명의 선별된 잠재고객을 찾아낼 수 있었다. 앤섬의 랜딩 페이지는 146,000명의 방문자를 유인해 모클러의 비디오를 보고 새로운 트럭 라인의 모든 것에 대한 정보를 얻을 수 있도록 했다. 맥의 고위 경영진은 디지털 마케팅 정보의 결과, 세부사항과 정확도에 매우 만족해하고 있다.

소셜 미디어 캠페인을 구성하는 것은 매우 까다로울 수 있으며, 결과가 꼭 예측 가능한 것은 아니다. 예를 들어 도널드 트럼프의 소셜 팔로워들이 노드스트롬(Nordstrom)이 매장에서 이방카 트럼프 관련 의류상품을 치우는 것에 대해 노드스트롬을 보이콧할 것을 요구하자 노드스트롬의 주가는 오히려 상승했고, 이후 몇 달 동안 다른 소매업체 경쟁자보다 너 나은 실적을 보였다. 노드스트롬 고객은 여전히 브랜드 충성도를 가지고 있다. 록히드마틴(Lockheed Martin)과 같은 다른 브랜드를 주장한 이전의 트럼프 트윗은 오히려 주가에 나쁜 영향을 미쳤다.

출처: "Instagram by the Numbers," *Omnicore*, January 16, 2019; Brad Fay, Ed Keller, Rick Larkin, and Koen Pauwels, "Deriving Value from Conversations about Your Brand," *MIT Sloan Management Review*, Winter 2019; Rob Preston, "Open Road," *Profit Magazine*, Spring 2018; www.Macktrucks.com, accessed April 19, 2019; Tobias Matthews, "How Nike Uses Instagram and Is Winning," *Fourth Source*, January 13, 2018; Karisa Fagan, "6 Social Media Failures & What You Can Learn from Them," *Impact*, May 29, 2018; and Janet Morrissey, "Brands Heed Social Media. They're Advised Not to Forget Word of Mouth," *New York Times*, November 26, 2017.

사례연구 문제

1. 고객들과 관계를 갖는 데 소셜 미디어 기술을 사용하는 것에 대한 사람, 조직, 기술 관점의 문제를 평가하라.
2. 광고, 브랜드 구축, 시장 조사, 고객 서비스를 위해 소셜 미디어를 사용하는 것의 장단점은 무엇인가?
3. 고객과 상호작용을 하기 위해 소셜 미디어를 사용함으로써 촉진될 수 있는 이 사례에서의 의사결정 예를 제시하라.
4. 모든 기업이 고객 서비스와 마케팅을 위해 소셜 미디어 기술을 사용해야 하는가? 그 이유는 무엇인가? 어떤 유형의 기업이 이러한 플랫폼을 사용하는 데 적합한가?

이용해 적극적으로 사업 문제를 해결할 수 있다. 예를 들어 BMW는 2025년형 도심용 차량 디자인에 고객의 도움을 요청하는 크라우드소싱 프로젝트를 시작했다. 킥스타터닷컴(Kickstarter.com)은 방문자가 창업기업에 투자하는 가장 유명한 크라우드펀딩 사이트 중 하나이다. 또 다른 사례로는 더 나은 기계를 설계하기 위해 고객과 함께 일하는 캐터필러(Caterpillar), 가구 디자인에 이케아(IKEA), 온라인 비디오를 만들기 위해 슈퍼볼 관람객을 활용하는 펩시코(Pepsico) 등을 들 수 있다.

소셜 미디어를 통한 마케팅은 여전히 초기 단계이며, 기업은 성공 공식을 찾기 위해 많은 실험을 하고 있다. 소셜 상호작용과 고객의 정서는 관리하기가 늘 쉬운 것은 아니며, 브랜드를 보호하려고 하는 기업에게는 새로운 도전을 제시한다. 사람 관점 사례연구에서는 페이스북과 인스타그램을 사용하는 기업의 소셜 마케팅 노력에 대한 구체적인 사례를 제공한다.

10-4 전자상거래가 B2B 거래에 어떻게 영향을 주었는가?

기업 간 거래(B2B)는 거대한 마켓플레이스를 대표한다. 2019년 미국 B2B 총거래는 대략 13조 5,000억 달러이며, 이 중에서 B2B 전자상거래(온라인 B2B)가 6조 5,000억 달러를 차지하고 있다(U.S. Census Bureau, 2019; 저자 추정). 전 세계적으로 B2B 전자상거래는 대략 27조 달러에 이르렀다(UNCTAD, 2019).

기업 간 거래 처리는 복잡하고 사람의 개입과 많은 자원 소모를 요구한다. 일부 기업은 지원 제품에 대한 각각의 구매 주문은 평균적으로 적어도 100달러의 경영비용이 든다고 추정한다. 경영비용은 문서 처리, 구매 결정 승인, 상품 검색을 위해 팩스와 전화를 사용한 시간, 구매품의 정리, 선적 정리, 상품 수령을 포함한다. 경제적으로 보면, 잠재적으로 자동화될 수 있는 조달 처리 과정에 수조 달러의 추가 비용이 소모된다는 것이다. 만약 회사 내부 거래의 일부가 자동화되었다면, 그리고 인터넷을 이용해 전체 상품 조달 처리 과정의 일부를 도와준다면, 그야말로 수조 달러가 좀 더 생산성 있게 사용되고, 소비자 가격이 잠재적으로 떨어질 것이며, 생산성은 높아지고 국부(economic wealth of the nation)는 확장될 것이다. 이런 것이 바로 B2B 전자상거래의 미래상이다. B2B 전자상거래의 도전 과제는 기존 패턴과 조달 시스템을 바꾸고, 새로운 인터넷 기반의 B2B 해결책을 실행하고 디자인하는 것이다.

전자문서교환

B2B 전자상거래는 비즈니스 기업 간의 상업적인 거래를 말한다. 이러한 거래들은 점점 더 인터넷을 이용해 서로 다른 다양한 경로를 통해 이루어지고 있다. B2B 전자상거래의 약 80%가 전자문서교환을 위한 독자적 시스템을 기반으로 이루어지고 있다. **전자문서교환**(electronic data interchange, EDI)은 2개의 조직 간 컴퓨터 대 컴퓨터 통신을 통해 청구서, 선하 증권, 배송 일정, 구매 주문서 처리와 같은 표준 업무를 수행할 수 있도록 한다. 거래 내역은 네트워크를 통해 하나의 정보시스템에서 다른 정보시스템으로 자동으로 전송된다. 이러한 과정으로 인해 한쪽에서 서류를 작성하고 프린트하면, 다른 쪽에서는 이것을 받아 자신의 시스템에 데이터를 다시 입력하는 작업을 할 필요가 없게 된다. 미국과 전 세계 주요 산업들은 각각 그 산업에 맞는 전자문서에 대한 구조와 정보를 정의한 EDI 표준을 가지고 있다.

EDI는 원래 구매 주문서, 청구서, 배송 고지서와 같은 문의 교환을 자동으로 수행하기 위한 것이었다. 일부 기업은 아직도 자동화된 문서 처리를 위해 EDI를 사용하고 있지만, JIT 방식의 재고 보충과 연속 생산 방식을 사용하는 기업은 EDI를 연속 보충을 위한 시스템으로 활용하고 있다. 공급사는 구매 기업의 생산 및 배송 일정에 대해 관련 부품을 온라인으로 파악할 수 있고, 구매 중개업체의 개입 없이도 사전에 설정된 목표에 부합하는 원재료와 제품을 자동으로 배송할 수 있다(그림 10.6 참조).

다수의 조직이 EDI를 위해 여전히 독자적인 네트워크를 사용하고 있지만, 최근 인터넷을 사용하는 방향으로 선회하는 것이 늘어나고 있다. 왜냐하면 인터넷은 다른 기업과 연

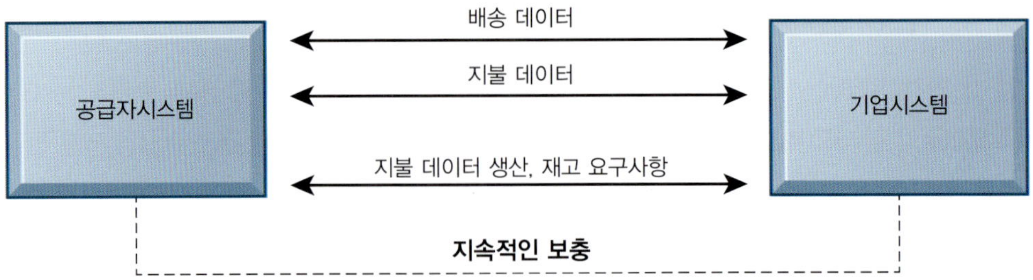

그림 10.6
전자문서교환(EDI)
기업은 B2B 전자상거래와 지속적인 재고 보충에 대한 업무를 자동화하기 위해 EDI를 이용한다. 공급자는 구매 기업에게 배송 관련 데이터를 보낼 수 있다. 구매 기업은 EDI를 이용해 생산 및 재고 관련 요구사항과 지불 데이터를 공급자에게 제공한다.

결하기 위한 유연하고 저렴한 플랫폼을 제공하기 때문이다. 기업은 인터넷을 사용함으로써 디지털 기술을 확장할 수 있고, 그에 따라 활동 범위 및 거래 파트너의 범위 또한 확장할 수 있다.

조달(procurement)에 대한 예를 들면 조달 제품 및 원재료를 구매하는 것뿐만 아니라 아웃소싱, 공급자와의 협상, 제품 대금 지불, 전달 방식에 대한 합의와 같은 업무를 포함하고 있다. 기업은 이제 인터넷을 이용해 가장 저렴한 공급자를 찾고, 공급자 제품의 온라인 카탈로그를 검색하며, 공급자와 협상하고, 주문을 내고, 지불하고, 운송 방식을 결정할 수 있다. 기업은 전통적인 EDI 네트워크에 연결된 협력사들에 국한되지 않는다.

B2B 구매와 판매의 새로운 방식

인터넷과 웹기술 덕분에 기업은 B2C 상거래와 마찬가지로 여타 기업을 대상으로 멀티미디어 그래픽을 제공하고 양방향 특징을 가진 새로운 전자 상점을 구축할 수 있다. 또한 기업은 인터넷 기술을 이용해 엑스트라넷을 구축하거나 구매 및 판매를 원하는 다른 기업을 연결해줄 수 있는 e-마켓플레이스를 구축할 수도 있다.

사설 산업 네트워크(private industrial network)는 일반적으로 공급자 및 여타 주요한 비즈니스 파트너와 연결해주는 엑스트라넷을 사용하는 대기업에 존재한다(그림 10.7 참조). 이 네트워크는 대기업과 같은 구매자에 의해 소유되며, 이 기업과 지정된 공급업체, 유통업체, 여타 비즈니스 협력사, 제품 설계 및 개발, 마케팅, 생산일정, 재고관리, 그림 및 이메일을 포함한 비구조적인 커뮤니케이션을 공동으로 수행할 수 있도록 해준다. 사설 산업 네트워크에 대한 또 다른 용어로는 **사설 익스체인지**(private exchange)가 있다.

예를 들면 폴크스바겐그룹서플라이(VW Group Supply)는 폴크스바겐 그룹과 폴크스바겐 그룹의 공급자를 연결해주고 있는데, 폴크스바겐의 모든 자동차 및 부품 요소를 포함한 전 세계 구매의 90%를 처리하고 있다.

e-허브라고도 불리는 **넷 마켓플레이스**(net marketplace)는 다수의 구매자와 판매자를 위한 인터넷 기술 기반의 단일 디지털 마켓플레이스를 제공한다(그림 10.8 참조). 또한 넷 마켓플레이스는 산업에 국한해 소유되기도 하며, 구매자와 판매자 사이에서 독립적인 중개자 역할을 하기도 한다. 넷 마켓플레이스는 사설 산업 네트워크보다 더 거래 지향적이고, 구매 및 판매 거래와 여타 고객에게 제공되는 서비스로부터 수익을 창출한다. 넷 마켓플레이스의 참여자는 온라인 협상, 경매, 시세 요청을 통해 가격을 설정하거나 고정가격을 사용할 수도 있다.

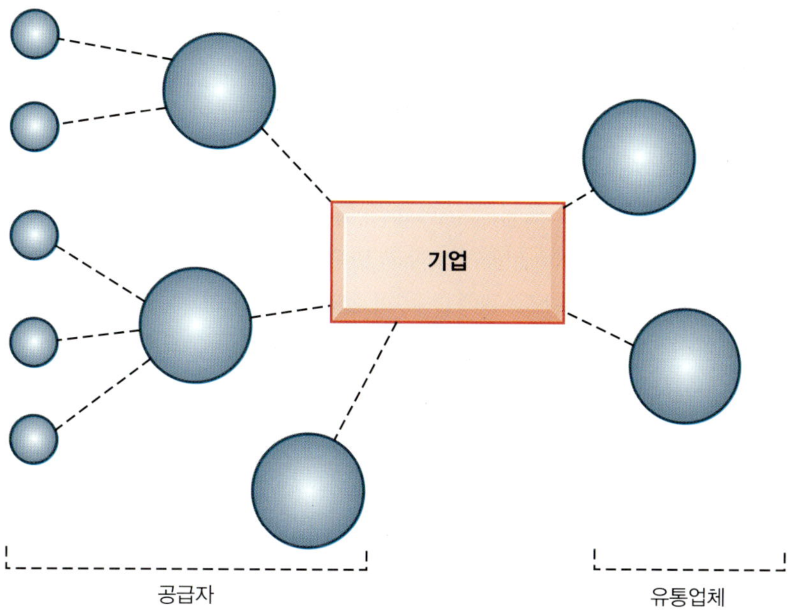

그림 10.7
사설 산업 네트워크
사설 산업 네트워크는 사설 익스체인지로도 알려져 있으며, 효율적인 공급사슬관리와 여타 협업 활동을 위해 기업과 공급업체, 유통업체, 그 밖에 중요한 비즈니스 협력업체를 연결한다.

넷 마켓플레이스에 대한 다수의 상이한 유형과 분류 방식이 존재한다. 어떤 넷 마켓플레이스는 직접재를 팔고, 또 다른 마켓플레이스는 간접재를 팔기도 한다. **직접재**(direct goods)는 자동차 몸체 생산에 사용되는 얇은 철판과 같이 생산 프로세스에서 사용되는 재화이다. **간접재**(indirect goods)는 유지보수를 위한 사무용품 또는 제품과 같이 생산 프로세스에 직접 투입되지 않는 재화이다. 어떤 넷 마켓플레이스는 지정된 공급자와의 장기적인 관계에 기반 한 계약 구매를 지원하지만, 또 다른 넷 마켓플레이스는 다수의 상이한 공급자로부터 당장의 필요에 따라 상품을 구매하는 단기적인 단발성 구매를 지원한다.

어떤 넷 마켓플레이스는 자동차, 정보통신, 기계장비와 같은 특정 산업에 대한 수직적 시장 역할을 하는 반면, 다른 넷 마켓플레이스는 사무 비품 및 운송과 같이 다양한 산업에 걸쳐 이용되는 재화 및 서비스에 대한 수평적 시장 역할을 하기도 한다.

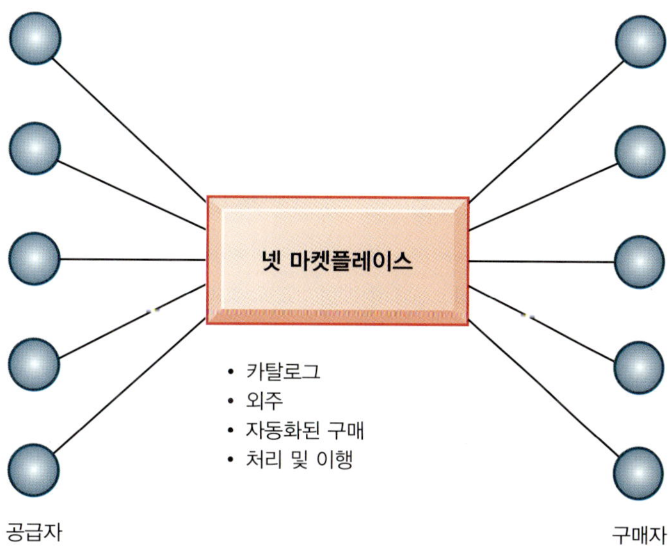

그림 10.8
넷 마켓플레이스
넷 마켓플레이스는 여러 구매자가 다수의 판매자를 대상으로 구매 활동을 할 수 있는 온라인 시장이다.

엑소스타(Exostar)가 그중 한 예이다. 이 기업은 항공 및 국방산업 후원 넷 마켓플레이스로서 BAE시스템스(BAE Systems), 보잉(Boeing), 록히드마틴, 레이시언(Raytheon), 롤스로이스(Rolls-Royce PLC)에 의해 설립되었는데, 이런 마켓플레이스의 목적은 이와 같은 기업들을 공급자와 연결하고 주요 프로젝트에 대한 협업을 촉진하는 것이다. 사업, 국방, 정부 부문에서 125,000개 이상의 거래 파트너는 직접재와 간접재 모두를 대상으로 엑소스타의 외주, e-조달, 협업에 관한 도구를 사용하고 있다.

익스체인지(exchanges)는 단발성 구매를 목적으로 수천 개의 공급자와 구매자를 연결해줄 수 있는 독자적인 제3자 넷 마켓플레이스이다. 다수의 익스체인지가 식료, 전자, 산업장비와 같은 단일 산업에 대한 수직적 시장을 제공하며, 주로 직접재를 다룬다. 예를 들면 고투페이퍼(Go2Paper)는 75개국 이상의 제지 산업에 있는 구매자와 판매자 사이에 종이, 널빤지, 크래프트지(황산염이 처리된 거친 종이)에 대한 현물시장을 가능하게 했다.

익스체인지는 전자상거래 초반기 몇 년 동안 확산했지만, 다수는 실패했다. 이는 공급자가 참여를 꺼렸기 때문인데, 왜냐하면 익스체인지가 가격을 낮추는 경쟁 입찰을 부추겼고, 구매자와의 장기적인 관계 또는 낮춘 가격에 대해 보상될 만한 서비스를 제공하지 못했기 때문이다. 다수의 필수적인 직접 구매는 단발성 구매를 기반으로 수행되지 않는데, 이러한 구매들은 인도 시점, 맞춤화, 제품 품질과 같은 이슈에 대한 계약 및 고려를 필요로 하기 때문이다.

10-5 모바일 커머스의 역할은 무엇이며 가장 중요한 모바일 커머스 응용프로그램은 무엇인가?

어느 대도시 중심지를 걷다 보면 얼마나 많은 사람이 아이폰과 삼성, 블랙베리를 갖고 있는지 세어볼 수 있다. 지하철을 타거나 비행기에 탑승했을 때 당신은 휴대전화로 온라인 뉴스를 보고, 동영상을 시청하고, 킨들로 소설책을 읽고 있는 모습을 볼 수 있을 것이다. 모바일 사용자가 급증하고 팽창함에 따라, 모바일 광고와 모바일 커머스는 이미 시작되었다고 볼 수 있다.

2019년 현재 소매 모바일 커머스는 전자상거래의 전체 소매 전자상거래 중 약 65%를 차지하고 있으며, 2조 2,000억 달러의 매출을 올린 것으로 나타났다. 모바일 커머스는 가장 빠른 성장을 보인 전자상거래 형태로, 2019년 현재 25% 이상 확장하고 있으며, 이로 인해 2023년에는 4조 6,000억 달러의 매출 규모로 성장할 것으로 추정하고 있다(그림 10.9 참조)(eMarketer, 2019d).

모바일 커머스의 주요 성장 분야는 아마존과 같은 대량 시장 소매, 음악 및 TV 쇼, 디지털 콘텐츠 판매, 모바일 장치에서의 인앱(in-app) 판매 등을 꼽을 수 있다. 이 장의 마지막 사례연구에 소개한 우버(Uber)와 에어비앤비(Airbnb) 같은 온디맨드 기업은 위치 기반 서비스에 기반을 두고 있는 동시에 모바일 커머스의 분명한 사례이기도 하다. 더 커진 모바일 화면과 더욱 편리해진 지불 절차들은 모바일 커머스 성장에 중요한 역할을 하고 있다.

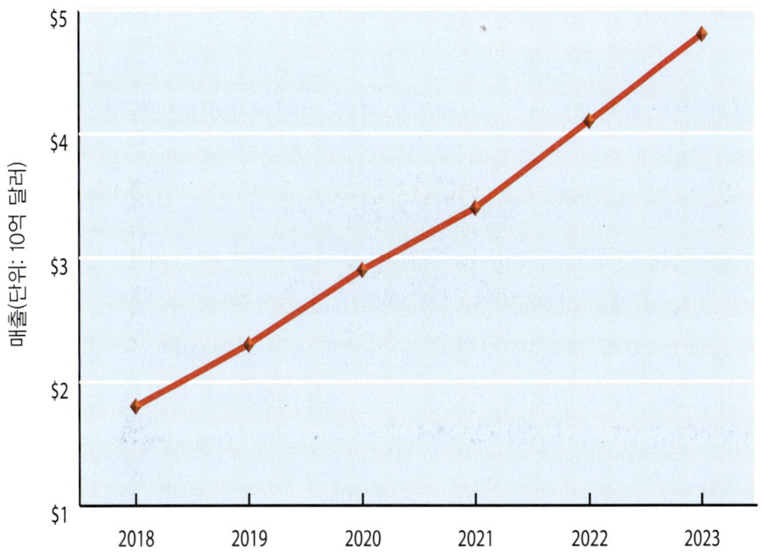

그림 10.9
전 세계 모바일 커머스 매출
소비자가 제품과 서비스를 구매하기 위해 모바일 장치를 사용하는 것에 익숙해짐에 따라 모바일 커머스 매출은 몇 년 동안 20% 이상 지속적으로 성장하고 있다.

출처: eMarketer chart, "Retail Mcommerce Sales by Country 2019–2024," eMarketer 2019d.

위치 기반 서비스와 응용 서비스

위치 기반 서비스(location-based service)는 지리소셜, 지리광고, 지리정보 서비스를 포함한다. 스마트폰 사용자의 74%는 위치 기반 서비스를 사용한다. 이러한 활동을 하나로 묶고 모바일 커머스의 토대가 되는 것은 바로 위성항법시스템인 GPS시스템으로 스마트폰을 통해 지도 서비스를 가능하게 하고 있다. **지리소셜 서비스**(geosocial service)는 당신에게 당신의 친구들이 만나고 있는 장소를 알려준다. **지리광고 서비스**(geoadvertising service)는 당신에게 가장 가까운 이탈리안 레스토랑의 위치를 알려주며, **지리정보 서비스**(geoinformation service)는 당신이 찾는 집의 가격을 알려주거나, 당신이 지나가는 곳의 박물관 특별전시회에 대해 알려준다. 2019년 현재 가장 빠르게 성장하고 가장 인기가 있는 위치 기반 서비스는 우버, 리프트, 에어비앤비, 기타 지역의 사용자에게 서비스를 제공하며 사용자 위치(에어비앤비의 경우 사용자가 의도하는 여행지의 위치)에 기반을 두고 있는 수백 개의 관련 기업과 같은 수요 경제에 기반을 둔 기업이다.

웨이즈(Waze)는 인기 있는 소셜 지리정보 서비스의 한 예이다. 웨이즈는 현재 구글이 소유하고 있는 스마트폰용 GPS 기반 지도와 내비게이션 앱이다. 웨이즈는 GPS를 사용해 사용자의 자동차를 지도상에 올려놓고, 다른 내비게이션 프로그램과 같이 사용자의 속도와 방향에 대한 정보를 계속해서 수집한다. 웨이즈의 차별점은 교통사고 보고, 과속단속, 중요 지형지물, 도로요금, 시위, 심지어 주소를 제시하는 사용자들로부터 교통정보를 수집한다는 것이다. 웨이즈는 이러한 정보를 사용해 다른 경로, 예상 시간, 경고를 제시하거나, 경로를 따라 주유소에 대한 추천 정보를 제공한다. 웨이즈 앱은 우버와 리프트 운전사와 이 외에 미국에서 3,000만 명 이상의 운전자에 의해 광범위하게 사용되고 있다.

포스퀘어(Foursquare), 페이스북, 구글에 의해 제공되는 것들은 지리소셜 서비스의 예이다. 지리소셜 서비스는 서비스에 체크인하고 식당이라든가 어떤 장소에 가면 출현을 알려서 당신이 친구들을 찾거나, 친구들이 당신을 찾을 수 있도록 해준다. 이때 당신의 친구는 즉각적으로 그 사실을 알 수 있다. 스마트폰 사용자의 약 20%가 지리소셜 서비스를 이용한다.

포스퀘어는 가입한 5,000만 명 이상의 사용자에게 위치 기반 소셜 네트워킹 서비스를 제공해 친구들과 연결되게 하거나, 그들의 위치를 업데이트하고, 특정 지점을 즐길 수 있는 체험 후기와 간단한 정보를 제공한다. 지정된 장소에서 체크인하는 것에 대한 보상으로 포인트가 주어진다. 사용자는 트위터나 페이스북에, 또는 둘 다에 그들의 계정으로 체크인 포스트하는 것을 선택할 수 있다. 또한 사용자는 특정 태그를 가진 위치에서 체크인하거나, 체크인 빈도와 체크인 시간에 대해 배지(badge)를 받을 수 있다.

지리광고의 형태로 지역 상인과 사람들을 연계하는 것은 모바일 커머스의 경제적인 기반이 된다. 지리광고는 GPS 위치에 기반을 두고 사용자들에게 광고를 보낸다. 스마트폰은 사용자의 위치를 구글과 애플에 보고하게 된다. 상인들은 사용자가 상점 주변에 올 때 이 소비자들에게 접근할 수 있는 권한을 구매한다. 예를 들어 화장품 소매업체인 키엘(Kiehl)은 상점에서 약 90m 이내에 접근하는 고객에게 특별할인 등의 통지를 보낸다.

기타 모바일 커머스 서비스

은행과 신용카드 기업은 고객이 계좌를 모바일로 관리할 수 있도록 서비스를 실행하고 있다. JP모건체이스(JP Morgan Chase)와 뱅크오브아메리카(Bank of America) 고객은 휴대전화를 이용해 계좌 잔고와 결제 대금, 요금 납부 등을 확인할 수 있다. 안드로이드와 윈도 스마트폰 모델과 함께 아이폰과 애플 워치의 애플페이(Apple Pay)는 휴대전화에서 간단한 체크를 통해 신용카드 계정에 구매 아이템 계산을 할 수 있게 한다.

모바일 광고시장에서 가장 빠른 성장을 보이는 분야는 온라인 광고 플랫폼이다. 2019년에는 매출이 2,400억 달러에 달했고, 해마다 20%의 성장세를 보인다. 광고는 결국 사람의 눈을 따라 움직이는데 그곳이 바로 휴대전화 또는 휴대전화에 비해 정도는 약하지만 태블릿인 것이다. 가장 큰 모바일 광고시장인 구글은 800억 달러에 이르는 광고를 게재했는데, 이 수치는 전 세계 매출의 75% 이상을 차지한다. 그다음은 페이스북으로 650억 달러 규모의 광고를 게재했다(전체 디지털 광고시장의 90%). 구글은 검색엔진의 모바일 버전 사용으로 인해 휴대전화 검색에 연결된 광고를 보여주고 있다. 광고는 게임, 비디오, 기타 모바일 응용프로그램에 삽입된다.

숍킥(Shopkick)은 모바일 응용시스템으로, 베스트바이(Best Buy)나 스포츠오서리티(Sports Authority), 메이시스(Macy's)와 같은 소매업자가 사용자가 상점에 들어갈 때 쿠폰을 제공하게 하는 방식이다. 숍킥 앱은 사용자가 제휴 매장에 들어가는 시점을 인식해 매장 기프트카드로 보상될 수 있는 킥벅스(kickbucks)라 불리는 새로운 가상화폐를 제공한다.

온라인 소매점의 65%가 현재 구매자들이 휴대전화를 사용해 주문을 할 수 있게 하는 간편화된 웹사이트 버전인 모바일 커머스 웹사이트를 보유하고 있다. 사실상 세포라(Sephora), 홈디포(Home Depot), 아마존, 월마트와 같은 거의 모든 거대 전통 소매점과 온라인 소매점이 모바일 커머스 앱을 보유하고 있다. 2020년에는 모바일 커머스의 66%가 모바일 웹브라우저 대신 앱을 통해 발생할 것으로 예상된다. 적어도 모바일 사용자에 있어서는 브라우저 상거래가 점점 앱 상거래로 변화해 가고 있다.

표 10.8
모바일 앱 지불시스템

모바일 앱 지불시스템 유형	설명	예
NFC	지불자와 매장 POS 리더기 안 NFC 칩에 의해 작동되는 기술을 사용하는 시스템. 근거리에서 작동할 때 NFC 칩은 지불을 완료할 수 있는 암호화된 데이터를 교환한다. 지불받기 위한 NFC 리더기와 소프트웨어를 사용한다면 많은 다양한 매장에서 사용될 수 있다.	애플페이, 구글페이, 삼성페이
QR코드	매장에서 지불액을 입력하면 고객은 거래를 위해 생성된 QR코드를 보여주는 앱을 열게 된다. 매장에서는 QR코드를 스캔하고 지불액은 고객의 모바일 지갑에서 차감된다. 다른 방식으로는 고객이 앱을 열고 매장에서 보여주는 QR코드를 스캔하면 앱이 매장을 식별한다. 고객은 지불액을 제공하고 거래를 완료한다. QR코드 기술은 비접촉 거래를 수행하기 위해 인코딩된 2차원 바코드를 사용하는 기술이다. 스마트폰의 코드 스캐닝과 생성 앱, 호환 가능한 매장의 장치를 사용한다.	스타벅스, 월마트, 타깃, 던킨도너츠
P2P 지불시스템	개인들이 인터넷을 통해 동일한 플랫폼 상에서 자신의 은행계좌에서 다른 사람의 계좌로 돈을 전송하게 하는 기술이다. P2P는 신뢰할 수 있는 제3자 공급업체와 안전한 계좌를 만들고 그들의 은행계좌 또는 신용카드를 돈을 송금하고 받기 위해 지정한다. 제3자 앱을 사용하는 사용자는 돈을 다른 사람이나 매장에 송금할 수 있다. 사용자는 일반적으로 이메일 주소나 모바일 전화번호로 식별된다.	벤모, 젤

모바일 앱 지불시스템

현재 많은 핀테크 응용프로그램은 신용카드와 전통적인 은행 서비스를 대체해 가는 모바일 앱을 사용하는 모바일 앱 지불시스템이라 할 수 있다. 세 가지 유형의 모바일 지불 앱이 있다. NFC(near-field communication)형 시스템은 NFC를 사용 가능한 스마트폰과 다른 모바일 장치를 가까운 실제 거리의 상점 POS 터미널에 있는 NFC 리더기와 통신함으로써 비접촉 형태의 지불을 가능하게 한다(7장의 RFID와 NFC에 대한 논의 참조). 애플페이와 구글페이가 그 예라 할 수 있다. 월마트페이와 같은 QR코드 지불시스템은 지불하는 사람의 스마트폰에 있는 모바일 앱을 사용해 QR(Quick Response)코드라 불리는 2차원 바코드를 스캔함으로써 지불이 이루어진다. 벤모, 젤, 퀵페이(QuickPay)와 같은 P2P 지불시스템은 해당 앱을 설치한 개인들 사이에 돈을 전송하기 위해 사용된다. 표 10.8은 모바일 앱 지불시스템의 세 가지 유형을 비교하고 있다.

10-6 전자상거래 시스템을 구축할 때 반드시 다루어야 할 이슈는 무엇인가?

성공적인 전자상거래 시스템을 구축하기 위해서는 시스템적인 접근뿐만 아니라 비즈니스와 기술, 사회적인 이슈에 대한 정확한 이해가 필요하다. 오늘날 전자상거래 사이트는 협력형 웹사이트뿐만 아니라 페이스북, 트위터, 고객이 그들의 서비스에 접근할 수 있는 스마트폰 앱 등을 포함해야 한다. 다양한 고객 위치를 개발하고 조율하는 것은 어려운 일이 될 수 있다. 이 주제를 명확히 이해하는 것은 이 책의 범위를 넘어서는 일이다. 만약 더 깊이 알고 싶다면 이러한 주제를 전문으로 하는 책을 살펴보길 바란다(Laudon and Traver, 2020). 성공적인 전자상거래 사이트를 구축할 때 직면하게 되는 두 가지 도전 문제는 (1) 비즈니스 목표를 명확히 이해해야 한다는 것과 (2) 그런 목표를 달성하기 위한 적절한 기술을 선택하는 방법을 알고 있어야 한다는 것이다.

현재 전자상거래 시스템 기술의 맵 구축

전자상거래는 웹 상의 PC 중심적인 활동에서 모바일과 태블릿 기반 활동으로 변화하고 있다. 현재 미국의 대다수 인터넷 사용자는 스마트폰과 태블릿으로 상품과 서비스를 구매하고, 가격을 확인하고, 여가를 즐기고, 소셜 사이트에 접속하고, 구매 행위를 한다. 당신의 잠재적 고객은 친구와 접속하고, 트위터를 하고, 블로그를 읽는 등 저마다 하루 동안 각기 다른 시간에 각기 다양한 장치를 사용해 스스로를 커뮤니케이션에 개입시킨다. 이러한 것들이 당신이 고객을 만날 수 있는 접점(touch point)이 되므로 당신은 다양한 가상공간 속에서 당신이 구축하고자 하는 것에 대한 방법을 생각해봐야 한다. 그림 10.10은 당신이 전자상거래 시스템 및 서비스를 개발하고자 할 때 필요로 하는 플랫폼과 관련된 활동에 대한 로드맵을 제시한다.

그림 10.10은 웹사이트, 이메일, 소셜 미디어, 오프라인 미디어의 네 가지 전자상거래 유형을 보여준다. 당신은 각 유형에 맞는 각기 다른 플랫폼을 도입해야 한다. 예를 들어 웹사이트의 경우 전통적인 데스크톱, 태블릿, 스마트폰이라는 세 가지 플랫폼이 각각 다른 기능을 갖고 있다. 더욱이 전자상거래 유형에 따라 당신이 고려해야 할 관련 활동이 있

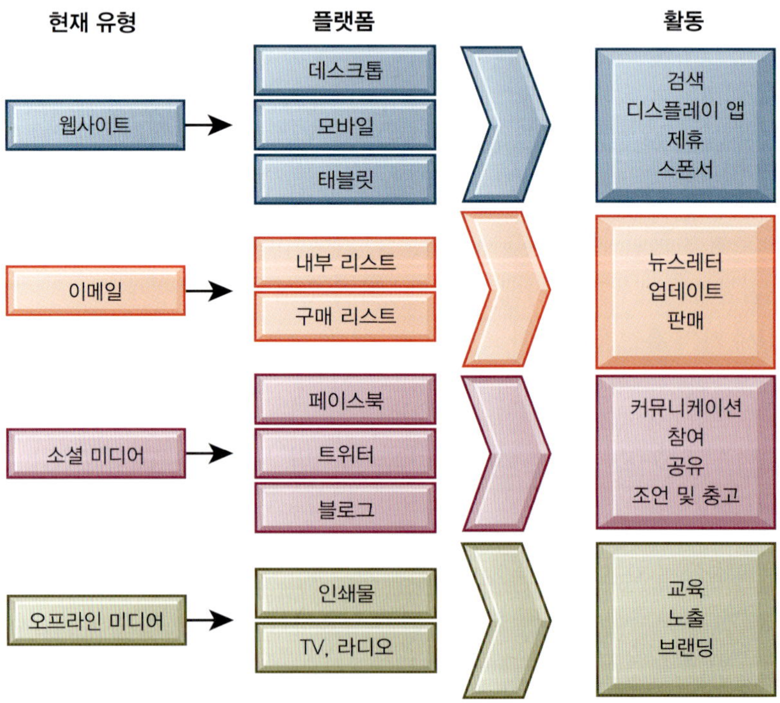

그림 10.10
전자상거래 맵
현재의 전자상거래는 기업이 특정한 각각의 관련된 플랫폼과 활동을 필요로 하는 네 가지 유형의 방법을 고려하도록 하고 있다.

표 10.9
전자상거래 구현 타임라인

단계	활동	이정표
1단계: 계획	웹에 대한 비전 제시, 인력 결정	웹 미션 기술서
2단계: 웹사이트 개발	콘텐츠 구입, 웹사이트 디자인 개발, 사이트 호스팅을 위한 배열	웹사이트 계획
3단계: 웹 구축 및 이행	키워드와 메타태그 개발, 검색엔진 최적화, 잠재적 스폰서 확인	기능적 웹사이트
4단계: 소셜 미디어 계획	제품과 서비스를 위한 적절한 소셜 플랫폼과 콘텐츠 정의	소셜 미디어 계획
5단계: 소셜 미디어 구축 및 이행	페이스북, 트위터, 핀터레스트 구현	소셜 미디어 기능화
6단계: 모바일 계획	모바일 계획 수립, 스마트폰으로의 웹사이트 이전 고려	모바일 미디어 계획

다. 웹사이트의 경우 당신은 검색엔진 마케팅, 디스플레이 광고, 제휴 프로그램, 스폰서와 같은 것에 참여하고자 할 것이다. 네 번째 전자상거래 유형인 오프라인 미디어도 이러한 활동에 포함되었는데, 그 이유는 지면광고가 많은 기업이 활용하는 멀티 플랫폼과 통합 마케팅을 알리는 데 활용되기 때문이다.

전자상거래 시스템 개발을 위한 타임라인 구축

지금부터 1년 후 당신은 어디에 있고 싶은가? 당신이 전자상거래 시스템과 서비스 개발을 시작하고자 할 때 개발에 대한 대략적인 타임라인을 수립하는 것이 많은 도움을 줄 수 있다. 당신은 특정 시간 안에 마무리될 수 있는 여러 개의 단계로 당신의 개발 프로젝트를 세분화해야 한다. 표 10.9는 10대들의 패션에 초점을 맞춘 창업기업을 위한 전자상거래 시스템과 서비스 개발에 적용된 1년간의 타임라인 예를 보여준다.

10-7 경영정보시스템은 내 경력에 어떻게 도움이 되는가?

10장과 이 책의 내용은 당신이 전자상거래 분야에서 중견 데이터 분석가로서 직업을 찾도록 어떻게 도움을 주는지 설명하고자 한다.

회사

디지털 스포츠 대회를 주최하는 기술 기업인 SportsFantasy Empire는 전자상거래 분야 중견 데이터 분석업무를 수행할 수 있는 최근 대학졸업자를 찾고 있다. 회사는 상금을 내걸고 판타지 스포츠 대회에서 웹과 모바일 장치를 통해 선수들이 겨루는 기회를 제공한다. 2014년 설립된 이 회사는 런던에 본사가 있으며 샌프란시스코와 뉴욕에도 사무실을 두고 있다.

직무 설명

중견 전자상거래 데이터 분석가는 회사 분석팀과 함께 일하며 매출을 증대할 수 있는 기업의 게임과 고객에 대한 사업적 이해를 도출하기 위해 방대한 양의 데이터를 분석한다. 주요 직무는 다음과 같다.

- 사용자 경험과 비즈니스 효율성을 정의하는 대회 규모의 설정
- 성장을 가속화할 수 있는 획득비용과 마케팅전략 최적화
- 사이트의 변화를 통해 고객의 게임 플레이를 향상할 수 있는 방법 도출
- 새로운 특징과 사이트 변화가 고객의 행위에 변화를 얼마나 끌어내는지 측정
- 대회 수행 보고서, 플레이어 행위, 분야별 성과, 주요 플레이어의 성과에 대한 보고서를 포함한 주요 비즈니스 결과에 대한 표준화된 보고서 개발

직무 요건

- 엔지니어링, 수학, 경영 혹은 관련 분야에서의 학사 학위
- 전자상거래 데이터 분석 경험 우대
- 통계학 지식
- 데이터로부터 새로운 이해를 독자적으로 개발할 수 있는 증명된 경력
- 모델 구축, SQL, SAS, 기타 프로그래밍 언어 경험자 우대
- 훌륭한 의사소통과 조직관리 기술
- 열렬한 판타지 스포츠 게임 플레이어

면접 질문

1. 당신은 판타지 게임을 합니까? 얼마나 자주 합니까? 판타지 스포츠 데이터를 연구한 적이 있습니까? 당신이 이 일에 잘 맞는다고 생각하는 이유는 무엇입니까?
2. 통계학과 관련한 어떤 경력이 있습니까? 어떤 교육과정을 이수했습니까? 통계학을 사용해야 했던 직장경력은 있습니까?
3. 웹사이트 성과나 온라인 고객의 행위에 대한 데이터를 분석해본 적은 있습니까?
4. 소셜 미디어 채널을 통해 고객을 얻는 비용에 대해 무엇을 알고 있습니까? (소셜 네트워크상에서 평균 고객 획득비용 측정, 획득 대 유지비용)
5. 고객의 충성도를 이끌고 더욱 효율적으로 수행할 수 있는 고객 데이터에 대한 이해와 관련된 스토리를 이야기하는 비기술팀과의 업무를 어떻게 제안할 것입니까?
6. SQL, SAS, 사이트 분석 도구의 활용 수준은 어떻습니까? 업무에서 이러한 도구를 사용한 적은 있습니까? 이 도구를 가지고 무엇을 했습니까?
7. 데이터 분석을 활용해 당신이 해결한 문제의 사례를 제시할 수 있습니까? 당신이 작성하고 분석했습니까? 사례를 제시할 수 있습니까?

저자 팁

1. 이 장과 7장의 검색 및 검색엔진에 대한 논의를 복습하라. 이 직무에 자격이 있으려면 통계 관련 과목을 이수해야 한다. SQL, SAS와 관련된 교과목이나 현장 훈련이 도움이 될 것이다.
2. 회사에 대한 더 많은 조사를 위해 웹을 사용하라. 그 기업의 전략, 경쟁자, 비즈니스 도전과제에 대해 찾아보라. 추가로, 과거 12개월 동안 그 회사의 소셜 미디어 채널을 조사해보라. 그 소셜 미디어 채널이 초점을 두고 있는 당신이 파악한 트렌드나 테마가 있는가?
3. 당신이 그 산업 분야에 익숙하다는 것을 보이기 위해 그 회사의 게임뿐만 아니라 다른 경쟁업체의 게임에 대해 이야기할 준비를 하라. 그 회사가 온라인 인식을 미세 조정하는 방법을 조사하라. 당신이 생각하는 판타지 게임이 이 회사의 온라인 위상을 어떻게 증진할 수 있는지에 대한 사례를 준비하라.
4. 판타지 스포츠 기업이 사용하는 데이터 분석 사례를 웹을 사용해 찾아보라.

요약

10-1 **전자상거래, 디지털 시장, 디지털 상품의 특징은 무엇인가?** 전자상거래는 기업과 개인 사이에 발생하는 디지털화된 상거래를 포함한다. 전자상거래의 특성에는 편재성, 범세계적 도달 범위, 국제 표준에 의한 운영, 정보의 풍부성, 상호작용, 정보 밀도, 개인화, 고객화, 소셜 테크놀로지 등이 있다. 전자상거래는 점점 더 소셜화, 모바일화, 지역화 추세이다.

디지털 시장은 기존 시장에 비해 보다 '투명'해졌으며, 정보 불균형이 줄어들었다. 디지털 시장은 탐색 및 거래 비용, 메뉴 비용을 줄여주며, 시장 상황에 따라 유동적으로 가격을 바꿀 수 있어서 매우 유연하고 효율적이다. 디지털 상품이란 음악, 비디오, 소프트웨어, 책 등을 디지털 네트워크를 통해 전달할 수 있는 상품을 의미한다. 디지털 상품을 생산한 후 전달할 때 드는 비용은 매우 낮다.

10-2 **전자상거래 비즈니스의 원리와 수익모델은 무엇인가?** 주요 전자상거래 비즈니스 모델에는 전자소매거래, 거래 중개자, 시장 생성자, 콘텐츠 제공자, 커뮤니티 제공자, 포털, 서비스 제공자 등이 있다. 주요 전자상거래 수익 모델에는 광고, 판매, 서비스 사용, 무료/프리미엄(free/freemium), 거래 요금, 계열사가 있다.

10-3 **전자상거래가 마케팅을 이떻게 변화시켰는가?** 인터넷은 새로운 방법을 마케터에게 제공하며, 전통적인 기존 방식보다 수백만 명의 잠재적인 고객과의 커뮤니케이션을 적은 비용으로 가능하게 한다. 집단 지혜를 통해 기업은 고객으로부터 새로운 고객가치와 향상된 상품을 제공하는 데 도움을 받을 수 있다. 행태 타기팅(behavioral targeting) 기술은 배너, 리치 미디어, 비디오 광고의 효율화를 증가시킨다. 전자상거래는 제품과 서비스의 타기팅을 향상하기 위해 소셜 네트워크와 소셜 네트워크 사이트를 이용한다.

10-4 전자상거래가 B2B 거래에 어떻게 영향을 주었는가? B2B 전자상거래는 기업이 전자적으로 공급자를 찾고, 입찰을 요청하고, 주문을 내고, 배송 중인 주문품을 추적할 수 있도록 함으로써 기업의 효율성을 높여준다. 넷 마켓플레이스는 다수의 구매자와 판매자에게 인터넷 기술을 기반으로 한 단일의 디지털 시장을 제공한다. 사설 산업 네트워크는 기업이 고도로 효율적인 공급사슬을 구축하고 고객 수요에 대해 신속하게 대응할 수 있도록 기업을 공급업체 및 여타의 전략적 비즈니스 협력사와 연결해준다.

10-5 모바일 커머스의 역할은 무엇이며 가장 중요한 모바일 커머스 응용프로그램은 무엇인가? 모바일 커머스는 특히 주변 호텔이나 식당 검색, 지역 교통과 날씨 추적, 개인화된 위치 기반 마케팅 등 위치 기반 애플리케이션에 적합하다. 나아가 이동전화의 휴대형 단말기가 모바일 결제, 은행업무, 증권 거래, 수송 일정 갱신, 음악, 게임, 비디오 클립의 다운로드 등에 사용되고 있다. 모바일 커머스는 무선 포털과 소액결제를 취급할 수 있는 특수한 디지털 결제 시스템을 요구하고 있다. 스마트폰의 GPS 기능은 지리광고, 지리소셜, 지리정보 서비스를 가능하게 하고 있다.

10-6 전자상거래 시스템을 구축할 때 반드시 다루어야 할 이슈는 무엇인가? 성공적인 전자상거래 웹사이트를 구축하려면 사이트를 통해 얻고자 하는 비즈니스 목표에 대한 명확한 이해와 그 목표를 달성하기 위해 플랫폼, 활동, 타임라인에 대한 올바른 선택을 하는 것이 필요하다. 전자상거래 시스템 및 기술이란 기업의 웹사이트뿐만 아니라 페이스북, 트위터, 그 밖의 소셜 네트워크 사이트와 스마트폰 앱에 대한 것들을 포함한다.

주요 용어

가격 차별화
가격 투명성
간접재
개인화
거래수수료 수익모델
거래비용
검색 비용
고객화
광고수익모델
구독수익모델
네이티브 광고
넷 마켓플레이스
동적 가격정책
디지털 상품
롱테일 마케팅
마켓스페이스
메뉴 비용
모바일 커머스
무료/프리미엄 수익모델
비용 투명성
사설 산업 네트워크
사설 익스체인지
소셜 그래프
소셜 쇼핑
소액결재시스템
수익모델
스트리밍
시장 생성자
시장 진입 비용
위치 기반 서비스
익스체인지
전자문서교환(EDI)
전자소매거래
정보 밀도

정보 불균형
제휴수익모델
지리광고 서비스
지리소셜 서비스
지리정보 서비스
지적 재산
직접재
집단 지혜
커뮤니티 제공자
크라우드소싱
탈중개화
판매수익모델
팟캐스팅
풍부성
핀테크
행태 타기팅
B2B 전자상거래
B2C 전자상거래
C2C 전자상거래

복습문제

10-1 전자상거래, 디지털 시장, 디지털 상품의 특징은 무엇인가?
- 오늘날 네 가지 비즈니스 경향과 세 가지 기술 경향을 설명하라.
- 전자상거래의 여덟 가지 고유 특징을 나열하고 설명하라.
- 디지털 시장과 디지털 상품을 정의하고 특징을 설명하라.

10-2 전자상거래 비즈니스의 원리와 수익모델은 무엇인가?
- 주요 전자상거래 비즈니스 모델을 나열하고 설명하라.
- 주요 전자상거래 수익모델을 나열하고 설명하라.

10-3 전자상거래가 마케팅을 어떻게 변화시켰는가?
- 집단 지혜와 소셜 네트워킹이 기업 마케팅을 어떻게 돕는지 설명하라.
- 행태 타기팅을 정의하고 어떻게 이것이 개인적인 웹사이트와 광고 네트워크에 도움을 주는지 설명하라.
- 소셜 그래프를 정의하고 전자상거래 마케팅에서 어떻게 사용되는지 설명하라.

10-4 전자상거래가 B2B 거래에 어떻게 영향을 주었는가?
- 인터넷 기술이 B2B 전자상거래를 어떻게 지원하는지 설명하라.
- 넷 마켓플레이스를 정의하고 설명한 뒤 사설 산업 네트워크(사설 익스체인지)와 다른 점을 설명하라.

10-5 모바일 커머스의 역할은 무엇이며 가장 중요한 모바일 커머스 응용프로그램은 무엇인가?
- 모바일 커머스 서비스와 애플리케이션의 중요한 형태를 나열하고 설명하라.

10-6 전자상거래 시스템을 구축할 때 반드시 다루어야 할 이슈는 무엇인가?
- 전자상거래 시스템 및 기술의 네 가지 유형을 나열하고 설명하라.

협업과 팀워크 프로젝트

전자상거래 사이트별 경쟁력 분석 수행하기

10-7 3~4명으로 팀을 구성해 전자상거래를 위해 웹사이트를 사용하고 있는 같은 업종의 경쟁 기업 2개를 선택하라. 이들의 웹사이트를 방문하라. 당신은 예를 들어 판도라와 스포티파이, 아마존과 반스앤드노블닷컴(BarnesandNoble.com)을 비교하거나, 이트레이드

와 TD아메리트레이드(TD Ameritrade)의 인터넷 거래 웹사이트를 비교할 수도 있다. 웹사이트의 기능, 사용자 친숙도, 기업의 비즈니스 전략에 대한 지원능력과 관련해 평가서를 작성하라. 어떤 웹사이트가 더 나은가? 왜 그런가? 당신은 이 웹사이트들을 개선할 수 있는 권고사항을 제시할 수 있는가? 가능하다면 구글 독스(Google Docs)와 구글 드라이브(Google Drive), 구글 사이트(Google Sites)를 이용해 발견 사항을 토론하고 수업 시간에 발표할 자료를 준비하라.

참고문헌

Almquist, Eric, Jamie Cleghorn, and Lori Sherer. "The B2B Elements of Value." *Harvard Business Review* (March–April 2018).

Bapna, Ravi, Jui Ramaprasad, and Akmed Umyarov. "Monetizing Freemium Communities: Does Paying for Premium Increase Social Engagement?" *MIS Quarterly* 42, No. 3 (September 2018).

Bell, David R., Santiago Gallino, and Antonio Moreno. "The Store Is Dead Long Live the Store." *MIT Sloan Management Review* (Spring 2018).

Brynjolfsson, Erik, Tomer Geva, and Shachar Reichman. "Crowd-Squared: Amplifying the Predictive Power of Search Trend Data." *MIS Quarterly* 40, No. 4 (December 2016).

"Do Search Ads Really Work?" *Harvard Business Review* (March–April 2017).

Dunn, Brian Kimball, Narayan Ramasubbu, F. Dennis Galletta, and Paull Benjamin Lowry. "Digital Borders, Location Recognition, and Experience Attribution within a Digital Geography." *Journal of Management Information Systems* 36 No. 2 (2019).

eMarketer. "Digital Buyers and Penetration Worldwide." eMarketer (December 2019a).

eMarketer. Retail Ecommerce Sales, by Country." (December 2019b).

eMarketer. "Digital Travel Sales, by Country." (July 2019c).

eMarketer. "Retail Mcommerce Sales Worldwide." (December 2019d).

eMarketer. "Mobile Phone Internet Users Worldwide." (April 2019e).

eMarketer. "Social Network Users and Penetration Worldwide." (November 2019f).

eMarketer. "Mobile Ad Spending Worldwide". (October 2019g).

eMarketer. "Digital Video Viewers by Country." (August 2019h).

eMarketer. "Digital Ad Spending by Country." (October 2019i).

eMarketer. "Mobile Ad Spending by Country." (October 2019j).

eMarketer. "Worldwide Social Network Ad Revenues, by Company." (October 2019k).

eMarketer "Digital Ad Revenues by Company, Worldwide, 2019" (October 2019l).

eMarketer "Mobile Ad Revenues by Company, Worldwide, 2019." (October 2019m).

Facebook. "Stats." https://newsroom.fb.com, accessed July 20, 2019.

Fang, Xiao, and Paul Jen-Hwa Hu. "Top Persuader Prediction for Social Networks." *MIS Quarterly* 42 No. 1 (March 2018).

Fay, Brad, Ed Keller, Rick Larkin, and Koen Pauwels. "Deriving Value from Conversations about Your Brand." *MIT Sloan Management Review* (Winter 2019).

Gomber, Peter, Robert J. Kauffman, Chris Parker, and Bruce W. Weber. "On the FinTech Revolution: Interpreting the Forces of Innovation, Disruption, and Transformation in Financial Services." *Journal of Management Information Systems* 35 No. 1 (2018).

Gunarathne, Priyanga, Huaxia Rui, and Abraham Seidmann. "When Social Media Delivers Customer Service: Differential Customer Treatment in the Airline Industry." *MIS Quarterly* 42 No. 2 (June 2018).

Hoang, Ai-Phuong, and Robert J. Kauffman. "Content Sampling, Household Informedness, and the Consumption of Digital Information Goods." *Journal of Management Information Systems* 35 No. 2 (2018).

Hong, Yili, Paul A. Pavlou, Nan Shi, and Kanliang Wang. "On the Role of Fairness and Social Distance in Designing Effective Social Referral Systems." *MIS Quarterly* 41 No. 3 (September 2017).

Hong, Yili, Yuheng Hu, and Gordon Burtch. "Embeddedness, Prosociality, and Social Influence: Evidence from Online Crowdfunding." *MIS Quarterly* 42 No. 2 (December 2018).

Hu, Nan, Paul A. Pavlou, and Jie Zhang. "On Self-Selection Biases in Online Product Reviews." *MIS Quarterly* 41, No. 2 (June 2017).

Internet World Stats. "Internet Users in the World." Internetworldstats.com (2019).

Jha, Ashish Kumar, and Suehal Shah. "Social Influence on Future Review Sentiments: An Appraisal-Theoretic View." *Journal of Management Information Systems* 36 No. 2 (2019).

Jung, JaeHwuen, Ravi Bapna, Jui Ramaprasad, and Akhmed Umyarov. "Love Unshackled: Identifying the Effect of Mobile App Adoption in Online Dating." *MIS Quarterly* 43 No.1 (March 2019).

Koh, Byungwan, Il-Horn Hann, and Srinivasan Raghunathan."Digitization of Music: Consumer Adoption Amidst Piracy, Unbundling, and Rebundling." *MIS Quarterly* 43 No. 1 (March 2019).

Laudon, Kenneth C., and Carol Guercio Traver. *E-commerce: Business, Technology, Society*, 15th ed. (Pearson Education, Inc., 2020).

Li, Huifang, Yulin Fang, Kai H. Lim, and Youwei Wang. "Platform-Based Function Repertoire, Reputation, and Sales Performance of E-Marketplace Sellers." *MIS Quarterly* 43 No. 1 (March 2019).

Li, Xitong, and Lynn Wu. "Herding and Social Media Word-of-Mouth: Evidence from Groupon." *MIS Quarterly* 42 No. 4 (December 2018).

Liu, Qianqian Ben, and Elena Karahanna. "The Dark Side of Reviews: The Swaying Effects of Online Product Reviews on Attribute Preference Construction." *MIS Quarterly* 41, No. 2 (June 2017).

Lukyanenko, Roman, Jeffrey Parsons, Yolanda F. Wiersma, and Mahed Maddah. "Expecting the Unexpected: Effects of Data Collection Design Choices on the Quality of Crowdsourced User-Generated Content." *MIS Quarterly* 43 No. 2 (June 2019).

Mo, Jiahui, Sumit Sarkar, and Syam Menon. "Know When to Run: Recommendations in Crowdsourcing Contests." *MIS Quarterly* 42, No. 3 (September 2018).

Orlikowski, Wanda, and Susan V. Scott. "The Algorithm and the Crowd: Considering the Materiality of Service Innovation." *MIS Quarterly* 39, No. 1 (March 2015).

Phang, Chee Wei, Xueming, Luo and Zheng Fang. "Mobile Time-Based Targeting: Matching Product-Value Appeal to Time of Day." *Journal of Management Information Systems* 36 No. 2 (2019).

Rainie, Lee. "Americans' Complicated Feelings about Social Media in an Era of Privacy Concerns." *Pew Research Center* (May 2018).

______________. "The State of Privacy in Post-Snowden America." *Pew Research Center* (September 21, 2016).

RIAA. "RIAA 2018 Year-End Music Industry Revenue," *RIAA* (April 2019).

Shuk, Ying Ho, and Kai H. Lim. "Nudging Moods to Induce Unplanned Purchases in Imperfect Mobile Personalization Contexts." *MIS Quarterly* 42, No. 3 (September 2018).

UNCTAD (United Nations Conference on Trade and Development.) "Digital Economy Report 2019: Value Creation and Capture: Implications for Developing Countries." (2019).

U.S. Census Bureau. "E-Stats 2017: Measuring the Electronic Economy." (September 23, 2019).

Yuan, Lingyao (Ivy), and Alan R. Dennis. "Acting Like Humans? Anthropomorphism and Consumer's Willingness to Pay in Electronic Commerce." *Journal of Management Information Systems* 36 No. 2 (2019).

우버는 모든 것에서 우버가 될 수 있을까?

당신은 뉴욕이나 파리, 시카고 또는 다른 대도시에서 차를 타려고 한다. 택시를 부르려고 하는 대신 당신은 스마트폰을 꺼내 들고 우버 앱을 누른다. 구글 지도가 뜨면서 당신이 있는 주변을 보여준다. 당신이 가용한 운전자를 지정하는 스크린상의 점을 선택하면, 앱은 승차 기회를 확보하고 차가 도착하기까지의 시간과 비용이 얼마인지를 보여준다. 당신이 목적지에 도착하면, 요금은 자동으로 당신의 신용카드에 부과된다. 돈에 대해 옥신각신할 필요도 없다.

요금이 정해지는 기준은 전통적인 요인인 시간과 거리뿐만 아니라 수요도 반영된다. 우버의 소프트웨어는 그날의 시간에 따라 차를 타려는 사람이 많은 지역을 예측한다. 이 정보는 운전자의 스마트폰에 나타나 운전자가 기다리며 호출 요청 몇 분 만에 고객을 태울 수 있는 장소를 알게 된다. 우버는 기업 경영진을 위한 높은 가격의 도심 차량 서비스와 차량 합승 서비스도 제공한다. 수요가 높은 특정 상황에서는 우버의 요금이 택시보다 더 비쌀 수 있지만 전통적인 택시 서비스보다 더욱 믿을 수 있고, 빠르며, 편리한 대안을 제공함으로써 차를 타려고 하는 사람들에게 많은 호응을 얻고 있다.

우버는 전통적인 택시회사보다 훨씬 더 간소하게 운영된다. 우버는 택시를 소유하지도 않으며, 어떠한 유지보수비용이나 금융비용도 들지 않는다. 또한 우버는 운전사도 고용하지 않는다. 대신에 우버는 운전자를 요금의 일정 부분을 받는 일종의 독립된 계약자라 부른다. 우버는 직원 보상, 최저임금 요구, 운전훈련, 건강보험, 상업허가비용 등의 고용비용을 걱정하지 않아도 된다. 우버는 택시 서비스를 운영하는 비용을 전적으로 휴대전화를 사용하는 운전자와 고객에게 전가한다. 운전자는 자신의 자동차, 연료, 보험료를 지불한다. 단지 우버가 하는 것은 스마트폰 기반의 플랫폼을 제공해 택시와 같은 서비스를 원하는 사람들이 그것을 제공해줄 수 있는 제공자를 찾도록 도와주는 것이다.

우버는 문제가 있는 운전자를 알아내기 위해서 운전자와 탑승 경험에 대한 후기와 문제가 있는 탑승자를 찾기 위해 고객에 대한 후기를 사용한다. 우버는 청결 기준을 정하고 있다. 이것은 운전자에게 지침을 주기 위해 사용된다. 우버는 자신의 시스템 내에 존재하는 낮게 평가된 운전자와 승객이 얼마나 많은지를 공개적으로 보고하지는 않는다.

사업 운영을 위한 많은 의사결정은 사람을 필요로 하지 않고 대신에 정교한 컴퓨터 알고리즘에 의존하고 있다. 예를 들어 우버의 시스템은 운전자의 운행 기록을 추적하기 위해 GPS, 자이로스코프와 함께 운전자 스마트폰에 있는 속도계를 사용해 안전운행 기록을 보낸다. 우버의 시스템은 수요가 적거나 많은 시간대 요금과 더 많은 승객이 있는 곳을 찾아 운전자가 이동해야 할 장소를 결정하도록 한다. 운전자는 앱 공지, 히트맵(heat map), 실시간 예측 정보를 담은 이메일을 받는다. 우버의 운전자 평가 시스템 또한 자동화되어 있다. 만약 운전자가 별 5개의 평가체계에서 4.6 이하를 받게 되면 우버 서비스는 작동하지 않는다.

우버는 샌프란시스코에 본사를 두고 있으며, 2009년 트래비스 칼라닉(Travis Kalanick)과 개릿 캠프(Garrett Camp)에 의해 설립되었다. 2018년 현재 우버는 전 세계 600개 도시에 300만 명 이상의 운전자를 보유하고 있으며, 11억 3,000만 달러의 매출을 기록했다. 운전자와 마케팅에 지급된 비용과 그 밖에 다른 운영비용을 제하고 나면 여전히 적자로 운영되고 있는데, 이는 북미와 유럽 다른 지역에서 발생한 이익을 새로운 시장 개발에 쓰기 때문이다. 우버의 비즈니스 전략은 가능한 빠르게 팽창해 나가는 것으로, 장기적 수익을 위한 토대를 마련하기 위해 단기 이익을 포기하고 있는 중이다. 2018년 11월 우버는 벤처캐피털 투자자들로부터 240억 달러를 모았다. 지난 수년 동안 우버는 중국, 동남아시아, 러시아 등 경쟁자와의 경쟁이 치열한 곳에서의 운영권을 매각해 인도, 라틴아메리카, 중동과 같은 다른 시장에 투자하기 위한 자금 문제를 해결하고자 했다.

전통적이면서 고도로 정규화된 산업을 디지털 방식으로 파괴해감으로써 우버는 미국과 다른 나라에 존재하는 택시 서비스 제공자의 반대의 불을 당겼다. 택시 수요가 적을 때 40%의 낮은 가격을 제시하는 신흥기업과 과연 누가 경쟁할 수 있을까? (수요가 높을 때 우버의 가격은 비싸다.) 어떤 도시와 주가 탑승객의 안전, 범죄로부터의 보호, 운전자 교육, 택시 허가를 위해 택시회사에 부과해 발생하는 높은 세금수익과 같은 법적 통제를 포기하기를 원하는가?

만약 우버가 새로운 수요경제시대의 신생아라면, 이는 또한 새로운 유형의 비즈니스 모델을 통해 나타나는 사회적 비용과 충돌의 아이콘인 셈이다. 우버는 운전자를 계약자로 분류하면서 운전자가 직원으로서 받게 되는 혜택을 거부하고, 미국과 전 세계 대중 수송법을 위반하고, 일반인에게서 수집된 개인정보를 남용하며, 교통체증을 유발하고, 운전자에 대한 적절한 범죄, 의료, 재무 상태 확인을 거부함으로써 나타나는 공공의 안전을 위협하는 것들로 비난을 받았다. 우버의 브랜드 이미지는 공격적이며, 통제되지 않은 직장문화와 회장인 칼라닉의 행동에 대한 부정적인 대중의 평가로 많이 퇴색되었다.

우버는 실추된 이미지를 회복하기 위한 조치를 취했다. 우버는 운전자가 일터에 있는 동안 휴식을 취할 수 있도록 앱을 보다 쉽게 만들었다. 또한 운전자는 현재 주 단위가 아니라 승객에 대한 서비스가 종료되면 바로 운임을 지급받을 수 있으며, 그들의 수익에 대한 정보를 앱의 대시보드를 통해서 볼 수 있다. 우버는 승객이 미국 운전자에게 팁을 줄 수 있게 하는 옵션을 앱에 추가했으며, 칼라닉은 2017년 6월 우버의 회장 자리에서 물러났다[다라 코스로샤히(Dara Khosrowshahi)로 교체함].

비평가들은 우버나 다른 수요경제 기반 기업이 시간제, 저임금의 임시직 사회를 만들고 전통적인 전일제의 안정된 직장을 사라지게 한다는 것(소위 직장의 우버화)을 걱정하고 있다. 한 연구에 따르면 우버 운전자의 절반가량이 비슷한 신분의 근로자 최저임금보다 적게 벌고 있다고 했다. 우버는 운송비용을 낮추고, 택시 서비스에 대한 수요를 늘리며, 차량 운전자의 수입이 다른 택시 운전자와 비슷한 수준으로 기회를 확장해나가고 있는 중이라고 말하고 있다.

우버는 과연 지속가능한 비즈니스 모델일까? 그 기업은 여전히 적자 상태이다. 우버는 미국의 리프트, 아시아와 유럽에 있는 지역 택시회사를 포함한 경쟁자들을 가지고 있다. 뉴욕과 다른 도시들에서 설립된 택시회사는 자체적인 택시 호출 앱을 활용하기 시작했으며, 고정된 요금을 제시하고 있다. 모든 면에서 경쟁의 공습이 최근에 더욱 거세지면서 우버의 손실은 2019년 3월까지 12개월 만에 37억 달러로 늘어났다. 우버의 최고 지분을 보유한 소프트뱅크그룹을 포함한 풍부한 자금 투자자들에 의해 지원을 받는 창업기업들이 미국, 인도, 멕시코에서 우버의 음식 배달 서비스와 라틴아메리카의 택시 호출 비즈니스에 도전하기 위해 대대적인 할인을 벌이고 있다. 한때 치솟던 우버의 매출 성장은 일부 동력을 잃었다. 전망이 밝을 것으로 예상된 라틴아메리카는 우버의 가장 빠른 성장지역에서 가장 낮은 성장을 보이는 지역으로 변했다. 2018년 연매출 성장은 전년도 215% 성장에서 22%로 급격히 떨어졌다. 우버의 고위 경영진은 우버가 저가격 공세로 맞선 이후 결국 가격전쟁은 완화될 것이라 믿고 있다.

우버의 주요 시장은 밀집된 도시에 있지만, 미국 인구의 70%는 시골이나 교외에 살고 있어 자동차를 소유하는 것이 더욱 편리하고 비용이 덜 들 것이라 여긴다. 택시 호출은 사람들이 대중교통으로부터 멀어지게 하고, 주요 도시에 교통체증을 유발해 성장을 제한하도록 하는 법적 조치에 대한 요청을 가속화하고 있다.

회장인 코스로샤히는 우버를 다른 유형의 수송을 위한 원스톱 점포로 부르며, 음식 배달[우버이츠(UberEats)]을 포함한 당일배송 서비스, 전기자전거와 스쿠터 공유, 화물 배송중계와 같은 새로운 서비스에 착수했다. 그는 우버를 모든 형태의 수송과 운송에 주도적인 세력이 될 수 있는 잠재력을 가진 '수송의 아마존'으로 여기고 있다. 우버의 미래 비전에는 대부분의 사람이 차량을 소유하지 않을 것이고, 짧은 거리는 전기자전거나 스쿠터를 사용할 것으로 보고 있다. 테이크아웃 형태의 저녁식사는 수요 기반의 배송된 음식으로 대체될 것이고, 자율주행차가 도로 주변의 사람을 실어 나를 것이며, 자동주행 트럭이 고속도로를 다닐 것이다. 하늘에서는 드론이 배송을 할 것이다. 우버는 이 모든 것을 하기를 원한다. 과연 할 수 있을까?

포드, 폴크스바겐과 같은 주요 자동차 제조업체와 함께 우버는 그들이 임금을 낮추고 장기적으로 이윤을 낼 것으로 확신하는 자율주행차에 많은 투자를 하고 있다. [UBS가 실시한 한 연구는 전통적인 택시에 비해 자율주행 '로보택시(robo-taxi)'가 80% 낮은 비용이 들 것으로 보고 있다.] 그러나 자율주행차가 인간이 할 수 있는 것만큼 어떠한 조건하에서도 안전하게 운행할 수 있기까지는 수년이 걸릴 수 있다. 자율주행차는 운전자와 보행자가 여전히 모든 날씨와 토양 조건하에서 안전하고 믿을 수 있게 운행하려고 하는 것과 할 수 없는 것을 예측하려고 분투하고 있다.

레이더, 센서, 고화질 카메라를 가진 자율주행차는 다른 차량이나 보행자, 자전거를 타는 사람을 포함한 도로 위의 물체를 발견하고 인식할 수 있다. 그러나 자율주행차는 그것이 다음에 어떻게 움직일지를 항상 정확하게 예측할 수는 없다. 자율주행차는 빨간불일 때 무단으로 도로를 건너는 보행자나 자동차의 불법 유턴과 같은 비일상적인 상황에서 늘 정확하게 반응할 수가 없다. 오늘날의 자율주행차는 인간 운전자를 대체하는 데 필요한 기술의 80%를 보유하고 있다. 그러나 나머지 20%는 앞서 이야기한 다른 운전자나 보행자, 자전거를 타는 사람이 다음에 무엇을 할 것인지 신뢰할 수준에서 예측할 수 있는 소프트웨어가 포함되어 있어 완벽하기까지는 많은 어려움이 있을 것이다. 모든 조건하에서 인간만큼 어떠한 상황을 처리할 수 있는 컴퓨터 주행 자동차는 최고 수준까지 수십 년이 걸릴 수 있다. 11장의 마지막 사례연구에서 이 문제를 좀 더 자세히 설명한다.

2018년 3월 애리조나주 템피에서 우버의 자율주행차가 한 여성을 치어 숨지게 한 이후, 우버는 자율주행차 프로그램을 축소했다. 그 사고 이전에도 우버의 자율주행차는 건설지역이나 거대한 굴착 장비를 탑재한 트럭과 같은 커다란 차량의 주변을 운행할 때 어려움이 있었다. 테스트 운전자는 거의 모든 속도에서 차를 운행해봐야 했다. 우버와 다른 기업들은 앞으로 수년 동안 자율주행차 기술과 씨름하게 될 것이다. 동시에 우버는 돈을 벌 수 있는 방법을 찾아야만 한다. 과연 우버가 돈을 벌어들일 수 있을까?

출처: Eliot Brown, "Uber Wants to Be the Uber of Everything—But Can It Make a Profit?" *Wall Street Journal*, May 4, 2019; Paayal Saveri and Deirdre Rosa, "Uber's Growth Slowed Dramatically in 2018," CNBC, February 15, 2019; Alex Rosenblat, "When Your Boss Is an Algorithm," *New York Times*, October 12, 2018; Steven Hill, "New Leadership Has Not Changed Uber," *New York Times*, March 26, 2018; Daisuke Wakabashai, "Uber's Self-Driving Cars Were Struggling Before Arizona Crash," *New York Times*, March 23, 2018; Craig Smith, Rob Berger, Mike Isaac, and Noam Scheiber, "Uber Settles Cases with Concessions, But Drivers Stay Freelancers," *New York Times*, April 21, 2016.

사례연구 문제

1. 경쟁세력모형과 가치사슬 모델을 사용해 우버를 분석하라.

2. 정보기술과 우버의 비즈니스 모델의 관계는 무엇인가? 설명하라.

3. 우버는 파괴적 기업인가?

4. 우버와 우버의 비즈니스 모델에서 제기되는 윤리적·사회적 문제가 있는가? 설명하라. 우버의 비즈니스 모델은 윤리적 딜레마를 만드는가?

5. 우버는 생존할 수 있는가? 설명하라.

CHAPTER

11 의사결정 향상과 인공지능경영

학습목표

이 장의 학습을 마치면 다음 질문에 답할 수 있을 것이다.

11-1 의사결정에는 어떠한 유형이 있으며, 어떻게 의사결정 과정이 수행되는가?

11-2 비즈니스 인텔리전스와 비즈니스 애널리틱스 기법은 의사결정을 어떻게 지원하는가?

11-3 인공지능은 무엇이며, 인간의 지능과 어떻게 다른가?

11-4 인공지능 기법의 주요 유형에는 무엇이 있으며, 조직에 어떠한 이점이 있는가?

11-5 경영정보시스템은 내 경력에 어떻게 도움이 되는가?

사례

기계학습은 아케르스후스대학병원이 최적의 치료 의사결정을 내릴 수 있도록 도움을 준다

지멘스가 비즈니스 프로세스의 가시성을 높이다

석유 및 가스 산업의 예측유지보수

자동차는 스스로 운전할 수 있는가—그리고 그래야만 하는가?

기계학습은 아케르스후스대학병원이 최적의 치료 의사결정을 내릴 수 있도록 도움을 준다

의료산업은 환자 이력, 임상 기록, 차트, 검사 결과를 포함한 의료 빅데이터로 넘쳐난다. 의료 정보는 현재 3년마다 2배로 증가하고 있으며, 2020년에는 73일마다 2배가 될 것이다. 의료 전문가는 어떻게 해당 분야의 지식을 따라갈 수 있는가? 또한 의료 전문가는 분석하고 흡수하기에 너무 많은 데이터가 존재하는 경우 어떻게 이들 지식을 이용해 치료 옵션 및 의료 비용 관리에 대한 정보에 입각한 결정을 내릴 수 있는가?

방대한 데이터를 처리하고 이를 활용하는 문제로 어려움을 겪고 있는 많은 의료기관 중 하나는 노르웨이 오슬로에 있는 아케르스후스대학병원(Akershus University Hospital)이다. 이 병원은 약 500,000명의 주민에게 의료 서비스를 제공하고, 9,500명의 의료진을 고용하고 있는 노르웨이 공립대학교 병원이다. 아케르스후스대학병원은 환자 및 치료에 대한 방대한 데이터를 축적했으나 이들 대부분은 구조화되지 않은 텍스트 보고서이기에 의미 있는 정보를 추출하는 것이 매우 어렵고 시간이 많이 소요되었다. 수천 개의 복잡한 임상 문서를 통합하는 작업을 수동으로 완료하는 것은 매우 어려운 일이다.

병원은 캡제미니(Capgemini) 컨설턴트와 협력해 IBM 왓슨 익스플로러(Waston Explorer)의 인공지능기술을 이용해 이 문제를 해결했다. IBM 왓슨 익스플로러는 정형 및 비정형 데이터를 분석해 인간이 식별하기 어려운 추세와 패턴을 발견할 수 있는 **인지 컴퓨팅** 플랫폼이다. IBM 왓슨 익스플로러는 일반 음성과 같은 일상 언어로 표현된 데이터를 검색하기 위해 자연어 처리 기술을 이용하며, 검색 결과 개선을 위해 기계학습 알고리즘을 이용한다. 자연어 처리 기술은 기계가 인간의 언어를 이해 및 분석하고 의미를 도출하는 것을 가능하게 한다. 기계학습 소프트웨어는 상당한 인적 교육이 필요하지만 명시적인 프로그래밍 없이 방대한 데이터베이스에서 패턴을 식별할 수 있다. IBM 왓슨 익스플로러는 대량의 데이터를 빠르게 분석하고, 음성과 텍스트를 해석하고, 의미와 문맥의 뉘앙스를 파악하고, 질문에 답하고, 결론을 도출하고, 다양한 경험으로 학습할 수 있다. IBM 왓슨 익스플로러는 수집한 콘텐츠에 대한 추론 및 상관관계를 생성하고, 사용자가 선택할 수 있는 잠재적 응답 순위를 지정할 수 있다.

© Panchenko Vladimir/Shutterstock

아케르스후스대학병원의 영상 진단 부서는 응급상황에서 컴퓨터단층촬영 검사(CT scan)의 이용 개선을 원했다. 병원은 권장 지침하에 응급상황에서 소아 환자에게 CT 검사가 수행된 시점을 분석하기 위해 IBM 왓슨 익스플로러를 이용했다. CT 검사는 위험한 상황에서 생명을 구할 수 있지만 방사선도 잠재적으로 해로울 수 있으므로 남용해서는 안 된다. 아케르스후스대학병원의 방대한 CT 데이터는 텍스트 형태이다. 병원은 5,000개가 넘는 익명의 CT 검사 보고서로부터 구조화되지 않은 데이터를 수집하기 위해 왓슨 익스플로러를 이용했다. 또한 CT 검사 수행 빈도와 결과를 학습하기 위해 기계학습 및 자연어 처리 기술을 적용했다.

아케르스후스대학병원과 캡제미니는 2016년 여름에 7주 동안 프로젝트를 수행했다. 왓슨은 의학용어와 이들이 사용되는 맥락을 학습해야 했다. 캡제미니는 노르웨이 언어에도 이 기술을 적용했으며, 아케르스후스대학병원은 왓슨이 의학용어와 구문을 이해하도록 훈련했다. 이 프로젝트는 또한 분류 스키마를 만들어 양성 및 음성 스캔 결과 보고 파일을 구별하고 그에 따라 데이터를 분류하도록 왓슨을 훈련했다.

여러 번의 검사 후, 왓슨 익스플로러는 콘텐츠 분류에서 99% 정확도 수준에 도달했다. 최종 분석 결과는 아케르스후스대학병원의 CT 검사 빈도가 수용 가능한 수준이었고, 병원이 잠재적인 유해 영향과 관련해 긍정적인 이득의 확률 사이에서 올바른 균형을 유지하고 있음을 확인했다. 왓슨이 몇 분 만에 처리할 수 있는 방대한 데이터를 한 팀의 구성원들이 분석한다면 아마도 몇 달에서 몇 년이 걸릴 것이다.

출처: IBM Corporation. "Akershus University Hospital," and "IBM Watson Explorer," www.ibm.com, accessed June 17, 2019; and "Akershus University Hospital Optimizes the Use of CT Examinations," www.capgemini.com, accessed June 18, 2019.

아케르스후스대학병원이 기계학습 및 자연어 처리와 같은 인공지능기술을 사용해 CT 검사가 권장 지침에 속하는지 여부를 결정하는 것은 인공지능기술이 지식 획득 및 적용을 촉진해 조직 성과에서 어떻게 이득을 얻을 수 있는지 보여준다. 지식 프로세스 및 의사결정에 대한 접근을 용이하게 하는 것은 민간 기업과 공공기관 모두의 성공과 생존에 필수적이다.

옆 페이지 도표는 이 사례와 이 장에서 다루는 주요 사항에 주목하기 위한 것이다. 다른 의료시설과 마찬가지로 아케르스후스대학병원은 '데이터는 풍부하지만 지식은 부족하다'는 문제가 있다. 방대한 환자 및 치료 데이터(의료 빅데이터)를 확보하고 있지만 대부분 구조화되어 있지 않아 정보와 통찰력을 분석하기가 어렵다. 기계학습 및 자연어 처리와 같은 인공지능기술은 아케르스후스대학병원이 보유한 수천 개의 CT 스캔 기록에서 새로운 통찰력과 지식을 얻는 데 도움이 되어 치료를 최적화하고 의료진이 모범사례를 따르도록 할 수 있다.

생각해야 할 몇 가지 질문이 있다. IBM 왓슨 익스플로러를 사용하는 것이 아케르스후스대학병원의 지식을 개선하는 데 어떠한 도움이 되었는가? 또한 병원 비즈니스 프로세스에는 어떠한 영향을 미쳤는가?

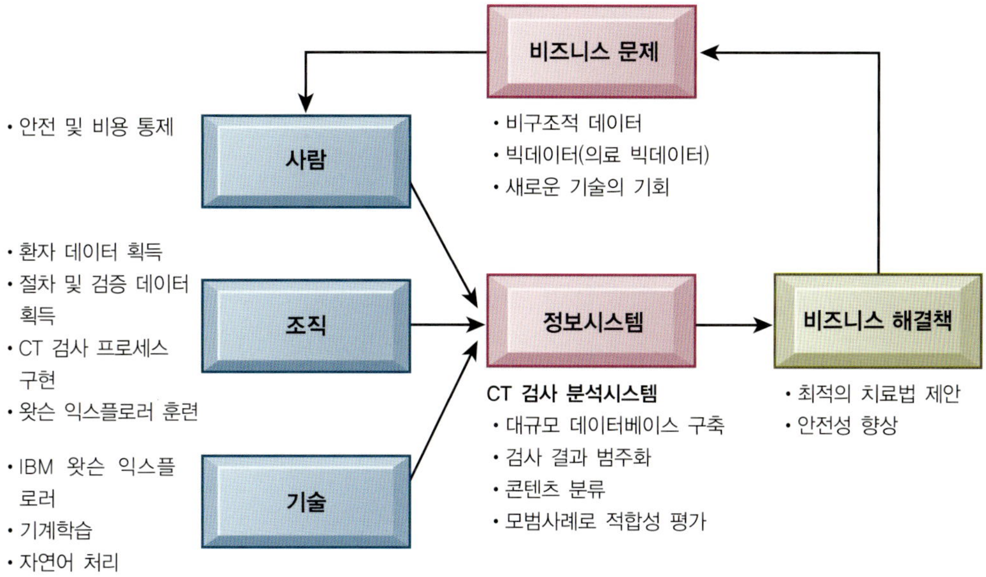

11-1 의사결정에는 어떠한 유형이 있으며, 어떻게 의사결정 과정이 수행되는가?

정보시스템의 주요 공헌 중 하나는 개인이나 그룹 모두의 의사결정을 향상했다는 것이다. 기업에 있어 의사결정은 경영진에게 한정된 것으로 여겨졌다. 오늘날 정보시스템이 기업의 하위 수준에서도 이용할 수 있는 정보를 만듦에 따라 하위 직원도 이러한 의사결정의 일부에 책임이 있다. 그러나 더 나은 의사결정이란 무엇을 의미하는 것인가? 기업과 조직에서 의사결정이 어떻게 이루어지는지 자세히 살펴보자.

향상된 의사결정의 비즈니스 가치

더 나은 의사결정을 할 수 있다는 것은 기업에게 무엇을 의미하는가? 기업에게 더 개선되고 향상된 의사결정의 금전적 가치는 무엇인가? 표 11.1은 연수익 2억 8,000만 달러와 140명의 종업원을 보유한 미국의 한 중소 제조회사의 향상된 의사결정의 금전적 가치 측정을 시도한 결과이다. 이 기업은 다수의 핵심 의사결정을 확인했는데, 여기서 새로운 시스템 투자를 통해 의사결정의 질을 향상할 수 있었다. 표는 기업의 특정 영역에 있어 향상된 의사결정이 가져오는 연간 가치(비용 절약이나 수익 증가 중 하나)의 추정을 나타내고 있다.

우리는 표 11.1에서 기업의 모든 단계에서 의사결정이 이루어지고 있으며, 일부 의사결정은 매우 일반적이고 반복적임을 알 수 있다. 비록 이러한 의사결정 중 하나를 개선하는 것의 가치는 작지만, 이 작은 의사결정 수십만 개가 개선되면 거대한 연간 가치가 된다.

의사결정 유형

2장에서는 조직에 각기 다른 수준의 조직 체계가 있음을 보여주었다. 각 수준은 의사결정 지원을 위해 각각 다른 정보를 요구하고 있으며, 각기 다른 의사결정 유형에 책임을 진다(그림 11.1 참조). 의사결정은 구조적(structured), 반구조적(semistructured), 비구조적

표 11.1 향상된 의사결정의 비즈니스 가치

의사결정 가치의 예	의사결정자	연간 의사결정 수	향상된 단일 의사결정의 회사에 대한 가치(달러)	연간 가치(달러)
가장 가치 있는 고객에 대한 지원 할당	회계 관리자	12	100,000	1,200,000
콜센터의 1일 수요 예측	콜센터 운영진	4	150,000	600,000
부품의 1일 재고 수준 결정	재고 관리자	365	5,000	1,825,000
주요 공급업체의 경쟁 입찰 식별	고위 경영진	1	2,000,000	2,000,000
주문 충족을 위한 생산 일정 계획	생산 관리자	150	10,000	1,500,000
작업 완수를 위한 노동력 할당	제조현장 관리자	100	4,000	400,000

(unstructured)으로 분류할 수 있다.

비구조적 의사결정(unstructured decision)은 의사결정자가 문제를 풀기 위해 판단, 평가, 통찰을 제공해야 하는 것을 말한다. 이들 의사결정 각각은 새롭고, 중요하고, 비일상적이며, 의사결정을 위해 알려졌거나 합의된 절차가 없다.

이와는 달리 **구조적 의사결정**(structured decision)은 반복적이고 일상적이며 이를 다루기 위한 확실한 절차를 포함하기 때문에 매번 새로운 것처럼 다루어야 할 필요는 없다. 많은 의사결정은 앞에서 언급된 두 가지 의사결정 유형의 요소를 지니고 있어 **반구조적**(semistructured)인데, 여기서는 문제의 일부만 인정된 절차에 의해 제공된 확실한 답을 갖고 있다. 일반적으로 구조적 의사결정은 낮은 조직 수준에서 좀 더 우세하며, 비구조적 문제는 기업의 높은 수준에서 좀 더 일반적이다.

고위 경영자는 기업의 5년이나 10년 목표를 세우거나, 어떤 새로운 시장에 들어갈지를 결정하는 것과 같은 많은 비구조적 의사결정 상황에 직면한다. "우리가 새로운 시장에 진

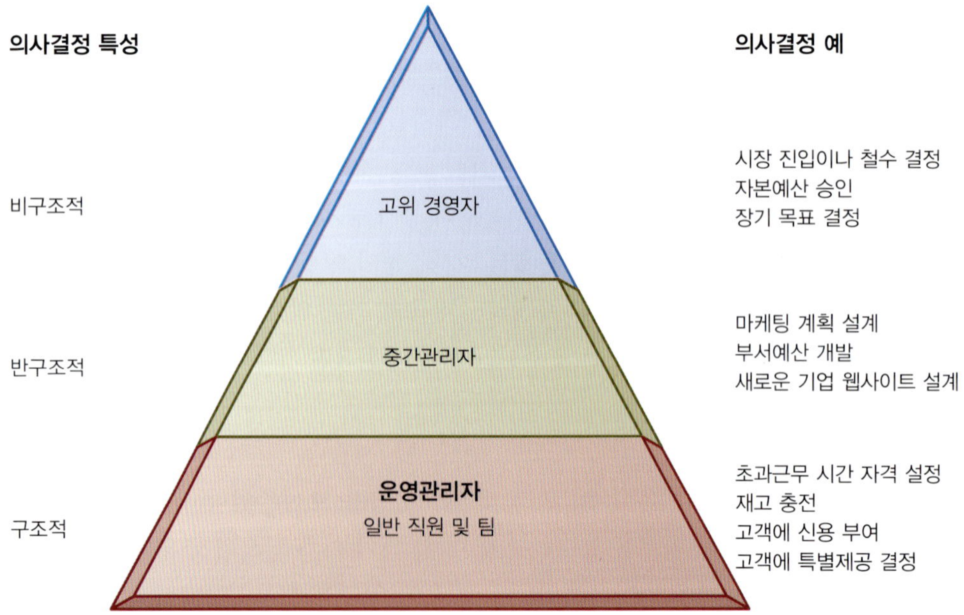

그림 11.1
회사 내 핵심 의사결정 그룹의 정보 요구사항
고위 경영자, 중간관리자, 운영관리자, 일반 직원은 각기 다른 의사결정 유형과 정보 요구사항을 갖는다.

입해야 하는가?"라는 질문에 답하는 것은 기업 실적에 대한 요약된 고급 자료뿐 아니라 뉴스나 정부자료, 산업 전망 등을 필요로 한다. 하지만 다른 한편으로는 고위 경영자가 자기 자신의 판단을 이용하거나 다른 관리자의 의견을 조사할 수도 있다.

중간관리자는 좀 더 구조적인 의사결정 시나리오에 직면하지만 그들의 의사결정은 비구조적 요소가 포함될 수 있다. 전형적인 중간관리자의 의사결정 문제는 "지난 6개월 동안 미니애폴리스에 있는 유통센터에서 주문 조달 보고서가 감소세인가?"와 같은 것이다. 이 중간관리자는 기업의 전사적 시스템이나 유통관리 시스템으로부터 미니애폴리스 유통센터의 주문 활동과 운영 효율성에 관한 보고서를 받을 수 있다. 이것은 의사결정의 구조적 부분이다. 그러나 답변에 도달하기 전에 이 중간관리자는 직원들과의 인터뷰나 지역경제, 판매 추세 등에 관한 외부자료를 통해 좀 더 비구조적인 정보를 모아야 할 것이다.

운영관리자와 일반 사원은 좀 더 구조적인 의사결정을 하는 경향이 있다. 예를 들어 조립 라인의 감독관은 시급 노동자가 초과근무 수당을 받을 자격이 있는지 결정해야 한다. 만약 노동자가 특정한 날에 8시간 이상 근무했다면 감독관은 해당 업무에 8시간이 넘는 근로시간에 대해 초과근무 수당을 정기적으로 지급할 것이다.

판매 직원은 신용정보를 담고 있는 고객 데이터베이스를 참고해 고객의 신용을 연장할 것인지에 대한 의사결정을 자주 하게 된다. 신용한도를 위한 기업의 원칙에 고객이 부합한다면, 회계 직원은 해당 고객에게 구매를 위한 신용한도를 부여한다. 이들 의사결정은 매우 구조적이며, 대다수 대기업에서 매일 수천 번 이루어지는 일상적인 것이다. 여기에 대한 답은 임금지불 명부와 외상매출금시스템에 미리 프로그램화되어 있다.

의사결정 과정

의사결정은 다단계 과정이다. 허버트 사이먼(Herbert Simon, 1960)은 의사결정을 탐색, 설계, 선택, 구현의 네 가지 단계로 제시했다(그림 11.2 참조). 이들 단계는 이 책에서 사용된 문제 해결의 4단계에 해당한다.

탐색(intelligence)은 조직에서 발생하는 문제의 발견, 확인, 이해의 과정으로 구성된다. 즉 문제가 어디에서 왜 일어났고, 기업에 어떤 영향을 미치는지 알아가는 것이다. **설계**(design)는 다양한 문제 해결 방법을 확인하고 탐색하는 것을 포함한다. **선택**(choice)은 해결 방안을 선택하는 것이다. **구현**(implementation)은 선택한 대안이 작동하도록 만들고, 해결책이 잘 작동하고 있는지 지속적으로 감독하는 것을 포함한다.

당신이 선택한 해결책이 작동하지 않는다면? 그림 11.2는 의사결정 과정에서 이전 단계로 돌아갈 수 있으며, 만약 필요하다면 반복할 수 있음을 보여준다. 예를 들어 판매가 감소하는 경우, 판매 관리팀은 판매 노력에 박차를 가하기 위해 더 많은 판매에 대해 더 높은 커미션(수수료)을 판매 인력에게 지불할 수 있다. 이것이 판매 증가를 가져오지 못한다면, 관리자는 문제점이 보잘것없는 제품 디자인에 있는 것인지, 부적절한 고객 지원에 있는 것인지, 혹은 다른 해결책을 요구하는 다른 원인에 기인하는지를 조사할 필요가 있다.

그림 11.2
의사결정 과정
의사결정 과정은 4단계로 나눌 수 있다.

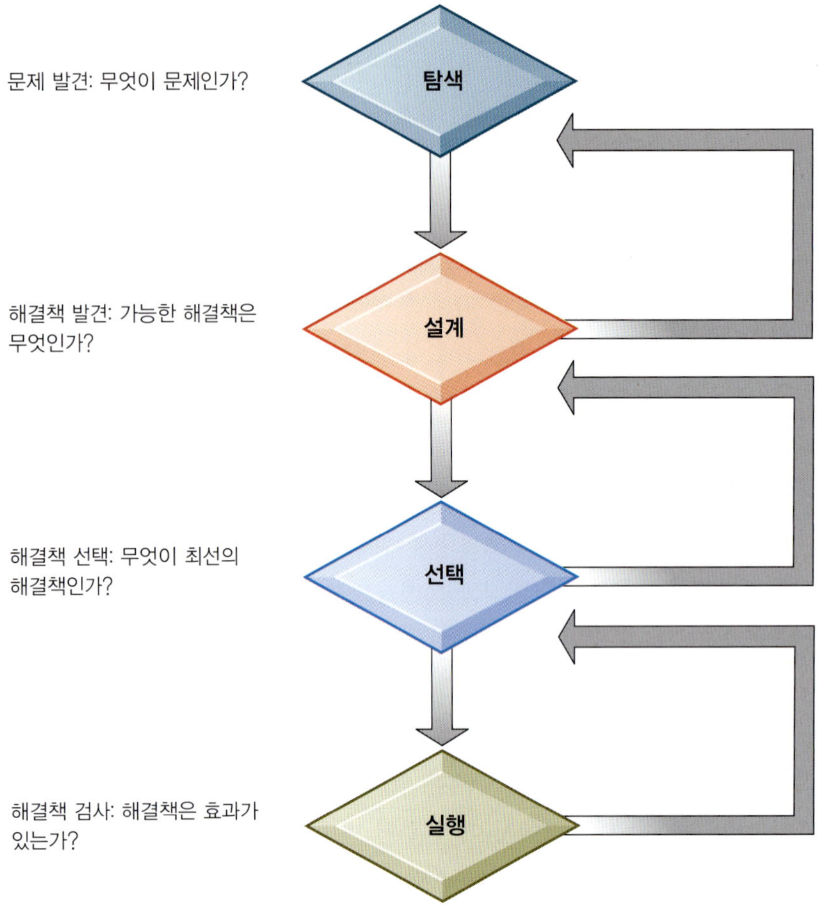

빠른 속도의 자동화된 의사결정

오늘날 조직에서 이루어지는 많은 의사결정은 관리자나 인간에 의해 이루어지지 않는다. 예를 들어 당신이 구글 검색엔진에 질문을 하면, 구글의 컴퓨터 시스템은 평균 0.5초 안에 화면에 URL을 제시해야 한다. 미국 증권거래소의 높은 빈도의 거래 프로그램은 0.03초 안에 주식거래를 처리한다. 인간은 너무 느려서 이러한 의사결정 사슬에서 제외된다.

이러한 신속한 자동화된 의사결정은 탐색, 설계, 선택, 구현 등 의사결정의 네 가지 프로세스가 정확하게 정의된 컴퓨터 알고리즘(소프트웨어)에 의해 구성된다. 해당 소프트웨어를 작성한 사람은 문제를 식별하고, 해결책을 찾는 방법을 설계하고, 수용 가능한 해결책을 정의하고, 해결책을 구현한다. 이러한 상황에서 조직은 관리자가 감시하고 통제하는 것보다 더 빠른 의사결정을 내린다. 심각한 피해를 방지하기 위해 시스템의 적절한 운영을 보장하기 위한 세심한 주의와 관심이 요구된다.

의사결정의 질과 의사결정

의사결정이 더 나아졌는지, 의사결정 과정이 향상되었는지를 당신은 어떻게 알 수 있는가? 정확성(accuracy)이 질(quality)의 중요한 요소 중 하나이다. 일반적으로 우리는 의사결정이 실제 데이터를 정확히 반영한다면 의사결정이 더 향상되었다고 생각한다. 속도

표 11.2
의사결정과 의사결정 과정의 질

질적 요소	설명
정확성	의사결정이 사실을 반영한다.
포괄성	의사결정은 사실과 환경을 충분히 고려해 반영한다.
공정성	의사결정이 영향을 받는 사람들의 관심과 이해관계를 충실히 반영한다.
속도(효율)	의사결정이 시간과 자원(고객과 같은 이행 당사자의 시간과 자원도 포함)의 측면에서 효율적이다.
일관성	의사결정이 다른 사람에게 설명될 수 있고, 이해될 수 있는 합리적인 과정을 반영한다.
정당한 절차	의사결정은 알려진 과정의 결과이며 고위 권한자에게 어필될 수 있다.

(speed)는 또 다른 요소이다. 즉 우리는 의사결정 과정이 효율적이고 빨라야 한다고 생각한다. 예를 들어 당신이 자동차 보험을 신청할 경우, 당신은 보험회사의 의사결정(가입 심사, 보험 청구 심사)이 빠르고 정확하길 원한다. 그러나 의사결정과 의사결정 과정에서 고려해야 할 다른 질적 요소가 존재한다. 어떤 것이 당신에게 중요한지는 당신이 일하는 기업, 의사결정에 참가한 다양한 당사자, 당신의 개인적 가치 등에 의존할 것이다. 표 11.2는 의사결정을 위한 몇 가지 질적 요소를 설명한다. 우리가 이 장에서 어떻게 시스템이 의사결정과 의사결정 과정을 향상하는가를 설명할 때, 우리는 이 표의 요소들을 참조한다.

11-2 비즈니스 인텔리전스와 비즈니스 애널리틱스 기법은 의사결정을 어떻게 지원하는가?

우리가 방금 설명한 의사결정의 각기 다른 수준과 유형을 지원하기 위한 각기 다른 시스템의 유형을 2장에서 소개했다. 이러한 시스템의 토대는 의사결정을 지원하기 위해 데이터를 공급하고 분석 도구를 제공하는 비즈니스 인텔리전스와 비즈니스 애널리틱스 인프라 구조라 할 수 있다.

비즈니스 인텔리전스 정의

'비즈니스 인텔리전스(business intelligence, BI)'는 하드웨어 및 소프트웨어 공급업자와 정보기술 컨설턴트가 비즈니스 환경에서 가져온 데이터를 웨어하우징, 통합, 보고, 분석하기 위한 인프라를 설명하는 데 사용하는 용어이다. 기본 인프라 구조는 데이터를 수집하고, 저장하고, 불필요한 것을 제거해 관리자에게 유용하게 만들어준다. 6장에서 기술된 데이터베이스, 데이터 웨어하우스, 데이터 마트, 하둡(Hadoop), 분석 플랫폼 등을 생각해보자. '비즈니스 애널리틱스(BA)'는 데이터를 분석하고 이해하기 위한 도구와 기법에 초점을 맞추고 있는 벤더들이 정의한 용어이다. 이것 또한 6장에서 소개한 OLAP, 통계, 수리적 모델, 데이터 마이닝 등을 떠올릴 수 있다.

비즈니스 인텔리전스와 비즈니스 애널리틱스는 기업에서 나오는 모든 정보 흐름을 단일의 일관성 있는 데이터 집합체로 통합하고, 모델링과 통계분석 데이터 마이닝 도구를 사용해 이러한 모든 데이터가 의미 있도록 만들어준다. 이를 통해 관리자는 더 나은 의사결정과 계획을 수립할 수 있다.

비즈니스 인텔리전스와 비즈니스 애널리틱스는 기술 공급업체와 컨설팅 회사에 의해 정의되었음을 기억하는 것이 매우 중요하다. 이러한 제품의 5대 공급회사는 SAP, 오라클, IBM, SAS, 마이크로소프트이다. 많은 수의 BI, BA 제품이 클라우드와 모바일 버전을 보유하고 있다.

비즈니스 인텔리전스 환경

그림 11.3은 비즈니스 인텔리전스의 전반적인 구조를 보여준다. 이것은 주요 벤더들이 기업이 시간이 지남에 따라 개발한 노하우가 담긴 소프트웨어, 하드웨어, 경영역량 유형을 강조하고 있다. 아래에 비즈니스 인텔리전스 환경의 여섯 가지 요소를 설명했다.

- **비즈니스 환경으로부터의 데이터**: 비즈니스는 빅데이터를 포함한 다양한 소스로부터 구조적, 비구조적 데이터를 처리해야 한다. 이러한 데이터는 인간 의사결정자가 분석하고 활용할 수 있도록 통합되고 조직화되어야 한다.
- **비즈니스 인텔리전스 인프라**: 비즈니스 인텔리전스의 하부 토대는 기업을 운영하기 위한 모든 적절한 데이터를 획득할 수 있는 강력한 데이터베이스 시스템이다. 이들 데이터는 거래 데이터베이스에 저장되거나 엔터프라이즈 데이터 웨어하우스, 일련의 상호 연관된 데이터 마트, 분석 플랫폼으로 결합되거나 통합된다.
- **비즈니스 애널리틱스 도구**: 일련의 소프트웨어 도구는 데이터를 분석하고 보고서를 만들고 관리자가 부여한 질문에 응답해 주요 성과지표를 사용하는 비즈니스 진척도를 추적할 수 있게 한다.
- **경영 관리 사용자와 기법**: 비즈니스 인텔리전스 하드웨어와 소프트웨어는 그것을 사용하는 인간만큼이나 지능적이다. 관리자가 전략적인 비즈니스 목표를 정의하고, 진

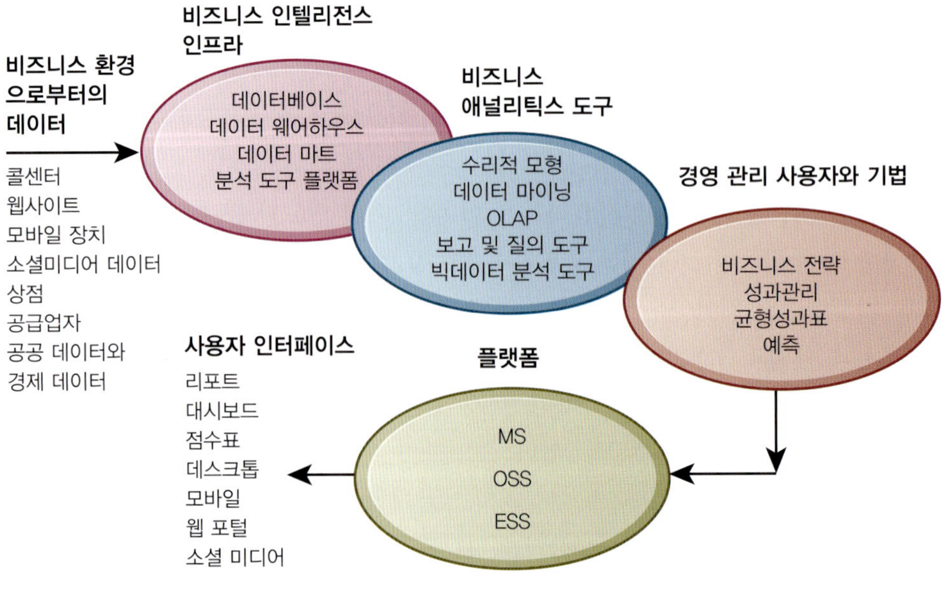

그림 11.3
의사결정을 위한 비즈니스 인텔리전스와 애널리틱스 기법
비즈니스 인텔리전스와 애널리틱스 기법은 강력한 데이터베이스 기반, 일련의 분석 도구, 지능적인 질문을 하고 데이터를 분석할 수 있는 관리팀이 필요하다.

척도를 측정할 수 있는 방법을 구체화하는 다양한 관리자 기법을 사용하면서 데이터 분석을 수행한다. 이들은 특히 경쟁자들에 특별한 관심을 두면서 주요 성과지표에 초점을 맞춘 비즈니스 경영 성과 관리와 균형성과표 형식의 접근을 포함한다.

- **전송 플랫폼—MIS, DSS, ESS**: 비즈니스 인텔리전스와 애널리틱스 결과는 직무를 수행하기 위해 무엇을 알아야 하는지에 따라 다양한 형태로 관리자와 직원에게 전달된다. 2장에서 소개한 MIS, DSS, ESS는 각각 실무직원, 중간관리자, 최고경영층 등 기업의 수준별 계층에 따라 해당 정보와 지식을 전달한다. 과거에는 이들 정보시스템이 데이터를 쉽게 공유하지 못했으며 독립된 시스템으로 운영되었다. 오늘날 비즈니스 인텔리전스와 애널리틱스는 모든 정보를 통합하며 이것을 관리자의 컴퓨터나 모바일 플랫폼으로 전달한다.
- **사용자 인터페이스**: 기업 내 사람들은 열과 행으로 구성된 정보 기반 보고서보다는 데이터를 시각화된 표현으로 구성한 것을 더 빠르게 학습하는 경우가 많다. 오늘날 비즈니스 애널리틱스 소프트웨어는 풍부한 그래프, 차트, 대시보드, 지도 등 **데이터 시각화**(data visualization) 도구를 구비하고 있다. 이러한 것들은 기업의 웹 포털뿐만 아니라 휴대전화와 태블릿 상에 보고서를 전송할 수 있다. 예를 들어 태블로 소프트웨어(Tableau Software)를 사용하면 비기술적 사용자도 스프레드시트, 데이터베이스, 웹 등의 광범위한 데이터에서 비즈니스 통찰력을 제공하기 위한 맞춤형의 대화형 대시보드를 빠르고 쉽게 만들고 공유할 수 있다. 또 다른 예는 비즈니스 프로세스를 시각화하고 분석하는 데 사용하는 지멘스AG(Siemens AG)의 프로세스 마이닝 소프트웨어이다(사례연구 참조).

가상현실과 증강현실

가상현실시스템[virtual reality(VR) system]은 3차원 데이터 시각화를 위한 강력한 기능을 보유하고 있다. 가상현실(VR)시스템은 사용자가 실제 상황에 참여하고 있다고 거의 믿을 정도로 현실에 가까운 컴퓨터 기반 시뮬레이션을 만들기 위해 대화형 그래픽 소프트웨어를 사용한다. 많은 가상현실시스템에서 사용자는 응용프로그램에 따라 특수 의복, 헤드기어와 장비를 착용한다. 특수 의복에는 사용자의 움직임을 기록하고 해당 정보를 컴퓨터로 즉시 전송하는 센서가 포함된다.

가상현실 응용프로그램은 몰입형 경험을 통해 고객에게 제품을 시각화해서 보여주거나 공장 작업자에게 복잡한 장비를 사용하는 방법을 가르치는 데 도움을 주는 등 엔터테인먼트, 소매, 제조 분야에서 활용된다. 독일 자동차 제조회사 아우디(Audi)는 '서류 가방의 대리점' 프로그램에 가상현실 기술을 사용했다. 오큘러스 리프트(Oculus Rift) 가상현실 헤드셋을 착용함으로써 잠재적 구매자는 마치 자동차 운전석 뒤에 앉아 있거나 트렁크를 여는 것처럼 느낄 수 있다. VR 헤드셋은 실제 아우디를 보고 있는 것처럼 정확히 3D로 표현한다. 폴크스바겐그룹(Volkswagen Group)은 차량 설계 및 개발 속도를 높이고, 개발 주기 초기에 잠재적으로 비용이 많이 드는 설계 문제를 식별하기 위해 가상현실을 실험하고 있다. 폴크스바겐은 가상현실 HTC Vive 헤드셋을 이용해 자동차 내부와 외부 구성요소를

© NicoElNino/Shutterstock

데이터 시각화 도구는 그래프, 차트, 대시보드, 지도 등의 생성을 용이하게 해 사용자가 데이터에서 더 쉽게 통찰력을 얻을 수 있도록 한다.

360도 형태로 볼 수 있는 몰입형 디지털 방식으로 대체함으로써 값비싼 물리적 프로토타입을 제거할 수 있었다. 버튼, 조명, 콘솔 같은 내부 및 외부 부품을 포함한 자동차의 가상 구성요소는 설계 과정에서 몇 줄의 소프트웨어 코드로 쉽게 전환 및 교체할 수 있다.

증강현실(augmented reality, AR)은 디지털 데이터와 이미지를 물리적인 실제 환경에 덮어 씌워 시각화를 향상하는 관련 기술이다. 디지털 기술은 현실 인식을 향상하기 위해 추가정보를 제공해 사용자의 주변 현실 세계를 보다 상호적이고 의미 있게 만든다. TV로 중계되는 축구경기에 표시된 노란색 퍼스트다운 표시는 컴퓨터단층촬영(CT), 자기공명영상(MRI) 스캔 또는 초음파 영상에서 얻은 데이터를 수술실에서 환자에게 중첩하는 영상유도수술과 같은 의료절차와 마찬가지로 증강현실의 예이다. 증강현실이 활용되는 또 다른 산업에는 군사 훈련, 공학 설계, 로보틱스, 소비자 디자인이 포함된다. 예를 들어 미 해군 항공모함을 설계 및 건조하는 뉴포트뉴스조선(Newport News Shipbuilding)은 증강현실을 사용해 제조 프로세스가 거의 끝날 무렵에 선박을 검사한다. 선박의 최종 설계안을 토대로 엔지니어는 검사 시간을 36시간에서 단 90분으로 96% 단축할 수 있었다(Porter and Heppelmann, 2017).

비즈니스 인텔리전스와 애널리틱스 역량

비즈니스 인텔리전스와 애널리틱스는 의사결정자에게 실시간 정보를 전달해주고 분석 도구는 해당 정보를 빠르게 이해하고 행동을 취하도록 도와준다. 이러한 목표를 달성하기 위해 비즈니스 인텔리전스 시스템이 제공하는 여섯 가지 분석 기능을 아래에 기술했다.

생산 리포트: 산업의 특정 요구사항에 근거한 사전 정의된 리포트는 표 11.3에 있다.

매개변수를 고려한 리포트: 사용자는 데이터를 필터링하기 위해 피벗 테이블에 여러 개의

지멘스가 비즈니스 프로세스 가시성을 높이다

지멘스AG는 산업 자동화, 헬스케어, 에너지, 건물 및 운송 시장을 위한 시스템과 구성요소를 생산하는 독일 제조 대기업이다. 지멘스는 뮌헨과 베를린에 본사를 두고 있으며 전 세계적으로 372,000명의 직원을 두고 있다. 지멘스는 2017년 기준 830억 유로(미화 약 990억 달러)의 글로벌 매출을 올렸다. 이처럼 지멘스는 해외에 지사를 두고 있는 유럽 최대의 산업 제조회사이다. 지멘스는 비즈니스 프로세스 효율성과 품질 혁신, 지속적인 개선을 중요시하는 회사임이 분명하다.

지멘스는 수천 개 비즈니스 프로세스가 있으며, 그중 일부는 매우 복잡하다. 경영진은 비즈니스를 보다 효율적으로 만드는 방법을 찾고 있었고 비즈니스 프로세스 마이닝 기술로 눈을 돌렸다. 2014년 지멘스는 모든 지멘스 사업부에서 글로벌 프로세스 최적화를 적극적으로 지원하기 위한 'Process DAsh(Data Analytics, smart handling의 약자)'라는 부서를 설립했다. 이를 위해 셀로니스 프로세스 마이닝(Celonis Process Mining) 분석 및 시각화 소프트웨어를 이용해 생산, 배송, 지불 프로세스의 병목 현상을 식별하기 위해 ERP 데이터를 수집 및 분석하기 시작했다. 셀로니스는 SAP와 파트너 관계를 맺고 있으며 해당 소프트웨어는 SAP HANA 인메모리 데이터베이스 플랫폼에서 실행된다.

프로세스 마이닝 소프트웨어는 비즈니스 프로세스가 병목 현상 및 기타 비효율적인 영역을 식별해 개선할 수 있도록 실제로 어떻게 작동하는지 확인하기 위해 전사적 애플리케이션 이벤트 로그의 데이터를 분석한다. 이 기술은 수백만 건의 거래 기록을 분석하고 정상적인 업무 흐름에서 벗어나는 부분을 찾아낼 수 있다. 버튼을 누르면 전체 비즈니스 프로세스의 스냅샷이 생성된다. Process DAsh는 셀로니스 소프트웨어를 사용해 수많은 정보시스템의 모든 개별 데이터를 가져와 기존 비즈니스 프로세스의 논리적 모델을 구성하고 자동으로 시각화하는 데 사용한다. 소프트웨어는 일련의 이벤트가 발생함에 따라 실시간으로 실제 프로세스를 문서화한다.

프로세스 마이닝 소프트웨어를 사용해 ERP 또는 CRM 시스템 트랜잭션 로그를 분석할 때 소프트웨어의 데이터 시각화 기능은 사용자에게 주어진 시간에 실행 중인 프로세스를 보여준다. 조직은 프로세스 마이닝 소프트웨어를 사용해 ERP 시스템의 외상매입금 모듈 로그를 검사해 송장 처리에서 예기치 않은 지연 원인을 찾을 수 있다. 사용자는 병목 현상, 불필요한 우회 및 수동 개입을 통해 비효율이 발생하는 부분이나 규정 준수 문제가 발생할 수 있는 부분을 한눈에 볼 수 있다. 셀로니스를 포함한 프로세스 마이닝 소프트웨어를 사용하면 프로세스와 관련된 개별 문서를 심층적으로 분석할 수 있다.

셀로니스는 사용자의 목표 운영 모델을 기존 프로세스와 비교할 수 있는 기능이 있어 자동화된 적합성 분석을 제공한다. 셀로니스는 편차 및 성능 손실의 근본 원인을 분석해 프로세스 성능에 가장 큰 영향을 미치는 문제를 강조한다. 사용자는 버튼을 한 번만 누르면 목표 공정과 실제 공정을 비교할 수 있고, 지연 및 추가 지출의 주요 원인을 시각화할 수 있다.

만약 프로세스 모델이 아직 존재하지 않는 경우 프로세스 마이닝 소프트웨어는 자동으로 생성을 시도하며 때로는 기계학습과 같은 인공지능 기법을 사용한다(11-4절 참조). 프로세스 모델이 존재하는 경우 프로세스 마이닝 소프트웨어는 이를 이벤트 로그와 비교해 불일치 및 가능한 원인을 식별한다. 프로세스 모델링을 위해 지멘스는 'Pi Conformance and Machine Learning'이라는 셀로니스 도구를 사용했다. 해당 소프트웨어는 지멘스의 성과로부터 지속적으로 학습하는 알고리즘을 이용해 늦게 도착할 고객 주문을 예측한다.

지멘스는 공급업체에게 얼마나 빠르게 지불할 수 있는지 알아보기 위해 셀로니스 분석 및 시각화 도구를 사용했다. 일부 공급업체는 조기 지불에 대해 할인을 제공한다. 지멘스는 빨리 지불할 수 없었기 때문에 이러한 할인에 대한 이점을 이용할 수 없었다. 지멘스는 이러한 상황이 발생한 이유를 이해하고자 ERP, 회계 및 지불승인시스템의 데이터 분석이 필요했으며, 이를 위해 프로세스 마이닝을 이용했다. 지멘스는 또한 고객으로부터 주문을 받고 지불하는 방식의 비효율성을 연구하기 위해 프로세스 마이닝을 이용했다(주문 대 현금 프로세스).

셀로니스 소프트웨어를 구현하기 전에 지멘스는 비즈니스 프로세스를 수동으로 관리해야 했다. 개별 감독자는 특정 프로세스를 담당했다. 기계가 고장 나거나 부품이 늦게 배송되는 등 계획대로 일이 진행되지 않았을 경우 이러한 일이 전체 운영에 어떤 영향을 미치는지 정확히 판단할 수 있는 쉬운 방법은 없다.

프로세스를 효율적으로 처리하는 방법을 이미 알고 있다고 생각하는 일부 장기 근속 관리자 사이에서 프로세스 마이닝에 대한 저항이 있었다. 지멘스의 글로벌 프로세스 마이닝 서비스 책임자인 라스 라인케마이어(Lars Reinkemeyer)는 프로세스 마이닝을 수용하는 개인을 식별하고 새로운 기술의 홍보를 요청해 분석 도구 채택을 촉진할 수 있었다. 지멘스는 프로세스 마이닝을 구현한 이후 수백만 달러의 손실을 초래한 부품 조달 속도 저하, 제품 배송 지연, 청구 비효율성을 식별할 수 있었다. 지멘스는 현재 전 세계적으로 2,500명이 넘는 'Process DAsh' 사용자를 보유하고 있다.

출처: Lindsay Clark, "Siemens Success Sets the Scene for Growth in Process Mining," *Computer Weekly*, April 12, 2018; Julian Baumann, "Siemens Is the World's Biggest User of Process Mining" and "Success Story: Siemens," www.celonis.com, accessed April 22, 2019; Margaret Rouse, "Process Mining Software," searchERP.com, June 30, 2017; and Ed Burns, "Siemens Uses Process Mining Software to Improve Manufacturing Visibility," SearchBusinessAnalytics.com, December 15, 2016.

사례연구 문제

1. 이 사례연구에서 문제를 식별하라. 문제에 기여한 사람, 조직 및 기술 요인은 무엇인가?
2. 프로세스 마이닝 소프트웨어의 기능을 설명하라. 이것은 효과적인 해결책인가? 답에 대한 이유를 설명하라.
3. 프로세스 마이닝은 지멘스의 의사결정을 어떻게 변화시켰는가?
4. 프로세스 마이닝 시스템을 구현할 때 어떤 사람, 조직, 기술 문제를 해결해야 하는가?

표 11.3
비즈니스 인텔리전스로 사전 정의된 생산 리포트

비즈니스 기능 분야	생산 리포트
판매량	판매량 예측, 판매부서 성과, 교차판매, 판매 주기
서비스/콜센터	고객 만족, 서비스 비용, 문제 해결 비율, 이탈률(가입 해지율)
마케팅	캠페인 효과, 충성도와 감소율, 장바구니 분석
조달과 지원	직/간접비, 비계약 구매, 공급자 성과
공급사슬	수주 잔량, 이행 상태, 주문 주기, 자재명세서 분석
재무	일반원장, 계좌, 수금/지급 계정, 현금흐름, 수익성
인적자원	근로자 생산성, 보상, 작업장 구성, 보유율

매개변수를 입력해 매개변수의 영향을 분리한다. 예를 들어 지역 및 시간에 따라 제품 판매가 어떻게 달라지는지 이해하기 위해 지역 및 시간을 입력할 수 있다. 만약 당신이 스타벅스라면, 미국 동부 고객은 대부분 커피를 아침에 사가고, 북서부 고객은 하루 전체에 걸쳐 커피를 사간다는 것을 알게 된다. 이러한 사실에 대한 발견은 각 지역에 맞는 차별화된 마케팅과 광고 캠페인을 유도할 수 있다(이 절의 피벗 테이블에 대한 논의 참조).

대시보드/점수표: 사용자에 의해 정의된 성과 데이터를 나타내는 다양한 시각화 도구가 있다.

임시 쿼리/검색/리포트 작성: 이것은 사용자가 질의와 검색에 근거한 그들 자신의 보고서를 작성하게 해준다.

드릴다운: 이것은 높은 수준의 요약과 더욱 상세한 내용을 볼 수 있도록 조절할 수 있는 기능이다.

예측, 시나리오, 모델: 이것은 선형 예측, What-if 시나리오 분석, 표준 통계 도구를 이용한 데이터 분석을 포함한다.

예측분석

비즈니스 인텔리전스와 비즈니스 애널리틱스의 중요한 기능은 고객이 제품 구매 제안에 응답할 가능성과 같은 앞으로의 이벤트와 행위를 모델화하는 능력이다. **예측분석**(predictive analysis)은 통계분석, 데이터 마이닝 기법, 역사적 데이터, 미래 트렌드와 행위 패턴을 예측하기 위한 미래 조건에 대한 가정을 사용한다. 미래의 행위를 예측하기 위해 측정할 수 있는 변수가 식별된다. 예를 들어 보험회사는 자동차보험을 발급할 때 안전운전의 예측치로 나이, 성별, 운전기록과 같은 변수를 사용한다. 이러한 예측치 집합은 수용할 수 있는 신뢰성을 가진 미래의 가능성을 예측하기 위한 예측 모델로 결합된다. 조지아 주립대학교와 기타 단과대학은 수백만 명의 학생 학업 및 개인 기록을 조사해 중퇴 위험에 처한 학생을 찾아내기 위해 예측분석을 사용하고 있다.

페덱스는 고객이 가격 변화와 새로운 서비스에 어떻게 응답하는지, 경쟁기업으로 옮겨갈 가능성이 높은 고객은 누구인지, 새로운 점포 및 우편함이 얼마나 많은 수익을 발생시키는지에 대한 예측 모델을 개발하기 위해 예측분석을 사용하고 있다. 페덱스 예측분석시스템의 정확성은 65~90% 범위에 있는 것으로 알려져 있다.

예측분석은 판매, 마케팅, 재무, 사기 탐지, 헬스케어를 위한 많은 비즈니스 인텔리전스 응용시스템으로 통합된다. 가장 잘 알려진 응용시스템 중 하나는 금융 서비스 산업에서 활용되고 있는 신용평가이다. 당신이 새로운 신용카드를 발급받는 경우 신용평가는 당신의 신용이력, 대출이력, 구매 데이터를 토대로 향후 신용지불을 정시에 할 가능성을 결정한다. 헬스케어 관련 보험회사는 어떤 환자가 높은 비용을 발생시키는지 밝히기 위해 수년 동안의 보험 데이터를 분석한다.

많은 기업이 마케팅 캠페인에 대한 반응을 예측하고, 고객 육성을 위해 노력하는 데 예측분석을 사용한다. 응답 가능성이 높은 고객을 식별함으로써 기업은 이러한 그룹에 대한 마케팅 활동을 건너뛰고, 더 유망하고 가치가 높은 고객에게 자원을 집중함으로써 마케팅 및 판매비용을 낮출 수 있다. 예를 들어 1,000만 명의 일일 활성 사용자에게 클라우드 기반 팀 협업 도구 및 서비스를 제공하는 슬랙테크놀로지(Slack Technologies)는 제품을 자주 사용하고 유료 서비스로 업그레이드할 가능성이 가장 높은 고객을 식별하기 위해 예측분석을 사용한다.

표 11.4
빅데이터 분석은 무엇을 할 수 있는가?

조직	빅데이터 기능
테스코(Tesco)	세계에서 가장 큰 소매업체 중 하나인 테스코는 자회사 던험비(Dunnhumby)를 설립해 빅데이터 분석으로 고객 통찰력을 얻고 재고 낭비를 줄이며 에너지 사용을 최적화하는 전문지식을 자신과 다른 소매업체에 제공한다. 테스코는 28개국 3억 5,000만 명 이상의 고객에 대한 자세한 데이터를 보유하고 있다.
스탠다드뱅크(Standard Bank)	스탠다드뱅크는 고객 질의 처리 속도를 높이고 고객을 신속하게 식별해 더 빠른 시간 내에 응답하기 위해 빅데이터와 IBM 왓슨을 이용했다.
독일 월드컵 축구팀	자신과 경쟁 팀에 대한 개별 선수 및 팀 성과에 대한 방대한 양의 비디오 및 숫자 데이터를 분석한 다음 학습한 내용을 바탕으로 경기 방식을 개선하고 경쟁자의 강점과 약점을 활용했다. 빅데이터 분석의 탁월한 사용은 독일 축구팀이 2014년 월드컵에서 우승하는 데 큰 도움이 되었다.
이하모니(eHarmony)	온라인 데이트 웹사이트는 수천 건의 성공적인 커플 매칭에서 발견되는 호환성 기능을 기반으로 커플 매칭을 성사시키기 위해 2,000만 명의 사용자가 제공한 개인 및 행동 데이터를 분석한다. 프로세스는 매일 350만 개 이상의 커플 매칭을 처리한다.

빅데이터 분석

예측분석은 소셜 미디어, 고객 거래내역, 센서 및 기계의 출력 데이터 등을 포함한 민간 및 공공 분야 빅데이터를 사용하기 시작했다. 전자상거래에서는 이미 많은 온라인 소매업자가 웹사이트 방문자에게 구매할 특정 상품에 대한 구매 촉진과 재고 상품에 대한 결정을 안내하는 등의 개인화된 온라인 제품 추천 서비스를 제공하고 있다. 그러나 이들 대부분의 제품 추천은 50,000달러 이하의 소득이나 18~25세 사이 연령대와 같은 특정 고객층을 대상으로 한다. 현재 일부 기업은 이러한 제품 추천을 더욱 개인화하기 위해서 소셜 미디어 데이터와 온라인 및 오프라인 상점에서 수집한 방대한 고객 데이터를 분석하기 시작했다. 이러한 노력은 고객의 소비와 유지 비율을 더욱 높이는 결과로 나타난다. 표 11.4는 빅데이터를 사용하는 기업의 예를 제공한다.

공공부문에서 빅데이터 분석의 활용은 디지털 기술과 다양한 공공 데이터를 이용해 도시를 운영하고 거주민들에 기여할 수 있는 더 나은 의사결정을 할 수 있도록 스마트 도시로의 이동을 더욱 가속화하는 데 기여하고 있다. 지방자치단체는 센서, 스마트폰의 위치 데이터 및 스마트폰 앱을 통해 다양한 빅데이터를 획득하고 있다. 예측 모델링 프로그램은 이제 유틸리티 관리, 운송 운영, 의료 제공 및 공공 안전에 정보를 제공한다. 예를 들어 바르셀로나시 공원에 건설된 관개시스템은 토양 수분을 모니터링하고 물이 필요할 때 스프링클러를 작동시킨다. 바르셀로나시는 지역 공원에 센서를 설치한 후 수도 요금을 연간 25%까지 줄일 수 있을 것으로 기대하고 있다.

운영 인텔리전스와 애널리틱스

많은 의사결정은 하루하루의 도시 및 비즈니스 운영 방법과 관련된 것이다. 이러한 것은 대부분이 운영 의사결정 상황이며, 이러한 유형의 비즈니스 활동 모니터링을 **운영 인텔리전스**(operational intelligence)라고 한다. 사물인터넷은 조직 내·외부 활동에 대한 운영 인텔리전스를 위해 사용될 수 있는 웹상의 활동, 스마트폰, 센서, 게이지, 모니터링 장치로부터 방대한 데이터를 생성한다. 운영 인텔리전스 및 분석용 소프트웨어는 조직에서 실시간으로 생성되는 빅데이터의 분석을 가능하게 한다. 기업은 이벤트에 대한 트리거 경고(trigger alerts)를 설정하거나 관리자의 결정을 돕기 위해 라이브 대시보드(live dashboard)를 활용할 수 있다.

운영 인텔리전스의 예는 북미 최대의 트럭 적재, 물류 및 복합운송 서비스 제공업체인 슈나이더내셔널(Schneider National)이 소유하고 있는 트럭, 트레일러, 복합운송 컨테이너상의 센서 데이터를 사용하는 것이다. 센서는 위치, 운전 행위, 연료 수준, 트레일러나 컨테이너가 적재되었는지 비어 있는지를 모니터링한다. 연료탱크 센서의 데이터는 슈나이더의 탱크에 얼마만큼의 연료가 있는지, 트럭의 목적지, 경로상 연료가격 등에 기반을 두어 운전자가 연료를 넣기 위해 어디서 멈춰야 하는지 최적 위치를 식별하는 데 도움이 된다. 또한 슈나이더의 센서는 움직이는 트럭의 급제동을 포착해 본사로 데이터를 전송하고, 그 데이터는 안전지표를 모니터링하는 대시보드상으로 제공된다. 이러한 과정은 운전자와 감독관 사이의 안전운행을 위한 커뮤니케이션을 유발한다.

사례연구에서는 석유 및 가스 회사가 예방 유지 관리를 위해 운영 인텔리전스를 사용하는 방법을 설명한다. 예방 유지 관리는 장애가 발생하기 전에 유지 관리 일정을 잡을 수 있도록 장비 또는 인프라의 어떤 부분이 고장 날지 예측할 수 있다.

위치분석과 지리정보시스템

빅데이터 분석은 휴대전화 위치 데이터, 센서 또는 스캔장치의 출력, 지도 데이터를 포함한 데이터의 위치(지리적) 구성요소에서 비즈니스 통찰력을 제공하는 능력인 **위치분석**(location analytics)을 포함한다. 예를 들어 위치분석은 마케터가 인근 레스토랑이나 상점에 대한 모바일 광고로 타기팅할 고객을 결정하거나 매장 방문에 대한 모바일 광고의 영향력을 정량화하는 데 도움을 준다. 위치분석은 유틸리티(수도나 전기) 기업이 고객의 위치와 관련된 단수 지역과 관련 비용을 알아내고 관찰하며 측정하도록 도와줌으로써 마케팅, 시스템 업그레이드, 고객 서비스와 같은 다양한 노력의 우선순위를 결정하도록 도움을 준

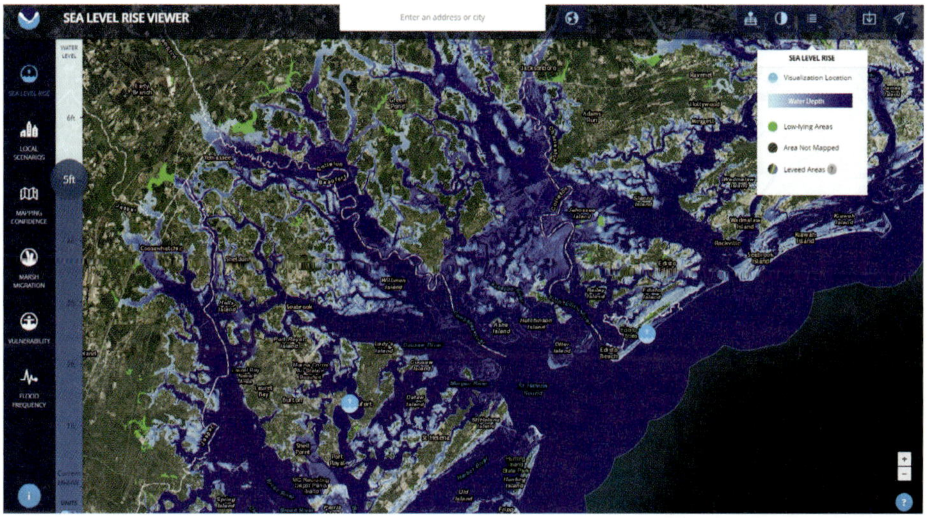

미국국립해양대기청(NOAA)은 해안 범람 또는 평균 만조보다 최대 1.8미터 높은 해수면 상승으로 인한 커뮤니티 수준의 영향을 시각화하는 웹 매핑 도구를 제공한다. 향후에 홍수가 지역 랜드마크에 어떤 영향을 미칠 수 있는지에 대한 사진 시뮬레이션과 수심, 연결성, 홍수 빈도, 사회경제적 취약성, 습지 손실, 이주와 관련된 데이터를 제공한다.

출처: U.S. National Oceanic and Atmospheric Administration (NOAA) Office for Coastal Management.

많은 산업에서 기존 자산의 생산성을 단 1%만 개선해도 상당한 이점을 얻을 수 있다. 오작동으로 인해 장비가 작동할 수 없는 예기치 못한 다운타임(downtime)의 영향을 크게 받는 석유 및 가스 분야는 더욱 그러하다. 플랫폼의 비생산적인 하루는 액화천연가스(LNG) 시설의 비용이 2,500만 달러에 달할 수 있으며 평균 중형 LNG 시설은 1년에 약 5일의 가동 중단을 경험한다. 이는 1억 2,500만~1억 5,000만 달러의 손실을 입는 것이다. 특히 낮은 에너지 가격으로 인한 수익 감소를 고려하는 경우 가동 중지 시간을 최소화하는 것이 중요하다. 이때 빅데이터 분석이 도움이 될 수 있다.

유전, 석유, 천연가스 파이프라인의 센서는 예측 유지보수를 위해 분석할 수 있는 방대한 데이터를 생성한다. 다국적 컨설팅 전문회사 매킨지앤드컴퍼니(McKinsey & Company)는 일반적인 해외 생산 플랫폼에 40,000개 이상의 데이터 태그(data tag)가 있다고 추정하고 있다. 에너지 기업은 실시간으로 운영 상태를 모니터링하기 위해 유전 센서를 사용하고 있으며, 장비 고장을 예측하고 비용이 많이 드는 문제를 해결하기 위해 사물인터넷 데이터도 이용하기 시작했다. 원격 위치에 있는 장비의 물리적 검사는 일반적으로 비용이 많이 드는 과정이다. 이러한 가시성 부족은 장비 고장, 비용이 많이 드는 예정에 없던 유지보수 및 비생산적인 시간뿐만 아니라 장비 고장으로 인한 원유 유출, 누출, 사고로 이어진다.

예측유지보수 도구는 최적의 성능을 달성하고 오작동을 방지하기 위해 운영 장비 상태를 평가하고 유지보수 요구사항을 예측한다. 그들은 자동화된 상태 모니터링 및 고급 데이터 분석을 사용해 진동, 온도, 소리, 전류와 같은 중요한 장비 통계를 수집하고, 유사한 장비의 과거 기록과 비교해 열화 징후를 감지한다. 예측 유지보수 프로그램에서 얻은 통찰력을 통해 의사결정자는 일상적인 생산운영의 방해 없이 유지보수 활동을 예약하고, 유지보수의 우선순위를 결정할 수 있다.

영국의 석유 및 가스회사인 BP(British Petroleum)는 2015년에 제너럴일렉트릭(General Electric, GE)과 협력해 수천 개 유전 중 650개에 GE의 프리딕스(Predix) 클라우드 플랫폼에 연결된 GE 센서를 장착했다. 프리딕스는 산업용 센서에서 데이터를 수집하고, 클라우드에서 데이터를 분석하는 사물인터넷 애플리케이션 개발 및 실행을 위한 서비스를 제공한다. 이를 통해 프리딕스는 실시간 정보를 제공해 유지보수 점검을 예약하고, 기계 효율성을 개선하며, 가동 중지 시간을 줄인다. 각 BP 유전에는 압력과 온도를 측정하는 20~30개의 센서가 장착되어 15초마다 프리딕스 클라우드에 500,000개의 데이터 포인트를 전송한다. BP는 유전 흐름과 각 유전의 유효수명을 예측하기 위해 데이터를 사용하고, 궁극적으로 유전 성능에 대한 전사적 관점을 얻기를 희망한다.

GE와 BP의 파트너십은 최근 BP의 석유 및 가스 생산 운영의 효율성, 신뢰성, 안전성을 더욱 향상시킬 POA(Plant Operations Advisor)라는 애플리케이션을 생성했다. POA는 실시간으로 발생하는 문제에 엔지니어링팀이 신속하게 대응할 수 있도록 지원해 계획되지 않은 가동 중지 시간을 방지한다. BP는 처음에 POA를 사용해 멕시코만(Gulf of Mexico) 플랫폼 중 하나의 성능을 관리했으며 곧 이 도구를 전 세계 다른 BP 시설에 배포할 예정이다.

GE는 파이프라인 위험 관리를 석유 및 가스 산업의 주요 과제로 식별했다. 전 세계적으로 200만 마일의 전송 파이프가 있어 액화석유 또는 가스를 추출 지점에서 정제, 처리 또는 시장으로 이동시킨다. 미국 송전 파이프라인의 약 55%가 1970년 이전에 설치되었다. 파이프라인 유출 사고는 빈번하지 않지만 발생하면 파이프라인 운영자와 에너지 기업에 심각한 경제적, 환경적 피해를 줄 뿐만 아니라 부정적인 평판을 가져다준다. 파이프라인 운영자는 파이프라인의 파열 위치를 항상 알고 싶지만, 대개 파이프라인 적합성을 측정하기 위한 데이터가 부족한 상황이다.

GE는 노후화된 인프라를 점검하기 위한 위험평가도구를 포함해 파이프라인의 안전한 관리를 위해 중요한 데이터에 접근, 관리, 통합할 수 있는 파이프라인 관리 소프트웨어 제품군을 개발했다. GE의 위험평가 솔루션은 내부 및 외부 요인(예: 범람)을 결합해 파이프라인에서 위험이 존재하는 위치에 대한 정확한 최신의 시각적 표현을 제공한다. 이들 위험평가도구를 통해 파이프라인 운영자는 파이프라인을 따라 현장 서비스 직원 배치에 대한 의사결정을 실시간으로 수행할 수 있다.

날씨는 지진 활동, 수로 및 유실이 발생하기 쉬운 지역의 파이프라인 위험에 상당한 영향을 미친다. 수천 마일의 파이프를 따라 강우 또는 홍수 지역의 기상 패턴을 확인하고 이러한 데이터를 다른 복잡한 파이프라인 데이터 세트(data sets)와 통합하는 것은 수동으로 수행하기 어렵다. 그러나 GE 프리딕스는 모든 관련 데이터를 한 곳으로 모아 파이프라인 운영자가 정보에 보다 쉽게 접근하게 해 잠재적 영향이 큰 영역을 처리하는 데 도움을 준다.

로열더치쉘(Royal Dutch Shell PLC)은 마이크로소프트의 애저(Azure) 클라우드 플랫폼과 C3 IoT의 PaaS(Platform as a Service) 응용프로그램 개발 플랫폼을 사용해 압축기, 밸브 및 기타 장비에 대한 유지보수가 필요한 위치와 시기를 점검, 예측한다. 이러한 도구를 사용해 구축된 예측유지보수(predictive maintenance) 응용프로그램이 시장에 출시되어 활용되고 있다. 하나는 호주에서 탄층 가스(채굴되지 않은 탄층에서 수집된 가스) 생산을 수행하는 장비를 처리하는 반면, 다른 하나는 다운스트림 밸브의 이상을 감지하는 데 도움을 준다. 쉘은 현재 수만, 심지어 수십만 개 사이트와 100만 개 이상의 개별 장비에 예측유지보수 기술을 배포하려고 노력하고 있다.

출처: www.predix.io, accessed May 20, 2019; "BP and GE Announce New Offshore Digital Technology with Plans to Deploy Globally," www.powergenadvancement.com, accessed June 12, 2019; "Predictive Maintenance Gains Greater Significance in Oil and Gas Industry," *Oil & Gas Engineering*, May 24, 2019; Caroline Donnelly, "AI and Machine Learning Help to Power Shell's Multi-Decade Digital Transition," *Computer Weekly Nordic*, November 2018 – January 2019; Steven Norton, "Shell Announces Plans to Deploy Applications at Scale," *CIO Journal*, September 20, 2019; Laura Winig, "GE's Big Bet on Data and Analytics," *MIT Sloan Management Review*, February 2016; and Holly Lugassy, "GE Leverages Pivotal Cloud Foundry to Build Predix, First Cloud for Industry," CloudFoundry.org, May 11, 2016.

사례연구 문제

1. 석유 및 가스 산업에서 예측유지보수가 중요한 이유는 무엇이며, 어떠한 문제를 해결하는가?
2. 예측유지보수에서 사물인터넷과 빅데이터 분석의 역할은 무엇인가?
3. BP와 로열더치쉘의 예측유지보수 응용프로그램은 비즈니스 운영과 의사결정을 어떻게 변화시켰는가?
4. 예측유지보수 시스템이 다른 산업에서 어떻게 사용될 수 있는지 예를 들라.

다. 1장에서 소개한 UPS의 화물추적시스템은 위치분석을 사용한다. 또한 스타벅스는 새로운 매장을 오픈할 위치를 결정하기 위해서 위치분석시스템을 사용한다(그 시스템은 투자 대비 높은 판매실적과 점포당 높은 판매량을 산출하는 지리적 위치를 밝혀낸다).

스타벅스와 유틸리티 기업의 응용시스템은 **지리정보시스템**(geographic information systems, GIS)의 예다. GIS는 의사결정자가 매핑을 통해 얻을 수 있는 문제를 시각화하는 데 도움이 되는 도구를 제공한다. GIS 소프트웨어는 사람이나 다른 자원의 분포에 대한 위치 데이터를 지도의 지점, 선, 지역에 함께 연계해 보여준다. 일부 GIS는 데이터를 바꾸고 자동적으로 비즈니스 시나리오를 수정하는 모델링 기능이 있다. GIS는 중앙정부와 주정부가 자연재해나 다른 응급상황에 응답시간을 산출하는 데 사용되기도 하고, 은행들이 새로운 지점이나 현금인출기 설치를 위한 최적의 장소를 찾도록 도와주거나, 경찰이 범죄 발생 가능성이 높은 지역을 찾을 수 있도록 도움을 준다.

비즈니스 인텔리전스 사용자

그림 11.4는 BI의 80%가 일반 사용자로 구성되어 있다는 것을 보여준다. 고위 경영진은 대시보드나 스코어카드와 같은 시각화된 인터페이스를 사용해 기업 활동을 점검한다. 중

그림 11.4
비즈니스 인텔리전스 사용자
일반 사용자는 BI 결과물 사용자이며, 고급 사용자는 보고서, 분석, 모델, 예측을 실시하는 사용자를 의미한다.

간관리자와 분석가는 질의를 입력하고 다양한 차원으로 데이터를 조작함으로써 데이터와 소프트웨어에 더욱 집중한다. 운영 실무자는 고객 및 공급자와 함께 사전 준비된 보고서 형태에 관심을 갖는다.

반구조적 의사결정 지원

다수의 사전 준비된 BI 생산 리포트는 운영관리자와 중간관리자의 구조화된 의사결정을 지원하는 MIS 보고서이다. 우리는 이미 운영관리자와 중간관리자가 사용하는 정보시스템에 대해 2장에서 학습했다. 그러나 일부 관리자는 슈퍼 사용자나 예리한 비즈니스 분석가를 포함한다. 이들은 자신의 보고서를 만들거나, 보다 정교한 분석과 모델을 사용해 데이터 패턴을 찾거나, 대체 비즈니스 시나리오를 모델화하거나, 특정 가설을 검증하기도 한다. 의사결정지원시스템(decision support system, DSS)은 반구조적인 의사결정을 지원할 수 있는 능력을 가진 BI 시스템으로 위에서 언급한 유형의 사용자를 위한 시스템이다.

의사결정지원시스템은 MIS보다 모델링에 초점을 맞추고 있으며, What-if 분석이나 다른 종류의 분석을 수행하기 위해 수학적 모델이나 분석모델을 사용한다. 알려진 또는 가정된 조건에서 나아가기 위해 작업하는 What-if 분석은 사용자가 특정 값을 변경해 해당 값이 변경된 경우 변수의 변화에 따른 결과를 예측하기 위해 결과를 검증한다. 제품 가격을 5% 올리거나 광고 예산을 100만 달러 증가시키면 어떠한 결과가 나올까? **민감도 분석**(sensitivity analysis)은 하나 또는 그 이상의 변수가 여러 번 변경될 때 결과 범위를 예측하기 위해 반복적으로 what-if 질문을 수행한다(그림 11.5 참조). 후방 민감도 분석은 의사결정자가 목푯값을 찾도록 도와준다. 만약 다음 해에 제품을 100만 개 판매하고자 한다면, 나는 제품의 가격을 얼마나 낮춰야 할까?

6장에서 다차원 데이터 분석과 주요 비즈니스 인텔리전스 기술의 하나인 OLAP에 대해 기술했다. 스프레드시트는 슈퍼 사용자 관리자나 분석가가 반구조적인 의사결정에 유용한 비즈니스 정보가 가진 패턴을 식별하고 이해하기 위해 사용하는 **피벗 테이블**(pivot table)이라는 다차원 분석을 위한 유사 기능이 있다.

총고정비용	19000					
단위당 가변기용	3					
평균 판매가격	17					
	14					
공헌 이익	1357					
			단위당 가변비용			
손익분기점	1357	2	3	4	5	6
판매가격	14	1583	1727	1900	2111	2375
	15	1462	1583	1727	1900	2111
	16	1357	1462	1583	1727	1900
	17	1267	1357	1462	1583	1727
	18	1188	1267	1357	1462	1583

그림 11.5 민감도 분석

이 표는 넥타이 판매가격과 단위 비용 변화가 제품의 손익분기점에 어떠한 영향을 미치는지에 대한 민감도 분석 결과를 보여준다. '판매가격과 단위 비용이 증가하거나 감소하면 손익분기점에는 어떠한 일이 발생하는가?'라는 질문에 답한다.

그림 11.6은 온라인 관리 교육 비디오 및 책을 판매하는 기업의 대규모 주문거래 리스트를 조사하는 마이크로소프트의 엑셀 피벗 테이블이다. 이것은 각 고객 주문에 대한 판매 지역과 접근 방법(웹 배너광고 또는 이메일)이라는 두 가지 차원의 관계를 보여준다. 이것은 고객에 대한 접근 방법이 지역에 따라 차이점을 만드는지에 대한 질문에 답한다. 이 그림의 피벗 테이블은 대다수 고객이 서부에 있으며, 배너광고가 전체 지역의 대부분 고객을 유치한다는 것을 보여준다.

과거에는 이러한 대부분의 모델링이 스프레드시트와 소규모 독립형 데이터베이스에서 수행되었다. 오늘날 이러한 기능은 대규모 전사적 BI 시스템에 통합되어 대기업 데이터베이스의 데이터를 분석할 수 있다. BI 분석은 앞에서 기술한 바와 같이 심화된 모델링을 위

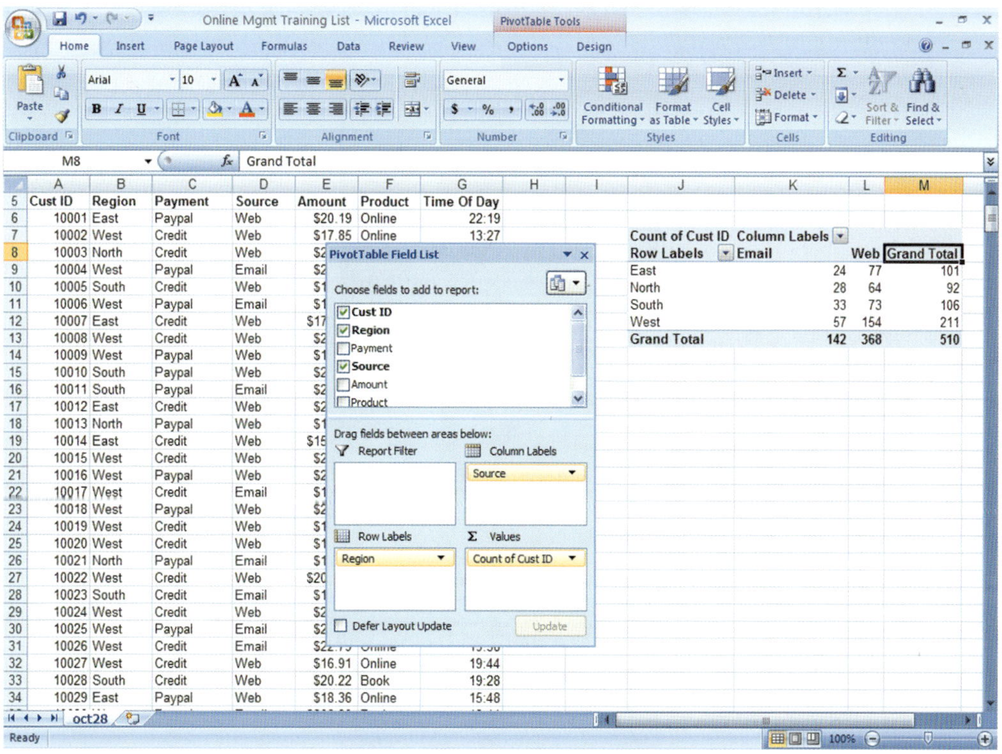

그림 11.6
고객의 지역 분포와 광고원을 조사한 피벗 테이블

피벗 테이블에서는 지역과 광고원의 관점에서 온라인 교육 회사의 고객들이 발생하는 곳을 조사할 수 있다.

출처: Microsoft Corporation

한 도구를 포함한다. 이러한 기능은 프로그레시브인슈어런스(Progressive Insurance)가 그들의 제품에 대한 최고의 고객을 식별하는 데 도움을 준다. 폭넓은 보험업계의 데이터를 사용하면서 프로그레시브는 대학 교육을 받은 30세 이상의 오토바이 운전자, 특정 수준 이상의 신용점수, 무사고와 같은 '셀(cell)'이라 하는 소규모 고객집단을 정의한다. 각각의 셀에 대해 프로그레시브는 회귀분석을 수행해 이 집단의 전형적인 보험 손실과 밀접한 상관관계 요소들을 찾아낸다. 그리고 각 셀에 대한 가격을 설정하고 시뮬레이션 소프트웨어를 사용해 이러한 가격 책정 방식이 회사에 수익이 되는지를 검증한다. 이러한 분석 기법을 통해 프로그레시브는 타 보험회사에서 거부된 전통적으로 높은 위험군의 고객에게 수익성 있는 보험을 제공할 수 있다.

고위 경영진을 위한 의사결정 지원: 균형성과표와 전사적 성과관리

ESS 형태로 제공되는 비즈니스 인텔리전스는 고위 경영진이 기업의 전반적인 수익성과 성공에 영향을 미치는 중요한 성과정보에 초점을 맞출 수 있도록 도와준다. 현재 기업 경영진이 필요로 하는 중요한 정보를 이해하는 대표적인 방법에는 **균형성과표**(balanced scorecard, BSC)가 있다. 균형성과표는 재무, 비즈니스 프로세스, 고객, 학습 및 성장이라는 기업 성과의 네 가지 차원에서 측정 가능한 결과에 초점을 맞춰 기업의 전략계획을 운영하기 위한 프레임워크이다(그림 11.7 참조).

각 차원의 성과는 기업이 주어진 차원에서 얼마나 잘 수행하고 있는지 이해하기 위해 고위 경영진이 제안한 척도인 **주요성과지표**(key performance indicators, KPI)를 사용해 측정된다. 예를 들어 온라인 소매업체가 고객의 성과목표를 얼마나 잘 달성하고 있는지에 대한 주요 지표는 패키지가 고객에게 전달되기까지 소요되는 평균 시간이다. 만약 업체가 은행인 경우 비즈니스 프로세스 성과에서 하나의 KPI는 새로운 고객 계정을 만드는 것과

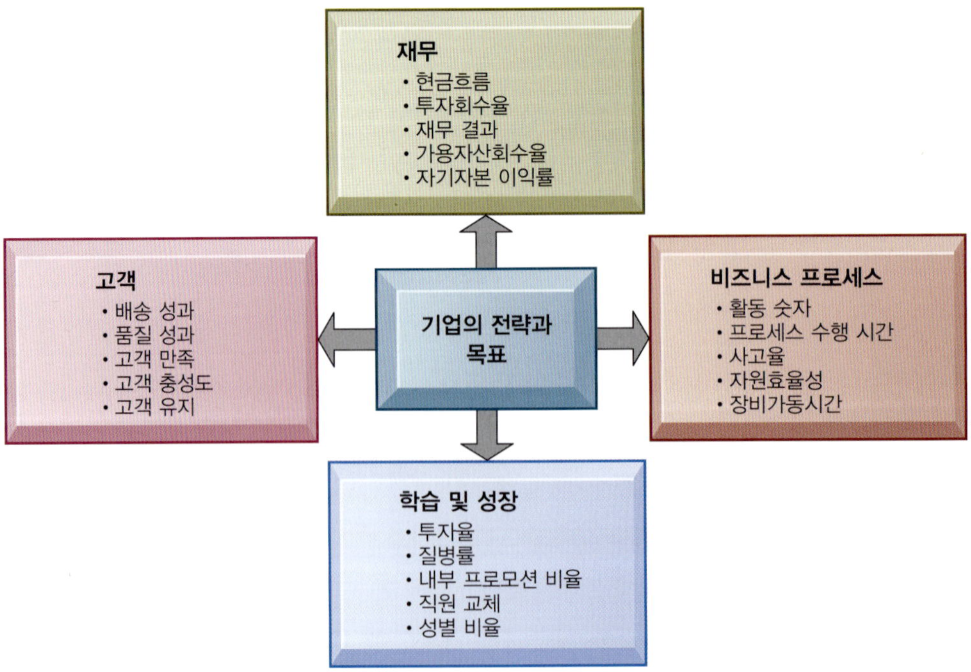

그림 11.7
균형성과표 프레임워크
균형성과표 프레임워크는 기업의 전략적 목표가 재무, 비즈니스 프로세스, 고객, 성장 및 학습이라는 네 가지 차원에서 운영된다. 각 차원은 주요성과지표(KPI)를 사용해 측정된다.

같은 기본 기능을 수행하는 데 필요한 시간이다.

균형성과표 프레임워크는 경영자가 단순히 재무적 성과에 집중하기 때문에 균형 잡힌 것으로 생각한다. 이러한 관점에서 재무성과는 단지 기업 활동에 대한 과거의 역사, 과거 행위의 결과이기에 경영자는 비즈니스 프로세스 효율성, 고객 만족도, 직원교육과 같은 오늘날 기업 활동에 영향을 줄 수 있는 것에 중점을 두어야 한다. 컨설턴트와 고위 경영진에 의해 균형성과표가 개발되면 다음 단계는 각각의 주요성과지표를 경영진과 다른 관리자들이 숙지할 수 있도록 자동화되어 전달되어야 한다.

또 다른 주요 관리방법론으로 **비즈니스 성과관리**(business performance management, BPM)가 있다. 2004년 산업 그룹(오라클, SAP, IBM과 같은 전사적 및 데이터베이스 시스템을 판매하는 회사들에 의해 주도됨)으로 초기에 정의된 BPM은 기업 전략(예: 차별화, 비용우위, 시장점유율 향상, 운영의 범위)을 운영상 목표로 체계적으로 설정한다. 전략과 목표가 확인되면 일련의 주요성과지표가 구체적 목표를 향한 진척 정도를 측정할 수 있도록 개발된다. 이 회사의 성과는 전사적 데이터베이스 시스템으로부터 도출된 정보와 함께 측정된다.

현대식 ESS를 위한 기업 데이터는 기업에 존재하는 전사적 시스템들(ERP, SCM, CRM)로부터 공급된다. ESS 또한 뉴스 서비스, 금융시장 데이터베이스, 경제정보, 고위 경영진이 필요로 하는 외부 데이터에 대한 접근을 제공한다. 관리자가 상세한 데이터의 형태를 보기 원한다면 ESS는 놀라운 **드릴다운**(drill-down) 기능을 제공한다.

잘 설계된 ESS는 고위 경영진들이 조직의 성과를 모니터링하고, 경쟁자의 활동을 추적하고, 변화하는 시장의 상황을 인식하고, 문제와 기회를 식별하는 데 도움이 된다. 하위 계층 직원들은 이들 시스템을 통해 자신의 책임 영역에서 비즈니스 성과를 모니터링하고 측정한다. 이러한 ESS와 비즈니스 인텔리전스 시스템이 진정으로 유용하려면 정보가 실행 가능해야 하며 의사결정 시 즉시 이용이 가능하고 사용하기 쉬워야 한다. 만약 사용자가 수신한 보고서 안의 중요한 내용을 이해하는 데 어려움을 겪는다면 직원들의 생산성과 비즈니스 성과는 저하된다.

11-3 인공지능은 무엇이며, 인간의 지능과 어떻게 다른가?

'지능형' 기술은 종종 **인공지능**(artificial intelligence, AI)으로 표현된다. 인공지능에 대한 정의는 다양하다. 가장 야심 찬 비전에서 인공지능은 인간처럼 생각하고 행동하는 컴퓨터 시스템을 구축하려는 시도를 포함한다. 인간은 자연어를 보고, 듣고, 의사소통하고, 의사결정을 내리고, 미래를 계획하고, 목표를 달성하고, 환경의 패턴을 인식하고, 다양한 역량을 습득한다. 인간은 또한 추구하고 싶은 목표를 사랑하고 미워하며 선택한다. 이것이 '인간 지능'이라 불리는 것과 '상식' 또는 일반화된 지능이라고 하는 것의 기초이다.

지금까지 인공지능의 '그랜드 비전'은 먼 꿈으로 남아 있다. 일반화된 인간 지능이나 상식을 구현한 컴퓨터 프로그램이 아직 없기 때문이다. 인간 지능은 가장 정교한 컴퓨터 프로그램보다 훨씬 더 복잡하며, 현재 '지능형' 컴퓨터 시스템 및 장치로 가능한 것보다 광범위한 활동을 다룬다.

인공지능에 대한 좁은 정의가 훨씬 더 현실적이고 유용하다. 모든 과장법이 제거된 인공지능 프로그램은 모든 컴퓨터 프로그램과 동일하다. 인공지능 프로그램은 환경으로부터 데이터를 가져와 입력하고, 해당 데이터를 처리하고, 출력을 생성한다. 인공지능 프로그램은 데이터를 입력하고 처리하는 데 사용하는 기술이 기존 소프트웨어 프로그램과 다르다. 오늘날 인공지능 시스템은 CT 스캔 해석, 얼굴 및 음성 인식, 체스나 바둑과 같은 게임 또는 특정 분야에서 인간 전문가와의 대결에서 인간과 동등하거나 근접하는 등 인간이 수행할 수 없는 많은 작업을 수행할 수 있다. 인공지능 시스템은 다양한 산업 분야에서 비즈니스가 수행되는 방식, 사람들이 고용되는 장소 및 업무 방식을 변화시키고 있다.

인공지능의 진화

지난 10년 동안 이 제한된 인공지능 비전 내에서 상당한 진전이 있었다. 인공지능의 급속한 진화를 주도하는 주요 동력은 인터넷, 전자상거래, 사물인터넷, 소셜 미디어에 의해 생성된 데이터베이스 등 빅데이터 개발이다. 보조 동인에는 컴퓨터 처리 비용의 급격한 감소와 프로세서 성능 증가가 포함된다. 마지막으로 인공지능의 성장은 기업 및 정부의 막대한 투자와 함께 수많은 인공지능 소프트웨어 엔지니어와 대학 내 인공지능 연구센터의 알고리즘 개선도 요인이다. 이 기간 동안 인공지능 또는 인간의 사고방식을 이해하는 데 있어 근본적인 개념적 돌파구는 거의 없었다. 많은 알고리즘과 통계 기법이 수십 년 전에 개발되었지만 현재 가능한 것과 같이 대규모로 구현 및 개선할 수 없었다.

현재 인공지능은 상당한 진전이 있다. 이미지 인식 프로그램은 2018년에 25%의 오류율에서 3% 미만으로 떨어졌고, 자연어 음성 인식 오류는 15%에서 6%로 낮아졌다. 공통 언어 간 번역에서 구글의 번역 프로그램은 인간과 비교해 약 85%의 정확도를 달성한 바 있다. 이러한 발전으로 인해 시리(Siri, 애플), 알렉사(Alexa, 아마존), 코타나(Cortana, 마이크로소프트), 나우(Now, 구글)와 같은 개인비서와 자동차 음성 인식 시스템이 가능해졌다.

1950년 유명한 논문에서 컴퓨터 과학자 앨런 튜링(Alan Turing)은 인공지능 컴퓨터 프로그램을 인간이 대화할 수 있지만 컴퓨터인지는 알 수 없는 프로그램으로 정의했다(Turing, 1950). 컴퓨터 인공지능 시스템은 세계에 대한 진정한 이해도, 상식도 없고, 인간을 진정으로 이해하지 못하기 때문에 여전히 컴퓨터 인공지능 시스템과 진정한 대화를 나눌 수 없다는 것이다. 그럼에도 불구하고 인공지능 시스템은 인간과 기업에 엄청난 도움이 될 수 있다.

11-4 인공지능 기법의 주요 유형에는 무엇이 있으며, 조직에 어떠한 이점이 있는가?

인공지능은 프로그래밍 기술 및 기술 제품군으로, 각각은 특정 응용프로그램에서 장점이 있다. 표 11.5는 인공지능의 주요 유형인 전문가시스템, 기계학습, 신경망, 딥러닝(심층학

표 11.5
인공지능 기법의 주요 유형

전문가시스템	컴퓨터가 인간 의사결정자를 도울 수 있도록 전문가의 지식을 일련의 규칙으로 프로그램화해 나타낸다.
기계학습	상당한 인적교육과 함께 명시적인 프로그래밍 없이 대규모 데이터베이스에서 패턴을 식별할 수 있는 소프트웨어이다.
신경망 및 딥러닝	인간 뉴런 기반의 알고리즘으로 데이터 입력을 기반으로 객체를 알려진 범주로 분류하도록 훈련할 수 있다. 딥러닝(심층학습)은 다계층 신경망을 사용해 데이터의 기본 패턴을 파악하고, 일부 제한된 경우에는 인간의 훈련 없이(개입 없이) 패턴을 식별한다.
유전자 알고리즘	진화적 자연 선택 및 돌연변이 기반 알고리즘으로 일반적으로 최적화 및 검색 문제에 대한 고품질의 해결책을 제안하는 데 사용된다.
자연어 처리	컴퓨터가 인간의 언어를 이해하고 분석할 수 있는 알고리즘이다.
컴퓨터 비전 시스템	실제 이미지에서 정보를 보고 추출할 수 있는 시스템이다.
로보틱스(로봇공학)	인간의 움직임을 대체할 수 있는 기계와 제어 및 정보 처리를 위한 컴퓨터 시스템의 사용이다.
지능형 에이전트	개인을 위한 특정 작업이나 서비스를 수행하기 위해 기본적으로 제공되거나 학습된 지식을 사용하는 소프트웨어 에이전트이다.

습), 유전자 알고리즘, 자연어 처리, 컴퓨터 비전 시스템, 로보틱스(로봇공학), 지능형 에이전트 등을 제시했다. 인공지능의 각 유형을 살펴보고, 비즈니스 및 조직에서 어떻게 사용되는지 이해하자.

전문가시스템

전문가시스템(expert system)은 1970년대에 개발되었으며, 비즈니스 및 조직에서 인공지능을 처음으로 대규모로 적용했다. 전문가시스템은 오늘날 모든 인공지능 시스템의 약 20%를 차지하고 있다. 전문가시스템은 심층 인터뷰를 통해 조직에서의 개별 전문가 지식을 획득하고, 해당 지식을 일련의 규칙으로 나타낸다. 이러한 규칙은 IF-THEN 규칙의 컴퓨터 코드로 변환된다. 이러한 프로그램은 사용자에게 의사결정 과정을 안내하는 앱으로 개발되어 자주 사용된다.

전문가시스템은 의사결정 개선, 오류 감소, 비용 절감, 교육 시간 단축, 품질 및 서비스 개선 등의 이점을 제공한다. 전문가시스템은 신용등급을 부여하고, 장비 문제를 진단하기 위한 응용프로그램뿐만 아니라 의료 진단, 법률 연구, 토목 공학, 건물 유지 관리, 건물 계획 작성, 교육 기술(맞춤형 학습 및 반응 테스트) 등의 분야에서 의사결정을 지원한다(Maor, 2003). 예를 들어 당신이 14층짜리 사무실 건물의 프로젝트 관리자이고, 수백 개 부품과 하위 조립품으로 구성된 건물의 에어컨 시스템을 구성하는 작업을 수행해야 한다면, 전문가시스템은 다음과 같은 작업 프로세스를 안내할 수 있다. 전문가시스템은 일련의 질문을 하고, 공급업체에 주문을 생성하고, 프로젝트에 대한 전체 비용 견적을 제공하는 등의 작업을 몇 주가 아닌 몇 시간 만에 수행한다. 그림 11.8은 신용등급을 부여하는 전문가시스템을 보여준다.

그림 11.8
전문가시스템 규칙
전문가시스템은 많은 규칙을 포함하고 있다. 이 규칙은 상호 연결되어 있고, 결과의 수는 미리 알려지고 제한되어 있다. 같은 결과에 이르는 다양한 경로가 있으며 동시에 여러 규칙을 적용할 수 있다. 이 예는 간단한 신용등급 부여 전문가시스템의 규칙이다.

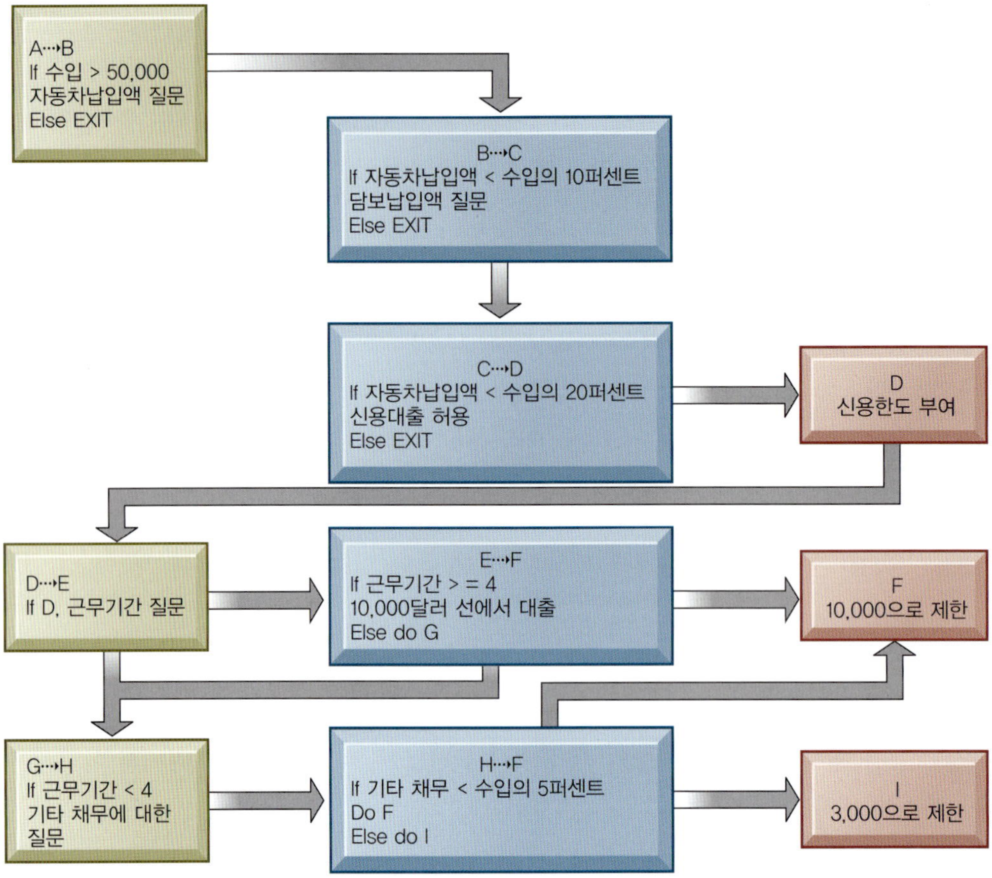

전문가시스템 작동 방식

전문가시스템은 총괄적으로 **지식베이스**(knowledge base)라고 불리는 일련의 규칙으로 인간 지식을 모델화한다. 전문가시스템은 의사결정 문제의 복잡성에 따라 소수에서 수천 개의 규칙을 가질 수 있다. 규칙을 찾고 결론을 공식화하는 데 사용되는 전략을 **추론엔진**(inference engine)이라고 한다. 추론엔진은 사용자가 수집하고 입력한 사실에 의해 유발된 규칙을 찾고 수행함으로써 작동한다.

전문가시스템은 다양한 한계점이 있는데 가장 중요한 한계점은 전문가들은 말할 수 있는 것보다 더 많이 알고 있음에도 의사결정 방법을 모두 말로써 설명할 수 없다는 것이다. 예를 들어 사람들은 자동차를 운전할 수 있지만 어떻게 운전하는지 모두 말하기는 어렵다. 지식베이스 내의 규칙 수가 수천 개에 이른다면 매우 혼란스러울 수 있다. 의료 진단과 같이 빠르게 변화하는 환경에서는 규칙이 변경되고 지속적으로 갱신되어야 한다. 전문가시스템은 관리자와 직원이 일반적으로 접하는 비구조적 문제를 처리하는 데 유용하지 않으며, 실시간 데이터를 사용해 의사결정을 내리지 않는다. 전문가시스템은 인터넷과 사물인터넷(IoT)에서 생성되는 매우 큰 데이터 세트에 적합하지 않고, 구축비용도 많이 든다. 이러한 이유로 전문가시스템은 자동차 진단과 같은 전문지식의 작은 영역으로 지난 10년 동안 느리게 발전했다.

기계학습

오늘날 인공지능 개발의 75% 이상이 신경망, 유전자 알고리즘 및 딥러닝 네트워크에 의해 수행되는 일종의 **기계학습**(machine learning, ML)과 관련되며, 데이터에서 패턴을 찾고, 데이터 입력을 알려진(또는 알려지지 않은) 출력으로 분류하는 데 중점을 둔다. 기계학습은 전문가시스템과 완전히 다른 인공지능 패러다임을 기반으로 한다. 기계학습은 전문가가 없고, 전문가의 이해가 반영된 규칙을 컴퓨터 코드로 작성하려는 노력도 필요 없다. 대신에 기계학습은 수천만에서 수억 개의 데이터 포인트가 있는 매우 큰 데이터 세트로 시작해 많은 예제 세트를 분석하고, 통계적 추론을 수행해 데이터에서 패턴과 관계를 찾는다. 이 장에서 설명한 로열더치쉘의 예측유지보수시스템 또는 지멘스의 프로세스 마이닝 시스템과 같은 오늘날의 많은 빅데이터 분석 애플리케이션은 기계학습을 활용한다. 표 11.6은 선도적인 비즈니스 기업이 다양한 유형의 기계학습을 사용하는 방법에 대한 몇 가지 예를 제시한다.

페이스북(메타)은 미국에서 2억 명이 넘는 월간 사용자를 보유하고 있으며, 사용자들은 매일 페이스북 사이트에서 평균 35분을 보내고 있다. 페이스북은 사용자들에게 매달 약 10억 개의 광고를 표시하고, 이들에게 1초 이내에 어떠한 광고를 표시할지 결정한다. 각 개인에 대해 페이스북은 공유 정보(게시물, 댓글, 좋아요), 소셜 네트워크 친구의 활동, 페이스북에 제공된 배경정보(나이, 성별, 위치, 사용하는 단말기), 광고주가 제공한 정보(이메일 주소, 구매기록), 페이스북이 추적할 수 있는 앱 및 기타 웹사이트의 사용자 활동을 포함해 사용자의 이전 행동을 기반으로 이러한 결정을 내린다. 페이스북은 기계학습을 사용해 데이터 세트의 패턴을 식별하고, 특정 사용자가 식별한 행동 패턴을 기반으로 특정 광고를 클릭할 확률을 추정한다. 분석가들은 페이스북이 해당 작업을 수행하기 위해 여러 개의 하이퍼스케일 데이터센터에 위치한 최소 10만 개의 서버를 사용한다고 추정한다. 이 프로세스가 끝나면 간단한 광고 표시/광고 없음 결과가 표시된다.

현재 페이스북 광고에 대한 응답률(클릭률)은 약 0.1%로, 목표고객이 지정된 이메일 캠페인(약 3%)이나 구글 검색 광고(약 2%)만큼 우수하지는 않으나 목표고객이 미지정된 디스플레이 광고보다는 약 4배 우수하다. 아마존, 구글, 마이크로소프트, 알리바바, 텐센트, 넷플릭스, 바이두를 비롯한 모든 초대형 인터넷 소비자 회사는 유사한 기계학습 알고리즘을 사용한다. 분명한 것은 엄청난 데이터베이스 크기, 트랜잭션 속도 또는 실시간 작업의 복잡성을 감안할 때 인간이나 인간 그룹은 이러한 결과를 얻을 수 없다. 표 11.6의 간단한 예에서 설명하는 기계학습의 이점은 수백만 명 규모의 패턴을 몇 초 만에 인식하고 개체를 개별 범주로 분류하는 놀라운 능력으로 귀결된다.

지도학습과 비지도학습

오늘날 거의 모든 기계학습에는 **지도학습**(supervised learning)이 포함되며, 여기서 시스템은 인간이 사전에 식별한 원하는 입력 및 출력의 사례를 토대로 '훈련'된다. 인터넷에 게시된 1,000만 장의 사진과 같이 매우 큰 데이터베이스가 구축되면, 다음에는 학습(훈련용)

표 11.6
기계학습의 예

웰스파고	아이에라(Aiera) 시스템은 1,600개 주식에 대한 50만 개 문서를 매일 읽고 분석하며, 그들의 자산 관리 부서에 의해 550개 주식에 대한 매수 및 매도 주문을 처리한다.
넷플릭스	비디오 유사성 알고리즘 기반의 추천시스템은 전 세계 1억 5,000만 구독자를 위한 개인화된 비디오 추천을 위해 통계 및 기계학습을 이용한다.
쉰들러그룹	필요한 유지보수에 대한 예측을 위해 GE의 프리딕스 운영체제와 기계학습을 사용해 100만 개 이상의 엘리베이터와 통로를 모니터링한다.
페이팔	연간 40억 건의 거래를 생성하는 1억 7,000만 고객의 사기 패턴을 식별하기 위해 기계학습 알고리즘을 사용한다.

데이터베이스와 테스트 데이터베이스의 두 섹션으로 분류한다. 인간은 대상을 선택하는데, 예를 들어 자동차 이미지가 포함된 모든 사진을 식별한다고 가정한다. 인간은 일부 자동차 이미지를 포함하고 있는 검증된 대규모 사진 모음을 신경망에 공급한다. 신경망은 수백만 주기로 학습 데이터베이스를 반복적으로 진행해 결국 시스템이 허용 가능한 속도로 자동차가 있는 사진을 식별할 수 있을 때까지 진행한다. 다음으로 기계학습 시스템은 알고리즘이 다른 사진 세트로 동일한 결과를 얻을 수 있는지 확인하기 위해 테스트 데이터베이스를 사용해 검증한다. 전부는 아니지만 많은 경우에 기계학습은 인간의 노력에 근접하거나 동등할 수 있지만 훨씬 더 큰 규모로 훨씬 더 빠르다. 시간이 지남에 따라 프로그래머가 조정하고 데이터베이스를 크게 만들고 더 큰 컴퓨팅 시스템을 사용해 기계학습 시스템은 성능을 향상할 것이며, 그러한 의미에서 학습할 수 있다. 지도학습은 사람, 다른 자동차, 건물, 길을 안내하는 선과 같은 주변 물체를 인식할 수 있어야 하는 자율주행차 개발에 사용되는 기법 중 하나이다(이 장 끝부분 사례연구 참조).

비지도학습(unsupervised learning)은 지도학습과 동일한 절차를 따르지만, 인간은 시스템에 예제를 제공하지 않는다. 그 대신에 시스템은 학습 데이터베이스를 처리하고 발견한 패턴을 보고하도록 요청받는다. 예를 들어 종종 'The Cat Paper'라고 불리는 획기적인 연구 노력에서 연구원들은 비디오에서 1,000만 개의 유튜브 사진을 수집하고, 인증된 사람 얼굴 사진으로 기계에 레이블을 지정하거나 '가르치지' 않고 사람 얼굴을 감지할 수 있는 기계학습 시스템을 구축했다(Le et al., 2011). 연구원들은 구글에서 대여한 16,000개 코어 프로세서와 1,000개의 기계로 구성된 무차별 대입(강력한 성능을 지닌) 신경망 컴퓨터 시스템을 개발했다. 시스템 프로세서는 서로에 대해 총 10억 개의 연결을 갖고 있어 인간 두뇌의 뉴런과 시냅스(연결)를 소규모로 모방한 초대형 네트워크를 생성했다. 그 결과 사진에서 사람의 얼굴은 물론 고양이의 얼굴과 사람의 몸도 감지할 수 있는 시스템이 탄생했다. 다음으로 이 시스템은 이미지넷(ImageNet, 대규모 온라인 비주얼 데이터베이스)에서 제공하는 22,000개의 개체 이미지를 테스트해 16%의 정확도를 달성했다. 원칙적으로 사람의 개입 없이 세상에 대해 '스스로 가르칠' 수 있는 기계학습 시스템을 만드는 것이 가능한 것이다. 하지만 갈 길이 멀다. 정확도가 16%인 시스템의 안내를 받는 자율주행차는 사용하고 싶지 않다! 그럼에도 불구하고 이 연구는 이전의 노력에 비해 75% 개선되었다.

이러한 관점에서 한 살 된 인간 아기는 얼굴, 고양이, 테이블, 문, 창문 및 노출된 수백 가지의 다른 물체를 인식할 수 있고, 미래에 인정받기 위해 스스로 추구하는 새로운 경험을 지속적으로 분류한다. 그러나 아기는 가장 큰 기계학습 연구시스템에 비해 엄청난 계산상 이점을 가지고 있다. 인간의 성인 뇌에는 약 840억 개의 뉴런이 있고, 각각 다른 뉴런(시냅스)과 10,000개 이상 연결되어, 네트워크(뇌)의 총 연결 수는 1조 개 이상이다. 인간의 뇌는 작동하는 데 약 7와트의 에너지를 소비한다. 현대의 호모 사피엔스는 자연발생적으로 약 300,000년 동안 프로그래밍되었고, 포유류의 조상은 250만 년 동안 프로그래밍되었다. 이러한 이유로 기계학습은 오늘날 대용량 데이터베이스와 컴퓨팅 시설이 있고, 대부분의 원하는 결과가 이미 인간에 의해 정의되고, 출력이 이진(0,1)이고, 문제를 해결하는 재능 있고 많은 소프트웨어 및 시스템 엔지니어 그룹이 있는 제한된 수의 상황에서 적용할 수 있다. 구글이나 페이스북과 같은 큰 문제나 지속적인 운영을 위해 최대 수십만 와트를 측정하는 대용량 전원 공급 장치도 도움이 된다.

신경망

신경망은 뉴런(neuron)이라는 상호 연결된 단위로 구성된다. 각 뉴런은 다른 뉴런에서 데이터를 가져와 시스템의 다른 뉴런으로 데이터를 전송할 수 있다. 인공 뉴런은 인간의 두뇌와 같은 생물학적인 물리적 실체가 아니라 뉴런의 입출력 기능을 수행하는 소프트웨어 프로그램 및 수학적 모델이다. 연결 강도(가중치)는 암 종양 사진, 사기성 신용카드 거래 또는 의심스러운 전화 통화 패턴을 식별하는 등 최종으로 원하는 출력을 생성하기 위해 뉴런 간 연결 강도를 체계적으로 변경하는 학습 규칙(Learning Rule) 알고리즘을 사용해 연구자가 제어할 수 있다.

신경망(neural network)은 생물학적 인간 두뇌가 작동하는 방식에 기반한 기계학습 알고리즘과 계산 모델을 사용해 인간이 분석할 수 없는 방대한 데이터 속에서 패턴과 관계를 찾아낸다. 신경망은 패턴 감지 프로그램이다. 신경망은 데이터를 선별하고 궁극적으로 수천 개 뉴런 네트워크를 통해 경로를 찾아 대용량 데이터로부터 패턴을 학습한다. 일부 경로는 자동차, 동물, 얼굴, 음성과 같은 물체를 식별하는 능력에서 다른 경로보다 더 성공적이다. 데이터를 통한 수백만 개의 경로가 있을 수 있다. 학습 규칙 알고리즘은 이러한 성공적인 경로를 식별하고 이러한 경로에서 뉴런 간 연결을 강화한다. 이 프로세스는 가장 성공적인 경로만 식별될 때까지 수천 또는 수백만 번 반복된다. 학습 규칙은 데이터를 통한 최상의 또는 최적의 경로를 식별한다. 어떤 시점에서 수백만 개의 경로가 분석된 후 인간과 비슷하거나 혹은 인간보다 더 나은 악성종양을 성공적으로 식별하는 등 허용 가능한 수준의 패턴 인식에 도달하면 프로세스가 중지된다.

그림 11.9는 입력층(input layer), 은닉층(hidden layer), 출력층(output layer)으로 구성된 신경망의 한 형태를 보여주고 있다. 인간은 기계가 학습하기를 원하는 일련의 결과를 네트워크에 제공해 네트워크를 훈련한다. 예를 들어 목표가 신용카드 부정사용 패턴을 식별할 수 있는 시스템을 구축하는 것이라면 해당 시스템은 사기성 거래의 실제 사례를 학습해야 한다. 데이터 세트는 사기성 거래의 100만 가지 예시로 구성될 수 있다. 데이터 세트는 훈련용(학습용) 데이터 세트와 테스트(검증용) 데이터 세트로 분류한다. 훈련용 데이터 세

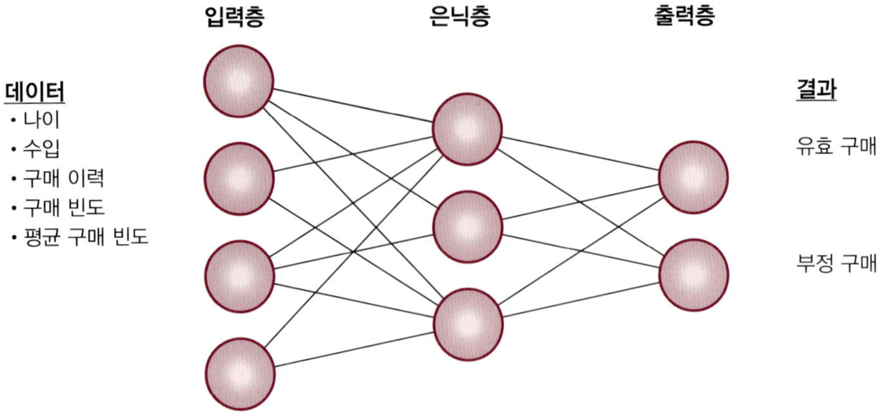

그림 11.9
신경망 작동 방식
신경망은 논리의 은닉층을 구축하기 위해 데이터 유형에서 '학습'한 규칙을 사용한다. 그리고 은닉층은 입력을 처리하고, 이를 모델의 경험에 근거해 분류한다. 이 예에서 신경망은 유효한 신용카드 구매와 부정 신용카드 구매를 구별하도록 훈련되었다.

트는 시스템을 학습하는 데 사용된다. 수백만 번의 테스트 실행 후에 프로그램이 데이터를 통해 최상의 경로를 식별할 수 있기를 바란다. 시스템의 정확성을 검증하기 위해 시스템은 이전에 분석에 사용하지 않은 테스트 데이터 세트를 사용한다. 만약 성공하면 시스템은 새로운 데이터 세트에서 검증한다. 그림 11.9의 신경망은 신용카드 부정사용 패턴을 식별하는 방법을 학습한 것이다.

의료, 과학, 비즈니스의 신경망 응용프로그램은 패턴 분류, 예측 확률, 제어와 최적화에서 문제를 해결한다. 의료분야에서 신경망 응용프로그램은 심장 동맥경화증 환자를 선별하고, 간질과 알츠하이머병을 진단하며, 특정 암을 포함한 병리 영상의 패턴 인식을 수행하기 위해 사용된다. 금융 산업은 투자 회사들이 방대한 데이터(금융 빅데이터)에서 주식, 회사채 등급 또는 회사 파산의 성과를 예측하는 데 도움을 주는 패턴을 식별하기 위해서 신경망을 사용한다. 비자인터내셔널(Visa International)은 카드 소지자의 갑작스러운 구매 패턴 변화가 있는지 모든 비자 거래를 감시해 신용카드 부정사용을 적발하기 위해 신경망을 사용하고 있다. 표 11.7은 신경망의 예를 보여준다.

'딥러닝' 신경망

'**딥러닝**(deep learning)' 신경망은 목표 출력을 생성하기 위해 입력 데이터를 변환하는 많은 레이어(층)가 있어 더 복잡하다. 뉴런의 집합을 노드 또는 레이어라고 한다. 딥러닝 네트

표 11.7 신경망 예

기능	입력	프로세스	출력/응용
컴퓨터 비전	수백만 개의 디지털 이미지, 비디오, 센서	이미지 및 개체의 패턴 인식	사진 태깅, 얼굴 인식, 자율주행차
음성 인식	디지털 사운드트랙, 음성	사운드트랙과 연설의 패턴과 의미 인식	디지털 비서, 챗봇, 헬프 센터
기계 제어, 진단	사물인터넷: 수천 개 센서	운영 현황, 장애 패턴 파악	예방 정비; 품질 관리
언어 번역	다양한 언어로 된 수백만 개의 문장	여러 언어의 패턴 식별	한 언어에서 다른 언어로 문장 번역
거래 분석	수백만 건의 대출 신청, 주식 거래, 전화 통화	금융 및 기타 거래 패턴 식별	사기 통제, 서비스 절도, 주식시장 예측
타깃 온라인 광고	수백만 개의 브라우저 기록	소비자 클러스터 식별, 환경 설정	프로그래매틱(programmatic) 광고

워크는 초기 단계에 있다. 딥러닝은 시스템이 구체적으로 무엇을 찾아야 하는지 지시받지 않고, 단순히 데이터에서 패턴을 발견하는 레이블이 지정되지 않은 데이터 패턴 감지에만 거의 독점적으로 사용된다. 딥러닝 시스템은 스스로 학습하는 능력을 가지고 있다. 그림 11.10을 참조하라.

예를 들어 훈련 없이 고양이(The Cat Paper) 및 기타 개체를 식별할 수 있는 기계학습 시스템과 관련된 비지도학습 예제에서 사용된 시스템은 딥러닝 네트워크를 사용했다. 이 딥러닝 네트워크는 3개의 레이어(레이어 1, 2, 3)로 신경망을 구성했다. 이러한 각 레이어에는 두 가지 수준의 패턴 감지(수준 1 및 2)가 있다. 각 수준은 사진의 하위 수준 기능을 식별하기 위해 개발되었다. 레이어 1은 사진의 선을 식별하고, 레이어 2는 원을 식별한다. 첫 번째 레이어의 결과는 얼룩과 퍼지 가장자리가 될 수 있다. 두 번째 및 세 번째 레이어는 첫 번째 레이어에서 나오는 이미지를 개선해 프로세스가 끝날 때까지 시스템이 고양이, 개, 인간을 구별할 수 있지만 16%의 정확도라 잘 구분되지 않는다.

많은 전문가는 딥러닝 네트워크가 기계학습 시스템이 인간처럼 학습할 수 있는 AI의 '그랜드 비전'에 더 가까워질 것이라고 믿고 있다. 기계학습 및 딥러닝 분야에서 일하는 사람들의 역할이 매우 중요한 시점이다(Marcus, 2018; Pearl 2016).

신경망과 기계학습의 한계점

신경망에는 현재 여러 가지 한계가 있다. 신경망은 패턴을 식별하려면 대용량 데이터 세트가 필요하다. 대용량 데이터 세트에는 종종 무의미한 패턴이 존재하며, 어떤 패턴이 '이치에 맞는지' 사람이 선택해야 한다. 대용량 데이터 세트의 많은 패턴은 일시적이다. 주식시장이나 프로 스포츠팀의 성과에 패턴이 있을 수 있지만 오래 지속되지는 않는다. 많은 중요한 결정 상황에서 대용량 데이터 세트는 없는 경우가 많다. 예를 들어 당신은 A대학 또는 B대학에 지원해야 하는가? 다른 회사와 합병해야 하는가? 다수의 중요한 질문에 대한 답변은 지정하거나 설명하기 어렵다. 그런 의미에서 기껏해야 반구조화된 것일 뿐이며 인간의 평가, 판단, 감정에 크게 의존한다.

시스템 엔지니어는 신경망과 기계학습이 결론에 도달하는 과정을 알지 못한다(Olah and Satyanarayan, 2018). 예를 들어 IBM 왓슨 컴퓨터가 〈제퍼디(Jeopardy)〉 퀴즈쇼에 참가했을 때, 연구자들은 왓슨이 답을 선택한 이유를 정확히 말할 수 없고, 옳거나 그르다고만 말할 수 있다고 생각했다. 대부분 실제 비즈니스 기계학습 응용프로그램에는 디지털 개체를 간단한 이진 범주(예/아니요, 0/1)로 분류하는 작업이 포함된다. 그러나 관리자, 회사, 조직이 직면한 많은 중요한 문제에는 이진 솔루션이 없다. 신경망의 경우 훈련이 너무 적거나 너무 많은 데이터를 다루는 경우 제대로 수행되지 않을 수 있다. 또한 인공지능 시스템은 윤리 의식이 없어 불법적이거나 부도덕한 행동을 권장할 수 있다. 대부분의 현재 응용프로그램에서 인공지능 시스템은 오류가 사망이나 부상과 같은 치명적인 결과를 초래하지 않는 시스템에서 상대적으로 낮은 수준의 의사결정을 위한 도구로 사용되며 관리자를 돕긴 하지만 이들을 대체하지는 못한다.

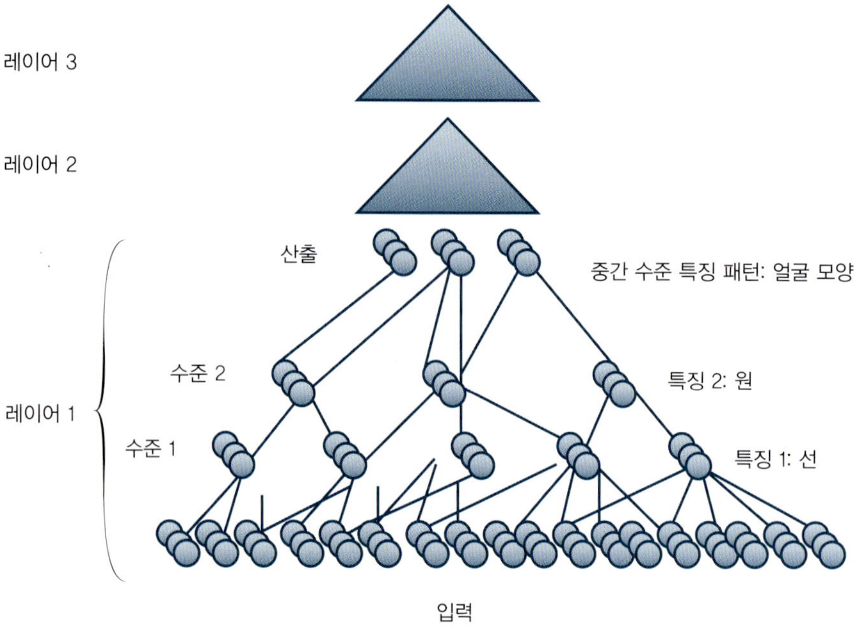

그림 11.10
딥러닝 네트워크
딥러닝 네트워크는 패턴을 감지하기 위해 계층적 방식으로 작동하는 신경망의 여러 레이어로 구성된다. 그림은 레이어 1의 확장된 모습이다. 다른 레이어도 동일한 구조를 갖는다.

유전자 알고리즘

유전자 알고리즘(genetic algorithms)은 기계학습의 또 다른 형태이다. 유전자 알고리즘은 특정 문제에 대한 매우 많은 수의 대안 해결책을 검토해 특정 문제에 대한 최적의 해결책을 탐색하는 데 유용하다. 유전자 알고리즘의 문제 해결 방법은 유전, 돌연변이, 선택 및 교배(재조합)와 같은 진화 생물학에서 영감을 받은 아이디어를 기반으로 한다.

유전자 알고리즘은 특정 문제에 대한 최상의 해결책을 나타내는 최적의 문자열(string)을 식별하기 위해 무작위로 생성된 이진 숫자 문자열의 모집단을 검색해 작동하는 방식이다. 해결책이 변경되고 결합됨에 따라 가장 최악의 해결책은 폐기되고, 더 나은 해결책이 생존해 더 나은 해결책을 생산한다.

그림 11.11에서 각 문자열은 문제의 하나의 변수와 상응한다. 하나는 적합성 테스트를 적용해 가능한 해결책으로서 바람직한 수준에 따라 모집단의 문자열 순위를 지정한다. 초기 모집단이 적합성을 평가한 후 알고리즘은 적합성 테스트에서 살아남은 문자열과 짝을 이루는 문자열 쌍에서 생성된 자손 문자열로 구성된 차세대 문자열을 생성하고, 적합성을 테스트한다. 그리고 이러한 과정은 답을 찾을 때까지 계속된다.

유전자 알고리즘은 수백 또는 수천 개의 변수나 공식을 포함한 아주 역동적이고 복잡한 문제를 해결하는 데 사용된다. 문제는 가능한 해결책 범위가 유전적으로 표현될 수 있고, 적합성을 평가하기 위한 기준이 수립될 수 있는 문제여야 한다. 유전자 알고리즘은 많은 대안을 신속하게 평가해 최적의 대안을 찾을 수 있기 때문에 해결책을 신속하게 처리한다. 예를 들어 제너럴일렉트릭(GE)의 기술자는 100개 이상의 설계변수로 구성된 제트터빈 항공기 엔진의 설계를 최적화하기 위해 유전자 알고리즘을 사용했다. JDA 소프트웨어의 공급사슬관리 소프트웨어는 고객 주문, 원자재 및 자원 가용성, 제조 및 유통 능력, 배송 날짜에 대한 수십만 가지의 세부사항 등으로 구성된 생산계획 모델을 최적화하기 위해

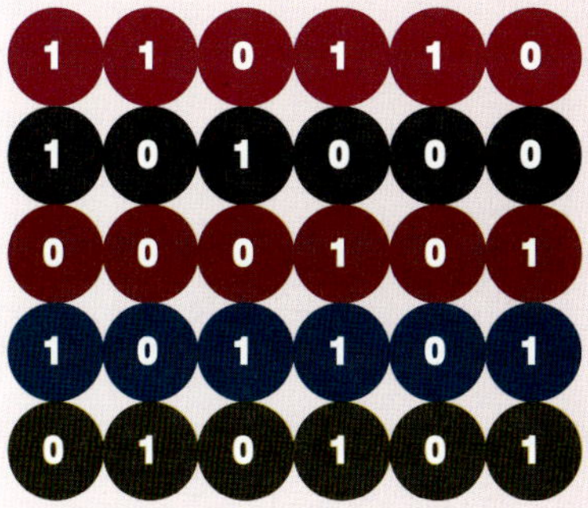

	길이	넓이	무게	적합도
1	길다	넓다	가볍다	55
2	짧다	좁다	무겁다	49
3	길다	좁다	무겁다	36
4	짧다	중간	가볍다	61
5	길다	중간	매우 가볍다	74

염색체 해독 염색체 평가

그림 11.11 유전자 알고리즘의 구성요소
이 예는 각각 다른 해결책을 나타내는 '염색체'의 초기 모집단을 설명하고 있다. 유전자 알고리즘은 초기 해결책을 보다 높은 적합도를 가진 더 나은 해결책으로 진화시키며 궁극적으로 최상의 해결책으로 수렴되도록 반복적인 과정을 사용한다.

서 유전자 알고리즘을 사용한다.

자연어 처리, 컴퓨터 비전 시스템, 로봇공학

기타 중요한 인공지능 기술에는 자연어 처리, 컴퓨터 비전 시스템, 로봇공학이 포함된다.

자연어 처리

인간의 언어는 항상 정확하지 않다. 종종 모호하고 단어의 의미는 속어, 지역 방언, 사회적 맥락과 같은 복잡한 변수에 따라 달라질 수 있다. **자연어 처리**(natural language processing, NLP)는 컴퓨터가 이해할 수 있도록 특별히 형식화된 언어가 아니라 인간이 본능적으로 사용하는 언어인 자연어를 컴퓨터가 분석할 수 있게 해준다. NLP 알고리즘은 일반적으로 많은 예에서 화자의 의도를 식별하는 방법을 학습할 수 있는 딥러닝을 포함한 기계학습을 기반으로 한다. 이 장의 첫 사례에서 소개한 아케르스후스대학병원은 NLP와 IBM 왓슨 익스플로러를 사용해 자연어와 같은 일상 언어로 표현된 비정형 텍스트 데이터가 포함된 수천 개의 의료 기록을 선별한 바 있다. 이 알고리즘은 의료 기록의 텍스트를 읽고 의미를 분류할 수 있다. 또한 우리는 구글의 스팸 필터링 시스템과 텍스트 마이닝의 감정 분석 등 주요 검색엔진에서 작동하는 자연어 처리를 흔히 볼 수 있다(6장에서 설명함).

도쿄에 기반을 둔 미즈호은행(Mizuho Bank)은 고객과 고객 서비스 센터 상담원의 상호작용을 개선하기 위해 고급 음성 인식 기술, IBM 왓슨 콘텐츠 분석 소프트웨어와 클라우드 서비스 인프라를 사용했다. 고객의 음성을 텍스트 데이터로 변환한 후 이 솔루션(인프라)은 수천 명의 고객과 이루어진 상호작용에 대한 기계학습 분석을 기반으로 자연어 처리 알고리즘을 적용한다. 해당 시스템은 각 고객과의 상호작용을 통해 더 많은 것을 학습해 결국 대화 과정에서 고객의 특정 요구나 목표를 추론할 수 있다. 다음으로 고객 서비스 센터 상담원의 화면에 실시간으로 프롬프트(메시지)를 전달해 최적 응답을 제공한다. 이 솔루션은 고객 서비스 센터 상담원이 고객의 요구사항을 보다 효율적으로 감지하고 대응할 수 있도록 지원함으로써 고객 상호작용의 평균 지속시간을 6% 이상 단축했다(IBM, 2019).

컴퓨터 비전 시스템

컴퓨터 비전 시스템(computer vision system)은 컴퓨터가 실제 이미지에서 정보를 보고 추출하기 위해 인간의 시각 시스템을 모방할 수 있는 방법을 다룬다. 컴퓨터 비전 시스템은 이미지 처리, 패턴 인식, 이미지 이해를 통합한다. 페이스북의 딥페이스(DeepFace)라는 얼굴 인식 도구가 한 예인데, 딥페이스의 얼굴 인식 기능은 인간의 두뇌만큼 정확하다. 딥페이스는 페이스북 사용자의 모든 사진이 해당 사용자의 페이스북 계정에 연결되도록 함으로써 페이스북의 기존 얼굴 인식 기능의 정확성을 개선하는 데 도움을 준다. 컴퓨터 비전 시스템은 드론 및 자율주행차(이 장 끝부분 사례연구 참조), 산업용 기계 비전 시스템(예: 병 검사), 군용 애플리케이션 및 로봇공학 도구 등에 사용된다.

2017년 NBA(National Basketball Association)는 후원자가 선수 유니폼에 브랜드를 나타내는 작은 로고 패치를 부착할 수 있도록 결정했다. 이러한 광고 투자는 수백만 달러의 비용 가치가 있는 것으로 판명되었다. 컴퓨터 비전 기술 관련 인공지능 회사인 검검(GumGum)에 따르면 굿이어타이어앤드러버(The Goodyear Tire & Rubber Co.)가 클리블랜드 캐벌리어스 농구팀의 유니폼에 붙인 로고 이미지는 농구 시즌 전반기에 소셜 미디어 노출만으로도 340만 달러의 가치를 창출했다. 검검(GumGum)은 컴퓨터가 이미지에서 일어나는 일을 식별할 수 있도록 하는 알고리즘을 개발했다. 검검은 온라인이나 TV에서 NBA 콘텐츠에 나타난 굿이어 이미지 관련 배치, 노출 및 지속 시간에 대해 방송 및 소셜 미디어 콘텐츠를 철저히 분석하기 위해 컴퓨터 비전 기술을 사용했다. 사람이 화면에 로고가 나타나는 횟수를 모니터링하는 대신 검검의 비전 기술은 데이터를 추적하고 보고한다(Albertson, 2018).

로봇공학

로봇공학(robotics)은 제어, 감각 피드백 및 정보처리를 위한 컴퓨터 시스템과 함께 인간을 대체할 수 있는 이동식 기계의 설계, 구성, 작동, 사용을 다룬다. 로봇이 사람을 완전히 대체할 수는 없지만 특정한 일련의 작업을 자동으로 수행하도록 프로그래밍되어 있다. 그들은 흔히 위험한 환경(예: 폭탄 탐지 및 비활성화), 제조 공정, 군사 작전(드론) 및 의료 분야(수술 로봇)에서 사용된다. 다수의 직장인은 이제 로봇이 사람을 완전히 대체하고 일자리를 앗아갈까 봐 걱정하고 있다.

로봇 기술이 가장 널리 사용된 분야는 제조업이다. 예를 들어 자동차 조립 라인에서는 로봇을 사용해 무거운 물건 들기, 용접, 접착제 도포, 도장을 수행한다. 사람들은 특히 작은 부품을 설치하거나 제자리에 배치해야 하는 배선 설치 등 여전히 자동차의 최종 조립 대부분을 수행하고 있다. 프랑스 클레옹(Cleon)에 있는 르노(Renault) SA 공장은 특히 엔진과 같은 사람들이 접근하기 어려운 장소에 들어가 나사를 조이는 일을 수행하기 위해 덴마크의 유니버설 로봇 AS(Universal Robots AS) 로봇을 사용한다. 이 로봇은 부품이 제대로 고정되었는지 확인하고 올바른 부품이 사용되고 있는지 확인한다. 또한 르노 로봇은 사람 가까이에서 작업하고 속도를 줄이거나 멈출 수 있어 다치지 않도록 할 수 있다.

지능형 에이전트

지능형 에이전트(intelligent agents)는 사용자, 비즈니스 프로세스, 소프트웨어 응용프로그램에 대한 특정 작업을 수행하기 위해 직접적인 인간의 개입 없는 환경에서 작동하는 소프트웨어 프로그램이다. 지능형 에이전트는 스팸 메일 삭제, 약속 일정 잡기 또는 가장 저렴한 캘리포니아행 항공권 찾기와 같은 작업을 수행하거나 사용자를 대신해 의사결정을 내리기 위해 기본적으로 제공되거나 학습된 지식 베이스를 사용한다.

오늘날에는 운영체제, 응용프로그램 소프트웨어, 이메일시스템, 모바일 컴퓨팅시스템, 네트워크 도구 분야에 다양한 지능형 에이전트 응용프로그램이 있다. 비즈니스 측면에서 특히 흥미로운 점은 지능형 에이전트가 인터넷에서 정보를 검색할 수 있다는 점이다. 7장에서 쇼핑봇(shopping bot)이 소비자가 원하는 제품을 찾아주고, 제품 가격과 특징을 비교할 수 있도록 지원한다는 것을 살펴보았다.

일부 소프트웨어 에이전트는 단순한 정해진 규칙을 따르도록 프로그래밍되어 있지만, 또 다른 소프트웨어 에이전트는 경험을 통해 학습하고, 기계학습 및 자연어 처리를 사용해 행동을 조정할 수 있다. 애플의 아이폰과 아이패드에 있는 가상비서 애플리케이션인 시리가 그 예다. 시리는 질문에 답하고, 추천하고, 작업을 수행하기 위해 자연어 처리를 사용한다. 이들 소프트웨어 에이전트는 시간이 지남에 따라 사용자의 개인 선호도를 반영해 결과를 개인화하고 길 찾기, 스케줄 설정, 메시지 전송과 같은 업무를 수행한다. 유사한 제품군으로 구글 나우, 마이크로소프트 코타나, 아마존의 알렉사가 있다.

챗봇(Chatbot, chatterbot)은 텍스트 또는 청각적 방법을 통해 1명 이상의 인간 사용자와의 대화를 시뮬레이션하도록 설계된 소프트웨어 에이전트이다. 챗봇은 당신이 입력하거나 말하는 것을 이해하려고 노력하고 질문에 답하거나 작업을 실행해 응답한다. 챗봇은 날씨 확인, 자산관리, 온라인 쇼핑, 고객 서비스에 대한 질문이 있을 때 도움 받기 등의 작업을 수행할 수 있는 자동화된 대화를 제공한다. 다국적 통신기업 보다폰(Vodafone)은 챗봇을 사용해 한 달에 80,000개의 질문에 답함으로써 채팅으로 문의하는 고객을 담당하는 고객 서비스 센터의 통화량을 75% 감소시켰다. 보다폰 직원은 보다폰 제품 및 서비스에 대한 정확한 최신 정보에 접근하기 위해 챗봇을 사용한다. 페이스북은 페이스북 브랜드 페이지가 있는 외부 회사가 채팅 프로그램을 통해 페이스북 사용자와 상호작용할 수 있도록 챗봇을 메신저(Messenger) 메시징 앱과 통합했다. 오늘날의 챗봇은 매우 기본적인 기능을 수행한다. 기술적으로 발전함에 따라 IT 응용프로그램 사용자는 이러한 '대화형 에이전트'를 시스템과 상호작용하기 위한 주요 도구로 점점 더 많이 사용할 것이다.

11-5 경영정보시스템은 내 경력에 어떻게 도움이 되는가?

다음은 11장과 이 책의 본문에서 인공지능 기업의 신입 영업 보조원 직업을 찾는 데 도움이 되는 방법을 소개한다.

회사

스웨덴 스톡홀름에 본사를 둔 인공지능 기업 RMD Technology는 신입 영업 보조원을 찾고 있다. RMD는 광고 및 프로 스포츠를 포함한 다양한 산업의 문제를 해결하기 위해 다양한 데이터 세트에서 매일 생성되는 시각적 콘텐츠의 가치를 실현하는 컴퓨터 비전 기술을 전문으로 하는 기업이다.

직무 설명

영업 보조원은 영업 및 마케팅 목표를 지원하기 위해 이벤트 계획 및 준비, 데이터베이스 관리, 관리 작업, 계정 조사에 대해 영업팀과 긴밀하게 협력한다. 직무 책임은 다음과 같다.

- 리드 생성, 데이터 입력 및 유지 관리를 위해 세일즈포스닷컴을 사용함
- 엑셀을 사용해 영업팀 리소스를 업데이트함
- 회의 일정을 잡고 회의록을 작성함
- 판매 계정, 새로운 이벤트 아이디어 및 장소에 대한 조사를 지원함
- 고객 회의 준비로 영업을 지원함
- 판촉 자료를 수집함

직무 요건

- 최근 대학 졸업자
- 마케팅, MIS, 재무, 교양 등의 학사학위
- 비즈니스 및 산업 학습에 대한 높은 관심
- 마이크로소프트 오피스 지식 필수
- 세부사항에 대한 주의, 효과적인 의사소통기술, 열정적인 태도, 빠르게 변화하는 환경에서 성공하는 능력

면접 질문

1. 우리 회사와 컴퓨터 비전 시스템에 대해 무엇을 알고 있습니까? AI 기술로 작업한 경험이 있습니까?

2. 세일즈포스닷컴으로 작업한 경험이 있습니까? 소프트웨어를 어떻게 사용했습니까?

3. 마이크로소프트 오피스 도구를 어느 정도로 능숙하게 다룹니까? 엑셀 스프레드시트로 어떤 작업을 수행했습니까?

4. 의사소통기술과 세부사항 감각을 보여주기 위해 작문 샘플을 보여줄 수 있습니까?

저자 팁

1. 이 장의 인공지능에 대한 절을 검토하고, 웹을 사용해 컴퓨터 비전 시스템에 대해 자세히 알아보라.
2. 웹과 링크드인을 사용해 이 회사, 즉 제품, 서비스, 경쟁업체 및 운영방식에 대해 자세히 알아보자. 영업팀을 지원하는 데 필요한 것이 무엇이며, 구체적으로 어떻게 기여할 수 있는지 생각하라.
3. 세일즈포스닷컴이 리드 생성, 데이터 입력 및 유지관리를 처리하는 방법에 주의하면서 세일즈포스닷컴에 대해 무엇을 할 수 있는지 알아보자.
4. 이 작업에서 엑셀을 어떻게 사용할 것인지 정확히 문의하자. 당신이 수행한 엑셀 작업 중 일부를 설명하고 면접 때 샘플을 가져갈 수 있다.

요약

11-1 **의사결정에는 어떠한 유형이 있으며, 어떻게 의사결정 과정이 수행되는가?** 의사결정은 구조화, 반구조화, 비구조화될 수 있으며 조직 운영 수준에서 구조화된 결정이 군집화되고, 전략적 수준에서 구조화되지 않은 결정이 군집화된다. 의사결정은 개인 또는 그룹이 수행할 수 있으며 직원은 물론 중간 및 고위관리자도 포함된다. 의사결정 과정에는 탐색, 설계, 선택, 구현의 4단계가 있다.

11-2 **비즈니스 인텔리전스와 비즈니스 애널리틱스 기법은 의사결정을 어떻게 지원하는가?** 비즈니스 인텔리전스 및 분석 기법은 의사결정자에게 거의 실시간에 가까운 정확한 정보를 제공할 것을 약속하며, 분석 도구는 정보를 신속하게 이해하고 조치를 하는 데 도움이 된다. 비즈니스 인텔리전스 환경은 비즈니스 환경, BI 인프라, BA 패키지, 관리 사용자 및 방법, BI 제공 플랫폼(MIS, DSS, ESS), 사용자 인터페이스 등의 데이터로 구성된다. 이러한 목적을 달성하기 위해 BI 시스템이 제공하는 여섯 가지 분석 기능이 있다. 이것은 사전 정의된 생산보고서, 매개변수화된 보고서, 대시보드 및 점수표, 임시 쿼리 및 검색, 데이터 세부 보기를 수행하는 드릴다운 기능, 시나리오를 모델링하고 생성하는 기능 예측이다. BI 분석은 빅데이터를 처리하기 시작했다. 예측분석, 위치 분석, 운영 인텔리전스는 중요한 분석 기능이다.

요약된 생산보고서를 생성하는 경영정보시스템(MIS)은 일반적으로 구조적인 의사결정을 수행하는 운영관리자 및 중간관리자를 지원하는 데 사용된다. 비구조적인 의사결정을 수행하는 분석가와 슈퍼 사용자는 스프레드시트 및 피벗 테이블을 비롯한 강력한 분석 및 모델링 도구가 포함된 의사결정지원시스템(DSS)을 사용한다. 비구조적인 의사결정을 수행하는 고위경영진은 회사의 전반적인 수익성, 성공 및 전략에 영향을 미치는 주요 성과정보를 표시하는 대시보드와 시각적 인터페이스를 사용한다. 균형성과표 및 비즈니스 성과관리는 중역지원시스템(ESS) 설계에 사용되는 두 가지 방법론이다.

11-3 인공지능은 무엇이며, 인간의 지능과 어떻게 다른가? 인공지능의 가장 야심 찬 비전은 인간처럼 생각하고 행동하는 컴퓨터 시스템을 구축하려는 시도와 관련이 있다. 현재 인공지능은 인간 지능의 유연성과 일반성이 부족하지만 제한된 영역에서 조직의 지식을 획득, 코드화 및 확장하는 데 사용할 수 있다. 오늘날 인공지능 시스템은 인간이 수행할 수 없는 많은 작업을 수행할 수 있으며 일부 특정한 잘 정의된 작업에서 인간과 동등하거나 근접할 수 있다.

11-4 인공지능 기법의 주요 유형에는 무엇이 있으며, 조직에 어떠한 이점이 있는가? 전문가시스템은 인간의 전문적 지식의 제한된 영역에서 암묵적 지식을 획득하고, 해당 지식을 규칙 형태로 표현한다. 기계학습 소프트웨어는 이전 데이터와 예제에서 학습할 수 있다. 기계학습 소프트웨어는 상당한 인적 교육을 받았지만 명시적인 프로그래밍 없이 매우 큰 데이터베이스의 패턴을 식별할 수 있다.

신경망은 인간 두뇌의 사고 과정을 모방하려고 시도하는 하드웨어와 소프트웨어로 구성된다. 신경망은 약간의 훈련을 통해 스스로 학습하고 인간이 쉽게 식별할 수 없는 패턴을 인식하는 능력으로 유명하다. 딥러닝 신경망(심층신경망)은 여러 계층의 신경망을 사용해 데이터의 기본 패턴을 도출하고, 일부 제한된 경우에는 사람의 훈련 없이 패턴을 식별한다.

유전자 알고리즘은 적합성, 교차, 돌연변이와 같은 유전 기반 프로세스를 사용해 특정 문제에 대한 해결책을 탐색한다. 유전자 알고리즘은 최적의 해결책을 생성하기 위해 많은 대안이나 변수를 평가해야 하는 최적화와 관련된 문제를 해결하는 데 유용하다.

지능형 에이전트는 개별 사용자, 비즈니스 프로세스 또는 소프트웨어 응용프로그램에 대한 특정 작업을 수행하는 기본적으로 내장된 또는 학습된 지식베이스가 있는 소프트웨어 프로그램이다. 지능형 에이전트는 유용한 정보를 찾기 위해 많은 양의 데이터를 탐색하도록 프로그래밍되며, 경우에 따라 사용자를 대신해 해당 정보에 따라 조치를 취할 수 있다. 챗봇은 텍스트 또는 청각적 방법을 통해 1명 이상의 사용자와 대화를 시뮬레이션하도록 설계된 소프트웨어 에이전트이다.

자연어 처리 기술은 기계가 인간의 언어를 이해하고 그 정보를 처리하는 것을 가능하게 한다. 컴퓨터 비전 시스템은 컴퓨터가 실제 이미지에서 정보를 보고 추출하기 위해 인간의 시각 시스템을 모방할 수 있는 방법을 다룬다. 로봇공학은 일부 인간의 행동을 대체할 수 있는 가동 기계의 설계, 구성, 작동, 사용을 다룬다.

주요 용어

가상현실(VR)시스템	딥러닝
구조적 의사결정	로봇공학
구현	민감도 분석
균형성과표	반구조적 의사결정
기계학습(ML)	비구조적 의사결정
데이터 시각화	비즈니스 성과관리(BPM)
드릴다운	비지도학습

선택
설계
신경망
예측분석
운영 인텔리전스
위치분석
유전자 알고리즘
인공지능
자연어 처리
전문가시스템
주요성과지표(KPI)
증강현실(AR)
지능형 에이전트
지도학습
지리정보시스템(GIS)
지식베이스
챗봇
추론엔진
컴퓨터 비전 시스템
탐색
피벗 테이블

복습문제

11-1 의사결정에는 어떠한 유형이 있으며, 어떻게 의사결정 과정이 수행되는가?

- 조직의 다양한 의사결정 수준 및 그룹과 해당 의사결정 요구사항을 나열하고 설명하라.
- 비구조적, 반구조적, 구조적 의사결정을 구별하라.
- 의사결정 과정(단계)을 나열하고 설명하라.

11-2 비즈니스 인텔리전스와 비즈니스 애널리틱스 기법은 의사결정을 어떻게 지원하는가?

- 비즈니스 인텔리전스 인프라 및 애널리틱스 도구를 정의하고 설명하라.
- 사용자 인터페이스가 비즈니스 애널리틱스 소프트웨어 제품군을 보다 유용하게 만드는 방법을 설명하라.
- 매개변수화된 보고서의 목적을 설명하라.
- 가상현실과 증강현실이 데이터 시각화 및 의사결정을 향상하는 방법을 설명하라.
- 의사결정자가 어떻게 지리정보시스템을 사용할 수 있는지 설명하라.
- 피벗 테이블을 설명하고 누가 사용할 수 있는지 제안하라.
- 예측분석이 BI 애플리케이션에 통합된 이유를 설명하라.

11-3 인공지능은 무엇이며, 인간의 지능과 어떻게 다른가?

- 인공지능(AI)을 정의하라.
- 인공지능이 인간의 지능과 어떻게 다른지 설명하라.

11-4 인공지능 기법의 주요 유형에는 무엇이 있으며, 조직에 어떠한 이점이 있는가?

- 전문가시스템을 정의하고 작동 방식과 비즈니스 가치를 설명하라.
- 기계학습을 정의하고 작동 방식을 설명하며 해결할 수 있는 문제 유형의 몇 가지 예를 제시하라.
- 지도학습과 비지도학습을 비교하라.
- 신경망과 딥러닝 신경망을 정의하고, 이들의 작동 방식과 조직에 미치는 이점을 설명하라.
- 유전자 알고리즘과 지능형 에이전트를 정의 및 설명하고, 각각의 작동 방식과 적합한 문제의 종류를 설명하라.

- 컴퓨터 비전 시스템, 자연어 처리 시스템, 로봇공학을 정의 및 설명하고, 조직에서 이들이 적용된 예를 제시하라.

협업과 팀워크 프로젝트

스포츠에서 데이터 기반 분석 조사

11-5 3~4명으로 팀을 구성해 축구, 야구, 농구 등의 스포츠를 선택하라. 웹을 이용해 스포츠가 데이터 및 분석 도구를 사용해 팀 성과를 개선하거나 이벤트 티켓 판매를 늘리는 방법을 조사하라. 가능하다면 구글 독스(Google Docs)와 구글 드라이브(Google Drive), 구글 사이트(Google Sites)를 이용해 발견 사항을 토론하고 수업시간에 발표할 자료를 준비하라.

참고문헌

Albertson, Mark. "NBA Advertisers Chew on Data from GumGum's Computer Vision Tool." *Silicon Angle* (March 22, 2018).

Barro, Senén, and Thomas H. Davenport. "People and Machines: Partners in Innovation." *MIT Sloan Management Review* 60, No. 4 (Summer 2019).

Berinato, Scott. "Data Science and the Art of Persuasion." *Harvard Business Review* (January–February 2019).

Breuker, Dominic, Martin Matzner, Patrick Delfmann, and Jörg Becker. "Comprehensible Predictive Models for Business Processes." *MIS Quarterly* 40, No. 4 (September 2016).

Brynjolfsson, Erik, Tomer Geva, and Shachar Reichman. "Crowd-Squared: Amplifying the Predictive Power of Search Trend Data." *MIS Quarterly* 40, No. 4 (December 2016).

Burtka, Michael. "Genetic Algorithms." *The Stern Information Systems Review* 1, No. 1 (Spring 1993).

Cappelli, Peter. "Data Science Can't Fix Hiring (Yet)." *Harvard Business Review* (May–June 2019).

Chui, Michael, James Manyika, and Mehdi Miremadi. "What AI Can and Can't Do (Yet) for Your Business." *McKinsey Quarterly* (January 2018).

Davenport, Thomas H. "Big Data at Work: Dispelling the Myths, Uncovering the Opportunities." *Harvard Business Review* (March 2014).

Davenport, Thomas H., Jeanne Harris, and Robert Morison. *Analytics at Work: Smarter Decisions, Better Results*. (Boston: Harvard Business Press, 2010).

Davenport, Thomas H., and Julia Kirby. "Just How Smart Are Smart Machines?" *MIT Sloan Management Review* 57, No. 3 (Spring 2016).

Davenport, Thomas H., and Rajeev Ronaki. "Artificial Intelligence for the Real World." *Harvard Business Review* (January–February 2018).

Dawar, Niraj. "Marketing in the Age of Alexa." *Harvard Business Review* (May–June 2018).

Dhar, Vasant, and Roger Stein. *Intelligent Decision Support Methods: The Science of Knowledge Work*. (Upper Saddle River, NJ: Prentice-Hall, 1997).

eMarketer. "Artificial Intelligence: What's Now, What's New, and What's Next" (May 2017).

Gelernter, David. "Machines That Will Think and Feel." *Wall Street Journal* (March 18, 2016).

Guo, Junpeng, Wenxiang Zhang, Weiguo Fan, and Wenhu Li. "Combining Geographical and Social Influences with Deep Learning for Personalized Point-of-Interest Recommendation." *Journal of Management Information Systems* 35 No. 4 (2018).

Holland, John H. "Genetic Algorithms." *Scientific American* (July 1992).

IBM Corporation. "Mizuho Bank.Ltd." www.ibm.com, accessed May 17, 2019.

Kahneman, Daniel. *Thinking, Fast and Slow* New York: Farrar, Straus and Giroux (2011).

Kannan, P. V. and Josh Bernoff. "The Future of Customer Service Is AI-Human Collaboration." *MIT Sloan Management Review* (May 29, 2019).

Le, Quoc V. et al. "Building High-level Features Using Large Scale Unsupervised Learning." arXiv.org:1112.6209, Machine Learning, Cornell University Library (November 2011).

Leonardi, Paul, and Noshir Contractor. "Better People Analytics." *Harvard Business Review* (November–December 2018).

Lohr, Steve. "Is There a Smarter Path to Artificial Intelligence? Some Experts Hope So." *New York Times* (June 20, 2018).

Luca, Michael, Jon Kleinberg, and Sendhil Mullainathan. "Algorithms Need Managers, Too." *Harvard Business Review* (January–February 2016).

Maor, Itzakh, and T. A. Reddy. "Literature Review of Artificial Intelligence and Knowledge-based Expert Systems in Buildings and HVAC&R System Design," in M. Geshwiler, E. Howard, and C. Helms (Eds.), *ASHRAE Transactions* (2003).

Marcus, Gary. "Deep Learning: A Critical Appraisal" (January 2, 2018).

Martens, David, Foster Provost, Jessica Clark, and Enric Junqué de Fortuny. "Mining Massive Fine-Grained Behavior Data to Improve Predictive Analytics." *MIS Quarterly* 40, No. 4 (December 2016).

McKinsey Global Institute. "The Age of Analytics: Competing in a Data-Driven World" (December 2016).

Mims, Christopher. "Should Artificial Intelligence Copy the Human Brain?" *Wall Street Journal* (August 4, 2018).

Olah, Chris, and Arvind Satyanarayan. "The Building Blocks of Interpretability." *Google Brain Team* (March 6, 2018).

Pearl, Judea. "Theoretical Impediments of Machine Learning" (November 2016).

Pearl, Judea, and Dana Mackenzie. "AI Can't Reason Why." *Wall Street Journal* (May 18, 2018).

Porter, Michael E., and James Heppelmann. "Why Every Organization Needs an Augmented Reality Strategy." *Harvard Business Review* (November–December 2017).

Ross, Jeanne. "The Fundamental Flaw in AI Implementation." *MIT Sloan Management Review* 59, No. 2 (Winter 2018).

Rouse, Margaret. "Natural Language Processing." Searchbusinessanalytics.com (September 27, 2017).

Simon, H. A. *The New Science of Management Decision*. (New York: Harper & Row, 1960).

Tarafdar, Monideepa, Cynthia M. Beath, and Jeanne W. Ross. "Using AI to Enhance Business Operations." *MIT Sloan Management Review* (June 11, 2019).

Turing, A. M. "Computing Machinery and Intelligence." *Mind* 49 (1950).

Wilson, H. James, and Paul R. Daugherty. "Collaborative Intelligence: Humans and AI Are Joining Forces." *Harvard Business Review* (July–August 2018).

자동차는 스스로 운전할 수 있는가—그리고 그래야만 하는가?

자동차가 인간이 조작할 필요 없이 자율 운행이 가능할까? 정말 자동차는 스스로 운전 가능한가? 자율주행차는 투자 가치가 있는가? 모두가 이에 대한 답을 찾고 있다.

자율주행차 기술은 자동차제조업체가 무시할 수 없는 지경에 이르렀다. 모든 주요 자동차제조업체는 언젠가는 자율주행차 시장이 수조 달러 규모에 이를 것이라는 믿음으로 완전한 자율주행차를 만들기 위해 경쟁하고 있다. 포드(Ford), 제너럴모터스General Motors, GM), 닛산(Nissan), 메르세데스(Mercedes), 테슬라(Tesla) 등과 같은 자동차제조업체는 자율주행기술 연구 및 개발에 수십억 달러를 투자했다. GM은 자율주행 스타트업 회사인 크루즈(Cruise)를 인수했다. 우버, 리프트와 같은 승객과 차량을 연결해주는 차량호출회사는 인건비를 없애는 무인자동차가 장기적인 수익 창출의 핵심이라고 믿고 있다. [UBS 조사에 따르면 자율주행 로보택시(robo-taxi)의 마일당 비용은 기존 택시보다 약 80%가량 저렴한 것으로 나타났다.] 자율주행차는 캘리포니아, 애리조나, 미시간, 파리, 런던, 싱가포르, 베이징의 일부 지역에서 운행되고 있다. 마케팅 회사 ABI는 2025년에 일정 수준의 자율주행 기능을 갖춘 차량이 약 800만 대 출하될 것으로 예상한다. 2018년 12월 구글 알파벳(Alphabet)의 자회사인 웨이모(Waymo)는 '웨이모 원(Waymo One)'이라는 상용 자율주행 택시 서비스를 피닉스 시내에 출시했다. 인간의 운전을 대신할 자동차는 강력한 컴퓨터 시스템을 갖추고 있어야 한다. 이러한 시스템은 실시간으로 운행, 가속, 제동을 제어 및 조정하는 수많은 센서, 카메라, 기타 장치에서 발생하는 방대한 데이터를 처리하고 분석할 수 있어야 한다.

주요 기술은 다음과 같다.

센서: 자율주행차에는 다양한 유형의 센서가 탑재되어 있다. 자동차 바퀴의 센서는 자동차가 교통량을 통해 운전하고 이동할 때 자동차의 속도를 측정한다. 초음파 센서는 굽은 도로의 선, 인도 및 자동차에 가까운 물체의 위치를 측정하고 추적한다.

카메라: 카메라는 고속도로의 차선, 속도 표지판, 신호등과 같은 것을 식별하는 데 필요하다. 앞유리에 장착된 카메라는 전방 도로의 3D 이미지를 생성한다. 백미러 뒤에 있는 카메라는 차선 표시에 초점을 맞춘다. 적외선 카메라는 헤드램프에서 방출되는 적외선 빔을 포착해 야간 운전을 위한 시야를 확장한다.

라이다(Lidars): 라이다는 대부분의 자율주행차 위에 장착된 빛 감지 및 거리 측정 장치이다. 라이다는 초당 수백만 개의 레이저 빔을 발사해 반사되는 데 걸리는 시간을 측정한다. 라이다는 자동차 주변의 360도 뷰를 가져와 최대 2cm의 정확도로 주변 물체를 식별한다. 라이다는 매우 비싸지만 도로의 움푹 패인 곳, 극한의 온도, 비 또는 눈과 같은 일상 환경을 충분히 견뎌내기에는 아직 견고하지 않다.

GPS: GPS(Global Positioning System)는 차량의 거시적 위치를 정확히 찾아내며, 1.9m 이내의 정확도를 제공한다. 회전 속도계, 자이로스코프, 고도계의 판독값과 결합해 초기 위치를 제공한다.

레이더: 레이더는 사각지대를 포함해 자동차 주변을 볼 수 있도록 물체에 전파를 반사하며, 특히 다른 차량과 같은 큰 금속 물체를 찾는 데 유용하다.

컴퓨터: 앞에서 언급한 기술들로 생성된 모든 데이터는 결합, 분석 및 로봇 친화적인 그림으로 변환되어야 하며, 이를 통한 자동차의 자동운행은 거의 슈퍼컴퓨터와 같은 처리 능력이 필요하다. 소프트웨어는 장애물 회피 알고리즘, 예측 모델링 및 '스마트'물체 식별(예: 자전거와 오토바이의 차이점 파악)을 통해 차량이 교통법규를 따르고 장애물을 탐색할 수 있도록 도와준다.

기계학습, 딥러닝 및 컴퓨터 비전 기술: 자동차의 컴퓨터 시스템은 기계학습과 딥러닝을 사용해 차선을 감지하고 자전거 타는 사람을 식별하는 것과 같은 작업을 수행하기 위해 '훈련'되어야 한다. 세상은 가능한 모든 시나리오에 대한 규칙을 작성하기에는 너무 복잡하기 때문에 자동차는 경험을 통해 '학습'하고, 스스로 탐색하는 방법을 찾아야 한다.

지도: 자율주행차로 시내 운행을 하기 전에 개발자는 카

메라와 라이더(Lidar)를 사용해 시내를 매우 자세히 맵핑한다. 맵핑한 시내 정보는 자동차가 센서 판독값을 확인하는 데 도움이 되며, 차량이 자신의 위치를 인지하는 데 가장 중요한 정보이다.

자율주행차 회사는 자율운행차의 발전을 과장하기로 악명이 높다. 우리는 그들을 믿어야 하는가? 이 시점에서 그들에 대한 전망은 그리 밝지 않다.

2018년 3월, 애리조나주 템피에서 한 여성이 자율주행 모드로 운행하는 우버의 볼보(Volvo) XC90 차량에 치여 사망했다. 우버는 한동안 자율주행차 테스트를 중단했다. 사고 이전에도 우버의 자율주행차는 공사장을 통과하거나 대형 컨테이너 트럭과 같은 키가 큰 차량 옆에서 운행하는 데 문제가 있는 것으로 드러났다. 우버의 운전자는 다른 자율주행차의 운전자보다 훨씬 더 자주 차량 운행에 개입해야 했다.

우버 사고는 자율주행차가 공공 도로에서 테스트할 준비가 되었는지와 규제 기관이 이를 어떻게 처리해야 하는지에 질문을 제기했다. 자율주행차 기술 옹호자는 매년 미국 도로에서 거의 40,000명이 사망하고, 사고의 90% 이상은 인적 오류로 인해 발생한다고 지적했다. 그러나 자율주행이 아무리 빨리 확산하더라도 자율주행이 인적 오류로 인한 사망률을 현격히 줄이고, 사람들에게 자동차가 운전하도록 하는 것이 더 낫다고 확신시키기까지는 오랜 시간이 걸릴 것이다.

테슬라(Tesla)의 일론 머스크(Elon Musk) 같은 자율주행차 지지자는 거의 모든 교통사고가 사라지고 노인과 장애인이 자유롭게 이동할 수 있는 자율주행 세상을 꿈꾸지만 대다수 미국인은 그렇지 않다고 생각한다. 퓨리서치센터(Pew Research Center) 설문조사에 따르면 대다수 사람이 자율주행차를 타고 싶지 않으며, 도로를 더 위험하게 만들거나 더 안전하게 만들 수 있을지 확신이 서지 않는다고 답했다. 설문조사 참여자의 87%는 문제 발생에 직접 대응할 수 있게 사람이 운전석에 항상 대기하기를 원한다.

자율주행차가 안전하게 도로를 주행하기 위해서는 아직 개선해야 할 점이 많다. 자율주행차는 아직 모든 기상 조건에서 안전하게 작동할 수 없다. 폭우나 폭설은 현재의 자동차 레이더와 라이더 시스템을 혼동시킬 수 있다. 자율주행차는 이러한 기상 조건에서 스스로 작동할 수 없다. 또한 나뭇가지가 너무 낮게 매달려 있거나 다리와 도로에 희미한 차선 표시가 있는 경우에 자율주행차에 문제가 발생한다. 일부 도로에서 자율주행차는 Botts'Dots(차선을 정의하는 작은 플라스틱 마커)를 포함해 도로 가장자리의 흰색 선이나 명확한 경계 없이 운행해야 한다. Botts'Dots는 자율주행차에는 효과적인 차선 표시가 아닌 것으로 여겨진다.

컴퓨터 비전 시스템은 물체를 안정적으로 인식할 수 있다. 여전히 어려운 점은 '장면 이해'이다. 예를 들어 도로 위의 가방이 비어 있는지 또는 가방 안에 벽돌이나 무거운 물건이 있는지 확인하는 기능이다. 자율차량 비전 시스템은 이제 신호등을 안정적으로 인식할 수 있지만 신호등이 제대로 작동하지 않는 경우 항상 올바른 결정을 내릴 수 있는 것은 아니다. 이를 위해서는 경험, 직관 및 다른 주위 차량의 움직임을 이해하는 것이 필요하다. 자율주행차는 또한 도로를 따라 움직이는 사람을 인식하고, 그 사람이 자전거를 타고 있는지 확인하고, 그 사람이 어떻게 반응하고 행동할지 예측할 수 있어야 한다. 이 모든 것을 현재 자율주행차가 수행하는 것은 어려운 일이다. 자동차, 보행자, 자전거로 가득 찬 혼잡한 거리와 같은 혼란스러운 환경은 자율주행차가 운행하기 특히 어렵다.

빠르게 자동차들이 이동하는 차선에 합류하기 위해 다가오는 운전자와 눈을 마주해야 하는 등 자동차를 운전하는 것은 매우 복잡한 작업이다. 이러한 경우에 자율주행차는 다른 운전자 및 다른 자율주행차와 통신하고 싶은 것을 알릴 수 있을까? 연구원들은 전자표지판과 자동차 대 자동차 통신시스템이 이 문제를 해결할 수 있는지 조사하고 있다. 이에 더해 '트롤리 문제'라는 것도 있다. 이는 충돌을 피할 수 없는 상황을 의미하며, 이 상황하에 자율주행차는 누구를 또는 무엇을 칠 것인지 어떻게 결정해야 할까? 왼편으로 다가오는 차량에 부딪쳐야 할까, 아니면 길가의 나무에 부딪쳐야 할까?

덜 발전된 버전의 자율주행차 기술은 이미 시장에 나와 있다. 캐딜락 슈퍼 크루즈(Cadillac Super Cruise), 닛산 프로파일럿 어시스트(Nissan ProPILOT Assist), 테슬라 오토파일럿(Tesla Autopilot)은 차선 내 주행 및 다른 차량과의 안전한 거리를 유지할 수 있으므로 운전자가 계속 주의를 기울이고 비상시 대응할 수 있으면 '운전자'는 운전대에서 손을 뗄 수 있다. 이러한 덜 발전된 시스템은 정지된 소방차나 신호등과 같은 것을 볼 수 없다. 그러나 인간은 자율주행 시 주의가 분산되는 경향이 있기 때문에 비상 상황에 제대로 대응하지 못했다. 미국에서 최소 2명의 테슬라 운전자가 자율주행 도중 사망했다. (하나는 2016년에 트럭과 충돌했고, 다른 하나는 2018년에 고속도로 차단벽을 들이받았다.) 'handoff 문제'라는 것이 있는데, 이는 반자율 자동차가 인간 '운전자'가 무엇을 하고 있는지 그리고 필요할 때 운전대를 잡도록 할 것인지 결정할 수 있어야 한다.

그리고 보안을 잊지 말자. 자율주행차는 본질적으로 외부 세계와 무선으로 연결된 컴퓨터와 센서의 집합체이며 다른 네트워크 시스템보다 더 안전하다고 할 수 없다. 자동차를 충돌시키거나 무기화하려는 침입자로부터 시스템을 안전하게 보호하는 것은 미래에 자율주행차가 직면한 가장 큰 도전 과제이다.

어떤 상황에서도 인간처럼 모든 상황을 처리할 수 있는 컴퓨터 구동(자율주행) 자동차는 낙관적으로 보아도 수십 년 뒤에야 가능하다. 클리블랜드주립대학교 연구원들은 2030년까지 모든 차량의 10~30%만이 완전자율주행이 될 것이라고 추정한다. PwC 분석가 또한 그때까지 모든 차량의 12%가 완전자율주행이 될 것이라고 추정하지만, 이러한 차량의 운행은 피닉스에 있는 웨이모의 자율주행 밴처럼 좋은 기상 조건하에 있는 지리적으로 제한된 지역에서만 가능할 것으로 예측한다. 진정한 자율주행차는 여전히 공상과학에 지나지 않는다.

더 많은 가능성은 자율주행기술이 인간이 운전하는 자동차에 통합될 것이라는 점이다. 현재 자동차 모델에는 고기능 물체 인식, 레이더 및 레이저 감지, 운전자가 실수할 경우 차체가 운전을 제어할 수 있는 기능과 원래 자율주행차용으로 개발된 매우 상세한 고속도로 지도가 장착되어 있다. 2022년까지 미국의 거의 모든 신차에는 자동비상제동장치가 장착되어 후방 충돌을 50% 그리고 이로 인한 사망 및 부상자를 56% 줄일 것으로 기대한다. 비상제동기술이 모든 차량에 배치되면 후방 충돌로 인한 사망자와 부상을 80% 줄일 수 있다. 어느 정도의 자율주행기술이 탑재된 사람이 운전하는 차량은 완전자율주행에서 발생하는 문제를 발견하는 속도만큼 더 안전해질 것이다. 이것은 완전자율주행차에 대한 필요성을 덜 매력적으로 만든다.

많은 분석가가 자율주행기술의 최초 적용은 제한된 조건 및 지역에서 운영되는 로봇 택시 서비스가 될 것으로 예상해 택시 운영자는 까다로운 교차로를 피하고 모든 것이 세부적으로 맵핑되어 있음을 확신할 수 있다. 보스턴컨설팅그룹(Boston Consulting Group)은 2030년까지 미국 내 차량에 의한 총 주행거리의 25%가 로봇 택시와 같은 공용 자율주행차가 주행한 거리가 될 것으로 예측한다. 이러한 차량을 이용하려면 미리 정해진 승하차 지점을 이용해야 차가 항상 안전하고 합법적으로 정차할 수 있다. 자율주행차 제조업체는 연구개발비용을 회수하기 위해 승객에게 얼마의 요금을 청구할 것인지 결정해야 하지만 이는 잠재적 승객의 이용을 단념시킬 정도는 아닐 것이다. 그들은 불가피한 사고의 경우 어떻게 해야 하는지에 대해 규제 기관 및 보험 회사와 싸워야 할 것이다.

지금까지 자율주행차에 의한 사고는 신뢰성과 안전성을 측정할 수 있는 신뢰할 수 있는 기준을 마련할 필요가 있음을 시사한다. 2018년까지 29개 주가 자율주행차를 규제하는 법안을 제정했으며 일부 주는 안전 운전자가 항상 차량을 통제할 준비가 되어야 한다. 미국 연방규제기관은 포괄적인 자율주행차 표준의 공식화를 지연시켜 미국 내 주정부가 이를 떠맡고 있다. 연방정부는 여전히 자율주행차 법안을 마련하기 위해 노력하고 있다. 작년에 투표로 통과된 H.R. 3388 법안은 무인자동차 개발을 위한 통일된 표준을 만드는 데 도움이 될 것이다.

출처: Christopher Mims, "Self-Driving Cars Have a Problem: Safer Human-Driven Ones," *Wall Street Journal*, June 15, 2019, and "Driverless Hype Collides with Merciless Reality," *Wall Street Journal*, September 13, 2018; National Conference of State Legislatures, "Autonomous Vehicles—Self Driving Vehicles Enacted Legislation," www.ncsl.org, accessed June 25, 2019; Matt McCall, "Why Autonomous Vehicles Are Such a Game-Changer for Uber and Lyft," InvestorPlace.com, March 25, 2019; Brent Kenwell, "This Is How Many Autonomous Cars Will Be on the Road in 2025," TheStreet.com, April 23, 2018; Jack Karsten and Darrell West, "The State of Self-Driving Car Laws Across the U.S.," Brookings Institute, May 1, 2018; Alex Davies, "The WIRED Guide to Self-Driving Cars," *WIRED*, May 17, 2018; Daisuke Wakabashai, "Uber's Self-Driving Cars Were Struggling Before Arizona Crash," *New York Times*, March 23, 2018; Kevin Roose, "The Self-Driving Car Industry's Biggest Turning Point Yet," *New York Times*, March 29, 2018; Tim Higgins, "VW, Hyundai Turn to Driverless-Car Startup in Silicon Valley," *Wall Street Journal*, January 4, 2018; John Markoff, "A Guide to Challenges Facing Self-Driving Car Technologists," *New York Times*, June 7, 2017; and The Editorial Board, "Would You Buy a Self-Driving Future from These Guys?" *New York Times*, October 14, 2017.

사례연구 문제

1. 자율주행차 기술이 제기하는 사람, 조직 및 기술 관점에서 과제는 무엇인가?
2. 자율주행차는 좋은 비즈니스 투자인가? 답에 대한 이유를 설명하라.
3. 자율주행차 기술이 제기하는 윤리적, 사회적 문제는 무엇인가?
4. 자동차가 정말 사람 없이 스스로 운전할 수 있는가? 자율주행차는 꼭 그래야 하는가?

PART IV

CHAPTER 12
정보시스템 및 프로젝트 관리에 관한 비즈니스 사례 만들기

시스템 구축 및 관리

4부는 비즈니스 문제에 대한 정보시스템 해결책을 분석하고 설계하기 위해 이전 장에서 습득한 지식을 사용하는 방법을 보여준다. 4부는 다음과 같은 질문에 답할 수 있다. 관리자는 기업에 가장 큰 가치를 제공할 시스템 프로젝트와 기술을 어떻게 선택할 수 있는가? 진정한 비즈니스 편익을 제공하는 정보시스템 문제에 대한 해결책을 어떻게 개발할 수 있는가? 기업은 새로운 시스템 해결책에 의해 도입된 변화에 어떻게 적응할 수 있는가? 시스템 해결책을 구축하는데 이용 가능한 대체 접근 방법에는 무엇이 있는가?

CHAPTER

12 정보시스템 및 프로젝트 관리에 관한 비즈니스 사례 만들기

학습목표

이 장의 학습을 마치면 다음 질문에 답할 수 있을 것이다.

12-1 관리자는 새로운 정보시스템 획득 및 개발을 위한 비즈니스 사례를 어떻게 구축해야 하는가?

12-2 새로운 정보시스템 개발을 위한 핵심 문제 해결 단계는 무엇인가?

12-3 정보시스템 구축을 위한 대체 방법에는 무엇이 있는가?

12-4 정보시스템 프로젝트는 어떻게 관리해야 하는가?

12-5 경영정보시스템은 내 경력에 어떻게 도움이 되는가?

사례

앙고스트라, 모바일 영업 시스템을 구축하다

모바일용 애플리케이션 개발은 다르다

에이럽, 프로젝트 관리를 클라우드로 이전하다

머스크의 트레이드렌즈: 글로벌 공급사슬의 디지털화

앙고스트라, 모바일 영업 시스템을 구축하다

트리니다드주 라벤틸에 본사가 있는 하우스 오브 앙고스트라(House of Angostura, Angostura Limited라고도 함)는 카리브해의 주요 럼(rum) 생산자 중 하나이며 많은 칵테일에 사용하는 비터의 세계 시장을 선도하는 기업이다. 앙고스트라는 330명의 정규직 직원이 있고, 약 1억 달러의 연수익을 달성하고 있다.

앙고스트라는 여전히 트리니다드 토바고에서 제품의 현지 유통을 관리하고 있으며 16명의 영업 담당자로 구성된 팀이 현장에서 주문을 받고 있다. 과거에는 이러한 주문 프로세스가 잘 작동했으나 이들은 매우 수동적이고 진부하며, 시간이 많이 걸리고, 때로는 부정확한 주문을 생성했다.

매일 현장에서 16명의 영업 담당자는 종이에 주문내역을 작성하고 사무실로 돌아와 고객 서비스 담당자에게 주문 양식을 전달해야 한다. 고객 서비스 담당자는 주문 데이터를 앙고스트라의 SAP 전사적자원관리(ERP) 시스템에 수동으로 입력해야 한다. 주문은 수작업으로 이루어지기에 정보를 잘못 읽고 입력할 수 있으며, 이로 인해 잘못된 상품이 고객에게 발송될 수 있다. 이러한 부정확한 주문은 반품되어 더 많은 서류 작업과 더 높은 비용이 발생하기도 한다. 앙고스트라는 또한 송장과 미수금 정보를 보고하고 추적하기 위해 수작업 프로세스를 사용했는데, 이로 인해 추가 지연과 오류가 발생한다.

영업 담당자는 또한 최신 정보가 반영되지 않은 제품 가용성에 대한 데이터 작업을 수행하고 있다. 영업 담당자가 사무실에 떨어져 있으면 주문이 실제로 이행될 수 있는지 여부를 알 수 없다. 그들은 주문을 이행할 수 있는지 알아보기 위해 앙고스트라의 창고에 연락을 취해야 한다.

2012년 앙고스트라 경영진은 영업 프로세스가 보다 간소화되고 효율적이기 위해 모바일 기술을 사용해야 한다고 결정했다. 앙고스트라는 개선된 영업 프로세스를 위한 일련의 세부 정보 요구사항을 식별하고, 5개 모바일 공급업체의 시스템 해결책을 평가하는 데 1년 이상을 소요했다. 한 가지 중요한 요구사항은 응용프로그램이 기업의 전체 재고에서 구매한 제품의 가용성을 자동으로 갱신하고 회사의 백엔드(back-end) SAP ERP 시스템과 통합할 수 있어야 한다는 것이다. 또 다른 요구사항은 온라인 연결이 없는 경우에도 영업 담당자가 모바일 기기에서 계속 주문을 입력할 수 있도록 모바일 시스템이

TristanBM/Fotolia

오프라인으로 작동할 수 있어야 한다는 것이다. 온라인 상태가 되면 모바일 기기는 ERP 시스템을 통해 주문을 보낼 수 있다.

선택된 공급업체는 기업 사양에 맞게 모바일 애플리케이션을 가장 잘 개발하고 경영진이 제시한 예산 범위 내에서 성공적으로 개발할 수 있는 공급업체이다. 2013년 앙고스트라는 IDS 쉬어(IDS Scheer) 및 아이티캠퍼스(itCampus) 컨설턴트와 협력해 애플 아이패드에서 실행되는 모바일 판매 솔루션을 개발했다. 이 솔루션에는 고객 데이터베이스, 제품 카탈로그, 고객별 가격 책정, 주문 입력, 주문 미리보기, 블루투스 무선 프린터와의 통합이 포함된다. 다양한 기기와 플랫폼을 SAP 소프트웨어에 연결하기 위해 SAP 넷위버 게이트웨이(NetWeaver Gateway) 기술을 사용해 빠르게 생성했다. 파일럿 애플리케이션은 6월에 테스트할 준비가 되었고 전체 애플리케이션은 2014년 1월에 출시되었다.

앙고스트라의 영업 담당자 16명에게 주문 응용프로그램뿐만 아니라 영업 프로세스를 보다 효율적으로 수행할 수 있는 이메일, 구글 지도, 앙고스트라 제품 계열을 표시하는 비디오 및 PDF 문서 업로더와 같은 기타 모바일 앱이 포함된 아이패드가 지급되었다. 영업 응용프로그램은 기업 ERP 시스템과 통합되어 영업 담당자에게 창고에 있는 제품의 가용성에 대한 최신 정보를 제공한다.

앙고스트라의 모바일 영업 앱을 사용하면 주문량에 따라 30초 이내에 주문을 생성할 수 있으므로 주문 프로세스가 2배 빨라진다. 영업 사원은 이제 사무실로 돌아올 때까지 기다리지 않고 주문을 접수할 때 원격으로 주문을 보낼 수 있기에 영업 사원당 20%의 시간이 절약된다. 고객 서비스 담당자는 데이터 입력에 소비하는 시간이 75% 줄어 보다 유용한 작업에 시간을 할애할 수 있다. 이로 인해 반품된 주문이 30% 감소했다.

출처: Natalie Miller, "Generations-Old Company with a Modern Twist on Sales," *SAP Insider Profiles*, January 2016; www.angostura.com, accessed February 10, 2019; and IDS Scheer Consulting Group, "Angostura's iPad-Based SAP Mobile Sales Solution," 2014.

앙고스트라의 경험은 새로운 정보시스템을 계획, 구축, 구현하는 데 필요한 몇 가지 단계를 보여준다. 모바일 영업 주문을 위한 새로운 시스템을 구축하려면 기존 시스템에 대한 문제점과 정보 요구사항을 분석하고, 적절한 기술을 선택하고, 비즈니스 프로세스와 작업을 재설계해야 한다. 앙고스트라의 시스템 개발자는 기업의 주문 입력 문제를 해결할 수 있는 새로운 영업시스템에 투자하기 위한 설득력 있는 비즈니스 사례를 만들어야 한다. 경영진은 시스템 구축 노력을 감독하고 이익과 비용을 평가해야 한다. 정보 요구사항은 계획된 조직 변경 프로세스를 나타내는 새로운 시스템 설계에 통합되었다. 앙고스트라는 경영진이 강력한 프로젝트 관리와 조직 변화에 대한 관심이 성공에 필수적이라는 점을 이해했기 때문에 이 프로젝트가 성공하게 된 것이다.

옆 페이지의 도표는 이 사례와 이 장에서 제기된 중요한 요점에 주의를 환기시킨다. 앙고스트라의 영업 주문 처리 능력은 구식이고 비효율적인 수작업 프로세스로 인해 방해를 받았으며, 이로 인해 비용이 증가하고 작업 속도는 느려졌으며 고객에게 서비스를 제공하는 기업의 능력이 제한되었다.

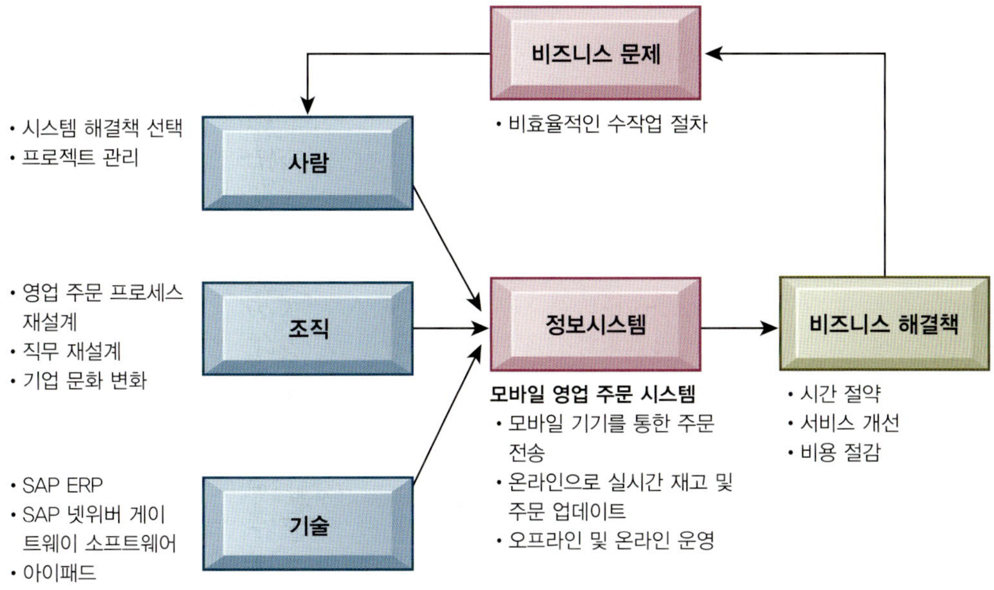

해결책은 모바일 기기와 소프트웨어를 사용하고, 아이패드를 통해 주문을 입력하고 회사의 백엔드 ERP 시스템으로 전송할 수 있도록 영업 주문 프로세스를 재설계하는 것이다. 앙고스트라의 정보 요구사항은 시스템 설계에 통합되었다. 이 솔루션은 신기술 적용뿐만 아니라 기업 문화, 비즈니스 프로세스, 직무 변화를 포괄한다. 앙고스트라의 영업 운영은 훨씬 더 효율적이고 오류 발생 가능성이 적다.

생각해볼 몇 가지 질문이 있다. 앙고스트라의 모바일 영업 앱은 어떻게 정보 요구사항을 충족했는가? 앙고스트라의 모바일 영업 앱은 얼마나 효율적인 해결책인가? 그렇게 생각하는 이유는 무엇인가? 새로운 시스템이 앙고스트라의 비즈니스 운영 방식을 얼마나 변화시켰는가?

12-1 관리자는 새로운 정보시스템 획득 및 개발을 위한 비즈니스 사례를 어떻게 구축해야 하는가?

기업은 일반적으로 새로운 정보시스템 개발 또는 기존 시스템 개선을 포함해 문제를 해결하고 성과를 개선할 수 있는 많은 대안을 제시한다. 자원보다 시스템 프로젝트에 대한 아이디어가 훨씬 더 많다. 당신의 회사는 비즈니스에 가장 큰 편익을 약속하는 시스템 프로젝트 투자를 선택해야 한다. 또한 선택한 해결책이 다른 해결책과 비교해 회사에 가장 큰 가치를 제공하는 이유에 관한 비즈니스 사례를 만들어야 한다.

비즈니스 사례(business case)는 투자 승인을 요청하는 경영진에 대한 제안이다. IT 투자에 관한 비즈니스 사례는 제안된 시스템 해결책에 투자해 해결할 수 있는 조직이 직면한 문제를 설명한다. 이는 해당 투자와 관련된 모든 비용, 편익, 위험에 대한 분석과 제안된 해결책에 대한 정당성을 제공한다. 비즈니스 사례는 투자를 진행하는 근거를 설명하고 투자가 회사의 전략적 목표와 비즈니스 목표를 지원하는 방법과 회사의 전체 정보시스템 계

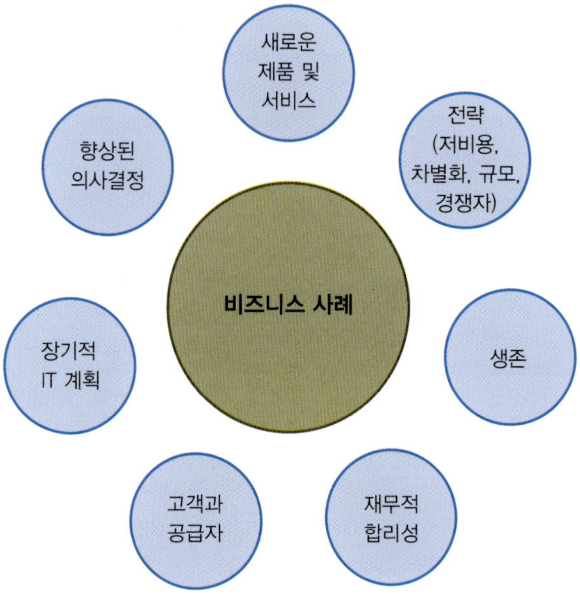

그림 12.1
비즈니스 사례를 만들 때 고려해야 할 요소
새로운 정보시스템에 관한 비즈니스 사례를 만드는 경우 다루어야 하는 일곱 가지 주요 요소가 있다.

획에 어떻게 부합하는지 보여준다. 또한 투자 진행 여부와 형식에 대해 정보에 입각한 결정을 내리는 데 필요한 정보를 제공한다. 비즈니스 사례는 이 투자가 비즈니스에 어떻게 가치를 제공하는지 설명하고 결과에 부정적인 영향을 미칠 수 있는 모든 위험을 식별한다. 비즈니스 사례는 선호하는 옵션을 선택하기 위한 결정 요소와 함께 대체 해결책을 식별한다. 또한 좋은 비즈니스 사례는 제안된 해결책이 조직 문화, 시스템, 프로세스 및 작업 변화를 요구할 방법을 설명한다.

그림 12.1은 특정 새 시스템에 관한 비즈니스 사례를 만드는 데 사용되는 일곱 가지 주요 요소를 요약한 것이다. (1장의 정보시스템 비즈니스 동인에 대한 논의를 검토하라.) 이 요소는 다음과 같다. (1) 장기적인 전략(생산비용 절감, 제품 및 서비스 차별화, 회사 규모 확대(예: 글로벌 확장), 경쟁자 역량과 동등하거나 우월함, (2) 향상된 의사결정, (3) 고객과 공급자 관계, (4) 생존(시장에서 요구함), (5) 새로운 제품 및 서비스, (6) 재무적 합리성, (7) 회사의 장기적인 IT 계획에 적합 등이다. 도입 사례에서 설명한 앙고스트라 모바일 주문입력시스템과 같이 단일 문제에 초점을 맞춘 소규모 시스템은 '향상된 의사결정', '고객 관계', '비용 절감'과 같은 소수의 요소에 초점을 맞추는 반면에 대규모 시스템 프로젝트는 비즈니스 사례를 만드는 데 일곱 가지 요소 모두를 포함한다.

정보시스템 계획

가장 비즈니스 가치를 제공할 정보시스템 프로젝트를 식별하기 위해 조직은 최상위 계획에 통합된 전략적 시스템과 함께 전체 비즈니스 계획을 지원하는 전사적인 **정보시스템 계획**(information systems plan)이 필요하다. 최고정보책임자(CIO)에 의해 제안된 정보시스템 계획은 매년 CEO와 이사회의 승인을 받는다. 정보시스템 계획은 시스템 개발 방향(계획 목적), 근거, 현행 시스템 현황, 개발 시 고려사항, 경영 전략, 구현 계획, 예산 등을 나타내는 로드맵 역할을 한다(표 12.1 참조). 포괄적이고 전사적인 정보시스템 계획이 없으

표 12.1
정보시스템 계획

1. 계획의 목적
- 계획의 전반적인 내용
- 현행 경영 조직과 미래 조직
- 핵심 비즈니스 프로세스
- 경영 전략

2. 전략적 경영 계획의 타당성
- 현 상황
- 현행 경영 조직
- 변화하는 환경
- 경영 계획의 주요 목표
- 기업의 전략적 계획

3. 현행 시스템
- 경영 기능과 프로세스를 지원하는 주요 시스템
- 현 인프라 역량
  - 하드웨어
  - 소프트웨어
  - 데이터베이스
  - 통신과 인터넷
  - 클라우드 서비스
- 경영 요구 충족의 어려움
- 미래 수요 예측

4. 새로운 개발
- 새로운 시스템 프로젝트
  - 프로젝트 기술서
  - 비즈니스 타당성
  - 전략에서 애플리케이션의 역할
- 요구되는 새로운 인프라 역량
  - 하드웨어
  - 소프트웨어
  - 데이터베이스
  - 통신과 인터넷
  - 클라우드 서비스

5. 경영 전략
- 요구사항 확보 계획안
- 조직 재배치
- 경영 통제
- 교육훈련
- 인사관리 전략

6. 시스템 구현 계획
- 예상되는 구현상 문제점
- 진도보고서

7. 소요 예산
- 자원
- 잠재적 편익
- 예산 조달
- 확보 사이클

면 특정 개별 시스템을 개발하기 위한 제안의 가치를 평가하는 것이 불가능하지는 않더라도 어렵다. 회사에 있는 모든 시스템의 큰 맥락을 이해하지 않고서 특정 새로운 시스템의 개발을 주장할 수 없다.

이 계획은 기업 목표에 대한 설명이 포함되며, 어떻게 정보기술이 이러한 목표 달성을 지원하는지 구체화한다. 정보시스템 계획은 일반적인 목표가 특정 시스템 프로젝트에 의해 어떻게 달성되는지 보여준다. 또한 계획된 시간 내에 얼마나 많은 목표가 실제로 달성되었는지 평가하기 위한 구체적인 목표 일자와 이정표를 설정한다. 해당 계획을 보면 주요 관리 결정, 기술 및 필요한 조직 변경 사항을 파악할 수 있다.

효율적인 계획을 세우기 위해 기업은 모든 정보시스템 응용프로그램, IT 인프라 구성요소, 장단기 정보 요구사항에 대한 목록을 작성하고 문서화해야 한다. 향상된 의사결정과 관련된 편익이 있는 프로젝트의 경우 관리자는 회사에 가장 큰 부가가치를 제공할 의사결정 개선사항을 식별하려고 노력해야 한다(11장 참조). 그런 다음 그들은 의사결정 결과에 대한 보다 시의적절하고 정확한 정보의 가치를 정량화하기 위해 일련의 척도(지표)를 개발해야 한다.

계획은 관리자 및 종업원 훈련 요구사항, 비즈니스 프로세스 변화, 권한, 구조 또는 경영 관행 변화와 같은 조직 변화를 설명해야 한다. 새로운 정보시스템 프로젝트의 비즈니스 사례를 만들 때, 당신은 제안된 시스템이 그 계획과 얼마나 부합하는지를 보여주게 된다.

포트폴리오 분석과 스코어링 모델

일단 전사적 정보시스템 계획을 수립해 회사의 전반적인 시스템 개발 방향을 결정했다면 **포트폴리오 분석**(portfolio analysis)은 대체 시스템 프로젝트를 평가하는 데 도움이 되는 도구 중 하나이다. 포트폴리오 분석은 기업의 모든 정보시스템 프로젝트와 기반구조, 외주 계약, 라이선스 등을 포함한 자산 목록을 만든다. 정보시스템 투자 포트폴리오는 재무 포트폴리오와 유사하게 위험과 편익(혜택) 측면으로 설명될 수 있으며(그림 12.2 참조), 각 정보시스템 프로젝트는 일련의 위험과 편익을 가진다. 기업은 시스템 투자의 위험과 수익을 균형 있게 함으로써 정보시스템 포트폴리오 수익을 개선하기 위해 노력한다.

분명하게 우리는 '저위험(low risk) 고편익(high benefit)'을 갖는 시스템에 우선 집중할 것이다. 이는 조기 수익과 낮은 위험을 약속한다. 다음으로, '고위험 고편익'을 갖는 시스템이 검토되어야 하며 '고위험 저편익'을 갖는 시스템은 전적으로 피해야 한다. 마지막으로 '저위험 저편익'을 갖는 시스템은 높은 편익을 제공하는 시스템으로 재구축하거나 교체할 가능성을 재검토해야 한다. 포트폴리오 분석을 통해 경영진은 더 위험하고 보상이 높은 프로젝트와 더 안전하고 보상이 낮은 프로젝트의 균형을 유지하면서 회사에 대한 투자 위험과 보상의 최적 조합을 결정할 수 있다.

대안적 시스템 해결책을 평가하기 위한 다른 방법으로 **스코어링 모델**(scoring model)이 있다. 스코어링 모델은 주어진 목적에 부합하는 정도에 따라 대안적 시스템에 하나의 점수를 부여한다. 표 12.2는 앙고스트라가 판매 프로세스 개선을 위해 제안된 시스템 해결책을 평가하는 데 사용한 간단한 스코어링 모델의 일부를 보여준다. 1열은 의사결정자들이 시스템을 평가하기 위해 사용하는 기준이다. 이 표는 앙고스트라가 판매 주문 처리 기능, 사용 용이성, 개별 판매 담당자가 주문을 받도록 지원하는 기능, 모바일 플랫폼에서의 시스템 접근 등을 가장 중요하게 여긴다는 것을 보여준다. 표 12.2의 2열은 의사결정자가 결정 기준에 부여한 가중치가 표시되어 있다. 3열과 5열은 각 대안적 시스템이 해당 평가기준을 만족하는 정도를 백분율(%)로 보여준다. 각 대안의 점수는 각 기능에 대해 충족된 요

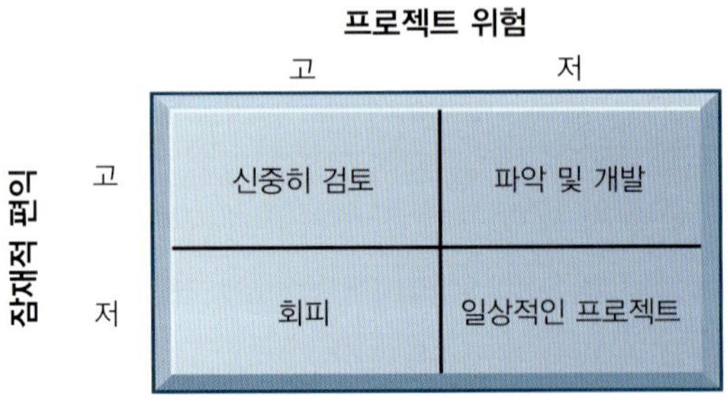

그림 12.2
시스템 포트폴리오
기업은 잠재적 편익과 위험 측면에서 프로젝트 포트폴리오를 검토해야 한다. 어떤 프로젝트는 지양해야 하고 또 어떤 프로젝트는 빨리 진행해야 한다. 이상적인 혼합은 없다. 다양한 산업에서 기업은 다양한 정보시스템 요구가 있다.

표 12.2 앙고스트라 모바일 판매시스템의 스코어링 모델 적용 예

기준	가중치	대안 1(%)	대안 1(점수)	대안 2(%)	대안 2(점수)
1.1 주문 처리					
1.2 온라인 주문 입력	5	67	335	83	415
1.3 영업 담당자에 의한 주문 추적	5	81	405	75	375
1.4 고객별 주문 추적	5	30	150	80	400
소계(주문 처리)			890		1,190
2.1 사용 용이성					
2.2 모바일 플랫폼에서 시스템 접근	5	55	275	92	460
2.3 짧은 훈련 시간	4	79	316	85	340
2.4 사용자 친화적인 화면과 데이터 입력	4	65	260	87	348
소계(사용 용이성)			851		1,148
3.1 비용					
3.2 소프트웨어 비용	3	51	153	65	195
3.3 하드웨어(클라우드 서비스) 비용	4	57	228	90	360
3.4 유지보수 및 지원 비용	4	42	168	89	356
총비용			549		911
총점수			2,290		3,249

구사항의 백분율을 해당 기능에 부여된 가중치로 곱해 계산된다. 해결책 대안 2의 총점이 가장 높다.

해결책 비용과 편익 결정

앞에서 지적했듯이 시스템 해결책의 비즈니스 사례에는 각 해결책이 회사에 좋은 투자인지 여부에 대한 평가가 포함된다.

시스템 프로젝트가 회사의 전략적 목표를 지원하고, 사용자 정보 요구사항을 충족하더라도 회사에 좋은 투자가 되어야 한다. 재정적 관점에서 시스템의 가치는 본질적으로 투자 자본에 대한 수익률 중심으로 이루어진다. 특정 정보시스템 투자가 비용을 정당화할 만큼 충분한 수익을 창출하는가?

표 12.3은 시스템의 일반적인 비용과 편익을 나열한 것이다. **유형 편익**(tangible benefit)은 정량화되어 금전적 가치로 환산될 수 있다. 더 효율적인 고객 서비스나 향상된 의사결정 등과 같은 **무형 편익**(intangible benefit)은 즉시 정량화될 수 없으나 장기적으로 정량화할 수 있는 이익으로 이어질 수 있다. 노동을 대체하고 공간을 절약하는 거래 및 사무시스템은 항상 경영정보시스템, 의사결정지원시스템, 협업 작업을 위한 시스템보다 더 측정 가능하고 유형적인 편익을 제공한다(2장 참조). 앙고스트라가 얻은 유형 편익 중 일부는 주문 프로세스를 간소화하고 오류를 줄임으로써 생산성을 높이고 운영비용을 낮추는 것이다. 무형 편익은 고객 만족도, 시의적절한 정보, 운영 개선 등이 있다.

하드웨어와 소프트웨어를 구입하고 설치하는 초기 비용을 넘어 정보기술 지출의 구성요소를 식별하고 측정하도록 설계된 총소요비용(TCO)의 개념을 5장에서 소개한 바 있다.

표 12.3
정보시스템의 비용과 편익

비용	무형 편익
하드웨어	자산 이용률 증가
통신	자원 관리 개선
소프트웨어	조직 계획 개선
서비스	조직 유연성 증대
인건비	적시 정보 제공
유형 편익(비용 절감)	고객경험 증대
생산성 향상	조직학습 증대
운영비용 감소	법적 요구조건 충족
인력 감소	종업원 친절도 향상
컴퓨터 비용 감소	직무 만족도 증가
외부업체 비용 감소	의사결정 개선
사무원 및 전문가 비용 감소	고객 만족도 제고
비용 증가율 감소	기업 이미지 개선
설비비용 감소	

그러나 TCO 분석은 일반적으로 편익, 복잡성 비용과 같은 비용 범주, 이 절의 뒷부분에서 설명하는 '소프트' 및 전략적 요소를 다루지 않기 때문에 정보기술 투자를 평가하는 데 필요한 정보의 일부만 제공한다.

정보시스템을 위한 자본 예산 책정

특정 프로젝트의 편익을 확인하려면 모든 비용과 편익을 계산해야 한다. 분명히 비용이 편익을 초과하는 프로젝트는 거부되어야 한다. 그러나 편익이 비용을 능가하더라도 프로젝트가 회사의 투자 자본에 대해 좋은 수익을 보장하는지 확인하려면 추가적인 재무 분석이 필요하다. **자본 예산 책정**(capital budgeting) 모델은 장기적인 자본 투자 프로젝트에 대한 투자 가치를 측정하는 데 사용되는 여러 기법 중 하나이다.

자본 예산 책정은 회사 안팎의 현금흐름 측정에 의존하며, 자본 프로젝트는 이러한 현금흐름을 생성한다. 정보시스템 프로젝트 투자비용은 하드웨어, 소프트웨어, 노동에 대한 지출로 인한 즉각적인 현금 유출이다. 이후 몇 년 동안 투자는 투자로 인한 현금 유입과 균형을 이루는 추가 현금 유출을 유발할 수 있다. 현금 유입은 더 많은 제품의 판매 증가(신제품, 품질 향상 또는 시장 점유율 증가와 같은 이유로) 또는 생산 및 운영 비용 감소 형태를 취한다. 현금 유출과 현금 유입의 차이는 투자의 재무적 가치를 계산하는 데 사용된다. 현금흐름이 안정화되면 여러 프로젝트를 비교하고 투자를 결정하기 위한 몇 가지 대체 방법을 사용할 수 있다.

IT 프로젝트를 평가하기 위한 주요 자본 예산 책정 모델에는 회수기간법(payback method), 투자수익률(return on investment, ROI), 순현재가치(net present value, NPV), 내부수익률(internal rate of return, IRR) 등이 있다. 그림 12.3은 앙고스트라와 유사한 온라인 주문시스템에 대한 자본 예산 분석의 일부를 보여준다.

재무 모델의 한계

정보시스템의 재정적·기술적 측면에 대한 전통적인 초점은 투자의 진정한 비용과 편익에

	A	B	C	D	E	F	G	H
1	추정 비용 및 편익 – 모바일 판매주문시스템							
2	**연도**		**0**	**1**	**2**	**3**	**4**	**5**
3			**2019**	**2020**	**2021**	**2022**	**2023**	**2024**
4	**비용**							
5	**하드웨어**							
6	50 아이패드 @$500		$25,000					
7	클라우드 IaaS		$4,000	$2,000	$2,000	$2,000	$2,000	$2,000
8	**통신**		$1,500	$1,500	$1,500	$1,500	$1,500	$1,500
9	**소프트웨어**							
10	모바일 주문 앱		$35,000					
11	ERP로 통합		$25,000					
12	**인적자원**							
13	비즈니스 담당자		$10,000					
14	IT 담당자 + 컨설턴트		$45,000	$2,000	$2,000	$2,000	$2,000	$2,000
15	**훈련**		$7,000	$1,000	$1,000	$1,000	$1,000	$1,000
16	**유지 및 지원**			$5,000	$5,000	$5,000	$5,000	$5,000
17		**연간 비용**	$1,52,500	$11,500	$11,500	$11,500	$11,500	$11,500
18		**총비용**	$2,10,000					
19	**편익**							
20	노동력 비용 감소			$52,000	$52,000	$52,000	$52,000	$52,000
21	불량 및 수익 감소			$70,000	$70,000	$70,000	$70,000	$70,000
22		**연간 순현금흐름**	-$1,52,500	$1,10,500	$1,10,500	$1,10,500	$1,10,500	$1,10,500
23		**총편익**	$4,00,000					
24								
25		**순현재가치(NPV)**	$2,68,407					
26		**투자수익률(ROI)**	4.1%					
27		**내부수익률(IRR)**	17.0%					

그림 12.3
정보시스템 투자를 위한 자본 예산 책정
이 워크시트는 모바일 판매주문시스템에 대한 단순화된 자본 예산 책정 분석을 보여준다.

영향을 미칠 수 있는 정보시스템의 사회적·조직적 차원을 간과하는 경향이 있다. 다수 기업의 정보시스템 투자 결정은 최종 사용자의 교육 비용, 새로운 시스템에 대한 사용자의 학습 곡선이 생산성에 미치는 영향, 관리자가 새로운 시스템 변화를 검토하는 데 필요한 시간 등과 같이 새로운 시스템으로 인해 발생하는 조직 중단으로 인한 비용을 적절하게 고려하지 않고 있다. 새로운 시스템에서 시의적절한 의사결정을 내리거나 직원 학습 및 전문 지식을 향상하는 것과 같은 무형 편익도 전통적인 재무 분석에서 간과될 수 있다. 우리는 자본 예산 책정 방법을 사용해 정보시스템 투자를 정당화하는 방법에 대한 자세한 내용을 학습 트랙에서 확인할 수 있다.

12-2 새로운 정보시스템 개발을 위한 핵심 문제 해결 단계는 무엇인가?

새로운 정보시스템은 조직이 직면하고 있다고 인식하는 문제 또는 일련의 문제에 대한 해결책으로 구축된다. 해당 문제는 관리자와 직원이 비즈니스가 기대한 만큼 성과를 내지 못한다는 믿음 또는 조직이 더 효율적으로 수행하기 위해 새로운 기회를 이용해야 한다는 인식에서 비롯될 수 있다.

1장에서 소개한 문제 해결 프로세스는 강력한 비즈니스 사례를 개발하고 올바른 해결책을 구현하는 데 필요한 사실과 결과를 제공한다. 그림 12.4는 (1) 문제 정의와 이해, (2) 대안적 해결책 개발, (3) 최적 해결책 선택, (4) 해결책 구현 등 우리가 취해야 할 네 가지 단계를 보여준다.

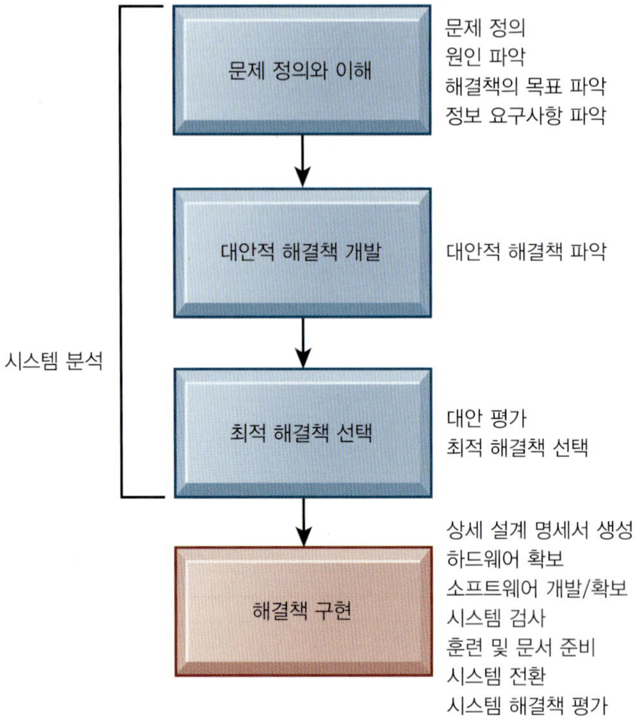

그림 12.4
정보시스템 해결책 개발
정보시스템 해결책 개발은 문제 해결 프로세스를 기반으로 한다.

문제를 해결하려면 먼저 문제를 올바르게 정의해야 한다. 조직 구성원은 문제가 실제 존재하고 그것이 심각하다는 사실에 동의해야 한다. 해당 문제를 제대로 이해하기 위해서 조사가 필요하다. 다음으로 대안적 해결책을 개발하고, 각 대안을 평가한 뒤 최적의 해결책을 선택한다. 최종 단계는 해결책을 구현하는 단계로, 해결책에 대한 세부 설계 구체화, 물리적 시스템으로 변환, 테스트, 조직으로의 도입, 지속적인 개선 등을 수행한다.

정보시스템 분야에서는 이러한 활동에 대한 특별한 명칭이 있다. 그림 12.4에서 보는 바와 같이 문제 해결 프로세스의 첫 3단계인 문제 정의(문제 식별)와 이해, 대안적 해결책 개발, 최적 해결책 선택을 **시스템 분석**(systems analysis)이라고 한다.

문제 정의와 이해

기업의 다양한 구성원은 문제의 성격과 심각성에 대해 서로 다른 생각을 가질 수 있으므로 문제 정의는 약간의 작업을 필요로 한다. 문제의 원인은 무엇인가? 왜 그것이 여전히 문제인가? 왜 그 문제가 이전에 해결되지 못했나? 시스템 분석가는 일반적으로 문서, 서류, 절차서, 시스템 운영에 관한 자료 등을 검토하고 직원, 관리자, 고객이 시스템 사용자면 이들을 인터뷰해 기존 시스템과 문제에 관한 사실들을 수집한다.

일반적으로 기업의 정보시스템 문제는 사람, 조직, 기술 요인의 조합에 의해 발생한다. 주요 이슈 또는 문제를 파악할 때 그것이 어떤 종류의 문제인지 질의해야 한다. 사람 문제, 조직 문제, 기술 문제, 혹은 이들의 조합인가? 어떤 사람, 조직, 기술 요인이 해당 문제를 유발하는가?

일단 문제의 정의와 분석이 끝나면 무엇을 해야 하고 또 무엇을 할 수 있는지 의사결정이 가능해진다. 문제에 대한 해결책의 목적은 무엇인가? 회사의 목적이 비용 절감이나 매출 증대인가? 아니면 고객, 공급업체, 종업원과의 관계 개선인가? 관리자는 의사결정을 위한 충분한 정보를 가지고 있는가? 이러한 목적을 달성하기 위해 어떤 정보가 필요한가?

가장 기본적인 수준에서 새로운 시스템의 **정보 요구사항**(information requirements)은 어떤 정보를 누가, 어디에서, 언제, 어떻게 필요로 하는지 파악한다. 요구사항 분석은 새로운 시스템 또는 수정된 시스템의 목적을 면밀하게 정의하고 그 시스템이 수행해야 하는 기능을 상세하게 기술한다. 잘못된 요구사항에 의해 설계된 시스템은 성능 저하로 인해 폐기되거나 대대적으로 수정이 필요하다. 이 절에서는 이러한 문제를 최소화하도록 지원하는 요구사항 도출을 위한 대안적 접근 방식을 설명한다. 앙고스트라 사례의 경우 문제는 기존 주문 프로세스가 지나치게 수동적이고 시간이 오래 걸리며 오류율이 높다는 것이다.

앙고스트라 해결책의 목표는 주문 프로세스의 시간, 노력 및 오류를 줄이는 동시에 모든 위치에서 온라인으로 주문을 제출할 수 있도록 하는 것이다. 해결책에 대한 정보 요구사항에는 즉시 주문을 받는 기능, 제품이나 계정 유형별로 주문을 추적하는 기능, 주문 상태를 추적하는 기능, 회사의 ERP 시스템과 상호작용하는 기능이 포함된다.

대안적 해결책 개발

목적을 달성하고 정보 요구사항을 충족하기 위해 어떤 대안적 해결책이 가능한가? 시스템 분석은 주어진 문제의 본질에 적합한 가장 가능성 있는 경로를 제시한다. 일부 해결책은 정보시스템 해결책을 요구하지 않고, 그 대신 관리 조정, 추가적인 훈련, 기존 조직 절차의 개선 등을 요구한다. 그러나 일부는 기존 정보시스템의 수정 또는 완전히 새로운 정보시스템의 개발을 요구한다.

해결책 평가와 선택

시스템 분석은 제안된 각 해결책이 재무적, 기술적, 조직적 관점에서 실행 또는 달성 가능한지 결정하는 **타당성 조사**(feasibility study)를 포함한다. 타당성 조사는 각 대안적 해결책이 만족할 만한 투자인지, 시스템 개발에 필요한 기술을 이용할 수 있고 정보시스템 담당자가 해당 기술을 다룰 수 있는지, 그리고 조직이 새로운 시스템 도입에 따른 변화를 수용할 수 있는지 등을 검토한다.

시스템 제안서는 각 대안적 해결책의 비용과 편익, 장단점이 기술된다. 어떤 해결책이 재무적 측면에서 가장 바람직한가? 어떤 것이 조직에 가장 적합한가? 시스템 분석은 각 대안의 비용과 편익, 그리고 그 해결책을 효과적으로 사용하기 위한 조직 변화를 상세히 기술한다. 다음 절에서 변화관리 방법을 상세히 알아본다. 관리자는 이 보고서에 기초해 회사에 가장 적합한 해결책을 선택한다.

해결책 구현

시스템 해결책 구현의 첫 번째 단계는 상세한 설계 명세(design specification)를 만드는 것이다. **시스템 설계**(system design)는 선택된 해결책이 어떻게 구현되어야 하는지를 보여준

표 12.4
온라인 주문시스템의 설계 명세

출력	온라인 보고서 보고서 인쇄본 온라인 질의 주문 트랜잭션(거래)
입력	주문 데이터 입력 화면 주문 상황 현황 화면
데이터베이스	주문 파일과 고객 파일로 구성된 데이터베이스
처리	제품 종류별 주문 총계 계산 유통 센터로 주문 전송 고객별 주문 추적 영업 담당자에 의한 주문 추적 배송 일정 관리 고객 데이터 갱신
수작업 절차	전화, 이메일, 문자메시지를 통한 영업 담당자의 고객 접촉
보안과 통제	온라인 패스워드 권한이 부여된 영업 담당자와 회사 직원들만 시스템 접근 가능 회사 소유의 모바일 장치만 주문 입력 또는 기업 데이터 접근이 가능
전환	입력 고객 데이터 입력 시스템 검사
훈련과 문서화	사용자를 위한 시스템 가이드 온라인 훈련 세션 및 튜토리얼

다. 시스템 설계는 정보시스템 해결책을 위한 모델 또는 청사진이며 시스템 분석 단계에서 파악된 기능들을 구현하기 위한 모든 명세로 구성된다. 이러한 명세는 시스템 해결책의 모든 기술적, 조직적, 인적 요소를 고려해야 한다.

표 12.4는 앞서 논의한 온라인 주문시스템에 대한 설계 명세의 일부 내용으로, 이것은 선택된 해결책에 대한 정보 요구사항에 기초한다. 이러한 설계 명세는 웹과 모바일 앱 플랫폼에 적용된다.

구현 완료

시스템 해결책 구현의 최종 단계에서 다음과 같은 활동들이 수행된다.

- **하드웨어 선택과 취득.** 시스템 개발자는 애플리케이션에 적합한 하드웨어를 선택한다. 그들은 필요한 컴퓨터와 모바일 장치를 구입하거나 기술 제공자로부터 임대하거나 클라우드 컴퓨팅 공급업체로부터 클라우드 서비스를 제공받을 수 있다.
- **소프트웨어 개발과 프로그래밍.** 소프트웨어는 자체 개발하거나 아웃소싱 업체, 응용 소프트웨어 패키지 업체, 또는 온라인 소프트웨어 서비스 제공업자 등과 같은 외부업체로부터 구입할 수 있다. 핵심 주문시스템과 데이터베이스는 기업 데이터 센터 또는 인터넷을 통해 접근 가능한 원격 서버에 있다.

- **검사(테스트).** 시스템은 올바른 결과를 얻을 수 있도록 철저히 검사된다. 검사 프로세스(testing process)는 개별 컴퓨터 프로그램을 검사하는 **단위 검사**(unit testing)와 전반적인 정보시스템 성능을 검사하는 **시스템 검사**(system testing)가 요구된다. **인수 검사**(acceptance testing)는 시스템이 실제 운영환경에서 사용될 준비가 되었는지 최종적으로 확인하는 단계이다. 정보시스템 검사는 사용자가 평가하고 관리자가 점검한다. 모든 관계자가 새로운 시스템에 만족하면 시스템은 설치를 위해 정식으로 인수된다.

시스템 개발팀은 사용자와 협력해 체계적인 검사 계획을 수립한다. **검사 계획**(test plan)은 위에서 언급한 일련의 검사를 위한 모든 준비를 포함한다. 그림 12.5는 모바일 주문시스템에 사용할 수 있는 검사 계획의 일부 예를 보여준다. 검사 조건은 인가된 사용자에 의한 시스템 온라인 접근이다.

- **훈련과 문서화.** 최종 사용자와 정보시스템 전문가는 새로운 시스템을 사용하기 위해 훈련이 요구된다. 기술적 관점과 최종 사용자 관점에서 시스템 작동 방식을 설명하는 인쇄물 형태의 교육 안내서 또는 온라인 자습서 형태의 상세한 **문서화**(documentation)가 준비되어야 한다.
- **전환**은 기존 시스템에서 새로운 시스템으로 변화하는 과정이다. 네 가지 주요 전환 전략에는 병행 전략, 직접 전환 전략, 파일럿 연구 전략, 단계적 접근 전략이 있다.

검사 사례 번호: GS02-010

담당자: A. Patterson	**날짜:** 2020년 2월 19일

목적: 이 검사는 인증된 사용자가 시스템에 접속하는 것을 확인한다.

플랫폼: 애플 iOS 운영체제

절차 설명:
로그인 선택
사용자 이름 선택
사용자 이름 입력
패스워드 선택
패스워드 입력
제출 선택

예상 결과:
사용자가 로그인을 선택하면 로그인 메뉴가 나타난다.
사용자가 사용자 이름을 선택하면 마우스 커서가 사용자 이름 필드로 이동한다.
사용자가 사용자 이름을 입력하면 사용자 이름이 화면에 나타난다.
사용자가 패스워드를 선택하면 커서가 패스워드 필드로 이동한다.
사용자가 패스워드를 입력하면 패스워드가 화면에 별표로 표시된다.
사용자가 제출을 선택하면 시스템은 입력된 데이터를 검증하고 사용자의 시스템 접속을 허용한다.
사용자가 잘못된(또는 인증되지 않은) 사용자 이름이나 패스워드를 입력하면 '잘못된 사용자 이름 또는 패스워드'라는 오류 메시지가 나타난다.

검사 결과:
모두 OK

그림 12.5
모바일 주문시스템에 대한 검사 계획의 예
검사 계획을 수립할 때 검사할 다양한 조건, 각 검사 조건의 요구사항, 예상되는 결과를 포함해야 한다. 검사 계획은 최종 사용자와 정보시스템 전문가의 의견이 필요하다. 이 사례는 인증된 사용자가 모바일 주문시스템에 접근하기 위한 검사 사례이다.

병행 전략(parallel strategy)은 새로운 시스템이 기능적으로 제대로 동작한다는 것을 모든 사람이 확신할 때까지 당분간 기존 시스템과 새로운 시스템을 병행해 사용하는 전략이다. 문제가 발생하면 기존 시스템을 백업으로 사용할 수 있다. **직접 전환 전략**(direct cutover strategy)은 한순간에 기존 시스템을 새로운 시스템으로 완전히 바꾸는 전략으로 이것은 새로운 시스템에 문제가 발생하면 백업할 시스템이 없다는 위험을 지닌다. **파일럿 연구 전략**(pilot study strategy)은 단일 부서 또는 운영 단위와 같이 조직의 제한된 영역에만 새로운 시스템을 도입한다. 해당 파일럿 버전이 원활하게 작동하면 조직의 나머지 부분에도 설치된다. **단계적 접근 전략**(phased approach strategy)은 매주 급여를 받는 시간제 근로자에 대한 급여 처리를 먼저 구현하고, 다음으로 월 급여를 받는 급여 직원의 급여 처리를 구현하는 등 단계적으로 시스템을 도입한다.

- 가동과 유지보수. 새로운 시스템이 설치되고 전환이 마무리되면, 그 시스템은 **가동**(production) 중이라고 말한다. 이 단계에서 사용자와 기술 전문가는 해결책을 검토하면서 이들이 원래 목적에 얼마나 잘 부합하는지 그리고 어떤 수정이 필요한지를 결정한다. 오류 수정, 새로운 요구사항 충족, 처리 효율성 향상 등을 위해 하드웨어, 소프트웨어, 문서, 절차 등을 변경하는 것을 **유지보수**(maintenance)라고 한다.

변화관리

새로운 정보시스템 해결책을 개발하는 것은 단순히 하드웨어와 소프트웨어를 설치하는 문제가 아니다. 기업은 새로운 해결책이 가져올 조직 변화에도 관심을 가져야 한다(새로운 정보, 새로운 비즈니스 프로세스, 새로운 보고 관계 및 의사결정 권한 등). 잘 설계된 해결책도 이것이 조직 내에 신중하게 도입되지 않으면 제 기능을 발휘하지 못한다. 시스템이 체계적이고 효율적인 방법으로 구현되도록 하는 조직의 변화계획 프로세스는 정보시스템 해결책의 성공 또는 실패에 매우 중요한 영향을 미친다. 이에 대한 자세한 내용은 12-4절에서 설명한다.

12-3 정보시스템 구축을 위한 대체 방법에는 무엇이 있는가?

앞에서 설명한 기본적인 문제 해결 모델을 이용해 시스템 해결책을 만드는 대체 방법은 다양하다. 이러한 대체 방법에는 전통적인 시스템 생명주기, 프로토타이핑, 최종 사용자 개발, 애플리케이션 소프트웨어 패키지 및 아웃소싱이 포함된다.

전통적인 시스템 개발 생명주기

시스템 개발 생명주기(systems development life cycle, SDLC)는 가장 오래된 정보시스템 개발 방법이다. 생명주기 방법론은 시스템 개발을 위한 단계적 접근 방법으로, 시스템 개발을 그림 12.6과 같은 몇 개의 정형화된 단계로 나눈다. 비록 시스템 개발자가 생명주기상의 단계를 앞뒤로 오갈 수 있지만, 시스템 개발주기는 한 단계 작업이 끝나야 다음 단계 작

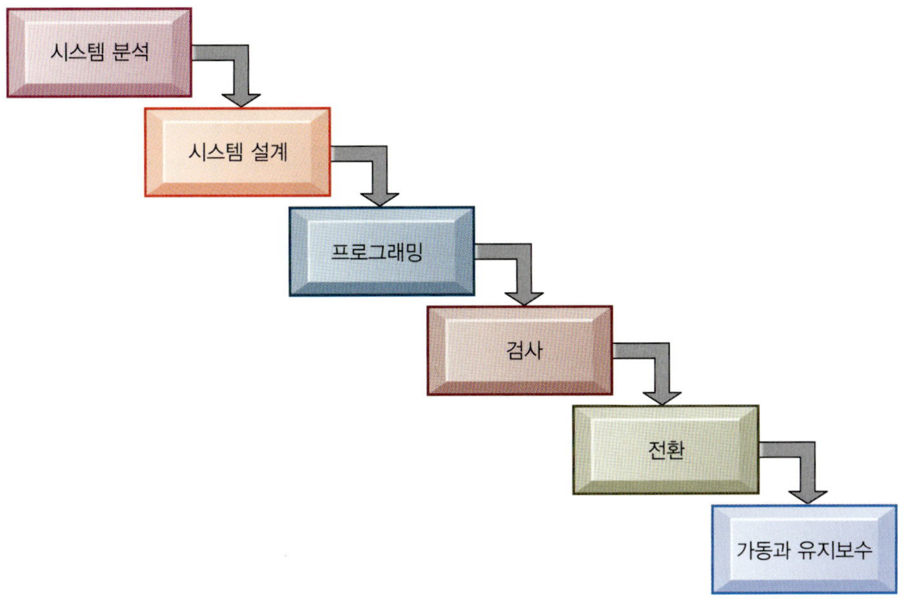

그림 12.6
전통적인 시스템 개발 생명주기
시스템 개발 생명주기는 시스템 개발을 각 단계가 끝나야 다음 단계가 시작될 수 있는 정형화된 단계로 나눈다.

업이 시작되는 폭포수(waterfall) 접근이 일반적이다.

이 접근 방법은 최종 사용자와 정보시스템 전문가의 공식적인 업무 분업을 유지한다. 시스템 분석가, 프로그래머 등 기술 전문가는 시스템 분석, 설계, 구현 작업에 많은 책임이 있고, 최종 사용자는 정보 요구사항을 제공하고 기술진 작업을 검토하는 등 제한적인 역할을 담당한다. 또한 생명주기는 정형화된 명세서와 문서작업을 강조하기 때문에 시스템 프로젝트 과정에서 많은 문서가 생성된다.

시스템 생명주기는 철저하고 정형화된 요구사항 분석, 미리 정의된 명세서, 시스템 개발 과정에 대한 엄격한 통제가 필요한 크고 복잡한 시스템을 구축하는 데 여전히 사용된다. 그러나 이 접근 방법은 한 단계 작업이 끝나야 다음 단계 작업이 시작될 수 있으므로 많은 비용과 시간이 소요된다. 활동들은 반복될 수 있으나, 요구사항과 명세서가 수정되면 방대한 양의 새로운 문서가 생성되어야 하고 이미 수행한 단계들이 다시 반복되어야 한다. 따라서 가급적 개발 프로세스의 초기 단계에 명세서를 확정 짓는 것이 필요하다. 또한 생명주기 접근은 개인화 특성이 있고 다소 구조적이지 못한 대다수의 소규모 데스크톱 시스템과 앱에는 적합하지 않다.

프로토타이핑

프로토타이핑(prototyping)은 사용자 피드백에 기반한 프로토타입(prototype, 시제품)을 평가하고 수정하기 위해 최종 사용자를 위한 실험시스템을 신속하고 저렴하게 구축하는 것으로 구성된다. 시제품은 정보시스템의 전체 또는 일부 기능이 실제로 작동하도록 구현되지만, 그것은 단지 예비적인 모델이다. 사용자는 시제품을 사용하면서 정보 요구사항에 대한 보다 좋은 아이디어를 얻게 되며, 시제품은 여러 차례 수정된다. 설계가 마무리되면 시제품은 완성된 가동시스템으로 변환될 수 있다. 그림 12.7은 프로토타이핑 프로세스의 4단계 모델이다.

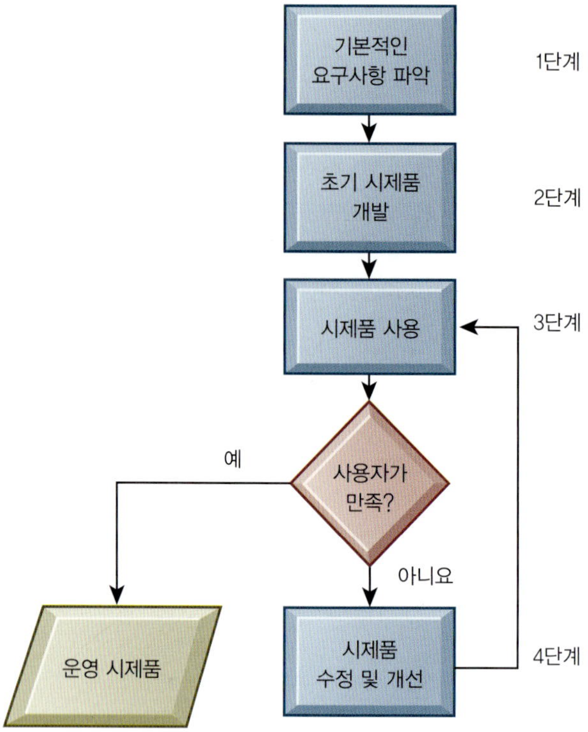

그림 12.7
프로토타이핑 프로세스
시제품 개발 프로세스는 4단계로 구분된다. 시제품은 저렴한 비용으로 신속하게 개발될 수 있으므로 시스템 개발자는 3, 4단계를 여러 차례 반복해 최종 운영 시제품에 도달하기 전까지 시제품을 개선할 수 있다.

1단계: 사용자의 기본적인 요구사항 파악. 시스템 설계자(통상적으로 정보시스템 전문가)는 사용자의 기본적인 정보 요구를 충분히 파악하기 위해 사용자와 함께 작업한다.

2단계: 초기 시제품 개발. 시스템 설계자는 시제품 개발 소프트웨어를 이용해 실제 작동하는 시제품을 신속하게 만든다.

3단계: 시제품 사용. 사용자는 만들어진 시제품을 사용해 작업하면서 그 시제품이 자신의 요구사항을 얼마나 만족시키는지 확인하고 시제품 개선을 위한 제안을 한다.

4단계: 시제품 수정 및 개선. 시스템 개발자는 사용자가 요구한 모든 변화 요구사항을 기록하고 그에 따라 시제품을 수정한다. 시제품이 수정된 후 3단계로 돌아가 사용자가 만족할 때까지 3, 4단계를 반복한다.

프로토타이핑은 정보시스템의 사용자 인터페이스를 설계할 때 특히 유용하다. 프로토타이핑은 시스템 개발 생명주기 전반에 걸쳐 최종 사용자가 적극적으로 참여하기 때문에 사용자의 요구사항을 충족시키는 시스템을 개발할 가능성이 크다.

그러나 신속한 프로토타이핑은 철저한 검사와 문서화 같은 시스템 개발의 필수 단계들을 간과할 우려가 있다. 만약 최종 시제품이 합리적으로 잘 작동된다면 관리자들은 완벽한 생산시스템의 구축 필요성을 느끼지 못할 수 있다. 급히 만들어진 일부 시스템은 생산 환경에서 대용량 데이터나 많은 수의 사용자를 쉽게 수용하지 못하는 경우가 있다.

최종 사용자 개발

최종 사용자 개발(end-user development)은 최종 사용자가 기술 전문가의 공식적인 도움 없이 혹은 약간의 도움으로 간단한 정보시스템을 개발하며, 완성된 애플리케이션을 만드는 데 필요한 시간과 단계를 줄일 수 있도록 한다. 최종 사용자는 사용자 친화적 질의어, 보고서, 웹사이트 개발, 그래픽, 엑셀 또는 액세스와 같은 PC 소프트웨어 도구를 사용해 전문 시스템 분석가나 프로그래머의 도움 없이 스스로 데이터에 접근하고 보고서를 작성하며 간단한 응용프로그램을 개발할 수 있다. 예를 들어 건설 산업을 위한 국제적인 제품 공급업체인 시멕스(CEMEX)는 인포메이션빌더스(InformationBuilders)의 웹포커스(WebFOCUS)를 사용해 재무 및 운영 데이터를 시각화하는 셀프서비스 보고 포털을 만든 바 있다.

전반적으로 최종 사용자 개발 시스템은 전통적인 프로그래밍 도구로 개발된 시스템보다 빨리 완성된다. 사용자가 자신의 비즈니스 요구사항을 직접 명시하도록 허용하면 요구사항 수집이 개선되고, 해당 시스템의 사용자 참여와 만족도 제고가 가능해진다. 그러나 최종 사용자 개발 도구들은 광범위한 절차적 논리와 요구사항 갱신이 필요한 다수의 트랜잭션 또는 응용프로그램을 처리하기가 쉽지 않기 때문에 아직 일부 비즈니스 응용프로그램에 사용되는 전통적인 도구들을 대체할 수 없다.

또한 최종 사용자 개발은 정형화된 개발 방법론, 검사 및 문서화 없이 단기간에 시스템을 만들기 때문에 조직적인 위험을 초래한다. 조직이 최종 사용자 애플리케이션 개발의 편익을 극대화하기 위해서 최종 사용자 정보시스템 프로젝트의 비용 타당성을 검토하고 사용자 개발 애플리케이션의 하드웨어, 소프트웨어, 품질에 대한 표준을 수립해야 한다.

애플리케이션 소프트웨어 패키지, 소프트웨어 서비스 및 아웃소싱

5장에서 학습한 것처럼 현대 정보시스템의 근간이 되는 소프트웨어 대부분은 자체 개발보다 외부에서 구매해 사용한다. 기업은 온라인 소프트웨어 서비스 제공자로부터 소프트웨어를 임대하거나 상용 공급업체로부터 소프트웨어 패키지를 구입해 사내에서 실행하거나 외부 아웃소싱 기업으로부터 사내 애플리케이션을 위탁 개발할 수 있다. 소프트웨어 또는 소프트웨어 서비스 선택은 **제안요청서**(Request for Proposal, RFP)를 기반으로 하는데, 제안요청서는 제안된 시스템의 요구사항을 업체들이 얼마나 잘 충족하는지 확인하기 위해 외부업체들에 제출된 질문의 세부 목록이다.

애플리케이션 소프트웨어 패키지와 클라우드 소프트웨어 서비스

시스템은 점점 더 상업적으로 이용 가능한 애플리케이션 소프트웨어 패키지 또는 클라우드 SaaS(Software as a Service)를 기반으로 한다. 예를 들어 기업은 오라클(Oracle)의 전사적 자원관리(ERP), 공급사슬관리(SCM), 인적자원관리(HRM) 소프트웨어를 사내에서 구현하거나 오라클 클라우드 플랫폼에서 해당 소프트웨어를 유료로 사용할 수 있다. 마이크로소프트 오피스 데스크톱 생산성 소프트웨어는 데스크톱 및 클라우드(오피스 365) 버전으로 제공된다.

클라우드 소프트웨어 서비스 또는 소프트웨어 패키지가 조직의 요구사항 대부분을 충족할 수 있다면 회사는 자체적으로 소프트웨어를 개발할 필요가 없다. 회사는 시스템에 대한 지속적인 유지 관리 및 업그레이드를 제공하는 패키지와 SaaS 공급업체의 사전 작성, 사전 설계, 사전 테스트 소프트웨어 프로그램을 사용하면 시간과 비용을 절약할 수 있다. 많은 패키지가 사전 작성된 소프트웨어에서 지원하지 않는 고유한 요구사항을 충족시키기 위한 맞춤화(고객화) 기능이 포함되어 있다. **맞춤화**(customization)는 소프트웨어의 무결성을 위배하지 않으면서 조직의 고유한 요구사항을 충족하도록 미리 작성된 소프트웨어를 수정하는 것을 의미한다. 그러나 광범위한 맞춤화가 필요한 경우 추가적인 프로그래밍과 맞춤화 작업에 많은 비용과 시간이 소요되어 소프트웨어 패키지 또는 서비스 도입의 많은 이점을 무효화할 수 있다. 만약 소프트웨어를 맞춤화할 수 없다면 조직은 업무 절차를 변경해 적응해야 한다.

아웃소싱

만약 어떤 기업이 정보시스템 구축이나 운영에 기업 내부 자원의 활용을 원하지 않는다면, 그 기업은 이러한 서비스를 전문적으로 제공하는 외부 조직에게 아웃소싱(outsourcing)할 수 있다. 아웃소싱 업체는 국내 또는 해외 기업일 수 있다. 국내 아웃소싱은 고객사가 가지고 있지 못한 기술, 자원, 자산을 아웃소싱 기업이 보유하고 있다는 사실 때문에 주로 추진된다. 대규모 회사에서 새로운 공급사슬관리시스템을 구현하려면 30~50명 정도의 공급사슬관리 전문가를 추가로 고용해야 한다. 소프트웨어 패키지에 대한 광범위한 훈련이 필요한 그들을 정규직으로 고용해 시스템이 구축된 뒤 내보내기보다는 12개월 동안 이 작업을 아웃소싱하는 것이 더 합리적이고 비용도 적게 든다.

해외 아웃소싱의 경우, 의사결정은 비용 중심적인 경향이 있다. 인도나 러시아에 있는 숙련된 프로그래머의 연간 인건비는 1~2만 달러 정도로, 이는 미국과 EU에 있는 비슷한 수준의 프로그래머가 받는 연간 인건비 8만 달러와 비교하면 훨씬 저렴하다. 인터넷과 저비용 통신기술은 멀리 떨어져 있는 글로벌팀과 협업하는 데 드는 비용과 어려움을 크게 줄였다. 비용 절감뿐만 아니라 많은 해외 아웃소싱 기업은 세계적 수준의 기술 자산과 기술을 제공한다. 예를 들어 힐튼, NBC, 폭스뉴스(Fox News), 야후 등 선도 기업은 웹사이트 설계와 개발 작업을 인도에 기반을 둔 프로핏바이아웃소싱(Profit By Outsourcing)에 아웃소싱했다. 프로핏바이아웃소싱은 대부분 기업에서 내부적으로 사용할 수 없는 고객 프로그램 콘텐츠 관리, 전자상거래 해결책, 모바일 애플리케이션 개발, 자바(Java) 및 기타 도구를 사용한 애플리케이션 개발 등의 분야에서 전문 지식을 제공한다. 그러나 미국 외 지역의 임금 상승으로 이러한 장점의 일부는 없어지고 일부 작업은 다시 미국으로 돌아왔다.

아웃소싱이 특정 요구사항에 적합하고, 그것으로 인한 위험을 충분히 검토했다면 당신의 기업은 아웃소싱으로 많은 이득을 얻을 것이다. 애플리케이션을 아웃소싱하려는 기업은 요구사항, 구현 방법, 기대효과, 비용, 성과 측정 방법 등을 포함해 프로젝트에 대해 충

해외 아웃소싱 총비용				
계약 비용			$10,000,000	
숨겨진 비용	최선	추가 비용($)	최악	추가 비용($)
1. 업체 선정	0.2%	20,000	2%	200,000
2. 전환 비용	2%	200,000	3%	300,000
3. 해고 및 유지	3%	300,000	5%	500,000
4. 생산성 저하, 문화적 이슈	3%	300,000	27%	2,700,000
5. 개발 프로세스 개선	1%	100,000	10%	1,000,000
6. 계약 관리	6%	600,000	10%	1,000,000
총 추가 비용		1,520,000		5,700,000
	아웃소싱 계약($)	추가 비용($)	총비용($)	추가 비용($)
총 아웃소싱 비용(TCO) : 최선	10,000,000	1,520,000	11,520,000	15.2%
총 아웃소싱 비용(TCO) : 최악	10,000,000	5,700,000	15,700,000	57.0%

그림 12.8

해외 아웃소싱의 총비용

만약 어떤 기업이 해외 아웃소싱 계약에 1,000만 달러를 지출한다면, 그 기업은 최상의 시나리오를 생각해도 15.2%의 추가 비용을 지출해야 한다. 심각한 생산성 저하와 매우 높은 전환 및 해고 비용을 고려한 최악의 시나리오의 경우, 해외 계약을 위한 1,000만 달러 이외에 추가로 57%의 비용을 더 지불해야 할 것으로 예상된다.

분히 이해해야 한다.

다수의 기업은 정보기술 서비스 업체를 파악하고 평가하는 비용, 새로운 업체로 전환하는 비용, 아웃소싱 업체에 맞도록 내부 소프트웨어 개발 방법을 개선하는 비용, 아웃소싱 업체가 계약 의무를 제대로 이행하는지 감시하는 비용 등을 과소평가한다. 해외 아웃소싱은 생산성을 저하하는 문화적 차이에 대처하고 국내 직원의 해고 또는 재배치와 같은 인적자원 문제를 처리하기 위한 추가적인 비용이 발생한다. 이러한 숨겨진 비용은 아웃소싱의 기대효과를 약화시킨다. 기업은 특히 경쟁우위를 제공하는 애플리케이션을 개발하거나 운영하기 위해 아웃소싱 업체를 이용하는 경우 주의를 기울여야 한다.

그림 12.8은 해외 아웃소싱 프로젝트의 총비용에 대한 최상과 최악의 시나리오를 보여준다. 이것은 숨겨진 비용이 총 프로젝트 비용에 얼마나 많은 영향을 주는지 보여준다. 최상의 경우는 추가 비용을 가장 낮게 추정한 것이고 최악의 경우는 가장 높게 추정한 것이다. 보다시피 숨겨진 비용은 해외 아웃소싱 프로젝트의 총비용을 추가로 15%에서 57%까지 증가시킨다. 이러한 추가 비용에도 불구하고 해외 아웃소싱을 잘 관리한다면 많은 기업은 해외 아웃소싱의 편익을 누릴 것이다.

모바일 애플리케이션 개발: 멀티스크린 세상을 위한 설계

오늘날 직원과 고객은 언제 어디서나 정보를 획득하고 거래 처리를 할 수 있는 모바일 기기의 사용을 기대하고 더 나아가 요구하고 있다. 이러한 요구를 충족하기 위해 기업은 전통적인 정보시스템뿐만 아니라 모바일 웹사이트, 모바일 앱, 설치형 앱을 개발할 필요가 있다.

어떤 조직이 모바일 앱을 개발하기로 했다면 이러한 앱을 구현하기 위한 기술(설치형 앱 또는 모바일 웹앱 소프트웨어 작성 여부)과 모바일 웹사이트 구성 등 몇 가지 중요한 선택을 해야 한다. **모바일 웹사이트**(mobile website)는 일반 웹사이트를 작은 모바일 화면에서 접속하거나 검색하기 용이하도록 콘텐츠와 내비게이션을 축소한 버전이다(아마존 웹사이트를 PC와 스마트폰에서 각각 접속해 차이점을 비교하라).

모바일 웹앱(mobile web app)은 모바일 기기를 위한 특정한 기능을 갖춘 인터넷 접속이 가능한 앱이다. 사용자는 모바일 기기의 웹브라우저를 통해 모바일 웹앱에 접속한다. 웹앱은 주로 서버에 위치해 개별 기기에 설치할 필요 없이 인터넷을 통해 접속한다. 브랜드에 상관없이 웹 서핑이 가능한 대부분의 기기에서 동일한 앱을 사용할 수 있다.

설치형 앱(native app)은 특정 플랫폼과 기기에서 운영되도록 설계된 독립형 애플리케이션(stand-alone application)으로 모바일 기기에 직접 설치된다. 설치형 앱은 인터넷을 통해 데이터를 다운로드 및 업로드할 수 있으며, 인터넷 연결이 안 된 경우에도 이러한 데이터에서 작동할 수 있다. 예를 들어 킨들(Kindle) 소프트웨어와 같은 전자책 앱은 인터넷에서 책을 다운로드할 수 있으며 인터넷 연결을 해제하고 책 내용을 보여준다. 설치형 앱은 빠른 성능과 높은 신뢰성을 보여주며, 카메라나 터치 기능 같은 모바일 기기의 특정 기능을 이용할 수 있다. 그러나 설치형 앱은 안드로이드 및 애플의 iOS와 같은 다양한 모바일 운영체제와 하드웨어에 대해 여러 버전의 앱을 프로그래밍해야 하므로 개발 비용이 비싸다.

모바일 플랫폼용 애플리케이션 개발은 PC용 및 훨씬 큰 스크린 개발과 상당히 다르다. 모바일 기기의 소형화는 키보드를 이용한 입력보다 손가락을 이용한 멀티터치 동작이 용이하게 만들었다. 모바일 앱은 수행해야 하는 업무에 최적화되어야 하며 너무 많은 업무를 수행하지 않도록 사용성을 고려해 설계해야 한다. 모바일 상호작용을 위한 사용자 경험은 데스크톱이나 랩톱 PC를 사용하는 것과 근본적으로 다르다. 대역폭, 화면 공간, 메모리, 프로세싱, 데이터 입력 및 사용자 제스처 등 자원 사용을 줄이는 것이 최우선 과제이다.

데스크톱 화면 크기로 개발된 웹사이트를 스마트폰 화면 크기로 축소하면 사용자는 그 사이트를 이용하는 데 어려움을 느낀다. 사용자는 원하는 정보를 찾기 위해 지속적으로 확대와 축소, 스크롤을 반복해야 한다. 따라서 기업은 항상 모바일 인터페이스를 고려해 웹사이트를 설계하고 스마트폰, 태블릿, 데스크톱 브라우저 등 다양한 환경에 적합하도록 여러 개의 모바일 사이트를 개발해야 한다. 이는 별도의 콘텐츠, 유지보수, 비용이 포함된 최소 3개의 사이트가 필요하다는 것을 의미한다. 현재 웹사이트는 사용자가 로그인하면 브라우저는 사용자가 이용하는 장치에 대한 정보를 서버에 보낸다. 이 정보를 바탕으로 서버는 적합한 화면을 보내게 된다.

여러 웹사이트를 가지는 문제에 대한 한 가지 해결책은 **반응형 웹 디자인**(responsive web design)을 이용하는 것이다. 반응형 웹 디자인은 데스크톱, 랩톱, 태블릿, 스마트폰에서 방문자의 화면 해상도에 따라 웹사이트가 자동으로 레이아웃을 변경할 수 있다. 반응형 디자인은 환경에 맞게 설계를 최적화할 수 있도록 유연한 그리드 기반 레이아웃, 유연한 이미지, 미디어 쿼리와 같은 도구를 사용한다. 이것은 새로운 기기에 따라 별도의 설계와 개발을 해야 하는 수고를 덜어준다. 5장에서 설명한 HTML5도 크로스플랫폼(cross-platform) 모바일 애플리케이션을 지원할 수 있으므로 모바일 애플리케이션 개발에도 사용된다. 사례연구에서는 일부 회사가 방금 식별한 모바일 개발 문제를 해결한 방법을 설명한다.

e-비즈니스를 위한 RAD

기술과 사업 여건이 매우 빠르게 변화함에 따라 기업은 다수의 모바일 및 웹 기반 애플리케이션에 더 짧고 비공식적인 개발 프로세스를 채택하고 있다. **신속응용프로그램개발**(rapid application development, RAD)은 단기간에 실행 가능한 시스템을 만드는 프로세스를 의미한다. RAD는 그래픽 사용자 인터페이스 구축을 위한 시각화 프로그래밍 및 기타 도구의 활용, 핵심 시스템 요소의 반복적인 프로토타이핑, 프로그램 코드 생성의 자동화, 최종 사용자와 정보시스템 전문가 간의 긴밀한 팀워크 등을 포함한다. 간단한 시스템은 이미 만들어진 컴포넌트를 조립해 만들 수 있다. 프로세스는 반드시 순차적일 필요는 없으며 개발의 핵심 부분은 동시에 진행될 수 있다.

간혹 정보 요구사항의 생성을 가속화하고, 초기 시스템 설계를 개발하기 위해 **합동응용설계**(joint application design, JAD)라는 기법이 사용된다. JAD는 대화식 세션에서 최종 사용자와 정보시스템 전문가가 시스템 설계에 대해 논의한다. 적절하게 준비되고 촉진된 JAD 세션은 설계 단계를 상당히 가속화하고 사용자의 적극적 참여를 유도할 수 있다.

애자일 개발(agile development)은 지속적인 사용자 참여와 함께 작업 소프트웨어의 신속한 개발과 빈번한 제공(피드백)에 중점을 둔다. 애자일 개발은 대규모 프로젝트를 반복과 지속적인 피드백을 사용해 단기간에 완료되는 일련의 작은 하위 프로젝트로 나눈다. 새로운 기능의 개선 또는 추가는 개발자가 요구사항을 명확히 함에 따라 다음 반복 내에서 발생한다.

예를 들어 UPS는 패키지 추적 애플리케이션을 수정할 때 애자일 기법을 사용했다(1장 기술 관점 사례연구에서 설명함). 모든 재래식 응용프로그램을 통합 메인프레임에서 이주시키는 대신 프로젝트 범위가 전체 UPS IT 인프라의 작은 부분을 구성하는 추적 애플리케이션으로 제한되었다. 작업은 반복적인 단계에서 이루어진다. 첫 번째 단계는 메인프레임에서 IBM의 Db2 DBMS에 저장된 추적 데이터를 획득하고, 오픈소스 카우치베이스(Couchbase) DB에 저장하기 위해 변환했다. 데이터 변환을 처리하는 동안 UPS 팀은 기능에 대한 더 빠른 피드백을 제공하는 추적 앱의 모바일 버전을 먼저 작업하기 위해 프로젝트를 세분화했다. UPS 팀은 먼저 해외 고객의 모바일 앱 인터페이스를 업데이트한 후 미국 모바일 고객을 업데이트했다. 거기에서 UPS 팀은 패키지 추적 앱의 데스크톱 버전 업데이트를 진행했다(Pariseau, 2019).

컴포넌트 기반 개발, 웹서비스, 클라우드 기반 개발

소프트웨어를 더욱 빠르게 개발하기 위해 개체 그룹은 그래픽 사용자 인터페이스 또는 온라인 주문 기능과 같은 주요 기능을 소프트웨어 컴포넌트(software components)로 조합했으며, 이러한 컴포넌트를 결합해 대규모 비즈니스 응용프로그램을 만들 수 있다. 소프트웨어 개발에 대한 이러한 접근 방식을 **컴포넌트 기반 개발**(component-based development)이라고 한다. 기업은 쇼핑 카트, 사용자 인증, 검색엔진 및 카탈로그 등 상업적으로 이용 가능한 컴포넌트를 고유한 비즈니스 요구사항에 맞는 소프트웨어와 결합해 그들의 전자상거래 응용프로그램을 개발하기 위해 컴포넌트 기반 개발을 사용한다.

모바일용 애플리케이션 개발은 다르다

오늘날 거의 모든 기업이 모바일 앱을 배포하기를 원하며 이러한 앱이 짧은 시간 내에 개발되기를 원한다. 그러나 이것은 쉬운 일이 아니다.

성공적인 모바일 앱 개발에는 몇 가지 고유한 문제가 있다. 모바일 기기에서 사용자 경험은 근본적으로 PC에서의 경험과 다르다. 의미 있는 새로운 방식으로 고객과 상호작용하는 잠재력을 기업에 제공하는 위치기반 서비스와 같은 모바일 기기의 특별한 기능이 있다. 기업은 이러한 기능을 활용하면서 작은 화면에 적합한 경험을 제공할 수 있어야 한다. iOS, 안드로이드, 윈도우 10 등 모바일 소프트웨어용 플랫폼은 다양하며, 회사는 이러한 플랫폼은 물론 다양한 크기와 기능을 가진 기기에서 실행을 위해 다른 버전의 애플리케이션이 필요할 수 있다.

모바일 기기는 작고 손목에 차거나 대형 고화질 태블릿 디스플레이일 수 있다. 여기에는 센서와 오디오 출력, 실제 이미지와 가상 이미지를 결합한 디스플레이가 포함된다. 시스템 개발자는 고객이 모바일 기기를 어떻게 사용하는지, 왜 사용하는지, 어디에서 사용하는지, 모바일 경험이 비즈니스 상호작용 및 행동을 어떻게 변화시키는지 이해해야 한다. 웹사이트나 데스크톱 애플리케이션을 스마트폰이나 태블릿으로 이식할 수는 없는데 이는 시스템 개발 프로세스가 다르기 때문이다. 다수의 전사적 기업은 통합 시스템에 연결하고 데스크톱 및 모바일 기기에서 작동하는 응용프로그램이 필요하다.

예를 들어 미국에서 두 번째로 큰 은퇴 서비스 회사인 그레이트웨스트파이낸셜(Great-West Financial)이 관리하는 자산이 약 4,610억 달러라고 가정해보자. 회사 직원은 사무실보다 현장에서 고객 서비스를 제공하는 데 많은 시간을 할애하고 있으며, 미지급금 송장 승인을 처리하기 위해 근무하는 곳 어디에서나 회사의 ERP 재무시스템에 연결되어야 한다. 그레이트웨스트는 이를 위해 돌핀 모바일 어프루벌(Dolphin Mobile Approvals) 앱을 배포하기로 했다.

그레이트웨스트는 단일 앱에서 모든 SAP 워크플로(업무흐름)를 처리하기 위해 돌핀 앱을 선택했으며, 이를 통해 직원들은 송장을 승인하기 위해 여러 곳으로 이동할 필요가 없다. 그레이트웨스트는 앱을 데스크톱에서 접근하는 응용프로그램 사용자와 최대한 유사하게 느껴지도록 구성했다. 사용자는 데스크톱 컴퓨터 화면과 같이 모바일 기기에서 송장 머리말 및 라인 항목의 데이터 필드를 볼 수 있으며 송장 승인 프로세스의 단계도 동일하게 구성된다. 그러나 모바일 기기에서 서로 다른 화면 사이를 이동하는 것이 어렵다는 점을 고려할 때 모바일 앱은 필수적인 송장 승인 코드를 PDF 첨부 파일에 표시하지 않고 라인 항목 세부 정보에 통합한다. 사용자가 데스크톱에서 송장을 열람하려면 SAP 시스템에 로그인해야 하며 이메일을 통해 송장을 승인할 수 있다는 알림을 받게 된다. 모바일 앱의 팝업 알림은 사용자가 송장에 대해 알기 전에 앱에 로그인할 필요가 없도록 한다.

모바일 앱을 배포하기 전에 그레이트웨스트는 보안, 로그인, 백엔드 통합과 같은 요소를 고려해 적절한 모바일 인프라를 설정해야 한다. 이것은 SAP 시스템에 상호작용하는 회사의 첫 번째 모바일 앱이었기 때문에 회사는 모바일 앱이 SAP 시스템의 전체 업무흐름을 통합할 수 있고 모든 데이터가 암호화되고 안전한지 확인해야 했다. 그레이트웨스트는 모바일 승인 앱(iOS 및 안드로이드 기기와 호환 가능)용 라이선스 1,000개를 구입하고, 회사 소유 기기를 고위 경영진과 가장 많은 송장 사용자에게 발급했다. 나머지 사용자는 회사의 BYOD 정책을 준수하는 한 자신의 기기에서 앱을 사용할 수 있다.

지난 몇 년 동안 UPS는 스마트폰과 태블릿을 사용해 발송물을 추적하고 가격정보를 얻을 수 있는 UPS 모바일 앱을 고객에게 제공했다. UPS 모바일 개발자는 처음에 오브젝티브-C(Objective-C)의 iOS용 버전과 자바의 안드로이드용 버전을 포함해 여러 버전의 UPS 모바일을 개발 및 유지 관리했는데 이는 개발자에게는 2배의 작업을 의미한다. 앱의 다른 버전은 동시에 업데이트되지 않을 수 있으므로 다양한 유형의 기기를 사용하는 고객은 항상 최신 기능을 동시에 사용할 수 없다.

UPS는 UPS 모바일 앱을 단일 개발 플랫폼으로 이동할 수 있으나 이것은 엄청난 양의 작업을 수반한다. 이 회사는 개발자가 플랫폼 간에 하나의 C++ 코드 기반을 공유하고 고객에게 완전한 설치형 앱을 제공하기 위한 목적으로 자마린을 위한 비주얼 스튜디오 도구(Visual Studio Tools for Xamarin)를 선택했다. 자마린(Xamarin)은 모바일 기기의 고유한 하드웨어 및 기능과 잘 통합된다. UPS는 4년 동안 작성된 130,000라인 이상의 코드를 다시 작성했지만, 경영진은 UPS 모바일을 다시 작성하면 장기적으로 시간과 비용을 크게 절약할 수 있다는 것을 알게 되었다. 회사는 단일 플랫폼에서 개발을 진행했다. 자마린 코드 대부분은 한 번만 개발하면 앞으로 몇 년 동안 매우 효율적으로 여러 플랫폼을 지원할 수 있다. UPS 모바일 개발자는 자마린을 위한 비주얼 스튜디오 도구를 사용해 모든 버전의 UPS 모바일을 다시 작성했다. 이제 UPS는 몇 개월이 아닌 몇 주, 며칠 만에 모든 모바일 기기에 새로운 기능을 추가할 수 있다.

출처: Rob Bamforth, "Developers at the Mobile Edge," *Computer Weekly*, January 30 – February 5, 2018; Mary K. Pratt and Linda Tucci, "Enterprise Mobile App Development: No Easy Answers," searchCIOtechtarget.com, accessed February 20, 2018; Microsoft, "UPS Paves the Way for Better Service with Faster Development and Artificial Intelligence," September 28, 2017; www.greatwest.com, accessed February 20, 2018; and Ken Murphy, "Great-West Financial Establishes Its Mobile Footprint," *SAP Insider Profiles*, October 31, 2016.

사례연구 문제

1. 모바일 애플리케이션을 구축하는 경우 사람, 조직, 기술 관점에서 해결해야 할 문제는 무엇인가?
2. 모바일 애플리케이션에 관한 사용자 요구사항 정의는 기존 시스템 분석과 어떻게 다른가?
3. 모바일 애플리케이션이 배포된 후 그레이트웨스트의 송장 승인 프로세스가 어떻게 변경되었는지 설명하라.

5장에서 웹서비스(web services)란 XML(Extensible Markup Language)과 개방형 프로토콜(open protocol)을 기반으로 느슨하게 결합된 재사용 가능한 소프트웨어 컴포넌트이자, 맞춤형 프로그래밍 없이도 애플리케이션들이 서로 통신할 수 있도록 지원하는 표준이라고 설명한 바 있다. 웹서비스는 내·외부 시스템의 통합을 지원하는 것 이외에도 새로운 정보시스템을 구축하거나 기존 시스템을 개선하기 위한 비독점 도구를 제공한다.

또한 5장의 클라우드 컴퓨팅에 대한 논의에서 소개된 PaaS(Platform as a Service)는 시스템 개발자가 고객이나 직원이 사용할 애플리케이션을 빠르게 작성하고 테스트하는 데 도움이 되는 상당한 잠재력이 있다. 온라인 개발 환경은 오라클, IBM, 세일즈포스닷컴, 마이크로소프트[애저(Azure)] 등을 비롯한 다양한 공급업체에서 제공한다. 이러한 플랫폼들은 새로 구성된 애플리케이션을 웹서비스로 설정하거나 다른 애플리케이션 및 서비스에 연결하는 작업을 자동화한다. 또한 일부 플랫폼은 클라우드 인프라스트럭처 서비스 또는 아마존과 같은 클라우드 업체로의 연결을 제공해 개발자들이 클라우드 인프라스트럭처에서 개발한 것들을 사용할 수 있도록 지원한다.

12-4 정보시스템 프로젝트는 어떻게 관리해야 하는가?

당신의 회사는 우수한 시스템 해결책으로 보이는 것을 개발했을 수 있으나 해당 시스템을 사용할 때 제대로 작동하지 않거나 예상했던 편익을 제공하지 않을 수 있다. 이런 일들은 많은 회사에서 발생한다. 정보시스템 프로젝트를 제대로 관리하지 못하면 실패할 가능성이 크다. 매킨지와 옥스퍼드대학교 공동 연구에 따르면, 대규모 소프트웨어 프로젝트는 평균적으로 예산의 66%, 일정의 33%가 초과하는 것으로 나타났다. 2016년 클라우드 포트폴리오 관리 제공업체 이노타스(Innotas)가 조사한 기업의 50% 이상이 지난 12개월 이내에 IT 프로젝트 실패를 경험한 것으로 나타났다(Florentine, 2016). 기업들이 새로운 시스템의 비즈니스 가치를 잘못 평가했거나 새로운 기술이 요구하는 조직 변화를 잘 관리하지 못해서이다. 따라서 정보시스템 프로젝트 관리 방법과 프로젝트의 성공 요인 및 실패 요인이 무엇인지 이해하는 것이 중요하다.

프로젝트 관리 목적

프로젝트(project)는 특정 비즈니스 목적을 달성하기 위한 일련의 계획된 활동이다. 정보시스템 프로젝트는 새로운 정보시스템의 개발, 기존 시스템의 개선 또는 정보기술(IT) 인프라를 교체하거나 업그레이드하기 위한 프로젝트를 포함한다.

프로젝트 관리(project management)는 지정된 예산과 시간 제약 내에서 특정 목표를 달성하기 위해 지식, 기술, 도구, 기법 등을 프로젝트 활동에 적용하는 것을 의미한다. 프로젝트 관리 활동에는 작업 계획, 위험 평가, 소요 자원 추정, 작업 조직화, 인적 및 물적 자원 확보, 작업 할당, 활동 지시, 프로젝트 실행 통제, 진척도 보고, 결과 분석 등이 포함된다. 다른 비즈니스 영역과 마찬가지로 정보시스템 프로젝트 관리는 범위, 시간, 비용, 품질, 위험이라는 다섯 가지 주요 변수를 관리해야 한다.

범위(scope)는 프로젝트에 포함되거나 포함되지 않는 작업을 정의한다. 예를 들어 새로운 주문처리시스템 프로젝트의 범위는 주문 입력과 입력된 주문을 생산 및 회계 부문으로 전송하는 새로운 모듈은 포함될 수 있으나 매출채권, 제조, 유통, 재고관리시스템 등의 변경사항은 포함하지 않는다. 프로젝트 관리는 프로젝트를 성공적으로 완료하는 데 필요한 모든 작업을 정의하고 프로젝트 범위가 원래 의도한 것 이상으로 확장되지 않도록 관리해야 한다.

시간(time)은 프로젝트를 완료하는 데 필요한 전체 시간이다. 프로젝트 관리는 일반적으로 프로젝트의 주요 구성요소를 완료하는 데 필요한 시간을 설정한다. 이러한 각 구성요소는 활동과 작업으로 더 세분된다. 프로젝트 관리는 각 작업을 완료하는 데 필요한 시간을 정하고 작업을 마무리하기 위한 일정을 수립한다.

비용(cost)은 프로젝트 완료에 걸리는 시간과 프로젝트 완료에 필요한 일일 인건비를 곱해 계산한다. 정보시스템 프로젝트 원가는 하드웨어, 소프트웨어, 작업 공간 비용이 포함된다. 프로젝트 관리는 프로젝트 예산을 만들고 비용 지출을 모니터링한다.

품질(quality)은 프로젝트 결과물이 원래 의도한 목적을 얼마나 잘 충족하는지 판단하는 지표이다. 정보시스템 프로젝트의 품질은 조직 성과와 의사결정 개선이 핵심이다. 또한 품질은 새로운 정보시스템이 생성하는 정보의 정확성과 적시성, 사용 용이성을 고려한다.

위험(risk)은 프로젝트 성공을 위협하는 잠재적인 문제를 의미한다. 이러한 잠재적인 문제에는 일정 지연과 비용 증가, 프로젝트 산출물 품질 저하, 프로젝트가 완전히 완료되는 것을 방해하는 것 등이 있으며 이들은 프로젝트의 목표 달성을 방해한다. 이 절 뒷부분에서 정보시스템 프로젝트의 가장 중요한 위험 요인을 살펴볼 것이다.

프로젝트 위험과 시스템 관련 변화의 관리

일부 시스템 개발 프로젝트는 다른 프로젝트에 비해 높은 수준의 위험을 수반하기 때문에 문제가 발생하거나 지연되기 쉽다. 프로젝트 위험 수준은 프로젝트 규모, 프로젝트 구조, 정보시스템 인력, 프로젝트팀의 기술 전문성 수준에 따라 달라진다. 투자비, 프로젝트팀 규모(투입 인력), 조직 구성요소가 새로운 시스템에 영향을 받는 정도 등의 요인으로 대규모의 복잡한 프로젝트는 훨씬 높은 위험이 뒤따른다. 대규모 시스템 프로젝트는 복잡하고 통제하기 어려워 다른 프로젝트에 비해 50~75%의 높은 실패율을 갖는다. 또한 정보 요구사항이 명확하지 않거나 프로젝트팀이 복잡한 신기술을 습득해야 하는 시스템의 경우 위험은 더 크다.

구현과 변화 관리

이러한 프로젝트 위험을 관리하기 위해서는 구현 프로세스와 변화 관리에 대한 이해가 필요하다. 넓은 의미에서 **구현**(implementation)은 새로운 정보시스템과 같은 혁신의 채택과 관리를 위해 행해지는 모든 조직 활동이다. 성공적인 구현을 위해서는 프로젝트 및 관리 지원에 대한 높은 수준의 사용자 참여가 필요하다.

시스템 개발 과정에 사용자들이 적극적으로 참여할수록 그들의 우선순위와 비즈니스 요구사항에 맞는 시스템이 개발될 수 있고, 결과물을 제어할 기회를 가질 수 있다. 또한 그들은 변화 프로세스에 적극적으로 참여했기 때문에 완성된 시스템에 긍정적으로 반응할 것이다.

최종 사용자와 정보시스템 전문가의 관계에서 서로 다른 배경지식과 관심, 우선순위로 인해 정보시스템을 구현할 때 어려움을 겪는다. 이러한 차이는 **사용자-설계자 의사소통 격차**(user-designer communications gap)를 만든다. 정보시스템 전문가는 종종 사용 용이성이나 조직 편익성을 희생하더라도 하드웨어와 소프트웨어의 효율성을 극대화하는 기술적 해결책에 중점을 두고 문제 해결에 대한 고도의 기술적 지향점을 갖는다. 최종 사용자는 비즈니스 문제 해결과 업무 촉진에 실질적으로 도움이 되는 시스템을 선호한다. 이러한 방향성 차이로 인해 두 집단은 견해 차이가 생긴다. 표 12.5는 이러한 차이점을 보여준다.

만약 어떤 정보시스템 프로젝트에 다양한 경영계층의 후원과 참여가 있다면, 사용자와 정보시스템 인력은 그것에 높은 우선순위를 둘 것이다. 경영진의 후원은 시스템 프로

표 12.5
사용자-설계자 의사소통 격차

사용자 관심사	설계자 관심사
작업에 필요한 정보를 시스템이 제공하는가?	이 시스템이 서버에 요구하는 것은 무엇인가?
스마트폰, 태블릿, PC에서 데이터 접근이 가능한가?	우리 그룹에 어떤 종류의 프로그래밍 요구가 있는가?
시스템에 데이터를 입력하기 위해 어떤 새로운 절차가 필요한가?	데이터는 어디에 저장되는가? 무엇이 데이터 저장을 위한 가장 효율적인 방법인가?
시스템 운영으로 직원의 일상 업무는 어떻게 바뀌는가?	데이터 보안을 위해 어떤 기술을 사용해야 하는가?

젝트에 충분한 자금과 자원의 지원을 보장한다. 더욱이, 시스템이 효율적으로 운영되기 위해서 업무 관행 및 절차의 변화, 새로운 시스템과 관련된 조직 재편성은 경영진의 지원에 전적으로 달려 있다. PMI(Project Management Institute)에 따르면, 적극적으로 참여하는 경영진 후원자(스폰서)를 확보하는 것은 프로젝트 성공의 주요 요인이다(Project Management Institute, 2014).

위험 요인 통제

프로젝트의 위험을 관리하고 시스템 해결책의 성공 가능성을 높이기 위한 전략들이 있다. 새로운 시스템 구현이 어렵고 복잡한 기술이 필요하다면, 우수한 기술력과 관리 경험을 가진 프로젝트 리더를 채용할 수 있다. 회사 내부에서 시스템 구현에 필요한 기술이나 전문성을 갖춘 인력이 없다면 외주 또는 외부 컨설턴트를 활용할 수 있다.

대규모 프로젝트는 프로젝트 계획 문서화와 모니터링을 지원하는 **공식 계획 및 통제 도구**(formal planning and control tools)를 적절하게 활용함으로써 편익을 얻는다. 프로젝트 계획의 문서화에 사용되는 두 가지 대표적인 방법은 간트 차트와 퍼트 차트이다. **간트 차트**(Gantt chart)는 프로젝트 활동과 해당 시작일 및 완료일을 나열한다. 또한 간트 차트는 인적자원 요구사항뿐만 아니라 개발 프로젝트에서 다양한 작업의 타이밍과 기간을 시각적으로 표현한다(그림 12.9 참조). 그림에서 수평 막대는 수행해야 할 작업을 나타내며, 막대의 길이는 작업 수행시간에 비례한다.

간트 차트는 프로젝트 활동이 시작되고 끝나는 시간을 보여주지만, 어떤 작업이 지연될 때 그것이 다른 작업에 미치는 영향인 작업 의존성은 표현하지 못한다. 이런 경우에는 **퍼트 차트**(PERT chart)가 유용하다. 퍼트(PERT)는 프로그램 평가 및 검토 기법(Program Evaluation and Review Technique)의 약자로, 1950년대에 미 해군이 폴라리스 잠수함 미사일 프로그램을 관리하기 위해 개발한 방법론이다. 퍼트 차트는 프로젝트 작업과 그 상호 관계를 그래프로 표현한다. 퍼트 차트는 그림 12.10과 같이 프로젝트를 구성하는 특정 활동과 특정 활동이 시작하기 전에 종료되어야 할 활동을 나열한다.

퍼트 차트는 프로젝트 작업을 나타내는 번호가 매겨진 노드들(원 또는 직사각형)로 구성된 네트워크 다이어그램을 이용해 프로젝트를 표현한다. 각 노드에는 번호가 매겨져 있으며 작업, 기간, 시작 일자 및 종료 일자가 표시되어 있다. 화살표의 방향은 작업 순서를 나타내며 어떤 활동이 시작되기 전에 종료되어야 할 활동을 표현한다. 그림 12.10에서 노드 2, 3, 4의 작업은 서로 종속되지 않고 동시에 시작될 수 있으나 첫 번째 작업이 끝나야 시작될 수 있다.

프로젝트 관리 소프트웨어

간트 차트와 퍼트 차트의 생성을 자동화하고 프로젝트 관리 프로세스를 용이하게 하기 위해 상용 소프트웨어 도구를 이용할 수 있다. 일반적으로 프로젝트 관리 소프트웨어는 작업 정의 및 작업 순서, 자원 할당, 작업 시작일자와 종료일자 설정, 진척도 관리, 작업 및 자원 수정 촉진 기능을 갖추고 있다. 가장 널리 사용되는 프로젝트 관리 도구는 마이크로

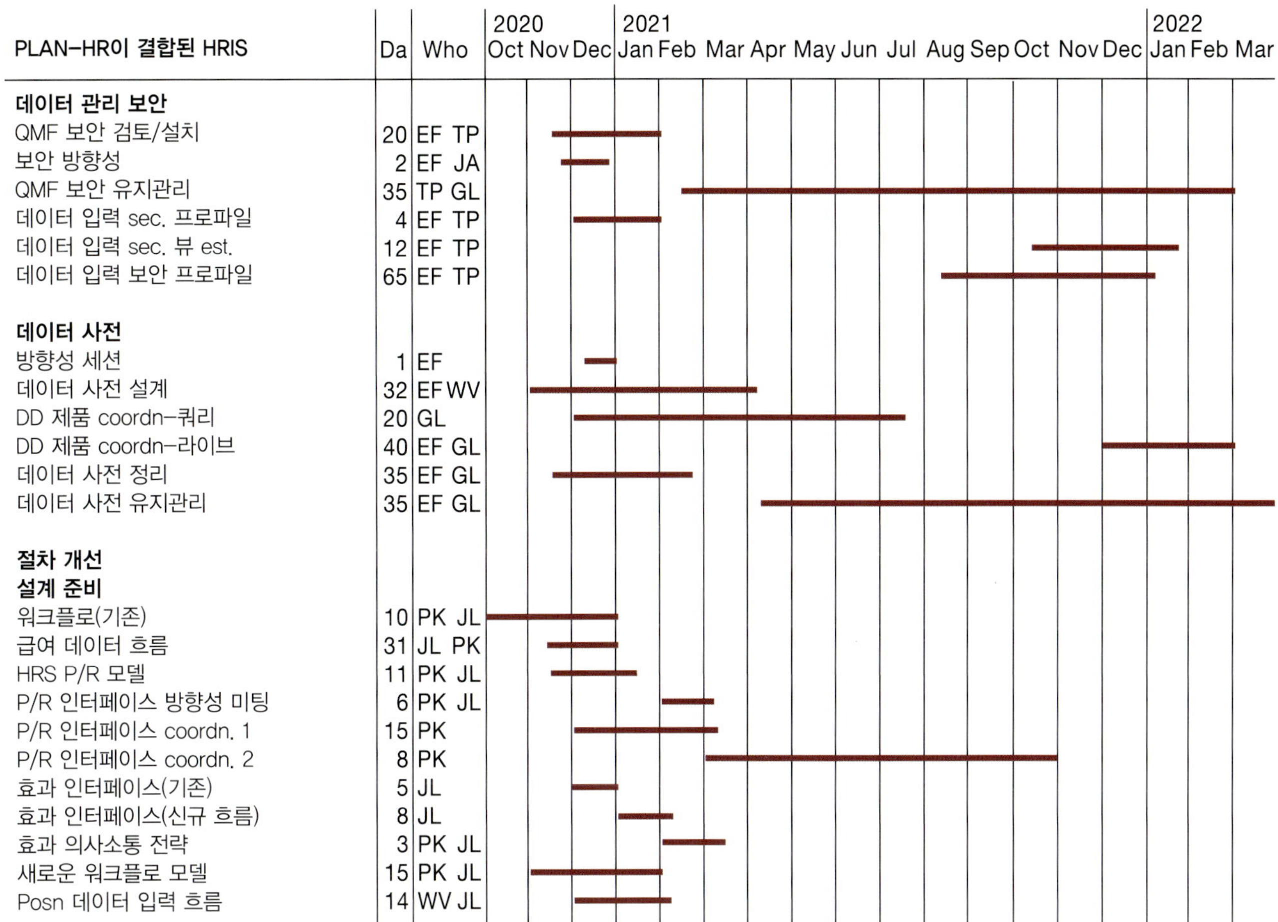

자원 요약

자원 요약		Who	2020 Oct	Nov	Dec	2021 Jan	Feb	Mar	Apr	May	Jun	Jul	Aug	Sep	Oct	Nov	Dec	2022 Jan	Feb	Mar
Edith Farrell	5.0	EF	2	21	24	24	23	22	22	27	34	34	29	26	28	19	14			
Woody Vinton	5.0	WV	5	17	20	19	12	10	14	10	2							4	3	
Charles Pierce	5.0	CP		5	11	20	13	9	10	7	6	8	4	4	4	4	4			
Ted Leurs	5.0	TL		12	17	17	19	17	14	12	15	16	2	1	1	1	1			
Toni Cox	5.0	TC	1	11	10	11	11	12	19	19	21	21	21	17	17	12	9			
Patricia Knopp	5.0	PC	7	23	30	34	27	25	15	24	25	16	11	13	17	10	3	3	2	
Jane Lawton	5.0	JL	1	9	16	21	19	21	21	20	17	15	14	12	14	8	5			
David Holloway	5.0	DH	4	4	5	5	5	2	7	5	4	16	2							
Diane O'Neill	5.0	DO	6	14	17	16	13	11	9	4										
Joan Albert	5.0	JA	5	6			7	6	2	1				5	5	1				
Marie Marcus	5.0	MM	15	7	2	1	1													
Don Stevens	5.0	DS	4	4	5	4	5	1												
Casual	5.0	CASL		3	4	3			4	7	9	5	3	2						
Kathy Mendez	5.0	KM		1	5	16	20	19	22	19	20	18	20	11	2					
Anna Borden	5.0	AB					9	10	16	15	11	12	19	10	7	1				
Gail Loring	5.0	GL		3	6	5	9	10	17	18	17	10	13	10	10	7	17			
UNASSIGNED	0.0	X										9			236	225	230	14	13	
Co–op	5.0	CO		6	4				2	3	4	4	2	4	16			216	178	
Casual	5.0	CAUL								3	3	3								
총 일수			49	147	176	196	194	174	193	195	190	181	140	125	358	288	284	237	106	12

그림 12.9 간트 차트

이 그림에서 간트 차트는 각 책임자의 작업, 인일(person-day), 이니셜, 각 작업의 시작일과 종료일이 표시되어 있다. 자원 요약은 프로젝트를 성공적으로 관리하기 위해 매달 투입되는 총인일과 각 담당자별 투입 인일을 관리자에게 제공한다. 여기에 설명된 프로젝트는 데이터 관리 프로젝트이다.

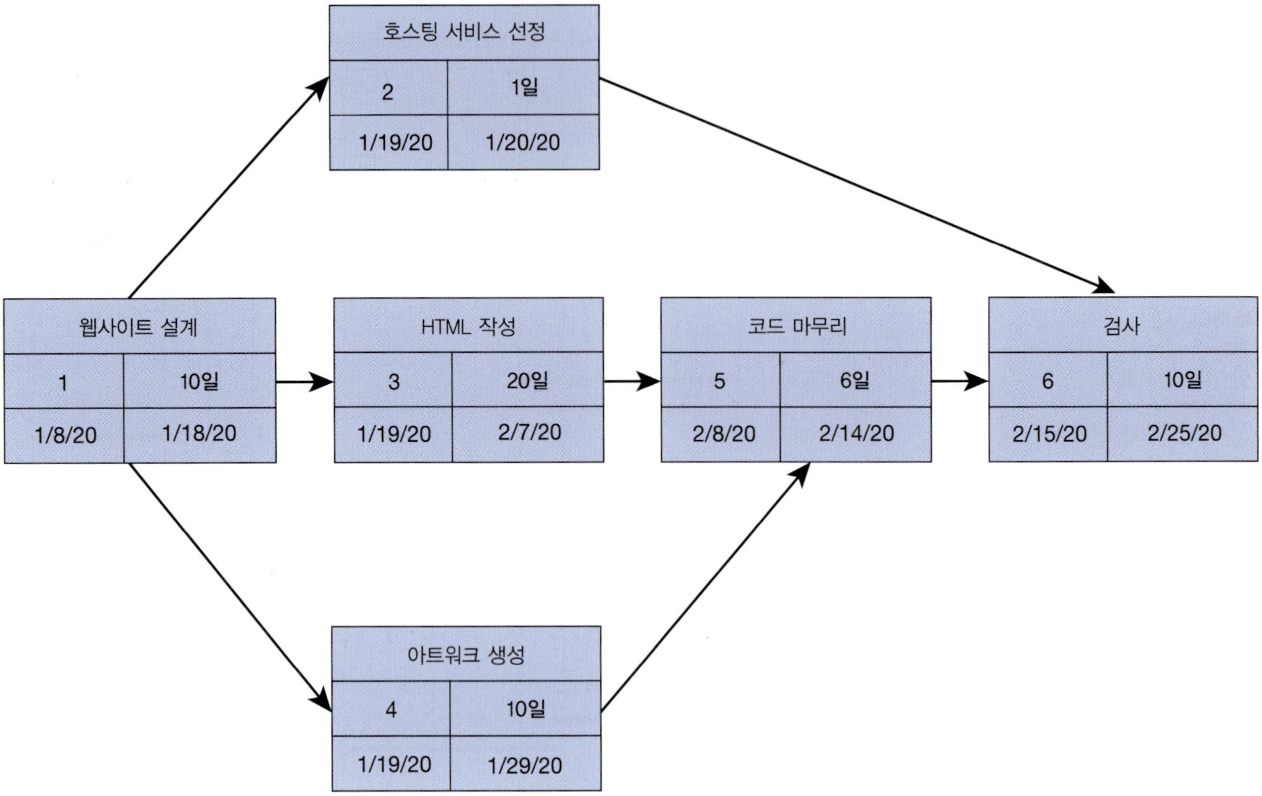

그림 12.10 퍼트 차트
이 그림은 소규모 웹사이트를 개발하기 위한 간단한 퍼트 차트로, 프로젝트 작업 순서와 작업의 선후행 관계를 보여준다.

소프트 프로젝트(Microsoft Project)이지만 소규모 프로젝트 및 소규모 비즈니스를 위한 저렴한 도구도 있다. 오늘날 다수의 프로젝트 관리 도구는 클라우드 기반이다. 조직 관점 사례연구에서 마이크로소프트 프로젝트 온라인(Microsoft Project Online)의 일부 기능을 설명한다. 이러한 전통적인 프로젝트 관리 도구는 2장에서 설명한 소셜 비즈니스 도구 중 일부로 보완되고 있다.

사용자의 저항 극복

사용자 참여를 독려하고(설계 개선뿐만 아니라 헌신 유도), 사용자 교육 및 훈련을 쉽게 제공하고, 협력하는 사용자에게 더 나은 보상을 제공함으로써 사용자 저항을 극복할 수 있다. 최종 사용자는 프로젝트팀의 적극적인 구성원으로서 리더십을 발휘하고 시스템 설치와 훈련을 담당할 수 있다.

시스템의 사용자 인터페이스와 인간공학적 문제에 관해 관심을 두는 것도 필요하다. **인간공학**(ergonomics)은 작업 환경에서 사람과 기계의 상호작용 문제를 다룬다. 인간공학은 작업 설계, 건강 문제, 정보시스템의 최종 사용자 인터페이스 등을 연구한다. 예를 들어 어떤 시스템이 작업하기가 극도로 어렵거나 시간이 많이 소요되는 일련의 복잡한 온라인 데이터 입력 화면이 있는 경우에 사용자가 작업 부하나 업무 스트레스 수준이 증가하면 시스템을 거부할 것이다.

사용자들은 새로운 시스템을 도입하기 전에 조직의 문제가 해결되면 더욱 협조적으로 변한다. 시스템 분석 단계에서 **조직 영향 분석**(organizational impact analysis)을 통해 절차적 변화와 더불어 직무 기능, 조직 구조, 권한 관계, 행위 변환 등이 파악되어야 한다.

12-5 경영정보시스템은 내 경력에 어떻게 도움이 되는가?

여기서는 12장과 이 책의 내용이 IT 프로젝트 관리 보조자로서 신입 직원을 찾는 데 도움을 주고자 한다.

회사

파리에 본사를 두고 있는 대규모 다국적 대중 매체 및 엔터테인먼트 회사인 XYZ Multimedia Entertainment는 신입 IT 프로젝트 관리 보조자를 찾고 있다. 이 회사는 영화, TV 쇼, 녹음, 스트리밍 인터넷 콘텐츠, 대화형 게임 및 전 세계 관객을 위한 소비자 제품을 만든다. 이들은 제품, 서비스, 운영에 첨단 정보기술을 집중적으로 사용하고 있다.

직무 설명

IT 프로젝트 관리 보조자는 IT 프로젝트 관리자가 정보기술 프로젝트의 모든 영역에서 계획, 예산 책정, 감독에 도움을 줄 것이다. 직무 책임은 다음과 같다.

- 기업의 중앙 집중식 PMO(Project Management Office)에서 제공하는 기능과 서비스 향상을 위해 설계된 작업을 수행한다. 여기에는 모범 사례 식별 및 문서화, 사용 가능한 도구 조사, 프로세스 및 절차 개선을 위한 권장사항 작성이 포함될 수 있다.
- 각 기술 프로젝트의 범위와 방향이 일정대로 진행되는지 확인하기 위해 프로젝트 관리자와 협력한다.
- 지원을 위해 다른 프로젝트 이해 관계자와 협력한다.

직무 요건

- 컴퓨터과학, 컴퓨터공학, 경영정보시스템, 프로젝트 관리 또는 관련 분야의 학사 학위
- 프로젝트 관리 프로세스(PMI) 교육 지식
- 프로세스 문서화 지식(프로세스 흐름도)
- 마이크로소프트 워드, 엑셀, 파워포인트 능숙자
- 강력한 인터뷰 및 연구 기술
- 셰어포인트 및/또는 마이크로소프트 프로젝트 경험 우대

면접 질문

1. IT 프로젝트에 참여한 적이 있습니까? 그렇다면 어떤 업무를 수행했습니까? 마이크로소프트 프로젝트와 같은 프로젝트 관리 도구를 사용해보았습니까?

에이럽, 프로젝트 관리를 클라우드로 이전하다

에이럽그룹(Arup Group Limited)은 런던에 본사를 두고 있는 다국적 전문 서비스 기업으로 인간 건설의 구조 및 환경 측면에서 공학, 설계, 계획, 프로젝트 관리 및 컨설팅 서비스를 제공한다. 1946년에 설립된 에이럽은 현재 전 세계 35개국 85개 지사에 13,000명 이상의 직원을 두고 있다. 에이럽은 엔지니어, 기획자, 디자이너, 금융 전문가, 컨설팅 전문가, 지속가능성 전문가 등 다양한 분야의 전문가가 함께 작업해 단독으로 작업하는 것보다 더 나은 품질의 프로젝트와 서비스를 제공할 수 있다고 말한다. 에이럽은 파리의 퐁피두 센터, 시드니 오페라 하우스, 런던과 파리를 연결하는 고속철도, 2008년 베이징 올림픽을 위한 국립 수영 센터를 포함해 160개 이상의 국가에서 프로젝트를 수행한 바 있다.

에이럽은 고객과의 작업, 건물 설계, 구조 시뮬레이션 실행, 프로젝트 조정을 포함해 업무의 모든 측면에서 정보기술을 집중적으로 사용한다. 경영진은 회사의 정보시스템 그룹이 비즈니스를 발전시키기 위한 IT 프로젝트에서 올바르게 작업하고 있는지 그리고 올바른 방식으로 수행하고 있는지 확인하고자 한다. 에이럽의 시스템은 안정적이고 최첨단이며, 항상 사용 가능하고, 직원은 언제 어디서나 필요한 정보에 접근할 수 있어야 한다.

최근까지 에이럽의 IT 직원은 프로젝트 관리 도구로 마이크로소프트 엑셀 스프레드시트 또는 마이크로소프트 워드 문서에 의존했다. 보고서는 산발적이고 다양한 형식으로 존재했고, 협업에 제한이 있었으며, 프로젝트 전달 형식은 일관성이 없었다. 또한 각 프로젝트에서 일어나는 일에 대한 중앙 집중적인 가시성이 없었다. 에이럽은 IT 프로젝트들의 전반적인 포트폴리오를 검토하기 위해 글로벌 IT 포트폴리오 관리 사무소(Global IT Portfolio Management Office)를 설립했으나 스프레드시트와 지역 사무소의 이메일 업데이트를 사용해 수동으로 보고서를 작성해야 하는 어려움을 겪고 있다.

에이럽은 프로젝트 포트폴리오 관리를 전문으로 하는 프로그램프레임워크(Program Framework) 컨설턴트와 협력해 프로젝트 관리를 개선하기 위해 마이크로소프트 프로젝트 온라인(Project Online)을 채택하기로 했다. 프로젝트 온라인은 마이크로소프트의 클라우드 기반 프로젝트 관리 도구로서 조직이 프로젝트를 효율적으로 계획하고 상태를 추적하며 모든 위치와 장치에서 다른 사람과 협업할 수 있도록 지원한다. 에이럽의 글로벌 인력 구성원은 언제 어디서나 프로젝트 데이터에 즉시 접근할 수 있다. 또한 클라우드 솔루션은 시스템이 서비스 및 변화 관리와 같은 다른 프로세스에 연결할 수 있는 라이브 데이터(live data)를 사용해 프로젝트에 대한 보고를 가능하게 한다. 프로그램프레임워크 컨설턴트는 에이럽이 프로젝트 온라인을 구현하고 직원을 교육하는 데 도움을 주었다. 또한 그들은 프로젝트 온라인을 위한 맞춤형 프로젝트 및 프로그램 상태 보고 기능을 개발했다.

과거에 에이럽의 글로벌 IT 포트폴리오 관리 사무소는 보고서를 수동으로 컴파일하는 데 매달 40시간을 소비해야 했다. 상태 보고서가 만들어지면, 해당 보고서는 이미 최신 버전이 아니었다. 프로젝트 온라인은 에이럽에 모든 IT 프로젝트 상태에 대한 즉각적인 보기를 제공한다. 지역 직원은 자신의 프로젝트 포트폴리오를 볼 수 있고, IT 포트폴리오 관리 사무소는 모든 글로벌 프로젝트를 즉시 볼 수 있다. 에이럽 경영진은 빨간색, 녹색, 황색 상태 표시기를 기반으로 기업 전체의 프로젝트를 검사하고 분류할 수 있다. (빨간색은 심각한 상태의 프로젝트를 지정하고, 황색은 위험에 처한 프로젝트를 지정한다.) 에이럽의 전체 프로젝트 포트폴리오를 볼 수 있는 기능은 경영진에게 프로젝트에 대한 더 나은 통찰력을 제공한다. 글로벌 IT 포트폴리오 관리 사무소는 주요 프로젝트의 상태 요약정보를 얻을 수 있고, 개별 프로젝트의 보고를 강조 표시해 추가 세부사항을 심층 분석할 수 있으므로 최신 데이터를 기반으로 더 나은 의사결정을 내릴 수 있다. 프로젝트 온라인은 전 세계적으로 에이럽의 프로젝트 관리에 대한 공통 접근 방식을 지원하는 데 필수요소가 되었다. 에이럽의 전체 프로젝트 포트폴리오에는 중복 작업이 적고 전략적인 가치가 있다.

프로젝트 온라인은 마이크로소프트의 클라우드 기반 오피스 365(Office 365) 소프트웨어 제품군의 일부로 비즈니스용 원드라이브(OneDrive for Business, 클라우드 스토리지), 비즈니스용 스카이프(Skype for Business, 음성, 비디오, 채팅), 야머(Yammer, 전사적인 사회관계망), 에이럽이 소프트웨어 개발 프로젝트에 사용한 비주얼 스튜디오 팀 파운데이션 서버(Visual Studio Team Foundation Server) 등의 마이크로소프트 생산성 및 커뮤니케이션 도구와 원활하게 작동한다. 에이럽은 또한 수요 및 용량계획, 포트폴리오 우선순위 지정, 포트폴리오 균형 조정 등의 추가적인 프로젝트 온라인 기능을 구현할 계획이다. 사용자는 프로젝트에서 정보를 쉽게 복사해 파워포인트, 워드 같은 오피스 응용 프로그램에 붙여넣을 수 있다.

에이럽은 향후 개발을 위한 아이디어의 중앙 저장소인 IT 프로젝트 파이프라인(IT Project Pipeline)으로 프로젝트 온라인을 사용한다. 프로젝트 파이프라인에 기록된 각각의 아이디어는 개시자가 프로젝트 설명, 예산 및 리소스 요구사항과 같은 정보를 제공한다. 에어럽 글로벌 IT 포트폴리오 관리 사무소는 이들 정보를 에이럽의 관리위원회 구성원에게 전송해 새로운 이니셔티브(아이디어 발의)를 검토하고 우선순위를 정한다.

아이디어가 승인되면 프로젝트 파이프라인 정보를 활성 프로젝트로 쉽게 전송할 수 있다. 프로젝트 파이프라인이 프로젝트 온라인 내에서 프로젝트나 프로그램을 만드는 데는 몇 분밖에 걸리지 않는다. 여기에는 기본 제공 일정 템플릿이 포함된 프로젝트 디테일 페이지(Project Details Pages)와 문서 저장소 및 상태 보고 기능이 포함된 마이크로소프트 셰어포인트 서버(Microsoft SharePoint Server) 사이트가 연결되어 있다. 이 기능을 통해 에이럽의 글로벌 IT 포트폴리오 관리 사무소 관리자인 캐롤린 번디(Carolyn Bundey)는 각각의 새로운 프로젝트에 대해 며칠의 작업을 절약할 수 있고, 연간 약 180개 IT 프로젝트 포트폴리오에 상당한 시간을 절약할 수 있다.

몇 년 전 프로젝트 온라인에는 약 150명의 사용자가 있었으나 에이럽은 모든 직원을 위한 도구로 제공하는 것을 고려했다. 에이럽은 세 가지 버전의 프로젝트 온라인에 라이선스를 부여했다. 프로젝트 관리자, 소유자, 일반관리자는 오피스 365용 프로젝트 프로페셔널(Project Professional)과 함께 프로젝트 온라인을 사용해 웹브라우저 내부 또는 외부에서 프로젝트 계획을 만들고 편집할 수 있다. 에이럽 경영진은 프로젝트 상태를 검토하기 위해 프로젝트 온라인을 사용한다. 프로젝트팀 구성원은 저렴한 프로젝트 라이트(Project Lite) 버전을 사용해 과제를 보거나 다른 팀 구성원과 협업 작업을 수행할 수 있다.

출처: "Engineering Firm Uses Cloud-Based Solution to Generate, Execute, and Monitor IT Projects," www.microsoft.com, accessed January 2, 2018; "Leading Arup at the Forefront of Innovation in Today's Built Environment," www.gineersnow.com, accessed January 3, 2018; and www.arup.com, accessed January 2, 2018.

사례연구 문제

1. 정보기술, 프로젝트 관리, 에이럽의 비즈니스 모델과 비즈니스 전략 사이에는 어떠한 관계가 있는가?

2. 마이크로소프트 프로젝트 온라인은 에이럽의 비즈니스 전략을 어떻게 지원하는가? 에이럽의 일하는 방식은 어떻게 바뀌었는가?

3. 에이럽이 글로벌 프로젝트 포트폴리오 관리 도구로 프로젝트 온라인을 채택한 시점에서 사람, 조직, 기술 관점에서 해결해야 할 문제는 무엇인가?

2. IT 프로젝트가 아닌 다른 프로젝트를 수행한 경험이 있습니까? 당신의 책무는 무엇이었습니까? 작업을 수행하면서 프로젝트 관리 소프트웨어를 사용해보았습니까?

3. 프로젝트 관리 과정을 이수했습니까?

4. 마이크로소프트 오피스 도구와 마이크로소프트 프로젝트, 셰어포인트에 대한 당신의 숙련도는 어느 정도입니까?

저자 팁

1. 프로젝트 관리와 시스템 개발 기법 및 방법론을 숙지하기 위해 12장과 건물정보시스템이 언급된 3장을 검토하라.
2. 프로젝트 관리 방법론 및 도구에 관한 더 많은 연구를 수행하기 위해 웹을 이용하라. 또한 이 회사에서 프로젝트를 관리하는 방법에 대한 정보를 찾아라.
3. 이 회사에서 어떤 프로젝트 관리 방법론과 도구를 사용하는지 문의하라. 가능하다면 당신이 이러한 도구와 접근 방식에 익숙하다는 것을 보여라.
4. 당신의 학위과정 중 혹은 직장에서 수행한 프로젝트 관리 작업의 예를 제공하라. 또는 작문 및 구두 의사소통 기술의 예를 제공하라.

요약

12-1 **관리자는 새로운 정보시스템 획득 및 개발을 위한 비즈니스 사례를 어떻게 구축해야 하는가?** IT 투자에 관한 비즈니스 사례는 제안된 시스템 해결책에 투자해 해결할 수 있는 조직이 직면한 문제를 설명한다. 비즈니스 사례는 비용과 편익을 계산해 정보시스템 프로젝트가 좋은 투자인지에 대한 분석을 제공한다. 유형 편익은 정량화할 수 있고, 무형 편익은 즉시 계량화할 수는 없지만 미래에 정량화할 수 있는 편익을 제공할 수 있다. 비용을 초과하는 편익은 기업의 투자 자산 대비 수익이 우수함을 입증하기 위해 자본 예산 책정 방법으로 분석해야 한다. 조직은 정보기술이 어떻게 기업의 전반적인 경영계획과 전략을 지원할 것인지를 정리한 정보시스템 계획을 개발해야 한다. 정보시스템 프로젝트 대안을 평가하기 위해 포트폴리오 분석과 스코어링 모델을 이용할 수 있다.

12-2 **새로운 정보시스템 개발을 위한 핵심 문제 해결 단계는 무엇인가?** 새로운 정보시스템 개발을 위한 핵심 문제 해결 단계는 (1) 문제 정의와 이해, (2) 대안적 해결책 개발, (3) 해결책 평가와 선택, (4) 해결책 구현이다. 세 번째 단계는 각 대안의 기술적, 재무적, 조직적 타당성을 평가한다. 네 번째 단계는 설계 명세의 확정, 하드웨어와 소프트웨어 확보, 검사, 훈련과 문서 제공, 전환, 가동 중인 시스템 해결책의 평가 등을 수행한다.

12-3 **정보시스템 구축을 위한 대체 방법에는 무엇이 있는가?** 시스템 생명주기는 정형화된 단계를 통해 정보시스템이 개발되도록 한다. 각 단계는 순차적으로 진행되며 단계별로 산출될 결과물이 정의된다. 각 단계는 다음 단계가 시작되기 전에 공식 승인이 필요하다. 시스템 생명주기는 유연성이 부족하고 비용이 많이 들지만, 대규모 프로젝트에는 유용하다.

프로토타이핑은 최종 사용자가 상호작용하고 평가할 수 있도록 실험시스템을 신속하고 저렴하게 구축하는 것으로 구성된다. 시제품(prototype)은 사용자가 모든 요구사항을 충족하고, 최종시스템을 생성하기 위한 템플릿으로 사용할 수 있다고 만족할 때까지 계속 수정되고 개선된다. 최종 사용자 개발 시스템은 사용자 친화적인 소프트웨어 도구를 이용해 신속하고 비공식적으로 개발될 수 있다. 최종 사용자 개발은 요구사항 결정을 개선하고 애플리케이션 백로그를 줄일 수 있다.

응용소프트웨어 패키지와 SaaS는 정보시스템을 개발하는 경우 소프트웨어 프로그램을 작성할 필요가 없다. 응용소프트웨어 패키지와 SaaS는 기업 내부에 정보시스템 지원 인력이 없거나 자체 개발하기에 비용 부담이 큰 경우 도움이 된다.

아웃소싱은 기업의 정보시스템 구축(또는 운영)을 위해 외부업체를 활용하는 것으로 구성된다. 아웃소싱을 잘 관리하면 기업은 애플리케이션 개발 비용을 절약할 수 있거나 기업 내부 정보시스템 지원 인력 없이도 애플리케이션을 개발할 수 있다.

시스템 개발 프로세스를 가속화하기 위해 신속응용프로그램개발(RAD), 애자일 개발, 합동응용설계(JAD), 클라우드 기반 플랫폼, 재사용 소프트웨어 컴포넌트(웹서비스 포함) 등을 활용할 수 있다. 모바일 애플리케이션 개발은 다양한 플랫폼, 작은 화면 크기, 자원 절약 필요성을 해결해야 한다.

12-4 **정보시스템 프로젝트는 어떻게 관리해야 하는가?** 정보시스템 프로젝트와 전체 구현 프로세스는 조직 영향 분석을 이용해 계획된 조직의 변화를 관리해야 한다. 새로운 시스템 프로젝트의 위험 수준을 처리하기 위한 메커니즘과 마찬가지로 구현 프로세스에서 경영층의 지원과 통제는 필수적이다. 프로젝트의 위험은 프로젝트 규모, 프로젝트 구조, 정보시스템 인력 및 프로젝트팀의 기술적 전문성에 영향을 받는다. 간트 차트와 퍼트 차트를 포함한 공식 계획 및 통제 도구는 자원 할당과 특정 프로젝트 활동을 추적한다. 사용자는 시스템 개발에서 적극적인 역할을 담당하도록 독려하고, 설치 및 훈련에 참여하도록 유도하는 것이 중요하다.

주요 용어

가동
간트 차트
검사 계획
공식 계획 및 통제 도구
구현
단계적 접근 전략
단위 검사
맞춤화
모바일 웹사이트
모바일 웹앱
무형 편익
문서화
반응형 웹 디자인
범위
병행 전략
비즈니스 사례
사용자-설계자 의사소통 격차
설치형 앱
스코어링 모델
시스템 개발 생명주기(SDLC)
시스템 검사
시스템 분석
시스템 설계
신속응용프로그램개발(RAD)
애자일 개발
유지보수
유형 편익
인간공학
인수 검사
자본 예산 책정
정보시스템 계획
정보 요구사항

제안요청서(RFP)
조직 영향 분석
직접 전환 전략
최종 사용자 개발
컴포넌트 기반 개발
타당성 조사
파일럿 연구 전략
퍼트 차트
포트폴리오 분석
프로젝트
프로젝트 관리
프로토타이핑
합동응용설계(JAD)

복습문제

12-1 관리자는 새로운 정보시스템 획득 및 개발을 위한 비즈니스 사례를 어떻게 구축해야 하는가?

- 제안된 시스템 투자에 관한 비즈니스 사례의 구성요소를 정의하고 설명하라.
- 정보시스템 계획의 주요 구성요소를 나열하고 설명하라.
- 유형 편익과 무형 편익의 차이점을 설명하라.
- IT 투자의 여섯 가지 유형 편익과 무형 편익을 나열하라.
- 포트폴리오 분석 및 스코어링 모델이 어떻게 시스템 가치를 설정(평가)하는지 설명하라.

12-2 새로운 정보시스템 개발을 위한 핵심 문제 해결 단계는 무엇인가?

- 새로운 시스템 구축을 위한 문제 해결 단계를 나열하고 설명하라.
- 정보 요구사항을 정의하고 이것이 왜 시스템 해결책 개발에 중요한지 설명하라.
- 새로운 정보시스템에 필요한 다양한 유형의 설계 명세를 나열하라.
- 시스템 개발에서 검사 단계가 왜 중요한지 설명하라. 정보시스템 검사의 세 단계는 무엇인지 설명하라.
- 시스템 개발에서 문서화, 전환, 가동, 유지보수의 역할을 설명하라.

12-3 정보시스템 구축을 위한 대체 방법에는 무엇이 있는가?

- 시스템 생명주기가 다수의 소규모 비즈니스에서 부적절한 이유를 설명하라.
- 합동응용설계(JAD)를 이용해 함께 작업할 수 있는 두 그룹을 식별하라.
- 조직 영향 분석을 수행해 해결할 수 있는 영역을 식별하라.
- 제안요청서란 무엇인가? 다음에 무슨 일이 발생하는가?
- 서비스나 패키지가 특정 비즈니스나 조직을 위해 설계되었을 때 맞춤화가 진행되는 방식을 설명하라.
- 컴포넌트 기반 개발을 정의하고 설명하라.
- 모바일 애플리케이션을 개발하는 경우 해결해야 할 문제를 설명하라.

12-4 정보시스템 프로젝트는 어떻게 관리해야 하는가?

- 새로운 정보시스템을 둘러싼 조직적 변화를 관리하기 위한 구현의 중요성을 설명하라.
- 사용자-설계자 의사소통 격차를 정의하고 이로 인해 발생하는 구현상 문제점을 설명하라.
- 프로젝트 위험에 영향을 미치는 요인을 나열 및 설명하고, 프로젝트 위험을 최소화하기 위한 전략을 설명하라.

협업과 팀워크 프로젝트

구현 문제 식별

12-5 3~4명으로 팀을 구성해 이 책에서 소개한 시스템을 선택하라. 선택한 시스템에서 발생할 수 있는 구현 문제에 대한 설명과 이러한 문제를 해결하거나 방지하기 위한 단계를 작성하라. 가능하다면 구글 독스(Google Docs)와 구글 드라이브(Google Drive), 구글 사이트(Google Sites)를 이용해 발견 사항을 토론하고 수업시간에 발표할 자료를 준비하라.

참고문헌

Bayerl, Petra Saskia, Kristina Lauche, and Carolyn Axtell. "Revisiting Group-Based Technology Adoption as a Dynamic Process: The Role of Changing Attitude-Rationale Configurations." *MIS Quarterly* 40, No. 3 (September 2016).

Benaroch, Michael, Yossi Lichtenstein, and Lior Fink. "Contract Design Choices and the Balance of Ex Ante and Ex Post Transaction Costs in Software Development Outsourcing." *MIS Quarterly* 40, No. 1 (March 2016).

Brock, Jon, Tamim Saleh, and Sesh Iyer. "Large-Scale IT Projects: From Nightmare to Value Creation." *Boston Consulting Group* (May 20, 2015).

Brown, Karen A., Nancy Lea Hyer, and Richard Ettenson. "Protect Your Project from Escalating Doubts." *MIT Sloan Management Review* 58, No. 3 (Spring 2017).

Browning, Tyson, R., and Ranga V. Ramases. "Reducing Unwelcome Surprises in Project Management." *MIT Sloan Management Review* 56, No. 3 (Spring 2015).

Cecez-Kecmanovic, Dubravka, Karlheinz Kautz, and Rebecca Abrahall, "Reframing Success and Failure of Information Systems: A Performative Perspective." *MIS Quarterly* 38, No. 2 (June 2014).

Chandrasekaran, Sriram, Sauri Gudlavalleti, and Sanjay Kaniyar. "Achieving Success in Large Complex Software Projects." *McKinsey Quarterly* (July 2014).

Comella-Dorda, Santiago, Swati Lohiya, and Gerard Speksnijder. "An Operating Model for Company-Wide Agile Development." McKinsey & Company (May 2016).

Florentine, Sharon. "More Than Half of IT Projects Are Still Failing." *CIO* (May 11, 2016).

Flyvbjerg, Bent, and Alexander Budzier. "Why Your IT Project May Be Riskier Than You Think," *Harvard Business Review* (September 2011).

Gnanasambandam, Chandra, Martin Harrysson, Rahul Mangla, and Shivam Srivastava. "An Executive's Guide to Software Development." *McKinsey & Company* (February 2017).

Hoehle, Hartmut, and Viswanath Venkatesh. "Mobile Application Usability: Conceptualization and Instrument Development." *MIS Quarterly* 39, No. 2 (June 2015).

Jenkin, Tracy A., Yolande E. Chan, and Rajiv Sabherwal."Mutual Understanding in Information Systems Development: Changes Within and Across Projects." *MIS Quarterly* 43, No. 2 (June 2019).

Keil, Mark, H. Jeff Smith, Charalambos L. Iacovou, and Ronald L. Thompson. "The Pitfalls of Project Status Reporting." *MIT Sloan Management Review* 55, No. 3 (Spring 2014).

Kendall, Kenneth E., and Julie E. Kendall. *Systems Analysis and Design*, 10th ed. (Upper Saddle River, NJ: Prentice-Hall, 2019).

Kloppenborg, Timothy J., and Debbie Tesch. "How Executive Sponsors Influence Project Success." *MIT Sloan Management Review* (Spring 2015).

Kudaravalli, Srinivas, Samer Faraj, and Steven L. Johnson. "A Configural Approach to Coordinating Expertise in Software Development Teams." *MIS Quarterly* 41, No. 1 (March 2017).

Langer, Nishtha, and Deepa Mani."Impact of Formal Controls on Client Satisfaction and Profitability in Strategic Outsourcing Contracts." *Journal of Management Information Systems* 35, No. 4 (2018).

Levina, Natalia, and Jeanne W. Ross. "From the Vendor's Perspective: Exploring the Value Proposition in Information Technology Outsourcing." *MIS Quarterly* 27, No. 3 (September 2003).

Li, Xitong, and Stuart E. Madnick. "Understanding the Dynamics of Service-Oriented Architecture Implementation." *Journal of Management Information Systems* 32, No. 2 (2015).

Mani, Deepa, and Anitesh Barua. "The Impact of Firm Learning on Value Creation in Strategic Outsourcing Relationships." *Journal of Management Information Systems* 32, No. 1 (2015).

Maruping, Likoebe M., ViswanathVenkatesh, James Y. L. Thong, and Xiaojun Zhang. "A Risk Mitigation Framework for Information Technology Projects: A Cultural Contingency Perspective." *Journal of Management Information Systems* 36, No. 1 (2019).

Moeini, Mohammad, and Suzanne Rivard. "Responding—or Not—to Information Technology Project Risks: An Integrative Model." *MIS Quarterly* 43, No. 2 (June 2019).

Overby, Stephanie. "The Hidden Costs of Offshore Outsourcing." *CIO Magazine* (September 1, 2003).

Pariseau, Beth. "UPS Delivers Agile Plan for Legacy Application Modernization." SearchITOperations.com (June 6, 2019).

Project Management Institute and Boston Consulting Group. "Executive Sponsor Engagement: Top Driver of Project and Program Success" (Newtown Square, Pennsylvania: PMI/BCG, October 2014).

Ryan, Sherry D., David A. Harrison, and Lawrence L. Schkade. "Information Technology Investment Decisions: When Do Cost and Benefits in the Social Subsystem Matter?" *Journal of Management Information Systems* 19, No. 2 (Fall 2002).

Schwalbe, Kathy. *Information Technology Project Management*, 9th ed. (Boston: Cengage, 2019).

Valacich, Joseph, and Joey George. *Modern Systems Analysis and Design*, 9th ed. (Upper Saddle River, NJ: Prentice-Hall, 2020).

Wiener, Martin, Magnus Mähring, Ulrich Remus, and Carol Saunders. "Control Configuration and Control Enactment in Information Systems Projects: Review and Expanded Theoretical Framework." *MIS Quarterly* 40, No. 3 (September 2016).

머스크의 트레이드렌즈: 글로벌 공급사슬의 디지털화

머스크(Maersk)는 120개 이상 국가에서 운영되고 전 세계적으로 300개 이상의 항구에 서비스를 제공하는 컨테이너 물류 기업이다. 머스크는 79,900명이 넘는 직원을 고용하고 있으며 2018년 매출은 390억 달러, 당기순이익은 2억 2,000만 달러를 기록했다. 2019년 5월 기준 머스크의 시가총액은 281억 달러이다. 머스크는 전 세계적으로 비즈니스를 연결하고 배송을 단순화한다는 명시된 목표와 함께 다양한 운송 및 화물, 공급사슬, 화물 운송 서비스를 제공하고 있다. 머스크는 해양 용량에서 시장점유율이 가장 높으며 MSC, CMA-CGM, 하파크로이트(Hapag-Lloyd)와 같은 상위 10개 해운 라인과 함께 컨테이너 해운 산업에서 선대 용량의 87% 이상을 제어한다.

컨테이너 해운 산업의 경쟁은 매우 치열하다. 머스크는 시장에서 주도적인 역할을 유지하기 위해 스스로 변화시키고 수익을 개선해야 한다. 그러나 종이 문서에 의존했던 머스크의 재래시스템은 회사의 가장 큰 부담 중 하나였으며, 운송 효율성이 떨어지고 추가 운영비용이 발생했다. 예를 들어 케냐에서 유럽으로 냉장 컨테이너를 운송하는 데 약 30일이 소요되며 이 프로세스에는 여러 개인과 조직이 포함된다. 선적 프로세스는 일반적으로 화물 소유자가 해외로 상품을 보내기 위해 회사에 예약하는 것으로 시작된다. 화물이 항구에 들어오거나 나가기 전에 법적 문서를 작성, 제출 및 승인해야 한다. 선적 서류 추적은 기관, 은행, 세관을 비롯한 다양한 공급사슬 당사자가 처리하는 수백 또는 수천 페이지의 문서로 끝날 수 있다. 누락 문서, 잘못된 의사소통, 조직 및 국가 간 규정 차이를 비롯한 다양한 요인으로 인해 머스크의 운송 프로세스가 더욱 길어질 수 있다.

이러한 배경에서 머스크는 2010년에 운송 프로세스의 디지털화 가능성을 모색하기 시작했다. 당시 네덜란드 세관 당국은 무역에서 과도한 서류 작업을 없애는 조치를 도입했다. 머스크의 이니셔티브는 블록체인 개념이 확산하기 시작한 2016년까지 아이디어 단계에 머물렀다. 머스크는 공급사슬에서 문서 공유 향상과 고객 및 공급업체의 복잡성을 줄이기 위한 디지털화 프로젝트 추진을 위해 IBM과 협력했다. 초기 단계에서 머스크와 IBM은 공급사슬에서 블록체인 기술의 실용성을 분석하고, 파일럿을 개발하기 위해 일련의 '사고 워크숍'을 구성했다. 2016년 6월, 머스크와 IBM은 케냐에서 네덜란드로의 선적 형태로 첫 번째 파일럿 프로젝트를 수행했으며, 2017년 2월에는 블록체인 지원 선적을 실시간으로 테스트하기 위해 화물 운송업체 및 세관 당국과 협력했다. 2018년 1월, 파일럿 테스트 성공에 고무된 머스크와 IBM은 트레이드렌즈(TradeLens)라는 블록체인 지원 글로벌 공급사슬 해결책을 구축하기 위한 프로젝트를 공동으로 수행하고 있다고 발표했다. 그해 8월 머스크와 IBM은 트레이드렌즈가 개발되었다고 발표했다.

트레이드렌즈 시스템은 조직 사일로에 갇혀 있는 데이터, 종이 기반 프로세스, 사기 대상이 되는 정리 프로세스에 의해 방해를 받는 글로벌 무역의 효율성과 보안성을 향상할 수 있다. 트레이드렌즈는 머스크에서 전략적 역할을 담당하며 공급사슬 내 비효율성을 파악하고 고객에게 해결책을 제안하기 위해 데이터 포인트를 수집할 수 있다. 일반적인 정보시스템 프로젝트와 달리 트레이드렌즈는 머스크의 해결책일 뿐만 아니라 해운 업계의 디지털 혁명을 의미한다.

그러나 트레이드렌즈의 구현과 화주에 대한 편익 및 일반적인 비생산성에 관한 주장은 회의적이었다. 화주와 광범위한 물류 산업은 이 혁신의 비용, 임박한 적용 가능성 및 가치에 의문을 제기했다. 블록체인 지원 운송 프로젝트의 성공은 네트워크상에서 신뢰 연결 역할과 블록체인 노드의 실행을 수행할 다른 대형 운송업체의 참여에 크게 의존한다. IBM 블록체인의 트레이드렌즈 책임자인 마빈 어들리(Marvin Erdly)는 다른 운송업체를 참여시키는 것이 트레이드렌즈가 성공하기 위한 필수 조건이라고 강조했다. 그러나 트레이드렌즈가 도입되는 동안 머스크와 IBM은 파트너를 찾기 위해 고군분투했고 또 다른 운송업체인 퍼시픽인터내셔널라인즈(Pacific International Lines, PIL)만 플랫폼으로 유인하는 데 성공했다. 머스크는 합작 투자로 트레이드렌즈를 소유한 것이므로 블록체인 해결책에서 다른 참가자와 공유할 수 없는 편익을 누리고 있다. 그렇다면 머스크의 경쟁자들은 가장 큰 경쟁자를 풍요롭게 만드는 플랫폼을 왜 사용하려고 하는가? 머스크와 IBM은 새로운 시스템을 구현하는 동안 이러한 문제를 인지했으며 이에 대한 대응으로 프로젝트 직원 관리를 위해 운영 자회사를 설립하고, 머스크의 다른 사업부로부터 트레이드렌즈의 독립성을 보장했다.

이러한 조치에도 불구하고 2018년 11월, 코스코(COSCO), CMA CGM, 에버그린마린(Evergreen Marine), OOCL, 양밍(Yang Ming) 등의 해운기업은 GSBN(Global Shipping Business Network)이라는 자체 블록체인 해결책을 개발하기로 했다. 카고스마트(CargoSmart)에서 구축한 GSBN은 전 세계 여러 터미널과 항구를 지원한다. 파이프라인에는 수십 개의 글로벌 무역 관련 블록체인 이니셔티브가 있으며 일부는 머스크의 경쟁자가 지원하므로 운송업체가 트레이드렌즈에 투자하거나 채택하는 시기 또는 여부에 대해 더 많은 의구심을 불러일으키고 있다. 또한 단일 운송업체가 개발한 블록체인 지원 운송 해결책의 확장성에 관한 질문도 제기되었다.

지지자들은 블록체인 프로젝트가 새롭고 더 효율적인 운송 프로세스를 싹트게 할 것이라고 믿지만 화주들 사이에는 여전히 회의론이 남아 있다. 보브스디스카운트퍼니처(Bob's Discount Furniture)의 전 국제 물류 이사인 앤드루 넛팅(Andrew Nutting)은 이 해결책이 운송 시간을 40% 단축할 수 있다는 주장에 공개적으로 의문을 제기한 반면, 크레인월드와이드로지스틱스(Crane Worldwide Logistics)의 글로벌 계정 임원인 제임스 스튜어트(James Stewart)는 시장이 이를 감당할 수 있다면 필요하다고 주장했다. 다수의 반대론자는 트레이드렌즈 프로젝트가 실패할 것으로 예측했다.

회의론에도 불구하고 머스크와 IBM은 업계 기업들과 긍정적인 관계를 유지했으며 프로젝트에 적극적으로 참여하는 100개 이상의 생태계 참가자를 확보했다. 그들은 운송 공급사슬의 다른 부분에서 트레이드렌즈 플랫폼에 합류하기 위해 글로벌 항만 및 세관 당국, 화물 소유자, 화물 운송업체, 물류 기업을 포함한 수십 명의 참가자를 찾았다. 보안 우려와 불신은 블록체인 기반 해결책을 채택하는 데 있어 지속적인 주요 장애물이며, 머스크가 프로젝트에 대한 마케팅 견인력을 얻는 데 어려움을 주었다. 이에 대한 대응으로 트레이드렌즈는 IT 보안 표준의 ISO 27001 제품군 준수를 인증하기 위해 감사를 받고 있다.

공급사슬 업계의 의견을 듣기 위해 머스크와 IBM은 트레이드렌즈 자문위원회를 구성해 개방적이고 공정한 표준을 추진하기 위한 지침과 피드백을 제공하고 있다. 이 협업 모델을 통해 머스크와 IBM은 트레이드렌즈가 모든 참가자와 이해 관계자 간 협업을 통해 구축된 업계용 해결책이 되기를 희망하고 있다.

머스크와 IBM은 형평성과 거버넌스에 대한 우려를 수용하고 이를 해결하기 위해 운송업체와 긴밀하게 협력했다. 개방형 표준 및 개방형 거버넌스에 대한 트레이드렌즈의 약속은 운송업체 사이에서 더 많은 수혜자를 얻었고 해운업계의 디지털 혁신을 주도하는 핵심 프로젝트로 점점 주목받고 있다. CMA CGM 그룹의 IT 및 혁신 담당 부사장인 라제쉬 크리쉬너머시(Rajesh Krishnamurthy)는 공급망 생태계 전반의 참가자 참여를 독려하기 위해 나섰고, 트레이드렌즈가 상당한 가치를 제공할 것으로 언급했다.

머스크와 IBM의 노력은 결실을 보고 있다. 참가자들은 머스크의 혁신 역사와 IBM의 기술력이 시장에서 트레이드렌즈가 다른 블록체인 프로젝트에 비해 높은 성공 가능성을 가져다줄 것으로 믿고 있다. 트레이드렌즈 도입 11개월 후인 2019년 7월까지 머스크는 운송업체가 제기한 초기 우려를 극복하고 짐라인즈(Zim Lines), PIL, CMA CGM, MSC, 하파크로이트, 원(ONE) 등 대형 해운 업계로부터 많은 지원을 얻고 있다. 하파크로이트와 원은 각각 블록체인 노드를 운영하고 신뢰 연결 또는 검증인 역할을 담당하는 네트워크의 중요한 역할을 맡고 있다. 또한 두 기업은 트레이드렌즈 자문위원회에 참여해 트레이드렌즈 프로젝트 거버넌스의 중립성과 개방성을 보장하기 위해 공급사슬 전반에 걸쳐 회원들과 합류하고 있다.

시스템이 널리 채택되고 단일 생태계로 발전하는 한 트레이드렌즈의 편익은 커질 것이다. 더 많은 참가자는 거래에 대한 더 나은 가시성을 의미하므로 거래자는 큰 확신을 가지고 더 나은 고객 서비스를 제공할 수 있다. 트레이드렌즈에 주요 운송업체를 참여시키면 글로벌 공급사슬의 구성원이 디지털화의 편익을 확장 및 탐색할 수 있을 뿐만 아니라 생태계 참여자에게 새로운 기회를 제공할 수 있다. 세계 6대 운송업체 중 5곳과 상위 10대 컨테이너 라인 중 6곳이 트레이드렌즈 플랫폼을 사용하기로 약속 및 서명했고, 더 큰 신뢰, 투명성, 참가자와의 협업 및 글로벌 무역 촉진을 약속하면서 글로벌 공급사슬의 디지털 혁신이 가속화되었다.

머스크는 트레이드렌즈 구현을 통해 매주 1,000만 개 이상의 개별 운송건과 수천 개 문서를 처리해 화주, 운송업체, 화물 운송업체, 세관 공무원, 항만 당국, 기타 관련 거래 파트너에게 거래의 일관성과 통합된 시각을 보여주고 있다. 이는 세계 최고의 컨테이너 물류 기업으로서 위치와 글로벌 공급사슬에서의 중요한 역할을 보장하고 있다.

출처: Maersk Official website, www.maersk.com, accessed November 5, 2019; IBM Official website, www.ibm.com, accessed November 5, 2019; TradeLens Official website, www.tradelens.com, accessed November 5, 2019; "Møller-Maersk on the Forbes World's Best Employers List," www.forbes.com, accessed November 5, 2019; MI News Network, "Top 10 Shipping Lines Control Almost 90% of the Deep Sea Market," Marine Insight, October 11, 2019, www.marineinsight.com; Hariesh Manaadiar, "TradeLens Garners More Support," Shipping and Freight Resource, July 8, 2019, shippingandfreightresource.com; Ed Targett, "TradeLens' Two New Mega Members Put 'Half World's Shipping Data'on IBM's Blockchain," *Computer Business Review*, May 29, 2019, www.cbronline.com; Rebecca Hill, "IBM Struggles to Sign Up Shipping Carriers to Blockchain Supply Chain Platform—Reports," October 30, 2018, www.theregister.co.uk; Ian Allison, "IBM and Maersk Struggle to Sign Partners to Shipping Blockchain," CoinDesk, October 26, 2018, www.coindesk.com; Eric Johnson, "Skepticism of Maersk-IBM's TradeLens Hit Bigger Blockchain Questions," JOC.com, August 13, 2018, www.joc.com; A.P. Moller—Maersk, Annual Report 2018, ml-eu.globenewswire.com.

사례연구 문제

1. 머스크의 트레이드렌즈 프로젝트 중요성을 평가하라.

2. 머스크는 새로운 시스템을 개발할 때 어떤 핵심 문제 해결 단계를 거쳤는가?

3. 트레이드렌즈 프로젝트에서 직면한 문제를 설명하라. 이러한 문제를 초래한 관리, 조직, 기술 요인에는 무엇이 있는가?

4. 머스크는 트레이드렌즈 프로젝트의 문제를 완화하기 위해 무엇을 했는가?

사례 제공: 노섬브리아대학교(Northumbria University) 토미 챈(Tommy Chan), 더럼대학교(Durham University) 잭 리(Zach Lee)

용어 해설

가격 차별화(price discrimination) 동일한 제품 또는 거의 동일한 제품을 목표 집단에 따라 다른 가격으로 판매하는 것.

가격 투명성(price transparency) 시장에서 소비자가 다양한 가격을 발견할 수 있는 용이성.

가동(production) 새로운 시스템이 설치되고 전환이 완료된 이후의 단계. 이 기간 동안 이 시스템은 원래의 목적을 얼마나 잘 만족시키는지 파악하기 위해 사용자 및 기술 전문가가 검토함.

가상기업(virtual company) 전통적인 조직 경계나 물리적 위치에 제약받지 않고 제품 및 서비스를 생산하고 유통하기 위해 사람, 자산, 아이디어를 연결하는 네트워크를 사용하는 기업.

가상 사설 통신망(virtual private network, VPN) 기업 데이터 전송을 위해 사용되는 인터넷의 두 지점 간 보안 연결. 사설 네트워크에 대한 저비용 대안.

가상 세계(virtual world) 사용자가 아바타라는 그래픽 개체를 통해 생활하고 상호작용하도록 의도된 컴퓨터 기반 모의 환경.

가상현실시스템(virtual reality systems) 실세계 행위를 모방한 감각을 제공하는 컴퓨터 시뮬레이션을 만들어내는 쌍방향 그래픽 소프트웨어 및 하드웨어.

가상화(virtualization) 컴퓨팅 자원이 물리적 구성이나 지리적 위치에 의해 제한이 되지 않는 방식으로 모두 접근할 수 있게 하는 것.

가입 해지율(churn rate) 기업으로부터 제품 또는 서비스를 사용하거나 구매하는 것을 중단하는 고객 수에 대한 척도. 기업의 고객 기반 성장 또는 감소에 대한 지표로 사용됨.

가치사슬모형(value chain model) 정보시스템이 경쟁우위를 달성하기 위해 가장 잘 적용될 수 있는 기업의 제품이나 서비스에 대해 가치의 마진을 부가하는 본원적 또는 지원 활동을 강조하는 모델.

가치 웹(value web) 정보기술을 이용해 가치사슬을 조정해 시장에 제품이나 서비스를 집단적으로 생산하도록 하는 독립된 기업의 고객 중심 네트워크.

간접재(indirect goods) 사무용품처럼 생산 과정에 직접 사용되지 않는 재화.

간트 차트(Gantt chart) 프로젝트의 작업 시기, 소요기간, 인적 소요를 시각적으로 표현하는 차트로 각 작업은 수평 막대로 표시되며 그 길이는 작업을 마치는 데 필요한 시간에 비례함.

감정분석(sentiment analysis) 이메일 메시지, 블로그, 기타 소셜 미디어의 문자 코멘트를 마이닝하는 것.

개인영역 네트워크(personal-area networks, PANs) 한 사람의 작업 영역에 근접한(전화, PDA 등을 포함한) 디지털 장비 간 통신에 사용되는 컴퓨터 네트워크.

개인용 컴퓨터(personal computer, PC) 소형 데스크톱 또는 휴대용 컴퓨터.

개인정보관리 책임자(chief privacy officer, CPO) 기업이 현재 존재하는 데이터 프라이버시 법규를 지키도록 하는 데 책임이 있음.

개인정보 보호규정(General Data Protection Regulation, GDPR) 유럽연합(EU) 전체에서 데이터 개인정보 보호법을 업데이트하고 통합한 2018년 5월 25일 발효된 법률로, 기업의 투명성을 높이고 데이터 주체의 개인정보 보호 권한을 확대하는 데 초점을 맞추고 있음.

개인화(personalization) 개인의 이름, 기호, 관심, 구매기록 등에 맞게 메시지를 조정해 특정 개인에 적합하게 마케팅 메시지를 전달하는 능력.

개체(entity) 정보를 유지해야 하는 대상이 되는 사람, 장소, 사물, 이벤트.

개체관계도(entity-relationship diagram) 데이터베이스의 다양한 개체 간 관계성을 설명하면서 데이터베이스를 문서화하는 방법론.

객체(object) 데이터와 데이터에 대해 행위를 하는 절차들을 결합하는 블록을 형성하는 소프트웨어.

거래수수료 수익모델(transaction fee revenue model) 기업이 거래를 이루어지게 하거나 실행함으로써 수수료를 받는 전자상거래 수익모델.

거래처리시스템(transaction processing systems, TPS) 비즈니스를 수행하는 데 필요한, 매일 수행되는 반복적인, 거래를 수행하고 기록하는 컴퓨터화된 시스템. 조직의 운영 수준에서 사용함.

검사 계획(test plan) 사용자와 연관된, 개발팀에 의해 준비된 계획. 시스템에 대해 수행되어야 할 일련의 검사에 대한 모든 준비가 포함됨.

검색 비용(search cost) 적합한 제품을 찾고 그 제품에 가장 좋은 가격을 결정하는 데 소요되는 시간과 비용.

검색엔진(search engine) 인터넷상의 특정 사이트나 정보를 찾기 위한 도구.

검색엔진 마케팅(search engine marketing) 검색엔진을 이용해 검색 결과에 광고주가 수수료를 지불하는 스폰서 링크를 제공하는 방법.

검색엔진 최적화(search engine optimization, SEO) 인기 있는 검색엔진의 검색 순위를 높여서 더 많은 방문자를 발생시키려는 목적으로 웹사이트의 콘텐츠, 레이아웃, 포맷을 변경하는 프로세스.

결함 감내 컴퓨터 시스템(fault-tolerant computer systems) 시스템을 백업할 수 있고, 시스템 가동 중단을 방지하기 위해 지속적으로 가동할 수 있는 시스템으로 추가적인 하드웨어, 소프트웨어, 전력 공급 요소를 포함함.

경영정보시스템(management information systems, MIS) 비즈니스 및 경영에서의 정보시스템 사용에 초점을 맞춘 연구 분야.

경영정보시스템(management information systems, MIS) 중간 관리층이 비즈니스를 감시하고 통제할 수 있도록 조직의 성과에 대한 보고서를 제공하는 특정 정보시스템 범주.

경쟁세력모형(competitive forces model) 조직의 전략 및 경쟁력에 영향을 미치는 외부의 영향. 특히 위협과 기회의 상호작용을 기술하는 데 사용됨.

고가용성 컴퓨팅(high-availability computing) 백업 하드웨어 자원을 포함해 시스템을 파손으로부터 신속하게 복구할 수 있는 도구와 기술.

고객관계관리시스템(customer relationship management, CRM) 기업이 고객과 상호작용하는 모든 방법과 수입, 수익성, 고객 만족도, 고객 유지를 최적화하기 위해 이러한 상호작용을 분석하는 모든 방법을 수행하는 정보시스템.

고객평생가치(customer lifetime value, CLTV) 특정 고객에 의해 창출되는 수익과 그 고객을 획득하고 서비스하는 데 드는 비용 간 차이에서 고객관계가 유지되는 동안의 촉진 마케팅 활동 비용을 차감한 가치로, 현재의 달러가치로 표현.

고객화(customization) 전자상거래에서 사용자의 선호도 또는 이전 행동에 따라 배달되는 제품이나 서비스를 변경하는 것.

고위관리층(senior management) 장기 의사결정에 책임이 있는 조직의 최고위층을 차지하는 사람.

고지에 입각한 동의(informed consent) 합리적인 의사결정에 필요한 모든 사실을 알고 동의하는 것.

공개 키 암호화(public key encryption) 공유된(공개) 것과 비밀 키(private key) 두 가지를 사용하는 암호화 방식.

공개 키 인프라(public key infrastructure) 인증기관(certificate authority, CA)과 인증을 위한 디지털 인증서를 이용해 공개 키 및 개인 키를 생성하는 시스템.

공공 클라우드(public cloud) 일반적 대중을 위해 인터넷 기반으로 외부 서비스 제공자에 의해 운영되는 클라우드.

공급사슬(supply chain) 재료를 획득하고, 원재료를 중간 제품 및 최종 제품으로 변환하고, 최종 제품을 고객에게 유통하는 조직 및 비즈니스 프로세스 네트워크.

공급사슬계획시스템(supply chain planning systems) 기업이 제품에 대한 수요를 예측하고 그 제품에 대한 자원 확보 및 제조 계획을 수립하는 것을 가능케 하는 시스템.

공급사슬관리시스템[supply chain management(SCM) systems] 제품 및 서비스에 대한 계획 수립, 자원 확보, 제조, 전달을 최적화하기 위해 기업과 공급자 간 정보 흐름을 자동화하는 정보시스템.

공급사슬실행 시스템(supply chain execution systems) 제품이 올바른 장소로 가장 효율적인 방식에 의해 전달되도록 보장하기 위해 유통 센터 및 창고를 통한 제품의 흐름을 관리하는 시스템.

공동애플리케이션설계(joint application design, JAD) 최종 사용자와 정보시스템 전문가가 함께 집중적으로 상호작용을 통한 설계를 할 수 있도록 해 정보 요구사항의 생성을 가속화하는 프로세스.

공리 원칙(utilitarian principle) 사람이 값들을 순위에 맞춰 입력할 수 있고 일련의 다양한 행동에 따르는 결과를 이해할 수 있다고 가정하는 원칙.

공식 계획 및 통제 도구(formal planning and control tools) 프로젝트를 구성하는 활동, 활동의 소요기간, 작업 순서, 시간 등을 나열해 프로젝트 관리를 개선하는 도구.

공정정보규정(fair information practices, FIP) 개인에 관한 정보의 수집 및 사용을 통제하는 원칙으로 1973년에 발표되었으며, 대부분의 미국 및 유럽의 개인정보 보호 법률의 기반.

관계형 DBMS(relational DBMS) 마치 데이터가 2차원 테이블에 저장된 것처럼 데이터를 처리하는 논리적 데이터 베이스 모델. 2개의 테이블이 하나의 공통된 데이터 요소를 공유하는 한, 하나의 테이블에 저장된 데이터를 다른 테이블의 데이터와 연계시킬 수 있음.

광고수익모델(advertising revenue model) 많은 고객을 유치해 수익을 창출하는 웹사이트.

광대역(broadband) 초고속 전송기술. 또한 다수 채널의 데이터를 동시에 전송할 수 있는 단일 통신 매체를 말함.

광역 통신망(wide area network, WAN) 넓은 지역을 담당하는 정보통신망. 다양한 케이블, 위성, 마이크로파 기술로 구성됨.

광케이블(fiber-optic cable) 빠르고, 가볍고, 항구적인 전송매체로서 케이블 안에 투명한 유리 섬유로 된 가는 꼬인 선들로 구성됨. 데이터는 빛의 파동으로 전송됨.

교차판매(cross-selling) 고객에게 보완재를 마케팅하는 것.

구글 앱(Google Apps) 비즈니스를 위한 구글의 클라우드 기반 생산성 소프트웨어의 묶음.

구독수익모델(subscription revenue model) 콘텐츠 또는 서비스의 일부 또는 전부에 대한 접근을 위해 가입 요금을 정기적으로 부과하는 웹사이트.

구조도(structure chart) 설계의 각 수준, 각 수준 간 관계, 설계 구조상에서의 전반적 위치를 보여주는 시스템 문서. 프로그램, 시스템, 프로그램 일부를 문서화할 수 있음.

구조적 의사결정(structured decision) 반복적이고 일정한 절차를 따르는 의사결정으로서 이를 다루기 위한 명확한 절차가 있음.

구조적 지식(structured knowledge) 구조적인 문서와 리포트 형식의 지식.

구조적 지식시스템(structured knowledge system) 조직 전체에 걸쳐 접근될 수 있는 저장소에 구조적 지식을 구성하기 위한 시스템. 콘텐츠 관리시스템(content management system)으로도 알려져 있음.

구현(implementation) 사이먼(Simon)의 의사결정 최종 단계로서, 개인이 의사결정을 해결책의 진전에 대해 반영하고 이를 보고하는 것.

구현(implementation) 새로운 정보시스템과 같은 혁신의 채택, 관리 및 정기적인 재사용을 둘러싼 모든 조직 활동.

국내 수출업자(domestic exporter) 모국에서 기업 활동을 크게 집중하는 특성을 가진 비즈니스 조직의 형태.

균형성과표 방법(balanced scorecard method) 기업의 성과를 측정 가능한 재무, 비즈니스 프로세스, 고객, 학습과 성장에 초점을 두어 기업의 전략계획을 운영하는 프레임워크.

그래픽 유저 인터페이스(graphical user interface, GUI) 사용자가 그래픽 아이콘과 컴퓨터 마우스를 이용해 명령을 발생시키고 선택함으로써 상호작용하는 운영체제의 일부.

그램-리치-블라일리법(Gramm-Leach-Bliley Act) 금융기관이 고객 데이터의 보안과 비밀을 보장하도록 규정한 법률.

그룹 의사결정 지원 시스템(group decision-support system, GDSS) 비정형적인 문제를 해결하기 위해 그룹 구성원이 함께 의사결정을 할 수 있는 컴퓨터 기반의 쌍방향 시스템.

그리드 컴퓨팅(grid computing) 하나의 문제를 해결하기 위해 네트워크의 많은 컴퓨터 자원을 활용하는 것.

그린 컴퓨팅(green computing) 환경에 미치는 영향을 최소화하도록 컴퓨터와 관련 장치들을 생산, 이용, 폐기 처분하는 기술.

근거리 통신(near field communication, NFC) 전자기 무선장을 사용해 호환 가능한 두 장치가 몇 센티미터 이내에 있을 때 데이터를 교환할 수 있는 단거리 무선 연결 표준.

기가바이트(gigabyte) 대략 10억 바이트.

기계학습(machine learning) 상당 부분 인적 훈련이 개입하지만 명시적인 프로그래밍 없이 매우 큰 데이터 세트의 패턴과 관계를 식별할 수 있는 소프트웨어.

기업 간 시스템(interorganizational system) 조직 경계를 넘어 정보의 흐름을 자동화하고 기업을 고객, 유통업자, 공급자와 연결해주는 정보시스템.

기업 비밀(trade secret) 기업의 목적을 위해 사용되는 지적 결과물 또는 제품으로서, 공공영역의 정보에 기반하지 않는 경우 그 기업에 속한 것으로 분류함.

나노기술(nanotechnology) 개별 원자와 분자를 조작해 구조와 프로세스를 만드는 기술.

네이티브 광고(native advertising) 소셜 네트워크 뉴스피드 또는 신문 기사와 같은 전통적인 편집 콘텐츠에 광고를 게재하는 것.

네이티브 앱(native app) 모바일 플랫폼에서 운영되도록 특별히 설계된 독립형 애플리케이션.

네트워크(network) 2대 이상의 컴퓨터를 데이터 또는 프린터와 같은 자원을 공유할 수 있도록 연결하는 것.

네트워크 경제(network economics) 네트워크에 참여자가 추가될 때 추가적인 비용은 들지 않고, 훨씬 많은 한계 이득이 발생할 수 있다고 하는 네트워크 개념에 기반한 산업 수준의 전략적 체계에 대한 모델.

네트워크 및 통신기술(networking and telecommunications technology) 다양한 하드웨어를 연결하고 데이터를 한 곳에서 다른 곳으로 전송하는 물리적 장치와 소프트웨어.

네트워크 운영체제(network operating system, NOS) 네트워크상에서의 통신을 분배하고 관리하며 네트워크 자원을 조정하는 특별한 소프트웨어.

넷 마켓플레이스(net marketplace) 다수의 구매자와 판매자를 연결하는 인터넷 기술에 근거하는 디지털 마켓플레이스.

넷북(netbook) 무선통신과 인터넷 접속에 최적화된 소형의 저가 경량 서브 노트북.

다국적 기업(multinational) 본국에 재무관리와 통제를 집중하고 생산, 판매 마케팅 활동은 분산하는 비즈니스 조직 형태.

다운타임(downtime) 정보시스템이 운영 불가능한 기간.

다중 계층(N계층) 클라이언트/서버 아키텍처[multitiered (N-tier) client/server architecture] 여러 개의 상이한 서버 수준들을 가진 네트워크 전체의 작업 부하가 균형을 이루는 클라이언트/서버 네트워크.

다중터치(multitouch) 마우스나 키보드를 사용하지 않고 화면에서 목록이나 객체를 사용하기 위해 하나 이상의 손가락 제스처를 사용하는 인터페이스.

다크 웹(dark web) 익명성을 유지하기 위해 검색엔진에서 검색되지 않는 딥 웹의 작은 부분.

단계적 접근(phased approach strategy) 새로운 시스템의 도입을 기능별로 추진하거나 조직 단위별로 수행하는 것.

단위 검사(unit testing) 시스템의 각 프로그램을 테스트하는 프로세스. 종종 프로그램 시험이라 불림.

대량 맞춤화(mass customization) 대규모 개인별로 맞춤화된 제품 및 서비스를 제공하는 능력.

대역폭(bandwidth) 전송 가능한 최고 및 최저 대역의 차이로 측정하는 통신 채널의 용량.

데이터(data) 조직 또는 물리적 환경에서 발생하는 이벤트를 나타내는 일련의 원시 사실로서 사람들이 이해하고 사용할 수 있는 형태로 조직화하고 배열되기 전의 상태.

데이터 거버넌스(data governance) 데이터를 조직 자원으로 관리하기 위한 정책 및 절차.

데이터 관리기술(data management technology) 물리적 저장 매체에 데이터의 구조를 관리하는 소프트웨어.

데이터 관리 소프트웨어(data management software) 리스트를 생성, 조작하고, 데이터를 저장하는 파일 및 데이터베이스를 생성하고, 리포트를 위한 정보를 결합하기 위해 사용되는 소프트웨어.

데이터관리 책임자(chief data officer, CDO) 조직이 데이터에서 실현할 수 있는 가치를 극대화하기 위해 정보의 관리와 사용에 대한 책임을 사람.

데이터 근로자(data workers) 조직의 문서작업을 처리하는 비서나 경리 담당자와 같은 사람.

데이터 레이크(data lake) 대부분의 경우 아직 분석되지 않은 원시 비정형 또는 정형 데이터의 저장소.

데이터 마이닝(data mining) 의사결정을 유도하고 미래의 행위를 예측하기 위해 사용될 수 있는 패턴 및 규칙을 발견하기 위해 많은 데이터를 모아서 분석하는 것.

데이터 마트(data mart) 특정한 기능이나 사용자 집단을 위해 조직 데이터의 일부만을 포함하고 있는 소규모 데이터 웨어하우스.

데이터베이스(database) 관련된 파일의 집단.

데이터베이스 관리시스템(database management system, DBMS) 데이터베이스를 생성하고 유지 관리하기 위한 특별한 소프트웨어로, 개별적인 비즈니스 응용시스템으로 하여금 컴퓨터 프로그램을 통해 별도의 파일이나 데이터를 정의하지 않고도 필요한 데이터를 추출할 수 있도록 함.

데이터베이스 서버(database server) 데이터베이스 관리시스템(DBMS)의 실행을 담당하는 클라이언트/서버 환경의 컴퓨터로서 구조적 질의어(SQL) 문을 처리하고 데이터베이스 관리 작업을 수행함.

데이터 사전(data dictionary) 데이터베이스의 데이터에 관한 정보를 저장하고 구성하기 위한 자동화되거나 수작업에 의한 도구.

데이터 센터(data center) 통신, 저장장치, 보안시스템, 백업 전원 공급 장치와 같은 컴퓨터시스템과 관련 부품을 보관하는 장소.

데이터 시각화(data visualization) 대용량 데이터를 시각적인 형태로 표현함으로써 데이터의 패턴 및 관계를 파악하는 것을 돕는 기술.

데이터 웨어하우스(data warehouse) 다양한 운영시스템으로부터 추출되고 경영 리포트 및 분석을 위해 통합된 현재 및 과거 데이터를 저장하는 데이터베이스로서 리포팅 및 질의 도구들과 함께 사용.

데이터 정의(data definition) 데이터베이스 콘텐츠 구조 정의.

데이터 정제(data cleansing) 오류가 있거나, 불완전하거나, 부적절한 포맷으로 되어 있거나, 또는 데이터들이 중복된 데이터베이스나 파일의 데이터들을 탐지하고 수정하기 위한 활동. 데이터 세정(data scrubbing)으로도 불림.

데이터 조작 언어(data manipulation language) 최종 사용자 및 프로그래머들이 데이터베이스의 데이터를 조작하기 위해 사용하는, 데이터베이스 관리시스템과 연관된 언어.

데이터 품질 감사(data quality audit) 정보시스템의 데이터에 대한 정확성 및 완전성을 결정하기 위해 파일 샘플을 선정하고 조사하는 것.

데카르트의 변화의 법칙(Descartes' rule of change) 어떤 행위가 반복될 수 없다면, 이 행위는 어느 때라도 수행하는 것이 옳지 않다는 원리.

도메인 네임(domain name) 인터넷에 연결된 컴퓨터에 대해 부여된 고유한 32비트 숫자형의 IP 주소에 대응되는 영어 방식의 이름.

도메인 네임 시스템(domain name system, DNS) 도메인 네임을 숫자형의 IP 주소로 변환시키게 하는 데이터베이스를 유지 관리하는 서버.

도시권 통신망(metropolitan-area network, MAN) 대도시 지역, 즉 보통 하나의 도시 및 도시의 주요 교외 지역에 이르는 네트워크. 이 통신망의 지리적 범위는 광역 통신망(WAN)과 근거리 통신망(LAN) 사이에 해당함.

동적 가격정책(dynamic pricing) 어떤 특정 순간에 아이템의 가치가 얼마인지 결정하는 구매자와 판매자 간의 실시간 상호작용을 기반으로 아이템에 대한 가격을 결정하는 것.

동축 케이블(coaxial cable) 절연 구리 전선으로 빽빽하게 구성된 전송 매체. 대용량 데이터를 빠르게 전송할 수 있음.

드라이브 바이 다운로드(drive-by download) 사용자가 실수로 여는 다운로드 파일과 함께 오는 악성 코드.

드릴다운(drill-down) 요약 데이터로부터 점점 낮은 수준의 구체적인 데이터 수준으로 이동하는 능력.

디지털 가입자 회선(digital subscriber line, DSL) 기존의 구리 전화선 상에서 고속의 전송을 가능케 하는 기술의 집합.

디지털 대시보드(digital dashboard) 기업의 모든 핵심적인 성과지표를 하나의 스크린에 그래프와 차트로 보여주는 화면으로서, 중요한 임원 의사결정에 필요한 핵심적인 측정치를 한눈에 모두 볼 수 있도록 해줌.

디지털 마켓(digital market) 다수의 구매자와 판매자를 연결해줄 수 있는 컴퓨터 및 통신 기술에 의해 생성된 시장.

디지털 밀레니엄 저작권법(Digital Millennium Copyright Act, DMCA) 저작권이 있는 저작물에 대한 기술기반 보호를 벗어나는 장치의 제조, 유통, 사용을 불법화하는 인터넷 시대의 저작권법 조정.

디지털 상품(digital goods) 디지털 네트워크를 통해 전달될 수 있는 상품.

디지털 서명(digital signature) 메시지의 내용과 송신자를 고유하게 식별하기 위해 전자적으로 전송되는 메시지에 부착될 수 있는 디지털 코드.

디지털 자산 관리 시스템(digital asset management systems) 사진, 그래픽 이미지, 비디오, 오디오 콘텐츠 등과 같은 디지털 객체를 분류, 저장, 배포하는 것.

딥러닝(deep learning) 여러 층의 신경망을 이용해 데이터의 기본 패턴을 찾아내고 일부 제한된 경우 인간 훈련 없이 패턴을 식별하는 것.

딥 웹(deep web) 구글이나 기타 검색엔진에서 찾을 수 없는 웹페이지.

라우터(router) 한 네트워크에서 다른 네트워크로 데이터 패킷을 보내는 특별한 통신 장비.

랜(local area network, LAN) 전용 채널을 요구하고 일반적으로 하나의 건물 또는 근접한 거리 내의 여러 건물에 한정된 거리를 수용하는 정보 통신 네트워크.

랜섬웨어(ransomware) 성가신 팝업 메시지를 띄우거나 컴퓨터의 통제권을 빼앗아 사용자로부터 돈을 착취하는 악성 코드

레거시 시스템(legacy systems) 오랫동안 존재해 왔으며 대체 또는 재설계에 드는 고비용을 피하기 위해 계속 사용되는 시스템.

레코드(records) 관련된 필드의 그룹.

로봇공학(robotics) 제어, 감각 피드백 및 정보 처리를 위한 컴퓨터 시스템뿐만 아니라 인간의 움직임을 대체할 수 있는 기계를 사용하는 것.

롱테일 마케팅(long tail marketing) 아주 작은 시장 세그먼트에 접근하는 비용을 낮춰서 아주 소수의 온라인 고객을 대상으로 제품을 판매해 수익을 낼 수 있는 기업의 능력.

리눅스(Linux) 유닉스에서 파생된 신뢰할 수 있는 작은 규모로 설계된 운영체제로서, 다양한 하드웨어 플랫폼에서 실행될 수 있으며 무료 또는 매우 낮은 가격으로 사용 가능함.

링톤(ringtones) 사용자가 이동전화로 전화를 걸거나 받을 때 울리는 짧은 디지털 음악.

마우스(mouse) 케이블 또는 USB에 의해 컴퓨터에 항상 연결되어 있는 포인트-클릭 기능을 가지고 있는 소형 입력장치.

마이크로 블로깅(micro blogging) 트위터 사용과 같이 매우 짧은 글을 사용하는 블로깅.

마이크로소프트 오피스 365(Microsoft Office 365) 가입 서비스로 오피스 생산성 및 협업 도구의 클라우드 버전.

마이크로프로세서(microprocessor) 컴퓨터의 메모리, 논리, 통제를 하나의 칩에 매우 큰 비율로 축소시켜 통합시키는 회로 기술.

마켓스페이스(marketspace) 전통적 경계를 넘어 확장되고 일시적, 지리적 제약이 제거되는 시장.

맞춤화(customization) 패키지 소프트웨어의 완전성을 손상하지 않으면서 조직의 독특한 요구사항을 만족시키기 위해 소프트웨어 패키지를 수정하는 것.

매시업(mashup) 복합 소프트웨어 애플리케이션으로 고속 네트워크, 전 세계 통신 표준, 오픈소스 코드에 의존하며 부분의 합보다 더 큰 기능을 하는 것을 목표로 함.

멀웨어(malware) 컴퓨터 바이러스, 웜, 트로이 목마와 같이 악의가 있는 소프트웨어 프로그램.

멀웨어 방지 소프트웨어(anti-malware software) 정보시스템에서 컴퓨터 바이러스를 감지하고 제거하도록 설계된 소프트웨어.

메뉴 비용(menu prices) 상인들의 가격 변경 비용.

메인프레임(mainframe) 규모가 가장 큰 컴퓨터 유형으로서 주요 비즈니스 처리를 위해 사용됨.

면책조항(safe harbor) 정부 규제의 목표를 만족시키지만 정부 규제나 집행이 적용되지 않는 사적인 자율 정책과 집행 메커니즘.

모델(model) 어떤 현상의 요소 또는 관계성을 보여주는 추상화된 표현.

모뎀(modem) 컴퓨터의 디지털 신호를 기존의 전화선으로 전송하기 위해 아날로그 형태로 변환하거나, 아날로그 신호를 컴퓨터로 받아들이기 위해 디지털 신호로 변환하는 장비.

모바일 웹사이트(mobile website) 작은 모바일 화면에서 쉽게 액세스 및 검색을 할 수 있도록 콘텐츠 및 내비게이션을 축소한 일반 웹사이트 버전.

모바일 웹앱(mobile web app) 서버에 상주하고 스마트폰이나 태블릿 컴퓨터에 내장된 모바일 웹브라우저를 통해 접근하는 애플리케이션.

모바일 장치 관리(mobile device management) 조직이 사용하는 모바일 장치를 감시 및 관리하고 안전을 확보하는 소프트웨어.

모바일 커머스(m-커머스)(mobile commerce, m-commerce) 휴대전화나 휴대용 디지털 정보기기와 같은 무선 장치를 이용하고 인터넷을 통해 B2C, B2B 전자상거래를 수행하는 것.

무료/프리미엄 수익모델(free/fremium revenue model) 기업이 기본 서비스와 콘텐츠는 무료로 제공하지만 고성능, 고기능 서비스는 요금을 부과하는 전자상거래 수익모델.

무선 센서 네트워크(wireless sensor networks, WSN) 내장된 프로세싱, 저장장치, 라디오파 센서 및 안테나를 가진 무선 장비들이 상호 연결된 네트워크. 넓은 공간에 걸친 다수의 지점에 정보를 제공하기 위해 물리적 환경 곳곳에 설치됨.

무형 편익(intangible benefit) 쉽게 수량화되지 못하는 이익. 이러한 유형의 이익에는 보다 효율적인 고객 서비스 또는 향상된 의사결정이 포함됨.

문서화(documentation) 기술적 또는 최종 사용자 관점에서 정보시스템이 어떻게 수행되는지 기술하는 것.

문화(culture) 조직 구성원의 대부분이 받아들이는 근본적인 가정, 가치, 행동 양식의 집합.

미니컴퓨터(minicomputers) 대학, 공장, 연구소의 시스템으로 사용될 수 있는 중간급 컴퓨터.

미들웨어(middleware) 두 가지 이기종의 응용 프로그램을 서로 연결하고 상호 통신과 데이터 교환을 가능케 해주는 소프트웨어.

민감도 분석(sensitivity analysis) 결과에 영향을 미치는 하나 이상의 요인의 결과를 파악하기 위해 what if 질문을 반복적으로 제시하는 모델.

반구조적 의사결정(semistructured decision) 문제의 일부만이 허용된 절차에 의해 제공되는 명확한 답을 가지는 의사결정.

반구조적 지식(semistructured knowledge) 이메일, 채팅방, 비디오, 그래픽, 브로슈어, 게시판과 같은 덜 구조적인 객체 형태로 표현되는 정보.

반복성 긴장장애(repetitive stress injury, RSI) 격렬한 작업 또는 부담이 적은 작업의 상당한 반복을 통한 근육 부담으로 인해 발생하는 직업병.

방화벽(firewalls) 외부인이 조직의 사설 네트워크에 침입하지 못하게 하기 위해 내부 네트워크 및 외부 네트워크 사이에 위치하는 하드웨어 및 소프트웨어.

배너광고(banner ad) 광고에 사용되는 웹페이지상의 그래픽 디스플레이. 배너는 광고주 웹사이트와 연결되어 그것을 클릭하면 광고주 웹사이트로 이동함.

백본(backbone) 주요 트래픽을 처리하는 네트워크의 부분으로 다른 네트워크로 들어가고 나오는 트래픽의 주요 경로.

버그(bugs) 소프트웨어 프로그램 코드의 오류.

범국가 기업(transnational) 부가가치 활동을 국경의 제한을 고려하지 않고 글로벌 관점에서 관리하며, 공급원과 수요 및 지역 경쟁우위를 최적화하는 진정한 국제적 형태의 기업.

범위(scope) 프로젝트에서 어떤 작업이 포함되거나 포함되지 않는 것에 대한 정의.

벤치마킹(benchmarking) 제품, 서비스, 활동의 엄격한 표준을 정하고 조직의 성과를 이 표준과 비교해 측정하는 것.

변화 관리(change management) 새로운 시스템 도입 또는 기존 시스템 변경과 관련된 조직 변화의 충격을 충분히 고려하는 것.

변화 에이전트(change agent) 구현 환경에서, 변화 프로세스 동안에 새로운 시스템이나 혁신에 조직이 성공적으로 적응할 수 있도록 촉진 활동을 수행하는 개인.

병렬처리(parallel processing) 한 가지 이상의 지시가 동시에 처리될 수 있는 처리 유형으로서 하나의 문제를 보다 작은 부분들로 분할해 여러 개의 프로세서로 동시에 처리함.

병행 전략(parallel strategy) 모든 사람이 새로운 것이 제대로 기능을 한다고 확신할 때까지 기존의 시스템과 그것의 대체 시스템을 일정 기간 함께 운영하는 안전하고 보수적인 시스템 전환 접근 방법.

보안(security) 정보시스템에 대한 인증되지 못한 접근, 교체, 절도, 또는 물리적 손상을 방지하는 데 사용되는 정책, 절차, 기술적 측정.

보안관리 책임자(chief security officer, CSO) 조직의 공식적 보안 기능의 수장이며 기업의 보안 정책을 집행하는 책임이 있는 사람.

보안 서비스 제공자(managed security service providers, MSSPs) 가입자에게 보안 관리 서비스를 제공하는 기업.

보안 정책(security policy) 정보 위험의 순위를 매기고 보안 목적과 그 목적을 달성하기 위한 메커니즘에 대해 설명한 문장.

보조기억장치(secondary storage) CPU와 주기억장치 외부에 있는 장기적, 비휘발성 데이터 저장장치.

본원적 활동(primary activities) 기업의 제품 및 서비스에 대한 생산, 유통과 가장 직접적으로 관련된 활동.

봇넷(botnet) 사용자가 알지 못하는 사이 봇 멀웨어(bot malware)에 의해 감염된 컴퓨터의 집합으로 해커가 분산 서비스 거부 공격, 피싱 캠페인이나 스팸 등을 위해 그 컴퓨터의 축적된 자원을 사용할 수 있게 함.

분류체계(taxonomy) 미리 정해진 체계에 따라 사물을 분류하는 방법.

분산 데이터베이스(distributed database) 여러 물리적 위치에 저장된 데이터베이스.

분산 서비스 거부(DDos) 공격[distributed denial-of-service (DDoS) attack] 다수의 컴퓨터가 협력해 하나의 네트워크(또는 시스템)를 공격함으로써 메시지를 범람시켜 네트워크 가동을 중지시키는 행위.

분산 처리(distributed processing) 통신 네트워크로 연결된 다수의 컴퓨터 간에 컴퓨터 작업을 분산해 처리하는 것.

분석적 고객관계관리(analytical CRM) 고객 데이터를 분석해 비즈니스 성과를 개선할 수 있는 정보를 제공하는 고객관계 관리.

분석 플랫폼(analytic platform) 큰 데이터 세트의 고속 분석을 위해 특별히 설계된 사전 구성된 하드웨어와 소프트웨어 시스템.

블로고스피어(blogosphere) 블로그 관련 웹사이트들의 전체.

블로그(blog) 웹 블로그에 대한 일반적인 용어로서, 개인들이 이야기, 의견, 관심 사이트에 대한 링크를 게재할 수 있는 비공식적이지만 구조화된 웹사이트.

블록체인(blockchain) 거래 기록을 변조가 불가능하게 영구적으로 저장하며 분산된 컴퓨터 네트워크에서 공유하는 분산 원장(ledger).

블루투스(Bluetooth) 10m 이내 지역에서 초당 722Kbps에 이르는 속도로 전송할 수 있는 무선 개인 영역 네트워크(personal area networks)에 대한 표준.

비관계형 데이터베이스 관리시스템(nonrelational database management system) 관계형 모델로는 분석하기 어려운 대용량의 구조 및 비구조 데이터 작업을 위한 데이터베이스 관리시스템.

비구조적 의사결정(unstructured decision) 의사결정자가 문제를 판단하고, 평가하고, 통찰해야 하는 비반복적 의사결정. 이러한 의사결정에는 합의된 절차가 없음.

비용 투명성(cost transparency) 소비자가 구매하는 제품의 실제 원가가 얼마인지 알아볼 수 있도록 하는 것.

비용 편익 비율(cost-benefit ratio) 총수익을 총비용으로 나누어 자본 지출에 대한 수익을 계산하는 방법.

비주얼 웹(visual web) 사진이 문서를 대체하고 사용자가 사진과 비주얼 특성을 검색하는 핀터레스트와 같은 비주얼 사이트를 연결하는 웹을 의미함.

비주얼 프로그래밍 언어(visual programming language) 사용자가 그래픽 또는 아이콘을 조작함으로써 간단하게 프로그램을 생성할 수 있음.

비즈니스(business) 이익을 얻기 위해 제품을 생산하거나 서비스를 제공하는 것을 목적으로 하는 공식 조직.

비즈니스 모델(business model) 기업이 부를 어떻게 창출하는지 보여주며, 기업이 무엇이고 제품과 서비스를 어떻게 제공하는지에 관한 요약.

비즈니스 성과 관리(business performance management) 기업의 전략에 기반해 주요성과지표로 기업의 성과를 측정하는 방법론.

비즈니스 연속성 계획(business continuity planning) 기업이 재난을 겪은 후 비즈니스 운영을 복구할 수 있는 방법에 초점을 맞춘 계획 수립.

비즈니스 인텔리전스(business intelligence, BI) 사용자가 더 나은 비즈니스 의사결정을 할 수 있도록 도움을 주는 응용프로그램 및 기술.

비즈니스 전략(business strategy) 기업이 생산하는 제품 및 서비스, 기업이 경쟁하고 있는 산업, 기업 경쟁자, 공급자, 고객, 기업의 장기적 목표 등을 결정하는 활동과 의사결정의 집합.

비즈니스 프로세스(business processes) 조직이 제품 또는 서비스를 생산하기 위해 업무 활동, 정보, 지식을 조정하고 조직하는 고유한 방식.

비즈니스 프로세스 관리(business process management, BPM) 비즈니스 프로세스를 지속적으로 개선하고 관리하려는 도구와 방법론.

비즈니스 프로세스 재설계(business process reengineering, BPR) 정보기술 효과를 최대화하기 위한 비즈니스 프로세스의 급진적 재설계.

비지도학습(unsupervised learning) 사전에 분류되거나 레이블이 지정되지 않은 정보를 사용하고 명시적인 사람의 지침 없이 해당 정보에서 패턴을 찾도록 훈련된 기계학습 알고리즘.

비트(bit) 컴퓨터 시스템에서 가장 작은 데이터 단위를 표현하는 이진수. 하나의 비트는 0 또는 1로 표현되는 오직 두 가지 상태 중 하나만을 가질 수 있음.

비판적 사고(critical thinking) 다양한 관점과 대안을 인식하고 일관되게 판단을 보류함.

빅데이터(big data) 일반적인 관계형 DBMS로 획득, 저장, 분석하기 어려운 큰 규모의 데이터 집합. 데이터는 자주 반구조적이거나 비구조적임.

사람 관점(people perspective) 개인과 그들 간의 상호관계로서 종업원과 기업 경영을 연구함.

사물인터넷(Internet of Things) 각 개체 또는 기계가 고유 ID를 가지며, 다른 기계와 연결하거나 데이터를 송신하기 위해 인터넷을 사용할 수 있는 퍼베이시브(pervasive) 웹. 산업 인터넷으로도 불림.

사베인스-옥슬리법(Sarbanes-Oxley Act) 2002년 의결된 법률로 기업과 기업의 경영진에게 내·외부적으로 배포되는 투자자의 금융정보를 보호하는 책임을 부과한 법률.

사설 산업 네트워크(private industrial network) 여러 조직의 비즈니스 프로세스를 통합하기 위해 한 산업 내 여러 기업의 시스템을 연결해주는 웹 기반 네트워크.

사설 익스체인지(private exchange) 사설 산업 네트워크에 대한 또 다른 용어.

사설 클라우드(private cloud) 기업 내부 사용자가 공유하는 가상 서비스의 집합으로 서버, 저장장치, 네트워크, 데이터 애플리케이션을 묶는 독점적 네트워크 또는 데이터 센터.

사용자-설계자 의사소통 격차(user-designer communications gap) 사용자와 정보시스템 전문가 간 의사소통 및 문제 해결에 방해가 되는 배경, 관심사, 선호도 차이.

사용자 인터페이스(user interface) 최종 사용자가 시스템과 상호작용을 하는 정보시스템의 일부분. 사용자가 이러한 시스템으로 작업하는 데 필요한 하드웨어 유형 및 일련의 화면 명령어와 응답.

사이버 반달리즘(cybervandalism) 웹사이트나 기업의 정보시스템에 대한 의도적 혼란, 삭제, 파괴.

사이버 전쟁(cyber warfare) 컴퓨터 또는 네트워크를 손상하거나 방해해 다른 주나 국가에 결함이 생기게 하는 활동.

사이클 타임(cycle time) 프로세스의 시작에서 종료까지 총 소요시간.

사회 공학(social engineering) 정보를 필요로 하는 기업의 합법적인 사용자 또는 구성원으로 가장함으로써 사람들을 속여 그들의 패스워드를 노출하게끔 하는 것.

상향 판매(up-selling) 새로운 고객 또는 기존 고객에게 보다 가치가 높은 제품 또는 서비스를 마케팅하는 것.

생산 또는 서비스 근로자(production or service workers) 조직의 제품이나 서비스를 실제로 산출하는 사람.

생체 인증(biometric authentication) 지문, 얼굴, 망막 이미지 등 사람의 유일한 특성을 저장된 프로파일과 비교해 시스템 사용자를 인증하는 기술.

서버(server) 네트워크상의 여타 컴퓨터에 대해 소프트웨어 및 여타 자원을 제공하기 위해 특별히 최적화된 컴퓨터.

서비스 거부(DoS) 공격[denial of service (DoS) attack] 네트워크를 마비시키기 위해 네트워크 서버 또는 웹서버에 잘못된 통신 또는 서비스 요청을 범람시키는 것.

서비스 지향 아키텍처(service-oriented architecture, SOA) 소프트웨어 응용프로그램 생성을 위한 할당 작업을 수행하기 위해 서로 통신하는 소프트웨어의 집합을 기반으로 구축된 소프트웨어 아키텍처.

선택(choice) 사이먼의 의사결정 3단계로 개인은 다양한 해결 대안 중에서 선택함.

설계(design) 사이먼의 의사결정 2단계로, 개인이 문제점에 대해 가능한 대안을 인식하는 단계.

세력권(reach) 기업이 얼마나 사람과 연결할 수 있는지, 기업에 이러한 사람들에게 제공할 수 있는 얼마나 많은 제품을 제공할 수 있는지에 관한 척도.

센서(sensor) 컴퓨터시스템에 입력하기 위해 데이터를 환경으로부터 직접 수집하는 장치.

셀룰러폰[cellular telephones (cell phones)] 셀이라고 불리는 인접한 지리적 영역 내에 설치된 안테나와 통신하는 전자파를 이용해 음성이나 데이터를 전송하는 장치.

소비자 주도 IT(consumerization of IT) 소비자 시장에서 발생해 비즈니스 조직으로 확산되는 새로운 정보기술.

소셜 검색(social search) 개인의 소셜 접촉에 기반해 관련성이 높고 신뢰할 수 있는 검색 결과를 제공하는 노력.

소셜 그래프(social graph) 오프라인 관계를 설명하는 소셜 네트워크와 비교되는 중요한 모든 온라인 소셜 관계의 지도.

소셜 네트워킹(social networking) 사용자들이 서로의 비즈니스 또는 개인적 연관 관계를 통해 인맥을 형성함으로써 그들의 비즈니스 또는 사회적 접촉을 확장하기 위한 온라인 커뮤니티.

소셜 북마킹(social bookmarking) 사용자가 개방 웹사이트의 웹페이지에 자신의 북마크를 저장하고 문서를 정리하고 정보를 다른 사람과 공유하기 위해 키워드로 이 북마크를 태그시키는 능력.

소셜 비즈니스(social business) 직원, 고객, 공급자를 참여시키기 위해 페이스북, 트위터, 사내 소셜 도구를 포함한 소셜 네트워킹 플랫폼을 사용.

소셜 쇼핑(social shopping) 다른 구매자들과 관심 있는 물품에 대한 지식을 공유하기 위해 사용자 제작 웹페이지 기능이 있는 웹사이트를 이용하는 것.

소셜 CRM(social CRM) 소셜 네트워킹 사이트부터 CRM 프로세스까지 기업과 고객의 대화, 데이터, 관계의 연결을 활성화하는 도구.

소액결제시스템(micropayment systems) 금액의 합이 아주 작은, 대개 10달러 이내인 소액 지불을 용이하게 하는 시스템.

소프트웨어 정의 네트워킹(software-defined networking, SDN) 네트워크에서의 데이터 흐름을 관리하기 위해 네트워크 장치와 분리된 중앙 제어 프로그램을 사용하는 것.

소프트웨어 패키지(software package) 미리 작성되고 코드화된 상업적으로 사용 가능한 프로그램의 집합으로서 특정 기능을 위한 소프트웨어 프로그램을 작성할 필요가 없음.

소프트웨어 현지화(software localization) 제2언어에서 운영될 수 있도록 소프트웨어를 변환하는 프로세스.

소형 브라우저(microbrowser) 저용량 메모리 제약, 휴대용 무선 장비의 작은 화면, 무선 네트워크의 낮은 대역폭에서 작동할 수 있는 작은 파일을 가진 웹브라우저 소프트웨어.

속성(attribute) 특정 개체를 설명하는 정보의 부분.

손목터널증후군(carpal tunnel syndrome, CTS) 일종의 반복 스트레스 장애(Repetitive Stress Injur, RSI)로서, 손목 관절 구조를 통해 정중 신경(median nerve)에 압력이 가해질 때 고통이 발생하는 증상.

쇼핑봇(shopping bot) 전자상거래 고객이 구매를 원하는 제품이나 서비스를 찾고 평가하는 것을 돕는 다양한 수준의 내장 지능을 가진 소프트웨어.

수요계획(demand planning) 기업이 자신의 모든 고객의 수요를 충족하기 위해 필요한 제품의 양이 얼마나 되는지를 결정하는 것.

수익모델(revenue model) 기업이 어떻게 수익을 얻고, 이익을 발생시키며, 투자수익을 얻을 것인지에 대한 설명.

순수 온라인(pure-play) 순수하게 인터넷을 기반으로 한 비즈니스 모델.

슈퍼컴퓨터(supercomputer) 복잡한 연산을 매우 빠른 시간에 처리할 수 있는 지능적이고 강력한 컴퓨터.

스니퍼(sniffer) 네트워크상에 이동하는 정보를 감시하는 일종의 도청 프로그램.

스마트 카드(smart card) 디지털 정보를 저장하고 현금 대신 전자지불에 사용될 수 있는 신용카드 크기의 플라스틱 카드.

스마트폰(smart phone) 음성, 메시지, 일정 관리, 이메일, 인터넷 기능을 갖춘 무선 전화.

스위치(switch) 허브에 비해 보다 지능적이며 데이터를 여과하고 지정된 목적지로 데이터를 보낼 수 있는 네트워크 구성요소를 연결하기 위한 장치.

스코어링 모델(scoring model) 선정된 목표에 대한 평가 체계를 기반으로 시스템 대안 평가를 신속하게 수행할 수 있는 방법.

스파이웨어(spyware) 개인이나 조직이 알지 못하게 이들에 관한 정보를 수집하는 것을 도와주는 기술.

스패밍(spamming) 수천 또는 수십만 통의 원하지 않는 이메일과 전자메시지가 보내져 기업과 개인 사용자를 귀찮게 하는 남용의 한 형태.

스팸(spam) 요청되지 않은 상업용 이메일.

스푸핑(spoofing) 인터넷에서 자신의 ID를 숨기거나 다른 사용자의 ID를 위조해 속이거나 기만하는 컴퓨터 프로그램 또는 다른 컴퓨터 사용자.

스프레드시트(spreadsheet) 행과 열로 구성된 격자에 데이터를 표시하고 손쉽게 숫자 계산을 할 수 있는 기능을 갖춘 소프트웨어.

시맨틱 검색(semantic search) 인간의 언어와 행동을 이해할 수 있는 검색 기술.

시맨틱 웹(semantic web) 정보 이해를 촉진하는 기계를 통해 웹을 보다 지능적으로 만드는 방법으로 검색이 보다 직관적이고 효과적으로 됨. 지능형 소프트웨어 에이전트를 이용해 실행함.

시스템 개발(systems development) 조직적 문제나 기회를 해결할 수 있는 정보시스템 개발에 투입되는 활동.

시스템 개발 생명주기(systems development life cycle, SDLC) 정보시스템을 개발하기 위한 전통적인 방법론으로서 시스템 개발 프로세스를 공식 단계로 분할하는데, 이 공식 단계는 최종 사용자와 정보시스템 분석가 간의 공식적인 업무 분할에 따라 순차적으로 완료되어야 함.

시스템 검사(system testing) 서로 구별되는 모듈들이 계획한 대로 함께 작동하는지 여부를 판단하기 위해 정보시스템 전체의 기능을 테스트하는 것.

시스템 분석(systems analysis) 조직이 정보시스템을 통해 해결하려고 하는 문제를 분석하는 것.

시스템 분석가(systems analysts) 비즈니스 문제 및 요구사항을 정보 및 시스템에 대한 요구사항으로 변환하고 정보시스템 부서 및 나머지 부서 간의 교섭 역할을 하는 전문가.

시스템 설계(systems design) 시스템 분석가에 의해 결정된 정보 요구사항을 시스템이 어떻게 만족시킬지 구체화하는 것.

시스템 소프트웨어(system software) 중앙 프로세서, 통신 링크, 주변 기기와 같은 컴퓨터 자원을 관리하는 일반화된 프로그램.

시스템 통합(systems integration) 새로운 기반구조(infrastructure)가 기업의 기존 시스템, 즉 레거시 시스템과 함께 작동하고 그 기반구조의 새로운 구성요소들이 하나로 작동하게 하는 것.

시장 생성자(market creator) 구매자와 판매자가 만나고, 제품을 검색하고, 거래에 참여할 수 있는 디지털 온라인 환경을 제공하는 전자상거래 비즈니스 모델.

시장 진입 비용(market entry cost) 상인들이 단순히 그들의 상품을 시장에 내놓는 데 지불해야 하는 비용.

시험(testing) 시스템이 알려진 상황에서 바람직한 결과를 산출하는지 여부를 결정하는 철저한 프로세스.

식스 시그마(six sigma) 100만 개마다 3.4개의 불량품이 나오는 정도의 품질 기준. 품질 향상 및 비용 감소를 위한 방법론 및 기법들을 명시하는 데 사용됨.

신경망(neural network) 생물학적 두뇌의 처리 패턴을 모방하고자 하는 하드웨어 또는 소프트웨어.

신분 도용(identity theft) 다른 개인의 이름으로 상품 및 서비스를 얻거나 기밀정보를 불법으로 얻기 위해 다른 사람의 신용카드 또는 주민등록 번호와 같이 개인정보의 핵심 부분을 절도하는 것.

신원 관리(identity management) 시스템으로부터 유효한 사용자를 구별하고 시스템 자원에 접근을 통제하기 위한 비즈니스 프로세스와 소프트웨어 도구.

아웃소싱(outsourcing) 컴퓨터 센터 운영, 통신 네트워크, 또는 응용시스템 개발에 대해 외부 벤더와 계약을 맺는 것.

안드로이드(Android) 구글에서 개발한 모바일 장치를 위한 오픈소스 운영체제. 현재 전 세계적으로 가장 인기 있는 스마트폰 운영체제임.

암묵지(tacit knowledge) 공식적으로 문서화되지 않은 조직 구성원의 전문지식 및 경험.

암호화(encryption) 인가 없이 읽거나 접근하는 것을 방지하기 위해 메시지를 코딩하고 변경하는 것.

애자일 개발(agile development) 대형 프로젝트를 반복과 지속적 피드백을 이용해 단기간에 완성할 수 있는 일련의 소규모 하위 프로젝트로 분해해 실행 가능한 소프트웨어를 신속하게 인도하는 것.

애플리케이션 서버(application server) 브라우저 기반 컴퓨터와 기업의 후방 비즈니스 애플리케이션 및 데이터베이스 사이의 모든 애플리케이션 운영을 처리하는 소프트웨어.

애플리케이션 소프트웨어(application software) 최종 사용자가 명시한 기능을 수행하기 위해 특정 응용분야를 작성한 프로그램.

애플리케이션 통제(application control) 인증된 데이터만이 애플리케이션 프로그램에 의해 완전하고 정확하게 처리될 수 있도록 해주는 컴퓨터 애플리케이션에 특화된 통제.

애플리케이션 프록시 필터링(application proxy filtering) 프록시 서버를 사용해 조직 안팎으로 흐르는 데이터 패킷을 검사하고 전송해 조직의 모든 내부 애플리케이션이 프록시 애플리케이션을 사용해 외부와 통신할 수 있도록 하는 방화벽 차단 기술.

앱(app) 인터넷이나 컴퓨터 또는 휴대전화에서 운영되는 소프트웨어. 일반적으로 인터넷을 통해 전달됨.

에지 컴퓨팅(edge computing) 데이터 소스 근처의 네트워크 에지에 연결된 서버 집합에서 일부 데이터 처리를 수행해 클라우드 컴퓨팅 시스템을 최적화하는 방법.

엑스트라넷(extranet) 인증된 외부인이 접속할 수 있는 사설 인트라넷.

예측분석(predictive analysis) 이벤트 결과를 예측하기 위해 데이터 마이닝 기법, 과거 데이터, 미래 상황에 대한 가정을 이용함.

예측 시장(prediction markets) 기업 내에서 가능한 응용시스템 포트폴리오에 대한 분석으로 위험과 이익을 판단하고 정보시스템 대안 중에서 선택하기 위한 것.

예측적 검색(predictive search) 사용자가 입력할 때 인기 검색어에 기반해 사용자가 찾는 것을 예측하는 검색 알고리즘의 일종.

오픈소스 소프트웨어(open source software) 무료로 프로그램 코드에 접근할 수 있는 소프트웨어로서, 사용자가 프로그램을 향상하거나 오류를 수정하기 위해 프로그램 코드를 수정할 수 있음.

온디맨드 컴퓨팅(on-demand computing) 컴퓨팅 파워에 대해 평균 처리 부하만큼만 투자하고 시장 수요에 따라 추가적인 컴퓨팅 파워만큼만 지불하는 가운데, 원거리의 대규모 데이터 처리 센터에 대한 컴퓨팅 파워의 과부하를 피하는 컴퓨팅 방식. 유틸리티 컴퓨팅이라 불림.

온라인 거래처리(online transaction processing) 온라인으로 들어온 트랜잭션이 컴퓨터에 의해 바로 처리되는 트랜잭션 처리 방식.

온라인 대중 공개강좌(massive open online course, MOOC) 대중에게 제공되는 웹에서 이용 가능한 온라인 강좌.

온라인 분석처리(online analytical processing, OLAP) 여러 관점으로 대용량 데이터를 조작하고 분석하는 기능.

옵트아웃(opt-out) 고객이 자신의 정보가 수집되지 않도록 특별히 요청할 때까지 그 고객이 자신의 정보 수집을 허락하는 것으로 인정하는 모델.

옵트인(opt-in) 개인이 특별히 정보 수집 및 사용을 허락하는 행위를 취하지 않는 경우 조직이 그 개인의 정보를 수집하는 것을 방지하는 모델.

와이맥스(WiMax) Worldwide Interoperability for Microwave Access의 약어. 75Mbps에 이르는 데이터 전송 속도로 50km에 이르는 지역에서 무선 네트워킹을 가능케 하는 IEEE 표준 802.16을 일컫는 일반 용어.

와이파이(Wi-Fi) Wireless Fidelity의 약자로 무선 네트워킹 표준인 IEEE 802.11 계열.

외래 키(foreign key) 사용자가 다른 데이터베이스 테이블에 있는 관련 정보를 찾도록 해주는 데이터베이스 테이블의 필드.

용량 계획(capacity planning) 상이한 우선순위를 가진 작업에 대해 적절한 컴퓨팅 자원을 이용 가능하게 하는 것과 기업이 현재 및 미래의 니즈에 대해 충분한 컴퓨팅 파워를 가지는 것을 보장하기 위해 컴퓨터 하드웨어 시스템이 포화되는 시점을 예측하는 프로세스.

운영관리층(operational management) 조직의 일일 활동을 감독하는 사람.

운영 인텔리전스(operational intelligence) 데이터, 스트리밍 이벤트, 비즈니스 운영에 통찰력을 제공하는 비즈니스 애널리틱스.

운영적 고객관계관리(operational CRM) 판매 자동화, 콜센터 및 고객 서비스 지원, 마케팅 자동화와 같은 고객 접점의 응용시스템.

운영체제(operating system) 컴퓨터의 활동을 관리하고 통제하는 시스템 소프트웨어.

워 드라이빙(war driving) 건물 주변을 지나가거나 건물 밖에 주차해 무선 네트워크 트래픽을 가로채려고 하는 행위.

워드프로세싱 소프트웨어(word processing software) 전자적으로 문서를 생성, 편집, 서식화, 인쇄하는 소프트웨어.

워크스테이션(workstation) 강력한 그래픽 및 수학적 기능과 여러 개의 복잡한 작업을 동시에 수행할 수 있는 능력.

워크플로 관리(workflow management) 비즈니스 절차를 단순화하는 프로세스로서 문서가 한 곳에서 다른 곳으로 쉽고 효율적으로 이동될 수 있도록 함.

월드와이드웹(World Wide Web, WWW) 네트워크 환경에서 정보를 저장하고, 조회하고, 형식화하고, 보여주기 위한 보편적으로 받아들여지는 표준을 가진 시스템.

웜(worm) 컴퓨터 네트워크의 작동을 중단시키고 데이터 및 여타 프로그램을 파괴하기 위해 스스로를 전파하는 독립적인 소프트웨어 프로그램.

웨어러블 컴퓨터(wearable computer) 스마트워치, 스마트안경, 액티비티 트랙커와 같은 착용하는 소형 컴퓨팅 장치.

웹마이닝(web mining) 월드와이드웹으로부터 유용한 패턴을 발견하고 분석하는 것.

웹버그(web bugs) 이메일 메시지와 웹페이지에 삽입된 작은 그래픽 파일로서 온라인 인터넷 사용자의 행위를 감시하도록 설계됨.

웹브라우저(web browser) 웹과 인터넷에 접근하기 위한 사용하기 쉬운 소프트웨어.

웹 비콘(web beacon) 이용자가 웹사이트를 방문하거나 이메일을 보낼 때 이용자의 행위를 모니터링하기 위해 이메일 메시지와 웹페이지에 보이지 않게 임베디드 된 초소형 객체.

웹사이트(web site) 조직이나 개인에 의해 유지 관리되는 모든 웹페이지.

웹서버(web server) 웹페이지를 저장하고 있으며 이 웹페이지에 대한 요청을 관리하고 사용자의 컴퓨터에 전달하는 소프트웨어.

웹서비스(web service) 다양한 소스의 상이한 응용 프로그램을 시간이 걸리는 맞춤화 코딩 없이 통합하기 위한 인터넷 기술을 이용하는 보편적인 표준의 집합. 상이한 조직의 시스템을 연결하거나 동일 조직 내 개별적인 시스템을 연결하기 위해 사용됨.

웹호스팅 서비스(web hosting service) 대형 웹서버를 가진 회사가 비용을 지불하는 가입자의 웹사이트를 유지 보수해주는 서비스.

위치 기반 서비스(location-based services) 스마트폰에서 이용 가능한 GPS 지도 서비스.

위치분석(location analytics) 휴대전화 위치 데이터, 센서 및 스캔 장치의 출력, 지도 데이터를 포함한 데이터의 위치(지리적) 요소에서 통찰력을 얻을 수 있는 능력.

위키(wiki) 방문자가 이전 저자의 작업을 포함해 사이트의 콘텐츠를 추가, 삭제, 수정할 수 있는 협업 웹사이트.

위험 기피 원칙(risk aversion principle) 손해를 최소화하거나 최소의 비용을 발생시키는 행위를 취해야 한다는 원칙.

위험도 평가(risk assessment) 문제가 발생한 경우 그 문제의 잠재적 발생 빈도와 손해를 결정하는 것. 통제에 대한 비용-수익을 결정하는 데 사용함.

윈도우 10 최신 마이크로소프트 클라이언트 운영체제.

유닉스(UNIX) 모든 유형의 컴퓨터에서 사용될 수 있는 운영체제로서 컴퓨터와 독립적이며 다중사용자 처리, 멀티태스킹, 네트워킹을 지원함. 고성능의 워크스테이션 및 서버에서 사용.

유전자 알고리즘(genetic algorithm) 환경에 적응해 나가는 살아있는 유기체를 모델로 이용해 특정한 문제에 대한 진화적인 해결 방식을 추구하는 문제 해결 기법.

유지보수(maintenance) 시스템 오류 수정, 새로운 요구사항 만족, 처리 효율성 향상을 위해 하드웨어, 소프트웨어, 문서, 절차를 변경하는 것.

유틸리티 컴퓨팅(utility computing) 기업이 특정 기간 동안 그들이 실제 사용한 정보기술 자원에 대해서만 지불하는 컴퓨팅 모델. 온디맨드 컴퓨팅(on-demand computing) 또는 사용 기반 가격책정(usage-based pricing)이라고도 함.

유형 편익(tangible benefits) 계량화되고 금전적 가치가 부여될 수 있는 이익. 여기에는 보다 운영 비용의 절감 및 현금 흐름의 증가가 포함됨.

윤리(ethics) 자신의 행동을 인도하는 선택을 하기 위해 자유로운 도덕적 행위 주체로서 개인들이 사용할 수 있는 올바른 것과 그른 것에 관한 원칙.

윤리적 '공짜 점심 없음' 법칙(ethical 'no free lunch' rule) 그렇지 않다는 명시적 선언이 없다면, 모든 유·무형의 객체는 누군가에 의해 소유되며, 개발자는 자신의 작업에 대해 보상받기를 원한다는 가정.

음성 포털(voice portal) 이동전화나 표준전화의 음성 명령어를 받아서 웹콘텐츠, 이메일, 여타 전자적 응용 기능에 접근하고 사용자의 정보 요청에 대한 응답을 음성으로 변환해 사용자에게 전달하는 능력.

의무(liability) 개인이 여타의 행위자, 시스템, 조직에 의해 입은 손해를 보상할 수 있도록 하는 법률.

의사결정 지원시스템(decision-support systems, DSS) 반구조적(semistructured)이고 비구조적인(unstructured) 의사결정을 지원하기 위해 데이터를 복잡한 분석 모델 또는 데이터 분석 도구들과 결합한 관리자 수준의 정보시스템.

이더넷(Ethernet) 컴퓨터 간에 신호를 전달하기 위한 물리적 매체, 접근 제어 규칙, 시스템으로 데이터를 전송하기 위한 표준화된 비트의 집합 등을 규정하는 물리적 네트워크 수준에서의 지배적인 LAN 표준.

이메일(electronic mail, e-mail) 컴퓨터 대 컴퓨터 간의 메시지 교환.

이블 트윈스(evil twins) 사람들을 유인해 로그온하게 하고 패스워드 또는 신용카드 번호를 훔쳐내기 위해 합법적인 와이파이 네트워크인 것처럼 가장한 무선 네트워크.

이용 목적 제한 방침(acceptable use policy, AUP) 데스크톱 컴퓨터나 노트북, 무선장치, 전화, 인터넷 등을 포함해 기업의 정보 자원이나 컴퓨팅 장치의 허용 가능한 사용을 정의하고, 규정을 지키지 않았을 때의 결과를 명시하는 것.

이중 인증(two-factor authentication) 사용자의 ID를 물리적 토큰의 ID와 데이터의 ID 등 두 가지 ID로 검증하는 방법.

익스체인지(exchanges) 제3자 넷 마켓플레이스로서 주로 거래 지향이고 단발성 구매를 위해 다수의 구매자와 공급자를 연결함.

인가관리시스템(authorization management systems) 일련의 접근 규칙에 의해 정보에 근거해 개별 사용자가 접속이 허용된 시스템과 웹의 일부분에만 접근할 수 있도록 하는 시스템.

인간공학(ergonomics) 작업설계, 건강 이슈, 정보시스템의 최종 사용자 인터페이스 등을 포함해 작업 환경에서 사람과 기계의 상호작용을 연구하는 분야.

인공위성(satellite) 아주 장거리에 초단파 신호를 전송하는 중계소 역할을 하는 궤도 위성을 이용해 데이터를 전송하는 것.

인공지능(artificial intelligence, AI) 언어를 학습하고, 물리적 작업을 수행하며, 지각기관을 이용하고, 사람의 전문성과 의사결정을 모방하는 능력을 가진 인간과 같이 행동할 수 있는 컴퓨터 기반 시스템을 개발하려는 노력.

인메모리 컴퓨팅(in-memory computing) 컴퓨터의 보조기억장치보다 주기억장치에 데이터를 저장함으로써 대량의 데이터를 매우 신속하게 분석하고 처리하는 기술.

인수 검사(acceptance testing) 시스템이 생산 환경에서 사용될 준비가 되었음을 최종 승인하는 것.

인스턴트 메시징(instant messaging) 참여자들이 자신들만의 사적인 채팅 채널을 생성할 수 있도록 해주는 채팅 서비스로서, 개인의 사적인 채팅 리스트에 있는 누군가가 어떤 특정 상대와의 채팅 초기화를 위한 온라인 상태가 될 때마다 그 특정 상대에게 알려줌.

인증(authentication) 거래 당사자가 상대방의 신원을 확인할 수 있는 기능.

인터네트워킹(internetworking) 각자의 독자성을 가진 개별적인 네트워크를 상호 연결된 네트워크로 연결하는 것.

인터넷(Internet) 수백만의 상이한 네트워크를 연결하는 표준을 이용한 네트워크들에 대한 국제적인 네트워크.

인터넷2(Internet2) 새로운 프로토콜 및 전송 속도를 가진 연구망으로 고속 대역폭의 인터넷 응용시스템을 지원하기 위한 기반구조를 제공함.

인터넷 서비스 제공자(Internet service provider, ISP) 지속적인

접속 능력을 가진 상업 조직으로서 가입자에게 임시적인 접속 서비스를 판매함.

인터넷 전화(Internet telephony) 음성 서비스를 위한 인터넷 프로토콜의 패킷 스위칭 연결을 이용하는 기술.

인터넷 프로토콜 주소[Internet Protocol(IP) address] 네 부분으로 구성된 숫자형 주소로서 인터넷상의 고유한 컴퓨터 위치를 나타냄.

인트라넷(intranet) 인터넷 및 웹기술과 표준을 기반으로 한 내부 네트워크.

일반 통제(general control) 조직의 정보기술 인프라를 통해 일반적으로 컴퓨터 프로그램의 설계, 보안, 사용과 데이터파일의 보안을 통제하는 전반적인 통제 환경.

일차 키(primary key) 데이터베이스 테이블의 어느 행에서도 모든 정보를 유일하게 식별할 수 있는 식별자.

입력(input) 정보시스템에서의 처리를 위한 조직 내부로부터 또는 조직 외부 환경으로부터 나오는 원시 데이터의 포착 또는 수집.

입력장치(input devices) 데이터를 수집하고 수집된 데이터를 컴퓨터가 사용할 수 있는 전자 형태로 변환하는 장치.

자바(Java) 웹을 위한 상호작용 프로그래밍 환경의 선두가 된 운영체제 독립적, 프로세스 독립적인 객체지향 프로그래밍 언어.

자본 예산 책정(capital budgeting) 다양한 자본지출 제안을 분석하고 선택하는 프로세스.

자연어(natural languages) 인간 언어를 닮은 전통적인 명령어를 이용해 사용자가 컴퓨터와 통신할 수 있도록 해주는 비절차적 언어.

재난복구 계획(disaster recovery planning) 컴퓨팅 및 통신 서비스에 대한 파손이 발생했을 때 이를 복구하는 계획.

저작권(copyright) 저작자의 생애와 사망 후에도 추가적으로 70년간 어떠한 목적으로라도 타인이 복사하는 것을 방지해 저작자의 지적 자산을 보호하는 법률적 권리.

적법절차(due process) 법률이 잘 알려져 있고 이해되는 프로세스로서, 법률이 정확하게 적용될 수 있도록 고위층에 요청하는 기능이 있음.

전략정보시스템(strategic information systems) 조직의 경쟁우위 획득을 돕기 위해 목표, 운영, 제품, 서비스 또는 환경 관계를 변경하는 조직의 모든 수준의 정보시스템.

전문가시스템(expert systems) 제한된 지식 영역 내에서 전문가의 진문지식을 포착하는 지식 중심의 컴퓨터 프로그램.

전사적 시스템(enterprise systems) 기업의 핵심적인 내부 프로세스를 조정하는 통합적 전사 정보시스템. 전사적 자원관리(ERP)라고도 알려져 있음.

전사적 애플리케이션(enterprise applications) 기업 내에서 여러 다른 기능, 계층, 비즈니스 단위에 걸쳐서 활동, 의사결정, 지식을 조정할 수 있는 시스템. 전사적 시스템에는 공급사슬 관리 시스템, 고객관계관리 시스템, 지식경영 시스템이 포함됨.

전사적 지식경영시스템(enterprise-wide knowledge management systems) 디지털 콘텐츠와 지식을 수집, 저장, 배포, 활용하기 위해 사용되는 범용의 전사적 시스템.

전사적 콘텐츠관리시스템(enterprise content management systems) 문서, 보고서, 발표자료, 최우량 사례 등에 대한 저장소와 이메일과 그래픽 객체를 수집하고 조직하는 기능을 제공해 조직이 구조적 및 반구조적 지식을 관리하는 데 도움이 되는 시스템.

전사적 품질경영(total quality management, TQM) 품질 관리를 조직의 모든 사람이 공유해야 하는 책임으로 여기는 개념.

전자기록관리(electronic records management, ERM) 전자 기록의 보유, 파괴, 저장을 관리하는 정책, 절차, 도구.

전자문서교환(electronic data interchange, EDI) 주문, 배송지시서, 지불과 같이 표준적인 거래처리를 수행하는 2개 조직의 컴퓨터 간에 직접 수행되는 데이터 교환.

전자상거래(electronic commerce, e-commerce) 재화 및 서비스를 전자적으로 구매하고 판매하는 프로세스로서, 인터넷, 네트워크, 여타 디지털 기술을 이용한 거래처리를 포함함.

전자소매거래(e-tailer) 소매상품이 판매되는 웹사이트를 가지고 있는 거대 기업인 아마존부터 소규모 지역 상점까지의 온라인 소매 상점.

전자인증서(digital certificate) 전송자의 신분을 확인하고 수신자에게 응답을 암호화할 수 있는 수단을 제공하는 전자메시지에 부착되는 것.

전자정부(e-government) 정부 및 공공부문 기관들이 인터넷 및 관련 기술을 사용해 디지털 방식으로 시민, 기업, 여타 정부 하위조직과 상호작용함.

전환(conversion) 낙후된 시스템을 새로운 시스템으로 변경하는 과정.

전환 비용(switching cost) 고객 또는 기업이 기존 공급자나 시스템을 경쟁 공급자나 시스템으로 변경할 때 낭비되는 시간과 자원의 지출로 발생하는 비용.

절차의 합리화(rationalization of procedures) 자동화가 운영 절차를 보다 효율화할 수 있도록, 명백한 병목 현상을 제거하면서 표준 운영 절차를 합리화하는 것.

접점(touch point) 전화, 이메일, 고객 서비스 데스크, 전통적 메일, 구매 시점(point-of-purchase) 등 기업과 고객 간 상호작용 방법.

정규화(normalization) 관계형 데이터베이스를 설계할 때 복잡한 데이터 그룹들로부터 작고 안정적인 데이터 구조를 생성하는 프로세스.

정보(information) 인간에게 의미 있고 유용한 형식으로 변형된 데이터.

정보 가전(information appliance) 최소의 사용자 노력으로 몇

가지 특화된 컴퓨팅 작업을 잘 수행할 수 있도록 맞춤화되어 온 장비.

정보 격차(digital divide) 컴퓨터 및 인터넷 접속에 있어 상이한 사회적 집단 및 상이한 지역민 간에 존재하는 상당한 불균형.

정보관리 책임자(chief information officer, CIO) 기업의 정보시스템 기능에 대해 책임을 맡고 있는 상위 관리자.

정보 권리(information rights) 개인 및 조직이 자기 자신과 관련된 정보에 대해 갖는 권리.

정보기술(information technology, IT) 기업이 비즈니스 목적을 달성하기 위해 사용해야 하는 모든 하드웨어와 소프트웨어 기술.

정보기술(IT) 기반구조[information technology(IT) infrastructure] 조직을 위해 공유되는 IT 자원에 대한 포트폴리오를 제공하는 컴퓨터 하드웨어, 소프트웨어, 데이터, 저장기술, 네트워크.

정보 밀도(information density) 모든 시장 참여자, 소비자, 상인이 이용 가능한 총 정보의 양과 품질.

정보 불균형(information asymmetry) 거래 참여자 양측의 상대적인 교섭력이 거래에 필수적인 필요한 정보를 보다 많이 가진 한쪽에 의해 결정되는 상황.

정보시스템(information system) 조직의 의사결정, 협업, 통제, 분석, 시각화를 지원하기 위한 목적으로 정보를 수집하고, 처리하고, 저장하고, 유포할 수 있도록 함께 작동되는 상호 연관 요소.

정보시스템 감사(information systems audit) 개별 정보시스템을 지배하는 컨트롤을 식별하고 그 효과를 평가함.

정보시스템 계획(information systems plan) 시스템 개발의 근본적 이유, 현재 상황, 관리 전략, 구현계획, 예산을 보여주는 로드맵.

정보시스템 관리자(information systems manager) 정보시스템 부서의 다양한 전문가들의 리더.

정보시스템 부문(information systems department) 조직의 정보시스템 기능을 담당하는 공식적인 조직 단위.

정보시스템 이해능력(information systems literacy) 컴퓨터에 관한 기술적 지식뿐만 아니라 정보시스템을 사용하는 조직 및 개인에 관한 행태적 지식을 포함한 정보시스템에 대한 폭넓은 이해.

정보 요구사항(information requirements) 새로운 시스템이 만족시켜야 할 정보 니즈에 대한 구체적인 진술. 누가 어떤 정보를 필요로 하는지, 언제, 어디서, 어떻게 정보를 필요로 하는지 규정함.

정상상태 검사(stateful inspection) 패킷이 송신자와 수신자 사이에 계속 진행 중인 대화의 부분인지 아닌지 판단함으로써 추가적인 보안을 제공.

제로 데이 취약점(zero-day vulnerability) 공급업체가 문제를 인식하기 전에 해커가 악용할 수 있는, 소프트웨어 개발자도 모르는 소프트웨어의 보안 취약점.

제안요청서(request for proposal, RFP) 벤더의 제품이 조직의 특정 요구사항을 얼마나 잘 만족시킬 수 있는지 결정하기 위해 소프트웨어 또는 여타 서비스 벤더에게 보내는 구체적인 논점 리스트.

제품 차별화(product differentiation) 경쟁자가 쉽게 모방할 수 없는 새롭고 고유한 제품 및 서비스를 개발함으로써 브랜드 충성도를 구축하기 위한 경쟁 전략.

제휴수익모델(affiliate revenue model) 자신의 문자를 수수료를 받고 다른 사이트로 보내는 '제휴'로 수익을 얻는 웹사이트.

조달(procurement) 제품 및 자재의 공급자를 찾고, 공급자와 협상하며, 제품에 대해 지불하고, 배달 약속을 하는 것.

조직 영향 분석(organizational impact analysis) 제안된 시스템이 조직의 구조, 태도, 의사결정, 운영에 영향을 미치는 방식에 대한 연구.

주요성과지표(key performance indicators) 규정된 차원에 따라서 기업의 성과가 어떤지를 이해하기 위해 고위 경영층이 제시한 척도.

중간관리층(middle management) 조직의 중간 계층에 있는 사람으로 고위관리층의 계획과 목적을 수행함.

중앙집중 처리(centralized processing) 하나의 대형 중앙 컴퓨터에 의해 수행되는 처리.

중역지원시스템(executive support systems, ESS) 첨단 그래픽과 통신을 통해 비정형적인 의사결정을 해결하도록 설계된, 조직의 전략적 수준에서 사용되는 정보시스템.

중형 컴퓨터(midrange computers) 보다 작은 조직에 대한 컴퓨팅 요구 또는 여타 컴퓨터의 네트워크 관리에 대한 컴퓨팅 요구를 지원할 수 있는 중간 크기의 컴퓨터.

증강현실(augmented reality) 사용자가 눈으로 보는 현실세계에 가상 물체를 겹쳐 보여주는 기술.

지능형 기법(intelligent technique) 개별 또는 집합적 지식의 획득, 대용량 데이터에서 패턴이나 행동의 발견, 그리고 너무 크고 복잡해서 인간이 풀 수 없는 문제에 대한 해결책 생성 등을 통해 의사결정자를 지원하는 기술.

지능형 에이전트(intelligent agents) 개인 사용자, 비즈니스 프로세스 또는 소프트웨어 응용 프로그램을 대상으로 하는 반복적이고 예측 가능한 특정 작업을 수행하기 위해 구축되거나 학습된 지식베이스를 이용하는 소프트웨어 프로그램.

지도학습(supervised learning) 인간이 미리 분류한 원하는 입력과 출력의 구체적인 예를 제공해 훈련되는 기계학습 알고리즘.

지리광고 서비스(geoadvertising service) 사용자의 GPS 위치에 기반해 광고를 전달하는 것.

지리소셜 서비스(geosocial service) 사용자의 GPS 위치에 기반해 제공되는 소셜 네트워킹.

지리정보 서비스(geoinformation service) 사용자의 GPS 위치에 기반해 지역 장소 및 물건에 대한 정보를 제공하는 것.

지리정보시스템(geographic information systems, GIS) 계획수립 및 의사결정을 향상하기 위해 디지털화된 지도를 분석하고 보여줄 수 있는 소프트웨어를 가진 시스템.

지식경영(knowledge management) 기업의 지식을 생성, 수집, 저장, 유지, 유포하기 위해 조직 내에서 개발된 프로세스의 집합.

지식경영시스템(knowledge management systems, KMS) 기업의 전문기술 및 지식에 대한 생성, 포착, 저장, 유포를 지원하는 시스템.

지식경영 책임자(chief knowledge officer, CKO) 기업의 지식관리 프로그램에 책임이 있음.

지식 근로자(knowledge workers) 제품 또는 서비스를 설계하고 조직을 위한 지식을 생성하는 엔지니어 또는 설계자와 같은 사람.

지식네트워크시스템(knowledge network systems) 잘 정의된 지식 영역의 기업 전문가를 찾기 위한 온라인 디렉터리.

지식베이스(knowledge base) 전문가시스템에 의해 사용되는 인간 지식에 관한 모델.

지식작업시스템(knowledge work systems, KWS) 새로운 지식의 창출과 통합을 위해 지식 근로자를 지원하는 정보시스템.

지원 활동(support activity) 기업의 본원적 활동을 가능케 하는 활동. 구성요소로는 조직의 기반구조, 인적자원, 기술, 조달 등이 있음.

지적 재산(intellectual property) 거래 기밀, 저작권, 특허법 보호를 필요로 하는 개인 또는 기업에 의해 생성된 무형 자산.

직원관계관리(employee relationship management, ERM) 목표 설정, 직원 성과 관리, 성과 기반 보상, 직원 교육 등과 같이 고객관계관리와 긴밀히 관련된 직원 이슈를 다루는 소프트웨어.

직접재(direct goods) 생산 과정에서 사용되는 상품.

직접 전환 전략(direct cutover strategy) 새로운 시스템이 지정된 날짜에 기존 시스템을 완전히 대체하는 위험성 높은 전환 접근 방법.

질의어(query language) 사전에 정의되지 않은 정보의 요청에 온라인으로 즉시 답을 제공하는 소프트웨어 도구.

집단 지혜(wisdom of crowds) 다수의 사람이 개인이나 심지어는 소수의 전문가 집단보다도 다양한 범위의 주제나 제품에 대해 더 나은 결정을 할 수 있다는 믿음.

참조 무결성(referential integrity) 결합된 데이터베이스 테이블 간의 관계가 일관성을 유지하도록 보장하는 규칙.

채찍효과(bullwhip effect) 공급사슬상의 하나의 주체에서 다음 주체로 전파되는 과정에서 제품 수요에 관한 정보가 왜곡되는 것.

채팅(chat) 공중망에서 이루어지는 실시간, 쌍방향 대화.

책임(accountability) 내려진 결정이나 취해진 행동에 대한 책임을 평가하는 메커니즘.

책임(responsibility) 의사결정에 대한 잠재적 비용, 책무, 의무의 수용.

챗봇(chatbot) 텍스트 또는 청각적 방법을 통해 1명 이상의 사용자와의 대화를 시뮬레이션하도록 설계된 소프트웨어 에이전트.

초단파(microwave) 한 지역의 전송국에서 다른 지역 전송국으로 공기 중을 통해 고주파 라디오 신호가 전송되는 고용량, 장거리, 일대일 전송.

총소유비용(total cost of ownership, TCO) 초기 구매 비용과 하드웨어 및 소프트웨어 업그레이드, 유지보수, 기술 지원, 교육 등의 비용을 포함한 기술 자원 소유에 드는 총비용.

최우량 사례(best practice) 특정 조직이나 산업에서 개발된 가장 성공적인 해결책이나 문제 해결 방법.

최종 사용자(end users) 응용 프로그램 개발에서 대상으로 하는 정보시스템 그룹 외부의 사용자.

최종 사용자 개발(end-user development) 기술 전문가의 도움이 거의 없거나 전혀 없이 최종 사용자가 정보시스템을 개발하는 것.

최종 사용자 인터페이스(end-user interface) 온라인 스크린 및 명령어처럼, 최종 사용자가 시스템과 상호작용하는 정보시스템의 부분.

추론엔진(inference engine) 전문가시스템의 규칙 베이스를 통한 검색에 사용되는 전략. 전방향 추론 및 후방향 추론이 될 수 있음.

출력(output) 처리된 정보를 그것을 사용할 사람이나 그것이 사용될 활동에 분배하는 것.

출력장치(output device) 데이터가 처리된 후 데이터를 출력하는 장치.

침입 탐지 시스템(intrusion detection systems) 인증되지 않은 사용자를 탐지하고 막기 위해 네트워크상의 가장 취약한 지점을 감시하는 도구.

칸트의 정언 명령(Immanuel Kant's Categorical imperative) 어떤 행위가 모든 사람이 취하기에 옳지 않다면, 그것은 누구에게도 옳은 것이 아니라는 원칙.

캠퍼스 정보통신망(campus area network, CAN) 대학 또는 기업 캠퍼스와 같이 한정된 지역 내에서 상호 연결된 LAN 집합.

커뮤니티 제공자(community provider) 유사한 관심을 가진 사람들이 거래하고, 관심사, 사진, 비디오를 공유하고, 관심 분야의 정보를 받을 수 있는 디지털 온라인 환경을 만드는 웹사이트 비즈니스 모델.

컴포넌트 기반 개발(component-based development) 이미 존재하는 소프트웨어 컴포넌트들을 결합함으로써 대형 소프트웨어 시스템을 구축하는 것.

컴퓨터 바이러스(computer virus) 다른 소프트웨어 프로그램이나 데이터 파일에 붙어 실행되는 유해한 소프트웨어로서, 종종 하드웨어나 소프트웨어의 오작동을 유발함.

컴퓨터 범죄(computer crime) 컴퓨터를 이용하거나 컴퓨터 시스템을 상대로 한 불법적 행위.

컴퓨터 비전 시스템(computer vision system) 실제 이미지에서 정보를 추출하고 보기 위해 인간의 시각 시스템을 흉내 낸 컴퓨터 시스템.

컴퓨터 소프트웨어(computer software) 정보시스템의 컴퓨터 하드웨어 요소들의 작업을 통제하고 조정하는 구체적이고 미리 프로그래밍된 명령어.

컴퓨터 시각 증후군(computer vision syndrome, CVS) 컴퓨터 화면 사용과 관련된 눈의 피로. 증상으로는 골치가 아프고, 시야가 흐릿하고, 눈이 건조하고 따끔따끔함.

컴퓨터 오남용(computer abuse) 컴퓨터와 관련해, 불법은 아닐 수도 있지만 비윤리적인 것으로 간주되는 행위.

컴퓨터지원설계(computer-aided design, CAD) 정교한 그래픽 소프트웨어를 이용해 디자인의 작성과 수정을 자동화한 정보시스템.

컴퓨터지원 소프트웨어 공학(computer-aided software engineering, CASE) 개발자가 수행해야 하는 반복적인 작업의 양을 줄이기 위해 소프트웨어 및 시스템 개발에 대한 단계적인 방법론을 자동화시킨 것.

컴퓨터 포렌식(computer forensics) 정보가 법정에서 증거로 사용될 수 있도록 컴퓨터 저장매체에 보관되었거나 이것으로부터 추출된 데이터에 대한 과학적 수집, 조사, 인증, 보존, 분석 활동.

컴퓨터 하드웨어(computer hardware) 정보시스템의 입력, 처리, 출력 작업을 위해 사용되는 물리적 장비.

컴퓨터 활용 능력(computer literacy) 컴퓨터 기반 기술이 어떻게 작동하는지 이해하는 데 초점을 맞춘 정보기술 관련 지식.

케이블 인터넷 접속(cable Internet connections) 가정과 기업에 고속 인터넷 접속을 제공하는 디지털 동축 케이블 라인을 이용한 인터넷 연결.

콜 센터(call center) 전화 및 기타 채널을 통해 제기된 고객 서비스에 관한 이슈를 담당하는 책임이 있는 조직 부서.

쿠키(cookies) 개인이 어떤 웹사이트를 방문했을 때 그 개인의 컴퓨터 하드 드라이브에 저장되는 작은 파일. 방문자를 식별하고 웹사이트 방문을 추적하는 데 사용함.

퀀텀 컴퓨팅(quantum computing) 데이터를 표현하고 데이터에 연산을 하는 데 한 번에 여러 상태에 있고 동시에 많은 계산을 수행할 수 있도록 있는 양자 물리학 원리를 이용하는 것.

크라우드소싱(crowdsourcing) 좋은 의견, 마켓 피드백, 경영 문제에 대한 새로운 아이디어나 해결책 등을 대규모 인터넷 사용자를 이용해 얻는 것. 집단 지혜 이론과 관련되어 있음.

크롬 운영체제(Chrome OS) 노트북에서 데스크톱에 이르는 컴퓨터에서 실행되며 대부분의 컴퓨팅을 인터넷에서 실행하는 사용자를 위한 구글의 경량 컴퓨터 운영체제.

클라우드 컴퓨팅(cloud computing) 네트워크, 특히 인터넷을 통해 공유 컴퓨팅 자원의 접근을 제공하는 컴퓨팅 모델.

클라이언트(client) 클라이언트/서버 컴퓨팅에서 요청되는 기능을 입력하는 사용자 컴퓨터. 일반적으로 데스크톱 컴퓨터, 워크스테이션, 랩톱 컴퓨터임.

클라이언트/서버 컴퓨팅(client/server computing) 네트워크상에서 클라이언트와 서버 간의 처리를 분할해 수행하는 컴퓨팅 모델로서, 기능을 가장 잘 수행할 수 있는 컴퓨터에 그 기능을 할당함.

클릭 사기(click fraud) 클릭당 지불 광고에서 부적절한 비용을 청구하기 위해 온라인 광고를 부정하게 클릭하는 것.

클릭스트림 추적(clickstream tracking) 웹사이트에서의 고객 행위들에 관한 데이터를 추적해 로그에 저장하는 것.

키 필드(key field) 인스턴스를 조회, 갱신 또는 정렬하기 위해 인스턴스를 고유하게 식별하는 레코드상의 필드.

키로거(key loggers) 컴퓨터 자판을 통해 입력된 모든 내용을 기록하는 스파이웨어.

타당성 조사(feasibility study) 시스템 분석 프로세스의 일부로서 주어진 조직의 자원과 제약하에서 해결 방안이 달성될 수 있는지 결정하는 방법.

탈중개화(disintermediation) 가치사슬상의 어떤 중개 단계들을 담당하는 조직 또는 비즈니스 프로세스 계층의 제거.

탐색(intelligence) 사이먼의 의사결정 첫 단계로 개인이 조직에서 일어나는 문제를 식별하기 위해 정보를 수집하는 것.

태블릿 컴퓨터(table computer) 휴대전화보다 큰 모바일 포켓용 컴퓨터로 평평한 터치스크린에 터치해 이용함.

터치스크린(touch screen) 키보드를 사용하지 않고 손가락 또는 포인터로 화면(스크린)에 나타난 문자나 특정 위치를 접촉함으로써 데이터를 입력하는 장치.

테라바이트(terabyte) 대략 1조 바이트.

텍스트 마이닝(text mining) 방대한 양의 구조화되지 않은 데이터에서 패턴이나 관계를 찾아내는 것.

텔레프레전스(telepresence) 사람들이 실제로 위치하는 곳이 아닌 다른 곳에 있는 것처럼 하게 하는 기술.

토큰(token) 사용자의 신원을 입증하기 위해 설계된 ID 카드와 비슷한 물리적 장치.

통제(controls) 조직의 자산 보호, 자산 기록의 정확성 및 신뢰성, 관리 표준에 대한 운영상 준수를 확실하게 하는 모든 방법, 정책, 절차.

통합 위협 관리(unified threat management, UTM) 방화벽, 가상 사설 네트워크, 침입탐지시스템, 웹콘텐츠 필터링, 안티스팸 소프트웨어 등을 포함하는 다수의 보안 도구를 결합하는 포괄적 보안 관리 도구.

통합 통신 체계(unified communications) 음성 통신, 데이터 통신, 인스턴트 메시징, 이메일, 전자 회의 등의 상이한 채널을 통합해 사용자는 여러 상이한 통신 모드 사이에서 끊김 없이 모드를 전환할 수 있게 함.

투자 워크스테이션(investment workstations) 대량의 재무 데이터에 접근하고 이를 다루기 위해 최적화된 재무 전문가용의 강력한 데스크톱 컴퓨터.

트로이 목마(Trojan horse) 적법하게 보이지만 해악을 미칠 수 있는 제2의 숨은 기능을 포함한 소프트웨어 프로그램.

트위스트 와이어(twisted wire) 꼬인 이중 구리선으로 구성된 전송매체. 아날로그 전화 대화를 전송하는 데 사용되지만 데이터 전송에도 사용될 수 있음.

특허권(patent) 발명 아이디어에 대해 17년간 독점 소유권을 인정하는 법적 문서. 새로운 기계나 방법을 발명한 사람은 그 발명이 널리 사용되는 가운데, 그의 노고에 대한 보상을 확실히 받을 수 있도록 하기 위한 것임.

팀(team) 명시된 목표를 달성하기 위해 구성원이 협력하는 공식 그룹.

파괴적 기술(disruptive technology) 기존의 제품, 서비스, 비즈니스 모델을 진부하게 만들며 산업과 비즈니스에 파괴적 영향을 가져오는 기술.

파밍(pharming) 사용자가 브라우저에 웹페이지 주소를 정확하게 입력하더라도 사용자를 가짜 웹페이지로 이동시키는 피싱(phishing) 기법.

파일럿 연구 전략(pilot study strategy) 새로운 시스템을 그것이 충분히 기능을 수행하는지 입증되기 전까지는 조직의 일정 부분에만 도입하는 전략. 완전히 입증된 후에만 새로운 시스템으로의 전환이 조직 전체에 걸쳐 일어남.

파트너관계관리(partner relationship management, PRM) 기업이 판매 파트너와의 협력과 고객 판매 실적을 향상하기 위해 고객 데이터 및 분석 도구를 이용해 판매 파트너와의 관계성을 자동화하는 것.

판매수익모델(sales revenue model) 회사의 주요 수익원으로 재화, 정보, 서비스를 고객에게 판매하는 것.

팝업 광고(pop-up ad) 자동으로 나타나 사용자가 클릭하기 전까지는 사라지지 않는 광고.

팟캐스팅(podcasting) 인터넷을 통해 음성 방송을 출판하는 방식으로 가입 사용자가 음성 파일을 개인 컴퓨터나 휴대용 음악 플레이어에 내려받도록 함.

패스워드(password) 컴퓨터와 같은 자원에 접근할 수 있도록 사용자를 인증하기 위한 비밀 단어나 문자열.

패치(patch) 소프트웨어의 작동을 방해하지 않으면서 사용 중인 소프트웨어의 결함을 해결하기 위한 소규모 소프트웨어.

패킷 교환(packet switching) 메시지를 보다 작은 데이터의 묶음들로 분할해 사용 가능한 통신 채널을 통해 가장 경제적인 경로로 보내는 기술.

패킷 필터링(packet filtering) 신뢰 네트워크와 인터넷에 전송되는 데이터 패킷의 헤더 부분에 있는 선택된 필드를 검사함.

퍼트 차트(PERT chart) 다른 활동이 시작되기 이전에 완료되어야 하는 활동을 보여주면서, 작업과 작업의 상호관계를 그림으로 보여주는 차트.

포털(portal) 통합된 개인 맞춤 콘텐츠를 다양한 소스로부터 제공하기 위한 웹 인터페이스. 웹에 진입하는 초기 접점을 제공하는 웹사이트 서비스를 의미함.

포트폴리오 분석(portfolio analysis) 정보시스템에 대한 리스크 및 이점을 결정하고 정보시스템 대안에 대한 선택을 하기 위해 도입 가능성이 있는 기업 내 응용시스템에 대한 포트폴리오 분석.

푸시 기반 모델(push-based model) 제품 수요에 대한 예측 또는 최상의 추측을 기반으로 한 생산 일정계획에 의해 주도되는 공급사슬.

풀 기반 모델(pull-based model) 공급사슬상의 구성원이 고객이 주문한 것만 생산하고 전달할 수 있도록 실제 고객 주문 또는 구매에 의해 주도되는 공급사슬.

품질(quality) 명세와 표준과 제품과 서비스의 부합성.

풍부성(richness) 기업이 고객에 대해 수집한 정보뿐만 아니라 기업이 고객에게 공급할 수 있는 정보의 깊이와 구체성에 대한 척도.

프라이버시(privacy) 개인이 혼자 있거나 다른 개인이나 조직 또는 정부로부터의 감시나 간섭으로부터 자유롭고자 하는 요구.

프랜차이저(franchiser) 제품이 본국에서 창조되고, 설계되고, 자금조달이 되며 초기 생산이 되지만 제품 관련 원인으로 인해 추가적인 생산, 마케팅, 인력 관리는 해외 인력에 크게 의존하는 비즈니스 조직의 형태.

프레젠테이션 그래픽(presentation graphics) 차트, 음성, 애니메이션, 사진, 오디오 클립 등을 이용해 전문가 수준의 그래픽 프레젠테이션을 만드는 소프트웨어.

프로그래머(programmer) 컴퓨터 소프트웨어 명령을 작성하는 고도로 훈련된 기술 전문가.

프로그래밍(programming) 설계 단계에서 작성된 시스템 세부 내역을 프로그램 코드로 변환하는 프로세스.

프로그램(program) 일련의 컴퓨터 명령어.

프로세스 명세서(process specification) 데이터 흐름도의 가장 하위 수준에 있는 프로세스들의 논리(logic)를 설명한 명세서.

프로세싱(processing) 사람에게 보다 의미 있는 형태로 원시 자료를 변환, 조작, 분석하는 것.

프로젝트(project) 특정 비즈니스 목표를 달성하기 위해 계획된 연관된 활동.

프로젝트 관리(project management) 규정된 예산과 시간 제약 하에서 특정 목표를 달성하는 데 지식, 기술, 도구, 기법 등을 적용하는 것.

프로젝트 포트폴리오 관리 소프트웨어(project portfolio management software) 조직이 프로젝트 포트폴리오와 프로젝트 간 종속성을 평가, 관리하는 것을 지원하는 소프트웨어.

프로토콜(protocol) 네트워크 구성요소 간의 전송을 관리하는 규칙 및 절차의 집합.

프로토타이핑(prototyping) 사용자가 정보시스템 요구사항을 보다 잘 결정할 수 있도록 검증과 평가를 하기 위해 신속하고 저렴하게 실험적인 시스템을 구축하는 프로세스.

프로파일링(profiling) 컴퓨터를 사용해 여러 소스의 데이터를 결합하고 개인에 대한 구체적인 정보를 담은 전자 서류철을 생성하는 것.

플랫폼(platform) 서로 다른 산업의 수천 개 다른 회사가 자신의 능력을 향상하기 위해 사용하는 정보시스템, 기술, 서비스를 제공하는 비즈니스

피드백(feedback) 입력물의 평가나 수정을 돕기 위해 조직의 적절한 구성원에게 전달되는 산출물.

피벗 테이블(pivot table) 테이블 형태로 2차원 이상의 데이터를 재구성하고 요약하는 스프레드시트 도구.

피싱(phishing) 금융기관 등의 웹사이트나 거기서 보내온 메일로 위장해 개인의 인증번호나 신용카드 번호, 계좌정보 등을 빼내 이를 불법적으로 이용하는 사기기법으로 스푸핑(spoofing)의 한 형태.

핀테크(Fintech) 혁신적인 금융 기술 기업 및 서비스.

필드(field) 사람의 이름 또는 나이와 같이 하나의 단어, 단어들의 그룹, 숫자 등을 구성하는 문자의 집합.

하둡(Hadoop) 많은 저렴한 컴퓨터에서 방대한 데이터를 분산 병렬 처리할 수 있는 오픈소스 소프트웨어 프레임워크.

하이브리드 클라우드(hybrid cloud) 기업이 자사의 IT 인프라와 공공 클라우드 컴퓨팅 서비스를 모두 이용하는 컴퓨팅 모델.

하이퍼텍스트 마크업 언어(hypertext markup language, HTML) 웹페이지 및 기타 하이퍼미디어 문서를 생성하기 위한 페이지 기술 언어.

하이퍼텍스트 전송 프로토콜(hypertext transport protocol, HTTP) 인터넷상에서 페이지들을 전송하는 데 사용되는 통신 표준. 메시지가 어떻게 형식화되고 전송되는지 정의함.

학습관리시스템(learning management system, LMS) 다양한 유형의 직원 교육을 관리, 전달, 추적, 평가하기 위한 도구.

핫스팟(hotspots) 공공 와이파이 네트워크 서비스를 제공하는 접속 포인트가 존재하는 특정 지리적 위치.

해외 아웃소싱(offshore software outsourcing) 개발작업이나 기존 시스템의 유지보수 작업을 다른 나라의 외부 업체에 아웃소싱하는 것.

해커(hacker) 이익, 범죄적 해악, 개인적 즐거움을 위해 컴퓨터 네트워크에 불법적인 접속을 하는 사람.

핵심 역량(core competency) 세계적 수준의 선도자로서 뛰어난 기업의 활동.

행태 타기팅(behavioral targeting) 관심사와 의도를 파악하고 관심에 부합하는 광고주에게 정보를 제공할 목적으로 개인의 여러 웹사이트 검색 흐름(과거 클릭 행태 기록)을 추적하는 것.

허브(hub) 네트워크 요소를 연결하는 매우 단순한 장비들로서 여타의 모든 연결 장비들에 대해 데이터 패킷을 전송함.

헤르츠(hertz) 초당 전기적 전압 빈도수의 척도로서, 1Hz는 초당 1사이클에 해당함.

협업(collaboration) 공유된 명시적 목표를 달성하기 위해 다른 사람들과 작업하는 것.

협업 필터링(collaborative filtering) 사용자가 다음에 보고 싶어 하는 것이 무엇인지 예측하기 위해, 그 사용자의 행위에 관해 수집된 정보를 비슷한 관심사를 가진 다른 고객들에 관한 데이터와 비교하면서, 웹사이트에서 사용자의 움직임을 추적하는 것.

홈페이지(home page) 웹의 텍스트 및 그래픽 화면으로서 사용자를 환영하고 해당 페이지를 개설한 조직에 대해 설명함.

확장성(scalability) 보다 많은 사용자에게 서비스를 제공하기 위해 중단되는 일 없이 확장할 수 있는 컴퓨터, 제품 또는 시스템의 역량.

황금률(Golden Rule) 의사결정의 목적으로 자기 자신을 다른 사람의 위치에 놓는 것.

3D 프린팅(3-D printing) 기계를 이용해 디지털 파일의 설계명세서로부터 여러 층의 단단한 물체를 만들어 가는 것. 적층가공이라고도 함.

3세대 네트워크(3G networks) 패킷 교환 기술에 근거한 고속 셀룰러 네트워크로 사용자가 음성뿐만 아니라 비디오, 그래픽, 기타 미디어를 전송할 수 있게 함.

4세대 네트워크(4G networks) 초고속 무선 네트워크로 완전한 패킷 교환 방식이고 1 Mbps에서 1 Gbps 속도를 낼 수 있음.

5G 전송 지연을 줄이면서 기가비트 범위의 대용량 데이터를 단거리에 전송하는 차세대 무선 네트워킹 기술.

B2B 전자상거래[business-to-business(B2B) e-commerce] 기업 간 재화 및 서비스에 대한 전자적 판매.

B2C 전자상거래[business-to-consumer(B2C) e-commerce] 개인 소비자를 대상으로 한 직접적인 제품 및 서비스의 전자적 소매.

BYOD 직원이 직장에서 자신의 개인 모바일 장치를 사용할 수 있도록 허용하는 것.

C 강력한 제어 및 실행 효율성이 있으며 다른 마이크로프로세서 간에 이식이 가능하고 주로 PC에 사용되는 프로그래밍 언어.

C2C 전자상거래[consumer-to-consumer(C2C) e-commerce] 소비자가 제품과 서비스를 전자적으로 다른 소비자에게 판매하는 것.

e-비즈니스(electronic business, e-business) 인터넷과 디지털 기술을 이용해 기업의 모든 비즈니스 프로세스를 수행.

기업의 내부 관리 그리고 고객 및 여타 비즈니스 파트너와의 협력을 위한 프로세스뿐만 아니라 전자상거래도 포함함.

FTP(file transfer protocol) 원거리 컴퓨터로부터 파일을 조회하고 전송받기 위한 도구.

HIPAA 의료 보안 및 사생활 규칙, 의료 청구(billing) 행정의 단순화와 의료 제공자, 가입자, 의료보험공단 간에 의료 데이터 전송을 자동화하기 위한 절차를 규정한 법률.

HTML5 별도의 소프트웨어 없이 인터넷 브라우저상에서 이미지, 비디오, 오디오를 바로 사용할 수 있는 HTML의 새로운 버전.

iOS 애플의 아이패드, 아이폰, 아이팟 터치의 운영체제.

IPv6 128비트 주소를 사용하는 새로운 IP 주소 시스템. 인터넷 프로토콜 버전 6임.

IT 거버넌스(IT governance) 조직 내에서 정보기술을 활용하기 위한 전략과 정책으로, 정보기술이 조직의 전략과 목표를 지원하도록 하기 위해 의사결정 권리와 책임을 규정.

JIT 전략(just-in-time strategy) 부품들이 필요로 하는 시점에 정확히 도착할 수 있게 하고 이것들이 조립라인을 떠나는 순간 바로 최종재를 배송함으로써 재고를 최소화하기 위한 스케줄링 체계.

MP3(MPEG3) 인터넷으로 오디오 파일을 전송하기 위해 압축하는 표준.

NAT(network address translation) 방화벽 외부에 있는 스니퍼(sniffer) 프로그램이 조직 내부에 있는 호스트 컴퓨터의 IP 주소를 파악해 그 정보를 내부 시스템 침입에 활용하는 것을 방지하기 위해 IP 주소를 감추는 것.

NORA(nonobvious relationship awareness) 관련성을 서로 관계시키기 위해 다수의 상이한 소스의 정보를 분석함으로써 사람 또는 기타 개체 간의 눈에 잘 띄지 않는 숨겨진 연결 관계를 찾을 수 있는 기술.

P2P(peer-to-peer) 네트워크상의 모든 컴퓨터가 동등한 파워를 가지는 네트워크 아키텍처. 주로 작은 네트워크에 사용됨.

RAD(rapid application development) 프로토타이핑, 4세대 도구, 사용자, 시스템 전문가 간의 긴밀한 팀워크를 통해 매우 짧은 기간 동안 시스템을 개발하는 프로세스.

RFID(radio frequency identification) 아이템과 자신의 위치에 관한 데이터를 가지고 있는 마이크로 칩이 삽입된 작은 태그를 이용하는 기술로서, 특정 RFID 리더기에 이러한 데이터에 대한 단거리 라디오 신호를 전송하면 이 리더기는 그 데이터를 처리하기 위해 컴퓨터에 보냄. RSS 웹사이트의 콘텐츠를 얻어서 가입자의 컴퓨터에 자동적으로 보내는 결합(aggregator) 소프트웨어를 이용하는 기술.

SaaS(Software as a Service) 웹 기반 서비스로 소프트웨어를 원격으로 접근할 수 있게 하는 서비스.

S-HTTP(Secure Hypertext Transfer Protocol) 인터넷으로 전송되는 데이터를 암호화하기 위해 사용되는 프로토콜로 개별 메시지에 한정됨.

SLA(service level agreement) 고객과 서비스 제공자 간의 공식 계약으로 서비스 제공자의 책임과 고객이 기대하는 서비스 수준에 대해 정의함.

SQL 주입 공격(SQL injection attack) 회사의 시스템과 네트워크에 악의적 프로그램 코드를 심어 놓을 목적으로 엉성하게 작성된 SQL(표준 데이터베이스 소프트웨어 응용프로그램) 프로그램의 취약성을 이용해 웹사이트를 공격하는 것.

SQL(Structured Query Language) 관계형 데이터베이스 관리 시스템을 위한 표준 데이터 조작 언어.

SSD(solid state drive) 디스크 드라이브로 구성된 반도체 메모리 배열에 데이터를 저장하는 저장장치.

SSL(secure sockets layer) 클라이언트와 서버 컴퓨터가 secure 웹 세션 동안 서로 통신할 때 암호화와 복호화를 관리할 수 있도록 지원.

T 회선(T lines) 통신 서비스 제공자로부터 대여하는 초고속 데이터 회선으로서(초당 1.544메가비트의 전송 용량을 가진) T1 회선과 같은 것.

TCP/IP(Transmission Control Protocol/Internet Protocol) 상이한 네트워크를 연결하는 지배적 모델. 보편적으로 디지털 메시지를 패킷으로 분할하고, 그것들을 적절한 주소로 보내고, 그다음 그것들을 일관된 메시지로 재결합시키기 위한, 보편적으로 합의된 방법.

URL(uniform resource locator) 인터넷상의 특정 자원에 대한 주소.

VoIP(Voice over IP) IP를 이용한 음성 정보 전달 관리를 위한 기술.

찾아보기